Ingo Loose

Kredite für NS-Verbrechen

Studien zur Zeitgeschichte

Herausgegeben vom Institut für Zeitgeschichte

Band 75

R. Oldenbourg Verlag München 2007

Ingo Loose

Kredite für NS-Verbrechen

Die deutschen Kreditinstitute in Polen
und die Ausraubung der polnischen und jüdischen
Bevölkerung 1939–1945

R. Oldenbourg Verlag München 2007

Bibliografische Information Der Deutschen Nationalbibliothek
Die Deutsche Nationalbibliothek verzeichnet diese Publikation in der Deutschen Nationalbibliografie; detaillierte bibliografische Daten sind im Internet über <http://dnb.d-nb.de> abrufbar.

Rosenheimer Straße 145, D-81671 München
Internet: oldenbourg.de

Umschlaggestaltung: Dieter Vollendorf
Umschlagabbildung: 500-Złotynote der im Frühjahr 1940 von den nationalsozialistischen Besatzungsbehörden im Generalgouvernement gegründeten „Emissionsbank in Polen"

Gedruckt auf säurefreiem, alterungsbeständigem Papier (chlorfrei gebleicht).
Satz: Typodata GmbH, München
Druck: Memminger MedienCentrum, Memmingen
Bindung: Buchbinderei Klotz, Jettingen-Scheppach

ISBN: 978-3-486-58331-1

Inhalt

Vorwort

Die folgende Untersuchung ist eine überarbeitete und nicht unwesentlich gekürzte Fassung meiner Dissertation, die im Februar 2005 von der Philosophischen Fakultät I der Humboldt-Universität zu Berlin zur Promotion angenommen wurde.

Für ihre kritische Lektüre, zahlreiche konstruktive Anregungen sowie das gewissenhafte Aufspüren von Fehlern danke ich meinen Kolleginnen und Kollegen am Lehrstuhl für Zeitgeschichte der Humboldt-Universität zu Berlin Annelies Scheel, Jana Leichsenring, Hannah Ahlheim, Christoph Kreutzmüller und Nicolai M. Zimmermann. Sehr wertvolle Hinweise verdanke ich daneben Peter Klein und Michael Alberti. Ein herzlicher Dank geht auch an die Gutachter, Prof. Klaus Zernack und Prof. Jörg Baberowski, deren Anregungen und Vorschläge ich ebenfalls gerne berücksichtigt habe. Ganz besonderer Dank jedoch gebührt Prof. Ludolf Herbst, an dessen Lehrstuhl ich in den letzten Jahren das große Vergnügen hatte, in einer Atmosphäre zu arbeiten, die mir alle Möglichkeiten unabhängigen und selbstbestimmten Forschens geboten hat. Im Rahmen des Forschungsprojektes zur Geschichte der Commerzbank konnten darüber hinaus viele, vor allem theoretische Fragen intensiv diskutiert werden, was sich auf vielfältige Weise im vorliegenden Text niedergeschlagen hat.

Ein Stipendium des Deutschen Historischen Instituts in Warschau ermöglichte mir umfängliche Studien in einer Reihe polnischer Archive, ohne deren Bestände die vorliegende Arbeit nicht hätte geschrieben werden können. Dafür bin ich Prof. Klaus Ziemer zu großem Dank verpflichtet, daneben auch den vielen Archivaren, auf deren bereitwillige Kooperation ich in allen besuchten Archiven stets zählen durfte. Hervorzuheben ist hierbei vor allem das Historische Archiv der Commerzbank in Frankfurt a. M., dessen Leiter Detlef Krause mir in vielem eine große Hilfe war. Nicht minder herzlicher Dank gilt Baron Paul Halter sowie Madame Andrée Caillet-Rozenberg von der Fondation Auschwitz in Brüssel, die die vorliegende Arbeit 2005 mit dem „Prix de la Fondation Auschwitz – Jacques Rozenberg" ausgezeichnet haben.

Bedanken möchte ich mich nicht zuletzt bei Prof. Horst Möller und Prof. Udo Wengst vom Institut für Zeitgeschichte für die freundliche Aufnahme der Arbeit in die „Studien zur Zeitgeschichte" sowie Petra Weber für die sehr gewissenhafte Redaktion des Textes.

Wer als Historiker tagtäglich und über Jahre hinweg mit Massenverbrechen unvorstellbaren Ausmaßes zu tun hat, der bedarf eines Umfeldes und Menschen, die die Vergangenheit in der Gegenwart nicht überhand nehmen lassen. Am meisten verdanke ich hierbei meiner Frau Bernadetta, ohne deren grenzenlose Nachsicht und unausgesetzte Hilfe der vorliegende Text nicht entstanden wäre.

Gewidmet ist das vorliegende Buch dem Andenken der beiden Bankkaufleute Curt Ehrenhaus und Arnold Cohn. Ehrenhaus wurde am 15. November 1881 in Königshütte geboren und war zwischen 1901 und 1934 für die Dresdner

Bank tätig. Cohn, am 2. Mai 1876 geboren, war zwischen 1908 und 1928 als Buchhalter ebenfalls bei der Dresdner Bank beschäftigt. Im Juli bzw. Oktober 1942 wurden sie nach Auschwitz-Birkenau deportiert und dort ermordet.

Berlin/Poznań, im März 2007 Ingo Loose

Einleitung

Die intensive gesellschaftliche und wissenschaftliche Diskussion der vergangenen Jahre über die Beteiligung deutscher Kreditinstitute und anderer privatwirtschaftlicher Unternehmen an den nationalsozialistischen Verbrechen führte in Deutschland und international zwar nicht zur Erschließung eines gänzlich unbekannten Forschungsfeldes, unter dem öffentlichen Druck waren zahlreiche Unternehmen jedoch gezwungen, den Historikern ihre Archive zugänglich zu machen, während sich gleichzeitig das Forschungsinteresse wesentlich verstärkt hat.[1]

Die skrupellose Organisation der Nationalsozialisten, mittels derer in Deutschland und den okkupierten Ländern geraubtes Gold, Devisen und andere Vermögenswerte den Weg in die Tresore der Banken fanden, hat in den letzten Jahren der Diskussion über eine „ökonomische Rationalität" der Judenvernichtung und allgemein der nationalsozialistischen Verbrechen eine verstärkte Aufmerksamkeit verschafft.[2] Vor dem Hintergrund solcher funktionalistischen Deutungen, die nicht ohne Widerspruch geblieben sind[3], ist in den letzten Jahren eine Reihe ebenso wichtiger wie bislang weitgehend unerforschter Fragen zum Engagement deutscher Kreditinstitute zwischen 1933 und 1945, besonders aber während des Zweiten Weltkrieges, in das Blickfeld der Forschung gerückt.

Dagegen wies die Wahrnehmung der eigenen Geschichte auf Seiten der Kreditinstitute bis in die jüngste Vergangenheit erhebliche Lücken auf, besonders im Falle des okkupierten polnischen Staates. Das Engagement in Polen wurde in den Selbstdarstellungen der Banken lange Zeit entweder marginal erwähnt, als Petitesse abqualifiziert oder existierte gar nicht. Die anlässlich des 120-jährigen Jubiläums der Dresdner Bank verfasste Chronik versuchte das Engagement in Polen dadurch

---

1 Jonathan Steinberg u. a.: Die Deutsche Bank und ihre Goldtransaktionen während des Zweiten Weltkrieges. München 1999; Johannes Bähr: Der Goldhandel der Dresdner Bank im Zweiten Weltkrieg. Leipzig 1999; Gerald D. Feldman: Die Allianz und die deutsche Versicherungswirtschaft 1933-1945. München 2001; Die Schweiz, der Nationalsozialismus und der Zweite Weltkrieg. Schlussbericht der Unabhängigen Expertenkommission Schweiz – Zweiter Weltkrieg. Zürich ²2002; Bernhard Lorentz: Die Commerzbank und die „Arisierung" im Altreich. Ein Vergleich der Netzwerkstrukturen und Handlungsspielräume von Großbanken in der NS-Zeit, in: VfZ 50 (2002), S. 237-268; Dieter Ziegler (Hg.): Banken und „Arisierungen" in Mitteleuropa während des Nationalsozialismus. Frankfurt a. M. 2002; Ludolf Herbst/Thomas Weihe (Hg.): Die Commerzbank und die Juden 1933-1945. München 2004; Klaus-Dietmar Henke (Hg.): Die Dresdner Bank im Dritten Reich, 4 Bde. München 2006.

2 Götz Aly/Susanne Heim: Vordenker der Vernichtung. Auschwitz und die deutschen Pläne für eine neue europäische Ordnung. Frankfurt a. M. 1993; Götz Aly: „Endlösung". Völkerverschiebung und der Mord an den europäischen Juden. Frankfurt a. M. 1995.

3 Dan Diner: Rationalisierung und Methode. Zu einem neuen Erklärungsversuch der „Endlösung", in: VfZ 40 (1992), S. 359-382; Götz Aly: Erwiderung auf Dan Diner, in: VfZ 41 (1993), S. 621-635; Wolfgang Schneider (Hg.): „Vernichtungspolitik". Eine Debatte über den Zusammenhang von Sozialpolitik und Genozid im nationalsozialistischen Deutschland. Hamburg 1991.

reinzuwaschen, dass sie behauptete, die Dresdner Bank habe sich „gegenüber den Mitarbeitern übernommener Auslandsbanken" fair verhalten. „Sie beschäftigte die Belegschaften im Allgemeinen weiter (allerdings den zwingenden staatlichen Vorschriften entsprechend *weitgehend* mit Ausnahme der Juden) und behandelte die ausländischen Mitarbeiter korrekt. Jedoch sei es nun *etwas ‚preußischer'* zugegangen."[4]

Hinzu tritt der oft wiederholte Topos von der bedrängten Lage der Kreditinstitute im Nationalsozialismus, weshalb insbesondere die Großbanken sich nach Kriegsbeginn im Osten hätten engagieren *müssen*, so dass gleichsam von einem Befehlsnotstand gesprochen werden könne.

Die folgende Untersuchung befasst sich mit deutschen Kreditinstituten in Polen während des Zweiten Weltkrieges, ihren Geschäften, ihrer Kundschaft und ihren Opfern. Hierin ist die ganze Problematik eines im Krieg besetzten bzw. annektierten Gebietes angedeutet, in dem Banken, Sparkassen und Kreditgenossenschaften Geschäfte tätigten, die teils von „alltäglicher Normalität", teils fragwürdig und teils klar rechtswidrig und kriminell waren. Im Vordergrund steht dabei zunächst die Frage nach den Anfängen und dem Aufbau eines Niederlassungsnetzes auf einem Territorium, das vor dem 1. September 1939 zum ganz überwiegenden Teil zur Republik Polen gehört hatte. In welchem Zusammenhang stand dabei die Liquidation polnischer bzw. jüdischer Kreditinstitute mit dem Aufbau neuer deutscher Institute, mit welchen Geschäftsabsichten eröffneten die Geldinstitute in den Reichsgauen, Regierungsbezirken und im Generalgouvernement ihre Niederlassungen, und welche Rolle spielten sie bei der Abwicklung der zahlreichen Enteignungs- und Treuhandgeschäfte? Welche Rahmenbedingungen fanden sie hierbei vor, und in welchem Umfang vermochten sie diese selbst zu gestalten?[5]

Der Umstand, dass der polnische Staat mit Kriegsbeginn zum Schauplatz sehr umfangreicher Beschlagnahmeaktionen sowie komplexer, immer radikaler sich entwickelnder Siedlungs-, Translokations- und Deportationsprojekte wurde, verlangt eine Untersuchung der damit in Verbindung stehenden ökonomischen Wirkfaktoren und -konsequenzen sowie der Teilhabe deutscher Kreditinstitute bei der Finanzierung dieser Projekte und ihrer Organisatoren. Damit eng verknüpft ist die Frage nach der Kooperation, aber auch nach der möglichen Konkurrenz zwischen den Kreditinstituten und den staatlichen Stellen (vor allem Reichsstatthalter/Generalgouverneur, Haupttreuhandstelle Ost, Deutsche Umsiedlungs-Treuhand-Gesellschaft, Reichskommissar für die Festigung deutschen Volkstums u. a.). Die Handlungsspielräume der Kreditinstitute waren dabei durch eine Reihe unterschiedlicher Faktoren begrenzt, durch juristische und verwaltungstechnische Vorgaben, durch bevölkerungspolitische Programme und wirtschaftsgeographische Bedingungen, ferner auch durch ideologische und personelle Prärogativen.

---

[4] Hans G. Meyen: 120 Jahre Dresdner Bank. Unternehmens-Chronik 1872 bis 1992. Frankfurt a. M. 1992, S. 122f. Hervorhebungen von mir. Es bleibt unklar, was Meyen mit „weitgehend" meint. Vgl. Dieter Ziegler: Die Verdrängung der Juden aus der Dresdner Bank, in: VfZ 47 (1999), S. 187–216. Vgl. Herbert Wolf/Hans Kurzrock/Volkmar Muthesius: 100 Jahre Commerzbank: 1870–1970. Düsseldorf 1970, S. 74.

[5] Vgl. hierzu Christoph Buchheim: Unternehmen in Deutschland und NS-Regime 1933–1945. Versuch einer Synthese, in: Historische Zeitschrift 282 (2006), S. 351–390, bes. S. 356ff., 379f.

Für die Sachanalyse, die von einer moralischen Bewertung zu trennen ist, bieten sich zwei durchaus nicht im Widerspruch zueinander stehende Hypothesen an: Vor dem Hintergrund der Vernichtung jüdischer Gewerbetätigkeit im Altreich[6], der umfassenden Neuordnung der Besitzverhältnisse im Sudetengau und im Protektorat Böhmen und Mähren unter Mithilfe deutscher Banken lässt sich einerseits vermuten, dass sich deutsche Kreditinstitute auch im besetzten Polen an der Konfiskation, der „Verwertung" und der „Germanisierung" polnischen und jüdischen Eigentums beteiligten. Die Forschung hat sich in den letzten Jahren wieder verstärkt auf den Zeitraum zwischen 1939 und 1941 konzentriert, in dem es unabhängig von der Diskussion um den „Führerbefehl" zur Vernichtung der Juden bereits frühzeitig zu organisatorischen Veränderungen und Weichenstellungen – im übertragenen wie im wörtlichen Sinne – kam. Vor diesem Hintergrund der Vernichtung der ökonomischen Existenz der polnischen Juden stellt sich die Frage nach dem Engagement deutscher Kreditinstitute in diesem Raum besonders nachdrücklich. Zudem gibt es mehr als nur vereinzelte Hinweise darauf, dass deutsche Kreditinstitute bei den Enteignungen jüdischen Vermögens und bei der Finanzverwaltung der Gettos und teilweise auch der Konzentrationslager stärker engagiert waren, als dies in der Forschung bislang gezeigt worden ist. Daher ist die These, deutsche Kreditinstitute hätten einen signifikanten Anteil an der nationalsozialistischen Okkupationspolitik gehabt, auf der Grundlage der zur Verfügung stehenden Akten kritisch zu überprüfen.

Andererseits jedoch – diese Hypothese steht dem bisherigen Selbstverständnis der Kreditinstitute näher – soll es im Folgenden auch um das alltägliche Geschäft mit dem und im nationalsozialistischen System gehen. Keineswegs von vornherein auszuschließen ist, dass die Prävalenz staatlicher deutscher Stellen eine bedeutendere oder gar maßgebliche Rolle privater Kreditinstitute in der Finanz- und Wirtschaftspolitik von vornherein behinderte oder sogar ausschloss. Waren deutsche Kreditinstitute im Rahmen der für Banken und Sparkassen typischen Tätigkeit in den eingegliederten bzw. besetzten Ostgebieten möglicherweise „korrekt" vorgegangen; erfüllten sie ihre Funktion im Zusammenhang mit der nationalsozialistischen Bevölkerungspolitik *nolens volens* qua Existenz, die beispielsweise seitens der Dienststellen des Reichssicherheitshauptamtes (RSHA) oder des SS-Wirtschaftsverwaltungshauptamtes (WVHA) für andere, den Banken durchaus fernstehende, zumindest nicht genuin ökonomische Ziele genutzt werden konnte?

Diese Fragestellungen und Hypothesen, die die NS-Besatzungspolitik und das geschäftliche Engagement der Kreditinstitute als eine Einheit komplexer Interaktionen begreifen, deuten bereits an, dass der vorliegende Beitrag sich in erster Linie zum Ziel setzt, Antworten auf zeithistorische, nicht so sehr auf wirtschaftswissenschaftliche Fragestellungen zu geben. Die Untersuchung hat deswegen so grundlegende Aspekte wie die Siedlungspolitik im Warthegau, die Schwerindustrie in Ostoberschlesien sowie die Rüstungswirtschaft im Generalgouvernement

[6] Zu diesem Begriff und zur Kritik am Terminus „Arisierung" vgl. grundlegend Ludolf Herbst: Banker in einem prekären Geschäft. Die Beteiligung der Commerzbank an der Vernichtung der jüdischen Gewerbetätigkeit im Altreich, in: ders./Weihe (Hg.), Commerzbank und die Juden, S. 74–137, bes. S. 75ff.

mit zu berücksichtigen, aber auch die Gettoisierung der jüdischen Bevölkerung und deren beinahe vollständige Ermordung.

Die Eckdaten der Analyse bilden der Überfall des Deutschen Reiches auf Polen am 1. September 1939 und die Räumung der Ostgebiete im Frühjahr 1945. Der untersuchte geographische Raum umfasst die Territorien der Reichsgaue Danzig-Westpreußen (unter Einbeziehung der Freien Stadt Danzig) und Wartheland, das Generalgouvernement (GG) sowie die Regierungsbezirke Zichenau und Kattowitz (d. h. das Gebiet Ostoberschlesien).

Die Präsenz deutscher Kreditinstitute in der Zweiten Polnischen Republik und mögliche Kontinuitäten werden in einem einleitenden Kapitel über ihr Engagement in Polen von der Weltwirtschaftskrise bis 1939 kurz skizziert. Unter „Kreditinstituten" sollen dabei gleichermaßen Banken, Sparkassen und Kreditgenossenschaften verstanden werden, wenngleich bedingt durch das zur Verfügung stehende Aktenmaterial die einzelnen Sparten nur asymmetrisch berücksichtigt werden können.

Die Geschichte der Banken im NS-Staat ist ungeachtet einiger Überblicksdarstellungen und Spezialstudien noch immer ungenügend erforscht, obwohl die vorliegenden Ergebnisse des Forschungsprojektes zur Geschichte der Dresdner Bank sowie eine Reihe von Beiträgen zur Commerzbank und Deutschen Bank den Forschungsstand beträchtlich erweitert haben.[7] Gleichwohl liegt unverändert ein Desiderat für das besetzte Polen vor. Die geringe Aufmerksamkeit, die man in der west- und ostdeutschen Geschichtswissenschaft nach 1945 bis in die 1990er Jahre den Archivbeständen und der Forschungsliteratur in Polen gewidmet hat, ist keineswegs nur auf die praktischen Schwierigkeiten zurückzuführen, Zugang zu ihnen zu erhalten. Darüber hinaus gilt hier wie anderswo: Slavica non leguntur.[8] Allenfalls in der wirtschaftswissenschaftlichen Forschung der 1950er Jahre ist ein

---

[7] Vgl. Ingo Loose: Die Beteiligung deutscher Kreditinstitute an der Vernichtung der ökonomischen Existenz der Juden in Polen 1939-1945, in: Herbst/Weihe (Hg.), Commerzbank und die Juden, S. 223-271; ders.: Die Berliner Großbanken und die NS-Judenvernichtung in Polen 1939-1945, in: Studia nad Faszyzmem i Zbrodniami Hitlerowskimi 27 (2004), S. 295-320; ders.: Credit Banks and the Holocaust in the *Generalgouvernement*, 1939-1945, in: Yad Vashem Studies 34 (2006), S. 177-218; Christopher Kopper: Zwischen Marktwirtschaft und Dirigismus. Bankenpolitik im „Dritten Reich" 1933-1939. Bonn 1995; Harold James: Die Deutsche Bank und die Diktatur 1933-1945, in: Die Deutsche Bank 1870-1995. Hg. von Lothar Gall u. a. München 1995, S. 315-408; ders.: Die Deutsche Bank im Dritten Reich. München 2003; Eckhard Wandel: Das deutsche Bankwesen im Dritten Reich (1933-1945), in: Deutsche Bankengeschichte, Bd. 3. Frankfurt a. M. 1983, S. 149-203; Nicolai M. Zimmermann: Die veröffentlichten Bilanzen der Commerzbank 1870-1944. Eine Bilanzanalyse unter Einbeziehung der Bilanzdaten von Deutscher Bank und Dresdner Bank. Berlin 2005.

[8] Das jüngste Beispiel hierfür ist Harald Wixforth: Die Expansion der Dresdner Bank in Europa. München 2006, der die polnische Forschung völlig unberücksichtigt lässt und dem überdies bei polnischen Namen und Institutionen außerordentlich viele orthographische Fehler unterlaufen. Besonders problematisch ist auch, dass Wixforths Auseinandersetzung mit bereits publizierten Forschungsbeiträgen wiederholt Zitaten sehr nahekommt, die *nicht* als solche gekennzeichnet sind. Vgl. beispielsweise ebd., S. 570, 574 und 579f. sowie die entsprechenden Passagen bei Loose, Beteiligung deutscher Kreditinstitute, S. 261, 267f., 229f.

vorübergehendes Interesse an Fragen besonders der deutschen Währungspolitik in den besetzten Gebieten zu konstatieren. Augenfällig sind dabei aber der geringe Kenntnisstand hinsichtlich Polens sowie eine mitunter nur schwach kaschierte Paraphrase der Quellen.

Auch für die vorliegende Arbeit gilt, was Gerhard Eisenblätter in seiner noch immer unverzichtbaren Dissertation über die „Grundlinien der Politik des Reiches gegenüber dem Generalgouvernement" bereits 1969 das „Gesetz des steigenden Forschungsaufwandes" genannt hat.[9] Dieser ergibt sich bereits aus der kaum noch überschaubaren Fülle an Forschungsbeiträgen zur Geschichte des Nationalsozialismus, darunter auch zu den besetzten polnischen Gebieten, wobei hier insbesondere die polnische Geschichtswissenschaft zu berücksichtigen ist. Obwohl diese in Einzelfällen nicht immer frei von „Emotionen und Präsentismus"[10] ist, so liegt doch eine ebenso substantielle wie umfangreiche Forschung zur Okkupationszeit vor. Eine Monographie zur Geschichte der deutschen Kreditinstitute in den besetzten polnischen Territorien 1939-1945 ist jedoch auch in der polnischen Geschichtswissenschaft bislang nicht vorgelegt worden.[11] Dagegen liegt zu den Deportations- und Siedlungsprojekten sowie zur allgemeinen NS-Besatzungspolitik und Judenvernichtung mittlerweile eine ansehnliche Forschung vor.[12]

---

[9] Gerhard Eisenblätter: Grundlinien der Politik des Reichs gegenüber dem Generalgouvernement 1939-1945. Diss. Frankfurt a. M. 1969, S. VI.

[10] Ein guter Überblick bei Zygmunt Mańkowski: Die polnische Geschichtsschreibung über die NS-Verbrechen, in: Tomasz Kranz (Hg.), Die Verbrechen des Nationalsozialismus im Geschichtsbewußtsein und in der historischen Bildung in Deutschland und Polen. Lublin 1998, S. 75-98, Zitat S. 75.

[11] Als einzige Ausnahme besonders hervorzuheben ist lediglich die Arbeit Franciszek Skalniaks zur Geschichte der „Emissionsbank in Polen", die jedoch gerade zur Interaktion mit den deutschen Dienststellen im Generalgouvernement viele Fragen ausspart. Franciszek Skalniak: Bank Emisyjny w Polsce 1939-1945. Warszawa 1966.

[12] Vgl. Czesław Madajczyk: Polityka III Rzeszy w okupowanej Polsce, 2 Bde. Warszawa 1970; Czesław Łuczak: „Kraj Warty". 1939-1945. Studium historyczno-gospodarcze okupacji hitlerowskiej. Poznań 1972; ders.: Polityka ludnościowa i ekonomiczna hitlerowskich Niemiec w okupowanej Polsce. Poznań 1979; Karol Marian Pospieszalski: Polska pod niemieckim prawem 1939-1945 (Ziemie zachodnie). Poznań 1946; Wacław Jastrzębowski: Gospodarka niemiecka w Polsce 1939-1945. Warszawa 1946; Czesław Łuczak: Polityka ekonomiczna Trzeciej Rzeszy w latach drugiej wojny światowej. Poznań 1982; ders.: Die Wirtschaftspolitik des Dritten Reiches im besetzten Polen, in: Studia Historiae Oeconomicae 14 (1979), S. 87-103; ders. (Hg.): Plünderung des polnischen Eigentums in den dem Reich eingegliederten westlichen Gebieten der Republik. Poznań 1969; Robert Lewis Koehl: RKFDV: German Resettlement and Population Policy 1939-1945. Cambridge/Mass. 1957; Janusz Sobczak: Hitlerowskie przesiedlenia ludności niemieckiej w dobie II wojny światowej. Poznań 1966; Włodzimierz Jastrzębski: Hitlerowskie wysiedlenia z ziem polskich wcielonych do Rzeszy w latach 1939-1945. Poznań 1960; Szymon Datner/Janusz Gumkowski/Kazimierz Leszczyński (Hg.): Wysiedlanie ludności ziem polskich wcielonych do Rzeszy. Warszawa 1960; Artur Eisenbach: Hitlerowska polityka zagłady Żydów. Warszawa 1961; Isaiah Trunk: Judenrat. The Jewish Councils in Eastern Europe under Nazi Occupation. Lincoln/Nebr. 1996; Teresa Prekerowa: Wojna i okupacja, in: Najnowsze dzieje Żydów w Polsce w zarysie (do 1950 roku). Pod redakcją Jerzego Tomaszewskiego. Warszawa 1993, S. 273-384; Frank Golczewski: Polen, in: Wolfgang Benz (Hg.), Dimension des Völkermords. Die Zahl der jüdischen Opfer des Nationalsozialismus. München 1996, S. 411-497; Martin Broszat: Natio-

Einer in wesentlichen Teilen polnischsprachigen Forschungsliteratur steht ein fast ausschließlich deutschsprachiges Quellenmaterial gegenüber. Angesichts der zentralen Frage nach dem Beitrag der Kreditinstitute zur deutschen Herrschaft in Polen muss eine Diversifizierung der Quellen angestrebt werden, bei der neben Akten kreditwirtschaftlicher Provenienz besonders auch Unterlagen aus den staatlichen Behörden Berücksichtigung finden. Dies ist schon deshalb geboten, weil eine eigenständige Aktenüberlieferung der Großbanken für die eingegliederten und besetzten Ostgebiete nur in vergleichsweise geringem Umfang vorliegt. Dabei hing die Vernichtung belastender Akten mit der Reduzierung von Ballast eng zusammen. Die überstürzte Evakuierung und Flucht vielerorts im Verbund mit Bombenschäden trugen weiter dazu bei, dass die Menge der erhaltenen Akten aus den Ostfilialen insgesamt recht klein ist.[13] In Polen besitzen die Staatsarchive Kraków, Katowice und Gdańsk eigenständige Aktenkonvolute deutscher Kreditinstitute aus der Zeit zwischen 1939 und 1945, doch ist das Gros dieser Bestände – mit Ausnahme einiger Bestände der Dresdner Bank – von nur geringem Umfang.[14] Das wiederum hat zur Folge, dass die Konzentration auf ein einzelnes Institut oder eine Bank wenig sinnvoll erscheint. Dies ist jedoch durchaus kein Nachteil. Vielmehr öffnet eine ausgewogene Kontextualisierung von Bankakten im engeren Sinne den Blick auf geschäftliche Interaktionen und Interdependenzen zwischen NS-Institutionen und den deutschen Kreditinstituten. Diese Koexistenz soll zum Ausgangspunkt der Analyse gemacht werden.

In Deutschland wurden hierfür neben den einschlägigen Beständen des Bundesarchivs auch solche des Sächsischen Staats- und Hauptstaatsarchivs in Leipzig und Dresden verwertet, ferner die Akten der Commerzbank im Historischen Archiv der Commerzbank AG in Frankfurt a. M. In Polen war es möglich, Archivalien der in Polen tätigen NS-Behörden sowie einiger Kreditinstitute im Archiwum Akt Nowych und im Instytut Pamięci Narodowej, beide in Warschau, sowie in den

nalsozialistische Polenpolitik 1939–1945. Frankfurt a. M. 1965; Czesław Łuczak: Pod niemieckim jarzmem (Kraj Warty 1939–1945). Poznań 1996; Dieter Pohl: Von der „Judenpolitik" zum Judenmord. Der Distrikt Lublin des Generalgouvernements 1939–1944. Frankfurt a. M. 1993; Bogdan Musial: Deutsche Zivilverwaltung und Judenverfolgung im Generalgouvernement. Eine Fallstudie zum Distrikt Lublin 1939–1944. Wiesbaden 1999; Dieter Pohl: Der Raub an den Juden im besetzten Osteuropa 1939–1942, in: Raub und Restitution. „Arisierung" und Rückerstattung des jüdischen Eigentums in Europa. Hg. von Constantin Goschler und Philipp Ther. Frankfurt a. M. 2003, S. 58–72; Bernhard Rosenkötter: Treuhandpolitik. Die „Haupttreuhandstelle Ost" und der Raub polnischer Vermögen 1939–1945. Essen 2003; Jeanne Dingell: Zur Tätigkeit der Haupttreuhandstelle Ost, Treuhandstelle Posen 1939 bis 1945. Frankfurt a. M. u. a. 2003; Michael Alberti: Die Verfolgung und Vernichtung der Juden im Reichsgau Wartheland 1939–1945. Wiesbaden 2006; vgl. auch den sehr instruktiven Überblick von Klaus-Peter Friedrich: Juden in Polen während der Schoa. Zu polnischen und deutschen Neuerscheinungen, in: Zeitschrift für Ostmitteleuropa-Forschung 47 (1998), S. 231–274.

13 Vgl. zur Commerzbank Detlef Krause: Quellen aus den dreißiger und vierziger Jahren des 20. Jahrhunderts im Historischen Archiv der Commerzbank AG, in: Archiv und Wirtschaft 32 (1999), H. 2, S. 80–88; Josef Henke: Das Schicksal deutscher zeitgeschichtlicher Quellen in Kriegs- und Nachkriegszeit, in: VfZ 30 (1982), S. 557–620.

14 Jerzy Tomaszewski: Akta instytucji kredytowych w Polsce, in: Archeion 27 (1957), S. 143–156.

Staatsarchiven in Gdańsk, Katowice, Kraków, Łódź und Poznań sowie schließlich im Archiv des Jüdischen Historischen Instituts in Warschau einzusehen. Berücksichtigt wurden ferner Akten des Reichswirtschaftsministeriums, die sich im Militärarchiv der Russischen Föderation in Moskau befinden. Erwähnung finden muss auch eine Reihe deutscher und polnischer Editionen von Dokumenten einschlägiger NS-Provenienzen.[15]

Anzumerken ist schließlich, dass das zur Verfügung stehende Zahlenmaterial für die Jahre ab 1943 immer fragmentarischer wird. Die Ursache hierfür liegt ebensosehr in der Überlieferung wie in den kriegsbedingten Einschränkungen: Zur Papierersparnis trat ab 1943 das Verbot, Bilanzen zu publizieren, schließlich schränkten die Maßnahmen zur totalen Kriegsführung eine jede Tätigkeit auf die zentral vom Reich gelenkte Rüstungswirtschaft ein, die mit den ortsansässigen Instituten immer weniger zu tun hatte. Namentlich für die Jahre 1943 und 1944 bleibt somit eine Lücke bestehen, die nicht geschlossen werden kann. Darüber hinaus bringt es die uneinheitliche Aktenüberlieferung mit sich, dass der Reichsgau Wartheland gegenüber dem Reichsgau Danzig-Westpreußen und Ostoberschlesien, aber auch gegenüber dem Generalgouvernement überrepräsentiert ist.

Die Untersuchung ist mit der prinzipiellen Problematik konfrontiert, dass die hier zur Diskussion stehenden Territorien in wirtschaftlicher Hinsicht sehr unterschiedliche Gebiete darstellten. Sind also beispielsweise der Regierungsbezirk Kattowitz und der Reichsgau Danzig-Westpreußen überhaupt sinnvoll miteinander zu vergleichen, d. h. lässt sich ein tragfähiges *tertium comparationis* finden, das einen substantiellen Erkenntniswert aufweist? Die Analyse muss dieser disparaten ökonomischen Struktur über weite Strecken qua getrennter, differenzierter Analyse nach einzelnen Gebieten und mittels einer rein sachlichen Gliederung Rechnung tragen, greift also nur dort zur Methode des Vergleichs, wo dies sinnvoll und möglich ist. Dies ist auch deshalb angezeigt, weil bislang die faktographische Grundlage zur Tätigkeit deutscher Kreditinstitute in Polen zwischen 1939 und 1945 weitgehend fehlt.

Die eingangs skizzierten Fragestellungen berühren im Kern besonders das Verhältnis zwischen Kreditinstituten und NS-Dienststellen, richten sich also auch auf die Handlungsspielräume der beteiligten Akteure. Der Begriff des Handlungsspielraums kann zunächst auf die deutschen Behörden bezogen werden. Drakonische Gewaltanwendung und eine beispiellose Repressionspolitik gegenüber der autochthonen polnischen und jüdischen Bevölkerung lassen sich interpretieren als normativer Anspruch ohne strukturellen, indigenen Rückhalt, d. h. als Verlust von Handlungsspielräumen, der nur durch eine Intensivierung von Gewalt kompen-

[15] Die faschistische Okkupationspolitik in Polen (1939-1945). Dokumentenauswahl und Einleitung von Werner Röhr. Köln 1989; Faschismus – Getto – Massenmord. Dokumentation über Ausrottung und Widerstand der Juden in Polen während des zweiten Weltkrieges. Berlin 1960; Karol Marian Pospieszalski: Hitlerowskie „prawo" okupacyjne w Polsce. Wybór dokumentów, część I: Ziemie „wcielone". Poznań 1952; ders.: Hitlerowskie „prawo" okupacyjne w Polsce. Wybór dokumentów i próba syntezy, część II: Generalna Gubernia. Poznań 1958; Czesław Łuczak (Hg.): Grabież polskiego mienia na Ziemiach Zachodnich Rzeczypospolitej „wcielonych" do Rzeszy 1939-1945. Wydawnictwo źródłowe. Poznań 1969.

siert werden konnte. Dies ist, wie zu zeigen sein wird, auch daran erkennbar, dass Bankgeschäfte durch behördliche Interventionen an Komplexität sukzessive zunahmen, d. h. das Informationsbedürfnis des NS-Regimes stieg, ohne dass dies die strukturellen Defizite hätte beheben können.

Spezifische Handlungsspielräume besaßen jedoch auch die privatwirtschaftlichen bzw. kommunalen Kreditinstitute in einer Lenkungswirtschaft, die unter Kriegs- und Okkupationsbedingungen zu operieren hatte. Das manifeste Gewalt- und Tötungspotenzial der Nationalsozialisten in Polen ist dabei kaum zu überschätzen und bildet – zumal die Überzeugung weit verbreitet war, im Osten keinerlei Rücksichten nehmen zu müssen – den Hintergrund auch für das Bankgeschäft vor Ort. Der Begriff des Handlungsspielraums definiert sich dabei nicht dergestalt, dass allein äußere Bedingungen, etwa Verordnungen, Zielvorgaben des NS-Regimes etc., über die Eigenständigkeit der Kreditinstitute entschieden. Vielmehr muss auch davon ausgegangen werden, dass die Banken, Sparkassen und Genossenschaften ihre eigenen Spielräume beeinflussen, sogar intentional verengen konnten, um beispielsweise zuvor bereits avisierte Handlungsoptionen als alternativlos wahrnehmen bzw. hinstellen zu können. Mit welchen Erwartungen eröffneten die jeweiligen Leitungsgremien Filialen in den Ostgebieten, und inwieweit kollidierten diese möglicherweise mit der Realität vor Ort? Welche Kundenklientel besaßen die einzelnen Institutsgruppen (Banken, Sparkassen, Genossenschaften), und entsprach diese der üblichen Geschäftspolitik der Institute oder eher der Spezifik eines nur mit massivem Terror kontrollierbaren Gebietes?

Den Handlungsspielräumen bzw. den Geschäftserwartungen entsprechen die wirtschaftswissenschaftlichen Termini des Risikos und der Risikokalkulation. Letztere gewann für die Kreditinstitute – bedingt durch den Kriegsverlauf und mit zunehmender Entfernung vom angestammten Geschäftsgebiet – erheblich an Bedeutung, so dass die Frage nach Handlungsspielräumen auf Seiten der Kreditinstitute immer auch eine nach deren Risikodiversifikationsstrategien ist. Im Folgenden wird die These vertreten, dass die Kreditinstitute im Rahmen ihrer Handlungsspielräume immer im Interesse der eigenen Rechtssicherheit handelten. Freilich musste diese nichts mit Recht zu tun haben, vielmehr mit Legalismus, auf dessen Grundlage die Institute dem Regime und ihrer eigenen Kundschaft gegenüber ihr Handeln rechtfertigen konnten. Politische Systemkonformität war hierbei ein integraler und zentraler Bestandteil der Risikominimierung.

Massive Eingriffe in die Eigentumsstrukturen und damit in das soziale und wirtschaftliche Gefüge eines okkupierten Territoriums waren unter den Bedingungen des Weltkrieges an der Tagesordnung. Die Nationalsozialisten strebten im Sinne ihrer Lebensraum-Konzeption in Polen von Anfang an die Pauperisierung, wirtschaftliche Exploitation und schließlich Abschiebung der jüdischen und polnischen Bevölkerung an. Da sich die Bevölkerungsstruktur Polens von der im Altreich grundlegend unterschied und die staatlichen und Parteidienststellen hier sehr viel weiterreichende Zuständigkeiten besaßen, kann der methodisch ohnehin problematische Begriff „Arisierung" auf die polnischen Gebiete keine Anwendung finden, sondern muss ersetzt werden durch ein geeigneteres Begriffsraster, wie es durch die Termini „Konfiskation", „Beschlagnahme" bzw. „Enteignung", „kommissarische Verwaltung" und „Liquidation" gegeben ist. In den eingegliederten

Ostgebieten wie im Generalgouvernement handelte es sich weniger um die Überführung jüdischen und polnischen Eigentums in „deutsche Hände" (in die Hände der „volksdeutschen" Umsiedler) als vielmehr in das Eigentum des Deutschen Reiches, wie es durch Behörden und Dienststellen jeweils repräsentiert wurde. Daneben war es bereits für die Zeitgenossen nicht einfach, Unternehmen mit nationalen Kategorien zu etikettieren. In der Rückschau fällt dies noch schwerer, zumal die Zuordnungskategorien (deutsch, polnisch, jüdisch) für Kapital heute kaum akzeptabel sind. Wenn im Folgenden daher von „jüdischen Firmen", „polnischen Unternehmen" u.Ä. die Rede ist, gilt es stets, der Problematik dieser Begriffe gewärtig zu sein.[16] Kaum minder problematisch ist der Begriff der „Germanisierung", der sich auf derselben Abstraktionsstufe wie „Arisierung" befindet und allenfalls für den Gesamtkontext der NS-Deportations- und Ansiedlungspolitik sinnvoll erscheint. Zudem tritt auch im zeitgenössischen Sprachgebrauch der Terminus der „Arisierung" in seiner Frequenz deutlich hinter den der „Germanisierung" bzw. der „Eindeutschung" zurück, da es seitens der nationalsozialistischen Behörden im Osten um eine Enteignung gleichermaßen polnischen wie jüdischen Eigentums ging. Im offiziösen Sprachgebrauch jedoch war auch der Begriff der „Germanisierung" unerwünscht: an seiner Stelle sollte die Bezeichnung „Wiedereindeutschung" verwendet werden.[17]

Erschwerend kommt hinzu, dass ein antisemitischer Sprachduktus oftmals kaum Rückschlüsse auf die tatsächliche Einstellung einer handelnden Person zulässt, denn zweifellos zwang der NS-Staat den in seinem Herrschaftsbereich lebenden Menschen bestimmte Sprachformen auf, die mitunter nicht Indiz von Judenfeindlichkeit, sondern lediglich eines der Anpassung an die Erwartungen des Regimes gewesen sein dürften. Freilich ist die Radikalität zahlreicher deutscher Dienststellen in Polen in der so genannten Volkstumspolitik auf diese Weise nicht zu erklären. Demgegenüber jedoch sind die konkreten Folgen antisemitisch affizierten Handelns, d.h. sein strukturelles Erfassen auf der Makro- ebenso wie auf der Mikroebene allenthalben sichtbar und werden deshalb im Mittelpunkt der vorliegenden Studie stehen.

---

[16] In der nationalsozialistischen Diktion galt ein Unternehmen als jüdisch bzw. polnisch, wenn sich die Geschäftsleitung, der Vorstand, die Gesellschafter etc. zu mehr als der Hälfte aus Juden bzw. Polen zusammensetzte. Während der Begriff „Pole" sich dabei zumeist auf die Staatsangehörigkeit und erst später zunehmend auf die rassischen Kategorien der Deutschen Volksliste bezog, basiert die Bezeichnung „Jude" auf der Definition, wie sie in den so genannten Nürnberger Rassengesetzen festgelegt wurde (Gesetz zum Schutze des deutschen Blutes und der deutschen Ehre vom 15.9.1935, RGBl. I 1935, S.1146; Erste Verordnung zum Reichsbürgergesetz vom 14.11.1935, RGBl. I 1935, S.1333, bes. §5). Auf diese Definition muss auch in der vorliegenden Analyse zurückgegriffen werden, um die Gruppe der von den antijüdischen Maßnahmen der Nationalsozialisten betroffenen Personen vollständig erfassen zu können. Vgl. hierzu Cornelia Essner: Die „Nürnberger Gesetze" oder Die Verwaltung des Rassenwahns 1933–1945. Paderborn 2002.

[17] APK, TK, Nr.64, Bl.144: HTO (gez. Galke) an alle Gruppen-, Abteilungs- und Referatsleiter und Verbindungsstab, 6.12.1940. Galke war SS-Obersturmbannführer, Generalreferent für die Festigung deutschen Volkstums in der HTO (GVSS) und so genannter Verbindungsführer zum RFSS.

Im Folgenden werden Toponymika und einige weitere Begriffe nationalsozialistischer Provenienz ohne besondere Kennzeichnung verwendet (Reichsgau Wartheland, eingegliederte Ostgebiete u. a.), weil ihre Semantik in der Regel klar umrissen ist bzw. weil die Alternativen keine Präzisierung bieten und überdies sprachlich nicht immer überzeugen (z. B. „Zwangswohnviertel" für „Getto"). Die Bezeichnung „eingegliederte (Ost-)Gebiete" durch „annektierte (polnische) Gebiete" zu ersetzen, trifft auf die Schwierigkeit, wie dann mit dem oberschlesischen Abstimmungsgebiet und dem in seiner Zusammensetzung komplexen Reichsgau Danzig-Westpreußen umzugehen wäre. Demgegenüber werden Begriffe, deren Bedeutungsinhalt unklar bzw. umstritten war und ist oder im Laufe der Zeit Änderungen erfuhr, stets gekennzeichnet (z. B. „Volksdeutsche"), ohne dass im einzelnen eine Präzisierung der Bedeutung vorgenommen werden kann. Die Ortsbezeichnungen werden jeweils entsprechend dem zeitgenössischen Gebrauch deutsch oder polnisch angeführt (vgl. das Ortsnamenverzeichnis), polnischsprachige Zitate im Text stillschweigend übersetzt.

I. Deutsche Banken in Polen und der Freien Stadt Danzig bis 1939

Die Beschäftigung mit der Wirtschafts- und Finanzgeschichte Polens in der Zwischenkriegszeit unterscheidet sich hinsichtlich ihres theoretischen Ausgangspunktes in Deutschland und in Polen. Während in der polnischen Wirtschaftsgeschichtsschreibung stärker vom Beginn dieser Epoche her gedacht wird, d.h. vom Jahre 1918, als Polen nach 123 Jahren Teilungszeit seine staatliche Souveränität zurückgewann, so ist der Dreh- und Angelpunkt der wenigen deutschsprachigen, nach 1945 erschienenen Arbeiten zur polnischen Wirtschaftsgeschichte vorzugsweise das Jahr 1939. Diese Sichtweise ist zumindest teilweise gespeist von der impliziten Annahme, das NS-Regime habe außer der so genannten Lebensraumpolitik beim Überfall auf Polen am 1. September 1939 auch konkrete wirtschaftliche Interessen besessen, die sich aus der ökonomischen Entwicklung Polens in den 1920er und besonders 1930er Jahren ableiten lassen müssten. So zog beispielsweise das Zentrale Industrierevier um Sandomierz (Centralny Okręg Przemysłowy, COP) mit seinem in erster Linie auf die Rüstungsindustrie abgestellten Investitionsprogramm im Laufe der 1930er Jahre immer wieder das deutsche Interesse auf sich. Was für ein Bankensystem fanden die Nationalsozialisten und die deutschen Kreditinstitute bei Kriegsbeginn in Polen vor, inwieweit profitierten sie bei ihrer Planung bzw. bei der Ausweitung ihres geschäftlichen Engagements von Kontinuitäten bzw. vom Wissen und Know-how bereits zuvor dort ansässiger „volksdeutscher“ Institute?

Der polnische Staat umfasste nach den letzten Grenzregelungen 1922 eine Fläche von knapp 390000 km². Zum Zeitpunkt der letzten Volkszählung vor dem Zweiten Weltkrieg, d.h. Ende 1931, besaß Polen eine Bevölkerung von 31,9 Mio. Menschen. Hinsichtlich der Nationalitätenverteilung nach dem Kriterium der Muttersprache entfielen auf die Gesamtbevölkerung knapp zehn Millionen Menschen, die eine andere Muttersprache als Polnisch angaben, nämlich 3,2 Mio. Ukrainisch, 1,2 Mio. Ruthenisch, knapp eine Million Weißrussisch, 139000 Russisch, 741000 Deutsch, über 2,7 Mio. Jiddisch bzw. Hebräisch sowie 879000 eine andere Sprache. Entsprechend stellte die polnisch(sprachig)e Titularnation nur einen Anteil von 69 Prozent an der Gesamtbevölkerung.[1] Der Hinweis auf die nationalen Minderheiten ist insofern bedeutsam, als es vor allem in den 1930er Jahren zu einer „nationalen“ Stratifikation des regionalen Kreditsystems kam, auf die im Zusammenhang mit den „volksdeutschen“ Kreditinstituten noch zurückzukommen sein wird.

Polen musste nach dem Ersten Weltkrieg sein Eigenkapital praktisch aus dem Nichts schaffen.[2] Dies ist dem wiedererstandenen Staat in verhältnismäßig weni-

---

1 Mały Rocznik Statystyczny 1939. Warszawa 1939, S22f.

2 Ein kurzer Überblick bei Czesław Łuczak: Die ökonomische Politik Deutschlands gegenüber dem polnischen Königreich im Ersten Weltkrieg, in: Studia Historiae Oeconomicae 24 (2001), S. 59–72.

gen Jahren gelungen. Abgesehen von den auf dem gesamten polnischen Territorium massiven Kriegsschäden, ist für die wirtschaftliche Entwicklung Polens in den 1920er und 1930er Jahren der Umstand von ausschlaggebender Bedeutung, dass Polen 1918 aus Gebieten aller drei Teilungsstaaten zusammengesetzt worden war. Vor 1918 hatten die einzelnen Teilungsgebiete untereinander nur einen geringen wirtschaftlichen Zusammenhang besessen und waren einseitig auf die Wirtschaftszentren der jeweiligen Teilungsmacht ausgerichtet gewesen. Zudem fiel der Grad der Industrialisierung sehr unterschiedlich aus: in den ehemals russischen Gebieten lag mit Ausnahme der Städte Łódź und Warschau praktisch keine ausbaufähige Industrialisierung vor, während der preußische Teil trotz seiner agrarischen Ausrichtung eher dem Industrialisierungsniveau des Deutschen Reiches entsprach; die größte Bedeutung hatte jedoch die Eisen- und Hüttenindustrie in Ostoberschlesien.

Die äußeren Grenzen waren teilweise durch militärische Auseinandersetzungen (Krieg gegen die Sowjetunion 1920, Schlesische Aufstände 1919–1921), teils per Dekret des Völkerbundes gezogen worden, in jedem Falle aber sowohl im Osten als auch im Westen von Beginn an mit schweren politischen Hypotheken belastet, wie man es besonders anschaulich in Schlesien verfolgen kann. Hinzu kam schließlich noch das konfliktträchtige Provisorium der Freien Stadt Danzig.

Die Kriegsschäden, die Grenzstreitigkeiten und die disparate wirtschaftliche Entwicklung ließen eine Finanzpolitik, die nicht mehr nur eine kurzfristige, von tagespolitischen Entscheidungen abhängige Notpolitik darstellte, erst seit dem Jahre 1924 zu, als mit einer grundlegenden Währungsreform (von der Polnischen Mark zum Złoty) und der Gründung der Bank Polski als neuer Notenbank sowie der anderen wichtigsten Staatsbanken (Bank Gospodarstwa Krajowego, Państwowy Bank Rolny) eine Stabilisierungsphase eingeleitet wurde.[3] Durch den 1925 einsetzenden „Handelskrieg“ mit Deutschland wurden aber die meisten mittel- und langfristigen Konsolidierungspläne größtenteils wieder zunichte gemacht. Zwar trat in den Jahren 1927 und 1928 – nicht zuletzt auch in den deutsch-polnischen Finanzbeziehungen[4] – eine deutliche Entspannung ein, aber die Weltwirtschaftskrise 1929 traf Polen doch in einer ausgesprochen prekären Wirtschafts- und Finanzlage.[5]

---

[3] Andrzej Jezierski/Cecylia Leszczyńska: Bank Polski SA 1924–1951. Warszawa 1994, S. 21 ff., 81 ff.

[4] Hans-Georg Hemmerling: Die Kreditbanken und die Wirtschaftskrise in Polen (1929–1936). Bromberg 1937, S. 15.

[5] Vgl. zum deutschen Wahrnehmungshorizont Stefan Kowal: Partnerstwo czy uzależnienie? Niemieckie postawy wobec stosunków gospodarczych z Polską w czasach Republik Weimarskiej. Poznań 1995, bes. S. 177–187; Volkmar Kellermann: Schwarzer Adler. Weißer Adler. Die Polenpolitik der Weimarer Republik. Köln 1970, S. 114 ff.; Czesław Łuczak: Die polnisch-deutschen Wirtschaftsbeziehungen in der Zwischenkriegszeit, in: Studia Historiae Oeconomicae 19 (1988), S. 201–220.

1. Grundzüge des Kreditwesens in Polen seit der Weltwirtschaftskrise

Polen teilte das Schicksal vieler anderer Staaten, die in der Folge der Weltwirtschaftskrise ab 1929 sowie der Bankenkrise 1931 in eine schwere Depression gerieten. Wegen der starken Dominanz des Agrarsektors dauerte diese in Polen zudem länger als in stärker industrialisierten Staaten. Noch in den 1930er Jahren stand der polnische Staat vor dem Problem, über einen sehr uneinheitlichen Wirtschaftsorganismus zu verfügen, in dem der landwirtschaftliche Anteil am Bruttosozialprodukt noch immer deutlich höher war als der industrielle.[6] In Folge des deutsch-polnischen „Handelskrieges" erreichte der Abfluss ausländischen Kapitals aus der Wirtschaft bis 1932 die Summe von insgesamt rund vier Mrd. Złoty.[7] Berücksichtigt werden muss hierbei jedoch, dass sich hinter „ausländischem Kapital" nicht nur Anlagen aus dem Ausland verbargen, die *zurück*gezogen wurden, sondern auch polnisches Inlandskapital, das ins Ausland abfloss und weniger vor dem Hintergrund der Wirtschaftskrise, als vielmehr vor dem der Emigrationsentwicklung der späten 1920er und frühen 1930er Jahre in Polen gesehen werden muss. Dies bedeutete für die ohnehin geringe Kapitalbildung, die für das Finanzsystem in Polen seit 1918 charakteristisch war, einen zusätzlichen Rückschlag, von dem sich die Wirtschaft in einigen Sektoren bis 1939 nicht vollständig erholte. Der Umstand, dass im polnischen Bankwesen der späten 1920er Jahre knapp 70 Prozent des Eigenkapitals im Immobilienbereich investiert waren, konnte die Auswirkungen der Wirtschaftskrise im Kreditsektor zwar etwas mildern, aber keineswegs verhindern.[8]

Die Überwindung der Depression führte auf dem kreditwirtschaftlichen Sektor zu einer Dominanz der Staatsbanken, die nach 1931 durch zum Teil massive Finanzhilfen den Privataktienbanken über die Liquiditätskrise geholfen und dabei ihren eigenen Einfluss (in Form von Aktienbesitz) gestärkt hatten („Etatismus"[9]). Einen starken Druck in diese Richtung übte auch die forcierte Rüstungspolitik Polens aus, denn anders als die Staatsbanken konnten die privaten Kreditinstitute nicht an der Investitions- und Anlageverwaltung der bedeutenden Kapitalvolumina des Wehrministeriums partizipieren. Zwischen April 1936 und dem Beginn des Krieges erhielt die Armee aus dem regulären und außerordentlichen Haushalt Mittel von insgesamt 4,2 Mrd. Złoty, was einer Größenordnung von über 40 Prozent des polnischen Staatshaushaltes in diesem Zeitraum entsprach. Somit war das Wehrministerium – anders als das Finanzministerium bzw. der ordentliche Haushalt im Allgemeinen – in der zweiten Hälfte der 1930er Jahre die einzige staatliche

---

[6] Roman Górecki: Polens wirtschaftliche Entwicklung. Warschau ^{2}1935, S. 16; Georg W. Strobel: Die Industrialisierung Polens am Vorabend des Zweiten Weltkriegs zwischen Innen- und Wehrpolitik, in: ZfO 24 (1975), S. 221-271, hier S. 226.

[7] Strobel, Industrialisierung Polens, S. 228; Zbigniew Landau/Jerzy Tomaszewski: Anonimowi władcy. Z dziejów kapitału obcego w Polsce (1918-1939). Warszawa 1968, S. 209, schätzen allein den bereinigten Ertragsabfluss bis 1939 im Bereich der ausländischen Unternehmensbeteiligung auf mindestens 2 Mrd. Złoty.

[8] Hemmerling, Kreditbanken und die Wirtschaftskrise in Polen, S. 12.

[9] Vgl. Górecki, Polens wirtschaftliche Entwicklung, S. 28f.

Institution, die über größere liquide Kapitalreserven verfügte. Deren Verwaltung oblag einzig den Staatsbanken, die durch gesetzliche und fiskalische Vorteile bessere Anlagekonditionen gewähren konnten als private Institute.[10] Auf diese Weise machten eine vergleichsweise breit angelegte Tätigkeit der Staatsbanken, ein sukzessive aufgestockter Wehretat sowie eine gesteuerte Industriefinanzierung die privaten Institute zunehmend unwichtiger. Zudem fehlte Investoren und Anlegern offenkundig das Vertrauen in den privaten Banksektor, in dem es nach 1931 zu zahlreichen Konkursen gekommen war. Darüber hinaus konnte bzw. musste der Staat in ähnlicher Weise, wie dies in Deutschland im Falle der Berliner Großbanken geschah, seine Beteiligungen an Privataktienbanken in den 1930er Jahren erheblich erweitern.[11] Während private Kreditinstitute Ende der 1920er Jahre noch mit ca. 50 Prozent am gesamten Aufkommen kurzfristiger Kredite beteiligt waren, lag diese Quote am Ende der 1930er Jahre nur mehr knapp über 20 Prozent.[12] Eine vergleichbare Marginalisierung findet sich auch auf der Passivseite der Bankbilanzen. Der Einlagenbestand der privaten Banken hatte 1926 noch etwa 40–45 Prozent des Gesamteinlagenbestandes ausgemacht. 1938 entfielen auf die drei staatlichen Großbanken[13] über 22 Prozent der Einlagen, Privataktienbanken einschließlich der ausländischen Banken verwalteten nur mehr 18 Prozent aller Einlagen (ca. 700 Mio. Złoty).[14]

Die Dominanz der Staatsbanken machte das gesamte Kreditgeschäft aber auch anfälliger für politisch bedingte Krisen; die Jahre 1936 und 1938 führten zu großen Irritationen und zu einem erheblichen, wenn auch nur vorübergehenden Abzug von Einlagen, allein 1936 beinahe 120 Mio. Złoty.[15] Nicht zuletzt die Einführung von Devisenbeschränkungen 1936 ließ der ansonsten befriedigenden Konjunkturlage zum Trotz den Anteil ausländischen Kapitals im Kreditwesen in der zweiten Hälfte der 1930er Jahre immer niedriger werden, wobei der Anteil deutschen Kapitals absolut abnahm, relativ jedoch zunahm.[16]

Im Zusammenhang mit dem „Anschluss Österreichs" an das Deutsche Reich sowie der gespannten Beziehungen Polens zu Litauen kam es im März 1938 zu einem Einlagenabzug von 100 Mio. Złoty, so dass man bereits Bankfeiertage in

---

[10] Zbigniew Landau/Jerzy Tomaszewski: Gospodarka Polski międzywojennej 1918–1939, Bd. 4: Lata interwencjonizmu państwowego 1936–1939. Warszawa 1971, S. 376ff.

[11] Wojciech Morawski: Bankowość prywatna w II Rzeczypospolitej. Warszawa 1996, S. 111–113.

[12] Ebd., S. 121; 1934/1935 gab es in Polen fünf Staatsbanken (inklusive Postsparkasse), 43 Aktienbanken, 27 private Bankhäuser, 363 kommunale Sparkassen sowie ca. 6000 Kreditgenossenschaften. 1937 verfügten die staatlichen Großbanken über eine Bilanzsumme von 6,28 Mrd. Złoty, ein Aktienkapital von 350 Mio. Złoty sowie Kreditoren in Höhe von 1,2 Mrd. Złoty; demgegenüber betrug die Bilanzsumme der zehn größten polnischen Privataktienbanken nur 854 Mio. Złoty, ihr Aktienkapital knapp 100 Mio. Złoty, sowie die Summe ihrer Kreditoren lediglich 461,3 Mio. Złoty; Angaben nach: Das polnische Bankwesen, in: Bank-Archiv 1939, S. 488–491, hier S. 491; Górecki, Polens wirtschaftliche Entwicklung, S. 38–40.

[13] Bank Polski, Bank Gospodarstwa Krajowego und Państwowy Bank Rolny.

[14] Mały Rocznik Statystyczny 1939, S220, 233.

[15] Morawski, Bankowość prywatna, S. 117f.

[16] Ebd., S. 96, 100.

Erwägung zog. Das Münchener Abkommen kostete die polnischen Banken im September und Oktober 1938 erneut ca. 300 Mio. Złoty – etwa zehn Prozent des gesamten Einlagenbestandes. Die Institute waren daher zu einer sehr viel größeren Liquiditätshaltung gezwungen, was insbesondere den Spielraum der Privataktienbanken weiter einengte. Im März 1939 kam es nach dem deutschen Einmarsch in die Tschechoslowakei nochmals zu einem Einlagenabzug von knapp 500 Mio. Złoty.[17] Hatte der Finanzminister Eugeniusz Kwiatkowski bislang eine antiinflationäre Währungspolitik gegen Premierminister Felicjan Sławoj Składkowski und den militärischen Flügel um Edward Rydz-Śmigły durchsetzen können, so wurde nun im Februar 1939 die bislang verbindliche dreißigprozentige Golddeckungspflicht für den gesamten Notenumlauf aufgegeben und die Grenze für eine Notenemission ohne Deckung (fiduziarische Emission) auf zunächst 1,2 Mrd. Złoty erhöht, bis sie – schon nach dem Überfall der Deutschen – noch am 2. September 1939 ganz aufgehoben wurde.[18]

Das polnische Kreditwesens, wie es die Nationalsozialisten im September 1939 vorfanden, war bereits durch die 1938 und 1939 wiederholt ausgelösten Krisen geschwächt worden, die Liquiditätsreserven durch die politisch motivierten Einlagenabzüge deutlich vermindert. Zudem sollte es den Deutschen noch zu schaffen machen, dass auch die verbesserte Konjunkturlage in Polen seit 1936 nur wenig an der allgemeinen Abneigung gegenüber dem bargeldlosen Geschäfts- und Überweisungsverkehr zu ändern vermocht hatte.[19]

2. Reichsdeutsche Kreditinstitute in Polen

Im preußischen Teilungsgebiet war das Kreditwesen bis 1918 von deutschem Kapital und reichsdeutschen Banken beherrscht gewesen. Polnische Regionalinstitute hatten demgegenüber nur eine untergeordnete Rolle gespielt.[20] Im Verlaufe des Ersten Weltkrieges hatte sich das Engagement deutscher Privataktienbanken im polnischen Raum in Grenzen gehalten. Dies war vor allem das Resultat einer nur geringfügigen Indienstnahme privater Kreditinstitute seitens der staatlichen bzw. militärischen Stellen gewesen. So lehnte beispielsweise die Deutsche Bank 1916 ihre Beteiligung an einer in Form eines Konsortiums zu gründenden Notenbank für das Generalgouvernement Warschau aus Risikoerwägungen ab[21], weshalb

17 Landau/Tomaszewski, Gospodarka Polski, Bd. 4, S. 395.

18 Ebd., S. 403; Um die Emissionspolitik in Polen. Satzungsänderungen bei der Bank Polski, in: Ostwirtschaft 28 (1939), S. 31f.; Marian Marek Drozdowski: Polityka gospodarcza rządu polskiego (1936–1939). Warszawa 1963.

19 AAN, Rząd GG, Nr. 1295, Bl. 1-22, hier Bl. 5: Bericht Fritz Paerschs, 30. 6. 1940; Jezierski/Leszczyńska, Bank Polski SA 1924–1951, S. 101.

20 Vgl. zur Entwicklung bis 1918 Irena Kostrowicka/Zbigniew Landau/Jerzy Tomaszewski: Historia gospodarcza Polski XIX i XX wieku. Warszawa 1966, S. 185ff., 226ff.; Jerzy Schön: Das polnische Bankwesen. Katowice 1928, S. 61ff.

21 Gerald D. Feldman: Die Deutsche Bank vom Ersten Weltkrieg bis zur Weltwirtschaftskrise, in: Die Deutsche Bank 1870–1995. Hg. von Lothar Gall u. a. München 1995, S. 137-314, hier S. 157.

hierfür die halbstaatliche, von der Preußischen Seehandlung dominierte und in Posen ansässige Ostbank AG herangezogen wurde.[22]

Unmittelbar nach Beendigung des Ersten Weltkrieges hatten sich die deutschen Großbanken von praktisch allen ihrer auf polnischem Territorium befindlichen Niederlassungen getrennt[23], wobei diese entweder geschlossen und liquidiert oder auf neugegründete polnische Institute übergeleitet wurden. Der Rückzug deutscher Banken aus Polen ermöglichte jedoch den dort verbliebenen deutschen Genossenschaftsbanken, die den Krieg entweder überdauert hatten oder neugegründet wurden, das Überleben, da diese nun das Geschäft mit der deutschen Minderheit vollständig auf sich zogen.

In den 1930er Jahren waren lediglich vier reichsdeutsche bzw. Danziger Kreditinstitute mit Niederlassungen in Polen vertreten.[24] Dabei handelte es sich erstens um die Danziger Privat-Actien-Bank, die auf polnischem Territorium Filialen in Poznań (Posen), Grudziądz (Graudenz) und Starograd (Stargard) unterhielt, auf die – neben dem Danziger Stammkapital in Höhe von vier Millionen Danziger Gulden – eineinhalb Millionen Złoty Eigenkapital entfielen.[25] Ebenfalls in Grudziądz mit einer Geschäftsstelle vertreten war die Danziger Raiffeisenbank, deren Bedeutung aber bei einem Gesamtkapital von knapp einer Million Złoty recht gering war.

Auf der Grundlage des Genfer Abkommens über Oberschlesien[26] waren in den 1930er Jahren auch zwei der drei Berliner Filialgroßbanken in Polen mit Geschäftsstellen präsent – die Deutsche Bank und Disconto-Gesellschaft seit 1929 mit einer Geschäftsstelle in Katowice und einem Kapitalvolumen von 1,6 Mio. Złoty; die Dresdner Bank, die bereits seit 1912 ebenfalls in Katowice eine Niederlassung unterhalten hatte, mit dem Bankrott der Darmstädter und Nationalbank auch deren Kattowitzer Filiale übernahm und 1931 über ein Kapital von 3 Mio.

---

22 Reinhold Zilch: Okkupation und Währung im Ersten Weltkrieg. Die deutsche Besatzungspolitik in Belgien und Russisch-Polen 1914–1918. Goldbach 1994, S. 255, 266, 271ff., 295ff.; Leo Feuchtwanger: Die Darlehnskassen des Deutschen Reiches mit Berücksichtigung der entsprechenden Kreditorganisation des Auslands. Stuttgart/Berlin 1918, bes. S. 67–71.

23 Feldman, Die Deutsche Bank vom Ersten Weltkrieg bis zur Weltwirtschaftskrise, S. 191.

24 Gemeint sind Institute mit Stammsitz im Deutschen Reich bzw. der Freien Stadt Danzig; vgl. zum Folgenden: Rocznik Polskiego Przemysłu i Handlu 1938. Warszawa 1938, Nr. 1011–1015.

25 AAN, Ministerstwo Skarbu, Nr. 4242, Bl. 16–24: Verwaltungsbericht der Danziger Privat-Actien-Bank für das Jahr 1938; ebd., Bl. 33: Jahresbilanz der Danziger Privat-Actien-Bank, Filiale Poznań vom 31. 12. 1938; ebd., Bl. 56–70: Verwaltungsbericht der Danziger Privat-Actien-Bank für das Jahr 1937.

26 Das „Deutsch-polnische Abkommen über Oberschlesien" (Genfer Abkommen) vom 15. 5. 1922 diente der Stabilisierung des oberschlesischen Wirtschaftsraumes nach dessen Teilung zwischen der Republik Polen und dem Deutschen Reich und regelte neben allgemeinen rechtlichen Streitfragen auch die Geschäftstätigkeit der Banken beider Staaten im jeweils anderen Teil Oberschlesiens (Art. 314–329). Auf polnischer Seite durften die Agrar- und Commerzbank (1940 umbenannt in Bank für Handel und Industrie), die Deutsche Bank und Disconto-Gesellschaft, die Darmstädter und Nationalbank sowie die Dresdner Bank, auf deutscher Seite die Bank Przemysłowców sowie die Polski Bank Handlowy ihre Geschäfte fortführen; vgl. RGBl. II 1922, S. 237ff., hier S. 375.

Złoty verfügte.[27] Dass die Dresdner Bank bis 1939 noch einen genossenschaftlichen Geschäftsbereich unterhielt, dürfte auch der Grund dafür gewesen sein, weshalb polnische Saisonarbeiter im Deutschen Reich sich für den Transfer ihrer Ersparnisse nach Polen bis in die zweite Hälfte der 1930er Jahre hinein bevorzugt der Dresdner Bank bedienten.[28] Zusätzlich war die Dresdner Bank auch durch ihren Aktienbesitz an der 1920 gegründeten Oberschlesischen Disconto-Bank mit Sitz in Königshütte und einer Filiale in Kattowitz in diesem Gebiet engagiert.[29] Die Bedeutung der Deutschen und Dresdner Bank für Ostoberschlesien war somit nicht unbeträchtlich. Polnische Schätzungen gingen Anfang der 1930er Jahre davon aus, dass der Kapitalanteil des Auslands an der Bergbau- und Hüttenindustrie im polnischen Teil Ostoberschlesiens etwa 80 Prozent betrug, davon die Hälfte deutscher Provenienz und zu erheblichen Teilen im Besitz der Berliner Großbanken.[30]

Zwischen 1931 und 1934 kam es allerdings zu einer Reduktion der Aktivitäten der beiden D-Banken am Bankplatz Kattowitz. Hatten ihre Umsätze 1929 noch 215 Mio. Złoty betragen, so fielen sie bis 1932 um mehr als die Hälfte auf 93 Mio. Złoty und lagen nach einer Konsolidierungsphase nach Weltwirtschafts- und Bankenkrise selbst im Jahre 1935 noch immer bei nur 96 Mio. Złoty. In der zweiten Hälfte der 1930er Jahre schränkte die Dresdner Bank ihr Engagement im Gegensatz zur Deutschen Bank weiter ein, die Geschäftsvolumina beider Institute verhielten sich zueinander im Verhältnis von etwa 1:4.

Mit der Einführung der Devisenbewirtschaftung in Polen am 27. April 1936 wurde die Position des Finanzministeriums gegenüber den Banken erheblich gestärkt: Der Verlust des Status einer Devisenbank bedeutete für ein Kreditinstitut praktisch den Konkurs.[31] Die Aufsichts- und Weisungsbefugnisse der Bankenaufsicht waren dem Finanzministerium zugeordnet, die gesetzliche Grundlage hierfür bildete die Verordnung des Staatspräsidenten über das Bankrecht vom 17. März 1928.[32] Die polnische Devisengesetzgebung folgte in ihren Grundzügen den österreichischen, tschechoslowakischen und deutschen Regelungen, namentlich in Deutschland wurde „die verhältnismäßig liberale Behandlung der ausländischen Banken“ positiv vermerkt.[33]

Wie sehr die Politik im Kreditsektor jedoch in der zweiten Hälfte der 1930er Jahre ihren Einfluss geltend machte, zeigen die beiden politisch motivierten Liqui-

---

27 Rocznik Polskiego Przemysłu i Handlu 1938, Nr. 1014-1015; APK, Urząd Wojewódzki Śląski, Wydział Prezydialny, Nr. 327, Bl. 133-163: Bankowość niemiecka w Woj. Śląskiem według stanu obecnego [1936].

28 Henryk Chałupczak: II Rzeczpospolita a mniejszość polska w Niemczech. Poznań 1992, S. 181.

29 Mariusz Trąba: Bankowość, in: Województwo śląskie (1922-1939). Katowice 1996, S. 365-389, hier S. 375f.

30 Trąba, Bankowość, S. 373f.

31 Morawski, Bankowość prywatna, S.113.

32 DzURP 1928, Nr. 34, Pos. 321, zit. nach: Die Bankenaufsichtsgesetze der Welt in deutscher Sprache. Berlin/Leipzig 1937, S. 249-263.

33 Devisenwirtschaft und Außenhandel. Nachrichtenblätter der Commerz- und Privatbank vom 7. 5. 1936, S. 113f. Von den Zweigstellen der ausländischen Institute wurde 1936 zunächst nur den beiden Kattowitzer Filialen der Dresdner Bank und der Deutschen Bank und Disconto-Gesellschaft eine „Devisenermächtigung“ erteilt.

dationen des Jahres 1938 – der Kattowitzer Filiale der Dresdner Bank sowie der Bank Komercjalny SA. w Krakowie (Kommerzialbank AG in Krakau).

Im März bzw. im Juni 1938 war der Niederlassung der Dresdner Bank in Katowice und der Krakauer Kommerzialbank der Status einer Devisenbank entzogen und ihre Liquidation angeordnet bzw. beschlossen worden.[34] Den Hintergrund bildete im Falle der Dresdner Bank zweifellos das Auslaufen des Genfer Abkommens für Oberschlesien am 15. Juli 1937 (Artikel 331), das bislang die Existenz polnischer Kreditinstitute im deutschen sowie deutscher Banken im polnischen Teil Oberschlesiens garantiert hatte. In den Verhandlungen mit dem polnischen Finanzministerium hatte die Dresdner Bank 1937 zunächst versucht, dem Auslaufen der Genfer Konvention dadurch entgegenzutreten, dass man anbot, die Aktiven der Filiale auf die Oberschlesische Discontobank in Königshütte (Górnośląski Bank Dyskontowy w Chorzowie), deren Alleinaktionär die Dresdner Bank war, überzuleiten und auf diese Weise ein neues Institut unter polnischer Firma und auf polnischer Rechtsgrundlage mit einem Einlagekapital von vier bzw. 4,5 Mio. Złoty zu gründen. Ein interner Bericht der Dresdner Bank vom August 1937 ging davon aus, dass in den Verhandlungen mit den Warschauer Finanzbehörden „auf Grund der bisherigen Verhandlungen aller Wahrscheinlichkeit nach mit deren Einverständnis gerechnet werden" könne.[35] Wie neuralgisch das ostoberschlesische Gebiet jedoch war, ist an den Bedingungen ersichtlich, von denen das Finanzministerium sein Plazet abhängig machte. Demnach würde einer Fusion nur dann zugestimmt, wenn das Einlagekapital mindestens 8 Mio. Złoty betrüge, die Satzung explizit einen Staatskommissar berücksichtige und ferner in Aufsichtsrat und Vorstand die Stimmenmehrheit für Mitglieder polnischer Staatsangehörigkeit festschreibe, schließlich dass die Bank eine Reihe von dem Ministerium zweifelhaft erscheinenden oder unerwünschten Geschäften auf ihre Berliner Zentrale oder die Breslauer Filiale übertrage. Ferner sollte eine in der polnischen Bankengesetzgebung ansonsten nicht verankerte statuarische Bestimmung garantieren, dass das Verhältnis von Einlagen zum Kapital den Wert von 3:1 nicht überschreite. Im Falle, dass die Bank diese Bedingungen nicht erfüllen könne oder wolle, würde sie einer Liquidation entgegensehen.[36]

Es kann angenommen werden, dass die aggressiv-expansive Politik des Deutschen Reiches („Anschluss" Österreichs am 13. März 1938) sowie die sich abzeichnende Sudetenkrise[37] ihre Wirkung auf das Warschauer Finanzministerium

---

[34] APK, Dresdner Bank Kattowitz, Nr. 7, Bl. 249: Die Auflösung der Filiale der Dresdner Bank (Kattowitzer Zeitung vom 28. 6. 1938); ebd., Bl. 250: Die Entziehung der Devisenrechte von sechs Finanzinstituten (Polonia vom 27. 6. 1938). Der Verlust der Devisenrechte war im Falle der beiden deutschen Banken logische Folge (Einstellung der Geschäftstätigkeit), nicht Anlass der Liquidation.

[35] APK, Dresdner Bank Kattowitz, Nr. 6: Bezirksrevision Sachsen und Südostdeutschland: Bericht über die Auswirkungen einer Übertragung des Geschäfts der Dresdner Bank Kattowitz auf die Oberschlesische Discontobank Spółka Akcyjna (August 1937), S. 1.

[36] AAN, Ministerstwo Skarbu, Nr. 4244, Bl. 11–17: Sprawa Katowickiego Oddziału Dresdner Bank S.A. (November 1937).

[37] Vgl. Dieter Ziegler: Die „Germanisierung" und „Arisierung" der Mercurbank während der Ersten Republik Österreich, in: ders. (Hg.), Banken und „Arisierungen" in Mitteleuropa während des Nationalsozialismus. Frankfurt a. M. 2002, S. 15–42.

nicht verfehlten, obwohl Polen einige Monate später durch die Inkorporation des Olsagebietes an der Neuarrondierung deutscher Interessen in Mittelosteuropa infolge des Münchener Abkommens teilnahm. Jahre zuvor jedoch war im Finanzministerium – explizit „aus politischen Erwägungen" – die Liquidation der deutschen Banken in Schlesien bereits angedacht, im April 1931 jedoch wieder aufgegeben worden, vor allem deshalb, weil die als Alternative zur Deutschen und zur Dresdner Bank in Kattowitz gedachte Gründung der Schlesischen Bank AG in Kattowitz (Bank Śląski S.A. w Katowicach) nicht geglückt war. Darüber hinaus konnte man auf die Geschäfte der deutschen Institute ungeachtet ihrer schwindenden Bedeutung für die oberschlesische Industriefinanzierung nicht ohne weiteres verzichten.[38]

Nun aber wurde die Dresdner Bank, noch während sie in Verhandlungen mit der Oberschlesischen Discontobank stand, am 19. März 1938 kurzerhand aufgefordert, die Liquidation der Filiale spätestens bis zum 26. d.M. einzuleiten.[39] Der Hinweis der deutschen Botschaft, dieses Vorgehen stehe im Widerspruch zur „Kattowitzer Niederschrift" vom 12. Juli 1937, die die Konzessionserteilung für reichsdeutsche Bankfilialen auch nach Ablauf des Genfer Abkommens vorsah, fand keine Beachtung.[40] Auf die Dresdner Bank zu verzichten, fiel dem Warschauer Ministerium um so leichter, als man im März übereingekommen war, dass die vom Reichsfinanzministerium kurz zuvor entsprechend bevollmächtigte Slawische Bank AG in Berlin fortan den Ersparnistransfer polnischer Saisonarbeiter übernehmen sollte (1937 in Höhe von 2,5 Mio. RM)[41], wohingegen die besser gelittene Deutsche Bank in Katowice zum Abrechnungsverkehr im Rahmen des deutsch-polnischen Wirtschaftsvertrages (abgeschlossen am 1. Juli 1938) zugelassen werden sollte.[42]

Die Verhandlungen zwischen Dresdner Bank und Finanzministerium zogen sich noch bis Anfang Juni hin, bis schließlich am 8. Juni 1938 mit der Abwicklung begonnen wurde.[43] Letztlich fiel der Bank der Abschied von ihrer geschäftlichen Präsenz in Oberschlesien vergleichsweise leicht. Eine wegen des hoch einge-

---

[38] Zbigniew Landau/Jerzy Tomaszewski: Kapitały obce w Polsce 1918–1939. Warszawa 1964, S. 310; vgl. APK, Dresdner Bank Kattowitz, Nr. 6: Bericht über die Auswirkungen einer Übertragung des Geschäfts der Dresdner Bank Kattowitz, Anlage I: Spezifikation der Debitoren, S. 1–94.

[39] AAN, Ministerstwo Skarbu, Nr. 4244, Bl. 115f.: Dresdner Bank an Ministerstwo Skarbu, 24. 3. 1938.

[40] Ebd., Bl. 100–102: Aide mémoire der Deutschen Botschaft Warschau vom 1. 4. 1938.

[41] Die 1933 in Berlin gegründete Slawische Bank AG (Bank Słowiański) diente den in Deutschland tätigen polnischen Kreditgenossenschaften als Refinanzierungs- bzw. Zentralinstitut, bildete aber auch allgemein dem Verband der Polen in Deutschland in allen Finanzfragen den Anlaufpunkt. Chałupczak, II Rzeczpospolita a mniejszość polska w Niemczech, S. 146ff., 180; Kazimierz Pietrzak-Pawłowski: Spółdzielczość polska na Ziemiach Zachodnich i Północnych 1918–1939. Warszawa 1967, S. 242–244, 253; Anna Poniatowska: Polacy w Berlinie 1918–1945. Poznań 1986, S. 298–309.

[42] AAN, Ministerstwo Skarbu, Nr. 4244, Bl. 108: Aktennotiz des Ministerstwo Skarbu vom März 1938; vgl. Harold James: Die Deutsche Bank und die „Arisierung". München 2001, S. 184f.

[43] Unrichtig daher die Datierung auf 1937 bei James, Deutsche Bank im Dritten Reich, S. 148.

schätzten politischen Risikos der Region überaus hohe Liquiditätshaltung (1937: 90 Prozent) hatte die Rentabilität der Filiale seit Jahren belastet[44], entsprechend hatte man das Jahr 1937 mit einem Verlust von 113 648,– Złoty abgeschlossen.[45] In einem Schreiben an das Auswärtige Amt vom März 1938 betonte die Dresdner Bank eben dieses politische Risiko ihrer geschäftlichen Betätigung in Polen, da sie ständig Gefahr laufe, dass „zu irgendeinem Zeitpunkt von seiten der Polen Eingriffe erfolgen, die bei den grossen und weitverzweigten Auslandsinteressen unseres Instituts in der ganzen Welt unter Umständen Rückwirkungen auslösen, die weit über die Grenzen der Betätigung der Filiale Kattowitz selbst hinausgehen" könnten. Man habe der deutschen Politik gegenüber verschiedentlich zum Ausdruck gebracht, dass „wir uns nach unseren seit 1918 gemachten Erfahrungen in Ost-Oberschlesien am liebsten aus dem dortigen Gebiet überhaupt zurückziehen möchten", zu einem Verbleib in Kattowitz habe man sich nur hinsichtlich der deutschen Gesamtinteressen in Ostoberschlesien bereitgefunden.[46] Im Jahresbericht der Bank hieß es lakonisch, man habe sich entschlossen, nach Ablauf des Genfer Abkommens die Filiale in Kattowitz zu schließen.[47]

Die Bank Komercjalny SA. w Krakowie (Kommerzialbank AG in Krakau) war 1920 samt einer Zweigniederlassung in Lemberg (1931/32 aufgelöst) aus der Krakauer Vorkriegsfiliale der Wiener Mercurbank durch Umwandlung in eine Aktiengesellschaft hervorgegangen. Ihr Aktienkapital (1,5 Mio. Złoty) befand sich zu weit über 90 Prozent (1937: 96 Prozent) im Besitz der Mercurbank.[48] Die Kommerzialbank war 1932 faktisch zu einer Affiliation der Dresdner Bank geworden, als diese nämlich in der Folge der Fusion mit der Darmstädter und Nationalbank deren Aktienmajorität an der Mercurbank übernahm.[49] Die Geschäfte der Kommerzialbank nahmen sich zu Beginn der 1930er Jahre angesichts einer Bilanzsumme von knapp über drei Millionen Złoty (1933) bescheiden aus[50], und selbst diese sank noch weiter auf 2,6 Mio. Złoty 1937 ab.[51] Zwar hatte die indirekte Aktienmajorität der Dresdner Bank im Aufsichtsrat der Kommerzialbank keine unmittelbaren personellen Auswirkungen, doch wurde dem polnischen Finanzministerium der Einfluss der Dresdner Bank wie schon im Falle von deren Kattowitzer

---

44 APK, Dresdner Bank Kattowitz, Nr. 6: Bericht über die Auswirkungen einer Übertragung des Geschäfts der Dresdner Bank Kattowitz, S. 6f., 12.

45 APK, Dresdner Bank Kattowitz, Nr. 7, Bl. 165: Liquidationseröffnungsbilanz der Dresdner Bank Kattowitz per 7. 6. 1938.

46 APK, Dresdner Bank Kattowitz, Nr. 7, Bl. 306–310, hier Bl. 306f.: Dresdner Bank Berlin an Auswärtiges Amt, 25. 3. 1938, betr. Dresdner Bank Kattowitz.

47 Geschäftsbericht der Dresdner Bank für das Jahr 1938, S. 17.

48 AAN, Ministerstwo Skarbu, Nr. 4316, Bl. 10–54, hier Bl. 15: Protokół kontroli Banku Komercjalnego Sp. Akc. w Krakowie [...] z dnia 24 maja 1937 r.

49 Meyen, 120 Jahre Dresdner Bank, S. 121; Morawski, Bankowość prywatna, S. 103f.; Ziegler, „Germanisierung" und „Arisierung" der Mercurbank, S. 25.

50 AAN, Ministerstwo Skarbu, Nr. 4312: Protokoll der Hauptversammlung vom 31. 5. 1933; BArch, R 2501/5524, Bl. 13f.: Schwache polnische Privatbanken (Frankfurter Zeitung Nr. 505/506 vom 4. 10. 1939).

51 AAN, Ministerstwo Skarbu, Nr. 4318, Bl. 13–24: Protokolle der Aktionärsversammlungen vom 15. 4. 1937.

Filiale offenbar zu groß. Insbesondere deren rege Umsätze mit der Kommerzialbank wurden in Warschau misstrauisch registriert. Ihre Geschäfte schätzte man als „wenig lebhaft" und von nur geringer Bedeutung für den Finanzplatz Krakau ein. Eine Buchprüfung im Juni 1937 ergab, dass lange hinausgezögerte Abschreibungen dubioser Debitoren das Aktienkapital faktisch halbiert hatten und damit eine deutliche Unterschreitung der Mindestkapitalausstattung vorlag. Dies nahm man zum Anlass, die Bank vor die Wahl zu stellen, entweder das Eigenkapital zu stärken und sich dabei von dem Wiener und Berliner Einfluss – etwa durch Überleitung auf eine polnische Interessengruppe oder durch Fusion mit einem polnischem Kreditinstitut – zu lösen oder aber das Institut zu liquidieren.[52] Zwar drückte die Mercurbank verschiedentlich ihre Bereitschaft aus, ihr Aktienpaket abzugeben bzw. einer Fusion mit einer polnischen Bank zuzustimmen[53], auch versuchte man, die vom Ministerium hierfür gesetzten Fristen weiter auszudehnen. Dennoch kam es schließlich ab 15. September 1938 durch Beschluss der Generalversammlung zum Eintritt in die Liquidation, die bis zum 1. September 1939 zwar weitgehend, aber nicht vollständig abgeschlossen wurde.[54] Angesichts ihrer geringen Bedeutung vor 1939 findet die überragende Rolle, die die Kommerzialbank im Generalgouvernement ab 1940 spielen sollte, in ihrer Vorkriegsgeschichte somit nur einen bedingten Rückhalt.

Für deutsche Großbanken war es in Polen im Verlaufe der 1930er Jahre somit immer schwieriger geworden, da im Zuge einer zunehmend etatistischen Wirtschafts- und Finanzpolitik ausländisches Kapital mehr und mehr „polonisiert", d.h. vom Staat aufgekauft, oder aus dem Lande gedrängt wurde. Zwar stieg der Auslandsanteil am Aktienkapital polnischer Privataktienbanken zwischen 1935 und 1937 von 39 Prozent auf über 45 Prozent an; da aber der Anteil der Auslandskredite polnischer Banken sich insgesamt drastisch verringerte – von 676 Mio. Złoty Ende 1929 auf nur ca. 100 Mio. Złoty im Jahre 1939 –, ist anzunehmen, dass auch das von Kreditinstituten im Ausland gehaltene Aktienkapital sich schon aus Gründen der Risikominderung stark reduziert haben dürfte.[55] 1929 waren deutsche Banken nach britischen (136 Mio. Złoty) die zweitgrößten Gläubiger gewesen (116 Mio. Złoty), 1937 standen sie nach französischen Banken (41 Mio. Złoty) zwar wieder an zweiter Stelle, doch betrug ihr Anteil an den Auslandsbankkrediten nur mehr 37 Mio. Złoty.[56] Diese Summe sank nochmals bis März 1939 auf 21,1 Mio. Złoty, so dass durchaus von einer vom Finanzministerium gesteuerten

---

[52] Ebd., Nr. 4316, Bl. 7–8: Ministerstwo Skarbu, Kierownik Komisariatu Bankowego, an Abteilung 3 D II, 3.7.1937; vgl. APK, Dresdner Bank Kattowitz, Nr. 143, Bl. 145f.: Bericht über die Liquidation der Kommerzialbank AG Krakau vom 12.4.1940.

[53] AAN, Ministerstwo Skarbu, Nr. 4316, Bl. 1: Mercurbank Wien an das „verehrliche Finanz-Ministerium" in Warschau, 9.12.1937.

[54] APK, Dresdner Bank Kattowitz, Nr. 143, Bl. 131–135: Aktennotiz betr. Liquidation der Bank Komercjalny. Die Kreditoren waren bis 1.9.1939 bis auf einen Rest von 39000,– Złoty abgewickelt worden.

[55] Landau/Tomaszewski, Gospodarka Polski, Bd. 4, S. 398f.; Leopold Wellisz: Foreign Capital in Poland. London 1938, S. 137–139; Hemmerling, Kreditbanken und die Wirtschaftskrise in Polen, S. 47; Deutsches Institut für Bankwissenschaft und Bankwesen (Hg.): Das polnische Bankwesen. Berlin (1939), S. 18ff.

[56] Wellisz, Foreign Capital, S. 137–139.

Marginalisierung gesprochen werden kann.[57] Dem hieraus resultierenden Vorteil einer verringerten Zinsenbedienung stand der Nachteil noch stärker eingeschränkter Kapitalreserven der privaten Kreditinstitute gegenüber.

3. Die Freie Stadt Danzig als Bankplatz in der Zwischenkriegszeit

Bereits im Ersten Weltkrieg hatte Danzig in optimistisch gestimmten Expansionsszenarien Deutschlands einen der Ausgangspunkte für die wirtschaftliche Durchdringung des ostmitteleuropäischen Raumes gebildet. Welches Schicksal man für Polen im Einzelfall auch vorsah, so bildete doch dessen wirtschaftliche Abhängigkeit von Deutschland wie zuvor in der Zeit der Teilungen den Konsens einer jeden Nachkriegsplanung für Osteuropa. Der Eindruck von Deutschland als der bestimmenden Ordnungsmacht wurde auch durch einen direkten Vergleich der sehr unterschiedlichen wirtschaftlichen Lage in den drei Teilungsgebieten Polens nahegelegt.

Die deutsche Niederlage im Kriege und das Wiedererstehen des polnischen Staates warfen diese Planungen zwar weitgehend über den Haufen; offen blieb jedoch die Frage, ob nicht zumindest Danzig in den deutsch-polnischen Wirtschaftsbeziehungen so etwas wie eine Vermittlerrolle würde übernehmen und sich zu einem deutsch-polnischen Bankenplatz entwickeln können.

Die Freie Stadt Danzig umfasste als souveräner Staat nach der Volkszählung vom 18. August 1929 knapp 1900 km² mit 407517 Einwohnern, von denen sich über 90 Prozent zur deutschen Nationalität bekannten. Ein Hoher Kommissar als Vertreter des Völkerbundes garantierte die Einhaltung der Verfassung und fungierte zugleich als Schlichter im Falle völkerrechtlicher Streitfragen zwischen Danzig und Polen. Die Außenpolitik sowie die militärische Verteidigung des ansonsten entmilitarisierten Freistaates war der Republik Polen übertragen, mit der eine Zollunion bestand.[58] Auch in der Wirtschaftspolitik besaß Polen ein Mitspracherecht, etwa bei der Aufnahme ausländischer Anleihen.[59] Diese geteilten Souve-

---

[57] Volk und Wirtschaft im ehemaligen Polen. Bearbeitet in der Volkswirtschaftlichen Abteilung der Dresdner Bank. Berlin 1939, S. 34. Für die Jahre 1936–1937 schätzt Wellisz das gesamte deutsche Kapitalvolumen in Polen auf 432 Mio. Złoty (Wellisz, Foreign Capital, Appendix B: Foreign Capital in Poland). Das Kapital französischer Provenienz betrug 868 Mio. Złoty, das US-amerikanische 537 Mio. Złoty. Da ab 1936 die ausländischen Kapitalbeteiligungen auch in der Privatwirtschaft schneller zu sinken begannen, ist für die folgenden Jahre von niedrigeren Ziffern auszugehen; Wellisz, Foreign Capital, S. 143, 151. Demnach betrug der deutsche Anteil am gesamten Auslandskapital in Polen 1937 nur noch 13,8 Prozent. Etwas höhere Kennziffern vermutet Strobel, Industrialisierung Polens, S. 252; vgl. APK, Bankhaus Eichborn Filiale Kattowitz, Nr. 3, Bl. 35: Beteiligung ausländischen Kapitals an polnischen Unternehmen mit über 20 Mio. Złoty Kapital in den Jahren 1931–1936.

[58] Danzig. Öffentliche Verwaltung und Finanzen. Berlin 1939, S. 1, 6.

[59] Vgl. die am 9. 11. 1920 zwischen Polen und der Freien Stadt Danzig geschlossene so genannte Pariser Konvention; DzURP 1922, Nr. 13, Pos. 117, bes. Art. 7, abgedruckt in: Dokumenty z dziejów polskiej polityki zagranicznej 1918–1939, Bd. 1: 1918–1932. Warszawa 1989, S. 120–128.

ränitätsrechte sowie die Ansprüche seitens des Deutschen Reiches sorgten für einen hybriden Status der Stadt, die – wie der letzte Hohe Kommissar des Völkerbundes in Danzig, Carl Jacob Burckhardt, es formulierte – „wohl eines der kompliziertesten Gebilde darstellte, das jemals dem theoretischen Denken improvisierender Völkerrechtler entsprungen" sei.[60]

Danzig hatte sich nach einem schwierigen Neuanfang nach Kriegsende, der durch den Wegfall der zuvor gewährten Zuschüsse des Reiches gekennzeichnet war[61], vor allem mit der Abhängigkeit vom polnischen Hinterland als Absatz- bzw. Zulieferermarkt zu arrangieren versucht. Bereits unmittelbar nach Kriegsende wurden 20 Prozent des polnischen Außenhandels über den Danziger Hafen abgewickelt. Letzterer hatte bereits vor dem Ersten Weltkrieg eine nur mehr regionale Bedeutung besessen, und seine Umschlagziffern lagen unter denen der Ostseehäfen in St. Petersburg, Stettin, Kopenhagen und Riga.[62] In dem Maße, in dem die Polnische Republik eine Schutzzollpolitik insbesondere gegenüber Einfuhren aus Deutschland betrieb, errichteten deutsche Firmen bevorzugt Niederlassungen in Polen anstatt in Danzig, was man dort bereits Ende der 1920er Jahre bitter beklagte.[63] Danzig konnte seinen theoretischen Standortvorteil für den Warentransit zwischen Deutschland und Polen in der Praxis somit nur ungenügend nutzen und ließ wegen seiner einseitigen Anlehnung an das Deutsche Reich und dessen Polenpolitik die durch den Versailler Vertrag (§§ 100–108) gebotene Chance ungenutzt, die im Auslandshandel des sich sukzessive entwickelnden polnischen Marktes lag.[64]

In der Folge des Genfer Übereinkommens mit Polen vom 22. September 1923 wurde in der Freien Stadt Danzig am 20. Oktober 1923 die Guldenwährung eingeführt, im Verhältnis von einem Neuen Danziger Gulden zu 750 Mrd. Mark. Die Golddeckungs- bzw. Devisendeckungspflicht betrug 40 Prozent des Notenumlaufs, und insgesamt erwies sich der Danziger Gulden seit 1924 als recht stabile Währung.[65]

Die Freie Stadt Danzig verfügte in der Zwischenkriegszeit über ein gut ausgebautes Bankensystem. Hier waren nicht nur alle deutschen Großbanken mit einer Niederlassung vertreten (Dresdner Bank, Disconto-Gesellschaft, Darmstädter und Nationalbank, Commerz- und Privatbank), die Stadt verfügte seit der Mitte des 19. Jahrhunderts auch über einige teils jüdische Privatbanken wie beispielsweise die 1867 gegründete Depositenbank Meyer und Gelhorn, ferner über Nie-

[60] Carl Jacob Burckhardt: Meine Danziger Mission 1937–1939. München 1962, S. 23.

[61] Vgl. zur unmittelbaren Nachkriegssituation APG, Senat der Freien Stadt Danzig, Nr. 2583, Bl. 33–77: Denkschrift betr. finanzielle Lage der Stadtgemeinde Danzig und des Freistaates Danzig [1920].

[62] Bolesław Kasprowicz: Straty gospodarcze Gdańska jako wynik jego izolowania się od Polski w latach międzywojennych, in: Przegląd Zachodni 12 (1956), Bd. 1, S. 311–323, hier S. 312.

[63] Vgl. APG, Senat der Freien Stadt Danzig, Nr. 2670, Bl. 1f.: Senatspräsident Heinrich Sahm an Carl Fürstenberg, April 1929; Fürstenbergs Antwortschreiben vom 17. 4. 1929 ebd., Bl. 9–12.

[64] Kasprowicz, Straty gospodarcze Gdańska, S. 316.

[65] Marian Gumowski/Marian Pelczar: Pieniądz gdański 1814–1939. Gdańsk 1960, S. 37, 39, 42.

derlassungen einiger polnischer Kreditinstitute, verschiedene Bankhäuser sowie Filialen von Banken mit Hauptsitz im Ausland. Die Bankenpräsenz erschien daher schon Zeitgenossen als großzügig, zumal sich im internationalen Handel der Ostseeanrainerstaaten die Konkurrenz der in Königsberg ansässigen Kreditinstitute bemerkbar machte.

Wenngleich der Danziger Wirtschaftsraum und sein Bankensystem durch die Krise von 1931 zwar getroffen wurden und im Juli vier Bankfeiertage eingelegt werden mussten, so hielten sich die Folgen im Vergleich mit anderen Ländern doch in einem begrenzteren Rahmen, als die enge finanzielle und wirtschaftliche Verbundenheit der Stadt mit dem Deutschen Reich und die dominierende Rolle der Filialen der Berliner Großbanken hätten vermuten lassen. Kurzfristige Überbrückungskredite der Bank für Internationalen Zahlungsausgleich (BIZ) sowie der Bank von England genügten, um die Zahlungsfähigkeit der Bank von Danzig und der Danziger Kreditinstitute weitgehend aufrechtzuerhalten[66], wobei man seitens der Bank von Danzig jedoch vorübergehend auch auf ungesetzliche Methoden zurückgriff.[67] Am problematischsten war nicht der auch in Danzig beträchtliche Einlagenabzug bei den Kreditinstituten, sondern die am 1.Juli 1931 im Deutschen Reich eingeführte Devisenbewirtschaftung. Diese erschwerte nicht nur den Zahlungs- und Handelsverkehr Danzigs mit Deutschland erheblich und bildete damit eine Voraussetzung für die sich ab 1934 drastisch verschlechternde Währungslage der Freien Stadt, sondern sorgte auch für die Zahlungsunfähigkeit der Danziger Sparkassen, da deren Liquiditätsreserven bei der Deutschen Girozentrale festlagen.

Am 28.Mai 1933 errang die NSDAP in Danzig die Sitzmehrheit im Volkstag (52,9 Prozent), Senatspräsident wurde Hermann Rauschning, sein Stellvertreter und Innensenator Arthur Greiser. Bereits seit 1930 war Albert Forster Gauleiter der Danziger NSDAP. In der historischen Forschung ist bislang kein Versuch unternommen worden, die Freie Stadt Danzig und das Deutsche Reich hinsichtlich der nach der Machtübernahme der Nationalsozialisten hier wie dort inaugurierten Massenmobilisierung, des Umbaus des Staatswesens und der Gesetzgebung sowie der Wirtschaftspolitik vergleichend zu untersuchen.

Verschiedentlich ist die Danziger Währungskrise mit dem Konflikt zwischen Hermann Rauschning und Gauleiter Forster sowie – nach Rauschnings Ersetzung

---

66 APG, Senat der Freien Stadt Danzig, Nr.2569, Bl.897-928: Verwaltungsbericht der Bank von Danzig für das Jahr 1931.

67 APG, Senat der Freien Stadt Danzig, Nr.2570, Bl.253-271: Bank von Danzig (gez. Konrad Meißner) an Senatspräsident Ernst Ziehm, 29.7.1931. Das Notenbankgesetz mit Notenprivileg für die Bank von Danzig vom 20.11.1923 (G. Bl.1923, S.1305) zzgl. die Ausführungsbestimmung betr. den Höchstbetrag des Notenumlaufs der Bank von Danzig vom 12.11.1927 (Staatsanzeiger für die Freie Stadt Danzig, Ausgabe A, Teil I, Nr.89 vom 23.11.1927, S.383) sah eine Emissionskontingentierung vor, wonach die Bank von Danzig normalerweise nur Noten in einer Gesamthöhe von jeweils 100 Gulden „auf den Kopf der im Gebiete der Freien Stadt Danzig dauernd ansässigen Bevölkerung“ ausgeben durfte. Darüber hinausgehende Emissionen (> 40 Mio. G) unterlagen der Verpflichtung der Volldeckung, über die sich die Bank von Danzig im Juli 1931 „im vollen Bewußtsein ihrer Verantwortung“ hinwegsetzte (ebd., Bl.267). Das System der Kontingentierung des Notenumlaufs wurde daraufhin geändert; ebd., Nr.2569, Bl.906: Verwaltungsbericht der Bank von Danzig für das Jahr 1931, S.10.

durch Greiser im November 1934 – mit deren unbesonnen-dilettantischem Arbeitsbeschaffungsprogramm erklärt worden, in dessen Folge die Goldreserven der Bank von Danzig zwischen August 1933 und April 1935 von 35 Mio. Gulden auf 13,5 Mio. sanken.[68] Zweifellos war die Politik des Handelsvertreters Greiser und des Bankbeamten Forster[69] 1933/1934 alles andere als eine Sparpolitik. Die Ursachen für das Finanzfiasko der Freien Stadt waren jedoch vielschichtiger und reichten teilweise bis in die 1920er Jahre zurück. So war es zunächst unvermeidlich, dass der kleine Freistaat, für den der Außenhandel in Relation zur Binnenwirtschaft eine ungleich größere Bedeutung besaß als für Flächenstaaten, zu dem Zeitpunkt in erhebliche Schwierigkeiten geraten musste, als die beiden wichtigsten Nachbarstaaten, Polen und das Deutsche Reich, darangingen, ihre Währungspolitik zu verschärfen.[70] In den vorangegangenen Jahren war der Danziger Staatshaushalt mit geheimen Zuschüssen des Reiches massiv mitfinanziert worden, allein 1933 und 1934 mit ca. 40 Mio. RM. Als Deutschland diese Zahlungen zum 1. Juni 1934 einstellen wollte, konnten die NS-Führer Forster und Rauschning nicht offen bekennen, dass ausgerechnet Hitlers Regierung die erste deutsche Regierung war, „that had failed to pay its share toward keeping Danzig German".[71] Zwar wurde der Stadt nach Intervention Forsters bei Hitler in der Folge monatlich eine Summe von 2 Mio. RM zur Verfügung gestellt, dies lag aber weit unter den zuvor transferierten Summen, so dass Danzig bereits Ende 1934 am Rande des finanziellen Ruins stand.[72] Wie nahe zumindest auch zwei der drei Großbanken in Danzig vor dem Zusammenbruch standen, zeigt eine diesbezügliche Notiz des Generalsekretariats der Deutschen Bank vom November 1934 über ein Gespräch mit dem Präsidenten der Bank von Danzig, Carl Schaefer, der spätestens im Frühjahr 1935 mit einem Kollaps rechnete. Eduard Mosler von der Deutschen Bank notierte hierzu: „Unsere Filiale ist mit rund 20,6 Mill. Dz. Gulden Kreditoren, 6 Mill. Dz. Gulden Debitoren [...] stark aktiv. [...] Dagegen ist die Lage der Filialen der Dresdner und der Commerz-Bank überaus schlecht, so dass der Präsident als Aufsichts-Behörde ihnen jedwede weitere Kreditgewährung untersagt hat. Der Präsident wies mich darauf hin, dass er unter Umständen sich gezwungen sehen könne, angesichts der Illiquidität der Filialen der Dresd. und Comm.-Bank und unserer Liquidität [...] zu helfen, eine Schicksalsgemeinschaft zwischen unserer

---

[68] Burckhardt, Meine Danziger Mission, S. 39f.; Hans Roos: Polen und Europa. Studien zur polnischen Außenpolitik 1931-1939. Tübingen ²1965, S. 185; Erwin Lichtenstein: Die Juden der Freien Stadt Danzig unter der Herrschaft des Nationalsozialismus. Tübingen 1973, S. 44.

[69] Vgl. Czesław Łuczak: Arthur Greiser. Hitlerowski władca w Wolnym Mieście Gdańsku i w Kraju Warty. Poznań 1997; Dieter Schenk: Hitlers Mann in Danzig. Gauleiter Forster und die NS-Verbrechen in Danzig-Westpreußen. Bonn 2000; Jürgen Hensel/Pia Nordblom (Hg.): Hermann Rauschning. Materialien und Beiträge zu einer politischen Biographie. Osnabrück 2003.

[70] APG, Senat der Freien Stadt Danzig, Nr. 472, Bl. 405–433, hier Bl. 411: Verwaltungsbericht der Bank von Danzig für das Jahr 1935.

[71] Herbert S. Levine: Hitler's Free City. A History of the Nazi Party in Danzig, 1925–1939. Chicago/London 1973, S. 90.

[72] APG, Senat der Freien Stadt Danzig, Nr. 472, Bl. 5–21: Präsident der Bank von Danzig (gez. Schaefer) an Gauleiter Staatsrat Albert Forster, 9. 10. 1934.

Filiale und denen der Dresd. und Comm. Bk. zu begründen. Ich habe die Zwecklosigkeit und Ungerechtigkeit eines derartigen Gedankens nachdrücklich betont."[73]

Die Veröffentlichung der Filialbilanz der Deutschen Bank würde, so war man sich sicher, zu einer sofortigen Illiquidität der Dresdner Bank sowie der Commerz- und Privatbank führen. Angesichts der Devisenbewirtschaftung im Deutschen Reich und der daraus resultierenden Schwierigkeit des Mitteltransfers durch die Zentralen befanden sich insbesondere die Danziger Großbankfilialen, die über kein bzw. nur geringes Eigenkapital verfügten, in einer heiklen Lage.

In einem Schreiben vom 23. April 1935 warf Schaefer Greiser offen vor, Danzig sei durch die reichsdeutsche Subventionspolitik in den Jahren zuvor nicht gezwungen gewesen, „seine Wirtschaft aus eigener Kraft zu behaupten", was wiederum dazu beigetragen habe, „daß die produzierende und exportierende Wirtschaft Danzigs immer mehr ihre Konkurrenzfähigkeit mit Polen, insbesondere Gdingen" verloren habe. Demgegenüber habe die Danziger Regierung es seit Sommer 1934 versäumt, „eine grundlegende Änderung ihrer Wirtschafts- und Finanzpolitik vorzunehmen".[74] Zu diesem Zeitpunkt waren einschneidende Maßnahmen nicht mehr aufzuhalten, sie waren in den ersten Monaten des Jahres wohl nur wegen der Abstimmung im Saargebiet (13. Januar 1935) noch hinausgezögert worden. Durch Verordnung des Danziger Senats vom 1. Mai 1935 wurde der Danziger Gulden am 2. Mai entgegen allen zuvor abgegebenen Versicherungen um 42,37 Prozent zum Goldpreis abgewertet[75] und zugleich die Notendeckungspflicht von zuvor 40 auf 30 Prozent gesenkt.[76] Mit der Devalvation des Gulden wechselte man von einer Parität mit dem Schweizer Franken zu einer mit dem polnischen Złoty – 2,12 G = 2,12 Zł = 1 RM.[77] Da sich auf diese Weise nicht nur die Ausgaben der Staatskasse reduzierten, sondern in erheblichem Maße auch die Kaufkraft der Bevölkerung – die spottete: „Alles neu macht der Mai, macht aus einem Gulden zwei ..."[78] –, musste zur Vermeidung kompensatorischer Preissteigerungen ein Preisprüfungskommissar eingesetzt werden. Die Situation besserte sich aber zunächst keineswegs, und um dem Run auf die Banken entgegenzutreten, wurden für die Zeit ab 3. Juni mehrere Bankfeiertage angeordnet.[79] Die Reserven der Bank von Danzig waren zwischen April und Juni 1935 von 13,5 auf fünf Millionen Gulden gefallen. Erschwerend kam für die Nationalsozialisten hinzu, dass ein in dieser Situation von der Reichsbank klandestin transferierter Unterstützungsbetrag so in die Monatsausweise „integriert" werden musste, dass die polnischen Mitglieder des paritätisch besetzten Aufsichtsrates der

[73] BArch, Dok K 504/2, Mappe 2, Bl. 29–35, hier Bl. 33: Deutsche Bank und Disconto-Gesellschaft, Generalsekretariat: Aktenvermerk Moslers vom 1. 11. 1934. Die Schaffung einer solchen „Schicksalsgemeinschaft" war durch die Bankgesetzgebung der Freien Stadt möglich. VO betr. das Bankwesen vom 1. 8. 1933 (G. Bl. 1933, S. 353).

[74] APG, Senat der Freien Stadt Danzig, Nr. 471, Bl. 771–789, hier Bl. 771, 773: Präsident der Bank von Danzig (gez. Schaefer) an Senatspräsident Greiser, 23. 4. 1935.

[75] 1 kg Gold = 5 924,44 G statt zuvor 3 414,188 G.

[76] G. Bl. 1935, S. 609: VO vom 2. 5. 1935; vgl. Gumowski/Pelczar, Pieniądz gdański, S. 41.

[77] Gumowski/Pelczar, Pieniądz gdański, S. 44.

[78] Günter Grass: Mein Jahrhundert. München 2001, S. 378.

[79] G. Bl. 1935, S. 689: VO vom 3. 6. 1935 über die Einführung von Bankfeiertagen.

Bank von Danzig das wahre Ausmaß der Katastrophe nicht erkannten, wozu auch Hjalmar Schachts Beschwichtigungen gegenüber dem polnischen Botschafter in Berlin wesentlich beitrugen.[80] Die Stadt war praktisch bankrott; nun galt es, die Situation so aussehen zu lassen, dass neue Kreditgeber gewonnen werden konnten.

Nach der Guldenabwertung blieb die Lage aber auch für renommierte Kreditinstitute in Danzig prekär. Vorstand und Arbeitsausschuss der Commerz- und Privatbank sahen es überhaupt für zweifelhaft an, ob die Danziger Filiale würde aufrechterhalten werden können.[81] Mit der „Verordnung des Danziger Senats zur Einführung der Devisenzwangsbewirtschaftung" vom 12. Juni 1935 wurde die Devisenbörse geschlossen und bei der Bank von Danzig eine Devisenstelle eingerichtet sowie der Handel mit ausländischen Zahlungsmitteln verboten. Zugleich erkannte die Bank von Danzig sieben Danziger Banken den Status einer Devisenbank zu.[82] Diese Regelung schloss den kontrollierten Devisenhandel zwar nicht aus, aber die Danziger und die reichsdeutsche Devisenbewirtschaftung verringerten gerade für Filialbanken ohne Eigenkapital den Spielraum für geschäftliche Transaktionen nochmals, so dass es für die Commerzbank bereits feststand, dass „das Geschäft nach und nach abgewickelt werden müsse". Dass es zu einer Schließung dieser oder anderer Banken letztlich nicht kam, hing mit dem Beitritt Danzigs zum deutsch-polnischen Verrechnungsabkommen vom 4. November 1935 (19. November 1935) sowie mit den wiederaufgenommenen Unterstützungszahlungen des Reiches zusammen.

Zweifelsfrei, aber in einem nicht verlässlich bezifferbaren Ausmaße standen jedoch einer Verbesserung der ökonomischen Situation Danzigs die diskriminierenden Maßnahmen der Nationalsozialisten entgegen, die gegen die Juden auch auf dem Territorium der Freien Stadt eingeführt wurden und von denen sich die deutschen Kreditinstitute eine Belebung der Geschäfte versprachen.[83]

Da die Eingriffsmöglichkeiten der am 2. August 1933 eingeführten Bankenaufsicht in Danzig wesentlich von der Zustimmung bzw. Initiative des Senats abhingen, waren ihre gerichtlich nicht anfechtbaren Weisungsbefugnisse in beinahe idealer Weise auch für die „Entjudung" des Bankwesens und die Bekämpfung polnischer Kreditinstitute geeignet. Ein gleichgeschalteter Senat mit Arthur Greiser an der Spitze konnte das Danziger Bankensystem ganz im nationalsozialistischen

[80] Levine, Hitler's Free City, S. 91.

[81] HAC, 1/187: 82. Sitzung des Arbeitsausschusses der Commerz- und Privat-Bank vom 21. 8. 1935.

[82] 1. Danziger Privat-Actien-Bank; 2. Bankhaus R. Damme; 3. Deutsche Bank und Disconto-Gesellschaft; 4. Dresdner Bank in Danzig; 5. Commerz- und Privatbank; 6. Sparkasse der Stadt Danzig; 7. British and Polish Trade Bank.

[83] Das Standardwerk von Grzegorz Berendt: Żydzi na terenie Wolnego Miasta Gdańska w latach 1920–1945 (Działalność kulturalna, polityczna i socjalna). Gdańsk 1997, lässt wirtschaftshistorische Aspekte weitgehend unberücksichtigt; ausführlicher dazu ders.: Polityka ekonomiczna Senatu Wolnego Miasta Gdańska wobec ludności żydowskiej (1933–1939), in: Studia nad Faszyzmem i Zbrodniami Hitlerowskimi 23 (2000), S. 199–230; vgl. ferner Ernst Sodeikat: Die Verfolgung und der Widerstand der Juden in der Freien Stadt Danzig von 1933 bis 1945, in: Bulletin des Leo Baeck Instituts 8 (1965), Nr. 30, S. 107–149.

Sinne verändern, obwohl in Danzig ein längerfristiges Konzept für das Kreditwesen fehlte.[84]

Die Machtübernahme der Nationalsozialisten in Danzig hatte noch im Jahr 1933 Auswirkungen auf den Bankensektor der Freien Stadt, wie das Beispiel der Danziger Handels- und Industriebank, der Danziger Vorgängerin des in Łódź ansässigen Kreditinstituts Najda, Gebrüder Winter & Weiss, zeigt. Dessen Hauptaktionäre kamen bereits im August 1933 zu dem Schluss, dass eine Fortsetzung der Geschäftstätigkeit in Danzig mit Blick auf die Machtübernahme der Nationalsozialisten unmöglich sei, weshalb eine Geschäftsverlagerung nach Łódź in Aussicht genommen und Ende 1933 – bei gleichzeitiger Gründung einer Tochterbank in Gdynia – durchgeführt wurde.[85]

Diese Entscheidung kam dem Danziger Senat entgegen, da die Hauptaktionäre Juden polnischer Staatsangehörigkeit waren, ohne dass dies in der Korrespondenz zu jenem Zeitpunkt explizit erwähnt wurde (bzw. erwähnt zu werden brauchte). So reichte es dem Senat aus, die „Verhältnisse der Danziger Handels- und Industrie-Bank A.G. zunächst in der Schwebe“ zu lassen, die Bank jedoch aufzufordern, nach Erhalt einer Konzession in Łódź die „offizielle Liquidation in Danzig umgehend zu betreiben“.[86] Durch Beschluss der Generalversammlung trat die Bank am 2. Januar 1934 in Liquidation.[87]

Der Direktor der Danziger Niederlassung der Dresdner Bank, Alfred Weinkrantz, war in den Jahren 1925–1931 Vorstandsmitglied der Danziger Synagogengemeinde gewesen. Wie lange er bei der Dresdner Bank beschäftigt blieb, bevor er 1938 in die USA emigrierte, ist unbekannt. Sein Mandat als stellvertretendes Mitglied des Bankausschusses legte er zwar bereits im April 1933 nieder, befand sich aber noch 1937 unter den Aufsichtsratsmitgliedern der in Danzig ansässigen Jewish Public Bank.[88] Weinkrantz' Rücktritt erfolgte 1933 offiziell wegen seines Umzuges nach Leipzig, allerdings betonten alle beteiligten Stellen, dass daraus „in diesem Augenblick falsche Schlüsse gezogen werden könnten“, so dass zumindest die Vermutung eines „vorauseilenden Gehorsams“ seitens der Bank von Danzig gegeben ist. Die Dresdner Bank dagegen betonte, keinen Druck auf ihren Mitarbeiter ausüben zu wollen.[89]

---

[84] G. Bl. 1933, S. 353: VO betr. das Bankwesen vom 1. 8. 1933, § 11.

[85] AAN, Ministerstwo Skarbu, Nr. 4640, Bl. 206: Izba Przemysłowo-Handlowa w Łodzi an Ministerstwo Skarbu, 18. 8. 1933; Berendt, Polityka ekonomiczna, S. 205.

[86] AAN, Ministerstwo Skarbu, Nr. 4640, Bl. 121: Senat der Freien Stadt Danzig, Finanzabteilung, an Danziger Handels- und Industrie-Bank AG, Danzig, 8. 9. 1933.

[87] AAN, Ministerstwo Skarbu, Nr. 4569, Bl. 166f., hier Bl. 167: Bank Gospodarstwa Krajowego an Ministerstwo Skarbu, Departament Obrotu Pieniężnego, Warszawa, 22. 10. 1934, betr. Danziger Handels- und Industriebank AG in Liquidation, Danzig; vgl. AAN, Ministerstwo Skarbu, Nr. 4640.

[88] Hanna Domańska: Kadisz gdańskich kamieni. Dzieje Trójmiejskiej gminy żydowskiej do roku 1943. Gdańsk 1994, S. 66; Berendt, Żydzi na terenie Wolnego Miasta Gdańska, S. 296f.; Samuel Echt: Die Geschichte der Juden in Danzig. Leer/Ostfriesland 1972, S. 172; APG, Senat der Freien Stadt Danzig, Nr. 2569, Bl. 647–649, hier Bl. 647: Protokoll über die 92. Bankausschuss-Sitzung am 11. 4. 1933.

[89] Vgl. die diesbezügliche Korrespondenz in APG, Senat der Freien Stadt Danzig, Nr. 2569, Bl. 1273–1301; Dieter Ziegler: Die Dresdner Bank und die deutschen Juden. München

Die Stadtsparkasse war laut ihrem Direktor Georg Knop bereits seit 1934 „ein auf rein nationalsozialistischer Grundlage aufgebautes Sparkasseninstitut"[90], und Knop zeichnete sich auch besonders aus, wenn es darum ging, seiner Korrespondenz mit Behörden einen durchgehend antisemitischen Duktus zu verleihen. Als sein Institut nach der Devalvation Ende Mai 1935 praktisch vor dem Ruin stand, prophezeite Knop, die „Machenschaften des Juden Meyer"[91] könnten „dahin führen, dass ich mit der Pistole in der Hand meine Ehre sowohl dem Notenbank-Präsidenten gegenüber als auch seinem jüdischen Freunde Herrn Meyer, wieder herstelle"[92], worauf anstelle von Knop im Juni d.J. ein Staatskommissar für die Sparkasse berufen wurde. Dieser kam im August 1935 zu dem Ergebnis, dass das Danziger Kreditsystem zugeschnitten sei „auf den Status eines Reichtums des Freistaates", der gar nicht bestehe, so dass die in der Freien Stadt ansässigen „etwa 70 Institute in gar keiner Weise Lebensberechtigung haben können". Der dringende Appell, durch drastische Reduktionen die Rentabilität zu erhöhen und „die Kapazität der bestehenden Geldinstitute in Einklang [...] mit dem verbliebenen Volumen des Wirtschaftslebens der Freien Stadt Danzig" zu bringen, blieb jedoch ungehört.[93] Die einzigen Änderungen im Kreditwesen bis 1939 betrafen die als jüdisch angesehenen Institute sowie die Danziger Niederlassungen polnischer Banken.

Wegen der starken Außenhandelsabhängigkeit Danzigs und wegen der Bedeutung des Fremdenverkehrs der Ostseebäder, nicht zuletzt aber auch wegen des unter Aufsicht des Völkerbundes stehenden Status der Freien Stadt verlief der Umbau Danzigs im Sinne des Nationalsozialismus im Vergleich zum Altreich zeitlich versetzt: Ungeachtet des seit 1933 auf den Danziger Juden lastenden erheblichen Druckes kam es bis Herbst 1937 zu keinen *offiziellen und systematischen* Verdrängungsmaßnahmen gegenüber Juden, gleichwohl es von SA-Einheiten immer wieder zu Überfällen auf Juden kam und namentlich Gauleiter Forster in seinen Reden keine Gelegenheit ausließ, um zum Boykott jüdischer Unternehmer und Firmen in Danzig aufzurufen.[94] Besonders Juden polnischer Staatsange-

---

2006, S. 217. Im Oktober 1933 legte Richard Marx von der Danziger Privat-Actien-Bank sein Amt als Mitglied des Bankausschusses der Bank von Danzig „aus gesundheitlichen Gründen" nieder, weshalb fortan Dr. Fritz Meyer (stellvertretender Präsident) als einziger Jude bei der Bank von Danzig und ihren Gremien verblieb. APG, Senat der Freien Stadt Danzig, Nr. 2569, Bl. 693-699, hier Bl. 693: Protokoll über die 96. Bankausschuss-Sitzung am 3. 11. 1933.

90 APG, Senat der Freien Stadt Danzig, Nr. 471, Bl. 5-19, hier Bl. 15: Sparkasse der Stadt Danzig (gez. Knop) an Senator Wilhelm Huth, 5. 10. 1934.

91 Gemeint ist Fritz Meyer; vgl. Anm. 89.

92 APG, Senat der Freien Stadt Danzig, Nr. 471, Bl. 37-41, hier Bl. 41: Sparkasse der Stadt Danzig (gez. Knop) an den Verwaltungsratsvorsitzenden, Volkstagspräsident Senator von Wnuck, 20. 5. 1935.

93 APG, Senat der Freien Stadt Danzig, Nr. 471, Bl. 63-73: Sparkasse der Stadt Danzig (gez. Staatskommissar Knapp) an Senatspräsident Greiser, 21. 8. 1935, betr. Neuorganisation der Sparkassen im Gebiet der Freien Stadt Danzig.

94 Vgl. Eine Petition Danziger Juden an den Völkerbundsrat. Lordsiegelbewahrer [Anthony] Eden als Berichterstatter, in: Jüdische Zeitung (Jüdische Volkszeitung) [Breslau] 42 (1935), Nr. 20 vom 31. 5. 1935. Die Verdrängung der Danziger Juden aus dem Wirtschaftsleben hat ihre Literatur gefunden, namentlich Günter Grass: Aus dem Tagebuch einer Schnecke. Göttingen 1997, bes. S. 39ff., 89ff., 97ff., 112ff., 159f., 294f.

hörigkeit nutzten die noch bestehenden Möglichkeiten, schlossen in Danzig ihre Geschäfte oder Gewerbe und transferierten sie nach Gdynia. Hatten in Gdynia 1931 nur ca. 30 Juden gelebt, so waren es 1934 bereits 600 und 1937 knapp 5000 (4,4% der Stadtbevölkerung).[95] Die „Schaukelpolitik" der Nationalsozialisten, auf die selbst die beiden letzten Hohen Kommissare, Sean Lester und Carl Jacob Burckhardt, ganz offenkundig hereinfielen, bestand darin, dass Senatspräsident Greiser sprachliche Entgleisungen seines Parteigenossen Forster und tätliche Übergriffe offiziell verurteilte, während man im internen Schriftverkehr hierfür Verständnis und Sympathie aufbrachte.[96]

Eine Wende markierten die ersten Maßnahmen, die die Finanzabteilung der Freien Stadt im Oktober 1937 ergriff, um den ständig wachsenden Kapitalabfluss ins Ausland zu begrenzen bzw. nach Möglichkeit gänzlich zu unterbinden. Im selben Monat (23./24. Oktober) kam es zu ersten antijüdischen Ausschreitungen und Massenverhaftungen in Danzig.

„Am 25. Oktober 1937 erließ der Leiter des Landessteueramtes eine Anweisung betr. ‚Bekämpfung der Steuerflucht', in der die Durchführung von Revisionen, Zurückziehung von Steuerstundungen, Versagung neuer Steuerstundungen und rigorose Einziehung der Rückstände jüdischer Steuerpflichtiger angeordnet wurden. Mit dieser Anweisung ließ sich durch geeignete ‚Revisionen' stets eine Steuerschuld von beträchtlichen Ausmaßen konstruieren, deren Einziehung in einer Form erfolgte, die von einer Entziehung des Vermögens kaum zu unterscheiden war."[97]

Die Verordnung zur Änderung des Steuergrundgesetzes vom 18. November 1937 sah ferner die Möglichkeit vor, im Falle eines auch nur vermuteten fiskalischen Zahlungsrückstandes persönlichen und Firmenbesitz zu konfiszieren[98], wo-

---

[95] Henryk Lisiak: Narodowa Demokracja w Wielkopolsce w latach 1918–1939. Poznań 2006, S. 257f.

[96] Vgl. Lichtenstein, Die Juden der Freien Stadt Danzig, S. 45; APG, Senat der Freien Stadt Danzig, Nr. 472, Bl. 663: Reichswirtschaftsminister Hjalmar Schacht an Senatspräsident Greiser, 22. 7. 1935, betr. antijüdische Übergriffe in Zoppot; ebd., Nr. 471, Bl. 319f.: Senator für Volksaufklärung und Propaganda (gez. Paul Batzer) an Senatspräsident Greiser, 30. 7. 1935: „Wenn Danzig dazu gezwungen ist, aus Devisengründen den ausländischen Fremdenverkehr mehr denn je nach Danzig zu ziehen, dann muss es auch bereit sein, gewisse Unbequemlichkeiten, die sich aus diesem ausländischen Fremdenverkehr ergeben, so lang zu dulden, bis es wirtschaftlich und politisch die Grundlage hat, auf eigenen Füssen zu stehen. [...] Ich bitte, eine Entscheidung dahingehend zu treffen, dass alle antijüdischen Massnahmen im Interesse des Fremdenverkehrs zu unterbleiben haben." (Bl. 320); ebd., Nr. 2173, Bl. 539f.: Abteilung des Innern (gez. Wohler) – Abschrift eines Schreibens der Abteilung für Volksaufklärung und Propaganda (gez. Batzer) für die Abteilung für Auswärtiges, z. Hd. des Herrn Senatsrat Dr. Böttcher, 22. 8. 1935.

[97] Lichtenstein, Die Juden der Freien Stadt Danzig, S. 64; zu konstruierten Steuerschulden vgl. Alice Baerwald: Arisierung auch in Danzig, in: Margarete Limberg/Hubert Rübsaat (Hg.), Sie durften nicht mehr Deutsche sein. Jüdischer Alltag in Selbstzeugnissen 1933–1938. Frankfurt a. M./New York 1990, S. 102f.; Berendt, Polityka ekonomiczna, S. 211–215.

[98] G. Bl. 1937, S. 597. Die VO sah gegen die Beschlagnahme keinerlei Rechtsmittel vor; vgl. hierzu APG, Senat der Freien Stadt Danzig, Nr. 472, Bl. 857–875: Denkschrift der Justizabteilung des Senats (gez. Justizsenator Wiercinski-Keiser) zur Verordnung vom 18. 11. 1937.

bei man zugleich bemüht war, die Produktion durch Einsetzung von Treuhändern nicht zu unterbrechen. Erfunden war damit die seinerzeit so genannte Danziger Arisierung[99], bei der die jüdischen Eigentümer Danzig zwar verlassen konnten, der Verkauf von Immobilien und der Zugriff auf Bankkonten jedoch blockiert war.[100]

Nachdem es in der Nacht vom 13. auf den 14. November 1938 zu mit dem Judenpogrom im Altreich („Reichskristallnacht") vergleichbaren Ausschreitungen, der Inbrandsetzung von Synagogen sowie der Zerstörung jüdischer Gewerbebetriebe gekommen war[101], regte Bankpräsident Schaefer gegenüber Greiser im Dezember 1938 die Schaffung einer „Zentralstelle zur Durchführung der Arisierung der Wirtschaft" an, um den aus Deutschland zahlreich einlaufenden Genehmigungsanträgen betr. „Devisentransfer zwecks Arisierung von Firmen" eine organisatorische Grundlage zu geben.[102] Zur genaueren Ausarbeitung der Vorgehensweisen bei „Arisierungen" nahmen an einer Sitzung der beteiligen Senatsressorts am 19. Januar 1939 auch Vertreter der Bank von Danzig und der Staatsbank teil, was zeigt, wie sehr zwischen 1937 und 1939 auch auf administrativer Ebene und ungeachtet des Völkerbundmandats eine Angleichung der „Judenpolitik" in der Freien Stadt an die im Altreich bereits erfolgt war.[103] Gegründet wurde eine der Wirtschaftsabteilung unterstehende Kommission, die den Namen „Der Beauftragte für Judenauswanderung beim Senat der Freien Stadt Danzig" erhielt und der Leitung von Oberregierungsrat Walther Hildebrandt, Polizeipräsident Helmut Froböss und Sparkassendirektor Rudolph Bittner unterstand.[104] Bis März 1939 war im Bereich der Industrie und des Einzelhandels die Vernichtung jüdischer Gewerbetätigkeit sowie in der Grundstücksverwaltung die Enteignung jüdischer Immobilienbesitzer praktisch abgeschlossen, bis September 1939 folgte eine Flut antijüdischer bzw. primär gegen Juden gerichteter Verordnungen und Gesetze[105],

---

[99] Dies heißt freilich nicht, dass ähnliche Steuertricks nicht auch im Deutschen Reich dazu benutzt wurden, um die ökonomische Existenz von Juden zu zerstören.

[100] Berendt, Żydzi na terenie Wolnego Miasta Gdańska, S. 214ff.

[101] Burckhardt, Meine Danziger Mission, S. 186; IPN, NTN, Nr. 176, Bl. 8: Verzeichnis der 1938 in Danzig anlässlich der sog. „Reichskristallnacht" angerichteten Schäden, darin: 164 zerstörte „Gewerbe- und Handelsbetriebe, Ladengeschäfte", 32 beschädigte „jüdische Großhandelsbetriebe".

[102] APG, Senat der Freien Stadt Danzig, Nr. 472, Bl. 557: Präsident der Bank von Danzig (gez. Schaefer) an Senatspräsident Greiser, 27. 12. 1938; vgl. Gabriele Anderl: Die „Zentralstellen für jüdische Auswanderung" in Wien, Berlin und Prag – ein Vergleich, in: Tel Aviver Jahrbuch für deutsche Geschichte 23 (1994), S. 275-299. Die „Zentralstelle" in Wien bzw. die ebenfalls im Januar 1939 eingerichtete „Reichszentrale" im Berliner Innenministerium könnten für die Namengebung in Danzig Pate gestanden haben, darüber hinaus gab es aber offenbar keine Verbindungen.

[103] APG, Senat der Freien Stadt Danzig, Nr. 2176, Bl. 1-3: Rdschr. des Senatspräsidenten Greiser vom 18. 1. 1939 betr. Arisierung; vgl. Berendt, Żydzi na terenie Wolnego Miasta Gdańska, S. 206-250; Burckhardt, Meine Danziger Mission, S. 83-124.

[104] „Die Finanzierung der jüdischen Auswanderung aus Danzig durch Zusammenschluß der Juden zu einer Haftungsgemeinschaft", in: Danziger Neueste Nachrichten Nr. 54 vom 4./5. 3. 1939; Berendt, Żydzi na terenie Wolnego Miasta Gdańska, S. 242.

[105] VO zur Förderung und Sicherstellung der jüdischen Auswanderung aus dem Gebiet der Freien Stadt Danzig vom 3. 3. 1939 (G. Bl. 1939, S. 89), VO betr. Ausgleichszahlungen beim Erwerb von Vermögenswerten der Juden vom 1. 6. 1939 (G. Bl. 1939, S. 295), VO

obwohl man wegen der forcierten „Auswanderung" nur noch mit knapp 3000 Juden in der Freien Stadt rechnete, derer man sich bis zum Ende des Jahres zu entledigen hoffte.[106] Zu diesem Zweck bildete die „Verordnung zur Förderung und Sicherstellung der jüdischen Auswanderung" vom 3. März 1939 aus den in Danzig lebenden Juden in vermögensrechtlicher Hinsicht eine Haftungsgemeinschaft, aus deren beschlagnahmtem bzw. „gesichertem" Gesamtvermögen sämtliche mit der Auswanderung und der sozialen Fürsorge der Danziger Juden entstehenden Kosten bestritten werden mussten. Dass die in Danzig ansässigen (deutschen) Kreditinstitute an den „Arisierungen" in Danzig in der einen oder anderen Weise beteiligt waren – zumeist mit der Bewilligung von Krediten für den Ankauf „jüdischer Unternehmen" –, steht außer Frage, lässt sich aber wegen der disparaten Aktenlage nicht detailliert nachweisen. Fest steht jedoch, dass „die Überleitung jüdischer Unternehmungen in arische Hände [...] starke Ansprüche an die Kreditinstitute" stellte.[107] Wer als Unternehmer durch die Ausschaltung jüdischer Unternehmer erst ins Geschäft kam oder auf diese Weise seine Umsätze erhöhte, nutzte in den Augen der Kreditinstitute lediglich „die Gunst der Verhältnisse"[108] wie die über 48000 NSDAP-Mitglieder (über 10 Prozent der Danziger Gesamtbevölkerung!), die sich in einer entsprechend scharfen Konkurrenz gegenseitig auszubooten suchten.[109]

Im Kreditwesen vermochte sich von einigen wenigen, auf eine jüdische Klientel ausgerichteten Instituten die mit dem American Jewish Joint Distribution Committee (AJDC) in Verbindung stehende Jewish Public Bank AG am längsten zu halten. In enger Zusammenarbeit mit dem Jewish Colonial Trust gehörte seit ihrer Gründung 1923 nicht zuletzt der Kapitaltransfer nach Palästina zu ihren Geschäftsfeldern.[110] Im Sommer 1937 hatten ihre Einlagen noch über eine Million Gulden betragen, doch verlor sie nach den Oktoberpogromen 1937 den Status

betr. die Entjudung der Danziger Wirtschaft und des Danziger Grundbesitzes vom 22.7.1939 (G. Bl. 1939, S. 375), VO zur Sicherstellung der jüdischen Wohlfahrtspflege im Gebiet der Freien Stadt Danzig vom 28.7.1939 (G. Bl. 1939, S. 404), VO über die Bestellung von Treuhändern in Betrieben der Privatwirtschaft vom 28.8.1939 (G. Bl. 1939, S. 429) samt den zugehörigen DurchfVO.

106 APG, Senat der Freien Stadt Danzig, Nr. 463, Bl. 421–429, hier Bl. 427: Bericht über die Entwicklung der Lösung der Judenfrage in Danzig vom 20.3.1939 [enthält auch eine Liste „arisierter" Industrie- und Handelsfirmen]; abgedruckt in Marek Andrzejewski (Red.): Antyżydowski terror w Wolnym Mieście Gdańsku (1937–1939). Materiały, in: BŻIH 141 (1987), S. 111–126, hier S. 126; vgl. ders.: Uwagi o dziejach Żydów w Wolnym Mieście Gdańsku w okresie międzywojennym, in: BŻIH 112 (1974), S. 67–78; Berendt, Polityka ekonomiczna, S. 224f.

107 AAN, Ministerstwo Skarbu, Nr. 4242, Bl. 16–24, hier Bl. 20: Verwaltungsbericht der Danziger Privat-Actien-Bank für das Jahr 1938, S. 6.

108 Dies war beispielsweise der Fall bei der Danziger Textilgroßhandelsfirma Dietrich Dirksen, und zwar „durch Arisierung einer jüdischen Textilfirma". HAC, SdF Ost, Filiale Danzig: Kreditantrag der Filiale Danzig an die Zentrale Berlin, 22.10.1940, betr. Dietrich Dirksen, Danzig.

109 Berendt, Polityka ekonomiczna, S. 201.

110 AAN, Ministerstwo Skarbu, Nr. 4569, Bl. 187f.: Bank Gospodarstwa Krajowego an Ministerstwo Skarbu, Departament Obrotu Pieniężnego, Warszawa, 8.3.1934, betr. Jewish Public Bank AG, Danzig; vgl. Echt, Geschichte der Juden in Danzig, S. 147f., 172; Lichtenstein, Die Juden der Freien Stadt Danzig, S. 66, 209.

einer Devisenbank. Im Mai 1938 wurde ihre Liquidation ebenso beschlossen wie kurz darauf die der letzten jüdischen Privatbank in Danzig, Wohl & Co., sowie des Bankhauses Boris Sokołow.[111] Die Senatsabteilung des Inneren war zu dem Ergebnis gekommen, dass die Situation durch „den jetzt kommenden Erlass des Blutschutzgesetzes[112] sowie durch die übrigen von der Regierung vorgenommenen Maßnahmen mit den Polen schon durchaus gespannt“ sei, so dass „diese Konzessionsentziehung die Lage bestimmt nicht noch mehr verschlechtern könne“.[113] Im Verlauf der Liquidation der Jewish Public Bank gelang es bis Juni 1939 immerhin, praktisch alle Verbindlichkeiten in Höhe von insgesamt 1,5 Mio. Gulden zu befriedigen; die Löschung aus dem Handelsregister erfolgte am 2. August 1939.[114]

Insgesamt dürfte die antijüdische, aber auch die gegen die polnische Bevölkerung gerichtete Politik der Danziger Nationalsozialisten seit 1934 fatale wirtschaftliche Folgen gehabt haben, die sich nur wegen des unbefriedigenden Forschungsstandes zur Wirtschaftsgeschichte Danzigs nicht verlässlich beziffern lassen. Sollten die Danziger Kreditinstitute gehofft haben, ihre Rentabilitätsmargen durch die Verdrängung der Juden steigern zu können, so wurden sie noch vor Kriegsbeginn eines Besseren belehrt. Berücksichtigt werden muss dabei der seit den 1920er Jahren andauernde Ausbau des Hafens Gdynia, der mit Danzig erfolgreich konkurrierte und dessen Umschlagsvolumina teils um ein Vielfaches übertraf.[115] Der größte Arbeitgeber, die Danziger Werft, war am Vorabend des Weltkrieges praktisch zahlungsunfähig[116], die Notenemission steuerte unaufhaltsam einer Inflation entgegen[117], und die Lage des Danziger Bankwesens blieb bis zum Kriegsbeginn prekär. Beispielsweise fielen die Gewinne der Danziger Filiale der Commerzbank zwischen 1937 und 1939 von umgerechnet 36350,– RM auf 18069,– und 12891,– RM, während die beiden anderen Ostseefilialen in Stettin und Königsberg im selben Zeitraum starke Gewinnzuwächse verzeichnen konnten.[118]

---

111 Domańska, Kadisz gdańskich kamieni, S. 67; Berendt, Polityka ekonomiczna, S. 204f.

112 G. Bl. 1938, S. 616: VO zum Schutz des deutschen Blutes und der deutschen Ehre.

113 APG, Senat der Freien Stadt Danzig, Nr. 2172, Bl. 379: Aktenvermerk der Senatsabteilung des Innern vom 15. 11. 1938.

114 Berendt, Żydzi na terenie Wolnego Miasta Gdańska, S. 218f., 234; ders., Polityka ekonomiczna, S. 220. Erstaunlich an dieser – teils kaschierten – Gläubigerbefriedigung ist, dass es sich bei den wichtigsten Kreditoren um den Keren Hajessod sowie den Keren Kajemet Le'israel handelte.

115 Vgl. zur Entwicklung der Stadt Gdynia Mieczysław Widernik: Główne problemy gospodarczo-społeczne miasta Gdyni w latach 1926–1939. Gdańsk 1970. Der Ausbau Gdynias erfolgte nicht auf Kosten Danzigs, sondern durch den sich vergrößernden Prozentsatz des Seehandels am gesamten polnischen Auslandshandel. Danzigs Anteil am polnischen Auslandshandel (nach Umschlagsgewicht) lag 1929 und 1938 bei knapp 32 Prozent, während der Anteil Gdynias im selben Zeitraum von 10 auf 46 Prozent stieg. Vgl. Kasprowicz, Straty gospodarcze Gdańska, S. 322.

116 APG, Senat der Freien Stadt Danzig, Nr. 464, Bl. 29–31: Landestreuhänder der Arbeit (gez. Kendzia) an Senatspräsident Greiser, 4. 3. 1939 – Bericht über die Danziger Werft.

117 Vgl. Gumowski/Pelczar, Pieniądz gdański, S. 59; APG, Senat der Freien Stadt Danzig, Nr. 3571a: Ausweis der Bank von Danzig vom 31. 8. 1939 in Danziger Gulden.

118 HAC, 1/267: Gewinne bzw. Verluste unserer Geschäftsstellen von 1937–1943. Die Gewinne der Filialen in Stettin und Königsberg betrugen in RM: 34490,– und 115983,– (1937) und 118108,– und 142072,– (1939).

Die Spareinlagen bei den Danziger Sparkassen betrugen im März 1938 noch immer nur 38,0 Mio. Gulden, im Mai 1939 45,4 Mio. Gulden und erreichten auf diese Weise noch nicht einmal die Einlagenziffern des Jahres 1928 (45,5 Mio. Gulden).[119] Vor diesem Hintergrund muss die Eingliederung Danzigs in das Deutsche Reich und die Bildung des Reichsgaues Danzig-Westpreußen auf Seiten der deutschen Kreditinstitute als willkommene Gelegenheit verstanden worden sein, die ökonomische Stagnation in Danzig durch Expansion zu überwinden. Zumal in deutschen Kreisen rechnete man im Laufe der ersten Hälfte des Jahres 1939 mit dem Anschluss der Stadt an das Deutsche Reich. Seit dem Frühsommer war für die Danziger (Kredit-)Wirtschaft die „Zeit nach der Rückgliederung" eine feste Planungsgröße[120], und selbst der Danziger katholische Bischof Carl Maria Splett ließ im August vorsichtshalber nachfragen, „inwieweit auch nach dem Anschluss die finanziellen Leistungen des Staates an die Kirche bestehen" blieben.[121]

Die Danziger Erfahrungen verhießen für den Kriegsfall mit Polen Katastrophales. Wenn es den Nationalsozialisten schon gelungen war, unter Friedensbedingungen einen unter Völkerbundmandat stehenden Stadtstaat samt seiner Verfassung und seinem Wirtschaftssystem weitestgehend ihren Zielen unterzuordnen – wie würde eine zweifelsohne ungleich radikalere Politik in Polen unter Okkupationsbedingungen vorgehen?[122] Und welche Strategien würden im Expansionsfall die deutschen Kreditinstitute verfolgen, wenn sie sich schon in der Freien Stadt Danzig von der Ausgrenzung ganzer Bevölkerungsgruppen eine erfolgreiche Sanierung der Wirtschaft versprachen?

4. „Volksdeutsche" Banken und Darlehenskassen

Wie bereits im österreichisch-ungarischen Vielvölkerstaat vor dem Ersten Weltkrieg war auch das regionale Kreditwesen in Polen nach 1918 nicht zuletzt infolge der problematischen Minderheitenpolitik der polnischen Regierung weitgehend national bzw. ethnisch diversifiziert, wobei deutsche Institute bevorzugt „volksdeutsche" Landwirte und Unternehmer betreuten.[123] In den ersten zehn Jahren nach Beendigung des Ersten Weltkrieges war die deutsche Minderheit in Polen von ursprünglich 1,25 Mio. auf knapp 350 000 Personen zusammengeschmolzen; davon waren 80 Prozent in der Landwirtschaft tätig, da die Städte (Posen, Graudenz, Bromberg etc.) von der Abwanderung ins Reich besonders stark betroffen

---

119 Danziger Statistische Mitteilungen Nr. 1 vom 31.3.1934, S. 9; Nr. 2 vom 15.7.1939, S. 18. Hierbei ist allerdings die Devalvation vom Mai 1935 zu berücksichtigen.

120 APG, Senat der Freien Stadt Danzig, Nr. 472, Bl. 613–615: Deutsche Bank Danzig an Bankpräsident Schaefer, 12.8.1939 (Abschrift).

121 APG, Senat der Freien Stadt Danzig, Nr. 464, Bl. 79–85, hier Bl. 83: Aktenvermerk vom 24.8.1939 (gez. Hawranke, Abteilung für Volksbildung, Wissenschaft, Kunst und Kirchenwesen) betr. katholische Kirchen in Danzig.

122 Vgl. AAN, Ministerstwo Prac Kongresowych Rządu RP (emigracyjnego) w Londynie, Nr. 67, Bl. 1–44: W. Moderow, Eksperyment Gdański.

123 Vgl. Strobel, Industrialisierung Polens, S. 266f.; Drozdowski, Polityka gospodarcza rządu polskiego, S. 147f.

waren. Dies führte zugleich zu einer signifikanten Verschiebung der beruflichen Gliederung der deutschen Minderheit, was dem Agrarkredit und dem Genossenschaftswesen eine größere Rolle zuwies.[124] Dass das Genossenschaftswesen daher fast ausschließlich auf den Landwirtschaftssektor ausgerichtet war, blieb nach 1939 nicht ohne Folgen für die Arrondierung des Kreditwesens in den nun eingegliederten Ostgebieten, wo die Grenzen zwischen Kreditgenossenschaften und Banken eng an der Linie zwischen landwirtschaftlichem bzw. ländlich-dörflichem und städtischem Kredit entlang verlief, während die Sparkassen in beiden Sektoren agierten und auf diese Weise eine Mittelposition einnahmen.

Die Agrarwirtschaft der deutschen Minderheit in Polen hatte mit teils strukturellen, teils selbst verursachten Problemen zu kämpfen. Zu einer polnischen Verdrängungspolitik trat eine noch aus preußischen Tagen tradierte Versorgungsmentalität insbesondere der Großgrundbesitzer, so dass die wirtschaftlichen Grundlagen der deutschen Volksgruppe in Polen vergleichsweise instabil waren.[125] Da die Existenz einer deutschen Minderheit jedoch Voraussetzung für die Verfolgung einer deutschen Revisionspolitik gegenüber Polen war, sah sich das Deutsche Reich frühzeitig mit massiven Forderungen der Minderheit nach finanzieller Unterstützung konfrontiert. Hierfür fanden sich jedoch weder ausländische Kapitalquellen, noch gelang es, die reichsdeutschen Großbanken zu einer nennenswerten Initiative – etwa in Form eines vorübergehend geplanten Konsortiums – zu ermuntern. Das Risiko erschien bei der Verquickung ökonomischer Mittel mit politischen Zielen schon an sich enorm (bzw. die Rentabilität fraglich), um so mehr musste dies für die Bodenkreditgeschäfte gelten, die den deutschen Grundbesitz in Polen um jeden Preis erhalten sollten, und dies unter gleichzeitiger Einhaltung umfangreicher Geheimhaltungsmaßnahmen.[126]

Zu Unterstützungszwecken wurden daher bereits seit Beginn der 1920er Jahre deutschtumspolitische Institutionen mit nach außen hin privatwirtschaftlichem Charakter (zumeist Gesellschaften mit beschränkter Haftung oder Aktiengesellschaften) gegründet, die durch die Zusammensetzung der Verwaltungs- und Aufsichtsgremien vom Reich (in der Regel in der Zuständigkeit des Auswärtigen Amtes) kontrolliert wurden und von denen die Deutsche Stiftung, die eigens zu Tarnzwecken in den Niederlanden gegründete Hollandsche Buitenland-Bank (HBB), die Vereinigten Finanzkontore und die Ossa Vermittlungs- und Handelsgesellschaft mbH die wichtigsten waren.[127] Obwohl das „volksdeutsche" Kredit- und Genossenschaftssystem mit den genannten Institutionen der Deutschtumsarbeit in Polen eine Reihe von Berührungspunkten aufwies, war es nicht mit ihnen identisch.

---

124 Norbert Krekeler: Revisionsanspruch und geheime Ostpolitik der Weimarer Republik. Die Subventionierung der deutschen Minderheit in Polen 1919–1933. Stuttgart 1973, S. 65.

125 Ebd., S. 37, 119, 130f.

126 Ebd., S. 69, 87.

127 Zur politischen und personellen Kontinuität dieser Organisationen – namentlich von Max Winkler und Erich Krahmer-Möllenberg – bis hin zur Haupttreuhandstelle Ost vgl. Rosenkötter, Treuhandpolitik, S. 26–80; zum deutschen Genossenschaftssystem Jan Majewski: Drogi i bezdroża niemieckiej spółdzielczości w Polsce 1919–1939. Poznań 1989.

Immerhin spielten deutsche Wirtschaftsorganisationen in Polen zur Unterstützung der deutschen Minderheit eine eminent wichtige Rolle nicht zuletzt deshalb, weil ihre Tätigkeit immer auch politischer Natur war, ohne sofort in den Ruch einer vom Reich gesteuerten Fortsetzung der Ostmarkenpolitik zu geraten oder sich gar dem Vorwurf irredentistischer Aktivitäten auszusetzen. Entsprechend verstand sich das „volksdeutsche" Bank- und Genossenschaftswesen als Garant für den Zusammenhalt der Minderheit.[128] Ursprünglich waren Unterstützungsleistungen des Reiches als Kredite gedacht und von HBB und Ossa entsprechend über die Kreditinstitute vor Ort vergeben worden. Kredite besaßen gegenüber staatlichen Subventionen neben organisatorischen Vorzügen auch den Vorteil, dass sie „eine politisch neutrale und rechtlich nicht angreifbare Form"[129] aufwiesen, bei dem Kreditnehmer mit der Tilgung die Pflicht der Rentabilität einforderten und in diesem Sinne auch eine erzieherische Aufgabe verfolgten. Diese Rentabilität bestand aber spätestens seit Ende der 1920er Jahre lediglich auf dem Papier, denn die noch aus der Zeit vor 1918 subventionsverwöhnten Großgrundbesitzer instrumentalisierten die politische Ratio ihrer Existenz in Polen als *conditio sine qua non* deutscher Revisionsforderungen im Osten, um finanzielle Unterstützungen seitens des Reiches erfolgreich einzufordern. Allerdings hatte der Widerspruch, dass die Hilfskredite einerseits den Kriterien der Wirtschaftlichkeit entsprechen sollten, dass andererseits aber gerade eine *politisch* motivierte Notwendigkeit erst zu ihrer Bewilligung führte, von Anfang an bestanden. Zu Beginn der 1930er Jahre trat denn auch „der tatsächliche Subventionscharakter klar zu Tage".[130]

Angesichts dieser Prävalenz des Politischen überrascht es wenig, dass sich innerhalb der Organisation der Wirtschaftshilfe bereits Anfang der 1920er Jahre Tendenzen bemerkbar machten, die unter nationalsozialistischer Herrschaft als Druckmittel im gesamten Kreditsektor eine ungleich größere Bedeutung annahmen: Wirtschaftliche Unterstützungen sollten an die deutschtumspolitische Zuverlässigkeit des Bedürftigen rückgebunden, mithin von seinem dezidierten Bekenntnis zum Deutschtum abhängig gemacht werden.[131]

Die Wirtschaftskrise 1929/1930 hatte auch das „volksdeutsche" Kreditwesen in Polen an den Rand des Ruins gebracht. Lediglich einige langfristige Kredite seitens der Ossa, der HBB und reichsdeutscher Banken[132] sowie Mitte der 1930er Jahre auch seitens des polnischen Staates hatten Schlimmeres zu verhindern vermocht.[133] In Großpolen war die Zahl der deutschen Spar- und Darlehenskassen zwischen 1930 und 1938 sogar von 253 auf 352 gestiegen, von denen etwa 90 Prozent auf die Landwirt-

---

128 Friedrich Swart: Diesseits und jenseits der Grenze. Das deutsche Genossenschaftswesen im Posener Land und das deutsch-polnische Verhältnis bis zum Ende des zweiten Weltkrieges. Leer/Ostfriesland 1954, S. 130f.

129 Krekeler, Revisionsanspruch und geheime Ostpolitik der Weimarer Republik, S. 56.

130 Ebd., S. 120.

131 Ebd., S. 54f.

132 Georg Büttner: Die „Deutsche Volksbank" von 1920 bis 1939, in: Aus Brombergs Vergangenheit. Ein Heimatbuch für den Stadt- und Landkreis. Wilhelmshaven 1973, S. 293.

133 Janusz Cichosz: Genossenschaftsbanken in Polen. Warszawa 1986, S. 6; Dariusz Matelski: Mniejszość niemiecka w Wielkopolsce w latach 1919–1939. Poznań 1997, S. 198.

schaft entfielen.[134] Diese Kreditgenossenschaften verfügten 1938 zusammen über Einlagen in Höhe von mehr als 64 Millionen Złoty.[135] Die in Poznań ansässige und in Bydgoszcz mit einer Zweigstelle vertretene Landesgenossenschaftsbank eGmbH (LGB) war die Finanzzentrale der im „Verband deutscher Genossenschaften in Polen" zusammengefassten Genossenschaften und besaß 1938 mit einem Eigenkapital von sechseinhalb Millionen Złoty, einem Umsatz von 422 Mio. Złoty sowie einem Reingewinn von knapp zwei Millionen Złoty ein Geschäftsvolumen, das dem aller übrigen deutschen Kreditinstitute in Polen zusammengenommen entsprach.[136] Ende 1936 entfielen auf insgesamt knapp über 12000 Genossenschaften in Polen 780 deutsche mit einer Bilanzsumme von 145,4 Mio. Złoty. Davon waren 415 Kreditgenossenschaften mit einer Bilanzsumme von 115,2 Mio. Złoty bei einer kreditgenossenschaftlichen Gesamtbilanzsumme von 656,5 Mio. Złoty (entsprechend 17,5 Prozent!).[137]

Neben dem skizzierten Engagement waren deutsche Großbanken in Polen auch in Form von Beteiligungen an „volksdeutschen" Instituten präsent. Die 1920 in Poznań wiederbegründete Bank für Handel und Gewerbe war aus der bereits genannten Ostbank für Handel und Gewerbe mit Stammsitz in Bromberg hervorgegangen.[138] Als Provinzbank gegründet, war sie vor dem Ersten Weltkrieg eng mit der Darmstädter und Nationalbank verbunden gewesen. Zwar war die Neugründung 1920 offenkundig eine deutsche Initiative, doch ging der Kundenkreis weit über die Gruppe der „Volksdeutschen" hinaus. Mit der am Ende des Ersten Weltkrieges auf Betreiben der Preußischen Staatsbank gegründeten und in Berlin ansässigen Ostbank AG hatte sie gemein, dass sich hier wie dort die Aktienmehrheit in den 1920er Jahren im Besitz der Landesgenossenschaftsbank sowie der Danziger Raiffeisenbank befand.[139] Sie besaß mit Niederlassungen in Poznań, Bydgoszcz, Inowrocław, Ostrów Wielkopolski und Rawicz ein gut ausgebautes Filialnetz, und obwohl ihr Aktienkapital 1929 teilweise von der Dresdner Bank übernommen wurde, arbeitete sie auch in den 1930er Jahren weiterhin eng mit der LGB zusammen, die bis 1940 die Aktienmehrheit hielt.[140]

---

134 Matelski, Mniejszość niemiecka, S. 192f.; Jan Majewski: Spółdzielczość oszczędnościowo-pożyczkowa w Wielkopolsce i na Pomorzu 1918–1939. Warszawa 1965, S. 54ff.; ders., Drogi i bezdroża niemieckiej spółdzielczości, S. 92ff., 145ff.

135 Swart, Diesseits, S. 139f.; Zahlen nach der Statistik der einzelnen Genossenschaften des Verbandes deutscher Genossenschaften für das Geschäftsjahr 1938 [Posen, August 1940].

136 Rocznik Polskiego Przemysłu i Handlu 1938, Nr.620; Matelski, Mniejszość niemiecka, S. 197; Czesław Łuczak: Od Bismarcka do Hitlera. Polsko-niemieckie stosunki gospodarcze. Poznań 1988, S. 250. Der Umsatz lag 1938 indes deutlich unter dem der Jahre 1929–1931 bzw. 1934.

137 Deutsches Institut für Bankwissenschaft und Bankwesen (Hg.), Das polnische Bankwesen, S. 13; Mały Rocznik Statystyczny 1939, S. 117f.

138 Kostrowicka/Landau/Tomaszewski, Historia gospodarcza Polski, S. 227; Swart, Diesseits, S. 104; vgl. Wixforth, Expansion der Dresdner Bank, S. 499f.

139 Kowalak, Zagraniczne kredyty dla Niemców, S. 99; Schön, Das polnische Bankwesen, S. 80, 99.

140 Meyen, 120 Jahre Dresdner Bank, S. 123. Seit Mai 1937 war die Bank für Handel und Gewerbe jedoch wegen Devisenveruntreuungen einem Treuhänder unterstellt; vgl. Matelski, Mniejszość niemiecka, S. 199; Swart, Diesseits, S. 121, 149. Die Verbindung zum Genossenschaftssektor trat in der Zusammensetzung des Aufsichtsrates deutlich hervor; AAN, Ministerstwo Skarbu, Nr. 4429; APP, Banki akcyjne w Poznaniu, Nr. 8–9.

1932 waren auf dem Gebiet Großpolens 28 „volksdeutsche" Bankinstitute (ohne Spar- und Darlehenskassen) tätig, von denen die LGB, die Bank für Handel und Gewerbe, „Credit", die Deutsche Volksbank in Bromberg sowie der „Kreditverein" die wichtigsten waren. Allein die „Credit" legte zwischen 1926 und 1938 Kredite in Höhe von knapp 90 Millionen Złoty aus. Die Refinanzierung erfolgte hier wie auch im Falle des „Kreditvereins" mit Hilfe ausländischer, zumeist deutscher, langfristiger Kredite, was vor Ort mit dem Bestreben verbunden wurde, auch die Großbanken „in den Kampf um die Existenz des deutschen Kleinkaufmannes und Handwerkers einzuschalten".[141] Was im Agrarsektor fehlschlug, nämlich die Einbindung reichsdeutscher Großbanken in eine Zusammenarbeit mit den Volksbanken vor Ort, gelang zumindest im Bereich der gewerblichen Betriebskredite. Zu Beginn des Jahres 1936 hatte beispielsweise der „Kreditverein" bei der Dresdner Bank in Berlin einen Kredit mit zwanzigjähriger Laufzeit in Höhe von knapp 5,4 Mio. Złoty, gleichzeitig bei der Deutschen Bank in Danzig einen Kredit in Höhe von 1,78 Mio. Złoty laufen.[142]

Kredite reichsdeutscher Banken wurden in der Regel nur als Hypothekarkredite ausgelegt, was zur Folge hatte, dass die Belastung „volksdeutschen" Eigentums durch Insolvenzen bereits 1930 den Betrag von knapp 30 Millionen Złoty erreicht hatte und in den 1930er Jahren noch weiter anstieg. Die Finanzierung der „volksdeutschen" Landwirtschaft und Gewerbetätigkeit bewegte sich somit im Wesentlichen zwischen Dividendenverzicht der Anteilseigner, Hypothekenfinanzierung der Kredite und der Entschuldung seitens des Reiches. Die Summe, die das Deutsche Reich im Rahmen seiner Subventionierungspolitik (die nicht zu verwechseln ist mit der „Osthilfe"[143]) zur finanziellen Unterstützung und zur Schuldentilgung der „Volksdeutschen" allein auf dem Gebiet Großpolens in der Zwischenkriegszeit zur Verfügung stellte, überschritt nach neuen Berechnungen die Grenze von 200 Mio. RM.[144]

In der Tat also trug die massive Förderung in Posen, Pommerellen und Zentralpolen, d. h. außerhalb der Abtretungsgebiete, sehr wohl auch einen bevölkerungs- bzw. siedlungspolitischen Charakter.[145] Insbesondere die ältere polnische For-

---

141 APP, TP, Nr. 147, Bl. 7–12, Zitat Bl. 11: Bericht Udo Milbradts betr. Rechts- und Wirtschaftsabteilung der Deutschen Vereinigung, Bromberg, vom 22. 6. 1940. Milbradt war zwischen 1934 und 1939 der Leiter der genannten Abteilung gewesen.

142 Matelski, Mniejszość niemiecka, S. 196, 201.

143 Vgl. Leo Drescher: Entschuldung der ostdeutschen Landwirtschaft. Auf Grund einer Untersuchung von Osthilfe-Entschuldungsbetrieben. Berlin 1938; Kellermann, Schwarzer Adler. Weißer Adler, S. 118–131.

144 Matelski, Mniejszość niemiecka, S. 204f.; die älteren Arbeiten stützen sich zumeist auf die Aussage Max Winklers, die er 1947 in Nürnberg machte und in der er den Umfang der Kreditaktion für ganz Polen auf ca. 100 Mio. RM schätzte; vgl. hierzu Kowalak, Zagraniczne kredyty dla Niemców, S. 178. Dagegen betrugen die Unterstützungen allein an die ostoberschlesische Schwer- und Großindustrie bis zur Machtübernahme der Nationalsozialisten schon ca. 60–70 Mio. RM; Krekeler, Revisionsanspruch und geheime Ostpolitik der Weimarer Republik, S. 103f.

145 Der Gruppe „volksdeutscher" Kreditinstitute in Polen entsprach im Deutschen Reich ein System polnischer Kreditgenossenschaften, vor allem in Schlesien, Ostpreußen, Westfalen, der Rheinprovinz und Berlin. Die polnische Kredithilfe für die schätzungsweise 1,6 Mio. im Deutschen Reich lebenden Polen (1939) folgte in ihrem Selbstverständnis dabei derselben Ratio wie die Deutschtumspolitik in Polen, besaß aber einen

schung verweist auf das irredentistische Potenzial der „Volksdeutschen“ in Polen[146], was etwa angesichts des seit September 1939 tätigen „Volksdeutschen Selbstschutzes“ und seiner Zusammenarbeit mit den Einsatzgruppen nicht unberechtigt erscheint.[147] Die durch das außenpolitische Konfliktpotenzial ohnehin stark belasteten Wirtschaftsbeziehungen zwischen Polen und Deutschland wurden durch Steuerhinterziehungen „volksdeutscher“ Kreditinstitute in Polen – beispielsweise der Kattowitzer Vereinsbank 1932/33 sowie der Thorner Vereinsbank 1936[148] – einem noch stärkeren Druck ausgesetzt. Den „Volksdeutschen“ wurde durch die finanzielle Hilfe von reichsdeutscher Seite ein Engagement für den Nationalsozialismus nach der Machtergreifung Hitlers zweifellos erleichtert, zumal man von der NSDAP zunächst den Eindruck gewann, sie wolle sich auf den Bauernstand stützen.[149] Prominente Führer des „Grenz- und Auslanddeutschtums“ wie Erich Krahmer-Möllenberg, Max Hildebert Boehm, Karl Christian von Lösch und andere stellten sich schon im April 1933 der NSDAP „vorbehaltlos zur Mitarbeit zur Verfügung“ und stießen mit ihrem Antrag, „die Mitgliedschaft der N.S.D.A.P. in einer Form erwerben [zu] können, die soweit erforderlich das Bekanntwerden dieser Tatsache in der Öffentlichkeit vermeidet“, beim Führerstellvertreter Rudolf Heß auf Wohlwollen.[150] Die zahlreichen Genossenschaftsinstitute sowie das Vereins- und Parteiwesen, das sich für die Belange der „Volksdeutschen“ in Polen einsetzte, stellten sich aber in ihrer Unübersichtlichkeit und ungeachtet allgemeiner Affinitäten zum Nationalsozialismus einer frühzeitigen Gleichschaltung und Vereinheitlichung durch die Nationalsozialisten entgegen.[151] Namentlich in Oberschlesien bemängelte beispielsweise der SD 1936, dass eine „klare Linie und ein Ziel der Reichspolitik in Ostoberschlesien“ nicht nur kaum zu erkennen sei, sondern vollständig fehle.[152]

---

deutlich geringeren finanziellen Umfang. Kazimierz Pietrzak-Pawłowski: Działalność polskich instytucji gospodarczych w Niemczech w latach 1920–1939, in: Polacy w republice weimarskiej i III Rzeszy. Olsztyn 1965, S. 103–121; ders., Spółdzielczość polska na Ziemiach Zachodnich, S. 242–253; Wojciech Wrzesiński: Polski ruch narodowy w Niemczech w latach 1922–1939. Wrocław/Warszawa/Kraków ²1993; Chałupczak, II Rzeczpospolita a mniejszość polska w Niemczech, S. 166, 184.

146 Bogusław Olszewski: „Osthilfe“ interwencjonizm państwowy w rolnictwie śląskim w latach 1919–1939. Wrocław u. a. 1974, bes. S. 62 ff.

147 Christian Jansen/Arno Weckbecker: Der „Volksdeutsche Selbstschutz“ in Polen 1939/40. München 1992.

148 Łuczak, Polnisch-deutsche Wirtschaftsbeziehungen in der Zwischenkriegszeit, S. 218.

149 Kowalak, Zagraniczne kredyty dla Niemców, S. 200 ff.; vgl. Hans-Erich Volkmann: Polen im politisch-wirtschaftlichen Kalkül des Dritten Reiches 1933–1939, in: Wolfgang Michalka (Hg.), Der Zweite Weltkrieg. Analysen · Grundzüge · Forschungsbilanz. München/Zürich 1989, S. 74–92, hier S. 79, 86 f.

150 UAHUB, NS-Dozentenschaft, Nr. 33, Bl. 6: Schreiben Boehms, von Loeschs, Krahmer-Möllenbergs u. a. an Reichsleitung der NSDAP, 27. 4. 1933; ebd.: Reichsleitung der NSDAP (gez. Rudolf Heß) an Max Hildebert Boehm, 14. 6. 1933.

151 Hans Umbreit: Deutsche Militärverwaltungen 1938/39. Die militärische Besetzung der Tschechoslowakei und Polens. Stuttgart 1977, S. 201 ff.

152 APK, Sicherheitsdienst des Höheren SS- und Polizeiführers – Kattowitz, Nr. 4, Bl. 30 f.: Sicherheitsdienst des Reichsführers-SS, SD-Oberabschnitt Südost, Abschnitt XXIV, an den SD-Oberabschnitt Südost, Breslau, 3. 3. 1936, betr. Ostoberschlesien. Vgl. Rosenkötter, Treuhandpolitik, S. 79.

Die Attraktivität des „volksdeutschen" Genossenschafts- und Kreditwesens in Polen dürfte für das Kalkül der Nationalsozialisten vor allem in dessen Organisationsgefüge, erst in zweiter Linie in seiner wirtschaftlichen Größenordnung gelegen haben. Gerade dieses Netzwerk schien der NS-Ordnungs- und Raumpolitik dann entgegenzukommen, wenn das Deutsche Reich im Osten darangehen würde, seinen „Lebensraum" zu erweitern. Nach dem Überfall auf Polen 1939 gab man sich auf deutscher Seite alle Mühe, die Verschuldung der „volksdeutschen" Landwirtschaft als Folge des Krieges und der polnischen „Terrorschäden"[153] der 1920er und 1930er Jahre darzustellen, gab indes aber auch versehentlich das offene Geheimnis preis, dass „mindestens 90 bis 95% aller bestehenden deutschen Landwirtschaften total verschuldet" gewesen seien.[154] Die geheime, über das Jahr 1933 bruchlos fortgeführte deutsche Ostpolitik verdeutlicht, dass das von den Nationalsozialisten als „urdeutsches Siedlungsland" deklarierte Westpolen ohne eine zwanzigjährige höchst defizitäre Subventionspolitik durch das Reich zu Beginn des Zweiten Weltkrieges wohl keine nennenswerte deutsche Bevölkerung mehr aufgewiesen hätte. Auch die zahlreichen agrarromantischen Schriften, die das „volksdeutsche Siedlungswerk" in der Zweiten Polnischen Republik zum Gegenstand hatten und dabei auch verschiedentlich auf die Bedeutung der „volksdeutschen" Spar- und Darlehenskassen hinwiesen[155], konnten nicht darüber hinwegtäuschen, dass die in Polen bis 1939 tätigen „volksdeutschen" Kreditinstitute größtenteils ein Zuschussgeschäft waren, für das das Reich und reichsdeutsche Banken schon frühzeitig finanzielle Garantien hatten übernehmen müssen.

Sieht man die Zwischenkriegsentwicklung vor dem Hintergrund des deutschen Überfalls auf Polen, so wird deutlich, wie erfolgreich die Nationalsozialisten es nach dem 1. September 1939 verstanden, mit Hinweis auf eine vorgeblich „polnische Wirtschaft" der 1920er und 1930er Jahre die vermeintliche Notwendigkeit herauszustreichen, in den eingegliederten und besetzten Gebieten Polens ein eigenes Kreditsystem installieren zu müssen. Von dieser Notwendigkeit waren wirtschaftshistorische Arbeiten deutscher Provenienz noch bis Ende der 1970er Jahre fest überzeugt.

Die Kredithilfe deutscher Institute in Polen, die dem Erhalt und der Förderung des Deutschtums in diesen Gebieten dienen sollte, unterschied sich in ihrer allgemeinen Stoßrichtung vor 1939 nicht wesentlich von der in der Zeit nach dem deutschen Überfall. Hier wie dort war das Wirtschaftssystem in einen „Volkstumskampf" verwickelt, dessen Instrumentarium jedoch nach dem 1. September 1939 durch zahlreiche legislative und exekutive Maßnahmen, vor allem aber durch ein umfassendes Terrorsystem, erheblich erweitert wurde. Darüber hinaus war mit dem Aufbau eines deutschtumspolitischen Organisationsgeflechts in der Weimarer Republik ein Lenkungsapparat installiert worden, der benutzt werden konnte, als man an die Realisierung all der Pläne ging, die zuvor als langfristige Ziele in

[153] Ostdeutscher Beobachter Nr. 159 vom 9. 6. 1940.

[154] Johannes Darius: Mißwirtschaft und neuer Aufbau im Wartheland, in: Warthegau-Wirtschaft 1 (1940), Nr. 2, S. 1f., hier S. 1.

[155] Vgl. z. B. Maria Kahle: Westfälische Bauern im Ostland. Berlin 1940, S. 57ff., 114ff. und passim.

Bezug auf den „deutschen Osten" formuliert worden waren. Zugleich war klar, dass in noch stärkerem Maße als zuvor nun die politische Zuverlässigkeit der Prüfstein für Kreditwürdigkeit und die Entfaltung jeglicher Gewerbetätigkeit sein würde. In diesem Sinne gab es in Polen unter nationalsozialistischer Herrschaft zweifelsfrei eine Kontinuität volkstumspolitisch motivierter Eingriffe in das Wirtschaftssystem, deren Anfänge sich bis zur Ostmarkenpolitik des Kaiserreiches zurückverfolgen lassen.

II. Grundzüge deutscher Besatzungsherrschaft in Polen im Herbst 1939

1. Der Überfall auf Polen

Am 1. September 1939 überfiel die deutsche Wehrmacht die Zweite Polnische Republik. In den 1930er Jahren hatte Polen in der nationalsozialistischen Weltanschauung ungeachtet der deutschen Revisionsforderungen keinen exponierten Platz eingenommen und war erst vergleichsweise spät in das auf Osteuropa ausgerichtete Lebensraumkonzept Hitlers integriert worden. Ende 1938, Anfang 1939 war absehbar geworden, dass die deutsch-polnische Diplomatie in der Korridor- und Danzig-Frage endgültig gescheitert war. Auch war Polen durchaus nicht bereit, sich zu einem Satellitenstaat des Deutschen Reiches machen zu lassen, woran spätestens die von Frankreich und Großbritannien im März 1939 abgegebene Existenzgarantie Polens keinen Zweifel ließ.

Völlig unzweideutig hinsichtlich der deutschen Pläne war die Ansprache Hitlers vor den Oberbefehlshabern der Wehrmacht am 22. August 1939, in der er ausführte, „daß das Kriegsziel nicht im Erreichen bestimmter Linien, sondern in der physischen Vernichtung des Gegners" bestehe. Er habe seine „Totenkopfverbände bereitgestellt mit dem Befehl, unbarmherzig und mitleidlos Mann, Weib und Kind polnischer Abstammung und Sprache in den Tod zu schicken... Polen wird entvölkert und mit Deutschen besiedelt."[1] Die Exekutoren einer solcherart formulierten Kriegszielstrategie waren jedoch nicht so sehr Wehrmachtssoldaten, als vielmehr die hinter der Front in Marsch gesetzten sechs Einsatzgruppen der Sicherheitspolizei und des SD[2], denen bereits im September/Oktober 1939 schätzungsweise einige zehntausend Polen und Juden zum Opfer fielen.[3] Über die von den Einsatzgruppen betriebene „Flurbereinigung" (Hitler) und die weitere Planung konnte der Chef des zu gleicher Zeit gebildeten Reichssicherheitshauptamtes (RSHA), Reinhard Heydrich, auf einer vielzitierten Besprechung der Amtschefs und Einsatzgruppenführer in Berlin vom 21. September 1939 berichten, dass die ehemals deutschen Gebiete „deutsche Gaue" werden sollten, ferner dass für die „fremdsprachige Bevölkerung" ein weiterer Gau „mit der Hauptstadt Krakau" geschaffen werde und dass schließlich die Juden „in den Städten im Getto zusammenzufassen" seien, um sie besser kontrollieren und alsbald abschieben zu kön-

---

[1] Wolfgang Jacobmeyer: Der Überfall auf Polen und der neue Charakter des Krieges, in: Christoph Kleßmann (Hg.), September 1939. Krieg, Besatzung, Widerstand in Polen. Göttingen 1989, S. 16-37, hier S. 16f.; vgl. Eisenblätter, Politik des Reiches gegenüber dem Generalgouvernement, S. 28f.; Winfried Baumgart: Zur Ansprache Hitlers vor den Führern der Wehrmacht am 22. August 1939. Eine quellenkritische Untersuchung, in: VfZ 16 (1968), S. 120-149.

[2] Helmut Krausnick: Hitlers Einsatzgruppen. Die Truppe des Weltanschauungskrieges 1938-1942. Frankfurt a. M. 1985, S. 51-65.

[3] Jacobmeyer, Überfall auf Polen, S. 25f.; Golczewski, Polen, S. 420.

nen. In Hinsicht auf wirtschaftspolitische Maßnahmen hätten die Einsatzgruppenleiter „Überlegungen anzustellen, wie man einerseits die Arbeitskraft der primitiven Polen in den Arbeitsprozeß eingliedert, andererseits sie aber auch gleichzeitig aussiedelt". Ziel sei es in jedem Falle, dass „der Pole" „der ewige Saison- und Wanderarbeiter" bleiben und sein Wohnort „in der Gegend von Krakau liegen" müsse.[4]

In einem ebenfalls vom 21. September datierenden Schnellbrief an die Einsatzgruppenführer präzisierte Heydrich die geplanten Maßnahmen gegen die jüdische Bevölkerung in Polen. Jüdische Gemeinden unter 500 Mitgliedern seien aufzulösen und zusammenzufassen, und in jeder Gemeinde müssten jüdische, den deutschen Dienststellen verantwortliche Ältestenräte gebildet werden. Für die möglichst rasche Übernahme jüdischer „lebens-, kriegs- oder für den Vierjahresplan wichtiger Industriezweige und -betriebe" hatten die Chefs der Einsatzgruppen regelmäßig über die Art der Betriebe, die Dringlichkeit ihrer „Arisierung" – „um jedwede Schädigung auszuschalten" – sowie über die Frage zu berichten, ob der Betrieb „nach Abschub der Juden ohne weiteres aufrecht erhalten bleiben" könne.[5]

Die Entvölkerung und deutsche Neubesiedlung der westlichen Landesteile sowie die Existenz eines polnischen „Reststaates" bzw. eines fremdvölkischen Gaues, dessen Arbeitskräfte rücksichtslos auszubeuten seien, waren in den folgenden Jahren die Eckpunkte nationalsozialistischer Okkupationspolitik in Polen. Sie bildeten zugleich die Grundkonstanten der deutschen Wirtschaftspolitik und bestimmten maßgeblich den Handlungsrahmen auch im Kreditwesen.

In der Folge mutierten besonders die kurz darauf ins Deutsche Reich eingegliederten Gebiete zu einem „Anwendungsgebiet und Exerzierfeld radikaler, völkisch-nationalsozialistischer Herrenrassen- und Kolonisationstheorie".[6] Hier wurden nicht nur umfangreiche Siedlungs- und Deportationsprojekte realisiert, hier lag außerhalb des Altreiches auch der Schwerpunkt der Massentötungen im Rahmen der so genannten Euthanasie („Aktion T 4").[7] Im Reichsgau Wartheland nahm schließlich die systematische Judenvernichtung im Dezember 1941 im ersten stationären Vernichtungslager in Kulmhof ihren Anfang, bis sie seit dem Frühjahr und Frühsommer 1942 auch im Generalgouvernement in den Vernichtungslagern Bełżec, Sobibór und Treblinka, zur selben Zeit im ostoberschlesischen Auschwitz-Birkenau und an zahllosen anderen Orten im besetzten Polen durchgeführt wurde.

Die administrative Ausgestaltung des okkupierten Territoriums

Waren die ersten Wochen der deutschen Besatzung in Polen von militärischen und polizeilichen Prärogativen geprägt gewesen, so sahen sich die alsbald einge-

---

[4] Broszat, Nationalsozialistische Polenpolitik, S. 21; Röhr, Okkupationspolitik, S. 119f.

[5] Schnellbrief des Chefs der Sicherheitspolizei (gez. Heydrich) an die Chefs aller Einsatzgruppen der Sicherheitspolizei, 21.9.1939, betr. Judenfrage im besetzten Gebiete, zit. nach Pospieszalski, Hitlerowskie „prawo" okupacyjne w Polsce, część II, S. 532-536, hier S. 535f.

[6] Broszat, Nationalsozialistische Polenpolitik, S. 8.

[7] Aly, „Endlösung", S. 114-126.

richteten deutschen Okkupationsbehörden bereits vor dem Übergang von der Militär- zur Zivilverwaltung am 26. Oktober 1939 vor weitreichende Aufgaben des finanziellen und wirtschaftlichen Wiederaufbaus des besetzten Territoriums gestellt.[8]

Für die vier Militärbezirke Westpreußen, Posen, Lodz und Krakau wurden als Chefs der Zivilverwaltung (CdZ) Gauleiter Albert Forster, der bisherige Danziger Senatspräsident Arthur Greiser sowie die Reichsminister Hans Frank und Arthur Seyß-Inquart eingesetzt. Übereinstimmung herrschte vor allem darüber, dass das ostoberschlesische Industrierevier unbedingt unzerstört in deutsche Hände gebracht werden müsse, was auch weitgehend gelang. Der raschen wirtschaftlichen Eingliederung dieses Gebietes diente auch die Ernennung des Präsidenten der Breslauer Industrie- und Handelskammer, Otto Fitzner, zum Beauftragten des im Bereich des Grenzschutz-Abschnittskommandos 3 tätigen Chefs der Zivilverwaltung, Oberpräsident und Gauleiter Josef Wagner. Fitzners erste Anordnungen betreffend die Fortsetzung der Industrieproduktion datieren bereits vom 5. September, und mit der Einrichtung einer Provinzialverwaltung in Oberschlesien am 7. September war das schlesische Industriegebiet kaum eine Woche nach Kriegsbeginn der Militärverwaltung wieder entzogen.[9]

Wirtschaftspolitische Maßnahmen resultierten jedoch nicht allein aus der Ratio der Kriegsführung. Zwar stand die territoriale Eingliederung samt „Germanisierung" eines westpolnischen Streifens – neben Oberschlesien und der ehemaligen Provinz Posen vor allem die Freie Stadt Danzig – ins Deutsche Reich bereits vor dem 1. September 1939 auch für die Wehrmacht fest, doch dürften Hitlers und Himmlers langfristige Konzeptionen einer umfassenden Neugestaltung des „Ostraumes" zunächst noch wenig bekannt gewesen sein. Zumindest wirkten sie sich in den ersten Wochen kaum auf die praktische Politik aus, obwohl die Konkurrenz zwischen Wehrmacht und SS sowie unterschiedliche Vorstellungen über das Verhalten gegenüber der polnischen und jüdischen Zivilbevölkerung zu wachsenden Konflikten führten.[10] Freilich ist damit nicht gesagt, dass nicht auch die Wehrmacht zahlreiche Kriegsverbrechen einschließlich Massenmord zu verant-

---

8 Zur Militäradministration in Polen vgl. Stanisław Nawrocki: Hitlerowska okupacja Wielkopolski w okresie zarządu wojskowego. Wrzesień–październik 1939 r. Poznań 1966; Tatiana Berenstein/Adam Rutkowski: Niemiecka administracja wojskowa na okupowanych ziemiach polskich (1 września – 25 października 1939 r.), in: Najnowsze Dzieje Polski, Bd. VI. Warszawa 1962, S. 45–57; Kazimierz Radziwojńczyk: Plany polityczne Trzeciej Rzeszy wobec Polski i ich realizacja w okresie od 1 września do 25 października 1939 r., in: Najnowsze Dzieje Polski, Bd. XII. Warszawa 1968, S. 5–38; Umbreit, Deutsche Militärverwaltungen, passim.

9 Otto Fitzner: Deutschlands Kriegswirtschaft gestärkt, in: Der Vierjahresplan 3 (1939), S. 1130–1133; Alfred Sulik: Przemysł ciężki w rejencji katowickiej w gospodarce Trzeciej Rzeszy (1939–1945). Katowice 1984, S. 45 ff.; Ryszard Kaczmarek: Pod rządami gauleiterów. Elity i instancje władzy w rejencji katowickiej w latach 1939–1945. Katowice 1998, S. 21 f., 229; Umbreit, Deutsche Militärverwaltungen, S. 69 ff.

10 Vgl. Helmut Krausnick: Hitler und die Morde in Polen. Ein Beitrag zum Konflikt zwischen Heer und SS um die Verwaltung der besetzten Gebiete (Dokumentation), in: VfZ 11 (1963), S. 196–209; Krausnick, Hitlers Einsatzgruppen, S. 65–88; Umbreit, Deutsche Militärverwaltungen, S. 198.

worten hatte.[11] Im Unklaren war man sich lediglich darüber, welche Priorität der Sonderpolitik der SS gegenüber anderen Zielen – wirtschaftliche Eingliederung der eroberten Gebiete und deren Ausrichtung auf die Kriegsproduktion – beizumessen sei. Franz Halder, Chef des Generalstabes des Heeres, brachte dies in einer Tagebuchnotiz vom 20. September 1939 auf den Punkt: „*Ghetto*-Gedanke besteht im großen; im einzelnen noch nicht klarliegend. Berücksichtigung der Wirtschaftslage vorweg."[12] Das schwedische Schutzmandat, das den Schutz polnischer Staatsbürger sowie polnischen Eigentums im Deutschen Reich gewährleisten sollte, hatte im Altreich angesichts der von Schweden zugleich eingenommenen Position der Neutralität geringe, in den besetzten polnischen Gebieten überhaupt keine Auswirkungen.[13] Gleichwohl waren Wehrmacht und die CdZ entsprechend Artikel 43 der Haager Landkriegsordnung (HLKO) von 1907 dazu verpflichtet, für die öffentliche Ordnung und das Wohl der Zivilbevölkerung „unter Beachtung der Landesgesetze" Sorge zu tragen. Entsprechend Art. 46 und 56 HLKO war das umfassend definierte Privateigentum im besetzten Gebiet besonders schutzbedürftig. Allerdings ist nicht zu erkennen, dass dieser Aspekt bei den ersten wirtschafts- und finanzpolitischen Maßnahmen der deutschen Militärverwaltung eine besondere Rolle spielte[14], es sei denn zugunsten der „volksdeutschen" Bevölkerung. Obwohl die Militärverwaltung kaum als das Ergebnis längerfristiger Planungen für eine Besatzungspolitik in Polen angesehen werden kann und die Organisation der CdZ vergleichsweise schlecht vorbereitet war, hatte der Wehrwirtschaftsstab des OKW vor Kriegsbeginn umfangreiche Erhebungen über Produktionsziffern, Energie- und Lebensmittelversorgung sowie die Infrastruktur in Polen anstellen lassen.[15] Mit feststehenden Angriffsplänen stieg daher auch das Interesse an den Folgen und Möglichkeiten für die Wirtschaft, zumal Objekte wie das Zentrale Industrierevier um Sandomierz (COP) schon in der Zwischenkriegszeit deutsche Begehrlichkeiten geweckt hatten.[16] Entsprechend kam es schon in

---

[11] Szymon Datner: 55 dni Wehrmachtu w Polsce. Zbrodnie dokonane na polskiej ludności cywilnej w okresie 1. IX.–25. X. 1939 r. Warszawa 1967, bes. S. 66–122, 161ff.; Jochen Böhler: Auftakt zum Vernichtungskrieg. Die Wehrmacht in Polen 1939. Frankfurt a. M. 2006, passim.

[12] Generaloberst Franz Halder: Kriegstagebuch, Bd. 1. Stuttgart 1962, S. 82.

[13] Hans-Jürgen Lutzhöft: Schwedische Reaktionen auf die deutsche Politik im Osten 1939–1943, in: ZfO 29 (1980), S. 71–83, bes. S. 72f., 76ff.; Rudolf L. Bindschedler (Hg.): Schwedische und schweizerische Neutralität im Zweiten Weltkrieg. Basel 1985, bes. S. 111–119; Umbreit, Deutsche Militärverwaltungen, S. 214.

[14] Vgl. hierzu Berthold Gerber: Staatliche Wirtschaftslenkung in den besetzten und annektierten Ostgebieten während des Zweiten Weltkrieges unter besonderer Berücksichtigung der treuhänderischen Verwaltung von Unternehmungen und Ostgesellschaften. Tübingen 1959, S. 186f.; Arnulf Emmendörfer: Geld- und Kreditaufsicht in den von Deutschland während des 2. Weltkrieges besetzten Gebieten. Eine völkerrechtliche Untersuchung über die geld- und kreditwirtschaftlichen Maßnahmen deutscher Besatzungsbehörden. Tübingen 1957, S. 1–5; Umbreit, Deutsche Militärverwaltungen, S. 258ff.

[15] Werner Röhr: Zur Wirtschaftspolitik der deutschen Okkupanten in Polen 1939–1945, in: Dietrich Eichholtz (Hg.), Krieg und Wirtschaft. Studien zur deutschen Wirtschaftsgeschichte 1939–1945. Berlin 1999, S. 221–251, hier S. 231f.

[16] Umbreit, Deutsche Militärverwaltungen, S. 231; C.O.P. (Centralny Okręg Przemysłowy). Das zentrale polnische Industrierevier. Danzig 1938.

den ersten Wochen nach dem deutschen Überfall auf Polen zu grundlegenden Weichenstellungen, die auch für das Währungs-, Finanz- und Bankwesen von Bedeutung waren.

Bereits am 23. September 1939 erklärte die Wehrmachtsführung den Kriegszustand für beendet, und am 26. Oktober übernahm schließlich die deutsche Zivilverwaltung das im Grenz- und Freundschaftsvertrag mit der UdSSR vom 28. September 1939 festgelegte Teilgebiet des polnischen Staates. Durch einen Führererlass vom 8. Oktober 1939 erfolgte die Eingliederung eines großen Teils dieses Territoriums in das Deutsche Reich bei gleichzeitiger Gründung der Reichsgaue Westpreußen (ab 2. November 1939 „Reichsgau Danzig-Westpreußen"[17]) und Posen (ab 29. Januar 1940 „Reichsgau Wartheland"[18]) sowie der Regierungsbezirke Kattowitz und Zichenau.[19] Der übrige Teil bildete fortan das Generalgouvernement für die besetzten polnischen Gebiete unter Generalgouverneur Frank und seinem Stellvertreter Seyß-Inquart.[20] Arthur Greiser wurde zum Reichsstatthalter im Reichsgau Posen, Albert Forster im Reichsgau Danzig-Westpreußen ernannt.[21] Die Bildung des Regierungsbezirks Kattowitz aus der polnischen Wojewodschaft Schlesien und Teilen der Wojewodschaften Kielce und Krakau unter Einschluss des 1938 von Polen annektierten, industriell bedeutenden Olsa-Gebietes stellte in administrativer Hinsicht einen vergleichsweise komplexen und langwierigen Prozess dar, der erst durch die Schaffung einer neuen Provinz Oberschlesien in veränderten Grenzen im Januar 1941 abgeschlossen wurde.

Grundlagen einer Währungspolitik

Verfügungen, die das Geld- bzw. Kreditwesen betrafen, gehörten zu den ersten, die die militärischen Dienststellen und die Zivilverwaltung in ihren Verordnungsblättern veröffentlichten. In den ersten Septemberwochen wurde der Geldbedarf der Truppe sowie der Zivilbevölkerung teilweise mit Hilfe der alten Złoty-Währung, zusätzlich ab dem 14. September mit der Annahmepflicht von Reichsmark[22] (in einem – mit Blick auf das niedrige Preisniveau in Polen – für die besetzten Gebiete ungünstigen Verhältnis von einer Reichsmark zu zwei Złoty) und

[17] Erlaß des Führers und Reichskanzlers zur Änderung des Erlasses über Gliederung und Verwaltung der Ostgebiete vom 2. 11. 1939 (RGBl. I, S. 2135). Der Regierungsbezirk Marienwerder hatte zuvor zu Ostpreußen gehört.

[18] Zweiter Erlaß des Führers und Reichskanzlers zur Änderung des Erlasses über Gliederung und Verwaltung der Ostgebiete vom 29. 1. 1940 (RGBl. I, S. 251).

[19] Erlaß des Führers und Reichskanzlers über Gliederung und Verwaltung der Ostgebiete vom 8. 10. 1939 (RGBl. I, S. 2042); Erlaß des Führers und Reichskanzlers über das Inkrafttreten des Erlasses über Gliederung und Verwaltung der Ostgebiete vom 20. 10. 1939 (RGBl. I, S. 2057); vgl. Werner Best: Die Verwaltung in Polen vor und nach dem Zusammenbruch der Polnischen Republik. Berlin 1940, S. 117–121.

[20] Erlaß des Führers und Reichskanzlers über die Verwaltung der besetzten polnischen Gebiete vom 12. 10. 1939 (RGBl. I, S. 2077); Eisenblätter, Politik des Reiches gegenüber dem Generalgouvernement, S. 11 f.

[21] Berenstein/Rutkowski, Niemiecka administracja wojskowa, S51 f.

[22] VO über den Geldverkehr vom 14. 9. 1939, in: VOBlCdZP Nr. 1 vom 3. 10. 1939, S. 2; VO über die gesetzlichen Zahlungsmittel im besetzten polnischen Gebiet vom 11. 9. 1939, in: VOBl. für die besetzten Gebiete in Polen (1939), S. 7.

seit dem 23. September mit Reichskreditkassenscheinen befriedigt, die von den zuvor an zahlreichen Orten eingerichteten Reichskreditkassen ausgegeben bzw. in Reichsmark eingelöst wurden.[23] In den Augen der deutschen Behörden hatte sich dies u. a. wegen der unübersichtlichen Situation der Złoty-Währung als notwendig erwiesen, auch hatten die meisten Kreditinstitute vor Ort nach Beginn der Kampfhandlungen ihren Geschäftsbetrieb eingestellt und auch Ende September (noch) nicht wieder aufgenommen. In einzelnen Städten – in Łódź und Żabikowo bei Poznań – hatte man Notgeld ausgegeben, was jedoch von den CdZ rasch unterbunden wurde.

Die deutsche Währungspolitik orientierte sich in den ersten Wochen nach dem Überfall auf Polen zunächst an den Erfahrungen, die man während des Ersten Weltkrieges in praktisch denselben Gebieten gemacht hatte.[24] Eine Volkswirtschaft schien demnach bei einer entsprechenden Heranziehung okkupierter Gebiete sehr wohl dazu in der Lage zu sein, auch länger währende Kriege „durch außenwirtschaftliche Zuflüsse, durch okkupatorischen Erwerb" ökonomisch zu verkraften.[25] Schon von daher überrascht es wenig, dass im Zuge der Wehrhaftmachung der 1930er Jahre der Wehrwirtschaftsstab des OKW einschlägige Forschungen zu finanzpolitischen Aspekten in besetzten Gebieten anstellen ließ. In ihnen kam den Reichskreditkassen für die Kriegsfinanzierung bzw. Zahlungsmittelversorgung besetzter Gebiete eine herausragende Stellung zu, ohne dass ein direkter Bezug zu Polen bzw. Ost(mittel)europa hergestellt wurde.[26] Allerdings waren ähnliche Überlegungen in den 1930er Jahren auch auf polnischer Seite angestellt worden[27], und diese resultierten nicht aus einer defensiven Einstellung auf einen möglichen deutschen Angriffskrieg, sondern basierten vielmehr auf einem in den polnischen Streitkräften lange Zeit vorherrschenden Bewusstsein der Stärke.

---

[23] VO über Reichskreditkassen vom 23. 9. 1939, in: VOBl. für die besetzten Gebiete in Polen (1939), S. 11; Emil Puhl: Die Reichskreditkassen in Polen, in: Der Vierjahresplan 3 (1939), S. 1179–1181; Max Kretzschmann: Die Reichskreditkassen, in: Walther Bayrhoffer (Hg.), Deutsche Geldpolitik. Berlin 1941, S. 113–139, bes. S. 119–123; vgl. zur Geschichte der Reichskreditkassen in Europa die zeitgenössische Abhandlung im AAN, Ministerstwo Prac Kongresowych Rządu RP (emigracyjnego) w Londynie, Nr. 186: Stefan Wilamowski: Struktura finansowa i koszta okupacji niemieckiej w Europie (1942–1943).

[24] Vgl. Otto Kessler: Das deutsche Polen. Beiträge zur Geschichte, Volkswirtschaft und zur deutschen Verwaltung. Berlin 1916; Walter Wiese: Geld- und Notenbankpolitik im Generalgouvernement Warschau während der deutschen Besetzung. Diss. Breslau 1922; Oswald Lehnich: Währung und Wirtschaft in Polen, Litauen, Lettland und Estland. Berlin 1923.

[25] Willi A. Boelcke: Die Kosten von Hitlers Krieg. Kriegsfinanzierung und finanzielles Kriegserbe in Deutschland 1933–1948. Paderborn 1985, S. 133; Zilch, Okkupation und Währung im Ersten Weltkrieg, S. 14, 17.

[26] Georg Holzhauer: Barzahlung und Zahlungsmittelversorgung in militärisch besetzten Gebieten. Jena 1939; Helmut Kasten: Die Neuordnung der Währung in den besetzten Gebieten und die Tätigkeit der Reichskreditkassen während des Krieges 1939–1940. Diss. Berlin 1941.

[27] Witold Krzyżanowski: Finansowanie wojny współczesnej. Lublin 1938. Im Gegensatz zu den deutschen Pendants befasst sich Krzyżanowski aber ausführlich mit dem Übergang zur Friedenswirtschaft (ebd., S. 152ff.).

Die Aufgaben der Reichskreditkassen, die teils über beträchtliche Geldvolumina verfügten[28] und kurze Zeit später in Reichsbankanstalten bzw. im Generalgouvernement in Niederlassungen der neu gegründeten Emissionsbank umgewandelt wurden, bestanden indes weniger in der Kreditversorgung als vielmehr im Umtausch der zuvor in Umlauf gesetzten Reichsmarkbestände sowie der Vorfinanzierung öffentlicher und wehrwirtschaftlicher Ausgaben im besetzten Gebiet. Hierfür war zuvor ein Verfügungsrahmen von einer Milliarde Reichsmark bewilligt worden.[29] Darüber hinaus boten die Reichskreditkassenscheine den Vorteil, dass die Deckung der Besatzungskosten ohne aufwendige Eintreibungen von Steuern, Kontributionen u. Ä. aus den besetzten Gebieten selbst erbracht wurde, ohne Rückwirkungen auf das Reichsgebiet befürchten zu müssen.[30]

Mit der „Verordnung über die Einführung der Reichsmarkwährung in den eingegliederten Ostgebieten" vom 22. November 1939 wurden im Reichsgau Wartheland der Złoty sowie die Reichskreditkassenscheine als Zahlungsmittel neben der Reichsmark außer Kurs gesetzt.[31] Zuvor war die Reichsmark bereits am 1. Oktober 1939 in Ostoberschlesien eingeführt worden[32] und im Gebiet der Freien Stadt Danzig sogar schon am 1. September 1939 als offizielles Zahlungsmittel neben den Danziger Gulden getreten (im Verhältnis von 1 G = 0,70 RM).[33]

Ein weiteres Hauptaugenmerk richteten die Behörden auf die Erfassung und Einziehung von Devisen und Edelmetallen. Bereits am 14. September war die Einzahlungspflicht größerer Guthaben, die Deklarationspflicht von Devisen sowie die Sperrung von Guthaben anonymer und geflüchteter Personen sowie aller Juden im Gebiet des späteren Warthegaues verfügt worden. In den Gebieten der Militärbefehlshaber in Danzig-Westpreußen und Oberschlesien wurden weitgehend inhaltsgleiche Verordnungen erlassen.[34] Bereits in den ersten Septembertagen

---

[28] Die Filiale in Posen z. B. über 50 Mio. RM; Nawrocki, Hitlerowska okupacja Wielkopolski, S. 247.

[29] Kasten, Neuordnung der Währung, S. 27–29, 41–46; Kretzschmann, Reichskreditkassen, S. 122; Onno Blumhoff: Der Einfluß der deutschen Besetzung auf Geld- und Bankwesen in den während des zweiten Weltkrieges besetzten Gebieten. Diss. Köln 1961, S. 52–67, 119f.

[30] Kasten, Neuordnung der Währung, S. 58.

[31] VO über die Einführung der Reichsmarkwährung in den eingegliederten Ostgebieten vom 22. 11. 1939 (RGBl. I, S. 2291); vgl. Kasten, Neuordnung der Währung, S. 69–71.

[32] VO über Zahlungsmittel im besetzten ostoberschlesischen Gebiet vom 22. 9. 1939, in: VOBl. für die besetzten Gebiete in Polen (1939), S. 10.

[33] VO über die Einführung der Reichsmarkwährung in dem Gebiet der bisherigen Freien Stadt Danzig vom 1. 9. 1939 (RGBl. I, S. 1567).

[34] VO über den Geldverkehr vom 14. 9. und VO für Kreditinstitute vom 15. 9. 1939, in: VOBlCdZP Nr. 1 vom 3. 10. 1939, S. 2f.; Allgemeine AO über die Sicherung jüdischen Vermögens und anonymer Guthaben und dergl. vom 18. 11. 1939, in: VOBlRRW Nr. 2 vom 15. 1. 1940, S. 22; VO betr. Zahlungs- und Geldverkehr im Gebiet Danzig-Westpreußen vom 17. 9. 1939, in: VOBl. des Militärbefehlshabers Danzig-Westpreußen Nr. 1 vom 18. 9. 1939, S. 12; VO betr. Zahlungs- und Geldverkehr, in: VOBl. des Grenzschutz-Abschnitt-Kommandos 3, Chef der Zivilverwaltung [Kattowitz] Nr. 2 vom 10. 9. 1939. Vgl. ferner die Devisenordnung für das besetzte ehemals polnische Gebiet (ohne Ostoberschlesien) vom 7. 10. 1939, in: VOBl. für die besetzten Gebiete in Polen (1939), S. 33. Die Devisengesetzgebung in den eingegliederten Ostgebieten wurde erst Mitte November 1939 eingeführt; VO über die Einführung der Gesetzgebung über die Devisenbewirtschaftung und den Zahlungsverkehr mit dem Ausland in den in das Deutsche Reich eingegliederten Ostgebieten vom 17. 11. 1939 (RGBl. I, S. 2255).

waren zudem „Devisenschutzkommandos“ in Erscheinung getreten, deren Tätigkeit auf die schnelle Erfassung vor allem des jüdischen Eigentums in den soeben eroberten Gebieten ausgerichtet war.

Daneben hatten drei Einsatzgruppen des Rasse- und Siedlungshauptamtes der SS (RuSHA) neben der „Sicherstellung“ „volksfremden landwirtschaftlichen Besitzes“[35] und der Errichtung regionaler Bodenämter unter anderem auch für die Schließung zahlreicher Kreditgenossenschaften und anderer Kreditinstitute gesorgt, um so möglichst schnell jede Immobilien- und Finanztransaktion im landwirtschaftlichen Sektor zu unterbinden.[36] Während der Kriegshandlungen wurden in den zur Eingliederung vorgesehenen Gebieten alle bis zum 1. September 1939 bestehenden polnischen Kreditinstitute geschlossen. Sie waren fortan zur Liquidation vorgesehen, obwohl einige von ihnen noch einmal vorübergehend ihre Geschäftstätigkeit aufnahmen. An ihre Stelle sollten ausnahmslos deutsche Institute treten. Bis zur Eröffnung der ersten Niederlassungen der Großbanken waren dies neben den Reichskreditkassen zunächst die ortsansässigen „volksdeutschen“ Kreditinstitute, von denen etwa die Bank für Handel und Gewerbe in Posen bereits am 11. September 1939 ihren Betrieb wieder aufnahm.[37] Die Deklarationspflicht hatte im Verbund mit der Schließung polnischer Institute, mit dem bald einsetzenden Ausverkauf der Warenvorräte sowie mit dem Währungsumtausch Ende November den willkommenen Nebeneffekt, dass die Geldmengen der Bevölkerung sich zwangsläufig bei den wenigen „volksdeutschen“ Kreditinstituten ansammelten.

Allein in der Stadt Krakau wurden bis Anfang Oktober Gold und Devisen im Wert von ca. 700 000,– Złoty von der Bevölkerung deklariert, was den Behörden dennoch zu niedrig erschien: „Insbesondere die jüdische Bevölkerung Krakaus soll noch ablieferungspflichtige Werte verborgen halten.“[38] Ähnliche Vermutungen wurden in allen besetzten Gebieten angestellt. Sie waren angesichts der im Kriege üblichen Neigung zur Hortung von Zahlungsmitteln nicht unberechtigt, auch weil viele Arbeitnehmer – vor allem die Beamtenschaft – bei Kriegsbeginn ihren Lohn auf mehrere Wochen oder Monate im Voraus erhalten hatten.[39]

---

35 BArch, NS 2, Nr. 61: Tätigkeitsbericht der RuSHA-Beratung B während des Einsatzes in Polen vom 2. 1. 1940; zit. nach Rolf-Dieter Müller: Hitlers Ostkrieg und die deutsche Siedlungspolitik. Die Zusammenarbeit von Wehrmacht, Wirtschaft und SS. Frankfurt a. M. 1991, S. 86; Umbreit, Deutsche Militärverwaltungen, S. 246.

36 Berenstein/Rutkowski, Niemiecka administracja wojskowa, S. 48; vgl. zu den Einsatzgruppen des RuSHA Isabel Heinemann: „Rasse, Siedlung, deutsches Blut“. Das Rasse- und Siedlungshauptamt der SS und die rassenpolitische Neuordnung Europas. Göttingen 2003, S. 201–212.

37 BArch, R 8120/320: Geschäftsbericht der Bank für Handel und Gewerbe AG für das Jahr 1939.

38 AAN, Rząd GG, Nr. 1291, Bl. 49–54, hier Bl. 50f.: Vermerk des Beauftragten des Devisenfahndungsamtes beim Chef der Zivilverwaltung des AOK 14 (gez. Rudolf Tischer), Krakau, vom 2. 10. 1939 betr. Maßnahmen zur Durchführung des Devisenschutzes im Bereich des Militärbefehlshabers Krakau.

39 Ludwik Landau: Kronika lat wojny i okupacji. Warszawa 1962, Bd. 1, S. 39; Umbreit, Deutsche Militärverwaltungen, S. 268.

Bis Ende November 1939 waren auf dem Territorium der besetzten polnischen Gebiete von den Reichskreditkassen sowie von zwei privaten Kreditinstituten – der Deutschen Bank in Krakau und der Landesgenossenschaftsbank in Bromberg – ablieferungspflichtige Devisen und Edelmetalle im Gegenwert von insgesamt knapp 2,6 Mio. RM abgeführt worden, davon allein von der Deutschen Bank in Krakau 362309,– RM.[40] Diese Summen wurden von den Beträgen noch weit übertroffen, die infolge der Verordnung über den Geldverkehr vom 14. September 1939 beispielsweise im Bereich des CdZ Posen bei Banken und Sparkassen hinterlegt wurden. Hier war nämlich die Einzahlung freier Bargeldbeträge über 100,– Złoty bzw. 50,– RM vorgeschrieben.[41] Bis Anfang Oktober waren im Einzugsgebiet des CdZ Posen über 17 Mio. Złoty eingezahlt worden.[42] Bis weit in das Jahr 1940 hinein dürfte der überwiegende Teil der Einlagen bei den Kreditinstituten daher das Resultat der Einzahlungsverordnung gewesen sein.[43]

Die Devisenerfassung hatte zu einem Zeitpunkt begonnen, als zumindest in einigen Gebieten wie dem Olsagebiet die nötige Infrastruktur der Kreditinstitute für die Ablieferung deklarierungspflichtiger Werte noch gar nicht existierte und der „Devisenschutz" sich dadurch entsprechend zu verzögern drohte. Ein Ausweg war schnell gefunden: „Der Vertreter der Reichsbank beim C.d.Z. Reichsbankrat Behrboom [sc. Wilhelm Behrbohm] hat heute die Deutsche Bank Berlin mit dem Ankauf der genannten Werte im Olsagebiet betraut. Die Deutsche Bank wird in den bedeutendsten Städten des Gebietes sofort Ankaufsstellen errichten, sodaß dann die Anordnung in Anwendung kommen kann."[44] Tatsächlich errichtete die Deutsche Bank kurz darauf Niederlassungen in Teschen, Oderberg und Bielitz.[45] Diese Kooperation bewährte sich offenkundig, da man in der weiteren Folge des deutschen Vormarsches in der zweiten Septemberhälfte für die Städte

---

[40] AAN, Bank Emisyjny w Polsce, Zarząd Główny, Kraków, Nr. 46, Bl. 153-161: Bericht über die Devisenablieferung auf Grund der Devisenordnung für das besetzte ehemals polnische Gebiet vom 7.10.1939 vom 29.11.1939 – Anlage zur Täglichen Anordnung Nr. 51 vom 29.11.1939.

[41] VO über den Geldverkehr vom 14.9.1939, in: VOBlCdZP Nr. 1 vom 3.10.1939, S. 2f. Selbst die daraus resultierende wöchentlich zulässige Abhebung von 100 Złoty sollte entsprechend einer nicht veröffentlichten Dienstanweisung nach Möglichkeit abgelehnt werden. APP, RRW, Nr. 1828, Bl. 30-58, hier Bl. 47: Lagebericht des Regierungspräsidenten in Posen vom 23. Dezember 1939 für die Zeit vom 1. bis 15.12.1939.

[42] APP, CdZ Posen, Nr. 79, Bl. 21: Bericht der Wirtschaftsabteilung betr. Bank- und Geldwesen vom 2.10.1939; vgl. allgemein Umbreit, Deutsche Militärverwaltungen, S. 258f.

[43] Landau, Kronika lat wojny i okupacji, Bd. 1, S. 41.

[44] AAN, Rząd GG, Nr. 1291, Bl. 17-21, hier Bl. 17: Vermerk des Devisenfahndungsamtes (gez. Tischer) vom 8.9.1939 betr. Arbeit des Devisenschutzkommandos „Wapenhensch" in Teschen. Wapenhensch war 1937-1945 Oberfinanzpräsident in Niederschlesien; RGVA, 1458-15-123: AOK 14, CdZ, Kriegswirtschaftsabteilung (gez. Wilhelm Behrbohm), Teschen, an Deutsche Bank Berlin, 7.9.1939, betr. vorläufige Ermächtigung.

[45] AAN, Rząd GG, Nr. 1291, Bl. 43-48, hier Bl. 45f.: Der Beauftragte des Devisenfahndungsamtes beim Chef der Zivilverwaltung des AOK 14 (gez. Tischer), Krakau, an Regierungsrat Hoffmann, 23.9.1939, betr. Einrichtung des Devisenschutzes und Aufgaben der Devisenschutzkommandos; Geschäftsziffern bis Dezember 1939 in RGVA, 1458-15-124: Denkschrift der Deutschen Bank, Berlin, vom 12.12.1939 betr. das Kreditwesen in Ostoberschlesien (einschließlich Olsa- und Dombrowagebiet). Vgl. James, Deutsche Bank im Dritten Reich, S. 150.

Tarnów, Rzeszów, Przemyśl und Nowy Sącz beabsichtigte, „in diesen Orten entweder Niederlassungen der Deutschen Bank oder der für das besetzte Gebiet neugegründeten Reichskreditkasse zu errichten".[46] In den ersten Wochen der deutschen Besatzung in Polen spielte der Unterschied zwischen staatlichen Dienststellen und privatwirtschaftlichen Unternehmen im Bereich der Wirtschaftspolitik eine nur geringe Rolle. Die folgenden Monate und Jahre mussten zeigen, inwieweit auch in Zukunft eine Interessenkoinzidenz vorlag und welche Formen der Zusammenarbeit gefunden wurden.

Verfügungsgewalt über polnisches und jüdisches Eigentum

Angesichts des antisemitischen Grundkonsenses bei Wehrmacht und Zivilverwaltung blieb die in Heydrichs Schnellbrief angeklungene Nützlichkeitserwägung in Bezug auf die vorübergehend zu duldenden „Handelsjuden" und die Minimierung wirtschaftlicher Nachteile bei der „Judenpolitik" ohne Bedeutung.[47] In Warschau und den meisten anderen Städten waren die jüdischen Angestellten gleich in den ersten Tagen der deutschen Besatzung aus Behörden, Kreditinstituten und größeren Firmen entlassen worden. Kaum minder radikal waren die Maßnahmen, mit denen über das Privateigentum von Polen im Bedarfsfalle von militärischen oder zivilen Dienststellen *ad hoc* oder im Vorgriff auf die zu erwartende Eindeutschung der Gebiete verfügt wurde. Auf Seiten der Wehrmacht betraf dies vor allem die Versorgung der Truppe „aus dem Lande", ferner die Kontrolle bzw. Übernahme wichtiger Industrieunternehmen durch die Einsetzung kommissarischer Verwalter.[48] Als besonders aktiv erwiesen sich in dieser Hinsicht die Chefs der Zivilverwaltung in Westpreußen und Posen, Forster und Greiser, deren Maßnahmen (Verfügung über Immobilien, Einsetzung von Treuhändern in der Landwirtschaft und bei wichtigeren Unternehmen etc.) klar auf eine „Entpolonisierung" abzielten, für die ihnen die militärischen Stellen weitgehend freie Hand ließen. Greiser war es auch, der ohne Rücksicht auf die Folgen für die Bevölkerung und ungeachtet der überall grassierenden Arbeitslosigkeit Anfang November die Arbeitslosenunterstützung für Polen und Juden kurzerhand streichen ließ.[49]

Einen weiteren zentralen Aspekt bildeten die Sperrung jüdischer bzw. „herrenloser" Depots und Schließfächer sowie die Einschränkung der freien Verfügung über Bank- und Sparkassenguthaben. Polen und Juden durften wöchentlich nur

---

[46] AAN, Rząd GG, Nr. 1291, Bl. 36–40, hier Bl. 37: Vermerk des Beauftragten des Devisenfahndungsamtes beim Chef der Zivilverwaltung des AOK 14 (gez. Tischer), z. Zt. Krakau, vom 22. 9. 1939 betr. Einsatz des Devisenschutzkommandos „Barg".

[47] Pospieszalski, Hitlerowskie „prawo" okupacyjne w Polsce, część II, S. 534f.; Umbreit, Deutsche Militärverwaltungen, S. 208f., 217.

[48] VO über die Einsetzung von kommissarischen Verwaltern für Unternehmungen, Betriebe und Grundstücke in den besetzten ehemals polnischen Gebieten vom 29. 9. 1939 (gez. von Brauchitsch), in: VOBl. für die besetzten Gebiete in Polen (1939), S. 21; VO betr. Einsetzung von kommissarischen Verwaltern für Unternehmungen, Betriebe und Grundstücke, in: VOBl. des Abschnitts Oberschlesien des Militärbereichs Oberschlesien, Chef der Zivilverwaltung, Kattowitz, Nr. 13 vom 7. 10. 1939.

[49] Umbreit, Deutsche Militärverwaltungen, S. 238f., 267, 270. Für Posen vgl. Anna Ziółkowska: Żydzi poznańscy w pierwszych miesiącach okupacji hitlerowskiej, in: Poznańscy Żydzi. Poznań 2006, S. 378–393.

einen Betrag von – je nach Gebiet – maximal 100-250,– Złoty bzw. 50-125,– RM abheben und allgemein nicht mehr als 2000,– Złoty bzw. 1000,– RM (im Gebiet des CdZ Tschenstochau jedoch nur 150,– Złoty bzw. 75,– RM, im Gebiet des CdZ Posen sogar nur 100,– Złoty bzw. 50,– RM!) pro Haushalt in bar besitzen.[50] Dass für die deklarierten Werte in Devisen und Gold entsprechend der Verordnung der Gegenwert gutgeschrieben wurde – im Falle von Juden als Einzahler auf beschränkt verfügbare Sperrkonten nach reichsdeutschem Vorbild –, ändert nichts an der Tatsache, dass das Procedere einer Konfiskation gleichkam. Nicht nur für die Arbeitslosen und die von ihnen abhängigen Familienangehörigen war die beschränkte Verfügbarkeit über die Bankeinlagen bei gleichzeitig explodierenden Preisen besonders schmerzlich, denn die allgemeine Versorgungslage war bald katastrophal.[51] Insofern kann keine Rede davon sein, dass „die formale Legalität [...] fast immer gewahrt" wurde.[52] Dies zeigte sich auch dort, wo die Deutschen mit der Erfassung und Verwertung der Schließfachinhalte bei Kreditinstituten begannen. Im Oktober 1939 wurden beispielsweise allein im Tresorraum der Polnischen Sparkasse (PKO) in Warschau 7500 Schließfächer gewaltsam geöffnet, Banknoten, Wertpapiere, gemünztes Edelmetall und sonstige Wertgegenstände im Werte von ca. einer Million US-Dollar beschlagnahmt, im Falle jüdischer Schließfachbesitzer ersatzlos konfisziert.[53] In den Gebieten, wo der Złoty vorerst gültiges Zahlungsmittel blieb, wurde er von der Ortsbevölkerung den Reichskreditkassenscheinen und Reichsmarknoten eindeutig vorgezogen, da es durch Wehrmachtsangehörige zu zahlreichen Betrügereien kam, wobei mit wertlosem Inflationsgeld aus den 1920er Jahren bezahlt worden war, dessen Umtausch die Banken verweigerten.[54]

Eine Reihe von Maßnahmen der deutschen Dienststellen betraf Polen und Juden jedoch nicht in gleicher Weise, und die folgenden Monate machten rasch deutlich, dass die rücksichtslose Verfügung über jüdisches Eigentum den Regelfall

---

50 APŁ, Szef Zarządu Cywilnego Okręgu Wojskowego w Łodzi, Nr. 1, Bl. 6-8: VO betr. Zahlungs- und Geldverkehr vom 18.9.1939 (= VOBl. der [8.] Armee, Chef der Zivilverwaltung, Lodz, Nr. 3 vom 26.9.1939); ebd., Bl. 31-36, hier Bl. 31f.: VO über den Zahlungsverkehr vom 12.9.1939 (= Anordnungen des Chefs der Zivilverwaltung, Tschenstochau, Nr. 2 vom 18.9.1939); Devisenwirtschaft und Außenhandel Nr. 23 vom 22.9.1939, S. 235: Das Geld- und Bankwesen in den besetzten Gebieten. Vgl. die in Anmerkung 34 auf Seite 57 genannten Verordnungen.

51 Vgl. APK, Rejencja Katowicka, Nr. 11946, Bl. 16-20: Lagebericht vom 3.11.1939 an den Regierungspräsidenten in Kattowitz betr. „Wirtschaftsleben in Sosnowitz und Umgebung".

52 Jean Ziegler: Die Schweiz, das Gold und die Toten. München 1997, S. 129.

53 Nachman Blumental: Słowa niewinne, Bd. 1. Kraków/Łódź/Warszawa 1947, S. 133; Ryszard Wojdaliński: Pocztowa Kasa Oszczędności w okresie okupacji hitlerowskiej, in: Najnowsze Dzieje Polski. Materiały i studia z okresu II wojny światowej, Bd. XI. Warszawa 1967, S. 165-186, hier S. 169, 172; vgl. AAN, Rząd GG, Nr. 1291, Bl. 164-167, bes. Bl. 165: Der Referent für den Devisenschutz im Amt des Generalgouverneurs (gez. Tischer) an Generalgouverneur Reichsminister Dr. Frank, 18.4.1940, betr. Einrichtung und Tätigkeit des Devisenschutzes im Generalgouvernement.

54 AAN, Bank Emisyjny w Polsce, Zarząd Główny, Kraków, Nr. 46, Bl. 153-161, hier Bl. 159: Bericht vom 29.11.1939 über die Devisenablieferung auf Grund der Devisenordnung für das besetzte ehemals polnische Gebiet vom 7.10.1939 – Anlage zur Täglichen Anordnung Nr. 51 vom 29.11.1939.

darstellte, Zugriffe auf polnisches Eigentum dagegen nur im Bedarfsfalle erfolgen sollten. „Ziel der Behandlung der Juden im Wirtschaftsleben" müsse es sein, so Regierungspräsident Hans Rüdiger Mitte September, „sie für die Zukunft restlos auszuschalten und ihre Betriebe in arische Hand zu überführen." Während Treuhänder in polnische Unternehmen nur dann eingesetzt werden sollten, wenn die Inhaber bzw. Geschäftsführer zuvor geflüchtet waren, waren für „jüdische Unternehmungen der Industrie und des Großhandels" grundsätzlich Treuhänder zu berufen. „Die Einsetzung von Treuhändern unterbleibt grundsätzlich für jüdische Handwerks- und Einzelhandelsbetriebe; soweit die Inhaber solcher Betriebe geflüchtet sind, bleibt der Betrieb geschlossen, es sei denn, daß dadurch die Versorgung der Bevölkerung unmöglich oder gefährdet wird. Wenn hiernach der Betrieb geschlossen bleibt, sind Waren und sonstige Vorräte sicherzustellen und zur Linderung bestehender Notstände der minderbemittelten Bevölkerung zugänglich zu machen. Wird der Betrieb mit Rücksicht auf die Versorgung der Bevölkerung wiedereröffnet, so ist er einem geeigneten Arier zu übergeben, der [...] den Betrieb auf eigene Rechnung weiterführt."[55]

In ähnlicher Manier ließ der Leiter der Einsatzgruppe VI, SS-Oberführer Erich Naumann, in Posen bereits wenige Tage nach der Einnahme der Stadt durch deutsche Truppen 40 Geschäfte jüdischer Eigentümer schließen und deutschen Verwaltern zur Liquidation übergeben. Darüber hinaus wurden in jüdischen Unternehmen und Privatwohnungen bei Durchsuchungen aufgefundene Warenvorräte von der NSV konfisziert.[56] Geldsummen, die aus polizeilichen Beschlagnahmen stammten oder bei denen es sich um ebenfalls beschlagnahmte so genannte Judengelder handelte, wurden in den folgenden Monaten von den Landräten kurzerhand für laufende Aufbauarbeiten verwendet.[57]

Die radikalste Verordnung erließ der CdZ Krakau. Bereits am 6. September verfügte er für seinen Zuständigkeitsbereich und rückwirkend vom 1. September 1939, dass „die Verlagerung, der Verkauf, die Verpachtung und Schenkung, sowie jegliche Belastung beweglichen und unbeweglichen Vermögens, das sich ganz oder teilweise in jüdischem Eigentum befindet", verboten sei und dass ferner diesbezügliche Rechtsgeschäfte unwirksam seien. Auf diese Weise wurde die jüdische Bevölkerung hinsichtlich ihrer Eigentumsrechte gleich zu Beginn der deutschen Besatzung praktisch vollständig außerhalb des Rechts gestellt.[58] Dies hatte nicht nur die rasche Verelendung der jüdischen Bevölkerung zur Folge, sondern führte im Verwaltungsapparat gleich zu Beginn dazu, Probleme immer zunächst auf Kosten der Juden lösen zu wollen. Über die zahlreichen Repressivmaßnahmen der

---

[55] IPN, NTN, Nr. 270, Bühler-Prozess, Bd. 24, Bl. 13f., hier Bl. 14: CdZ Tschenstochau an die Landräte und Oberbürgermeister: Tagesbefehl Nr. 7 vom 15. 9. 1939 (gez. Rüdiger).

[56] Ziółkowska, Żydzi poznańscy w pierwszych miesiącach okupacji hitlerowskiej, S. 381f.

[57] APP, RRW, Nr. 1786, Bl. 26f.: Landrat Konin an Regierungspräsidenten in Hohensalza, 6. 12. 1940, betr. Anmeldung von beschlagnahmten oder sichergestellten Vermögenswerten des ehemaligen poln. Staates und aus poln. oder jüdischer Hand.

[58] VO betr. Verbot der Verlagerung und Übertragung jüdischen beweglichen und unbeweglichen Vermögens in den von deutschen Truppen besetzten Gebieten vom 6. 9. 1939, in: VOBl. der Zivilverwaltung in Krakau 1939, Nr. 1; abgedruckt in: Faschismus – Getto – Massenmord, S. 165.

ersten Monate hinaus finden sich bezeichnenderweise in späterer Zeit kaum mehr Verordnungen mit spezifischem Zuschnitt auf die Finanz- bzw. Bankwirtschaft, was sich daraus erklärt, dass die anfänglichen Regelungen weitere rechtliche Diskriminierungen unnötig machten.

Die Anfänge eines Kreditgeschäfts

Die Chefs der Zivilverwaltung mussten daran interessiert sein, das Kreditwesen so schnell wie möglich wieder in Gang zu setzen. Wo dies möglich war, versuchte man sich vor allem auf die „volksdeutschen" Kreditinstitute zu stützen, die ihrerseits die CdZ mit den nötigen Informationen über das Kreditwesen vor Ort versorgten. Schon um die Durchführung der zahlreichen Verordnungen zu gewährleisten, aber auch um überhaupt erst verlässliche Daten über die wirtschaftliche Lage und insbesondere über das Kreditwesen zu erhalten, dekretierten die CdZ Lodz und Posen am 15. September 1939 in zwei inhaltsgleichen Verordnungen jeweils die Errichtung einer Bankenaufsichtsstelle, bei der jede Art von Kreditgewerbe unverzüglich anzumelden war.[59] Die zeitgleich beim CdZ Posen installierten Wirtschaftsabteilungen verfügten hierbei unter anderem über die Abteilungen „Geld-, Finanz- und Kreditfragen" unter der Leitung des von der Hardybank delegierten Hugo Ratzmann sowie „Währung, Geldumlauf und Bankfragen" unter der Leitung von Reichsbankdirektor Erwin Teichmann.[60] Ihre Aufgaben lagen neben der „Sicherung des deutschen Interesses auf dem Gebiet des Geldumlaufs, der Währung und der die Reichsbank betreffenden Fragen" vor allem in der „Feststellung der Situation bei sämtlichen Kreditinstituten", der Überprüfung des gesamten Personals sowie dem „Einsetzen von Treuhändern bei sämtlichen polnischen Banken, Genossenschaften und Sparkassen".[61] Die Wirtschaftsabteilungen bildeten mit ihrer Organisations- und Personalstruktur den Ausgangspunkt für die kurz darauf eingerichtete Haupttreuhandstelle Ost und ihre regionalen Treuhandstellen.

Im Bereich des CdZ Posen war bereits Mitte September 1939 eine Bankenkommission gegründet worden, die sich aus Vertretern der „volksdeutschen" Kreditinstitute zusammensetzte und eng mit der Bankenaufsichtsstelle des CdZ zusammenarbeitete.[62] Die ersten Kredite, die die Banken den erst wenige Tage zuvor eingesetzten Kreisleitern und Stadtverwaltungen zur Verfügung stellten – inklusive der an die Militärverwaltung vergebenen Gelder bis Ende September immerhin ca. 2 Mio. Złoty[63] –, bestritten sie aus den infolge der Einzahlungsanordnung seit Mitte September einlaufenden Złoty-Beträgen. Dabei handelte es sich noch

---

59 APŁ, Szef Zarządu Cywilnego Okręgu Wojskowego w Łodzi, Nr. 1, Bl. 1–3, hier Bl. 2: VO betr. Errichtung einer Bankaufsichtsstelle vom 15. 9. 1939 (= VOBl. der [8.] Armee, Chef der Zivilverwaltung, Lodz, Nr. 1 vom 19. 9. 1939).

60 Vgl. Historisches Archiv der Deutschen Bundesbank, Pers 101/20938: Personalakte Teichmann.

61 APP, CdZ Posen, Nr. 79, Bl. 3–11, hier Bl. 6f.: Übersicht über die Organisation, Personalbesetzung und Aufgabengebiete der Wirtschaftsabteilung vom 16. 9. 1939.

62 APP, CdZ Posen, Nr. 50, Bl. 24–33, hier Bl. 27f.: Lagebericht vom 25. 9. 1939.

63 Ebd., Bl. 45f.: Undatierter Tätigkeitsbericht der Wirtschaftsabteilung; ebd., Nr. 79, Bl. 21: Bericht der Wirtschaftsabteilung betr. Bank- und Geldwesen vom 2. 10. 1939.

nicht um ein reguläres Kreditgeschäft in Eigenverantwortlichkeit und -risiko der Kreditinstitute. Vielmehr waren zuvor dem Reichsfinanzminister in den besetzten Gebieten zur „Sicherung der allgemeinen Kreditversorgung" Mittel in Höhe von 200 Mio. RM gewährt worden.[64] Eine solche Reichsbürgschaft war angesichts der unübersichtlichen Lage, in der kein Kreditinstitut von sich aus das Risiko einer Kreditauslegung – und sei es auch an die öffentliche Hand – eingegangen wäre, das Gebot der Stunde. Allerdings lief die Risikoabschätzung der Kreditinstitute auch in den folgenden Jahren in den eingegliederten Gebieten sowie im Generalgouvernement tendenziell darauf hinaus, das Reich einen möglichst großen Teil des Kreditrisikos übernehmen zu lassen.

Während die Wehrmacht ihren Bedarf aus mitgeführten oder sequestrierten Mitteln bestritt, plagte die neue kommunale Verwaltung die Sorge über leer vorgefundene Kassen und die Notwendigkeit, Gehälter und Löhne bezahlen sowie sonstige Ausgaben (u.a. auch die Erntekampagnen) bestreiten zu müssen. Eine Übersicht der Bankenaufsichtsstelle des CdZ Posen vom 21. November 1939 betreffend die bei ortsansässigen Instituten von der öffentlichen Hand aufgenommenen Kredite verzeichnet 16 Kredite in Höhe von 3,7 Mio. Złoty, ferner zwei Reichsmarkkredite in Höhe von weiteren 1,5 Mio. RM.[65] Zwar betonte die Bankenaufsichtsstelle, dass diese Ausleihungen „nur als kurzfristige Überbrückungskredite aufzufassen" und „baldmöglichst aus planmässigen Mitteln abzudecken" seien, hatte dabei aber noch nicht einmal Kenntnisse über die tatsächliche Inanspruchnahme. Doch auf diese Weise waren zumindest „volksdeutsche" Kreditinstitute kaum drei Wochen nach Kriegsbeginn wieder im Geschäft. Andererseits dürfte es in den folgenden Wochen und Monaten ein nennenswertes privates Kreditgeschäft noch kaum gegeben haben. Zu unsicher waren die Zukunftsprognosen und zu hoch das damit verbundene Risiko für die Banken. Eine umfänglichere Tätigkeit entwickelten die Bankenaufsichtsstellen daher nicht, entscheidend war neben einer allgemeinen Orientierungs- und Informationsfunktion vielmehr das ihnen zustehende Recht, für (polnische und jüdische) Kreditinstitute Treuhänder bzw. kommissarische Verwalter zu bestellen, um auf diese Weise auch im Kreditwesen die Eindeutschung der westpolnischen Gebiete voranzutreiben.

Die Evakuierung der Gold- und Devisenbestände der Bank Polski

Von grundlegender Bedeutung für die weitere Ausgestaltung der deutschen Finanz- und Wirtschaftspolitik in den eroberten polnischen Gebieten war die Evakuierung der Geschäftsunterlagen sowie der Gold-, Devisen- und Bargeldbestände des polnischen Emissionsinstituts, der Bank Polski, in den ersten Septembertagen 1939. Zuvor war es den Nationalsozialisten durch Vermittlung der Bank für

64 VO zur Sicherung der Kreditversorgung in dem von den deutschen Truppen besetzten Gebiet der Republik Polen und dem Gebiet der bisherigen Freien Stadt Danzig vom 14.9.1939 (RGBl. I, S. 1774), § 1; vgl. VO zur Sicherung des dringenden Kreditbedarfs für die Landwirtschaft und die Verarbeitungsbetriebe landwirtschaftlicher Erzeugnisse, in: VOBlCdZP 4 (1939), S. 33.

65 APP, RRW, Nr. 303, Bl. 50f.: Übersicht der Bankenaufsichtsstelle des CdZ in Posen vom 21.11.1939 betr. Kredite bei Posener Banken zwischen 22.9. und 13.11.1939.

Internationalen Zahlungsausgleich, die während des gesamten Krieges gute Beziehungen zur Reichsbank unterhielt, bereits 1938/39 gelungen, Gold aus österreichischen und teilweise tschechoslowakischen Depots zu übernehmen.[66] Mit Blick auf die internationale Konvertibilität von Gold im Gegensatz zur Reichsmark besaßen die Nationalsozialisten ein erhebliches Interesse daran, sich des Golddepots auch der polnischen Notenbank zu bemächtigen. Dies sollte ihnen jedoch nicht gelingen. Über den genauen Weg des polnischen Goldes bestand in der westlichen Forschung lange Zeit Unklarheit, wesentlich verursacht durch die teils falschen Angaben eines hierüber bereits 1940 in London publizierten Berichtes.[67] In der polnischen Historiographie liegt dagegen eine Reihe von teils autobiographischen Beiträgen zum Schicksal der Bank Polski und ihres Goldbestandes vor[68], aber erst die umfängliche Studie von Wojciech Rojek zeichnet den Weg des polnischen Goldes während des Zweiten Weltkrieges akribisch nach.[69]

Ende August 1939 verfügte die Bank über Gold im Wert von insgesamt 463,6 Mio. Złoty (ca. 87 Mio. US-Dollar), wovon sich knapp über 100 Mio. Złoty bei ausländischen Banken befanden (64,1 Mio. bei der Bank of England, 25,2 Mio. bei der Banque de France).[70]

Die bereits im Juli und August 1939 in den südöstlichen Niederlassungen der Bank Polski deponierten Goldbestände wurden mit dem Direktorium und einer kleinen Abteilung der Streitkräfte am 12. September über die polnisch-rumänische Grenze gebracht und begannen eine Odyssee durch Europa, die erst 1950 ihr Ende fand.

Insgesamt war der deutsche Informationsstand über den Verbleib und die Mengen des polnischen Goldes über weite Strecken unzureichend. So ging man im Reich lange Zeit davon aus, dass es zwei Transporte durch Rumänien gegeben habe, von denen einer aufgebracht und bei der Rumänischen Nationalbank festgesetzt worden sei.[71] In der Tat war ein Teil des Goldes in Rumänien verblieben,

66 Boelcke, Kosten von Hitlers Krieg, S. 116f.; Gian Trepp: Bankgeschäfte mit dem Feind. Die Bank für Internationalen Zahlungsausgleich im Zweiten Weltkrieg. Zürich ³1997, S. 29-32; Adam LeBor: Hitler's Secret Bankers. The Myth of Swiss Neutrality during the Holocaust. Secaucus/N.J. 1997, S. 70-90.

67 Robert Westerby/Robert M. Low: The Polish Gold. London 1940; zur Kritik hieran vgl. Zygmunt Karpiński: O Wielkopolsce, złocie i dalekich podróżach. Wspomnienia 1860-1960. Warszawa 1971, S. 321.

68 Feliks Młynarski: Wspomnienia. Warszawa 1971, S.414f.; Zygmunt Karpiński/Marek Ludwik Kostowski: Bank Polski 1939-1951, in: Najnowsze Dzieje Polski, Bd. VI. Warszawa 1962, S. 5-43, bes. S. 6f.; Krzysztof Skubiszewski: Pieniądz na terytorium okupowanym. Studium prawnomiędzynarodowe ze szczególnym uwzględnieniem praktyki niemieckiej. Poznań 1960, S. 246-250; Zygmunt Karpiński: Losy złota polskiego podczas drugiej wojny światowej, in: Najnowsze Dzieje Polski, Bd. I. Warszawa 1957, S. 97-154.

69 Wojciech Rojek: Odyseja skarbu Rzeczypospolitej. Losy złota Banku Polskiego 1939-1950. Kraków 2000.

70 Deutsches Institut für Bankwissenschaft und Bankwesen (Hg.), Das polnische Bankwesen, S. 7; Rojek, Odyseja skarbu Rzeczypospolitej, S. 28.

71 BArch, R 2501/5514, Bl. 6: Das polnische Gold in Rumänien blockiert. Verrechnung gegen polnische Schulden (Deutsche Allgemeine Zeitung Nr. 224 vom 9. 5. 1940); vgl. R 2501/5512, Bl. 91: Das polnische Gold (Auslandsstimmen für die deutsche Wirtschaft Nr. 373 vom 2. 11. 1939); R 2501/5511, Bl. 111: Polengold an der rumänischen Grenze (Deutsche Allgemeine Zeitung Nr. 435 vom 12. 9. 1939).

doch handelte es sich hierbei nur um eine Menge von ca. vier Tonnen, wohingegen die weit überwiegende Menge des Goldes am 15. September mit einem britischen Tanker weiter in die Türkei verschifft worden war.[72] Ursprünglich war ein Weitertransport des Goldes durch die Briten in die Vereinigten Staaten geplant, doch gelangte es über eine Zwischenstation in Syrien zunächst nach Frankreich (Nevers). Als es dort mit Beginn der deutschen Westoffensive nicht mehr sicher war, wurde es Mitte Juni 1940 mit Hilfe der französischen Marine weiter nach Nordafrika (Dakar) verschifft. Allerdings blieb es in der Sahara auch der Verfügungsgewalt des Direktoriums der Bank bzw. dem polnischen Finanzministerium entzogen. Immerhin einigte man sich in sehr langwierigen Verhandlungen mit der Banque de France und dem Vichy-Regime darauf, dass der rechtliche Anspruch der polnischen Exilregierung ungeachtet deutscher Interventionen prinzipiell anerkannt blieb.

Vom Tag des deutsch-französischen Waffenstillstandes (22. Juni 1940) bis in das Jahr 1944 hinein versuchte das Reich, mit Hilfe der „Deutschen Waffenstillstandsdelegation für Wirtschaft" die Vichy-Regierung davon zu überzeugen, dass die Vorstandsmitglieder der Bank Polski im Londoner Exil nicht weiter vertretungsberechtigt seien – das Gold somit unter keinen Umständen ihnen auszuhändigen sei – und dass auf Antrag des amtierenden Direktoriums der Bank Polski im Generalgouvernement das polnische Gold von der Banque de France an die Regierung des Generalgouvernements herauszugeben sei.[73]

Neben der Verbringung der Devisen- und Goldbestände außer Landes stellte auch die Mitnahme der Bargeldreserven sowie zahlreicher Geschäftsunterlagen die Deutschen vor erhebliche Probleme und sorgte dafür, dass einerseits die Eingriffe in das polnische Währungssystem deutlich stärker ausfielen, als dies andernfalls vielleicht erforderlich gewesen wäre, und dass andererseits die Liquidation der Bank Polski sich bis Kriegsende als aussichtsloses Unterfangen erweisen sollte. Im Falle der zur Eingliederung ins Deutsche Reich bestimmten westlichen Landesteile spricht allerdings nichts dafür, dass man ohne den Verlust der Währungsdeckung des Złoty ernsthafte Überlegungen darüber angestellt hätte, zur Złoty-Währung zurückzukehren. Anders stellte sich die Lage im Generalgouvernement dar. Zwar konnte von einer inflationären Notenemission der Bank Polski bis kurz vor dem Überfall auf Polen nicht eigentlich die Rede sein, aber die Zerschneidung des polnischen Staates durch die Deutschen und die Einführung unterschiedlicher Währungssysteme in den okkupierten Teilbereichen machten es unmöglich, den auf diese Gebiete entfallenden Notenumlauf genauer zu quantifizieren. Hinzu kam, dass das gesamte Preissystem aus den Fugen geraten war, zumal auch die Wehrmacht *nolens volens* die festgesetzten Höchstpreise ignorieren musste, um überhaupt für sich wichtige Güter in den besetzten Gebieten beschaf-

[72] Rojek, Odyseja skarbu Rzeczypospolitej, S. 43f., 50ff., zum verbliebenen Gold in Rumänien S. 75–111.

[73] BArch, R 2/30046, Bl. 42: Auswärtiges Amt (gez. Dumont) an Reichsbankdirektorium Berlin, 20. 6. 1941, betr. Gold der Bank Polski bei der Banque de France. Bogdan Kroll: Przyczynek do sprawy złota polskiego we francusko-niemieckich rokowaniach rozejmowych, in: Najnowsze Dzieje Polski, Bd. IV. Warszawa 1960, S. 63–73; Rojek, Odyseja skarbu Rzeczypospolitej, S. 218–235.

fen zu können.[74] Insofern waren es überwiegend die Deutschen selbst, die die Situation erst schufen, in der eine „völlige Neuordnung des Geldwesens in den besetzten Gebieten des ehemaligen Polen" unausweichlich wurde.[75]

Dennoch entspann sich nach dem Kriege in Polen eine Debatte darüber, welche Rolle die Evakuierung der Bank Polski für die NS-Währungspolitik in Polen nach 1939 gespielt hatte. So polemisierte Feliks Młynarski, Präsident der „Emissionsbank in Polen" in den Jahren 1940-1945, mit Angehörigen des seinerzeit emigrierten Direktoriums der Bank Polski, dass das Zurücklassen der Bargeldreserven eine Wiederaufnahme der Tätigkeit der Bank Polski zumindest im Generalgouvernement ermöglicht hätte, was wiederum der Bevölkerung zugute gekommen wäre. Polen habe einen „Weltrekord" aufgestellt „in bezug auf Größe und Schädlichkeit des Evakuierungsnonsens".[76] Gegen die Vorwürfe Młynarskis, die „Totalevakuierung" sei ein „fataler Fehler" und eine „Unterschlagung der Geldreserven der Bevölkerung" gewesen, setzte sich vor allem das langjährige Direktoriumsmitglied Zygmunt Karpiński zur Wehr.[77] Zu vermuten ist jedoch, dass beide Seiten die Einflussmöglichkeiten der Bank Polski angesichts der volkstumspolitischen Ziele der Nationalsozialisten in Polen erheblich überschätzten.

2. Die Ausgangsbedingungen und Wirtschaftsplanungen für Polen

Vom polnischen Staat in den Grenzen vom 31. August 1939 gelangten knapp 188 000 km² mit 22,1 Mio. Einwohnern in den Machtbereich des Deutschen Reiches, davon wurden 93 000 km² mit 10,6 Mio. Einwohnern dem Reich eingegliedert, knapp 95 000 km² mit 11,5 Mio. Einwohnern bildeten das Generalgouvernement. Demgegenüber wurden seitens der Sowjetunion von der Zweiten Polnischen Republik nach dem 17. September 1939 insgesamt 201 000 km² mit 13,2 Mio. Einwohnern okkupiert und später der Weißrussischen und Ukrainischen Sowjetrepublik zugeschlagen.[78] Im deutschen Herrschaftsbereich befanden sich im Herbst 1939 ungefähr 1,681 Mio. polnische Juden[79], die polnische Bevölkerung umfasste insgesamt knapp 19 Mio. Personen, die Gruppe der „Volksdeutschen" zählte ca. 1,1 Mio.

Obwohl formal Teil des Reiches, behielten die eingegliederten Ostgebiete in vielerlei Hinsicht einen Sonderstatus. Dies betraf zunächst die Einrichtung einer

---

[74] Umbreit, Deutsche Militärverwaltungen, S. 263ff.

[75] Fritz Paersch: Die Emissionsbank, in: Das Generalgouvernement. Im Auftrage und mit einem Vorwort des Generalgouverneurs Reichsminister Dr. Frank hg. und bearbeitet von Dr. Max[imilian] Freiherr du Prel. Würzburg 1942, S. 120-122, hier S. 120.

[76] Młynarski, Wspomnienia, S. 415f.

[77] Ebd.; Karpiński, O Wielkopolsce, złocie i dalekich podróżach, bes. S. 321-323.

[78] Mały Rocznik Statystyczny Polski, wrzesień 1939 – czerwiec 1941. Londyn 1941, S. 5. Für den sowjetisch besetzten Teil Polens vgl. Henryk Batowski (Red.): 17 września 1939. Materiały z ogólnopolskiej konferencji historyków. Kraków, 25-26 października 1993. Kraków 1994.

[79] Zum Problem der Quantifizierung vgl. Golczewski, Polen, S. 414ff., 426.

Polizeigrenze im Oktober 1939[80], die eine unkontrollierte Migration von „Fremdvölkischen" ins Altreich unterbinden sollte und bis Kriegsende aufrechterhalten wurde. Eine Angleichung an das Reichsrecht erfolgte seit Frühjahr 1940 nur partiell, wobei allerdings die Rechtslage im wirtschaftlichen und finanzpolitischen Sektor weitgehend der des Altreichs entsprach. Durch einen Erlass hatte Göring bereits am 28. September 1939 den Aufbau der Wirtschaft in den eingegliederten Ostgebieten explizit sich selbst vorbehalten[81], und mit der Einführung des Vierjahresplans in den eingegliederten Ostgebieten am 30. Oktober 1939 war die völlige Gleichschaltung in wirtschaftlicher wie finanzpolitischer Hinsicht mit dem Altreich verbunden.[82] Dabei war, wie Staatssekretär Hans Pfundtner vom Innenressort frühzeitig hervorhob, die Diskriminierung der polnischen und jüdischen Bevölkerung stets mit einzuplanen: „Soweit sich die Einführung reichsrechtlicher Vorschriften in den eingegliederten Ostgebieten als unbedingt erforderlich erweist, bitte ich, jeweils besonders eine Prüfung in der Richtung vorzunehmen, ob den deutschen Volkszugehörigen die ihnen gebührende Vorzugsstellung gewährt ist, und nötigenfalls die einzuführenden reichsrechtlichen Bestimmungen so umzugestalten, dass fremdvölkische Volkszugehörige nicht zu Nutzniessern deutschen Rechts werden."[83]

Die Kreditwirtschafts- und die allgemeine Wirtschaftspolitik der Nationalsozialisten hatte zwei strukturell miteinander unvereinbaren Zielen in Polen zu genügen: Einerseits sollten die besetzten respektive eingegliederten Gebiete so schnell und effizient wie möglich der deutschen Kriegswirtschaft dienstbar gemacht werden, andererseits plante man auf dem eingegliederten Territorium einen großzügigen Aufbau mit dem mittel- bis langfristigen Ziel einer vollständigen „Germanisierung".[84] Einem Leistungstransfer aus den besetzten Gebieten ins Reich stand jedoch die Forderung nach umfassenden Investitionen zur Eingliederung entgegen. Der Tendenz nach lief das eine Ziel kurzfristig darauf hinaus, die vorgefundene Wirtschaftsordnung abzuschaffen und durch eine eigene Ordnung zu ersetzen. Das zweite Ziel dagegen tendierte längerfristig dazu, die einmal installierte politische und ökonomische Ordnung fortzuführen bzw. sie den Erfordernissen eines großdeutschen Wirtschaftsraumes anzupassen. Das Erreichen der einen wie der anderen Absicht bzw. die Vermittlung zwischen beiden machte in jedem Falle weitreichende ordnungspolitische und dirigistische Entscheidungen und Maßnahmen erforderlich. Dabei mussten sich Dysfunktionalitäten schon deshalb zwingend einstellen, weil beide Ziele in einem okkupierten, den Besatzern zu Recht feindlich gesonnenen Gebiet ohne erklärte Gewalt nicht anzugehen waren. Darüber hinaus wurde auf diese Weise auch Cliquenwirtschaft und Korruption

---

80 BArch, R 2/5834, Bl. 260: Schreiben des OKH vom 3.10.1939 (Erlaß Nr. 310/39) betr. Aufenthalt im besetzten ehemals polnischen Gebiet.

81 Gerber, Staatliche Wirtschaftslenkung, S. 29.

82 VO zur Einführung des Vierjahresplans in den Ostgebieten vom 30.10.1939 (RGBl. I, S. 2125).

83 BArch, R 2/5112, Bl. 72: RMdI (gez. Pfundtner) an die Obersten Reichsbehörden, 16.11.1939, betr. Rechtseinführung in den neuen Ostgebieten.

84 Vgl. Der Prozeß gegen die Hauptkriegsverbrecher vor dem Internationalen Militärgerichtshof, Nürnberg 14.11.1945–1.10.1946, Nürnberg 1947 (IMG), Bd. 3, S. 642f.

gefördert, für die Forster, Greiser und Frank gleichermaßen beispielhaft stehen. Alles in allem war daher die nationalsozialistische Wirtschafts- und damit auch Bankenpolitik in Polen bis 1945 geprägt von einer komplexen Mischung rationaler und weltanschaulicher Zielvorstellungen.

Nachdem man in den 1930er Jahren bei verschiedenen Mobilmachungsszenarien davon ausgegangen war, den in der Kriegswirtschaft beträchtlich gestiegenen Finanzbedarf auf dem Wege von Steuererhöhungen zu finanzieren, ging man offenbar aus Angst vor einem sich bereits abzeichnenden Stimmungsumschwung in der deutschen Bevölkerung zur „fiskalischen Marschroute" über, die zu besetzenden bzw. besetzten Gebiete für die gestiegenen Kosten aufkommen zu lassen.[85] Ähnliches galt für das Problem des Arbeitskräftemangels, das durch die Erweiterung des deutschen „Lebensraumes" gelöst werden sollte. Alles in allem war das Regime durch die enttäuschte Erwartungshaltung, wie sie für den Mittelstand und die Arbeiterschaft nachweisbar ist, und wegen des allgemein deutlicher werdenden Widerspruchs zwischen Ideologie und Wirklichkeit vor 1939 zu einer Vermeidungsstrategie gezwungen gewesen, die man mit der Neuarrondierung der Verhältnisse im Osten zu überwinden hoffte.[86] Mit der Notwendigkeit, nicht nur die Besatzungskosten vom deutschen Steuerzahler fernzuhalten, sondern auch die allgemeine Versorgungslage an der „Heimatfront" zu sichern, gerieten der industrielle, gewerbliche und landwirtschaftliche Sektor, aber auch das Arbeitskräftepotenzial in den besetzten polnischen Gebieten gleichermaßen ins Blickfeld der Planungen.

Für Hitler selbst hatte neben der Erweiterung des Rohstoff- und Schwerindustriepotenzials um das Gebiet Ostoberschlesien vor allem die Gewinnung des deutschen „Lebensraums" im Vordergrund gestanden, auch um die Lebensmittelversorgung langfristig zu sichern. Die von den neuen Reichsgauen erwarteten Getreideüberschüsse und die Viehwirtschaft sollten gewissermaßen an die Tradition der Provinz Posen und Westpreußens anknüpfen.

Von zentraler Bedeutung erwies sich jedoch ein Faktor, der überhaupt erst nach dem 1. September 1939 auf die Tagesordnung geriet. Nicht zufällig wurde die nationalsozialistische „Volkstumspolitik" genau in dem Moment institutionalisiert, als die Deutschen mit Polen ein Exerzierfeld in die Hand bekamen, das geeignet schien, den Traum von neuem deutschen „Lebensraum" zu verwirklichen und in der Praxis mit einer großangelegten Siedlungsaktion zu verbinden. Am 7. Oktober 1939 wurde Heinrich Himmler per Führerbefehl zum Reichskommissar für die Festigung deutschen Volkstums (RKF) ernannt, dessen Aufgabe unter anderem darin bestand, die „für die endgültige Heimkehr in das Reich in Betracht kommenden Reichs- und Volksdeutschen" zurückzuführen, ferner „Siedlungsgebiete durch Umsiedlung, im besonderen durch Seßhaftmachung der aus dem Ausland heimkehrenden Reichs- und Volksdeutschen" einzurichten.[87] Mit der SS und der

85 Boelcke, Kosten von Hitlers Krieg, S. 99.

86 Ludolf Herbst: Die Mobilmachung der Wirtschaft 1938/39 als Problem des nationalsozialistischen Herrschaftssystems, in: Wolfgang Benz/Hermann Graml (Hg.), Sommer 1939. Die Großmächte und der Europäische Krieg. Stuttgart 1979, S. 62–106, hier S. 71 ff., 88 ff.

87 IMG, Bd. 3, S. 650 f.; Heinemann, „Rasse, Siedlung, deutsches Blut", S. 190–195.

Polizei standen Himmler zugleich auch die entsprechenden Mittel zur Umsetzung dieser Aufgaben zur Verfügung. Im Oktober 1939 entstand bei den beteiligten Stellen so etwas wie ein Problembewusstsein davon, dass die Verträge mit der Sowjetunion einen Aussiedlerstrom nach Westen zur Folge haben würden, und weitere Abkommen verliehen den „Heim-ins-Reich"-Parolen zusätzliche Dynamik.[88]

Für die wirtschaftliche Ausgestaltung der eingegliederten Gebiete war auf diese Weise ein Problem hinzugekommen, nämlich dass man den hier angesiedelten Menschen unverzüglich wirtschaftliche Entfaltungsmöglichkeiten bieten und diese auch finanzieren musste.[89] In diesem Sinne hatte Hitler in einer Rede vom 6. Oktober 1939 darauf hingewiesen, dass die wichtigste Aufgabe der deutschen Polenpolitik „eine neue Ordnung der ethnographischen Verhältnisse [sei], das heißt, eine Umsiedlung der Nationalitäten so, daß sich am Abschluß der Entwicklung bessere Trennlinien ergeben".[90] Dies implizierte freilich die „Entfernung" der dort lebenden autochthonen Bevölkerung. Entsprechend fand die Ansiedlung ihr Pendant in einer „negativen Bevölkerungspolitik", d.h. in sehr ausgreifenden Deportationsvorhaben des RSHA gegenüber Polen und Juden.[91] Schon die Amtschefbesprechung Heydrichs verdeutlichte, dass die physische Vernichtung „deutschfeindlicher Elemente" auf die Vernichtung vor allem des Mittelstandes in Polen hinauslief.[92]

Sieht man einmal von dem Konflikt zwischen dem Reichsminister für Ernährung und Landwirtschaft (RMEL) und Heinrich Himmler ab, dem es in seiner Funktion als RKF gelang, neben der Siedlungsaufgabe auch die Landwirtschaft seinem Machtbereich unterzuordnen, verlief die Wiederaufnahme der landwirtschaftlichen Produktion weitgehend konfliktfrei. Schwieriger war es um die gewerbliche Wirtschaft bestellt, weil einerseits hier mehr konkurrierende Interessen (Vierjahresplanbehörde, Reichsgruppen, Industriekonzerne und regionale Machthaber) aufeinander trafen und weil zweitens die Pläne der Wiederingangsetzung stärker von dem jeweiligen Gebiet abhingen. Neben der Erweiterung der Rohstoffbasis waren es vor allem die Textil-, Maschinen-, Elektro-, chemische und Nahrungsmittelindustrie, von der man sich eine Aufstockung der Eigenversor-

[88] Am 15. Oktober schloss das Deutsche Reich mit Estland, am 30. Oktober mit Lettland einen Vertrag über die Aussiedlung der dort lebenden Deutschen unter Wahrung ihres Vermögens. Am 16. November schließlich regelten die Sowjetunion und das Deutsche Reich vertraglich die Aussiedlung der „Volksdeutschen" aus Wolhynien und Galizien. Aly, „Endlösung", S. 63, 66, 69. Ob dieses Umsiedlungsprogramm nur eine Konzession an die Sowjetunion war, wie Mommsen vermutet, oder mit dem von Hitler skizzierten „ethnischen Neuordnungsprogramm" zusammenhing, muss offenbleiben. Hans Mommsen: Umvolkungspläne des Nationalsozialismus und der Holocaust, in: Helge Grabitz u. a. (Hg.), Die Normalität des Verbrechens. Bilanz und Perspektiven der Forschung zu den nationalsozialistischen Gewaltverbrechen. Berlin 1994, S. 68–84, hier S. 72; vgl. Sobczak, Hitlerowskie przesiedlenia ludności niemieckiej, S. 137–219.

[89] Walter Geisler: Deutscher! Der Osten ruft Dich! Berlin 1941, S. 61.

[90] Philipp Bouhler (Hg.): Der großdeutsche Freiheitskampf. Reden Adolf Hitlers, Bd. I/II. München [3]1943, S. 82f.

[91] Vgl. Raul Hilberg: Die Vernichtung der europäischen Juden. Frankfurt a. M. 1990, S. 215.

[92] Herbst, Mobilmachung der Wirtschaft 1938/39, S. 94.

gung versprach. Im Generalgouvernement war zunächst nur an ein möglichst vollständiges „Ausschlachten" gedacht worden, das erst allmählich längerfristigen Überlegungen Platz machte. Insbesondere Göring unterstützte zunächst eine dezidiert destruktive Strategie.[93] Dennoch stellte sich auch in den neuen Reichsgauen das Problem der Produktionsaufnahme der gewerblichen Wirtschaft schon wegen der hohen Zahl an Arbeitslosen nachdrücklich, denn die rasch um sich greifende Verelendung bedeutete nicht zuletzt ein potenzielles Risiko für die Volkstumspolitik.[94] Obwohl letztlich der Aufbau und die schnelle Wiederinbetriebnahme der gewerblichen Wirtschaft in den eingegliederten Gebieten nicht prinzipiell in Frage standen und im Herbst 1939 bereits Industrie- und Handelskammern sowie Handwerkskammern, in Ostoberschlesien zudem ein Bergbauamt ihre Tätigkeit aufnahmen, war die Ausnutzung des ostoberschlesischen Industriereviers für die großdeutsche Rüstungsindustrie im Sinne eines Raubbaus mit einem planmäßigen Aufbau nicht zu vereinbaren. Dies zeigte sich besonders in den planlosen Eingriffen in die Eigentumsstrukturen in Ostoberschlesien.

Konfrontiert war man auch mit dem Problem, wie sich der industrielle Aufbau in die Siedlungsplanungen der SS einfügen sollte. Die Reichsgruppe Industrie verfolgte dabei die Linie, Himmlers Führungsanspruch auf die Landwirtschaft zu beschränken und vor allem die rassische Eignungsprüfung im gewerblichen Bereich zu verhindern. Dass die Kontroverse, ob bei der Ansiedlung von „Volksdeutschen" bzw. Rücksiedlern Industriestandorte oder aber eine landwirtschaftliche Konzeption zum Ausgangspunkt genommen werden sollten[95], letztlich nur ein begrenztes Konfliktpotenzial entwickelte, lag lediglich daran, dass ihre abschließende Beantwortung während des Krieges niemals konkret anstand.

Die Überlegungen der Deutschen waren vor dem Überfall auf Polen in zwei Richtungen gegangen. Neben den bereits skizzierten zur Kriegsfinanzierung und Zahlungsmittelversorgung hatte man sich sowohl im RWM wie auch in der Privatwirtschaft frühzeitig darüber unterrichtet, welche wirtschaftlichen Objekte im Falle einer kriegerischen Expansion für die Deutschen von Interesse wären. Für Unternehmen konnten dabei je nach Branche entweder Expansions- bzw. Übernahmemöglichkeiten oder Chancen zur Erweiterung des eigenen Absatzmarktes bzw. der Kundenklientel im Vordergrund stehen. Dennoch gilt nicht von vornherein als ausgemacht, dass der Begriff „Drang nach Osten" zur Beschreibung ökonomischer Expansion geeignet ist, denn er geht *per definitionem* von einem weltanschaulichen Primat vor einer insbesondere für Privatunternehmen bedeutsamen Risikoabschätzung und Rentabilitätsvorgabe aus und unterschätzt somit alltägliche Operationen geschäftlichen Kalküls. Die Interessen von Unternehmen, auch von Kreditinstituten, konnten diese durchaus in Gegensatz zu staatlichen Interessen bringen. Es ist überdies eine Vereinfachung, die Expertisen, Erkundungen und Untersuchungen der polnischen Industrie durch deutsche Großunternehmen in den 1930er Jahren als Beweis für eine „erwartete Übernahme polnischen Eigentums" bzw. dafür zu nehmen, dass sich sowohl „führende deutsche Monopole als

[93] Umbreit, Deutsche Militärverwaltungen, S. 233f.
[94] Vgl. ebd., S. 250f.
[95] Müller, Hitlers Ostkrieg und die deutsche Siedlungspolitik, S. 59.

auch staatliche Einrichtungen auf die Aneignung der polnischen Industrie" vorbereitet hätten.[96] Diese These Werner Röhrs scheint zu sehr von der Situation nach 1939 her gedacht zu sein, obwohl unbestritten ist, dass die seit 1936 im Wehrwirtschafts- und Rüstungsstab des OKW gesammelten Informationen über die Wirtschaft Polens namentlich für die Luftwaffe im September 1939 darüber entschieden, welche Objekte vor allem in Ostoberschlesien in keinem Falle zu bombardieren seien.[97] Dagegen ist ein Informationsbedürfnis bei international tätigen Unternehmen zunächst nicht eigentlich überraschend; die nicht unproblematischen deutsch-polnischen Beziehungen machten genaue Kenntnisse für Wirtschaftsunternehmen besonders wichtig. Röhrs These mag allenfalls für die eingegliederten Gebiete gerechtfertigt sein, insofern als man diese ungeachtet der Bevölkerungsstruktur für deutsch hielt. Und in der Tat fanden sich in den polnischen Westprovinzen schnell „Kommissionen und Sonderbeauftragte" ein, die die Produktionskapazitäten sichten und möglichst rasch vollendete Tatsachen schaffen sollten.[98] Sich hier den Expansionsplänen Hitlers bzw. der Reichsregierung anzupassen, mochte vergleichsweise leicht sein. Die Existenz kohärenter Übernahmeplanungen in Bezug auf Gesamtpolen seit Anfang der 1930er Jahre begründet dies jedoch nicht.

Das wird auch dadurch unterstrichen, dass im Altreich die Neigung bei Industriebetrieben, ihre Produktion oder doch einen Teil von ihr in die eingegliederten Ostgebiete oder gar ins Generalgouvernement zu verlagern, vergleichsweise gering war, obwohl Behörden und zahlreiche Dienststellen sowie Industrieverbände große Anstrengungen unternahmen, um für den Osten zu werben.[99] Auch die in den 1930er Jahren entwickelten Theorien des Reichsnährstandes, deutsche Landwirte in Zukunft großzügig im Osten anzusiedeln – eine Konzeption, die durchaus nicht erst im „Generalplan Ost" aufscheint –, sollten sich weitestgehend als Illusion erweisen. Vor diesem Hintergrund kann von einem buchstäblichen „Drang nach Osten" kaum die Rede sein. Mit Blick auf die Rücksiedler aus Ost- und Südosteuropa wäre eher von einem „Drang nach Westen" zu sprechen, und Reichsdeutsche, die nicht als „Konjunkturritter" Ambitionen auf einen beschlagnahmten Betrieb entwickelten, hatten in der Regel nur geringe Neigungen, in den „wilden Osten" zu gehen.

Die eingegliederten Ostgebiete

Der Reichsgau Wartheland umfasste ein Gebiet von knapp 44 000 km² mit anfänglich ca. 4,9 Mio. Einwohnern[100] und gliederte sich in die beinahe gleich großen

---

[96] Werner Röhr: Zur Rolle der Schwerindustrie im annektierten polnischen Oberschlesien für die Kriegswirtschaft Deutschlands von 1939 bis 1949, in: Jahrbuch für Wirtschaftsgeschichte (1991), Nr. 4, S. 9–58, hier S. 16; vgl. aber einschränkend ebd., S. 32; ders., Wirtschaftspolitik der deutschen Okkupanten in Polen, S. 231.

[97] Röhr, Zur Rolle der Schwerindustrie, S. 10f.

[98] Umbreit, Deutsche Militärverwaltungen, S. 227, 231.

[99] Vgl. Müller, Hitlers Ostkrieg und die deutsche Siedlungspolitik, S. 59f.

[100] Zu den demographischen Veränderungen in Polen zwischen 1939 und 1945 vgl. Madajczyk, Polityka III Rzeszy, Bd. 1, S. 234–284.

Regierungsbezirke Posen, Hohensalza und Kalisch (ab dem 3. Mai 1940: Litzmannstadt).[101] Im Zusammenhang mit den Deportationsprojekten sowie mit der Massenvernichtung der jüdischen Bevölkerung und trotz der Ansiedlung von knapp 540000 „volksdeutschen" Umsiedlern nahm die Gesamtbevölkerung des Warthegaues bis April 1944 um über 480000 Personen ab. Dabei erhöhte sich die Zahl der deutschen Bevölkerung zwischen Februar 1940 und April 1944 von 367000 (8 Prozent) auf knapp eine Million (22,8 Prozent). Die Zahl der im Warthegau lebenden Polen verringerte sich im selben Zeitraum von anfänglich 3,97 Mio. Personen (86,2 Prozent) auf 3,33 Mio. (74,9 Prozent). Die jüdische Bevölkerung zählte vor dem 1. September 1939 etwa 435000 Personen (8,9 Prozent)[102], davon allein 233000 in Łódź.[103] Insgesamt überlebten nur knapp 5000 wartheländische Juden die Shoah.[104]

Die Bedeutung des Reichsgaues Wartheland im Gesamtgefüge des Großdeutschen Reiches lag nicht so sehr in den dort ansässigen Industriebetrieben als vielmehr in der Landwirtschaft und damit auch in den Siedlungsplänen, deren Schwerpunkt im Warthegau lag. Von der Gesamtfläche wurden über 30000 km² agrarisch genutzt (75 Prozent)[105], in Anlehnung an die landwirtschaftliche Bedeutung der ehemaligen Provinz Posen erinnerte man sich nun gerne an die „Kornkammer des Reiches"[106]. Neben der ebenfalls bedeutenden Textilindustrie im Raum Litzmannstadt war dementsprechend vor allem die Lebensmittelindustrie und hier besonders die Zuckerindustrie von großer Bedeutung. 24 Zuckerfabriken erzeugten über 20 Prozent des reichsweiten Bedarfs.[107] Eine bedeutendere Metall- und Schwerindustrie war im Warthegau mit Ausnahme einer größeren Landmaschinenfabrikation sowie der kurz darauf von den Deutschen Waffen- und Munitionsfabriken (DWM) übernommenen Waggon- und Waffenfabrik Zakłady H. Cegielski in Posen praktisch nicht vorhanden, nachdem Bromberg als Stadt der ehemaligen Provinz Posen noch vor dem Ende der Militärverwaltung nicht dem

---

101 Die Ostgebiete des Deutschen Reiches und das Generalgouvernement der besetzten polnischen Gebiete in statistischen Angaben. Berlin 1940, S. 6, 34–54; zu den Regierungsbezirken vgl. APP, RRW, Nr. 594.

102 Alberti, Vernichtung der Juden im Reichsgau Wartheland, S. 34.

103 Abraham Melezin: Przyczynek do znajomości stosunków demograficznych wśród ludności żydowskiej w Łodzi, Krakowie i Lublinie podczas okupacji niemieckiej. Łódź 1946, S. 10.

104 Łuczak, Pod niemieckim jarzmem, S. 47 f., 83; Janusz Deresiewicz: Okupacja niemiecka na ziemiach polskich włączonych do Rzeszy (1939–1945). Poznań 1950, S. XVII–XVIII; Broszat, Nationalsozialistische Polenpolitik, S. 125.

105 Vgl. allgemein Friedrich Swart: Grundlage der Landwirtschaft im Reichsgau Wartheland und im Reichsgau Danzig-Westpreußen. Leipzig 1941.

106 Winfried Burau: Der Reichsgau Wartheland und seine Wirtschaft, in: Die Wirtschaft der neuen großdeutschen Gebiete, Teil II: Der Osten. Bad Oeynhausen 1942, S. 33–56, hier S. 40 f.; BArch, R 2501/5511, Bl. 136: Kornkammer Posen in deutscher Hand! (Wirtschaftspolitischer Dienst Nr. 212 vom 15. 9. 1939); Bl. 190: Kornkammer Posen (Deutsche Bergwerks-Zeitung vom 20. 9. 1939).

107 Imma von Guenther-Swart: Die Industrie in Posen und Westpreußen, in: Jahrbuch des Osteuropainstituts zu Breslau 1940, S. 131–166, hier S. 136–140; Burau, Reichsgau Wartheland und seine Wirtschaft, S. 52; Ulrich Schade: Industrie und Handel im Reichsgau Wartheland. Berlin 1942, S. 47 f.

Reichsgau Posen, sondern nach Intervention Forsters bei Hitler dem Gebiet Danzig-Westpreußen zugeschlagen worden war.[108]

Besonderen Eifer entwickelte Gauleiter und Reichsstatthalter Greiser im Bereich der Volkstumspolitik. Während Forster Ansiedlungen in seinem Gau weitgehend verhinderte[109], verband Greiser die Ansiedlung von „Volksdeutschen" mit der Deportation bzw. „Verdrängung" von Juden und Polen.[110] Hierzu unterstanden Greiser – analog trifft dies für Forsters Stellung in Danzig-Westpreußen zu – alle relevanten Verwaltungszweige, darunter die Finanzverwaltung, die Aufsicht über die Wirtschaft und Banken, der Höhere SS- und Polizeiführer (HSSPF) sowie der Beauftragte des RKF.[111]

Für erhebliche Verwirrung in der wirtschaftspolitischen Planung sorgte in den Herbstmonaten 1939 zunächst die Grenzziehung zwischen dem Reichsgau Wartheland und dem Generalgouvernement. Strittig war hierbei vor allem die Frage, ob die Stadt Łódź und Umgebung mit ihrer Textilindustrie[112] den eingegliederten Gebieten oder – mit Blick auf ihre polnische und jüdische Bevölkerungsmehrheit (ca. 700000 Einwohner) – dem Generalgouvernement zugeschlagen werden sollte. Hier waren militärische, bevölkerungs- und wirtschaftspolitische Aspekte gegeneinander abzuwägen.[113] Noch Mitte Oktober 1939 hatte der Lodzer Stadtkommissar beim CdZ moniert, dass „einer erfolgreichen Verwaltungstätigkeit" die Unklarheit entgegenstehe, „welche politische Gestaltung das Gebiet um Lodz erfahren wird", ferner dass es notwendig sei, „klare Maßnahmen über die Industrie und die Verarbeitung ihrer Rohstoffe bekannt" zu geben.[114] Dass Łódź ab November 1939 letztlich doch beim Warthegau verblieb[115], dürfte wesentlich auf Görings Einflussnahme zurückzuführen sein, der als Beauftragter des Vierjahresplans und seit November 1939 auch als oberster Dienstherr der neu gegründeten Haupttreuhandstelle Ost[116] an dem Industriepotenzial interessiert war.

---

108 APP, RRW, Nr. 749, Bl. 16f.: Reichsstatthalter im Reichsgau Wartheland (gez. Greiser) an RMdI, 15.3.1940, betr. Benachteiligung des Warthegaus bei der Grenzziehung der eingegliederten Ostgebiete. Unrichtig daher Wixforth, Expansion der Dresdner Bank, S. 517f.

109 Umbreit, Deutsche Militärverwaltungen, S. 217f.

110 Arthur Greiser: Die Aufgaben auf dem Gebiet des Wirtschaftsaufbaues, in: Warthegau-Wirtschaft 1 (1940), Nr. 1, S. 1.

111 2. DurchfVO des Erlasses des Führers und Reichskanzlers über Gliederung und Verwaltung der Ostgebiete vom 2.11.1939 (RGBl. I, S. 2133); Grundlage bildete das Gesetz über den Aufbau der Verwaltung im Reichsgau Sudetenland vom 14.4.1939 (RGBl. I, S. 780); VO über die einstweilige Organisation der gewerblichen Wirtschaft im Reichsgau Posen vom 10.1.1940 (RGBl. I, S. 51); Best, Verwaltung in Polen, S. 119f.; vgl. zur Behörde des Reichsstatthalters Stanisław Nawrocki: Organizacja i działalność urzędu Namiestnika Rzeszy Okręgu „Kraj Warty", in: Poznański Rocznik Archiwalno-Historyczny 4 (1996), S. 73–95.

112 Schade, Industrie und Handel im Reichsgau Wartheland, S. 40–45; Burau, Reichsgau Wartheland und seine Wirtschaft, S. 47–50.

113 Robert Herzog: Grundzüge der deutschen Besatzungsverwaltung in den ost- und südosteuropäischen Ländern während des zweiten Weltkrieges. Tübingen 1955, S. 8.

114 APP, CdZ, Nr. 50, Bl. 49: Kommissar der Stadt Lodz an den Chef der Zivilverwaltung, Lodz, 14.10.1939, betr. Verwaltungstätigkeit in Lodz.

115 Landau, Kronika lat wojny i okupacji, Bd. 1, S. 64f.; Dingell, Tätigkeit der Haupttreuhandstelle Ost, S. 45.

116 Zur Haupttreuhandstelle Ost vgl. unten S. 98ff.

Wirtschaftsgeographisch ähnelte der Reichsgau Danzig-Westpreußen mit seinen drei Regierungsbezirken Marienwerder, Danzig und Bromberg dem Reichsgau Wartheland. Von den 2,27 Mio. Einwohnern – davon ca. 1300–1800 Juden[117] – lebten im Herbst 1939 über eine Million Menschen auf dem Lande und von der Landwirtschaft. Nur 120000 Personen waren in Industriebetrieben beschäftigt. Von der landwirtschaftlichen Nutzfläche von 17370 km² entfielen 14000 km² auf Ackerfläche, die übrige Fläche auf Weideland. Neben dem landwirtschaftlichen Sektor waren auch hier die Lebensmittelindustrie (Brauereien), die chemische Industrie und die Metallindustrie von Wichtigkeit[118], und was Posen und Litzmannstadt für den Warthegau bedeuteten, waren Bromberg und Thorn (neben Danzig) für den Gau Danzig-Westpreußen.[119] Im Zentrum der Aufmerksamkeit stand freilich die Stadt Danzig mit ihren aus der Zwischenkriegszeit ererbten Wirtschaftsproblemen, die man mit der Beendigung der bisherigen Insellage überwinden zu können hoffte. Neben der stark sanierungsbedürftigen Danziger Werft verfügte der Reichsgau Danzig-Westpreußen ebenfalls über Werften in Elbing und in der in Gotenhafen umbenannten Stadt Gdynia, die Danzig vor 1939 als Umschlaghafen den Rang abgelaufen hatte und daher ökonomisch von vordringlichem Interesse war.[120]

Für den Regierungsbezirk Zichenau liegt insgesamt nur wenig verwertbares Material vor[121], was es berechtigt erscheinen lässt, auf eine Berücksichtigung des Gebietes zu verzichten. Eine wirtschaftliche Bedeutung besaß Zichenau vor allem für die Provinz Ostpreußen, ohne dass die Wirtschaftsstruktur sich dabei grundlegend geändert hätte. Der Regierungsbezirk Zichenau mit einer Fläche von knapp 13000 km² und einer Bevölkerung von immerhin 854000 Personen (davon ca. 80000 Juden[122] und nur knapp 15000 Deutsche) war ein in seiner ökonomischen Entwicklung zurückgebliebenes und zu über 73 Prozent landwirtschaftlich genutztes Gebiet.[123] Da Gauleiter und Oberpräsident Erich Koch dieses Gebiet als Verfügungsmasse für die Migration deutscher Kleinbauern aus Ostpreußen beanspruchte, kam es zu keiner nennenswerten Ansiedlung aus dem Altreich oder aus

117 Golczewski, Polen, S. 431, Anm. 116; Berendt, Żydzi na terenie Wolnego Miasta Gdańska, S. 270; zur weiteren Entwicklung in Danzig-Westpreußen vgl. ebd., S. 258ff.

118 Hanns Strohmenger: Danzigs Heimkehr ins Reich. Danzig 1939; Wolfgang Diewerge: Der neue Reichsgau Danzig-Westpreußen. Ein Arbeitsbericht vom Aufbauwerk im deutschen Osten. Berlin 1940, S. 76ff.

119 Heinz Schaar: Die Neuordnung des Währungs- und Kreditwesens in den eingegliederten Ostgebieten. Breslau 1943, S. 8–19; Heinrich Jungfer: Untersuchungen über die Finanzierung des Aufbaus von Gewerbe und Industrie in den eingegliederten Ostgebieten. Danzig 1940, S. 140–145.

120 Mit dieser Einsicht tat man sich jedoch schwer. Diewerge, Der neue Reichsgau Danzig-Westpreußen, S. 79. Vgl. Oskar Häfner: Der industrielle Wirtschaftsaufbau im Reichsgau Danzig-Westpreußen. Berlin 1942, S. 30.

121 Bożena Górczyńska: Die Agrarpolitik in polnischen Gebieten, die während der hitlerfaschistischen Okkupation Ostpreußen eingegliedert wurden (1939–1945), in: Studia Historiae Oeconomicae 17 (1982), S. 255–264; Madajczyk, Polityka III Rzeszy, Bd. 1, S. 447–449; Walther Kieser: Der Aufbau im Gebiet um Zichenau. Berlin 1941.

122 Michał Grynberg: Żydzi w rejencji ciechanowskiej 1939–1942. Warszawa 1984, S. 18.

123 Górczyńska, Agrarpolitik in polnischen Gebieten, S. 255.

Osteuropa, so dass der Regierungsbezirk Zichenau letztlich in vielerlei Hinsicht allein den Bedürfnissen der Provinz Ostpreußen zu dienen hatte.[124]

Obwohl Łódź vor Kriegsbeginn hinsichtlich der Zahl der tätigen Industriearbeiter (144 000) noch vor Oberschlesien gelegen hatte, war es in erster Linie das Kohle- und Industrierevier um Kattowitz, dem im September 1939 die Hauptaufmerksamkeit galt. Sieht man von Danzig ab, so waren territoriale Verluste des Deutschen Reiches nach dem Ersten Weltkrieg in wirtschaftlicher Hinsicht an keiner Stelle so schmerzhaft gewesen wie gerade in Oberschlesien, das infolge der im Versailler Vertrag vorgesehenen Volksabstimmung und der drei Schlesischen Aufstände in zwei jeweils unter polnischer und deutscher Verwaltung stehende Gebiete aufgeteilt worden war. Und obwohl das zunächst für fünfzehn Jahre geltende Genfer Oberschlesienabkommen von 1922 die Folgen dieser Teilung mindern helfen sollte, so schuf doch der Grenzverlauf einen für beide Seiten höchst unbefriedigenden Zustand. Von den 22 größten Industrieunternehmen Oberschlesiens besaßen elf im Jahre 1922 Betriebe auf beiden Seiten der Grenze, nur fünf auf deutscher und sechs auf polnischer Seite blieben unzerschnitten. Auf diese Weise standen der polnischen Volkswirtschaft fortan von der oberschlesischen Gesamtproduktion über drei Viertel der Steinkohlenförderung, knapp 85 Prozent des Zink- und Bleiabbaus, 93 Prozent der Zinkblechproduktion sowie jeweils 100 Prozent der Rohzinkproduktion, der Blei- und Silbergewinnung und der Eisenerzförderung zur Verfügung.[125] Daneben waren aber auch andere Industriezweige wie etwa die Textilindustrie in Bielsko von Interesse, und einen für das Deutsche Reich willkommenen Zuwachs an Industriepotenzial stellte schließlich auch das 1938 von Polen annektierte tschechoslowakische Olsagebiet dar, das auf nur knapp 1 000 km^2 neben 2 700 Betrieben der gewerblichen Wirtschaft vor allem reiche Steinkohlenvorkommen des Ostrau-Karwiner Reviers und in Trzyniec eines der modernsten Hüttenwerke Europas aufwies.[126] Schließlich darf über der Industrie nicht vergessen werden, dass die Provinz Oberschlesien mit einer Fläche von 20 618 km^2 und einer Bevölkerung von über 4,3 Mio. Einwohnern (Regierungsbezirke Kattowitz und Oppeln)[127] – davon über 10 500 km^2 eingegliedertes Gebiet mit ca. 2,5 Mio. Menschen – über eine nicht unbedeutende Landwirtschaft verfügte, die zwar in der Anbaufläche weit hinter den neuen Reichsgauen zurückblieb, dem Gebiet aber einen zusätzlichen Wert verlieh.

Vor dem 1. September 1939 war das Deutsche Reich nicht nur größter Importeur polnischer (ostoberschlesischer) Hüttenerzeugnisse, sondern auch auf eine ebenso vielfältige wie komplexe Weise durch Kapitalbeteiligungen in Ostoberschlesien präsent gewesen.[128] Angesichts der stagnierenden Produktionsziffern,

124 Ebd., S. 259, 262.

125 Ein konziser Überblick bei Alfred Sulik: Przemysł, in: Województwo śląskie (1922–1939). Zarys monograficzny. Red. Franciszek Serafin. Katowice 1996, S. 215–269.

126 Die wirtschaftliche Bedeutung des polnischen Gebietszuwachses, in: Ostwirtschaft 27 (1938), S. 156f.

127 Kaczmarek, Pod rządami gauleiterów, S. 23.

128 Vgl. hierzu R. Schmidt: Die Entwicklung der oberschlesischen Großindustrie und ihrer Besitzverhältnisse von 1700–1942. Kattowitz 1942; Mieczysław Grzyb: Narodowościowo-polityczne aspekty przemian stosunków własnościowych i kadrowych w górnośląskim przemyśle w latach 1922–1939. Katowice 1978.

die mit Ausnahme von Steinkohle, Koks und Elektroenergie Ende der 1930er Jahre noch nicht wieder den Stand von 1919 erreicht hatten[129], stellt sich die Frage, ob das Deutsche Reich das schlesische Industriepotenzial überhaupt benötigte – es sei denn im Rahmen von Autarkiebestrebungen, für die Rüstungsgüterfertigung sowie als potenzielle Reserve für das luftgefährdete Ruhr- und Saargebiet. Die Inbesitznahme des Industrie- und Hüttenreviers schuf daneben auch massive Probleme. So war schon vor dem 1. September 1939 bekannt, dass der technische Stand etwa der Eisenhütten ungeachtet der seit 1934 steigenden Investitionsziffern veraltet war. Nach 1933 kam in den polnischen Investitionsplanungen Oberschlesien gegenüber dem Zentralen Industrierevier (COP) bei Sandomierz keine Priorität mehr zu, weil die Nähe zum nationalsozialistischen Deutschland geostrategisch als problematisch angesehen wurde. Eine Nutzung des ostoberschlesischen Produktionspotenzials war daher mit der Notwendigkeit umfangreicher Investitionen verbunden. Insbesondere an dieser Stelle und im Verbund mit der allerorts erwarteten Neuarrondierung bzw. Wiederherstellung der Eigentumsverhältnisse in Ostoberschlesien, die zugleich die Gebietsteilung aufheben sollte, konnten Kreditinstitute hoffen, an einer Industriefinanzierung großen Stils beteiligt zu werden, auch wenn die Grenze zum Generalgouvernement anfänglich nicht feststand und daher auch das künftige wirtschaftliche Verhältnis Schlesiens zum Generalgouvernement zunächst ungeklärt blieb.[130] Katastrophal war das Schicksal der Ende 1939 im Regierungsbezirk Kattowitz lebenden ca. 70000–80000 Juden[131], die nun auch diskriminierenden Maßnahmen und Gewalt ausgesetzt waren, nachdem auf deutscher Seite im oberschlesischen Abstimmungsgebiet die Juden bis zum Auslaufen der Genfer Konvention 1937 von der nationalsozialistischen „Judenpolitik“ formal ausgenommen gewesen waren.[132]

---

129 Sulik, Przemysł, S. 268.

130 Emil von Lucadou: Strukturwandel Schlesiens. Amsterdam/Prag/Wien 1943, S. 110f.; Sulik, Przemysł ciężki w rejencji katowickiej, S. 229f.; vgl. Sybille Steinbacher: „Musterstadt“ Auschwitz. Germanisierungspolitik und Judenmord in Ostoberschlesien. München 2000, S. 109–113; APK, Dresdner Bank Kattowitz, Nr. 145, Bl. 141–144, hier Bl. 141: Aktennotiz der Dresdner Bank Kattowitz (gez. Bardroff) vom 10. 11. 1939.

131 APK, Rejencja Katowicka, Nr. 2803, Bl. 206: Einwohnererfassung 1939 im Regierungsbezirk Kattowitz, Endgültige Ergebnisse [April 1940]: 68000 Juden; dagegen gibt Steinbacher, „Musterstadt“ Auschwitz, S. 117f., auf derselben Aktengrundlage 77056 oberschlesische Juden an; Enzyklopädie des Holocaust, Bd. 2, S. 1081. Die verschiedentlich angeführte Zahl von 100000–120000 schlesischer Juden wurde von Fritz Bracht auf einer von Göring am 12. 2. 1940 in Karinhall einberufenen Tagung genannt und bezieht sich auf die gesamte Provinz Schlesien. Eisenbach, Hitlerowska polityka zagłady Żydów, S. 161f.; Hilberg, Vernichtung, S. 205, 217f.

132 Vgl. Stanisław Rogowski: Ochrona praw mniejszości żydowskiej na Górnym Śląsku w latach 1933–1937 w świetle zasad międzynarodowej ochrony mniejszości, in: Krystyn Matwijowski (Hg.), Z dziejów ludności żydowskiej na Śląsku. Wrocław 1991, S. 53–75; Adelheid Weiser: Der Schutz der jüdischen Rechte in Oberschlesien unter dem Mandat des Völkerbundes 1933–1945, in: Geschichte der Juden in Schlesien im 19. und 20. Jahrhundert. Hannover/Münster 1995, S. 37–53.

Das Generalgouvernement

Hatte es der Sprache, in der die Polen- und „Judenpolitik“ in den eingegliederten Ostgebieten projektiert wurde, schon an entsprechender Drastik nicht gefehlt, so wurde diese noch überboten durch die beispiellose Kompromisslosigkeit, mit der die Nationalsozialisten sich im Herbst 1939 über das weitere Schicksal des Generalgouvernements ergingen. Das Generalgouvernement besaß bei einer Fläche von knapp 95 000 km² knapp 12 Mio. Einwohner. Nach dem Überfall auf die Sowjetunion kam mit der Erweiterung um den Distrikt Galizien (ehemalige polnische Wojewodschaften Lwów, Tarnopol und Stanisławów) am 1. August 1941 eine Fläche von noch einmal 144 000 km² mit fünf Millionen Einwohnern hinzu. Im Generalgouvernement (sc. ohne den Distrikt Galizien) befanden sich vor Beginn der Deportationen aus den eingegliederten Ostgebieten nicht weniger als 1,15 Mio. Juden.[133] Die Nationalsozialisten glaubten sich mit dem Generalgouvernement im Besitz eines Gebietes, in das auch die deutschen Juden würden deportiert werden können, und das RSHA dachte im September 1939 nicht nur an die Einrichtung eines „Judenreservats“ bei Lublin, sondern ergriff unter der Leitung von Adolf Eichmann noch im Herbst erste Maßnahmen zur Deportation deutscher und österreichischer Juden ins Generalgouvernement („Nisko-Aktion“).[134] In einer Denkschrift des Rassenpolitischen Amtes der NSDAP vom November 1939 zur „Frage der Behandlung der Bevölkerung der ehemaligen polnischen Gebiete nach rassenpolitischen Gesichtspunkten“ projektierte man die Aussiedlung von über 6,6 Mio. Polen sowie von weiteren 800 000 Juden aus dem gesamten Reichsgebiet in das Generalgouvernement, d. h. in ein zum überwiegenden Teil stark agrarisch geprägtes Land mit einer strukturbedingten Überbevölkerung und Arbeitslosigkeit. Insgesamt veranschlagte man für dieses „polnische Restgebiet“ eine Gesamtbevölkerung von beinahe 20 Mio. Menschen und war sich zugleich darüber einig, dass eine ärztliche Betreuung dieses Gebietes „sich lediglich auf die Verhinderung der Übertragung von Seuchen in das Reichsgebiet zu beschränken“ habe.[135]

Allerdings gab es auch kritische Stimmen, wenn beispielsweise Staatssekretär Stuckart bereits Mitte Oktober 1939 auf die Gefahr hinwies, die „entstehen könne, falls das Gebiet des Generalgouvernements völlig sich selbst überlassen würde und keine wirtschaftliche Unterstützung durch das Reich bezw. durch die zum Reich kommenden Gebiete“ erführe. Er wolle die Angelegenheit dem Führer vortragen, „daß das Generalgouvernement zwar in allen seinen Teilen der deutschen

133 Golczewski, Polen, S. 418, 425. Hierbei handelt es sich um eine Minimalziffer, die die jüdischen Flüchtlinge, die sich in die sowjetischen Gebiete retten konnten, auf 250 000–300 000 schätzt. Entsprechend die Zahlenangaben von 1,4 Mio. Juden im Generalgouvernement bei Hilberg, Vernichtung, S. 205; Eisenbach, Hitlerowska polityka zagłady Żydów, S. 442f.

134 Hans Safrian: Eichmann und seine Gehilfen. Frankfurt a. M. 1995, S. 68–81.

135 BArch, R 49/75, Bl. 1–40; zit. nach Pospieszalski, Hitlerowskie „prawo“ okupacyjne w Polsce, część I, S. 2–28, hier S. 20f., 26; vgl. Heinemann, „Rasse, Siedlung, deutsches Blut“, S. 193f.

Wirtschaft dienstbar gemacht werden solle, daß ihm aber Hilfe gewährt werden solle, soweit dies für die Sicherheit des Reiches erforderlich sei".[136]

Bis in das Jahr 1940 hinein hatte sich bei Hitler bzw. im RMdI die diffuse Idee eines polnischen Reststaates erhalten, der im Falle von Friedensverhandlungen mit England als mögliches Verhandlungsobjekt hätte dienen können und dessen Bildung auch von vielen Polen erwartet wurde.[137] So plante auch das Finanzministerium im Zusammenhang mit den erwarteten deutschen Umsiedlern aus Osteuropa explizit die „Abfindung polnischer Schadensersatzansprüche" ein, die sich schlechterdings nur auf einen polnischen Reststaat, keinesfalls jedoch auf die eingegliederten Gebiete beziehen konnte.[138]

Besonders Göring erwies sich im Herbst 1939 als radikaler Vertreter eines Vorgehens, das sich unter seiner Leitung auf die „Ausnutzung und Ausschlachtung" des vorgefundenen Produktionspotenzials beschränken sollte, und zwar bei gleichzeitiger „Zuteilung an Bevölkerung nur in geringstem Umfange". Es müssten „aus den Gebieten des GG alle für die deutsche Kriegswirtschaft brauchbaren Rohstoffe, Altstoffe, Maschinen usw. herausgenommen werden. Betriebe, die nicht für die notdürftige Aufrechterhaltung des nackten Lebens der Bewohnerschaft unbedingt notwendig sind, müssen nach Deutschland überführt werden, soweit nicht die Übertragung unverhältnismäßig viel Zeit erfordert, und deshalb ihre Beschäftigung mit deutschen Aufträgen an Ort und Stelle zweckmäßiger ist."[139]

In energetischer Hinsicht war das Generalgouvernement ein Zuschussgebiet. Es besaß nur vergleichsweise wenig Kohle, Erdöl und Erdgas, eine fragmentarische Textilindustrie sowie eine von Kriegszerstörungen schwer betroffene chemische und Metallindustrie in und um Warschau.[140] Einzig der COP zog 1939 größeres öffentliches Interesse auf sich und bildete den Kern der späteren deutschen Rüstungsproduktion im Generalgouvernement.[141] Insgesamt erschien den im Herbst 1939 im Generalgouvernement errichteten Dienststellen die Entwicklung ausgesprochen unübersichtlich, auch blieb der völker- und staatsrechtliche Status des

---

[136] APŁ, Szef Zarządu Cywilnego Okręgu Wojskowego w Łodzi, Nr. 21, Bl. 47-52, hier Bl. 48: Tätigkeitsbericht des Hauptsachbearbeiters für Gewerbliche Wirtschaft (gez. Gäthgens) Nr. 15 vom 17. 10. 1939: Bericht über die Verhandlungen in Berlin am 12., 13. und 14. 10. 1939.

[137] Herzog, Grundzüge der deutschen Besatzungsverwaltung, S. 11f.; Eisenblätter, Politik des Reiches gegenüber dem Generalgouvernement, S. 21f.; Broszat, Nationalsozialistische Polenpolitik, S. 15–19; Landau, Kronika lat wojny i okupacji, Bd. 1, S. 51ff., 65.

[138] Rosenkötter, Treuhandpolitik, S. 120f.

[139] Bekanntmachung über die Errichtung einer Haupttreuhandstelle Ost vom 1. 11. 1939 (RAnz 1939, Nr. 260 vom 6. 11. 1939); zit. nach Eisenblätter, Politik des Reiches gegenüber dem Generalgouvernement, S. 114f.

[140] Herbert Krafft: Probleme und Möglichkeiten der Wirtschaft, in: Das Generalgouvernement (Hg. du Prel), S. 94–103, hier S. 97ff.

[141] BArch, R 2501/5511, Bl. 102: Polens Waffenschmiede in deutscher Hand (Neues Wiener Tageblatt Nr. 249 vom 10. 9. 1939); Bl. 149: „Polen C" in deutscher Hand. Das Zentralindustrierevier um Sandomir als Standort der Kriegsindustrie (Frankfurter Zeitung Nr. 472/473 vom 16. 9. 1939).

Generalgouvernements vollkommen unklar.[142] Noch im August 1940 fasste ein Bericht des Organisationsamtes die Aufgaben des Generalgouvernements wie folgt zusammen: „Das Generalgouvernement ist ein Hilfsgebiet des Deutschen Reiches. Die dem besiegten polnischen Volk gegebene deutsche Regierung hat nicht ohne weiteres die naturgegebene Aufgabe einer eigenvölkischen Staatsgewalt. Es obliegt ihr nicht in erster Linie, Gebiet und Bevölkerung zu eigenem Gedeihen zu führen, sondern beide sind ohne andere Rücksichten dem deutschen Volke dienstbar zu machen und zu erhalten."[143]

Neben den daraus resultierenden negativen Zielen, die mit den Begriffen „Sicherung, Niederhaltung, Beschränkung, Ausmerzung von nicht in die politische Linie Passendem" skizziert wurden, sollte das Generalgouvernement vor allem die folgenden „positiven Funktionen" erfüllen:

„1.) Bestand eines strategischen Sicherungsgebietes,
2.) Haltung einer Arbeiterreserve für das Reich,
3.) Erweiterung der Rohstoffbasis,
4.) Erweiterung der industriellen Kapazität,
5.) Aufnahmegebiet für die deutsche Industrie, den deutschen Handel, das deutsche Kapital,
6.) Ausbreitungsraum für das deutsche Volk.

Es wird nicht die Absicht der deutschen Herrschaft sein, einen übergedeihlichen polnischen Lebensraum zu schaffen. Aber die angeführten Aufgaben, die Deutschland diesem Gebiet stellen wird, machen einen allerdings streng ausgerichteten und kontrollierten Aufbau, dessen massgebende Positionen stets fest in deutscher Hand ruhen, notwendig. Ein Gut, das Früchte tragen soll, muss auch pfleglich behandelt werden."[144]

Im Ganzen gesehen waren die besetzten polnischen Gebiete mit ideologischen Ansprüchen und konkurrierenden Partialinteressen bereits im Herbst 1939 überfrachtet worden: „Der Osten hat gegenüber vielen Stellen des Altreiches eine schöne Aufgabe zu erfüllen; er hat in geschichtlich grosser Zeit die Heilung ungesunder wirtschaftlicher Entwicklungen herbeizuführen."[145] Dass dieser Anspruch kaum im Ansatz eingelöst werden konnte und allein der Versuch hierzu mit Massenmord und nahezu vollständiger Devastation enden würde, wurde zu Beginn nur von wenigen erkannt. Ende 1939 erschien es zunächst, als sei Hitler nach dem „Anschluss" Österreichs und der „Heimkehr" der Sudetendeutschen nun sein drittes geopolitisches Meisterstück gelungen, ohne dass es trotz formalen Kriegszustandes mit England und Frankreich zu einem europäischen oder gar Weltkrieg gekommen wäre. Die Perspektiven der Kreditinstitute waren dabei noch durchaus

---

[142] AAN, Bank Emisyjny w Polsce, Zarząd Główny, Kraków, Nr. 46, Bl. 225–232, hier Bl. 231 f.: Bericht der Hauptverwaltung der Reichskreditkassen zur Wirtschaftslage im Generalgouvernement vom 15. 12. 1939.

[143] AAN, Rząd GG, Nr. 9c/13, Bl. 1–8, hier Bl. 1: Organisationsamt im Amt des Generalgouverneurs (gez. Luxenberg) zur Kenntnisnahme an Staatssekretär Bühler: Vormerkung betr. Aufbaubank für das Generalgouvernement vom 12. 8. 1940.

[144] Ebd., Bl. 1 f.

[145] Jungfer, Untersuchungen über die Finanzierung des Aufbaus von Gewerbe und Industrie, S. 73.

diffus, gerade wegen der höchst weitreichenden und rücksichtslosen Eingriffe in die Eigentumsstrukturen. Während die vor 1939 ansässigen „volksdeutschen" Institute angesichts der gewandelten politischen Voraussetzungen fest mit einer Erweiterung ihrer Geschäfte rechneten, hing das Geschäftsfeld der Großbanken wesentlich von der Industriepolitik – in erster Linie in Oberschlesien und der Gegend um Litzmannstadt – ab, die die Nationalsozialisten in den polnischen Gebieten verfolgen würden.

III. Das Kreditwesen in den eingegliederten Ostgebieten

1. Der Aufbau eines Bankensystems: Avisierte Geschäftsfelder und Eröffnung von Niederlassungen

Die Funktionen der Kreditinstitute waren auf dem okkupierten Territorium spezifischer als am angestammten Geschäftsstandort. Zwar hatten die nach 1933 eingeführten Lenkungsmaßnahmen im Altreich zu einem hybriden System zwischen Markt- und Planwirtschaft geführt, dennoch muss in Bezug auf die in Polen installierte Okkupationswirtschaft danach gefragt werden, welche Aufgabenverschiebungen respektive -erweiterungen die dort ansässigen Kreditinstitute für notwendig hielten. Dies aber stellt auch die Frage nach der Präsenz der einzelnen Institute und ihren Handlungsspielräumen bei der Ausdehnung ihres geschäftlichen Engagements. Welche Rolle wurde den Kreditinstituten in den polnischen Territorien zugewiesen, und welchen Anteil hatten sie daran, eine Eskalation des erwähnten Zielkonfliktes zwischen Aufbau und kriegswirtschaftlicher Ausbeutung möglichst lange zu vermeiden? Inwieweit entsprach diese Rolle den Planungen der Kreditinstitute, bzw. in welchem Ausmaß wurden sie vor vollendete Tatsachen gestellt, denen sie sich, und sei es nur aus Konkurrenzgründen, fügten? Gab es konkurrenzbedingt überhaupt Alternativen zur Geschäftsexpansion in den annektierten Gebieten, wenn man die Wachstumsgrenzen im Altreich überwinden bzw. abnehmende Gewinnmargen kompensieren wollte? Inwieweit waren die Kreditinstitute – seien es regionale oder überregionale – im Rahmen einer stark reglementierten Okkupationswirtschaft überhaupt in der Lage, Einflüsse auf die Gestaltung ihres Geschäftsfeldes zu nehmen, d.h. sich ihre Märkte selbst zu schaffen? Gerade angesichts des enormen Aufwandes, der in einem okkupierten Gebiet zur Systemerhaltung geleistet werden muss, fragt sich ferner, worin der Unterschied zwischen staatlichen (kommunalen) und privaten Banken eigentlich lag. Wenn die Hauptgeschäftsfelder im Bereich eben dieser Systemerhaltung sowie in Bereichen lagen, auf die der Staat ein Zugriffs- und Planungsmonopol besaß, dann war die Sparkasse ebenso wie die Großbank-Niederlassung kaum mehr als eine „nachgeordnete Verwaltungsstruktur“.

Die radikale Volkstumspolitik der Nationalsozialisten war für die Kreditinstitute eine ambivalente Angelegenheit. Zwar floss sie einerseits zweifellos in die Risikoabschätzung der Banken mit ein, andererseits aber ließ sich ihr auch Positives abgewinnen. Das Herabstoßen der Polen und Juden zu Parias lief auf eine komplette Neuordnung der Eigentumsstrukturen hinaus, und „Germanisierung“ bzw. „Eindeutschung“ ließ sich, so hoffte man, in den kontrollierten Aufbau einer neuen Kundenklientel ummünzen.

Avisierte Geschäftsfelder

Jedes Kreditinstitut besitzt bestimmte Standardvorstellungen, wenn es darum geht, eine neue Filiale zu eröffnen.[1] Zu diesen Vorstellungen gehören die Klarheit über die rechtliche Position und Situation, eine ausreichend große potenzielle Kredit- und Einlegerkundschaft, eine realistische Gewinnerwartung, ein abschätzbares Risiko (das nicht allein von wirtschaftlichen Faktoren abhängt) sowie eine zumindest mittelfristige, besser noch langfristige Kontinuität der am Ort geplanten Geschäftstätigkeit. Dies traf für die besetzten Gebiete im Großen und Ganzen zu. Kurzfristige Strategien richteten sich auf die Kundenakquisition, auf zu erwartende „Arisierungen" sowie erste Provisionseinnahmen. Mittel- bis langfristige Pläne befassten sich dagegen mit der Zeit nach Kriegsende und der Ansiedlung von Deutschen („Germanisierung"). Solange die von den Nationalsozialisten geschaffenen außenpolitischen und wirtschaftlichen Rahmenbedingungen die Initiativfreiheit namentlich der Großbanken nicht zu sehr einschränkten, solange konnten Reichsfinanzministerium, Reichswirtschaftsministerium und die Gauleiter vor Ort sicher sein, dass ihre politischen Vorgaben, mithin der Primat der Politik, von den Kreditinstituten nicht in Frage gestellt wurden. Mit der raschen Eröffnung von Zweigstellen der Reichsbank Anfang November 1939 in den kurz zuvor eingegliederten Gebieten wurde das konkrete Interesse der politischen Führung an diesen Territorien und an einem nationalsozialistisch penetrierten Kreditwesen unterstrichen.[2]

Insbesondere die großen Filialbanken mussten sich die Frage stellen, welcher Preis höher ausfiele: der eines möglichen Scheiterns, wenn man in Zeiten der zugegebenermaßen kriegerisch-aggressiven Expansion auf den Zug der Entwicklung aufsprang, oder der, der sich aus dem unvermeidlichen Informationsverlust und dem Verlust an regionaler Präsenz und den damit verbundenen Beziehungen (zu ortsansässigen Kunden, zu staatlichen Stellen) ergäbe, wenn man sich bei den gebotenen Möglichkeiten zurückhielte. Der wegen seiner kurzen Dauer als vermeintlich leicht gewonnen empfundene Polenfeldzug nährte die Tendenz, die weitere Planung (zumindest bis zum Überfall auf Dänemark und Norwegen im April 1940 sowie bis zum Frankreichfeldzug) ungeachtet der alliierten Kriegserklärung mehr oder minder als „Friedensplanung" zu empfinden, die über die *ad hoc* erfolgte Eröffnung von Bankfilialen im September 1939 würde hinausgehen müssen. Ähnlich verhielt es sich bei der Risikoabwägung, die unausweichlich dort am Platze war, wo man zwischen der Gefahr einer über die Maßen großen Abhängigkeit von staatlichen Stellen und den sich aus der Zusammenarbeit mit denselben erst ergebenden geschäftlichen Möglichkeiten abzuwägen hatte.

Noch im September 1939 verschoben sich auch kriegsbedingt die Kompetenzen innerhalb des NS-Apparats. Im Gegensatz zum Sudetengebiet hat die Tätigkeit des Reichskommissars für das Kreditwesen, Friedrich Ernst, in Polen in den er-

---

1 Vgl. Richtlinien für den Betrieb in den Geschäftsstellen der Commerzbank Aktiengesellschaft. O. O. (1939).

2 Jungfer, Untersuchungen über die Finanzierung des Aufbaus von Gewerbe und Industrie, S. 51; Kasten, Neuordnung der Währung, S. 82f.; Emmendörfer, Geld- und Kreditaufsicht, S. 42.

haltenen Akten sicherlich nicht zufällig nur sporadischen Niederschlag gefunden. In Polen firmierte er praktisch nur noch als Zulassungsbehörde bei der Eröffnung und Genehmigung von Niederlassungen.[3]

Niederlassungen der Privataktienbanken

Vom ersten Tag des Polenfeldzuges an hatten deutsche Filialgroßbanken sich an den Gebietsgewinnen interessiert gezeigt. Die deutschen Banken eröffneten in den von der Wehrmacht eroberten polnischen Gebieten Niederlassungen selbständig und ohne Druck von außen[4], etwa von nationalsozialistischen Dienststellen. Im Gegenteil, das RWM und der Reichskommissar für das Kreditwesen mussten den Elan der Banken bremsen, um es nicht schon in den Anfangsmonaten zu einer Übersetzung der avisierten Bankplätze kommen zu lassen. Im Mittelpunkt der Überlegungen standen dabei die Industriefinanzierung sowie die Übernahme von Kreditinstituten und Beteiligungen. Ein erster Vorschlag der Volkswirtschaftlichen Abteilung der Deutschen Bank „zur Frage einer allfälligen Interessenahme am polnischen Bankwesen" datiert bereits vom 7. September 1939: „Wie immer die endgültige Lösung der polnischen Frage erfolgen wird, so erscheint es doch sicher, daß Deutschland sich ein Vorrecht in diesen Gebieten wird sichern wollen. Das gegenwärtige Gebiet Polen gehört ja unzweifelhaft in den deutschen ‚Lebensraum', und zwar sowohl wegen der bedeutenden, vielfach gar nicht ausgenutzten landwirtschaftlichen Reserven [...] als auch wegen der hier und da vorhandenen industriellen Gebiete, die sicher eine wirkungsvolle Ergänzung der industriellen Potenz Deutschlands darstellen. [...] Für uns als Bank ist in diesem Sinne die Frage einer entsprechenden Bankniederlassung im polnischen Gebiet von Bedeutung. In erster Linie wird es sich wohl zweckmäßig erweisen, die schon vorhandenen [polnischen] Institute weiterzuleiten und dann zweckmäßig umzugestalten."[5]

Neben den drei vom CdZ in Teschen genehmigten Niederlassungen[6] formulierte die Deutsche Bank am 13. September gegenüber dem RWM Interesse an weiteren Filialen in Königshütte, Myslowitz und Rybnik (alle in Ostoberschlesien), ferner in Bromberg und Posen.[7]

Bereits am 8. September 1939 lagen im Falle der Dresdner Bank konkrete Planungen für die Eröffnung von Niederlassungen vor, die dann auch ohne wesent-

[3] Seit dem 1.10.1939 wurde das Amt des Reichskommissars umgewandelt in das dem RWM unterstellte Reichsaufsichtsamt für das Kreditwesen (RAK) unter der Leitung von Ernsts Nachfolger, Ministerialdirektor Konrad Gottschick. Zum RAK in den böhmischen Ländern und den Niederlanden vgl. Christoph Kreutzmüller/Jaroslav Kučera: Die Commerzbank und die Vernichtung der jüdischen Gewerbetätigkeit in den böhmischen Ländern und den Niederlanden, in: Herbst/Weihe (Hg.), Commerzbank und die Juden, S. 173-222, hier S. 183ff.; vgl. auch Jaroslav Kučera: Der zögerliche Expansionist. Die Commerzbank in den böhmischen Ländern 1938-1945, in: Bankhistorisches Archiv 31 (2005), H. 1, S. 33-56.

[4] Unrichtig z. B. Meyen, 120 Jahre Dresdner Bank, S. 124.

[5] Die faschistische Okkupationspolitik in Polen, S. 111f.

[6] Vgl. S. 59.

[7] RGVA, 1458-15-123: Deutsche Bank Berlin an RWM, 13.9.1939, betr. Errichtung von Zweigniederlassungen.

liche Änderungen realisiert wurden.[8] Hatte die Bank noch 1938 die Ansicht vertreten, dass „eine Aufrechterhaltung der Filiale [Kattowitz] unter keinen Umständen in Betracht gezogen werden" könne[9], so stellte sie nun nicht nur den Antrag auf Einstellung des Liquidationsverfahrens[10], sondern ließ sogleich weitgehende Absichten erkennen: „Wir teilen Ihnen höflichst mit, dass wir auf Wunsch und im Einvernehmen mit der Bankenabteilung des Reichswirtschaftsministeriums (Herrn Ministerialrat Dr. Riehle) die Tätigkeit unserer in Liquidation befindlichen Filiale Kattowitz wieder in Gang gebracht und sie mit den für die Kreditgewährung an die ostoberschlesische Industrie insbesondere für Lohnzahlungen erforderlichen Mitteln versehen haben. [...] Ferner wurde in der Besprechung mit Herrn Ministerialrat Riehle in Aussicht genommen, dass wir für Posen die nötigen personellen Vorbereitungen treffen, um dort in kürzester Frist ebenfalls eine Zahlstelle einzurichten. Ob die Eröffnung weiterer Zahlstellen etwa in Bromberg, Graudenz, Thorn etc. erforderlich sein wird, hängt von der weiteren Klärung der dortigen Bankverhältnisse ab."[11]

Die Dresdner Bank veröffentlichte ferner im Dezember 1939 ein ihren „am Wirtschaftsverkehr mit dem Osten interessierten Geschäftsfreunden zur persönlichen Unterrichtung" dienendes „Verzeichnis der Industrieunternehmungen mit einem Kapital von 1 Mill. Zloty und mehr in den zum deutschen Interessengebiet gehörenden Teilen des ehemaligen Polens".[12]

Auch die Commerzbank mochte nicht zurückstehen. Das Vorstandsmitglied Karl M. Hettlage sandte am 8. September 1939 eine Zusammenstellung der Volkswirtschaftlichen Abteilung seines Instituts „über die Bankverhältnisse in den bis heute besetzten polnischen Landesteilen" an den Kreditkommissar.[13] Bereits drei Tage später legte ein Schreiben der Direktion nach und leitete ausführlich aus den in der Zwischenkriegszeit unterhaltenen Geschäftsbeziehungen mit den nun besetzten Territorien künftige Geschäftsinteressen ab: „Uns liegt insbesondere an der Errichtung von Geschäftsstellen in den Städten Kattowitz, Posen, Bromberg und Thorn. Daneben prüfen wir die Zweckmässigkeit einer Geschäftsstelle im Olsa-Gebiet entweder in Teschen oder in Bielitz (Bielsko) – Biala, falls dieser Gebietsteil in das Deutsche Reich eingegliedert werden sollte. Im übrigen ist die Commerz- und Privat-Bank gern bereit, ihre Einrichtungen und Erfahrungen für den Aufbau der Geld- und Kreditwirtschaft in den eroberten Gebieten zur Verfügung zu stellen."[14]

---

8 OMGUS. Ermittlungen gegen die Dresdner Bank 1946. Nördlingen 1986, S. 126.

9 APK, Dresdner Bank Kattowitz, Nr. 7, Bl. 306–310, hier Bl. 309: Dresdner Bank Berlin an Auswärtiges Amt, z. Hd. des Herrn Legationsrat Makeben, 25. 3. 1938, betr. Dresdner Bank Kattowitz.

10 APK, Dresdner Bank Kattowitz, Nr. 145a, Bl. 92.

11 RGVA, 1458–15–123: Dresdner Bank Berlin an Reichskommissar für das Kreditwesen, 13. 9. 1939.

12 Volk und Wirtschaft im ehemaligen Polen, S. 3.

13 RGVA, 1458–15–123: Karl Hettlage an Ministerialrat Wolf, Reichskommissar für das Kreditwesen, 8. 9. 1939.

14 RGVA, 1458–15–123: Commerz- und Privat-Bank, Direktion, an Reichskommissar für das Kreditwesen, z. Hd. Ministerialrat Wolf, 11. 9. 1939, betr. Niederlassungen deutscher Banken in den eroberten polnischen Gebieten. Hervorhebungen im Original.

Alles in allem kann man wohl von einer Art „Aufbruchstimmung" sprechen, mit der sich die Kreditinstitute daran machten, ihre Geschäftstätigkeit auf die eingegliederten Ostgebiete auszudehnen. Von der in den ersten Jahren nach der Machtergreifung mitunter kritischen Einstellung der Nationalsozialisten gegenüber dem Bankwesen war mittlerweile wenig übriggeblieben, wohl auch deshalb, weil die Banken sich mit ihrem Engagement bei der „Arisierung" jüdischen Eigentums und der ausgreifenden Neuordnung der Besitzverhältnisse im Protektorat Böhmen und Mähren bereits selbst in eine beiden Seiten „dienende Rolle" hineinmanövriert hatten, die sie – wenngleich weniger einträglich – auch im besetzten Polen spielten.[15]

Anders als in Ostoberschlesien ließen die Großbanken sich mit der Eröffnung von Niederlassungen im Reichsgau Wartheland zunächst Zeit.[16] Zumindest die Dresdner Bank hatte hierbei den Vorteil, an der ortsansässigen Bank für Handel und Gewerbe beteiligt zu sein, die in der Zwischenkriegszeit neben der Landesgenossenschaftsbank *das* „volksdeutsche" Bankinstitut schlechthin gewesen war.[17] Die Dresdner Bank verfügte mit ihr über beste Ausgangsbedingungen im Reichsgau Wartheland. Eine Kontinuität war hier durch das Niederlassungsnetz, die Verbundenheit mit der deutschen Minderheit sowie durch den Umstand begründet, dass die Filialen noch während des Polenfeldzuges bereits Mitte September die Schalter wieder öffnen konnten. Der Charakter eines „volksdeutschen" Instituts sowie die Handlungsfähigkeit erwiesen sich nach Bildung der Zivilverwaltung als gutes Startkapital. Das hielt freilich die Dresdner Bank zunächst nicht davon ab, in Posen am 4. Dezember eine eigene Filiale zu eröffnen.[18] Noch im November 1939 waren die Dinge aber – wie sich das Vorstandsmitglied Hans Schippel ausdrückte – im Warthegau „völlig im Fluß" gewesen, obwohl die „rasche Wiedereingliederung in das Großdeutsche Reich" eine „Heranziehung der Kapitalkraft, des Apparats und der Erfahrungen der deutschen Großbanken zweckmäßig erscheinen" ließ.[19] Auf Drängen Greisers und des RWM gab die Landesgenossenschaftsbank 1940 ihre Aktienanteile an der Bank für Handel und Gewerbe – mittlerweile umbenannt in Ostbank AG, Posen[20] – an die Dresdner Bank ab, die daraufhin ihre Posener Niederlassung auf die Ostbank übergehen ließ. Diese firmierte fortan als Tochtergesellschaft der Dresdner Bank, die ab 1943 100 Prozent der Aktien hielt. Der Ostbank sollte in der folgenden Zeit „eine wesentliche

[15] James, Deutsche Bank, S. 341, 390ff., Zitat S. 351; Kreutzmüller/Kučera, Commerzbank und die Vernichtung der jüdischen Gewerbetätigkeit, S. 197ff., konkret zur Commerzbank S. 209ff.; zum Vergleich Sudetengau–Ostgebiete vgl. Schaar, Neuordnung des Währungs- und Kreditwesens, S. 54–58.

[16] Der Bankeneinsatz in den rückgegliederten Ostgebieten, in: Bank-Archiv 1939, S. 557f.

[17] BArch, R 2501/5526, Bl. 59: Neue „Ostbank AG" in Posen (Frankfurter Zeitung Nr. 223/224 vom 4. 5. 1940); Die Kreditwirtschaft im besetzten Gebiet, in: Bank-Archiv 1939, S. 491f., hier S. 492.

[18] Volk und Wirtschaft im ehemaligen Polen, S. 52.

[19] Hans Schippel: Die Kreditwirtschaft im ehemaligen Polen in: Der Vierjahresplan 3 (1939), S. 1287–1289, hier S. 1289.

[20] BArch, R 2501/5526, Bl. 70f.: Ostbank hat Arbeit aufgenommen. Ihre Stellung im Aufbau der neuen Gebiete (Ostdeutscher Beobachter Nr. 155 vom 5. 6. 1940).

Aufgabe in der Entwicklung des Großgewerbes und Handels im Warthegau" zufallen.[21]

Im Herbst 1939 stand auch für die Commerzbank „die Entwicklung im Osten noch nicht fest", doch ventilierte sie nach Eröffnung der Geschäftsstellen in Kattowitz, Sosnowitz und Bielitz-Biala (Ende September, Anfang Oktober 1939) vorübergehend auch Niederlassungen in Thorn und Gnesen, die jedoch niemals über ein Planungsstadium hinausgelangten.[22] Bis 8. November hatte die Commerzbank weitere Niederlassungen in Bromberg[23] und Krakau eröffnet, und bis Ende des Jahres 1939 kamen noch Filialen in Posen und Litzmannstadt hinzu.[24] In diesen beiden für die Planungen der Großbanken zentralen Städten war eine Zulassung durch die Bankenaufsichtsstelle in Posen erst Anfang Dezember erfolgt, „um das ortseingesessene ‚volksdeutsche' Bankgewerbe gegenüber dem Zuzug von Bankinstituten aus dem Reich zu schützen".[25] Bis zur Zulassung in Posen waren die Großbanken allerdings nicht untätig geblieben. So hatte die Commerzbank in der Zwischenzeit von der Berliner Zentrale aus Kundenakquisition betrieben. Beispielsweise war noch vor der Eröffnung der Posener Filiale erreicht worden, dass eine Kontoverbindung mit den Deutschen Waffen- und Munitionsfabriken (DWM) vereinbart wurde, die bereits frühzeitig als vorläufiger Treuhänder für die Waggon- und Waffenfabrik Zakłady H. Cegielski in Posen vorgesehen waren.[26]

Problematischer war der Standort des „polnischen Manchester" Łódź.[27] Immerhin erwiesen sich die volkswirtschaftlichen Abteilungen der Großbanken zunächst als so gut informiert, dass die Militärbehörden sich ihrer bedienten. Der Hauptsachbearbeiter für die Gewerbliche Wirtschaft der Kriegswirtschaftlichen Abteilung beim CdZ des Armeeoberkommandos (AOK) 8, Gäthgens, war – noch in Breslau – bereits Ende August 1939 davon überzeugt, dass das zu besetzende Gebiet „stark verjudet" sei und dass es nicht möglich sein würde, die Juden „von An-

---

[21] Swart, Diesseits, S. 179; vgl. Schippel, Kreditwirtschaft im ehemaligen Polen, S. 1288f.; Meyen, 120 Jahre Dresdner Bank, S. 123; Wixforth, Expansion der Dresdner Bank, S. 503-507.

[22] APK, Dresdner Bank Kattowitz, Nr. 121, Bl. 186: Dresdner Bank Kattowitz an Dresdner Bank, Filialbüro Berlin, 26. 9. 1939; HAC, Der Arbeitskamerad 6 (1939), S. 192, 199f.: Unsere neuen Geschäftsstellen: 2. Bielitz-Biala; HAC, S3/A2: Protokoll über die 688. Sitzung des Aufsichtsrats der Commerz- und Privat-Bank am 13. 10. 1939.

[23] Bestand von 1939 bis 30. 3. 1940.

[24] Devisenwirtschaft und Außenhandel Nr. 26 vom 8. 11. 1939, S. 265; HAC, Der Arbeitskamerad 7 (1940), S. 16f.: Unsere neuen Geschäftsstellen: 6. Posen; ebd. 8 (1941), S. 43f.: Posen; ebd. 7 (1940), S. 15f.: Unsere neuen Geschäftsstellen: 5. Lodsch; ebd. 7 (1940), S. 96: Kurt Ackermann: Litzmannstadt; Devisenwirtschaft und Außenhandel Nr. 5 vom 7. 3. 1940, S. 51f.: 70. Jahresbericht der Commerz- und Privatbank für das Geschäftsjahr 1939, hier S. 50; HAC, 1/289: Geschäftsstellenverzeichnis, Sammlung Filialen.

[25] BArch, R 2501/5526, Bl. 22: Der landwirtschaftliche Kredit in den neuen Ostgebieten (Der Deutsche Volkswirt Nr. 23 vom 8. 3. 1940); vgl. Gesundes Kreditwesen für das Wartheland, in: Warthegau-Wirtschaft 1940, Nr. 1, S. 31f.

[26] HAC, SdF Ost, Filiale Posen: Aktennotizen der Commerzbank Posen vom 1. 11. und 8. 12. 1939 (gez. Mergner) betr. Deutsche Waffen- und Munitions-Fabrik AG, Posen (früher: H. C. Cegielski).

[27] Die polnische Stadt Łódź wurde deutsch allgemein Lodsch genannt, im Herbst 1939 wurde daneben häufig die Form Lodz verwendet; am 11. April 1940 wurde die Stadt schließlich in Litzmannstadt umbenannt.

fang an völlig aus dem Wirtschaftsleben auszuschalten".[28] Gäthgens musste sich seine Kenntnisse von der Wirtschaftsstruktur des hiesigen Textilrayons mühsam aneignen und machte dabei nicht nur bei verschiedenen Kennern der Textilindustrie Anleihen, sondern auch bei Vertretern der Dresdner und der Deutschen Bank, bei denen jeweils „Auskunftsmaterial über Posen, Lodz und Warschau" vorlag.[29] Behilflich war hierbei vor allem Direktor Felix Theusner von der Deutschen Bank in Breslau, der im Ersten Weltkrieg der Zivilverwaltung des Generalgouvernements Warschau angehört hatte. Die Situation der polnischen Textilindustrie mit ihrem Zentrum in Łódź stellte sich allen Beteiligten jedoch überwiegend als schlecht dar, da Łódź seine Erzeugnisse bis zum Ersten Weltkrieg zu 70 Prozent nach Russland ausgeführt und den Ausfall dieses Absatzmarktes in der Zwischenkriegszeit nicht hatte kompensieren können. Das größte Textilunternehmen, Scheibler & Grohmann, hatte schon vor dem 1. September 1939 einem kommissarischen Verwalter des Finanzministeriums unterstanden. In der Kriegswirtschaftlichen Abteilung des CdZ war man sich einerseits darüber im Klaren, dass angesichts der vollständigen Abhängigkeit der Stadt Łódź von der Textilindustrie ein Abtransport der erbeuteten Rohstoffe ins Reich einer wirtschaftlichen Katastrophe im Bezirk gleichkäme. Andererseits sollten sich ihre Überlegungen als illusorisch erweisen, „in stärkerem Umfange Textilbetriebe im Altreich stillzulegen und die hierdurch freiwerdenden Arbeiter in Munitionsfabriken und anderen wehrwirtschaftlichen Betrieben [...] zu verwenden. Die hierdurch freiwerdenden Rohstoffe könnten dann in Lodz verarbeitet werden."[30] Die nationalsozialistischen Planungen sollten sich im Hinblick auf die Textilindustrie in und um Łódź vom 1. September 1939 bis zum Frühjahr 1940 noch mehrfach ändern.[31] Bezeichnenderweise plante im September 1939 noch keine einzige der Berliner Großbanken eine Niederlassung in Łódź/Lodsch zu eröffnen[32], erst Ende November hatte hier neben der Commerzbank und Deutschen Bank auch die Dresdner Bank den Geschäftsbetrieb aufgenommen.[33]

Ungeachtet der sich abzeichnenden Konkurrenz der Großbankniederlassungen stellte sich eine Art „Beutestimmung" am ehesten in Ostoberschlesien ein. Die Errichtung der Militärverwaltungen hatten nicht nur die Deutsche Bank und die Dresdner Bank für erste Schritte genutzt, wenn auch deutlich wird, dass die

---

28 APŁ, Szef Zarządu Cywilnego Okręgu Wojskowego w Łodzi, Nr. 21, Bl. 1–5, hier Bl. 4: Tätigkeitsbericht des Hauptsachbearbeiters für Gewerbliche Wirtschaft (gez. Gäthgens) Nr. 1 vom 31. 8. 1939.

29 Ebd., Bl. 10–13, hier Bl. 10: Tätigkeitsbericht des Hauptsachbearbeiters für Gewerbliche Wirtschaft (gez. Gäthgens) Nr. 3 vom 7. 9. 1939.

30 Ebd., Bl. 13.

31 Tadeusz Bojanowski: Plany władz hitlerowskich wobec łódzkiego przemysłu włókienniczego w latach 1939–1945, in: Rocznik Łódzki 17 (1973), S. 177–193; T. Kozłowicz: Sytuacja w przemyśle łódzkim i walka o jego utrzymania w pierwszych miesiącach okupacji niemieckiej, in: Rocznik Łódzki 7 (1963), S. 135–153.

32 RGVA, 1458–15–123: Commerz- und Privat-Bank, Direktion, an Reichskommissar für das Kreditwesen, 11. 9. 1939, betr. Niederlassungen deutscher Banken in den eroberten polnischen Gebieten; Deutsche Bank an RWM, Ministerialrat Dr. Riehle, 13. 9. 1939, betr. Errichtung von Zweigniederlassungen; Dresdner Bank, Direktion, an Reichskommissar für das Kreditwesen, 13. 9. 1939.

33 Volk und Wirtschaft im ehemaligen Polen, S. 52.

einzelnen CdZ dem Kreditwesen in ihrem jeweiligen Tätigkeitsgebiet eine recht individuelle Prägung zu geben vermochten. So wurde beispielsweise die Commerzbank in Oberschlesien vom dortigen CdZ noch im September 1939 dazu ermuntert, in Sosnowitz eine Niederlassung zu eröffnen, wozu die Räumlichkeiten der Bank Związku Spółek Zarobkowych (Bank des Verbandes der Erwerbsgenossenschaften) kurzerhand beschlagnahmt wurden.[34] Ungeachtet der geschäftlichen Interessen, die die Commerzbank damit verfolgte[35], legte zumindest die Werkzeitschrift der Commerzbank, *Der Arbeitskamerad*, ihren Lesern nahe, die Entscheidung sei praktisch gegen den Willen des Instituts getroffen worden: „Leicht ist dieser Entschluß nicht gefallen. Sosnowitz hat zwar 110000 Einwohner, aber die meisten davon sind Juden und der Rest vorwiegend arme polnische Arbeiter.[36] Und so sieht auch die Stadt aus! Auf Schritt und Tritt findet man Material für den ‚Stürmer'. Sollte der Schriftleiter dieser Zeitung einmal nach dort kommen, so wird er neiderfüllt feststellen müssen, daß dieses Milieu auch seine Feder nicht schildern konnte. [...] Allein die Paß-Photographien e i n e s jüdischen Photoladens gäben Material für die Titelbilder auf einige Jahre."[37] Ob solche Formulierungen die allgemeinen Ansichten der Bankmitarbeiter vor Ort widerspiegeln, lässt sich nicht feststellen. Immerhin war die vulgärantisemitische Sprache kein Hinderungsgrund, den Beitrag bankintern zu veröffentlichen. Und wie noch zu zeigen sein wird, kam die Commerzbank Sosnowitz in Berührung mit der Verfolgung und Ermordung der oberschlesischen Juden.

Angesichts der schwierigen Lage der Kreditinstitute in der Freien Stadt Danzig müssen deren Eingliederung in das Deutsche Reich und die Bildung des Reichsgaues Danzig-Westpreußen seitens der deutschen Kreditinstitute als willkommene Gelegenheit verstanden worden sein, die Danziger Wachstumsgrenzen durch Expansion zu überwinden. In Danzig-Westpreußen waren sämtliche wichtigeren Kreditinstitute, namentlich die Berliner Großbanken, bereits vor Kriegsbeginn in der Stadt Danzig vertreten gewesen, so dass sich das Expansionsinteresse weitgehend auf Gotenhafen konzentrierte. Die Deutsche Bank, Dresdner Bank, Commerzbank, ferner die Danziger Privat-Actien-Bank stellten beim Reichsaufsichtsamt für das Kreditwesen jeweils einen Antrag auf Zulassung einer Filiale, wobei lediglich die Commerzbank nicht zugelassen wurde.

Bereits 1940 kam es allerdings auch wieder zu Schließungen, nachdem die ersten Genehmigungen des zuständigen CdZ bzw. des Reichskommissars nur einstweiligen Charakter besessen hatten. So musste neben der Commerzbank auch die Dresdner Bank 1940 auf ihre „blühende Filiale" in Bielitz zugunsten der Deut-

[34] HAC, Der Arbeitskamerad 6 (1939), S. 200: Unsere neuen Geschäftsstellen: 3. Sosnowitz.

[35] Vgl. AŻIH, ŻSS, Nr. 110, Bl. 36: Hans Thielmann: Deutschlands unbekannteste Großstadt. Sosnowitz, zukunftsreiches Industriezentrum des neuen deutschen Ostens (Magdeburgische Zeitung vom 31. 12. 1940).

[36] Unter den ca. 130000 Einwohnern in Sosnowiec Ende 1939 befanden sich ca. 28000 Juden. Enzyklopädie des Holocaust, Bd. 3, S. 1338f.; Natan Eliasz Szternfinkiel: Zagłada Żydów Sosnowca. Katowice 1946, S. 7.

[37] HAC, Der Arbeitskamerad 6 (1939), S. 200: Unsere neuen Geschäftsstellen: 3. Sosnowitz. Hervorhebung im Original.

schen Bank verzichten, da hier nur eine Großbankfiliale rentabel arbeiten konnte.[38] Daneben musste die Commerzbank im Frühjahr 1940 auch ihre Filiale in Bromberg wieder schließen.

Dagegen gehörte die Ostbank unzweideutig zu den Gewinnern, denn sie durfte ihre Niederlassung in Bromberg behalten. Forsters Prinzip wurde bezeichnenderweise durch ein weiteres Institut, die Bank der Deutschen Arbeit, durchbrochen, die Ende 1941 mit der Übernahme der aus der Danziger Privat-Actien-Bank hervorgegangenen Ostdeutschen Privatbank in deren ehemaliger Bromberger Filiale ebenso Fuß fassen konnte wie 1942/43 in Thorn.[39]

Das Filialnetz der Privataktienbanken in den eingegliederten Ostgebieten entsprach Mitte 1940 – jetzt erst wurde das Kreditwesengesetz auch hier eingeführt[40] – insgesamt recht genau den anfänglichen Vorstellungen des Reichsaufsichtsamts für das Kreditwesen[41] und sah im März 1941 wie folgt aus: Alle drei Großbanken waren in Danzig, Kattowitz und Litzmannstadt vertreten, die Deutsche Bank darüber hinaus in Bielitz, Elbing, Gotenhafen, Posen, Teschen, Tiegenhof und Zoppot; die Dresdner Bank verfügte auch über Geschäftsstellen in Königshütte (1942 geschlossen gegen eine Niederlassung in Bendsburg[42]), Marienburg, Sosnowitz, Teschen und Zoppot. Die Ostbank als Tochterinstitut der Dresdner Bank hatte Niederlassungen in Bromberg, Hohensalza, Kalisch, Kutno, Leslau, Posen, Rawitsch, die Commerzbank noch in Sosnowitz und Posen, und die Ostdeutsche Privatbank war in Bromberg, Danzig, Gotenhafen, Graudenz, Posen, Preußisch Stargard, Thorn und Zoppot ansässig. Ihre Filialen wurden später umgewandelt in solche der Bank der Deutschen Arbeit, die im März 1941 selbständig bereits in Danzig, Kattowitz, Leslau und Litzmannstadt vertreten war.[43] Von den Spezialinstituten, die ihre Niederlassungen jedoch zum Teil erst später eröffneten, wären schließlich die Deutsche Industriebank (Danzig, Posen und Kattowitz), die Bank

---

[38] APK, Dresdner Bank Kattowitz, Nr. 112, Bl. 159-162, hier Bl. 161 f.: Bericht der Dresdner Bank Kattowitz für das Jahr 1941 vom 11.2.1942.

[39] BArch, R 8120/743; Schaar, Neuordnung des Währungs- und Kreditwesens, S. 96f.; vgl. Christoph Kreutzmüller/Ingo Loose: Die Bank der Deutschen Arbeit 1933-1945 – eine nationalsozialistische „Superbank"?, in: Bankhistorisches Archiv 31 (2005), H. 1, S. 1-32, bes. S. 17-19.

[40] VO über die Einführung von Gesetzen über das Kredit- und Zahlungswesen in den eingegliederten Ostgebieten vom 20.5.1940 (RGBl. I, S. 807).

[41] RGVA, 1458-15-128: RAK (gez. Wolf) an Ministerialdirigent Dr. Riehle, RWM, 25.10.1939, samt Vorschlag für die Errichtung von Zweigstellen der privaten Aktienbanken in den deutschen Ostgebieten.

[42] APK, Dresdner Bank Kattowitz, Nr. 145b, Bl. 28: RAK (gez. Wolf) an Dresdner Bank, 11.2.1942, betr. Errichtung einer Zweigniederlassung in Bendsburg O.S.

[43] Zahlenangaben inklusive Depositenkassen. Kurt Wolf: Die Neuordnung des Bankwesens in den eingegliederten Ostgebieten, in: Bank-Archiv 1940, S. 233f.; APP, TP, Nr. 4263: Verzeichnis der im Reichsgau Wartheland befindlichen deutschen Kreditinstitute vom Januar 1940; APP, TP, Nr. 2177; RGVA, 1458-15-124: Verzeichnis der im Warthegau befindlichen deutschen Banken (undatiert [Dezember 1939]); RGVA, 1458-15-125: „Aufstellung der Mitgliedsfirmen in den eingegliederten Ostgebieten" der Wirtschaftsgruppe Privates Bankgewerbe vom 21.3.1941; vgl. APP, RRW, Nr. 1806, Bl. 8-13: Verzeichnis der Kreditinstitute im Regierungsbezirk Litzmannstadt vom 15.5.1943; Schaar, Neuordnung des Währungs- und Kreditwesens, S. 94-102.

für Landwirtschaft (Posen) sowie die Deutsche Verkehrskredit-Bank AG (Danzig, Litzmannstadt, Posen) zu nennen.[44]

Neben dem mühsamen Aufbau des Zahlungsverkehrs mit dem Altreich und den ersten, durch die Garantiesumme des RFM gedeckten Betriebsmittelkrediten bestand die Hauptaufgabe der neuen Kreditinstitute in der Durchführung des Währungsumtausches.[45] Zum Umtausch verpflichtet waren neben den Reichsbankniederlassungen alle Banken, Sparkassen und Genossenschaften, wobei allein die Sparkassen 42 Mio. Złoty im Tausch annahmen.[46] Zwar führten einige Institute Beschwerde wegen der angeblich beträchtlichen Kosten der Umtauschaktion, eine Aufwandsentschädigung wurde aber seitens des RFM dennoch nicht vorgesehen, da – so ein Schreiben der Reichsbank an den Sparkassen- und Giroverband Wartheland – der Umtausch „für die beteiligten deutschen Geldinstitute zugleich mit einer Erweiterung ihres geschäftlichen Betätigungsfeldes verbunden“ gewesen und hierin „ein gewisses Äquivalent für die Mühen und Kosten zu erblicken“ sei.[47] Insbesondere für die neu am Platze eröffneten Niederlassungen der Großbanken „dürfte sich die aufgewendete Arbeit allein schon wegen ihrer Werbewirkung gelohnt haben“.[48]

Angesichts solcher Diskrepanzen zwischen anfänglichen Erwartungen und der schleppenden Entwicklung musste die weitere Entwicklung zeigen, inwieweit das reale Geschäfts- und vor allem Investitionsvolumen hinter den Prognosen zurückbleiben würden. Dabei war auch den Kreditinstituten klar, dass die ersten Anstoßkredite für die unmittelbare Schädenbeseitigung und für Lohnfortzahlungen hierfür keinen Maßstab bilden würden.

Personalpolitik

Die Analyse innerbetrieblicher Strukturen einschließlich der Mitarbeiterschaft scheitert weitgehend an der geringen Aussagekraft, die die spärlich erhalten gebliebenen Unterlagen über die „Gefolgschaft“ der Banken aufweisen. Die hierbei zentralen Fragen nach spezifischen Konturen der Personalpolitik, nach der Auswahl und den Voraussetzungen der nach dem Osten delegierten Mitarbeiter (z.B. Sprachkenntnisse) sowie nach dem Verhältnis zwischen polnischen und deutschen

---

[44] Zur Industriebank vgl. Siegfried C. Cassier: Unternehmerbank zwischen Staat und Markt 1924–1995. Der Weg der IKB Deutsche Industriebank. Frankfurt a.M. [3]1996, S. 145f., 183; Łuczak, Pod niemieckim jarzmem, S. 121; Ehrhardt Hofmann: Die erweiterte Reichswirtschaftshilfe, in: Warthegau-Wirtschaft 2 (1941), Nr. 3 (März), S. 8. Die Deutsche Industriebank spielte eine bedeutende Rolle bei der Vergabe langfristiger Investitionskredite vor allem im Industriesektor, leider ist aber ihre Aktenüberlieferung mehr als dürftig. Die Bank für Landwirtschaft war als Hausbank des Reichsnährstandes in den eingegliederten Ostgebieten nur in Posen vertreten; vgl. BArch, R 2501/5526, Bl. 107: Posener Filiale der Bank für Landwirtschaft (Berliner Börsen-Zeitung Nr. 353 vom 28.7.1940). Zur Verkehrs-Kredit-Bank vgl. ebd., Bl. 163: Neue Kreditwirtschaft im Warthegau (Berliner Börsen-Zeitung Nr. 493 vom 18.10.1940).

[45] Der Bankeneinsatz in den rückgegliederten Ostgebieten, in: Bank-Archiv 1939, S. 558.

[46] Bericht über den Aufbau der Sparkassenorganisation im Reichsgau Wartheland, S. 16.

[47] APP, RRW, Nr. 1799, Bl. 130: RdschrSGVW Nr. 7/39 vom 8.12.1939.

[48] HAC, Der Arbeitskamerad 6 (1939), S. 187f., hier S. 188: Unsere neuen Geschäftsstellen: 1. Kattowitz.

Mitarbeitern lassen sich nicht einmal in Ansätzen beantworten.[49] Handelte es sich bei den entsandten Reichsdeutschen lediglich um „Konjunkturritter“ oder – wenn man der zeitgenössischen Propaganda Glauben schenkt – um die „besten Deutschen“? Wurde die Versetzung beispielsweise nach Krakau oder Litzmannstadt als Belohnung und Fortschritt in der Berufslaufbahn oder mehr als eine Art „Strafversetzung“ begriffen? Zwar lässt sich auf Grund der Personalrundschreiben der Commerzbank die Versetzung ihrer Mitarbeiter in die Ostgebiete rekonstruieren, doch folgten diese offenbar keinem besonderen, für die Personalrekrutierung in den okkupierten Gebieten typischen Muster. Die Ostgebiete stellten, so scheint es immerhin, eine Art Kompensationsgegenstand für die Bankbeamten dar, die sich zuvor zwar angepasst verhalten hatten, aber gegenüber anderen Systemkonformen auf der Karriereleiter den Kürzeren gezogen hatten.

Die „Gefolgschaft“ der meisten Institute setzte sich ausschließlich aus Deutschen – Reichsdeutschen wie „Volksdeutschen“ – zusammen. Nur wenn Mitarbeiter mit Polnischkenntnissen nicht zur Verfügung standen oder allgemein das Arbeitsaufkommen für die ansässige Belegschaft zu groß war, griff man auch auf polnische Arbeitskräfte zurück, die zumeist bereits vor dem Kriege in Banken oder Sparkassen gearbeitet hatten. Es wirft ein Licht auf die praktischen Grenzen der Eindeutschung der eingegliederten Gebiete, wenn sich beispielsweise die Posener Filiale der Commerzbank in hohem Maße auf Polen stützen musste.[50] Die Personalstärke selbst gibt dabei nicht unbedingt die Bedeutung der jeweiligen Bank wieder. Mitte September 1941 beschäftigte die Dresdner Bank Litzmannstadt neun Direktoren bzw. leitende Angestellte, 30 männliche und 20 weibliche Angestellte sowie acht Arbeiter, davon fünf Polen. Die Reichsbankstelle Litzmannstadt beschäftigte zum selben Stichtag drei Vorstandsbeamte, 27 sonstige Beamte, 19 Angestellte und fünf Arbeiter, davon einen Polen. Bei der Bank Litzmannstädter Industrieller bestand die Belegschaft aus vier Direktoren, 33 männlichen und zwölf weiblichen Angestellten, fünf deutschen, vier polnischen sowie einem russischen Arbeiter. Dagegen beschränkte sich die Filiale der Deutschen Bank in Litzmannstadt auf drei Direktoren bzw. leitende Angestellte, zehn männliche und neun weibliche Angestellte, wohingegen die Commerzbank vier Direktoren, fünf männliche und vier weibliche Angestellte, jeweils zwei deutsche und zwei polnische Arbeiter und darüber hinaus drei polnische Angestellte, zwei Männer und eine Frau, dem Statistischen Amt der Stadt gegenüber auswies.[51]

---

49 Bei der Beamtenschaft wurde offenbar regelmäßig untaugliches Personal aus dem Reich in die eingegliederten Ostgebiete delegiert. Vgl. APP, RRW, Nr. 1830, Bl. 2-14, hier Bl. 10f.: Lagebericht des Regierungspräsidenten in Kalisch für die Zeit vom 16.2. bis 15.3.1940. Zur Bürokratie und den zivilen Mitarbeitern in den eingegliederten Gebieten vgl. Edward Jędrzejewski: Hitlerowska koncepcja administracji państwowej 1933-1945. Wrocław u.a. 1975, S. 221-264; Wiesław Porzycki: Posłuszni aż do śmierci (Niemieccy urzędnicy w Kraju Warty 1939-1945). Poznań 1997.

50 HAC, Der Arbeitskamerad 8 (1941), S. 43f., hier S. 44: Posen.

51 APŁ, Stadtverwaltung Litzmannstadt, Nr. 29057: Dresdner Bank Litzmannstadt an Statistisches Amt, 17.9.1941 (Bl. 19); Reichsbankstelle Litzmannstadt dto., 22.9.1941 (Bl. 24); Bank Litzmannstädter Industrieller dto. (Bl. 30); Deutsche Bank Litzmannstadt dto. (Bl. 32); Commerzbank Litzmannstadt dto., 26.9.1941 (Bl. 36f.). Vgl. auch Wixforth, Expansion der Dresdner Bank, S. 509.

Sparkassen

Während die Privataktienbanken bei der Eröffnung ihrer Filialen innerhalb der skizzierten Rahmenbedingungen vergleichsweise selbständig und frei agieren konnten, war der Aufbau der Sparkassenorganisationen in den eingegliederten Gebieten in erster Linie eine Angelegenheit intensiver behördlicher Einflussnahme. Bei der flächendeckenden Betreuung, die die Stadt- und Kreissparkassen gewährleisten sollten, spielten in nicht geringem Maße auch volkstumspolitische Erwägungen eine Rolle bis hin zu Überlegungen Himmlers, in den Ostgebieten eine völlig neue Stadt-Land-Struktur zu schaffen. Vom theoretischen Standpunkt aus entsprach die avisierte Kundenstruktur der kommunalen Sparkassen am ehesten den Vorstellungen, die die Nationalsozialisten in Polen mit dem Aufbau eines „gesunden deutschen Mittelstandes" assoziierten.[52] Die baltendeutschen Siedler als eine überwiegend städtische Bevölkerung entsprachen recht weitgehend diesem Modell. Dies war vermutlich auch der Grund, weshalb die ursprüngliche Absicht, seitens des Reichsaufsichtsamts für das Kreditwesen frühzeitig der Neuzulassung von Sparkassen entgegenzutreten[53], letztlich ohne Wirkung blieb.

Die Gründung der Landesbank und Girozentrale Wartheland sowie der öffentlichen Sparkassen bei gleichzeitigem organisatorischen Zusammenschluss derselben im Sparkassen- und Giroverband Wartheland datiert bereits vom 25. Oktober 1939.[54] Die kommunalen Stadt- und Kreissparkassen, die im Warthegau mit 44 Standorten (und zahlreichen weiteren Zweigstellen) in allen 38 Land- sowie den sechs Stadtkreisen vertreten waren, erlangten schon auf Grund ihres sehr dichten Niederlassungsnetzes einen bedeutenden Geschäftsumfang.[55]

In Danzig-Westpreußen handelte es sich in geringerem Maße um einen Neuaufbau, da die zuvor zu Ostpreußen gehörigen Kreise Elbing, Marienwerder und Marienburg sowie die Stadt Danzig selbst bereits über deutsche Sparkassen verfügten. Von den insgesamt 32 Sparkassen mit 20 Zweigstellen standen den vier Sparkassen der ehemaligen Freistadt und den sieben Kassen der ehemals ostpreußischen Gebiete insgesamt 23 in den zuvor polnischen Territorien neugegründete Sparkassen gegenüber.[56]

In den polnischen Gebietsteilen Oberschlesiens wurden 32 polnische Sparkassen geschlossen und stattdessen bereits ab dem 7. September 1939 auf Anordnung Otto Fitzners neue Sparkassen eröffnet, bis Ende 1939 insgesamt 18, davon sechs

[52] Zur Mittelstandspolitik in den eingegliederten Ostgebieten vgl. Rosenkötter, Treuhandpolitik, S. 172–190.

[53] BArch, R 3101/20382, Bl. 20: Reichskommissar für das Kreditwesen (gez. Ernst) an die Sparkassenbehörden, 14. 9. 1939.

[54] VO über die Errichtung einer öffentlichen Kreditanstalt für den Militärbezirk Posen, in: VOBlCdZP 6 (1939), S. 49; VO über die Rechtsverhältnisse der öffentlichen Sparkassen im Militärbezirk Posen, in: ebd., S. 50.

[55] Bericht über den Aufbau der Sparkassenorganisation im Reichsgau Wartheland, zugleich Geschäftsbericht des Sparkassen- und Giroverbandes Wartheland für die Zeit seiner Gründung. Posen 1940, S. 31 f.

[56] Geschäftsbericht der Landesbank und Girozentrale Danzig-Westpreußen, Geschäftsbericht 1940. Danzig 1941, S. 5–7; vgl. Herbert Lüdtke: Aufbau und Wirken der Landesbank und Girozentrale Danzig-Westpreußen. Danzig 1941, S. 3.

Stadtsparkassen.[57] Auch hier fiel der Einstand schon deshalb leicht, weil die neuen Sparkassen dem bestehenden Schlesischen Sparkassen- und Giroverband unterstellt wurden, so dass im Gegensatz zum Warthegau keine Verbandsstrukturen neu geschaffen werden mussten.

Das Niederlassungsnetz deutscher Kreditinstitute in den eingegliederten Ostgebieten wurde schließlich im November 1939 durch die Gründung eines Postsparkassendienstes komplettiert, der im Altreich erst kurz zuvor (1. Januar 1939) nach österreichischem Vorbild eingeführt worden war.[58] Die Postsparkasse verfolgte das Ziel, die „Lücken, die sich noch in dem Sparstellennetz befinden", zu schließen, „um auch die noch brachliegenden Überschüsse des Volkseinkommens, wenn auch in kleinen und kleinsten Beträgen, als Spareinlagen zu erfassen". Dabei wolle die Postsparkasse – wie der Präsident der Reichspostdirektion Posen, Fritz Richter, betonte – „nicht mit den Sparkassen, Kreditgenossenschaften und Banken in einen diese schädigenden Wettbewerb treten, sondern als zusätzliches Sparstaubecken der weitestgehenden inneren Kapitalbildung für den Aufbau und für die Kriegswirtschaft dienen".[59]

Genossenschafts- und Volksbanken

Die Betonung des Umstandes, die Genossenschaften hätten durch ihre Verdienste im Volkstumskampf nun, nachdem die Gebiete in das Reich eingegliedert worden seien, einen besonderen Anspruch auf Berücksichtigung beim „Neuaufbau" des Kreditwesens, konnte nicht darüber hinwegtäuschen, dass die Realität von Beginn an anders aussah. Die „volksdeutschen" Darlehenskassen waren einem schweren Druck durch die Sparkassen ausgesetzt. Der Grund hierfür lag darin, dass sie in Polen nicht nur eine finanzielle, sondern in erster Linie eine volkspolitische Bedeutung besessen hatten. Da diese nach dem September 1939 wegfiel, verloren die Genossenschaftsbanken ein Stück weit auch ihre Existenzgrundlage.

Dies war allein schon an der Behandlung der für das Genossenschaftswesen zuständigen Stellen sichtbar. So erfuhr der RMEL erst aus der Zeitung, an welchen Standorten Niederlassungen der Großbanken geplant waren – vor allem die Commerzbank in Bromberg erregte Anstoß –, und forderte im Dezember 1939 im RWM energisch ein, bei der „Zulassung von Filialen der Berliner Kreditanstalten" beteiligt zu werden. Ferner sollte es den Großbanken untersagt werden, Agrarkredite und Kredite an die verarbeitende landwirtschaftliche Industrie zu vergeben. „Namentlich auch auf dem Gebiete der Finanzierung des Zuckerabsatzes würde eine Einschaltung der Grossbanken zu einer bedauerlichen Verlagerung der Kredite führen."[60] In der Tat sollte dies der Fall sein.

---

[57] Schlesischer Sparkassen- und Giroverband. Geschäftsbericht 1939. Breslau 1940, S. 11–13.

[58] Heinrich Becker: Der Postsparkassendienst. Berlin 1943, S. 10f.

[59] Fritz Richter: Postscheck und Postsparkasse im Warthegau, in: Warthegau-Wirtschaft 4 (1943), Nr. 2, S. 2–4, hier S. 3f.; vgl. ders.: Ein Jahr Postaufbau im Reichsgau Wartheland, in: Jahrbuch des Postwesens 3 (1940). Berlin/Friedenau 1941, S. 141–173, hier S. 161.

[60] RGVA, 1458–15–124: RMEL (gez. Hans von der Groeben) an RWM, 1. 12. 1939, betr. Zulassung von Filialen der Großbanken in den ehemals polnischen Gebieten.

Die Kreditgenossenschaften waren innerhalb der Parteielite unbeliebt. Bereits im Dezember 1939 erreichten den Verband deutscher Genossenschaften, Posen, die ersten Beschwerdebriefe, in denen Kreditgenossenschaften ihren Unmut darüber zum Ausdruck brachten, dass allenthalben die Tendenz bestehe, „die Kreissparkasse einseitig zum Schaden der hiesigen Genossenschaften zu bevorzugen".[61] Ebenfalls im Dezember wandte sich das RMEL an den zuständigen Sachbearbeiter der kurz zuvor gegründeten Treuhandstelle Posen, Udo Milbradt[62], und bat ihn um Intervention, da einige Landräte eigenmächtig Kreditgenossenschaften zugunsten von Kreissparkassen geschlossen oder deren Liquidation angeordnet hatten.[63]

Schon 1940 wurden daher die Konkurrenzverhältnisse und Konfliktlinien innerhalb des Kreditwesens deutlich. Wenn genossenschaftliche Kreditinstitute auch nach dem Überfall auf Polen größtenteils fortbestanden, so lag das vor allem an dem auf dem Agrarsektor gut entwickelten Distributionssystem des Genossenschaftswesens. Im Übrigen stand namentlich Greiser dem Reichsnährstand, den er von seiner Tätigkeit in Danzig nicht kannte, kritisch gegenüber, zumal er seine Idee, die Agrarpolitik in Form einer Verwaltungsabteilung beim Reichsstatthalter anzusiedeln, gegen die Prärogativen des Reiches nicht durchzusetzen vermochte. Insbesondere auf dem Lande kam es immer wieder zu Animositäten zwischen Sparkassen und genossenschaftlichen Instituten[64], in deren Verlauf man sogar den Reichsführer-SS in seiner Eigenschaft als RKF um eine Entscheidung anging.[65]

„Die gute Entwicklung der Kreissparkassen wird in letzter Zeit durch die Bemühungen des Reichsnährstandes beeinträchtigt, überall Spar- und Darlehnskassen zu gründen, die in den meisten Fällen nur eine überflüssige Konkurrenz darstellen. [...] Wenn diese Entwicklung der Übersetzung des Gaues mit allen möglichen Banken und Kreditkassen anhält, wird es wahrscheinlich in absehbarer Zeit unmöglich sein, die Sparkassen zuschußfrei zu machen. Zur Vermeidung eines schädlichen Konkurrenzkampfes müßte daher die weitere Zulassung von Kreditinstituten gestoppt werden."[66]

Die Bankenaufsichtsstelle im Warthegau, die wie die Sparkassen selbst dem Reichsstatthalter unterstand, machte sich diese Auffassung im Sommer 1940 zu eigen und untersagte die Eröffnung weiterer Kreditinstitute im Reichsgau Wartheland. Zwar wurden die Sparkassen seitens der Behörden vor Ort gegenüber den Genossenschaften bevorzugt, mussten sich aber auch einschränken. Das Reichs-

---

61 APP, TP, Nr. 147, Bl. 102: Westbank Wollstein, Filiale Neutomischel, an den Verband deutscher Genossenschaften, Posen, 11.12.1939.

62 APP, TP, Nr. 147, Bl. 74: Lebenslauf Dr. Udo Milbradt vom 3.6.1941. Milbradt war von Oktober 1939 bis 1.12.1939 im Auftrage des Reichsernährungsministeriums zur Erfassung und Überleitung der polnischen landwirtschaftlichen Kreditinstitute tätig.

63 APP, TP, Nr. 147, Bl. 91f.: Milbradt an Regierungsrat Fritsch im RMEL, 29.12.1939, betr. deutsche Kreditgenossenschaften im Reichsgau Posen.

64 APP, RRW, Nr. 2760, Bl. 56f.: Schreiben vom 11.9.1940. Dies war indes keine Besonderheit im Warthegau, vgl.: Rationalisierung des Kreditsektors, in: DWZ 40 (1943), S. 130.

65 APP, RRW, Nr. 1799, Bl. 176: RdschrSGVW Nr. 24/41 vom 7.8.1941 betr. Berücksichtigung eines angemessenen Sparkassenzweigstellennetzes bei der Siedlungsplanung in den Ostgebieten.

66 APP, RRW, Nr. 1807, Bl. 40–42: Lagebericht der Kreissparkasse Litzmannstadt für die Zeit vom 21.9.-20.10.1940.

aufsichtsamt für das Kreditwesen hielt 1940 die Zweigstellen von acht Kreissparkassen für teilweise überflüssig und ließ diese wieder schließen.[67] Das Genossenschaftswesen samt seiner Darlehenskassen und Kreditbanken blieb somit im Kern zwar bestehen, wurde aber als Institution, die im Sinne des Deutschtums in Polen integrierend gewirkt hatte, vollkommen ausgeschaltet.

Im Reichsgau Wartheland befanden sich 276 deutsche Kreditgenossenschaften mit der LGB in Posen sowie der Deutschen Genossenschaftsbank in Litzmannstadt als den Zentralkreditinstituten.[68] In Ostoberschlesien hatten vor Kriegsbeginn 44 Kreditgenossenschaften (Volksbanken) sowie weitere 235 Darlehenskassen (Raiffeisen- und Stefczyk-Kassen) existiert.[69] Mitte 1941 verzeichnete das oberschlesische Genossenschaftswesen noch 138 Kreditgenossenschaften, davon allein 76 im Kreis Teschen, was der dortigen Genossenschaftstradition entsprach.

Übersetzung des Kreditsektors

Die Nationalsozialisten begannen ihre Wirtschaftspolitik in den eingegliederten Gebieten unter anderem mit dem Schlagwort, die Übersetzung in einzelnen Wirtschaftssektoren zu eliminieren, so auch im Kreditwesen.[70] Die Schließung der polnischen Banken und Sparkassen reduzierte zwar die Zahl der Kreditinstitute, doch hielten zeitgenössische Beobachter den Kreditapparat schon 1940 für recht umfangreich. Mindestens sei „die Bankenorganisation in den Ostgebieten – jedenfalls im Augenblick – voll ausreichend wenn nicht bereits übersetzt. Die wirtschaftliche Kraft, die in den Gebieten steckt und die nur zum Teil erschlossen ist, läßt allerdings vermuten, daß eines Tages den Kreditinstituten im Osten noch große Aufgaben zufallen. Zur Zeit arbeitet aber die Wirtschaft unter besonderen Verhältnissen. Sie ist allein ausgerichtet auf die Kriegsbedürfnisse. Der beschränkte Kreditbedarf, der die augenblickliche kreditwirtschaftliche Lage kennzeichnet, ist auch der Wirtschaft des Ostens eigen."[71]

Für eine Übersetzung im Kreditsektor spricht auch, dass man – etwa im Falle des Warthegaus – immerhin fast neun Prozent der Bevölkerung (Juden) von der Teilnahme am Wirtschaftsleben gänzlich ausschloss und weitere 82 Prozent (Polen) durch zahlreiche Restriktionen bzw. einfach durch Raub und Enteignung zur Bedeutungslosigkeit reduzierte.

Dass die deutschen Kreditinstitute ihre Niederlassungen buchstäblich auf den Resten der früheren polnischen Institute aufbauten, fand seinen sinnfälligsten Ausdruck jedoch in ihrer Beteiligung an der Abwicklung und Liquidierung polnischer Banken und Sparkassen.

---

[67] Swart, Diesseits, S. 180f.; vgl. dagegen APP, RRW, Nr. 1819, Bl. 29: Reichsstatthalter an Sparkassen- und Giroverband Wartheland, 7. 12. 1940.

[68] APP, TP, Nr. 2177, 4266, 4263: Verzeichnis der im Reichsgau Wartheland befindlichen deutschen Kreditinstitute.

[69] APK, TK, Nr. 8821, Bl. 1-9: Bericht über das ländliche Genossenschaftswesen in Ostoberschlesien und die bisher getroffenen Maßnahmen vom 10. 10. 1939.

[70] Vgl. Günter Keiser: Die Schrumpfung des Bankenbestands seit 1933, in: Bank-Archiv 1941, S. 139-144.

[71] Wolf, Neuordnung des Bankwesens in den eingegliederten Ostgebieten, S. 234.

2. Das Kreditwesen und die Eingriffe in die Eigentumsstrukturen

Die Eingriffe, die die Nationalsozialisten in Polen in die Eigentumsstruktur der polnischen und jüdischen Bevölkerung vornahmen, gehörten zu den Grundkonstanten deutscher Besatzungspolitik in Osteuropa, ja waren zu weiten Teilen deren Voraussetzung. Der präzisen Rekonstruktion dieser Eingriffe steht jedoch das Problem entgegen, eine verlässliche Statistik der Folgen für die Wirtschaft, die Unternehmensstruktur und die Banken zu erstellen, denn die Vorkriegszahlen sind unvollständig und die Definitionen von „Betrieb", „Unternehmen" u.a. fielen bereits in der zeitgenössischen Diktion höchst uneinheitlich aus. Zugleich stellte der Transfer „fremdvölkischen" Eigentums zugunsten des Reiches bzw. der deutschen Bevölkerung die Besatzungsmacht vor erhebliche organisatorische Probleme, deren Lösung man sich vor allem von der Einrichtung der HTO im Herbst 1939 versprach. Deren Tätigkeit wiederum war zu wesentlichen Teilen von der Mitarbeit deutscher Kreditinstitute abhängig.

Die Beschlagnahme und „Verwertung" polnischen und jüdischen Privatvermögens

Die deutsche Verwaltung im Protektorat Böhmen und Mähren hatte die „Arisierung" jüdischer Unternehmen zunächst nicht forciert und erst knapp ein Jahr nach Schaffung der gesetzlichen Rahmenbedingungen eine entsprechende Verordnung erlassen. Die Gründe hierfür sieht Christopher Kopper unter anderem in der „Rücksichtnahme auf kriegswirtschaftliche Erfordernisse und der zunächst geringen Zahl deutscher Interessenten".[72] Für Polen gab es irgend eine vergleichbare Zurückhaltung nicht. Das Problem einer mangelnden Zahl von Interessenten bzw. – damit nicht zu verwechseln – geeigneten Kräften wurde kompensiert in Form der HTO, in den eingegliederten Ostgebieten zudem mit Hilfe umfassender Siedlungsprojekte. Der größte Unterschied bestand jedoch darin, dass im Sudetengau und Protektorat praktisch nur die jüdische Bevölkerung betroffen war, wohingegen in Polen das gesamte nichtdeutsche Staats- und Privatvermögen zur Disposition stand. Es erscheint daher die These berechtigt, dass die Wirtschaftsplaner in den beteiligten Ministerien von der Bildung des Sudetengaus bis zur Ausgestaltung der Okkupationspolitik in Polen einen „Lern-" und zugleich Radikalisierungsprozess durchliefen.

Mit der Besetzung der polnischen Gebiete und der Absicht der Nationalsozialisten, diese Gebiete der Konzeption eines großdeutschen Wirtschaftsraumes zu unterwerfen, sahen sich nicht zuletzt auch die deutschen Kreditinstitute im Herbst 1939 zunächst mit einer Situation konfrontiert, die den Ausgangsbedingungen im Altreich wenige Jahre zuvor durchaus ähnlich zu sein schien. Damals wie auch jetzt sollten die Banken ihren Teil dazu beitragen, einen höchst ungenau definierten Bevölkerungsteil vollständig und mit allen daraus resultierenden praktischen

[72] Kopper, Marktwirtschaft und Dirigismus, S. 338.

Konsequenzen aus dem Wirtschaftssystem auszuschließen. Der wichtigste Unterschied der Lage in Polen zur Situation im Deutschen Reich nach 1933 bestand jedoch darin, dass die Juden in Polen einen ungleich höheren Anteil an der Gesamtbevölkerung ausmachten, als dies bei den Juden im Deutschen Reich jemals der Fall war. Hinzu kam, dass durch die Zielvorgabe einer mittelfristig zu realisierenden „Germanisierung" zunächst der eingegliederten Ostgebiete – zu einem späteren Zeitpunkt auch des Generalgouvernements – die polnische Mehrheitsbevölkerung in ihren Rechten und ökonomischen Betätigungsmöglichkeiten massiv diskriminiert wurde.

Da Behinderungen einer potenziellen Kundenklientel von Staats wegen dem ökonomischen Geschäftsbetrieb von Kreditinstituten zuwiderliefen, stellt sich die Frage, ob die deutschen Banken dies überhaupt reflektierten und womöglich über weltanschauliche Prärogativen hinweg ihren Spielraum nutzten, um sich den staatlich implementierten Maßnahmen einer Apartheidspolitik gegen Polen und Juden entgegenzustellen bzw. sich einer Teilnahme daran zu enthalten. Auf Seiten der Banken musste in einer Risikoabschätzung zudem der Krieg als weitere Variable Berücksichtigung finden, zumal keineswegs von vornherein feststand, ob die Übernahme der Enteignungsverfahren im Osten erfolgreich sein und das jeweilige regionalwirtschaftliche System funktionsfähig und vor allem steuerbar bleiben würde.

Die Übernahmeszenarien der Banken wurden spätestens im November 1939 durch die HTO als der einzig zuständigen Verwaltungsstelle für polnische Vermögen konterkariert. Dennoch wurde auf allen Ebenen der Partei-und Verwaltungshierarchie unausgesetzt die Befürchtung laut, dass „bei der Verwertung des polnischen und jüdischen Vermögens" womöglich „das Reich, zu dessen Gunsten allein die Verwertung des Vermögens erfolgen kann, einen Ausfall" erleiden könne und „Privatpersonen sich auf Kosten der Allgemeinheit bereichern" könnten.[73] Dieser Argwohn bezog sich *cum grano salis* auch auf die Kreditinstitute. Die deutschen Banken und Sparkassen in den eingegliederten Ostgebieten wurden gleichwohl an zentraler Stelle an der Beschlagnahme und Verwertung der Vermögen von *natürlichen* Personen, d.h. der hier ansässigen polnischen und jüdischen Bevölkerung, beteiligt. Den Banken kam fortan nicht die Aufgabe der Übernahme, sondern lediglich die der Abwicklung zu. Dennoch unternahmen besonders die neugegründeten Großbankfilialen zunächst den Versuch, sich nach dem Vorbild im Altreich in das vermeintlich anstehende „Arisierungsgeschäft" einzuschalten.[74]

---

[73] APP, RRW, Nr. 853, Bl. 19: Lagebericht des Regierungspräsidenten in Posen vom 23.12.1939 für die Zeit vom 1. bis zum 15.12.1939.

[74] Dies legten nicht zuletzt die Politik der CdZ sowie die am 18.11.1939 in Kraft gesetzte „Allgemeine AO über die Sicherung jüdischen Vermögens und anonymer Guthaben und dergl." (VOBlRRW 2 [1940], S. 22) nahe. Mit der „Verordnung über Maßnahmen auf dem Gebiete des Bank- und Sparkassenwesens" vom 5.12.1939 (RGBl. I, S. 2413) wurde die Willkür gegenüber jüdischem und „fremdvölkischem" Eigentum gesetzlich eingeführt: „Der Reichswirtschaftsminister wird ermächtigt, auf dem Gebiete des Kreditwesens die zu einer zweckmäßigen Gestaltung der Organisation erforderlichen Maßnahmen zu treffen. [...] Er kann bei seinen Maßnahmen von dem bestehenden Recht abweichen." (ebd., § 1).

Entsprechend gingen die Kreditinstitute noch 1939 daran, sich einen Überblick über den sie interessierenden Vermögensbestand zu verschaffen. Der Druck hierzu ging offenbar von den Altreichsfilialen aus, die wiederum die Wünsche ihrer Kundschaft an die Ostfilialen weitergaben. Diese jedoch mussten bereits im Dezember 1939 zurückrudern: „Heute komme ich einmal mit einer Bitte zu Ihnen", so der Filialdirektor der Dresdner Bank in Kattowitz, Max Bardroff, an seinen Hamburger Kollegen Joachim Overbeck, „nachdem Sie mich dauernd mit Ihren Arisierungsbitten löchern, obgleich beim besten Willen hier vorläufig nichts zu machen ist. Im Gegenteil ist laut einer neuen Verfügung jede Arisierung bezw. Beteiligung verboten worden."[75]

Zwar war zu diesem Zeitpunkt noch unbekannt, wie die „Überleitungsfrage in arische Hände" konkret aussehen würde, deutlich war aber bereits geworden, dass erstens die Banken hierbei nicht die Federführung übernehmen würden und dass zweitens die in einer Reihe von jüdischen Handelsbetrieben und sonstigen Unternehmen eingesetzten Treuhänder – Deutsche, aber auch Polen sowie in Ostpolen teilweise Ukrainer – noch kein Präjudiz über das weitere Schicksal dieser Unternehmen bedeuteten:

„Zusammengefasst kann gesagt werden, dass noch kein einziger Besitzwechsel stattgefunden hat und dass auch, von Überleitungen kleiner und kleinster Ladengeschäfte abgesehen, eine Arisierung in nächster Zeit nicht erfolgen wird. [...] Es ist weiter selbstverständlich, dass wir bei unseren Besuchen bei nichtarischen oder polnischen Firmen [sc. bei den Treuhändern] stets die Überleitungsfrage in deutsche Hände anschneiden. Es ist jedoch vorläufig zwecklos, bereits deutsche Interessenten auf dieses oder jenes Werk aufmerksam zu machen. [...] Ein Vergleich mit den Arisierungen in der Ostmark oder im Sudetenland ist ausgeschlossen. Es wird deshalb gebeten, die besonderen Verhältnisse in Ost-Oberschlesien berücksichtigen zu wollen und nur solche Wünsche an die Filialen heranzutragen, wo eine Interessenahme an einem bestimmten Werk in Frage kommt und wir evtl. die vorläufige Pachtung des Unternehmens in die Wege leiten können."[76]

Die aus derlei Passagen sprechende Enttäuschung deutet mitnichten auf ein abwartendes Taktieren der Kreditinstitute hin als vielmehr auf die Absicht, insbesondere die Vernichtung jüdischer Gewerbetätigkeit und der jüdischen Eigentumsstrukturen initiativ mitzugestalten. Da die endgültige Verdrängung der deutschen Juden aus dem Wirtschaftsleben erst wenige Monate zurücklag und man in Polen auf gewachsene Strukturen ganz offenkundig keine Rücksicht nehmen zu müssen meinte, war die Hemmschwelle, falls es sie überhaupt gab, ausgesprochen niedrig.

Noch bevor die HTO ihre Tätigkeit aufnahm, hatte sich die Zusammenarbeit der Kreditinstitute wie beispielsweise der Ostbank bzw. Dresdner Bank mit den

---

[75] APK, Dresdner Bank Kattowitz, Nr. 122, Bl. 128: Dresdner Bank Kattowitz (gez. Max Bardroff) an Direktor Joachim Overbeck, Dresdner Bank Hamburg, 11.12.1939. Vgl. Wixforth, Expansion der Dresdner Bank, S. 483 ff.

[76] APK, Dresdner Bank Kattowitz, Nr. 145, Bl. 115–123, hier Bl. 117: Bericht über die im ostoberschlesischen Bezirk sowie im besetzten Gebiet gelegenen Filialen vom 20. bis 25.11.1939.

NS-Behörden bereits auf das engste gestaltet. Die ersten Deportationszüge mit Polen und Juden aus dem Reichsgau Wartheland in das Generalgouvernement flankierte eine geheime Anordnung des HSSPF Posen, Wilhelm Koppe, die die Deportation von 100000 Juden in das Generalgouvernement (neben weiteren 200000 Polen) bis Ende Februar 1940 mit der Vorschrift verband, dass „die Anzahl der mitzunehmenden Gegenstände erheblich einzuschränken" sei. Ferner habe eine Sicherstellung der „Barbeträge, Aussenstände und Banknoten" durch „Überweisung der Oberbürgermeister und Landräte auf das Hinterlegungskonto ‚Zur Verfügung des Reichsstatthalters' bei der Bank für Handel und Gewerbe Posen" (sc. Ostbank) zu erfolgen.[77] Bereits Ende November 1939 konnte der kurze Zeit später zum Leiter der Treuhandstelle Posen avancierte Bankdirektor Hugo Ratzmann (Herzog & Co., später Bankhaus Hardy & Co.) auf einer Besprechung mit dem HSSPF Posen „über die Behandlung der jüdischen und polnischen Vermögenswerte" berichten, dass unter anderem mit der Sperrung der Bankkonten „die Erhaltung der Vermögenswerte weitgehend gewährleistet" worden sei.[78] Nachdem bis zum 17. Dezember 1939 knapp 88000 Juden und Polen in das Generalgouvernement deportiert worden waren[79], gingen bis Anfang Januar 1940 auf dem besagten Konto 170000,– RM ein.[80] Offenbar hatte Gauleiter Greiser jedoch andere Pläne als sein HSSPF, um das anfallende Vermögen eigenen Zwecken dienstbar zu machen. In einem Schreiben vom 15. Dezember 1939 an den Direktor der Landesbank und Girozentrale Wartheland, Fritz Ohl, ordnete Greiser die Einrichtung eines Sonderkontos an, auf dem alle die Beträge eingehen sollten, die „bei der Evakuierung der von den Polen besetzten Wohnungen" anfallen würden. Verfügungsberechtigt sollte allein Greiser persönlich sein.[81] Letztlich konnten sich weder Koppe noch Greiser durchsetzen. Zwar behielt namentlich letzterer verschiedene Sonderkonten, auf denen beträchtliche Summen aus der „Verwertung" polnischen und jüdischen Eigentums eingingen; mit der Einrichtung der HTO wurde jedoch allzu eigenmächtigen „Verwertungen" eine allseits zuständige Behörde für sämtliche in Frage kommenden Besitztümer entgegengestellt. Auf diese Weise konterkarierte die HTO sowohl die Vorstellungen der Banken als

[77] IPN, NTN, Nr. 332, Bühler-Prozess, Bd. 86, Bl. 12-17, hier Bl. 15: AO des HSSPF Posen (gez. Wilhelm Koppe) vom 12. 11. 1939 betr. Abschiebung von Juden und Polen aus dem Reichsgau „Warthe-Land"; abgedruckt in: Zarządzenia władz hitlerowskich w sprawie wysiedleń ludności polskiej i żydowskiej z tak zwanego Kraju Warty. Wyd. Danuta Kubiak, in: Teki Archiwalne 14 (1973), S. 177-213, hier S. 179-183, Zitat S. 182; vgl. Ziółkowska, Żydzi poznańscy w pierwszych miesiącach okupacji hitlerowskiej, S. 387.

[78] BArch, R 75/9a, Bl. 11-15, hier Bl. 12: HSSPF Posen, Niederschrift vom 25. 11. 1939 über die am 23. 11. 1939 durchgeführte Besprechung „über die Behandlung der jüdischen und polnischen Vermögenswerte, die im Zuge der Evakuierungsmaßnahmen der Beschlagnahme zu Gunsten des Reiches verfallen".

[79] Alberti (Vernichtung der Juden im Reichsgau Wartheland, S. 136f., bes. Anm. 415) nimmt in der Mehrheit Juden an; vgl. dagegen Maria Rutowska: Wysiedlenia ludności polskiej z Kraju Warty do Generalnego Gubernatorstwa 1939-1941. Poznań 2003, passim, bes. S. 49.

[80] Alberti, Vernichtung der Juden im Reichsgau Wartheland, S. 110.

[81] IPN, NTN, Nr. 36, Bl. 543: Reichsstatthalter (gez. Greiser) an die Landesbank und Girozentrale, z. Hd. des Herrn Bankdirektor Ohl, Posen, 15. 12. 1939, betr. Einrichtung eines Sonderkontos.

auch die Beutegelüste der Partei- und Verwaltungselite in den neuen Reichsgebieten.

Eigens zum Zweck der Vermögensverwertung wurden am 1. November 1939 (der Verordnung nach bereits Ende Oktober) die Haupttreuhandstelle Ost sowie ihre Treuhandstellen als Dienststellen der Vierjahresplanbehörde geschaffen.[82] An ihrer Spitze stand Max Winkler, der nach dem Ersten Weltkrieg vorübergehend Bürgermeister von Graudenz, Reichstreuhänder für die abgetretenen deutschen Gebiete (1920–1933) sowie ab 1937 Reichsbeauftragter für die deutsche Filmindustrie gewesen war. Winkler war darüber hinaus in der Zwischenkriegszeit auf das engste mit zahlreichen Organisationen zur Unterstützung des Deutschtums in Polen, darunter der Deutschen Stiftung, verbunden gewesen, hatte den in der Kreditversorgung der „Volksdeutschen" in Polen tätigen Vereinigten Finanzkontoren bzw. der Ossa vorgestanden und konnte somit als ein Experte für die polnischen Westgebiete gelten.[83] Im Selbstverständnis der Nationalsozialisten waren durch den Krieg mit Polen „Vermögenswerte, Liegenschaften, Beteiligungen, Forderungen und sonstige Rechte *herrenlos*" geworden, und „um von Anfang an zu verhindern, daß diese Werte [...] *geraubt* wurden" (sic), habe man die HTO eingerichtet.[84] Ihre Aufgaben bestanden in der Erfassung, Verwaltung und Verwertung aller „nichtdeutschen Vermögenskomplexe, und zwar sowohl öffentlich-rechtlicher wie privatrechtlicher Natur". Der HTO unterlagen ferner „alle privatrechtlichen Vermögenseinheiten von Polen polnischer Nationalität und der Juden"[85], ihr oblag ferner die Regelung des Geld- und Kreditwesens sowie die Anordnung und Durchführung „aller wirtschaftlichen Maßnahmen, die zur Überleitung der Wirtschaftsführung auf die einzelnen Verwaltungsgebiete erforderlich sind".[86] In der Praxis bedeutete dies, dass neben ca. 200000 gewerblichen Betrieben[87] und schätzungsweise 290000 Immobilien auch die polnischen Kreditinstitute durch die HTO erfasst und verwaltet wurden, wohingegen die ca. 200000 landwirtschaftlichen Betriebe in die Zuständigkeit des RKF fielen. Zur Verwaltung dieser Vermögenswerte und zur Fortführung der Produktionsbetriebe diente ein Heer von

---

[82] RAnz. Nr. 260 vom 6. 11. 1939; VOBlRRW Nr. 2 vom 15. 1. 1940, S. 18; Schaar, Neuordnung des Währungs- und Kreditwesens, S. 72–78.

[83] Vgl. zu seiner Person Hermann Weiß (Hg.): Biographisches Lexikon zum Dritten Reich. Frankfurt a. M. 1998, S. 489f.; Kowalak, Zagraniczne kredyty dla Niemców, S. 36ff., 84ff.; Rosenkötter, Treuhandpolitik, S. 26–80.

[84] Siegfried Faßbender: Die Reichshilfe für den Osten, in: Die Wirtschaft der neuen großdeutschen Gebiete, S. 125–136, hier S. 125. Hervorhebungen von mir.

[85] Hugo Ratzmann: Wesen und Aufgabe der Treuhandstelle Posen. Posen 1940, S. 10f.; vgl. ders., Wesen und Aufgabe der Treuhandstelle in Posen, in: Warthegau-Wirtschaft 1 (1940), Nr. 2, S. 4–6.

[86] RAnz. Nr. 260 vom 6. 11. 1939; VOBlRRW Nr. 2 vom 15. 1. 1940, S. 19.

[87] Max Winkler: Neues Arbeitsfeld der deutschen Wirtschaft. Aus dem Aufgabengebiet der Haupttreuhandstelle Ost, in: Der Vierjahresplan 5 (1941), S. 254. Im Juni 1942 befanden sich von diesem Ausgangsbestand noch 48000 Betriebe unter kommissarischer Verwaltung; APP, TP, Nr. 82, Bl. 11: Vermerk über den Stand der Verwertung der der Treuhandstelle unterstehenden beschlagnahmten polnische Betriebe vom 15. 6. 1942. Entsprechend zu korrigieren sind die Angaben bei Loose, Beteiligung deutscher Kreditinstitute, S. 240. 250000 Betriebe sind eine realistische Größenordnung, aber nicht in Bezug auf den Reichsgau Wartheland, sondern auf die eingegliederten Ostgebiete insgesamt.

Treuhändern[88], die teilweise (vor allem in Oberschlesien) bereits von den CdZ, in der Regel aber von den bald darauf gegründeten Industrie- und Handelskammern (IHK) eingesetzt worden waren.[89] Die Treuhänder bzw. kommissarischen Verwalter rekrutierten sich in der Regel aus ortsansässigen „Volksdeutschen" oder delegierten Reichsdeutschen.[90] Mit Verweis auf Bernhard Rosenkötters ausführliche Darstellung der HTO erübrigt sich an dieser Stelle eine detailliertere Skizze zum Aufbau und zur Geschäftsentwicklung der Treuhandstellen. Die Einrichtung der HTO bedeutete allerdings nicht, dass Göring bereits 1939 präzise Pläne für die Zukunft der Vermögen in Polen und die dort zu verfolgende Wirtschaftspolitik besaß; offenkundig aber besaß er sehr genaue Vorstellungen davon, wie die Vermögenswerte in den Besitz des Reiches gelangen sollten.[91]

Namentlich im Reichsgau Danzig-Westpreußen hielten es die Behörden wegen der nur noch geringen Zahl jüdischer Bewohner für sinnvoll, die bisher verfolgte Politik fortzuführen. So behielt Oberregierungsrat Walther Hildebrandt aus der Senatsabteilung für Wirtschaft der Freien Stadt Danzig, der seit dem Frühjahr 1939 die Funktion des „Beauftragten für die Judenauswanderung" innegehabt hatte[92], diesen Posten auch nach dem 1. September 1939 bei (nunmehr umbenannt in „Der Beauftragte für die Förderung und Sicherstellung der jüdischen Auswanderung"). Eine größere Aktivität dürfte er in dieser Funktion jedoch kaum mehr entfaltet haben, denn im Dezember d.J. wurde Hildebrandt Geschäftsführer der Treuhandstelle Danzig-Westpreußen. Diese unterstand formal dem Vertreter des Reichsstatthalters, Wilhelm Huth, und befasste sich fortan mit sämtlichen Fragen, die aus der Beschlagnahme jüdischen Eigentums erwuchsen.[93] In der Zwischenzeit behalf man sich damit, die Danziger, nicht die reichsdeutsche Judengesetzgebung weiterhin anzuwenden. Zwar hatte Danzig durch das Gesetz über die Wiedervereinigung mit dem Deutschen Reich am 1. September 1939 mit Geltung vom 1. Januar 1940 das gesamte Reichsrecht übernommen[94], dies galt aber formal

88 Im Warthegau wurden bis Mitte 1941 knapp 12000 Personen zu Treuhändern berufen. APP, TP, Nr. 98, Bl. 2f.: Tätigkeitsbericht der TP und Nebenstelle Litzmannstadt für die HTO (1941).

89 Dies erfolgte auf der Grundlage der VO über die Einsetzung von kommissarischen Verwaltern für Unternehmungen, Betriebe und Grundstücke in den besetzten ehemals polnischen Gebieten vom 29. 9. 1939, in: VOBl. für die besetzten Gebiete in Polen (1939), S. 21; BArch, R 11/1858, Bl. 290-324, hier Bl. 295: Prüfstelle für den Bereich der Organisation der gewerblichen Wirtschaft in der Reichswirtschaftskammer: „Bericht über die Prüfung der Finanzwirtschaft u.s.w. der Industrie und Handelskammer Posen, der Bezirksstelle Hohensalza, der Aussenstelle Leslau und der Aussenstelle Kalisch" [1941].

90 In der zeitgenössischen Diktion wird zwischen Treuhändern und kommissarischen Verwaltern nicht unterschieden. Hinsichtlich der zahlreichen Veruntreuungen der Treuhänder wurde jedoch im Laufe des Krieges die Bezeichnung „kommissarischer Verwalter", „k. V.", häufiger verwendet. Rosenkötter, Treuhandpolitik, S. 163.

91 Vgl. Rosenkötter, Treuhandpolitik, S. 81.

92 Vgl. hierzu oben S. 39f.

93 APG, TDW, Nr. 9, Bl. 9-17: Rdschr. der Treuhandstelle Danzig-Westpreußen (gez. Hildebrandt) von Dezember 1939; vgl. Berendt, Żydzi na terenie Wolnego Miasta Gdańska, S. 262f.

94 Gesetz über die Wiedervereinigung der Freien Stadt Danzig mit dem Deutschen Reich vom 1. 9. 1939 (RGBl. I 1939, S. 1547), bes. §4.

nur für das mit dem Reichsgau nicht identische Gebiet der ehemaligen Freien Stadt. Im März 1940 verständigten sich daher Reichsstatthalter und RWM darauf, „daß es mit Rücksicht auf die fast völlige Durchführung der Ausschaltung der Juden aus dem Danziger Wirtschaftsleben die beteiligten Behörden unnötig belasten würde, wenn sie für die verhältnismäßig kurze Zeit, die für die restlose Säuberung Danzigs von den Juden noch benötigt wird, die im übrigen Reichsgebiet geltenden Vorschriften nebst den zahlreichen Durchführungsverordnungen und -erlassen anwenden müßten."[95]

Endgültig im Sinne der Treuhandstellen und für das Gesamtgebiet der eingegliederten Ostgebiete gelöst wurde das Problem erst mit der „Verordnung über die Einführung der Vorschriften zur Entjudung der deutschen Wirtschaft in den eingegliederten Ostgebieten" vom 30. März 1942[96], d.h. lange nach Beginn der Deportation der reichsdeutschen Juden in den Osten und nach Beginn des Massenmords im Vernichtungslager Kulmhof.

Ausgangspunkt für die Verwertung von Bankguthaben war einerseits die Definition und strikte Trennung so genannter Alt- und Neuvermögen sowie die Festlegung der Personengruppen, die nach dem Willen der Behörden ihr Vermögen verlieren sollten. Die Grenze zwischen Alt- und Neugeschäft wurde dabei auf den 1. Januar 1940 festgelegt, wobei es unerheblich war, ob es sich um Guthaben bei polnischen, in Liquidation befindlichen Instituten oder bei neugegründeten deutschen Banken respektive Sparkassen handelte.[97] Neueinlagen durften nicht zur Erfüllung von Verbindlichkeiten aus dem Altgeschäft heranzogen werden. Dementsprechend kamen die Altguthaben zur Verrechnung mit anderen Verbindlichkeiten auf Sperrkonten, während das Neuvermögen als Reingewinn der Treuhandstellen verbucht werden konnte. Diese Trennung hatte sich bereits in den ersten Wochen nach dem deutschen Überfall abgezeichnet, als einzelne Landräte mit Blick auf fehlende Mittel oder den unüberschaubaren Status der Sparkassen Auszahlungen von Guthaben kurzerhand untersagt hatten.[98] Auf diese Weise war gegen den polnischen Staat und seine Bevölkerung ein Liquidationsverfahren eröffnet worden mit der HTO als Liquidator und einer nach weltanschaulichen Kriterien selektierenden Gläubigerbefriedigung. Erfasst und eingeteilt wurden die Guthaben anhand dreier Gruppen. Dabei handelte es sich um a) „Geflüchtete und nicht nur vorübergehend abwesende Polen (Evakuierte)", b) „noch anwesende polnische Juden" sowie um c) „noch anwesende Polen".[99] Der eigentliche Vorgang war dabei von großer Einfachheit: Ein Geldinstitut stellte fest, dass der Inhaber eines Guthabens in eine der drei Kategorien passte, woraufhin seine Einlagen auf ein entsprechendes Sammelkonto der jeweiligen Treuhandstelle überwie-

---

[95] APG, RDW, Nr. 2, Bl. 145f.: Reichsstatthalter in Danzig-Westpreußen (gez. Huth) an sämtliche Abteilungen des Reichsstatthalters, 29. 5. 1940, betr. Geltung der reichsdeutschen Judengesetzgebung in Danzig.

[96] Verordnung über die Einführung der Vorschriften zur Entjudung der deutschen Wirtschaft in den eingegliederten Ostgebieten vom 30. 3. 1942 (RGBl. I 1942, S. 166).

[97] APP, RRW, Nr. 1801, Bl. 33f.: RdschrSGVW Nr. 6/41 vom 15. 2. 1941.

[98] Umbreit, Deutsche Militärverwaltungen, S. 260.

[99] APP, TP, Nr. 2214: Verzeichnis der beschlagnahmten Vermögen von Juden und Polen (1940–1941).

sen und diese davon in Kenntnis gesetzt wurde. Eine Benachrichtigung des Eigentümers war nicht erforderlich.

Die Beschlagnahme von Vermögen „geflüchteter", „evakuierter" sowie im Ausland befindlicher Polen sowie aller Juden bezog sich auch auf polnische Kriegsgefangene sowie auf ins Generalgouvernement deportierte Personen: letztere zählten bis Ende 1942 immerhin ca. 365000 Menschen, der Großteil davon aus dem Warthegau.[100] Ob die nach erfolgter Beschlagnahme allen jüdischen Eigentums ausgesprochene Erlaubnis für Juden, in bescheidenstem Maße über Spareinlagen verfügen zu dürfen, in der Praxis überhaupt möglich war, kann zwar nicht generell, muss aber in zahlreichen Fällen vor und spätestens mit der Gettoisierung klar verneint werden.[101] Bei den die Deportationen begleitenden Konfiskationen zeigten sich die deutschen Kreditinstitute wie beispielsweise die Dresdner Bank dienstfertig und mit dem Sprachgebrauch gut vertraut: „Wir möchten auch heute darauf hinweisen, dass bei uns in letzter Zeit bei einer Anzahl Kunden die Post mit dem Vermerk ‚Empfänger verzogen' zurückkommt. Nach Beantwortung unserer Rückfrage beim Höheren SS- und Polizeiführer beim Reichsstatthalter in Posen im Wehrkreis XXI, werden wir Ihnen, sofern die Kunden evakuiert sind, auch diese Guthaben aufgeben."[102]

Immerhin lässt sich solchen Schreiben auch entnehmen, dass die neugegründeten deutschen Kreditinstitute in den ersten Okkupationsmonaten auch über eine nichtdeutsche Kundschaft verfügten. Deren wirtschaftliche Bedeutung ist jedoch nicht abschätzbar. Zu vermuten ist allerdings, dass namentlich die Großbankfilialen jüdische Unternehmen, in die von der Treuhandstelle Treuhänder eingesetzt worden waren, auch weiterhin als jüdische Unternehmen führten, weil die Banken – formal richtig – die Beschlagnahme bzw. Treuhänderverwaltung nicht mit einem Eigentümerwechsel in eins setzten.

Die systematische Erfassung aller Guthabeneinlagen auf den Konten sämtlicher Kreditinstitute in den eingegliederten Gebieten erfolgte auf der Grundlage der Anordnung Nr. 1 der HTO vom 3. Februar 1940.[103] Darüber hinaus wurden die deutschen Kreditinstitute im März 1940 dazu aufgefordert, „spätestens bis 15. April 1940 ihre Forderungen und Verpflichtungen (z.B. aus laufenden Rechnungen, Depots, Avalen usw.) gegen alle in den eingegliederten Ostgebieten gelegenen, kommissarisch verwalteten Unternehmungen und Betriebe privater oder öffentlicher Hand nach dem Stande vom 31. August 1939 und 31. März 1940 zu melden, sofern sie im Einzelfall dreitausend Reichsmark erreichen oder übersteigen".[104]

---

[100] APP, RRW, Nr. 594, Bl. 51f.: Monatsbericht der UWZ Litzmannstadt für Dezember 1942; BArch, R 2/56174, Bl. 51: HTO an OKW, 6.10.1941; Madajczyk, Polityka III Rzeszy, Bd. 1, S. 336; Jacobmeyer, Überfall auf Polen, S. 25; Łuczak, Pod niemieckim jarzmem, S. 56f.

[101] Vgl. hierzu unten S. 158ff.

[102] APP, TP, Nr. 2213: Dresdner Bank Posen an TP, 30.4.1940.

[103] AO Nr. 1 der HTO vom 3.2.1940 betr. Anmeldung der Guthaben evakuierter und geflüchteter Polen sowie sämtlicher Juden.

[104] APP, TP, Nr. 4308: HTO an die deutschen Kreditinstitute in den eingegliederten Ostgebieten, 11.3.1940.

So meldete beispielsweise die Ostbank in Posen im Zuge der Guthabenerfassung der Treuhandstelle am 19. April 1940 für beschlagnahmte polnische Bankguthaben einen Kontostand über 47740,– RM, für beschlagnahmte jüdische Bankguthaben 384593,– RM.[105] Die unterschiedliche Höhe ergibt sich daraus, dass Juden alles wegzunehmen war, den Polen vorerst nur dann, wenn sie individuell enteignet oder geflüchtet waren. Im Zusammenhang hiermit und mit ihrer Liquidationstätigkeit gewannen deutsche Kreditinstitute im Laufe des Frühjahrs 1940 auch einen Überblick über die Vermögens- und Einlagenbestände der von ihnen abzuwickelnden Banken und Sparkassen. Bei den von ihnen kurz darauf auf Konten der HTO transferierten Vermögen handelte es sich aber keineswegs nur um Gelder aus Liquidationsvolumina früherer polnischer Banken. Zu einem erheblichen Teil waren dies Einlagen, die infolge der Anmelde- und Einzahlungspflicht in den Monaten September bis Dezember 1939 bei den soeben gegründeten deutschen Banken bzw. Sparkassen eingezahlt worden waren. Zur Disposition der deutschen Behörden standen außer den Geldeinlagen auch die bei Banken befindlichen Wertpapierdepots sowie die Schließfachinhalte.[106] Auch der Zugang zu diesen war den Eigentümern noch 1939 gesperrt worden, wobei die Wertpapiere zur weiteren Bearbeitung an die Verwaltungs- und Verwertungsgesellschaft der Haupttreuhandstelle Ost mbH mit Sitz in Berlin, Edelmetallgegenstände hingegen an den ebenfalls mit der HTO assoziierten „Generaltreuhänder für die Sicherstellung deutschen Kulturgutes [sic] in den angegliederten Ostgebieten“ gehen sollten (zunächst Prof. Heinrich Harmjanz, später SS-Hauptsturmführer Alfred Kraut vom „Ahnenerbe e.V.“), wobei dies in der Folge auf den wiederholten Widerstand von Reichsstatthalter Greiser stieß, der sich das Verfügungsrecht für die Kunst im Reichsgau Wartheland vorbehielt.[107]

Selbst innerhalb der regionalen Treuhandstellen hatte man im Frühjahr 1940 nur unpräzise Vorstellungen davon, welchen Umfang die Beschlagnahme von Bankguthaben noch annehmen würde. Auf einer Besprechung der HTO im Mai 1940 ging man noch von Altguthaben (ohne Betriebsvermögen) in Höhe von ca. 1,5 Mio. RM aus. Das Konto der Treuhandstelle Posen für beschlagnahmte Neuguthaben wies zu diesem Zeitpunkt lediglich 775000,– RM auf, das „Sonderkonto jüdisches Vermögen“ 200000,– RM.[108] Diese Zahlen sollten bald rasch ansteigen. Im November 1940, nachdem angeblich „sämtliche vereinnahmten Beträge – mit Ausnahme der beschlagnahmten und *im wesentlichen als wertlos anzusehenden Altguthaben* Evakuierter und polnischer Juden bei den Kreditinstituten –“ erfasst

---

105 APP, TP, Nr. 2209, Bl. 195: Bank für Handel und Gewerbe Posen an Treuhandstelle Posen, 19.4.1940, betr. Kontostände. Vgl. ebd., TP, Nr. 2209ff., passim.

106 Rundverfügung an alle Treuhandstellen betr. Beschlagnahme von polnischen und jüdischen Guthaben, Depots und Schließfächern bei Kreditinstituten vom 13.11.1940, in: MBlHTO 1941, Nr. 1, S. 70; vgl. Alexander Hohenstein: Wartheländisches Tagebuch aus den Jahren 1941/42. Stuttgart 1961, S. 147.

107 APP, TP, Nr. 2535: Aktennotiz über die Besprechung mit den Herren Dr. Winkler und Galke in Anwesenheit von Herrn Direktor Ratzmann vom 22.5.1940; APP, TP, Nr. 2501, passim. Bis zum 7.11.41 gab es mindestens 197 Lieferungen aus dem Reichsgau Wartheland nach Berlin. Am 8.12.41 enthielt eine an Verwaltungs- und Verwertungsgesellschaft gelieferte Sendung knapp 250 kg »Judensilber« (ebd., Bl. 89).

108 APP, TP, Nr. 2535: Aktennotiz über die Besprechung mit den Herren Dr. Winkler und Galke in Anwesenheit von Herrn Direktor Ratzmann vom 22.5.1940.

worden waren[109] und man seitens der Treuhandstelle Posen schließlich davon ausging, die „Beschlagnahme und Abdisponierung von Guthaben polnischer Privatpersonen bei Kreditinstituten" binnen Jahresfrist abschließen zu können, hatte man im Reichsgau Wartheland Privatguthaben in Höhe von mindestens 11,5 Mio. RM konfisziert. Entsprechende Zahlen für die anderen polnischen Gebiete liegen kumuliert nicht vor. Hinzu kam die Liquidationstätigkeit der von der HTO eingesetzten Kreisvertrauensmänner.[110] Auf deren Durchgangskonten befanden sich stets zwischen 500 000,– und einer Million RM, bevor die überschüssigen Gelder auf ein Konto der Ostbank abdisponiert wurden. Vermutlich dürfte es sich auch hier um mehrere Millionen Reichsmark gehandelt haben. Freilich war das Altguthaben in zweistelliger Millionenhöhe keineswegs „wertlos"; wertlos war es nur in dem Sinne, dass es der HTO keine unmittelbaren Gewinne einbrachte, weil es mit den Verbindlichkeiten des Altgeschäfts verrechnet wurde. Aus der Perspektive der beraubten jüdischen und polnischen Eigentümer dieser Vermögen konnte von einer Wertlosigkeit der Vermögen jedoch nicht die Rede sein, denn sie wurden ihrer Existenzgrundlage beraubt. Zu diesem Zeitpunkt war mit der „Verwertung" der Schließfachinhalte sowie der Wertpapiere bei den Kreditinstituten noch gar nicht systematisch begonnen worden.[111] Ihren Umfang zu schätzen, ist nicht einmal ansatzweise möglich, doch auch er dürfte sich in der Größenordnung mehrerer Millionen Reichsmark bewegt haben. Wie sehr die Guthabensumme in der Folgezeit noch stieg, lässt sich nicht angeben, da sie zum Teil auch in den Liquidationserlösen der polnischen Kreditinstitute enthalten war. Bis zum 15. Mai 1940 gingen bei der HTO von 244 deutschen Kreditinstituten insgesamt über 4 000 Einzelmeldungen über kommissarisch verwaltete Betriebe ein, und zwar über Schulden in Höhe von 117,8 Mio. RM sowie über Guthaben in Höhe von 107,8 Mio. RM. An diesen besaß der Sektor „Kreditinstitute und Versicherungsunternehmen" einen Anteil von jeweils 8,7 Mio. bzw. 12,4 Mio. RM.[112] Auf die eingegliederten Gebiete verteilten sich diese Ziffern wie folgt:

	Meldungen	Schulden (in RM)	Guthaben (in RM)
Posen	1 945	20 670 000	44 512 000
Danzig	905	7 122 700	17 305 000
Kattowitz	1 178	90 018 700	45 981 400
Zichenau	2	—	22 600
gesamt	4 030	117 811 400	107 821 000

[109] APP, TP, Nr. 92, Bl. 69. Tätigkeitsbericht der TP, Referat A IV (Geldverkehr und Kreditwesen) vom 5. 11. 1940. Hervorhebung von mir.

[110] APP, TP, Nr. 2536: Korrespondenz der TP mit den Kreisvertrauensmännern betr. „Bankkonten der Kreisvertrauensmänner aus der Verwertung polnischer Objekte". Vgl. APP, Landratsamt Posen, Nr. 16.

[111] APP, TP, Nr. 95, Bl. 27: Tätigkeitsbericht der TP und TNL per 31. 12. 1941.

[112] APP, TP, Nr. 2557: Zusammenfassender Bericht über die gemäß AO Nr. 1 von deutschen Kreditinstituten eingegangenen Meldungen über Schulden und Guthaben kommissarisch verwalteter Betriebe in den eingegliederten Ostgebieten vom 20. 5. 1940; vgl. BArch, R 2/56168, Bl. 116–121; vgl. Seite 142.

Der hohe Schuldenstand im Bereich der Treuhandstelle Kattowitz entsprach dabei der hohen Verschuldung der dortigen Industrie. Auf den Bereich „Industrie- und Fabrikationsbetriebe aller Art" entfielen allein 102 Mio. RM Schulden gegen 62,4 Mio. Guthaben kommissarisch verwalteter Betriebe. Was darüber hinaus die nichtgewerblichen Guthaben anbetrifft, so müssen sie bis Ende 1944 noch um einiges gestiegen sein.[113] Noch Anfang 1944 hielt man es bei der Treuhandstelle Posen (nach insgesamt fünf Rundschreiben gleichen Inhalts) für realistisch, dass „bei vielen Kreditinstituten noch solche anzumeldenden Guthaben, unter denen sich auch grosse Beträge befinden können, bestehen" könnten, und erachtete es für notwendig, „noch einmal ein entsprechendes streng abgefasstes Rundschreiben an alle Kreditinstitute zu versenden mit dem Ersuchen, nochmals alle vor dem 1.1.40 entstandenen Guthaben sorgfältig daraufhin zu überprüfen, ob sie, falls sie der Beschlagnahme unterliegen, auch der TP gemeldet worden sind".[114]

Als Hausbanken der Haupttreuhandstelle Ost bzw. der Treuhandstellen vor Ort profitierten im Warthegau vor allem die Dresdner Bank-Tochter Ostbank sowie die Landesgenossenschaftsbank, im Regierungsbezirk Kattowitz dagegen die Deutsche Bank.[115] Die Ostbank, deren Tätigkeitsschwerpunkt in ihrem Selbstverständnis in der „Reprivatisierung"[116] treuhänderisch verwalteter polnischer und jüdischer Betriebe lag, war naturgemäß an einem guten Auskommen mit den Behörden interessiert. Sie führte eine „Liste über Sparkonten von Polen, die nach unseren unverbindlichen Feststellungen nach dem Generalgouvernement abgeschoben sind"[117], die sie regelmäßig mit den offiziellen Verlautbarungen des HSSPF verglich, um die Treuhandstelle Posen gegebenenfalls zu informieren. In zahlreichen Fällen wurde auf dieser Basis das Vermögen eines „evakuierten" oder „geflüchteten" Kontoinhabers dem entsprechenden Verwertungskonto zugeführt, noch bevor die Bank offiziell seitens der SS, der Geheimen Staatspolizei oder der Reichspost über den Verbleib des Kontoinhabers informiert worden war. Ebenfalls aus Eigeninitiative erarbeitete die Ostbank in Hohensalza im September 1940 „Aufstellungen poln. Wertpapiere der bei uns geführten jüdischen Depots", zu einem Zeitpunkt also, als man bei der Treuhandstelle Posen mit der Wertpapiererfassung noch gar nicht begonnen und entsprechende Listen von den Kreditinstituten noch gar nicht angefordert hatte. „Sollten diese Aufstellungen nicht nötig sein, da doch der jüdische Besitz von staatswegen beschlagnahmt ist, so bitten wir uns dieselben wieder zurückzusenden. Heil Hitler!"[118]

Dass die Ostbank im Warthegau zum Zentrum fast aller Finanztransaktionen wurde, verdankte sie nur teilweise ihrem gut ausgebauten Filialnetz. In Posen hatte sie zudem den unschätzbaren Vorteil, mit der Treuhandstelle Posen (deren Leiter zudem von der Dresdner Bank kam) unter derselben Adresse (Wilhelmplatz

---

[113] APP, TP, Nr. 2211–2216.

[114] APP, TP, Nr. 2187: Internes Schreiben der TP vom 28.1.1944 betr. „unterlassene Anmeldung der Beschlagnahme unterliegenden [sic] Bank- und Sparguthaben von Polen und polnischen Juden".

[115] BArch, R 144/344: Bericht über die Vermögensverwaltung der TP per 28.2.1941.

[116] Jahresbericht der Ostbank für 1941, zit. nach Hilberg, Vernichtung, S. 257.

[117] APP, TP, Nr. 2214: Ostbank Posen an TP, 27.11.1940.

[118] APP, TP, Nr. 2218: Ostbank Hohensalza an TP, 28.9.1940.

15) zu firmieren. Wie wichtig darüber hinaus und gerade angesichts der starken Abhängigkeit der Kreditinstitute von staatlichen Stellen persönliche Kontakte waren, soll an zwei Beispielen veranschaulicht werden. Dr. Martin Thomaschewski (geb. 1906), ein „Volksdeutscher" aus Graudenz, war zwischen 1931 und 1937 Direktor der Bank für Handel und Gewerbe (der späteren Ostbank) gewesen[119], bevor er nach dem deutschen Überfall auf Polen nicht nur stellvertretender Hauptgeschäftsführer der Industrie- und Handelskammer im Warthegau wurde, sondern zwischen Dezember 1939 und August 1940 in der Treuhandstelle Posen auch als „Hauptreferent für die Vermögenserfassung" tätig war, dem „das wichtige Aufgabengebiet der Erfassung und Beschlagnahme der polnischen und jüdischen Vermögensmassen" oblag.[120] „Herr Dr. Thomaschewski ist ausserdem Sachbearbeiter für die Überführung der kommissarisch verwalteten Betriebe in das Eigentum der in Frage kommenden Kaufleute, ferner bearbeitet er die Gutachten, die bezüglich der Anträge der reichsverbürgten Kredite zu stellen sind."[121]

Der Kreditsachbearbeiter Ehrhardt Hofmann (geb. 1902) hatte seit 1922 bei der Dresdner Bank gearbeitet (seit Juli 1939 Mitglied des Vorstandssekretariats der Berliner Zentrale) und war von Oktober 1938 bis Juni 1939 kommissarischer Leiter der Reichenberger Filiale der tschechischen Živnostenská banka gewesen, bevor er ab Ende Oktober 1939 nicht nur zum Geschäftsführer des Ausschusses für reichsverbürgte Kredite beim Reichsstatthalter, sondern ab Dezember desselben Jahres auch zum Hauptreferenten des Referates A IV (Vermögensverwaltung, Geldverkehr und Kreditwesen) der Treuhandstelle Posen bestellt wurde: „Zu den weiteren Aufgaben des von Herrn Hofmann geleiteten Referats gehörte die Beschlagnahme und Verfügung über die Bankguthaben und Depots von Polen und Juden [...] sowie als Sonderaufgabe die Führung der Abwicklung von rund 200 stillgelegten jüdischen Handelsgeschäften in Posen."[122]

Hofmann entsann sich bei seiner Arbeit sicherlich weder zufällig noch ungern seines früheren Arbeitgebers, und so war es eben das Tochterunternehmen der Dresdner Bank, die Ostbank AG Posen, die die zentralen Abwicklungskonten der Treuhandstelle Posen führte:

„8002/11 ‚Beschlagnahmte polnische Bankguthaben'
8002/12 ‚Beschlagnahmte jüdische Bankguthaben'
8002/13 ‚Jüdische Vermögen' [...]
8002/15 ‚Eingänge aus Liquidationen polnischer Banken'."[123]

Die Ostbank wurde auf diese Weise ganz offiziell zur „Hauptbankverbindung" der Treuhandstelle Posen.[124] Auf dasselbe Konto 8002 flossen schließlich auch von Seiten der Gestapo-Stellen im Warthegau zahlreiche Überweisungen „aus dem

---

119 Matelski, Mniejszość niemiecka, S.198f.

120 APP, TP, Nr.993: Personalakte Dr. Martin Thomaschewski.

121 BArch, R 11/1858, Bl.290-324, hier Bl.309: „Prüfstelle für den Bereich der Organisation der gewerblichen Wirtschaft in der Reichswirtschaftskammer: Bericht über die Prüfung der Finanzwirtschaft u.s.w. der Industrie und Handelskammer Posen, der Bezirksstelle Hohensalza, der Aussenstelle Leslau und der Aussenstelle Kalisch" [1941].

122 APP, TP, Nr.510: Personalakte Ehrhardt Hofmann.

123 APP, TP, Nr.2181: TP (gez. Hofmann) an Ostbank Posen, 6.6.1940.

124 BArch, R 144/344: TP an HTO, 14.11.1940.

Nachlaß verstorbener Polenschutzhäftlinge" in Höhe von schätzungsweise einigen Zehntausend Reichsmark.[125] Am 17. Februar 1941, dem Tag, an dem die Treuhandstelle Posen formal der Behörde des Reichsstatthalters untergeordnet wurde[126], kündigte Hofmann bei der Treuhandstelle Posen, um am 1. April die Posener Niederlassung der Deutschen Industriebank zu übernehmen.[127] Einen kompetenteren Generalbevollmächtigten hätte die Industriebank im Warthegau kaum finden können. Inwieweit aber das Institut in der Folgezeit vom Know-how Hofmanns zu profitieren vermochte, lässt sich den diesbezüglichen Archivalien nicht entnehmen.

Die Konfiskationen nahmen bei der indigenen Bevölkerung beträchtliche Ausmaße an und hatten bereits im Frühjahr 1940 die unerwartete Nebenerscheinung, dass die Wohlfahrtsämter im Warthegau ihre Unterstützungsleistungen für enteignete Polen von der Treuhandstelle Posen zurückforderten, und zwar „mit der Begründung, dass [...] die Treuhandstelle verpflichtet ist, [...] nunmehr auch die Kosten, die die Städte für die vermögenslos gewordenen Polen haben übernehmen müssen, auf das Reich rückabdecken zu können".[128] Geregelt wurde dieses Problem durch den Bescheid der HTO vom 4. Mai 1940 betreffend „Wohlfahrtsunterstützung von Polen und Juden, deren Vermögen beschlagnahmt ist".[129] Eine Unterstützung wurde Bedürftigen grundsätzlich nur in dem Falle zuteil, dass ihr Vermögen von der HTO zuvor beschlagnahmt worden war und die Höhe dieser Vermögenswerte die Kosten für eine Unterstützung decken konnte. Diese Regelung wurde zum 31. März 1942 aufgehoben – ein Zusammenhang mit dem drei Monate zuvor begonnenen Judenmord ist zu vermuten, aber nicht zu belegen. Erstattungsanträge mussten fortan an die Bezirksfürsorgeverbände bzw. an die vereinzelt noch bestehenden jüdischen Kultusgemeinden weitergeleitet werden.[130] Keine befreiende Wirkung hatte diese Regelung für Guthaben auf so genannten begrenzt verfügbaren Sicherungskonten (BvS-Konten), deren Auszahlung an Juden nur nach vorheriger Freigabe durch die HTO möglich war.[131] Entsprechende Anträge etwa seitens der oberschlesischen jüdischen Gemeinden wurden von

125 APP, TP, Nr. 2214.

126 Vgl. APP, RRW, Nr. 1786, Bl. 37: A. W. Schürmann: Veränderungen in der HTO-Organisation. Erhebliche Stärkung der Gauinstanz (Ostdeutscher Beobachter Nr. 64 vom 5. 3. 1941).

127 APP, TP, Nr. 510.

128 APG, TDW, Nr. 5, Bl. 81–166, hier Bl. 97: Treuhandbesprechung in der HTO am 23. und 24. 7. 1940.

129 Wohlfahrtsunterstützung von Polen und Juden, deren Vermögen beschlagnahmt ist. Bescheid vom 4. 5. 1940, in: MBlHTO 1940, Nr. 6, S. 215 (publiziert von Pospieszalski, Hitlerowskie „prawo" okupacyjne w Polsce, część I, S. 236f.); vgl. für den schlesischen Raum AŻIH, American Jewish Joint Distribution Committee, Nr. 649, Bl. 9: TK (gez. Michael Graf von Matuschka) an den Leiter der Ältestenräte der jüdischen Kultusgemeinden in Ostoberschlesien, Sosnowitz, 24. 8. 1940, betr. Unterstützung der Juden.

130 APG, TDW, Nr. 14, Bl. 27–37, hier Bl. 28: Mitteilungsblatt der Treuhandstelle Danzig-Westpreußen 2/42 vom 3. 3. 1942 betr. Wohlfahrtsunterstützung an Polen und Juden, deren Vermögen durch die Haupttreuhandstelle Ost beschlagnahmt ist.

131 APŁ, GV, Nr. 29601, Bl. 10: Bank Litzmannstädter Industrieller an Gettoverwaltung vom 17. 2. 1941. Die Grundlage bildete die oben angeführte Regelung der HTO vom 4. 5. 1940 (siehe Anm. 129).

der Treuhandstelle wiederholt abgelehnt.[132] Zahlreiche Guthaben waren zudem im Tätigkeitsbereich der Kreditinstitute gar nicht mehr vorhanden, sondern längst an die Treuhandstellen abdisponiert worden.

Neben den Treuhandstellen in den eingegliederten Ostgebieten wurde zur Verwaltung polnischen Vermögens auf dem Gebiet des Altreichs („restliche Ostentjudung“[133]) von der HTO Ende 1940 die „Sonderabteilung Altreich“ eingerichtet, von der jedoch nur wenige Unterlagen erhalten sind und über deren Geschäftsvolumen kaum Angaben vorliegen. Zum konfiszierten polnischen Privatvermögen gehörte u.a. das durch Anweisung des RSHA vom 4. September 1939 an das Deutsche Reich gefallene Eigentum des Verbandes der Polen in Deutschland (ZPwN) sowie aller anderen polnischen Institutionen auf Altreichsgebiet, darunter 21 polnische Kreditinstitute respektive Kreditgenossenschaften.[134] Den Vertretern des ZPwN wurde am 7. September eröffnet, dass die ihm zugehörigen Banken und Genossenschaften ihre Tätigkeit einzustellen hätten und der treuhänderischen Verwaltung des Geheimen Regierungsrates August Schmid unterstellt seien. Die Bestimmung jedoch, dass eine „allgemeine Auflösung und Vermögenseinziehung“ nur dann stattfinde, wenn „eine Organisation oder Einrichtung staatsfeindliche Zwecke verfolgt“ habe[135], sollte in der Folge keine praktische Wirkung entfalten, denn spätestens mit der Verordnung vom 27. Februar 1940 war der Kommissar gehalten, die „Verwaltung der Organisationen der polnischen Volksgruppe mit dem Ziel ihrer Liquidation“ zu führen.[136]

Insgesamt betrachtet war der Gesamtkomplex der Liquidation und Abwicklung des polnischen Vermögens im Altreich, soweit deutsche Kreditinstitute am Abwicklungsgeschäft beteiligt waren, eine wenig lukrative Angelegenheit. So handelte es sich bei den meisten der durch die Sonderabteilung Altreich eingezogenen Beträge um geringe Volumina von Reichsmarkbeträgen, die die Grenze von 100,– RM selten, die von 1 000,– RM praktisch niemals überschritten, ja teils im einstelligen Reichsmarkbereich lagen. Summarisch beschlagnahmte die Sonderabteilung Altreich bis Ende 1942 aber immerhin über 19 Mio. RM.[137] Der damit

---

[132] APK, TK, Nr. 1412, Bl. 14: Der Leiter der Ältestenräte der jüdischen Kultusgemeinden in Ost-Oberschlesien, Sosnowitz, an Treuhandstelle Kattowitz, 27. 7. 1940, betr. Vorschüsse.

[133] Zit. nach Bernhard Rosenkötter: Die Ausweitung der Enteignungspolitik. Die Rolle der HTO und der „Sonderabteilung Altreich“, in: Katharina Stengel/Susanne Meinl (Hg.), Der Fiskus und die Enteignung der Juden in Europa. Frankfurt a. M./New York 2007 [im Druck] [Vortragsmanuskript].

[134] Chałupczak, II Rzeczpospolita a mniejszość polska w Niemczech, S. 183f.; Wrzesiński, Polski ruch narodowy w Niemczech w latach 1922-1939, S. 402f.

[135] Vermerk (gez. Regierungsrat Behrend) vom 7. 9. 1939 betr. die Besprechung im RMdI über die Maßnahmen gegen die Organisationen der polnischen Volksgruppe im Reich, zit. nach Alfred Konieczny: Likwidacja polskiego stanu posiadania w Niemczech w latach 1939-1944, in: Studia nad faszyzmem i zbrodniami hitlerowskimi 1 (1974), S. 41-63, hier S. 58f.

[136] VO über die Organisation der polnischen Volksgruppen im Deutschen Reich vom 27. 2. 1940 (RGBl. I 1940, S. 444), § 3.

[137] BArch, R 144/518-519: Rechenschaftsbericht der HTO über ihre Tätigkeit in den Jahren 1939-1942, S. 309f. [Łuczak (Hg.), Grabież polskiego mienia, S. 257].

verbundene Arbeitsaufwand hatte zum überwiegenden Teil auf Seiten der Kreditinstitute gelegen.[138]

Die Polenvermögensverordnung

Die „gesetzliche“ Grundlage für die Beschlagnahmung des immensen staatlichen und privaten Vermögens in den eingegliederten Gebieten wurde vergleichsweise spät geschaffen. Der „Verwertung“ des staatlichen Vermögens diente die „Verordnung über die Sicherstellung des Vermögens des ehemaligen polnischen Staates“ vom 15.Januar 1940.[139] Schwerer tat man sich dagegen mit dem von der HLKO weitreichend geschützten Privatvermögen. Noch im Juli 1940 hatte die HTO beim RMdI angeregt, die Geltung der Verordnung über den Einsatz des jüdischen Vermögens vom 3.Dezember 1938[140] in den eingegliederten Ostgebieten einzuführen. Der RMdI machte jedoch formale Bedenken geltend, denn die Verordnung setze „die Geltung der Begriffe ‚jüdischer Gewerbebetrieb‘ im Sinne der Dritten Verordnung zum Reichsbürgergesetz vom 14.Juni 1938 – RGBl. I S.627 – und ‚Jude‘ im Sinne des §5 der Ersten Verordnung zum Reichsbürgergesetz vom 14.November 1935 – RGBl. I S.1333 – voraus“[141], und dies auch nur in Bezug auf reichsdeutsche Juden. Eine entsprechende, von den beteiligten Ministerien monatelang diskutierte „Verordnung über die Behandlung von Vermögen der Angehörigen des ehemaligen polnischen Staates“ datierte erst vom 17.September 1940. Lapidar heißt es dort in Paragraph 1: „Vermögen von Angehörigen des ehemaligen polnischen Staates unterliegt [...] der Beschlagnahme, kommissarischen Verwaltung und Einziehung.“[142]

Entsprechend dieser Verordnung galt Polen nicht als Feindstaat. Während Feindvermögen sequestriert und weitgehend völkerrechtskonform verwaltet wurde, wurde polnisches Vermögen „verwertet“.[143] Zutreffend ist in diesem Zusammenhang Raul Hilbergs Hinweis auf die retardierte Einführung dieser Verordnung[144], denn analoge Maßnahmen waren im Generalgouvernement bereits im

[138] Die von der Sonderabteilung bis Mitte 1943 erzielte Bilanzsumme über 79,5 Mio. RM basiert in erster Linie auf dem Verkauf von Immobilien und Forderungen. Dingell, Tätigkeit der Haupttreuhandstelle Ost, S.64. Rosenkötter, Ausweitung der Enteignungspolitik [Manuskript], beziffert den „Verwertungserlös“ der Sonderabteilung Altreich bis Januar 1945 mit 115 Mio. RM. Im Juli 1943 befanden sich noch 2700 Grundstücke mit einem Schätzwert von 200 Mio. RM sowie 20000 weitere Objekte (ca. 100 Mio. RM) in ihrer Verwaltung, d.h. die „Verwertung“ gelang bis Kriegsende nur im Ansatz.

[139] RGBl. I 1940, S.174.

[140] RGBl. I 1938, S.1709.

[141] APG, TDW, Nr.10, Bl.47–49, hier Bl.47: RMdI (gez. Stuckart) an RWM, 25.7.1940, betr. Behandlung des Vermögens von Juden deutscher Staatsangehörigkeit in den eingegliederten Ostgebieten.

[142] RGBl. I, S.1270; Hermann Höpker-Aschoff: Die Abwicklung der Forderungen und Schulden polnischer Vermögen, in: Bank-Archiv 1941, S.359–361.

[143] Stephan H. Lindner: Das Reichskommissariat für die Behandlung feindlichen Vermögens im Zweiten Weltkrieg. Stuttgart 1991, S.25, 30, 142. Zu den Kompetenzstreitigkeiten zwischen HTO und RKV vgl. ebd., S.153ff.; APP, TP, Nr.95, Bl.2f. (PD); APP, TP, Nr.1659: Verzeichnis von Unternehmungen, an denen feindliches Vermögen mit über 50% beteiligt ist [31.8.1940].

[144] Hilberg, Vernichtung, S.252.

November 1939 dekretiert worden.[145] Die Ursache hierfür dürfte in der Beteiligung zahlreicher, teils konkurrierender Stellen während der Entwurfsphase der Polenvermögensverordnung zu suchen sein.[146]

Nach welchem Muster private Vermögen zugunsten des Reiches eingezogen werden sollten, zeigt der Paragraph 2 der Polenvermögensverordnung:

„(1) Die Beschlagnahme *ist* auszusprechen bei Vermögen a) von Juden, b) von Personen, die geflüchtet oder nicht nur vorübergehend abwesend sind.

(2) Die Beschlagnahme *kann* ausgesprochen werden, a) wenn das Vermögen zum öffentlichen Wohl, insbesondere im Interesse der Reichsverteidigung oder der Festigung des deutschen Volkstums benötigt wird. [...]

(4) Von der Beschlagnahme sollen regelmäßig ausgenommen werden: a) bewegliche Sachen, die ausschließlich der persönlichen Lebensführung zu dienen bestimmt sind, b) Bargeld, Bank- und Sparkassenguthaben sowie Wertpapiere bis zu einem Gesamtwert von eintausend Reichsmark."[147]

Selbst diese Regelung, besonders die Konditionalform in Absatz 2, sollte in der Praxis Illusion bleiben. Intern galt für die HTO und die Kreditinstitute, dass von der Kann-Vorschrift, die „lediglich aus politischen Gründen gewählt wurde", Gebrauch gemacht werden *musste*. Darüber hinaus verfielen Bank- und Sparkassenguthaben regelmäßig „auch dann der Beschlagnahme, wenn sie RM. 1000,– nicht" überschritten.[148] Der zuständige Rechtsanwalt der HTO, Bruno Pfennig, verwies in einem Vortrag vom Oktober 1940 darauf, dass es „politische, insbesondere aussenpolitische Gründe" gewesen seien, „welche zu der gewählten Formulierung [der Kann-Vorschrift] des §2 geführt haben. [...] Da diese Gebiete alle deutsch gemacht werden müssen, so müssen die Polen aus diesem Raum, insbesondere auch in vermögensrechtlicher Hinsicht, verschwinden. Infolgedessen ist der Fall des §2 Abs. 2 Buchst. a regelmässig als gegeben anzusehen."[149]

Entsprechend unstrittig war auch die sofortige Beschlagnahme deutschen Grundbesitzes, der Polen als Erben zufiel, „da derartige Beschlagnahmen, die zwar Neuvermögen betreffen, immer im Interesse der Festigung deutschen Volkstums" lägen.[150] Von der geschilderten „Rechtsauslegung" waren in der Praxis in zahlreichen Fällen auch diejenigen betroffen, auf die §2 Abs. 1 der Polenvermö-

---

145 VO über die Beschlagnahme des Vermögens des früheren polnischen Staates innerhalb des Generalgouvernements vom 15.11.1939 (VOBlGGP. 1939, S.37).

146 Beteiligt waren neben der HTO und dem RWM auch das RMdI, der RKF sowie die Behörde des Reichsstatthalters im Warthegau; vgl. die diesbezügliche Korrespondenz in: APP, RRW, Nr.815, Bl.3-73; BArch, R 2/56168, Bl.40ff. Vgl. Rosenkötter, Treuhandpolitik, S.125-133.

147 RGBl. 1940 I, S.1270.

148 APP, RRW, Nr.815, Bl.71-73, hier Bl.71: Dr. Leibrock an Regierungsassessor Dr. Korth, 15.10.1940, betr. Abhandlung über die Verordnung über Behandlung von Vermögen der Angehörigen des ehemaligen polnischen Staates vom 17.9.1940; Verwaltungsvorschriften zur PolVermVO vom 30.5.1941, in: MBlHTO 1941, Nr.5, S.194.

149 APG, TDW, Nr.6, Bl.353-385, hier Bl.357: „Vortrag des Herrn Rechtsanwalt Pfennig in Posen am 14.10.1940 zur Verordnung über die Behandlung von Vermögen der Angehörigen des ehemals [sic] polnischen Staates vom 17.9.1940."

150 APK, TK, Nr.177, Bl.4-6, hier Bl.4: TK, Abt. A II, an Abt. A III im Hause, 10.7.1944, betr. Tätigkeitsbericht A II – 2. Quartal 1944.

gensverordnung formal gar nicht zutraf, wie etwa im Falle des Kirchenvermögens.[151] Die Beliebigkeit erreichte dabei ein Ausmaß, angesichts dessen die Frage gerechtfertigt ist, wozu man sich im Kreditsektor überhaupt noch auf die Verordnung berief. In einer internen informellen Durchführungsanleitung zur Polenvermögensverordnung führte Max Winkler aus:

„Solange Polen und polnische Juden in den deutsch gewordenen Gebieten verbleiben und am Wirtschaftsleben teilnehmen, muß es ihnen möglich bleiben, neues Vermögen zu bilden, insbesondere Guthaben aus neuersparten oder verdienten Geldern beschlagnahmefrei bei den deutschen Kreditinstituten zu unterhalten. Indessen sind die Grenzen zwischen ‚Altvermögen' und ‚Neuvermögen' flüssig. [...] Zur praktischen Unterscheidung von Altvermögen und Neuvermögen bestimme ich: [...]

Nach § 2 Abs. 4 PolVermVO ist eine Freigrenze zu gewähren. Es sollen von der Beschlagnahme regelmäßig ausgenommen werden Bargeld, Bank- und Sparkassenguthaben, sowie Wertpapiere bis zu einem Gesamtwert von RM 1000,–. Diese Vorschrift ist nur eine Sollvorschrift, also nicht zwingend. Kein polnischer Staatsangehöriger hat daher einen Anspruch auf die Freigrenze. [...]

Noch anwesenden polnischen Juden ist die Freigrenze [...] regelmäßig nicht zu gewähren. Nach den allgemeinen Sicherungsanordnungen der Devisenstelle vom November 1939 waren die Juden verpflichtet, unverzüglich ihre RM 1000,– übersteigenden Barbestände bei einem deutschen Kreditinstitut einzuzahlen. Es ist anzunehmen, dass die Juden bereits von dieser Freigrenze Gebrauch gemacht und daher jeweils RM 1000,– Bargeld zurückgehalten haben."[152]

Eine gewisse Einschränkung erfährt damit auch die besonders von Rosenkötter prononciert vertretene These[153], wonach die Wirtschaftsverbrechen der HTO gewissermaßen die verlängerte Tradition der „Arisierungen" im Altreich und Österreich darstellen, es andererseits jedoch auf Seiten der Treuhandstellen keine signifikante Unterscheidung zwischen Polen und Juden gegeben habe. Wie die Aktenlage zeigt, ist eine Ineinssetzung von „Fremdvölkischen" und Juden auch im Falle der Kreditinstitute, die mit der Verwaltung und Abwicklung beschlagnahmter und eingezogener Gelder in ihrem Geschäftsbereich betraut wurden, nicht vorgenommen worden. Beschränkt man den „Arisierungs"-Begriff auf den engeren Aspekt der Überführung jüdischen Eigentums in „arischen" Besitz, so lässt sich in den

[151] Kazimierz Śmigiel: Die katholische Kirche im Reichsgau Wartheland 1939–1945. Dortmund 1984, S. 64f., 74f.

[152] Rundverfügung an alle Treuhandstellen betr. Beschlagnahme von polnischen und jüdischen Guthaben, Depots und Schließfächern bei Kreditinstituten vom 13. 11. 1940, in: MBlHTO 1941, Nr. 1, S. 70 (publiziert bei Pospieszalski, Hitlerowskie „prawo" okupacyjne w Polsce, część I, S. 228ff.). Vgl. APG, TDW, Nr. 9, Bl. 379–383: Vertrauliches Rdschr. der TDW vom 20. 11. 1940 an die Leiter aller deutscher Kreditinstitute im Bezirk der TDW betr. Guthaben, Depots und Safes von Polen und polnischen Juden; vgl. APK, TK, Nr. 1902, Bl. 57–59: Vertrauliches Rdschr. der TK an die Leiter aller deutschen Kreditinstitute im Bezirk der TK vom 15. 11. 1940 betr. Guthaben, Depots und Safes von Polen und polnischen Juden.

[153] Rosenkötter, Treuhandpolitik, S. 150–171; vgl. Dingell, Tätigkeit der Haupttreuhandstelle Ost, S. 13.

eingegliederten polnischen Gebieten zudem nicht eigentlich von „Arisierungen" als vielmehr von Vermögensentziehung sprechen.

Nachdem die Polenvermögensverordnung die Beschlagnahme polnischen und jüdischen Vermögens verfügt hatte, konnte es nur eine Frage der Zeit sein, bis man an die Einziehung und endgültige Verwertung der beschlagnahmten Vermögen ging. Selbst das Reichssicherheitshauptamt musste jedoch zugeben, dass es hierfür nach wie vor keine Rechtsgrundlage gab: „In den eingegliederten Ostgebieten leitet sich die Zuständigkeit der Geheimen Staatspolizei zur Beschlagnahme volks- und staatsfeindlichen Vermögens aus dem Gesamtauftrag her, der der Deutschen Polizei im allgemeinen und der Geheimen Staatspolizei im besonderen im Zuge des Neuaufbaus des nationalsozialistischen Staates erteilt worden ist [...]. Für die Einziehung fehlt es in diesen Gebieten nach wie vor an einer gesetzlichen Grundlage."[154]

Bezeichnenderweise kam es in der Zusammenarbeit zwischen Treuhandstellen und Kreditinstituten vorübergehend zu Problemen mit den Verordnungen, die den Kreditinstituten zuvor zur Auflage gemacht worden waren und auf deren Einhaltung diese nun ein Stück weit bestanden. So verweigerten einige oberschlesische Sparkassen im Herbst 1941 unter Verweis auf ihre Satzung und das Kreditwesengesetz die Überweisung der Guthabenbeträge von zuvor beschlagnahmten Sparbüchern, weil seitens der Treuhandstelle die Sparbücher selbst nicht vorgelegt worden seien, was zu einer Kraftloserklärung zwingend gehöre.[155] Der formale Widerstand der Sparkassen währte indes nicht lange, denn ein entsprechender Erlass des RWM war bereits im Mai 1941 ergangen, der nun von der HTO nur bekannt gegeben werden musste: „Voraussetzung hierfür ist jedoch, daß in solchen Fällen die die Beschlagnahme aussprechenden und die Auszahlung der Überweisung anordnenden Stellen der Sparkasse gegenüber die Erklärung abgeben, daß sie sich zur Erstattung des beschlagnahmten und eingezogenen Betrages, einschließlich Zinsen, verpflichten, sofern auf Grund einer später erfolgenden Vorlage des Sparkassenbuches berechtigte Ansprüche gegen die Kasse geltend gemacht werden sollten."[156]

Auf diese Weise (und nach Verhandlungen der HTO mit dem Sparkassen- und Giroverband[157]) erhielten die Sparkassen eine Rechtsgarantie, die sich durchaus einfügt in die allgemeinen Bestrebungen der Kreditinstitute, ihr Geschäftsrisiko gegenüber behördlichen Maßnahmen zu reduzieren. Es ist zudem nicht auszuschließen, dass in der Forderung solcher Garantien neben der Angst vor einer all-

---

[154] Runderlass des RSHA betr. Behandlung des Vermögens der Angehörigen des ehemaligen polnischen Staates vom 21.1.1941, in: MBlHTO 1941, Nr. 3, S. 130.

[155] APK, TK, Nr. 1902, Bl. 37: TK an die Hauptstelle der Kreissparkasse Teschen, an die Hauptzweigstelle Jablunkau sowie an die Hauptzweigstelle Orlau, 16.10.1941, betr. Bankguthaben polnischer Gläubiger bei deutschen Banken; ebd., Bl. 38: Kreissparkasse Teschen an TK, 21.10.1941, betr. Bankguthaben polnischer Gläubiger bei deutschen Banken; ebd., Bl. 36: Aktenvermerk der TK vom 16.10.1941.

[156] Erlaß des RWM betr. Beschlagnahme polnischer Sparguthaben vom 17.5.1941, in: MBlHTO 1941, Nr. 8, S. 327.

[157] BArch, R 144/518–519: Rechenschaftsbericht der HTO über ihre Tätigkeit in den Jahren 1939–1942, S. 320 [Łuczak (Hg.), Grabież polskiego mienia, S. 264].

gemeinen Erosion des Eigentumsbegriffs auch ein gewisses Misstrauen gegen die Langlebigkeit der nationalsozialistischen „neuen Ordnung" zum Ausdruck kam.

Die Deutsche Volksliste (DVL) und das Problem der Volkstumszugehörigkeit

Die Polenvermögensverordnung bedeutete für die Kreditinstitute einen sehr umfangreichen Arbeitsanfall, denn es mussten gemäß der Vorschrift – „Fehlanzeige ist erforderlich!" – sämtliche Konten auf die „rassische" bzw. Volkstumszugehörigkeit ihrer Inhaber überprüft und gegebenenfalls angemeldet werden. Der damit verbundene Aufwand wuchs exponential mit steigendem Anteil von „Volksdeutschen" an der Regionalbevölkerung, denn während beispielsweise im Osten des Warthegaus bei den meisten Sparkassen davon ausgegangen werden konnte, dass die überwiegende Mehrzahl der Konten meldepflichtig waren, so bedurfte es in Oberschlesien, Danzig-Westpreußen und dem Westen des Warthegaus (Regierungsbezirk Posen) der Einzelfallprüfung. Erschwerend kam noch hinzu, dass zum Zeitpunkt der Erfassung (Herbst 1940) eine für die Gesamtheit der eingegliederten Ostgebiete verbindliche Regelung der Deutschen Volksliste noch ausstand und die vorab und provisorisch erdachten Kategorien in Danzig-Westpreußen, dem Warthegau und Oberschlesien höchst unterschiedlich gehandhabt wurden.[158] Die Deutsche Volksliste führte dementsprechend zu erheblichen Problemen auf der ökonomischen Seite der „Germanisierung", denn die unterschiedlichen Abteilungen entschieden über den Grad, inwieweit die Angehörigen der DVL über ihr Eigentum verfügen durften. Die von Himmler in seiner Eigenschaft als RKF im Dezember 1939 eilends durchgeführte „einmalige Erfassung der Bevölkerung" war hierfür naturgemäß von nur begrenzter Verlässlichkeit.[159] In Schlesien wurde die Erstellung so genannter Polenlisten überhaupt erst im Januar 1941 angeordnet, weil „eine gründliche, eindeutige Aussonderung und Klärung der Bevölkerungsverhältnisse in den neuen oberschlesischen Gebieten bisher nicht erfolgt" war, und es daher, wie Gauleiter Fritz Bracht zugeben musste, „nach wie vor bei der Behandlung und Entscheidung zahlloser Fälle hinsichtlich der Volkstumszugehörigkeit zu Fehlentscheidungen" komme.[160] Entsprechend regte sich im

---

158 VO über die Errichtung einer deutschen [sic] Volksliste, in: VOBlCdZP6 (1939), S. 51; VO über die Deutsche Volksliste und die deutsche Staatsangehörigkeit in den eingegliederten Ostgebieten vom 4. 3. 1941 (RGBl. I, S. 118). Zu diesen nicht identischen Volkslisten vgl. Łuczak, Pod niemieckim jarzmem, S. 57–65; allgemein zur DVL Koehl, RKFDV, S. 139ff.; Karol Marian Pospieszalski: Niemiecka Lista Narodowa w „Kraju Warty". Poznań 1949; BArch, R 2/5834, Bl. 546f.: RMdI an Oberste Reichsbehörden, 16. 6. 1941, betr. Neuregelung der Staatsangehörigkeit in den eingegliederten Ostgebieten.

159 APK, Oberpräsidium Kattowitz, Nr. 826, Bl. 90–95: Schnellbrief des RFSS und Chef der Deutschen Polizei im RMdI (gez. Daluege) an die Reichsstatthalter und Oberpräsidenten, 25. 11. 1939, betr. Volkszählung in den rückgegliederten und den neu zum Reich tretenden ehemals polnischen Gebieten.

160 APK, TK, Nr65, Bl. 54–59, hier Bl. 58: Allgemeine Anordnung Nr. 1/41 (gez. Bracht) von Januar 1941 betr. „Behandlung der Bevölkerung in den neuen oberschlesischen Kreisgebieten, insbesondere in sozialer und wirtschaftlicher Hinsicht/Einführung einer Polenliste". Zum Volkslistenverfahren in Oberschlesien vgl. Zygmunt Izdębski/Paweł Rybicki: Niemiecka Lista Narodowa na Górnym Śląsku. Katowice 1946; Edward Serwański: Hitlerowska polityka narodowościowa na Śląsku w pierwszym okresie okupacji (Sprawa tzw. Einwohnererfassung), in: Przegląd Zachodni 12 (1956), Bd. 1, S. 339–361.

Herbst 1940 auch in Schlesien Widerstand dagegen, *binnen zweier Wochen* das „Vermögen sämtlicher Angehöriger des ehemaligen polnischen Staates mit Ausnahme der Volksdeutschen" listenmäßig zu erfassen und dabei „Juden von übrigen Personen getrennt zu halten".[161] Namentlich der „Treuhänder für die ehemals polnischen Sparkassen in den Regierungsbezirken Kattowitz und Oppeln", Polizeipräsident a.D. Oskar Wackerzapp, gab zu bedenken, dass die genaue Durchführung dieser Anordnung zu „unabsehbaren Folgen führen" würde. „Die Sparkassen müßten praktisch in jedem Falle Nachforschungen darüber anstellen, ob der betreffende Gläubiger Volksdeutscher ist oder nicht. Da die Angehörigen des ehemaligen polnischen Staates im allgemeinen einen vollgültigen Ausweis über ihre Volkstumszugehörigkeit nicht besitzen, ist den Sparkassen eine Legitimationsprüfung in dieser Hinsicht nicht zumutbar. Die Sperre der Guthaben, die erst aufgehoben werden könnte, wenn die Gläubiger ihre deutsche Volkstumszugehörigkeit nachgewiesen haben, würde zu einer starken Verärgerung der Kundschaft führen und die Aufbauarbeit empfindlich hemmen. Ich bitte Sie daher, die Verfügung vom 1. d. Mts. dahin abzuändern, daß zunächst nur die Guthaben und Depots von Juden, soweit sie den Betrag von RM 1000,– übersteigen, zu sperren und der HTO., Treuhandstelle Kattowitz zu melden sind."[162] Dennoch setzten sich in der Folge die Treuhandstellen gegen die Arbeitsökonomie der Kreditinstitute durch, auch wenn man sich in der Tat zu Anfang auf „jüdische Guthaben" konzentrierte und die Anmeldefristen im Bedarfsfalle verlängern musste.

Die im März 1941 für die eingegliederten Gebiete einheitlich eingeführte Deutsche Volksliste unterschied vier Abteilungen, wobei Angehörige der Abteilung 1 und 2 rückwirkend zum 26. Oktober 1939 die deutsche Staatsangehörigkeit erwarben. Angehörige der Abteilung 3 konnten durch Einbürgerung die deutsche Staatsangehörigkeit erwerben, Angehörige der Abteilung 4 schließlich erhielten diese nur mit einer zehnjährigen Widerrufsfrist. Alle übrigen Bevölkerungsteile galten als „Schutzangehörige des Deutschen Reichs".[163] Der Einordnung der „ehemaligen polnischen und Danziger Staatsangehörigen" in die im Übrigen nicht näher definierten Abteilungen ging ein aufwendiges Verfahren voran, das von den Zweigstellen der DVL in den Verwaltungsbehörden, in Einzelfällen vom „Obersten Prüfungshof für Volkszugehörigkeitsfragen" des RKF entschieden wurde. Aber auch nach der Einführung der DVL blieb in Oberschlesien wie in den neuen Reichsgauen die Frage ungelöst, wie insbesondere in vermögensrechtlicher Hinsicht mit den Angehörigen der Abteilung 3 der DVL zu verfahren sei: „Das gesamte sonstige Vermögen der Angehörigen der Abtl. 3 der Deutschen Volksliste dagegen unterliegt grundsätzlich weder den Massnahmen der VO. vom 17.9.1940 noch der VO. vom 12.2.1940. Es soll vielmehr im Interesse der Eindeutschung dieser Personen darauf hingewirkt werden, dass sie in dem Bestand ihres Vermö-

161 APK, TK, Nr. 1902, Bl. 2: Rdschr. der TK (gez. Klose) vom 1.11.1940.

162 APK, TK, Nr. 1902, Bl. 7: Schlesischer Sparkassen- und Giroverband – Der Treuhänder für die ehemals polnischen Sparkassen in den Regierungsbezirken Kattowitz und Oppeln (gez. Oskar Wackerzapp), Breslau, an TK, 9.11.1940, betr. Beschlagnahme von Vermögen der Angehörigen des ehemaligen polnischen Staates.

163 VO über die Deutsche Volksliste und die deutsche Staatsangehörigkeit in den eingegliederten Ostgebieten vom 4.3.1941 (RGBl. I, S. 118).

gens, soweit es irgendwie der Gründung einer neuen Existenz im Altreich nutzbar gemacht werden kann, geschützt werden."[164]

Eine ähnlich positive Regelung galt für Angehörige der Abteilung 3 auch im Falle ihrer Lebensversicherungen, obwohl die reichsdeutschen Versicherer bei der Übernahme der polnischen Policen den Kreis der Versicherten ursprünglich auf Angehörige der Abteilungen 1 und 2 hatten beschränken wollen.[165] Die Praxis sah ohnehin oft anders aus, und zwar keineswegs nur bei Konten, Wertsachen etc., sondern insbesondere auch bei Immobilien und Gewerbebetrieben, die in Abhängigkeit von der DVL-Abteilung beschlagnahmt wurden oder nicht.[166] Jeder Neuzugang in der DVL konnte somit vermögensrechtliche Maßnahmen und Verfügungen der vorangegangenen Jahre mit einem Schlage obsolet machen, jeder Aufstieg in der rassisch-völkischen Hierarchie wurde zu einem potenziellen Restitutionsfall. Bei Eigentum natürlicher Personen wurde die Beschlagnahme in der Regel dann rückgängig gemacht, wenn die betreffende Person ihre deutsche Staatsangehörigkeit bzw. bei „Volksdeutschen" ihre Zugehörigkeit zur DVL (ohne Abteilung 4) nachweisen konnte.

„Die schwankende Behandlung der Volkstumsfrage, die örtlich recht verschieden gehandhabt wurde, hat nicht nur bei der Erfassung, sondern auch bei der Wiederfreigabe von Grundstücken ausserordentliche Schwierigkeiten bereitet und erhebliche zusätzliche Unkosten hervorgerufen. In Danzig-Westpreußen war die Kaschubenfrage Gegenstand lebhafter politischer Auseinandersetzungen. In Ostoberschlesien entwickelte sich im Laufe der Zeit eine der Zwischenschicht, praktisch also den Angehörigen der Volksgruppe III. immer günstigere Anschauung, so dass – ebenfalls wie auch in Danzig-Westpreußen – nicht unwesentliche Bestände zurückgegeben werden müssen. [...] Die Klärung der Volkstumsfrage wirkt sich ausserdem fast in allen Fällen hemmend auf die Verwertung aus."[167]

Erheblichen Schwierigkeiten begegneten die Kreditinstitute schon bei der Erfassung von Bankguthaben, deren Besitzer Angehörige der Abteilungen 3 und 4 der DVL waren. Anders als Forster in Danzig-Westpreußen ging es Greiser keineswegs um eine Erhöhung der Zahl der „Volksdeutschen", auch legte er strengere Maßstäbe an als Forster, was bedeutete, dass mehr Polen ausgewiesen bzw. deportiert werden sollten, um den Prozentanteil der „Volksdeutschen" zu erhöhen.[168] Dementsprechend waren Angehörige der Abteilungen 3 und 4 im Warthegau von der Vermögensbeschlagnahme ebenfalls betroffen, wenngleich eine „Verwertung" ihres Eigentums nur mit Zustimmung des RKF geschehen konnte. Wäh-

---

164 BArch, R 5101/22181, Bl. 19–26, hier Bl. 25: RFSS RKF (gez. Himmler) – Allgemeine AO Nr. 12/C über die Behandlung der in die Deutsche Volksliste eingetragenen Personen vom 9. 2. 1942.

165 Łuczak (Hg.), Grabież polskiego mienia, S. 325; vgl. Rosenkötter, Treuhandpolitik, S. 253.

166 Vgl. Broszat, Nationalsozialistische Polenpolitik, S. 115–119; vgl. APG, HSSPF Danzig-Westpreußen, Nr. 1064, Bl. 9–67, hier Bl. 39–41: Wirtschaftslagebericht des SD Leitabschnitts Danzig III D vom 1. 7. 1941.

167 BArch, R 140/2, Bl. 32f. [PD]: GHTO an HTO (Winkler), 25. 10. 1942.

168 Irreführend Enzyklopädie des Holocaust, Bd. 3, S. 1502; richtig Łuczak, Pod niemieckim jarzmem, S. 57f.

rend Angehörige der Abteilung 3 aber in der Regel ihre Sparbücher bis zu einem Pro-Kopf-Betrag von 5000,– RM behalten durften[169], wurden Angehörige der Abteilung 4 der DVL „in vermögensrechtlicher Hinsicht noch wie Polen behandelt", und es bestand für sie „grundsätzlich keine Möglichkeit zur Verfügung über ihre Werte bei den ehem. poln. Kreditinstituten".[170]

Die Kreditinstitute mussten in der Regel nur auf Grund des Namens der Kontoinhaber entscheiden, ob es sich um zu beschlagnahmende Einlagen handelte oder nicht.[171] Gegen Einwände seitens einzelner Institute, ob diese Methode nicht zu unsicher sei, konterte beispielsweise die Treuhandstelle Posen in einem Schreiben an die Stadtsparkasse Posen vom Mai 1941 wie folgt: „Bei Kontoinhabern mit polnischen Namen bedarf es nicht des ‚einwandfreien Nachweises', daß es Polen sind, um mir Anlaß zur Beschlagnahme zu geben, sondern – umgekehrt – des einwandfreien Nachweises, daß es sich um Volksdeutsche handelt, um die Beschlagnahme zu verhüten. Es darf nicht verkannt werden, daß in unserer von einer starken polnischen Mehrheit besiedelten Stadt die Wahrscheinlichkeit, daß Träger polnischer Namen Polen sind, groß ist. Erfolgt eine Beschlagnahme zu Unrecht, so wird sie nach Klärung des Volkszugehörigkeit aufgehoben werden."[172]

Hier genau befand sich der Dreh- und Angelpunkt, an dem die praktischen Grenzen der Polenvermögensverordnung sichtbar wurden und die innerhalb des Tätigkeitsbereiches der Kreditinstitute lagen. Die Lösung des Problems, was frei und was von wem bis zu welcher Freigrenze zu beschlagnahmen sei, hatte die Wirtschaftsgruppe Privates Bankgewerbe bereits im April 1940 beim RWM angemahnt: „Bei der großen Anzahl der bei einer Großbank für die in den eingegliederten Ostgebieten ansässigen oder ansässig gewesenen Kunden geführten Konten ist es nicht möglich, einwandfrei festzustellen, ob die Inhaber Juden, Polen, sonstige Ausländer oder Volksdeutsche sind. Aus den vielfach polnisch klingenden Namen lassen sich Rückschlüsse bekanntlich nicht ziehen. Die Führung jüdischer Vornamen ist in diesen Gebieten bisher nicht vorgeschrieben und nicht durchgeführt. [...] Zahlreiche für Kunden in den eingegliederten Ostgebieten bestimmte Briefe kommen mit dem Unbestellbarkeitsvermerk zurück, ohne daß die Bank feststellen könnte, ob der Kunde verstorben, innerhalb der eingegliederten Ostgebiete unbekannt verzogen, ausgewandert oder vertrieben ist."[173]

In der verabschiedeten Verordnung vom März 1941 war eine Rechtsgarantie für diejenigen, die ihr Eigentum vorerst hatten behalten dürfen, ohnehin nicht vorgesehen: „Eine endgültige Abstandnahme von einer Beschlagnahme gegenüber

---

169 BArch, R 138 II/2, Bl. 50–53, hier Bl. 52: Reichsstatthalter an alle Behörden, 1. 1. 1942, betr. Behandlung der in die Abteilungen 3 und 4 der DVL aufgenommenen Personen.

170 APP, TP, Nr. 82, Bl. 89: Tätigkeitsbericht über den Arbeitslauf der Abwicklung polnischer Kreditinstitute im Warthegau nach dem Stand vom 31. 12. 1941.

171 APP, TP, Nr. 2214: TP an Stadtsparkasse Posen, 31. 1. 1941.

172 Ebd.: TP an Stadtsparkasse Posen, 3. 5. 1941.

173 RGVA, 1458–15–128: Wirtschaftsgruppe Privates Bankgewerbe – Centralverband des Deutschen Bank- und Bankiergewerbes an RWM, 24. 4. 1940, betr. allgemeine Beschlagnahmen durch einzelne Behörden.

einem Polen ist grundsätzlich ausgeschlossen, weil damit späteren Regelungen der Polenfrage vorgegriffen wird."[174]

Das Wirtschaftsleben in den eingegliederten Gebieten war nicht zuletzt auch deshalb in ständiger Unruhe, weil die Ablösung zahlreicher Treuhänder, die oftmals selbst bereits mit einer Eigenübertragung des von ihnen verwalteten Betriebes gerechnet hatten, und die Einsetzung der Umsiedler, aber auch die Umgruppierungen innerhalb der DVL zu Friktionen führten, angesichts derer eine halbwegs rationale Wirtschaftsplanung und Krediterteilung kaum möglich war. In einem für Justizminister Thierack bestimmten Lagebericht des Präsidenten des Danziger Oberlandesgerichts von Dezember 1942 findet sich ein keineswegs untypischer Fall: „Einer Polin, die mit ihrem Sohn Hauseigentümerin und Inhaberin eines Kurzwarengeschäftes war, wurde das Haus mit dem Geschäft beschlagnahmt. Als kommissarischer Verwalter wurde ein Reichsdeutscher eingesetzt, der sich bei der Wehrmacht an der Ostfront befindet und das Geschäft durch seine Frau führen ließ. Er rechnete damit, daß er hier eine neue Existenz gefunden habe. Zusicherungen in diesem Sinne waren ihm auch gemacht worden. Auf Grund später ergangener Richtlinien wurde ihm jedoch die kommissarische Verwaltung wieder abgenommen und an seiner Stelle ein Bessarabiendeutscher eingesetzt. Inzwischen war die Polin mit ihrem Sohn eingedeutscht und dieser zur Wehrmacht einberufen worden. Grundsätzlich sollen Eingedeutschte, die zur Wehrmacht eingezogen sind, ihr beschlagnahmtes Vermögen wieder erhalten. Auch im vorliegenden Falle soll dieses geschehen. Es ist selbstverständlich, daß sämtliche Personen, die von diesem Verfahren betroffen und nur um Enttäuschungen bereichert worden sind, mit einem solchen planlosen Einsatz ihrer Person und ihrer Geldmittel aufs höchste unzufrieden sind. Infolge dieser labilen Verhältnisse kann natürlich eine Beruhigung der Wirtschaft vorläufig nicht erfolgen."[175]

Dass viele Anträge geraume Zeit benötigten, lag keineswegs daran, dass über die Methoden, sich ehemals polnisches oder jüdisches Eigentum anzueignen, Dissens herrschte, sondern lediglich an dem aufwendigen bürokratischen Verfahren. Darüber hinaus klammerte die Polenvermögensverordnung reichsdeutsche bzw. „reichsangehörige" Juden aus[176], weshalb sich die Bearbeitung zahlreicher Fälle als unerwartet kompliziert herausstellte.[177] Dabei ging es im Falle der Juden schon lange nicht mehr um die Frage, ob eine Beschlagnahme zu erfolgen habe oder

---

174 APG, TDW, Nr. 10, Bl. 43–45, hier Bl. 45: HTO (gez. GVSS) an sämtliche Treuhandstellen, 20.7.1940, betr. Beschäftigung ehemaliger polnischer Inhaber und Betriebsleiter nach der Durchführung der Beschlagnahme durch den kommissarischen Verwalter, bezw. den einzuweisenden künftigen Inhaber.

175 APG, Oberlandesgericht Danzig, Nr. 3069, Bl. 17–19, hier Bl. 18f.: Oberlandesgerichtspräsident (gez. Walter Wohler) an RMdJ Thierack, 17.12.1942, betr. Lagebericht.

176 APG, TDW, Nr. 10, Bl. 257: Rundverfügung HTO vom 19.10.1940 betr. Behandlung des Vermögens von Juden in den eingegliederten Ostgebieten, die nicht die Angehörigkeit des ehemaligen polnischen Staates besitzen; Verwaltungsvorschriften zur PolVermVO vom 30.5.1941, in: MBlHTO 1941, Nr. 5, S. 194.

177 Vgl. APP, RRW, Nr. 2768, Bl. 334–348: Kreditantrag Heinrich Voß bei der Kreissparkasse Altburgund vom 26.7.1940. Der Eigentümer der Düngemittelfabrik, die Voß übernehmen wollte, gab an, reichsdeutscher Jude zu sein, weshalb sich das daraufhin einsetzende Prüfungsverfahren bis Ende 1941 hinzog.

nicht, sondern lediglich darum, welche Dienststelle (Finanzamt, Gestapo oder HTO) sie auszusprechen habe.

Die Elfte Verordnung zum Reichsbürgergesetz vom 25. November 1941 regelte die systematische Aberkennung der Eigentumsrechte deutscher Juden an ihren Vermögen.[178] Ungeklärt blieb dabei die Frage nach dem Eintritt des Vermögensverfalls und der hierfür zuständigen Feststellungsbehörde. Da sich die von den Kreditinstituten eingereichten Sammellisten für die Vermögenserfassung rasch als ungeeignet erwiesen, einigten sich Sicherheitspolizei, Finanzämter und die Banken im März 1942 auf eine Regelung, bei der „die Feststellungsanträge für jeden einzelnen Kontoinhaber gesondert zu stellen" und bei den zuständigen Staatspolizei(leit)stellen einzureichen waren.[179] Den damit verbundenen Arbeitsaufwand kompensierten die Banken durch eine Erhöhung der Gebühren.[180] Der Vermögensverfall trat im Falle deutscher Juden in der Regel mit ihrer Deportation ein, und zwar auch dann, wenn sie beispielsweise in das Getto Litzmannstadt deportiert wurden, d.h. das Gebiet des Deutschen Reiches gar nicht verließen.[181] Deportationen ins Generalgouvernement oder „in den Osten" wurden im Falle von Juden (und Polen) aus den eingegliederten Ostgebieten jedoch bereits vor November 1941 regelmäßig als „Auslandsaufenthalt" interpretiert, der zur Einziehung des Vermögens zugunsten des Reiches berechtigte. Das Feststellungsprocedere sah nach Veröffentlichung der Elften Verordnung zum Reichsbürgergesetz dergestalt aus, dass im Falle der polnischen Juden die Polenvermögensverordnung angewandt wurde. Stellte sich dann heraus, dass der vermutete Pole Reichsbürger oder Protektoratsangehöriger war, galt die Elfte Verordnung. Gerade im Falle der jüdischen Bevölkerung zeigte sich aber allerorts, wie wenig man bei Beschlagnahmen oder anderen Verfügungen über ihr Eigentum entsprechender Verordnungen überhaupt bedurfte. Als das RWM 1940 prüfte, inwieweit „die im übrigen Reichsgebiet geltenden Entjudungsvorschriften auch in diesen Gebieten einzuführen" seien[182], ging man wie selbstverständlich davon aus, dass die Frage „im allgemeinen bereits auf

[178] Elfte Verordnung zum Reichsbürgergesetz vom 25.11.1941 (RGBl. I 1941, S.722). Vgl. zum Nachstehenden Avraham Barkai: Vom Boykott zur „Entjudung". Der wirtschaftliche Existenzkampf der Juden im Dritten Reich 1933-1943. Frankfurt a.M. 1987, S.189ff.

[179] Rdschr. Nr.44 der Wirtschaftsgruppe Privates Bankgewerbe – Centralverband des Deutschen Bank- und Bankiergewerbes vom 20.3.1942 betr. Vermögensverfall ausgewanderter Juden.

[180] APK, Dresdner Bank Kattowitz, Nr.81, Bl.98: Dresdner Bank, Direktion – Filial-Rdschr. Nr.1 vom 3.1.1942 an unsere Niederlassungen betr. Gebührenerhebung für Juden-Konten und -Depots, die unter die elfte Durchführungsverordnung zum Reichsbürgergesetz fallen; ebd., Nr.82, Bl.187: Dresdner Bank, Büro Stempelvereinigung – Filial-Rdschr. Nr.169 vom 23.11.1942 betr. Gebührenberechnung für Juden-Konten und -Depots. Vgl. OFD, HTO, Sonderabteilung Altreich, Nr.19, Akte Nr.14392: Dresdner Bank Frankfurt a.M. an HTO, Sonderabteilung Altreich, 9.6.1941.

[181] Johannes Ludwig: Boykott, Enteignung, Mord. Die „Entjudung" der deutschen Wirtschaft. München/Zürich 1992, S.355: Dresdner Bank an Centralverband des Deutschen Bank- und Bankiergewerbes, 9.4.1942, betr. elfte Verordnung zum Reichsbürgergesetz. Vgl. Hannah Ahlheim: Die Commerzbank und die Einziehung jüdischen Vermögens, in: Herbst/Weihe (Hg.), Commerzbank und die Juden, S.138–172, bes. S.160ff.

[182] Vgl. oben S.112.

dem Verwaltungswege gelöst worden" und dass „hierbei ein Unterschied zwischen polnischen und reichsdeutschen Juden nicht gemacht worden" sei.[183]

1944 war das mit den Angehörigen der Abteilungen 3 und 4 der DVL verbundene Problem der Vermögensbehandlung noch immer nicht gelöst. Die geringste Schwierigkeit stellte hierbei noch der Warthegau dar, in dem Greiser möglichst niedrige Quoten namentlich in der Gruppe 3 der DVL anstrebte. Noch 1944 gehörten nur 1,5 Prozent der wartheländischen Bevölkerung ihr an.[184] Die DVL hatte sich somit als weitgehend ungeeignet erwiesen, und nun, wo der weitere Kriegsverlauf und die Niederlage der Nationalsozialisten absehbar waren, versuchten namentlich die Angehörigen der Abteilungen 3 und 4, sich der damit verbundenen Pflichten (bei ohnehin kaum vorhandenen Rechten) zu entziehen. 1944 ordnete Himmler sogar die Exekution von Angehörigen der DVL 3 in dem Falle an, dass diese die Annahme des Volkslistenausweises verweigerten, „um sich der Wehrpflicht zu entziehen", und auch die Sicherheitspolizei und der SD im Reichsgau Wartheland baten darum, „in Zukunft dem Kommandeur der Sicherheitspolizei [...] ein[en] Sonderbehandlungsvorschlag, gegebenenfalls zur Weiterleitung an das RSHA" vorlegen zu dürfen.[185] Die Chimäre der DVL fand ihren Niederschlag schließlich auch an Hauswänden und in kursierenden Witzen:

„Wenn Du dich nicht einträgst – deine Schuld,
Sofort schicken sie dich nach Auschwitz,
Aber wenn du dich einträgst, bist du ein alter Esel –
Sofort schickt Hitler dich an die Ostfront."[186]

Die Erlöse der Enteignungen polnischen und jüdischen Privateigentums

Die Berechnung der Erlöse, die die HTO unter Mitarbeit der deutschen Kreditinstitute infolge der massiven Eingriffe in die Eigentumsstruktur der eingegliederten Ostgebiete einstrich, schafft eine Reihe von Problemen ganz eigener Art. Bernhard Rosenkötter hat interessante Überlegungen hierüber angestellt, ob die Bilanzen der HTO überhaupt Gewinne ausweisen oder nur mehr oder minder fiktive Ziffern der Kaufkraftabschöpfung.[187] Eine prominente und vor allem sehr frühe Abschätzung stammt vom Leiter der HTO, Max Winkler, selbst: „Wir sind oft gefragt worden, in welchen Grössenordnungen überhaupt unsere Erlöse liegen. Das ist schwer zu sagen. Es ist für die gewerbliche Wirtschaft in der Abteilung Industrie überhaupt noch nicht zu übersehen. Denn wir wissen ja nicht, was von

---

183 APK, Rejencja Katowicka, Nr. 10253, Bl. 22f.: RWM (gez. von Coelln) an die Reichsstatthalter und Regierungspräsidenten in den eingegliederten Ostgebieten, 28.9.1940, betr. Einsatz des Vermögens reichsdeutscher Juden in den eingegliederten Ostgebieten.

184 Kershaw, Greiser, S. 122; Łuczak, Pod niemieckim jarzmem, S. 60f.

185 APP, RRW, Nr. 1174, Bl. 104: SD-Leitabschnitt Posen an Reichsstatthalter, 6.11.1944, betr. Annahmeverweigerung des Volkslistenausweises durch Angehörige der Abteilung 3 der DVL.

186 Alojzy Targ: Śląsk w okresie okupacji niemieckiej (1939–1945). Poznań 1946, S. 42: „Jeśli się nie podpiszesz – twoja wina, zaraz cię wezmą do Oświęcimia, a gdy się podpiszesz, ty stary ośle – zaraz cię Hitler na Ostfront pośle." Über kursierende Witze in Schlesien während der Okkupation vgl. Kazimierz Popiołek: Śląsk w oczach okupanta. Katowice 1958, S. 104–114, 166.

187 Rosenkötter, Treuhandpolitik, S. 277ff.

den 50, 60000 kleingewerblichen Betrieben und Handwerksbetrieben überhaupt herauskommen wird, ob wir da überhaupt etwas Nennenswertes bekommen werden. [...] Es werden aber etwa 150000 Grundstücke verwertet werden können. Ich glaube, diese Zahl ist bescheiden. Und wenn man 150000 Grundstücke auch nur zu einem Durchschnittspreise – den ich auch absichtlich wieder ganz niedrig annehme – von 20000 Mark bewertet – ich weiss, dass in vielen kleinen Städten die Grundstücke nicht 20000 Mark kosten, dafür kosten sie aber in grösseren Städten viel mehr – dann werden das immerhin drei Milliarden."[188]

Solcherart Zitate beantworten freilich nicht die Frage, welche ökonomischen Folgen diese Eingriffe für die Gesamt- bzw. regionale Wirtschaft hatten, die zudem noch den besonderen Erfordernissen der Kriegswirtschaft zu entsprechen hatte. Zwar bedarf es des Hinweises, dass es im Falle eines enteigneten und durch einen Treuhänder weitergeführten Betriebes nicht zum Ausfall eines potenziellen Bankkunden kam; außer Zweifel steht jedoch, dass die treuhänderische Verwaltung vieler Tausender Betriebe durch die HTO zu ganz massiven ökonomischen Friktionen führte. Die Ursachen hierfür waren zu wesentlichen Teilen darin zu suchen, dass die „Volksdeutschen" im Prozess der politischen und administrativen Neuordnung der eingegliederten Gebiete von höheren politischen Posten in der Regel ausgeschlossen worden waren. „So fanden Volksdeutsche vor allem als Treuhänder in der Industrie und in der Landwirtschaft Verwendung, waren [...] diesen Aufgaben häufig nicht gewachsen und erlagen der Versuchung, sich zu bereichern."[189] Aber selbst deren fachliche Eignung vorausgesetzt, mussten ihre Einsetzung, die gleichzeitige Neuordnung und Strukturreform der Gesamtwirtschaft sowie ihre Ausrichtung auf die Kriegsproduktion sowie Integration der Siedlerströme zu Diskontinuitäten führen, deren Umfang kaum verlässlich zu beziffern ist, aber keineswegs unterschätzt werden sollte. „Arisierung" und „Germanisierung" stellen daher keineswegs eine verlustfreie Umverteilung von Marktanteilen dar. Auch und besonders für die eingegliederten Ostgebiete gilt letztlich, dass die Reduktion ökonomischer Komplexität durch den Eingang politischer Zielvorgaben in den Wirtschaftssektor sich als unrentabel, ja nachgerade als desaströs herausstellte. Bei der HTO ging es nicht allein um die Ausbeutungspolitik einer NS-Behörde, sondern um die praktisch vollständige Zerstörung einer ganzen Volkswirtschaft. Neben der an erster Stelle der Schreckensbilanz stehenden Vernichtung des Humankapitals durch Massenmord war die HTO auch eine riesige Kapitalvernichtungsmaschinerie, und ihre Erlöse trugen letztlich nur unerheblich zur Kriegsfinanzierung bei. Die Verkaufserlöse der HTO beliefen sich Ende 1944 auf 1,3 Mrd. RM. Davon entfielen eine Milliarde Reichsmark auf beschlagnahmte private Vermögen und davon wiederum mehr als die Hälfte auf Industriebetriebe mit einem Wert von mehr als 500000,– RM. Diese Erlöse waren für den Kriegsverlauf vergleichsweise unbedeutend, v.a wenn man die Ziffern beispielsweise mit den in Frankreich erhobenen Besatzungskosten ver-

---

188 APG, TDW, Nr. 5, Bl. 81-166, hier Bl. 161 [Winkler]: Treuhandbesprechung in der Haupttreuhandstelle Ost am 23. und 24.7.1940 [dasselbe in: APP, TP, Nr. 95, Bl. 68-109].

189 Umbreit, Deutsche Militärverwaltungen, S. 203.

gleicht.[190] Die Beschäftigung der historischen Forschung mit dem Vermögensentzug bei Juden, mit den „Arisierungen" sowie mit den daraus auf die beteiligten Unternehmen, Kreditinstitute und den Staat entfallenden Gewinnen im Altreich hat oftmals den Blick dafür verstellt, dass dieser umfangreiche Enteignungsprozess für die deutsche Volkswirtschaft eine Katastrophe darstellte; das Gleiche gilt *mutatis mutandis* für die eingegliederten Ostgebiete und das Generalgouvernement.

Die Liquidation polnischer und jüdischer Kreditinstitute

Die deutschen Großbanken hatten ihre Ansprüche im Protektorat Böhmen und Mähren sowie im Sudetengau weitgehend unter sich ausmachen können und ihre dortige Präsenz mit Ausnahme der Commerzbank durch Übernahme tschechischer Niederlassungen erweitert oder überhaupt erst aufgebaut.[191] In den eingegliederten Ostgebieten ging es dagegen keineswegs um die Übernahme, sondern vielmehr um die Liquidation der polnischen Kreditinstitute.[192]

Conditio sine qua non der Expansion reichsdeutscher Kreditinstitute nach Polen war die Schließung und Liquidation der polnischen Banken, Sparkassen und Genossenschaften. Bereits frühzeitig hatten die Nationalsozialisten sich in den eingegliederten Ostgebieten dazu entschlossen[193], sämtliche nichtdeutschen Kreditinstitute zu schließen. Aus nationalsozialistischer Perspektive hätten sich polnische Banken auf einem angeblich „uralten germanischen Siedlungsboden"[194] seltsam ausgenommen, ferner wäre die Fortführung des Geschäftsbetriebes dieser Institute „mit deutschem – des Landes und der Sprache unkundigen – Personal" kaum möglich gewesen.[195] Einen Schnitt hielt man vor allem bei den Sparkassen für notwendig, weil im Falle einer Sanierung für die kommunalen Gewährträger nur das Reich selbst hätte einstehen können.[196] Als bedeutsam erwies sich ein weiteres Problem, dass nämlich Geschäftsunterlagen in den Wirren des Krieges und

---

190 Rosenkötter, Treuhandpolitik, S. 279, 281f., 288; vgl. Ludolf Herbst: Der Totale Krieg und die Ordnung der Wirtschaft. Die Kriegswirtschaft im Spannungsfeld von Politik, Ideologie und Propaganda 1939–1945. Stuttgart 1982, S. 136ff.; für die Niederlande Christoph Kreutzmüller: Händler und Handlungsgehilfen. Der Finanzplatz Amsterdam und die deutschen Großbanken (1918–1945). Stuttgart 2005, S. 118–120.

191 James, Deutsche Bank, S. 368–377; Kopper, Marktwirtschaft und Dirigismus, S. 315–348; OMGUS. Ermittlungen gegen die Deutsche Bank 1946/1947. Nördlingen 1985, S. 214–220, 411–415.

192 In grober Unkenntnis nimmt Emmendörfer an, dass die deutschen Behörden versucht hätten, das „bodenständige Bankwesen zu schützen oder erst zu entwickeln". Emmendörfer, Geld- und Kreditaufsicht, S. 48. Unrichtig auch die Angabe bei James (Deutsche Bank, S. 367f.), der auch im Falle des Warthegaues von der Übernahme von Niederlassungen polnischer Banken durch deutsche Kreditinstitute spricht. Vgl. Der Bankeneinsatz in den rückgegliederten Ostgebieten, in: Bank-Archiv 1939, S. 557f.; Das Danziger Kreditwesen, in: Bank-Archiv 1939, S. 467–471, hier S. 470.

193 Der Liquidierung der polnischen Banken ging intern aber eine länger währende Diskussion voraus; vgl. APG, TDW, Nr. 9, Bl. 9–17, hier Bl. 13: Rdschr. der TDW (gez. Hildebrandt) vom November [?] 1939.

194 Burau, Reichsgau Wartheland und seine Wirtschaft, S. 35.

195 Kasten, Neuordnung der Währung, S. 74; Puhl, Reichskreditkassen, S. 1180.

196 Vgl. Schlesischer Sparkassen- und Giroverband. Geschäftsbericht 1939. Breslau 1940, S. 14.

der Evakuierungen teilweise vernichtet worden waren.[197] Allerdings ist der omnipräsente Topos einer weitgehenden Vernichtung von Geschäftsunterlagen polnischer Betriebe – darunter besonders der Kreditinstitute – stark übertrieben.[198] Ein Bericht erwähnt allein bis April 1940 die Beschlagnahme von über 500 Tonnen Aktenmaterial polnischer Kreditinstitute, ohne dass ihr Verbleib ermittelt werden konnte.[199] In Kattowitz musste der Regierungspräsident den weiteren Abtransport von Altpapier untersagen, weil „bei der Entfernung der polnischen Akten aus den Dienstzimmern der nunmehr im Regierungsgebäude untergebrachten Behörden und Dienststellen z. T. sehr wichtiges Aktengut vernichtet worden" sei.[200] Jedoch sorgte die Verbringung von Aktenmaterial an weit entfernte Orte oftmals für Probleme logistischer Art. So waren beispielsweise die Geschäftsunterlagen einer Reihe von Kreis- und Stadtsparkassen in Großpolen Anfang September in ein Kloster in Lublin transportiert worden, und für einen Rücktransport fehlten zunächst die Transportkapazitäten.[201] Da ein Teil der Geschäftsunterlagen und Werte der Bank Polski und der Bank Związku Spółek Zarobkowych in den ersten Septembertagen 1939 nach Lemberg evakuiert worden war, bemühte sich die Treuhandstelle Posen, in Verhandlungen mit den sowjetischen Stellen die Unterlagen im Wert von geschätzten sieben Millionen Złoty zurückzubekommen, nachdem die sowjetische Regierung sich bereits im Frühjahr 1940 prinzipiell bereit erklärt hatte, bei Nachforschungen nach dem Verbleib verschollener oder verbrachter Geschäftsbücher und anderer Unterlagen behilflich zu sein.[202] Hierzu plante man im Oktober 1940 sogar den Besuch eines Mitarbeiters der Treuhandstelle beim Bankenkommissar in Moskau, um „wenigstens einen Teil der für die Liquidierung und Sicherstellung des Bankenvermögens notwendigen Dokumente zu erlangen".[203]

---

197 Emmendörfer, Geld- und Kreditaufsicht, S. 35. Die Evakuierung betraf vor allem die staatlichen Institute.

198 BArch, R 2501/5513, Bl. 150: Die Wirtschaftssabotage der ehemaligen polnischen Regierung (Völkischer Beobachter Nr. 90 vom 30. 3. 1940). Vgl. Dingell, Tätigkeit der Haupttreuhandstelle Ost, S. 53.

199 APP, TP, Nr. 4307, Bl. 18–20: Bericht über die Verschleppung von Aktenmaterial polnischer Kreditinstitute vom April 1940; vgl. Schaar, Neuordnung des Währungs- und Kreditwesens, S. 141. Im Falle der Bank Handlowy w Warszawie SA. wurden von 16 Filialen bei verschiedenen Evakuierungen und Verlagerungen lediglich die Akten der Filiale Poznań durch Kriegseinwirkung vernichtet; vgl. AAN, Bank Handlowy, Nr. 330, Bl. 19–30, hier Bl. 21: Oddziały Banku Handlowego w Warszawie S.A. w czasie wojny 1939–1945 r.; Zbigniew Landau/Jerzy Tomaszewski: Bank Handlowy w Warszawie S. A. Historia i rozwój 1870–1970. Warszawa 1970, S. 121.

200 APK, Rejencja Katowicka, Nr. 4507, Bl. 1: Regierungspräsident an alle im Dienstgebäude der Regierung befindlichen Behörden, 31. 10. 1939.

201 APP, CdZ Posen, Nr. 30, Bl. 1–9.

202 APG, TDW, Nr. 9, Bl. 73: HTO an TDW, 29. 3. 1940.

203 APP, TP, Nr. 147, Bl. 234: SS-Obersturmführer Udo Milbradt, TP, an SS-Abschnitt XXXXII, Gnesen, 6. 9. 1940, betr. Genehmigung einer Reise nach Moskau. Mitte September 1940 erteilte das SS-Personalhauptamt seine Zustimmung (Bl. 228). APK, TK, Nr. 64, Bl. 234: HTO an die Treuhandstellen, 5. 11. 1940, betr. Herausgabe von seinerzeit in das sowjetrussische Interessengebiet verbrachten Wertpapieren. Demzufolge war die Suche der sowjetischen Behörden in der Weißrussischen SSR erfolglos abgeschlossen worden, wohingegen die Suche in der Ukraine noch andauerte. Dingell, Tätigkeit der Haupttreuhandstelle Ost, S. 100.

Diese Schwierigkeiten und die vor der Inkraftsetzung der Polenvermögensverordnung allein auf Anordnungen der CdZ basierende Rechtslage sollten jedoch weder die HTO noch die deutschen Kreditinstitute davon abhalten, bereits im Winter 1939/1940 mit der „Verwertung" der polnischen Institute zu beginnen, wobei man kraft der Verordnung für Kreditinstitute vom 15. September 1939 das später aus der Polenvermögensverordnung resultierende „Recht" zur Beschlagnahme von Kreditinstituten gewissermaßen im Vorgriff praktizierte.[204] Für die erfassten polnischen Kreditinstitute wurden hierfür seitens der HTO bzw. der jeweils zuständigen Bankenaufsichtsstelle aus den Leitungen der am Ort ansässigen deutschen Institute kommissarische Verwalter bestallt.[205] Die Aufgabe der Liquidatoren bestand im Wesentlichen darin, die bestehen gebliebenen Forderungen bzw. Verbindlichkeiten festzustellen und gegebenenfalls – bei Reichs- oder „Volksdeutschen" sowie bei Rücksiedlern – zu befriedigen. Dass die Termini „kommissarischer Verwalter" bzw. „Treuhänder" eine Verwaltung anstelle einer faktischen Enteignung suggerieren sollten, wird im Falle der ausnahmslos zur Abwicklung vorgesehenen polnischen Kreditinstitute besonders deutlich und lässt Überlegungen über den rechtlichen Charakter der Beschlagnahme und der Einsetzung von Treuhändern wenig praxisorientiert erscheinen.[206]

Dass die Schließung polnischer und jüdischer Kreditinstitute von den deutschen Banken befürwortet wurde, ist angesichts der Notwendigkeit, mit der diese ihre eigene Existenzberechtigung in den Ostgebieten aufzeigen mussten, wenig überraschend, zumal die Institute angesichts der Einflussnahmen der Gauleiter und verschiedener anderer Behörden bei der Bankenzulassung und angesichts der nicht verstummen wollenden Debatte um Bankenrationalisierung und Übersetzung von Beginn ihrer Geschäftstätigkeit an in Polen unter Druck standen.

Gleichwohl gingen die mit der Liquidation beauftragten Banken und Sparkassen in der Anfangszeit überwiegend von einem regulären konkursrechtlichen Verfahren aus, bei dem der Gläubigerschutz eine zentrale Position einnahm. Hierbei hatten die Liquidatoren einen Status über das Altgeschäft aufzustellen, d.h. sämtliche Verpflichtungen, Forderungen und sonstige Aktivposten zu erfassen, und zwar zunächst auf der Ebene des einzelnen Kreditinstituts. Dies stellte sich bei den Sparkassen jedoch als problematisch heraus, da man befürchtete, dass bei der individuellen Abwicklung „je nach den örtlichen Bedingungen, aber auch auf Grund rein zufälliger Umstände, ganz verschiedene Ausschüttungsquoten herauskommen, was

[204] VO für Kreditinstitute vom 15.9.1939, in: VOBlCdZP 1 (1939), S. 3. Die Bestallung eines kommissarischen Verwalters war im Falle „jüdischer Kreditinstitute" auch bereits auf der Basis der VO über den Einsatz jüdischen Vermögens vom 3.12.1938 (RGBl. I, S. 1709, § 2) möglich.

[205] APP, TP, Nr. 4307, Bl. 6: Aktennotiz betr. Einsetzung bzw. Wechsel von kommissarischen Verwaltern.

[206] Johannes Slawinski: Die Tätigkeit der kommissarischen Verwalter, in: Warthegau-Wirtschaft 1 (1940), Nr. 2, S. 6–8; Gerber, Staatliche Wirtschaftslenkung, S. 62–69, 84–87, 93–97. Der Schlüssel zu einer uneingeschränkten Konfiskation bestand in § 9 Abs. 1 der Polenvermögensverordnung (RGBl. 1940 I, S. 1270): „Beschlagnahmtes Vermögen kann [...] zugunsten des Deutschen Reiches eingezogen werden, wenn es das öffentliche Wohl, insbesondere die Reichsverteidigung oder die Festigung deutschen Volkstums erfordert." Letzteres war praktisch immer der Fall.

bei den Sparern Unwillen erregen" müsse.[207] Schon 1940 forderten daher die Sparkassenverbände eine globale Aufrechnung des Aktivvermögens und der Gläubiger, wie sie dann in der Schuldenvermögensverordnung 1941 ihren Niederschlag fand. Hatten die Sparkassen aus dem Altgeschäft zunächst unterschiedslos 20 Złoty wöchentlich an Einleger ausgezahlt – schon „zur Entlastung der öffentlichen Wohlfahrtspflege"[208] –, so schob die HTO dieser Regelung rasch einen Riegel vor. In der Folge wurde auch der Gläubigerschutz nach völkisch-rassischen Kriterien diversifiziert, d.h. bei Polen und Juden gänzlich aufgehoben, deren Einlagen später zur Vollbefriedigung der Einlagen sämtlicher „Volksdeutscher" verwendet wurden.[209]

Beginn und Umfang der Liquidationen

Dass im Reichsgau Wartheland die Treuhandstellen Posen und Litzmannstadt der unmittelbaren Dienstaufsicht Greisers bis Februar 1941 entzogen blieben[210], hatte zur Folge, dass die Liquidierung polnischer Kreditinstitute – wenngleich nach außen hin einheitlich – zweigleisig erfolgte, und zwar einerseits durch die Treuhandstelle Posen und andererseits – noch vor Einrichtung der HTO – auf Initiative des Reichsstatthalters als obersten Dienstherrn der Bankaufsichtsstelle sowie der im Warthegau ansässigen Sparkassenorganisation. Dabei standen die Liquidationserlöse in dem einen wie dem anderen Fall offiziell der Treuhandstelle Posen zu, doch konnte Greiser sich damit durchsetzen, dass die Erlöse der polnischen Sparkassen ausschließlich zu seiner Verfügung standen.[211] Da sich die Treuhandstelle Posen aber auch später wenig um die Belange der Gauverwaltung kümmerte, schwelte der Konflikt zwischen der Treuhandstelle und dem Reichsstatthalter bzw. den Sparkassen auch in der Folgezeit weiter.[212]

Bereits am 26. Oktober 1939, also am ersten Tag seiner Amtszeit als Reichsstatthalter, beauftragte Greiser den Direktor der im Entstehen begriffenen Landesbank und Girozentrale Wartheland, Fritz Ohl (zuvor bei der Nassauischen Landesbank in Wiesbaden), mit der Abwicklung der polnischen Sparkassen sowie der polnischen Kommunalen Kreditbank.[213] Da Greisers Befehl sich nur auf die öffentlich-

[207] Schlesischer Sparkassen- und Giroverband. Geschäftsbericht 1939. Breslau 1940, S. 15.

[208] Ebd., S. 14.

[209] Schlesischer Sparkassen- und Giroverband. Geschäftsbericht 1940. Breslau 1941, S. 14.

[210] Dies war der Fall bis zur Zweiten AO über die HTO vom 17.2.1941 (MBlHTO 1941, Nr. 2, S. 86); APP, RRW, Nr. 815, Bl. 22f.: Greiser an RMdI, 15.4.1940. Zur Neuorganisation der HTO vgl. APP, RRW, Nr. 2761, Bl. 62f.: Bericht Dr. Korths [Dezember 1940]; vgl. Röhr, Wirtschaftspolitik der deutschen Okkupanten, S. 234. Die Unabhängigkeit der TNL war jedoch eine relative, da ihr Leiter Walter Moser als Regierungsvizepräsident Greiser direkt unterstand.

[211] APP, TP, Nr. 2557: Undatierter Tätigkeitsbericht der Abteilung A IV der TP. Die Höhe dieser Erlöse, die später für die Auszahlung der „volksdeutschen Ansprüche" (ebd.) verwendet wurden, ist unbekannt.

[212] APP, TP, Nr. 2558: Aktenvermerk betr. Besprechung mit dem Sparkassen- und Giroverband Wartheland über das Verhältnis Sparkassen – Treuhandstelle vom 28.7.1942; APP, RRW, Nr. 1804, Bl. 195-200: RdschrSGVW vom 3.8.1942 betr. Verhältnis der Sparkassen zur HTO.

[213] APP, RRW, Nr. 1818, Bl. 2; ebd., CdZ, Nr. 77, Bl. 152-154: Leiter der Treuhand- und Abwicklungsstelle für die Komunalny Bank Kredytowy (gez. Ohl) an Reichsstatthalter, 12.2.1940.

rechtlichen Institute bezog, ist zu vermuten, dass zu diesem Zeitpunkt bereits feststand, dass die Verfügung über die privatrechtlichen Kreditinstitute (in der Regel Aktiengesellschaften) nicht in den Aufgabenbereich seiner Behörde fallen würde. Offenbar entgegen den ursprünglichen Plänen erwies es sich bei der Abwicklung der Sparkassen bereits Anfang 1940 als notwendig, „die neuen deutschen Sparkassenleiter mit heranzuziehen und ihnen einen Teil der Arbeit zu übertragen. Praktisch geschieht dies so, daß im allgemeinen der Leiter der neuen deutschen Sparkasse nach meiner Anweisung abwickelt, die ziffernmässigen Ergebnisse laufend hierher berichtet und den Erlös auf das Sammelkonto der Landesbank und Girozentrale Warthegau abliefert. Als später die Haupttreuhandstelle-Ost errichtet wurde, hat sie die Sparkassenleiter als Abwickler bestätigt.“[214]

Von den insgesamt 362 Kommunalsparkassen (129 städtische und 227 Bezirkskassen, acht Kommunalverbandskassen), die es im August 1939 in Polen gegeben hatte[215], waren im Warthegau von dieser Regelung 89 polnische Sparkassen[216] sowie mindestens 56 weitere Gemeindesparkassen mit insgesamt ca. 265 000 Sparkonten (September 1940) betroffen[217], mit deren „treuhänderischen Liquidation“[218] [sic] die neugegründeten Sparkassen betraut wurden. Letztere waren dabei ebenso wenig wie die anderen deutschen Kreditinstitute Rechtsnachfolger der geschlossenen polnischen Banken und Sparkassen[219], so dass zwischen den liquidierten und liquidierenden Instituten „keinerlei irgendwie geartete Rechtsbeziehungen“ bestanden.[220]

Während es im Falle der Sparkassen schon hinsichtlich der Verbandsorganisation relativ leicht fiel, einen Überblick über die bestehenden Niederlassungen zu erhalten, stand am Beginn der Liquidationstätigkeit durch die HTO zunächst eine längere Bestandsaufnahme. Ein zusammenfassender Bericht des Referates „Erfassung und Verwaltung“ der Treuhandstelle Posen vom 22. Juni 1940 gibt die Zahl der kommissarisch verwalteten Kreditbanken mit 44 sowie die der Sparkassen mit 89 an.[221] Ende August 1939 waren auf dem gesamten polnischen Staatsgebiet 3 774 Kreditgenossenschaften und Darlehenskassen tätig gewesen. Zieht man hiervon die 1 193 auf dem Territorium des kurz darauf gebildeten Generalgouvernements bzw. auf dem sowjetisch besetzten Gebiet ab, so bedeutet dies, dass in den einge-

---

214 APP, RRW, Nr. 1818, Bl. 3: Leiter der Treuhand- und Abwicklungsstelle für die polnischen Sparkassen im Warthegau an den Reichsstatthalter, 9. 1. 1940.

215 Deutsches Institut für Bankwissenschaft und Bankwesen (Hg.), Das polnische Bankwesen, S. 12.

216 APP, TP, Nr. 4307, Bl. 10.

217 APP, RRW, Nr. 1799, Bl. 19: Leiter der Treuhand- und Abwicklungsstelle an die kommunale Aufsichtsstelle, 13. 4. 1940; BArch, R 144/188: HTO an Statistisches Reichsamt, 13. 2. 1942, betr. Statistik der ehem. poln. Sparkassen.

218 Der Sparkassenaufbau im Osten, in: Bank-Archiv 1939, S. 559.

219 § 2 der VO über die Rechtsverhältnisse der öffentlichen Sparkassen im Militärbezirk Posen vom 25. 10. 1939, in: VOBlCdZP 6 (1939), S. 50.

220 APP, RRW, Nr. 1801, Bl. 80: RdschrSGVW Nr. 16/41 vom 21. 5. 1941 betr. unzulässige Belastung der neu errichteten deutschen Sparkassen mit Aufwendungen für die Abwicklung des Altgeschäfts.

221 APP, TP, Nr. 4307, Bl. 10ff.: Bericht des Referates B I nach dem Stand der Tätigkeit am 22. 6. 1940.

gliederten Gebieten nach dem 26. Oktober 1939 insgesamt allein ca. 2581 Genossenschaftsinstitute geschlossen wurden oder sich selbst auflösten.[222] Beträchtlich muss dabei die Zahl der selbständig durchgeführten Liquidationen gewesen sein, da der erwähnte Bericht bei den Kreditgenossenschaften lediglich eine Zahl von 347 für den agrarisch geprägten Warthegau anführt. Allein im genossenschaftlichen Sektor waren ca. 130 kommissarische Verwalter tätig. Obwohl man bei ihrer Auswahl auf eine buchhalterische „Vorbildung" geachtet hatte, war ihre „fachliche Eignung nicht immer gegeben".[223] „Sie werden, wie unschwer vorauszusehen, den Gerichten noch viel zu schaffen machen", hieß es in einem Tätigkeitsbericht der Treuhandstelle Posen im Oktober 1940.[224] An den begrenzten Möglichkeiten, geeignete Treuhänder zu finden, ließ sich freilich wenig ändern, und die Aufrufe an Behörden im Altreich, doch Finanzfachleute in den Warthegau zu schicken, verhallten größtenteils ungehört. Alles in allem unterstanden der HTO zu diesem Zeitpunkt also rund 480 polnische Kreditinstitute in Liquidation. Eine später zusammengestellte Liste weist schließlich 522 Kreditinstitute aus, von denen 43 explizit als „jüdisch" gekennzeichnet sind (zumeist kleinere Kreditgenossenschaften).[225] Auch diese Zahlen wurden im Laufe der Zeit noch weiter nach oben korrigiert, wobei es sich bei den Zugängen zumeist um kleine und kleinste Darlehenskassen oder Sparvereine gehandelt haben dürfte. In einer Statistik vom November 1942 werden aus der Gesamtzahl von knapp 40000 gewerblichen Betrieben 652 dem „Geld-, Bank- und Börsenwesen" zugewiesen.[226] Diese Zahl scheint auch das Maximum gewesen zu sein, da die Erfassungsphase 1942 längst abgeschlossen war.

Bei der Bereitstellung von Liquidatoren erwiesen sich gegenüber der Treuhandstelle Posen insbesondere die Großbanken als ausgesprochen entgegenkommend. Aufschlussreich ist in diesem Zusammenhang ein vom 27. Januar 1940 datierendes „Verzeichnis der zu liquidierenden polnischen Kreditinstitute im Reichsgau Wartheland", aus dem hier nur die wichtigsten Positionen aufgeführt werden:[227]

---

222 Franciszek Skalniak: Zarys historii polskiej spółdzielczości kredytowej. Kraków 1992, S. 69. Freilich muss noch eine zahlenmäßig kleinere Gruppe deutscher Kreditgenossenschaften subtrahiert werden.

223 APP, TP, Nr. 92, Bl. 6-9, hier Bl. 8: Tätigkeitsbericht der TP vom 15. 10. 1940.

224 APG, Oberlandesgericht Danzig, Nr. 3069, Bl. 1-10, hier Bl. 10: Oberlandesgerichtspräsident an Reichsminister der Justiz Dr. Gürtner, 1. 7. 1940, betr. Lagebericht.

225 APP, TP, Nr. 4264: Referat B I a: Verzeichnis der ehem. polnischen Kreditbanken [o. D.].

226 APP, RRW, Nr. 673, Bl. 7: Die gewerblichen Betriebe im Reichsgau Wartheland nach Feststellung des Referats Statistik beim Reichsstatthalter. Czesław Łuczak: „Kraj Warty" 1939-1945. Poznań 1972, S. 134; ders., Pod niemieckim jarzmem, S. 121.

227 APP, TP, Nr. 4263; 4264; 2177; die in letzterer Akte befindliche Liste komplett bei Dingell, Tätigkeit der Haupttreuhandstelle Ost, S. 196-199. APŁ, Regierungspräsident Litzmannstadt, Nr. 869, Bl. 187-189: TP, Nebenstelle Lodsch: Verzeichnis der erfassten und zu liquidierenden polnischen und jüdischen Kreditgenossenschaften mit Angabe der eingesetzten kommissarischen Verwalter (Februar 1940); ebd., Bl. 190f.: Verzeichnis der zu liquidierenden polnischen Kreditinstitute im Reichsgau Wartheland vom 27. 1. 1940.

Liquidator aus deutschem Kreditinstitut	zu liquidierendes Kreditinstitut (Niederlassung)
Deutsche Bank	– Bank Kwilecki Potocki & Co. (Hohensalza, Ostrowo, Posen)
Rudolf Stuby, Heinrich Rickert, Alfred Seidel	– Bankhaus S. Kassmann (Lodsch) [Seidel] – Bank Dyskontowy Warszawski (Lodsch) [Rickert]
Dresdner Bank / Ostbank	– Bank Polski (sämtliche acht Filialen im Warthegau) [Panner]
Bedo Panner, Roman Richter, Franz Reissenauer, Alfred Klose, Alexander Süßmann, Alexander Stecher, Wilhelm Krienke u. a.	– Bank Gospodarstwa Krajowego (sämtliche drei Filialen im Warthegau) [Panner] – Bank Związku Spółek Zarobkowych (Posen, Lodsch) [Süßmann] – Bankhaus Najda, Gebr. Winter & Weiss (Lodsch) [Richter] – Bank Handlowy w Łodzi i. L. (Lodsch) [Richter] – Bank Handlowy w Warszawie (Lodsch) [Richter] – Bankhaus Hieronimus Schiffs Erben (Lodsch) [Krienke] – Bank Cukrownictwa (Posen)
Commerz- und Privatbank	– Bankhaus Josef Hirszbergs Erben (Lodsch) [Ackermann]
Hans Gütschow, Kurt Ackermann, Herbert Oeltze	– Bank Komercyjny (Lodsch) [Ackermann] – Bankhaus Gebr. Taub (Lodsch) [Gütschow] – Bank Zachodni (Lodsch) [Gütschow] – Banque Franco-Polonaise (Lodsch)[228]
Danziger Privat-Actien-Bank Emil Leimert	– Bank Handlowy w Warszawie (Kalisch, Posen)
Landesbank und Girozentrale Wartheland Fritz Ohl	– sämtliche Sparkassen – Komunalny Bank Kredytowy (Posen)

Das Verzeichnis weist aus, dass die Liquidatoren allesamt bis Februar 1940, und zwar etwa jeweils zur Hälfte von der HTO und von der Bankenaufsichtsstelle im Reichsgau Wartheland, bestallt worden waren. Schwer abschätzbar ist hierbei jedoch der tatsächliche Arbeitsanfall, mit dem die einzelnen Liquidatoren „nebenbei"[229] konfrontiert waren. Dieser konnte nicht nur von einem Kreditinstitut zum anderen höchst unterschiedlich ausfallen, er müsste auch mit der jeweiligen Personalausstattung der deutschen Bank- und Sparkassenfilialen korreliert werden. Insgesamt jedoch dürften die Geschäftseinblicke in der Anfangszeit den Arbeitsaufwand mehr als aufgewogen haben, zumindest solange noch nicht absehbar war,

[228] Nur bis Februar 1940, als die Verwaltung der Banque Franco-Polonaise vom Reichskommissariat für die Behandlung feindlichen Vermögens übernommen wurden.

[229] HAC, Der Arbeitskamerad 7 (1940), S. 96: Kurt Ackermann: Litzmannstadt.

dass die Liquidation bei keinem einzigen der größeren Institute bis zum Ende des Krieges zu einem Abschluss würde gebracht werden können.

Während im Warthegau das sehr differenziert ausgebaute Kreditsystem ein jeweils individuelles Liquidationsverfahren notwendig machte, ging man im Reichsgau Danzig-Westpreußen sowie im Regierungsbezirk Kattowitz einen anderen Weg, indem man für einzelne Kreditsparten (Privataktienbanken, Sparkassen, Genossenschaften) einzelne so genannte Generaltreuhänder einsetzte oder gar einem einzigen Generaltreuhänder sämtliche von der HTO beschlagnahmten Kreditinstitute im jeweiligen Verwaltungsgebiet übertrug. Letzteres war der Fall in Danzig-Westpreußen, wo Direktor Herbert Puttkammer von der Treuhandstelle Danzig-Westpreußen in Gotenhafen zum Treuhänder über alle hier ansässigen Institute berufen wurde.[230]

In Oberschlesien hatte man den deutschen Kreditinstituten in den ersten Wochen noch Hoffnung gemacht, wenn etwa der Bankenkommissar beim CdZ, Reichsbankdirektor Dierschke, davon ausging, dass „voraussichtlich in Berlin mit den Zentralen der Deutschen und Dresdner Bank die Verhandlungen aufgenommen werden, welche der polnischen Banken der einen oder anderen Bank zur Betreuung zugewiesen werden" solle.[231] Die Liquidation verlief dann jedoch in anderen Bahnen. Auch hier wurden die zu liquidierenden Kreditinstitute nicht auf die deutschen Institute verteilt, sondern von Beginn an Generaltreuhändern zugeordnet.[232]

Der Verlauf der Liquidationen bis zur Schuldenabwicklungsverordnung 1941

Wenngleich in den eingegliederten Ostgebieten die Absicht erkennbar wird, das Übernahmechaos im österreichischen und tschechischen Bankgewerbe[233] nicht zu wiederholen, geben die erhalten gebliebenen Archivalien über den eigentlichen

---

230 APG, TDW, Nr. 5, Bl. 3–29, hier Bl. 13: Protokoll über die am 27.3.1940 stattgefundene 1. Arbeitstagung der Haupttreuhandstelle Ost, Treuhandstelle Danzig-Westpreußen in Gotenhafen.

231 APK, Dresdner Bank Kattowitz, Nr. 121, Bl. 270–271, hier Bl. 271: Aktennotiz der Dresdner Bank Kattowitz vom 13.9.1939 betr. Besuch bei Herrn Reichsbankdirektor Dierschke.

232 APK, TK, Nr. 249, Bl. 37–76, hier Bl. 59f.: Rechenschaftsbericht der TK (gez. Graf von Matuschka) vom 14.10.1942, Berichtszeitraum November 1939 bis Oktober 1942. Als Treuhänder eingesetzt wurden „für die 10 Filialen der öffentlich-rechtlichen Kreditinstitute Herr Generaldirektor Dr. Dobermann, Kattowitz, für die 11 Aktien- und Privatbanken Herr Rechtsanwalt Dr. Theodor Hecht, Kattowitz, für die Gewerblichen Kreditgenossenschaften Herr Bankdirektor [Wilhelm] Küper, Kattowitz, für die [448] ländlichen und [97] sonstigen Kreditgenossenschaften und die 3 landwirtschaftlichen genossenschaftlichen Zentralkassen Herr Landwirt Max Seeliger, [...] für die 32 Sparkassen Herr Polizeipräsident a. D. [Oskar] Wackerzapp, Verbandsvorsteher des Schlesischen Sparkassen- und Giroverbandes, Breslau." Zu Hecht vgl. APK, Dresdner Bank Kattowitz, Nr. 121, Bl. 36: Aktennotiz der Dresdner Bank Kattowitz vom 27.10.1939 betr. Besuch bei Herrn Dr. Hecht; zu Küper, Kriegsverwaltungsvizechef und vor 1939 langjähriges Vorstandsmitglied der Agrar- und Commerzbank in Katowice bzw. der Bank für Handel und Gewerbe, ferner Aufsichtsratsmitglied der Bank für Landwirtschaft, vgl. APK, Bank für Handel und Gewerbe, Nr. 46, passim.

233 Kopper, Zwischen Marktwirtschaft und Dirigismus, S. 308f.

Verlauf der Liquidierungen nur fragmentarischen Aufschluss. Unklar bleibt vor allem, auf welcher sachlichen Grundlage die kommissarischen Verwalter respektive Liquidatoren im Warthegau seitens der Treuhandstelle bzw. Bankenaufsichtsstelle ausgewählt wurden. Die Frage danach ist aber um so wichtiger, als die einzelnen Abwickler bzw. ihre Institute aus der Liquidation keinen unmittelbaren Gewinn zu ziehen vermochten. Jeder Liquidator erhielt wie jeder andere kommissarische Verwalter in Diensten der HTO lediglich ein Gehalt oder – im Falle der verbeamteten Sparkassenleiter – eine Aufwandsentschädigung. Im Gegensatz zur Lage im Altreich konnten in Polen auch potenzielle Erwerber zuvor Treuhänder gewesen sein; ihr Einsatz galt gleichsam als eine Art Probezeit.[234] Diese Möglichkeit war im Falle gewerblicher Unternehmen attraktiv, weit weniger jedoch bei ohnehin zur Liquidation vorgesehenen Kreditinstituten. Gleichwohl spricht nichts dafür, dass die deutschen Bankdirektoren sich gegen die Übernahme einer Liquidationstätigkeit zur Wehr gesetzt hätten. Die Einblicksmöglichkeiten in die Kundenstruktur und das Geschäftsgebaren einer am Ort schon längere Zeit tätigen Bank kamen vielmehr dem Informationsbedürfnis entgegen, wovon man sich Vorteile für den Aufbau der eigenen Filiale erhoffte. Sicherlich vermochte man auch Teile der früheren („volksdeutschen") Kundschaft an das eigene Institut zu binden. Darüber hinaus war auch die Übernahme einer polnischen Kundschaft (im Rahmen der „Germanisierungsaufgabe" jedoch nur vorübergehend) einkalkuliert, nicht dagegen die Gewinnung einer jüdischen Kundenklientel.[235] Schließlich mochte auch persönlicher Eifer – aus welchen Motiven auch immer – bei den einzelnen Liquidatoren eine Rolle gespielt haben. In der Anfangszeit war es in den meisten Fällen unerlässlich, sich ehemaliger polnischer Bankmitarbeiter der zu liquidierenden Kreditinstitute zu bedienen, um einen Überblick über das jeweilige Geschäft zu erhalten und eine Eröffnungsbilanz zum 1. September 1939 aufstellen zu können. Dagegen waren jüdische Bankbeamte in der Regel sofort entlassen worden. Die deutschen Institute stellten nur das unbedingt „erforderliche Personal in Ergänzung des zurückgebliebenen, aber allmählich immer mehr einschrumpfenden polnischen Personals".[236] In Einzelfällen zog man jedoch auch polnische und jüdische Bankmitarbeiter zur Liquidation heran. Anträge auf Rückstellung von der „Evakuierung" zeugen davon, dass sich die deutschen Banken bewusst waren, dass die Polen nach Beendigung ihrer Tätigkeit ins Generalgouvernement deportiert bzw. die Juden ins Getto Litzmannstadt eingeschlossen werden sollten.[237]

---

234 Dingell, Tätigkeit der Haupttreuhandstelle Ost, S. 51.

235 Szternfinkiel, Zagłada Żydów Sosnowca, S. 8, 15f.

236 BArch, R 144/518-519: Rechenschaftsbericht der HTO über ihre Tätigkeit in den Jahren 1939-1942, S. 383 [Łuczak (Hg.), Grabież polskiego mienia, S. 307].

237 Zur „Beschäftigung" jüdischer Bankmitarbeiter bei der Liquidation der Bank Zachodni und des Bankhauses Józef Hirszberg durch die Commerzbank Litzmannstadt (Hans Gütschow, Kurt Ackermann) sowie des Bankhauses Hieronim Schiff's Erben Lodz durch die Dresdner Bank Litzmannstadt (Wilhelm Krienke) vgl. Loose, Beteiligung deutscher Kreditinstitute, S. 245f. Wixforth, Expansion der Dresdner Bank, S. 522; APŁ, Regierungspräsident Litzmannstadt, Nr. 869, Bl. 96-105, 294, 297 und passim; ebd., Dom Bankowy Józef Hirszberg w Łodzi, Nr. 2, Bl. 60f.: Schlussbericht (gez. Ackermann) an Rechtsanwalt Dr. Kirsch, 16. 5. 1941.

Die Frage, nach welchem System polnische und jüdische Kreditinstitute in Liquidation deutschen Abwicklern bzw. Kreditinstituten zugeordnet wurden, beantwortet sich zum überwiegenden Teil durch die Art, mit der deutsche Institute für ihre neuen Niederlassungen geeignete Geschäftsräume suchten. Dies zeigt beispielsweise ein Bericht der Commerzbank: „Unsere Wahl für das Banklokal fiel auf das in [Bielsko-]Biala liegende Gebäude der Powszechny Bank Zwiazkowy w Polsce (Allgemeiner Bankverein in Polen). [...] Der deutsche Teil des Personals sowie alle Geschäftsbücher und Akten waren noch vorhanden, während alle Werte bereits vor dem Einmarsch der Truppen nach Innerpolen gebracht worden waren. Mit Hilfe des ‚Bankenkommissars für Bielitz und Umgebung' wurden die Kassenräume nebst Einrichtung für uns reserviert; der stillgelegte Rest der polnischen Bank mußte sich auf die übrigen Räume beschränken."[238]

In diesem Falle erhielt die Commerzbank neben den gewünschten Schalter- und Büroräumen zugleich auch die Aufgabe, die vormals dort ansässige Powszechny Bank Związkowy zu liquidieren. Als diese Aufgabe kurz darauf auf den Generalabwickler in Kattowitz überging, konnte man die Commerzbank schlechterdings nicht aus dem Gebäude exmittieren. In den meisten Fällen blieben die deutschen Kreditinstitute zunächst nur Mieter der HTO und bemühten sich nicht um einen käuflichen Erwerb der Bankgebäude und -grundstücke.

Die Treuhandstellen achteten bei alledem nach Möglichkeit darauf, dass bei der Tätigkeit der „Verwertung" kein Kreditsektor übervorteilt würde. Als die Sparkassen, die noch am ehesten dafür sorgen konnten, „daß die alten Fäden, zumindest was eine kontinuierliche Kundenbetreuung angeht, nicht abgerissen" wurden[239], das Vorhaben äußerten, Aktiva und Passiva der polnischen Sparkassen zu übernehmen und die Guthaben der „Volksdeutschen" an diese auszuzahlen, äußerte der Leiter der Treuhandstelle Posen, Hugo Ratzmann, dagegen starke Bedenken, da dies „zwangsläufig zu einer Propaganda für die deutschen Sparkassen" führe, die „schon im Hinblick auf die sich in wesentlich ungünstigerer Lage befindlichen Genossenschaftsbanken vermieden werden sollte".[240] Den Genossenschaftsbanken fehlten dafür nämlich die nötigen Aktiva im Neugeschäft, und die neu zugelassenen Privataktienbanken hatten kein Interesse daran, Aktiva und Passiva aus dem Altgeschäft polnischer Institute zu übernehmen. Eine einheitliche Politik oder gar Bevorzugung der HTO gegenüber den Berliner Großbanken lässt sich somit nicht feststellen. Gleichwohl besaßen die regionalen Treuhandstellen ihre bevorzugten Kreditinstitute – in Danzig-Westpreußen die Ostdeutsche Privatbank (ab 1942 von der Bank der Deutschen Arbeit übernommen), im Warthegau die Ostbank, im Regierungsbezirk Kattowitz die Deutsche und die Dresdner Bank sowie in Berlin die Reichs-Kredit-Gesellschaft.

---

238 HAC, Der Arbeitskamerad 6 (1939), S. 199f., hier S. 199: Unsere neuen Geschäftsstellen: 2. Bielitz-Biala.

239 August Most: Die Kreditversorgung in Großostoberschlesien, in: Bank-Archiv 1940, S. 413–415, hier S. 414.

240 APP, TP, Nr. 2557: Tagung der Leiter der Abteilung Geldverkehr bei den Treuhandstellen am 10. und 11.6.1940. Bericht vom 20.6.1940.

Darüber hinaus gab es zahlreiche personelle Überschneidungen zwischen den Großbanken und der HTO. Im Warthegau war dies bei der Dresdner Bank bzw. der Ostbank der Fall, die HTO im Regierungsbezirk Kattowitz war dagegen von der Deutschen Bank beeinflusst. Hugo Ratzmann war mit dem Übergang der Anteilsmehrheit der Hardybank auf die Dresdner Bank 1936 Geschäftsführer bei Hardy & Co. geworden und wurde 1939 Leiter der Bankenaufsicht beim CdZ beim Militärbefehlshaber Posen.[241] Dort protegierte er nachweislich die Bank für Handel und Gewerbe (Ostbank). Am 12. Dezember 1939 wurde Ratzmann Leiter der Treuhandstelle Posen[242], und die Ostbank wurde die Hauptbankverbindung der Treuhandstelle, während Ratzmann auch weiterhin gute Kontakte mit der Dresdner Bank, namentlich mit Karl Rasche, pflegte.[243]

In der Anfangszeit führte dies an besonders wichtigen Bankplätzen wie Litzmannstadt, wo alle Berliner Großbanken vertreten waren, zu Konflikten. So beschwerte sich etwa der Vorstand der Deutschen Genossenschaftsbank in Litzmannstadt, Kurt Pohlmann, der zugleich als Obmann der Banken in Litzmannstadt fungierte, im März 1940 beim SD über das Geschäftsgebaren der Dresdner Bank: „Bei der Einsetzung der Treuhänder bei den polnischen und jüdischen Banken ist es auffällig, daß die <u>wichtigsten polnischen</u> Banken von der Dresdner Bank besetzt wurden. Die wichtigste jüdische Bank, die Lodscher Depositenbank, wurde der Bank Lodscher Industrieller überlassen. Die Einsetzung der Treuhänder der polnischen und jüdischen Banken erfolgte im Dezember durch den Bankenkommissar Direktor Ratzmann, Posen, dessen rechte Hand Reichsbankdirektor Teichmann ist. Im Dezember kam Herr Teichmann nach Lodsch, um mit den hiesigen deutschen Banken die Auswahl der Treuhänder für die polnischen und jüdischen Banken zu treffen. Bei einer Vorbesprechung bei der Dresdner Bank, Filiale Lodsch, zu der ich als Obmann der Bankengruppe aufgefordert war, und bei der Direktor Teichmann aus Posen zugegen war, stellte sich heraus, daß die Dresdner Bank sich bereits die Besetzung der beiden wichtigsten polnischen Banken, Warschauer Handelsbank, Filiale Lodsch, und Bank des Verbandes der Erwerbsgenossenschaften A.G., Filiale Lodsch, beim Bankenkommissar gesichert hatte. Die Vorwegentscheidung verstößt stark gegen meine politische und wirtschaftliche Einstellung, sodaß ich die Übernahme einer Treuhänderstelle bei irgend einer anderen polnischen oder jüdischen Bank für meine Deutsche Genossenschaftsbank ablehnte. Abgesehen von dieser Einstellung mußte und werde ich auch jederzeit verlangen, daß meine Deutsche Genossenschaftsbank A.G. in Lodsch, die 20 Jahre lang der Träger der wirtschaftlichen Kampforganisation der deutschen Minderheit im mittelpolnischen Raume war [...], bei der Aufteilung der Kundschaft der polnischen Banken in allerersters Linie berücksichtigt wird."[244]

---

[241] Erich Achterberg: Berliner Banken im Wandel der Zeit. Eine Schrift zum 75jährigen Bestehen des Bankhauses Hardy & Co. GmbH. Frankfurt a. M./Berlin o. J. [1956], S. 90.

[242] Ratzmann, Wesen und Aufgabe der Treuhandstelle Posen, S. 10. Vgl. Dingell, Tätigkeit der Haupttreuhandstelle Ost, S. 148f.

[243] APP, TP, Nr. 148, Bl. 186: Karl Rasche an Hugo Ratzmann, 13. 12. 1939.

[244] RGVA, 1458–15–124: Reichsbankstelle Litzmannstadt an RWM, 30. 4. 1940, betr. Werbungsauswüchse bei Geldinstituten.

Es verdient besondere Beachtung, dass die gesamte Abwicklungstätigkeit im Verständnis der Banken unter Werbemaßnahmen firmierte. In jedem Fall aber war man auch zwei Jahre später von einem Abschluss der Liquidationsarbeiten weit entfernt. Allgemeine Bewertungsprobleme, die zahlreichen Verordnungen, welche die Befriedigung von Forderungen nur unter bestimmten Umständen zuließen, sowie das besonders im Warthegau langwierige Einteilungsverfahren der DVL machten Fortschritte hierbei vielfach unmöglich. Trotz des immensen Umfanges der Beschlagnahmen bereitete auch die Erfassung der Aktienpakete von Aktiengesellschaften Schwierigkeiten.[245] Wenn Deutsche Aktienbesitzer von zu liquidierenden polnischen Banken (zzgl. der Bank von Danzig[246]) waren, wurden sie mit Schatzanweisungen des Deutschen Reiches oder anteilig aus dem Liquidationserlös abgefunden.[247]

Da das System zahlreicher kommissarischer Verwalter bzw. Liquidatoren sich in Zeiten der totalen Kriegsführung personell nicht unbegrenzt fortführen ließ, ging man im Warthegau nach dem Muster des Regierungsbezirks Kattowitz 1941 dazu über, das verbleibende Liquidationsvolumen einem einzigen „Generalabwickler für die von der Haupttreuhandstelle Ost beschlagnahmten Kreditinstitute"[248] zu übertragen. Neben personellen Engpässen waren es besonders bei den Kreditgenossenschaften die teilweise nur mehr geringfügigen Liquidationsmassen, die der HTO eine Zusammenfassung bei einem Treuhänder sinnvoll erscheinen ließen. Darüber hinaus waren insbesondere die Großbankfilialen zweifellos dankbar, sich dieser wenig lukrativen Aufgabe entledigen zu können, nachdem man die Überleitung der Kundenklientel bereits abgeschlossen hatte. Im Regierungsbezirk Litzmannstadt fungierte als Generalabwickler fortan Rechtsanwalt Walter Kirsch, im übrigen Warthegau Bedo Panner von der Dresdner Bank[249], den Max Winkler noch von der Zusammenarbeit bei der Liquidation des Verlagshauses Rudolf Mosse im Jahr 1934 her kannte.[250]

Ende Mai 1941 skizzierte Winkler in einer ausführlichen Richtlinie die weitere Marschroute der Liquidationen im Kreditwesen.[251] Die Liquidation der Aktiva

[245] Vgl. APP, TP, Nr. 1688: Generalabwickler für die von der HTO beschlagnahmten Kreditinstitute im Warthegau (ohne den Regierungsbezirk Litzmannstadt) an TP, 21.6.1943.

[246] VO zur Abfindung der Aktionäre der Bank von Danzig in Liquidation vom 9.10.1942 (RGBl. I, S. 589).

[247] APG, TDW, Nr. 5, Bl. 81-166, hier Bl. 144 [Höpker-Aschoff]: Treuhandbesprechung in der Haupttreuhandstelle Ost am 23. und 24.7.1940: „Der kommissarische Verwalter veräussert den Betrieb. Dann tritt der Erlös an die Stelle des bisherigen Vermögens der Aktiengesellschaft. Dann liquidiert der kommissarische Verwalter die Aktiengesellschaft und schüttet den Teil des Erlöses, der auf die neutralen Aktionäre fällt, aus. Das, was auf die polnischen Aktionäre entfällt, wird eingezogen."

[248] APP, TP, Nr. 95, Bl. 19-54, hier Bl. 32: Tätigkeitsbericht der TP und Nebenstelle Litzmannstadt per 31.12.1941.

[249] Vgl. Wixforth, Expansion der Dresdner Bank, S. 522.

[250] Vgl. Rosenkötter, Treuhandpolitik, S. 63, 252, Anm. 55. Im März 1944 waren folgende Generalabwickler tätig: Herbert Puttkammer in Gotenhafen, Ernst Neuendorf in Posen, Ernst Wever in Kattowitz. BArch, R 144/337: HTO an Generalabwickler vom 23.3.1944. Dingell, Tätigkeit der Haupttreuhandstelle Ost, S. 100ff.

[251] Vgl. zum Folgenden APG, TDW, Nr. 810, Bl. 71-84: HTO (gez. Winkler) an alle unter Aufsicht der HTO kommissarisch verwalteten (k. v.) Kreditinstitute in den eingegliederten Ostgebieten vom 24.5.1941 – Richtlinien für die Liquidation der k. v. Kreditinstitute.

sollte sich auf die realen Werte (vor allem Immobilien), Wertpapiere und Forderungen gegen deutsche Schuldner konzentrieren, unberücksichtigt blieben dagegen Forderungen gegen Bewohner des Generalgouvernements, da zu diesem Zeitpunkt die finanzielle Auseinandersetzung mit diesem Gebiet noch völlig ungeklärt war. Offen blieben zunächst auch die Forderungen gegen Schuldner, deren Vermögen nach der Polenvermögensverordnung der Beschlagnahme unterlag, was vor allem im Falle von kommissarisch verwalteten Gewerbebetrieben ein neuralgisches Problem darstellte. Die Liquidation der Passiva beschränkte sich dagegen auf deutsche und ausländische Gläubiger, da „Ansprüche polnischer Gläubiger" durch die erwartete „Schuldenregelungsverordnung erlöschen" oder „mangels Masse ausfallen" würden. Die kommissarischen Verwalter waren bei der „entgeltlichen Verwertung der Aktiven" vor allem gehalten, sich einerseits ihrer „Verantwortung insbesondere in den Fällen bewußt [zu] sein, in denen Interessenkollisionen mit den ihnen nahestehenden deutschen Kreditinstituten vorliegen können, die gewisse Aktiven übernehmen. Andererseits soll die Verwertung der Aktiven schnell und unter vernünftiger Berücksichtigung schutzwürdiger volkswirtschaftlicher Interessen erfolgen. Insbesondere soll die (zwar nicht nur augenblickliche, sondern) nachhaltige Leistungskraft der volksdeutschen Schuldner berücksichtigt werden. Das darf aber nicht dazu führen, daß die Schuldner der ehemals polnischen Kreditinstitute aus Anlaß der Liquidation ganz allgemein mit Schuldnachlässen und sonstigen Vergünstigungen bedacht werden. Denn das würde eine ungerechte Besserstellung gegenüber den Schuldnern der deutschen Kreditinstitute und eine für die allgemeine Ordnung des Kreditwesens nachteilige Beeinträchtigung der Schuldnermoral zur Folge haben."[252]

Forderungen gegen deutsche Schuldner und Angehörige des Protektorats sollten an die deutschen Kreditinstitute verkauft werden, die, so Winkler, hinsichtlich der Lage am Geldmarkt und im „Gesamtinteresse der Festigung des deutschen Volkstums" hieran interessiert sein müssten. Winkler selbst rechnete jedoch mit Widerständen und behielt damit Recht.[253] Besondere Schwierigkeiten bei der Liquidation bereiteten einerseits einige Spezialinstitute – wie etwa die Bank der Zuckerindustrie (Bank Cukrownictwa)[254], in deren Fall man angesichts ihrer Bedeutung als Bank und Zuckerkartell zwischen Geschäftsfortführung und Liquidation lange Zeit changierte[255] – und andererseits die so genannten durchschnittenen Institute, deren Filialnetz (bzw. nennenswerte Forderungen und/oder Verpflichtungen) teilweise im Generalgouvernement lag. Als auswegloses Unterfangen erwies sich das Liquidationsbemühen der Treuhandstellen im Falle der Bank Polski sowie der zwei staatlichen polnischen Großbanken Landeswirtschaftsbank

252 Ebd., Bl. 74.

253 Ebd., Bl. 78.

254 BArch, R 144/187: HTO (gez. Henckel) an Generalabwickler für die von der HTO beschlagnahmten Kreditinstitute im Warthegau, 27.1.1942, betr. Abwicklung der Bank der Zuckerindustrie AG, Posen; Czesław Łuczak: Polskie cukrownictwo w okresie hitlerowskiej okupacji (1939-1945), in: Dzieje cukrownictwa w Polsce. Praca zbiorowa pod redakcją Czesława Łuczaka. Poznań 1981, S. 200-214.

255 APP, TP, Nr. 4328: Bericht und Gutachten über den Verlauf der Abwicklung bei der Bank der Zuckerindustrie AG, Posen [1940].

(Bank Gospodarstwa Krajowego, BGK) und Staatliche Agrarbank (Państwowy Bank Rolny, PBR). Die genannten Banken existierten im Generalgouvernement nicht nur formal fort, vielmehr mussten die Deutschen angesichts der 1941/1942 noch immer andauernden Verhandlungen mit Frankreich über die Rückgabe der in Afrika befindlichen Goldbestände der Bank Polski auch den Schein einer Geschäftskontinuität wahren.[256] Zur Gruppe der „durchschnittenen" Kreditinstitute gehörte auch die Polnische Postsparkasse (Pocztowa Kasa Oszczędności, PKO). Bei ihrer Abwicklung lag insofern ein Sonderfall vor, als Oberpostrat Erwin Propach im Einvernehmen mit den Behörden des Generalgouvernements für das gesamte frühere Geschäftsgebiet der PKO (d.h. das gesamte polnische Territorium unter deutscher Herrschaft) als Liquidator tätig wurde, während sonst die Treuhandstelle im Generalgouvernement von der HTO völlig getrennt war.[257]

Bei juristischen Personen erfolgte im Falle der Nichtanwendbarkeit der Polenvermögensverordnung eine Rückgängigmachung der Beschlagnahmeanordnung oder aber – bei ausländischen Firmen oder nennenswerten, im Ausland befindlichen Kapitalanteilen – die Abgabe an den Reichskommissar für die Behandlung feindlichen Vermögens (RKV). Dies war beispielsweise bei der Banque Franco-Polonaise der Fall. Nachdem die Frage der Zuständigkeit des so genannten Feindkommissars bereits im Frühjahr 1940 geklärt war, beschlagnahmte die Sonderabteilung Altreich am 1. April 1941 die bei der Berliner Handels-Gesellschaft noch vorhandenen Guthaben sowie das Wertpapierdepot der Banque Franco-Polonaise.[258] Am 23. April 1941 musste die HTO ihre Sonderabteilung Altreich in einem Schreiben davon unterrichten, „daß die Banque Franco-Polonaise eine Aktiengesellschaft französischen Rechts mit rein französischen Kapitalbeteiligungen" sei und ihre Zweigstellen in Warschau, Kattowitz, Gotenhafen, Danzig und Posen nicht der Beschlagnahme entsprechend der Polenvermögensverordnung unterlägen.[259] Ebenfalls dem Feindkommissar unterstanden die drei Aktiengesellschaften Allgemeine Kreditbank (Powszechny Bank Kredytowy S.A.), der Allgemeine Bankverein in Posen (Powszechny Bank Związkowy w Polsce S.A.) sowie die Lodscher Depositenbank (Łódzki Bank Depozytowy S.A.). Wo eine Sequestrierung feindlichen Vermögens – beispielsweise bei Aktiengesellschaften – nicht in Frage kam, weil aus Sicht der Nationalsozialisten nicht nur der Weiterbetrieb gewährleistet, sondern unbedingt auch die Eigentumsfrage geklärt sein musste, versuchte die HTO, mittels geeigneter Banken die im Streu- oder sonstigen Besitz befindlichen Aktien im Ausland aufzukaufen. So erwarb beispielsweise die unter maßgeblichem Einfluss der Deutschen Bank stehende Böhmische Union-Bank im

[256] Vgl. OFD, HTO, Abt. Vermögensverwaltung, Nr. 22.

[257] APG, TDW, Nr. 5, Bl. 81–166, hier Bl. 109: Treuhandbesprechung in der HTO am 23. und 24.7.1940; BArch, R 144/518-519: Rechenschaftsbericht der HTO über ihre Tätigkeit in den Jahren 1939–1942, S. 325f. [Łuczak (Hg.), Grabież polskiego mienia, S. 268].

[258] OFD, HTO, Sonderabteilung Altreich, Nr. 11507, Bl. 8: Beschlagnahme- und Einziehungsanordnung vom 1.4.1941.

[259] OFD, HTO, Sonderabteilung Altreich, Nr. 11507, Bl. 16: HTO an Sonderabteilung Altreich, 23.4.1941, betr. Banque Franco-Polonaise, Paris, Zweigstellen in Warschau, Kattowitz, Gotenhafen, Danzig und Posen.

Laufe des Jahres 1942 „für Rechnung der Haupttreuhandstelle Ost in Frankreich" Aktien der Sosnowitzer Bergwerks- und Hütten-AG und kassierte hierfür von der HTO eine Provision von jeweils 50,– Francs pro Aktie, allein bis Ende März 1942 einen Betrag von umgerechnet über 206000,– RM.[260] Bei derlei Transaktionen, die im Geschäftsumfeld der HTO jedoch nicht besonders zahlreich waren, zahlten sich internationale Kontakte und – wichtiger noch – die Beteiligungen an ausländischen Instituten für deutsche Großbanken aus, und so war es nur folgerichtig, dass die geschäftlichen Transaktionen der Sosnowitzer Bergwerks- und Hütten-AG mehrheitlich über Konten der Deutschen Bank liefen.

Bis Mitte 1941 waren im Falle sämtlicher beschlagnahmter Vermögenswerte die Forderungen und Schulden im Altgeschäft nicht kumuliert und daher auch nicht gegeneinander aufgerechnet worden, obwohl im Selbstverständnis der HTO alle kommissarisch verwalteten Unternehmen, Immobilien und sonstigen Vermögen etc. ihrer Verfügungsgewalt unterstanden und Eigentum des Reiches darstellten. Die schon aus weltanschaulich-taktischen Gründen wichtige vollständige Guthabenauszahlung an die Volks- und Reichsdeutschen, die freilich nur auf Kosten der nichtdeutschen Gläubiger möglich war[261], ferner die fehlenden Liquidationsmöglichkeiten im Falle von Forderungen gegen Vermögen, die nach der Polenvermögensverordnung längst dem Besitzstand der HTO einverleibt worden waren, und schließlich die nach wie vor ungeklärten Probleme der „durchschnittenen" Unternehmen führten schließlich im August 1941 zur so genannten Schuldenabwicklungsverordnung.[262]

Die Verordnung führte nur offiziell ein, was vorher ohnehin bereits festgestanden hatte. Demnach erloschen sämtliche Forderungen gegen Vermögen, die nach der Polenvermögensverordnung zuvor beschlagnahmt worden waren, wenn der Gläubiger mit seinem Vermögen selbst der Verordnung unterlag. Bestehen bleibende Forderungen sollten dagegen aus der Vermögensmasse der HTO bezahlt werden. Nach der Befriedigung der „Volks"- und Reichsdeutschen würde das Altgeschäft gewissermaßen gestrichen und lediglich der sich ergebende Saldo von der HTO übernommen werden. Größere Konsequenzen ergaben sich hieraus für die Banken nicht, zumal nicht für die Großbankfilialen, die ja – mit Ausnahme der Dresdner und der Deutschen Bank in Kattowitz – über kein Altgeschäft verfügten. Auch bei der Prüfung der Kreditwürdigkeit spielten Schulden im Altgeschäft für Betriebe keine Rolle, solange es sich nur um Verbindlichkeiten gegen Polen oder Juden handelte (und das war die ganz überwiegende Mehrheit). Die Kredit-

---

260 OFD, HTO, Abt. Vermögensverwaltung, Nr. 11: HTO an Böhmische Union-Bank, 15.5.1942, betr. finanzielle Abwicklung der in Frankreich getätigten Geschäfte.

261 Allein im Geschäftsbereich des Spar- und Giroverbandes Wartheland kam es zwischen Herbst 1942 bis 1943 zur Auszahlung von ca. 50 Mio. RM. APP, RRW, Nr. 1802, Bl. 135: Entscheidung der HTO vom 30.4.1941.

262 VO über die Abwicklung der Forderungen und Schulden polnischer Vermögen (Schuldenabwicklungsverordnung) vom 15.8.1941 (RGBl. I, S. 516). Vgl. Dr. Pernau: Aufrechnung und Stundung bei der Abwicklung der Forderungen und Schulden polnischer Vermögen, in: DWZ 39 (1942), S. 427f.; BArch, R 144/518–519: Rechenschaftsbericht der HTO über ihre Tätigkeit in den Jahren 1939–1942, S. 393f. [Łuczak (Hg.), Grabież polskiego mienia, S. 314–316]; Rosenkötter, Treuhandpolitik, S. 250ff.

prüfung folgte somit auch hierin den rassistischen Ausgrenzungskriterien der NS-Volkstumspolitik. Zwar war die „Vollbefriedigung" der „Volksdeutschen" Mitte 1941 noch lange nicht abgeschlossen, aber immerhin machte die Schuldenabwicklungsverordnung den Weg frei für die bis 1942 flächendeckend eingesetzten Generaltreuhänder bei den zu liquidierenden Kreditinstituten.

Die sich daraus theoretisch ergebenden Möglichkeiten einer von den Treuhandstellen intensivierten Verkaufstätigkeit wurde jedoch von Himmlers Rangfolgeerlass[263] und der umständlichen Bürokratie größtenteils wieder zunichte gemacht. Himmlers Rangfolgeerlass bestimmte für Unternehmen mit einem Schätzwert bis 100000,– RM, dass bei der Bestallung von Treuhändern und beim Verkauf HTO-eigener Betriebe eine Reihenfolge einzuhalten sei, wonach in erster Linie einheimische „Volksdeutsche", dann Rückwanderer und Danziger Staatsangehörige und erst zuletzt Reichsdeutsche berücksichtigt werden sollten.[264] Allerdings waren dem Rangfolgeerlass dort Grenzen gesetzt, wo das dekretierte Warten auf das Kriegsende wirtschaftlich und propagandistisch ungleich wichtigere Angelegenheiten zu blockieren drohte. Dies galt um so mehr, als das OKW bei Göring 1942 einen Erlass durchsetzte[265], wonach im Interesse insbesondere der Frontsoldaten *alle* endgültigen Verkäufe auf die Zeit nach Beendigung der Kampfhandlungen verschoben werden sollten. Zur Verwaltung der für Wehrmachtsangehörige freigehaltenen Treuhandbetriebe richtete die HTO eine eigene „Auffanggesellschaft für Kriegsteilnehmerbetriebe des Handels im Warthegau mbH" sowie analoge Gesellschaften in Danzig-Westpreußen und Oberschlesien ein, die Rosenkötter zutreffend als „Krisenmanagement" bezeichnet.[266] Zudem regten sich frühzeitig Zweifel, sogar bei Gauleiter Greiser, über die voraussichtlich zu erwartende Zahl siedlungswilliger Frontsoldaten: „Ich fürchte nur, daß wir nicht genug Frontsoldaten bekommen werden, um sie auf die Bauern- und Handwerkerstellen zu setzen. Wir werden mehr solcher Stellen haben als Frontsoldaten, die Bauer werden wollen oder können."[267] Dieser pessimistischen Prognose entsprachen auch die Ergebnisse einer 1941 an der Reichsuniversität Posen entstandenen Studie über die „Siedlungsbereitschaft" von Wehrmachtssoldaten im Reichsgau Wartheland.[268]

---

263 Runderlaß des RFSS RKF über Einhaltung der Rangfolge bei der treuhänderischen oder besitzlichen Einweisung in Gewerbe- und Wirtschaftsbetriebe jeder Art in den eingegliederten Ostgebieten vom 22.4.1940, in: MBlHTO 1940, Nr. 2, S. 31.

264 Vgl. Gemeinsame Erklärung des RFSS RKF und der HTO über die Rangordnung bei der Einsetzung von kommissarischen Verwaltern und bei der Verwertung des durch die HTO beschlagnahmten Vermögens vom 25.9.1940, in: MBlHTO 1940, Nr. 6, S. 209f.

265 Himmlers Rangfolgeerlaß wurde geändert im Sinne der Dritten AO über die HTO betr. Verwertung der ehemals polnischen Vermögensobjekte in den eingegliederten Ostgebieten vom 18.1.1942, in: MBlHTO 1942, Nr. 1, S. 24 (RAnz. Nr. 18 vom 22.1.1942); vgl. Rosenkötter, Treuhandpolitik, S. 285–287.

266 Rosenkötter, Treuhandpolitik, S. 202ff.; Czesław Łuczak: Działalność Towarzystwa Przejmowania Przedsiębiorstw Handlowych w okręgu Warty w latach 1941–1945, in: ders. u.a., Przyczynki do gospodarki niemieckiej w latach 1939–1945. Poznań 1949, S. 11–63.

267 Arthur Greiser: Der Aufbau im Osten [Vortrag, gehalten am 10.6.1942]. Jena 1942, S. 19.

268 Rudolf Hippius/J. G. Feldmann: Siedlungsbereitschaft für den Osten. Der Warthegau als Siedlungsraum. Posen 1941.

Da jedoch die Schuldenabwicklungsverordnung vorsah, reichs- und „volksdeutsche" Gläubiger auch der in Liquidation befindlichen polnischen Kreditinstitute vollständig zu befriedigen, waren die Generalabwickler bzw. die HTO gezwungen, die entsprechenden Grundstücke und Gebäude beschleunigt abzustoßen, „um die notwendigen Mittel zur Vollauszahlung" der Gläubiger zu erhalten, zumal die „Grundstücke überhaupt das einzige Aktivum" seien, „das hierzu noch flüssig gemacht werden" könne.[269] Der Verwertungsstopp für Handels-, Handwerks- und Industriebetriebe hatte hierauf keinen Einfluss, da Grundstücke mit einem Wert über 100000,– RM bzw. allgemein Grundstücke von Kreditinstituten von diesem Stopp explizit ausgenommen waren.[270] Entsprechend waren es in der folgenden Zeit die deutschen Kreditinstitute selbst, die die Liquidationsbilanzen der geschlossenen Banken und Sparkassen auf der Aktivseite verbesserten, indem sie die zunächst nur „übernommenen" Bankgebäude und Grundstücke von der HTO käuflich erwarben.

In der Tat kam mit der Schuldenabwicklungsverordnung vorübergehend Bewegung in die Verwertungstätigkeit der HTO, die sich vor allem in verstärkten Geldtransfers der Abwickler zugunsten der HTO in Berlin niederschlug. Erloschene Forderungen machten das Bereithalten von Guthaben bei den kommissarisch verwalteten Betrieben teilweise unnötig, und nach dem Überfall auf die Sowjetunion schien sich das Gefühl einzustellen, die Liquidation nun mit allen (noch) vorhandenen Mitteln voranbringen zu müssen. Entscheidend dürfte freilich gewesen sein, dass mit dem Wegfall eines erheblichen Teils von Schulden und Forderungen, für deren potenzielle Erfüllung zuvor Geld gebunden gewesen war, nun Kaufkraft in einem womöglich erheblichen Umfang freigesetzt wurde – Kaufkraft, die nun um jeden Preis den Betrieben wieder entzogen werden musste. Entsprechend wiesen die Treuhandstellen die kommissarischen Verwalter an, die „vorhandenen überflüssigen Mittel" „restlos" der Vermögensverwaltung der HTO zuzuführen, da der Krieg es erforderlich mache, die verfügbaren Mittel der Reichskasse zur Verfügung zu stellen. Ohnehin sei es „zur Zeit nicht immer möglich", „für abgehende Waren neue Waren zur Ergänzung des Warenlagers anzuschaffen, sowie Bauausführungen oder Anschaffungen größerer Art auszuführen".[271]

Allerdings mussten bereits ab November 1941 umfangreiche Summen wieder zurücktransferiert werden, als es nämlich zu einer Auszahlung deutscher Guthaben namentlich bei der Bank Polski, der Landeswirtschaftsbank und teilweise auch der polnischen Sparkassen kam.[272] Summarisch jedoch waren die Transfers nach Berlin sehr viel höher als die Rücküberweisungen, teilweise überschnitten

[269] APG, TDW, Nr. 1045, Bl. 137–139, hier Bl. 137: Der Generalabwickler für die von der HTO beschlagnahmten Kreditinstitute im Gau Danzig-Westpreußen (gez. Puttkammer) an den HSSPF Danzig-Westpreußen, Beauftragter des RKF, 19.3.1942, betr. Häuserverkauf der polnischen Stadtsparkasse Graudenz.

[270] BArch, R 144/188: HTO (gez. Henckel) an die Generalabwickler für die von der HTO beschlagnahmten Kreditinstitute betr. Verwertung von Grundstücken [Februar 1942].

[271] APG, TDW, Nr. 14, Bl. 95–103, hier Bl. 102: Mitteilungsblatt 7/42 der Treuhandstelle Danzig-Westpreußen (gez. Hildebrandt) vom 25.9.1942.

[272] Vermutlich stand dies in Zusammenhang mit der VO über den Ausgleich von Rechtsansprüchen in den eingegliederten Ostgebieten vom 22.11.1941 (RGBl. I 1941, S. 721).

sich auch beide Überweisungsvorgänge. Ob hierfür jedoch konkrete Gründe vorlagen oder ob es sich dabei einfach nur um eine mangelhafte Abstimmung der Beteiligten handelte, kann auf der Basis der Archivalien nicht sicher entschieden werden.

Die Erlöse aus der Liquidation der polnischen und jüdischen Kreditinstitute

Dies führt abschließend zu der Frage nach den finanziellen Größenordnungen, in denen die Treuhandstellen und die deutschen Kreditinstitute das polnische Kreditwesen abwickelten. Den Umfang der Liquidationstätigkeit deutscher Kreditinstitute genau zu bestimmen[273], ist ein schwieriges Unterfangen, da Forderungen gegen und Verbindlichkeiten bei kommissarisch verwalteten Unternehmen sowie den Kommunen in den eingegliederten Gebieten im Rahmen der genannten Schuldenabwicklungsverordnung aufgerechnet wurden und somit ein erheblicher Teil der Verpflichtungen – auf Kosten der indigenen Bevölkerung – wegfiel. In einem Tätigkeitsbericht der Treuhandstelle Posen vom 31. Dezember 1941 machten die Banken bei den „Eingängen aus treuhänderisch verwaltetem Vermögen" bei einer Gesamthöhe von 37,5 Mio. RM zwar nur einen Anteil von 3,44 Prozent (entsprechend 1,29 Mio. RM) aus[274], doch auf diese Summe beliefen sich lediglich die Inventarverkäufe der liquidierten Kreditinstitute. Hinzuzurechnen sind die beschlagnahmten Alt- und Neuguthaben sowie der bedeutende Immobilienbesitz der Kreditinstitute, der bis zu diesem Zeitpunkt nur ansatzweise zum Verkauf gelangt war. Der weitere Verlauf der Liquidationen kann auf Grund der lückenhaften Aktenlage nur ansatzweise rekonstruiert werden. Einigen Aufschluss hierüber gibt ein Kurzbericht der HTO vom Juli 1943 „betreffend aus der Liquidation der kommissarisch verwalteten Kreditinstitute noch zu erwartende Verwertungserlöse".[275] Bis zu diesem Zeitpunkt hatten kommissarisch verwaltete Kreditinstitute 56 Mio. RM an die HTO abgeführt. Darüber hinaus schätzte man den Gesamtwert aller noch bestehenden Aktiva auf knapp 276 Mio. RM. Auf der Passivseite der Liquidationsbilanz schlugen deutsche Gläubiger immerhin noch mit 31 Mio. RM zu Buche. „Die Gläubiger sollten an sich über diese Gelder bereits verfügt haben. Es handelt sich fast ausschliesslich um Guthaben von Angehörigen der Volksgruppe 3. Eine Abhebung der Guthaben wird aber z. T. abgelehnt. Die

---

[273] Eine solche Bestimmung könnte auf der Basis des Aktienkapitals und der Bilanzsummen aus der Vorkriegszeit versucht werden. Bezogen auf die im Warthegau zur Liquidation gelangten Niederlassungen kann man von einem Aktienkapital von schätzungsweise 100 Mio. Złoty ausgehen sowie von Bilanzsummen im Umfang von mehreren Milliarden Złoty, allein für die Sparkassen knapp 200 Mio. sowie für die Kreditgenossenschaften ca. 100 Mio. Złoty. Vgl. APP, TP, Nr. 4307, Bl. 11; APP, TP, Nr. 2539: Aufstellung vom 14. 8. 1941; Mały Rocznik Statystyczny 1939. Warszawa 1939, S. 216ff.; Schippel, Kreditwirtschaft im ehemaligen Polen, S. 1289; Der Sparkassenaufbau im Osten, in: Bank-Archiv 1939, S. 559.

[274] APP, TP, Nr. 95, Bl. 26. Entsprechend hatte die Industrie einen Anteil von 32,28 Prozent, der Handel von 50,64 Prozent sowie das Handwerk von 1,4 Prozent. BArch, R 144/218: TP an HTO, 1. 10. 1941.

[275] BArch, R 144/413: Kurzbericht vom 25. 7. 1943 betr. aus der Liquidation der kommissarisch verwalteten Kreditinstitute noch zu erwartende Verwertungserlöse.

Gründe sind politischer Art."[276] Unerwähnt blieb in diesem Zusammenhang, dass die HTO im Interesse einer Gewinnmaximierung selbst daran interessiert war, diese Forderungen erlöschen zu sehen. Entsprechend blieben sie auf der Passivseite im Weiteren auch unberücksichtigt, obwohl Angehörige der Abt. 3 DVL formal von den Regelungen der Schuldenabwicklungsverordnung ausgenommen waren. Als mit Abstand größter Passivposten erwiesen sich die „Verpflichtungen aus dem Banksektor gegenüber dem Generalgouvernement" in Höhe von 139 Mio. RM. Insgesamt rechnete die HTO allerdings mit einem „noch zu erwartende[n] Gesamtüberschuss aus der Bankenliquidation" in Höhe von knapp 135 Mio. RM.

Die Deutsche Volksliste, der Rangfolgeerlass und Verwertungsstopp und nicht zuletzt die verspätete Polenvermögensverordnung – das alles schuf eine Situation, in der von einer Steuerbarkeit solcher Vermögenstransfers keine Rede sein konnte. Sicher ist aber, dass unter dem Strich – bedingt wohl vor allem durch die Verfahrensvereinfachungen der Schuldenabrechnungsverordnung – ein lukrativer Gewinn zugunsten des Reiches verbucht werden konnte. Nach einer Aufstellung der HTO über „Guthaben der Kreditinstitute per 31. Dezember 1944" in Höhe von insgesamt 177,8 Mio. RM konnten der Generalabwickler für die polnischen Kreditinstitute im Warthegau sowie der des Regierungsbezirks Litzmannstadt ein Guthaben in Höhe von 85,1 Mio. bzw. 7,4 Mio. RM vorweisen, während die Erlöse der anderen Gebiete deutlich niedriger ausfielen. In Ostoberschlesien betrugen sie 44,2 Mio. RM, in Zichenau 2,4 Mio. RM sowie im Reichsgau Danzig-Westpreußen 37,6 Mio. RM.[277] Da diese Summen aber am Ende eines Prozesses standen, der umfangreiche Forderungen und Verbindlichkeiten der polnischen Kreditinstitute gegeneinander aufrechnete, dürfte die gesamte Liquidationsbilanz beträchtlich über den genannten Summen liegen. In diesem Betrag wiederum waren die konfiszierten polnischen und jüdischen Bankguthaben offenbar nur zum Teil enthalten. Aber was bedeuteten diese Zahlen eigentlich konkret? Einen wesentlichen Beitrag zur Kriegsleistung des Deutschen Reiches wohl nicht, denn möglichst hohe Verwertungserlöse und eine mittelfristig abzuschließende Liquidation insbesondere der Kreditinstitute waren ein Widerspruch in sich, es sei denn, man machte an einer Stelle einen radikalen Schnitt, wie er mit der Schuldenabwicklungsverordnung auch erfolgte.

Die Beteiligung der deutschen Kreditinstitute an den Eingriffen der Nationalsozialisten in die Eigentumsstrukturen in Polen war eine dreifache: erstens wurden sie tätig bei der Abbuchung beschlagnahmter Guthaben, Depositen und Schließfächer; zweitens organisierten sie die Liquidation polnischer und jüdischer Kreditinstitute in den ersten zwei Okkupationsjahren; und drittens führten sie die Konten, über die die Geschäfte (und gegebenenfalls Liquidationserlöse) der Un-

276 Ebd.

277 BArch, R 144/337. Der im August 1943 von der HTO im Bankensektor prognostizierte „aktive Überschuß" von 135 Mio. RM (Erlöse: 276 Mio. RM, Verpflichtungen: 141 Mio. RM) war damit deutlich übertroffen worden; BArch, R 144/413: Kurzbericht betr. aus der Liquidation der kommissarisch verwalteten Kreditinstitute noch zu erwartende Verwertungserlöse vom 25.7.1943; BArch, R 144/353: Überblick über die Entwicklung der Bilanzsummen vom 16.8.1943.

ternehmen liefen, die der Verwaltung der Treuhandstellen unterstanden. Alle drei Tätigkeitsbereiche machten einen wichtigen, womöglich sogar den überwiegenden Teil des Geschäftsaufwandes der Kreditinstitute in den eingegliederten Ostgebieten aus, und in allen drei Bereichen konnte auf die enge Kooperation der Banken zu keiner Zeit verzichtet werden. Erlöse, die die Treuhandstellen hierbei einstrichen, verdankten sie so gut wie ausschließlich der Tätigkeit der Kreditinstitute. Durch diese Form der Mitarbeit, bei der es den deutschen Kreditinstituten um die Neuarrondierung ihres zukünftigen Geschäftsfeldes und um die Kontaktpflege mit den Parteistellen und Behörden ging, machten sie sich vollends zum Erfüllungsgehilfen einer „negativen Bevölkerungspolitik“[278], wie sie mit Begriffen wie „Raub“ bzw. „Germanisierung“ nur sehr unzureichend charakterisiert werden kann.

Der Raub jüdischen Eigentums und die Judenvernichtung

Die Geschäftstätigkeit deutscher Kreditinstitute in Polen muss sich auch daran messen lassen, inwieweit sich die Bank- und Sparkassenmitarbeiter zur Teilhabe an einer Politik bereit fanden, deren kriminelle und unmenschliche Grundzüge noch im Herbst 1939 unübersehbar geworden waren. Dabei zählt zur Teilhabe auch die Kenntnis von der Judenvernichtung, wenn Wissen als „das Resultat der Sorge um andere“ und als „das Ergebnis einer moralischen Anstrengung“ definiert wird.[279] Wie gut aber war der Informationsstand deutscher Großbankfilialen im Osten in Bezug auf die NS-„Judenpolitik“ und Judenvernichtung? Veranschaulicht werden soll dies anhand zweier Verbrechenskomplexe, und zwar des Einsatzes jüdischer Zwangsarbeiter durch die „Organisation Schmelt“ in Oberschlesien sowie des Gettos Litzmannstadt. Zu widerlegen ist dabei zugleich die bisherige Forschung, die den Geschäften in den Ostgebieten wiederholt das Epitheton „normal“ zugeschrieben hat. Als *pars pro toto* sei die Aussage von Harold James angeführt, es gebe „keinerlei schriftliche Hinweise auf das Schicksal der Bewohner des Lodzer Ghettos“.[280] Die in den Akten zur Verfügung stehenden Gegenbeispiele zählen jedoch nicht nach einzelnen, sondern nach Hunderten.

Die Pauperisierung der jüdischen Bevölkerung

Über die Ziele der Nationalsozialisten hinsichtlich der wirtschaftlichen Lage und Tätigkeit der jüdischen Bevölkerung in Polen bestanden vom ersten Tag der Okkupation an keinerlei Unklarheiten. Wie bereits im Altreich und den zuvor in den deutschen Herrschaftsbereich gelangten Gebieten sollte auch in Polen schnellstmöglich der Ausschluss der Juden aus dem gesamten ökonomischen Leben erfolgen.[281] Als mittelfristiges Ziel galt – wie es Franz Rademacher im Auswärtigen

[278] Aly, „Endlösung“, S. 381.

[279] Die Schweiz, der Nationalsozialismus und der Zweite Weltkrieg, S. 27. Zum Problem des Wissens in Kreditinstituten vgl. Ingo Loose: Die Commerzbank und das Konzentrations- und Vernichtungslager Auschwitz-Birkenau, in: Herbst/Weihe (Hg.), Commerzbank und die Juden 1933–1945, S. 272–309.

[280] James, Die Deutsche Bank und die Diktatur, S. 401 f.

[281] Siehe oben S. 52 ff.

Amt in einem Vorschlag zur Schaffung einer „intereuropäischen Bank für die Verwertung des Judenvermögens in Europa" im August 1940 formulierte –, „auf einen Schlag den jüdischen wirtschaftlichen Einfluß in Europa durch den deutschen zu ersetzen, ohne daß Störungen in den Wirtschaften der einzelnen Länder durch Stillegen jüdischer Großfirmen eintreten".[282] Angesichts des Anteils, den die Juden an der polnischen Gesamtbevölkerung ausmachten, erwies sich die Ansicht der Nationalsozialisten, die „Entjudung" in Polen sei ähnlich durchzuführen wie im Reich, jedoch als zu kurz greifend, obzwar man auf eine eingespielte Praxis zurückzugreifen vermochte.[283] Die Lösung bestand in einer Radikalisierung des Procederes, und allgemein war man viel freier in der Ausführung der Verordnungen – wenn man sich überhaupt auf solche stützte[284] –, weil sich eine Rücksichtnahme auf die öffentliche Meinung größtenteils erübrigte. Die legalistischen Bedenken, die beispielsweise Reichsbankpräsident Schacht noch 1938 gegen einschneidende wirtschaftliche Maßnahmen in der „Judenpolitik" vorgebracht hatte, nämlich dass „die übrige Welt" diesen Weg „als der Rechtsbasis entbehrende Willkür und als Vermögenskonfiskation anprangern und behandeln würde"[285], hatte man in Polen längst weit hinter sich gelassen. Dies ist schon daran abzulesen, dass die „Verdrängung" der Juden aus der Wirtschaft in Polen nicht sechs Jahre wie im Altreich dauerte, sondern gradliniger und unmittelbarer in den Judenmord überging.[286]

Die NS-„Judenpolitik" führte in den eingegliederten Gebieten nahtlos die Entwicklung fort, wie sie in den ersten Maßnahmen während der Militärverwaltung bereits zum Ausdruck gekommen war. Besonders deutlich wurde dies in einer

---

282 IPN, NTN, Nr. 332, Bühler-Prozess, Bd. 86, Bl. 21f., hier Bl. 21: Gedanken über die Gründung einer intereuropäischen Bank für die Verwertung des Judenvermögens in Europa vom 12. 8. 1940 (gez. Rademacher) (Abschrift); publiziert bei Kurt Pätzold: Verfolgung, Vertreibung, Vernichtung. Dokumente des faschistischen Antisemitismus 1933 bis 1942. Leipzig 1991, S. 268f.

283 Michael Weichert: Zikhroynes, Bd. 3: Milkhome. Tel Aviv 1963, S. 124f.

284 Dies lässt sich schon daran ermessen, dass die Nürnberger Rassengesetze faktisch seit September 1939 angewandt wurden, in der Presse dagegen wiederholt ihre Einführung vermeldet wurde, eine diesbezügliche Verordnung jedoch erst vom 31. 5. 1941 datiert. Faschismus – Getto – Massenmord, S. 55 (Anm. 2), mit Bezug auf Litzmannstädter Zeitung vom 22. 12. 1939; vgl. Ostdeutscher Beobachter vom 29. 10. 1940 (Stichtag im Reichsgau Wartheland 1. 10. 1940). VO über die Einführung der Nürnberger Rassengesetze in den eingegliederten Ostgebieten vom 31. 5. 1941 (RGBl. I, S. 297).

285 Uwe Dietrich Adam: Judenpolitik im Dritten Reich. Düsseldorf ^{2}1979, S. 182. Vgl. zur allgemeinen Weichenstellung der ökonomischen Aspekte der NS-„Judenpolitik" und zur Rolle Funks an der Spitze des RWM Ludolf Herbst: Walther Funk – Vom Journalisten zum Reichswirtschaftsminister, in: Ronald Smelser/Enrico Syring/Rainer Zitelmann (Hg.), Die braune Elite, Bd. 2. Darmstadt ^{2}1999, S. 91–102, bes. S. 96f.

286 In der polnischen Historiographie hat sich hierfür der Terminus der „indirekten Vernichtung" (zagłada pośrednia) etabliert, der deutlich macht, dass *allen* Aktionen der NS-„Judenpolitik" in Polen ab September 1939 (Enteignung, Deportationen, Gettoisierung etc.) stets auch eine mitunter erhebliche Zahl von Juden zum Opfer fiel und dies auch intendiert war. Vgl. Hilberg, Vernichtung, S. 56f.; Eisenbach, Hitlerowska polityka zagłady Żydów, S. 129ff., 268ff.; Ruta Sakowska: Ludzie z dzielnicy zamkniętej. Z dziejów Żydów w Warszawie w latach okupacji hitlerowskiej. Warszawa ^{2}1993, S. 28ff., 193ff.; dies., Die zweite Etappe ist der Tod. NS-Ausrottungspolitik gegen die polnischen Juden, gesehen mit den Augen der Opfer. Berlin 1993, S. 10ff., 35ff.

Reihe von Kontributionen gegen jüdische Gemeinden im Herbst 1939 und Frühjahr 1940, die „für manche Stadt- und Kreisverwaltung ein beliebtes Verfahren zur ersten Finanzierung des Verwaltungs- und Wirtschaftsaufbaus" darstellten.[287] Ebenfalls im Herbst waren infolge von Heydrichs Schnellbrief „Judenräte" gebildet worden[288], die fortan für die Ausführung aller Anordnungen deutscher Behörden persönlich verantwortlich waren und in den folgenden Jahren in eine perfide Mittlerposition zwischen den Nationalsozialisten und der jüdischen Bevölkerung gerieten.[289] Stärker als bei der polnischen Bevölkerung wurde im Falle der Juden und ihres Eigentums seit September 1939 im Vorgriff das praktiziert, was die Polenvermögensverordnung erst ein Jahr später anordnete. Den Kreditinstituten kam hierbei die entscheidende und im weiteren Verlauf für die HTO unverzichtbare Funktion zu, das finanzielle Vermögen der Juden zu registrieren, zu sichern und der HTO zur Verfügung zu stellen. Zwar sollte auch hier zwischen Alt- und Neugeschäft unterschieden werden (Stichtag 1. Januar 1940), doch besaß dies für die Verfügbarkeit des Vermögens nur eine geringe Relevanz. Im Zweifelsfalle konnte die HTO Neuguthaben von Juden jederzeit zu illegal über die „Datumsgrenze" gebrachten Altvermögen erklären und einziehen.

Wie erwähnt hatte sich die HTO im März 1940 an die Kreditinstitute um Aufstellungen von Schulden und Forderungen kommissarisch verwalteter Betriebe gewandt.[290] Wie schnell sowohl die Bankfilialen als auch die Sparkassenleiter ihre Lektion gelernt hatten, zeigt sich daran, dass sie in zahlreichen Fällen auf das Schreiben der HTO mit dem Hinweis antworteten, dass Konten polnischer bzw. jüdischer Evakuierter oder Geflüchteter bei ihnen vorhanden bzw. nicht vorhanden seien, mithin auf eine Frage antworteten, die ihnen in dieser Form seitens der Treuhandstellen erst im November 1940 gestellt werden sollte.[291]

Nicht minder schwierig als im Falle der Liquidation der Kreditinstitute ist die Feststellung, in welchem Umfange die Treuhandstellen bei den Kreditinstituten

---

[287] Umbreit, Deutsche Militärverwaltungen, S. 207; vgl. Andrzej Dmitrzak: Causes of imposing contributions and methods of levying them in Polish territories under the Nazi occupation during the Second World War, in: Studia Historiae Oeconomicae 21 (1994), S. 157-166; ders.: Hitlerowskie kontrybucje w okupowanej Polsce 1939-1945. Poznań 1983; Trunk, Judenrat, S. 67, 245; Alberti, Vernichtung der Juden im Reichsgau Wartheland, S. 108f.

[288] Schnellbrief des Chefs der Sicherheitspolizei (gez. Heydrich) vom 21.9.1939, zit. nach Pospieszalski, Hitlerowskie „prawo" okupacyjne w Polsce, część II, S. 533f.

[289] Trunk, Judenrat, passim; Imposed Jewish Governing Bodies under Nazi Rule. Yivo Colloquium, December 2-5, 1967. New York 1972; Israel Gutman/Cyntia J. Haft (Hg.): Patterns of Jewish Leadership in Nazi Europe 1933-1945. Proceedings of the Third Yad Vashem International Historical Conference. Jerusalem, 4.-7.4.1977. Jerusalem 1979; vgl. Dan Diner: Die Perspektive des „Judenrats". Zur universellen Bedeutung einer partikularen Erfahrung, in: Doron Kiesel/Cilly Kugelmann/Hanno Loewy/Dietrich Neuhaus (Hg.), „Wer zum Leben, wer zum Tod ..." Strategien jüdischen Überlebens im Getto. Frankfurt a. M./New York 1992, S. 11-35.

[290] APP, TP, Nr. 4308: HTO an die Deutschen Kreditinstitute in den eingegliederten Ostgebieten, 11.3.1940.

[291] Allerdings gehörte im Falle einer Bankliquidation die Erstellung solcher Listen nach Kreditoren und Debitoren zu den Voraussetzungen, um eine Liquidationsbilanz aufstellen zu können.

Konfiskationen polnischer und jüdischer Privatguthaben vornahmen. Am ehesten lässt sich dieser Umfang noch für das jüdische Privatvermögen im Einzugsgebiet der Treuhandnebenstelle Litzmannstadt schätzen. Auf einer Treuhandbesprechung Ende Juli 1940 wurde ausgeführt, dass durch die deutschen Kreditinstitute „auf Sperrkonten bei Juden und Polen auf den Litzmannstädter Banken rund 10½ Millionen Mark festgestellt" worden seien.[292] Den Anteil jüdischer Eigentümer an diesen Vermögenswerten zu ermitteln, erweist sich jedoch als auswegloses Unterfangen. Höher war dieser Anteil in Gebieten mit einem traditionell hohen Prozentsatz von Juden an der Gesamtbevölkerung, d.h. vor allem im Gebiet des nunmehrigen Generalgouvernements und im östlichen Warthegau[293] sowie in einigen Gebieten Ostoberschlesiens. Die Treuhandstelle in Litzmannstadt ging davon aus, dass von 3600 vor dem Kriege in Łódź ansässigen Industriebetrieben sich mindestens 80 Prozent in jüdischem Besitz befunden hätten. Mitte 1940 waren hiervon nur noch ca. 950 Betriebe übriggeblieben.[294] Demgegenüber weist die Statistik für den übrigen Warthegau (ohne Litzmannstadt) bis September 1940 nur vergleichsweise geringe Summen aus: Bis Anfang Oktober 1940 beliefen sich die Einnahmen der Treuhandstelle Posen auf insgesamt 11,1 Mio. RM, von denen nur eine Million Reichsmark „auf abgezogene Neuguthaben (entstanden in der Zeit vom 15.9. bis 31.12.1939) sowie Bargelder von Evakuierten und polnischen Juden" entfielen.[295] Analoge Zahlenangaben für den Regierungsbezirk Kattowitz konnten nicht aufgefunden werden.

Das Schicksal der oberschlesischen Juden

Obwohl es anders als im Reichsgau Wartheland in Oberschlesien erst verhältnismäßig spät zur Bildung von Gettos kam (1943), mussten die Juden bereits frühzeitig separiert von der übrigen Bevölkerung und unter katastrophalen Bedingungen leben. Neben Deportationen ins Generalgouvernement, wie sie im Herbst 1939 im Rahmen der Eindeutschungsmaßnahmen im Regierungsbezirk durchgeführt worden waren, bildete im Zuge der Verelendung vor allem die schlechte Ernährungslage das Hauptproblem des Alltags.

Noch in Unkenntnis der weiteren Entwicklung stellte die Dresdner Bank in Kattowitz bereits im September 1939 „für alle Fälle" eine Liste jüdischer Firmen auf, die zum Kundenkreis der Bank gehört hatten und nun aller Voraussicht nach dem Zwangsverkauf oder der Enteignung entgegensehen würden:

Name der Firma	Branche
Adler i Panofski, Sohrau	Eisengiesserei
Aufrecht, Ruda	Holzhandel
Badewitz, D., Kattowitz	Darmhandlung

292 APG, TDW, Nr. 5, Bl. 81–166, hier Bl. 92: Treuhandbesprechung in der HTO am 23. und 24.7.1940.

293 Dąbrowska, Zagłada skupisk żydowskich w „Kraju Warty", S. 122.

294 APG, TDW, Nr. 5, Bl. 81–166, hier Bl. 93: Treuhandbesprechung in der HTO am 23. und 24.7.1940.

295 APP, TP, Nr. 92, Bl. 29: Tätigkeitsbericht der TP vom 15.10.1940.

Czwiklitzer, D., Kattowitz	Seifenfabrik
Fuchs, S., Kattowitz	Holzhandel
Mrachacz i Schutz, Kattowitz	Eisenhandel
Nacks Nachfl., Kattowitz	Wasserleitungs- und Kanalisationsartikel
‚POLPAP', Schwientochlowitz	Papierfabrik
Szleszyngier, J. M., Bendzin	Hampfseilfabrik [sic]
Weichmann, Max, Kattowitz	Graupenmühle
Fiedler und Glaser, Kattowitz	Mühle
Zakłada Przemysłu Metalowych [sic] Bracia Szajn Spółka Akcyjna, Bendzin	Eisen- und Metallfabrik
J. D. Potoka i Synowie, Bendzin–Małabodz	Öle, Fette etc.
‚Wholworth' [sic] Spółka Akcyjna, Kattowitz	Warenhaus[296]

Wie oben bereits beschrieben, nahm die Entwicklung mit der Einschaltung der HTO in den „Verwertungsprozess" jedoch einen anderen Verlauf, als dies von den Banken zunächst erwartet worden war. In einer Reihe von jüdischen Unternehmen dürfte sich nach der Einsetzung eines Treuhänders durch die zuständige Treuhandstelle für das Tagesgeschäft der Banken zunächst einmal wenig geändert haben, obgleich die eigene Kundschaft entsprechend der Kennzeichnungspflicht durchgesehen wurde. Eine interne Anweisung der Dresdner Bank Kattowitz wies im August 1940 erneut darauf hin, dass sämtliche Unterlagen noch einmal daraufhin durchzusehen seien, „ob auf allen in Frage kommenden Kontokarten der Vermerk ‚jüdisch' angebracht ist. [...] Eine Bezeichnung aller jüdischen Konten ist unbedingt erforderlich."[297] Diese Anweisung legt zumindest die Vermutung nahe, dass es Mitte 1940 noch eine gewisse Zahl von Juden in der Kundschaft der Dresdner Bank Kattowitz (und ihrer Zweigstelle in Sosnowitz) gegeben haben muss.

Auch wenn sich – wie gezeigt worden ist – auf Seiten der Kreditinstitute antisemitische Ideologeme beobachten lassen, so gingen diese doch in der Regel nicht so weit, Gewinn versprechende Geschäfte von vornherein zu unterbinden. So gehörte zum Kundenkreis der Dresdner Bank in Sosnowitz im Jahre 1940 u. a. auch die „Jüdische Großverteilerstelle für Lebensmittel und Gartenbauerzeugnisse für die jüdische Bevölkerung in Ost-Oberschlesien", die auf Antrag des „Leiters der Ältestenräte der jüdischen Kultusgemeinden in Ost-Oberschlesien", Moszek Merin, Ende Juli 1940 vom Regierungspräsidenten in Kattowitz genehmigt worden war. Die Großverteilerstelle belieferte ausschließlich „jüdische Kleinhandelsgeschäfte", denen ihrerseits ein Warenerwerb nur von der Verteilerstelle und ein Warenverkauf ausschließlich an Juden erlaubt war.[298] Entsprechend kam der Großverteilerstelle eine zentrale Aufgabe in der Lebensmittelversorgung der jüdischen Bevölkerung in Ostoberschlesien zu, die Anfang Mai 1942, vor Beginn der großen

---

296 APK, Dresdner Bank Kattowitz, Nr. 121, Bl. 293: „Jüdische Firmen, die mit uns gearbeitet haben und jetzt eventuell zu arisieren wären" (ca. 18. 9. 1939).

297 APK, Dresdner Bank Kattowitz, Nr. 79, Bl. 85f., hier Bl. 85: Umlauf Nr. 25 vom 1. 8. 1940. Hervorhebung im Original.

298 APWr, Bank Drezdeński Oddział we Wrocławiu, Nr. 196: Regierungspräsident, Preisüberwachungsstelle (gez. Kassler), Kattowitz, an Leiter der Ältestenräte der jüdischen Kultusgemeinden in Ost-Oberschlesien, 30. 7. 1940 (Abschrift). Den Hinweis auf diese Akte verdanke ich Andrzej Bodek, Frankfurt a. M.

Deportationen, noch über 85 000 Personen umfasste.[299] Eine Nettobilanz der „Jüdischen Großverteilerstelle" weist für Ende Oktober 1940 Bankverbindungen zur Commerzbank und zur Dresdner Bank aus. Zur Liquiditätsverbesserung stellte vermutlich Merin selbst im November 1940 bei der Dresdner Bank, Zweigstelle Sosnowitz, den Antrag auf einen Barkredit über 56 000,– RM gegen Warenverpfändung und mit einer Laufzeit bis 30. Juni 1941, worauf die Gestapo der Bank auf deren Anfrage am 20. November 1940 mitteilen ließ, dass gegen einen solchen Kredit „staatspolizeilicherseits keine Bedenken erhoben" würden.[300] Bereits einen Tag später sandte die Zweigstelle den Kreditantrag an die Filiale Kattowitz, und diese leitete ihn weiter an die Filiale Breslau. Für eine Kreditgenehmigung sprach vor allem der Umsatz, der im Oktober 370 000,– RM und in den ersten drei Novemberwochen 258 477,– RM betragen hatte und der die „Jüdische Großverteilerstelle" zu einem der besten Kunden der Zweigstelle machte. Von Interesse war für die Dresdner Bank jedoch weniger die „Versorgung der hier noch zahlreichen jüdischen Bevölkerung mit Lebensmitteln", als vielmehr zwei andere Motive: „Ausserdem wird nach Erhalt der Genehmigung das noch bei der Commerzbank geführte Konto Ordinario des Merin mit einem Haben-Saldo an uns übertragen werden. Über dieses Konto gehen die Beträge für die Jüdische Wohlfahrtspflege. [...] Unter diesen Umständen befürworten wir den Kredit, weil er uns die Möglichkeit bietet, mit den Grosslieferanten der Grosshandlung in Verbindung zu kommen."[301]

Die übergeordnete Filiale Breslau der Dresdner Bank gab dagegen zu bedenken, dass „bei dem schnellen Wechsel des Lagerbestandes" zu befürchten sei, „dass nicht genügende Kontrollmöglichkeiten des Sicherungsgutes vorhanden" seien, „zumal im vorliegenden Falle wohl ein Jude als unser Treuhänder für das Pfand-Lager eingesetzt werden müsste". Der Antrag wurde nach Berlin weitergesandt, da vor Ort ein besonderes Interesse daran bestand zu prüfen, „ob bei unserer Bank überhaupt Bereitwilligkeit besteht, einem jüdischen Unternehmen mit Kredit zur Verfügung zu stehen".[302] Am 27. November 1940 schrieb das Berliner Direktionsbüro der Dresdner Bank an ihre Filiale Breslau, „dass derartige Kredite nur bei ganz einwandfreier liquider Deckung in Frage kommen können, wobei vorausgesetzt wird, dass wie im vorliegenden Falle die Geheime Staatspolizei unterrichtet wird und ihr Einverständnis gibt, da wir andernfalls bei einer eventuellen Vermögensbeschlagnahme unter Umständen auch wegen des Sicherungsgutes Schwierigkeiten haben können."[303]

Bemerkenswert hieran ist, dass für die Ablehnung des Kredites letztlich nicht seine problematische Besicherung ausschlaggebend war, sondern die unberechen-

---

[299] APK, Rejencja Katowicka, Nr. 2779, Bl. 4: Der Leiter der Ältestenräte der jüdischen Kultusgemeinden in Ost-Oberschlesien, Hauptabteilung Administration – Statistische Angaben über den Stand der jüdischen Bevölkerung im Regierungsbezirk Kattowitz vom 24. 8. 1942.

[300] APWr, Bank Drezdeński Oddział we Wrocławiu, Nr. 196: Netto-Bilanz per 31. 10. 1940 (Abschrift); Staatspolizeileitstelle Kattowitz (gez. Dreier) an Dresdner Bank Sosnowitz, 20. 11. 1940.

[301] Ebd.: Kreditantrag der Dresdner Bank Sosnowitz vom 21. 11. 1940. Hervorhebung im Original.

[302] Ebd.: Dresdner Bank Kattowitz an Filiale Breslau, 22. 11. 1940, betr. Sosnowitz.

[303] Ebd.: Dresdner Bank Berlin an Filiale Breslau, 27. 11. 1940, betr. Sosnowitz.

bare Politik der Geheimen Staatspolizei bzw. der HTO, d.h. der Dienststellen, die eine Vermögensbeschlagnahme anordnen konnten. Dass man einen Kreditantrag mittlerer Höhe an die Berliner Direktion weiterreichte, zeigt zudem, dass man zwar in der Zweigstelle vor Ort den Nutzen eines solchen Kredites sah, sich zugleich aber nicht sicher war, welche Position die jeweils höhere Instanz innerhalb der Bankenhierarchie hierzu einnehmen würde.

Die Verelendung der jüdischen Bevölkerung nahm zwischenzeitlich angesichts der minimalen Lebensmittelzuteilungen weiter zu, auch kam es in den eingegliederten Gebieten allgemein zu einer drastischen Einschränkung ihrer medizinischen Versorgung.[304] Aber auch einer weiteren Initiative Merins zur Verbesserung der Versorgungslage war kein Erfolg beschieden. Merin regte im September 1940 an, zur Unterstützung der schlesischen Juden einen „Fonds zu bilden, dessen Mittel aus dem beschlagnahmten jüdischen Vermögen bezw. durch Abführung der Erträgnisse des früheren jüdischen Gemeindevermögens oder durch Umlage auf die kommissarisch verwalteten jüdischen Auswanderervermögen aufgebracht werden" sollten.[305] Zuvor waren einzelne Landräte zur Versorgung der Juden aus der beschlagnahmten und der HTO unterstehenden jüdischen Vermögensmasse übergegangen, ein Vorgehen, für das sich auch Regierungspräsident Walter Springorum bei der Treuhandstelle stark machte.[306] Zwar machte die Treuhandstelle Kattowitz sich diese Idee vorübergehend zu eigen, doch wurde sie von der HTO in Berlin abgelehnt, weil „Unterstützungen für ortsarme Juden" allein Sache der örtlichen Wohlfahrtsämter[307] seien und weil „die beschlagnahmten jüdischen Vermögen den Juden nicht wieder zum Teil, etwa auf dem Umweg einer Unterstützungsmassnahme, zur Verfügung gestellt werden" könnten.[308] Immerhin konnte Merin erreichen, dass die Treuhandstelle Kattowitz den jüdischen Kultusgemeinden in Ostoberschlesien ab 1941 monatlich eine (sehr niedrige) Summe als Unterstützungszahlung zukommen ließ. Seitens der Treuhandstelle Kattowitz wurden monatlich pauschal 7000,– RM an Merin überwiesen, seitens der Grundstücksverwaltung der HTO weitere 14000,– RM.[309]

---

304 Vgl. Alberti, Vernichtung der Juden im Reichsgau Wartheland, S. 121.

305 APK, TK, Nr. 1412, Bl. 28f.: TK an HTO, 16.9.1940, betr. Regelung der Unterstützung ortsarmer Juden; ebd., Bl. 3f.: Der Leiter der Ältestenräte der jüdischen Kultusgemeinden in Ost-Oberschlesien (gez. Merin), Sosnowitz, an TK, 10.7.1940, betr. Sicherung der finanziellen Lage der Gemeinden.

306 APK, TK, Nr. 1397, Bl. 41f.: Der Landrat des Kreises Bielitz an TK vom 11.4.1940 betr. Unterstützung der hilfsbedürftigen Juden aus der Liquidationsmasse; ebd., Bl. 60f.: Regierungspräsident (gez. Springorum) an TK, 23.4.1940, betr. wirtschaftliche Versorgung hilfsbedürftiger Juden.

307 Zur Notwendigkeit, die enteigneten Juden von den Kommunen versorgen zu lassen, vgl. oben S. 110. Dasselbe Problem war bereits 1938 im Reich aufgetaucht; Adam, Judenpolitik, S. 182. Die sukzessive Übernahme des Problems durch die SS, vgl. ebd., S. 202; Ruth Bettina Birn: Die Höheren SS- und Polizeiführer. Himmlers Vertreter im Reich und in den besetzten Gebieten. Düsseldorf 1986, S. 186ff.

308 APK, TK, Nr. 1412, Bl. 32: HTO (gez. SS-Standartenführer Galke, GVSS) an TK, 17.12.1940, betr. Regelung der Unterstützung ortsarmer Juden.

309 APK, TK, Nr. 1399, Bl. 14: Aktennotiz der Abteilung A II (gez. Herzog) an die Abteilung B IV im Hause, 16.9.1941, betr. Judenunterstützung.

Für die HTO und die deutschen Kreditinstitute, die mit der Liquidation polnischer Institute betraut waren, hatte dies sichtbare Konsequenzen: „Das Einziehen der Forderungen stösst auf Schwierigkeiten, denn es fehlen auf den Wechseln und in den Kontobüchern die Anschriften der Juden. Auf Mahnungen reagieren die Juden überhaupt nicht. Wenn sie es tun, dann nur negativ, indem sie mitteilen, dass ihre Geschäfte, Wohnungen und Häuser beschlagnahmt sind und sie infolgedessen keine Zahlungen leisten können. Resultate aus der Abwicklung sind daher nicht zu erwarten."[310]

Die erfolglosen Versuche der Geldeintreibung bei jüdischen Schuldnern ließen die Banken nicht im Unklaren darüber, dass es für die Juden nur mehr um die bare Existenz ging. Der wichtigste Punkt jedoch, an dem die deutschen Kreditinstitute in Kontakt mit den oberschlesischen Juden und der nationalsozialistischen „Judenpolitik" kamen, war der durch die „Organisation Schmelt" koordinierte Einsatz jüdischer Zwangsarbeiter. Die „Organisation Schmelt", benannt nach ihrem Leiter, dem Breslauer Polizeipräsidenten und SS-Oberführer Albrecht Schmelt, firmierte offiziell als „Dienststelle des Sonderbeauftragten des RFSS für fremdvölkischen Arbeitseinsatz in Oberschlesien".[311] Mit Unterstützung der örtlichen Behörden organisierte Schmelt seit 1940 den Einsatz jüdischer Zwangsarbeiter in eigens hierfür eingerichteten Lagern – zunächst in Oberschlesien, später auch in Niederschlesien und im Sudetengau. Hierfür mussten Merin und die übrigen „Judenräte" Listen arbeitsfähiger Juden aufstellen, und Firmen konnten bei der „Organisation Schmelt" fortan jüdische Arbeitskräfte anfordern.

Im Jahre 1940 war die Filiale Sosnowitz der Commerzbank die Hauptbankverbindung des „Leiters der Ältestenräte der jüdischen Kultusgemeinden in Ost-Oberschlesien", auf dessen Konto die Unterstützungszahlungen der Treuhandstelle Kattowitz und anderer Auftraggeber für zuvor enteignete Juden eingingen.[312] Offenbar wurde die Commerzbank jedoch spätestens 1941 von der Dresdner Bank aus dieser Geschäftsverbindung gedrängt, denn in der Folgezeit ist in den Akten

---

[310] AŻIH, Niemieckie materiały okupacyjne, Katowice, Nr. 4, Bl. 1–2: Wilhelm Küper, kommissarischer Verwalter sämtlicher gewerblicher Kreditgenossenschaftsbanken im Bereich der TK, an TK, 9. 10. 1941, betr. Bezprocentowa Kasa Pożyczkowa Gmilus Chesed, Olkusch (Abschrift).

[311] Eisenbach, Hitlerowska polityka zagłady Żydów, S. 212; Alfred Konieczny: Die Zwangsarbeit der Juden in Schlesien im Rahmen der „Organisation Schmelt", in: Götz Aly u. a. (Hg.), Sozialpolitik und Judenvernichtung. Gibt es eine Ökonomie der Endlösung? Berlin 1987, S. 91–110; Enzyklopädie des Holocaust, Bd. 2, S. 1070f.; Kaczmarek, Pod rządami gauleiterów, S. 191–194; vgl. Rudolf Höß' Skizze zu Schmelt, die in der deutschen Ausgabe seiner Aufzeichnungen nicht enthalten ist; Wspomnienia Rudolfa Hoessa, komendanta obozu oświęcimskiego. Warszawa 1956, S. 203f.

[312] APK, TK, Nr. 1396, passim; vgl. APŁ, GV, Nr. 29600, Bl. 12: Ernährungs- und Wirtschaftsstelle Getto, Litzmannstadt, an CB Litzmannstadt, 20. 8. 1940; ebd., Nr. 29645, Bl. 14, 90, 116; ebd., Nr. 29646, Bl. 542, 574, 626a: Gutschriften der CB Sosnowitz von August bis Oktober 1940 auftrags „M. Merin, der Leiter der Jüdischen Kultusgemeinde in Ost Oberschlesien" zugunsten der „Ernährungs- und Wirtschaftsstelle Ghetto (für die Juden im Ghetto)". Die Konten „Komitee der jüdischen Kultusgemeinde, Sosnowitz" und „Moszek Merin" existierten bei der CB Sosnowitz bis August 1943, d. h. bis zur endgültigen Deportation der oberschlesischen Juden ins KL Auschwitz. Vgl. APK, TK, Nr. 1902, Bl. 190: CB Sosnowitz an TK, 10. 8. 1943, betr. jüdische Kontoinhaber.

und auf Merins Briefpapier nur mehr sein Konto bei der Dresdner Bank in Sosnowitz angegeben, auf dem sämtliche Unterstützungszahlungen an die oberschlesischen Juden zusammenliefen. Der Gestapo wurde hierüber monatlich ein Kontoauszug zugesandt.[313]

Auch in der Folgezeit blieb die Niederlassung der Dresdner Bank in Sosnowitz über das unsägliche Elend der schlesischen Juden in Sosnowitz, Bendzin, Dombrowa und andernorts gut informiert, vor allem im Falle der Zwangsarbeiterbetriebe, in denen die arbeitsfähigen Juden eingesetzt wurden: „Im Posten Gläubiger RM 229.' [sc. 229 000] sind RM 100.' Verpflichtungen an den Sonderbeauftragten SS[314] enthalten, die Anfang des Jahres erledigt wurden, der Rest stellt Warenschulden dar. [...] Nach *unseren jetzigen Erkundigungen soll die Weiterführung des Betriebes mit seinen ca. 1200 jüdischen Arbeitskräften zunächst bis Oktober vorgesehen* sein. Allein von der DAF liegen Aufträge für RM 865.' zur Herstellung bezugsscheinfreier Schuhe, Filzschuhe, Filzpantoffeln, Sandalen usw. aus Filz- und Lederabfällen vor. Daneben laufen die Heeresaufträge für Reparaturen an Militärstiefeln weiter. [...] Der geringe Inventurwert erklärt sich dadurch, dass die eingestellten Juden Stuhl, Tisch und Nähmaschine für ihren Arbeitsplatz selbst mitbringen müssen. Auch Bürokräfte müssen Einrichtungsgegenstände und Schreibmaschinen mitbringen. [...] Warenbestand stellt Kriegsgefangenen Fussbekleidung dar [sic]. [...] Der Posten RM 57404,75 Reichsbeauftragter des Reichsführers SS bedeutet laufende Lohnzahlungen für Juden an die genannte Stelle. [...] Wir berücksichtigen bei unseren Erwägungen, dass der gutgeleitete Betrieb bei billigen Rohstoffen und Arbeitskräften ansehnliche Gewinne abwirft."[315]

Die Dresdner Bank in Sosnowitz hatte auf diese Weise geschäftlichen Einblick in beide Seiten des Zwangsarbeitereinsatzes schlesischer Juden, denn neben dem Konto der jüdischen Kultusgemeinden führte sie auch das zentrale Konto der „Organisation Schmelt", auf dem sich im September 1942 nicht weniger als 11,5

---

313 Vgl. APK, TK, Nr. 5498, bes. Bl. 39-58; ebd., Nr. 1403, Bl. 22f.: Leiter der Ältestenräte der jüdischen Kultusgemeinden in Ost-Oberschlesien (gez. Merin), Sosnowitz, Zentrale Finanzabteilung, an TK betr. Überweisung von Unterstützungszahlungen. Ebd., Nr. 1398, Bl. 194: Aktenvermerk der TK vom 11.9.1941; ebd., Bl. 235: Geheime Staatspolizei, Stapoleitstelle Kattowitz, an Dresdner Bank, Zweigstelle Sosnowitz, vom 21.1.1942 betr. Kontenführung des Leiters der jüdischen Ältestenräte in Ostoberschlesien.

314 Gemeint ist hier wie auch mit dem „Reichsbeauftragten des Reichsführers SS" die „Organisation Schmelt".

315 SächsHStA, Altbanken Dresden, Nr. 6457: Dresdner Bank Bendsburg, Kreditantrag über 30 000,– RM von Rudolf Braune, Inhaber der Werkstätten für Verarbeitung von Leder- und Filzabfällen in Dombrowa, Sosnowitz und Bendsburg, vom 1.7.1942. Hervorhebung von mir. Die drei „Werkstätten", in denen Braune seit Frühjahr 1943 auch für das Konzentrationslager Auschwitz fertigen ließ, gehörten zu den letzten, die mit der Deportation der bis zu jenem Zeitpunkt in Sosnowitz verbliebenen Juden im August 1943 nach Auschwitz auf Zwangsarbeiter im Rahmen der „Organisation Schmelt" verzichten mussten. Vgl. Szternfinkiel, Zagłada Żydów Sosnowca, S. 28, 56; Konieczny, Zwangsarbeit der Juden in Schlesien, S. 107; Włodzimierz Starościak: Żydzi w Dąbrowie Górniczej, in: Żydzi w Dąbrowie Górniczej. Dąbrowa Górnicza 1998, S. 9-22; Franciszek Piper: Arbeitseinsatz der Häftlinge aus dem KL Auschwitz. Oświęcim 1995, S. 234; vgl. Wixforth, Expansion der Dresdner Bank, S. 473f., 613f.

Mio. RM befanden, sowie die Konten einer Reihe von Firmen, die jüdische Zwangsarbeiter beschäftigten.[316] Darüber hinaus waren die Dresdner Bank und die Commerzbank in Sosnowitz die Hauptbankverbindungen der „Auffanggesellschaft für Kriegsteilnehmerbetriebe des Handels in Oberschlesien GmbH", die die beschlagnahmten polnischen und jüdischen Handelsunternehmen zentral verwaltete mit dem Ziel, sie nach Kriegsende an Wehrmachtssoldaten zu veräußern.[317] Auch hier erhielten die Kreditinstitute Kenntnisse vom Umfang jüdischen Eigentums, und auch hier gelang es der Dresdner Bank Ende 1942, die Commerzbank aus dem debitorischen Geschäft zu verdrängen, das 1942 immerhin über 2,3 Mio. RM betrug.[318]

Mit der im Jahre 1942 einsetzenden Deportation und Vernichtung der Juden wuchs für die Dresdner Bank das Kreditrisiko bei den Firmen, deren Produktion überwiegend oder gar ausschließlich auf den Einsatz jüdischer Zwangsarbeiter abgestellt war und die somit Kredite in erster Linie für die Vorfinanzierung von „Lohnzahlungen" in Anspruch nahmen.[319] So wurde etwa der bei der Filiale Sosnowitz laufende Kredit über 100 000,– RM der Schlesischen Wäsche- und Bekleidungsfabrik Hanns Held in Sosnowitz, die vom Reichsführer-SS mit Aufträgen versorgt wurde und in den Jahren 1941 und 1942 zeitweise über 1 600 jüdische Zwangsarbeiter für Heeresaufträge beschäftigt hatte, im Frühjahr 1943 um die Hälfte gekürzt, weil sich vor allem „mit der wachsenden Verschärfung der Frage der Belassung von jüdischen Arbeitskräften in privaten Betrieben" eine für das Unternehmen „höchst unerquickliche Situation" ergeben habe, obwohl die Betriebsleiter bemüht seien, „im Laufe der kommenden Wochen auf arische Arbeitskräfte soweit umzustellen, dass bei einem endgültigen Abzug der Juden eine Stilllegung oder auch nur Stockung der Fabrikation ausgeschaltet" werde.[320]

Nicht minder aufmerksam verfolgte man zeitgleich den Ausbau des Konzentrations- und Vernichtungslagers Auschwitz-Birkenau: „Trotz dieser Maßnahmen kann die Industrie Oberschlesiens weiter zu Neubauten und Verbesserungen schreiten, die teilweise ein größeres Ausmaß annehmen. [...] Auch das Konzentrationslager in Auschwitz wird weiter durch umfangreiche Bauten vergrößert, seine Kapazität soll so stark ausgebaut werden, daß es in absehbarer Zeit für über

---

[316] APK, Dresdner Bank Kattowitz, Nr. 113, Bl. 92–95, hier Bl. 94: Dresdner Bank Sosnowitz an Filiale Kattowitz, 30. 9. 1942, betr. Kurzbericht für September 1942.

[317] SächsHStA, Altbanken Dresden, Nr. 6505: Dresdner Bank Kattowitz an Dresdner Bank Berlin, 29. 6. 1942, betr. Auffanggesellschaft für Kriegsteilnehmerbetriebe in Oberschlesien GmbH, Kattowitz.

[318] Ebd.: Aktennotiz der Dresdner Bank Sosnowitz vom 20. 11. 1942 betr. Auffanggesellschaft für Kriegsteilnehmerbetriebe des Handels, Sosnowitz.

[319] Von den ohnehin minimalen Löhnen für jüdische Zwangsarbeiter ging neben 18 Prozent Lohnsteuer auch eine 30-prozentige Abgabe („Judenabgabe") an die „Organisation Schmelt" ab.

[320] APK, Dresdner Bank Kattowitz, Nr. 244, Bl. 134f.: Aktennotiz der Dresdner Bank Sosnowitz vom 25. 2. 1943 betr. Schlesische Wäsche- und Bekleidungswerke; ebd., Bl. 127f., hier Bl. 127: Schlesische Wäsche- und Bekleidungswerke an Dresdner Bank Sosnowitz, 19. 3. 1943. Für den Hinweis auf diese Akte danke ich Jacek Proszyk, Bielsko-Biała; vgl. SächsHStA, Altbanken Dresden, Nr. 6501: Dresdner Bank Sosnowitz, Kreditakte der Schlesischen Wäsche- und Bekleidungswerke KG. Hanns Held.

100000 Insassen Platz haben wird. Die Häftlinge werden in erster Linie für die SS-Betriebe des Lagers angesetzt. Außerdem wird ein Teil der Inhaftierten zur landwirtschaftlichen Beschäftigung herangezogen, während ein Großteil bei den umfangreichen Arbeiten der IG. Farbenindustrie für das Hydrier- und Bunawerk, ebenfalls in Auschwitz, angesetzt sind."[321]

In der Folge war die Dresdner Bank intensiv darum bemüht, neben der Deutschen Bank mit dem I.G.-Farbenwerk in Auschwitz ins Geschäft zu kommen. Hierzu wurde im Herbst 1942 sogar die Eröffnung einer Depositenkasse in Auschwitz erwogen. Wenn es im Frühjahr 1942 gelungen war, beim Reichsaufsichtsamt für das Kreditwesen eine Zweigstelle in Bendsburg durchzusetzen, warum nicht auch in Auschwitz?[322] Für die Kreditinstitute wichtiger wurde Auschwitz letztlich jedoch nicht als Industriestandort, sondern als Deportationsziel, denn die Auflösung der zwischenzeitlich errichteten Gettos und die Deportation der letzten schlesischen Juden nach Auschwitz im Sommer 1943 machten sich schließlich auch in sinkenden Umsätzen der Kreditinstitute unverkennbar bemerkbar: „In das abgelaufene Vierteljahr fällt auch die Räumung des Ghettos und die damit verbundene restliche Aussiedlung der Juden. Damit ist ein sehr schwieriges Problem gelöst worden, da die Juden zu polnischen Zeiten einen erheblichen Prozentsatz der Bevölkerung ausgemacht haben. Im Zusammenhang damit sind einige unserer Kunden, die jüdische Arbeitskräfte beschäftigt hatten, in eine Krise gekommen, da Ersatzkräfte nicht so schnell zur Hand waren. Diese kritische Periode ist indessen bei allen in Betracht kommenden Firmen mehr oder weniger schon überwunden worden. Der Sosnowitzer Platz hat durch die Aussiedlung der Juden mindestens 20000 Arbeitskräfte verloren, was sich auch in den Umsätzen auswirken wird."[323]

Es ist den Thesen Natan Szternfinkiels in seinem Standardwerk zur Vernichtung der Juden von Sosnowitz zuzustimmen, wenn er für die Jahre 1942 und 1943 das Wissen der Bevölkerung in der Region und besonders in Sosnowitz in Bezug auf Auschwitz als Ziel der Judendeportationen und -ermordung hervorhebt. Der Großeinsatz von Polizei und SS unter Beteiligung von zeitweise knapp 800 Polizeikräften und die Anwendung massiver Waffengewalt bei der endgültigen Liquidierung des Gettos in der ersten Augusthälfte 1943, bei der ca. 600 Juden vor Ort erschossen wurden[324], schlossen von vornherein aus, dass der Abtransport der jü-

---

321 APK, Dresdner Bank Kattowitz, Nr. 113, Bl. 83-89, hier Bl. 84f.: Dresdner Bank Kattowitz, Bericht [an die Direktion, Overbeck] über die Entwicklung der Wirtschaft in Ost-Oberschlesien sowie der in diesem Gebiet gelegenen Dresdner Bank Filialen für den Monat August 1942 vom 4. 9. 1942.

322 APK, Dresdner Bank Kattowitz, Nr. 145b, Bl. 151, 158, 214: Dresdner Bank Kattowitz an das Vorstandsmitglied Gustav Overbeck, 5. und 25. 11. 1942 sowie 1. 3. 1943, betr. Bunafabrik der I.G. Farben in Auschwitz; ebd., Bl. 108f.: Dresdner Bank Kattowitz an Dresdner Bank, Büro Stempelvereinigung, Berlin, 9. 9. 1942, betr. Rationalisierungsmaßnahmen in Oberschlesien. Die Dresdner Bank ging jedoch davon aus, dass es zur Eröffnung von Kassenstellen in Auschwitz und an anderen Orten der Region erst nach Kriegsende würde kommen können.

323 APK, Dresdner Bank Kattowitz, Nr. 114, Bl. 17-20, hier Bl. 18: Dresdner Bank Sosnowitz an Filiale Kattowitz, 8. 10. 1943, betr. III. Quartalsbericht.

324 Miejsca straceń ludności cywilnej województwa katowickiego (1939-1945). Opracował Andrzej Szefer. Katowice 1969, S. 120.

dischen Bevölkerung ohne die Aufmerksamkeit der ortsansässigen Bevölkerung ablaufen konnte.[325] Das damit verbundene Ende der „Organisation Schmelt", mit der zahlreiche Firmen gute Geschäfte gemacht hatten, machte es zudem unmöglich, die Deportationen als einen etwaigen „Arbeitseinsatz im Osten" zu tarnen. Was sollte der Terminus „Evakuierung in den Osten" angesichts des bekannten Deportationsziels in unmittelbarer Nähe und nicht zuletzt auch angesichts der Lage an der Ostfront nach Stalingrad noch für einen Sinn haben? Schon seinerzeit wenig glaubhafte Verlautbarungen teilten mit, die der „Organisation Schmelt" unterstehenden Schneider- und Schusterwerkstätten mit etwa 6000 Juden hätten in der Zwischenzeit die „Genehmigung erhalten ihre Betriebe weiterzuführen, müssen sie jedoch in die Nähe von Auschwitz verlegen".[326] Vor diesem Hintergrund hatten die Mitarbeiter der oberschlesischen Kreditinstitute durchaus Anlass und konkrete Möglichkeiten, das Wissen, das sie aus geschäftlichen Vorgängen der jeweiligen Filiale gewannen, in einen kausalen Zusammenhang zu setzen mit den aus eigener Anschauung gewonnenen Kenntnissen über die Gettoisierung, Zwangsarbeit und schließlich Deportation der schlesischen Juden. Die Möglichkeit einer Beeinflussung der Deportationen bestand jedoch für die Kreditinstitute ebenso wenig wie für die Betriebe, die jüdische Zwangsarbeiter beschäftigten. Selbst die Treuhandstelle Kattowitz beklagte sich darüber, von der Gestapo bzw. der „Organisation Schmelt" über bevorstehende Deportationen nicht informiert zu werden: „Besondere Schwierigkeiten bestehen z.Zt. in den Ostgebieten infolge der laufenden Judenevakuierungen. Es ist bei dem Mangel an deutschem Personal nicht möglich, die Betriebe ordnungsgemäss mit Arbeitskräften beim Ausscheiden der Juden zu besetzen. Eine erhebliche Erleichterung würde erreicht werden können, wenn die Evakuierungsstellen (Geheime Staatspolizei und Sonderbeauftragter für den Fremdvölkischen Einsatz) sich rechtzeitig mit der Treuhandstelle in Verbindung setzen würden. [...] Eine Abstellung der Bemängelungen wird sich aber kaum erreichen lassen, weil die Geheime Staatspolizei offenbar auf dem Standpunkt steht, dass durch Erörterung der Aktion mit anderen Dienststellen Schwierigkeiten bei der beschleunigten Aussiedlung entstehen würden. Wie mitgeteilt wurde, werden die Aussiedlungen weiterhin fortgesetzt. Z.Zt. sind etwa seit Mai in den Ostkreisen etwa 18000 Juden zur Aussiedlung gekommen. Diese Aktion wird zwangsläufig dazu führen, dass eine erhebliche Anzahl von Betrieben (auch der Auffanggesellschaft[327]) geschlossen werden müssen, weil das

---

325 Zofia Boda-Krężeł/Jadwiga Osojca (Bearb.): Dokumenty o eksterminacji Żydów Zagłębia Dąbrowskiego podczas okupacji hitlerowskiej, in: BŻIH 43–44 (1962), S.113–116, bes. S.115f.: Polizeipräsident in Sosnowitz an den Inspekteur der Ordnungspolizei in Breslau vom 7.8.1943 betr. Judenaktion; ähnlich Szternfinkiel, Zagłada Żydów Sosnowca, S.71–77; vgl. Reimund Schnabel (Hg.): Macht ohne Moral. Eine Dokumentation über die SS. Frankfurt a.M. 1957, S.455f.; Enzyklopädie des Holocaust, Bd.3, S.1338f. (Artikel „Sosnowiec").

326 APK, Dresdner Bank Kattowitz, Nr.114, Bl.1f., hier Bl.1: Dresdner Bank Bendsburg an Filiale Kattowitz, 3.7.1943, betr. Bericht über die Wirtschaftslage des hiesigen Bezirkes und die Geschäftsentwicklung der Zweigstelle Bendsburg.

327 Gemeint ist die o.g. „Auffanggesellschaft für Kriegsteilnehmerbetriebe in Oberschlesien GmbH".

notwendige Ersatzpersonal durch die Arbeitsämter nicht beschafft werden kann."[328]

Wie viele Fälle es waren, in denen Produktionsbetriebe infolge der Ermordung ihrer Zwangsarbeiter schließen mussten oder gar in Konkurs gingen, kann angesichts der Aktenüberlieferung nicht mehr verlässlich festgestellt werden. Gleichwohl lässt der Tenor der vorliegenden Berichte keinen Zweifel daran, dass die Deportation der Juden auch eine ökonomische Zäsur für die ganze Region bedeutete: „Dem Umstande, daß aus der Stadt Bendsburg im vergangenen Jahre mehr als 15 000 Menschen (Juden) ausgeschieden sind, ist es auch zuzuschreiben, daß sich dieser Abgang naturgemäß auf den Konsum nachteilig auswirkt und findet dementsprechend seinen Niederschlag auf den gesamten Geschäftsumsatz."[329]

Die ganze Zeit über hatten einzelne Kreditinstitute den ohnehin nur mehr marginalen Geldverkehr der Juden weiterhin als ihr bevorzugtes Überwachungsterrain angesehen und damit Kontrollfunktionen staatlicher Behörden übernommen. In diesem Zusammenhang machten sie auch immer wieder eigene Vorschläge, etwaige verbliebene Unterstützungszahlungen u. Ä. einzustellen und damit das Elend der Juden noch zu vergrößern. Da finanzielle Vorteile oder eine – auch weit definierte – Kriegsnotwendigkeit als Motivationsgründe ausscheiden, können nur weltanschauliche Überzeugungen der jeweiligen Bankbeamten solche Initiativen wie die folgende der Dresdner Bank in Sosnowitz erklären: „Der [jüdische] Kontoinhaber war früher bei der Giesche-AG beschäftigt und bezieht von dort eine Pension von RM 127,85 monatlich, die ihm als Reineinkommen mit RM 125,– über uns ausgezahlt wird. Wie uns die hiesige jüdische Kultusgemeinde bestätigt hat, bezieht T. von ihr keine Unterstützung. Wir bitten gegebenenfalls um Mitteilung, falls die Auszahlung der Pension nicht mehr erfolgen soll."[330]

Darüber hinaus waren die Dresdner Bank und die Deutsche Bank mit ihren Kattowitzer Filialen auch mit der Frage konfrontiert, was mit ihren eigenen ehemaligen jüdischen Bankmitarbeitern und deren Versorgungsansprüchen zu geschehen habe. Bislang waren Versorgungsansprüche von deutschen Juden im Altreich weiter gezahlt worden. Gleichzeitig jedoch waren „a) jüdische Pensionäre, b) jüdische Witwen, c) arische Witwen, die mit einem Juden verheiratet waren"[331], von außerordentlichen Zuwendungen wie Weihnachtsgeld u. a. ausgeschlossen worden. Tatsächlich zahlte die Dresdner Bank in Kattowitz zwei ehemaligen Mit-

---

328 APK, TK, Nr. 172, Bl. 47–58, hier Bl. 56f.: Bericht der TK, Abteilung B III, vom 24.7.1942 über den Stand der Bearbeitung zum Stichtag vom 30.6.1942. Vgl. Jerzy Jaros: Grabież mienia Żydów przez władze hitlerowskie w świetle akt Urzędu Powierniczego w Katowicach, in: BŻIH 38 (1961), S. 105–117.

329 APK, Dresdner Bank Kattowitz, Nr. 113, Bl. 58f.: Bericht der Dresdner Bank Bendsburg vom 5.7.1944 über die Entwicklung der hiesigen Niederlassung im I. Halbjahr 1944. Vgl. Helmut Krausnick: Judenverfolgung, in: Hans Buchheim u. a., Anatomie des SS-Staates. München [6]1994, S. 547–678, hier S. 672f.

330 APK, TK, Nr. 1902, Bl. 80: Dresdner Bank Sosnowitz an TK, 12.3.1942, betr. Judenkonten.

331 APK, Dresdner Bank Kattowitz, Nr. 87, Bl. 129: Dresdner Bank, Personal-Abteilung (gez. Schippel, Gaebelein) – Rdschr. an die Direktionen unserer Niederlassungen im Reich vom 30.11.1940; ebd., Bl. 107: Rdschr. dto. vom 28.11.1941; ebd., Bl. 57f.: Rdschr. dto. vom 27.11.1942; ebd., Bl. 37f.: Rdschr. dto. vom 1.12.1943.

arbeitern weiterhin ihre bereits seit 1938 nur mehr „widerruflich bewilligten“ Pensionen[332], obwohl es sich bei ihnen um Juden polnischer Staatsangehörigkeit handelte. Einer von ihnen, Curt Ehrenhaus, war von 1901 bis 30. Juni 1934 für die Dresdner Bank tätig gewesen, seit den 1920er Jahren als Direktor der Filiale Kattowitz. Sein Schicksal verfolgten die Filialen Kattowitz und Breslau zwischen 1939 und 1942 besonders genau.

Curt Ehrenhaus, Jahrgang 1881, war trotz seines Alters und seiner 40-prozentigen Erwerbsunfähigkeit im Herbst 1939 mit zahlreichen anderen oberschlesischen Juden für einige Monate „zu Schanz- und Wiederaufbauarbeiten im Generalgouvernement Warschau“ aus Kattowitz deportiert worden. Auf Weisung der Berliner Zentrale der Dresdner Bank wurde Ehrenhaus und seiner Ehefrau die Pension Anfang Dezember 1939 um die Hälfte, auf nunmehr 150,– RM monatlich, gekürzt.[333] Bankdirektor Ehrenhaus kehrte – vermutlich Anfang 1940 – nach Oberschlesien zurück, allerdings schon nicht mehr nach Kattowitz, aus dem die jüdische Bevölkerung in der Zwischenzeit vertrieben worden war, sondern nach Krenau, wo seine Frau und er bis zu ihrer Deportation 1942 ein Zimmer bewohnten – kaum 20 Kilometer von Auschwitz entfernt. Immerhin blieben er und sein früherer Arbeitgeber weiterhin in Kontakt. Als Curt Ehrenhaus der Direktion der Filiale Kattowitz in einem persönlichen Gespräch im April 1941 seine materielle Lage schilderte, nahm dies die Filiale zum Anlass, sich im eigenen Hause für ihn einzusetzen: „Die gegenwärtige Situation bei E. liegt so, dass seine sämtlichen Vermögenswerte von der HTO. beschlagnahmt worden sind, in irgendeinen Arbeitsprozess ist er bisher nicht eingeschaltet worden, sodass eine andere Verdienstmöglichkeit nicht besteht. [...] Sollten besondere Gründe nicht gegen eine Erhöhung der derzeitigen Pensionszahlung sprechen, so werden wir vorschlagen, die alten Pensionsbezüge des E. wieder aufleben zu lassen, da ja nur seinerzeit die hier besonders gelagerten Verhältnisse zur Kürzung der Pension geführt haben.“[334]

Nach Rücksprache mit der Sonderabteilung Altreich der HTO gab die Zentrale der Dresdner Bank am 5. Mai 1941 ihre Zustimmung.[335] Darüber hinaus prüfte die Filiale Kattowitz in den folgenden Wochen, ob Ehrenhaus Aussichten auf Gewährung einer Berufsunfähigkeitsrente habe. Als sich dies als unmöglich erwies, wandte sich die Filiale im Juni 1941 zunächst an das Arbeitsamt in Krenau mit der Bitte zu prüfen, „ob die Möglichkeit besteht, dass der Ehrenhaus durch Sie wieder in den Arbeitsprozess eingespannt werden kann, da er auf Grund der ärztlichen Untersuchung noch arbeitsfähig ist“. Vom Arbeitsamt wurde die Bank an die „Organisation Schmelt“ verwiesen, die der Bank auf ihre Anfrage hin Ende Juli 1941

[332] APK, Dresdner Bank Kattowitz, Nr. 87, Bl. 185: Dresdner Bank Breslau an Filiale Kattowitz, 29. 10. 1938; ebd., Bl. 215: Dresdner Bank Breslau an Filiale Kattowitz, 19. 7. 1938, betr. nichtarische Pensionsempfänger.

[333] APK, Dresdner Bank Kattowitz, Personalakten, Nr. 8, Bl. 141: Dresdner Bank Kattowitz an Filiale Breslau, Personalabteilung, 28. 11. 1939, betr. Pensionär Curt Ehrenhaus; ebd., Bl. 138: Dresdner Bank Berlin, Personalabteilung, an Filiale Kattowitz über Filiale Breslau, 19. 12. 1939.

[334] APK, Dresdner Bank Kattowitz, Personalakten, Nr. 8, Bl. 103: Dresdner Bank Kattowitz an Filiale Breslau, Personalabteilung, 5. 4. 1941.

[335] Ebd., Bl. 101: Dresdner Bank Breslau, Personalabteilung, an Filiale Kattowitz, 5. 5. 1941.

mitteilen ließ, dass die Arbeitsvermittlung nicht in ihr Aufgabengebiet gehöre, sie vielmehr lediglich die Genehmigung zur Einstellung jüdischer Arbeitskräfte erteile, was sie – sollte eine Firma den Juden Ehrenhaus anfordern – auch tun wolle.[336] Zwar erschöpften sich darin die Bemühungen der Dresdner Bank für ihren ehemaligen Direktor, aber selbst diese Initiativen sind bemerkenswert genug. Das Motiv hierfür dürfte zweifellos darin liegen, dass zumindest einer der 1941 amtierenden Direktoren der Filiale Kattowitz in den 1920er und Anfang der 1930er Jahre in der Filiale gearbeitet hatte, als Ehrenhaus ihr als Direktor vorstand, d.h. es dürfte in erster Linie die persönliche Bekanntschaft gewesen sein, nicht aber eine generelle Linie des Kreditinstituts, im Rahmen des Möglichen und der Diskretion zu helfen.

Anfang 1942 stellte sich die Treuhandstelle Kattowitz auf Anfrage des Kreditinstituts auf den Standpunkt, dass diese Pensionszahlungen – da von der Bank freiwillig geleistet – nicht der Polenvermögensverordnung und damit auch nicht der Beschlagnahme unterlägen, weshalb man innerhalb der Dresdner Bank übereinkam, „die beiden jüdischen Pensionäre Curt Ehrenhaus und Arnold Cohn vorläufig wie die übrigen im Reiche lebenden jüdischen Pensionäre" zu behandeln und die Pensionszahlungen „bis auf Widerruf" fortzusetzen.[337] Demgegenüber waren jüdischen Rentenempfängern in den eingegliederten Ostgebieten seitens der Reichsversicherungsanstalt für Angestellte bereits Anfang September 1941 weitere Rentenzahlungen versagt worden.[338] Spätestens im Jahre 1942 ist aber auch in diesem Falle an der Sprache der Korrespondenz ablesbar, dass Kenntnisse vom Schicksal der Juden sich innerhalb der Banken vor Ort verbreiteten. Ende Juli 1942 thematisierte die Kattowitzer Filiale der Dresdner Bank die Frage der „nichtarischen Pensionäre" erneut beim Berliner Personalbüro: „Bei dieser Gelegenheit möchten wir mit Ihnen auch noch den Fall Curt Israel Ehrenhaus klären. Auch für ihn werden zwecks Aufrechterhaltung der erworbenen Anwartschaften noch Beiträge zur Reichsversicherung [...] und zum Beamtenversicherungsverein (Klasse 5) entrichtet. Es interessiert uns von Ihnen zu erfahren, ob es *nach Lage der Dinge überhaupt noch einen Zweck hat*, die Beitragszahlungen fortzusetzen. Herr Ehrenhaus befindet sich *zurzeit noch* in Krenau."[339]

---

336 APK, Dresdner Bank Kattowitz, Personalakten, Nr. 8, Bl. 93: Dresdner Bank Kattowitz an das Arbeitsamt Krenau, 19.6.1941; ebd., Bl. 91: Dresdner Bank Kattowitz an den Sonderbeauftragten des RFSS und Chef der deutschen Polizei für fremdvölkischen Arbeitseinsatz in Oberschlesien, 8.7.1941; ebd., Bl. 85: Der Sonderbeauftragte an die Dresdner Bank Kattowitz, 31.7.1941, betr. Juden.

337 APK, Dresdner Bank Kattowitz, Nr. 87, Bl. 91: Dresdner Bank Breslau an Filiale Kattowitz, 22.4.1942, betr. Pensionszahlungen an ehemalige jüdische Angestellte polnischer Staatsangehörigkeit; vgl. ebd., Bl. 92: TK an Dresdner Bank Kattowitz, 7.4.1942, betr. Pensionszahlungen an polnische Juden; ebd., Bl. 125: Aktennotiz der Dresdner Bank Kattowitz vom 13.12.1940 betr. Pensionszahlungen an Nichtarier polnischer Staatsangehörigkeit. Arnold Cohn war seit 1908 bei der Kattowitzer Filiale der Darmstädter und Nationalbank beschäftigt gewesen und kam erst durch deren Zusammenbruch und Fusion 1931 zur Dresdner Bank.

338 APK, Dresdner Bank Kattowitz, Personalakten, Nr. 8, Bl. 75: Dresdner Bank Breslau, Personalabteilung, an Filiale Kattowitz, 24.9.1941, betr. nichtarischer Pensionär Arnold Cohn.

339 APK, Dresdner Bank Kattowitz, Nr87, Bl. 75: Dresdner Bank Kattowitz an Zentrale Berlin, Personal-Büro II, 25.7.1942, betr. nichtarische Pensionäre. Hervorhebung von mir.

Die Anfrage fand auf die in dieser Zeit bereits übliche Weise ihre Erledigung, denn kurze Zeit später kamen die Postanweisungen für die Pensionszahlungen mit dem Vermerk „unbekannt verzogen" zurück, und auf eine Anfrage bei der Staatspolizeileitstelle Kattowitz teilte diese schließlich im November 1942 der Bank mit, dass Ehrenhaus und Cohn im Juli bzw. Oktober 1942 „umgesiedelt" worden seien.[340]

Die Juden im Reichsgau Wartheland und das Getto Litzmannstadt

Łódź mit seiner spezifischen Bevölkerungsstruktur und seinen ethnisch-religiösen Konflikten war bereits Ende des 19. Jahrhunderts, mehr noch aber in der Zwischenkriegszeit zu einem literarischen Topos geworden, wie ihn vor allem Władysław Reymonts Roman „Das gelobte Land" (1897-1899), Joseph Roths „Hotel Savoy" (1924), Israel Rabons jiddischer Industrieroman „Di gas" (*Die Straße*, 1928) sowie Israel S. Singers ebenfalls jiddisches Familienepos „Di brider Ashkenazi" (*Die Brüder Aschkenasi*, 1933) prägten.[341]

Neben dem Warschauer Getto gehört das Getto Litzmannstadt zweifellos zu den bekanntesten und größten, die die Nationalsozialisten im besetzten Polen errichteten. Die Forschung verfügt im Falle des Gettos Litzmannstadt über ein einmaliges Quellenkorpus[342], ferner liegt auch mit zahlreichen Berichten, zentralen Dokumenteneditionen und einer Reihe von Forschungsbeiträgen zur Geschichte des Gettos eine solide Grundlage vor.[343] Es sollte daher angenommen werden,

---

340 APK, Dresdner Bank Kattowitz, Nr. 87, Bl. 65: Dresdner Bank Kattowitz (gez. Jensen) an Geheime Staatspolizei, Kattowitz, 23.10.1942; ebd., Bl. 59: Geheime Staatspolizei, Staatspolizeistelle Kattowitz (gez. Dreier), an Dresdner Bank Kattowitz, 17.11.1942, betr. Juden Kurt Israel Ehrenhaus, Krenau [...], und Arnold Israel Cohn, Sosnowitz; vgl. ebd., Bl. 64: Dresdner Bank Kattowitz (gez. Jensen) an Zentrale Berlin, Personalabteilung, 18.11.1942, betr. Evakuierung von Juden.

341 Vgl. allgemein Jürgen Hensel (Hg.): Polen, Deutsche und Juden in Lodz 1820-1939. Eine schwierige Nachbarschaft. Osnabrück 1999.

342 APŁ, Przełożony Starszeństwa Żydów w Getcie Łódzkim (PSŻ), 2466 AE.; ebd., Gettoverwaltung in Litzmannstadt (GV), 2184 AE.; Julian Baranowski: Materiały źródłowe do zagłady Żydów z getta łódzkiego w Archiwum Państwowym w Łodzi, in: Judaica łódzkie w zbiorach muzealnych i zasobach archiwalnych. Łódź 1994, S. 142-152.

343 Ryszard Bonisławski: Bibliografia polska dotycząca zagłady Żydów z getta łódzkiego, in: ebd., S. 186-199; Kronika getta łódzkiego, 2 Bde. Łódź 1965; Lucjan Dobroszycki (Hg.): The Chronicle of the Lodz Ghetto 1941-1944. New York/New Haven 1984; Artur Eisenbach (Hg.): Dokumenty i materiały do dziejów okupacji niemieckiej w Polsce, Bd. 3: Getto Łódzkie. Warszawa/Łódź/Kraków 1946; Adolf Diamant: Getto Litzmannstadt. Bilanz eines nationalsozialistischen Verbrechens. Mit Deportations- und Totenlisten der aus dem Altreich stammenden Juden. Frankfurt a. M. 1986; „Unser einziger Weg ist Arbeit". Das Getto Lodz 1940-1944. Frankfurt a. M. 1990; Doron Kiesel u. a. (Hg.): „Wer zum Leben, wer zum Tod..." Strategien jüdischen Überlebens im Getto. Frankfurt a. M./New York 1992; Icchak Henryk Rubin: Żydzi w Łodzi pod niemiecką okupacją 1939-1945. London 1988; Briefe aus Litzmannstadt. Hg. von Janusz Gumkowski, Adam Rutkowski und Arnfried Astel. Köln 1967; Jakub Poznański: Dziennik z łódzkiego getta. Warszawa 2002; Oskar Rosenfeld: Wozu noch Welt. Aufzeichnungen aus dem Getto Lodz. Frankfurt a. M. 1994; Oskar Singer: „Im Eilschritt durch den Ghettotag..." Reportagen und Essays aus dem Getto Lodz. Berlin/Wien 2002; Andrea Löw: Juden im Getto Litzmannstadt. Lebensbedingungen, Selbstwahrnehmung, Verhal-

dass die Finanzverwaltung und damit auch die Kreditversorgung des Gettos Litzmannstadt und der Eigentumsentzug seiner jüdischen Insassen von der Forschung aufgegriffen worden ist. Dies ist jedoch nur in Ansätzen der Fall. Dass der Eigentumsraub sich in Memoiren und Berichten jüdischer Opfer so selten findet, hat vermutlich einen einfachen Grund: Als man zur Konfiskation und Einziehung von Depots, Schließfächern und Bankguthaben schritt, waren die Juden zumeist schon deportiert oder gettoisiert worden. Finanzpolitische Aspekte oder gar die Rolle der Kreditinstitute, Auftragsfirmen mit Krediten zu versorgen – neben Wehrmachtsaufträgen wurde hier auch für Josef Neckermann, das Hamburger Alsterhaus, Heinrich Leineweber und für andere namhafte Firmen produziert –[344], blieben dabei zumeist außerhalb der Betrachtung.[345]

Wie in anderen Städten gingen die deutschen Behörden auch in Litzmannstadt davon aus, dass man mit der jüdischen Bevölkerung und ihrem Eigentum machen könne, was man wolle. Bereits am 5. Oktober 1939 ordnete die Polizei für die Stadt eine allgemeine Arbeitspflicht für Juden ab dem 14. Lebensjahr an.[346] Die zahlreichen Restriktivmaßnahmen erwiesen sich angesichts der großen Zahl der in der Stadt ansässigen Juden jedoch schnell als unpraktikabel, weshalb der „Älteste der Juden der Stadt Lodsch", Mordechai Chaim Rumkowski, vom Stadtkommissar am 16. Oktober 1939 dazu ermächtigt wurde, bei den ortsansässigen Kreditinstituten Forderungen, die Juden zustünden, für die Belange der jüdischen Bevölkerung zu verwenden.[347] Da diese Ermächtigung der Verordnung betreffend Zahlungs- und Geldverkehr vom 18. September 1939[348] widersprach, wurde im selben Schreiben darauf verwiesen, dass der CdZ und ein Vertreter der Reichsbank ihr Einverständnis hierzu erteilt hätten.[349] Entsprechend wurde beispielsweise das Bankhaus Najda, Brüder Winter und Weiss Anfang November 1939 durch Verfügung des Regierungspräsidenten der Stadt Lodz mit einer Abgabe von 12 000,– Złoty an den Ältesten der Juden in der Stadt Lodz belegt.[350] Darüber hinaus wurden zumindest im Regierungsbezirk Litzmannstadt die Treuhänder jüdi-

ten. Göttingen 2006; Shlomo Frank: Togbukh fun lodzher geto. Buenos Aires 1958; Israel Tabaksblat: Khurn-lodzh. 6 yor natsi-gehenom. Buenos Aires 1946; Bendet Hershkovitsh: Litsmanshtot-geto, in: Yivo-bleter 30 (1947), Nr. 1, S. 21–58; Isaiah Trunk: Lodzher geto. A historishe un sotsiologishe shtudie mit dokumentn, tabeles und mapes. New York 1962.

344 Peter Klein: Zwangsarbeit im Ghetto Lodz. Die Wehrmacht als Auftraggeber, in: Mitteilungen aus dem Bundesarchiv 11 (2003), Nr. 1, S. 23–28; Vgl. Spuren aus dem Getto Łódź 1940–1944. Dokumente der Sammlung Wolfgang Haney. Berlin 1999, S. 58–67.

345 Jolanta Adamska: Grabież mienia mieszkańców getta łódzkiego przez funkcjonariuszy hitlerowskich, in: Getto w Łodzi. Łódź 1986, S. 81–98.

346 Eisenbach, Hitlerowska polityka zagłady Żydów, S. 204; vgl. Alberti, Vernichtung der Juden im Reichsgau Wartheland, S. 277ff.

347 Für die Phase bis zur Abschließung des Gettos vgl. Danuta Dąbrowska: Administracja żydowska w Łodzi i jej agendy w okresie od początku okupacji do zamknięcia getta, in: BŻIH 45/46 (1963), S. 110–137.

348 Vgl. Anm. 50 auf S. 61.

349 Trunk, Judenrat, S. 231.

350 APŁ, Regierungspräsident Litzmannstadt, Nr. 869, Bl. 249: Bankhaus Najda, Brüder Winter & Weiss, Lodz, an den Chef der Zivilverwaltung, Bankaufsichtsstelle, 13. 11. 1939, betr. Bericht für die Zeit vom 4. bis 11. 11. 1939.

scher Unternehmen angehalten, Beiträge zu einem so genannten Judenfonds zu leisten, aus dem die „Judenältesten" der einzelnen Gettos Zahlungen leisten durften.[351]

Bei den zeitgleich begonnenen Planungen zur Deportation aller wartheländischen Juden ins Generalgouvernement Ende 1939 mussten die zuständigen Stellen sich rasch davon überzeugen, dass es eines längeren Zeitraums bedürfen würde, um den Reichsgau „judenfrei" zu machen. Entsprechend ordnete der Regierungspräsident von Kalisch, Friedrich Uebelhoer, am 10. Dezember 1939 die Bildung eines Gettos in Litzmannstadt an: „In der Grossstadt Lodsch leben m. E. heute ca. 320000 Juden. Ihre sofortige Evakuierung ist nicht möglich. [...] Die Erstellung des Ghettos ist selbstverständlich nur eine Übergangsmaßnahme. Zu welchen Zeitpunkten und mit welchen Mitteln das Ghetto und damit die Stadt Lodsch von Juden gesäubert wird, behalte ich mir vor. Endziel muß jedenfalls sein, daß wir diese Pestbeule restlos ausbrennen."[352]

Zur Durchführung des Gettoaufbaus wurde ein „Arbeitsstab" berufen, in den neben der Stadtverwaltung, der Ordnungs- und Sicherheitspolizei auch Vertreter des Finanzamtes und der Industrie- und Handelskammer berufen wurden. Bestimmt wurde für das Getto der Stadtteil Bałuty im Norden Litzmannstadts, in den die Juden zwischen Februar und April 1940 übersiedeln mussten, bis das Getto am 1. Mai 1940 endgültig abgeschlossen und „jeglicher Verkehr, also auch der Handelsverkehr der Zivilbevölkerung mit Juden" verboten wurde.[353]

Die Verwertung jüdischen Eigentums im Getto

Für die Zeit nach der endgültigen Schließung des Gettos galt grundsätzlich, dass „weder das Ghetto als solches noch seine Bewohner irgendwelche legalen Wirtschaftsbeziehungen zu jemandem außerhalb des Ghettos unterhalten konnten unter Umgehung der von der Behörde des Stadtkommissars gebildeten Ghettoverwaltung".[354] Die Deutschen vermuteten im Getto auch nach der Abschließung noch beträchtliche Mengen an Wertsachen sowie Reichsmark- und Devisenbeständen. Mit ihrer Verwertung war seit 1. Mai 1940 die „Ernährungs- und Wirtschaftsstelle Getto" (im November 1940 in Gettoverwaltung, GV, umbenannt[355]) unter Leitung des Bremer Kaufmanns Hans Biebow sowie bis Herbst 1940 auch

---

351 Dieser „Judenfonds", der nur in einem einzigen Dokument erwähnt wird und über dessen Einrichtung und Charakter deshalb nichts Genaueres bekannt ist, wurde mit der Sperrung der entsprechenden Konten Ende 1939, Anfang 1940 bereits wieder hinfällig. Vgl. APŁ, Regierungspräsident Litzmannstadt, Nr. 427, Bl. 60-67: Landrätebesprechung des Regierungsbezirks Litzmannstadt. Protokoll vom 19. Januar für den Oberregierungsrat Dr. Moser.

352 Faschismus – Getto – Massenmord, S. 78-81; Danuta Dąbrowska: Zagłada skupisk żydowskich w „Kraju Warty" w okresie okupacji hitlerowskiej, in: BŻIH 1955, Nr. 13-14, S. 122-184.

353 Trunk, Lodzher geto, S. 10-14, hier S. 11; 5. AusführungsVO zu den PolizeiVO vom 8. 2. und 8. 4. 1940; zit. nach ebd., S. 26f., hier S. 27.

354 Bernard Mark: Ruch oporu w getcie białostockim. Warszawa 1952, S. 59f.

355 APŁ, GV, Nr. 29600, Bl. 195: Gettoverwaltung an Stadtsparkasse Litzmannstadt, 29. 11. 1940, betr. Unterschriftenvollmacht für Giro-Konto 700 u. 1600.

die Kriminalpolizei befasst.[356] Außerhalb des Gettos beschäftigten sich HTO, Gestapo und die Kreditinstitute mit der Erfassung der zurückgebliebenen Immobilien, der Bankkonten sowie des übrigen Eigentums. Die Konfiskation bzw. der von Rumkowski in einer Verordnung vom 24. Juni 1940 befohlene Zwangsverkauf von Wertsachen aller Art war der Auftakt zu einer eigenen „Getto-Währung", da man die Juden für das von ihnen in Zahlung gegebene Eigentum nicht mit Reichsmark bezahlen wollte. Die hierfür auf Veranlassung von Regierungspräsident Uebelhoer in Absprache mit der Reichsbank[357] gedruckten und ab 8. Juli 1940 im Umlauf befindlichen Markquittungen (Nominale 1, 2, 5, 10, 20 und 50 Mark) und Münzen waren Zahlungsmittel mit Gültigkeit ausschließlich auf dem Gebiet des Gettos[358], und die Institution, die den Austausch von Wertsachen gegen Markquittungen organisierte, wurde als Bank bezeichnet.[359]

„Eine Deckung für die Zahlungsmittel besteht nicht. Der Judenälteste gibt die Quittungen nur aus gegen Abgabe von Reichsmark-Zahlungsmitteln seitens der Gettobewohner bezw. vergütet er mit den Zahlungsmitteln an ihn abgelieferte Waren der Gettobewohner. Zur Erreichung dieses Zweckes hat er von mir die Genehmigung erhalten, sein Zahlungsmittel für das allein gültige Zahlungsmittel im Getto zu erklären. Hierdurch gelangt er automatisch in den Besitz der im Getto befindlichen Reichsmarkbestände, mit denen er die Waren kauft, die zur Erhaltung des Getto erforderlich sind. Ein Umlauf des Zahlungsmittels außerhalb des Getto ist theoretisch und praktisch ausgeschlossen, da weder dieses Zahlungsmittel außerhalb des Gettos ausgegeben wird, nicht aus dem Getto herauskommen kann und auch niemand für dieses Zahlungsmittel einen Gegenwert außerhalb des Getto erhalten würde. [...] Mit der Evakuierung des Getto verlieren die Geldscheine ohne weiteres ihren Wert. Sie haben dann ihre Aufgabe erfüllt und werden außerdem bei der Evakuierung den Juden weggenommen und vernichtet."[360]

Gegliedert war diese Gettobank in die drei Unterabteilungen „Devisen- und Valuta-Verrechnung", „Abwicklung von Judenforderungen" und „Verrechnung

356 Zur Gettoverwaltung vgl. grundlegend Peter Klein: Die „Gettoverwaltung Litzmannstadt" 1940–1944. Eine städtische Behörde im Spannungsfeld von Kommunalbürokratie und Verfolgungspolitik. Im Erscheinen (2007).

357 APŁ, GV, Nr. 26609, Bl. 559: Reichsbankstelle Litzmannstadt an den Oberbürgermeister von Litzmannstadt, 31.5.1940, betr. Zahlungsmittelumlauf im Getto Litzmannstadt; ebd., Bl. 526: Reichsbankstelle Litzmannstadt (gez. Domin, Swindt) an den Oberbürgermeister von Litzmannstadt, 24.6.1940.

358 Auf allen im Getto umlaufenden Geldscheinen und Münzen befand sich der Aufdruck bzw. die Prägung „Quittung über" + Nominalwert; vgl. Tabaksblat, Khurbn-lodzh, S. 50; Lech Kokociński: Pieniądz papierowy na ziemiach polskich. Warszawa [2]2000, S. 155; Guy M. Y. Ph. Franquinet: Sammlung Getto-Münzen aus Litzmannstadt, in: Judaica łódzkie w zbiorach muzealnych i zasobach archiwalnych, S. 127–129; Manfred Schulze/Stefan Petriuk: Unsere Arbeit – unsere Hoffnung. Getto Lodz 1940–1945. Eine zeitgeschichtliche Dokumentation des Post- und Geldwesens im Lager Litzmannstadt. Schwalmtal 1995, S. 105–119.

359 Hershkovitsh, Litsmanshtot-geto, S. 26f.

360 APŁ, GV, Nr. 26609, Bl. 557: Wirtschaftsstelle Getto an die Reichsbankstelle Litzmannstadt, 5.6.1940, betr. Zahlungsmittelumlauf im Getto; vgl. Bericht über die Arbeit der Gettoverwaltung vom 12.2.1943, S. 6, zit. bei Blumental, Słowa niewinne, S. 229.

von Geldspenden für die Juden" der gettoeigenen Finanzverwaltung.[361] Bis zum 17. Juni 1941 wurden „Banknoten" in einer Höhe von 7,4 Mio. Mark emittiert, bis zur Auflösung des Gettos Anfang August 1944 über 18 Mio. Mark.[362] Da es sich bei der Bank somit in erster Linie um eine Requisitionsabteilung handelte, wurde sie später folgerichtig umbenannt in „Bank I – Ankaufstelle für Wertsachen und Kleidungsstücke". Den Umtausch eingehender Reichsmarkbeträge in Markquittungen übernahm die „Bank II – Inkassoabteilung".[363]

Auch in anderen Städten mit größeren Gettos wurden (letztlich ergebnislose) Planungen darüber angestellt, eine gettoeigene Währung ins Leben zu rufen, so beispielsweise in Warschau und Białystok, wobei das Getto Litzmannstadt als Vorbild diente. Diesem folgte letztlich jedoch nur das Getto Theresienstadt, in dem Mitte Mai 1943 ebenfalls ein eigenes Gettogeld eingeführt wurde.[364] Welche Funktion die Ausgabe von Markquittungen im Getto haben sollte, beschreibt ein Brief der Gettoverwaltung Litzmannstadt an den Stadtkommissar Bialystok vom 23. Februar 1942: „Ob Ihnen die Einführung eines eigenen Zahlungsmittels für das Wohngebiet der Juden [in Białystok] genehmigt wird, ist sehr zweifelhaft, da, wie ich hörte, Warschau auch dbzgl. Bemühungen angestellt hat, jedoch erfolglos. Das Gettogeld, was hier im Umlauf ist, stellt nichts weiter dar, als eine Quittung über die von den Juden dagegen eingetauschte Reichsmark oder Devisen. Bekanntlich ist das Judenviertel hermetisch abgeschlossen. Der Verkauf aller Waren, die durch meine Einkaufsabteilung in das Getto geliefert werden, dürfen nur in den Läden des Ältesten der Juden abgesetzt werden. Die Verkäufer in diesen Läden sind Angestellte beim Ältesten der Juden und sie würden ihre Stellung verlieren, falls sie anderes Geld, als Gettogeld, in Zahlung nehmen würden. Damit habe ich praktisch die Reichsmark im Wohngebiet der Juden außer Kurs gesetzt. Der Weg ist also sehr einfach: ein Jude, der Reichsmark besitzt, also kein Gettogeld in Händen hat, ist außerstande, Lebensmittel einzukaufen. Er muß daher zwangsläufig bei der Bank des Ältesten der Juden einen Geldwechsel vornehmen und nur auf diese Weise ist es mir möglich, die Reichsmark abzuziehen. Inwieweit der Älteste der Juden für die Deckung des sich im Umlauf befindlichen Gettogeldes sorgt, interessiert mich nicht. Die Preise für die Lebensmittel, Wohnungsmieten, Kopfsteuer usw. setzt der Älteste der Juden nach eigenem Ermessen fest. Juden, die vollkommen verarmt sind, schaltet er in den Arbeitsprozess ein, andere, die noch Reichsmark besitzen, müssen erst ihre Ersparnisse verbrauchen, bevor sie Arbeit oder Unterstützung vom Ältesten der Juden erhalten. Dadurch verhütet

---

361 APŁ, PSŻ, Nr. 727, Bl. 2: Graphische Darstellung des Organisationsplanes der Gettoverwaltung [1940].

362 APŁ, GV, Nr. 29609; Eisenbach, Hitlerowska polityka zagłady Żydów, S. 196; Czesław Łuczak: Polityka pieniężna III Rzeszy w okupowanej Polsce, in: Od Grabskiego do Balcerowicza. Systemy pieniężne w gospodarce polskiej. Poznań 1997, S. 129–139, hier S. 137.

363 APŁ, PSŻ, Nr. 730–733: Graphische Darstellung der Organisation des Ältesten der Juden in Litzmannstadt (1941, 1942, 1943); vgl. ebd., Nr. 2342; Danuta Dąbrowska: Struktura i funkcja administracji żydowskiej w getcie łódzkim (maj – grudzień 1940 r.), in: BŻIH 51 (1964), S. 41–57, hier S. 51f.; Trunk, Lodzher geto, S. 49, 105, 117; Trunk, Judenrat, S. 96.

364 Eisenbach, Hitlerowska polityka zagłady Żydów, S.196; Trunk, Judenrat, S. 285f.

er einen sich ständig steigernden Umlauf an Gettogeld. Sollte das Getto einmal aufgelöst werden, was allerdings nicht anzunehmen ist, dann kann kein Besitzer von Gettogeld Rechtsansprüche gegen das Deutsche Reich stellen, da der Schein (siehe Anlage) nichts weiter ist, als eine Quittung."[365]

Über die tatsächliche Wertlosigkeit dieser Quittungen außerhalb des Gettos täuschte man sich jedoch mitunter auch auf deutscher Seite. So sorgte es auf Seiten der Reichsbank für Verwirrung, als eine der ca. 150 zu „Sammlerzwecken" abgegebenen Serien der gettoeigenen Markquittungen im Januar 1941 bei der Zentralgenossenschaftskasse in Berlin zum Einzug eingereicht wurde.[366] Auch die Verwaltung des KL Auschwitz übersah, dass im Falle des von einem Häftlingstransport im April 1943 aus dem Getto Litzmannstadt mitgebrachten Gettogeldes ein Umtausch von Reichsmark, d.h. eine Enteignung bzw. Beschlagnahme vormals vorhandenen Geldes, längst stattgefunden hatte. Man forderte zusammen mit der Hausbank, der Stadtsparkasse Bielitz (Hauptzweigstelle Auschwitz), unter Berufung auf die Polenvermögensverordnung die Gettoverwaltung in Litzmannstadt (vergeblich) auf, das Gettogeld im Verhältnis von 1:1 in Reichsmark umzutauschen und das Geld dem Konto des KL Auschwitz gutzuschreiben.[367]

In aller Sparsamkeit und unter Aktivierung aller Möglichkeiten gelang es Rumkowski, das Getto etwa bis Sommer 1940 aus eigener Kraft finanziell über die Runden zu bringen. In dieser Zeit wurden dem „Ernährungs-Konto der Judengemeinschaft" bei der Gettoverwaltung ca. 6,5 Mio. RM zugeleitet, und zwar aus dem Inkasso von Forderungen, aus Arbeitslöhnen, der Verwertung von deklarierten oder beschlagnahmten Devisen, dem Verkauf von Wertsachen sowie aus Spenden.[368] Parallel waren bis Mitte August 1940 bei der Treuhandnebenstelle Litzmannstadt Wertsachen, Edelmetall u.Ä. im Gegenwert von ca. vier Mio. RM zusammengekommen.[369] Rumkowski vermutete zu diesem Zeitpunkt, dass bereits 70 Prozent der Gettoinsassen über keinerlei Bargeld mehr verfügten.[370]

Während die nationalsozialistische Gettoisierungspolitik bis etwa Mitte 1940 von der Vorstellung ausgegangen war, dass die Gettos mit Blick auf die bevorstehenden „Evakuierungen" nach dem Osten oder nach Madagaskar nur ein temporäres Phänomen darstellen würden und man daher zu einer rücksichtslosen

---

365 APŁ, GV, Nr. 29603, Bl. 4f.: Gettoverwaltung an den Herrn Stadtkommissar von Bialystok, 23.2.1942, betr. Gettogeld. Auszugsweise bei Blumental, Słowa niewinne, S. 230f.

366 APŁ, GV, Nr. 29602, Bl. 37: Reichsbankstelle Litzmannstadt an Oberbürgermeister in Litzmannstadt, 1.3.1941, betr. Gettogeld.

367 APŁ, GV, Nr. 29606, Bl. 717: Gettoverwaltung an Stadtsparkasse Litzmannstadt, 6.5.1943, betr. Hereinnahme von Getto-Quittungen; ebd., Nr. 29605, Bl. 168: Leiter der Verwaltung des KL Auschwitz an Gettoverwaltung in Litzmannstadt, 29.11.1943, betr. Judengeld; ebd., Bl. 127: Leiter der Verwaltung des KL Auschwitz an Gettoverwaltung in Litzmannstadt, 31.12.1943. Es handelte sich um einen Betrag über 2181,50 Mark in Markquittungen.

368 APŁ, GV, Nr. 29600, Bl. 133–134: Ernährungs- und Wirtschaftsstelle Getto an den RFM, 11.11.1940, betr. Bewertung polnischer Silber-Złoty.

369 Aleksander Pakentreger: Polityka władz niemieckich tzw. Kraju Warty wobec Żydów, in: BŻIH 104 (1977), S. 33–48, hier S. 41.

370 Tatiana Brustin-Berenstein: O hitlerowskich metodach eksploatacji gospodarczej getta warszawskiego, in: BŻIH 8 (1953), S. 3-52, hier S. 8.

Raubaktion und einer Strategie des Aushungerns geschritten war, vermochten sich in Bezug auf das Getto Litzmannstadt 1940 für eine gewisse Zeit die „productionists“ (Christopher Browning), d.h. die Befürworter einer rentablen Gettowirtschaft mit Hans Biebow an der Spitze, durchzusetzen.[371] Rumkowski hatte dem Oberbürgermeister von Litzmannstadt bereits Anfang April 1940 den Vorschlag unterbreitet, die im Getto ansässigen 8-10000 jüdischen Facharbeiter gegen Lebensmittellieferungen für die Stadt arbeiten zu lassen.[372] Gleichwohl gab es im Getto zunächst kaum Verdienstmöglichkeiten, und die zahlreichen Werkstätten, Manufakturen und Produktionsabteilungen (so genannte Ressorts), die für das Heeresbekleidungsamt Berlin und andere Auftraggeber tätig wurden, begannen erst in der zweiten Hälfte des Jahres 1940 zu entstehen.[373]

Einen Wendepunkt markierte ein im Herbst 1940 an den „Judenrat“ gewährter Kredit in Höhe von 3 Mio. RM mit einer Laufzeit von sechs Monaten und einem Zinssatz von 4,5 Prozent.[374] Gewährt wurde dieser Kredit freilich nicht von Kreditinstituten, sondern von der Litzmannstädter Warenhandelsgesellschaft, die sich im Eigentum der Stadt Litzmannstadt befand und die die Gettoverwaltung am 21. Oktober 1940 davon in Kenntnis setzte, dass sie den Kredit zu den genannten Konditionen gewähren wolle. Im Februar 1941 wurde der Gettoverwaltung ein weiterer Kredit über eine Million Reichsmark gewährt, was faktisch auf eine Prolongation des Kredites von 1940 hinauslief. Die Kredite wurden erst im Laufe des ersten Halbjahres 1942 abgedeckt.[375] Von den drei Millionen Reichsmark stellten die Deutsche Genossenschaftsbank 1,9 Mio. RM, die Commerzbank sowie die Bank Litzmannstädter Industrieller jeweils 200000,– RM zur Verfügung; die Dresdner Bank war mit 300000,– RM, die Deutsche Bank mit 400000,– RM beteiligt.[376] Damit war – wenngleich nur für wenige Monate – das Getto Litzmannstadt als ein selbständiges Wirtschaftssubjekt, das „aus sich selbst heraus zu er-

---

371 Christopher R. Browning: Nazi Germany's Initial Attempt to Exploit Jewish Labor in the General Government: The Early Jewish Work Camps 1940–1941, in: Helge Grabitz u. a. (Hg.), Die Normalität des Verbrechens. Bilanz und Perspektiven der Forschung zu den nationalsozialistischen Gewaltverbrechen. Festschrift für Wolfgang Scheffler. Berlin 1994, S. 171–185; vgl. ders.: Die Entfesselung der „Endlösung“. Nationalsozialistische Judenpolitik 1939–1942. München 2003, S. 229–238.

372 Trunk, Lodzher geto, S. 87f.: Rumkowski an Oberbürgermeister, 5.4.1940. Faksimile in: Spuren aus dem Getto Łódź, S. 25.

373 Trunk, Lodzher geto, S. 152–179; Dąbrowska, Struktura i funkcja administracji żydowskiej w getcie łódzkim, S. 42f.

374 Zuvor hatte Max Winkler im Frühjahr 1940 für den Unterhalt des Gettos bis zur Deportation der Juden angeboten, 25 Mio. RM aus Mitteln der HTO zur Verfügung zu stellen; allerdings scheiterte dies an den unerfüllbaren Bedingungen, die Winkler an die Zahlung geknüpft hatte. Rosenkötter, Treuhandpolitik, S. 224–231, bes. S. 227; Alberti, Vernichtung der Juden im Reichsgau Wartheland, S. 160.

375 Brustin-Berenstein, O hitlerowskich metodach eksploatacji gospodarczej getta warszawskiego, S. 9f.; APŁ, GV, Nr. 29370, Bl. 47, 58: Gettoverwaltung an TNL, 27.4. und 19.6.1942, betr. Darlehen der Litzmannstädter Warenhandelsgesellschaft; vgl. ebd., Nr. 29606, Bl. 819: Gettoverwaltung an Stadtsparkasse Litzmannstadt, 28.4.1942.

376 APL, GV, Nr. 29794, Bl. 79: Litzmannstädter Warenhandelsgesellschaft mbH an Ernährungs- und Wirtschaftsstelle Getto, 21.10.1940; zur Entstehung der Gesellschaft vgl. Trunk, Judenrat, S. 234; Alberti, Vernichtung der Juden im Reichsgau Wartheland, S. 107, bes. Anm. 280.

halten" sei, anerkannt worden.[377] Dennoch fehlte es auch jetzt nicht an Stimmen, die diese wirtschaftlich gebotene Entscheidung, die Gettobevölkerung zur Arbeit zu zwingen, in jedem Falle einer nationalsozialistischen „Lösung der Judenfrage" mittels einer „künstlichen Hungersnot" untergeordnet wissen wollten.[378] Da eine intentionale Dezimierung des nicht produktiven Bevölkerungsteils (Kinder, Frauen, alte Menschen, Kranke) im Getto dem Arbeitszwang nicht im Wege stand, lässt sich Brownings Modell zweier divergierender Gruppierungen, von denen die radikalen Nationalsozialisten bereits frühzeitig weitreichende Vernichtungsszenarien entwickelten, während die „gemäßigten" „productionists" auf die Entwicklung einer autarken Gettowirtschaft hinwirkten, in dieser Ausschließlichkeit nur schwer aufrechterhalten.

Die Juden mit Rumkowski an der Spitze hatten neben den Kosten für ihre lebensnotwendige Versorgung auch die Kosten und Gehälter für die Gettoverwaltung aufzubringen. Der hierfür geschaffene Abrechnungsmodus sah bei allen Warenlieferungen ins Getto einen Preisaufschlag in Höhe von 15 Prozent („Regiekosten"), ferner eine dreiprozentige Sondersteuer vor, was der Gettoverwaltung beispielsweise zwischen Mai und Dezember 1940 Einnahmen in Höhe von fast 1,5 Mio. RM bei tatsächlichen Ausgaben von nur 322258,– RM einbrachte.[379] Angesichts dessen half es nur wenig, dass der durchschnittliche Monatsumsatz des Gettos (Arbeitsleistung) etwa drei Millionen Reichsmark betrug, wovon allein ca. 700000,– RM auf die Schneidereibetriebe und weitere 300000,– RM auf die übrige Kleiderfertigung im Getto entfielen.[380] Da der monatliche Bedarf an Lebensmitteln für die im Getto eingeschlossenen Juden zwischen 1,3 und 1,7 Mio. RM betrug, die Arbeitslöhne aber in den Anfangsmonaten des Jahres 1941 noch immer nur einige 100000,– RM einbrachten, hielt auf Seiten der Gettoverwaltung das Bemühen an, versteckte Wertsachen innerhalb und außerhalb des Gettos zur Verwertung bringen zu können. Das Jahr 1941 brachte dann ein kontinuierliches Einnahmenwachstum bei den Arbeitslöhnen, so dass im August 1941 „das Lohnaufkommen den Wert der in das Wohngebiet gelieferten Waren, Lebensmittel und Bedarfsgüter erstmalig überstieg".[381] Mit den einsetzenden Deportationen der

---

377 Regierungspräsident Litzmannstadt an Gettoverwaltung, 28.10.1940: Abschrift des Protokolls der Sitzung vom 18.10.1940 betr. Verwaltung und Unterstützung des Gettos in Litzmannstadt; zit. nach Eisenbach (Hg.), Dokumenty i materiały do dziejów okupacji niemieckiej w Polsce, S.102ff.

378 Christopher R. Browning: Die nationalsozialistische Ghettoisierungspolitik in Polen 1939-1941, in: ders., Der Weg zur „Endlösung". Entscheidungen und Täter. Bonn 1998, S.37–65, hier S.44f., Zitat S.45.

379 Angaben nach Trunk, Judenrat, S.282f. (mit falscher Jahreszahl 1941!); Aly/Heim, Vordenker der Vernichtung, S.300-311, bes. S.304ff.; BArch, R 2/56159, Bl.84-103 [dasselbe in: R 58/3518, Bl.12-26]: Niederschrift der Beauftragten des Rechnungshofs des Deutschen Reichs über die örtliche Prüfung der Ernährungs- und Wirtschaftsstelle Getto, abgedruckt in: Götz Aly/Susanne Heim (Hg.), Bevölkerungsstruktur und Massenmord. Neue Dokumente zur deutschen Politik der Jahre 1938-1945. Berlin 1991, S.44-73.

380 Hershkovitsh, Litsmanshtot-geto, S.47, 49.

381 Im August 1941 flossen dem Getto Lohnzahlungen über 1,85 Mio. RM sowie weitere 650000,– RM zu, die aus „Auslandsspenden, Barzahlungen des Ältesten der Juden, Verkauf aus beschlagnahmten Waren und aus dem Umsatz von Waren, die aus noch im

knapp 20000 reichsdeutschen Juden, die im Vergleich zu den Gettoinsassen als „wohlhabend" gelten konnten, gelangten weitere größere Geldmengen ins Getto, die in den folgenden Monaten allerdings auch die Getto-Währung in erhebliche Turbulenzen brachten.[382] Die „Unkosten" wurde seitens der Gettoverwaltung schließlich 1942 im Wege der Deportation der arbeitsunfähigen Gettoinsassen (Alte, Kranke, Kinder) gesenkt, indem man „die Todeslisten anhand der Karteikarten erstellte, die die jüdische Ernährungsfürsorge führte".[383] Aber noch 1942 wirkte das Stereotyp des „jüdischen Reichtums" auf die Radikalität gegenüber den Juden zurück, besonders hinsichtlich der Bereitschaft, die hungernden Menschen in den Gettos mit Nahrungsmitteln zu versorgen: „Mit Goldwaren und Juwelen wird nach zahlreichen Feststellungen bis heute in den eingegliederten Ostgebieten ein umfangreicher Schwarzhandel getrieben, dessen Träger hauptsächlich Juden sind."[384]

Einen weiteren Teilaspekt bildet die private Bereicherung zahlreicher Angehöriger der deutschen Administration, darunter verschiedener Kreditinstitute, die preiswert jüdisches Eigentum von der Gettoverwaltung „erwarben".[385] Zwei erhalten gebliebene Kassenbücher der Gettoverwaltung Litzmannstadt verzeichnen insgesamt 4654 private Warenverkäufe an Angehörige deutscher Dienststellen. Von den 205 dort namentlich angeführten Personen gehörten 79 zur Kriminal- bzw. Schutzpolizei, zur Gestapo der Stadt bzw. des Regierungsbezirks Litzmannstadt sowie zum Sonderkommando Kulmhof, weitere 42 Personen waren Angehörige der Verwaltung (Reichsstatthalter, Regierungsbezirk, HTO, Banken), eine ebenso große Gruppe stellten die Mitarbeiter der Gettoverwaltung selbst. Unter den Bankbeamten war es vor allem der Erste Direktor der Reichsbank Litzmannstadt, Waldemar Domin, der sich privat an jüdischem Eigentum bereicherte.[386] Die dabei erzielten Erlöse können nur geschätzt werden. Biebow selbst gab bei seiner Vernehmung nach 1945 an, dass ein Teil dieser Gelder – 5–6 Mio. RM – auf ein Sonderkonto der „Freunde des Warthelandes" geflossen sei, zur besonderen Verfügung des Reichsstatthalters Greiser, so dass insgesamt von einer größeren Summe ausgegangen werden muss.[387] Darüber hinaus wurden „besonders

Getto befindlichen Rohstoffen selbst gefertigt wurden", stammten. Vgl. APŁ, GV, Nr. 29245, Bl. 315–317: Monatsbericht der Gettoverwaltung für den Monat August 1941, 3.9.1941.

382 Trunk, Lodzher geto, S. 105f.; ders., Judenrat, S. 102; Eisenbach (Hg.), Dokumenty i materiały do dziejów okupacji niemieckiej w Polsce, S. 130; vgl. APŁ, PSŻ, Nr. 1171, Bl. 88–120: Transportlisten Berliner Juden mit Angabe der ins Getto Litzmannstadt mitgebrachten Reichsmarkbeträge. Diese betrugen in der Regel zwischen 100 und einigen hundert Reichsmark, in Einzelfällen auch einige tausend Reichsmark.

383 Vgl. Klein, Zwangsarbeit im Ghetto Lodz, S. 26f., Zitat S. 26.

384 BArch, R 58/169, Bl. 30f., hier Bl. 30: Meldungen aus dem Reich, Nr. 256 vom 2.2.1942: Jüdischer Schleichhandel in Geld und Juwelen in den eingegliederten Ostgebieten.

385 Vgl. Tatiana Brustin-Berenstein: Hitlerowskie dyskryminacje gospodarcze wobec Żydów w Warszawie przed utworzeniem getta, in: BŻIH 2 (1952), H. 4, S. 156–190, bes. S. 170ff.

386 Adamska, Grabież mienia mieszkańców getta łódzkiego, S. 93, 95–98.

387 Ebd., S. 96, Anm. 41. Klein, Zwangsarbeit im Ghetto Lodz, S. 28, spricht von vier Millionen RM, die Greiser veruntreut habe.

wertvolle Pretiosen" an den Reichsstatthalter übergeben, „der sie hinterlegt, um einer Flucht in die Sachwerte vorzubeugen und die Pflege des Sparsinns im Warthegau zu erhalten und zu fördern".[388]

Auch bei den Stundenlöhnen der im Getto bzw. außerhalb in zahlreichen Zwangsarbeitslagern tätigen Juden flossen erhebliche Geldsummen auf die Konten der Gettoverwaltung. Die Auftragsfirmen bezahlten seit 1941 an die Gettoverwaltung eine so genannte Judenleihgebühr in Höhe von 0,70 RM je Kalendertag (bei einer durchschnittlichen Arbeitszeit von zehn Stunden pro Tag) sowie einen Verrechnungslohn über 0,30 RM („Judenstunde"), bis die Juden nach einer Anweisung Greisers vom 25. Juni 1942 überhaupt keinen Lohn mehr erhielten.[389] Eine wachsende Bedeutung erfuhr in diesem Zusammenhang der Arbeitseinsatz von Juden außerhalb des Gettos. So erhielt die Gettoverwaltung für geleistete Zwangsarbeit in zahlreichen Lagern in Posen und Umgebung im Zeitraum zwischen Mitte September und Ende November 1942 eine Summe von knapp 125 000,– RM überwiesen.[390] Anfänglich unternahm Greiser den Versuch, sich auch in diesem Falle persönlich zu bereichern. Im September 1940 ordnete er an, dass 65 Prozent der mit Drittfirmen vereinbarten Stundenlöhne auf sein Sonderkonto ‚Der Gauleiter, Aufbaukonto der NSDAP' bei der Deutschen Bank in Posen überwiesen werden mussten. Handelte es sich um gettoisierte Juden, die zur Zwangsarbeit eingesetzt waren, sollte derselbe Betrag an die jeweils zuständigen Landräte abgeführt werden, nur 35 Prozent sollten in der einen oder anderen Weise den jüdischen Zwangsarbeitern und ihren Angehörigen im Getto zugute kommen.[391] Ob Gauleiter Greiser jedoch, wie Browning mutmaßt, deshalb tatsächlich ein „enormes persönliches Interesse daran [hatte], das Getto vor der völligen Auflösung zu bewahren", muss bezweifelt werden.[392] Dem widerspricht nicht nur der Charakter des Gettos als eines unmittelbaren Reichsauftrages an die Stadtverwaltung in Litzmannstadt, sondern auch die Judenvernichtung im Warthegau, deren Beginn und Durchführung Greiser seit 1941 maßgeblich forcierte.

---

388 Stadtoberinspektor Quay an Oberbürgermeister von Litzmannstadt, 1.4.1944, betr. Informationsbericht; zit. nach Eisenbach (Hg.), Dokumenty i materiały do dziejów okupacji niemieckiej w Polsce, S. 163.

389 Trunk, Lodzher geto, S. 183ff.; Rubin, Żydzi w Łodzi, S. 240ff.; Anna Ziółkowska: Obozy pracy przymusowej dla Żydów w Wielkopolsce w latach okupacji hitlerowskiej (1941–1943). Poznań 2005, S. 144–150; APP, Akta miasta Poznania: 16069, Bl. 84–86: Rundverfügung Nr. 503 des Reichsstatthalters, Abteilung Arbeit (gez. Kendzia), an die Leiter der Arbeitsämter, 13. 8. 1941, betr. arbeitsrechtliche Behandlung der im Reichsgau Wartheland bei Arbeiten der öffentlichen Hand eingesetzten Juden; APP, RRW, Nr. 509, Bl. 2–13: Erlass über Preisbildung beim Einsatz von Juden im Baugewerbe (Abschrift) vom 26. Mai 1943.

390 Ziółkowska, Obozy pracy przymusowej dla Żydów, S. 152.

391 Die Lohnregelungen für jüdische Zwangsarbeiter waren und blieben im Warthegau jedoch uneinheitlich und unterschieden sich für die einzelnen Gettos voneinander. Vgl. hierzu mit Beispielen für die Gettos in Litzmannstadt, Pabianice und Löwenstadt APŁ, GV, Nr. 29686, Bl. 39–43: Oberfinanzpräsident im Reichsgau Wartheland (gez. i. V. Germershausen) an Reichsstatthalter, Allgemeine Verwaltung, 18. 5. 1942, betr. steuerliche Behandlung der Judenarbeiten.

392 Browning, Nationalsozialistische Ghettoisierungspolitik, S. 53.

Immerhin stieß die genannte Regelung noch im Herbst 1940 auf so massiven Widerstand, sowohl seitens der Gettoverwaltung in Litzmannstadt und des RMdI als auch des Reichsrechnungshofes, dass Greiser schließlich ab Frühjahr 1941 von seiner Anordnung wieder abrücken musste, auch wenn er die endgültige Klärung bis Mitte 1942 zu verschleppen versuchte. Bis dahin hatten die Landräte im östlichen Warthegau auf diese Weise immerhin über drei Mio. RM zusätzlich vereinnahmt. Wieviel Geld in derselben Zeit auf Greisers Sonderkonto bei der Deutschen Bank geflossen war, hielt der Reichsstatthalter vor allen beteiligten Behörden hartnäckig geheim.[393] Für eine detailliertere Darstellung ist die Quellenüberlieferung der vielen kleineren Gettos im Reichsgau Wartheland sowie der nicht minder zahlreichen jüdischen Zwangsarbeitslager allerdings zu gering.[394] Schwer abzuschätzen ist daher auch der Kenntnisstand der Kreditinstitute über diese Lager, von denen nur einzelne wie etwas die „Judenlager“ der Reichsbahn in Posen-Dembsen, Gutenbrunn, Luisenhain und Kreising (bei Posen) in den Banküberlieferungen auftauchen.[395]

Die Zahlung der „Judenleihgebühr“ erfolgte ab Sommer 1942 auf das Konto 12300 der Gettoverwaltung bei der Stadtsparkasse Litzmannstadt. Die Akten lassen keinen Zweifel darüber, dass Überweisungen von Baufirmen an die Gettoverwaltung in Litzmannstadt für die beteiligten Banken unschwer als Zahlungen für den Einsatz jüdischer Zwangsarbeiter erkennbar waren.[396] Wenn Regierungspräsident Uebelhoer in einem Artikel 1941 ausführte, die Juden des Regierungsbezirks seien „in jeder Beziehung ausgeschaltet und fristen ein Dasein, wie es eben notorischen Volksschädlingen“ zukomme, brachte er damit nicht das Wissen einiger weniger, sondern den allgemeinen Kenntnisstand zum Ausdruck.[397] Bald wirkten die entsetzlichen Zustände in den Gettos und jüdischen Zwangsarbeitslagern auf die Radikalisierung der Verfolgung zurück, wie das Schreiben des Leiters des SD-Ab-

---

393 APP, RRW, Nr. 1725, Bl. 360–362: Reichsminister des Innern (gez. Pfundtner) an Herrn Reichsstatthalter im Reichsgau Wartheland vom 6. März 1941 betr. Finanzausgleich in den eingegliederten Ostgebieten, hier Abführung von Lohn jüdischer Arbeitnehmer an Aufbaukonten der NSDAP und der Landräte; ebd., Bl. 487–492: Reichsstatthalter an RMdI vom 23. September 1942 betr. Abführung von Lohn jüdischer Arbeitnehmer an Aufbaukonten und Landräte.

394 Zum Niederschlag der zahlreichen kleinen warthenländischen Gettos in den Akten der Kreditinstitute vgl. Loose, Beteiligung deutscher Kreditinstitute, S. 249–251; vgl. grundlegend Ziółkowska, Obozy pracy przymusowej dla Żydów, passim; Alberti, Vernichtung der Juden im Reichsgau Wartheland, S. 277–300.

395 HAC, SdF Ost, Filiale Posen: Kreditakte Fritz Michel, Bauunternehmungen, Posen, Überziehungskredit über 50000,– RM (1942); APŁ, GV, Nr. 29691, Bl. 2f., 72ff., 387ff.: Von der Kundenklientel der Commerzbank Posen beispielsweise beschäftigten neben Fritz Michel auch die Firmen Tiefbauunternehmen Heinrich Exner und Max Hamann Bauunternehmung, beide Posen, jüdische Zwangsarbeiter aus dem Getto Litzmannstadt.

396 APŁ, GV, Nr. 29681–29699, passim. Vgl. Ziółkowska, Obozy pracy przymusowej dla Żydów, S. 142–152; dies.: Obozy pracy przymusowej dla Żydów w Poznańskiem w czasie okupacji hitlerowskiej, in: Żydzi i judaizm we współczesnych badaniach naukowych, Bd. 2. Kraków 2000, S. 214–232; Isaiah Trunk: Yidishe arbet-lagern in „Varteland“, in: Bleter far geshikhte 1 (1948), H. 1, S. 114–169; H. 2, S. 14–45.

397 Friedrich Uebelhoer: Der Aufbau im Regierungsbezirk Litzmannstadt, in: Der Osten des Warthelandes. Litzmannstadt 1941, S. 239–258, hier S. 244.

schnittes Posen, Rolf-Heinz Höppner[398], an Adolf Eichmann vom 16. Juli 1941 zeigt. Es bestehe „in diesem Winter die Gefahr, daß die Juden nicht mehr sämtlich ernährt werden können“, und es sei daher „ernsthaft zu erwägen, ob es nicht die humanste Lösung ist, die Juden, soweit sie nicht arbeitseinsatzfähig sind, durch irgendein schnellwirkendes Mittel zu erledigen“.[399]

Wie andernorts und oben am Beispiel Oberschlesiens gezeigt worden ist[400], spielten antijüdische Maßnahmen an sich oder die Existenz jüdischer Zwangsarbeitslager und Gettos sowie deren ökonomische Ausbeutung für die geschäftliche Risikoabschätzung der Kreditinstitute vor Ort keine entscheidende Rolle. Die Entscheidung zum Judenmord und zu einer ökonomisch sinnlosen Deportation jüdischer Arbeitskräfte fiel jenseits des Informationshorizontes dieser Bankfilialen, weshalb sie im Falle notleidender Kredite bzw. überzogener Konten ihren Zentralen gegenüber ab 1942 nur allzu oft in Erklärungsnöte gerieten. Mit dem Abschluss der Judenvernichtung wuchs dann wieder das Vertrauen in die weitere Planungssicherheit, da ja, wie die Commerzbank Litzmannstadt im Januar 1943 an ihre Berliner Zentrale schrieb, „eine Zwangsmaßnahme, wie die im vorigen Jahr, sich nicht wiederholen dürfte“.[401]

Die Verwertung jüdischen Eigentums außerhalb des Gettos

Das Getto Litzmannstadt hatte nicht nur ein finanzielles Innenleben, sondern war über die deutsche Gettoverwaltung als Dienststelle des Oberbürgermeisters der Stadt Litzmannstadt in mannigfaltiger Weise geschäftlich mit der Außenwelt verbunden. Hierfür waren Bankverbindungen eine unabdingbare Voraussetzung. Die Niederlassung der Deutschen Bank in Litzmannstadt hatte der HTO bereits im Februar 1940 – zeitgleich mit der Schaffung des Gettos – ein Verzeichnis „der bei uns geführten jüdischen Konten“ in Höhe von insgesamt über 30 000,– RM „zu Ihrer gefälligen Bedienung“ überreichen können.[402] Dieser Betrag fiel nur deshalb so gering aus, weil die Bankfiliale in Litzmannstadt erst im Herbst 1939 gegründet worden war und es sich bei dem Geld dementsprechend nur um *Neuguthaben* handelte. Die Deutsche Bank hatte bereits im Dezember eine jüdische Klientel für sich gewinnen können, indem sie für den „Ältesten der Juden“, Rumkowski, ein Konto eröffnet hatte, allerdings nicht ohne diesen darum zu bitten, von einem täglichen, regen Schalterverkehr absehen zu wollen.[403] Es entsprach hierbei der Ratio der Kreditinstitute, Geschäfte – zumal in der Aufbauphase ihrer Tätigkeit – dort zu machen, wo man sich Gewinn versprechen konnte, solange dies gesetzlich

---

398 Zu seiner Person vgl. Martin Pollack: Jäger und Gejagter. Das Überleben der SS-Nr. 107136, in: Christoph Ransmayr (Hg.), Im blinden Winkel. Nachrichten aus Mitteleuropa. Frankfurt a. M. 1989, S. 169–190.

399 Zit. nach Peter Longerich (Hg.): Die Ermordung der europäischen Juden. Eine umfassende Dokumentation des Holocaust 1941–1945. München/Zürich [2]1990, S. 74 f.

400 Vgl. Loose, Beteiligung deutscher Kreditinstitute, S. 249–253.

401 HAC, SdF Ost, Filiale Litzmannstadt: Kreditakte „Oststrumpf“ M. & W. Nolte, Strickerei, Zdunska Wola: CB Litzmannstadt an Zentrale Berlin, 18. 1. 1943.

402 APP, TP, Nr. 211: Brief der Deutschen Bank Lodsch an TP, 21. 2. 1940.

403 APŁ, PSŻ, Nr. 94, Bl. 156–162: Deutsche Bank Lodsch an den „Ältesten der Juden der Stadt Lodsch, z. Hd. Herrn Ch. Rumkowski“, 19. 12. 1939.

erlaubt war und die äußere Form keinen Anlass bot, der Bank eine jüdische Kundschaft zum Vorwurf machen zu können.

Zweifellos hatten die meisten der im Getto eingeschlossenen Juden nur einen Bruchteil ihres Eigentums oder Vermögens ins Getto mitnehmen können. Bereits im Dezember 1939 waren in den meisten Städten des Warthegaus mit einer größeren jüdischen Bevölkerung die Juden auf Fürsorge angewiesen. Wie groß die Geldbestände waren, die die Juden nach ihrer Gettoisierung außerhalb des Gettos in Form von Sperrkonten zurückließen, lässt sich auch nicht der Größenordnung nach verlässlich beziffern. Die diesbezüglichen Vermutungen der Nationalsozialisten griffen in der Anfangszeit über die Realität zweifellos weit hinaus, was angesichts der im Altreich, Österreich und in Böhmen und Mähren im Rahmen der „Arisierung" erbeuteten Summen der dortigen, besser situierten jüdischen Gemeinden nicht weiter erstaunlich ist.[404]

Hauptbankverbindung des „Ältesten der Juden" wurde jedoch nicht die Deutsche Bank, sondern zunächst die Dresdner Bank in Litzmannstadt. Hier gingen sämtliche Gelder ein, die Rumkowski im Auftrag der seit dem 1. Mai 1940 im Getto eingeschlossenen Juden einzutreiben vermochte. In erster Linie handelte es sich dabei um offene Rechnungsforderungen jüdischer Firmen und Privatpersonen. Noch im April 1940 war Rumkowski bei der Dresdner Bank mit einem Schreiben vorstellig geworden, als es darum ging, für einige jüdische Firmen Geschäftskonten einzurichten.[405] Da das Getto nur als eine Übergangslösung bis zu einer vollständigen Aussiedlung der jüdischen Bevölkerung bis spätestens Oktober 1940 gedacht war, war es für die in Litzmannstadt ansässigen Privataktienbanken nur von zweitrangiger Bedeutung, als die „Ernährungs- und Wirtschaftsstelle Getto" als Dienststelle des Oberbürgermeisters von Litzmannstadt für sich und eine Reihe ihrer Mitarbeiter Konten bei der Stadtsparkasse Litzmannstadt eröffnete. Entsprechend den Vorgaben von Gauleiter Greiser hatten sich Dienststellen be-

[404] Einige Anhaltspunkte lassen sich anführen, um abzuschätzen, welcher Pauperisierung die Juden bereits vor ihrer Einschließung in den „jüdischen Wohnbezirken" unterworfen gewesen waren. Einzig bei Israel Tabaksblat (Tabaksblat, Khurbn-lodzh, S. 42), der als Quelle nicht immer verlässlich ist, wird angeführt, dass Rumkowski Ende 1939 oder Anfang 1940 in seiner Funktion als Ältester der Juden von Lodsch die Möglichkeit gehabt habe, durch Bestechung eines deutschen Rechtsanwalts in Lodsch namens Delnitz (Provisionshöhe: 30 Prozent) Zugriff auf die gesperrten Sparkonten der Lodscher Juden in der beträchtlichen Gesamthöhe von umgerechnet 40 Mio. RM zu erhalten. Dies entspräche bei den ca. 225 000 Juden im Großraum Łódź einer realistischen durchschnittlichen Einlagenhöhe von knapp 180,– RM pro Person. Ob Rumkowski nun eine Provokation der Gestapo fürchtete oder andere Gründe besaß – er lehnte das Geschäft ab und das Geld verfiel der Beschlagnahme. Der kurz zuvor, noch im Dezember 1939 erfolgte Aufbau einer Treuhandorganisation in Lodsch durch die HTO, die sich eine solche Summe zweifellos nicht hätte entgehen lassen, lässt vermuten, dass es sich in der Tat um eine Provokation oder lediglich um ein Gerücht gehandelt haben dürfte. Die Höhe des genannten Einlagenbetrages vermittelt jedoch einen Eindruck von den Werten, die die Juden allein in der Stadt Lodsch zurückließen.

[405] APŁ, PSŻ, Nr. 94, Bl. 285: Der Älteste der Juden in Litzmannstadt (gez. Rumkowski) an Dresdner Bank Litzmannstadt, 26. 4. 1940, betr. Eröffnung von Konten verschiedener im Getto ansässiger Firmen bei der Dresdner Bank.

vorzugt öffentlicher Sparkassen zu bedienen.[406] Auf diese Weise wickelte die Dresdner Bank zusammen mit der Stadtsparkasse Litzmannstadt, bei der die Gettoverwaltung verschiedene Kredite in Anspruch nahm, „die in ihrer Höhe sehr oft ganz wesentlich RM. 1 000 000,– überschritten“[407], fortan einen Teil der Finanzgeschäfte des Gettos ab[408], noch bevor es zu einem systematischen Ausbau der Gettoverwaltung kam. In der Folge jedoch gewann die Stadtsparkasse das Rennen gegen die Dresdner Bank und wurde schließlich die Hauptbankverbindung des Unternehmens „Getto Litzmannstadt“. Über ihre Konten wurden praktisch alle geschäftlichen Transaktionen abgewickelt. Eingehende und ausgehende Zahlungen unterlagen dabei einer getrennten Buchführung, wobei allein die Gettoverwaltung über die Konten disponierte, der „Judenrat“ mit seiner Finanzabteilung mithin nur die Korrektheit der ihm in Kopie zugänglichen Buchungen überprüfte.[409] Im Juli 1944, wenige Tage vor der endgültigen Deportation der letzten Gettoinsassen ins KL Auschwitz, verfügte die Gettoverwaltung noch immer über ein Guthaben in Höhe von 4 Mio. RM auf dem besagten Konto.[410]

Allgemein war der Fokus der Kreditinstitute aber weniger darauf gerichtet, mit der jüdischen Bevölkerung ins Geschäft zu kommen, als vielmehr den Anordnungen der Treuhandstelle Posen nachzukommen, die in Litzmannstadt eine Nebenstelle (TNL) eröffnet hatte. Diese Anordnungen sahen eine möglichst rasche und vollständige Erfassung und Verwertung des nunmehr außerhalb des Gettos befindlichen jüdischen mobilen und immobilen Besitzes vor, für dessen Abwicklung die Treuhandnebenstelle Litzmannstadt auf die Kreditinstitute angewiesen war. Dabei sollte sich schnell zeigen, dass die anfänglichen Schätzungen allesamt deutlich zu niedrig gegriffen waren. Besonders im Juli 1940 – d. h. noch vor der Polenvermögensverordnung – kam es in Litzmannstadt offenbar zu einer konzertierten Aktion, denn allein in der Zeit vom 15. bis zum 18. Juli 1940 wurden seitens der Treuhandstelle Posen bei Kreditinstituten in Litzmannstadt 2,2 Mio. RM „jüdisches“ Alt- *und* Neuguthaben beschlagnahmt. Zu diesem Zeitpunkt befanden sich einer offiziellen Statistik zufolge 156 402 Juden im Getto Litzmannstadt.[411] Als besonders aktiv erwies sich damals die Filiale der Commerzbank in Litzmann-

---

406 APŁ, GV, Nr. 29600, Bl. 373: Ernährungs- und Wirtschaftsstelle Getto an Stadtsparkasse Litzmannstadt, 19. 8. 1940, betr. Antrag auf Eröffnung von 19 Girokonten für die Beschäftigten der Dienststelle; ebd., Bl. 409: Ernährungs- und Wirtschaftsstelle Getto an Stadtsparkasse Litzmannstadt, 10. 5. 1940, betr. Einrichtung eines Girokontos.

407 APŁ, GV, Nr. 29794, Bl. 10f.: Gettoverwaltung an Oberbürgermeister Ventzki, 8. 2. 1943, betr. voraussichtliche finanzielle Entwicklung des Gettos für 1943; vgl. APP, RRW, Nr. 1214, Bl. 22: Bericht des Leiters der Finanzverwaltung des Gettos Litzmannstadt, Walter Genewein: „Voraussichtliche finanzielle Entwicklung der Gettoverwaltung im Wirtschafts- & Kalenderjahr 1943“.

408 Trunk, Lodzher geto, S. 77f., 84f.; vgl. BArch, R 138 II/18, Bl. 6: Schreiben der Gettoverwaltung Litzmannstadt (gez. Biebow) vom 20. 4. 1942; APP, TP, Nr. 1697.

409 Hershkovitsh, Litsmanshtot-geto, S. 43.

410 APŁ, GV, Nr. 29617, Bl. 11–14: Auszug aus dem Getto-Konto Nr. 18 für Juni 1944, darin: Guthaben per 1. 7. 1944: 4 051 230,77 RM; Hershkovitsh, Litsmanshtot-geto, S. 45, gibt sechs Mio. RM an.

411 Trunk, Lodzher geto, zwischen den Seiten 93 und 94: „Die Gettobevölkerung am 12. 7. 1940 nach Beruf, Geschlecht und Alter (laut Meldungen)“.

stadt. Auf sie entfielen allein 233132,– RM beschlagnahmte Neuguthaben, auf die in Liquidation befindliche und unter kommissarischer Verwaltung von Commerzbank-Direktor Hans Gütschow stehende Bank Zachodni (Westbank) 794834,– RM, auf die Lodzer Textilbank auf Gegenseitigkeit 172942,– RM sowie auf die den kommissarischen Verwaltern der Commerzbank bzw. der Dresdner Bank unterstehenden Bankhäusern Gebr. Taub und Najda Gebr. Winter & Weiss jeweils 771717,– RM bzw. 234699,– RM. Insgesamt betrug das Altgeschäft 825894,– RM, das Neugeschäft dagegen 1389278,– RM, wobei es sich ausschließlich um Privatguthaben handelte.[412] Da diese Zahlen nur die Lage in Litzmannstadt wiedergeben, dürften die Summen für den Warthegau insgesamt höher ausfallen.

Dabei führten die Kreditinstitute keineswegs nur die Anordnungen der Treuhandstelle aus, sondern wirkten ihrerseits radikalisierend auf die Politik der HTO zurück. Im Frühjahr 1940 hatte Rumkowski von der HTO die Erlaubnis erhalten, in fünf ortsansässigen Banken wöchentlich über Guthaben auf blockierten jüdischen Firmen- und Privatkonten zu verfügen. Entsprechend genehmigten Zollfahndungsstelle und Treuhandstelle Anfang März 1940 die Freigabe einiger Forderungen Rumkowskis u.a. an die zur Liquidation anstehende Warschauer Diskontobank (Warszawski Bank Dyskontowy) in Höhe von über 15000,– RM, worunter sich auch beträchtliche Außenstände des jüdischen Waisenhauses „Przytulisko" (poln. „Zufluchtsstätte") befanden. Der Direktor der Deutschen Bank in Litzmannstadt, zugleich Treuhänder der Diskontobank, Heinrich Rickert, verweigerte jedoch die Zahlung, woraufhin die Treuhandnebenstelle Litzmannstadt sich seine Position sofort zu eigen machte und Rumkowski schließlich mitteilte, sie „habe z.Zt. keine Veranlassung" für die Überweisung, da nach ihren „Feststellungen die Judenschaft noch über reichliche Geldmittel" verfüge.[413] Die von der Treuhandnebenstelle Litzmannstadt noch am 12. April 1940 genehmigte Regelung, wonach Rumkowski vertretungsweise Forderungen einzelner mittlerweile gettoisierter Juden bei den Kreditinstituten eintreiben durfte, wurde Ende Mai explizit widerrufen, da die HTO nach „Abschluss des Wohngebietes der Juden [...] erhebliche Beträge zum Ankauf von Lebensmitteln und sonstigen notwendigen Bedarfsartikeln [...] zur Verfügung gestellt" habe.[414]

Auch in der Folgezeit kam es zu weiteren Überweisungen zugunsten der Treuhandkonten und damit der Reichskasse, jedoch schon in geringerer Höhe. So bestätigte die HTO in Berlin ihrer Nebenstelle in Litzmannstadt am 8. Oktober 1940 den Eingang eines Betrages in Höhe von 20724,– RM, bei dem es sich „um beschlagnahmte polnische und jüdische Bankguthaben" handele, „die seinerzeit durch die Deutsche Bank, Litzmannstadt, abgeführt worden" seien.[415]

---

412 APP, TP, Nr. 2199: Liste der ausgesprochenen Beschlagnahmen [1940]; Angaben zu kommissarischen Verwaltungen nach APP, TP, Nr. 2177; ebd., Nr. 4263: Verzeichnis der zu liquidierenden polnischen Kreditinstitute im Reichsgau Wartheland vom 27. 1. 1940.

413 APŁ, PSŻ, Nr. 94, Bl. 324: Der Älteste der Juden in Litzmannstadt (gez. Rumkowski) an den Oberbürgermeister der Stadt Lodsch, 3. 3. 1940; ebd., Bl. 314: TNL an den Ältesten der Juden in der Stadt Lodsch, 23. 3. 1940. Vgl. Trunk, Judenrat, S. 235.

414 APŁ, GV, Nr. 29370, Bl. 321: TNL (gez. Nebel) an den Ältesten der Juden, 27. 5. 1940, betr. Unterstützungsbeiträge.

415 OFD, HTO, Nr. 1: HTO Berlin an TP, Nebenstelle Litzmannstadt, 8. 10. 1940.

Die Schwierigkeiten, die es bereitet, die Verfügungen über Bankkonten jüdischer und polnischer Inhaber bei den deutschen bzw. den kommissarisch verwalteten polnischen Kreditinstituten zu rekonstruieren, wirft die Frage auf, inwieweit für die beteiligten Behörden und Banken die Kriterien, nach denen sie tätig wurden, überhaupt klar waren. Spielte im Falle von Juden die Unterscheidung zwischen Alt- und Neugeschäft überhaupt eine Rolle? Bezeichnenderweise kam es erst *nach* der oben geschilderten konzertierten Aktion zwischen der Treuhandstelle Posen und der Berliner HTO im Herbst 1940 zu einer Auseinandersetzung darüber, was genau und von welchem Stichtage an als Neuguthaben bei Kreditinstituten zu gelten habe. Jetzt erst wurde dieses Datum mit dem 1. Januar 1940 verbindlich festgelegt.[416] In einer Rüge an die Treuhandstelle Posen brachte Winkler seine Überraschung darüber zum Ausdruck, dass „Sie auch Neuguthaben beschlagnahmten", und wies darauf hin, dass, solange „Polen oder Juden in den eingegliederten Ostgebieten nach höherer Anweisung noch beschäftigt werden können", man ihnen die Möglichkeit belassen müsse, „Guthaben aus ersparten oder verdienten Beträgen neu zu bilden". Anderenfalls werde „sehr bald der Arbeitswille und die Arbeitsintensität nachlassen".[417] Winkler beanstandete die Beschlagnahme von Neuguthaben in Höhe von 802300,– RM (bis einschließlich 29. Juni 1940[418]) durch die Treuhandstelle Posen und wies diese an, die Guthaben „unverzüglich" freizugeben. Ob allerdings die betroffenen Juden ihr Geld von den Banken zurückerhielten, muss bezweifelt werden.

Bereits im Sommer 1940 wurden Überweisungen und Unterstützungszahlungen von außen zu einem immer wichtigeren Element des Überlebens der Gettobewohner. Hatte allein die gettoeigene Post 1940 noch 64049 Geldüberweisungen registriert, so waren es 1941 bereits 163208 und 1942 noch immer 162304 Überweisungen.[419] Im August 1940 wandte Biebow sich in dieser Angelegenheit an die Treuhandnebenstelle Litzmannstadt: „In dem mir zugeleiteten Schreiben vom 11.6.1940 heisst es, dass das Auswärtige Amt die strikte Anweisung gegeben hat, für jüdische Empfänger aus dem Ausland eingehende Geldbeträge auf alle Fälle an die infragekommenden Juden zur Auszahlung zu bringen. In der Zwischenzeit, also vor Erhalt dieses Schreibens, sind schon Hunderte von Überweisungen durch die Post auf das Konto der Ernährungs- und Wirtschaftsstelle Getto bei der Stadtsparkasse Litzmannstadt, Konto Nr. 700, geleitet worden. [...] Die Reichsmark ist im Getto kein rechtsgültiges Zahlungsmittel mehr und würde dem Wunsche des Auswärtigen Amtes entsprochen, also trotzdem deutsches Geld den Juden zugeführt, besteht nicht allein die Gefahr, dass der Empfänger versucht, den Betrag ausserhalb des Wohngebietes der Juden zwecks späterer Anwendung unterzubringen oder anzulegen, sondern er wird bemüht sein, auf illegalem Wege für deutsche

---

416 APK, TK, Nr. 1403, Bl. 19: HTO an die Treuhandstellen, 21.10.1940, betr. Unterstützungszahlungen aus beschlagnahmten Bankguthaben an Polen und Juden.

417 APK, TK, Nr. 1403, Bl. 2–4, hier Bl. 2f.: HTO (gez. Winkler) an TP, 17.8.1940, betr. Unterstützungszahlungen an Juden.

418 Die Differenz zur oben genannten Summe von 1389278,– RM beruht vermutlich auf den unterschiedlichen Stichtagen 1.9.1939 bzw. 1.1.1940.

419 Schulze/Petriuk, Unsere Arbeit – unsere Hoffnung, S. 77. Die entsprechenden Ziffern betragen für 1943 28152 und 1944 5534.

Reichsmark Waren in das Getto zu schmuggeln, die für die Ernährung der Juden von den hierfür massgeblichen Stellen nicht freigegeben werden. Es handelt sich doch hier um Unterstützungsgelder, die fast ausnahmslos zum Lebensunterhalt dienen sollen, was durch die Zuleitung von Gettogeld erfüllt wird. [...] Die bei der Reichsbank und Reichspost einlaufenden Summen werden, Ihr Einverständnis voraussetzend, in dieser Form bereits laufend verrechnet. Dagegen führen die sonstigen Bankinstitute die Beträge nicht ab, sondern schreiben diese auf Sperrkonten gut. Ich bitte Sie deshalb um sofortige Anweisung der Banken, dass schnellstens alle als Spenden anzusprechenden Beträge auf das in diesem Schreiben angegebene Konto des Ernährungs- und Wirtschaftsstelle Getto überwiesen werden. Es wird sich sicherlich um beachtliche Summen handeln, weil seit der Schliessung des Getto's noch nie, abgesehen von Reichsbank und Reichspost, Spenden einliefen, die den Wert haben, einzelnen Juden im Getto das Leben zu erleichtern."[420]

Nach den ersten Deportationen deutscher Juden nach Litzmannstadt im Herbst 1941 ging der überwiegende Teil der Unterstützungszahlungen aus dem Altreich, dem Protektorat sowie aus dem neutralen Ausland (Schweiz, Schweden) ein, aber auch die Summen von Angehörigen aus dem Generalgouvernement, die sich hierfür der deutschen Banken in Krakau, vor allem der Kommerzialbank, bedienten, waren bemerkenswert. Da für Polen die Benutzung des Überweisungsverkehrs (mit Ausnahme der Lohnüberweisungen aus dem Altreich) verboten war, ist nicht erkennbar, warum der jüdischen Bevölkerung des Generalgouvernements solche Überweisungen gestattet wurden und man 1941 sogar über die Aufnahme dieser Hilfszahlungen in den Verrechnungsverkehr nachdachte.[421] Zwischen dem 3. Januar und dem 8. April 1942 gingen aus dem Generalgouvernement via Kommerzialbank Unterstützungszahlungen in Höhe von über 194370,– RM an Gettoinsassen in Litzmannstadt ein, wobei durchschnittlich knapp 43,– RM auf die einzelnen Empfänger entfielen.[422] Zwar war der monatliche Geldbedarf des Gettos ungleich höher, der Umfang der Zuwendungen zeigt jedoch – neben der Solidarität der jüdischen Bevölkerung – die Bedeutung, die das Generalgouvernement neben anderen Gebieten, in denen Juden noch am Leben waren, für das Getto Litzmannstadt noch immer besaß.[423] Im April 1942 wurde diese Aktion, an der explizit nur Juden der eingegliederten Gebiete als Zahlungsempfänger partizipie-

---

420 APŁ, GV, Nr. 29370, Bl. 289f.: Ernährungs- und Wirtschaftsstelle Getto (gez. Biebow) an TNL, 13. 8. 1940, betr. Auslandsüberweisungen an Insassen des Gettos.

421 APŁ, GV, Nr. 29601, Bl. 223: Gettoverwaltung an Devisenstelle Posen, 20. 5. 1941, betr. Verrechnung jüdischer Arbeitslöhne: „Ich würde die an der Reichsautobahn [Einsatz jüdischer Zwangsarbeiter] anfallenden Löhne als Spenden dem hiesigen Getto zuführen, und auf der anderen Seite die Lohnanteile, die den Anverwandten im Gouvernement zustehen, aus den Spenden, die in Warschau gesammelt werden, decken." Vgl. die Ablehnung der Devisenstelle ebd., Bl. 224: Devisenstelle Krakau (gez. Böttcher) an Gettoverwaltung, 31. 5. 1941, betr. Verrechnung jüdischer Arbeitslöhne.

422 APŁ, PSŻ, Nr. 86, passim.

423 Schulze/Petriuk, Unsere Arbeit – unsere Hoffnung, S. 78, geben beispielsweise für die ersten drei Wochen 18000 Postüberweisungen über insgesamt 350000,– RM an; bis weit ins Jahr 1942 wurden monatlich etwa 250000,– RM von außen an Gettoinsassen überwiesen, allerdings mit sinkender Tendenz (ebd., S. 83f.); eine vollständige Auflistung sämtlicher Unterstützungszahlen ist aber nicht möglich.

ren durften[424], von der Devisenstelle Krakau beendet, obwohl die Gettoverwaltung noch am 19. März 1942 von den Devisenstellen in Posen und Krakau einen neuen Genehmigungsbescheid bezüglich Unterstützungszahlungen aus dem Generalgouvernement durch die Kommerzialbank erhalten hatte.[425] Dass die Gettoverwaltung damit ebenso wenig wie die Kommerzialbank gerechnet hatte, deutet darauf hin, dass Kreditinstitute zumindest hinsichtlich der NS-„Judenpolitik" in Polen eher am Ende als in der Mitte der Nachrichtenkette standen. Allerdings muss es auch nach April 1942 noch Transfermöglichkeiten gegeben haben, denn die Gettoverwaltung in Litzmannstadt vermerkte später für das Jahr 1942 Zahlungseingänge aus dem Generalgouvernement über insgesamt 304 685,– RM.[426]

Neben den Überweisungen aus dem Generalgouvernement hatte das Getto Litzmannstadt seit Beginn seines Bestehens auch Zahlungen aus dem Altreich und dem Ausland erhalten – 1942 insgesamt 93 000,– RM aus dem neutralen Ausland sowie über 4,6 Mio. RM aus dem Altreich.[427] Im Frühjahr 1942 erfolgten die Überweisungen zunehmend häufiger über die Berliner Zentralen der Deutschen und der Dresdner Bank, der Commerzbank, der Reichsbank sowie einiger anderer Institute, zunehmend seltener durch deren Litzmannstädter Filialen, da im Laufe des Jahres 1942 das Gros der Banküberweisungen an Gettoinsassen aus dem Ausland (vor allem Schweiz, Schweden) erfolgte. Mit der Unterschriftenpostkarte war zudem den beauftragten Banken gegenüber die Form gewahrt, andererseits verblieben die überwiesenen Gelder bei der Stadtsparkasse Litzmannstadt, und die Begünstigten erhielten lediglich Markquittungen.[428] Im Sommer 1942 mehrten sich schließlich rapide die unerledigten Fälle, weil die begünstigten Juden in der Zwischenzeit im Vernichtungslager Kulmhof ermordet worden waren.

Ende 1941 bzw. Anfang 1942 kamen neben den in Litzmannstadt vertretenen Berliner Großbanken auch zahlreiche Kreditinstitute im Altreich in Kontakt mit dem Getto Litzmannstadt, ohne mit diesem in geschäftlichen Beziehungen zu stehen. Mit der Deportation reichsdeutscher Juden nach Litzmannstadt war eine zeitgleich anlaufende, umfangreiche Korrespondenz verbunden, mit der der „Älteste der Juden" – vorübergehend mit einigem Erfolg – versuchte, die Renten- und Versorgungsansprüche der „Eingesiedelten" auch weiterhin geltend zu machen.[429] Entsprechende Schreiben Rumkowskis, beglaubigte „Lebensbescheinigungen"

---

424 Vgl. APŁ, GV, Nr. 29601, Bl. 221: Gettoverwaltung an die Devisenstelle Posen, 17.11.1941.

425 APŁ, GV, Nr. 29606, Bl. 376: Gettoverwaltung an Devisenstelle Posen, 19.3.1942.

426 APP, RRW, Nr. 1214, Bl. 22: „Voraussichtliche, finanzielle Entwicklung der Gettoverwaltung im Wirtschafts- & Kalenderjahr 1943" (gez. Genewein); vgl. APŁ, GV, Nr. 29794, Bl. 10–12: Gettoverwaltung an Oberbürgermeister Ventzki, 8.2.1943, betr. voraussichtliche finanzielle Entwicklung des Gettos für 1943.

427 Ebd.; vgl. Eisenbach (Hg.), Dokumenty i materiały do dziejów okupacji niemieckiej w Polsce, S. 131.

428 APŁ, PSŻ, Nr. 88.

429 Avraham Barkai: „Zwischen Ost und West". Deutsche Juden im Ghetto Lodz, in: ders., Hoffnung und Untergang. Studien zur deutsch-jüdischen Geschichte des 19. und 20. Jahrhunderts. Hamburg 1998, S. 225–273, bes. S. 247–249; vgl. Danuta Dąbrowska: Wysiedleni Żydzi Zachodnioeuropejscy w getcie łódzkim, in: BŻIH 65–66 (1968), S. 105–139, hier S. 116.

und Formulare, in denen die anspruchsberechtigten Juden um Überweisung zu ihren Gunsten auf das Konto 700 der „Ernährungs- und Wirtschaftsstelle Getto“ bei der Stadtsparkasse Litzmannstadt baten, erhielten nicht nur Versorgungskassen, Pensionsanstalten, die Reichsversicherungsanstalt für Angestellte, Eisenbahndirektion, Reichspostdirektion usw., sondern auch zahlreiche Kreditinstitute. Mit Blick auf die Beschäftigtenzahl überrascht es nicht, dass es insbesondere die Berliner Großbanken, die Länderbank Wien sowie die Creditanstalt-Bankverein waren, von denen zahlreiche jüdische Pensionäre sich nun im Getto Litzmannstadt befanden.[430] Ob überhaupt gezahlt wurde und wie lange diese Zahlungen gegebenenfalls anhielten, war uneinheitlich und unterschied sich von Behörde zu Behörde, bis sämtliche solcher Zahlungen einheitlich am 2. Juni 1942 eingestellt wurden.[431] Mit Blick auf die enorme Sterblichkeit im Getto war es ohnehin zumeist der Tod des Rentenempfängers, der den ohnehin nur geringfügigen Zahlungen ein Ende setzte. Parallel zu der im Warthegau noch vor Jahreswende 1941/1942 begonnenen Judenvernichtung[432], von der das Getto seit Januar 1942 betroffen war, fand die Gettoverwaltung auch mit dem Versorgungsamt Litzmannstadt, an das zuvor bereits die Rentenakten aus dem Altreich abgegeben worden waren, einen Modus, um den Verwaltungsaufwand auch weiterhin gering zu halten: „Das Versorgungsamt Litzmannstadt hat mich heute fernmündlich ersucht, die Rentenverrechnung mit Ihnen auf der Basis durchzuführen, dass Renten, welche Ihnen ausbezahlt werden, die aber aufgrund von Sterbefällen rückvergütet werden müssten, von Ihnen einbehalten werden können und einfach gelegentlich der nächsten Rentenabrechnung vom Versorgungsamt gekürzt werden.“[433]

Es vergingen kaum fünf Wochen, und die „Sterbefälle“ von Gettobewohnern zählten nach Tausenden und Zehntausenden, seit Anfang Mai 1942 waren davon auch die im Getto befindlichen deutschen Juden betroffen.[434] Zu einem Problem bei der Geheimhaltung des Judenmords führte dies allerdings weniger bei Rentenzahlungen als vielmehr im Falle der privaten Geldüberweisungen. Bald monierte die Gettoverwaltung bei Rumkowski, dass zu viele Geldsendungen mit dem Ver-

---

[430] APŁ, PSŻ, Nr. 95, passim. Ob die erhaltenen Unterlagen vollständig sind, ist ungewiss. Für die CB beispielsweise sind nur drei Rentenempfänger nachweisbar: Isidor Liebermann (geb. am 3.2.1881, am 25.10.1941 nach Litzmannstadt deportiert, am 9.5.1942 nach Kulmhof deportiert und dort ermordet), Willy Meyerstein (geb. am 20.12.1873, am 24.10.1941 nach Litzmannstadt deportiert, dort am 25.3.1942 gestorben), beide aus Berlin, sowie Georg Rosenberg (geb. am 19.9.1878 in Hildesheim, am 20.10.1941 nach Litzmannstadt deportiert, dort am 12.8.1942 gestorben) aus Frankfurt a. M. Für die anderen Großbanken ist die Zahl ehemaliger Mitarbeiter im Getto deutlich höher. Vgl. ebd., Bl. 168f.: Der Älteste der Juden in Litzmannstadt an CB Berlin, 27.2.1942, samt Verzeichnis.

[431] Diamant, Getto Litzmannstadt, S. 80.

[432] Im Kreis Konin bereits im September, im Kreis Kalisch im November 1941. Alberti, Vernichtung der Juden im Reichsgau Wartheland, S. 412–416.

[433] APŁ, PSŻ, Nr. 97, Bl. 632: Gettoverwaltung an den Ältesten der Juden, Litzmannstadt-Getto (Schreiben Nr. 1370), 27.3.1942, betr. Verrechnung mit dem Versorgungsamt Litzmannstadt.

[434] Diamant, Getto Litzmannstadt, S. 107, 120, 125; Dobroszycki (Hg.), Chronicle of the Lodz Ghetto, S. 156–172; Florian Freund/Bertrand Perz/Karl Stuhlpfarrer: Das Getto in Litzmannstadt (Lodz), in: „Unser einziger Weg ist Arbeit“, S. 17–31, hier S. 29.

merk „Adressat verzogen" zurückgeschickt würden, obwohl der „Älteste der Juden" solche Gelder doch „abmachungsgemäß" „innerhalb seiner Wohlfahrtseinrichtungen" verwenden könne.[435] Zuvor aber waren die Kreditinstitute seitens der Gettoverwaltung auf die anstehenden Veränderungen entsprechend vorbereitet worden. In einem Rundschreiben an verschiedene Kreditinstitute in Litzmannstadt verwies die Gettoverwaltung auf das von der Gestapo Ende 1941 erlassene Verbot des Postverkehrs mit dem Getto (ab 5. Januar 1942) und bat die Banken, fortan „die betreffenden Benachrichtigungen nicht den Juden direkt zuzustellen, sondern in allen Fällen mir [sc. Biebow] diese Mitteilung zukommen zu lassen".[436]

Damit wurde zwischen den Gettobewohnern und der Außenwelt endgültig auch in Geldangelegenheiten eine intermediäre Instanz in Form der Gettoverwaltung eingefügt. Zu recht gilt das Getto Litzmannstadt unter den von den Nationalsozialisten in Polen errichteten Gettos als das am hermetischsten abgeschlossene.[437] Ein dem Inhalt nach ähnliches Rundschreiben erhielten die Litzmannstädter Kreditinstitute noch einmal im März d.J., in dem herausgestrichen wurde, es sei „gegen die Absicht, [private] Unterstützungsbeiträge den Absendern wieder zurückzusenden", weshalb in allen Angelegenheiten in Zukunft als Anlaufstelle nur die Gettoverwaltung und nur das Konto 700 bei der Stadtsparkasse in Anspruch zu nehmen sei.[438]

Im Juni 1942 ging die Gettoverwaltung schließlich dazu über, den Kreditinstituten Quittungen für private Unterstützungsbeiträge selbst auszustellen und „für die Weiterleitung an die Begünstigten durch die Bank des Ältesten der Juden Sorge" zu tragen.[439] In diesem Fall passte die Gettoverwaltung sich offenbar den Erfordernissen der Kreditinstitute an[440], denn da die Gestapo kurz zuvor die Quittierung durch jüdische Empfänger überhaupt untersagt hatte, die Banken jedoch auf einen Beleg über die Auszahlung gerade im Falle schwedischer Banken

---

435 APŁ, PSŻ, Nr. 89, Bl. 287: Gettoverwaltung an den Ältesten der Juden, Litzmannstadt-Getto (Schreiben Nr. 1769), 8.7.1942.

436 APŁ, GV, Nr. 29606, Bl. 365: Gettoverwaltung (gez. Biebow) an Deutsche Bank Litzmannstadt, 27.1.1942, betr. Geldüberweisungen für Juden im Getto Litzmannstadt; gleichlautende Schreiben vom selben Tag an die Dresdner Bank (Bl. 513) und an die Stadtsparkasse (Bl. 852), beide in Litzmannstadt.

437 Trunk, Judenrat, S. 289.

438 APŁ, GV, Nr. 29606, Bl. 80: Gettoverwaltung an CB Litzmannstadt, 17.3.1942; gleichlautende Schreiben vom 16./17.3. an die Deutsche Bank (Bl. 342), an die Dresdner Bank (Bl. 504) sowie an die Reichsbankstelle (Bl. 650), alle in Litzmannstadt.

439 APŁ, GV, Nr. 29606, Bl. 62: Gettoverwaltung an CB Litzmannstadt, 5.6.1942.

440 APŁ, GV, Nr. 29607, Bl. 87: CB Litzmannstadt an Gettoverwaltung, 3.6.1942: „Wir möchten Ihnen daher folgenden Vorschlag machen: Fast für jeden Auftrag müssen Sie für den bei der Deutschen Reichsbank zu stellenden Freigabeantrag die von den Begünstigten unterschriebenen Unterlagen anfordern und uns einschicken. Bei dieser Gelegenheit wollen Sie künftig gleich die Quittung mitsenden und um Rückgabe derselben nach vollzogener Unterschrift mit dem Antrags- und Erklärungsformular ersuchen. [...] Ob die Angelegenheit überhaupt in dieser Weise geregelt werden kann, entzieht sich unserer Kenntnis. [...] Es ist anzunehmen, daß die schwedischen Banken keine derartigen Zahlungsaufträge mehr erteilen werden, wenn wir Ihnen die Quittungen nicht mehr einsenden. Was die Aufträge anderer nicht schwedischer Banken [...] anbetrifft, so werden wir bis auf weiteres Quittungen nicht verlangen."

als Auftraggeber nicht verzichten konnten, musste ein Weg gefunden werden, um Unterstützungszahlungen aus dem Ausland nicht vollends auszuschließen: „Falls die Begünstigten nicht mehr im Getto vorhanden sind", so die Deutsche Bank in einem Schreiben an den Leiter der Finanzabteilung der Gettoverwaltung, Walter Genewein, so solle wenigstens der „Judenälteste" unterschreiben.[441]

Mundtot gemacht wurden schließlich auch die Absender von Unterstützungen, die sehr berechtigte Gründe zur Sorge hatten, ob ihre Verwandten oder Freunde im Getto noch am Leben waren. Dementsprechend schrieb die Gettoverwaltung im Juli 1942 an die Dresdner Bank in Litzmannstadt: „In letzter Zeit häufen sich die Nachfragen nach Quittungen über die bereits vor längerer Zeit eingezahlten Beträge und [...] die vollkommen ungerechtfertigten Behauptungen, daß die Beträge nicht den Begünstigten erreichten. Meine Dienststelle kann in der großen Anzahl dieser Behauptungen nur den keinesfalls zu unterstützenden Versuch erblicken, über den Weg meines Amtes Verbindungen mit den Getto-Einwohnern bzw. laufende Lebenszeichen von ihnen zu erhalten. Ich empfehle Ihnen daher, künftighin solchen Behauptungen sehr skeptisch gegenüberzustehen und vor allem sich den Nachweis über die Richtigkeit derartiger Behauptungen vorlegen zu lassen. Es ist mir künftighin aus arbeitstechnischen Gründen vollkommen unmöglich, auf derartige Einzelfälle näher einzugehen."[442]

Besonders perfide war, dass Rumkowski angesichts der katastrophalen Zustände im Getto gar keine andere Wahl hatte, als auf das Angebot einzugehen, die Beträge für die „Wohlfahrt" behalten zu dürfen. Auf diese Weise hatte man eine Regelung gefunden, eingehende Beträge einzubehalten, die bereits verstorbenen oder deportierten Juden zustanden. Egal, ob die Kreditinstitute etwas wussten oder nicht – diese Vorgehensweise ersparte ihnen einen umfänglichen Verwaltungsaufwand: Die Kreditinstitute könnten, so die Gettoverwaltung an die Reichsbank, „mit Recht annehmen, dass die Begünstigten die Beträge erhielten, wenn Ihnen dieselben nicht wieder zurückgestellt" würden.[443]

Dass es mit den „Aussiedlungen" seine besondere Bewandtnis hatte, sprach sich unter den involvierten Kreditinstituten jedoch schon bald herum. So bat die Dresdner Bank, Berlin, die Gettoverwaltung im September 1942, durch den „Judenältesten" im Getto feststellen zu lassen, „ob die Auszahlung des von uns am 22.4.42 überwiesenen Betrages an Frau Schwarz *noch erfolgt*" sei, und bat um Rücküberweisung des Betrages in dem Falle, dass „die Auszahlung [...] *nicht mehr möglich* gewesen" sei.[444] Die Deutsche Bank, Berlin, schrieb im Januar 1943 an die Gettoverwaltung bezüglich einer bereits länger zurückliegenden Überweisung, die nicht mehr ausgezahlt werden konnte, da die begünstigte Anna Tempel

---

441 APŁ, GV, Nr. 29607, Bl. 242: Deutsche Bank Litzmannstadt an Gettoverwaltung, 24.6.1942.

442 APŁ, GV, Nr. 29606, Bl. 475: Gettoverwaltung an Dresdner Bank Berlin, 11.7.1942.

443 APŁ, GV, Nr. 29606, Bl. 623: Gettoverwaltung an Reichsbankstelle Litzmannstadt, 29.6.1942, betr. Unterstützungen für Getto-Einwohner.

444 APŁ, PSŻ, Nr. 91, Bl. 499: Gettoverwaltung an den Ältesten der Juden, Litzmannstadt-Getto (Schreiben Nr. 1947), 26.9.1942, betr. Schreiben der Dresdner Bank vom 23.9.1942. Hervorhebung von mir. Vgl. ebd., GV, Nr. 29607, Bl. 297: Dresdner Bank Berlin an Gettoverwaltung, 27.8.1942; ebd., Bl. 305, 307.

zuvor aus dem Getto Litzmannstadt „ausgesiedelt" worden war. Die beauftragende Basler Handelsbank lasse anfragen, „ob die Genannte vielleicht inzwischen an das erwähnte Domizil zurückgekehrt" sei, zugleich bat die Deutsche Bank um Rücksendung der Unterlagen, falls „die Vermutung der schweizerischen Bank abwegig sein" sollte.[445]

Aus welchem Grunde hätte die Dresdner bzw. die Deutsche Bank vermuten sollen, dass die Überweisung an einen Gettobewohner nur mehr kurze Zeit noch möglich sein würde bzw. dass die Rückkehr nach Litzmannstadt „abwegig" sei? Die Formulierungen, mit der die Gettoverwaltung das Verschwinden zahlreicher Begünstigter gegenüber den Banken zu erklären versuchte, waren vielfältig, deuteten aber das verbrecherische Geschehen an. Überweisungen aus dem Ausland an Gettobewohner in Litzmannstadt konnten nicht ausgeführt werden, weil

- „...der Jude [...] im hiesigen Getto nicht ermittelt werden konnte"[446];
- „...die Begünstigte nicht mehr im hiesigen Getto weilt und mir der augenblickliche Aufenthaltsort nicht bekannt ist"[447];
- „...der Genannte kürzlich aus dem hiesigen Getto ausgesiedelt wurde"[448];
- „...die Genannte im Zuge größerer Um- und Aussiedlungen das Getto verlassen hat"[449];
- „...im letzten Halbjahr innerhalb des Gettos derart viele Umsiedlungen durchgeführt wurden, daß es vielfach nicht mehr möglich ist, einzelne Akten zu ermitteln".[450]

Wenn sich die Kreditinstitute spätestens seit Frühjahr 1942 vor unüberwindliche Barrieren gestellt sahen, wenn es nur um die Überweisung unbedeutender Unterstützungszahlungen aus dem Generalgouvernement ging – wie stellten sich die Bankbeamten in Litzmannstadt dann die praktische Seite einer riesigen Aussiedlungsaktion von weit über Hunderttausend Menschen vor? Die Großbankfilialen in der Adolf-Hitler-Straße im Zentrum von Litzmannstadt (vormals ul. Piotrkowska) befanden sich seit dem Frühjahr 1940 buchstäblich nur einen Steinwurf vom zweitgrößten nationalsozialistischen Getto entfernt. Allein zwischen Mitte Februar und Mitte März 1940 kam es in Litzmannstadt bei „außerplanmäßigen Evakuierungen" von Juden in 121 Fällen zum Schusswaffengebrauch durch Polizei und SS sowie zu beinahe 3000 Festnahmen.[451] Sogar eine Straßenbahnlinie führte quer durch das Getto, auch waren Postkarten mit „Ansichten" aus dem Getto recht beliebt.[452] Es ist daher ausgeschlossen, dass jemand, der in der Innenstadt Litzmannstadts geschäftlich tätig war, keine Kenntnis von dem unendlichen Elend in unmittelbarer Nachbarschaft erhielt. Und doch findet sich in

---

445 APŁ, GV, Nr. 29607, Bl. 152: Deutsche Bank Berlin an Gettoverwaltung, 28. 1. 1943.
446 Ebd., Bl. 184: Gettoverwaltung an Deutsche Bank Berlin, 6. 2. 1943.
447 Ebd., Bl. 24: Gettoverwaltung an CB, Überweisungs-Abteilung, Berlin, 11. 1. 1943.
448 Ebd., Bl. 33: Gettoverwaltung an CB Litzmannstadt, 7. 11. 1942.
449 Ebd., Bl. 249: Gettoverwaltung an Deutsche Bank Berlin, 13. 10. 1942.
450 APŁ, GV, Nr. 29606, Bl. 408: Gettoverwaltung an Dresdner Bank Berlin, 22. 2. 1943.
451 APP, RRW, Nr. 1830, Bl. 2-14, hier Bl. 8: Lagebericht des Regierungspräsidenten in Kalisch für die Zeit vom 16. 2. bis 15. 3. 1940.
452 Vgl. Spuren aus dem Getto Łódź, S. 19f.

keiner einzigen Akte auch nur der geringste Hinweis des Bedauerns, des Mitgefühls oder auch nur des Nichteinverständnisses.

Im Laufe des Jahres 1943 und vor allem 1944 waren es dann fast ausschließlich die Deutsche und die Dresdner Bank, über die noch private Unterstützungsgelder aus dem Ausland sowie Zahlungen ausländischer Rentenversicherungsträger an Bewohner des Gettos eingingen, insbesondere da im Generalgouvernement und im Altreich keine Juden mehr am Leben waren, die noch an Freunde, Bekannte oder Verwandte im – neben Theresienstadt letzten existierenden – Getto Litzmannstadt Geld hätten schicken können. Dass sich für die Commerzbank nach dem September 1943 keine solche Transaktion mehr feststellen lässt, war kein Zufall, denn nach einer Anordnung des Chefs der Sicherheitspolizei und des SD, bearbeitet in Adolf Eichmanns Amtsgruppe IV B 4, waren vom 2. September 1943 an „sämtliche aus dem Auslande eingehenden Zahlungsaufträge an Juden abzulehnen".[453] Möglicherweise stand dies im Zusammenhang mit der vom WVHA geplanten, von Himmler im Juni grundsätzlich genehmigten, dann aber doch nicht durchgeführten Verlagerung des Gettos in den Distrikt Lublin.[454]

Wie offen der Umgang mit dieser brisanten Materie innerhalb der Kreditinstitute allenthalben war, zeigt ein Mitteilungsblatt der Commerzbank, das wie andere Mitteilungsblätter auch sämtlichen Filialen und Zweigstellen des Instituts zuging und das wert ist, ausführlicher zitiert zu werden:

„Das Reichssicherheitshauptamt im Reichsministerium des Innern ist von der Wirtschaftsgruppe Privates Bankgewerbe davon in Kenntnis gesetzt worden, dass die deutschen Banken mitunter von Banken des neutralen Auslandes beauftragt werden, Zahlungen an im Reichsgebiet oder im sonstigen Machtbereich Deutschlands befindliche Juden zu leisten, und derartige Aufträge meistens dahin lauten, dass die Auszahlung nur gegen persönliche Quittung des Empfängers auszuführen sei.

Die Wirtschaftsgruppe hat in diesem Zusammenhang darauf hingewiesen, dass solche Aufträge im allgemeinen nicht weisungsgemäss ausgeführt werden können und nach den Regeln des bürgerlichen Rechts daher die deutschen Banken eigentlich diese Aufträge mit dem Bemerken zurückweisen müssten, dass die Ausführung nicht möglich sei. Wenn die deutschen Banken hiervon vielfach abgesehen hätten, so ist diese Einstellung darauf zurückzuführen, dass sie befürchten, durch die Zurückweisung der Aufträge den deutschen aussenpolitischen Interessen zuwider zu handeln und der Feindpropaganda Stoff zu liefern. Mitunter wüssten die deutschen Banken auch garnicht, dass die Empfänger Juden sind, und erführen erst nach Auszahlung des Betrages durch ihre Korrespondenten (örtliche Kreditinstitute) oder durch die Reichspost, dass die Empfänger Juden sind, sich im Getto oder Konzentrationslager befinden und dass der Empfang des Betrages durch die Geheime Staatspolizei quittiert wurde, die derartige Zahlungen beispielsweise für einen gemeinsamen jüdischen Unterstützungsfonds verwendet.

Die Wirtschaftsgruppe wies schliesslich darauf hin, dass in den zuletzt genannten Fällen die Bestätigung des Empfanges durch die Geheime Staatspolizei nicht

[453] APŁ, GV, Nr. 29605, Bl. 19: CB Litzmannstadt an Gettoverwaltung, 29. 9. 1943.
[454] Faschismus – Getto – Massenmord, S369: Oswald Pohl an Heinrich Himmler, 9. 2. 1944.

dem ausländischen Zahlungsauftrag entspricht und sich daher auch nicht zur Weitergabe ins Ausland eignet.

Mit Rücksicht auf diesen Sachverhalt ist das Reichssicherheitshauptamt um Mitteilung gebeten worden, wie die Mitglieder der Wirtschaftsgruppe Privates Bankgewerbe sich zur Wahrung der aussenpolitischen Interessen des Deutschen Reiches bei Empfang derartiger ausländischer Zahlungsaufträge verhalten sollen.

Der Chef der Sicherheitspolizei und des SD, Berlin, hat hierauf den im nachstehenden nur teilweise wiedergegebenen Bescheid vom 2. September 1943 – IV B 4 b – Nr. 1131/43 – erteilt:

,Auf das Schreiben vom 24.8.43 [...] wird mitgeteilt, dass, nachdem der grösste Teil der Zahlungsaufträge, wie von dort ausgeführt, nicht ordnungsgemäss erledigt werden kann, die Durchführung sämtlicher Zahlungsaufträge an Juden aus dem Auslande abgelehnt werden muß, da damit den deutschen außenpolitischen Interesse am besten gedient wird....'

Wir bitten unsere Geschäftsstellen, bei Erhalt von Zahlungsaufträgen der vorerwähnten Art entsprechend zu verfahren."[455]

Diese Regelung bedeutete, dass die ausländischen Banken bzw. ihre Auftraggeber die „unzustellbaren" Geldüberweisungen fortan zurückerhielten, sowohl im Falle privater Spenden als auch bei Rentenzahlungen. Offenkundig gab es aber auch hier keine Regel ohne Ausnahme, denn für die Deutsche und die Dresdner Bank sind nach diesem Datum bis zum Sommer 1944 zahlreiche aus dem Ausland stammende Überweisungen an Gettobewohner in Litzmannstadt nachweisbar.[456] Was die beiden D-Banken hierin von der Commerzbank unterschied, geht aus den Akten nicht hervor. Vielleicht war die Commerzbank die einzige, die es – eine Kenntnis vom Massenmord vorausgesetzt – 1943 vorzog, sich von derlei heiklen Geschäftsfeldern zurückzuziehen. Vielleicht war man insbesondere bei der Deutschen Bank auch mehr darauf bedacht, das nicht unbedeutende Geschäft mit Schweizer und schwedischen Banken nicht zusätzlich zu belasten. Diese Kontakte nicht abbrechen zu lassen, lag ungeachtet der angeführten Anordnung der Sicherheitspolizei sowohl im Interesse des Regimes als auch der Kreditinstitute, gerade im Falle der Verbindungen in die Schweiz. Das Ende dieser Geschäfte markierte erst die Liquidation des Gettos, bei der im Juni/Juli 1944 zunächst 7196 Juden in Kulmhof ermordet und seit Anfang August die letzten ca. 67000 Juden ins Konzentrations- und Vernichtungslager Auschwitz-Birkenau deportiert wurden.[457] Selbst dann noch gab es Versuche der Banken, Überweisungen an die Juden des Gettos Litzmannstadt weiterzuleiten, worauf die Gettoverwaltung Ende Septem-

[455] HAC, Filiale Meerane: Anlage zum Mitteilungs-Blatt der Abteilung Devisen-Bewirtschaftung Nr. 698 vom 9.9.1943 betr. Auslandsaufträge für Zahlungen an Juden. Hervorhebung im Original.

[456] APŁ, GV, Nr. 29605, Bl. 28–47: Schreiben der Deutschen Bank; ebd., Bl. 73–109: Schreiben der Dresdner Bank; ebd., Nr. 29608, passim.

[457] Andrzej Strzelecki: Deportacja Żydów z getta łódzkiego do KL Auschwitz i ich zagłada. Opracowanie i wybór źródeł. Oświęcim 2004, S. 32–55 [engl. The Deportation of Jews from the Łódź Ghetto to KL Auschwitz and Their Extermination. Oświęcim 2006, S. 32–55]; vgl. Sascha Feuchert u. a. (Hg.): Letzte Tage. Die Lodzer Ghetto-Chronik Juni/Juli 1944. Göttingen 2004.

ber 1944 an die Großbanken schrieb: „Ein Großteil der im hiesigen Getto angesiedelten Juden mußte aus kriegsnotwendigen und arbeitstechnischen Gründen in verschiedene Arbeitslager aufgeteilt werden. Meiner Dienststelle ist es bei dem reduzierten Personalbestand unmöglich, die Nachforschungsarbeiten auf sich zu nehmen um festzustellen, in welches Lager jeder einzelne Jude gekommen ist. Ich bin daher genötigt, künftighin Unterstützungsbeiträge für Juden des hiesigen Gettos kurzerhand zurückzuweisen und bitte Sie demnach, auch Ihrerseits solche Überweisungen nicht mehr anzunehmen. Es genügt hierbei vollkommen, wenn Sie darauf verweisen, daß der entsprechende Jude aus dem Getto Litzmannstadt verzogen und Ihnen die neue Anschrift unbekannt ist."[458]

Die Gewinne abzuschätzen, die die in Litzmannstadt ansässigen Kreditinstitute aus Geschäften mit der Gettoverwaltung erwirtschafteten, ist außerordentlich schwierig. In seinem Prozess 1947 konnte sich Hans Biebow an die finanziellen Dimensionen der Geschäfte der Gettoverwaltung vorgeblich oder tatsächlich nicht mehr erinnern, ebenso wenig war ihm der Umstand geläufig, dass für die Gettoinsassen in Litzmannstadt aus dem Ausland finanzielle Unterstützungen in Höhe von insgesamt über 9 Mio. RM geflossen waren.[459] Da der Postverkehr mit dem Getto jedoch recht lange aufrechterhalten wurde (bis Frühjahr 1942)[460], müssen Gelder nicht in jedem Falle den Weg über die Gettoverwaltung gegangen sein, weshalb die tatsächliche Summe höher liegen dürfte.[461] Nichtsdestotrotz müssen die von außen ins Getto gelangenden pekuniären und materiellen Unterstützungen, deren Umfang ab September/Oktober 1942 stark nachließ, für das Überleben seiner Insassen zumindest für die Zeit als wesentlich angesehen werden, in der die Gettobetriebe noch nicht zu einer „rentablen" Produktion hatten gelangen können. Beachtlich ist hierbei, dass – wie bereits ausgeführt – ein bedeutender Teil dieser Unterstützung aus dem Generalgouvernement stammte, in das viele wartheländische Juden in Erwartung nicht ihrer Gettoisierung, sondern ihrer baldigen Abschiebung 1939/1940 ihr Hab und Gut vorausgeschickt hatten.[462]

Nimmt man die genannten 9 Mio. RM an Unterstützungsgeldern und Spenden und geht von einer Durchschnittsgröße der einzelnen Überweisung von 50,– RM aus, ferner von 1,– RM Provision für jede Operation – wie sie beispielsweise die Deutsche Bank unabhängig von der Höhe des Überweisungsbetrages anrechnete[463] –,

[458] APŁ, GV, Nr. 29608, Bl. 1a: Gettoverwaltung (gez. Genewein) an CB Litzmannstadt, 29. 9. 1944; ebd. gleichlautende Schreiben an Deutsche Bank Litzmannstadt (Bl. 19) und Dresdner Bank Litzmannstadt (Bl. 113).

[459] Jerzy Lewiński (Hg.): Proces Hansa Biebowa. Zagłada getta łódzkiego (akta i stenogramy sądowe). Warszawa 1987, S. 71 [ND: Warszawa 1999, S. 60f.].

[460] Richter, Ein Jahr Postaufbau im Reichsgau Wartheland, S. 147f.; Hershkovitsh, Litsmanshtot-geto, S. 32f.

[461] Bis Mitte März 1941 gelangten per Postüberweisung knapp 1,7 Mio. RM ins Getto. Schulze/Petriuk, Unsere Arbeit – unsere Hoffnung, S. 77.

[462] Hershkovitsh, Litsmanshtot-geto, S. 45; Eisenbach (Hg.), Dokumenty i materiały do dziejów okupacji niemieckiej w Polsce, S. 132f.; vgl. APP, RRW, Nr. 1174, Bl. 12: Reichsstatthalter (gez. Jäger) an die Regierungspräsidenten Posen, Litzmannstadt und Hohensalza, 17. 4. 1941, betr. Verschieben des Hausrats von polnischen Volkszugehörigen.

[463] APŁ, GV, Nr. 29606, Bl. 297–298: Gettoverwaltung an Deutsche Bank Litzmannstadt, 11. 7. 1942.

so entspräche dies 180000,– RM Wertstellungsertrag, der sich nur für dieses Geschäft auf die daran beteiligten Kreditinstitute verteilen würde.[464] Hinzu kommt freilich der sehr viel umfangreichere, aber zugleich auch sehr viel schwieriger abzuschätzende Ertrag aus dem gesamten Waren- und Dienstleistungsverkehr des Gettos, d.h. aus der Zulieferung von Lebensmitteln und anderen Waren und aus den Verdiensten für Erzeugnisse und Zwangsarbeit der Gettobewohner insgesamt, die in zahlreichen Lagern auch außerhalb des Gettos auf dem Gebiet des Reichsgaues Wartheland eingesetzt waren. Dieser Verkehr lief zu ca. 90 Prozent über die genannten fünf Institute, d.h. Deutsche Bank, Dresdner Bank, Commerzbank, Reichsbankstelle Litzmannstadt und Stadtsparkasse Litzmannstadt. In diesem Bereich wäre die Provision jedoch niedriger anzusetzen, vielleicht in einer Höhe von 0,5 Prozent.

Der materielle Wert der Produktion im Getto war sehr groß. 1941 nahm die Gettoverwaltung an Arbeitslöhnen 12,9 Mio. RM sowie für verkaufte Waren 3,3 Mio. RM, d.h. zusammen 16,2 Mio. RM, ein. Ein Jahr später lauteten die entsprechenden Ziffern bereits 8,7 und 19 Mio. RM, zusammen 27,7 Mio. RM.[465] Diese Zahlen verdeutlichen ansatzweise die Summen, die über die genannten Kreditinstitute an die Gettoverwaltung gelangten. Von ihnen ausgehend, wäre ein Gewinn für die deutschen Kreditinstitute abzuschätzen, in dem die gesamte Abwicklungstätigkeit der Haupttreuhandstelle Ost betr. „den von Juden außerhalb des Gettos zurückgelassenen Besitz" noch gar nicht inbegriffen ist. Über welche Konten der Gewinn der Gettoverwaltung aus den Gettofabriken lief, ist also unklar und wird es – die Buchungsunterlagen der Banken fielen nach 1945 in der Regel der Kassation zum Opfer – wohl auch bleiben. Ebenso wenig läßt sich die Gesamthöhe der Gewinne abschätzen – hätte die Gettoverwaltung selbst eine solche Zahl gekannt, hätte sie sie zweifellos an exponierter Stelle verwendet, um die Fortexistenz des Gettos zu rechtfertigen.[466]

Zusammenfassung

Mit welcher Wahrscheinlichkeit wird man vor diesem Hintergrund nun annehmen können, dass den Bankdirektoren und Sparkassenleitern nicht bewusst gewesen sein könnte, dass sie mit der behördlicherseits angeordneten Konfiskation jüdischer Bankguthaben 1940 und 1941 der jüdischen Bevölkerung die finanzielle Existenzgrundlage entzogen und damit eine keineswegs marginale Rolle in deren „Verdrängung" und anschließenden „Evakuierung" in Gettos und/oder ins Gene-

---

[464] Allerdings finden sich auch Angaben, die niedrigere Beträge vermuten lassen. So stellte etwa die CB Litzmannstadt der Gettoverwaltung im Dezember 1941 Überweisungsgebühren in Höhe von 1001,– RM und nochmals im Januar 1942 in Höhe von 592,– RM in Rechnung. Unklar ist, ob es sich hierbei um Summen bezogen auf den Rechnungsmonat oder das Rechnungsjahr handelt. APŁ, GV, Nr. 29617, Bl. 212–217, 218–232: Auszug aus dem Getto-Konto Nr. 1 für Januar 1942, dto. Nr. 26 für 2. Dezemberhälfte 1941.

[465] Zahlenangaben nach Trunk, Judenrat, S. 89; vgl. Browning, Die Entfesselung der „Endlösung", S. 233.

[466] Die in Enzyklopädie des Holocaust, Bd. 2, S. 892–900, bes. S. 894f., genannte Zahl von 350 Mio. RM findet in den Akten keinen Rückhalt und ist daher selbst als Schätzung nicht aufrechtzuerhalten.

ralgouvernement spielten? Die erste Stufe auf dem Weg in Richtung einer planmäßigen Vernichtung der Juden war damit beschritten, und als man diese spätestens im Dezember 1941 in Kulmhof begann, konnten auch weniger aufmerksame Zeitgenossen die Augen nicht mehr davor verschließen, dass in der nationalsozialistischen „Judenpolitik" eine entscheidende Wende eingetreten war. Dieses Wissen beschränkte sich jedoch keineswegs auf die Bankplätze Litzmannstadt und Kattowitz. In einem Schreiben an den Leiter der Treuhandstelle Posen vom 27. Februar 1942 bat die Kreissparkasse Welungen „in der Angelegenheit der Judenkonten" um weitere Anordnungen bezüglich dreier Konten, deren Inhaber sich in „Arbeitslagern" befänden, und ließ anfragen, „ob nicht die gesamten Beträge kurzerhand der Stadtverwaltung zur Verfügung gestellt werden könnten, da sie mit den Juden große Ausgaben habe."[467] Das Datum des Schreibens war kein Zufall, denn wenige Wochen zuvor war es im Rahmen einer umfangreichen Exekutionswelle, bei der zwischen Januar und März 1942 in zahlreichen Städten im Regierungsbezirk Litzmannstadt Juden wahllos aus den Gettos heraus verhaftet und öffentlich ermordet wurden, auch in Welungen zu einer öffentlichen Hinrichtung von zehn Juden aus dem dortigen Getto gekommen.[468]

Es muss vor dem Hintergrund der neueren Forschung für die eingegliederten und besetzten Ostgebiete davon ausgegangen werden, dass die nationalsozialistischen Verbrechen der Mehrheit insbesondere der in Städten ansässigen Deutschen sowie der indigenen Bevölkerung mehr oder weniger gut bekannt waren und auf Umwegen sogar nach Westeuropa, etwa zum seinerzeit in Paris stationierten Ernst Jünger, gelangten.[469]

---

[467] APP, TP, Nr. 2216.

[468] Trunk, Lodzher geto, S. 274, Anm. 105; Czesław Łuczak: Od pierwszej do ostatniej godziny drugiej wojny światowej. Dzieje Polski i Polaków. Poznań 1995, S. 180; vgl. BArch, R 138 II/16; die Schilderung einer solchen Hinrichtung in Poddembice im März 1942 bei Hohenstein, Warthеländisches Tagebuch, S. 234ff.; für den Kreis Lentschütz IPN, NTN, Nr. 36, Bl. 435–450, hier Bl. 439: Gauamt für Volkstumspolitik – Berichte der Kreisamtsleiter für März 1942 betr. Deutsche Volksliste, Polenfrage, volkstumspolitische Arbeit etc.: „Die Todesurteile dürfen mit Bestimmtheit als sehr abschreckend gewirkt haben [sic]. Insbesondere ist die Anwesenheit der Juden und Polen bei der Vollstreckung der T-Urteile als durchaus positiv zu bewerten. [...] Eine Vollstreckung dieser Art würde auch im Altreich nicht zur Schau getragen werden." Bis August 1942 waren diese Gettos allesamt liquidiert und ihre Insassen in Kulmhof ermordet worden; Dąbrowska, Zagłada skupisk żydowskich w Kraju Warty, S. 137–139, 164f.; Alberti, Vernichtung der Juden im Reichsgau Wartheland, S. 438f.

[469] Zahlreiche Hinweise zeugen davon, dass zumindest das Wissen um Vernichtungsanlagen in Kulmhof weiter verbreitet waren, als lange Zeit angenommen. Vgl. hierzu Hohenstein, Warthеländisches Tagebuch, S. 253–262 [Einträge vom 5. bis 12. 5. 1942]; kaum drei Wochen nach Beginn des Vernichtungsbetriebes (8. 12. 1941) berichtete ein Brief aus Koło nach Izbica (östliches Generalgouvernement) darüber, dass „in einem entlegenen Dorf namens Chełmno in speziellen Diesel-Lastwagen Tausende von Juden mit Gas getötet" würden. Zit. nach Thomas T. Blatt: Nur die Schatten bleiben. Der Aufstand im Vernichtungslager Sobibór. Berlin 2000, S. 32. Sichere Detailinformationen lagen im Warschauer Getto Anfang Februar 1942 durch den Bericht des jüdischen Augenzeugen „Szlamek" vor, dem am 19. Januar die Flucht erst aus Kulmhof und später dann die Reise ins Generalgouvernement und nach Warschau gelungen war. Vgl. hierzu Sakowska, Die zweite Etappe ist der Tod, S. 38–40, 159–185 („Szlameks" Bericht). Vgl. ferner Wilm

Insgesamt liegen für die Zeit nach dem Überfall auf die Sowjetunion, als die Deutschen zu systematisch organisierten Massentötungen übergingen, einige, wenngleich nicht sehr zahlreiche Hinweise darauf vor, dass die Kreditinstitute ausreichend auch über die nationalsozialistischen Verbrechen im Baltikum und in der Sowjetunion informiert waren, wenigstens sofern es ihre eigenen Geschäfte bzw. Kundschaft betraf. Im Rahmen des so genannten reichsdeutschen Nichtumsiedlervermögens im Baltikum machte die Commerzbank-Filiale in Danzig im April 1943 gegen die Deutsche Umsiedlungs-Treuhand-Gesellschaft in Posen eine Entschädigungsforderung in Höhe von rund 100000,– RM geltend, wies aber darauf hin, von ihrem Tochterinstitut, der Hansabank AG in Riga, die Nachricht erhalten zu haben, „dass die Originalunterlagen als verloren angesehen werden müssen, da der [damals beauftragte] jüdische Rechtsanwalt [Theodor] Lemberg erschossen wurde und die von ihm geführten Sachen vernichtet, verstreut und verbrannt sein sollen".[470] Das Schreiben ist in einem Stil gehalten, der die Vermutung nahe legt, dass die Commerzbank annahm, dem Adressaten keinen prinzipiell neuen oder ungewöhnlichen Sachverhalt zu schildern, sondern auf Allgemeinwissen rekurrieren zu können.

Eine Woche, nachdem in Kulmhof mit den ersten Massenvergasungen von Juden aus dem Warthegau begonnen worden war, schrieb der Leiter der HTO, Max Winkler, in der Zeitschrift „Der Vierjahresplan": „Die eingegliederten Ostgebiete dürfen künftig nicht mehr wie bisher von einer Mischbevölkerung bewohnt werden, denn ihre rein deutsche Besiedlung muß sichergestellt sein. Erst dann können diese Gebiete ihrer für ganz Europas Entwicklung wichtigen Aufgabe, Brücke zum Osten zu sein, gerecht werden. In Verbindung mit dem Reichskommissar für die Festigung deutschen Volkstums leistet die Haupttreuhandstelle Ost auf ihrem Gebiet entscheidende wirtschaftliche Vorarbeit für diese Aufgabe."[471]

Winkler wusste zweifelsohne, wovon er sprach und welche Folgen die „Vorarbeit" bzw. die Zusammenarbeit mit der SS bereits gehabt hatte bzw. noch haben würde. Himmler hatte in einer Notiz zu seiner Denkschrift „über die Behandlung der Fremdvölkischen im Osten" vom Mai 1940 ausdrücklich vermerkt, dass der Leiter des RKF, SS-Brigadeführer Ulrich Greifelt, ermächtigt sei, auch „Bürgermeister Winckler [sic] [...] von dem Inhalt der Niederschrift Kenntnis zu geben".[472] Innerhalb der Treuhandstelle erhielten ferner SS-Obersturmbannführer Galke, Rechtsanwalt Bruno Pfennig sowie Krahmer-Möllenberg Kenntnis von der

Hosenfeld: „Ich versuche jeden zu retten." Das Leben eines deutschen Offiziers in Briefen und Tagebüchern. München 2004, S. 626f., 653ff. [Einträge vom 23.7 und 6.9.1942]; Jerzy Korczak: Teodor Müller. Das Schicksal eines deutschen Polen. Köln 2000, S. 112f.; Ernst Jünger: Strahlungen II. München/Stuttgart ^{2}1995, S. 174f. [Eintrag vom 16.10.1943].

470 APP, DUT, Nr. 123: Commerzbank Danzig an DUT Posen, 13.4.1943.

471 Max Winkler: Treuhänderische Vermögensverwaltung in den eingegliederten Ostgebieten. Vorsorge für Kriegsteilnehmer und Rücksiedler, in: Der Vierjahresplan 5 (1941), S. 914f., hier S. 914.

472 Helmut Krausnick (Hg.): Denkschrift Himmlers über die Behandlung der Fremdvölkischen im Osten (Mai 1940), in: VfZ 5 (1957), S. 194–198, hier S. 196.

Denkschrift.[473] Anlässlich einer Reise Winklers nach Oberschlesien im Dezember 1942, bei der im Besichtigungsprogramm u.a. auch ein Abstecher „nach Auschwitz, Besichtigung des Neubaus des Hydrierwerkes, evtl. auch des Konzentrationslagers" geplant waren, ließ man den Leiter der Treuhandstelle Kattowitz im Vorfeld aus Berlin wissen, Bürgermeister Winkler lege „keinen Wert darauf nach Auschwitz, das er bereits einmal gesehen hat, nochmals zu fahren".[474]

Angesichts der angeführten Dokumente kann daher kein Zweifel daran bestehen, dass der Kenntnisstand der in den polnischen Gebieten tätigen Kreditinstitute hinsichtlich der hier verfolgten „Judenpolitik" kaum schlechter ausfiel als auf Seiten der Treuhandstellen. So wenig eine Einflussnahme der Kreditinstitute auf die Genese der grundlegenden Verordnungen der NS-Behörden gegenüber der jüdischen Bevölkerung in Polen nachweisbar ist, so deutlich muss unterstrichen werden, dass diese Verordnungen nur dort ihre Wirkung entfalten konnten, wo ihnen die Kreditinstitute diensteifrig Geltung verschafften. Dementsprechend verfügten die vor Ort ansässigen Filialgroßbanken, d.h. alle Berliner Großbanken, seit Herbst 1939 über umfangreiche Kenntnisse der nationalsozialistischen „Judenpolitik" und seit Frühjahr 1942 über mindestens ausreichende, im Einzelfall präzise Kenntnisse von der Judenvernichtung. Darüber hinaus profitierten sie mittelbar und unmittelbar von der Repressionspolitik gegen Juden und Polen und sorgten mit der ohne die Banken gar nicht denkbaren „Erfassung" und „Abwicklung" „fremdvölkischen Eigentums" für eine erhebliche Dynamik des Pauperisierungsprozesses, der ein wichtiges Strukturmerkmal für die Vorgeschichte der Shoah darstellt. Man könnte noch einen Schritt weitergehen und die These aufstellen, dass diese Prozessdynamik den mit der „Judenpolitik" befassten NS-Dienststellen erst so etwas wie eine Illusion effizienter Planung eingab, die sich als „Machbarkeit der Endlösung" bezeichnen ließe.

An dieser Stelle zeigt sich zugleich, wie begrenzt letztlich die methodische Reichweite des Risikobegriffs ist. Die analytische Kategorie des Wissens geht in der Regel von der impliziten Annahme aus, dass die Kreditinstitute konkretes Wissen über den Judenmord zum Anlass genommen hätten, etwaige Kredite zurückzuziehen oder Geschäftskontakte zu meiden. Für die Richtigkeit einer solchen Annahme gibt es jedoch nicht die geringsten Anzeichen. Offenkundig stellte es kein Problem dar, Firmen, die ganz offenkundig an Verbrechen bzw. an einer „Politik" beteiligt waren, über die man auch im Nationalsozialismus besser schwieg, mit Rat und Tat, d.h. mit Krediten und Finanzdienstleistungen zur Seite zu stehen. „Sobald die Diskriminierung als eine Umweltbedingung akzeptiert war, wurden die Auswirkungen betriebswirtschaftlich rational behandelt."[475] Die Ban-

[473] IPN, NTN, Nr. 252, Bühler-Prozess, Bd. 6, Bl. 75f.: Reichskommissar für die Festigung deutschen Volkstums an Reichsführer-SS, 7.6.1940, betr. Behandlung der Fremdvölkischen im Osten.

[474] APK, TK, Nr. 249, Bl. 18f.: HTO (gez. Matthes) an den Leiter der TK, Herrn Regierungsdirektor Graf Matuschka, 16.11.1942; ebd., Bl. 20: Vorläufiges Programm für die Reise nach Oberschlesien vom 2. bis 4.12.1942.

[475] Dieter Stiefel: The Economics of Discrimination, in: ders. (Hg.), Die politische Ökonomie des Holocaust. Zur wirtschaftlichen Logik von Verfolgung und „Wiedergutmachung". Wien/München 2001, S. 9–28, hier S. 19.

ken und Sparkassen bemühten sich daher lediglich um eine Minimierung der ökonomisch nachteiligen Begleiterscheinungen des Massenmords. Dass es in den Akten keinerlei Hinweise darauf gibt, dass Mitarbeiter der Banken und Sparkassen mit Abscheu auf die nationalsozialistischen Gettoisierungs-, Deportations- und Ausbeutungsmaßnahmen sowie den anschließenden Massenmord reagierten, heißt zwar nicht, dass es solche Reaktionen nicht gab; aber die nachgewiesenen und angeführten Kontakte zwischen Kreditinstituten und Dienststellen, die mit der „Endlösung" unmittelbar befasst waren, zeugen insgesamt von einer bedrückenden Indifferenz – im Einzelfall wohl auch von stillem Einverständnis.

3. Das Einlagengeschäft deutscher Banken und Sparkassen

Neben den in den vorangegangenen Kapiteln skizzierten Verwicklungen mit der nationalsozialistischen Besatzungs- und Vernichtungspolitik betrieben die deutschen Kreditinstitute in den eingegliederten Ostgebieten auch Geschäfte, die den üblichen Aufgaben eines Geldinstituts näherstanden, namentlich das Einlagen- und Kreditgeschäft. Aber auch hierbei ist zu prüfen, inwieweit diese Geschäfte von der Okkupationsspezifik geprägt oder gar von ihr abhängig waren. Beim Einlagengeschäft sind es in erster Linie die Sparkassen, denen das Hauptaugenmerk gilt.

Die Sparkassen hatten in der deutschen Kriegswirtschaft mit den Absichten und Aufgaben, die ihrer Gründung im 19. Jahrhundert zugrundegelegen hatten, nicht mehr viel zu tun. Zwar hatten sie an Bedeutung noch gewonnen, jedoch nicht so sehr für den einzelnen Sparer, als vielmehr für den Staat, dem angesichts der „inflatorischen Lücke" (Keynes) und im Interesse der Kriegsfinanzierung an einer effizienten Kaufkraftabschöpfung gelegen sein musste.[476] „Ungeachtet aller ergriffenen preis- und steuerpolitischen Maßnahmen ließ sich grundsätzlich der Gefahr, dass von dem Kaufkraftüberhang in den Händen der privaten Verbraucher inflatorische Sprengkraft ausging, nur wirksam entgegensteuern, wenn der Staat imstande war, die überschüssige private Kaufkraft von den Märkten zu verdrängen, sie in „Sparkanäle" abzuleiten und über sie wiederum der Kriegsfinanzierung nutzbar zu machen."[477] Sparen hat auf Seiten der Einleger etwas mit Vertrauen zu tun, wie im Falle des Kreditgeschäfts auf Seiten der Kreditinstitute Vertrauen in den Kreditnehmer Voraussetzung ist. Dieses Vertrauen bezog sich in den eingegliederten Ostgebieten allerdings weniger auf die Verlässlichkeit eines bestimmten Kreditinstituts, sondern in erster Linie auf das Vertrauen in die weitere Kriegsentwicklung, und das hieß in die auch in Zukunft garantierte Verfügbarkeit der Einlagen. Vertrauen war jedoch bei weitem nicht alles. Auch mangelnde Möglichkeiten privaten Konsums und Verschuldung führten dazu, dass sich das Verhältnis

---

[476] Vgl. allgemein Hellmuth Will: Die deutschen Sparkassen. Entwicklung, Organisation, Bedeutung. Stuttgart/Berlin 1935, [2]1942, S. 128. Will war Oberbürgermeister von Königsberg.

[477] Boelcke, Kosten von Hitlers Krieg, S. 89; vgl. E. Wagemann: „Wo kommt das viele Geld her?" Geldschöpfung und Finanzlenkung im Kriege. Düsseldorf 1940.

privater Einlagen und privater Verschuldung immer mehr auf die Seite der Einlagen verschob. Kriegsfinanzierung war in diesem Sinne mit Kaufkraftabschöpfung weitgehend identisch.

Allerdings war der Beginn der deutschen Herrschaft in Polen zunächst nicht von Kaufkraftüberhang geprägt. Vor allem die Finanzen der Kommunen lagen wegen der Steuerausfälle anfänglich so stark darnieder, dass sie über die Einzahlungsanordnungen der CdZ hinaus auf Zuschüsse bzw. auf Gelder angewiesen waren. Die Stadtverwaltung in Lodsch nahm im Herbst 1939 kurzerhand eine Anleihe in Höhe von drei Mio. RM bei „den jüdisch-polnischen Banken" der Stadt auf, um anschließend erfolgreich beim RFM wegen einer Streichung der Anleihe vorstellig zu werden – was sich von einer Konfiskation nicht wesentlich unterschied.[478] Andernorts verschaffte man sich den Zugriff auf Geld, das die (teils zwangsrekrutierten) polnischen Arbeitskräfte im Altreich an ihre Verwandten nach Hause überwiesen: „Der Einsatz von über 3000 Arbeitskräften im Altreich hat im Gnesener Stadtbild gewaltig Luft geschafft. Vor allem aber wurde hierdurch der Stadt eine erste finanzielle Hilfe zuteil. Der Stadtkommissar konnte für Tausende von Menschen die Suppenspeisung einstellen und der Wirtschaft des Stadtbereiches flossen spürbare Geldmittel aus dem Altreich zu. Stichproben bei der Post und durch Außendienstbeamte des Arbeitsamtes ergaben, daß in den Anfangsmonaten jeder Pole wöchentlich 8–10 RM an seine Verwandten schickte. Bei mehr als 3000 Gnesener Polen im Altreich sind dies mehr als 100000 Mark im Monat für die Gnesener Wirtschaftsankurbelung gewesen. [...] Gerade deshalb sorgte auch damals das Arbeitsamt dafür, daß jeder ins Altreich vermittelte Gnesener sein erspartes Geld überwies, oftmals mit drastischer Hilfe der Altreichsarbeitsämter und Altreichsbetriebsführer."[479]

In der Besatzungsrealität, wie sie in Polen herrschte, war die Entwicklung des Einlagen- und besonders des Spareinlagengeschäfts somit nicht zuletzt ein wichtiger Gradmesser für die Okkupationspolitik als solche. Das Maß der allgemeinen Kapitalliquidität, wie sie sich im Laufe der Zeit einstellte, wird nicht zuletzt auch dadurch unterstrichen, dass nur einem geringen Bevölkerungsteil, nämlich den Deutschen, die Partizipation am Kreditwesen erlaubt bzw. möglich war. Je nach Gebiet waren ca. 90 Prozent der Bevölkerung als Kunden ausgeschlossen oder zogen es vor, keine Sparkonten zu unterhalten. Dieser Aspekt mochte für die Niederlassungen der Großbanken ohne größere Bedeutung sein, stellte aber insbesondere für die ortsansässigen Sparkassen ein zentrales Strukturmerkmal dar.

Wie sah nun die Entwicklung des Einlagengeschäfts in den eingegliederten Ostgebieten aus, welche Spezifika wies es im Vergleich mit dem Altreichsgebiet auf, und lässt sich anhand der verfügbaren Daten überhaupt die Frage nach dem Vertrauen der Einleger und dem Erfolg der Kaufkraftabschöpfung im Kriege beantworten?

---

[478] APP, RRW, Nr. 364, Bl. 88: Prüfungsbericht über die Personalwirtschaft, Organisation und Finanzwirtschaft der Stadt Litzmannstadt (1942).

[479] Griffion Stierling: Wirtschaft und Arbeit in Stadt und Land Gnesen. Gnesen 1941, S. 14.

Die Entwicklung des Einlagengeschäfts im Laufe des Krieges

Präzise Angaben über die Entwicklung des Einlagengeschäfts und besonders der Spareinlagen bei den Kreditinstituten in den eingegliederten Ostgebieten sind auf der bestehenden Aktengrundlage praktisch nur für die Sparkassen und auch hier nur bis 1943 möglich. Lediglich für die Stadtsparkasse Litzmannstadt liegen Daten bis einschließlich November 1944 vor. Für die Privataktienbanken lässt sich annehmen, dass bei ihnen nur geringfügige private Einlagen vorhanden waren und der überwiegende Teil ihrer Einlagen in täglich fälligen Geldern der Kommunen, Behörden, der Partei sowie Unternehmen bestand. Da die Sparkassen aber in den annektierten Gebieten wie auch im Altreich, wo sie ihre Position gegenüber den Banken bis 1939 stetig hatten verbessern können[480], das Hauptsammelbecken für Spareinlagen darstellten, bedeuten die unberücksichtigten Privataktienbanken eine nur geringe Fehlerquelle, wenn es sich um das Aufzeigen allgemeiner Tendenzen handelt.

Der Aufbau der Sparkassenorganisation als einer Körperschaft des öffentlichen Rechts in den eingegliederten Gebieten basierte entsprechend der Sparkassenverordnung vom 25. Oktober 1939 auf der Preußischen Mustersatzung, die auf Grund der besonderen Rechtslage in den Reichsgauen und im Regierungsbezirk Kattowitz „sinngemäß" anzuwenden war.[481] Dies erschwerte den Aufbau insofern, als die deutschen Kassen im Gegensatz zu den polnischen der Zwischenkriegszeit ohne Stammkapital (Dotationskapital) auskommen und dieses in Form von Sicherheitsrücklagen erst erwirtschaften mussten.[482] An die Aufbringung des alleine für den Warthegau veranschlagten Stammkapitals in Höhe von 3 Mio. RM sowie der Beteiligung am Deutschen Sparkassen- und Giroverband mit weiteren 1,8 Mio. RM war vorerst jedoch nicht zu denken.[483] Das zunächst sehr niedrige Eigenkapital erlegte den Sparkassen darüber hinaus eine vorsichtige Liquiditätshaltung auf, die wiederum – in der Regel durch die Refinanzierung von Krediten bei der zuständigen Landesbank und Girozentrale – die Rentabilität stark herabsetzte.[484]

Allein schon die Ausgangslage zu Beginn des Jahres 1940 wirkte sich alles andere als förderlich auf den Spargedanken der Bevölkerung aus. 1940 bestand der Kundenkreis der Sparkassen „in der Hauptsache aus reichsdeutschen bezw. balten- und volksdeutschen hiesigen Anwohnern", „wobei die Beamten und Angestellten der städtischen u. staatlichen Dienststellen das stärkste Kontingent" stell-

---

480 Ludwig Sperk/Manfred Wilsdorf: Die Liquiditätsverhältnisse der deutschen Sparkassen. Berlin 1956, S. 94–105.

481 VO über die Rechtsverhältnisse der öffentlichen Sparkassen im Militärbezirk Posen vom 25. 10. 1939, in: VOBlCdZP 6 (1939), S. 50; Bericht des Sparkassen- und Giroverbandes Wartheland für das Jahr 1940, S. 14. Eine partielle Rechtsangleichung erfolgte mit der VO über die Einführung von Gesetzen über das Kredit- und Zahlungswesen in den eingegliederten Ostgebieten vom 20. 5. 1940 (RGBl. I, S. 807).

482 Bericht über den Aufbau der Sparkassenorganisation, S. 19; Schaar, Neuordnung des Währungs- und Kreditwesens, S. 152f.

483 Bericht über den Aufbau der Sparkassenorganisation, S. 28.

484 Ebd., S. 16f.

ten. Auf Seiten der Sparkassen stieß in den Gebieten mit einer geringen deutschen Bevölkerung die Einführung der Bezugsscheinpflicht auf Zustimmung, da infolgedessen den Kassen verstärkt Spareinlagen zuflossen.[485] Hinderlich war vor allem die Trennung von Alt- und Neugeschäft, solange die Frage der Gläubigerbefriedigung noch nicht abschließend geklärt war.[486] Zwar wüchsen die Anlagen, es werde aber „als sehr hemmend" empfunden, „daß auf die alten Zloty-Konten nichts oder nur wenig ausgezahlt werden darf. Die Nichtauszahlung wirkt vertrauensschädigend".[487]

Was aber fiel in die Zuständigkeit der Sparkassen? Allein in Ostoberschlesien ging bei der Übernahme der 32 polnischen öffentlichen Sparkassen eine Gesamtsumme von 330000 Sparkonten mit 122 Mio. Złoty Spareinlagen in die treuhänderische Verwaltung bzw. Abwicklung der deutschen Sparkassen über.[488] Im Reichsgau Wartheland belief sich die Zahl der Guthaben- bzw. Sparkonten bei den 77 polnischen Kreis- und Stadtsparkassen auf 264922 (Stand: 30. September 1940).[489]

Was nun das Neugeschäft anbetrifft, so liegen genaue Zahlen über die Kreditoren weder für alle Niederlassungen noch für den gesamten Okkupationszeitraum vor. Immerhin zeugen Hinweise davon, dass auch bei den Privataktienbanken das Einlagengeschäft trotz der starken Konkurrenz der Sparkassen und Genossenschaftsinstitute summarisch größer war als die Kreditauslegung. Die im Laufe des Krieges anwachsenden Spareinlagen waren denn auch – wie schon die Erfahrungen im Ersten Weltkrieg gezeigt hatten – nur eine Art „Schein-Reichtum" angesichts der sich verknappenden Konsumgüter und Investitionsmöglichkeiten. In der unsicheren Situation des Krieges schien ein Sparkonto noch am ehesten ein Gefühl eines vermeintlich gesicherten, wachsenden Wohlstandes zu vermitteln.[490] Anlässlich des ersten Jahres, in dem sich etwa die Commerzbank in den eingegliederten Ostgebieten geschäftlich engagiert hatte, stellt des Sitzungsprotokoll des Aufsichtsrates denn auch nur lakonisch fest, dass „das Geschäft der neu errichteten Filialen [...] im Warthegau und in Ostoberschlesien" „sich befriedigend angelassen" habe und dass die Kreditoren die Ausleihungen überstiegen.[491] Die Commerzbank scheint somit vergleichsweise erfolgreich bei der Einwerbung von Einlagen gewesen zu sein, nur lässt sich nicht sicher sagen, ob und zu welchen Teilen es sich dabei um Spareinlagen handelte.

Eines der größten Probleme der Sparkassen war daneben jedoch kein geschäftliches, sondern ein personelles. Ohne die Zwangsabordnung von Mitarbeitern aus

---

485 APŁ, Stadtverwaltung Litzmannstadt, Nr. 32319, Bl. 143: Lagebericht der Stadtsparkasse Litzmannstadt vom 8. 6. 1940.

486 Schlesischer Sparkassen- und Giroverband. Geschäftsbericht 1939. Breslau 1940, S. 14.

487 RGVA, 1458–3–1003: Reisebericht des RAK (gez. Wolf) vom 26. 4. 1940.

488 Schlesischer Sparkassen- und Giroverband. Geschäftsbericht 1939. Breslau 1940, S. 11; vgl. ebd., S. 14–16, 36f.

489 BArch, R 144/188: HTO (gez. Henckel) an das Statistische Reichsamt, 13. 2. 1942, betr. Statistik der ehem. poln. Sparkassen.

490 Zilch, Okkupation und Währung im Ersten Weltkrieg, S. 82f.

491 HAC, S3/A2: Protokoll über die 691. Sitzung des Aufsichtsrats der Commerzbank am 6. 11. 1940.

dem Altreich in der Anfangsphase 1939/1940 hätte der Aufbau des Sparkassennetzes kaum in der stattgehabten Weise erfolgen können.[492] In der Folge verstärkten die Einberufungen zur Wehrmacht diesen chronischen Personalmangel nochmals erheblich. Anfänglich mussten im Warthegau sogar einige Zweigstellen neu gegründeter Sparkassen mit ausschließlich polnischer Belegschaft betrieben werden[493], obwohl Reichsstatthalter Greiser als oberster Dienstherr der kommunalen Sparkassen dagegen wiederholt Einspruch einlegte. Wie dünn die Personaldecke allenthalben war, zeigt beispielsweise ein Schreiben des Giro- und Sparkassenverbandes an Greiser vom Mai 1942: „Die Entwicklung der Personalverhältnisse bei den Sparkassen macht es jetzt erforderlich, daß verschiedene Einmannzweigstellen mit polnischen Kräften besetzt werden müssen, wenn die Schließung dieser Zweigstellen vermieden werden soll."[494] Im Fall der Sparkasse in Turek (Warthegau) bemühte sich der deutsche Leiter 1942 sogar erfolgreich um die Freilassung eines zuvor verhafteten polnischen Angestellten.[495]

Ungeachtet dieser Ausgangslage entwickelte sich das Einlagengeschäft der Sparkassen im Warthegau und den anderen neuen Reichsgebieten wider Erwarten schnell. Das Neugeschäft dürfte in den ersten Monaten vor allem von den gehorteten Geldreserven bestimmt gewesen sein[496], die infolge der in Gang gesetzten (vor allem landwirtschaftlichen) Produktion sowie durch den Währungsumtausch wieder auftauchten. Daneben machte sich bald der private Kaufkraftüberschuss bemerkbar, denn da die Wirtschaft in ihrem Aufbau von Anfang an zahlreichen Reglementierungen unterlag, war die Förderung der Konsumgüterindustrie der Finanzierung der Landwirtschaft und Rüstungsgüterindustrie klar untergeordnet. Selbst nach diesem vielversprechenden Beginn der Geschäftsentwicklung 1939/1940 ging man aber davon aus, erst 1941 auf die Anlaufhilfen des Sparkassenverbandes nicht mehr angewiesen zu sein.[497]

Die Einleger der Sparkassen dürften fast ausschließlich im Kreis der Reichs- und „Volksdeutschen" zu suchen sein, obwohl sich bis zur Polenvermögensverordnung in „naturgemäß beschränktem Ausmaß" auch „in den Gebieten verbliebene Polen als Sparer" betätigten.[498] Zwar hatte es zuvor kein ausdrückliches Verbot gegeben, das Polen von der Teilnahme am Sparen oder dem Besitz eines Kontos abgehalten hätte, doch verfügte man mit der genannten *Kann*-Vorschrift der Polenvermögensverordnung über einen Spielraum, der je nach Bedarf unterschiedlich genutzt wurde: In der Polenvermögensverordnung war nämlich kein

[492] Bericht des Sparkassen- und Giroverbandes Wartheland für das Jahr 1940, S. 13; Schaar, Neuordnung des Währungs- und Kreditwesens, S. 133.

[493] BArch, R 138 II/19: Rechenschaftsbericht der Kreissparkasse Rawitsch für 1939.

[494] APP, RRW, Nr. 1799, Bl. 148f.: Schreiben vom 12.5.1942 betr. „Einsatz von polnischen Sparkassenkräften als Verwalter von Zweigstellen mit alleinigem Zeichnungsrecht". Greisers ablehnende Antwort („aus volkstumspolitischen Gründen") ebd., Bl. 150. Offiziell wurde die Beschäftigung polnischer Angestellter dementiert; vgl. Bericht über den Aufbau der Sparkassenorganisation, S. 22; vgl. APP, RRW, Nr. 1807, Bl. 10f.: Regierungspräsident Posen an den Sparkassen- und Giroverband Warthegau, 25.6.1942.

[495] Korczak, Teodor Müller, S.115, 123.

[496] Der Sparkassenaufbau im Osten, in: Bank-Archiv 1939, S. 559.

[497] Bericht über den Aufbau der Sparkassenorganisation, S. 20.

[498] Ebd., S. 16.

Stichtag vermerkt worden, d.h. eine Beschlagnahme konnte im Falle polnischer Vermögen auch später jederzeit als durch die Verordnung gedeckt vorgenommen werden. Dies musste Auswirkungen auf die den Polen belassenen Betriebe haben, aber auch auf den Impetus, überflüssige Kaufkraft auf Sparkonten einzuzahlen.[499] Trotz des auf diese Weise sehr eingeschränkten Kundenkreises entwickelten sich die Zuwächse der Spareinlagen erstaunlich (Angaben in Mio. RM):[500]

		1939	1940	1941	1942	1943
Reichsgau Wartheland insgesamt 44 Sparkassen	Spareinlagen	2,693	29,452	119,318	285,592	
	Sonstige Einlagen	16,690	125,383	200,863	280,352	
	Bilanzsumme	20,216	172,649	337,862	591,590	
Reichsgau Danzig-Westpreußen (ohne Danziger und ostpreußische Sparkassen) insgesamt 23 Sparkassen	Spareinlagen		17,686	58,129	136,958	210,197
	Sonstige Einlagen		46,473	91,692	103,910	118,511
	Bilanzsumme		65,977	153,280	250,864	340,973
Provinz Schlesien (nur Sparkassen in den eingegliederten Gebieten) insgesamt 18 Sparkassen	Spareinlagen	7,460	27,201	79,897	196,342	
	Sonstige Einlagen	20,075	56,766	120,782	141,982	
	Bilanzsumme	29,000	88,821	202,456	345,452	
Eingegliederte Ostgebiete gesamt insgesamt 85 Sparkassen (zzgl. Zweig- und Nebenstellen)	Spareinlagen		74,339	257,344	618,892	
	Sonstige Einlagen		228,622	413,337	526,244	
	Bilanzsumme		327,447	693,598	1 187,906	

Summarisch waren die warthеländischen Sparkassen am bedeutendsten, stellten aber auch die größte Zahl von Kassenstellen, deckten zudem ein größeres Gebiet ab und waren für eine sehr viel größere Bevölkerung zuständig als die Sparkassen in Danzig-Westpreußen oder in Ostoberschlesien. Die „Stadtsparkasse der Gauhauptstadt Posen“ war in praktisch allen Bilanzpositionen die wichtigste Einzelsparkasse in den eingegliederten Ostgebieten.

[499] Vgl. Rosenkötter, Treuhandpolitik, S. 127.

[500] APP, RRW, Nr. 1799, Bl. 281 und passim; ebd., Nr. 1800, 1805; Bericht über den Aufbau der Sparkassenorganisation, S. 17, 33f.; Bericht des Sparkassen- und Giroverbandes Wartheland für das Jahr 1940, S. 22; Geschäftsbericht des Sparkassen- und Giroverbandes Wartheland für das Jahr 1941, S. 4; Geschäftsbericht des Sparkassen- und Giroverbandes Wartheland für das Jahr 1942, S. 4; Schlesischer Sparkassen- und Giroverband, Geschäftsberichte 1939–1942. Breslau 1940–1943; Sparkassen- und Giroverband für Danzig-Westpreußen, Geschäftsberichte 1941–1943. Danzig 1942–1944; Łuczak, „Kraj Warty“, S. 135; ders., Pod niemieckim jarzmem, S. 121, führt für den Warthegau höhere (teils unrichtige) Zahlen an, die die Gesamteinlagen darstellen.

Geschäftsentwicklung der Stadtsparkasse Posen (in Mio. RM)[501]

	Spareinlagen	sonstige Einlagen	Bilanzsumme
1939	0,977	2,862	4,048
1940	5,828	18,648	24,361
1941	26,386	36,875	63,980
1942	68,115	53,431	123,132
1943	97,881	60,087	161,718

Das durchweg als „vielversprechend" apostrophierte Bild wurde in der Anfangszeit jedoch in allen drei Gebieten durch die anomale Höhe der Sichteinlagen getrübt, die bis 1942 den Umfang der Spareinlagen überwog, was den Spielraum in der Anlagepolitik sowie der Liquiditätshaltung der Sparkassen empfindlich einschränkte.[502] Besonders deutlich wurde der Kontrast in der Provinz Schlesien, wo in Ostoberschlesien die Spareinlagen nur 32 Prozent (1940) bzw. 40 Prozent (1941), in Altschlesien jedoch 82,5 Prozent respektive 83,5 Prozent der Gesamteinlagen ausmachten.[503] An dieser Entwicklung waren verschiedene Faktoren beteiligt. Abgesehen von den eingeschränkten bzw. fehlenden Konsummöglichkeiten kam es einerseits im Rahmen der totalen Kriegsführung zu einer Mobilisierung aller Arbeitskräfte, weshalb die laufenden Geldeinkommen der Bevölkerung und die Zahl der Familien mit mehreren Erwerbstätigen stiegen und die Kaufkraft daher besonders „bei der breiten, im Erwerbsleben stehenden Masse" in Erscheinung trat und auf die Sparkonten floss.[504] Zweitens wurden durch die Schuldenabwicklungsverordnung sowie die Befriedigung der deutschen Gläubiger 1941 und 1942 erhebliche liquide Mittel frei, die ebenfalls zu weiteren Zuflüssen von Spargeldern führten.[505] Drittens war die verlangsamte Zunahme der „Sonstigen Einlagen" darauf zurückzuführen, dass die öffentlichen Stellen, die besonders in den Ostgebieten einen großen Anteil an allen Einlagearten besaßen, verstärkt Guthaben in Reichsschatzanweisungen umwandelten.[506]

Daneben ist zu vermuten, dass der starke Anstieg von Spareinlagen im Kriege auch ein Ausweis wachsender Furcht war, zu Hause gehortete Bargeldbeträge könnten Opfer der sich auch in den Ostgebieten häufenden alliierten Luftangriffe werden. So sollte auf Anweisung des WVHA im Sommer 1942 „bei sämtlichen Einheiten und Dienststellen der Waffen-SS", darunter auch im KL Auschwitz, „eine allgemeine Werbung für das Postsparen durchgeführt werden", bei der „we-

---

501 Stadtsparkasse der Gauhauptstadt im Jahre 1941. Posen 1942; Geschäftsbericht der Stadtsparkasse Posen für das Jahr 1942; dto. für das Jahr 1943.

502 Bericht des Sparkassen- und Giroverbandes Wartheland für das Jahr 1940, S. 8; Geschäftsbericht des Sparkassen- und Giroverbandes Wartheland für das Jahr 1942, S. 2; Sparkassen- und Giroverband für Danzig-Westpreußen. Geschäftsbericht 1942. Danzig 1943, S. 2.

503 Schlesischer Sparkassen- und Giroverband. Geschäftsbericht 1941. Breslau 1942, S. 11.

504 Schlesischer Sparkassen- und Giroverband. Geschäftsbericht 1942. Breslau 1943, S. 13, Zitat S. 21.

505 Schlesischer Sparkassen- und Giroverband. Geschäftsbericht 1941, S. 11f.

506 Sparkassen- und Giroverband für Danzig-Westpreußen. Geschäftsbericht 1943. Danzig 1944, S. 4.

gen der großen erzieherischen Bedeutung des Sparens bei der Truppe" u.a. darauf hingewiesen werden sollte, dass das Postsparbuch nicht zuletzt vor Geldverlusten bei „Feindeinwirkung" schütze.[507] Schon von daher ist Boelcke Recht zu geben, dass auch die Alliierten mit dazu beitrugen, dass der „Geldüberhang reichlich auf deutsche Sparkonten wanderte".[508] Der insgesamt günstigen Entwicklung der Sparkassen – seit 1942 arbeiteten alle 1939 neugegründeten Sparkassen rentabel[509] – entsprach auch die der Landesbanken und Girozentralen.

So beträchtlich dieser Einlagenanstieg aber auch sein mochte, so unbedeutend nahm er sich letztlich in der Gesamtsumme der Spareinlagen des Reiches aus. Zwischen 1939 und 1944 hatten sich die Spareinlagen reichsweit beinahe vervierfacht, waren von 29,1 Mrd. RM auf 116,7 Mrd. RM gestiegen und stiegen bis Kriegsende weiter an.[510] Die eingegliederten Ostgebiete besaßen dementsprechend nur einen Anteil von 0,2 Prozent (1940), später 0,5 Prozent (1941) und selbst 1942 von nur 0,85 Prozent am gesamten Sparvermögen des Deutschen Reiches.[511]

Bei alledem war die Entwicklung in den einzelnen Gebieten sehr disproportional. Der Postsparkassendienst blieb zeit seiner Existenz trotz beträchtlicher Zuwachsraten im Vergleich zum Altreich unbedeutend, darüber hinaus wies beispielsweise die regionale Verteilung der Spareinlagen im Warthegau einen starken Schwerpunkt im Regierungsbezirk Posen aus (ca. 50 Prozent)[512], während die Bezirke Hohensalza und Litzmannstadt deutlich niedrigere Volumina zu verzeichnen hatten. Diese Tendenz, die ebenfalls auf das genossenschaftliche Spar- und Kreditgeschäft zutraf, hing vermutlich weniger mit der unterschiedlichen Siedlungsdichte der „Volksdeutschen" im Warthegau zusammen, sondern vielmehr mit der Unerfahrenheit der Baltendeutschen und anderer Umsiedler bezüglich der Sparmöglichkeiten.[513] Der RKF musste bei den Umsiedlern ein regelrechtes Zwangssparen einführen, und der Sparkassen- und Giroverband gab seinen Mitgliedssparkassen zwecks Werbung um Sparer „anheim, sich mit den örtlichen Umsiedlerlagern unmittelbar ins Benehmen zu setzen".[514]

---

507 Kommandanturbefehl Nr. 15/42 vom 20. 8. 1942, zit. nach: Standort- und Kommandanturbefehle des Konzentrationslagers Auschwitz 1940–1945. Hg. von Norbert Frei u.a. München 2000, S. 162–166, hier S. 164f.

508 Boelcke, Kosten von Hitlers Krieg, S. 103f.

509 Vgl. Schlesischer Sparkassen- und Giroverband. Geschäftsbericht 1940. Breslau 1941, S. 13.

510 Herbst, Der Totale Krieg und die Ordnung der Wirtschaft, S. 413.

511 APP, RRW, Nr. 1799, Bl. 183, 189: Sparkassenhalbjahresstatistik für 1941; Sperk/Wilsdorf, Liquiditätsverhältnisse der deutschen Sparkassen, S. 107, 171; Bericht über den Aufbau der Sparkassenorganisation, S. 34, 40; Bericht des Sparkassen- und Giroverbandes Wartheland für das Jahr 1940, S. 8; Geschäftsbericht des Sparkassen- und Giroverbandes Wartheland für das Jahr 1942, S. 4.

512 Bericht des Sparkassen- und Giroverbandes Wartheland für das Jahr 1940, S. 23.

513 Richter, Postscheck und Postsparkasse im Warthegau, S. 4; Swart, Diesseits, S. 208: „Von dem Guthaben und der Bilanz der LGB stammte so gut wie nichts aus der Osthälfte des Gaues."

514 APP, RRW, Nr. 1801, Bl. 21: RdschrSGVW Nr. 3/41; ebd., Nr. 1804, Bl. 43f.: Sonderrundschreiben des Sparkassen- und Giroverbandes Wartheland vom 6. 2. 1942 betr. Umsiedler nach den neuen Ostgebieten.

Dass der Einlagenbestand das polnische Vorkriegsniveau verhältnismäßig rasch zu übertreffen vermochte, hatte verschiedene Gründe. Einerseits hatte die innere Kapitalisierung Polens in der Zwischenkriegszeit zweifellos hinter der des Deutschen Reiches gelegen. Andererseits hatte durch die agrarische Struktur Polens die Barzahlung noch eine größere Bedeutung gehabt als im Deutschen Reich. Wenn man jedoch die Wachstumsraten der Vorkriegszeit und die kriegsbedingte Kapitalverflüssigung sowie die Verlangsamung des (steigenden) Notenumlaufs berücksichtigt, ferner den Umstand, dass das riesige Abwicklungsvolumen der HTO für eine weitere Verflüssigung sorgte, und schließlich von einem nicht näher abzuschätzenden Kapitaltransfer aus dem Altreich in die eingegliederten Ostgebiete ausgeht[515], so erscheinen die Spareinlagen in den neuen Reichsgebieten proportional nicht höher als auf dem entsprechenden polnischen Gebiet der Zwischenkriegszeit.[516] Prekär, aber nicht offen aussprechbar blieb für die Sparkassen der mehr oder minder vollständige Ausschluss der polnischen Bevölkerung. Auf Seiten der Behörden konnte man sich ungeachtet des Drängens einzelner Landräte und des Sparkassenverbandes Breslau noch nicht einmal 1944 dazu durchringen, eine Anordnung zu erlassen, wonach „Neuvermögen von Polen nicht beschlagnahmt werden" solle, „um die Polen zu veranlassen, Bargeldbestände bei den öffentlichen Sparkassen zu sparen".[517] Hierbei ging es noch nicht einmal mehr um Erfolg oder Misserfolg einer solchen Anordnung, sondern um die Unfähigkeit der deutschen Behörden, die eingeschlagenen Wege der nationalsozialistischen Polenpolitik angesichts der nahenden Kriegsniederlage wenigstens teilweise zu verlassen oder auch nur zu überdenken.

Die Aktion des „Eisernen Sparens"

Ein herausragendes Charakteristikum der Sparkassenentwicklung in den eingegliederten Ostgebieten wie auch im Altreich war, dass trotz zahlreicher Steuervergünstigungen und Werbeaktionen der Anteil der Spareinlagen mit gesetzlicher Kündigungsfrist sehr hoch war, im Altreich gegenüber den Vorkriegsjahren sogar noch gestiegen war. Um dieser Entwicklung gegenzusteuern und den in der Zwischenzeit weiter angestiegenen Kaufkraftüberschuss zu neutralisieren, kam es Ende Oktober 1941 in einer Rundfunkansprache von Staatssekretär Fritz Reinhardt zur werbewirksam inszenierten Einführung der Aktion des „Eisernen Sparens".[518] Die

---

515 Über den Waren- und Kapitalverkehr des Warthegaus mit dem Altreich liegen keine Angaben vor. Im Reichsgau Danzig-Westpreußen betrug das industrielle Investitionsvolumen aus dem Altreich für die Jahre 1940 und 1941 44,3 Mio. RM. Für den Warthegau und Schlesien ist von höheren Zahlen auszugehen. Vgl. Tagung der Wirtschaftskammer Danzig-Westpreußen, in: DWZ 39 (1942), S. 272-274, hier S. 273; Blumhoff, Einfluß der deutschen Besetzung, S. 101 ff.; Łuczak, Pod niemieckim jarzmem, S. 128-131.

516 Mały Rocznik Statystyczny 1939, S. 234f.

517 APK, TK, Nr. 177, Bl. 4-6, hier Bl. 4: TK, Abt. A II, an Abt. A III im Hause, 10.7.1944, betr. Tätigkeitsbericht AII – 2. Quartal 1944.

518 VO über die Lenkung von Kaufkraft vom 20.10.1941 (RGBl. I, S. 684); DurchfVO über das Eiserne Sparen vom 10.11.1941 (RGBl. I, S. 705). Mitteilungen der Industrieabteilung der Wirtschaftskammer Wartheland 2 (1941), H. 19, S. 5-11; Regierungsrat Adam: Eisernes Sparen und Betriebsanlageguthaben in der praktischen Durchführung, in: Warthegau-Wirtschaft 2 (1941), Nr. 12, S. 12-16.

Aktion betraf das Reichsgebiet mitsamt den eingegliederten Ostgebieten, galt aber nicht im Reichsprotektorat Böhmen und Mähren sowie den besetzten Westgebieten.[519] Das „eisern" gesparte Guthaben sollte frühestens ein Jahr nach Kriegsende verfügbar sein und war von Steuern und Sozialversicherungsabgaben befreit.[520]

Der Präsident des Deutschen Sparkassen- und Giroverbandes, Johannes Heintze, rechnete im Dezember 1941 mit einer für 1942 anzustrebenden Summe in Höhe von drei bis vier Milliarden Reichsmark bei einem gleichzeitigen Steuerausfall von ca. 300 bis 400 Mio. RM. Gleichzeitig hoffte man einen erheblichen Teil der Weihnachtsgelder und Neujahrsgratifikationen in Höhe von weiteren ca. zwei Milliarden Reichsmark als Anlagekapital zur Verfügung zu haben.[521]

Solange innerhalb der Bevölkerung die Angst vor dem weiteren Kriegsverlauf nicht überhand nahm, konnte der Staat damit rechnen, dass die Sparrate im Kriege höher liegen würde als in Friedenszeiten. Über die freiwilligen Einlagen bei den Banken und Sparkassen hinaus galt es jedoch, das sukzessiv steigende Sparvolumen „in staatlichen Gewahrsam zu bringen. Kriegsfinanzpolitik bedeutete daher ein ständiges Ringen zwischen Fiskus und Sparer um dessen Ersparnisse und ihre langfristige Bindung in staatlicher Hand".[522]

In diesem Sinne entsprach die Aktion des „Eisernen Sparens" einerseits einem gewachsenen Sicherheitsbedürfnis des Staates, die Verfügbarkeit möglichst großer Teile der Spareinlagen zu reduzieren bzw. auf eine diffuse Nachkriegszeit zu verschieben. Andererseits aber war das „Eiserne Sparen" auch die Reaktion auf eine als unzureichend eingeschätzte freiwillige Sparrate. Die Aktion des „Eisernen Sparens" war vor diesem Hintergrund zweifellos ein Ausweis geschwundenen Vertrauens des Regimes in seine „Volksgenossen". An die Seite des Sparens trat somit mehr und mehr eine Art Zwangssparen[523], und wenngleich man diesen Begriff in der Regel tunlichst vermied, wurde das „Eiserne Sparen" – wie der SD registrierte – von vielen als eine Zwangsmaßnahme empfunden.[524] Der Eindruck einer Zwangsmaßnahme war insofern nicht unberechtigt, als die Aufrufe, sich am „Eisernen Sparen" zu beteiligen, immer auch explizit mit der Androhung von Sanktionen einhergingen: „Wer in böswilliger oder leichtfertiger Absicht davon schwätzt, den Sparguthaben könne Inflation oder sonstige Gefahr drohen, ist ein Verbrecher, der hinter Schloß und Riegel gehört. Eine Inflation ist im nationalsozialistischen Staat ausgeschlossen."[525]

---

[519] Hubert Schmitt-Degenhardt/Walter Hankele: Ich will eisern sparen! Eine kurze Darstellung über das Eiserne Sparen. Eberswalde/Berlin/Leipzig 1941, S. 9.

[520] Sperk/Wilsdorf, Liquiditätsverhältnisse der deutschen Sparkassen, S. 108.

[521] Johannes Heintze: Das Eiserne Sparen, in: Zeitschrift der Akademie für Deutsches Recht 8 (1941), S. 362–365.

[522] Boelcke, Kosten von Hitlers Krieg, S. 94.

[523] Vgl. hierzu F. Vito: Das Zwangssparen als Mittel der Kriegsfinanzierung, in: Weltwirtschaftliches Archiv 54 (1941), S. 481–504.

[524] Heinz Boberach (Hg.): Meldungen aus dem Reich. Die geheimen Lageberichte des Sicherheitsdienstes der SS 1938–1945, Bd. 7. Herrsching 1984, S. 3054 f. (Meldung Nr. 242 vom 1. 12. 1941); ebd. Bd. 11, S. 3611 f. (Meldung Nr. 274 vom 9. 4. 1942).

[525] Rundfunkrede Fritz Reinhardts, des Staatssekretärs im Reichsfinanzministerium, zum Nationalen Spartag 1941; zit. nach Schmitt-Degenhardt/Hankele, Ich will eisern sparen!, S. 8. Hervorhebungen im Original.

Das „Eiserne Sparen" und andere Geldsammelaktionen – wie etwa „Heimsparbüchsen", „HJ-Sparen" sowie das allerorts propagierte Schulsparen – trugen dazu bei, dass die „Kreditinstitute in die Rolle von fiskalischen Hilfsorganen hineingedrängt wurden"[526] und dass der damit verbundene Verwaltungsaufwand nicht allein die Kontoverwaltung, sondern in immer stärkerem Maße auch die Kontrolle und Anwendung von Sanktionen umfasste.

Das Sparangebot war nur für „Arbeitnehmer deutscher Volkszugehörigkeit" vorgesehen, Polen und Juden waren nicht zugelassen.[527] Bei ihnen hatte die so genannte Polenlohnverordnung einen vergleichbaren Effekt. Der Fiskus kürzte bei der polnischen Bevölkerung kurzerhand das weg, was er für überflüssige Kaufkraft hielt, was wiederum zur Folge hatte, dass die Grenze zwischen unterbezahlter Arbeit und Zwangsarbeit zunehmend verwischte (vgl. hierzu das folgende Kapitel).

Jeder Arbeitnehmer deutscher Volkszugehörigkeit konnte von seinem Wochen- oder Monatslohn einen entsprechend der gesetzlichen Regelung abgestuften Betrag „eisern" sparen, indem er bei seinem Arbeitgeber eine Sparerklärung einreichte und die jeweiligen Betriebsführer für den automatischen Abzug des Betrages vom Lohn/Gehalt und die Einzahlung auf ein Konto bei einem Kreditinstitut, dessen Wahl im Ermessen der Betriebsleitung lag, Sorge zu tragen hatte. Ein Widerruf der Sparerklärung bedurfte der Zustimmung des Arbeitgebers, der andererseits gesetzlich zur Mithilfe und Durchführung des „Eisernen Sparens" verpflichtet war. Der Anreiz, der Arbeitnehmer zum „Eisernen Sparen" bringen sollte, musste natürlich über die übliche Verzinsung von Spareinlagen hinausgehen, da es sich schließlich um eine Einlage mit prinzipiell unbekannter Kündigungsfrist handelte: „Spare eisern heut' vom Lohn, später hast Du mehr davon!" lautete der Slogan eines Werbezettels der Dresdner Bank von 1942/43. Die Vorteile lagen vor allem darin, dass die Sparbeträge bei der Berechnung der Lohnsteuer und Sozialversicherungsbeiträge unberücksichtigt blieben, der Zinsertrag zudem einkommensteuerfrei und das Sparguthaben selbst vermögenssteuerfrei blieb. Im besten Falle konnte sich der „Eiserne Sparer" bei der Invalidenversicherung und der Angestelltenversicherung um zwei Beitragsklassen günstiger stellen. Flankiert wurden diese Vorteile für Unternehmen in den eingegliederten Ostgebieten von der steuerlich begünstigten Bildung von Betriebsanlagevermögen, die „für die Anschaffung abnutzbarer Anlagegüter des beweglichen Betriebsvermögens in der Nachkriegszeit bestimmt" sein sollten[528], was faktisch auf einen Investitionsverzicht in Kriegszeiten hinauslief. Da diese Betriebsanlageguthaben jedoch bei den Finanzämtern eingezahlt wurden, spielte diese Maßnahme, deren Umfang sich anhand der Aktenlage nicht mehr feststellen lässt, für die Belange der Kreditinstitute keine Rolle.[529]

---

526 Boelcke, Kosten von Hitlers Krieg, S. 95.

527 Schmitt-Degenhardt/Hankele, Ich will eisern sparen!, S. 10; vgl. Robert Schulze: Das Eiserne Sparen und seine Vorteile. Wissenswertes für alle Volksgenossen. Bad Oeynhausen u. a. 1942, S. 8.

528 Kurt Masurat: Eiserne Sparkonten und Betriebsanlage-Guthaben. Berlin 1941, S. 22.

529 DurchfVO über Betriebsanlage-Guthaben vom 14. 11. 1941 (RGBl. I, S. 713).

Die Aktion des „Eisernen Sparens" entzieht sich weitgehend einer Bewertung nach Erfolg bzw. Misserfolg. Einerseits war die freie Kaufkraft, die es abzuschöpfen galt, in konkreten Zielvorgaben kaum zu fassen. Andererseits war der Kaufkraftüberschuss nicht gleichmäßig im Deutschen Reich verteilt, so dass von teils erheblichen Unterschieden zwischen den einzelnen Reichsgebieten ausgegangen werden muss. Die Wirkung der Kaufkraftabschöpfung war in den eingegliederten Ostgebieten zudem wegen Nichtanwendbarkeit auf die „Fremdvölkischen" beschränkt. Entscheidend war, dass überhaupt Kaufkraft auf diese Weise gebunden wurde.

Eher wohl als in den Unternehmen selbst war man sich bei den Kreditinstituten sofort darüber im Klaren, dass der im Zuge der Aktion des „Eisernen Sparens" unumgängliche Verwaltungsaufwand beträchtlich sein würde, und so versuchte man von Beginn an darauf hinzuwirken, „die Arbeit soweit wie nur irgend möglich in die Lohnbüros der Betriebe zu verlagern".[530] Diese Haltung war nur zu verständlich, da das „Eiserne Sparen" als Maßnahme des Regimes einmal mehr den Kreditinstituten bestimmte Konditionen vorschrieb, die den pekuniären Anreiz für die Sparkassen und mehr noch für die Banken gering erscheinen ließ.[531]

Neben dem steuerlichen Anreiz verfolgte die Einschaltung der Unternehmensleitungen und Betriebsführer gleichwohl die Absicht, die Zahl der Sparer mittels einer innerbetrieblichen „Gruppendynamik", d.h. der uniformierenden Wirkung der „Gefolgschaft" zu steigern. Durch den Ausschluss der Polen jedoch nahmen sich die Beträge, wie beispielsweise bei einer so bedeutenden Textilfabrik wie Scheibler & Grohmann in Litzmannstadt, die mehrere Tausend Arbeiter beschäftigte, eher bescheiden aus und erreichten bis Ende 1944 gerade einmal 62 000,– RM.[532] Hier wurden bis 1943 lediglich 130 „Eiserne Sparbücher" an die (reichs- bzw. „volksdeutsche") Belegschaft verteilt (50 bei der Dresdner Bank und 80 bei der Deutschen Genossenschaftsbank in Litzmannstadt), wobei der Vorstand summarisch wie prozentual den größten „eisernen" Sparbeitrag leistete.[533]

Doch ungeachtet der intensiven Propaganda und der Prognose, dass „auf diesem Wege Milliardenbeträge der Massenkaufkraft über die Betriebe und die Kreditinstitute in neue Kanäle geleitet und stillgelegt" würden[534], blieb die Aktion weit hinter den Erwartungen von bis zu sechs Milliarden Reichsmark zurück. Im Jahre 1942 hatten „eiserne" Spareinlagen an den Gesamtspareinlagen von 51,2 Mrd. RM bei den Sparkassen reichsweit einen Anteil von nur 465 Mio. RM (0,91 Prozent), und selbst 1944 betrug der Anteil an 80,4 Mrd. RM Spareinlagen lediglich 1,3 Mrd. RM (1,64 Prozent).[535] Aus der Sicht der Gauwirtschaftsberater bemaß sich der Erfolg bzw. Misserfolg des „Eisernen Sparens" freilich nicht so

---

530 SächsStAL, Commerzbank Leipzig, Nr. 589: Anlage zum Mitteilungs-Blatt der Organisations-Abteilung Nr. 1094 vom 31. 10. 1941 betr. Eisernes Sparen.

531 Vgl. APK, Dresdner Bank Kattowitz, Nr. 82, Bl. 154–157, hier Bl. 156: Dresdner Bank Kattowitz an Zentrale Berlin, Organisations-Abteilung, 15. 12. 1942, betr. Jahresbericht.

532 APŁ, Zjednoczone Zakłady Włókiennicze K. Scheiblera i L. Grohmanna, Nr. 5172.

533 Ebd., Nr. 5172–5173: Verzeichnis der Gefolgschaftsmitglieder, die eisern sparen.

534 Kreditwirtschaft und „Eisernes Sparen", in: Bank-Archiv 1941, S. 450–452, hier S. 450.

535 Sperk/Wilsdorf, Liquiditätsverhältnisse der deutschen Sparkassen, S. 108; vgl. Herbst, Der Totale Krieg und die Ordnung der Wirtschaft, S. 413.

sehr an den Kalkulationen über die vermutete Höhe der freien Kaufkraft als vielmehr an der Akzeptanz der Aktion an sich – entscheidend war somit weniger die Höhe der „eisern" gesparten Einlagen als vielmehr die Zahl der Einzelkonten und beteiligten Betriebe als Erfolgsausweis der Lenkungsmaßnahme. Aus diesem Grund war denn auch bereits im Februar 1942 unter den Gauwirtschaftsberatern die „Stimmung ziemlich negativ", da man das „Eiserne Sparen" für einen Misserfolg hielt. Als Grund hierfür wurde u.a. angeführt, dass in den Lohnbuchhaltungen die anfallende Arbeit zu groß sei. Darüber hinaus war es interessanterweise nicht der Umstand, dass man in der Aktion eine „getarnte Kriegsanleihe" vermutete, sondern die Angst vor einem „Zwangssparen" sowie die Kontrollmöglichkeiten des Arbeitgebers, die viele trotz einer positiven Einstellung dem Sparen gegenüber von der Teilnahme am „Eisernen Sparen" abhielten und an einer gesetzlichen Kündigungsfrist festhalten ließen.[536]

Diese Imponderabilien wirkten sich insbesondere in den eingegliederten Gebieten aus. Durch die sich aus der Ost-Steuerhilfe-Verordnung vom 9. Dezember 1940 ergebenden Steuerfreibeträge[537] wurden in den Ostgebieten inklusive Ostpreußen zudem die Steuervorteile des „Eisernen Sparens" und damit der Anreiz, sich an der Aktion zu beteiligen, deutlich reduziert:[538] „Trotz der intensiven Propaganda dürfte das Eiserne Sparen wie auch die Bildung von Betriebsanlageguthaben im hiesigen Gebiet kaum zu grosser Bedeutung gelangen. Einmal steht dem die Oststeuerhilfeverordnung entgegen, zum andern auch die Zusammensetzung des Volkstums sowie die Mentalität des Publikums. Beispielsweise haben sich bisher in der Zementfabrik Golleschau mit einer Belegschaft von rd. 600 Arbeitern und Angestellten nur 20 Gefolgschaftsmitglieder zum Eisernen Sparen entschlossen."[539]

Dieses Beispiel aus Schlesien wie auch das bereits angeführte von Scheibler & Grohmann aus dem Warthegau zeigen, dass die „Gefolgschaft" durchaus nicht uniform und systemkonform reagierte. Unternehmen hatten zuvor ihren Stammsitz mitunter nur aus dem Grunde in die Ostgebiete verlegt, um die steuerlichen Abgabenlasten zu reduzieren[540], und waren dementsprechend nun nicht daran interessiert, sich bzw. ihre Mitarbeiter neuen Abgaben unter anderem Namen aus-

536 BArch, R 2/31681: Bericht der Arbeitstagung der Gauwirtschaftsberater vom 19.2.1942; vgl. Boberach (Hg.), Meldungen aus dem Reich, Bd. 8, S. 3053–3059 (Nr. 242 vom 1.12.1941); ebd., Bd. 10, S. 3609–3612 (Nr. 274 vom 9.4.1942); Łuczak, Pod niemieckim jarzmem, S. 122.

537 Mitteilungen der Industrieabteilung der Wirtschaftskammer Wartheland 2 (1941), H. 1, S. 5–15; ebd. 2 (1942), H. 4, S. 5–13; Schmitt-Degenhardt/Hankele, Ich will eisern sparen!, S. 40f.; vgl. Ulrich Schade: Das Handwerk im Reichsgau Wartheland. Berlin 1942, S. 57–59.

538 Sparkassen- und Giroverband für Danzig-Westpreußen, Geschäftsbericht 1941. Danzig 1942, S. 3; vgl. Boberach (Hg.), Meldungen aus dem Reich, Bd. 8, S. 3056 (Meldung Nr. 242 vom 1.12.1941). Schulze, Das Eiserne Sparen und seine Vorteile, S. 23f.; Łuczak, Pod niemieckim jarzmem, S. 132–136.

539 APK, Dresdner Bank Kattowitz, Nr. 112, Bl. 127f., hier Bl. 127: Dresdner Bank Teschen – Kurzbericht für den Monat November 1941 vom 29.11.1941.

540 Vgl. HAC, SdF Ost, Filiale Breslau: Kreditakte Otto Carl Philipp & Co., Kolonialwarengroßhandlung, in Ostrowo; CB Breslau an Zentrale Berlin, 1.7.1942.

zusetzen. Schon von daher rührte die ständige Klage der Kreditinstitute über die ganz überwiegend kreditorisch geführten Geschäftskonten. Hinzu kam allerdings, dass das Lohnniveau in den neuen Reichsgauen allgemein niedriger war als im Altreich, so dass den Sparmöglichkeiten der deutschen „Volksgenossen" vergleichsweise enge Grenzen gesetzt waren. Bis Mitte Januar 1942 waren bei allen beteiligten Kreditinstituten im Reichsgau Wartheland lediglich 3,2 Mio. RM an „eisernen" Einlagen zusammengekommen[541], Ende 1942 entfielen bei den Sparkassen auf 15 922 Sparer „eiserne" Guthaben von lediglich 2,9 Mio. RM (1 Prozent der Gesamteinlagen, was dem Reichsdurchschnitt in etwa entsprach).[542]

Von diesen 2,9 Mio. RM war allein bei der Stadtsparkasse Posen knapp ein Drittel eingegangen, nämlich 4381 Konten mit einem „eisernen Sparguthaben" über 854 882,– RM.[543] Zieht man die Zahlen für die beiden Stadtsparkassen in Posen und Litzmannstadt[544] vom Gesamtaufkommen der „eisernen" Spareinlagen ab, dann entfielen auf die anderen Kreditinstitute in den beiden Städten sowie den gesamten übrigen Warthegau lediglich die folgenden Zahlen, was noch einmal zeigt, wie sehr das „Eiserne Sparen" ein städtisches bzw. industrielles Phänomen war:

	Eiserne Spareinlagen		Kontenzahl	
	RM	Prozent	absolut	Prozent
Litzmannstadt[545]	510 633,75	17,43	2 730	17,15
Posen	854 882,00	29,19	4 381	27,52
Warthegau (ohne Posen und Litzmannstadt)	1 563 484,25	53,38	8 811	55,33
Reichsgau Wartheland gesamt	2 929 000,00	100,00	15 922	100,00

Ein höheres Ergebnis erzielte das „Eiserne Sparen" im Reichsgau Danzig-Westpreußen. Hier beliefen sich die „eisernen" Spareinlagen Ende 1942 auf insgesamt 5,1 Mio. RM, wovon 2,6 Mio. auf die Danziger, 976 000,– RM auf die ehemals ostpreußischen und nur 1,49 Mio. RM auf die neuerrichteten Sparkassen (= 0,6 Prozent ihrer Gesamtspareinlagen) des Gaues entfielen. Die Zahlen erhöhten sich bis Ende 1943 auf insgesamt 11,7 Mio. RM, von denen die Sparkassen in den eingegliederten Gebieten des Gaues lediglich 3,5 Mio. RM (= 1 Prozent ihrer Gesamtspareinlagen) ausweisen konnten, die Danziger Sparkassen dagegen 6,1 Mio. und die ostpreußischen Sparkassen 2,1 Mio. RM.[546] Im Geschäftsbereich des Schlesischen Sparkassen- und Giroverbandes hatten 105 000 „Eiserne Sparer" bis Ende 1942 24,6 Mio. RM eingezahlt, 24 664 Sparer davon stammten aus den einge-

541 Łuczak, Pod niemieckim jarzmem, S. 122.

542 Geschäftsbericht des Sparkassen- und Giroverbandes Wartheland für das Jahr 1942, S. 2.

543 Stadtsparkasse der Gauhauptstadt Posen, Geschäftsbericht für das Jahr 1942.

544 APŁ, Stadtverwaltung Litzmannstadt, Nr. 29057, Bl. 49, 69, 79–91: Eiserne Sparkonten der Stadtsparkasse Litzmannstadt 1941–1944.

545 APŁ, Stadtverwaltung Litzmannstadt, Nr. 29057, Bl. 49, 69, 79–91: Eiserne Sparkonten der Stadtsparkasse Litzmannstadt 1941–1944.

546 Sparkassen- und Giroverband für Danzig-Westpreußen, Geschäftsbericht 1942. Danzig 1943, S. 8; dto. für 1943. Danzig 1944, S. 8.

gliederten Gebieten Ostoberschlesiens, die Höhe ihrer „eisernen Spareinlagen“ ist aber nicht aufgeführt.[547] Angesichts des gleichzeitigen starken Anstiegs der normalen Spareinlagen, wie er sich „mit einer gleichsam naturbedingten Zwangsläufigkeit vollzog“, wiesen das „Eiserne Sparen“, Betriebsanlageguthaben und „ähnliche Konstruktionen“ in der Provinz Schlesien Volumina auf, die deutlich unter dem Reichsdurchschnitt lagen.[548]

*

Dem außerordentlich hohen Einlagenbestand der Sparkassen standen im Aktivgeschäft nur recht begrenzte Anlagemöglichkeiten gegenüber. Da der Umfang des Kreditgeschäfts wegen der allgemeinen Liquidität und wegen der sparkasseneigenen Liquiditätshaltung bescheiden blieb, beschränkten sich die Sparkassen notwendigerweise zumeist auf den Erwerb von staatlichen Wertpapieren sowie auf Guthaben beim eigenen Zentralinstitut, das diese wiederum in Reichsschatzanweisungen anlegte. Da also die Sparer zu einer unmittelbaren Umlenkung ihrer Gelder zugunsten der Kriegsproduktion nur in geringem Maße bereit waren und das Reich keine öffentlichen Kriegsanleihen ausgab, sprangen die Kreditinstitute bei der indirekten Kriegsfinanzierung ein, da sie auf der „Jagd nach dem Schuldner“[549] ohnehin Schwierigkeiten bei der Kapitalanlage hatten.[550] Dementsprechend konnte das Reich auch in den neuen Reichsgebieten Reichsschatzanweisungen ungeachtet ihrer niedrigen Rendite in großen Mengen unterbringen.[551] Auch im Selbstverständnis der Sparkassen gehörte die Kriegsfinanzierung durch Kauf von Reichsschatzanweisungen zu einer der wichtigsten Aufgaben der Sparkassenorganisation.[552]

Der überwiegend aus staatlichen Titeln zusammengesetzte Wertpapierbesitz der Sparkassen im Warthegau erreichte bis 1940 eine Höhe von 58,3 Mio. RM (ca. 34 Prozent der Bilanzsumme)[553] und stieg bis Ende 1942 auf 310,9 Mio. RM (52,5 Prozent).[554] Im selben Jahr konnte auch die Landesbank und Girozentrale Wartheland ihren Wertpapierbesitz verdoppeln, er kletterte hoch auf 96,27 Mio. RM (Schatzwechsel) sowie 106 Mio. RM in sonstigen Wertpapieren.[555] Eine analoge Tendenz steigender Wertpapier- und Einlagenmengen der Sparkassen bei ihren Girozentralen charakterisiert die Entwicklung auch in Danzig-Westpreußen und Ostoberschlesien. Allein die neuerrichteten Sparkassen in Danzig-Westpreußen schafften 1940 für 25,2 Mio. RM (38,2 Prozent der Bilanzsumme), 1941 für 64 Mio. RM (41,8 Prozent), 1942 für 131,3 Mio. RM (52,3 Prozent) sowie 1943

---

547 Schlesischer Sparkassen- und Giroverband. Geschäftsbericht 1942. Breslau 1943, S. 11, 13.

548 Zit. nach Schlesischer Sparkassen- und Giroverband. Geschäftsbericht 1942. Breslau 1943, S. 22.

549 Sperk/Wilsdorf, Liquiditätsverhältnisse der deutschen Sparkassen, S. 110.

550 Boberach (Hg.), Meldungen aus dem Reich, Bd. 7, S. 2268 (Nr. 183 vom 5. 5. 1941).

551 Herbst, Der Totale Krieg und die Ordnung der Wirtschaft, S. 412f.

552 Bericht des Sparkassen- und Giroverbandes Wartheland für das Jahr 1940, S. 7.

553 Ebd., S. 11, 22.

554 Geschäftsbericht des Sparkassen- und Giroverbandes Wartheland für das Jahr 1942, S. 2.

555 Berliner Börsen-Zeitung vom 22. 5. 1943: Girozentrale Wartheland.

für 195,5 Mio. RM (57,3 Prozent) Wertpapiere an.[556] Alles in allem ist davon auszugehen, dass auch die Sparkassen der eingegliederten Ostgebiete in der Folgezeit eine Entwicklung durchliefen, an deren Ende wie im Altreich der Anteil der Reichswerte fast die gesamten Wertpapierbestände umfasste.[557] Dadurch aber, dass die Sparkassen bis Kriegsschluss einen immer höheren Anteil der fremden Gelder in liquiden Mitteln anlegten, verloren sie ihre ursprüngliche Aufgabe als Sparinstitutionen; vielmehr hatten auch sie sich „zu Instrumenten der Kriegsfinanzierung und Abschöpfung überflüssiger Kaufkraft umgebildet".[558]

Das „Polensparen" im Reichsgau Wartheland 1942

Für die eingegliederten Ostgebiete (ebenso wie für das Generalgouvernement) stellt sich die Frage, inwieweit die polnische Bevölkerung durch aktiven oder passiven Widerstand, ja nur durch den Umstand, dass sie die Bevölkerungsmehrheit darstellte, die ursprünglichen nationalsozialistischen Konzeptionen im Wirtschaftssektor veränderte und zu einzelnen Konzessionen zwang. Ein Beispiel für eine solche Adaption stellt die im Warthegau im Herbst 1942 durchgeführte Aktion des „Polensparens" dar. Zuvor hatte es innerhalb der Treuhandstelle durchaus pragmatische Überlegungen gegeben, die polnische Bevölkerung am Sparen zu beteiligen: „Es wird wahrscheinlich auch notwendig sein, ein gewisses Vertrauen dieser Leute [Polen] zu unseren Bank- und Kreditinstituten zu erwecken, so dass sie also nach wie vor wie schon früher ihre Spargroschen, wenn es auch nicht viele sind, letzten Endes der Wirtschaft zur Verfügung stellen, damit sie umlaufen können."[559]

Solche Überlegungen waren im Vorfeld der Polenvermögensverordnung den ideologischen Vorgaben geopfert worden. Hinzu kamen noch der Handlungsspielraum der Mitarbeiter der einzelnen Kreditinstitute, Polen als Kunden abzulehnen[560], sowie eine diskriminierende Vollmachtsregelung für Polen, die besonders die noch nicht enteigneten Polen im Handwerkssektor traf. Polen durften demnach nicht mehr alleinige Bevollmächtigte eines Geschäftskontos, Depots oder Schließfaches sein.[561] Schließlich muss berücksichtigt werden, dass die zahlreichen Sanktionsandrohungen bei vermeintlich zu freundlichem Umgang mit „Personen polnischen Volkstums" ihre Wirkung selbst bei den Deutschen letzt-

---

556 Sparkassen- und Giroverband für Danzig-Westpreußen. Geschäftsbericht 1941. Danzig 1942, S. 3; dto. Geschäftsbericht 1942. Danzig 1943, S. 3; dto. Geschäftsbericht 1943. Danzig 1944, S. 5.

557 Bankbild 1943, in: DWZ 41 (1944), S. 98; Sperk/Wilsdorf, Liquiditätsverhältnisse der deutschen Sparkassen, S. 111.

558 Ebd., S. 113.

559 APG, TDW, Nr. 5, Bl. 81–166, hier Bl. 120: Treuhandbesprechung in der Haupttreuhandstelle Ost am 23. und 24. 7. 1940; Rundverfügung an alle Treuhandstellen betr. Beschlagnahme von polnischen und jüdischen Guthaben, Depots und Schließfächern bei Kreditinstituten vom 13. 11. 1940, in: MBlHTO 1941, Nr. 1, S. 70 (publiziert bei Pospieszalski, Hitlerowskie „prawo" okupacyjne w Polsce, część I, S. 228 ff.); vgl. Feldman, Die Allianz und die deutsche Versicherungswirtschaft, S. 471 f.

560 Vgl. Hohenstein, Wartheländisches Tagebuch, S. 147 [Eintrag vom 16. 6. 1941].

561 APP, RRW, Nr. 1804, Bl. 261 f.: RdschrSGVW Nr. 40/42 vom 19. 10. 1942.

lich nicht verfehlten, die eigentlich um ein gutes Auskommen mit der polnischen Bevölkerung bemüht waren.[562]

Dem „Polensparen" waren bereits Anfang 1941 seitens der „Ostland"[563] Überlegungen vorausgegangen, wie man die polnischen Landarbeiter zum Sparen animieren könnte. Dem stand von vornherein entgegen, dass die polnische Bevölkerung insbesondere auf dem Lande ständig mit ihrer Evakuierung rechnete und dementsprechend keinerlei Neigungen zeigte, sich die Verfügung auch noch über die kleinen und kleinsten Geldmittel nehmen zu lassen. Entsprechend negativ wurde dieser Vorschlag seitens der Gaubehörden kommentiert: „Man will so bei dem Polen den Anschein erwecken, daß die Erträgnisse seines Hofes ihm doch schließlich zu Gute kommen. Diese Auffassung ist geradezu kindisch. Da man nicht die Absicht hat, dem Polen bei der Evakuierung die Verfügung über sein Sparguthaben zu belassen, bedarf es nur eines einzigen Falles von Evakuierung eines solchen Sparbuchbesitzers, damit die Angelegenheit [sich] sofort überall herumspricht."[564]

Aber die Stagnation im Kreditgewerbe, die auf Hochtouren arbeitende Rüstungsproduktion, die zunehmend defizitäre Haushaltslage im Gau und schließlich die Enttäuschung darüber, dass die Aktion des „Eisernen Sparens" hinter den Erwartungen zurückzubleiben drohte, dürften die wesentlichen Gründe dafür gewesen sein, warum man sich im Frühjahr 1942 auf die Finanzkraft der polnischen Bevölkerung besann.[565] Man vermutete in den Händen der Polen, die zum damaligen Zeitpunkt, d.h. nach den ersten Deportationswellen ins Generalgouvernement und zur Zwangsarbeit im Altreich, noch immer knapp 80 Prozent der Einwohnerschaft des Warthegaues ausmachten, größere Summen, die man nun als Spareinlagen hoffte abschöpfen zu können.[566] Dieselbe Abstinenz polnischer Einleger lag auch im Falle des (vor 1939 populären) Postsparkassendienstes vor[567], so dass die Reichspostdirektion Posen nach einem Jahr „Aufbauarbeit" den Einlagebetrag insbesondere „in Anbetracht des Anteils der polnischen Bevölkerung an der Gesamteinwohnerzahl des Bezirks" für sehr gut erachtete.[568] Dabei ließ sich etwa folgende Rechnung aufstellen: „Wenn z.B. in einem Kreis des Warthegaues,

---

562 APP, RRW, Nr. 1803, Bl. 52: Vertrauliches Sonderrundschreiben des Sparkassen- und Giroverbandes vom 23.4.1941: Verkehr von Beamten, Angestellten und Arbeitern des öffentlichen Dienstes mit Personen polnischen Volkstums ehemaliger polnischer Staatsangehörigkeit; BArch R 138 II/2, Bl. 21-23: Greiser an HSSPF Posen, 25.9.1940, betr. Umgang der deutschen Bevölkerung des Reichsgaues Wartheland mit Polen.

563 Vgl. hierzu unten S. 220ff.

564 APP, RRW, Nr. 854, Bl. 34f.: Lagebericht des Regierungspräsidenten in Posen für die Zeit vom 16.1. bis 15.2.1941.

565 BArch, NS 6/723, Bl. 5f.: Bericht der Gauleitung Wartheland vom 2.2.1942 betr. Sparen der Polen.

566 Łuczak, „Kraj Warty", S. 136, ist zuzustimmen, dass Polen auf Grund des sehr niedrigen Lohnniveaus kaum in der Lage waren, größere Barreserven anzusammeln. Vgl. Swart, Diesseits, S. 208.

567 Richter, Ein Jahr Postaufbau im Reichsgau Wartheland, S. 144. Lediglich der Postgirodienst wurde von polnischen Zwangsarbeitern im Altreich in Anspruch genommen, um ihren in Polen verbliebenen Familien Geld zu schicken; auf das „Zwangsarbeitersparen" wird auf S. 383f. eingegangen.

568 Richter, Ein Jahr Postaufbau im Reichsgau Wartheland, S. 164; ders., Postscheck und Postsparkasse im Warthegau, S. 4.

der ca. 60000 polnische Einwohner zähle, von denen 20000 im Erwerbsleben ständen, nur 10000 Polen wöchentlich 1 Mark freiwillig bezw. ‚eisern' sparen würden, so würde das im Monat einen Betrag von 40000,– RM. ergeben; das bedeutet allein im Regierungsbezirk Hohensalza mindestens 400000,– RM. rd. im Monat oder 4,8 Mill. jährlich. Entsprechende Zahlen ergäben sich für den gesamten Warthegau."[569]

In einem vertraulichen Rundschreiben vom 11. September 1942 hatte das Landeswirtschaftsamt des Reichsstatthalters die Bürgermeister, Landräte und Sparkassen von seiner Absicht in Kenntnis gesetzt, fortan auch Polen als Sparer zu gewinnen.[570] Obwohl die geltenden Verordnungen gar nichts anderes vorsahen, sollte polnisches Neuvermögen nun „beschlagnahmefrei" bleiben. Offenbar in Anlehnung an die erwähnte Initiative der „Ostland" wurde nun auch durch Erlass des RMEL vom 29. Dezember 1942 und mit Zustimmung des RKF angeordnet, dass „den polnischen Wirten bei Abgabe ihrer Betriebe bezw. bei Evakuierung der Bestand ihres Kontos zu belassen" sei, „um das Interesse der polnischen Wirtschafter an der Erzeugungssteigerung aufrechtzuerhalten".[571] In den „Grundsätzen zur Regelung der Spartätigkeit Angehöriger polnischen Volkstums" unterstrich Greiser jedoch bei gleichzeitiger Strafandrohung, dass „den einzelnen Kreditinstituten [...] jede wie auch immer geartete Werbung um Polen auch über Dritte, also etwa über die Betriebsführer, streng untersagt" sei.[572] Weder vom Reichsstatthalter selbst noch von den deutschen Kreditinstituten sollte der Eindruck entstehen, dass der „Tatbestand einer ‚Werbung um Polen'" vorläge, vielmehr sollten die Betriebsführer „in völlig neutraler Form" über den Erlass informiert werden und das Weitere veranlassen.[573] Dies war wohl auch der Grund dafür, weshalb eine im Juli 1942 in der Entwurfsfassung vorliegende Verordnung über das Sparen der polnischen Bevölkerung im Reichsgau Wartheland nicht in Kraft gesetzt worden war.[574]

Die Naivität, mit der namentlich die Sparkassen glaubten, Polen als Sparer gewinnen zu können, verdeutlicht eine am 22. September 1942 von der Kreissparkasse Warthbrücken irrtümlich an zahlreiche Firmen (zur Weitergabe an die polnische Belegschaft) versandte Werbeschrift, in der es unter anderem heißt: „Wenn wir somit heute über Ihren Betriebsführer an Sie herantreten mit der Aufforderung, einen Teil des Geldes, das heute doch nicht restlos in Ware umgesetzt werden kann, zu sparen, und zwar regelmäßig zu sparen, so geben wir Ihnen Gelegenheit, Ihre loyale Haltung dem deutschen [sic] Reich gegenüber unter Beweis zu stellen. Geben Sie also Ihrem Betriebsführer Auftrag, bei den einzelnen Ge-

569 BArch, R 58/1002, Bl. 46–48, hier Bl. 47: SD-Meldungen aus dem Reichsgau Wartheland 31. 12. 1944–6. 1. 1945.

570 APP, RRW, Nr. 1804, Bl. 224: RdschrSGVW Nr. 34/42 vom 22. 9. 1942.

571 BArch, R 2301/4025, Bl. 204: Rdschr. K/Nr. 281 vom 30. 4. 1943 betr. Verfügung des polnischen Wirtes über das restliche Guthaben des Kontos des Betriebes im Falle der Evakuierung.

572 APP, RRW, Nr. 2791, Bl. 1: Richtlinien für das „Polensparen" im Reichsgau Wartheland (November 1942).

573 APP, RRW, Nr. 1804, Bl. 277f.: RdschrSGVW Nr. 42/42 vom 24. 10. 1942.

574 BArch, NS 6/723, Bl. 110: Entwurf einer Verordnung über das Sparen der polnischen Bevölkerung [im Reichsgau Wartheland] vom 21. 7. 1942 (Abschrift).

halts- und Lohnzahlungen regelmäßig einen bestimmten Betrag von Ihrer Vergütung einzubehalten und auf ein Sparkassenbuch für Sie bei uns zu überweisen. Das Sparkassenbuch wird auf Ihren Namen ausgefertigt und Ihnen ausgehändigt. Das Guthaben steht Ihnen jederzeit zur Verfügung."[575]

Im Oktober schließlich ging Greiser mit seiner Idee doch noch an die (nb. deutsche) Öffentlichkeit. In seinem Rechenschaftsbericht vom 26. Oktober 1942 gab er seiner Erwartung Ausdruck, „daß auch die polnische Bevölkerung in Erkenntnis des Zeitgeschehens das von ihr zurückgehaltene und gehortete Geld sowie das nicht direkt zum Lebensunterhalt benötigte Einkommen mehr als bisher den Bankinstituten zuführt. Um einer teilweise noch verbreiteten, aber vollkommen irrigen Auffassung entgegenzutreten, möchte ich ausdrücklich feststellen, daß auch die polnische Bevölkerung bei den Banken und Sparkassen je nach ihrer privaten Wahl sparen kann und jederzeit über die Einlagen, soweit sie nach dem 1. Januar 1940 angesammelt worden sind und damit als sogenannte Neuvermögen gelten, einschließlich der Zinsen nach ihrem Belieben verfügen kann, ohne etwa eine Beschlagnahme befürchten zu müssen."[576]

Bereits einen Tag später griff der Vertreter des Reichsstatthalters und Leiter der Gauselbstverwaltung im Reichsgau Wartheland, SS-Oberführer Robert Schulz, in einem Schreiben an alle Dienststellen das Ansinnen Greisers auf. Er bat darum, alle Polen in den Ämtern davon in Kenntnis zu setzen, und empfahl schließlich „den polnischen Bediensteten, die in Posen ihren Wohnsitz haben", „die Errichtung von Sparkonten bei der Landesbank und Girozentrale Warthegau in Posen", bei dem Institut also, das seiner Dienstaufsicht unterstand.[577]

Während den Kreditinstituten die Werbung weiterhin untersagt blieb, wurde den Betriebsführern schließlich doch noch die Erlaubnis erteilt, einen Handzettel unter der polnischen Belegschaft zu verteilen, in dem betont wurde, dass die „Unterhaltung von Sparkonten und sonstiger Guthaben [...] vor Verlusten durch Diebstahl und Feuer" schütze und die vorgehaltenen Geldbeträge damit „vor einer strafrechtlichen Verfolgung wegen Geldhortens" sichere.[578]

Freilich ging es bei der Aktion weder um den polnischen Sparer noch um seine Loyalität dem Okkupanten gegenüber, sondern – wie Greiser offen zugab – darum, „wieder beträchtliche Summen in Anlagetiteln des Reiches als Beitrag des Reichsgaues Wartheland zur Kriegsfinanzierung" zur Verfügung zu stellen.[579] Von der generellen Linie, wie sie Friedrich Uebelhoer bereits in einer Rede am 9. November 1939 in Lodsch formuliert hatte – „Nicht verdienen, sondern dienen"[580] –, brauch-

575 APP, RRW, Nr. 2791, Bl. 3.

576 [Greiser:] Reichsgau Wartheland – Gau der Frontsoldaten, in: Warthegau-Wirtschaft 3 (1942), Nr. 11, S. 2f.

577 APP, Gauselbstverwaltung Posen, Nr. 28, Bl. 88.

578 BArch, R 58/1002, Bl. 46–48, hier Bl. 46: SD-Meldungen aus dem Reichsgau Wartheland, 31. 12. 1944–6. 1. 1945.

579 [Greiser], Reichsgau Wartheland – Gau der Frontsoldaten, S. 3.

580 Nicht verdienen, sondern dienen (Lodscher Zeitung vom 12. 11. 1939); zum Kontext vgl. Mirosław Cygański: Działalność urzędu rejencji w Łodzi pod kierownictwem F. Übelhöra [sic] i W. Mosera w latach 1939–1942, in: Rocznik Łódzki 17 (1973), S. 195–218, hier S. 200f.

te Greiser dabei nicht abzuweichen. Zwar musste selbst ihm klar sein, dass die Wirtschaft im Gau auf die polnische Bevölkerung angewiesen war und blieb; ob darin jedoch so etwas wie eine Zäsur in der Okkupationspolitik erblickt werden kann[581], ist zu bezweifeln.

Greisers Vorsicht und sein Misstrauen in die Bereitschaft der polnischen Bevölkerung, die deutsche Rüstungsindustrie mitzufinanzieren, sollten sich als sehr berechtigt erweisen, denn die Aktion geriet in ihrer Erfolglosigkeit noch 1942 zu einem Desaster.[582] Der SD kam hierbei zu dem Schluss, dass der Versuch nicht zuletzt „an dem mangelnden Interesse und an der fehlenden Zeit der Betriebsführer für diese Dinge gescheitert" sei.[583] Die geringen Verdienste der polnischen Arbeiter waren darüber hinaus nicht dazu geeignet, auf dem Sparsektor selbst im Falle der Erlaubnis zum Sparen einen spürbaren Beitrag zu leisten. Nicht nur, dass die Mehrzahl von ihnen teils beträchtlich unter Tarif bezahlt wurde, hinzu kam auch die „Polenabgabe", die das Einkommen noch zusätzlich schmälerte.[584] In Zeiten schlechter Auftragslage seitens der Wehrmacht fiel der Lohn beispielsweise in der Textilindustrie Litzmannstadts noch geringer aus. Polnische Arbeiter erhielten in den Vereinigten Baumwollfabriken Scheibler & Grohmann wöchentlich durchschnittlich 14 RM netto, in der Baumwollfabrik Izrael K. Poznański je nach Qualifikation zwischen 16 und 24 RM.[585] Das Bezugsscheinsystem für Lebensmittel, Kleidung und Schuhe lag im Falle der polnischen Bevölkerung ebenfalls unter der Zuteilung für Reichs- und „Volksdeutsche" und konnte die geringen Lohneinnahmen keineswegs kompensieren.

Daneben fand Greiser freilich andere Möglichkeiten, um die ausschließlich ihm zugänglichen Sonderkonten, vor allem das Konto 20008 bei der Landesbank und Girozentrale Wartheland in Posen, zu füllen.[586] Hierbei vermochte er sich sogar gegen die mittlerweile der Verwaltung seiner Reichsstatthalterei unterstehende Treuhandstelle Posen durchzusetzen. Anfang Dezember 1942 wies Greiser die Wirtschaftskammer Wartheland an, die „Polenlohnkürzungen" bzw. „-abzüge" in Höhe von 20 Prozent vom Arbeitslohn, die bislang der Treuhandstelle zugute ge-

---

581 Armin Ziegler: Posen Januar 1945. Evakuierung und Flucht der deutschen Zivilbevölkerung der Stadt Posen im Januar 1945. Schönaich 1989, S. 59.

582 Vgl. für die Zeit seit Geltung der Polenvermögensverordnung wohl im Wesentlichen zutreffend Łuczak, „Kraj Warty", S. 136, er habe keinen einzigen Fall nachweisen können, in dem ein Pole freiwillig seine Ersparnisse bei einem deutschen Kreditinstitut anlegte. Vgl. auch ders., Pod niemieckim jarzmem, S. 122. Demgegenüber mag es Einzelfälle gegeben haben, sie sind zahlenmäßig in jedem Falle irrelevant.

583 BArch, R 58/1002, Bl. 46–48, hier Bl. 46: SD-Meldungen aus dem Reichsgau Wartheland, 31. 12. 1944–6. 1. 1945.

584 Vgl. APP, Akta miasta Poznania, Nr. 16069, Bl. 1–7: Anordnung des Reichstreuhänders für den öffentlichen Dienst (gez. Melcher) über die arbeitsrechtliche Behandlung der Polen vom 3. März 1941.

585 Wiesław Puś/Stefan Pytlas: Dzieje Łódzkich Zakładów Przemysłu Bawełnianego im. Obrońców Pokoju „Uniontex" (d. Zjednoczonych Zakładów K. Scheiblera i L. Grohmana) w latach 1827–1977. Warszawa 1979, S. 305; Tadeusz Bojanowski: Fabryka Towarzystwa Akcyjnego Wyrobów Bawełnianych I. K. Poznański w latach okupacji hitlerowskiej (1939–1945 r.), in: Rocznik Łódzki 15 (1971), S. 101–122, hier S. 111 f.

586 Entsprechend sind Wixforths Überlegungen (Expansion der Dresdner Bank, S. 524) zu Greisers Sonderkonto bei der Ostbank zu korrigieren.

kommen waren, rückwirkend für die Zeit ab 1. Januar 1942 auf das genannte Sonderkonto zu seiner Verfügung einzuzahlen, soweit sie nicht für Preissenkungen herangezogen würden.[587] Auf diese Weise profitierte Greiser von der polnischen (Zwangs-)Arbeit in erheblichem Maße: Bis Oktober 1943 kamen beispielsweise bei der Firma Union Textile in Litzmannstadt 230542,– RM und bei der Litzmannstädter Kammgarnindustriewerke AG 195307,– RM zusammen, die als Kaufkraft nicht nur den polnischen Arbeiterinnen und Arbeitern vorenthalten, sondern auch den Firmen entzogen wurden, die sich vergeblich bemühten, die „Polenlohnkürzungen" als Kompensation für die „Minderleistung der Polen gegenüber deutschen Arbeitern" behalten oder aber „zur Deckung der Verluste verwenden zu dürfen".[588]

Freilich wurde die Angelegenheit des „Polensparens" damit nicht zu den Akten gelegt, sondern beschäftigte den SD noch bis Januar 1945. Die SD-Meldungen aus dem Reichsgau Wartheland registrierten noch Ende 1944, Anfang 1945 Forderungen, hinsichtlich des „Polensparens" neue Wege zu gehen, und vermerkten, dass man, „wenn überhaupt die Notwendigkeit des Polensparens anerkannt werde, jetzt auf jeden Fall den Kreditinstituten die Möglichkeit der Werbung geben müsse", um auf diese Weise nicht nur die überschüssige Kaufkraft der Polen, sondern auch den Schwarzhandel eindämmen zu können.[589]

Flankiert wurde das „Polensparen" 1942 von einem Programm, das unter dem Schlagwort „Leistungspolen" (L-Polen) firmierte. Auch diese Kategorie geht zurück auf Greisers Rede vom 26. Oktober 1942, in der er die Schaffung dieser Lohngruppe ankündigte, die dann knapp zwei Monate später offiziell mit der Gründung des „Verbandes der Leistungspolen" eingeführt wurde. Leistungspolen sollten dieselbe Lebensmittelration wie die Deutschen sowie den vollen Tariflohn ohne Abzug der „Polenabgabe" erhalten. Auf diese Weise glaubte man, einerseits den Polen eine Gelegenheit bieten zu können, „bei entsprechender innerer Einstellung und äußerer Leistung ein materiell auskömmliches Leben zu führen", andererseits einen wertvollen „Beitrag zu einem gedeihlichen Zusammenleben der Völker im neuen Europa" geleistet zu haben.[590]

Die Erfolglosigkeit auch des „Verbandes der Leistungspolen" zeigte sich allerorts, zumeist waren es nur wenige Prozent der polnischen Belegschaft, die den Status von „Leistungspolen" erreichten bzw. erreichen wollten. In der Textilindustrie in Litzmannstadt waren es bei Scheibler & Grohmann zwischen 1942 und 1944 lediglich 7,6 Prozent der etwa 4000 Personen (ganz überwiegend Polen) umfassenden Belegschaft[591], in der Baumwollfabrik Izrael K. Poznański waren von

[587] OFD, HTO, Abt. Vermögensverwaltung, Nr. 19, 22, 25–28; APP, Regierung Posen, Nr. 60, passim; Łuczak, Pod niemieckim jarzmem, S. 134.

[588] OFD, HTO, Abt. Vermögensverwaltung, Nr. 19: Litzmannstädter Kammgarnindustriewerke AG an HTO, 17. 12. 1942, betr. Polenabzug; ebd., Nr. 26: Industriewerke St. Weigt AG, Litzmannstadt, an HTO, 20. 1. 1943, betr. aufgelaufene Beträge – Polenlohnkürzungen vom 1. 1. 1942.

[589] BArch, R 58/1002, Bl. 46–48, hier Bl. 47: SD-Meldungen aus dem Reichsgau Wartheland, 31. 12. 1944–6. 1. 1945.

[590] BArch, R 2501/5516, Bl. 174: „Leistungspolen" (Neue Zürcher Zeitung Nr. 19 vom 4. 1. 1943).

[591] Puś/Pytlas, Dzieje Łódzkich Zakładów Przemysłu Bawełnianego, S. 304.

2000 Beschäftigten 1944 lediglich 15 Arbeiter als „Leistungspolen“ registriert.[592] Auch in den DWM in Posen konnte man bei einer Belegschaft von zeitweise über 21500 Arbeitern nur knapp 1000 Polen, d.h. weniger als fünf Prozent, zu einer Teilnahme bewegen. Darüber hinausgehenden Werbemaßnahmen stand v.a der Umstand im Wege, dass das hierfür zur Verfügung stehende Finanzkontingent von vornherein festgelegt und begrenzt war und eine Ausweitung der Kategorie der „Leistungspolen“ gar nicht zugelassen hätte.[593]

Auch das „Polensparen“ und die Kategorie der „Leistungspolen“ entbehrten als Lenkungsmaßnahmen keineswegs der Grundattitüde „negativer Bevölkerungspolitik“. Insofern überrascht der Misserfolg beider Aktionen nicht. Ähnlich wirkungslos blieben auch andere Impulse, die nationalsozialistische Polenpolitik ab 1943 von ihrer kompromisslosen Radikalität abzubringen. Intern wurde auf Seiten der HTO sogar eine mögliche Entschädigung für enteignete Vermögen von Polen angedacht. Winkler plante in dieser Angelegenheit, die Frage mit dem RKF „durchzusprechen“, war sich zugleich jedoch klar darüber, „daß es sehr schwer, wenn nicht gar unmöglich ist, jetzt die Frage einer Entschädigung der Polen wieder aufzugreifen, nachdem sie seit 1939 mehr oder weniger schroff nicht behandelt wurde“.[594] Dementsprechend blieb es hier wie dort bei Absichtserklärungen.

4. Das Kreditgeschäft

Neben der Verwaltung von Geldeinlagen gehörte in den eingegliederten Ostgebieten die Vergabe von Krediten zum Kerngeschäft sämtlicher Kreditinstitute. Demgegenüber spielten andere Geschäftsbereiche (z.B. Effekten- oder Investmentgeschäfte) eine nur untergeordnete Rolle. Die Rekonstruktion des Kreditgeschäftes ist zugleich eine Antwort auf die Frage, wo und in welchen Bereichen die Banken, Sparkassen und Genossenschaften tatsächlich ihr Geld verdienten. Auch bei der Kreditvergabe waren die Institute auf die enge Zusammenarbeit mit den Behörden angewiesen, wobei ihnen diese Zusammenarbeit einerseits ein Geschäftsfeld garantierte, andererseits aber ihre Rentabilität verminderte. Diese Abhängigkeit brachte für die Institute außerdem die Notwendigkeit mit sich, weltanschauliche Aspekte des ihnen offerierten Geschäftsbereiches zu akzeptieren und umzusetzen: „Jeder Einsatz in den neuen Ostgebieten, also auch der wirtschaftliche, steht vornehmlich im Zeichen der großen Eindeutschungsaufgabe. [...] Zugleich muß sich auch die Kreditwirtschaft bei ihrem Aktivgeschäft den geltenden strengen volkspolitischen Prüfungs- und Abgrenzungsvorschriften anpassen. Sie kann z.B. Kredite nur insoweit geben, als der Kreditnehmer als Träger der Ein-

---

592 Bojanowski, Fabryka Towarzystwa Akcyjnego Wyrobów Bawełnianych I. K. Poznański, S. 109, 117f.

593 Zdzisław Grot: 100 lat Zakładów H. Cegielski 1846-1946. Poznań 1946, S. 200. Hinzu kam, dass Greiser hierfür aus den eigenen Reihen scharf angegriffen wurde, namentlich von Friedrich Uebelhoer nach dessen Abberufung im Dezember 1942 in einem Schreiben an Hitler vom 6.1.1943; vgl. Cygański, Działalność urzędu rejencji w Łodzi, S. 217.

594 APP, TP, Nr. 145, Bl. 115–120, hier Bl. 120: Vermerk über die Tagung der Treuhandstellenleiter am 9.3.1943 in Berlin vom 10.3.1943.

deutschungs- und Aufbauaufgaben anerkannt ist, was stets eine entsprechende Zusammenarbeit mit den hierfür zuständigen Stellen voraussetzt."[595]

In ihrer gelenkten Tätigkeit nahmen die Kreditinstitute in den eingegliederten Gebieten also auch „volkstumspolitische" Aufgaben wahr, die unter weniger reglementierten Rahmenbedingungen gar nicht Teil ihrer Geschäftstätigkeit gewesen wären. Während die behördliche Intervention im Falle des Einlagengeschäfts nur wenig in Erscheinung trat – durch die antisemitischen Maßnahmen aber omnipräsent blieb –, war im Kreditgeschäft das genaue Gegenteil der Fall. Nationalsozialistische Dienststellen bestimmten oftmals nicht nur den Kreditnehmer, sondern auch die Kredithöhe sowie die entsprechenden Konditionen, und den Kreditinstituten selbst verblieb vielfach nur noch die Auszahlung der vereinbarten Geldsumme.

In den 1930er Jahren war es zu einem starken Rückgang der Nachfrage nach Personalkrediten und zu einer Verlagerung der Kredite auf den öffentlichen bzw. staatlichen Sektor gekommen. Nach Kriegsbeginn kam es in diesem Sinne zu einer noch stärkeren Verschiebung auf die Seite staatlicher Investitionsvolumina.[596] Allerdings war hinsichtlich der noch in den 1930er Jahren in Polen problematischen Kapitalknappheit ein Investitionsbedarf nicht *per se* in Abrede zu stellen. Lenkungsmaßnahmen und Maßnahmen zur Ankurbelung der Wirtschaft in den neugewonnenen Gebieten waren dabei aber kaum voneinander zu trennen. So betrug der Umfang der öffentlichen Aufträge allein im Warthegau bis Ende 1941 ca. 750 Mio. RM, wobei nicht festzustellen ist, welchen prozentualen Anteil diese Summe an den Gesamtinvestitionen ausmachte. „Durch die Vergebung zentraler und dezentraler Wehrmachtsaufträge und sonstiger öffentlicher Aufträge, sowie durch planmäßige Verlagerung von Rüstungsaufträgen aus Engpaßgebieten des Altreichs in den Warthegau", so hieß es, „konnte eine gewaltige Ankurbelung der Wirtschaft, vor allem auch der Industrie des Gaues erzielt werden."[597] Die Umverteilung von Rüstungsaufträgen als wesentlicher Impuls für eine Industriepolitik bedeutete an sich noch keinen Investitionsbedarf, sondern führte zu einer verstärkten Nachfrage nach Betriebsmittelkrediten, die aber für das Potenzial einer späteren Friedenswirtschaft nur wenig Anhaltspunkte abgab. Hemmend für die Vergabe von Investitionskrediten jenseits der unmittelbar kriegswichtigen Produktion wirkten sich dann die Erlasse Hitlers und Görings vom 25. Januar und 13. April 1942 aus, „ausschließlich Friedenszwecken" dienende Planungen seien fortan zu unterlassen. Zumindest war damit der ohnehin schon weitgehend zur Illusion gewordene „großzügige Aufbau" der neuen Reichsgebiete auf unbestimmte Zeit *ad acta* gelegt.

---

595 Günter Keiser: Die Kreditwirtschaft in den eingegliederten Ostgebieten, in: Bank-Archiv 1940, S. 468–474, hier S. 469; Kasten, Neuordnung der Währung, S. 21; VO über die Einführung der Vorschriften zur Entjudung der deutschen Wirtschaft in den eingegliederten Ostgebieten vom 30. 3. 1942 (RGBl. I, S. 166).

596 Sperk/Wilsdorf, Liquiditätsverhältnisse der deutschen Sparkassen, S. 102; vgl. Günter Keiser: Das vierte Kriegsjahr der Banken, in: Bankwirtschaft 1944, S. 48.

597 Franz Zimmel (Bearb.): Die Industrie im Reichsgau Wartheland mit Firmen-Verzeichnis. Posen 1942, S. 17.

Kredite sind eine Frage des Vertrauens, das sich aber in den eingegliederten Gebieten nur dort einstellen konnte, wo den Kreditinstituten bereits bekannte Firmen neue Niederlassungen eröffneten oder wo protektionistische Maßnahmen bzw. Strukturen das fehlende Vertrauen, d.h. höheres Risiko, kompensieren konnten. Investitions- und Betriebsmittelkredite waren im Kriege riskanter als in Friedenszeiten, auch stellte sich zu Kriegsbeginn die Notwendigkeit ein, das bestehende Kreditangebot durch Sondermaßnahmen entsprechend zu ergänzen. Insgesamt waren „freie" Kredite, bei denen außer dem Kreditnehmer und der Bank keine weiteren Stellen beteiligt waren, in den eingegliederten Ostgebieten teurer, als es die Liquidität der Kreditinstitute (und zunehmend auch der Unternehmen) hätte vermuten lassen. „Erklären lässt sich der jetzt übliche Zinsfuss [z.T. bis 7,5 Prozent p.a.] dadurch, dass die Banken weniger den Kreditunterlagen als der allgemeinen Wirtschaftslage vertrauen, trotzdem aber für sich eine hohe Risikoprämie einkalkulieren."[598] Vor diesem Hintergrund aber stellt sich die Frage nach dem Charakter des Kreditgeschäfts in den eingegliederten Ostgebieten, der am Beispiel dreier staatlicher Kreditprogramme illustriert werden soll.

Das Geschäft deutscher Kreditinstitute in den Reichsgauen Wartheland und Danzig-Westpreußen sowie im Regierungsbezirk Zichenau muss vor allem vor dem Hintergrund der starken Ausrichtung auf die agrarische Produktion sowie der Prävalenz der dort zur Durchführung gelangten Germanisierungs- und Siedlungspolitik gesehen werden, wohingegen man es im Regierungsbezirk Kattowitz mit einer stärker industriell ausgerichteten Kreditvergabepolitik zu tun hat. Dabei kann auf der Basis des zur Verfügung stehenden Quellenmaterials gesagt werden, dass die Klientelstrukturen der Großbankniederlassungen – abgesehen von wenigen signifikanten Besonderheiten – recht weitgehende Übereinstimmungen aufwiesen.

Reichsverbürgte Kredite und Reichswirtschaftshilfe

Da die Nationalsozialisten mit ihrer Wirtschaftspolitik in Polen Ziele verfolgten, die in einer sich frei organisierenden Wirtschaft keinen Platz hatten, mussten Regulierungsmechanismen gefunden werden, die die Imperative ökonomischen Handelns im Sinne der nationalsozialistischen Zielvorgaben veränderten bzw. Konflikte zwischen ökonomischer Rationalität und ideologischem Rahmen lösen halfen. Hierzu gehörte auch, dass Wirtschaftssubjekte nicht allein anhand ihres Nachfrage- oder Rentabilitätspotenzials einzuschätzen waren, sondern auch hinsichtlich ihrer politischen und „rassischen" Eignung sowie ihrer Rolle bei der angestrebten Eindeutschung der polnischen Gebiete.

Nach der Eingliederung der polnischen Westgebiete in das Deutsche Reich galt es einerseits, die nunmehr kommissarisch verwalteten Betriebe so schnell wie möglich in den Produktionsprozess – in die „Erzeugungsschlacht"[599] – zu integrieren, andererseits sollte dies einhergehen mit einer im Laufe von zehn Jahren

[598] Jungfer, Untersuchungen über die Finanzierung des Aufbaus von Gewerbe und Industrie, S.110.
[599] Bericht des Sparkassen- und Giroverbandes Wartheland für das Jahr 1940, S.9.

(bis 1949) zu realisierenden „Germanisierung" durch forcierte Einweisung von Umsiedlern vor allem in den Warthegau. Die Art der Betriebsübernahme und die deshalb allenthalben auftretenden Probleme der Buchbewertung sowie die konkurrierenden Vorstellungen hinsichtlich der zu bevorzugenden Personengruppen, die in beschlagnahmte Betriebe eingewiesen werden sollten, ließen eine Befriedigung der erforderlichen Betriebsmittel- oder Investitionskredite auf dem gewöhnlichen Wege praktisch nicht zu[600], so dass man sich angesichts der „bewegten Zeiten" bereits frühzeitig über alternative Finanzierungsmodelle Gedanken machte.[601] Erfahrungen mit vergleichbaren Kreditsonderprogrammen in der „Ostmark" und im Sudetengau wiesen auch hier den Weg.

Bis Ende 1939 waren alle Kredite durch die vom RFM ausgesprochene Globalbürgschaft des Reiches in Höhe von 200 Mio. RM gesichert, in deren Rahmen beispielsweise im Warthegau Kredite von insgesamt 6,3 Mio. RM ausgelegt wurden.[602] Bei allen nach dem 1. Januar 1940 von neu gebildeten Kreditausschüssen bewilligten Krediten handelte es sich demgegenüber um Einzelkredite unter Reichsbürgschaft in einem Verfügungsrahmen von zunächst 20, später 30 Mio. RM für den Reichsgau Wartheland, wohingegen im Regierungsbezirk Kattowitz das Bürgschaftskontingent 50 Mio., in Danzig-Westpreußen 20 Mio. sowie im Regierungsbezirk Zichenau 5 Mio. RM betrug.[603] Zuvor unter Globalbürgschaft bewilligte Kredite mussten ab diesem Stichtag ebenfalls in Einzelkredite umgewandelt werden.[604] Im Falle der Reichshilfe[605], um die die Reichswirtschaftshilfe im Sommer 1940 erweitert wurde und die sich auf Zinszuschüsse und Bilanzbereinigung beschränken sollte, um einer „Lockerung der Schuldnermoral" von vornherein entgegenzuwirken[606], standen zunächst lediglich 300 000,– RM zur Verfügung.[607]

Entsprechend den Richtlinien des RFM stand das Kreditprogramm allgemein nur solchen Betrieben zur Verfügung, die eine spezifische *Funktion* im wirtschaftlichen Ganzen erfüllten, die Kredite sollten demnach dazu dienen, „ihre Leistungsfähigkeit zu heben und sie insbesondere für wehr-, volks- und ernährungswirtschaftlich wichtige Zwecke nutzbar zu machen".[608] Die Reichswirtschaftshilfe

600 Karl Kimmich: Kredithilfe der Banken, in: Bank-Archiv 1939, S. 477–479, hier S. 477.

601 Das Instrument des reichsverbürgten Kredits, in: Bank-Archiv 1940, S. 415–417, hier S. 415.

602 APP, RRW, Nr. 2772, Bl. 1115 f.: Protokoll über die erste Sitzung des Ausschusses für reichsverbürgte Kredite vom 12. 2. 1940.

603 APP, RRW, Nr. 2760, Bl. 1 f.: RWM an Reichsstatthalter im Warthegau, 28. 12. 1939; ebd., Nr. 2772, Bl. 644: Protokoll der 7. Sitzung des Ausschusses für reichsverbürgte Kredite am 15. 5. 1940.

604 Carl Bernhard Zee-Heraeus: Die Reichswirtschaftshilfe in den eingegliederten Ostgebieten, in: Bank-Archiv 1941, S. 53 f., hier S. 53.

605 Mitteilungen der Industrieabteilung der Wirtschaftskammer Wartheland 2 (1941), H. 12, S. 1-3; Schade, Handwerk im Reichsgau Wartheland, S. 54–56.

606 Hofmann, Erweiterte Reichswirtschaftshilfe, S. 10.

607 APP, RRW, Nr. 2761, Bl. 39: Streng vertrauliches Rdschr. des Gaukreditausschusses vom 4. 7. 1940; ebd., Bl. 41 f.: Richtlinien für die Gewährung von Reichsdarlehen und Reichszuschüssen (Reichshilfe) zur Förderung der Wirtschaft in den eingegliederten Ostgebieten.

608 APP, RRW, Nr. 2760, Bl. 5-16, hier Bl. 5: Richtlinien für die Übernahme einer Reichsbürgschaft für Kredite zur Förderung der Wirtschaft im Gebiet des Reichsgaues Posen vom 15. 12. 1939; Geisler, Deutscher! Der Osten ruft Dich!, S. 100; Schaar, Neuordnung des Währungs- und Kreditwesens, S. 80–84.

sollte den normalen Bankkredit dabei nicht substituieren, sondern nur begleiten, bis die Bankfähigkeit der Betriebe (wieder) hergestellt war. Allerdings durften Reichsbürgschaftskredite nicht zur Schuldentilgung im Altgeschäft verwendet werden. Dem Kreditnehmer war die Wahl des Kreditinstitutes, bei dem er um einen reichsverbürgten Kredit nachsuchen wollte, prinzipiell freigestellt. Möglich waren sowohl Investitionskredite für den Aufbau kriegsbeschädigter Betriebe oder die Neueröffnung eines Gewerbes als auch Betriebsmittelkredite zur Deckung laufender Ausgaben sowie zur Zwischenfinanzierung von Aufträgen.[609] Ungeachtet der durch Schließungsmaßnahmen und Liquidationen wenig kapitalintensiven Rationalisierung rechnete man in den eingegliederten Ostgebieten insgesamt mit einem umfangreichen Kreditbedarf, in der Landwirtschaft und der Lebensmittelindustrie wegen der geplanten starken Produktionssteigerung und in der Industrie angesichts der avisierten Modernisierungs- und Konversionsmaßnahmen im Rahmen der Kriegswirtschaft.[610]

In der Anfangszeit stand die Reichswirtschaftshilfe Unternehmen aus allen Bereichen der gewerblichen Wirtschaft zu Verfügung, erstreckte sich somit prinzipiell auch auf den landwirtschaftlichen Bereich sowie auf Betriebe, die der kommissarischen Verwaltung der HTO unterlagen.[611] Reichsverbürgte Kredite an Treuhandbetriebe bedurften jedoch stets der Genehmigung seitens der Treuhandstelle und waren auf Investitionsvorhaben beschränkt[612], der Betriebsmittelbedarf hingegen wurde ausschließlich durch die HTO befriedigt.[613] Reichsverbürgte Investitionskredite für kommissarisch verwaltete Betriebe blieben nach 1940 allerdings die Ausnahme.[614] Durch die Gründung der Ostdeutschen Landbewirtschaftungs-Gesellschaft (Ostland) als Generaltreuhänder für die beschlagnahmten landwirtschaftlichen Betriebe schieden diese aus der Reichswirtschaftshilfe aus; für sie wurde ein besonderer Konsortialkredit vereinbart.[615]

Mit dem Anlaufen dieser Kreditprogramme im Laufe des Jahres 1940 kam die Reichswirtschaftshilfe hauptsächlich für die (volks-)deutschen Eigentümerbetriebe in Betracht.[616] Erklärte sich ein Kreditinstitut bereit, dem Antragsteller einen

---

609 APP, RRW, Nr. 2760, Bl. 5.

610 Fritz Reuter: Erweiterte Reichswirtschaftshilfe für die eingegliederten Ostgebiete, in: DWZ 38 (1941), S. 105f., hier S. 105.

611 § 5 der AO über den Geldverkehr der unter der Aufsicht der HTO kommissarisch verwalteten Betriebe vom 19. 3. 1940, in: MBlHTO 1940, Nr. 1, S. 15.

612 Erläuterungen zu der AO über den Geldverkehr der kommissarisch verwalteten Betriebe vom 19. 3. 1940, in: MBlHTO 1940, Nr. 2, S. 22; vgl. Hofmann, Erweiterte Reichswirtschaftshilfe, S. 9.

613 Reuter, Erweiterte Reichswirtschaftshilfe für die eingegliederten Ostgebiete, S. 106.

614 APP, TP, Nr. 92, Bl. 2-30, hier Bl. 30: Tätigkeitsbericht der TP vom 15. 10. 1940; ebd., Nr. 2547; ebd., Nr. 82, Bl. 18: Verkürzte Vermögensübersicht zum 31. 5. 42. 1940 waren 120 Reichsbürgschaftskredite (1,5 Mio. RM) genehmigt worden, 1942 liefen nur noch zwölf Kredite (186 000,– RM).

615 VO über die öffentliche Bewirtschaftung land- und forstwirtschaftlicher Betriebe und Grundstücke in den eingegliederten Ostgebieten vom 12. 2. 1940 (RGBl. I, S. 355); APP, RRW, Nr. 2660, Bl. 1: RMEL an die Reichsstatthalter in Danzig-Westpreußen und im Warthegau vom 8. 5. 1940. Vgl. auch unten S. 220ff.

616 Ehrhardt Hofmann: Das Wesen der Reichswirtschaftshilfe oder der sogenannten „reichsverbürgten Kredite", in: Warthegau-Wirtschaft 1 (1940), Nr. 9, S. 5f., hier S. 5.

reichsverbürgten Kredit zu gewähren, so leitete es den mit seiner Befürwortung versehenen Antrag weiter an die zuständige Behörde, die über die Gewährung der Reichsbürgschaft entschied. Bis zu einer Kredithöhe von 25000,– RM war dies der Bezirkskreditausschuss beim jeweiligen Regierungspräsidenten; oberhalb dieses Betrages war der Gaukreditausschuss beim Reichsstatthalter zuständig, Kredite über 250000,– RM fielen in die Entscheidungskompetenz des Reichskreditausschusses beim Reichswirtschaftsministerium.[617] Für Großkredite über 100000,– RM standen den Instituten in den eingegliederten Ostgebieten dabei die Deutsche Industriebank sowie ein unter Führung der Reichs-Kredit-Gesellschaft gebildetes Bankenkonsortium zur Seite.[618]

Der den Kreditinstituten fest vorgeschriebene Zinssatz war in diesem Verfahren von dem Umfang der Reichsbürgschaft abhängig. Betrug diese 100 Prozent der Kreditsumme, so durfte der Zinssatz für den Kreditnehmer maximal ein Prozent über dem jeweils gültigen Diskontsatz der Reichsbank (1940: 3½ Prozent) liegen. Übernahmen die Banken und Sparkassen ein Eigenrisiko von mindestens 15 Prozent, so durfte der Zinssatz um einen weiteren Prozentpunkt (5½ Prozent), bei landwirtschaftlichen Krediten um 0,5 Prozentpunkte (5 Prozent) erhöht werden.[619] Ursprünglich sollte eine 100-prozentige Bürgschaft des Reiches nur in Ausnahmefällen oder aber bei Krediten bis maximal 2000,– RM in Frage kommen.[620] In der Praxis jedoch wurde unter Inkaufnahme der niedrigeren Gewinnspanne auch von größeren Banken nach Möglichkeit ein durch die Reichswirtschaftshilfe vollständig abgesicherter Kredit einer Risikobeteiligung oder einem reinen Bankwagniskredit vorgezogen, da abgesehen von der oftmals problematischen Besicherung der Kreditsumme den meisten Kreditinstituten auch die nötige Erfahrung mit der Kundschaft für die Übernahme eines Eigenrisikos fehlte. Das Verfahren bot somit einerseits den Vorteil, dass die Geldinstitute ein Geschäft auch dort entwickeln konnten, wo sie auf sich allein gestellt kaum hätten aktiv werden können bzw. wollen. Die niedrigen Zinssätze brachten andererseits eine Rentabilitätsmarge mit sich, die die Kreditinstitute kaum große Gewinne erwirtschaften ließ. Ließen sich die Kreissparkassen einen Kredit bei der Landesbank refinanzieren, so verblieb ihnen eine Gewinnmarge von gerade einmal 0,25 Prozent.[621] Überlegungen aus den Reihen der Banken, durch eine differenzierte Verzinsung der Betriebsmittel- und Investitionskredite bzw. die Einführung einer Umsatzprovision einen Mittelweg zu finden, der auch den Instituten einen lukrativeren Anreiz geboten hätte, wurden aber niemals realisiert.[622]

617 Reuter, Erweiterte Reichswirtschaftshilfe für die eingegliederten Ostgebiete, S. 106.

618 APP, RRW, Nr. 1802, Bl. 231: Rdschr. des Gaukreditausschusses vom 11. 9. 1941; vgl. Cassier, Unternehmerbank zwischen Staat und Markt, S. 183ff.

619 APP, RRW, Nr. 2760, Bl. 7.

620 Hofmann, Wesen der Reichswirtschaftshilfe, S. 5; Reuter, Erweiterte Reichswirtschaftshilfe für die eingegliederten Ostgebiete, S. 106.

621 APP, RRW, Nr. 1828, Bl. 93–114, hier Bl. 111: Lagebericht des Regierungspräsidenten in Posen vom 21. Februar 1940 für die Zeit vom 16. 1. bis 15. 2. 1940.

622 Das Instrument des reichsverbürgten Kredits, S.417. APK, TK, Nr. 1254, Bd. 1, Bl. 68–75, hier Bl. 70: Protokoll der sechsten Sitzung des Bezirkskreditausschusses am 2. 8. 1940; ebd., Bl. 379f.: Deutsche Bank Berlin an RWM vom 15. 6. 1940 betr. Berechnung von Umsatzprovision bei debitorischen Konten; ebd., Bl. 391–397, hier Bl. 394: Protokoll der vierten Sitzung des Bezirkskreditausschusses am 21. 6. 1940.

Auch musste es insbesondere für die Großbankfilialen abschreckend wirken, dass die Kreiswirtschaftsberater es für angängig hielten, für Reichsbürgschaftskredite mit Investitionscharakter „im Notfall bis zu 15 Jahren Abzahlungszeit" vorzusehen.[623]

Entsprechend mager war denn die Beteiligung der Großbanken an der Reichswirtschaftshilfe, so dass das RWM im Herbst 1940 „von den hiesigen Großbanken ernsthaft eine weitgehendere Förderung der Reichswirtschaftshilfe als bisher" verlangen zu müssen glaubte.[624] „Als kreditvermittelnde Institute treten vornehmlich die Stadt- und Kreissparkassen auf. Nur sehr selten gehen Kreditanträge durch die Hände der Filialgrossbanken."[625] Dies ist nicht weiter erstaunlich, denn die am Verfahren beteiligten staatlichen und Parteiinstanzen hatten mitunter von den Interessen der Kreditinstitute stark abweichende Intentionen, weshalb die Regeln der Risikoabschätzung in einer für die Banken problematischen Weise neu definiert bzw. verändert wurden: „Der Staat mit seinen Institutionen wird für die Kreditnehmer zum intermediären Beschaffer von Sicherheiten bzw. zum Bürgen; an die Stelle der ‚banküblichen Sicherheiten' als Voraussetzung der Kreditgewährung tritt mehr und mehr die ideologische Verläßlichkeit des Kreditnehmers gegenüber dem Reich, der Partei und anderer Institutionen mit Ausnahme des Kreditinstituts, wobei das Verhältnis zwischen einer Bank und ihrem Kunden an Bedeutung zunehmend verliert."[626]

Die Vielzahl der beteiligten Stellen hatte darüber hinaus bereits frühzeitig zur Folge, dass die Reichswirtschaftshilfe dem Zweck einer *schnellen* Kredithilfe nur bedingt gerecht werden konnte. Im Regelfall vergingen zwischen dem Antrag bei einem Kreditinstitut und der Bewilligung durch den zuständigen Kreditausschuss sechs bis acht Monate.[627] Besonders bei Betriebsmittelkrediten kam es deshalb zu zahlreichen Beschwerden darüber, dass die „ganze Kreditaktion" letztlich sinnlos würde, „wenn die Bewerber derartig lange auf die Erledigung ihrer Anträge warten" müssten.[628]

Die Kreditbewilligung hing vom positiven Votum zahlreicher Dienststellen ab: Zur Antragsvorlage im Kreditausschuss waren die politischen Stellungnahmen seitens der NSDAP und des Landrates erforderlich. Bei landwirtschaftlichen Krediten bedurfte es der Befürwortung seitens des Kreisbauernführers, des Beauftragten des RKF sowie des Reichsnährstandes, bei gewerblichen Krediten schließlich waren das Plazet der Industrie- und Handelskammer (später: der Gauwirtschaftskammer) sowie bei Neueröffnungen eine Gewerbezulassung unumgänglich. Generell bedurfte es im Falle von Angehörigen der Abteilung 3 der DVL, die zumin-

623 SächsHStA, Altbanken Dresden, Nr. 6183: CB Posen an CB SdF Berlin, 14. 11. 1940.

624 APK, TK, Nr. 1255, Bd. 2, Bl. 144–149, hier Bl. 146: Protokoll der achten Sitzung des Bezirkskreditausschusses am 8. 10. 1940.

625 APP, RRW, Nr. 855, Bl. 1-14, hier Bl. 14: Reichsstatthalter, Führungsstab Wirtschaft, Regierungsdirektor Weißker an den Beauftragten für den Vierjahresplan: Lagebericht Nr. 6 vom 15. 11. 1941.

626 Karl Engelke: Wiederaufbaudarlehen für die Ostgebiete, in: DWZ 37 (1940), S. 741 f.

627 APP, RRW, Nr. 2767; Nr. 2768, Bl. 144: Greiser an Regierungsdirektor Weißker, 24. 4. 1941; Nr. 2769, Bl. 26: Kreissparkasse Hermannsbad an Handwerkskammer Posen, 17. 2. 1942.

628 APP, RRW, Nr. 2762, Bl. 18: LGB an Gaukreditausschuss, 19. 6. 1941; ebd., Nr. 1800, Bl. 16: RdschrSGVW Nr. 27/40 vom 7. 10. 1940.

dest theoretisch zur Teilnahme an der Reichswirtschaftshilfe berechtigt waren, der Zustimmung des RKF[629], und spätestens ab 1943 saß auch ein Vertreter des OKW in den Bezirkskreditausschüssen.[630] Die Erwerber sahen sich auf diese Weise einer ganzen Phalanx Einfluss nehmender Behörden gegenüber, die als zustimmungspflichtige bzw. begutachtende Institutionen über die Kreditanträge zu befinden hatten. Die Stellung einer Reichsbürgschaft rechtfertigte grundsätzlich eine notorische Einmischung der nationalsozialistischen Dienststellen. Evident sind auch auf Seiten potenzieller Kreditnehmer die antizipatorischen Konsequenzen, dass man nämlich Reichsbürgschafskredite gar nicht erst beantragte, sondern zur Kapitalbeschaffung andere Wege ging.

Ungeachtet der teils erheblichen Liquidität, wie sie bei den meisten Kreditinstituten in den eingegliederten Ostgebieten zu beobachten war, versuchten die Kreditinstitute, das Risiko mittels Reichsbürgschaften auch dort zu reduzieren, wo es auch unter Anlegung des hypothetischen Maßstabes einer Friedenswirtschaft ausreichend Sicherheiten gab, um Kredite vollständig unter Bankrisiko laufen zu lassen. Die langwierige und oftmals komplizierte Abtretung von Forderungen staatlicher Stellen insbesondere in der Rüstungsfertigung veranlasste indes beispielsweise die Dresdner Bank in Gotenhafen dazu, einen Reichsbürgschaftskredit für einen Bauunternehmer zu beantragen, der hauptsächlich für Kriegsmarine und Luftwaffe arbeitete. Die Bank begründete dies damit, dass „nach rein bankmässigen Gesichtspunkten" die „Abtretung genannter Bauforderungen keine ausreichende Sicherheit" darstelle, was wiederum den Beauftragten des RKF im Gaukreditausschuss zu einem scharfen Protest herausforderte, da dies ja bedeute, „die finanzielle Stabilität des Reiches anzuzweifeln".[631]

Die Komplexität des Verfahrens, das die partikularistischen Einzelinteressen der beteiligten Behörden widerspiegelte, die zunehmende Eingrenzung des Kreises möglicher Kreditnehmer sowie die geringe Rentabilität für die beteiligten Banken und Sparkassen standen dem Erfolg der Reichswirtschaftshilfe naturgemäß im Wege. Ungeachtet ihrer Antrags- und Beratungspflicht versuchten einige Institute daher, ihre Beteiligung an der Reichswirtschaftshilfe wenigstens auf ein Minimum zu reduzieren.[632] Die Inanspruchnahme der Bürgschaftskontingente hielt sich dementsprechend auch in sehr viel engeren als den ursprünglich prognostizierten Grenzen.[633] Die wenigen Angaben, die über die Verteilung der Reichswirtschafts-

629 APP, RRW, Nr. 2794, Bl. 26: Rdschr. Nr. 2/42 des Gaukreditausschusses im Warthegau vom 20. 8. 1942 betr. Beteiligung Angehöriger der Abt. 3 der DVL an der Reichswirtschaftshilfe und Reichshilfe.

630 APP, RRW, Nr. 2768; Nr. 2774, Bl. 17.

631 APG, HSSPF Danzig-Westpreußen, Nr. 1086, Bl. 431–435: Niederschrift über die Sitzung des Gaukreditausschusses am 4. 2. 1942, darin drei abgelehnte Kredite der Dresdner Bank; ebd., Bl. 469–473: Vorbericht für die Kreditausschusssitzung betr. Kredit über 160000,– RM an Fa. Ing. Paul Hoffmann & Co. Bauunternehmung, Gotenhafen, durch die Dresdner Bank Gotenhafen.

632 APP, RRW, Nr. 1800, Bl. 21: Gaukreditausschuss an alle Kreditinstitute im Warthegau vom 30. 9. 1940.

633 Das Instrument des reichsverbürgten Kredits, S. 416; Zee-Heraeus, Reichswirtschaftshilfe in den eingegliederten Ostgebieten, S. 53; Der Kreditbedarf im Kriege, in: DWZ 37 (1940), S. 253.

hilfe auf die einzelnen Wirtschaftssparten vorliegen, bestätigen den erwartungsgemäß deutlichen Schwerpunkt auf der Industrieförderung. Von den zwischen Januar und Mai 1941 im Warthegau bewilligten reichsverbürgten Krediten in Höhe von rund 3,5 Mio. RM entfielen auf die einzelnen Sektoren folgende Beträge (in RM)[634]:

Großhandel	466 000,–
Einzelhandel	452 000,–
Industrie	2 231 000,–
Gaststätten	162 000,–
Verkehrsbetriebe	100 000,–
Andere	55 000,–

Für die folgenden Jahre liegen keine Angaben vor, es ist aber zu vermuten, dass sich das Übergewicht des industriellen Bereiches im Verlauf des Krieges noch verstärkt haben dürfte. Die Landwirtschaft, die 1941 an der Reichswirtschaftshilfe nicht mehr partizipierte, spielte noch 1940 eine nicht unerhebliche Rolle. Vor allem die Sparkassen mit ihrem dichten Niederlassungsnetz profitierten von zahlreichen landwirtschaftlichen Kleinkrediten, auch wenn sie diese zumeist noch refinanzieren mussten. Dass die (anfängliche) Nichtbeteiligung der Sparkassen an dem Kreditkonsortium für die „Ostland" zu empfindlichen Geschäftseinbußen führte, lässt sich der folgenden Übersicht reichsverbürgter Kredite der Landesbank und Girozentrale Warthegau für das Jahr 1940 entnehmen:[635]

Stückelung in RM	Beträge in 1 000 RM							
	Landwirtschaft		Gewerbe		Handel		zusammen	
	Anzahl	Betrag	Anzahl	Betrag	Anzahl	Betrag	Anzahl	Betrag
- 5 000	257	538	23	66	4	13	284	617
- 10 000	77	646	7	70	2	21	86	737
- 20 000	61	971	8	145	3	50	72	1 166
- 50 000	70	2 018	10	332	3	103	83	2 453
- 75 000	7	449	2	147			9	596
- 100 000	8	670	1	90			9	760
> 100 000			2	370			2	370
	480	5 292	53	1 220	12	187	545	6 699

Die Landesbank und Girozentrale Wartheland hatte den Sparkassen bereits bis Ende Juni 1940 481 Reichsbürgschaftskredite in Höhe von insgesamt knapp über 6 Mio. RM refinanziert.[636] Diese Kredite figurieren in den Bilanzen als „durchlaufende Kredite". Hatten diese bis Ende Dezember 1939 nur eine Höhe von 92 116,– RM erreicht, so betrug ihre Höhe Ende Dezember 1940 bereits 12,7

[634] Ebd.; BArch, R 2501/5527, Bl. 121: Der Wirtschaftsaufbau im Osten. Eine Tagung der Industrie- und Handelskammer Posen (Berliner Börsen-Zeitung Nr. 192 vom 25. 4. 1941).

[635] APP, RRW, Nr. 1805, Bl. 263: Erläuterungen zum Jahresabschluss der Landesbank und Girozentrale Wartheland für 1940.

[636] Ebd.; Berliner Börsen-Zeitung vom 20. 8. 1940. Die Refinanzierung der Sparkassenkredite bei der Landesbank war wegen der Liquiditätshaltung zunächst der Normalfall.

Mio. RM, um anschließend bis Ende 1942 wieder auf 7 Mio. RM zu fallen.[637] Dies weist sowohl auf eine sinkende Zahl der Reichsbürgschaftskredite hin als auch darauf, dass die Sparkassen vermehrt Kredite auf eigene Rechnung übernahmen.[638]

Nicht besser sah die Situation im Regierungsbezirk Kattowitz aus. Im März 1940 war „auf wirtschaftlichem Gebiet noch weitgehend Stillstand zu verzeichnen“[639], vor allem wegen Rohstoffmangels und unzureichender Waggongestellung seitens der Reichsbahn. Da aber die Nachfrage nach Betriebsmittel- und Investitionskrediten auch in der Folgezeit weit hinter den Erwartungen zurückblieb, wurde man sich im Sommer 1940 darüber klar, dass für das geringe Interesse an reichsverbürgten Krediten innerhalb des Handwerks und des Kleingewerbes ausschlaggebend war, „daß die Vielzahl der im hiesigen Bezirk eingeschalteten Instanzen (Haupttreuhandstelle Ost, Handelsaufbau Ost G.m.b.H., Industrie- und Handelskammer, Kreisleitung, Staatspolizeistelle, Reichskommissar für die Feststellung deutschen Volkstums, Kreditausschuss) auf die Antragsteller zweifellos abschreckend wirke“.[640]

Von 320 reichsverbürgten Krediten in Ostoberschlesien bis Ende September 1940 entfielen 212 (66 Prozent) auf landwirtschaftliche Anträge, 40 Anträge über insgesamt 185 250,– RM gingen aus dem Handwerk ein, 46 Anträge über 1,5 Mio. RM aus der Industrie. Im gleichen Zeitraum waren hiervon 148 Anträge über 1,2 Mio. RM genehmigt worden, von denen lediglich ein einziger Kredit die Summe von 100 000,– RM, gerade einmal 45 Kredite die Summe von 5 000,– RM überstiegen und die durchschnittliche Kreditsumme bei nur 8 200,– RM lag.[641]

Ein ähnliches Bild ergeben die Unterlagen des Bezirkskreditausschusses des Regierungsbezirks Litzmannstadt für die Jahre 1940–1942, der für Reichsbürgschaftskredite bis 25 000,– RM zuständig war.[642] Erhalten sind die Akten von insgesamt 45 Krediten in einer Gesamthöhe von 423 500,– RM (durchschnittliche Kreditsumme 9 411,– RM). Sie verdeutlichen, dass Reichsbürgschaftskredite zwar in der Tat den Kleinunternehmern, für die sie gedacht waren, den intendierten Nutzen brachten, dass aber dennoch die Zahl der zweifelhaften, zurückgezogenen oder abgelehnten Anträge im Verhältnis zur Gesamtzahl dermaßen hoch war, dass man zu dem Urteil kommen muss, dass der organisatorische Aufwand, der hierfür betrieben wurde, in keiner Weise dem tatsächlichen Effekt entsprach, den sich die nationalsozialistischen Behörden davon versprachen. In allen der verhältnismäßig

---

637 Bericht über den Aufbau der Sparkassenorganisation, S. 33f.; Geschäftsbericht des Sparkassen- und Giroverbandes Wartheland für das Jahr 1940, S. 22; dto. für das Jahr 1941, S. 4; dto. für 1942, S. 4.

638 Geschäftsbericht des Sparkassen- und Giroverbandes Wartheland für das Jahr 1941, S. 2.

639 APK, TK, Nr. 1254, Bd. 2, Bl. 264–271, hier Bl. 265: Protokoll der ersten Sitzung des Bezirkskreditausschusses vom 1. 3. 1940.

640 APK, TK, Nr. 1254, Bd. 1, Bl. 68–75, hier Bl. 69: Protokoll der sechsten Sitzung des Bezirkskreditausschusses am 2. 8. 1940.

641 APK, TK, Nr. 1255, Bd. 2, Bl. 228–243, hier Bl. 234f., 237f.: Deutsche Revisions- und Treuhand-Aktiengesellschaft, Zweigstelle Kattowitz – Bericht über die Entwicklung und den Stand der Aktion „Reichswirtschaftshilfe“ im Regierungsbezirk Kattowitz nach dem Stande vom 30. 9. 1940.

642 APŁ, Regierungspräsident Litzmannstadt, Nr. 897–908.

wenigen Fälle, in denen ein Kredit tatsächlich in Anspruch genommen wurde, deutet die schnelle und vorzeitige Tilgung zudem nicht unbedingt auf die Rentabilität des jeweiligen Gewerbes hin, eher auf die allgemeine Liquidität des gesamten Wirtschaftssystems. Von den 45 Krediten gewährte die Dresdner Bank Litzmannstadt immerhin elf, die Stadtsparkasse Litzmannstadt zehn, die Commerzbank nur einen und die Deutsche Bank überhaupt keinen, die übrigen Kreditanträge liefen bei den Stadt- und Kreissparkassen des Regierungsbezirks.[643] Dies verdeutlicht, dass die Dresdner Bank auch im Kleinkreditgeschäft eine signifikant höhere Aktivität aufwies als ihre Berliner Konkurrenz und sich ihre Position keineswegs allein aus der Nähe zu Partei, SS und Behörden erklärt.

Die Laufzeit der Reichswirtschaftshilfe sowie der Reichshilfe war ursprünglich bis zum 31. Dezember 1941 befristet. Durch Erlass des RWM vom 31. Januar 1941 wurde die Reichswirtschaftshilfe jedoch darüber hinaus fortgeführt, nun jedoch mit einem etwas modifizierten Ziel: „Während bisher die Wiederingangsetzung der kriegsgeschädigten Wirtschaft [...] maßgebliches Ziel war, soll nunmehr die Kreditgewährung nach Umfang und Breite ausgedehnt werden, um auch von der Kreditseite her alle Voraussetzungen für [...] die Möglichkeit des Zuzugs in die Ostgebiete sowie des Erwerbs dort gelegener früherer polnischer Betriebe mit allen Mitteln zu fördern. Die Frage der Festigung des deutschen Volkstums ist also nunmehr in den Vordergrund gestellt worden."[644]

Es ist ein schwieriges Unterfangen zu zeigen, wie sich diese an sich signifikante Fokusveränderung der Reichswirtschaftshilfe in der Praxis auswirkte. Wenn es nun auch galt, den Erwerb polnischer und jüdischer Betriebe, „die vielfach einst deutscher Besitz waren, mit allen Mitteln zu fördern"[645], so kann angenommen werden, dass der Begriff der „erweiterten Reichswirtschaftshilfe" nur die Camouflage für eine nunmehr noch restriktivere Wirtschaftslenkung im totalen Krieg darstellte, denn von einer summarischen Erweiterung der Reichswirtschaftshilfe konnte in der Folgezeit keine Rede sein. Entsprechend sank der Anteil des Handelssektors am Kreditvolumen gegenüber dem der Industrie noch weiter ab.

Diese Tendenz zur Restriktion bzw. Konzentration der reichsverbürgten Kredite auf unmittelbar kriegswichtige Wirtschaftssektoren schlug sich auch in einer insgesamt niedrigeren Zahl der ausgelegten Kredite nieder. Dies war freilich auch verbunden mit der im Deutschen Reich ab 1942 allgemein konstatierten Tendenz zum Großkredit, bei der die Reichswirtschaftshilfe eine immer geringere Rolle spielte, zumal die rüstungswirtschaftlich bedeutenden Unternehmen in den eingegliederten Ostgebieten weitestgehend der kommissarischen Verwaltung der HTO unterlagen und deshalb die Reichswirtschaftshilfe nicht in Anspruch nahmen. Die nachstehende Übersicht über die Entwicklung der Reichswirtschaftshilfe im Reichsgau Wartheland zeigt das deutliche Absinken der Zahl der bewilligten Kre-

---

643 Vgl. hierzu APP, RRW, Nr. 2278, Bl. 7ff.: Kreditausschuss bei dem Reichsstatthalter in Posen: Nachweisungen XIII-XV der bewilligten reichsverbürgten Kredite vom 25. 10. 1940 bis 6. 12. 1940.

644 Faßbender, Reichshilfe für den Osten, S. 133f.; vgl. Hofmann, Erweiterte Reichswirtschaftshilfe, S. 8–10.

645 Zee-Heraeus, Reichswirtschaftshilfe in den eingegliederten Ostgebieten, S. 54.

dite, ab 1942 auch die Vergrößerung der durchschnittlichen Kreditsumme, während die reichsverbürgten Kredite 1943 für die Wirtschaft eine nur noch untergeordnete Rolle spielten:[646]

Jahr	Anzahl der bewilligten Kredite	Kreditsumme in RM	durchschnittliche Kreditsumme in RM
1940	980	20608370	21029
1941	448	10387415	23186
1942	415	12044880	29024
1943	74	5109525	69048
insgesamt	1917	48150190	25118

Neuerlich profitierten in erster Linie die Sparkassen, weniger die Niederlassungen der Großbanken. Im Dezember 1942, als reichsverbürgte Kredite im Warthegau bereits in kumulierter Höhe von insgesamt knapp 35 Mio. RM ausgelegt worden waren, war der Commerzbank Posen lediglich ein reichsverbürgter Kredit in Höhe von 4000,– RM verblieben, der Deutschen Bank zwei Kredite (insgesamt 90000,– RM), der Dresdner Bank drei Kredite (195000,– RM) sowie der Ostdeutschen Privatbank ein Kredit (150000,– RM).[647] Davon absetzen konnte sich lediglich die Ostbank in Posen, die neben 15 Krediten mit einer Gesamtsumme von 1,2 Mio. RM seit Mai 1942 gemeinsam mit der Landesbank und Girozentrale Wartheland auch einen 100-prozentig reichsverbürgten Kredit in Höhe von 1,5 Mio. RM an die „Auffanggesellschaft für Kriegsteilnehmerbetriebe des Handels im Warthegau mbH" vergeben hatte.[648] 1943 wurde dieser Tochtergesellschaft der HTO seitens der Ostbank ein weiterer Kredit in Höhe von 500000,– RM gewährt, erneut mit einer Bürgschaft von 100 Prozent.[649]

Wie wenig die behördlichen Regulierungsmechanismen auch in Zusammenarbeit mit Kreditinstituten noch mit der Realität korrespondierten, wird besonders deutlich am Beispiel des innerhalb der Reichswirtschaftshilfe bestehenden Programms zur Kreditversorgung der in den eingegliederten Ostgebieten angesiedelten Kriegsversehrten („aus dem Kriege zurückkehrende selbständige Gewerbetreibende"), die auf Görings und Himmlers Weisung Priorität bei der „Ansetzung" besaßen und für die ein entsprechendes Kontingent von geeigneten Handwerksbetrieben, Geschäften und anderen Unternehmen von den Treuhandstellen bereitgehalten werden musste. Doch die umfangreichen Versehrtenvorrechte in der Wirtschaft trafen nicht im Ansatz auf eine entsprechende Nachfrage. Im gan-

646 APP, RRW, Nr. 2661, Bl. 212; ebd., Nr. 2782, Bl. 2: Nachweisung der abgeschlossenen Bürgschafts- usw. Verträge [sic] nach dem Stande vom 31. 12. 1941; ebd., Nr. 2788, Bl. 3: Entwicklungsübersicht seit Beginn der Aktion vom 12. 6. 1943. Für 1944 liegen keine Angaben vor.

647 APP, RRW, Nr. 2784, Bl. 1-10: Nachweis der bewilligten Kredite [20. 12. 1942].

648 APP, RRW, Nr. 2765, Bl. 56f.: Gaukreditausschuss an Ostbank Posen, 8. 5. 1942; APP, RRW, Nr. 1804, Bl. 214: RdschrSGVW Nr. 29/42 vom 27. 8. 1942 betr. Kreditgewährung an die Auffanggesellschaft für Kriegsteilnehmerbetriebe des Handels mbH.

649 APP, TP, Nr. 2544: Ostbank Posen an TP, 19. 7. 1943.

zen Regierungsbezirk Litzmannstadt beispielsweise sind für die Zeit von Oktober 1941 bis Dezember 1942 neben zahllosen Fehlanzeigen der Landräte und Bürgermeister lediglich zwei Kreditanträge der obengenannten Art nachweisbar. Zwar wuchs die Zahl der Versehrten im Laufe des Krieges sprunghaft an, aber der weitere Kriegsverlauf und die sich drastisch verschlechternde Versorgungslage setzte auch hier den förderungswürdigen Kreditanträgen immer engere Grenzen.[650]

Agrarkredite und das Genossenschaftswesen

Die Agrarwirtschaft stand im Zweiten Weltkrieg unter dem Einfluss zweier gegensätzlicher Impulse: Einerseits mussten die kriegsbedingt notwendigen Autarkiebestrebungen der Nationalsozialisten zu einer Aufwertung der Lebensmittelproduktion unter dem Schlagwort der „Erzeugungsschlacht" führen, andererseits erfuhr der Agrarsektor während des Krieges eine nachhaltige Schwächung, die in Görings bekanntem Diktum „Kanonen statt Butter" ihren sinnfälligen Ausdruck fand. Zum einen konnte man dem personellen Aufwand der Landwirtschaft angesichts der Erfordernisse für die Wehrmacht in immer geringerem Maße entsprechen, und dies ohnehin nur unter massivem Rückgriff auf polnische Landarbeiter, wobei die Grenze zur Zwangsarbeit schwer auszumachen ist. Zweitens wurde die Versorgung mit Düngemitteln immer dürftiger, und schließlich führten unkontrollierte Plünderungen und Konfiskationen durch Wehrmacht und Landräte in den eingegliederten Ostgebieten zu einem substanzschädigenden Raubbau, der in den folgenden Jahren durch Aufbaumaßnahmen nicht mehr ausgeglichen werden konnte.

Für die „Lebensraum"-Planungen Hitlers, Himmlers und des RMEL hatte die Landwirtschaft erhebliche Bedeutung, darauf verwies schon die Begeisterung über die wiedergewonnene „Kornkammer des Reiches".[651] In die Stäbe der Chefs der Zivilverwaltung hatte das RMEL Beauftragte für die Landbewirtschaftung delegiert, die mit Verordnung vom 29. September 1939 auch in eine Reihe von landwirtschaftlichen Betrieben, sofern diese nicht von „Volksdeutschen" bewirtschaftet wurden, Treuhänder einsetzten.[652] Daneben traf Himmler als RKF Vorbereitungen, unter Umgehung des eigentlich zuständigen RMEL den polnischen Landbesitz durch entschädigungslose Enteignung seiner Dienststelle unterzuordnen. Hierzu hatten auch die drei Einsatzgruppen des RuSHA dienen sollen, die in den ersten Septembertagen „volksfremden landwirtschaftlichen Besitz" „sichergestellt" hatten.[653] Auch wenn später zwischen RKF und RMEL ein *modus vivendi* gefunden wurde, zeichnete sich rasch ab, dass der landwirtschaftliche Sektor und

650 APŁ, Regierungspräsident Litzmannstadt, Nr. 900, passim; APP, TP, Nr. 2773, passim.

651 Czesław Łuczak: Die Agrarpolitik des Dritten Reiches im okkupierten Polen, in: Studia Historiae Oeconomicae 17 (1982), S. 195–203, hier S. 195f.

652 VO über die Einsetzung von kommissarischen Verwaltern für Unternehmungen, Betriebe und Grundstücke in den besetzten ehemals polnischen Gebieten vom 29. 9. 1939 (VOBl. für die besetzten Gebiete in Polen 1939, S. 21).

653 Umbreit, Deutsche Militärverwaltungen, S. 246; Müller, Hitlers Ostkrieg und die deutsche Siedlungspolitik, S. 86; Berenstein/Rutkowski, Niemiecka administracja wojskowa, S. 48.

die ländliche Bodenplanung außerhalb der Kompetenzen der HTO liegen würden, wenngleich diese weiterhin gute Kontakte zur SS pflegte.[654] Eine öffentliche Bewirtschaftung der Agrarbetriebe nach dem Muster der HTO war unter diesen Gesichtspunkten vorgezeichnet.

Für die Landwirtschaft in den eingegliederten Ostgebieten waren entsprechend vier Aspekte von zentraler Wichtigkeit: 1. Die Vorherrschaft der SS und des Reichskommissars für die Festigung deutschen Volkstums, 2. die Vordringlichkeit der Ernteeinbringung im Herbst 1939 und in den Folgejahren, die zudem Überschüsse für das Reich erbringen sollten; 3. die möglichst rasche Kompensation der massiven Entnahmen der Wehrmacht (vor allem Saatgetreide, Zugvieh), und 4. vor allem umfangreiche Ansiedlungen von „Volksdeutschen" aus Ost- und Südosteuropa im landwirtschaftlichen Dorfbereich. Die „volksdeutschen" Landwirte, die im Herbst 1939 aus dem Baltikum und Ostpolen sowie 1940 aus ganz Ostmitteleuropa in die eingegliederten Gebiete und vor allem in den Reichsgau Wartheland umgesiedelt wurden, stellten den RKF vor ernste Probleme. Ein Scheitern ihrer Ansiedlung würde Himmlers Kompetenz in diesem Bereich in Frage gestellt haben, so dass eine schnelle Radikalisierung der Aussiedlungen und Deportationen, bei denen die betroffenen polnischen Landwirte und ihre Familien nur das absolut Nötigste mitnehmen durften, nicht ausbleiben konnte.

Eine Gesamtübersicht über die Entwicklung des Agrarkredits in den eingegliederten Ostgebieten liegt bislang nicht vor. Auch wenn die landwirtschaftliche Produktion in der Provinz Schlesien und in Danzig-Westpreußen einen bedeutenden Umfang besaß, war es doch in erster Linie der Reichsgau Wartheland, dessen landwirtschaftliche Produktion als paradigmatisch für die gesamten eingegliederten Gebiete gelten kann.[655] Die Bodenverteilung im Warthegau mit seinen 3,3 Mio. ha landwirtschaftlicher Nutzfläche wies eine ganz überwiegend kleinbäuerliche Prägung auf. Während im westlichen Teil des Warthelandes, der mehr oder minder mit der ehemaligen preußischen Provinz Posen zusammenfiel, über 53 Prozent der insgesamt 83 804 landwirtschaftlichen Betriebe eine durchschnittliche Nutzfläche unter zehn Hektar aufwiesen (41,7 Prozent 10–50 ha, 2,6 Prozent über 50 ha), waren es im östlichen Warthegau, dem früheren russischen Teilungsgebiet, im Zusammenhang mit der über lange Zeit praktizierten Realteilung mehr als 82 Prozent der dort bestehenden über 169 000 Betriebe (nur 13,7 Prozent 10–50 ha, 0,6 Prozent über 50 ha), die „unter Erbhofgröße" lagen.[656] Von der genannten wartheländischen Gesamtnutzfläche entfielen knapp 85 Prozent auf Ackerland (in Schlesien 80,5 Prozent, im Reichsdurchschnitt 67,5 Prozent), auf der wiederum zu mehr als der Hälfte Getreide (53,4 Prozent; Reichsdurchschnitt: 39,5 Prozent), vor allem Roggen, und lediglich 14,7 Prozent Kartoffeln und 2,3 Prozent Zucker-

[654] Vgl. Müller, Hitlers Ostkrieg und die deutsche Siedlungspolitik, S. 52.

[655] Die landwirtschaftliche Struktur des Reichsgaues Wartheland, in: Forschungsdienst. Organ der deutschen Landbauwissenschaft 9 (1940), S. 302f.; F. Lütge: Die ländliche deutsche Bevölkerung im ehemaligen Polen. Ein Überblick, in: ebd., H. 2, S. 132–140.

[656] Otto Rosenkranz: Siedlung und Landwirtschaft im Reichsgau Wartheland. Berlin 1941, S. 30; vgl. Georg Blohm: Siedlung und Landwirtschaft im Reichsgau Danzig-Westpreußen. Berlin 1942; Fritz Arlt: Siedlung und Landwirtschaft in den eingegliederten Gebieten Oberschlesiens. Berlin 1942.

rüben angebaut wurden, wohingegen der Umfang der Viehhaltung deutlich unter dem Reichsdurchschnitt lag.[657] Der Warthegau war in den folgenden Jahren agrarisches Überschussgebiet, das einen sehr wesentlichen Anteil an der Getreideernte des Reiches (Roggen 25 Prozent, Getreide insgesamt ca. 8,5 Prozent), an der Kartoffelernte und an der Zuckerproduktion (jeweils 20 Prozent) lieferte, auch wenn die Ernteerträge im Kriegsverlauf nur bei wenigen Agrarerzeugnissen gesteigert werden konnten, ansonsten jedoch im Vergleich zur Vorkriegszeit sogar leicht sanken.[658]

Mit Verordnung vom 12. Februar 1940 wurde die öffentliche Bewirtschaftung für alle „land- und forstwirtschaftlichen Betriebe und Grundstücke" verfügt, „die in den eingegliederten Ostgebieten gelegen sind und am 1. September 1939 nicht im Eigentum von Personen deutscher Volkszugehörigkeit gestanden" hatten.[659] Und obwohl die Beschlagnahme landwirtschaftlicher Betriebe (mit Ausnahme der polnischen Staatsdomänen) dem RKF unterlag und diese Aufgabe seit Dezember 1939 von den aus den Einsatzgruppen des RuSHA hervorgegangenen SS-Bodenämtern in Posen, Danzig und Kattowitz (später auch in Zichenau) versehen wurde[660], fehlte Himmlers SS-Arbeitsstäben qualitativ und quantitativ das geeignete Personal, um die beschlagnahmten Agrarbetriebe auch effizient verwalten und unterhalten zu können. Diese Aufgabe wurde am 16. Dezember 1939 dem RMEL übertragen, wobei Himmler kurze Zeit später, im Februar 1940, Richard Walther Darré zu seinem Stellvertreter in Siedlungsfragen ernannte und sich damit faktisch das RMEL unterordnete, zumindest in allen agrarischen Belangen der eingegliederten Ostgebiete.[661]

Mit Erlass vom 28. Februar 1940 bestellte der RMEL die „Ostdeutsche Landbewirtschaftungsgesellschaft mbH" mit einem Stammkapital von drei Mio. RM zum Generalverwalter im Sinne der genannten Verordnung. Die „Ostland" nahm unter der Geschäftsführung von Ministerialdirektor Johann-Dietrich Lauenstein am 1. April 1940 ihre Tätigkeit auf. Ihre archivalische Überlieferung ist minimal, weshalb zentrale Fragen hinsichtlich ihrer Tätigkeit offen bleiben. Die wenigen verfügbaren Angaben beziehen sich zudem fast ausschließlich auf den Warthegau, obwohl sich die Tätigkeit der „Ostland" auch auf den oberschlesischen Raum und den Reichsgau Danzig-Westpreußen, später sogar auf Teile der besetzten Westgebiete erstreckte. Dies und die Gründung des „Reichskommissariats Ostland" 1941 führte dazu, dass das RMEL am 1. Juli 1942 die Umbenennung der „Ostland" in „Reichsgesellschaft für Landbewirtschaftung mbH" („Reichsland") verfügte.

Bis 1941 umfasste die von der „Ostland" verwaltete landwirtschaftliche Nutzfläche etwa sieben Mio. ha, zwei Drittel davon in den eingegliederten Ostgebieten, insgesamt ca. 25 Prozent der landwirtschaftlichen Nutzfläche des Altreichs. Da-

---

657 Rosenkranz, Siedlung und Landwirtschaft im Reichsgau Wartheland, S. 17, 26–29.

658 Die ernährungswirtschaftliche Bedeutung des Warthelandes, in: Forschungsdienst 15 (1943), S. 180; Łuczak, Pod niemieckim jarzmem, S. 105f.

659 VO über die öffentliche Bewirtschaftung land- und forstwirtschaftlicher Betriebe und Grundstücke in den eingegliederten Ostgebieten (Ostlandverordnung) vom 12.2.1940 (RGBl. I 1940, S. 355).

660 Heinemann, „Rasse, Siedlung, deutsches Blut", S. 212–232, bes. S. 212ff.

661 Tadeusz Janicki: Wieś w Kraju Warty (1939–1945). Poznań 1996, S. 29f.

mit war die „Ostland“ zumindest dem Selbstverständnis nach die *„größte Güterdirektion dieser Art auf privatwirtschaftlicher Grundlage“*.[662] Unter ihre Zwangsverwaltung wurden auch Güter und Bodenparzellen der polnischen Universitäten und anderer Institutionen, aus Kirchenbesitz bzw. dem Eigentum jüdischer Synagogengemeinden gestellt.[663] Bis Mitte 1942 wurden 9,22 Mio. ha Land beschlagnahmt, wobei polnischen Eigentümern bestenfalls Klein- und Zwergwirtschaften belassen wurden (1942 noch immer 500000 mit 3 Mio. ha), für die man für die Dauer des Krieges zunächst keine umsiedlungswilligen Deutschen finden konnte.[664] Später wurden aber auch diese Betriebe von der Reichsland übernommen.[665]

Die Neuordnung des Agrarsektors in den eingegliederten Ostgebieten, d.h. die Steigerung der landwirtschaftlichen Produktion, war dabei untrennbar mit der Absicht der vollständigen Eindeutschung verbunden, bei der der polnischen Bevölkerung bis zu ihrer endgültigen Abschiebung bzw. Deportation lediglich der Status billiger Landarbeiter und Kleinlandwirte zugestanden wurde, bis nach dem Kriege die Möglichkeit gegeben sein würde, auf dem Reißbrett nicht nur den einzelnen Erbhof, sondern die gesamte Land- und Dorfstruktur in den eingegliederten Ostgebieten von Grund auf neu zu gestalten.[666] Tatsächlich wurden bereits während des Krieges in einem umfangreichen Kommassationsprozess allein im Reichsgau Wartheland über 100000 landwirtschaftliche Betriebe unter fünf Hektar liquidiert bzw. zusammengelegt.[667]

Im Zuge der Beschlagnahmeaktionen im Agrarsektor wurden auch sämtliche polnische Genossenschaften geschlossen und liquidiert, was den „volksdeutschen“ Genossenschaften – der, wie Greiser formulierte, „gesundesten Basis, die es überhaupt im Wirtschaftsleben gibt“[668] – anfänglich ein signifikantes Wachstum bescherte. Dabei wurden allein auf dem Gebiet des Warthelandes polnische Genossenschaftseinlagen in Höhe von knapp 113 Mio. Złoty (Altgeschäft) von der HTO beschlagnahmt. Gab es Ende 1939 im Warthegau 482 Genossenschaften, davon allein 248 Kreditgenossenschaften, so waren es Ende 1940 insgesamt bereits 615 Genossenschaften (270 Kreditgenossenschaften). Parallel hierzu erlebten auch die Zentralinstitute – die LGB in Posen und die Deutsche Genossenschaftsbank in Litzmannstadt – eine Erhöhung der Bilanzsumme von 38,3 Mio. RM (1939) auf 80 Mio. RM (1940), ferner eine Umsatzsteigerung in demselbem Zeitraum von 398 Mio. auf 1,35 Mrd. RM.[669] Auch wenn dies für die Genossenschaften zunächst gute Nachrichten waren, und viele Genossenschaftler nun meinten, die Früchte ernten zu können, die ihnen im deutsch-polnischen „Volkstumskampf“

662 Hugo Berger: Landwirtschaftliche Tagesfragen aus der Arbeit der „Ostland“ in den eingegliederten Gebieten. Berlin 1942, S. 10. Hervorhebung im Original. Berger war Geschäftsführer bei der „Ostland“.

663 Meinhardt, Die Wirtschaft der Stadt Bromberg, in: Aus Brombergs Vergangenheit, S. 476f.

664 Berger, Landwirtschaftliche Tagesfragen aus der Arbeit der „Ostland“, S. 11.

665 Łuczak, Agrarpolitik des Dritten Reiches im okkupierten Polen, S. 199.

666 Rosenkranz, Siedlung und Landwirtschaft im Reichsgau Wartheland, S. 39–41.

667 Łuczak, Pod niemieckim jarzmem, S. 103.

668 Greiser, Aufbau im Osten, S. 5.

669 Janicki, Wieś w Kraju Warty, S. 143–145, 156f.

vor 1939 versprochen worden waren, gab es für sie auch dunkle Wolken am Himmel. Zunächst war der Genossenschaftssektor besonders stark von den widersprüchlichen Konzeptionen der deutschen Volkszugehörigkeit betroffen. Betraf die „Eignungsprüfung" im Falle einer Bank den Vorstand, in einer Sparkasse vielleicht die Belegschaft, bezog sie sich bei den Genossenschaften stets auf sämtliche Mitglieder, was die „Herausschälung der deutschen landwirtschaftlichen Kreditgenossenschaften" besonders erschwerte: „Bisher konnten dem für Ostoberschlesien zuständigen Landesverband [...] nur wenige einwandfrei deutsche ländliche Genossenschaften zugeführt werden. Es handelt sich um 18 Kreditgenossenschaften, eine Warengenossenschaft und eine sonstige Genossenschaft. Die übrigen vorhandenen ländlichen Genossenschaften, darunter über 400 Spar- und Darlehnskassen, werden kommissarisch verwaltet. Die meisten sind stillgelegt und werden abgewickelt. [...] Der Rest der kommissarisch verwalteten Genossenschaften soll erhalten bleiben, wenn zu Beginn des deutsch-polnischen Krieges mindestens 51 v. H. der Mitglieder Deutsche waren."[670]

Neben diesen weltanschaulichen Hindernissen ließ aber auch die Konkurrenz nicht lange auf sich warten. Die Großbankfilialen mischten sich gleich zu Beginn ins Geschäft mit den so genannten Kampagnenkrediten (kurzfristige Kredite während der Erntezeit) ein, und die Sparkassen wurden von den jeweiligen Reichsstatthaltern bzw. Oberpräsidenten protegiert und gegen die Kreditgenossenschaften ausgespielt. Zwar zollte Greiser dem „volksdeutschen" Genossenschaftswesen im Warthegau seine Anerkennung[671], aber er „hätte die Nahrungsmittelwirtschaft lieber als Behörde des Reichsstatthalters eingerichtet".[672]

Hart traf es die bereits vor 1939 in Polen tätigen „volksdeutschen" Genossenschaften auch dadurch, dass Max Winkler sich nicht dazu entschließen konnte, die Forderungen, die die Genossenschaftsinstitute gegen kommissarisch verwaltete Betriebe im Altgeschäft besaßen, aus Mitteln der HTO zu begleichen.[673] Dieses Vorgehen der HTO stand in Zusammenhang mit der von der „Ostland" geübten Praxis, wonach „Ostland"-Betriebe ihre Verbindlichkeiten aus dem Altgeschäft gegenüber HTO-Betrieben nicht ausglichen.[674] Schon von daher verfügten genossenschaftliche Kreditinstitute über sehr viel schlechtere Startbedingungen als die neugegründeten Sparkassen und Großbankfilialen.

Die Verwaltungsaufgabe, die der „Ostland" zukam, umfasste auch die Kreditversorgung der landwirtschaftlichen Betriebe mit Betriebsmittel- und Kampagnenkrediten. Mit Blick auf die Dringlichkeit der Ernteeinbringung 1939/40 waren im Rahmen der Globalbürgschaft des RFM auch Agrarbetriebe zunächst mit Kre-

670 Schaar, Neuordnung des Währungs- und Kreditwesens, S. 177.

671 Der Verbandstag des Verbandes deutscher Genossenschaften in Posen am 20.5.1940. Stuttgart 1940, S. 22f.

672 BArch, R 2501/5526, Bl. 46f.: Aufbau der Landesbauernschaft Wartheland. Landesbauernführer Karl Reinhardt über die Erzeugungsschlacht im Warthegau (Ostdeutscher Beobachter Nr. 108 vom 18.4.1940).

673 BArch, R 144/188: HTO (gez. Henckel) an RFM, 16.2.1942, betr. Sanierung der volksdeutschen Genossenschaftsorganisation in den eingegliederten Ostgebieten.

674 BArch, R 82/9: Ostdeutsche Landbewirtschaftungsgesellschaft mbH – Sammelrundschreiben R Nr. 35 vom 10.8.1941, S. 6.

diten der Reichswirtschaftshilfe, in den ersten Wochen der Okkupation auch mit Unterstützungen durch die Landräte versorgt worden.[675] Mit der Verabschiedung besonderer Grundsätze für die Finanzierung der von der „Ostland" bewirtschafteten Betriebe, die vor allem einen Konsortialkredit vorsahen, entfiel seit Mai 1940 jedoch die Grundlage für die Gewährung reichsverbürgter Kredite an Agrarbetriebe sowie Betriebe der Zuliefererindustrie, deren Treuhänder fortan allein auf die „Ostland" verwiesen waren.[676]

Bei der Finanzierung der „Ostland" und der ihr unterstehenden Betriebe waren die landwirtschaftlichen Kreditinstitute anfänglich unter sich, und so war es zunächst absehbar, dass ihnen auf diese Weise eine Rekompensation für die ungleiche Konkurrenz gegenüber den Großbanken und Sparkassen zukommen würde. In den „Grundsätzen für die Kredithergabe an die Ostdeutsche Landbewirtschaftungs-Gesellschaft"[677] vom 20. April 1940 waren im Konsortium für einen Kredit in Höhe von 60 Mio. RM zunächst nur die Landschaftlichen Banken[678] sowie die „Zentralkassen des ländlichen Genossenschaftswesens"[679] vorgesehen, wobei die Deutsche Rentenbank-Kreditanstalt sowie die Deutsche Zentralgenossenschaftskasse als Refinanzierungsinstitute zur Verfügung standen.[680] Der Konsortialkredit war nach Instituten gegliedert – auf die Landschaften und die Genossenschaften entfielen jeweils 30 Mio. RM. Daneben gab es jedoch auch eine Aufteilung nach Gebieten, wobei auf den Reichsgau Danzig-Westpreußen 3 Mio. RM, auf den Warthegau 5 Mio. RM sowie auf die Regierungsbezirke Kattowitz und Zichenau jeweils 2 Mio. RM entfielen, insgesamt 24 Mio. RM. Eine Zuteilung von darüber hinausgehenden Summen sollte „nach Bedarf" erfolgen. Dieser stellte sich rasch ein, denn bis Ende August 1940 hatten „Ostland"-Betriebe bereits über 27 Mio. RM an Krediten erhalten.[681]

Die „Ostland" richtete bei den Konsorten Hauptkonten auf ihren Namen ein, zugleich jedoch „Wirtschaftskonten für die einzelnen von der Ostland bewirtschafteten Betriebe", auf denen die eigentlichen Einzelkredite zur Verfügung gestellt wurden. Kredite wurden somit von den Konsortialbanken nicht einzelnen

---

[675] Vgl. Uebelhoer, Der Aufbau im Regierungsbezirk Litzmannstadt, in: Der Osten des Warthelandes, S. 247.

[676] APP, RRW, Nr. 2660, Bl. 1f.: RMEL an die Reichsstatthalter in Posen und Danzig, den Oberpräsidenten in Königsberg sowie den Regierungspräsidenten in Kattowitz, 8. 5. 1940, betr. reichsverbürgte Kredite.

[677] Grundsätze für die Kredithergabe an die Ostdeutsche Landbewirtschaftungs-Gesellschaft mbH, Berlin, o. D. [20. 4. 1940], in: MBlHTO 1940, Nr. 2, S. 23-25; BArch, R 82/9: RMEL an die Mitglieder des Kreditkonsortiums, 8. 5. 1940, betr. Finanzierung der Ostdeutschen Landbewirtschaftungs-GmbH.

[678] Bank der Ostpreußischen Landschaft, Königsberg; Landwirtschaftliche – vorm. Landschaftliche – Bank AG, Danzig; Posener Landschaftliche Bank, Posen; Schlesische Landschaftliche Bank zu Breslau.

[679] Danziger Raiffeisenbank eGmbH, Danzig; Landesgenossenschaftsbank eGmbH, Posen; Provinzial-Genossenschaftsbank eGmbH, Oppeln.

[680] Manfred Pohl/Andrea H. Schneider: Die Rentenbank. Von der Rentenmark zur Förderung der Landwirtschaft. 1923 – 1949 – 1999. München/Zürich 1999, S. 117-126.

[681] BArch, R 2501/5526, Bl. 166: Die Landbewirtschaftung im neuen Osten. Aus der Arbeit der Ostdeutschen Landbewirtschaftungsgesellschaft mbH (Neues Wiener Tageblatt Nr. 288 vom 18. 10. 1940).

landwirtschaftlichen Betrieben bewilligt, sondern stets der „Ostland“, die den angeforderten Betrag auf einem Wirtschaftskonto dem betreffenden Betrieb zuleitete. Haben- oder Debetzinsen durften die Konsortialmitglieder jedoch nur von den jeweiligen Hauptkonten berechnen, sämtliche Transaktionen und Umsätze zwischen Haupt- und Wirtschaftskonten – dies sorgte naturgemäß für den größten Arbeitsanfall bei den Kreditinstituten – waren kosten- und provisionsfrei.[682] Anders gesagt: Verzinst wurden ausschließlich die kumulierten Gesamtsalden der „Ostland“, was den gesamten Konsortialkredit für die beteiligten Institute alles andere als einträglich sein ließ.[683] Prinzipiell liefen die Bemühungen der „Ostland“ darauf hinaus, die Guthaben aller ihrer Verwaltung unterstehenden Betriebe zusammenzufassen und eine „Beschränkung des Kreditbedarfs auf ein Minimum“ zu erreichen: „Damit waren sämtliche von ihr verwalteten landwirtschaftlichen Betriebe als selbständige Kreditkunden sämtlicher Kreditinstitute in den Ostgauen ausgeschaltet, was besonders für die Sparkassen des Warthegaus, dessen wirtschaftliche Struktur überwiegend von der Landwirtschaft abhängig ist, von Bedeutung [ist], zumal die deutsche Sparkassen- und Giroorganisation in dem Konsortium, das der Ostland die künftig noch benötigten Kredite zur Verfügung stellen sollte, anfangs noch nicht vertreten war, ohne Rücksicht darauf, daß besonders im Warthegau in der Anlaufzeit ein sehr erheblicher Teil des Kreditbedarfs der späteren Ostlandbetriebe durch den Sparkassensektor im Wege des Reichsbürgschaftsverfahrens gedeckt worden ist. Erst später wurde der Sparkassenorganisation eine Quote von 20 Mill. RM vom Reich zu verbürgender Kredite von dem Gesamtkontingent von 80 Mill. RM eingeräumt.“[684]

Dass auf Intervention der lokalen Behörden die Sparkassen schließlich zum Konsortium hinzugezogen wurden, schmälerte wegen der gleichzeitigen Anhebung der Kredithöhe um 20 auf insgesamt 80 Mio. RM zwar nicht das Geschäft der „grünen Banken“, schürte aber den Konflikt zwischen Genossenschaften und Sparkassen, in dem Greiser wiederholt Partei für letztere ergriff.[685] Dabei half es vergleichsweise wenig, wenn der Reichsnährstand für bodenständige Kreditinstitute (besonders Landwirtschaftliche Kreditgenossenschaften) plädierte.[686] So erklärte der Präsident der Deutschen Zentralgenossenschaftskasse, Hans Helferich,

---

682 Grundsätze für die Kredithergabe an die Ostdeutsche Landbewirtschaftungs-Gesellschaft, S. 24.

683 Debetzinsen waren zunächst auf 5 Prozent, auf Einspruch des RFM auf 4¾ Prozent festgesetzt worden, Habenzinsen auf 1½ Prozent, hinzu kam 1 Promille Umsatzprovision.

684 Schaar, Neuordnung des Währungs- und Kreditwesens, S. 148f.; hinzu kamen die Landesbank und Girozentrale Wartheland, Posen; Landesbank und Girozentrale Danzig-Westpreußen, Danzig; Schlesische Landesbank Girozentrale, Breslau; Girozentrale Ostpreußen, Königsberg.

685 BArch, R 2301/3737, Bl. 173–178, 180f.: Ostland an RMEL, 20. 3. und 7. 4. 1941, betr. Behinderung der Herstellung der finanziellen Ordnung innerhalb der Ostland durch Eingriffe von Verwaltungsbehörden im Reichsgau Wartheland; ebd., Bl. 183: Rundschreiben des Reichsstatthalters im Reichsgau Wartheland, Greiser, an alle Landräte, 19. 5. 1941, betr. Ostdeutsche Landbewirtschaftungsgesellschaft mbH.

686 Bäuerliche Kreditversorgung. Bodenständige Kreditinstitute als berufene Vermittler, in: Forschungsdienst 15 (1943), S. 94–96, hier S. 95.

die unterdurchschnittliche Geschäftsentwicklung der Kreditgenossenschaften bis Dezember 1940 mit dem „übersteigerte[n] Vordringen der Sparkassen" besonders dort, wo zuvor bereits Kreditgenossenschaften bestanden hatten.[687]

Dies mochte man zunächst noch als Kinderkrankheiten in einer Lenkungswirtschaft einschätzen; viel schwerwiegender, da integraler Teil der NS-Ideologie, war jedoch die geplante Einführung des Erbhofgesetzes in den eingegliederten Ostgebieten. Da in den neuen Reichsgauen zu 98 Prozent Erbhöfe vorgesehen waren, würde das Verschuldungsverbot für Erbhöfe den Aufbau des langfristigen bzw. Realkredites (Eintragung von Hypotheken) erheblich bremsen und das Liquidationsverbot dazu führen, dass Agrarkredite praktisch nur noch als öffentliche Kredite aufgenommen werden konnten.[688] Besonders die eben erst wiederbelebten Landschaften in Westpreußen, Posen und Schlesien sahen schon von daher schweren Zeiten entgegen, auch wenn ihnen versprochen wurde, bald würde „an alte Traditionen aus der Zeit vor dem Weltkrieg angeknüpft".[689]

Von ebenso prinzipieller Bedeutung war bei der „Ostland" in der Anfangszeit das Problem der extrem niedrigen Rentabilität, die auch von zeitgenössischen Experten kritisiert wurde.[690] Immerhin konnten sich die Konsorten nicht über eine mangelnde Inanspruchnahme des Kreditlimits beklagen. So waren Ende 1940 von dem Kontingent des genossenschaftlichen Sektors (29 Mio. RM) immerhin 23 Mio. RM von der „Ostland" für ihre Betriebe angefordert worden, wovon allein 12 Mio. RM auf die LGB in Posen entfielen.[691] Daneben gab es jedoch noch eine Anzahl von Saisonkrediten von vorübergehend bis zu 160 Mio. RM, so dass die Landschaften und ländlichen Genossenschaftsinstitute trotz der schmalen Gewinnspannen ihr finanzielles Wohlergehen weitgehend der „Ostland" verdankten.

Eine neuralgische Sorge aber blieb für die Kreditinstitute auch im Agrarsektor das Kreditrisiko bzw. die Besicherung von Krediten. Dienststellen wie der RKF oder auch die Ministerien gingen wie selbstverständlich davon aus, dass die zentrale Zuständigkeit etwa der HTO oder der „Ostland" für bestimmte wirtschaftliche Aufgabenbereiche schon an sich ausreichend sei, um Fragen nach der Haftung gar nicht erst aufkommen zu lassen. Für die Banken, Sparkassen und Genossenschaften hingegen waren Institutionen wie die „Ostland" in erster Linie Gesellschaften *mit beschränkter Haftung* und als solche demselben Procedere der Kreditbesicherung unterworfen wie eine gewöhnliche GmbH ohne ministeriellen Rückhalt. Zwar war mit Gründung der „Ostland" eine Reichsbürgschaft des RFM in Aussicht gestellt, aber offenbar zunächst nicht regulär ausgesprochen wor-

[687] BArch, R 2/15031, Bl. 37–47, hier Bl. 45: Niederschrift über die Sitzung des Ausschusses der Deutschen Zentralgenossenschaftskasse am 18. 11. 1940 vom 4. 12. 1940.

[688] Schaar, Neuordnung des Währungs- und Kreditwesens, S. 219f.; Pohl/Schneider, Rentenbank, S. 90, 102f.

[689] BArch, R 2501/5526, Bl. 22: Der landwirtschaftliche Kredit in den neuen Ostgebieten (Der Deutsche Volkswirt Nr. 23 vom 8. 3. 1940).

[690] Keiser, Kreditwirtschaft, S. 472.

[691] BArch, R 2/15031, Bl. 215-366, hier Bl. 249f.: Anhang I und II zum Bericht der Deutschen Revisions- und Treuhand-Aktiengesellschaft, Berlin, über die bei der Deutschen Zentralgenossenschaftskasse, Berlin, vorgenommene Prüfung des Jahresabschlusses zum 31. 12. 1940.

den.[692] Dies führte sogar dazu, dass einzelne Kreditgenossenschaften ihre Zusammenarbeit mit der „Ostland“, mithin mit ihrem wichtigsten Kreditnehmer, aufkündigten.[693]

Dies änderte freilich wenig daran, dass den Landschaften und Genossenschaften letztlich nur wenige Alternativen blieben, denn die Zahl der von der „Ostland“ bewirtschafteten Agrarbetriebe übertraf die der selbständigen Bauern um ein Vielfaches. Dies bedeutete jedoch nicht, dass der Kreditbedarf der unabhängigen Landwirte nicht ins Gewicht fiel. So legte beispielsweise die Landesbank und Girozentrale Wartheland im Geschäftsjahr 1940 insgesamt 545 Kredite der Reichswirtschaftshilfe über 6,7 Mio. RM (nur Refinanzierungskredite für Sparkassen) aus, wovon allein 480 Kredite mit einem Gesamtbetrag über 5,3 Mio. RM auf die Landwirtschaft entfielen. Daneben hatte die Landesbank eine fast identische Zahl von Krediten (473) der „Ostland“ und ihren Zweigstellen bewilligt, die jedoch nur einen Gesamtsaldo von 3,3 Mio. RM ausmachten.[694]

Die Kredite, die die Landschaftlichen Banken, die LGB in Posen oder die Bank für Landwirtschaft vergaben, waren in den ersten Jahren der deutschen Okkupation überwiegend kurzfristige Betriebsmittelkredite zum Ankauf von Saatgut, Düngemittel, Zuchtvieh o.Ä. Kreditnehmer waren neben der „Ostland“ auch selbständige, überwiegend „volksdeutsche“ Landwirte, die in den eingegliederten Ostgebieten bereits vor 1939 ansässig gewesen waren, sowie Genossenschaften, darunter auch Siedlungsgenossenschaften („Bauernsiedlungen“). Gerade letztere erhielten bedeutende Kredithilfen des RKF, der Deutschen Siedlungsbank oder der in den Ostgebieten ansässigen landwirtschaftlichen Kreditinstitute, allein von der Siedlungsbank 1940/41 110 Mio. RM.[695] Allein die Bauernsiedlung Kalisch eGmbH, eine von drei Siedlungsgenossenschaften im Warthegau, investierte bis 1944 über 40 Mio. RM in Agrarbetriebe und 20 Mio. RM in Grundbesitz.[696]

Ein weiteres wichtiges Geschäftsfeld neben den Kampagnen- und Saisonkrediten[697] war für die Genossenschaftsbanken nicht zuletzt auch die Lebensmittel- und agrarische Zuliefererindustrie, innerhalb derer wiederum die Übernahme der insgesamt 27 Zuckerfabriken im Warthegau die größte Bedeutung besaß. Von diesen blieben immerhin 22 in Betrieb, sämtliche waren so genannte 500000.-RM-Betriebe und fielen dementsprechend nicht in die Zuständigkeit der „Ostland“, sondern der HTO in Berlin.[698] Gleichwohl standen die Genossenschaftsinstitute

692 Die von der „Ostland“ erwirtschafteten Überschüsse flossen in einen Bewirtschaftungsfonds, aus dem das RFM die entbehrlichen Mittel laufend an die Reichskasse abdisponierte.

693 BArch, R 2/15031, Bl. 215-366, hier Bl. 250.

694 APP, RRW, Nr. 1805, Bl. 263, 265: Erläuterungen zum Jahresabschluss für 1940 der Landesbank und Girozentrale Wartheland, Posen.

695 APP, RRW, Nr. 222, Bl. 4: Einweisungskredite der Deutschen Siedlungsbank in Höhe von 110 Mio. RM für 1940-1941.

696 Janicki, Wieś w Kraju Warty, S. 155.

697 BArch, R 2/15031, Bl. 215-366, hier Bl. 248f.: Anhang I und II zum Bericht der Deutschen Revisions- und Treuhand-Aktiengesellschaft, Berlin, über die bei der Deutschen Zentralgenossenschaftskasse, Berlin, vorgenommene Prüfung des Jahresabschlusses zum 31. 12. 1940.

698 Dingell, Tätigkeit der Haupttreuhandstelle Ost, S. 201.

hier in starker Konkurrenz zu den Privataktienbanken[699], wohingegen die Sparkassen schon wegen der Größe der Kreditsummen und der Spezifik der Geschäfte hieran kaum partizipierten. Die Abwicklung der beschlagnahmten Zuckerfabriken bestand technisch in der Notwendigkeit, diese Gesellschaften (zumeist mit beschränkter Haftung) in eine von der Deutschen Zentralgenossenschaftskasse und der Rentenbank-Kreditanstalt eigens hierzu gegründete Aktiengesellschaft (Zuckerfabriken Obernetze AG, Kruschwitz, Regierungsbezirk Hohensalza) einzubringen.[700] Entsprechend waren beim Verkauf der wartheländischen Zuckerfabriken an die Zuckerfabriken Obernetze AG überwiegend genossenschaftliche Institute beteiligt, so beim Verkauf der Zuckerfabriken Kruschwitz (4,7 Mio. RM), Montwy (3,9), Amsee (3,5) sowie Reichenau (2,7 Mio. RM) in der ersten Jahreshälfte 1942.[701]

Erst im Jahre 1941 wich die restriktive Kreditpolitik der „Ostland" einem größeren Pragmatismus, der sich auch positiv in den Bilanzen der Genossenschaften und Sparkassen niederschlug. Waren die Kredite an die „Ostland" 1940 noch Anlass für Monita gewesen, konnte man bei der Landesbank und Girozentrale Wartheland in Posen für 1941 befriedigt feststellen, dass sich Kreditvergabemöglichkeiten „insbesondere in weit stärkerem Maße als im Vorjahr bei der Hilfestellung für Betriebe der Ostdeutschen Landbewirtschaftsgesellschaft [boten], deren Kreditinanspruchnahme gegenüber dem Vorjahre sich um RM 15,2 Mill. erhöht hat".[702]

Diese Entwicklung hing zweifellos auch mit der zuvor von den SS-Ansiedlungsstäben durchgeführten An- und Umsiedlung „volksdeutscher" Bauern, mit den Kommassationen sowie den Investitionen der „Ostland" zusammen: Bis 1942 wurden für über 22 Mio. RM landwirtschaftliche Maschinen gekauft, die allgemeinen Investitionen betrugen in demselben Zeitraum 70 Mio. RM.[703] Bis Herbst 1941 waren, wie Gauleiter Greiser stolz vermeldete, fast 49000 Familien im Warthegau „zur Ansiedlung gekommen".[704]

Ansätze eines vorsichtigen Optimismus hielten den Realitäten sinkenden Kreditbedarfs jedoch nicht lange stand.[705] Die Überleitung der Landwirtschaft auf Einzelbauern, d.h. die Einlösung des vielfältig variierten Versprechens, wonach vor allem „Soldaten und Bauern" „seit jeher die Träger der Ostkolonisation gewesen" seien, krankte nämlich entgegen den Vorstellungen des RKF und der Bodenämter wie schon der Bereich der nichtlandwirtschaftlichen Vermögensabwicklung

699 Keiser, Kreditwirtschaft, S. 471.

700 BArch, R 2/15032, Bl. 87-94, hier Bl. 91: Geschäftsbericht der Deutschen Zentralgenossenschaftskasse für 1941; Zuckerfabriken Obernetze AG, Kruschwitz (Berliner Börsen-Zeitung vom 29. 1. 1942); Pohl/Schneider, Rentenbank, S. 125f.

701 OFD, HTO, Abt. Vermögensverwaltung, Nr. 9, 10.

702 APP, RRW, Nr. 1805, Bl. 293: Prüfungsbericht über die Landesbank und Girozentrale Wartheland, Posen, vom 16. 5. 1942. Pflichtprüfung des Jahresabschlusses für 1941.

703 BArch, R 2301/3738, Bl. 12: Erfolgreiche „Ostland"-Arbeit im Warthegau (Neues Bauerntum, Mai 1942); Janicki, Wieś w Kraju Warty, S. 154f.; Łuczak, Pod niemieckim jarzmem, S. 102.

704 Arthur Greiser: Tag der Freiheit 1941. Der große Rechenschaftsbericht von Gauleiter und Reichsstatthalter Arthur Greiser. Posen 1941, S. 26.

705 Pohl/Schneider, Rentenbank, S. 120.

ab 1942 an Görings „Frontkämpfer-Vorbehalt". Der Verwertungsstop brachte mit der Reservierung von Landbesitz für Kriegsteilnehmer die Ansiedlung „volksdeutscher" Siedler, die derweil in Übergangslagern auf ihren „Osteinsatz" warteten, praktisch gänzlich zum Erliegen.[706]

Die „Ostland" blieb daher als zentrale Verwalterin der beschlagnahmten Güter und Landwirtschaften unverzichtbar. Nach Angaben des Zentralbodenamtes gab es Ende 1941 im Reichsgau Danzig-Westpreußen noch über 1,1 Mio. ha, im Warthegau 3,2 Mio. ha sowie in Oberschlesien knapp 500 000 ha so genannten Landvorrates, d.h. landwirtschaftliche Nutzfläche, in die geeignete deutsche Siedler eingewiesen werden konnten.[707]

Die verhinderte „Eindeutschung" hatte für die beteiligten Kreditinstitute auch positive Nebeneffekte, denn die „Ostland"-Betriebe waren und blieben überwiegend verschuldet, was auch durch die kumulierten Salden der Hauptkonten der einzelnen „Ostland"-Zweigstellen nicht mehr ausgeglichen werden konnte und den Konsortialmitgliedern einen steten Debetzinsertrag einbrachte.[708] Diese allgemeine Lage bedeutete jedoch auch, dass man nach wie vor auf die landwirtschaftlichen Kleinbetriebe, die ihren polnischen Eigentümern belassen worden waren, angewiesen blieb, auch wenn sie der Verwaltung und Steuerung der „Ostland" unterstanden. Die polnischen Landwirte, die sich ihrer Funktion als bis zum „Endsieg" geduldete Platzhalter bewusst waren, hatten neben der Einbehaltung des Eigenbedarfs ihre Überschüsse an die „Ostland" abzuführen, was sich unmittelbar in der Produktivität dieser Betriebe niederschlug: „Ganz allgemein ist anzunehmen, daß die Erträge sämtlicher polnischer Betriebe wesentlich zurückgehen werden, da die Polen mit ihrer Evakuierung rechnen und daher nicht gewillt sind, mehr zu erzeugen, als sie zu ihrem eigenen Unterhalt benötigen. Sie beobachten diese Praxis umso mehr, als sie sich, nicht ganz mit Unrecht, sagen, daß die Gefahr der Evakuierung umso größer für sie sei, je besser sie ihren Betrieb in Ordnung halten. [...] Die Maßnahmen der ‚Ostland' auf dem Gebiet der Bewirtschaftung der polnischen Höfe geben heute schon die Garantie für ein völliges Absinken der gesamten Produktion dieser Wirtschaften."[709]

Mit dieser Kritik jedoch schlug man den Sack und meinte den Esel, denn die „Ostland" konnte bei den polnischen Landwirten selbstredend kein Vertrauen schaffen, das tagtäglich von den deutschen Besatzungsbehörden und der SS mit Füßen getreten wurde. Von erheblicher Realitätsferne zeugen daher Rundschreiben der „Ostland" (bzw. nunmehr „Reichsland") wie das folgende von April 1943: „Das Arbeitseinkommen des polnisches Wirtes auf unseren Klein- und Mittelbetrieben ist als solches aus nicht selbständiger Arbeit anzusehen [...]. Dementsprechend hat der Reichsminister für Ernährung und Landwirtschaft mit Erlaß

[706] Vgl. Max Buhle: Reichsgau Wartheland. Hg. vom Reichspropagandaamt Wartheland. Posen 1943, S. 6.

[707] Angaben nach Heinemann, „Rasse, Siedlung, deutsches Blut", S. 215f.

[708] BArch, R 82/9: Ostdeutsche Landbewirtschaftungsgesellschaft mbH – Niederschrift vom 16. 2. 1942 über die Besprechung mit den Leitern der Zweigstellen in Berlin am 2. 2. 1942, bes. S. 34–37.

[709] APP, RRW, Nr. 854, Bl. 33, 35: Lagebericht des Regierungspräsidenten in Posen für die Zeit vom 16. 1. bis 15. 2. 1941.

[...] vom 29.12.42 nach Zustimmung durch Reichssicherheitshauptamt und Reichskommissar f.d.F.d.V. angeordnet, daß den polnischen Wirten bei Abgabe ihrer Betriebe bezw. bei Evakuierung der Bestand ihres Kontos zu belassen ist. [...] Um das Interesse der polnischen Wirtschafter an der Erzeugungssteigerung aufrechtzuerhalten, ersuchen wir um genaue Beachtung. Bei jeder Abgabe eines polnischen Kleinbetriebes ist dafür zu sorgen, daß dem polnischen Wirtschafter der auf seinem Konto stehende Betrag nach Abzug eventl. rückständiger Umlagen, Steuern und Überschußabgabe – restlos ausgezahlt wird."[710]

Summa summarum war der Reichsgau Wartheland in der Tat die „Kornkammer des Reiches", der wichtigste Lieferant unter den deutschen Provinzen, wenn auch in geringerem Maße, als dies noch 1939 geplant gewesen war. Der Hauptfaktor für sinkende bzw. stagnierende Erträge lag neben der ab 1942 unzureichenden Versorgung mit Düngemitteln vor allem in dem notorischen Arbeitskräftemangel, der auf Seiten der Deutschen durch die Einberufungen zur Wehrmacht, auf Seiten der Polen durch die Deportation zur Zwangsarbeit im Altreich bedingt war.[711] Aber noch weniger als im Falle der HTO war die Kreditbefriedigung der „Ostland" für die Kreditinstitute eine verlockende Geschäftssparte. Man wandte sich ihr nur in Ermangelung von Alternativen zu, um für die Zeit nach dem Kriege gewissermaßen einen Fuß in der Tür zu behalten, wenn auch hier mit der Einführung der Reichserbhofgesetzgebung die Frage des langfristigen Kredites ungelöst blieb.

Die Konkurrenzsituation zwischen Sparkassen und genossenschaftlichen Instituten schwächte sich in den eingegliederten polnischen Gebieten auch nach einer zu Beginn rhetorisch wiederholt bemühten „Übergangsphase" keineswegs ab. So bemerkte das Landeswirtschaftsamt des Reichsgaues Danzig-Westpreußen gegenüber dem RWM noch im Januar 1943, dass „der Kampf um das flache Land zwischen den Sparkassen und den Genossenschaften" „augenblicklich in vollem Gang" sei.[712] Diese Formulierung kennzeichnete durchaus nicht nur die Situation in Danzig-Westpreußen, sondern allgemein in den eingegliederten Ostgebieten.

Ebenso wie die HTO war auch die „Ostland" eine intermediäre Institution, eine „staatliche Regulierungsinstanz für konkurrierende Beuteansprüche"[713], deren Einrichtung lediglich einer Problemlösung *ad hoc* geschuldet war. Je stärker die Nationalsozialisten im Kriege auf solche Gesellschaften zurückgriffen, desto größer war die Wahrscheinlichkeit, dass die weitere Entwicklung bis Kriegsende in zahllosen Kompromissen und unlösbaren Zielkonflikten stecken blieb.

---

710 BArch, R 2301/4025, Bl. 204: Rundschreiben K Nr. 281 vom 30.4.1943 betr. Verfügung des polnischen Wirtes über das restliche Guthaben des Kontos des Betriebes im Falle der Evakuierung.

711 BArch, R 82/9: Ostdeutsche Landbewirtschaftungsgesellschaft mbH – Niederschrift vom 16.2.1942 über die Besprechung mit den Leitern der Zweigstellen in Berlin am 2.2.1942, bes. S. 31-37; Łuczak, Pod niemieckim jarzmem, S. 104, 107f.

712 RGVA, 1458-15-148: Reichsstatthalter in Danzig-Westpreußen, Landeswirtschaftsamt, an Ministerialdirigent Riehle, RWM, 14.1.1943.

713 Röhr, Wirtschaftspolitik der deutschen Okkupanten, S. 234.

Kredite für treuhänderisch verwaltete Betriebe

In den eingegliederten Ostgebieten war der weit überwiegende Teil der indigenen Bevölkerung von den wirtschaftspolitischen Maßnahmen der Besatzungsbehörden in benachteiligender oder gar repressiver Weise betroffen. Dies musste naturgemäß starke Auswirkungen auch auf die Mechanismen des Marktes haben, die sich *á la longue*, zumal bei ungewissem Kriegsverlauf, als nicht beherrschbar erwiesen. Nicht nur durch die kriegsbedingten Einschränkungen und Kontingentierungen geriet die qualitative und quantitative Marktsegmentierung insbesondere im Handelssektor völlig durcheinander, da durch den Ausfall zahlreicher jüdischer und polnischer Unternehmer – vom Handwerker bis zum Industriellen – sich die Ausgangsbedingungen nachhaltig veränderten. Daraus resultierte auch, dass die Haupttreuhandstelle Ost eine weitere Lenkungsfunktion zu übernehmen hatte, nämlich bei der Liquidation bzw. beim Verkauf von Betrieben und Unternehmen auf die Marktkonformität dieser Maßnahmen zu achten. Freilich war die HTO nicht die einzige Dienststelle, die eine Weisungskompetenz in der Wirtschaftspolitik der eingegliederten Ostgebiete für sich beanspruchte. Der Leiter der HTO, Max Winkler, warnte seine Treuhandstellenleiter bereits im Juli 1940 vor der „Einwirkung, die auf Schliessungen von Betrieben hinzielen, die insbesondere von Wirtschaftsgruppen bzw. von entsprechenden Fachgruppen ausgehen. [...] Es ist [für] die betreffenden Fachgruppen eine wundervolle Gelegenheit, auf billige Weise, d.h. ohne Entschädigung, die Konkurrenz loszuwerden. [...] Wenn z.B. in einer Stadt wie Posen von über 400 Fleischereibetrieben fast über 300 geschlossen worden sind und der Rest dann eine enorme Konjunktur gehabt und Zehntausende verdient hat, dann sieht man schon daran, dass das eine absolut ungesunde Angelegenheit ist.“[714]

Besonders im Einzel-, aber auch im Großhandel führte dies in den ersten Monaten dazu, dass Störungen in der Versorgung auch der deutschen Bevölkerung eintraten.[715] Dass daneben die Schließung und Liquidation „nichtarischer“ bzw. „fremdvölkischer“ Betriebe den deutschen Kreditinstituten in den Ostgebieten überhaupt erst eine prosperierende Kundenklientel in Form von deutschen Unternehmen bzw. Treuhänderbetrieben zuführte, mochte zunächst einen begrüßenswerten Geschäftszuwachs im Neugeschäft bedeuten, der auch in den Kreditakten seinen Niederschlag fand. Solche politischen Maßnahmen veränderten jedoch zugleich die auf ökonomischen Rahmendaten basierende Risikoabschätzung der Kreditinstitute. Diese mussten sich daher der Frage stellen, wie sich in einer so kurzfristig angelegten Form der Lenkungswirtschaft eigentlich das Ausfallrisiko entwickeln würde. Vor der siegreichen Beendigung des Frankreichfeldzuges wurde darüber hinaus die politische Lage wenn auch nicht als kritisch, so doch als ungewiss eingeschätzt. Wegen der gesamtgesellschaftlichen Ausrichtung auf die

---

714 APG, TDW, Nr. 5, Bl. 81–166, hier Bl. 88f.: Treuhandbesprechung in der Haupttreuhandstelle Ost am 23. und 24.7.1940 [dasselbe in: BArch, R 144/319]; vgl. Rosenkötter, Treuhandpolitik, S. 102.

715 Uebelhoer, Der Aufbau im Regierungsbezirk Litzmannstadt, in: Der Osten des Warthelandes, S. 249.

Kriegsführung und der damit verbundenen Einschränkungen (Kontingentierungen) war es durchaus nicht ausgemacht, dass beispielsweise die Schließung von fünf polnischen Fleischereibetrieben einem sechsten „volksdeutschen" bereits das Auskommen sicherte, wenn zugleich die Fleischversorgung selbst einer drastischen Reduktion unterlag. Hinzu kam die in der Anfangszeit kaum abschätzbare Problematik, was mit den Treuhänderbetrieben der HTO weiter geschehen würde. Schon die Erfahrungen bei der Vernichtung jüdischer Gewerbetätigkeit im Deutschen Reich zwischen 1933 und 1939 hatten gezeigt, dass die politisch herbeigeführte Zwangsliquidation bzw. der Verkauf von Unternehmen in der Regel nur den Konzentrationsprozess beschleunigte.[716] Wollte man daher – wie seitens der Behörden in den neuen Reichsgebieten verkündet – einen „gesunden deutschen Mittelstand" schaffen, war dies praktisch nur unter Zuhilfenahme weiterer protektionistischer Maßnahmen zu erreichen, in erster Linie in Form zusätzlicher Kredithilfen. Hiervon mussten allerdings auch die Kreditinstitute erst überzeugt werden. Sogar die sonst offensiv agierende Dresdner Bank warnte im Dezember 1939 davor, dass „Arisierungen" „ungesund" seien, wenn der Erwerber jüdischen Eigentums über keinerlei Eigenmittel verfüge; die Filiale Kattowitz sollte sich „bei derartigen Geschäften reserviert verhalten".[717] Und wenn Hugo Ratzmann von der Treuhandstelle Posen im Januar 1940 ganz im Sinne des Punktes 24 des Programms der Deutschen Arbeiterpartei von 1920 davon sprach, dass die HTO die Aufgabe übernommen habe, „den Grundsatz zu verwirklichen, dass Gemeinnutz dem Eigennutz vorgehe"[718], dann lag dies zunächst nicht unbedingt auf der Linie der betriebswirtschaftlich kalkulierenden Kreditinstitute.

Zur Planungssicherheit trug ebenso wenig bei, dass in vielen Fällen die Interessen der HTO und die der von ihr eingesetzten Treuhänder divergierten. Waren letztere an einem späteren Erwerb des von ihnen zunächst nur verwalteten polnischen oder jüdischen Betriebes bzw. Unternehmens selbst interessiert, konnte ihnen an dessen Ausbau und Wohlergehen hinsichtlich der dadurch bedingten Wertsteigerung und der für sie daher ungünstigeren Verkaufsverhandlung mit der HTO nur wenig gelegen sein. Bei der großen Zahl der zu verwaltenden Unternehmen kam ferner hinzu, dass es vielen Treuhändern an den elementarsten kaufmännischen Qualifikationen mangelte. Ein schlechter oder auch nur durchschnittlicher Umsatz der verwalteten Betriebe – sei es aus Mangel an Know-how, sei es aus Kalkül – konnte auf Seiten der kreditgebenden Banken nur dazu führen, erhöhte Vorsicht walten zu lassen. Dies alles sorgte dafür, dass die deutschen Kreditinstitute in den eingegliederten Ostgebieten insgesamt zwar durchaus optimistisch operierten, zugleich aber ihre Kredite zum Wirtschaftsausbau recht vorsichtig und nur mit Aussicht auf eine Absicherung durch Reichsgarantien verliehen. Ein Kompromiss beider Positionen lag in der Kombination einer Risikominderung für die Kreditinstitute mit einer Reduktion der Gewinnmargen bei der Kreditvergabe: „Versagt daher eine Kreditaufnahme zu angemessenem Zinssatz von privater

[716] Herbst, Mobilmachung der Wirtschaft 1938/39, S. 102.

[717] APK, Dresdner Bank Kattowitz, Nr. 145a, Bl. 66–68, hier Bl. 68: Auszug aus dem Protokoll der Filiale Kattowitz über die Filialbesprechung in Kattowitz am 7. 12. 1939.

[718] Ratzmann, Wesen und Aufgabe der Treuhandstelle Posen, S. 8.

Seite, weil vielleicht das Risiko als zu groß betrachtet wird, so muß hier der Staat einspringen. [...] Auch hier soll nichts geschenkt werden, aber es muß die Gewähr gegeben sein, daß die Kredite auch dort hinfließen, wo nicht zu erst die Frage nach der Sicherung gestellt wird, sondern nach dem Zweck der Geldhergabe, ob der Kredit um der Festigung der Wirtschaft willen notwendig ist oder nicht."[719]

Die damit verbundene Abhängigkeit der deutschen Banken, Sparkassen und Genossenschaften von den Treuhandstellen verdeutlichten vor allem die zahlreichen Kredite im so genannten HTO-Verfahren, bei dem treuhänderisch verwalteten Betrieben Kredite zu zuvor genau festgelegten Konditionen bewilligt wurden.

Bevor jedoch der gesamte Geldbedarf der Treuhänderbetriebe mit der „Anordnung über den Geldverkehr" vom 19. März 1940 auch offiziell in die Zuständigkeit und unter die Aufsicht der HTO fiel[720], hatten die Kreditinstitute Kredite an kommissarisch verwaltete Unternehmen zunächst im Rahmen der provisorischen Bürgschaft des RFM in Höhe von 200 Mio. RM ausgelegt[721], was sich vor allem in Ostoberschlesien für die möglichst ungestörte Produktion der Industrie und Rohstoffförderung als wichtig und für die hieran beteiligten Banken (Deutsche Bank, Dresdner Bank sowie Schlesische Landesbank) als einträglich erwies. Bis Ende März 1940 verfügten diese Banken in der „Vorwegaktion" über reichsverbürgte Kreditkontingente in Höhe von insgesamt 33 Mio. RM, davon allein die Deutsche Bank Kattowitz über 20 Millionen sowie die Dresdner Bank über zehn Millionen Reichsmark.[722] Durch ihren Einsatz hebelten Dresdner und Deutsche Bank zugleich auch Überlegungen der Provinzialverwaltung aus, für die Region Oberschlesien eine neue Regionalbank zu gründen und ansässige Großbankfilialen auf diese überzuleiten.[723] Eine solche Idealform von größtmöglicher Entscheidungsfreiheit der Banken bei gleichzeitiger Risikolosigkeit wich jedoch bald stärker reglementierten Formen der Kreditversorgung. Fortan sahen die Treuhandstellen es prinzipiell als *ihre* Aufgabe an, die von ihnen verwalteten Betriebe im Bedarfsfalle mit dem nötigen Betriebs- bzw. Investitionskapital auszustatten.[724] Der noch von Dezember 1939 datierende Plan, die Verbindlichkeiten und Guthaben sämtlicher kommissarisch verwalteten Betriebe bei einer zu diesem Zweck zu gründenden Ostfinanzkontore GmbH zusammenzufassen[725], wurde vermut-

---

719 Karl Weber: Litzmannstadt. Geschichte und Probleme eines Wirtschaftszentrums im deutschen Osten. Vortrag gehalten am 9.12.1942. Jena 1943, S. 27f.

720 AO über den Geldverkehr der unter der Aufsicht der HTO kommissarisch verwalteten Betriebe vom 19.3.1940, in: MBlHTO 1940, Nr. 1, S. 15.

721 VO zur Sicherung der Kreditversorgung in dem von den deutschen Truppen besetzten Gebiet der Republik Polen und dem Gebiet der bisherigen Freien Stadt Danzig vom 14.9.1939 (RGBl. I, S. 1774).

722 APK, TK, Nr. 1254, Bl. 385f.: Prolongationen aus der Vorwegaktion; ebd., Bl. 264–271, hier Bl. 270: Protokoll der ersten Sitzung des Bezirkskreditausschusses vom 1.3.1940; vgl. auch Wixforth, Expansion der Dresdner Bank, S. 443ff.

723 APK, Dresdner Bank Kattowitz, Nr. 122, Bl. 69–71, hier Bl. 69: Aktennotiz der Dresdner Bank Kattowitz vom 18.3.1940.

724 Hofmann, Erweiterte Reichswirtschaftshilfe, S. 9.

725 APP, TP, Nr. 2557: Plan für eine vorläufige Regelung des Kreditwesens in den eingegliederten Ostgebieten [Dezember 1939].

lich auf Einspruch des RFM nicht realisiert.[726] Er hätte den Kreditinstituten ähnlich wie bei der „Ostland“ zur Pflicht gemacht, anders als bei einzelnen Krediten stets nur den Gesamtsaldo zwischen kreditorischen und debitorischen Rechnungen zu verzinsen.[727] Nicht zu Unrecht vermuteten die Kritiker der Ostfinanzkontore „darin eine Art Sozialisierung der Kreditwirtschaft des Ostens und glaubten, der Plan weise den Kreditinstituten nur die Stellung von Buchhaltern oder Handlangern zu. Außerdem befürchteten sie eine derartige Verkürzung der Einnahmen der Kreditinstitute, daß deren Rentabilität gefährdet sei, was für das im Aufbau befindliche Kreditwesen der Ostgebiete besonders unerfreulich gewesen wäre.“[728]

Eine ähnliche Kritik war mit Bezug auf Winklers „Anordnung über den Geldverkehr“ auch im RWM vernehmbar, das befürchtete, die „Kreditinstitute sollten nur als untergeordnete Hilfsorgane gegen eine blosse Entschädigung für ihre Dienstleistungen tätig werden“. Dieser Plan der HTO ermögliche es, „eine Wirtschafts- und Finanzgebarung vorzunehmen, die einer Staatswirtschaft verbunden mit einer Staatsfinanzwirtschaft“ nahe komme.[729]

Da sich nun aber die Einsprüche der Kreditwirtschaft bei den beteiligten Ministerien offenkundig als erfolgreich erwiesen, waren die Treuhandstellen gezwungen, bei den Kreditinstituten im Bedarfsfall Einzelkredite zu beantragen. Als Kreditnehmer kamen dabei alle kommissarischen Verwalter in Betracht. Von den Mitte 1942 in der Objektkartei der Treuhandstelle Posen erfassten 47800 Gewerbebetrieben[730] befanden sich 11600 Betriebe in kommissarischer Verwaltung. Von diesen wiederum sollten lediglich 6600 Betriebe weiterbestehen, die übrigen abgewickelt werden.[731] Analog hierzu waren in Ostoberschlesien 27714 Gewerbebetriebe erfasst, von diesen wiederum 13651 beschlagnahmt und 5436 unter kommissarische Verwaltung gestellt worden.[732] Diese Zahlen illustrieren, dass es nur bei einem Bruchteil der erfassten Objekte zu einem Einsatz der Treuhandstellen kam. Die überwiegende Mehrheit befand sich formal noch in der Verfügungsgewalt ihrer polnischen Besitzer. Da man die „Bereinigung“ der Grundbücher jedoch nur sehr schleppend anging und mit der Rohstoff- bzw. Waren- und Absatz-

---

[726] Diese zweifellos von Winkler selbst stammenden Überlegungen orientierten sich an der *Ossa* bzw. der *Vereinigte Finanzkontore GmbH* aus der Zeit vor 1939. Vgl. Rosenkötter, Treuhandpolitik, S. 249f.

[727] Eine solche Regelung behielt sich die HTO auch später ausdrücklich vor, machte von ihr aber keinen Gebrauch; vgl. Erläuterungen zu der AO über den Geldverkehr, S. 20; APG, TDW, Nr. 9, Bl. 53-55, hier Bl. 54: TDW, Generalreferent für die gewerbliche Wirtschaft, Rdschr. Nr. 6 vom 5. 3. 1940.

[728] Hans Henckel: Der Geldverkehr der von der Haupttreuhandstelle Ost kommissarisch verwalteten Betriebe, in: Bank-Archiv 1940, S. 466–468, hier S. 466; vgl. Schaar, Neuordnung des Währungs- und Kreditwesens, S. 75; Rosenkötter, Treuhandpolitik, S. 249.

[729] RGVA, 1458–3–1003: Entwurf eines Schreibens des RWM an den Staatssekretär vom 13. 4. 1940.

[730] Darunter befanden sich ca. 3200 Industrie-, 19000 Handels- und 20000 Handwerksbetriebe.

[731] APP, TP, Nr. 82, Bl. 11: Vermerk über den Stand der Verwertung der der Treuhandstelle unterstehenden beschlagnahmten polnischen Betriebe vom 15. 6. 1942.

[732] Röhr, Zur Rolle der Schwerindustrie, S. 20; vgl. Madajczyk, Polityka III Rzeszy, Bd. 1, S. 519.

kontingentierung wirksame Mittel der Steuerung vorhanden waren, lagen viele dieser Betriebe still oder hatten sich längst selbst liquidiert.[733]

Für den Kreditbedarf der Treuhandbetriebe wurde der HTO seitens des Reiches ein Kredit in Höhe von 350 Mio. RM eingeräumt. Zu einer Inanspruchnahme dieser Gelder kam es aber nicht, denn das System, bei dem die Treuhandstellen bei den Kreditinstituten Darlehen aus den Liquidationserlösen beschlagnahmter Betriebe finanzierten bzw. besicherten, spielte sich erstaunlich schnell ein, nämlich noch im Laufe des Jahres 1940. Der Mangel vorliegender Bilanzen machte es aber auch hier oftmals unmöglich, für einen gewöhnlichen Bankkredit die erforderlichen Sicherheiten zu bieten, weshalb die HTO für die von ihr verwalteten Betriebe im März/April 1940 das HTO-Verfahren entwickelte.[734] Für die in den eingegliederten Ostgebieten ansässigen Kreditinstitute war die Beteiligung daran von größerer Bedeutung als die an der Reichswirtschaftshilfe, denn bei den kommissarisch verwalteten Betrieben aller Wirtschaftssektoren handelte es sich zumeist um die wichtigsten Unternehmungen: „Praktisch haben viele Institute nur einen oder zwei Großkunden, nämlich die Treuhandstelle und die ‚Ostland', die auf Technik und Konditionen des Geschäfts entscheidend Einfluß nehmen. Das normale Bankgeschäft mit Kunden, die frei über ihren Betrieb entscheiden können, befindet sich demgegenüber erst in der Entwicklung."[735]

Obwohl es zur Gründung der Ostkontore nicht kam, waren die deutschen Kreditinstitute dennoch mit der Situation konfrontiert, dass die HTO ihnen weitestgehend die Kreditkonditionen diktieren konnte. Das resultierte bereits aus der überragenden Rolle, die die Treuhänderbetriebe innerhalb der Regionalwirtschaft der Reichsgaue und Regierungsbezirke spielten. In Danzig-Westpreußen wollte man Betriebsmittelkredite nur deshalb den Banken überlassen, „weil dieser Kredit laufend abkontrolliert werden muß". Dass die Kreditinstitute sich dieser Aufgabe klaglos fügen würden, stand für die Treuhandstelle von vornherein fest: „Die Banken in Danzig-Westpreußen arbeiten nur mit unseren Mitteln, denn das Reich hat noch kein Geld hereingebracht, sodaß wir auf die Banken einen Druck ausüben können."[736]

Das Kalkül einer Risikoverminderung qua beiderseitiger Beteiligung an der Kreditkontrolle gab es also auf beiden Seiten, bei den Treuhandstellen wie auch bei den Kreditinstituten. Ende Juni 1940 existierten in den eingegliederten Ostgebieten insgesamt ca. 4 000 Bankkonten kommissarischer Verwalter bei Kreditinstituten, was in den Augen der HTO zwar nur ein „unbefriedigendes Resultat" war und bei ihr den Verdacht nährte, „daß sehr viele Betriebe die vereinnahmten Gelder entweder noch immer unter dem persönlichen Namen ihrer kommissarischen Verwalter [...] anlegen oder sie womöglich in der Tasche herumtragen".[737] Dennoch unterstreicht diese Zahl die Bedeutung, die die Treuhandkonten samt der für

[733] Vgl. Loose, Beteiligung deutscher Kreditinstitute, S. 241.

[734] AO über den Geldverkehr der kommissarisch verwalteten Betriebe, S. 15.

[735] Keiser, Kreditwirtschaft, S. 469; vgl. ebd., S. 472.

[736] APG, TDW, Nr. 5, Bl. 3–29, hier Bl. 15: Protokoll über die am 27. 3. 1940 stattgefundene 1. Arbeitstagung der TDW in Gotenhafen.

[737] APG, TDW, Nr. 9, Bl. 131: TDW – Rdschr. vom 18. 6. 1940.

sie festgeschriebenen Konditionen bei den Kreditinstituten besaßen. Bei dem HTO-Verfahren übernahm die jeweils zuständige Treuhandstelle eine Mithaftung, wenngleich die Treuhänderbetriebe alle Möglichkeiten ausschöpfen mussten, entsprechende eigene Sicherheiten beizubringen. Der kommissarische Verwalter war dabei frei in der Auswahl eines Instituts, bei dem er um einen Kredit nachsuchen wollte. Die Treuhandstellen, unter deren Namen alle von den kommissarisch verwalteten Betrieben unterhaltenen Konten geführt wurden, sollten jedoch darauf achten, „daß der Kundenstamm derjenigen Kreditinstitute, die bereits vor dem Polenkriege in dem Gebiet tätig waren, nicht geschmälert" würde, und in „geeigneten Zweifelsfällen" seien diese Institute zu bevorzugen.[738]

Diese Regelung erwies sich als Einfallstor für persönliche Einflussnahmen insbesondere der Großbanken. Während im Warthegau personelle Kontakte und Überschneidungen die Position der Ostbank samt ihrer Filialen stärkten[739], bestimmten vergleichbare Beziehungen auch im Geschäftsbereich der Treuhandstelle Kattowitz über die bevorzugten Bankverbindungen, nur dass es in Kattowitz die Deutsche Bank war, die als das erste Kreditinstitut am Platze gelten durfte und die Proteste konkurrierender Banken auf sich zog.[740] Leiter der Ende 1939 geschaffenen Bankabteilung (Abt. B IV) der Treuhandstelle Kattowitz war Ernst Klose, ehemaliger Direktor der Breslauer Filiale der Deutschen Bank.[741] Und in der Tat war in der Folge die Zahl der Treuhandmitarbeiter, die der Deutschen Bank entstammten, beachtlich, obwohl es übertrieben scheint, dass es der Deutschen Bank bis 1941 gelungen sein soll, „die HTO fest in den Griff zu bekommen".[742] Immerhin war auch der Treuhänder der polnischen Banken im Regierungsbezirk Kattowitz, Theodor Hecht, der Auffassung, dass, „da Herr Klose in seiner neuen Eigenschaft die Anträge sämtlicher Banken zu bearbeiten" habe, „die Gefahr nicht von der Hand zu weisen" sei, dass „die Deutsche Bank laufend unterrichtet" werde. „Auch sonst scheine die Deutsche Bank das Bestreben zu haben, die einschlägigen Stellungen bei der Treuhandstelle durch ihre Vertrauensleute besetzen zu lassen"[743], eine Tendenz, die auch den anderen Filialgroßbanken nicht entging und deretwegen beispielsweise die Commerzbank im RWM vorstellig wurde.[744]

Klose befand sich insbesondere bei den Krediten der erwähnten „Vorwegaktion" in einem Interessenkonflikt, denn diese Kredite stammten zum ganz überwiegenden Teil von der Deutschen Bank. Als Abteilungsleiter der HTO musste er wie auch als Direktor der Deutschen Bank daran interessiert sein, aus Gründen der Risikominderung für die Bank in den Bezirkskreditausschusssitzungen die

---

738 Erläuterungen zu der AO über den Geldverkehr, in: MBlHTO 1940, Nr. 2, S. 21f.

739 Vgl. oben S. 134f.

740 APK, TK, Nr. 62, Bl. 61: Der Leiter der TK (gez. Herzog) – Rdschr. Nr. 10 vom 13. 10. 1941 an alle Abteilungen und Außenstellen betr. Vermögensverwaltung der Treuhandstelle.

741 Vgl. Kaczmarek, Pod rządami gauleiterów, S. 153.

742 James, Deutsche Bank und die „Arisierung", S. 187; ders., Deutsche Bank im Dritten Reich, S. 152; vgl. hierzu Wixforth, Expansion der Dresdner Bank, S. 486, Anm. 203.

743 APK, Dresdner Bank Kattowitz, Nr. 122, Bl. 69–71, hier Bl. 70f.: Aktennotiz der Dresdner Bank Kattowitz vom 18. 3. 1940 betr. Unterhaltung mit Herrn Dr. Hecht.

744 RGVA, 1458–1–442: Karl M. Hettlage an Ministerialdirigent Riehle, RWM, vom 29. 5. 1941.

Umstellung der reichsverbürgten Kredite für die oberschlesische Groß- und Rohstoffindustrie in Bankwagnis- bzw. HTO-Kredite so lange wie nur irgendwie möglich hinauszuzögern, was ihm immerhin bis Ende 1940 auch gelang.[745] So risikoarm hatte noch keine Großbank zuvor in das Großkreditgeschäft eines unter Kriegsbedingungen in seiner Entwicklung schwer einzuschätzenden Gebietes einsteigen können! Daraus folgt allerdings auch, dass den Filialen der Deutschen Bank in Kattowitz und Breslau qua Personalunion eine wesentliche Mitverantwortung bei der Ingangsetzung sämtlicher Maßnahmen der Treuhandstelle Kattowitz im Bereich des Geld- und Kreditwesens samt ihrer katastrophalen Folgen für die polnische und mehr noch die jüdische Bevölkerung zufällt. Als Leiter der Abteilung B IV stieß Klose mit seiner kompromisslosen Haltung, die kommissarischen Verwalter der ehemals polnischen Kreditinstitute dürften an notleidende Juden keinerlei Unterstützungszahlungen leisten, „solange nicht der letzte Volks- und Reichsdeutsche aus den liquiden Mitteln der Bank befriedigt" worden sei[746], sogar innerhalb der Treuhandstelle Kattowitz auf Unverständnis, da diese Position im Widerspruch zu den Regelungen der HTO stehe und zudem undurchführbar sei, „wenn man die Juden nicht verhungern lassen" wolle.[747]

In der Praxis der Kreditvergabe im HTO-Verfahren stellte der kommissarische Verwalter sowohl bei der Treuhandstelle als auch bei einem Kreditinstitut einen Kreditantrag. Diesem stand die Möglichkeit offen, den Kredit im HTO-Verfahren oder auch als unverbürgten Kredit (Bankwagniskredit) auszulegen[748], wobei die jeweiligen Konditionen sich nur unwesentlich voneinander unterschieden. Die Treuhandstelle entschied über die Bewilligung auf der Grundlage der vom Kreditinstitut eingereichten Kreditbefürwortung[749], bei Krediten über 100000,– RM war diese Entscheidung allein der HTO in Berlin überlassen. Wenngleich also das Verfahren dem der Reichswirtschaftshilfe prinzipiell ähnlich war, bot die abschließende Prüfung und Kreditbewilligung der HTO den Kreditinstituten den Vorteil, dass ihnen „z.T. die sonst erforderliche eigene Arbeit der Kreditprüfung abgenommen"[750] wurde (was, wie bereits erwähnt, die Treuhandstellen genau umgekehrt sahen). Die geringere Zahl beteiligter Instanzen beschleunigte die gesamte Antragsstellung und -bewilligung, wohingegen die Bewilligung der Reichswirtschaftshilfe lange Zeit in Anspruch nahm.

Bei den Krediten sollte es sich in der Regel um kurzfristige Betriebsmittelkredite mit einer durchschnittlichen Laufzeit von maximal einem Jahr handeln, wobei allerdings Prolongationen möglich und auch verhältnismäßig häufig waren. Bei Investitionskrediten sollte mit Blick auf die unsichere Zukunft der Betriebe und die ungeklärte Frage nach den späteren Besitzern entsprechend den Vorgaben der

[745] APK, TK, Nr. 1255, Bd. 1, Bl. 9–15, hier Bl. 12f.: Protokoll der siebenten Sitzung des Bezirkskreditausschusses am 6.9.1940. Geplant war ursprünglich der 31.3.1940 als Umstellungsdatum.
[746] APK, TK, Nr. 1398, Bl. 28f., hier Bl. 28: Aktennotiz der TK, Abt. A II, vom 9.10.1940 betr. Unterstützung von Juden.
[747] APK, TK, Nr. 1398, Bl. 47f., hier Bl. 47: Aktennotiz der TK, Abt. A II, vom 6.12.1940.
[748] Henckel, Geldverkehr der kommissarisch verwalteten Betriebe, S. 466.
[749] Richtlinien über die Kreditgewährung vom 20.4.1940, in: MBlHTO 1940, Nr. 2, S. 25.
[750] Keiser, Kreditwirtschaft, S. 471.

HTO „größte Zurückhaltung geübt werden", allerdings war die Verwendung von zehn Prozent der jeweiligen Kreditsumme für Investitionszwecke zulässig. Die Verzinsung entsprach der der Reichswirtschaftshilfe: ein Prozent über dem Reichsbankdiskontsatz, 1940 also 4½ Prozent, wobei weitere Provisionen seitens der Kreditinstitute nicht berechnet werden durften.[751] Da dieses Zinslimit von 4½ Prozent nicht nur für Kredite an Treuhandbetriebe, sondern auch für Reichsbürgschaftskredite (bei 100-prozentiger Reichsbürgschaft), ferner für Kredite an Umsiedler im Rahmen der so genannten DUT-Kredite galten[752], wurde zeitgenössischen Fachleuten wie Günter Keiser rasch klar, „daß bedeutende Teile des Kreditgeschäfts im Osten auf einer reichlich schmalen Ertragsbasis" ruhten. Die Einschaltung der HTO und der „Ostland" in das Kreditgeschäft sei eine „schwerwiegende betriebswirtschaftliche Problematik für die Banken".[753] Die von der Treuhandstelle bewilligten und von den Kreditinstituten ausgelegten Kredite liefen dabei zunächst auf den Namen der HTO, die auf diese Weise mit dem von ihr verwalteten Gesamtvermögen die selbstschuldnerische Haftung übernahm. Der kreditnehmende Betrieb war also nur mittelbar dem Kreditinstitut und in erster Linie der Treuhandstelle gegenüber rechenschaftspflichtig.[754] Von Anfang an überstieg dabei das Gesamtbarguthaben der der HTO unterstehenden Betriebe „die Summe der in Anspruch genommenen Kredite".[755] Die Guthaben der kommissarischen Verwalter bei den Kreditinstituten blieben in ihrem Umfang dagegen beschränkt, da die HTO darauf achtete, nicht unmittelbar zur Betriebsführung benötigte Gelder unverzüglich auf ihre Referatskonten abzuziehen. Auf diese Weise waren bereits bis August 1940 2,1 Mio. RM an „ruhigen Geldern" auf dem HTO-Konto bei der Ostbank erfasst worden, allein die Treuhandnebenstelle in Litzmannstadt zog bis April 1943 Guthaben in Höhe von über 40 Mio. RM von den Betrieben zugunsten des RFM ab.[756]

Die Praxis der Treuhandverwaltung kam den Kreditinstituten auch in der Folgezeit nur wenig entgegen, doch verzichtete die HTO mit wenigen Ausnahmen darauf, eigene Kredite aus den ihr zur Disposition stehenden Guthaben auszulegen, obwohl sie hierzu bereits 1940 ohne Schwierigkeiten in der Lage gewesen wäre. In der Beziehung zwischen HTO und den Kreditinstituten sah sich die einzelne Treuhandstelle jedoch zweifellos als eine arbiträre Instanz. Als solche vergab sie mitunter unter Ausschluss der Geldinstitute Kredite aus eigenen Mitteln. Zwar stieß das, wie in einem Fall der Treuhandstelle Posen, auf Protest seitens der Berliner Zentrale, aber der „Sinn fürs Praktische", den der Treuhandstellenleiter Bruno Stahlke dabei entwickelte, wirft die Frage auf, warum die HTO aus einer solchen „Not" keine „Tugend" machte: „Die TO Posen hat aus der Vermögensverwal-

751 Richtlinien über die Kreditgewährung vom 20.4.1940, S.25; Keiser, Kreditwirtschaft, S.472.
752 Vgl. dazu das folgende Kapitel.
753 Keiser, Kreditwirtschaft, S.472.
754 Henckel, Geldverkehr der kommissarisch verwalteten Betriebe, S.466; Erläuterungen zu der AO über den Geldverkehr, S.20.
755 Ebd.; APP, TP, Nr.2539.
756 APP, TP, Nr.2539: Rundverfügung Nr.37 der TP vom 3.8.1940; APP, TP, Nr.143: Niederschrift über die Treuhandstellenleiter-Tagung vom 13.4.1943.

tung der Zuckerfabrik Welungen, ohne die HTO zu fragen, einen Kredit von RM 100 000,– gegeben. Die TO Posen habe sich hierzu entschlossen, da zwischen der Ostbank und der Kreissparkasse keine Einigkeit erzielt werden konnte, wer den Kredit gibt. [...] Ich wies Herrn Stahlke auf das unzulässige [sic] seiner Handlung hin und sagte ihm, dass es ja Sache des kommissarischen Verwalters wäre, da den Kredit aufzunehmen, wo es ihm zweckmässig erscheine. Ein Streit zwischen zwei Geldinstituten könne doch niemals bestimmend sein, dass wir das Geld aus unserer Tasche geben."[757]

Die HTO war gleichwohl darum bemüht, die Kreditinstitute von ihren Tochterunternehmen, d.h. den Auffanggesellschaften und der Handelsaufbau-Ost GmbH, fernzuhalten. Die Durchführung der Verwertung von Kriegsteilnehmerbetrieben durch die Auffanggesellschaften sollte „auch nach den Wünschen des Herrn Dr. Winkler" allein aus Mitteln der HTO selbst erfolgen.[758] Allerdings waren die Auffanggesellschaften in der Folge dazu gezwungen, Kredite bei der HTO mitunter zu schlechteren Bedingungen in Anspruch zu nehmen, als es bei Bankkrediten der Fall gewesen wäre.[759] In Bezug auf die zuvor bewilligten Kredite der Ostbank und der Deutschen Bank in Posen, mit denen eine identische Verzinsung sowohl der Haben- wie auch der Sollseite vereinbart worden war (d.h. es mussten nur die Spitzen der kumulierten Gesamtsalden verzinst werden), fiel das Votum der Auffanggesellschaft eindeutig zugunsten der Großbanken aus: „Eine günstigere und kaufmännisch einwandfreiere Lösung der Kreditfrage war tatsächlich nicht denkbar und wird auch in Zukunft nicht denkbar sein."[760]

Die Kreditinstitute konnten und mussten bei ihrer Kostenrechnung mit Recht darauf verweisen, dass „praktisch jedes einzelne Betriebskonto und jeder einzelne Kredit von den Bankstellen individuell mit einem entsprechenden Arbeitsaufwand zu bearbeiten" sei und es sich daher „bei der einheitlichen Kontenführung auf den Namen der Haupttreuhandstelle nur um einen formalen Vorgang" handele.[761] Auf der Basis von über 4 000 Meldungen von Kreditinstituten verfügten kommissarisch verwaltete Betriebe in den eingegliederten Gebieten im Frühjahr 1940 über Guthaben, die im Warthegau um beinahe 24 Mio. RM und in Danzig-Westpreußen um über 10 Mio. RM über den Schuldensalden lagen.[762] Die Guthaben überwogen auch in der Folgezeit die Verbindlichkeiten, wobei die Differenz sich

757 BArch, R 144/188: Aktenvermerk der HTO, Abt. II C, vom 16.2.1942.

758 BArch, R 88 II/21, Bl. 90: Handelsaufbau-Ost GmbH an Auffanggesellschaft für Kriegsteilnehmerbetriebe des Handels im Reichsgau Danzig-Westpreußen GmbH, Gotenhafen, 13.10.1941.

759 BArch, R 88 I/77: Vorsitzender des Beirates der Auffanggesellschaft in Posen (Bruno Schulz) an Handelsaufbau-Ost GmbH (Landrat Neumann), 31.12.1943, betr. Erhöhung des reichsverbürgten Kredites.

760 Ebd.

761 Keiser, Kreditwirtschaft, S. 472.

762 APP, TP, Nr. 2557: Zusammenfassender Bericht über die gemäß AO Nr. 1 von deutschen Kreditinstituten eingegangenen Meldungen über Schulden und Guthaben kommissarisch verwalteter Betriebe in den eingegliederten Ostgebieten vom 20.5.1940; vgl. die Zahlenaufstellung oben auf S. 107.

zwischen zehn und 20 Mio. RM bewegte.[763] Einzig im Zuständigkeitsbereich der Treuhandstelle Kattowitz überwogen die Schulden die Guthaben erheblich (90 Mio. RM Verbindlichkeiten gegenüber 46 Mio. RM Guthaben), was zum überwiegenden Teil an der verschuldeten Sparte „Industrie- und Fabrikationsbetriebe aller Art“ lag.

Das HTO-Verfahren nahm noch 1940 einen erstaunlichen Umfang an. Bis Oktober 1940 hatte die Treuhandstelle im Warthegau bereits 134 Kredite in Höhe von 24,6 Mio. RM bewilligt; die größten Kreditnehmer waren dabei Unternehmen der Lebensmittelindustrie wie beispielsweise die Luban-Wronke Kartoffelfabrikate AG in Posen (6,5 Mio. RM) und einige Zuckerfabriken mit insgesamt acht Mio. RM.[764] Bei diesen Krediten, die auch in der Folgezeit den größten Umfang behielten, handelte es sich fast ausschließlich um reine Saisonkredite mit einer Laufzeit von nur wenigen Monaten. Zwar standen die Privataktienbanken im Agrarsektor in Konkurrenz zu den Genossenschaftsbanken[765], aber zumindest im Falle der Unternehmen, die nicht der „Ostland“, sondern der Treuhandstelle zugeordnet waren, konnten die Banken sich gegen den Genossenschaftssektor durchsetzen.

Insgesamt achteten die Treuhandstellen auf eine ausgeglichene Kontenverteilung, wie eine Momentaufnahme aus Litzmannstadt für März 1941 zeigt (in RM):[766]

Kreditinstitut	laufende Bankkonten	angekaufte Wertpapiere	Festgeldkonten	Insgesamt
Commerzbank	209224,91	2825375,–	1900000,–	4934599,91
Deutsche Bank	260106,00	2825375,–	1500000,–	4585481,00
Dresdner Bank	244154,97	1987500,–	2800000,–	5031654,97
Deutsche Genossenschaftsbank	114899,69	1375000,–	3150000,–	5639899,69
Bank Litzmannstädter Industrieller	214793,58	2076750,–	600000,–	2891543,58
Kreissparkasse	152567,96	890750,–	1100000,–	2143317,96
Stadtsparkasse	455691,48	–	6650000,–	7105691,48
Reichsbank	436882,64	6122500,–	–	6559382,64
Kasse	13807,67			13807,67
Insgesamt	2102128,90	18103250,–	17700000,–	38905378,90

Besonders die drei Großbanken wiesen relativ große Überschneidungszonen in ihrem geschäftlichen Engagement auf. Nicht von ungefähr kam es daher zu Absprachebemühungen namentlich zwischen der Ostbank, der Deutschen Bank und der Commerzbank im Warthegau. Dies macht nur dann Sinn, wenn ein Kapital-

[763] APP, TP, Nr. 95, Bl. 27: Tätigkeitsbericht der TP und TNL per 31. 12. 1941; vgl. APP, TP, Nr. 2539: Rundverfügung Nr. 37 der TP vom 3. 8. 1940; APG, TDW, Nr. 5, Bl. 81–166, hier Bl. 92: Treuhandbesprechung in der HTO am 23. und 24. 7. 1940.

[764] APP, TP, Nr. 92, Bl. 2–30, hier Bl. 30: Tätigkeitsbericht der TP vom 15. 10. 1940.

[765] Keiser, Kreditwirtschaft, S. 471.

[766] BArch, R 144/633: Beilage zur Jahresbilanz vom 31. 3. 1941: Bankkonten am 31. 3. 1941.

überangebot unterstellt werden kann und der Kreditbedarf geringer ausfiel, als er angesichts der zur Verfügung stehenden Kapitalvolumina hätte abgerufen werden können. So hatten die drei genannten Institute im September 1940 sowohl „Allgemeine Abmachungen" als auch ein „Abkommen über die den kommissarisch verwalteten Betrieben gegenüber anzuwendenden Konditionen" vereinbart, bemühten sich in der Folge aber vergeblich, bei der HTO die Berechnung einer Umsatzprovision in Höhe von 1 Promille durchzusetzen.[767]

Gleichwohl spricht einiges dafür, dass die Geschäfte tatsächlich großen Umfanges, z. B. Unternehmensverkäufe aus der HTO-Vermögensmasse, zum Teil an den Instituten bzw. ihren Niederlassungen in den eingegliederten Ostgebieten vorbeiliefen. Die Verwaltung und der Verkauf von Betrieben mit einem Geschäftswert von mehr als 500 000,– RM wurde zentral von Berlin aus geleitet. Da diese so genannten 500 000.-RM-Betriebe in den Geschäften der Kreditinstitute in den eingegliederten Ostgebieten nur vergleichsweise selten oder gar nicht vorkommen, liegt die Vermutung nahe, dass diese von Berliner Banken mit Krediten versorgt wurden. Allein im Warthegau gab es insgesamt 124 solcher Betriebe, davon wiederum 51 in der Lebensmittelindustrie (inklusive Zuckerfabriken) sowie 39 in der Textilindustrie.[768] Die Verkaufstransaktion beispielsweise des größten Metallindustriekonzerns im Warthegau, der Cegielski AG in Posen, an die zur Quandt-Gruppe gehörende Karlsruher Deutsche Waffen- und Munitionsfabriken AG (DWM) für eine Summe von insgesamt 14 Mio. RM lief am Reichsgau und seinen Kreditinstituten völlig vorbei.[769]

Bis Mitte 1941 waren im Rahmen der von der HTO herausgegebenen Kreditrichtlinien knapp 800 Kredite an kommissarisch verwaltete Betriebe im Reichsgau Wartheland bewilligt worden. Von den Ende Juni noch nicht getilgten 395 Krediten entfielen 180 auf das HTO-Verfahren (36,4 Mio. RM), 28 Kredite liefen im Reichsbürgschaftsverfahren (0,5 Mio. RM), 184 waren unter Bankrisiko ausgelegt worden (3,7 Mio. RM). Von der Gesamtkreditsumme in Höhe von 40,8 Mio. RM entfielen dabei 26,4 Mio. RM allein auf die Saison- bzw. Kampagnenkredite für die Zuckerfabriken, weitere 5,6 Mio. auf die Mühlenindustrie und Sägewerke und 6,1 Mio. RM auf Kredite an Industrieunternehmen. Dass die Inanspruchnahme der bewilligten Kreditsummen dabei nur bei ca. 15 Mio. RM lag, also deutlich unter 50 Prozent, ist bei den Kampagnenkrediten zwar wenig überraschend, traf aber auch auf die übrigen Kredite zu und verdeutlicht einmal mehr die bis Kriegs-

---

767 SächsHStA, Altbanken Dresden, Nr6503: Dresdner Bank an Ostbank Posen, 21.7.1942, betr. Konditionen gegenüber kommissarisch verwalteten Betrieben im Warthegau.

768 APP, TP, Nr. 6068: Zusammenstellung der kommissarisch verwalteten industriellen Unternehmungen, die gemäss der 2. AO vom 17.2.1941 in die Zuständigkeit der Haupttreuhandstelle Ost, Berlin, fallen. Stand vom 25.8.1941.

769 BArch, R 2/56168, Bl. 79–90; APP, Gewerbeaufsichtsamt Posen, Nr. 61; OFD, HTO, Abt. Vermögensverwaltung, Nr. 8; Guenther-Swart, Industrie in Posen und Westpreußen, S. 154–156; Schade, Industrie und Handel im Reichsgau Wartheland, S. 36f.; Burau, Reichsgau Wartheland und seine Wirtschaft, S. 52; Swart, Diesseits, S. 168; Greiser, Aufbau im Osten, S. 10f.; Wacław Radkiewicz: Dzieje Zakładów H. Cegielski w Poznaniu (1846–1960). Studium ekonomiczno-historyczne. Poznań 1962, S. 173–175; Grot, 100 lat Zakładów H. Cegielski, S. 198.

ende anhaltende Verflüssigungstendenz auf dem Kapitalmarkt.[770] Im November 1941 befanden sich innerhalb der wartheländischen Industrie noch 1848 Betriebe unter HTO-Verwaltung, wohingegen 900 Betriebe bereits veräußert worden waren. Im Groß- und Einzelhandel standen 2850 kommissarisch verwaltete Betriebe 923 verkauften gegenüber, im Handwerk waren dagegen erst 1152 verkauft worden, über 3000 Betriebe befanden sich noch in Treuhandverwaltung.[771] Im Geschäftsbereich der Treuhandstelle Kattowitz liefen per 30. Juni 1942 218 Kredite an Treuhänderbetriebe, von denen 49 Kredite über insgesamt 4,5 Mio. RM unter Haftung der HTO selbst liefen, sechs Kredite (4,1 Mio. RM) im Rahmen der Reichswirtschaftshilfe und 132 Kredite (9,8 Mio. RM) unter Bankwagnis. Daneben unterhielten Treuhänderbetriebe bei der Treuhandstelle Kattowitz fast 1650 Konten mit einem Gesamtguthaben von 46,6 Mio. RM.[772] Insgesamt hatte die Treuhandstelle Kattowitz bis Ende September 1942 aus der „Verwertung des treuhänderisch verwalteten Vermögens einschl. der [...] abgezogenen Betriebsüberschüsse" sowie aus „Erträgen des treuhänderisch verwalteten Vermögens" Gesamteinnahmen von knapp über 40 Mio. RM verbuchen können.[773]

Während die Nachfrage nach reichsverbürgten Krediten nach 1940 abnahm, erreichte das HTO-Verfahren im Frühjahr 1941 seinen Höchststand. Am 31. März 1941 waren in den eingegliederten Ostgebieten Kredite in Höhe von insgesamt über 90,4 Mio. RM an 677 kommissarisch verwaltete Betriebe bewilligt worden, davon Kredite über 52,9 Mio. RM unter Haftung der HTO; 6,5 Mio. RM entfielen auf Kredite im Rahmen der Reichswirtschaftshilfe, Bankwagniskredite machten 27,5 Mio. RM am Gesamtvolumen aus, wobei die Inanspruchnahme hier bei etwa 50 Prozent lag.[774] Von den in diesem Zusammenhang bei den Kreditinstituten geführten 1799 Konten kommissarisch verwalteter Betriebe wurden 611 bei Banken, 952 bei Sparkassen und nur 236 bei Genossenschaften unterhalten.[775]

Die Reichswirtschaftshilfe sollte den Bankkredit nicht substituieren, sondern nur flankieren, und der im Laufe des Jahres 1941 sich kontinuierlich erhöhende Umfang der Bankwagniskredite zeigt, wie sich die Zusammenarbeit mit der Treuhandstelle einspielte und das Vertrauen in die Solvenz bzw. Stabilität der kommissarisch verwalteten Betriebe bei den Kreditinstituten wuchs. Da diese aber auch weiterhin für eine erhöhte Sicherheit eine niedrigere Rentabilität in Kauf nahmen, musste die HTO im Frühjahr 1942 die Ablösung der Kredite im HTO-Verfahren durch Bankwagniskredite auf dem Verordnungswege durchsetzen. Die neue Regelung sollte es ermöglichen, einem angeblich schon „oft geäußerten Wunsche der Kreditinstitute Rechnung tragend, von jetzt ab den Bankwagniskredit zur Regel

---

770 APP, TP, Nr. 93, Bl. 67-77, hier Bl. 76: Tätigkeitsbericht der TP vom 30. 6. 1941.

771 [A. Greiser:] Das zweite Jahr des Aufbaues, in: Warthegau-Wirtschaft 2 (1941), Nr. 11, S. 11f., hier S. 12.

772 APK, TK, Nr. 249, Bl. 37-76, hier Bl. 60: Rechenschaftsbericht der TK (gez. Graf von Matuschka) vom 14. 10. 1942, Berichtszeitraum November 1939 bis Oktober 1942.

773 Ebd., Bl. 61.

774 BArch, R 144/518-519: Rechenschaftsbericht der HTO über ihre Tätigkeit in den Jahren 1939-1942, S. 414 [Łuczak (Hg.), Grabież polskiego mienia, S. 327f.].

775 APP, TP, Nr. 95, Bl. 27: Tätigkeitsbericht der TP und TNL per 31. 12. 1941 [Stand: 30. 6. 1941].

und den H.T.O.-Kredit zur Ausnahme zu machen".[776] An die Stelle der Gesamthaftung der Treuhandstellen traten nun der Bankwagniskredit bzw. eine 20-prozentige Teilhaftung der HTO. An den zu berechnenden Zinsen in Höhe von 1 Prozent über Reichsbankdiskontsatz änderte sich dabei nichts, immerhin durfte nun eine monatliche Kreditprovision über 1/12 Prozent für den in Anspruch genommenen Betrag in Anrechnung gebracht werden, nicht jedoch eine Umsatzprovision.[777] Schon deshalb dürfte der Wunsch nach alleinigem Bankrisiko gering gewesen sein, und nicht von ungefähr spielte bei der HTO die Überlegung eine Rolle, „gewissen Mißbräuchen" zu begegnen, „welche als Folge der beim HTO-Kredit gegebenen Haftung des Reiches sich stellenweise in Form einer Minderung des wünschenswerten Verantwortungsgefühls gezeigt haben".[778] Der Stichtag für die Umstellung der HTO-Kredite auf Bankwagnis war der 1. Juli 1942, obwohl wegen der Kreditlaufzeiten Übergangsfristen teils bis in das Jahr 1943 hineinreichten. Entsprechend reduzierte sich die Summe der unter Haftung der HTO laufenden Kredite und hatte sich von ihrem Höhepunkt Ende März 1941 (52,9 Mio. RM) bis Oktober 1942 auf 26,7 Mio. RM praktisch halbiert.[779] Die Überleitung der HTO-Kredite auf Bankwagniskredite schlug sich auch in den Jahresbilanzen der Treuhandstellen deutlich nieder. Hatten in der Jahresbilanz der Treuhandstelle Posen zum 31. März 1942 die so genannten Rückgriffsforderungen aus dem HTO-Kreditverfahren bei einer Gesamtbilanzsumme von 64,7 Mio. RM und einem Treuhändergesamtvermögen von 62 Mio. RM noch immerhin 27,6 Mio. RM betragen, so reduzierte sich dieser Betrag in den Folgejahren auf 3,9 Mio. RM (per 31. März 1943) bzw. 4,2 Mio. RM (per 31. März 1944), während die Bilanzsumme im gleichen Zeitraum auf 96,9 Mio. RM bzw. 122,2 Mio. RM anwuchs.[780] Eine analoge Entwicklung lässt sich bei den anderen Treuhandstellen in den eingegliederten Gebieten beobachten.[781] Ob daraus im Umkehrschluss gefolgert werden kann, dass auf diese Weise etwa an die wartheländischen Kreditinstitute ein zusätzliches Kreditbedürfnis in Höhe von mehr als 20 Mio. RM gestellt wurde, muss allerdings bezweifelt werden, da der Übergang zum Bankwagniskredit allgemein mit einer kriegsbedingt zunehmend restriktiveren Kreditbewilligung einherging.

In gewisser Weise kamen also die Banken 1942/43 tatsächlich besser in das Aktivgeschäft hinein, bei dem nicht mehr zahlreiche Dienststellen intervenierten, sondern nur noch der Kunde entschied, der jedoch weiter in komplexe Preisbindungs-, Lieferkontingent- und Absatzstrukturen eingebunden blieb. Negative Auswirkungen zeitigte das Umstellungsverfahren vor allem bei den Sparkassen, deren Satzungsvorschriften es in den meisten Fällen unmöglich machten, die Kre-

---

[776] APP, TP, Nr. 2543: Rdschr. Nr. 30 der TP an die Kreditinstitute, 15. 7. 1942.

[777] SächsHStA, Altbanken Dresden, Nr.6503: Dresdner Bank an Ostbank Posen, 21. 7. 1942, betr. Konditionen gegenüber kommissarisch verwalteten Betrieben im Warthegau.

[778] APP, TP, Nr. 2543: HTO an die Leiter der Treuhandstellen, 27. 5. 1942.

[779] BArch, R 144/518-519: Rechenschaftsbericht der HTO über ihre Tätigkeit in den Jahren 1939-1942, S. 415 [Łuczak (Hg.), Grabież polskiego mienia, S. 328].

[780] BArch, R 144/218: Jahresbilanzen der Treuhandstellen über die Vermögensverwaltung: TP, 1942-1944.

[781] BArch, R 144/633: Jahresbilanzen der Treuhandstellen über die Vermögensverwaltung: TNL, 1941-1944.

dite mit vollständigem Eigenrisiko weiterzuführen. Obwohl die HTO in Absprache mit dem RWM vereinbart hatte, dass die Sparkassen Kredite an kommissarisch verwaltete Betriebe über mehr als 50000,– RM als reichsverbürgte Betriebsmittelkredite würden vergeben können[782], nahm die Beteiligung der Sparkassen an der Auslegung von Krediten an HTO-Betriebe in der Folgezeit stark ab und wurde praktisch bedeutungslos. Dass es deshalb vor allem die Banken waren, die von dem Kapitalbedarf der Treuhandbetriebe – wenn auch mit fallender Tendenz – profitierten, verdeutlicht die folgende Aufstellung für den Reichsgau Wartheland in den Jahren 1943 und 1944 (in RM):[783]

Stichtag	Banken	Sparkassen	Genossenschaften	Gesamtsumme
31.3.1943	22923000	2090000	5555000	30568000
30.9.1943	19255000	1260000	5485000	26000000
31.3.1944	18541000	1495000	4690000	24726000
30.11.1944	4569000	970000	90000	5629000

Wie in fast allen übrigen bankgeschäftlichen Sparten vermochte im Warthegau die Ostbank ihre Position als führendes Kreditinstitut auch bei den HTO-Krediten weitgehend zu behaupten. Von den per 31. Dezember 1942 ausgelegten 44 Krediten über 100000,– RM (insgesamt 15,3 Mio. RM) entfielen alleine 16 auf die Ostbank (5,4 Mio. RM).[784]

Ebenso einheitlich wie die Kreditlinien blieb auch der Schwerpunkt der HTO-Kredite auf Seiten der Lebensmittelindustrie im Warthegau und in Danzig-Westpreußen sowie der Industrie in Ostoberschlesien. Charakteristisch für die Kredite im HTO-Verfahren blieben niedrige Sollsalden, die prozentual noch unter denen der Reichswirtschaftshilfe lagen. Sie bestätigen den letztlich geringen Kreditbedarf, wie er schon zu Beginn der Okkupation konstatiert worden war[785], und verdeutlichen mittelbar den deformierten Kapitalbedarf, der sich darauf beschränkte, die kommissarisch verwalteten Betriebe angesichts einer totalen Kriegswirtschaft und wegen der unklaren Eigentums- und Einweisungsverhältnisse in vielen Fällen zu erhalten. Die 1943 und 1944 noch immer recht hohen Kreditsummen täuschen über den Umstand hinweg, dass das Procedere nur deshalb fortgeführt wurde, nicht weil es notwendig war, sondern weil es sich bewährt hatte. Saisonkredite wie die der Zuckerindustrie im Warthegau wurden nur deshalb noch von den Kreditinstituten ausgelegt, weil die Treuhandstelle Posen die Gewinne in voller Höhe abzog, Gewinne mithin, aus denen die Unternehmen ihr Betriebskapital problemlos selbst hätten aufbringen können.

Ab Mitte 1943 schien sich der Beauftragte für den Vierjahresplan von der HTO trennen zu wollen, da ihre „wirtschaftliche Führungs- und Überleitungsaufgabe in den eingegliederten Ostgebieten im wesentlichen erledigt sei". Entsprechend

---

782 APP, TP, Nr. 2543: HTO an die Leiter der Treuhandstellen, 14.12.1942.

783 APP, TP, Nr. 2538; Nr. 2562.

784 APP, TP, Nr. 2543: Aufstellung der Kredite von RM 100000,– und darüber per 31.12.1942 vom 27.1.1943.

785 Wolf, Neuordnung des Bankwesens in den eingegliederten Ostgebieten, S. 234.

wurden Überlegungen angestellt, ob das Reichsfinanzministerium oder der RKF die „Restaufgaben" wahrnehmen solle. Der gerade zum Reichsinnenminister ernannte Reichsführer-SS Himmler war zunächst nicht abgeneigt, seinem Imperium noch eine weitere Behörde zu unterstellen, doch ist es bis Kriegsende zu einer formalen Umbildung der HTO sowie ihrer Angliederung an das RKF nicht mehr gekommen.[786]

Deportations- und Siedlungspolitik: Umsiedlerkredite der Deutschen Umsiedlungs-Treuhand-Gesellschaft

Die deutsch-sowjetische Neuordnung in Ostmitteleuropa sowie die Absicht Hitlers, eine „neue Ordnung der ethnographischen Verhältnisse" sowie „bessere Trennlinien" zu schaffen[787], führten ab Herbst 1939 zu einer „Bevölkerungsverschiebung" größten Ausmaßes, von der mehrere Hunderttausend „Volksdeutsche" in Ostmittel-, Ost- und Südeuropa betroffen waren.[788] Im Mittelpunkt des weltanschaulichen Selbstverständnisses der Nationalsozialisten stand hierbei zweifellos der Aspekt des „Volkes ohne Raum", welches nun endlich zu einer planvollen Ostsiedlung übergehen und damit den vermeintlichen Bevölkerungsdruck im Deutschen Reich abbauen könne. Allerdings schufen die bilateralen Umsiedlungsverträge mit den baltischen Staaten, der Sowjetunion, Italien (Südtirol) und mit Rumänien 1939/1940 auch erhebliche Sachzwänge, die die Ostsiedlung rasch zu einer erzwungenen Problemlösungspolitik mutieren ließen. Noch 1939 wurde seitens des RKF für unterschiedliche, sich aus der Planung dieser umfangreichen Translokationen ergebenden Aufgaben eine Reihe von Organisationen gegründet. Auch hier erwiesen sich letztlich die Steuerungsmechanismen zumal im Krieg als zu komplex, um noch beherrschbar zu bleiben, und auch hier erfüllten die Kreditinstitute erneut eine wichtige finanzielle und organisatorische Funktion für das Regime.

Grundlage der genannten Umsiedlungsverträge war die Erhaltung des Besitzstandes der Umsiedler gewesen, der zu diesem Zweck erfasst, bewertet und mittels eines Clearingsystems sukzessive ins Deutsche Reich transferiert werden sollte. Von der Gesamtzahl der „volksdeutschen" Umsiedler, die bis November 1944 auf das Territorium der eingegliederten Gebiete verbracht wurden (631 485 Personen), entfielen über 536 000 Umsiedler (85,1 Prozent) auf das Gebiet des Warthegaues. Schon bis 1941 wurden im Rahmen der vier großen Siedlungsaktionen[789] von insgesamt 360 929 „volksdeutschen" Umsiedlern allein 268 028 Personen in den Warthegau eingewiesen.[790] Zur Wahrnehmung sämtlicher damit verbundener ver-

---

786 APP, TP, Nr. 143: Treuhandstellenleitertagung am 23.11.1943 in Zoppot; vgl. Rosenkötter, Treuhandpolitik, S. 269–273.

787 Bouhler (Hg.), Der großdeutsche Freiheitskampf. Reden Adolf Hitlers, Bd. I/II, S. 82f.

788 Vgl. oben S. 69f.

789 1. Estland, Lettland; 2. Wolhynien, Galizien; 3. Bessarabien, Dobrudscha, Bukowina; 4. Narewgebiet, Litauen.

790 Theodor Bierschenk: Zahlen über die während des Zweiten Weltkrieges umgesiedelten deutschen Volksgruppenangehörigen, in: ZfO 3 (1954), S. 80–83, hier S. 80f.; Czesław Łuczak: Die Ansiedlung der deutschen Bevölkerung im besetzten Polen (1939–1945), in: Studia Historiae Oeconomicae 13 (1978), S. 193–205, hier S. 195, 201.

mögensrechtlicher und finanzieller Aufgaben wurde am 3. November 1939 als Dienststelle des RKF die Deutsche Umsiedlungs-Treuhand-Gesellschaft mbH (DUT) gegründet, die über Niederlassungen u.a. in Posen, Litzmannstadt, Danzig, Lublin und Kattowitz verfügte und eng mit der Ende Oktober von Himmler in Litzmannstadt gegründeten „Volksdeutschen Mittelstelle" (VOMI) zusammenarbeitete.[791] Entsprechend stark war die SS mit SS-Brigadeführer Ulrich Greifelt, SS-Standartenführer Erhard Kroeger (vor 1939 Führer der Nationalsozialisten in Lettland) und dem Leiter der VOMI, SS-Obergruppenführer Werner Lorenz, im Aufsichtsrat der DUT vertreten.[792] Enge Verbindungen bestanden darüber hinaus zu der ebenfalls Himmler unterstehenden Einwandererzentralstelle (EWZ) in Gotenhafen und Litzmannstadt, die nicht nur die vermögensrechtlichen Ansprüche der Baltendeutschen feststellte, sondern die „Rückwanderer" zugleich auch „auf Rasse und Erbgut zu untersuchen" hatte.[793] Für die Umsiedler legte der RKF wegen der unterschiedlichen Preisniveaus in den baltischen Staaten und im Reich in einem Erlass vom 24. November 1939 einen Vorzugsumtauschkurs von 60 RM für 100 Lat (amtlicher Devisenkurs 48,80 RM = 100 Lat) bzw. 80 RM für 100 estnische Kronen (amtlicher Devisenkurs 62,50 RM = 100 estn. Kr.) fest.[794] Untrennbar mit der logistischen Planung der Umsiedlung und der Vermögenserfassung in den Herkunftsländern war ferner die Aufgabe verbunden, „den Rücksiedlern nach dem Willen des Führers in großzügiger Art beim Aufbau ihrer wirtschaftlichen Existenz an ihren Einsatzorten" behilflich zu sein.[795] Als „Treuhänder für eine ordnungsmäßige Verlagerung des Besitzstandes der Umsiedler"[796] wurde der DUT hierfür vom Reichsaufsichtsamt für das Kreditwesen neben der Bankiereigenschaft auch die einer Devisenbank zuerkannt[797], ohne dass sie dabei an das Kreditwesengesetz gebunden gewesen wäre. Diese Kompensationsgarantie sowie die im Baltikum bereits in den 1930er Jahren erfolgreiche Propagandatätigkeit nationalsozialistischer Gruppierungen halfen, negative Rückwirkungen auf die Stimmung der Aussiedler ungeachtet der unter großem Zeitdruck durchgeführten Aktion zu vermindern.[798] Bei

[791] Ferdinand Bang: Die Deutsche Umsiedlungs-Treuhand-Gesellschaft, in: Warthegau-Wirtschaft 1 (1940), Nr. 2, S. 9–11, hier S. 9; Broszat, Nationalsozialistische Polenpolitik, S. 65. Bang war Leiter der Niederlassung der DUT in Posen. Zur VOMI vgl. Valdis O. Lumans: Himmler's auxiliaries. The Volksdeutsche Mittelstelle and the German national minorities of Europe, 1933–1945. Chapel Hill 1993. Die These, die HTO sei zum Zweck „des Vermögensausgleichs für die volksdeutschen Umsiedler geschaffen" worden (Aly, „Endlösung", S. 129), ist schlicht falsch.

[792] Bericht der Deutschen Umsiedlungs-Treuhand-Gesellschaft mbH über das Geschäftsjahr 1940, S. 3.

[793] Vermögensprobleme bei der Rücksiedlung, in: Bank-Archiv 1939, S. 527.

[794] Finanzierungsprobleme der Baltensiedlung (Krakauer Zeitung Nr. 3 vom 5. 1. 1940).

[795] Der Bankeneinsatz in den rückgegliederten Ostgebieten, in: Bank-Archiv 1939, S. 558.

[796] Rolf Schmidt: Ein Jahr Deutsche Umsiedlungs-Treuhand-Gesellschaft mbH, in: Warthegau-Wirtschaft 2 (1941), Nr. 4, S. 4–8, hier S. 4.

[797] Ebd., S. 5.

[798] Hans-Erich Volkmann: Zur Ansiedlung der Deutschbalten im „Warthegau", in: ZfO 30 (1981), S. 527–558; Seppo Myllyniemi: Die Neuordnung der baltischen Länder 1941–1944. Zum nationalsozialistischen Inhalt der deutschen Besatzungspolitik. Helsinki 1973, S. 129ff.; Lars Bosse: Vom Baltikum in den Reichsgau Wartheland, in: Michael Garleff (Hg.), Deutschbalten, Weimarer Republik und Drittes Reich, Bd. 1. Köln/Weimar/Wien 2001, S. 297–387.

den baltendeutschen Umsiedlern handelte es sich überwiegend um eine städtische Bevölkerung, wohingegen die „Volksdeutschen" aus Wolhynien und Galizien einem überwiegend ländlichen-landwirtschaftlichen Milieu entstammten. Die Mehrheit der einen wie der anderen Gruppe sollte im Reichsgau Wartheland eine neue Heimstatt finden, nachdem sich Gauleiter Forster und Oberpräsident Wagner gegen größere Ansiedlungen in Danzig-Westpreußen und Oberschlesien ausgesprochen hatten. So wurden beispielsweise für die über 60 000 Galizien- und Wolhyniendeutschen in Litzmannstadt und Umgebung 66 Aufnahmelager errichtet, und zwar „in leerstehenden Fabriken – Schulen – ehemals jüdischen Wohnhäusern – und den bekannten früheren jüdischen Wochenendkolonien in der Umgebung von Litzmannstadt"[799], die von der VOMI betreut wurden: „Es muß [...] betont werden, daß sich im Vergleich zu Posen, wo für die Dauer der verwaltungsmäßige Charakter einer Gauhauptstadt im Vordergrund stehen wird, in Lodsch für die Gründung wirtschaftlicher Existenzen sich eine wesentlich günstigere Grundlage bietet. Wenn man in Posen mit seinem ausgesprochen deutschen Charakter von einem Wiederaufbau einer deutschen Wirtschaft sprechen kann, so handelt es sich in Lodsch um einen ausgesprochenen Neuaufbau deutscher Verhältnisse."[800]

Und obwohl die Nationalsozialisten im Selbstverständnis „den uralten germanischen Siedlungsboden gerade noch in letzter Stunde" im Osten zurückgeholt zu haben meinten[801], musste selbst Gauleiter Greiser zugeben, dass die Vorbereitung der Lebensraumpolitik mangelhaft gewesen war.[802]

Noch vor Einrichtung der DUT und HTO waren es zunächst die kurz zuvor neu gegründeten Industrie- und Handelskammern, die sich der wirtschaftlichen Eingliederung der deutschen Siedler annahmen. So sorgte die IHK in Posen mittels ihrer „Balteneinsatzstelle" für die Einsetzung von Umsiedlern aus Estland und Lettland zu kommissarischen Verwaltern in beschlagnahmte Unternehmen, Betriebe und für Grundstücke. Erst im Frühjahr wurde ihre Tätigkeit dann auf die DUT, die Treuhandstellen bzw. die Handelsaufbau Ost GmbH übergeleitet.[803] Den beteiligten Stellen wurde sehr bald klar, dass die Transferdauer des allein in Estland und Lettland erfassten „volksdeutschen" Vermögens[804] im Wert von ca. einer Mrd. RM mit Hilfe höherer Lieferquoten und der Übernahme estnischen und lettischen Kapitals im Deutschen Reich mindestens 20 Jahre betragen würde. Da aber die Entschädigung der Umsiedler bzw. die Auszahlung ihres im Heimatland formal vom Deutschen Reich übernommenen Vermögens unverzüglich

799 Die Volkstumsneuordnung. Litzmannstadt Mittelpunkt der Umsiedlung, in: Der Osten des Warthelandes, S. 282–297, Zitat S. 286.

800 Bang, Deutsche Umsiedlungs-Treuhand-Gesellschaft, S. 10.

801 Fritz Richter: Der Einsatz der Volksdeutschen sowie Erfahrungen und Zukunftsaufgaben beim Postaufbau im Wartheland, in: Jahrbuch des Postwesens 5 (1941). Berlin/Friedenau 1942, S. 214–265, hier S. 255.

802 Greiser, Aufbau im Osten, S. 3f.

803 BArch, R 11/1858, Bl. 290–324, hier Bl. 318f.: Prüfstelle für den Bereich der Organisation der gewerblichen Wirtschaft in der Reichswirtschaftskammer: Bericht über die Prüfung der Finanzwirtschaft usw. der Industrie- und Handelskammer Posen, der Bezirksstelle Hohensalza, der Aussenstelle Leslau und der Aussenstelle Kalisch [1941].

804 Hierfur unterhielt die DUT in Estland und Lettland die so genannte Umsiedlungs-Treuhand AG (Utag).

durchgeführt werden musste, sah sich das RFM vor die Notwendigkeit gestellt, die Umsiedler aus Mitteln des Reiches zu finanzieren.[805] Dies erschien um so dringlicher, als die Umsiedler auch zur „Verdeutschung"[806] der eingegliederten Gebiete beitragen sollten, zudem wollte man sie zügig in den Produktionsprozess eingebunden wissen und mit einer schnellen Ansiedlung auch den noch im Ausland lebenden Deutschen die Entscheidung für eine „Rücksiedlung" erleichtern.[807] Eine umfassende Ansiedlung von Deutschen in den eingegliederten Ostgebieten hielt man allein schon deshalb für notwendig, um „in rein agraren Gegenden zu einer Bevölkerungsdichte zu kommen, die gegenüber dem Tempo der slawischen Bevölkerungsentwicklung unumgänglich notwendig" sei, „wenn nicht an den Grenzen des Reiches ein politisch untragbarer Bevölkerungsdruck oder gar die Gefahr fremdvölkischer Unterwanderung entstehen" solle.[808] Dies war notgedrungen auch eine finanzielle Herausforderung, und um dabei die Belastung des Fiskus gering zu halten, entwickelten die Leiter der DUT, Karl Schmölder von der Rheinischen Hypothekenbank und Kurt Kleinschmidt von der Mecklenburgischen Hypothekenbank, im November 1939 ein Abrechnungssystem, bei dem die seitens des Reiches aufzubringenden Mittel über ein Kreditkonsortium finanziert werden sollten. Auf der Basis der erfassten Vermögen führte die DUT imaginäre Guthabenkonten der Umsiedler und belastete diese im Falle zugewiesener Vermögenswerte (Immobilien, Kredite u. a.). Gewissermaßen trat das Reich dabei gegenüber den Umsiedlern als Schuldner auf, der die zuvor oder später vereinnahmten Liquidationserlöse in Form von Krediten oder anderen Zuwendungen tilgte.[809] Hatte der Umsiedler in seinem Heimatland ein Vermögen deklariert, so wurde die Verzinsung seines bei der DUT geführten Guthabens mit dem Tilgungszinssatz des ihm bewilligten Kredites verrechnet, so dass solche Kredite den Charakter eines Kredites verloren und einer Rekompensation gleichkamen.[810] Dabei war von vornherein einkalkuliert, dass das polnische und jüdische Eigentum in den okkupierten Gebieten Polens für die Entschädigung der Umsiedler kostenlos zur Disposition stand: „Ferner hat das Reich eine Entlastung in dem in den Reichsgauen vorhandenen Beutegut. Die Barleistungen des Reichs dürften gegenüber den Sachwerten, die den Hauptteil der Entschädigungen ausmachen werden, stark zurücktreten."[811]

805 BArch, R 2501/7012, Bl. 7: Aktenvermerk der Reichsbank vom 15. 11. 1939 betr. Finanzierung der Umsiedlung Volksdeutscher aus Lettland und Estland.

806 [A. Greiser:] Das zweite Jahr des Aufbaues, in: Warthegau-Wirtschaft 2 (1941), Nr. 11, S. 11f., hier S. 12.

807 Łuczak, „Kraj Warty", S. 73.

808 Faßbender, Reichshilfe für den Osten, S. 129.

809 BArch, R 8120/744: § 1 Abs. 3 der Richtlinien für die Gewährung von Aufbaukrediten an volksdeutsche Umsiedler [November 1939].

810 Schmidt, Ein Jahr Deutsche Umsiedlungs-Treuhand-Gesellschaft, S. 6.

811 BArch, R 2501/7012, Bl. 7: Aktenvermerk der Reichsbank vom 15. 11. 1939. Die These Götz Alys („Endlösung", S. 129), wonach die „generelle Enteignung der Juden" „zu den materiellen Voraussetzungen des gesamten Umsiedlungsprogramms" gehört habe, ist dagegen überzogen. Korrekt ist, dass ein Teil des materiellen Besitzes der ins Generalgouvernement deportierten bzw. im Warthegau gettoisierten Juden an „volksdeutsche" Umsiedler, d. h. an die DUT, vergeben wurde, obwohl der Umfang dieser Vergabe bei

Mitte November wandte sich der Aufsichtsratsvorsitzende der DUT, Staatssekretär im Auswärtigen Amt und SS-Obergruppenführer Wilhelm Keppler, an eine Reihe von Kreditinstituten und schlug ihnen eine Beteiligung an einem „Ostkonsortium“ mit Reichsbürgschaft unter Federführung der Dresdner Bank vor.[812] Bereits am 27. November 1939, auf einer von Keppler einberufenen Konferenz der DUT mit führenden deutschen Kreditinstituten, wurde man sich über die Ziele der Kreditaktion, die Beteiligung der einzelnen Institute sowie über die Konditionen und das Kreditvolumen einig. Paragraph 1 des am 19. Dezember 1939 von allen beteiligten Instituten bestätigten Konsortialvertrages lag das Bestreben zugrunde, „persönlich zuverlässigen und vertrauenswürdigen volksdeutschen Umsiedlern nach ihrem Eintreffen am Einsatzort Kredite zum Aufbau ihrer wirtschaftlichen Existenz“ zu verschaffen, wofür die Konsortialbanken der DUT einen Kreditrahmen in Höhe von insgesamt 100 Mio. RM zur Verfügung stellten. Innerhalb dieser Summe sollten die Kreditinstitute im Rahmen von maximal 50 Mio. RM Einzelkredite bis zu einer Höhe von jeweils 50000,– RM vergeben dürfen (Alleinkredite), während die Dresdner Bank als Konsortialführer Kredite oberhalb dieser Summe bis zu 30 Mio. RM auslegen und anteilig auf die beteiligten Institute umlegen sollte. Weitere 20 Mio. sollten nach Maßgabe der DUT entweder als Konsortial- oder Alleinkredite zur Verfügung stehen.[813] Nach dem Überfall auf die Sowjetunion 1941 und der Besetzung des Baltikums durch die Wehrmacht entschied man sich, einen Teil der Baltendeutschen (ca. 36000 Personen) zurückzusiedeln, und erwog in diesem Zusammenhang, 5 bis 10 Mio. RM aus dem „Ostkonsortium“ hierfür bereitzustellen.[814] Als dieser Plan am Einspruch des RFM scheiterte, kam es unter Führung der Handels- und Kreditbank, einem Tochterinstitut der Dresdner Bank, zur Bildung eines in Riga ansässigen Bankenkonsortiums mit einem Kreditrahmen von 15 Mio. RM. Ein weiterer Konsortialkredit lief im Generalgouvernement ebenfalls unter Führung einer Tochter der Dresdner Bank – der Kommerzialbank AG in Krakau – in Höhe von 20 Mio. Złoty.[815] Die DUT wurde darüber hinaus ab 1940 auch in der Ostmark sowie in

---

dem jetzigen Forschungsstand nicht beziffert werden kann. Da bis Anfang 1943 auch insgesamt ca. 370000 Polen aus dem Warthegau deportiert, weitere 165000 im Warthegau „verdrängt“ und ca. 90000–100000 zur Zwangsarbeit ins Reich gebracht wurden, ist der Fokus allein auf das beschlagnahmte jüdische Vermögen wenig sinnvoll. Vor allem aber war die nationalsozialistische Politik gegenüber Polen und Juden nur mittelbar das Ergebnis der aus den Siedlungsprojekten resultierenden „Sachzwänge“ überfüllter Aufnahmelager. Diese führten zweifelsfrei namentlich innerhalb der SS zu einer Radikalisierung, wie Aly sie sehr eindrucksvoll beschrieben hat, die Vermögensverwaltung der HTO, aber auch der DUT folgte jedoch anderen Regeln. APP, RRW, Nr. 594, Bl. 51f.: Monatsbericht für Dezember 1942 des Chefs der Sicherheitspolizei und des SD – UWZ Posen, Dienststelle Litzmannstadt vom 4. 1. 1943. Vgl. Rutowska, Wysiedlenia ludności polskiej z Kraju Warty, S. 35–38.

812 BArch, R 8120/744: Keppler an Bank der Deutschen Arbeit am 22. 11. 1939. Kepplers Vertreter bei der DUT war SS-Brigadeführer Ulrich Greifelt; vgl. Madajczyk, Polityka III Rzeszy, Bd. 1, S. 359f.

813 BArch, R 8120/744: DUT an Dresdner Bank, 19. 12. 1939.

814 Ebd.: Dresdner Bank an Bank der Deutschen Arbeit, 13. 1. und 27. 8. 1942.

815 Vgl. unten S. 422ff.

den besetzten Westgebieten tätig.[816] Insgesamt betreute die DUT Ende Dezember 1942 über 800000 Menschen in ganz Europa, davon knapp 272000 so genannte Vermögensträger.[817]

Bei den Krediten des „Ostkonsortiums", die 50000,– RM überstiegen, erhielten die einzelnen Kreditinstitute folgende Quoten: Jeweils 20 Prozent entfielen auf die federführende Dresdner Bank und die Deutsche Bank, die die Mitführung übernommen hatte. Jeweils 11 Prozent erhielten die Deutsche Zentralgenossenschaftskasse, die Deutsche Girozentrale, die Bank der Deutschen Arbeit sowie die Commerzbank, während die Reichs-Kredit-Gesellschaft, die Berliner Handels-Gesellschaft und die Danziger Privat-Actien-Bank mit sechs bzw. fünf Prozent beteiligt waren.[818] Bei der Quotierung der Kleinkredite bis RM 50000,– kam man den Sparkassen und Kreditgenossenschaften entgegen, indem beide Gruppen einen Anteil von jeweils 25 Prozent erhielten. Die Dresdner und die Deutsche Bank waren mit jeweils 12 Prozent beteiligt, die Commerzbank, die Bank der Deutschen Arbeit, die Danziger Privat-Actien-Bank und die Landwirtschaftliche Bank für das Wartheland mit acht bzw. sechs Prozent.[819]

Bei der Festlegung der Konditionen war die DUT von den Kreditinstituten noch unabhängiger als die HTO im Falle der im HTO-Verfahren bewilligten Kredite. Die Laufzeit der Alleinkredite erstreckte sich bis zum 31. Dezember 1942, die der Konsortialkredite bis Ende 1944.[820] Der Zinssatz sollte ursprünglich 4½–5 Prozent betragen, doch war in der Praxis nur mit einer Gewinnspanne von 0,25 Prozent zu rechnen.[821] Kreditanträge waren von Umsiedlern nur direkt bei der DUT einzureichen, die allein und ohne Mitwirkung der Kreditinstitute über die Bewilligung entschied: „Bei positiver Entscheidung eines Kreditantrages weisen wir [...] ein uns geeignet erscheinendes, an dieser Vereinbarung beteiligtes Kreditinstitut [...] an, mit dem Antragsteller einen Kreditvertrag [...] abzuschliessen. Bei der Festsetzung der Bedingungen sind die Kreditinstitute an unsere Weisung gebunden."[822]

Obwohl jedoch die DUT Zinsbeginn, Tilgung und Rückzahlungsmodi frei festlegen konnte, waren DUT-Kredite für die beteiligten Konsortialinstitute vergleichsweise bequem, weil einerseits alle Kredite zu 100 Prozent vom Reich garantiert wurden, weil andererseits das allenthalben schwierige Problem, Kredite mit einer ausreichenden Sicherung zu versehen, von vornherein fortfiel und schließlich weil die Kreditüberwachung ebenfalls vollständig bei der DUT lag, weshalb sich die Mitarbeit der Kreditinstitute „im wesentlichen auf die Bereitstellung und

816 Betreuung der Umsiedler, in: DWZ 40 (1943), S. 143f.; Jahresbilanz der Umsiedlung. 55000 neue Umsiedler (Frankfurter Zeitung Nr. 173–174 vom 4. 4. 1943).

817 Geschäftsbericht der Deutschen Umsiedlungs-Treuhand-Gesellschaft mbH für das Jahr 1942, S. 17.

818 BArch, R 8120/744: Aktenvermerk der Bank der Deutschen Arbeit vom 28. 11. 1939; ebd.: Anlage 5: Quoten für die Einzelkredite über 50000,– RM (Konsortialkredite).

819 Ebd.: Aktenvermerk der Bank der Deutschen Arbeit vom 28. 11. 1939; ebd.: Anlage 4: Quoten für die Einzelkredite von bis zu 50000,– RM (Alleinkredite).

820 Ebd.

821 APP, RRW, Nr. 1801, Bl. 137: RdschrSGVW Nr. 7/39.

822 BArch, R 8120/744: DUT an Dresdner Bank, 19. 12. 1939 (§ 4 des Konsortialvertrages).

Auszahlung der Kreditmittel"[823] beschränkte und die „DUT wirtschaftliche Trägerin des Kredits" blieb.[824] Die ohnehin niedrige Rate gefährdeter Kredite (1943: 0,2 Prozent) blieb wegen der Reichsgarantie für die beteiligten Kreditinstitute irrelevant.[825] Dieses Verfahren kam den durch die Satzungsvorgaben stark behinderten Sparkassen sehr entgegen, da eigene Mittel nicht eingesetzt werden mussten. Vielmehr zahlten die Sparkassen nur einen durch die Landesbank vermittelten Kredit der Deutschen Girozentrale als Konsortialmitglied aus („durchlaufende Kredite").[826]

Ungeachtet dieses Schwerpunktes bei den Sparkassen waren die Umsiedler als zukünftige Kundenklientel sehr wohl auch für die anderen Kreditinstitute von Interesse, und Geschäftsverbindungen mit DUT und „Volksdeutscher Mittelstelle" ließen „für den besonders nach Kriegsschluß zu erwartenden beschleunigten wirtschaftlichen und volkstumsmäßigen Aufbau des Reichsgaus gute geschäftliche Möglichkeiten erwarten".[827] Dies deutet darauf hin, dass die Kreditinstitute auch den Konnex von Deportations- und Ansiedlungspolitik nicht nur klar erkannten, sondern in die eigene Geschäftsplanung einbezogen. Im diesem Tenor gehalten ist beispielsweise ein Bericht der Posener Commerzbank an die Berliner Zentrale: „In den besetzten Ostgebieten hat eine starke Kolonisation durch deutschblütige Unternehmer, Handwerker und Landwirte stattgefunden, um das Übergewicht der polnischen Unternehmerschaft auf ein Mindestmaß herabzusetzen und allmählich gänzlich zu beseitigen."[828]

In demselben Schreiben beschwerte sich die Filiale bei der Berliner Zentrale, weil diese die Zustimmung zu einem reichsverbürgten Kleinkredit verweigert hatte, und wies darauf hin, man halte es „nicht für opportun, daß unser Institut kleine reichsverbürgte Kredite – wie den beantragten – von sich aus bereits ablehnt, nachdem wir beobachtet haben, daß andere Institute wie insbesondere die Landesbank und Girozentrale und ebenso die Ostbank usw. sich voll in den Dienst der Ostsache stellen." Solche und vergleichbare Korrespondenzen zeigen, dass die Kreditinstitute ihre Aufgabe ganz klar als integralen Teil dieser „Kolonisation" verstanden, um so mehr als „zu diesem Zwecke [...] von den massgebenden Stellen grosse und grösste Summen zur Verfügung gestellt worden" seien.[829]

Da die Kredite zumeist nach dem Vermögenserlös der Umsiedler bemessen waren und oftmals – vor allem in der Anfangszeit – den Charakter einer Unterstützungszahlung trugen, also keinen betriebswirtschaftlichen Zielen dienten, war die durchschnittliche Höhe der DUT-Kredite in der Regel kleiner als die Beträge, die im Rahmen der Reichswirtschaftshilfe oder des HTO-Verfahrens ausgelegt wur-

823 Schmidt, Ein Jahr Deutsche Umsiedlungs-Treuhand-Gesellschaft, S. 6.
824 Bang, Deutsche Umsiedlungs-Treuhand-Gesellschaft, S. 10.
825 Geschäftsbericht der Deutschen Umsiedlungs-Treuhand-Gesellschaft mbH für das Jahr 1943.
826 Bericht über den Aufbau der Sparkassenorganisation, S. 18.
827 Lüdtke, Aufbau und Wirken der Landesbank und Girozentrale Danzig-Westpreußen, S. 4.
828 SächsHStA, Altbanken Dresden, Nr. 6183: CB Posen an SdF – Zentrale, 14. 11. 1940.
829 Ebd.

den.[830] Durch die Vermittlung der Landesbank und Girozentrale Wartheland vergaben die Sparkassen in den ersten sechs Monaten des Jahres 1940 über 2000 Kredite mit einer Gesamthöhe von 3,1 Mio. RM, was einer durchschnittlichen Kreditgröße von 1553,– RM entsprach.[831] Bis Ende 1940 erhöhte sich allein bei den Sparkassen die Gesamtsumme von insgesamt 3450 Krediten auf 5,8 Mio. RM.[832] Obwohl die Sparkassen hinsichtlich der Anzahl der Kredite damit klar an der Spitze lagen, so schöpften sie ihren Konsortialanteil nicht vollständig aus und erreichten nur knapp 21 von 25 Prozent. Viel geringer fiel dagegen das in Anspruch genommene Kreditkontingent im genossenschaftlichen Sektor aus. Von dem genossenschaftlichen Gesamtanteil von 19,8 Mio. RM waren bis Ende 1940 nur 2,2 Mio. RM angefordert worden.[833]

1940 wurden von der DUT über die Kreditinstitute im Warthegau insgesamt 7748 Kredite im Gesamtbetrag von 27,5 Mio. RM vergeben, auf die Umsiedler aus dem Baltikum entfielen dabei 6138 Kredite in Höhe von zusammen 17,6 Mio. RM.[834] Eine Aufstellung nach Berufsgruppen der „volksdeutschen" Kreditnehmer zeigt eine insgesamt sehr gleichmäßige Verteilung, lediglich die Kredite, die 1940 aus Haushaltsmitteln des RKF bestritten wurden[835], konzentrierten sich deutlich im landwirtschaftlichen Sektor und waren unmittelbar mit der Umsiedlung der Wolhynien- und Galiziendeutschen verbunden:[836]

Berufsgruppe	Reichsverbürgte Kredite		Kredite aus Haushaltsmitteln	
	Summe in RM	Prozent	Summe in RM	Prozent
Industrie	7250000,–	26,3	90900,–	1,8
Handel	8010000,–	29,1	184330,–	3,6
Handwerk	2800000,–	10,3	195100,–	3,8
Freie Berufe	3750000,–	13,6	495800,–	9,6
Landwirtschaft	5700000,–	20,7	4195000,–	81,2
	27510000,–	100,0	5161130,–	100,0

830 Schmidt, Ein Jahr Deutsche Umsiedlungs-Treuhand-Gesellschaft, S. 5.

831 Sparkassenarbeit im Warthegau. Ein Bericht der Landesbank und Girozentrale (Berliner Börsen-Zeitung vom 20. 8. 1940); Bericht über den Aufbau der Sparkassenorganisation, S. 18.

832 Landesbank und Girozentrale Wartheland. Geschäftsbericht 1940, S. 11f. Auch im folgenden Jahr vermittelte die Landesbank knapp 3500 DUT-Kredite mit einer Gesamtsumme von 7,3 Mio. RM; dto. Geschäftsbericht 1941; APP, RRW, Nr. 1805, Bl. 293: Prüfungsbericht über die Landesbank und Girozentrale Wartheland vom 16. 5. 1942 für 1941.

833 BArch, R 2/15031, Bl. 215-366, hier Bl. 248: Anhang I und II zum Bericht der Deutschen Revisions- und Treuhand-Aktiengesellschaft, Berlin, über die bei der Deutschen Zentralgenossenschaftskasse, Berlin, vorgenommene Prüfung des Jahresabschlusses zum 31. 12. 1940.

834 Schmidt, Ein Jahr Deutsche Umsiedlungs-Treuhand-Gesellschaft, S. 6.

835 Vgl. BArch, R 1702/136: Merkblatt über die Richtlinien des RFSS für die Gewährung von Krediten beim Einsatz in die [sic] Landwirtschaft.

836 Schmidt, Ein Jahr Deutsche Umsiedlungs-Treuhand-Gesellschaft, S. 7.

Dass das RKF und damit die DUT als seine Dienststelle über erhebliche Eigenmittel verfügten, machen die für die gesamte Kreditaktion bis 1943 verfügbaren Angaben deutlich. Der Geschäftsbericht der DUT für das Jahr 1943 weist neben den durch das Kreditkonsortium vergebenen „reichsverbürgten Aufbaukrediten" (Alleinkredite) in Höhe von 46,3 Mio. RM auch „Kredite und Vorschüsse an Umsiedler" auf, die aus Haushaltsmitteln des RKF in einem Umfang von beinahe 124 Mio. RM bewilligt worden waren. Ebenfalls aus Mitteln des RKF waren bis Ende 1942 weitere 225 Mio. RM „für die Herrichtung und Ausstattung der Siedlerhöfe in den eingegliederten Ostgebieten aufgewandt" worden.[837] Aus dem Kreditrahmen der Konsortialkredite hatte das RKF bzw. die DUT im gleichen Zeitraum nur 18,4 Mio. RM in Anspruch genommen, von dem gesamten Kreditvolumen der DUT in Höhe von 189,9 Mio. RM verfügte das Kreditkonsortium über einen Anteil von lediglich 61,7 Mio. RM.[838]

Obwohl es sich hierbei um keineswegs geringe Summen handelte, so war doch der Anteil der Kreditinstitute an der Siedlungsfinanzierung zwar wichtig, aber keineswegs entscheidend. Noch im Frühjahr 1940 hatte das RFM die Bürgschaft für die gesamten 100 Mio. RM des Konsortialkredites übernommen[839], was dafür spricht, dass man auch im RFM mit einem erheblichen Kapitalbedarf rechnete. Da aber bereits 1943 „nach den bisherigen praktischen Ergebnissen bei einigen Kreditkonsortien nicht damit zu rechnen" war, „daß das Kreditvolumen voll ausgeschöpft" würde, wurde das Volumen des „Ostkonsortiums" von 100 auf 85 Mio. RM reduziert.[840] Auch dieser Verfügungsrahmen schien noch sehr großzügig zu sein. Einerseits hatten sich die Kreditinstitute und die DUT im August 1942 darauf verständigt, dass die Inanspruchnahme künftig nicht mehr aus der kumulativ addierten Gesamtsumme der bewilligten Kredite errechnet wurde, sondern durch Rückzahlungen ausgeglichen werden konnte. Der Verfügungsrahmen wurde auf diese Weise niemals erreicht, und auch von der Laufzeit der Einzelkredite bis zum 31. Dezember 1942 war zu jenem Zeitpunkt nicht mehr die Rede.[841] Andererseits saß ein erheblicher Teil der „volksdeutschen" Umsiedler in Ermangelung geeigneter Siedlungsstellen bis Kriegsende in Umsiedlerlagern fest (vgl. das zeitgenössische Wortspiel „Warthegau = Wartegau"), so dass in ihrem Falle eine Kreditbewilligung zur Existenzgründung von vornherein nicht in Frage kam.[842] Dies war immerhin so heikel, dass Gauleiter Greiser schließlich den Besuch von Umsiedlerlagern in einem Erlass untersagte bzw. von der Genehmigung des RKF

837 BArch, R 49/15: Tätigkeitsbericht des RKF/Stabshauptamtes über die Umsiedlungsmaßnahmen (Stand Ende 1942), zit. nach Müller, Hitlers Ostkrieg und die deutsche Siedlungspolitik, S. 203.

838 Geschäftsbericht der Deutschen Umsiedlungs-Treuhand-Gesellschaft mbH für das Jahr 1943.

839 BArch, R 8120/744: Dresdner Bank an Bank der Deutschen Arbeit vom 8.4.1940. Offenbar hatte der RKF zuvor für 50 Mio. RM eine eigene Bürgschaft übernommen; dies hatte in den Konsortialverhandlungen im November/Dezember 1939 keine Erwähnung gefunden. Vgl. ebd.: RKF an Dresdner Bank vom 23.3.1940.

840 Geschäftsbericht der Deutschen Umsiedlungs-Treuhand-Gesellschaft mbH für das Jahr 1943.

841 BArch, R 8120/744: Dresdner Bank an Bank der Deutschen Arbeit, 27.8.1942.

842 Lumans, Himmler's auxiliaries. The Volksdeutsche Mittelstelle, S. 192–195.

oder des HSSPF Posen – seit Dezember 1943 SS-Brigadeführer Heinz Reinefahrth – abhängig machte.[843] Einberufungen zur Wehrmacht taten ein übriges.

Reduziert hatte sich der Kreditbedarf der Umsiedler aber auch aus einem anderen Grund. Die DUT war im Laufe ihrer Tätigkeit sukzessive zu einem Naturalausgleich der Umsiedler übergegangen. Man wies ihnen seit 1941 verstärkt gewerbliche oder landwirtschaftliche Betriebe als Eigentum zu.[844] Grundlage hierfür war ein Einvernehmen mit den für die Verwaltung und Abwicklung solcher Betriebe zuständigen Stellen, d.h. der HTO und der „Ostland". In beiden Fällen war ein Arrangement durch die Omnipräsenz des RKF zustandegekommen, der sowohl innerhalb der HTO als auch bei der „Ostland" in der Frage von Landverteilung ein gewichtiges Wort mitzureden hatte. Insbesondere die durch das Bodenamt der SS und die VOMI erfolgten Einweisungen „volksdeutscher" Umsiedler[845] in landwirtschaftliche Betriebe vormals polnischer Eigentümer bedeuteten für die DUT ein vergleichsweise einfaches Verfahren, an dem die Kreditinstitute nicht beteiligt waren: „Bei dieser Siedlungsweise trat ein größeres Kreditbedürfnis der Siedler nicht auf, da sie in vorhandene, wenn auch schlecht eingerichtete Betriebe eingesetzt wurden. Das ungeklärte Besitzrecht hätte auch einen Kredit erschwert. So blieben die Kreditgenossenschaften an der Siedlung unbeteiligt."[846]

Ungewollt treffend gab Arthur Greiser in einem Vortrag der Drastik der damit verbundenen Vertreibung und Deportation der rechtmäßigen Eigentümer Ausdruck: „Für die Umsiedler kommt nach dem lieben Gott im Himmel Adolf Hitler, sonst nichts. Der Führer ist für sie der Inhalt ihres Lebens, denn für sie ist die Vorstellung unfaßbar, daß es einen Menschen gibt, der die Macht hat, Zehntausende aus der Fremde zurückzurufen und ihnen einen Hof zu geben, auf den sie mit dem Wagen gefahren werden, in dem Pferde und Kühe und Schweine im Stall stehen, in dem die Bäuerin den Kochtopf auf dem Herd findet, die Kinder die Puppe in der Puppenwiege."[847]

Das hier skizzierte Bild von den buchstäblich noch warmen Betten sagt mehr als umfängliche Auflistungen der einzelnen, nach Nah- und Fernzielen gegliederten Deportationen. Greisers markige Sprache konnte jedoch nicht darüber hinwegtäuschen, dass die Integration der deutschen Siedler in der Zwischenzeit ins Stocken geraten war und diese in Übergangslagern aufgefangen werden mussten, ferner dass auch für viele Siedler zwischen dem „lieben Gott" und dem Führer noch eine beachtliche Spanne lag und derlei Appelle durchaus nicht auf ungeteiltes Vertrauen stießen. Anders ist es nicht zu erklären, dass die zuständigen Dienststellen bereits ab 1940 eine steigende Zahl neu angesiedelter Bauern registrierten, die des Nachts von den ihnen zugewiesenen Höfen flüchteten oder einen solchen gar nicht erst übernehmen wollten. So beklagte sich ein Landrat im Regierungsbezirk

---

843 AUAM, 78/302, Bl. 279: Auszug aus der Niederschrift über die Senatssitzung [der Reichsuniversität Posen] am 21.6.1944.

844 Geschäftsbericht der Deutschen Umsiedlungs-Treuhand-Gesellschaft mbH für das Jahr 1943.

845 Swart, Diesseits, S. 203f.; zum Procedere der Ansiedlung vgl. Heinemann, „Rasse, Siedlung, deutsches Blut", S. 218–224.

846 Swart, Diesseits, S. 205.

847 Greiser, Aufbau im Osten, S. 15.

Litzmannstadt im Mai 1941 folgendermaßen: „110 volksdeutsche Familien, die in den primitivsten Wohnungen und Höfen lebten, waren ausersehen, diese unwürdigen Behausungen mit guten Höfen zu vertauschen, in denen sich noch polnische Bauern befanden. Von den 110 Familien sind aber nur 68 bereit gewesen, die Umsiedlung vorzunehmen. [...] Die volksdeutschen Bauern erklärten u.a., die aussenpolitische Lage wäre so unsicher, dass sie sich nicht entschliessen könnten, den Polen vom Hof zu verdrängen, um sich dann selber dort nieder zu lassen."[848]

Zur Unsicherheit angesichts der politischen Zukunft der besetzten Gebiete traten freilich auch die Angst vor Vergeltungsaktionen der polnischen Widerstandsbewegung und vereinzelt auch ein Unrechtsempfinden, wie es vor allem bei den Kleinbauern aus Wolhynien und Rumänien feststellbar ist, die der Sicherheitsdienst der SS in seinen Lageberichten überwiegend als „völkisch indifferent" einstufte. Darüber hinaus standen Greisers Germanisierungspläne auch in einem gewissen Gegensatz zu den Vorstellungen des RKF, da er eine vollständige Eindeutschung des Warthegaus über einen Zeitraum von zehn Jahren erreichen wollte, hierfür aber einen 60-prozentigen Anteil von Deutschen an der wartheländischen Bevölkerung für ausreichend ansah. Wichtiger war für ihn die Agrarproduktion der „Kornkammer", in der einerseits auf billige polnische Arbeitskräfte nicht verzichtet werden konnte und deren Ertragsziele andererseits viel eher mit landwirtschaftlichen Großbetrieben denn mit kleinen Umsiedlerwirtschaften zu erreichen waren.

In der Frage einer endgültigen Eigentumszuweisung an „volksdeutsche" Umsiedler aus dem von der HTO konfiszierten polnischen bzw. jüdischen Vermögen waren zwischen Treuhandstelle und DUT bereits im Februar 1940 erste gemeinsame Richtlinien aufgestellt worden.[849] Dementsprechend gab ein Verrechnungsscheinverfahren der HTO die Möglichkeit, die Aktivwerte gewerblicher Betriebe im Wert von unter 50000,– RM der DUT gegen Verrechnungsscheine zu überlassen, wobei Forderungen und Verbindlichkeiten vollständig in der Verwaltung der HTO verblieben (und im Falle polnischer Berechtigter mit der Schuldenabwicklungsverordnung fortfielen).[850] Der RFM war verpflichtet, diese Verrechnungsscheine auf Verlangen der HTO einzulösen.[851] Später wurde dieses Verfahren auch auf Grundstücke ausgeweitet.[852] Bis Ende 1940 wurden auf diese Weise im gewerblichen Sektor über 800 endgültige Einweisungen „volksdeutscher" Umsiedler im Wert von ca. 1,6 Mio. RM durchgeführt.[853] Angesichts der Zahl der in den Warthegau verbrachten Umsiedler fiel der Umfang dieses Einweisungssystems

[848] BArch, R 75/9a, Bl. 102: Landrat des Kreises Kempen an den Regierungspräsidenten in Litzmannstadt vom 28.5.1941 (Abschrift) betr. Umsiedlungsaktion vom 25./26.5.1941.

[849] Gemeinsame Richtlinien der Haupttreuhandstelle Ost (HTO) und der Deutschen Umsiedlungs-Treuhand-Gesellschaft mbH (DUT) über die endgültige Einweisung von Umsiedlern in gewerbliche Betriebe und Grundstücke vom 20.2.1940, in: MBlHTO 1940, Nr. 2, S. 31.

[850] APP, RRW, Nr. 1802, Bl. 296: Rdschr. des Gaukreditausschusses vom 29.10.1941 betr. Kreditversorgung reichs- und volksdeutscher Umsiedler.

[851] Gemeinsame Richtlinien der HTO und DUT, S. 31f.

[852] BArch, R 144/413: Undatierter Bericht über das Verrechnungsscheinverfahren mit der DUT.

[853] Schmidt, Ein Jahr Deutsche Umsiedlungs-Treuhand-Gesellschaft, S. 6f.

aber geringfügig aus, wenngleich davon auszugehen ist, dass das der DUT überlassene Kontingent aus dem von der „Ostland“ verwalteten landwirtschaftlichen Besitzstand größer gewesen sein dürfte. Wie schon im Zusammenhang mit den von der HTO verwalteten Betrieben kam es auch bei der Zuweisung gewerblicher Betriebe an Umsiedler 1942 zu Konflikten mit dem OKW und den Auffanggesellschaften für Kriegsteilnehmerbetriebe. Immerhin fand man in diesem Falle zu einer für alle beteiligten Instanzen akzeptablen Lösung, vermutlich auch deshalb, weil die DUT in Himmler einen stärkeren Rückhalt besaß als die HTO in Göring:

„1. Der Umsiedlereinsatz steht an erster Stelle, d.h. die Umsiedler müssen auf jeden Fall im Wege des Naturalausgleichs schnellstens in Betriebe, die im wesentlichen den im Herkunftsland zurückgelassenen entsprechen, eingewiesen werden.

2. Die für den Einsatz der Umsiedler benötigten Betriebe sind seitens der SS-Ansiedlungsstäbe ausschliesslich von der TO [Treuhandstelle] anzufordern. Sollte im Einzelfall die Ansetzung eines Umsiedlers nicht möglich sein, weil sich unter den von der TO beschlagnahmten oder ihrer Zuständigkeit unterliegenden Betrieben, gleichgültig ob es sich um bereits erfasste oder nicht erfasste Betriebe handelt, ein geeignetes Objekt nicht befindet, so kann in diesem Ausnahmefall der SS-Ansiedlungsstab gemeinsam mit der TO an die örtlich zuständige Auffanggesellschaft für Kriegsteilnehmerbetriebe herantreten mit dem Ziel, einen bereits von dieser verwalteten Betrieb für den Umsiedlereinsatz herauszubekommen.“[854]

Insgesamt bleibt festzuhalten, dass die Beteiligung deutscher Kreditinstitute an der Finanzierung der nationalsozialistischen Siedlungs- und Translokationsprojekte sich in den engen Grenzen hielt, die ihnen seitens der DUT und der HTO für ihre Mitarbeit zuvor eingeräumt worden waren. Das gilt sowohl für den finanziellen Umfang des Konsortialkredites sowie seine Inanspruchnahme als auch für die praktische Umsetzung, bei der die Institute in der Regel nur die Funktion einer Zahlstelle wahrnahmen. An diesem Befund ändert sich selbst dann nur wenig, wenn man berücksichtigt, dass das „Ostkonsortium“ zwar der größte, aber keineswegs der einzige Konsortialkredit war, der der Finanzierung von Siedlungsprojekten diente. An den „Anschaffungsmittelkrediten“, die es Umsiedlern erlaubten, einen kommissarisch verwalteten Betrieb zu erwerben, waren die Kreditinstitute überhaupt nicht beteiligt, da diese nur unbar über Verrechnungsscheine der DUT bewilligt wurden.[855]

Alles in Allem war auch die Ansiedlungspolitik für die Kreditinstitute ein Geschäftsfeld, das ihnen zwar stete und garantierte Einnahmen einbrachte, das aber dennoch von den Erwartungen weit entfernt war, die die Kreditinstitute noch 1939 mit dem Schlagwort der „Eindeutschung“ polnischer Gebiete verbunden hatten. Somit wurde der Krieg auch hier als Übergangszeit gewertet, bevor nach siegreichem Kriegsende der eigentliche Ausbau der Bankgeschäfte erst beginnen würde.

---

854 BArch, R 88 II/22, Bl. 271f., hier Bl. 271: Abschrift eines Vermerks vom 27.4.1942 betr. Besprechung über die Frage der Herausgabe von Kriegsteilnehmerbetrieben aus den Auffanggesellschaften an Umsiedler.

855 Schmidt, Ein Jahr Deutsche Umsiedlungs-Treuhand-Gesellschaft, S. 6.

Die Banken in der Industriefinanzierung

Die bisher skizzierten Kreditengagements zeichneten sich aus durch einen starken Einfluss staatlicher bzw. Parteidienststellen auf die Festsetzung der Geschäftskonditionen und damit auf die Rentabilität der deutschen Kreditinstitute in den eingegliederten Ostgebieten. Von besonderem Interesse ist vor diesem Hintergrund das Geschäft der Industriefinanzierung, dem für die Banken wegen des zu erwartenden Finanzierungsvolumens in den Industriezentren von Oberschlesien, Posen und Litzmannstadt Priorität zukommen musste. Zwar war auch von den Industrieunternehmen in den eingegliederten Ostgebieten der überwiegende Teil der Verwaltung der HTO unterstellt, aber wegen der im Krieg wachsenden Bedeutung der Rüstungsproduktion spielten die Interessen des Regimes und der Wehrmachtsführung eine größere Rolle, so dass die HTO bei dem Verkauf dieser Unternehmen nicht selten andere Wege ging.

Auch für die Banken stellte die Industriefinanzierung einen besonderen Bereich dar. Die Commerzbank beispielsweise gründete 1940 nach Beendigung des Westfeldzuges eigens eine Industrie-Abteilung, deren Arbeitsgebiet u.a. „Arisierungs- und Verflechtungswünsche der Kundschaft für die Niederlande, Belgien, Frankreich", in den eingliederten Ostgebieten, im Generalgouvernement und im Baltikum dagegen „Wünsche der Kundschaft nach Erwerb von Betrieben" umfasste.[856] Wie funktionierte hierbei der Interessenausgleich zwischen staatlichen und privaten Wirtschaftsinteressen (Reichswerke „Hermann Göring", HTO, Banken etc.), in welchen Geschäftssparten verdienten die Banken und in welchen nicht, inwieweit schließlich waren die Kreditinstitute im Rahmen zunehmender Liquidität überhaupt vonnöten? Gerade bei größeren Industriebetrieben wuchs im Kriege die Eigenfinanzierungsleistung, d.h. das Wachstum von Reserven und Rückstellungen, erheblich. Boelcke gibt beispielsweise für die Deutsche Waffen- und Munitionswerke AG (DWM) zwischen 1937 und 1941 ein Wachstum der Roherträge um 158 Prozent (von 31,73 Mio. auf 81,88 Mio. RM) an.[857] Solche Firmen arbeiteten mit Kreditinstituten nicht selten auf Guthabenbasis und verfügten allenfalls über einen theoretischen Kreditrahmen.

Im Zusammenhang mit der Industriefinanzierung durch die Berliner Großbanken ist darüber hinaus die Frage nach der Autarkie der Niederlassungen gegenüber ihrer Zentrale zu stellen. Hierbei zeigt sich aber auch die Konkurrenz, bei der die wenigen, nicht ohnehin schon von den nationalsozialistischen Dienststellen vorgegebenen Konditionen einem starken Wettbewerb ausgesetzt waren. Unklar bleibt dabei jedoch, ob dies für die Geschäftsentwicklung der Niederlassungen wesentliche Aktionen waren oder ob die staatlichen Hauptschuldner qua planvoller Auftragsstreuung (z.B. durch Konsortien) für ein ausreichendes Auskommen der Banken sorgten, neben dem ein tatsächlicher Wettbewerb nur marginal ausfiel. In dieselbe Richtung weist auch der allgemeine Sprachduktus, die „für den Aufbau von Gewerbe und Industrie in den eingegliederten Ostgebieten

---

[856] SächsHStA, Altbanken Dresden, Nr.4190/351: Rdschr. der Industrie-Abteilung der CB an die Filialleiter vom 31.12.1941.

[857] Boelcke, Kosten von Hitlers Krieg, S.124.

notwendigen Finanzierungen" hätten sich „mehr berechnend als führend in den Dienst der Allgemeinheit zu stellen".[858] Der verbreiteten, aber empirisch unzureichend gestützten Auffassung, wonach die Banken in den eingegliederten Ostgebieten durchweg lukrative Geschäfte machten, die die anfänglichen Erwartungen noch übertroffen hätten, soll im Folgenden die These entgegengestellt werden, dass im Bereich der Industriefinanzierung die Realität immer hinter den Wünschen und Vorstellungen der Kreditinstitute zurückblieb.[859]

Einen weitgehend störungsfreien Aufbau einer Kundenstruktur konnten die Kreditinstitute am ehesten im Reichsgau Danzig-Westpreußen erwarten. Für den Raum der Freien Stadt Danzig war der wirtschaftliche Übergang zum Zentrum des Reichsgaues weitgehend reibungslos verlaufen, entsprechend groß waren die Kontinuitäten der Kundenanbindung an die jeweilige Hausbank. Hinzu traten als neue Geschäftsfelder die der Freistadt vor Kriegsbeginn nicht zugehörigen Gebiete, ferner der von Devisen- und Währungsschranken nunmehr unbehinderte Verkehr mit dem Altreich. Im neugegründeten Reichsgau musste ein besonderes Augenmerk zunächst dem Versuch gelten, die Danziger Werft zu sanieren.[860] Daneben war es vor allem die Maschinenbauindustrie in Thorn, Bromberg und Umgebung, die – wie bereits geschildert – bei den Banken zu dem Versuch von Filialgründungen führte, wenn auch Danzig-Westpreußen insgesamt als Industriestandort hinter den Warthegau und erst recht hinter Ostoberschlesien zurücktrat.[861] Die Industriestruktur Danzig-Westpreußens mit insgesamt rund 126000 Beschäftigten war wegen der Rohstoffarmut des Gaues geprägt von der Bau-, der holzverarbeitenden sowie der Lebensmittelindustrie. Ein weiterer Ausbau erschien schon deshalb erforderlich, um den traditionellen (jedoch im Krieg leicht zu unterbindenden) Abwanderungstendenzen ins Altreich entgegenzuwirken, wenn es auch Wunschdenken vor Ort blieb, „unter gewissen Opfern der reichsdeutschen Wirtschaft die Industrieansetzung im Osten zu betreiben".[862] Aber auch die zahlreichen hier ansässigen Handelsunternehmen – vor allem die 700 Großhandelsunternehmen –, deren Lage vor 1939 überwiegend prekär gewesen war, durften sich nun einen stark erweiterten Absatzmarkt im Osten erhoffen, der allerdings zunächst und in erster Linie den nach dem 1. September 1939 faktisch gestoppten Überseehandel der Freistadt kompensieren musste.[863] Bereits der Westfeldzug 1940 führte zu einer spürbaren Interessenverlagerung: „Die Kaufleute Danzigs haben feststellen können, daß westdeutsches Kapital zu Beginn dieses Jahres Interesse für Danzig zu gewinnen schien. Man hat inzwischen aber in Deutschland aus mancherlei Gründen den Blick nach Westen gewendet und

[858] Jungfer, Untersuchungen über die Finanzierung des Aufbaus von Gewerbe und Industrie, S. 112.
[859] Dies ist ebenfalls die Kernthese bei Wixforth, Expansion der Dresdner Bank, S. 495f.
[860] HAC, SdF Ost, Filiale Danzig: Kreditakte Danziger Werft: Aktennotiz der CB Danzig vom 17.7.1940 betr. Danziger Werft.
[861] Häfner, Der industrielle Wirtschaftsaufbau im Reichsgau Danzig-Westpreußen, S. 34.
[862] Ebd., S. 20.
[863] Hans Appel: Der Handel im Reichsgau Danzig-Westpreußen, in: Häfner, Der industrielle Wirtschaftsaufbau im Reichsgau Danzig-Westpreußen, S. 43ff., bes. S. 46.

man gewinnt daher in Danzig hier und da den Eindruck, daß der Osten allmählich vom Reiche mehr und mehr vernachlässigt worden wird... [sic]"[864]

Auch im weiteren Verlauf waren namentlich die größeren Industriebetriebe nicht so ohne weiteres dafür zu gewinnen, das Ostsiedlungsprogramm Hitlers und Himmlers über rein geschäftliche Gesichtspunkte hinaus, d.h. unter höherem Eigenrisiko, zu einem breiteren Engagement zu nutzen.[865]

Vermeintlich bessere Ausgangsbedingungen lagen im Reichsgau Wartheland vor, auf den sich besondere Erwartungen auch deshalb richteten, weil hier der wirtschaftliche Aufbau besonders eng an die Siedlungs-, d.h. „Germanisierungs"-Politik gebunden werden sollte. Ein anschauliches Beispiel jedoch, bei dem die Bankenplanung 1939 an den realen geschäftlichen Möglichkeiten vorbeiging und sich als weitgehend illusionär erwies, stellt die Textilindustrie im Regierungsbezirk Litzmannstadt dar. Im Oktober 1939 machte man sich auf Seiten der Kreditinstitute mit Blick auf die avisierte Nachkriegsentwicklung noch große Hoffnungen auf eine bedeutende Expansion des Kreditgeschäfts. Die vom OKH am 3. Oktober 1939 herausgegebenen „vorläufigen Richtlinien für Verwaltung und Wirtschaft in den besetzten ehemals polnischen Gebieten" hatten den Abtransport von Rohstoffen und sonstiger dringend benötigter Waren nach Deutschland noch für den Fall untersagt, „wenn eine Verarbeitung am Ort, infolge besonderer Umstände (Arbeitskräfte, Transportersparnis, Spezialmaschinen) wirtschaftlicher ist als ein Abtransport ins Reich".[866]

Der zunächst euphorisch gehaltene Tonfall der Presse[867] wich allerdings bereits im Oktober einer gewissen Ernüchterung. Angesichts des Potenzials, das zuvor die Textilbetriebe im Sudetengau zu den reichsweiten Produktionskapazitäten beigetragen hatten, und wegen der problematischen Rohstofflage konnte der Wirtschaftsgruppe Textilindustrie nicht an einer unveränderten Fortführung der Produktion in Łódź gelegen sein. Vielmehr mussten Kapazitäten massiv abgebaut werden – Łódź war kein willkommener Zugewinn, sondern vielmehr ein unerwünschter Konkurrent der Altreichsbetriebe: „Nimmt man diesen Standpunkt ein, so ergeben sich daraus einige Folgerungen, wie Überführung eines großen Teils der Lodzer Rohstoffvorräte ins Reich, Stillegung der jüdischen Betriebe, Umschaltung eines größeren Teils der Lodzer Arbeiterschaft auf andere Arbeits- und Verdienstmöglichkeiten, wie sie sich aus dem Aufbau des besetzten Polens und der Intensivierung der Landwirtschaft ergeben."[868]

---

864 BArch, R 2501/5526, Bl. 151: Die Zukunft des deutschen Ostens (Wirtschaftlicher Sonderdienst Nr. 72 vom 23.9.1940).

865 Müller, Hitlers Ostkrieg und die deutsche Siedlungspolitik, S. 67.

866 Zit. nach Eisenblätter, Politik des Reiches gegenüber dem Generalgouvernement, S. 110.

867 BArch, R 2501/5511, Bl. 105: Das polnische „Manchester" (Frankfurter Zeitung Nr. 464/465 vom 12.9.1939); Bl. 106: Lodz – ein Textilzentrum (Leipziger Neueste Nachrichten Nr. 255 vom 12.9.1939); Bl. 116: Deutscher Geist schafft Polens Textilzentrum (Neues Wiener Tageblatt Nr. 251 vom 12.9.1939).

868 BArch, R 2501/5512, Bl. 64: Peter Schnock: Bleibt Lodz Textilzentrum? (Deutsche Allgemeine Zeitung Nr. 505 vom 22.10.1939); Rosenkötter, Treuhandpolitik, S. 243–246.

Rasch stellte sich eine Auftragsflaute ein, die bedingt war durch den tatsächlich umfänglichen Rohstoffabtransport in das Altreich[869], durch die weggebrochenen Hauptabsatzmärkte (u.a. Sowjetunion) sowie durch die Angst der Konkurrenz und der Interessenverbände (Reichsgruppe Textilindustrie) vor einer – im Osten zudem steuerbegünstigten – Konkurrenz. Entsprechend blieb das Kreditaufkommen in den folgenden Monaten gering. Noch im Februar 1940 war die Grenzziehung, ob Łódź beim Reich bleibe oder doch dem Generalgouvernement zugeschlagen werde, auf einer vom RMdI anberaumten Sitzung Gegenstand kontroverser Diskussionen. Staatssekretär Stuckart gab zu, dass man „während des Krieges, wohl aber auch auf die Dauer gesehen, die Lodscher Textil-Industrie" werde einschränken müssen. Dagegen sprach sich Hans Kehrl vom RWM für eine Rückgabe des Gebietes an das Generalgouvernement aus, sekundiert von Seyß-Inquart, der darauf verwies, „dass die dortige Textil-Industrie geringwertig und nur bei Ausnutzung der billigen Löhne im Generalgouvernement für den russischen Export zu gebrauchen sei", und hervorhob, dass „der Führer hinsichtlich Lodsch wohl nicht ganz richtig informiert worden" sei.[870]

Die kurz darauf einsetzende Reduktion der Industriebetriebe in Litzmannstadt war beträchtlich, obwohl es infolge des schlechten Absatzes bereits seit 1935 zu zahlreichen Liquidationen und Betriebsschließungen gekommen war. Von 1939 bis Juni 1941 fiel die Zahl von 1457 auf 438 Betriebe, allein zehn größere Textilfabriken wurden geschlossen.[871] Dies war ein Problem schon wegen der dadurch bedrohten Arbeitsplätze, denn von den fast 150000 vor Kriegsbeginn in der Lodzer Textilindustrie und ihren Satellitenstandorten der Umgebung (Ozorków, Zgierz, Pabianice, Bełchatów) sollten lediglich 70000 in einer Nachkriegsproduktion verbleiben; während des Krieges lagen die tatsächlichen Arbeiterzahlen deutlich darunter. 1939/40 wurden die jüdischen Arbeitnehmer aus den Textilbetrieben entlassen; ihrer Arbeitskraft bedienten sich die Deutschen erst wieder mit der zunehmenden Auftragsvergabe an das Getto Litzmannstadt 1940/41.[872] Ende 1940 waren ca. 15000 Juden im Getto Litzmannstadt als Textilarbeiter beschäftigt.[873]

Allen Schließungen zum Trotz waren vor allem in der ersten Jahreshälfte 1940 die Produktionskapazitäten alles andere als ausgeschöpft, und erst im zweiten Quartal 1941 gab es durch Wehrmachtsaufträge – ab 1942 hing die Litzmannstädter Textilindustrie praktisch vollständig von der Wehrmacht ab – wieder eine bessere Auslastung, die allerdings noch immer von einem Mehrschichtensystem weit

---

869 BArch, R 144/518-519: Rechenschaftsbericht der HTO über ihre Tätigkeit in den Jahren 1939-1942, S.285ff., bes. S.302 [Łuczak (Hg.), Grabież polskiego mienia, S.240ff., bes. S.251].

870 APP, RRW, Nr.749, Bl.19-21, Zitat Bl.20: Bericht des SS-Oberführers Herbert Mehlhorn (Reichsstatthalterei) vom 1.3.1940 über die Sitzung im RMdI am 24.2.1940. Łuczak, Arthur Greiser, S.40-43.

871 Puś/Pytlas, Dzieje Łódzkich Zakładów Przemysłu Bawełnianego, S.295; Kozłowicz, Sytuacja w przemyśle łódzkim i walka o jego utrzymanie w pierwszych miesiącach okupacji niemieckiej, S.135-153.

872 Vgl. BArch, R 164/121: Clodwig [sic] Kapferer/Jens H. Schmidt: Probleme der Neuordnung der Textilindustrie Ostoberschlesiens, des Warthegaues und des Generalgouvernements [1942], S.29.

873 Browning, Die Entfesselung der „Endlösung", S.233.

entfernt war und bei der auch durch Rohstoffmangel bedingte Stillstände an der Tagesordnung waren.[874] Eine gewisse Bereinigung der Situation versprach man sich von den umfangreichen Rationalisierungsmaßnahmen, die von einer Expertenkommission des RWM im Februar 1941 beschlossen und zwischen März und August 1941 durchgeführt wurden.[875] Demnach wurde der gesamte textilindustrielle Maschinenpark in Litzmannstadt in drei Qualitätsgruppen eingestuft: A (Reichsniveau), B (erhaltenswert) und C (Verschrottung), wobei z.B. von 108 Appreturwerkstätten nur sechs der Kategorie A, 56 der Kategorie B und 46 der zu verschrottenden Gruppe C zugeordnet wurden.[876] Bei dieser Form der Zwangsverkleinerung kam es jedoch praktisch zu keinem Investitionsbedürfnis, und der Kapitalbedarf der Textilbetriebe erklärt sich allein aus Betriebserfordernissen, ab 1942 vor allem zur Vorfinanzierung von Wehrmachtsaufträgen.

In den folgenden Jahren der Okkupation teilte eine kleine Gruppe großer Textilunternehmen das Litzmannstädter Geschäft weitgehend unter sich auf. Hierzu gehörten neben traditionsreichen Unternehmen wie den Vereinigten Textilwerken Scheibler & Grohmann AG, der Baumwollmanufaktur Izrael K. Poznański AG, der Kammgarnspinnerei Allart Rousseau AG, der Baumwollmanufaktur Ludwik Geyer AG auch Neugründungen wie die Zellgarn AG, die – 1940 hervorgegangen aus der Widzewska Manufaktura – das größte Zellgarnwerk der eingegliederten Ostgebiete war. Bei einem Eigenkapital von 20 Mio. RM besaß die Zellgarn bei der Deutschen, der Dresdner und der Commerzbank einen Betriebsmittelkredit über je 2,5 Mio. RM und verfügte darüber hinaus für die Verarbeitung von Zellulose und Zellwolle bei der Dresdner Bank über einen reichsverbürgten Kreditrahmen über 45 Mio. RM.[877] Bei den meisten der Litzmannstädter Textilunternehmen waren Kredite jedoch nicht oder nur für kurze Zeit erforderlich, die Mehrheit arbeitete mit den Kreditinstituten in Litzmannstadt auf Guthabenbasis, tätigte aber zum Teil erhebliche Umsätze, was den Kreditinstituten auf dem Wege der Umsatzprovisionen Einnahmen einbrachte.[878]

Die Textilindustrie des polnischen „Manchester" war in den folgenden Jahren nichtsdestotrotz geprägt von Überkapazitäten und ungezügelten Ausschlachtungen, bei denen nur wenige Konzerne überlebten, die dann allerdings ihre Bedeutung behielten bzw. zu steigern vermochten. Die unter deutscher Aufsicht stehende Produktion lief entweder gar nicht oder retardiert und dann regelmäßig auf

874 Puś/Pytlas, Dzieje Łódzkich Zakładów Przemysłu Bawełnianego, S.297.

875 BArch, R 164/121: Kapferer/Schmidt, Probleme der Neuordnung der Textilindustrie, bes. S.21ff.; Rosenkötter, Treuhandpolitik, S.243-246.

876 Bojanowski, Plany władz hitlerowskich wobec łódzkiego przemysłu włókienniczego, S.189; ders., Strukturveränderungen und die Schwächung der Produktionskapazität in Łódź während der Hitlerfaschistischen Okkupation, in: Studia Historiae Oeconomicae 14 (1979), S.231-238; vgl. Weber, Litzmannstadt, S.19f. Weber war Leiter der Wirtschaftsgruppe Textilindustrie, ab Januar 1943 Leiter der Wirtschaftskammer Litzmannstadt. Vgl. BArch, R 144/518-519: Rechenschaftsbericht der HTO über ihre Tätigkeit in den Jahren 1939-1942, S.90-95 [Łuczak (Hg.), Grabież polskiego mienia, bes. S.107-110].

877 APŁ, Widzewska Manufaktura S.A. w Łodzi, Nr.1060; 1064: Bilanz für 1943.

878 Vgl. APŁ, Zjednoczone Zakłady Włókiennicze K. Scheiblera i L. Grohmanna, Nr.5136: Bilanzen der Privatbanken.

einem Niveau an, das deutlich unter dem der Vorkriegsproduktion lag – im Dezember 1944 betrug dieser Anteil nur noch drei Prozent.[879] Selbst bei einem so bedeutenden Textilunternehmen wie der Baumwollmanufaktur Izrael K. Poznański brachen die Jahresumsätze bei den Kreditinstituten nach 1940/41 weg, bei der Dresdner Bank Litzmannstadt von 11,6 Mio. (1940) auf 4,5 Mio. RM (1942), bei der Commerzbank von 717395,– (1941) auf 367813,– RM (1942).[880] Der Produktionsstandort Litzmannstadt war und blieb für die Versorgung des Reiches letztlich unbedeutend. Vor dem Hintergrund der Prognosen war der anfängliche Kreditbedarf, mithin in Zeiten, als der großzügige Aufbau noch möglich schien, verhältnismäßig gering, und später, als die Situation sich 1942 zu verbessern schien, war es wegen der kriegsbedingten Einschränkungen (Kontingentzuteilungen) bereits zu spät für die Durchführung größerer Investitionsvorhaben.

Dies bekamen auch die Kreditinstitute zu spüren, auch wenn sich diese unliebsame Wahrheit in vielen Berichten nur in abgemilderter Form findet: „Die Filiale Litzmannstadt hat in den 9 Monaten ihres Bestehens eine wahrhaft sprunghafte Entwicklung durchgemacht. Die Bedeutung von Litzmannstadt lag früher darin, daß fast ganz Polen und ein Teil Rußlands von hier aus mit Textilien versorgt wurden. Da der Lebensstandard der deutschen Bevölkerung nach dem Kriege bedeutend höher sein wird als früher der der Polen und außerdem noch mit einem vergrößerten Export gerechnet wird, kann jetzt schon auf Grund von statistischen Berechnungen angenommen werden, daß die an sich schon sehr bedeutende Produktion mindestens verdoppelt wird."[881]

Ein solcher Optimismus kaschierte ein wenig, dass der Hinweis auf die Wachstumsprognosen für die Nachkriegszeit zugleich auch Ausweis dafür war, dass die gegenwärtige Entwicklung nicht eigentlich als gut bezeichnet werden konnte. Die bankinternen Berichte folgten in ihrem Duktus weitgehend der offiziellen Lesart: „Schon heute spielt das Industriegeschäft der Banken eine erhebliche Rolle im Rahmen ihres Gesamtgeschäftes, aber es ist nicht uninteressant festzustellen, daß sich hier wenigstens zum Teil die Entwicklung langsamer anbahnt als auf dem Agrarsektor. Das liegt natürlich nicht daran, daß die Banken in dieser Beziehung ihre Aufgaben vernachlässigten oder daß die notwendigen Gelder nicht zur Verfügung ständen, die Hemmungen kommen vielmehr von der Materialseite: der Investitionsbedarf ist zwar wohl fast überall bedeutend, aber die Eisen- und sonstigen Baukontingente sind klein, so daß auch die Investitionen nur langsam vorgenommen werden können, obwohl die Möglichkeiten zu ihrer Finanzierung weitgehendst gegeben sind."[882]

Bei einem Kapitalüberangebot blieben den Banken nur zwei Möglichkeiten: entweder die betroffene Filiale zu schließen, was schon aus Prestigegründen, aber

---

879 Bojanowski, Plany władz hitlerowskich wobec łódzkiego przemysłu włókienniczego, S. 191.

880 APŁ, Spółka Akcyjna Wyrobów Bawełnianych Izraela K. Poznańskiego w Łodzi, Nr. 737, Bl. 77f.; Nr. 747, 63–68; Nr. 761: Umsätze von Izrael K. Poznański bei den Litzmannstädter Banken (1940–1942).

881 HAC, Der Arbeitskamerad 7 (1940), S. 96: Kurt Ackermann: Litzmannstadt.

882 BArch, R 2501/5527, Bl. 126: A. W. Schürmann: Bankarbeit im Wartheland (Ostdeutscher Beobachter Nr. 123 vom 4. 5. 1941).

auch hinsichtlich der Informationsbeschaffung vor Ort – sei es für die Kundschaft, sei es für andere Filialen – nicht angängig war, oder die eigenen Kapazitäten als zukunftsträchtig darzustellen. Eine in gewissem Sinne vermittelnde Wirkung hatte hierbei der Umstand, dass die großen Firmen ihrerseits bestrebt waren, die Geschäfte auf mehrere Kreditinstitute zu verteilen. Es war also an den Kreditinstituten, nicht zu warten, bis Kreditwünsche an sie herangetragen würden, sondern sich selbst aktiv um die Akquisition von Aktivposten zu bemühen. Das hieß aber auch, dass verstärkt mit Konkurrenz der Kreditinstitute untereinander zu rechnen war.

Die Kreditvergabe deutscher Banken in den eingegliederten Ostgebieten kann jedoch nicht allein auf der Basis der dort befindlichen Filialen abgeschätzt werden, da gerade im Falle größerer Unternehmen die Kreditauslegung häufig nicht über eine örtliche Bankfiliale abgewickelt wurde, sondern am jeweiligen Firmenstammsitz im Altreich. Die Kreditlinien über die Bankzentralen zu führen, erwies sich oftmals als einfacher als über die Niederlassungen vor Ort, wo man es mit den teils schwer abschätzbaren Partialinteressen konkurrierender Dienststellen bis hin zu Korruptionsstrukturen zu tun hatte. Von einiger Bedeutung ist schließlich, dass die im Altreich ansässigen Institute den eigenen Niederlassungen in den Ostgebieten das Wasser abgruben. Dies konnte vor allem dann der Fall sein, wenn es sich bei den etwa im Reichsgau Wartheland oder Ostoberschlesien angesiedelten Standorten nur um Tochterfirmen oder Produktionsstandorte handelte, deren Kapitalbedarf über die Bankverbindung der jeweiligen Zentrale befriedigt werden konnte. Verschiedentlich waren die Altreichsniederlassungen bei Geschäftserweiterungen versucht, auch für die neuen Standorte die Hauptbankverbindung zu werden. So wies die Commerzbank Posen im Oktober 1942 ihre Zentrale darauf hin, „daß nach unseren Beobachtungen wiederholt Firmen sich durch Neugründungen oder Geschäftserwerbungen im Warthegau niedergelassen haben, ohne daß wir von den kontoführenden Stellen darauf aufmerksam gemacht wurden. [...] Bei unserer Unterhaltung mit der in Frage kommenden Depositenkasse wurde uns mitgeteilt, daß nach ihrer Ansicht es beabsichtigt sei, die Geschäfte im Warthegau über das Konto im Altreich zu leiten [...]. Auf alle Fälle liegt es im Interesse der Firmen und wird auch von den hiesigen Behörden besonders empfohlen, dass für die Umsätze im Warthegau auch die hiesigen Geldinstitute benutzt werden, was schon den Firmen insofern dienlich ist, um die Trennung der Ostfirma von der Altreichsfirma zu dokumentieren und eine steuerlich begünstigte Behandlung der hiesigen Kapitalien und Gewinne zu erreichen."[883]

Die andere Seite derselben Medaille sah dergestalt aus, dass sich Großunternehmen in den eingegliederten Gebieten für die Großbankniederlassungen vor Ort auch als wenig rentabel erweisen konnten, wenn es nämlich zu einer regelrechten Zweiteilung der Geschäftsverbindung kam, bei der die lukrativen Konsortial- oder Großkredite jeweils über die Berliner Bankzentralen liefen, der ebenso aufwendige wie wenig einträgliche Kontokorrentverkehr dagegen von der Filiale vor Ort bewältigt werden musste.

---

[883] SächsHStA, Altbanken Dresden, Nr. 6183: CB Posen an CB Berlin, SdF Ost, 6. 10. 1942, betr. Erwerbungen und Neugründungen im Warthegau durch reichsdeutsche Firmen.

Beispielsweise schrieb die Dresdner Bank Litzmannstadt 1942 an ihre Berliner Zentrale über die bereits genannte Zellgarn AG: „Inzwischen hat sich die Verbindung für unsere hiesige Filiale insofern ausserordentlich ungünstig gestaltet, als zwar der grösste Teil der Umsätze der Firma über das Konto bei uns läuft, während alle nutzbringenden Geschäfte von anderen Stellen unseres Instituts durchgeführt werden. [...] Die hiesige Filiale [hat] fast nur Arbeit und Aufwendungen zu leisten, während die gewinn- und nutzbringenden Geschäfte des grössten Unternehmens mit dem Sitz in Litzmannstadt von anderen Stellen unseres Instituts ausgeführt werden. Wir richten daher die höfliche Bitte an Sie, die hiesige Filiale in irgendeiner Form an den ihr im Interesse unseres Gesamtinstituts entgangenen bezw. entgehenden Gewinnen aus den Transaktionen mit der hiesigen bedeutendsten Gesellschaft freundlicherweise beteiligen zu wollen."[884]

Die Berliner Direktion der Dresdner Bank fand sich in der Tat bereit, „einmalig ohne Präjudiz für etwaige künftige Fälle einen Betrag von RM 15000,– [...] zu vergüten". Dasselbe Procedere wiederholte sich Ende 1943: „Die nutzbringenden Geschäfte werden zwar über unser Institut geleitet, jedoch nicht über unsere Filiale, sondern über verschiedene Berliner Stellen. So ist der reichsverbürgte Rohstoffkredit in Höhe von RM 45 Millionen [...] unter Führung unserer Bank von der Konsortialabteilung II zur Verfügung gestellt worden. [...] Da sich aber an der gesamten Situation seither nichts geändert hat, [...] glauben wir kein unbilliges Verlangen zu stellen, wenn wir erneut die Bitte an Sie richten, uns zum teilweisen Ausgleich mit dem vorjährigen Betrag von RM 15000,– an dem Gewinn der anderen Stellen unseres Instituts zu beteiligen."[885]

Das hier angeführte Beispiel einer Großbankniederlassung als Bittsteller bei ihrer eigenen Zentrale blieb keine Ausnahme, und bei Unternehmen, die für das Gesamtinstitut von Bedeutung waren, wurden Entscheidungen ohnehin über den Kopf der Filiale hinweg getroffen.[886]

Angesichts der kontinuierlich wachsenden Liquidität namentlich in der Industrie während des Krieges ist es wenig erstaunlich, dass es mehr geschäftliche Anständigkeit, mitunter auch Geschmackssache, aber weniger ökonomisches Kalkül war, das Firmen mit einer Bank Geschäfte tätigen ließ, da die Konditionen praktisch allerorts identisch waren entsprechend dem Prinzip: „Gibt unser Konkurrent 50000,– RM

---

884 SächsHStA, Altbanken Dresden, Nr. 6477: Dresdner Bank Litzmannstadt an Direktion Berlin, 19.12.1942, betr. Zellgarn AG, Litzmannstadt.

885 SächsHStA, Altbanken Dresden, Nr. 6477: Dresdner Bank Litzmannstadt an Direktion Berlin, 31.12.1943, betr. Zellgarn AG, Litzmannstadt.

886 Vgl. APŁ, Widzewska Manufaktura S.A. w Łodzi, Nr. 1060: Arbeitsstab Staatsrat Dr. Walther Schieber [Leitung der Zellgarn AG] an Direktor Carl Goetz, Dresdner Bank Berlin, 1.4.1941: „Schliesslich wäre ich Ihnen wirklich dankbar, wenn Sie Ihrer Filialleitung in Litzmannstadt die Anweisung geben würden, Kreditverhandlungen mit der Zellgarn auf einem großzügigeren Niveau zu führen, damit wir beide zum Schluss nicht immer in Anspruch genommen werden müssen. Wenn die Filialleitung in Litzmannstadt weiß, dass sie ihren Tüchtigkeitsnachweis eher auf dieser Linie als durch zögerndes Nachgeben bei langwierigen Verhandlungen erbringen kann, sind meinen Kameraden in Litzmannstadt und damit auch mir die Aufgaben wesentlich erleichtert."

Blankokredit, geben wir dieselbe Summe".[887] Es war daher von entscheidender Bedeutung, dass der zuerst mahlte, der zuerst kam: Das war im Warthegau die Dresdner Bank bzw. die Ostbank, in Danzig-Westpreußen neben der Deutschen Bank vor allem die Ostdeutsche Privatbank und in Ostoberschlesien allein die Deutsche Bank. Entsprechend machten „Konditionen-" bzw. Zinskartelle", d.h. Absprachen über die einheitliche Gestaltung der Zins- und Provisionssätze, wie sie zwischen der Ostbank, der Commerzbank und Deutschen Bank im Warthegau abgeschlossen wurden, nur dann einen Sinn, wenn ein Kapitalüberangebot auf einen nicht ausreichenden Kreditbedarf stieß. Das wiederum brachte einzelne Institute wie etwa die Dresdner Bank in Litzmannstadt in Versuchung, durch eine dominante Werbepolitik bereits im Herbst 1939 und Frühjahr 1940 die Kundenakquisition zu ihren Gunsten zu forcieren, was bei den Konkurrenzinstituten auf heftigen Protest stieß.[888]

Der Obmann der Banken in Litzmannstadt, Direktor Kurt Pohlmann von der Deutschen Genossenschaftsbank, wandte sich im Frühjahr 1940 mit einer Klage „über das Gebaren der Dresdner Bank" nicht nur hilfesuchend an die Reichsbank, sondern auch an den SD: „Die Leitungen der Deutschen Bank, Commerz- und Privat-Bank und der Deutschen Genossenschaftsbank sind sich einig darüber, daß die Art der Kundenwerbung, wie sie von der Dresdner Bank gehandhabt wird, gegen das im Mantelvertrag genannte Wettbewerbsabkommen verstößt. Durch ihre ausgezeichneten Verbindungen in den wichtigsten Wirtschaftsstellen des Altreiches hat die Dresdner Bank es z.B. erreicht, daß die Zentral-Textil-Gesellschaft, Lodsch, ihre Zahlungen an die Lodscher Textilindustrie in der Weise tätigt, daß sie der Dresdner Bank, Filiale Lodsch, Anweisungsschecks zur Vergütung der Summen an die betreffenden Lodscher Textilfirmen gibt. Auf diese Weise hat die Dresdner Bank nicht nur eine 90%ige Kundenkontrolle über die übrigen Banken, sondern sie ist auch in der Lage, und handelt auch entsprechend, die von der Zentral-Textil-Gesellschaft begünstigten Industriefirmen zu veranlassen, das überwiesene Geld bei der Dresdner Bank zu belassen und sich damit ein Konto zu eröffnen. [...] Es handelt sich hierbei um riesige Summen. Wie ich erfahre, soll nach Ostern wiederum ein Gesamtbetrag von 40–60 Mill. RM an die Lodscher Industrie von der Zentral-Textil-Gesellschaft zur Auszahlung kommen. Die Einstellung der beiden anderen reichsdeutschen Banken zum Begriff Kundenwerbung ist in keiner Weise zu beanstanden, und ich hebe das anständige und eines deutschen Kaufmannes würdige Verhalten dieser beiden Banken hervor. Die Dresdner Bank hat in dieser Beziehung andere Ansichten."[889]

---

[887] Vgl. SächsHStA, Altbanken Dresden, Nr.6182: CB Litzmannstadt: Antrag der Zgierzer Baumwoll-Manufaktur AG vom 17.2.1943 auf einen Überziehungskredit in Höhe von 50000,– RM.

[888] SächsHStA, Altbanken Dresden, Nr.6182: CB Litzmannstadt: Notiz über Besuch bei Textilwerke Karl T. Buhle AG Litzmannstadt vom 6.6.1942: „Herr Buhle äußerte sich, ohne von uns befragt zu sein, in sehr ablehnendem Sinne über den Verkehr mit der Dresdner Bank. Er sagte wörtlich: ‚Die Dresdner Bank hat ein Anreißer-Prinzip und immer, wenn es darauf ankommt, versagt sie'."

[889] RGVA, 1458–15–124: Reichsbankstelle Litzmannstadt an RWM, 30.4.1940, betr. Werbungsauswüchse bei Geldinstituten. Vgl. James, Deutsche Bank im Dritten Reich, S.151; zur Zentrale Textil-Gesellschaft Wixforth, Expansion der Dresdner Bank, S.534f.

Zwar konnte die Dresdner Bank in Litzmannstadt dazu veranlasst werden, von dieser Art der Kundenwerbung Abstand zu nehmen, für die anderen Kreditinstitute war dies angesichts der sich in der Folgezeit kaum mehr verändernden Marktaufteilung allerdings nur ein schwacher Trost.

Die wachsende Konkurrenz machte sich jedoch durchaus nicht nur zwischen den Großbankfilialen bemerkbar. Im Regierungsbezirk Hohensalza kam der Regierungspräsident 1941 mit Bezug auf das Sparkassen- und Genossenschaftswesen zu der Einschätzung, dass „der Tag nicht mehr ferne" sei, „wo sich um jeden Kreditsuchenden 3 oder 4 Kreditinstitute bemühen".[890] Hinzu kam der Umstand, dass „in den meisten Wirtschaftszweigen der Ostindustrie eine reichsdeutsche Konkurrenz nicht wirksam wird und nahezu jedes Erzeugnis Absatz findet", was die Befürchtung nährte, dass „manche Unternehmer dem Leistungsgedanken nicht die notwendige Beachtung widmen" und „die durch den derzeitigen Krieg veranlasste Schonfrist ungenützt verstreichen lassen" würden.[891] Insgesamt sei, so auch Reichswirtschaftsminister Funk in einer Rede von Mai 1942, „in den vergangenen Jahren eine wilde Jagd nach Debitoren entstanden, die mit ziemlich unerfreulichen Wettbewerbserscheinungen verbunden" gewesen sei. Es sei zu wünschen, so Funk weiter, „daß diese Überspitzungen im Konkurrenzkampf der Kreditinstitute verschwinden und eine Anpassung der Geschäftskonditionen erzielt werden" könne.[892]

In der vorliegenden älteren Forschung ist es nachgerade ein Gemeinplatz, dass insbesondere die Vereinnahmung des ostoberschlesischen Industriereviers den Konzernen und Banken riesige Gewinne eingebracht habe. In der Tat haben die im besetzten bzw. annektierten Polen tätigen deutschen Kreditinstitute ihre Haupteinnahmen im Regierungsbezirk Kattowitz bzw. der Provinz Schlesien erwirtschaftet. Wenn es jedoch an den Nachweis detaillierter Geschäftsverbindungen und Transaktionen geht, ist das für die Kreditinstitute bislang beigebrachte Quellen- und Zahlenmaterial außerordentlich dürftig: Alfred Sulik beispielsweise widmet in seiner 450 Seiten starken Darstellung zur „Schwerindustrie im Regierungsbezirk Kattowitz" den Kreditinstituten nur zwei Seiten.[893] Dabei ist allerdings zu berücksichtigen, dass ein Teil der Geschäfte über die Zentralen der Großbanken abgewickelt wurde, was angesichts der oftmals nur kumulativ für das Gesamtinstitut vorliegenden Bilanzen schwer zu beziffern ist.

Im ostoberschlesischen Industrierevier waren der Wehrmacht in nur wenigen Tagen und praktisch ohne Zerstörungen insgesamt 65 Steinkohlengruben (79 Mio. Tonnen Jahresförderung vor 1939), 24 Eisenerzgruben (60 000 t) sowie 96 Hüttenbetriebe mit einer Produktionskapazität von drei Millionen Tonnen Roheisen und fast zwei Millionen Tonnen Stahl in die Hände gefallen; hinzu kamen weitere 67 Unternehmen der chemischen Industrie. Insgesamt wurden in den kommenden Monaten und Jahren 1764 Industriebetriebe in der Zuständigkeit der Treuhand-

---

890 APP, RRW, Nr. 856, Bl. 1–35, Zitat Bl. 33: Lagebericht des Regierungspräsidenten von Hohensalza vom 8. 7. 1941.

891 Häfner, Der industrielle Wirtschaftsaufbau im Reichsgau Danzig-Westpreußen, S. 34.

892 BArch, R 2501/7008, Bl. 275–295, hier Bl. 282: Entwurf zu einer Rede des Herrn Reichswirtschaftsministers und Reichsbankpräsidenten Walther Funk in Nürnberg vom 20. 5. 1942. Hervorhebung im Original.

893 Sulik, Przemysł ciężki w rejencji katowickiej, S. 80 f.

stelle Kattowitz enteignet.[894] Ostoberschlesien war, wie die Wehrmachtsstrategie Anfang September deutlich zeigt, ein wichtiger Faktor, wenn nicht der wichtigste Faktor beim Überfall auf Polen gewesen. Entsprechend euphorisch wurde im Reich dieser bedeutende Zuwachs an Steinkohlengruben und Eisenindustrie gefeiert. Oberschlesien mit seinem Entwicklungspotenzial galt einigen Beobachtern gar „als das deutsche Land der unbegrenzten Möglichkeiten".[895]

Über die besten Startbedingungen in Oberschlesien verfügte schon hinsichtlich ihrer Geschäftskontinuität aus der Zeit vor dem 1. September 1939 die Kattowitzer Filiale der Deutschen Bank: „Die Kreditversorgung der ostoberschlesischen Industrie ist durch das Bestehen der verschiedenen Großbankniederlassungen in diesem Gebiete ausreichend sichergestellt. Unsere Filialen konnten jedenfalls bislang alle an sie herangetragenen berechtigten Kreditwünsche ohne weiteres befriedigen. Die rasche Wiederingangsetzung der ostoberschlesischen Industrie ist unserer Auffassung nach mit darauf zurückzuführen, daß die Kreditmaßnahmen der Banken unverzüglich und ohne jede bürokratische Hemmung getroffen wurden. Den grössten Anteil hieran hat zweifellos unsere Filiale Kattowitz. Die der genannten Filiale in ihrer Quote von RM 20 Millionen im Rahmen der Reichsgarantie gegebenen Möglichkeiten zur Kreditbereitstellung sind auch bereits voll ausgenutzt. [...] Wenn gelegentlich behauptet wird, dass das Betriebsvermögen der ostoberschlesischen Industrie als eingefroren anzusehen sei, weil die polnischen Banken geschlossen wurden, so ist dies nicht ganz zutreffend, denn per Saldo war die ostoberschlesische Industrie nicht Gläubiger sondern Schuldner der polnischen Banken. Es wird sich daher im Zusammenhang mit der Liquidierung dieser Banken vor allem die Frage ergeben, inwieweit die nunmehr in Ostoberschlesien bestehenden Kreditinstitute bereit sind, die Debetsalden der ostoberschlesischen Industrie bei den polnischen Banken abzulösen, um diese dadurch in die Lage zu versetzen, wenigstens einen Teil ihrer Verpflichtungen zu erfüllen. Aber auch in den Fällen, in denen einzelne Unternehmen Guthaben bei den geschlossenen polnischen Banken unterhielten, hat das Einfrieren dieser Guthaben bislang nicht etwa zur Stillegung der Betriebe oder zur Entlassung von Arbeitern oder gar zur Verhinderung von Exportgeschäften geführt, weil die deutschen Banken inzwischen – zum Teil über Reichsbürgschaften – alle notwendigen Kredite zur Verfügung gestellt haben. Tatsache ist jedenfalls, daß im gesamten Industrierevier schon am 1. Lohntage nach der Besetzung durch deutsche Truppen, nämlich am 14. 9. 1939, die den Arbeitern zustehenden Löhne ohne jede Verzögerung ausgezahlt wurden und daß, wenn irgendwie ein Betrieb noch nicht auf vollen Touren läuft, dies nicht etwa lediglich auf den Mangel an Bankkredit zurückzuführen ist."[896]

Von einer ungestörten Versorgung der oberschlesischen Bevölkerung konnte im Winter 1939 jedoch keine Rede sein, auch wenn dies in der Tat nicht daran lag,

---

894 Angaben nach Röhr, Zur Rolle der Schwerindustrie, S. 32.

895 Günther Saath: Die Industrie der eingegliederten oberschlesischen Ostgebiete, in: ders./ Gustav Reitter, Die Industrie der eingegliederten oberschlesischen Ostgebiete. Berlin/ Prag/Wien 1942, S. 11–48, hier S. 11. Saath war 1941 Leiter der Industrieabteilung der Treuhandstelle Kattowitz.

896 RGVA, 1458–15–124: Denkschrift der Deutschen Bank, Berlin, vom 12. 12. 1939 betr. das Kreditwesen in Ostoberschlesien (einschließlich Olsa- und Dombrowagebiet).

dass nicht genügend Kredit zur Verfügung stand: „Das soziale Elend wird durch die Erwerbslosigkeit größer und größer. [...] Die Preissteigerungen sind ungeheuerlich, die Preise liegen vielfach höher, als im Altreich. Die Bevölkerung hungert, damit sage ich nicht zuviel."[897]

Charakteristisch für die oberschlesische Schwerindustrie waren Mischkonzerne, die sowohl Hüttenbetriebe als auch Kohlengruben, die zugleich die Stahlproduktion subventionierten, betrieben.[898] Wegen des im europäischen Vergleich sehr niedrigen Lohnniveaus hatte es in der Zwischenkriegszeit nur einen geringen Modernisierungsdruck gegeben, weshalb viele Unternehmen über einen veralteten Maschinenpark verfügten. Besonders in der metallverarbeitenden Industrie lag ein potenziell hoher Investitionsbedarf vor.[899] Einerseits stellte dies den Banken ein lukratives Geschäft in Aussicht, wobei man freilich bei den Banken damit rechnete, dass der europäische Konflikt sich nach Beendigung des Krieges mit Polen nicht mehr ausweiten würde. Die Strategieplanungen der Kreditinstitute orientierten ihr weiteres Engagement daher an den seitens der Firmen und Konzerne anfänglich prognostizierten Investitionsvolumina.[900]

Der Umstand, dass es in Oberschlesien eine ansehnliche Konzentration von Kohlen- und Erzgruben sowie von Unternehmen der verarbeitenden Industrie gab, bedeutete andererseits nicht von vornherein, dass für die deutschen Kreditinstitute hier leichte Gewinne garantiert waren. Nach dem politischen Zusammenschluss der Gebiete Westoberschlesien, Ostoberschlesien, Dombrowa-Gebiet, von Teilen des Krakauer Reviers sowie des Olsagebietes konnte erwartet werden, dass nun auch die außerordentlich komplexe Eigentumsstruktur mit einem nicht unerheblichen Anteil ausländischer Kapitalbeteiligungen[901] in diesem Gebiet vereinheitlicht würde, indem in erster Linie die elf durch die Grenze zwischen Ost- und Westoberschlesien durchschnittenen industriellen Großunternehmen wieder zusammengeführt würden. Neben den schlesischen Konzernen (Ballestrem, Schaffgotsch, Henckel von Donnersmarck, Giesche und Pless) standen als weitere Interessenten jedoch auch die Industriekonzerne des Ruhr- und Saargebietes sowie die Reichswerke „Hermann Göring" (HGW)[902] zur Debatte.

[897] APK, Rejencja Katowicka, Nr. 11946, Bl. 16–20, hier Bl. 18: Lagebericht vom 3. 11. 1939 an den Regierungspräsidenten in Kattowitz betr. „Wirtschaftsleben in Sosnowitz und Umgebung". Zur Abhängigkeit der Bevölkerung von der Fürsorge vgl. APP, RRW, Nr. 1828, Bl. 30–58, hier Bl. 35: Lagebericht des Regierungspräsidenten in Posen vom 23. Dezember 1939 für die Zeit vom 1. bis 15. 12. 1939.

[898] Saath, Die Industrie der eingegliederten oberschlesischen Ostgebiete, S. 18.

[899] Ebd., S. 30.

[900] Vgl. SächsHStA, Altbanken Dresden, Nr. 6179: CB Kattowitz an SdF Ost, Berlin, 31. 10. 1939, betr. Interessengemeinschaft für Bergbau und Eisenhütten Aktiengesellschaft, Kattowitz (früher: Vereinigte Königs- und Laurahütte).

[901] Dies war nicht nur in Ostoberschlesien, sondern auch in dem 1938 von Polen annektierten Olsagebiet der Fall, wo die Kohlenindustrie zum wesentlichen Teil dem französischen Konzern Schneider-Creuzot gehörte; vgl. Die wirtschaftliche Bedeutung des polnischen Gebietszuwachses, in: Ostwirtschaft 27 (1938), S. 156f.

[902] August Meyer: Hitlers Holding. Die Reichswerke „Hermann Göring". München u. a. 1999, bes. S. 131ff.

Diese konkurrierenden Interessen an einer Arrondierung und Verteilung der „Beute" sowie durch Konkurrenzangst bedingte Interventionen der einzelnen Gruppen beim RWM schufen eine Reihe von Problemen, die für das Gebiet Ostoberschlesiens charakteristisch waren. Strittig war bereits die Standortfrage, denn da Bodenschätze als Standortfaktor nicht mehr allein ausschlaggebend waren, planten alle neuen Reichsgaue und Regierungsbezirke jeweils ihre eigene Industrialisierung, was freilich während des Krieges ferne Zukunftsmusik blieb.[903] Vorerst galt es, die bestehenden Gruben und Industrieunternehmen in Betrieb zu halten und der deutschen Wehrwirtschaft dienstbar zu machen. Die Komplexität des oberschlesischen Territoriums lässt sich nicht zuletzt daran ablesen, dass die Treuhandstelle Kattowitz mit über 90 Mio. RM den mit Abstand größten Bestand an Verbindlichkeiten aus dem Altgeschäft zu regulieren hatte. Dieser Umstand war einerseits – wie die oben angeführte Lageeinschätzung der Deutschen Bank zeigt – von Vorteil, da mit einem Schuldenerlass gerechnet wurde, übte andererseits jedoch eine dilatorische Wirkung auf die so genannte Überführung der von der HTO verwalteten Betriebe „in deutsche Hände" aus. Dies wiederum hatte direkte Folgen für die bankgeschäftlichen Erfordernisse der treuhänderisch verwalteten Betriebe und schloss für die Kreditinstitute ungeachtet der verschiedenen Bürgschafts- und Haftungsgarantien des Reiches auch Risiken mit ein.

Bereits im April 1940 kam das Reichsaufsichtsamt für das Kreditwesen zu dem Schluss, dass in Ostoberschlesien, besonders in der Stadt Kattowitz selbst, die „Besetzung mit Banken" als reichlich angesehen werden müsse. Auch in Bielitz, wo ebenfalls zunächst alle drei Berliner Großbanken Filialen unterhalten hatten, schien weder die ansässige Metall- noch die an sich bedeutende Textilindustrie[904] genügend Geschäftsmöglichkeiten für mehrere Banken zu bieten: „Die Betriebe sind ganz überwiegend Treuhänderbetriebe. Die treuhänderisch verwalteten Betriebe entwickeln wenig Initiative und haben deshalb auch wenig Kreditbedarf. (Die Treuhänderwirtschaft wird allgemein mißbilligt.)."[905]

Der auffälligste Grundzug der weiteren Entwicklung in Oberschlesien war jedoch die stark steigende staatliche Expansion, die sich nicht nur auf die Tätigkeit der Treuhandstelle Kattowitz beschränkte: „Während der staatliche Einfluß vor der Machtübernahme nur 18,7 v.H. der westoberschlesischen Produktion erfaßte (1922 = 27,3 v.H.), sind es heute bereits mehr als 40 v.H. der gesamtoberschlesischen. [...] Er ist für die Strukturwandlung Schlesiens von ganz besonderem Interesse, weil er die Bedeutung zum Ausdruck bringt, welche das Reich der schlesischen Entwicklung beilegt. Darüber hinaus erinnert uns dieses staatliche Eingreifen an die Mitarbeit Friedrichs des Großen bei dem Aufbau der oberschlesischen Industrie."[906]

---

903 Vgl. Schaar, Neuordnung des Währungs- und Kreditwesens, S. 208ff.

904 Gustav Reitter: Die Textilindustrie des Regierungsbezirks Kattowitz, in: Günther Saath/Gustav Reitter: Die Industrie der eingegliederten oberschlesischen Ostgebiete. Berlin/Prag/Wien 1942, S. 49-56.

905 RGVA, 1458-3-1003: Reisebericht des RAK (gez. Wolf) vom 26.4.1940.

906 Lucadou, Strukturwandel Schlesiens, S. 160.

Gemeint war mit dieser Eloge Reichsmarschall Göring, der sich mit den HGW in der Auseinandersetzung mit den schlesischen Magnaten sowie mit Flick, Krupp und Röchling durchsetzte. Noch im Herbst 1939 unterstellte Göring insgesamt 21 Steinkohlengruben mit einer Jahresfördermenge von 16 Mio. Tonnen dem Vierjahresplan und verleibte sie bald darauf den HGW ein.[907] Auf diese Weise verschaffte sich Göring die Kohlenbasis, die seinen Stahlwerken in Salzgitter noch gefehlt hatte, und es lässt sich nicht ausschließen, dass die Gründung der HTO in erster Linie Oberschlesien und der Erweiterung des HGW-Konzerns galt.[908] Neben den HGW kamen jedoch noch andere Staatsunternehmen zum Zuge, so dass die Reichswerke, Preussag, Berghütte und Evos (Energieversorgung Oberschlesien) sich insgesamt 46 Gruben mit 80 Prozent der Kohlenvorkommen aneigneten.[909] Regulär erfolgte der Verkauf der Steinkohlengruben der Interessengemeinschaft für Bergbau- und Hüttenindustrie AG in Kattowitz an das Reich und anschließend ihre Einbringung in die Bergwerksverwaltung Oberschlesien GmbH der HGW.[910] Diese drückten hierbei für die vereinnahmten Kohlengruben erst den Preis massiv (von 199 Mio. auf 44,3 Mio. RM) und bezahlten dann selbst diesen nicht.[911]

Was die Zusammenfassung der Industriereviere von West- und Ostoberschlesien, Dombrowa-Gebiet und dem Teschener Gebiet an synergetischen Effekten verhieß, wurde durch die konfiskationsähnliche Interessenpolitik Görings zugunsten seiner HGW, durch die Zerstörung der bisherigen industriellen Grundstruktur, nach der die Hüttenbetriebe stets auch über eine Kohlenbasis verfügten, wieder zunichte gemacht. Ganz im Gegensatz zu den Steinkohlengruben scheiterte jedoch eine rasche Veräußerung der Hüttenbetriebe an dem mangelnden Interesse potenzieller Käufer. Weder die Industriekonzerne von Ruhr und Saar noch die schlesischen wollten Hütten ohne Gruben erwerben, weshalb hier, wie Röhr zutreffend formuliert, „der Hund zur Jagd getragen" werden musste.[912] Die gewaltsame Trennung von Gruben und Hütten führte darüber hinaus für die Kreditinstitute auch zu einer Reihe rechtlicher Probleme, zumal die „peinliche Vermeidung rechtlicher Unklarheit [...] das Grunderfordernis bankmässiger Kreditsicherungsmassnahmen" war.[913] Dagegen findet sich im Rechenschaftsbericht der HTO von 1943, *nota bene* eine Dienststelle der Vierjahresplanbehörde, die sich in diesem besonderen Falle Görings Partialinteressen fügen musste[914], nur verhaltene Kritik an dem Vorgehen der HGW.[915]

---

907 Vgl. zum Kontext aus der Sicht der HTO Rosenkötter, Treuhandpolitik, S.140–142, 242f.

908 Vgl. Müller, Hitlers Ostkrieg und die deutsche Siedlungspolitik, S. 52; Röhr, Zur Rolle der Schwerindustrie, S. 19.

909 Röhr, Wirtschaftspolitik der deutschen Okkupanten, S. 236.

910 BArch, R 144/518-519: Rechenschaftsbericht der HTO über ihre Tätigkeit in den Jahren 1939-1942, S. 338f. [Łuczak (Hg.), Grabież polskiego mienia, S. 277].

911 Röhr, Zur Rolle der Schwerindustrie, S. 24.

912 Ebd., S. 27.

913 APK, TK, Nr. 8799, Bl. 44f., hier Bl. 44: HTO (gez. Winkler) an TK, 19. 10. 1940.

914 Müller, Hitlers Ostkrieg und die deutsche Siedlungspolitik, S. 52; vgl. Matthias Riedel: Eisen und Kohle für das Dritte Reich. Paul Pleigers Stellung in der NS-Wirtschaft. Göttingen u. a. 1973, S. 300ff.

915 BArch, R 144/518-519: Rechenschaftsbericht der HTO über ihre Tätigkeit in den Jahren 1939-1942, S. 76 [Łuczak (Hg.), Grabież polskiego mienia, S. 97].

Allerdings fiel Görings Coup in eine für die Region ohnehin nicht gerade günstige Zeit. Stärker noch als in den neuen Reichsgauen war nämlich in Oberschlesien spürbar, dass sich nach dem erfolgreichen Frankreichfeldzug das deutsche Interesse auf die belgische und französische Schwerindustrie verlagerte, was vielen Expansionsplänen für Schlesien rasch jede Perspektive nahm.[916] Das hier vorhandene Industriepotenzial hatte bis 1941 eine nur geringe Priorität.

Nachdem die Konzerne Krupp, Flick und Röchling im Frühjahr 1940 kein Interesse an Hüttenwerken ohne Kohlenbasis gezeigt hatten, war es von den „schlesischen Magnaten" der Ballestrem-Konzern, der zunächst die bedeutendste Position in der oberschlesischen Erzverhüttung errang. Die bis zu diesem Zeitpunkt nicht verkauften Hüttenwerke – gewissermaßen die Betriebseinheiten, die Göring, Preussag etc. übriggelassen hatten – wurden Ende 1941 in einen von der HTO neugegründeten Konzern Berg- und Hüttenwerksgesellschaft Berghütte Teschen AG (Berghütte) eingebracht, in deren Aufsichtsrat u.a. die Deutsche und die Dresdner Bank vertreten waren, wohingegen die Commerzbank einmal mehr auf die Rolle des Beobachters beschränkt blieb.[917] Die Berghütte war seitdem der größte Rüstungsproduzent in Oberschlesien.[918]

Die allein den Produktionsziffern bzw. den individuellen Begehrlichkeiten Görings geschuldeten Veränderungen in der oberschlesischen Industriestruktur schufen eine immer stärkere Vereinheitlichung bei den Richtlinien für die Vergabe von Krediten: Namentlich die Großbankfilialen besaßen einige wenige Großkunden, d.h. verschiedene staatliche bzw. halbstaatliche Unternehmen.

Wichtige Veränderungen für das oberschlesische Industrierevier brachte das Jahr 1942. Nachdem Ende 1941 an der Ostfront der „Blitzkrieg" vor Moskau steckengeblieben war und der Eintritt der USA in den Krieg diesen endgültig zu einem Weltkrieg gemacht hatte, kam es ab 1942 zu einer grundlegenden Wende in der NS-Industriepolitik. Nun wurden erstens verstärkt Fertigungsbetriebe aus den von Luftangriffen gefährdeten Westgebieten des Reiches in die eingegliederten Ostgebiete verlegt, was zumindest teilweise zu einer Verschiebung innerhalb des Systems der Kontingentierung auch für die hier ansässigen Zulieferfirmen führte.

„Es muß also zur Deckung der fehlenden Arbeitskräfte für die schlesische Wirtschaft zunächst einmal auf fremdstämmige Kräfte zurückgegriffen werden, die auch bereits im schlesischen Wirtschaftsgebiet als Arbeitskräfte vielfach Verwendung finden. Die polnischen Wanderarbeiter sind eine bekannte Erscheinung. Sie kommen in erster Linie als landwirtschaftliche Kräfte in Frage und zum Teil als Bauarbeiter bei den Kanalbauten. Ob es allerdings zweckmäßig ist, sie in Schlesien

---

916 Sulik, Przemysł ciężki w rejencji katowickiej, S. 229f.; Röhr, Zur Rolle der Schwerindustrie, S. 34f.

917 Rosenkötter, Treuhandpolitik, S. 242f.

918 Die Berghütte setzte sich aus den Hütten der Interessengemeinschaft für Bergbau- und Hüttenindustrie AG in Kattowitz, den meisten Werken des Mojdrzejow-Hantke-Konzerns sowie einigen Hüttenwerken der Berg- und Hüttenwerksgesellschaft Karwin-Trzynietz zusammen. Vgl. BArch, R 144/518-519: Rechenschaftsbericht der HTO über ihre Tätigkeit in den Jahren 1939–1942, S. 76 [Łuczak (Hg.), Grabież polskiego mienia, S. 97]. Vgl. Wixforth, Expansion der Dresdner Bank, S. 449ff.

hierfür einzusetzen, während auf der anderen Seite Schlesien von Angehörigen der polnischen Minderheiten freigemacht werden soll, ist zu bezweifeln."[919]

Solange die Transportlage noch befriedigend war, entwickelte sich der Arbeitskräftebedarf in den Gruben und Werken so stark, dass man nach dem deutschen Überfall auf die Sowjetunion im Herbst 1941 seitens des Wirtschaftsrüstungsamtes allenthalben über eine verstärkte Verwendung sowjetischer Kriegsgefangener und Zwangsarbeiter nachdachte.[920]

Noch im Dezember 1940 – möglicherweise schon in Vorbereitung auf das Unternehmen „Barbarossa" – hatte das RWM in einem Erlass „die Unternehmen ausdrücklich davor gewarnt, während des Krieges Betriebsverlagerungen zu planen oder vorzunehmen".[921] Nun standen angesichts der vorhandenen Produktionspotenziale zumindest in Oberschlesien Betriebsverlagerungen augenscheinlich nicht an, freilich nur bis zu dem Zeitpunkt, als der IG-Farben-Konzern damit begann, in unmittelbarer Nähe zum Konzentrations- und Vernichtungslager Auschwitz einen Chemiekomplex zur Produktion von Buna und synthetischen Treibstoffen zu errichten und hierfür auch KZ-Häftlinge als Zwangsarbeiter einzusetzen.

Zweitens wurden fortan besonders die Förderquoten der Kohlengruben „bei stets begrenzteren Investitionsmöglichkeiten" massiv heraufgesetzt und alle diesbezüglichen Aspekte uneingeschränkt der Rüstungsproduktion untergeordnet.[922] Man ging zu einer radikalen Raubbaupolitik über, und zwar sowohl hinsichtlich des nun rapide ansteigenden Zwangsarbeitereinsatzes als auch mit Bezug auf die Auslastung der Maschinen. Für die Kreditinstitute bedeutete dies die Beschränkung auf Betriebsmittelkredite oder gar die Verwaltung von Guthabenkonten, wohingegen Investitionen, sofern sie überhaupt vorgenommen wurden, eher den Charakter einer Instandhaltung annahmen.[923] Eine Raubbaupolitik jedoch, wie sie im Falle der meisten Bergwerke und der Verhüttungsindustrie rücksichtslos zum Einsatz kam, konnte für die Kreditinstitute – und hier ist insbesondere an die Berliner Großbanken zu denken – mittel- oder langfristig nicht lukrativ sein.

Drittens kam es zu einer Umstellung der Finanzierungsmodalitäten von Wehrmachtsaufträgen. Ab 1. Oktober 1942 wurden sämtliche An- und Abschlagszahlungen und die Ausgabe von Wehrmachtsverpflichtungsscheinen praktisch eingestellt, so dass die hiervon besonders betroffenen Unternehmen der Rüstungsindustrie fortan an ihre Hausbank verwiesen waren. Dabei kam die Wehrmacht den Kreditinstituten insofern entgegen, als Auftragsbestätigungen als Zessionsgrundlage dienen durften und die Wehrmacht eine Globalbürgschaft für den Aus-

---

919 Lucadou, Strukturwandel Schlesiens, S. 150.

920 APK, Landeswirtschaftsamt Kattowitz, Nr. 88, Bl. 3-10, hier Bl. 3: OKW – Wi Rü Amt / Rü III A, Nr. 2970/41 g. K. vom 3. 9. 1941 – Bemerkenswerte Punkte aus dem zum 15. August erstatteten 29. Lagebericht der Rüstungsinspektionen über die wehrwirtschaftliche Lage in ihren Berichten nach dem Stande Ende Juli 1941 (gez. Thomas) („Geheime Kommandosache"). Zum Zwangsarbeitereinsatz in Oberschlesien vgl. die Übersicht bei Röhr, Zur Rolle der Schwerindustrie, S. 44.

921 Müller, Hitlers Ostkrieg und die deutsche Siedlungspolitik, S. 62.

922 Röhr, Zur Rolle der Schwerindustrie, S. 41.

923 Zu Investitionen in der oberschlesischen Eisenindustrie vgl. ebd., S. 50.

fall von Forderungen aussprach. Lediglich bei großen Aufträgen sollten Teilzahlungen auch weiterhin möglich sein.[924]

Nicht zu Unrecht erwarteten sich die Kreditinstitute von dieser einschneidenden Veränderung eine steigende Nachfrage nach Krediten zur Vor- bzw. Zwischenfinanzierung von Wehrmachtsaufträgen. Darüber hinaus glaubte man auch, dass die sich ergebende „Kapitallücke allein durch Bankkredite" auf Dauer nicht zu befriedigen sei, und richtete daher die Aufmerksamkeit fortan verstärkt auf die Vermittlung von Kapitalbeteiligungen.[925]

Zu konstatieren war freilich auch ein Rückgang der anteilig wie absolut bedeutenden öffentlichen Aufträge jenseits der Rüstungsfertigung. An dem gesamten Auftragsaufkommen in Oberschlesien im ersten Halbjahr 1942 in Höhe von 100,6 Mio. RM besaßen allein die Berliner Zentralstellen einen Anteil von 36,9 Mio. RM, hinzu kamen ferner die „dezentralen Aufträge" staatlicher Behörden und erst an dritter Stelle die Privatwirtschaft. Von Einbußen besonders betroffen war die Bauwirtschaft einschließlich so prestigeträchtiger Projekte wie der Reichsautobahn[926], was bei der ansonsten sehr modernen Zementindustrie zu einer Produktionssenkung um über 20 Prozent führte.[927]

Da durch die Macht der zumeist staatlich kontrollierten Konzerne bzw. wirtschaftsrechtlich-ministerieller Vorschriften die Gewinnmargen der Kreditinstitute bei praktisch allen geschäftlichen Transaktionen nicht nur gering, sondern auch – da ein entsprechender Handlungsspielraum fehlte – weitestgehend identisch waren, waren die Institute gegenüber ihrer Konkurrenz gezwungen, eine Kundentreue auf dem Wege nichtöffentlicher Absprachen oder Verträge herzustellen, d. h. die Kreditkunden vertraglich zu verpflichten, den Geschäftsverkehr, vor allem die debitorischen Transaktionen, nicht auf andere Banken zu streuen. Über die Auswahl des Kreditinstituts entschieden vor diesem Hintergrund aber nicht oder nur mehr minimal die Kredit- und sonstigen Geschäftskonditionen, sondern viel häufiger persönliche Bekanntschaften und der Einfluss in den Aufsichtsräten bzw. Vorständen der Firmen – so dass die Deutsche und die Dresdner Bank gegenüber der „ewigen Dritten", der Commerzbank, zumeist klare Vorteile besaßen. Da half es wenig, wenn die Commerzbank die erheblichen Verluste, die sie und die anderen Großbanken bei der Schuldenregelung der Vereinigten Königs- und Laurahütte einige Jahre zuvor zu tragen gehabt hatten, noch 1944 gleichsam als moralischen Appell zur Anknüpfung neuer Geschäftskontakte mit der Berghütte zu nutzen versuchte: „Herr Generaldirektor Dr. [Hans] Malzacher sagte mir, dass auch die anderen Banken keine Kredite gewährt haben und überhaupt kein Kreditbedürfnis vorliege. Ich antwortete ihm darauf, dass es uns doch hauptsächlich darauf ankommt, in den Zahlungs- und Überweisungsverkehr eingeschaltet zu

---

924 Vgl. Boelcke, Kosten von Hitlers Krieg, S. 130.

925 LHASA, Rep. I 105, Commerzbank, Filiale Oschersleben, Nr. 61: Rdschr. der Industrie-Abteilung vom 15. 8. 1942 betr. Umstellung in der Rüstungsfinanzierung.

926 APK, Landeswirtschaftsamt Kattowitz, Nr. 88, Bl. 11 f.: Wirtschaftskammer Oberschlesien, Bezirksausgleichsstelle für öffentliche Aufträge an den Oberpräsidenten, Führungsstab Wirtschaft, Kattowitz, vom 4. 8. 1942 betr. monatlicher Lagebericht.

927 Röhr, Zur Rolle der Schwerindustrie, S. 54; vgl. Saath, Die Industrie der eingegliederten oberschlesischen Ostgebiete, S. 36 f.

werden. Der Obengenannte machte auf die Bindungen mit der Deutschen und Dresdner Bank aufmerksam. Ich bemerkte hierzu, dass mir diese Bindungen bekannt sind, sie beziehen sich aber hauptsächlich auf die Berghütte selbst, weniger auf die Tochtergesellschaften. Ich wies insbesondere darauf hin, dass die Commerzbank bei der vor längeren Jahren stattgefundenen Sanierung der damaligen Vereinigten Königs- und Laurahütte einen Verlust von fast einer Million Reichsmark tragen musste."[928]

Entsprechend hilflos wirken denn auch die Beschwerden der Niederlassungen der Commerzbank an ihre Berliner Zentrale wie beispielsweise das folgende resignierte Resümee der Filiale Kattowitz vom 30. Dezember 1944: „Wir haben Ihnen wiederholt über unsere Bemühungen zwecks Verbesserung unserer Beziehungen zu den verschiedenen Tochtergesellschaften des obigen Konzerns, mit denen wir in Verbindung stehen, berichtet. Es ist Ihnen bekannt, wie wir nach der Umgründung des Konzerns wieder ausgeschaltet wurden. [...] Wenn auch der tiefere Grund der Ablehnung der ist, dass unser Institut leider bei der Neugründung des Unternehmens nicht entsprechend beteiligt war bezw. mitwirken konnte, so ist es doch verwunderlich, dass eine Gesellschaft, die in der Jetztzeit gegründet wurde und bei deren Gründung ausdrücklich eine Streuung des Aktienkapitals vorgenommen wurde, seitens der Deutschen sowie der Dresdner Bank derartig festgelegt wird, dass sie nicht mehr in der Lage ist, bezüglich ihrer Banktransaktionen freie Entschlüsse zu fassen."[929]

Wie schon in den Reichsgauen trat in Oberschlesien noch hinzu, dass gerade die größten und interessantesten Industrieunternehmen ihre Eigenfinanzierungsleistung im Laufe des Krieges steigern konnten. Schon von daher kam ein größerer Darlehensbedarf für sie nicht in Frage, im Gegenteil, man stellte vielmehr Überlegungen an, deren flüssige Geldmittel zur „Industrialisierung des schlesischen Raumes" heranzuziehen.[930] In den Kattowitzer Filialen der Kreditinstitute sah man allerdings auch mit einer gewissen Sorge in die Zukunft, da insbesondere den großen Industrieunternehmen „jetzt durch die Angliederung der deutsche Kapitalmarkt offensteht und sie dadurch die Möglichkeit haben, sich durch Obligationsausgabe die nötigen Mittel zu verschaffen. Bis jetzt hat die oberschlesische Industrie von dieser Möglichkeit keinen Gebrauch gemacht, und es steht noch nicht fest, welchen Weg diese Entwicklung nehmen wird."[931]

Zur hohen bzw. wachsenden Liquidität und dem geringen Kreditbedarf erwuchs den Kreditinstituten in einigen Sparten zusätzliche Konkurrenz aus einer

---

928 SächsHStA, Altbanken Dresden, Nr. 6179: Aktennotiz der CB Kattowitz betr. Berghütte Berg- und Hüttenwerks-Gesellschaft, Teschen O/S., vom 15.8.1944; ebd.: SdF Ost an CB Kattowitz, 4.11.1939, betr. Interessengemeinschaft für Bergbau und Eisenhütten Aktiengesellschaft, Kattowitz.

929 SächsHStA, Altbanken Dresden, Nr. 6179: CB Kattowitz an CB Dresden, Sekretariat der Filialen, 30.12.1944, betr. Konzern Berghütte. Der Bindung der Berghütte an die Deutsche und die Dresdner Bank unterlagen selbst ihr unterstellte Unternehmen im Generalgouvernement; vgl. SächsHStA, Altbanken Dresden, Nr. 6188: Metallurgia-Werke Radomsko an CB Krakau, 23.5.1944.

930 Lucadou, Strukturwandel Schlesiens, S. 158.

931 Schaar, Neuordnung des Währungs- und Kreditwesens, S. 108.

ganz unerwarteten Richtung. Mit der Abteilung „Zentrale Verrechnung" schufen sich die Deutschen Wirtschaftsbetriebe GmbH (DWB) bzw. das SS-Wirtschafts-verwaltungshauptamt eine Art Finanzverwaltungsinstitut, das eine relative Unabhängigkeit von den Kreditinstituten gewährleistete und bei Verhandlungen über Geschäftskonditionen den angeschlossenen Firmen bzw. Konzerngesellschaften des WVHA-Imperiums Vorteile bot.[932] Dabei übte es durchaus banktypische Geschäfte aus: „Die D.W.B., Abteilung Zentrale Verrechnung (Z.V.), wurde ins Leben gerufen, um kleinere oder größere Guthaben der Konzernfirmen bei verschiedenen Banken, die von diesen zum Zwecke der Regulierung stoßweise anfallender Verpflichtungen gering verzinslich gehalten werden, zu sammeln, besser anzulegen und einer zweckmäßigen Verwendung zuzuführen. [...] Da bekanntlich nicht alle Zahlungsanweisungen der angeschlossenen Firmen zu demselben Zeitpunkt einlaufen, ist es der Z.V. möglich, den Z.V.-Mitgliedern aus dem unbeweglichen Grundkapital Überbrückungskredite oder kurzfristige Darlehen zur Verfügung zu stellen."[933]

Die Deutsche Reichspost vermittelte für ihre Bauvorhaben (allgemeiner Wohnungsbau und Bau von Dienstwohnungen für Postangestellte[934]) im Reichsgau Wartheland der im Januar 1941 in Posen gegründeten Ostdeutsche Baustoffwerke GmbH – ebenfalls eine Gesellschaft des WVHA, die ihren Kapitalbedarf bevorzugt durch die Ostbank bzw. die Dresdner Bank befriedigte[935] – einen Kredit über 30 Mio. RM, die die Baustoffwerke zur Kapitalerhöhung auf 31 Mio. RM nutzten.[936] Auch dieser Kredit lässt sich als ein Versuch verstehen, die Banken als klassisches Instrument der Geldbeschaffung wenn schon nicht auszuschalten, so doch zumindest partiell zu ersetzen, was freilich auch mit der eigenen hohen Liquidität zusammenhing.

Spätestens ab 1944 konnte von einer Investitionstätigkeit in Schlesien bzw. allgemein im Deutschen Reich keine Rede mehr sein. Dies lag „vor allem an der Unmöglichkeit ihrer materiellen Realisierung, einschließlich der schnell wachsenden Kosten für Investitionsgüter".[937] Insgesamt ist das Fazit jedoch kein eindeutiges. An sich musste das Interesse der Banken am oberschlesischen Industrierevier im-

---

932 Vgl. Walter Naasner: Neue Machtzentren in der deutschen Kriegswirtschaft 1942–1945. Die Wirtschaftsorganisation der SS, das Amt des Generalbevollmächtigten für den Arbeitseinsatz und das Reichsministerium für Bewaffnung und Munition/Reichsministerium für Rüstung und Kriegsproduktion im nationalsozialistischen Herrschaftssystem. Boppard am Rhein 1994, S. 402f., 441.

933 BArch, NS 3/166, Bl. 13: DWB GmbH an Klinkerzement GmbH, Posen, 13. 10. 1943, betr. Bedingungen der Z.V. Zur DWB, deren einziger Gesellschafter SS-Obergruppenführer Oswald Pohl war, vgl. BArch, Dok K 630/3: Bericht über die bei der Deutsche Wirtschaftsbetriebe GmbH Berlin-Lichterfelde-West vorgenommene Prüfung des Jahresabschlusses zum 31. 12. 1941 (NO-2170).

934 Richter, Einsatz der Volksdeutschen beim Postaufbau im Wartheland, S. 243–253.

935 Vgl. BArch, NS 3/1530: Aktennotiz vom 10. 3. 1941 (gez. Eversberg) betr. Beziehungen der Ostdeutsche Baustoffwerke GmbH mit Kreditinstituten (Ostbank Posen, Dresdner Bank Berlin); ebd., Dok K 630/3: Protokoll über die Vorstandssitzung der Dresdner Bank am 30. 10. 1941.

936 BArch, NS 3/1364, NS 3/1474.

937 Röhr, Zur Rolle der Schwerindustrie, S. 50.

mens sein, die Neuordnung der Eigentumsverhältnisse und das außerordentlich ungünstig wirkende Vorgehen der HGW verschoben aber die Gewinn- bzw. Geschäftserwartungen zunehmend in Richtung Kriegsende. Schon von daher ist die schlesische Industrie mit ihren angeblich phantastischen Gewinnen zum größten Teil ein Mythos, wohingegen man es in der Realität mit einer höchst verschuldeten und veralteten Branche zu tun hatte, die nur deshalb am Leben gehalten wurde, weil die Kriegsführung Rüstungsgüter um jeden Preis forderte.

Spätestens nach der deutschen Niederlage bei Stalingrad und Goebbels' Proklamation des totalen Krieges im Februar 1943 zeichnete sich die weitere Entwicklung des Krieges für viele bereits deutlich ab.[938] Im Bankwesen gerieten einige wenige, die offen darüber sprachen, in die Mühlen der nationalsozialistischen Justiz. Auf Grund der Denunziation einer Kassenangestellten der Deutschen Bank im oberschlesischen Hindenburg, einer überzeugten Nationalsozialistin, BDM-Gruppenführerin und Betriebsobmann der DAF in der Bank, gelangten die Äußerungen des Filialdirektors – „es geht alles drunter und drüber, aber so geht es eben, wenn es mit einem System zu Ende geht", und „der Führer verstehe am besten, das Volk zu beschwindeln" – der Polizei zur Kenntnis. Der Bankdirektor der Deutschen Bank wurde daraufhin am 10. August 1943 verhaftet, am 14. September fand vor dem Volksgerichtshof unter dem Vorsitz Roland Freislers die Hauptverhandlung statt, in der der Bankier gemäß § 5 Abs. 1 Nr. 1 KSSVO zum Tode verurteilt wurde. Vollstreckt wurde die Hinrichtung am 21. September 1943.[939]

5. Die Entwicklung des Bankgeschäfts in den eingegliederten Ostgebieten 1939–1945

Welche Bedeutung besaßen die eingegliederten Ostgebiete für die deutschen Kreditinstitute? Während im Altreich das Filialnetz von Rationalisierungen und Schließungen bedroht war, schien im Hinblick auf die Eröffnung von neuen Niederlassungen im Osten – nicht nur in Polen, sondern ab Mitte 1941 auch im Baltikum – dem ostmitteleuropäischen Raum durchaus einige Bedeutung zuzukommen, auch wenn der besonders von Wixforth stark betonte Begriff der „Expansion" zu eindimensional und an den Realitäten vor Ort vorbeigeht. Wie lässt sich vor diesem Hintergrund nun die Geschäftsentwicklung der deutschen Kreditinstitute in den eingegliederten Ostgebieten zusammenfassen? Einige Grundtendenzen sollen im Folgenden am Beispiel der Commerzbank skizziert werden. Insgesamt wies die Commerzbank als Gesamtinstitut auch über die Zäsur des Septembers 1939 hinaus eine recht hohe, teils erstaunliche Kontinuität ihrer Kundenklientel auf. Die These, für die Kreditinstitute sei nach ihrer Expansion in Österreich und

---

[938] Der Begriff des „totalen Krieges" war bereits seit 1941 arriviert und nicht erst nach Februar 1943; BArch, R 2501/7008, Bl. 36–41: Emil Puhl: Die deutsche Geldwirtschaft im totalen Kriege [Dezember 1941].

[939] Justiz und NS-Verbrechen. Sammlung deutscher Strafurteile wegen nationalsozialistischer Tötungsverbrechen 1945–1966, 22 Bde. Amsterdam 1968–1981, Bd. XIV, S. 443–457, hier S. 444f. (LG München II 7 Ks 5/57; BGH 1 StR 134/58); James, Die Deutsche Bank und die Diktatur 1933–1945, S. 400.

der Tschechoslowakei auch nach dem deutschen Überfall auf Polen „die große Stunde“ gekommen, bestätigen weder die Klientelstruktur der Berliner Zentrale noch die Unterlagen, die etwas über die Innenperspektive der Bank aussagen.

Inwieweit das im Krieg kontinuierlich wachsende Geschäftsvolumen der Bank ein Ergebnis der geschäftlichen Expansion in Polen war, ist verlässlich nicht zu quantifizieren.[940] Ebenso wenig lässt sich eine solche Volumensteigerung bei denjenigen Firmen der Commerzbank zeigen, deren Geschäftsengagement sich nach 1939 zwar um den polnischen Raum erweiterte, die aber bereits vor Kriegsbeginn zu den Kunden gehört hatten. In diesem Falle kann die Relevanz der allgemeinen Kriegssituation mit ihren Folgen in der steigenden Liquidität der Privatwirtschaft nicht abgeschätzt und herausgerechnet werden.

Eine unmittelbar auf Polen – auf die eingegliederten Gebiete ebenso wie auf das Generalgouvernement – bezogene Geschäftserweiterung der Kreditinstitute lag jedoch dort unzweideutig vor, wo es sich bei den Bankkunden entweder um Neukunden mit ausschließlicher Tätigkeit bzw. mit Tätigkeitsschwerpunkt in Polen oder aber um Firmen handelte, deren Geschäftsgegenstand mit der deutschen Besatzung in Polen stand und fiel (z.B. Zellgarn AG in Litzmannstadt). In ganz besonderem Maße gilt dies für die vom nationalsozialistischen Regime ins Leben gerufenen intermediären Institutionen wie der HTO, der „Ostland“ oder der DUT, die von vornherein für eine Präponderanz des staatlichen bzw. öffentlichen Sektors zumal im Kriege sorgten.[941]

Schon von daher gab es in den eingegliederten Ostgebieten für die Kreditinstitute kein „normales“ Geschäft bzw. keinen „normalen“ Kredit, denn ihre Anwesenheit und ihre gesamte Tätigkeit in diesem Gebiet waren in erster Linie der Besatzungssituation geschuldet.[942] Nicht nur die kommunalen Sparkassen, sondern auch die Privataktienbanken fügten sich in diesen äußeren Rahmen ein und fanden in den Reichsgarantien einen *modus vivendi*, der ihnen eine Kooperation mit den Zielen des Regimes ermöglichte. Ein erheblicher, indes für das einzelne Kreditinstitut nicht genau zu berechnender Teil der Geschäfte entfiel auf die staatlichen bzw. für das Reich operierenden intermediären Gesellschaften, die zu Beginn der deutschen Besatzung in Polen den Kreditinstituten ihre an den Erfahrungen in der Tschechoslowakei und Österreich orientierte Expansionshoffnung zwar genommen hatten, die sich später jedoch als Garanten kontinuierlicher Geschäfte mit den von ihnen kontrollierten Unternehmen erwiesen hatten und daher von den Kreditinstituten auch mit einer gewissen Ambivalenz wahrgenommen wurden. Wollten die Banken jedoch nicht ihre eigene Existenzberechtigung in den eingegliederten Gebieten in Frage stellen, mussten sie die Politik der Nationalsozialisten in Polen *nolens volens* mittragen. Da die Kreditinstitute angesichts der strukturellen Probleme während des Krieges ihre gesamte Geschäftsplanung auf

---

940 Vgl. hierzu die sehr detaillierte Bilanzanalyse bei Zimmermann, Die veröffentlichten Bilanzen der Commerzbank, passim.

941 BArch, R 58/189, Bl. 93–102: SD-Berichte zu Inlandsfragen: Weitere Meldungen zur Industrieverlagerung (Bericht vom 4.10.1943); Müller, Hitlers Ostkrieg und die deutsche Siedlungspolitik, S. 70.

942 Schaar, Neuordnung des Währungs- und Kreditwesens, S. 206.

wenig mehr als den Zukunftsversprechen einer nach Kriegsende großzügig zu installierenden „Neuen Ordnung“ aufbauen konnten, waren sie unausweichlich auf den Erfolg dieser Ordnung angewiesen, auch wenn diese praktisch auf eine barbarische Unterdrückung und Ausbeutung der Völker in Europa, die nicht der „arischen Rasse“ zugerechnet wurden, hinauslief.

Vergleicht man die Geschäftsentwicklung der Commerzbank-Filialen in den eingegliederten Gebieten mit den Ergebnissen anderer Filialen, so mussten sich die „Ostfilialen“ durchaus nicht hinter ihren Schwesterfilialen im Altreich verstecken.

Gewinne und Verluste ausgewählter Filialen der Commerzbank (in RM):[943]

Filiale	1939	1940	1941	1942	1943
eingegliederte Ostgebiete:					
Bielitz-Biala	–4 480,65	–	–	–	–
Bromberg	–5 735,71	–	–	–	–
Danzig	12 890,91	39 241,83	22 154,02	41 359,18	60 871,97
Posen	–16 766,11	22 646,43	74 421,20	166 749,61	184 641,18
Litzmannstadt	–6 856,74	64 635,17	149 582,67	168 234,23	267 456,10
Kattowitz	–43 657,68	73 820,93	173 845,97	286 286,94	254 197,79
Sosnowitz[944]	–5 723,08	–	–	–	–
Deutsches Reich (mit Ostmark):					
Breslau	190 887,69	150 419,90	155 809,90	124 231,32	172 381,95
Stettin	118 108,01	67 802,64	75 470,90	82 770,66	98 531,70
Königsberg	142 828,13	98 218,63	84 418,81	96 392,10	95 043,19
Kassel	371 139,78	484 480,34	422 400,07	364 479,18	350 960,83
Wien	82 622,17	12 955,74	230 593,32	105 143,93	251 511,92
Stuttgart	572 203,15	538 383,06	446 872,59	593 900,77	494 279,68

Zu beachten ist bei diesen Ergebnissen, dass es sich um Rohgewinne handelt, die summarisch höher liegen als der ausgewiesene Gewinn des Gesamtinstituts Commerzbank. Umsatzziffern und sonstige Geschäftsindizes liegen daneben für die Ostfilialen der Commerzbank nicht vor. Dass jedoch nicht nur die Großbankfilialen einander eine ernst zu nehmende Konkurrenz waren, zeigt ein direkter Vergleich der Gewinnentwicklung der größten Ostfiliale der Commerzbank in Litzmannstadt mit der des ebenda ansässigen Regionalinstituts Bank Litzmannstädter Industrieller (in RM):[945]

Kreditinstitut	1939	1940	1941	1942	1943
CB Litzmannstadt	-6 856,74	64 635,17	149 582,67	168 234,23	267 456,10
Bank Litzmannstädter Industrieller		263 650,34	247 897,27	278 566,49	325 670,31

943 HAC, 1/267: Gewinne und Verluste unserer Geschäftsstellen von 1937-1943; HAC, 1/289: Geschäftsstellenverzeichnis, Sammlung Filialen.

944 Firmierte seit 1.2.1940 als Zweigstelle der Filiale Kattowitz.

945 APŁ, Spółdzielczy Bank Przemysłowców Łódzkich, Nr. 9–12: Bilanzen für 1940–1943.

Allerdings ist der Reingewinn nur eine aus einer Reihe von Bilanzzahlen, die Aufschluss über die geschäftliche Bedeutung eines Kreditinstituts geben. Mit Blick auf Abschreibungen, Steuererleichterungen, Kapitalerhöhungen etc. konnte es auch opportun sein, den Gewinn möglichst niedrig anzusetzen. Dies lässt sich illustrieren an den Bilanzziffern der Ostbank, des mit Abstand größten Kreditinstitutes im Reichsgau Wartheland (in RM):

Ostbank AG	1939	1940	1941	1942
Bilanzsumme	17 624 000	48 544 017	77 297 029	94 694 373
Reingewinn		60 000	60 000	180 000

Die Ostbank wies mit ihrem ausgedehnten Niederlassungsnetz im Warthegau und in Danzig-Westpreußen stets nur geringe Gewinne aus, die nicht das tatsächliche Rentabilitätsverhältnis etwa im Vergleich zu den Filialen der Commerzbank widerspiegeln. Nicht erkennbar ist hier beispielsweise die Kapitalerhöhung von zwei auf drei Millionen Reichsmark im Jahre 1941. Wenn man zudem davon ausgeht, dass die Großbankfilialen eine mehr oder weniger identische Rentabilität aufwiesen, dann wird angesichts des viel größeren Kreditumfanges der Ostbank deutlich, dass es sich hierbei um „manipulierte" Zahlen handelt.[946] Schon von daher ist Harald Wixforth zu widersprechen, wenn er die oben genannten Gewinne der Ostbank als Beweis dafür anführt, dass die Bedeutung der Ostbank hinter der der Ostdeutschen Privatbank zurückblieb, auch wenn es richtig bleibt, dass die Gewinnerwartung größer war als die -entwicklung.[947] Deutlicher noch wird der Unterschied zwischen Ostbank und Commerzbank bei einem direkten Vergleich der Erträge beider Institute aus Zinsen und Provisionen, wobei die Ziffern der Commerzbank ihre Filialen in Danzig, Kattowitz, Litzmannstadt und Posen umfassen (in RM):[948]

Jahr	Zinsen/Diskont in Reichsmark		Provisionen/Gebühren in Reichsmark	
	Ostbank	Commerzbank	Ostbank	Commerzbank
1941	982 598,11	712 302,01	632 390,61	283 992,13
1942	1 233 901,37	846 206,77	676 818,93	442 041,80
1943		878 089,83		524 523,56

Die Bedeutung der Filialen Litzmannstadt und Kattowitz überrascht in der obigen Übersicht über die Commerzbank-Filialen nicht. Was in Kattowitz die Kohlengruben und die Metallindustrie waren, entsprach der Textilindustrie in Litzmannstadt. Zwar war der anfängliche Kreditbedarf gering, und dann, als 1942 die

946 Zu den Motiven und Möglichkeiten der Bilanzmanipulation vgl. ausführlich Zimmermann, Die veröffentlichten Bilanzen der Commerzbank, S. 26ff.

947 Wixforth, Expansion der Dresdner Bank S. 515–517.

948 Ostbank AG, Posen. Geschäftsberichte für 1941 und 1942; HAC, 1/101, 1/117, 1/118: Geschäftsberichte und ausführliche Bilanzen der Commerzbank für 1941, 1942 und 1943.

Situation sich änderte, war es wegen der kriegsbedingten Einschränkungen bereits zu spät für die Durchführung größerer Investitions- bzw. Aufbaukredite. Im Regierungsbezirk Litzmannstadt jedoch kamen einige Textilhandels- und Produktionsfirmen offenbar nach Beginn des Judenmordes und der Liquidation der warthelandischen Gettos (mit Ausnahme von Litzmannstadt) besser ins Geschäft, indem man einen bedeutenden Konkurrenten insbesondere für Großaufträge loswurde. Davon zeugen verschiedene Kreditakten prosperierender Firmen etwa bei der Commerzbank 1942–1944, auch wenn sich der Zusammenhang nicht monokausal herstellen lässt. Wie schon im Ersten Weltkrieg[949], so verschob sich auch im Zweiten, namentlich in den eingegliederten Gebieten, recht schnell das Verhältnis zwischen Investitions- und Betriebsmittelkrediten zunehmend in Richtung der letzteren, was insbesondere für die mehr und mehr von Wehrmachtsaufträgen abhängige Textilindustrie in Litzmannstadt und die mit Rüstungsaufgaben betraute Industrie in Ostoberschlesien zutrifft. Neuinvestitionen mussten unmittelbar rückgekoppelt sein an einen kurzfristig zu erwartenden, kriegsrelevanten Nutzen.

Dennoch besaßen die Großbanken in den folgenden Jahren ein keinesfalls schlechtes Auskommen. Der Kreditbedarf entstand jedoch nicht so sehr aus Expansionen bzw. Investitionsvorhaben, als vielmehr durch die Notwendigkeit, kurzfristig sich bietende Gelegenheiten, Warenlieferungen zu erhalten, zu nutzen, was jedoch auch kurzfristigen Geldbedarf zur sofortigen Begleichung der Außenstände nach sich zog. Demgegenüber sank die Zahlungsmoral bei vielen privilegierten Auftraggebern (Wehrmacht), die zunehmend längere Genehmigungszeiten und Zahlungsziele für sich in Anspruch nahmen bzw. den Auftragnehmern die immer aufwendigere Vorfinanzierung aufbürdeten. Überziehungskredite nahmen dementsprechend zu und damit auch die Zinseinnahmen der Kreditinstitute; die durchschnittlichen Kreditsummen stiegen kontinuierlich an, und der gewerbliche Kleinkredit verlor mehr und mehr an Bedeutung.

Besteht aber nicht ein Widerspruch zwischen den unausgesetzten Klagen der Ostfilialen über die behördlichen Einmischungen und die eher niedrige Rentabilität einerseits und den auf den ersten Blick durchaus erstaunlichen Geschäftszahlen? Immerhin mussten sich die Ostfilialen der Commerzbank nicht hinter Filialen wie Nürnberg, Stuttgart oder Wien verstecken. Der eigentliche Grund hierfür ist jedoch darin zu sehen, dass das Einzugsgebiet der Ostfilialen der Berliner Großbanken ungleich größer war als üblicherweise im Altreich. Für einen gewerblich, landwirtschaftlich und industriell so wichtigen Platz wie Kattowitz und sein Umland stand innerhalb der Commerzbank nur die Filiale Kattowitz (zzgl. Zweigstelle Sosnowitz) zur Verfügung, und im gesamten Reichsgau Wartheland, d.h. einem der bedeutendsten Getreideanbaugebiete des Reiches, waren es nur zwei Filialen (Posen, Litzmannstadt). An diesem Befund ändert sich auch dann nichts, wenn man die Ebene des Einzelinstitutes verlässt und berücksichtigt, dass in Kattowitz, Posen, Litzmannstadt und Danzig neben der Commerzbank sowohl Deutsche Bank als auch Dresdner Bank als auch die Bank der Deutschen Arbeit

949 Zilch, Okkupation und Währung im Ersten Weltkrieg, S. 51.

mit Niederlassungen vertreten waren. Dementsprechend sind die Geschäftszahlen der Ostfilialen weniger erstaunlich und schneiden im direkten Vergleich mit den Filialen im Altreich (d.h. eingebettet in eine zum Teil sehr viel größere Filialdichte) eher durchschnittlich ab. Dieses Bild entspricht auch den zeitgenössischen Untersuchungen, dass nämlich „das Kreditgeschäft der Banken in den Ostgauen längst nicht so ertragreich" sei „wie das an und für sich in seiner Rentabilität schon gesunkene Kreditgeschäft der Banken im Altreich", wobei Kreditinstitute in den rein agrarischen Gegenden der eingegliederten Ostgebiete eine signifikant geringere Rentabilität aufwiesen als etwa Bankfilialen in Kattowitz oder Litzmannstadt.[950]

Die Wirtschaft in den eingegliederten Gebieten steuerte derweil auf den Zusammenbruch zu. Die Situation mutet seltsam an: Während die Treuhandstellen in allen Gebieten Überschüsse – bis Ende 1944 knapp eine Milliarde Reichsmark[951] – nach Berlin überwiesen, gestaltete sich die Haushaltslage etwa im Warthegau zunehmend defizitär. Während die Einnahmen sich von 100,1 Mio. RM 1940 binnen Jahresfrist auf 51 Mio. RM praktisch halbierten, stieg im selben Zeitraum das Haushaltsdefizit von 15,6 Mio. RM 1940 auf stattliche 255,9 Mio. RM im Jahre 1941.[952] Zwar war der Fehlbetrag größtenteils kriegsbedingten Mehrausgaben geschuldet, aber schon den Zeitgenossen musste es wie Hohn klingen, dass – wie Reichsstatthalter Greiser in einem Bericht ausführte – „diese günstige und gesunde Entwicklung" ein „eindeutiger Beweis der Eigenfinanzierung bezw. Ausgeglichenheit des ordentlichen Ziviletats sowie ein Zeichen anhaltender Wirtschafts- und Steuerkraft des Reichsgaues Wartheland" sein sollte.[953]

---

950 Schaar, Neuordnung des Währungs- und Kreditwesens, S. 110–115, hier S. 111; vgl. ebd., S. 151–153.

951 BArch, R 144/413: Bericht vom 9. 1. 1945 über die Tätigkeit der Vermögensverwaltung der Haupttreuhandstelle Ost in der Zeit vom 30. 9. 1943 bis 30. 9. 1944.

952 APP, RRW, Nr. 222, Bl. 1–4: Vorbericht des Reichsstatthalters zu den Jahresabschlüssen 1939, 1940 und 1941 vom 18. 2. 1943.

953 Ebd., Bl. 2.

IV. Das Kreditwesen im Generalgouvernement

1. Die wirtschaftspolitischen Planungen im Herbst 1939

Angesichts der destruktiven Planung, wie sie die Nationalsozialisten in Bezug auf das Generalgouvernement 1939 noch vorsahen, stellt sich die Frage, mit welchen Absichten und Geschäftsinteressen deutsche Kreditinstitute im selben Herbst ihr Niederlassungsnetz um Filialen in Krakau und anderswo im Generalgouvernement zu erweitern suchten. Hinsichtlich der ins Generalgouvernement versetzten reichsdeutschen Beamtenschaft, Wehrmachtsverbände etc. sowie in Bezug auf die Neuordnung der fortan auf das Deutsche Reich ausgerichteten Wirtschaftspolitik des Generalgouvernements hatten die Berliner Großbanken mehr oder minder lukrative Geschäftsfelder im Auge. Dabei konnte ihnen die unheilvolle Grundtendenz der Besatzungskonzeption, ein Arbeiterreservoir und „Trümmerhaufen“[1] zu schaffen, – trotz der sich wandelnden Taktik des Generalgouverneurs seit Frühjahr 1940 – nicht verborgen bleiben.[2] Bei Gesprächen mit dem OKW, an denen auch Frank teilnahm, eröffnete Hitler Keitel am 17. Oktober 1939 die verbindlichen Richtlinien für die Gebiete, die man nicht regulär dem Deutschen Reich einzugliedern beabsichtigte. Im Lande, d.h. im Generalgouvernement, solle nicht nur „ein niedriger Lebensstandard bleiben“; vielmehr müssten „alle Ansätze einer Konsolidierung der Verhältnisse in Polen“ beseitigt werden, die „‚polnische Wirtschaft‘ müsse zur Blüte kommen“, und insgesamt würden die Methoden „mit unseren sonstigen Prinzipien unvereinbar“ sein. Ferner müsse die Führung des Gebietes „es uns ermöglichen, auch das Reichsgebiet von Juden und Polen zu reinigen“.[3]

Hans Frank hatte jedoch bereits zwei Wochen früher präzise wirtschaftspolitische Richtlinien in Händen, nach denen er in Übereinstimmung mit dem Auftrag des Führers die Verwaltung in Polen gestalten sollte: „Danach kam nur eine Ausnutzung des Landes durch rücksichtslose Ausschlachtung, Abtransport aller für die deutsche Kriegswirtschaft wichtigen Vorräte, Rohstoffe, Maschinen, Fabrikationseinrichtungen usw., Heranziehung der Arbeitskräfte zum Einsatz im Reich,

---

1 Werner Präg/Wolfgang Jacobmeyer (Hg.): Das Diensttagebuch des deutschen Generalgouverneurs in Polen 1939 bis 1945. Stuttgart 1975, S. 90–98, bes. S. 90f. (Abteilungsleitersitzung vom 19. 1. 1940).

2 Zu Görings Plänen „hinsichtlich der wirtschaftlichen Räumungsmaßnahmen“ im Generalgouvernement vgl. seinen Erlass vom 19. 10. 1939 oben S. 79; ferner Eisenblätter, Politik des Reiches gegenüber dem Generalgouvernement, S. 114ff.; Skalniak, Bank Emisyjny w Polsce, S. 24.

3 IMG, Bd. 5, S. 91f. (PS-864); vgl. ebd., Bd. 26, S. 379; Pospieszalski, Hitlerowskie „prawo“ okupacyjne w Polsce, część II, S. 27–30; vgl. Herzog, Grundzüge der deutschen Besatzungsverwaltung, S. 12f.; Eisenblätter, Politik des Reiches gegenüber dem Generalgouvernement, S. 10f.

Drosselung der gesamten Wirtschaft Polens auf das für die notdürftigste Lebenshaltung der Bevölkerung unbedingt notwendige Minimum, Schließung aller Bildungsanstalten, insbesondere der technischen Schulen und Hochschulen zur Verhütung des Nachwuchses einer polnischen Intelligenzschicht in Frage. Polen soll wie eine Kolonie behandelt werden, die Polen werden die Sklaven des Großdeutschen Weltreiches werden!"[4]

In der Wirtschaftspolitik sollte das Generalgouvernement „auf ein Ackerland ohne Industrie reduziert werden, das nur Arbeitskräfte zu liefern habe" und auf diese Weise in konstanter wirtschaftlicher Abhängigkeit von Deutschland gehalten werden könne.[5] Besonders radikal waren die Vorstellungen der SS, wie Himmler sie in seiner Denkschrift „über die Behandlung der Fremdvölkischen im Osten" vom Mai 1940 formulierte. Die Bevölkerung des Generalgouvernements werde „als führerloses Arbeitsvolk zur Verfügung stehen und Deutschland jährlich Wanderarbeiter und Arbeiter für besondere Arbeitsvorkommen (Straßen, Steinbrüche, Bauten) stellen; sie wird selbst dabei mehr zu essen und zu leben haben als unter der polnischen Herrschaft und bei eigener Kulturlosigkeit unter der strengen, konsequenten und gerechten Leitung des deutschen Volkes berufen sein, an dessen ewigen Kulturtaten und Bauwerken mitzuarbeiten und diese, was die Menge der groben Arbeit anlangt, vielleicht erst ermöglichen."[6]

Aber auch ungeachtet dieser extremsten (und geheimgehaltenen) Form einer Destruktionspolitik waren die ökonomischen Ausgangsbedingungen des Generalgouvernements denkbar schlecht. Hinzu kamen die schweren Zerstörungen vor allem in der Warschauer Metallindustrie[7], so dass beispielsweise die Creditanstalt-Bankverein noch 1942 den verbliebenen „Industriebestand" im Generalgouvernement als einen „unorganische[n] Torso" bezeichnete.[8]

Die Geschäftsfelder der reichsdeutschen Kreditinstitute würden daher zum überwiegenden Teil auf Dienststellen der Wehrmacht, Polizei und SS sowie die (später) so genannte Regierung des Generalgouvernements, auf staatliche Firmen und Treuhänderbetriebe, auf in der fernen Zukunft im Generalgouvernement sich ansiedelnde deutsche Unternehmen und schließlich auf die äußerst dünne Schicht reichsdeutscher Verwaltungsbeamter[9] sowie die „Volksdeutschen" beschränkt sein.

Als es im Frühjahr 1940 zu geringfügigen Adaptionen in der „Polenpolitik" im Generalgouvernement kam, charakterisierte Frank persönlich Hitlers seinerzeitigen Auftrag mit den Worten, dass „da wohl noch im September vorigen Jahres die

[4] IMG, Bd. 3, S. 643f.: Bericht des Leiters der Zentralabteilung und Verbindungsoffiziers der Rüstungsabteilung in Ober-Ost zum Oberverwaltungschef über eine Unterredung mit Reichsminister Frank am 3. 10. 1939; vgl. Herzog, Grundzüge der deutschen Besatzungsverwaltung, S. 14.

[5] Eisenblätter, Politik des Reiches gegenüber dem Generalgouvernement, S. 112.

[6] Krausnick (Hg.), Denkschrift Himmlers über die Behandlung der Fremdvölkischen im Osten, S. 198.

[7] Helmut Pfeiffer (Bearb.): Das Generalgouvernement und seine Wirtschaft. Berlin-Halensee 1940, Abschnitt C 2, Die Wirtschaftslage im Distrikt Warschau, S. 2.

[8] Generalgouvernement. Wirtschaftliche Übersicht. August 1942. Überreicht von der Creditanstalt-Bankverein. Wien 1942, S. 7.

[9] Vgl. zur Beamtenschaft die Einleitung bei Präg/Jacobmeyer (Hg.), Diensttagebuch, S.17–21.

schärfste Ausbeutungsabsicht gegenüber diesem Polenterritorium gegeben" gewesen sei. Eine nunmehrige Wandlung sei „aus der Erkenntniss [sic] der Notwendigkeiten unserer Lage heraus" eingetreten.[10]

Ob den meisten Reichsbehörden diese Vorgehensweise im Generalgouvernement im Detail überhaupt bekannt war, muss bezweifelt werden. Viele Behörden und Dienststellen, die mit dem Generalgouvernement zu tun bekamen, gingen wohl wie beispielsweise der Reichsrechnungshof davon aus, dass es sich bei dem Generalgouvernement nur um ein kurzlebiges Durchgangsstadium zu einer zu erwartenden „Neuordnung Europas" handeln könne. Zu einer größeren Unabhängigkeit und damit auch Radikalität trug nicht zuletzt auch bei, dass das Generalgouvernement niemals Teil des Reiches war, sondern einen Sonderstatus aufwies.[11] Möglicherweise wurde dieser Sonderstatus auch deshalb aufrechterhalten, um „Maßnahmen" gleich welcher Art gar nicht erst legitimieren zu müssen.[12]

„Das Generalgouvernement wird heute gern als Nebenland des Deutschen Reiches bezeichnet. Mit dieser Bezeichnung hat sich die Praxis geholfen, weil die überlieferte Staatsrechtslehre für diese neue Form des politischen Gemeinschaftslebens noch keine Bezeichnung hatte. Die Bezeichnung ist deshalb glücklich, weil sie einmal auf die nicht völkerrechtliche, sondern staatsrechtliche Abhängigkeit hinweist und zum anderen erkennen läßt, daß eine Grenze zwischen deutscher Heimat und deutschem Hoheitsraum besteht. [...] Als Ausgangspunkt ist bei diesen Fragen im Auge zu behalten, daß das Generalgouvernement nicht nur Nebenland, sondern auch Hilfsland sein soll, also auch die Wirtschaft des Landes dem Reich zu Diensten sein muß, und Gesamtinteressen des Reiches können es verlangen, daß Belange des Generalgouvernements zunächst zurückzustehen haben. Für die Frage, wann dies der Fall ist, gibt es für die Wirtschaft während des Krieges einen ohne Ausnahme geltenden Maßstab, nämlich die kriegswichtige Produktion."[13]

2. Das Bankensystem im Generalgouvernement

Mit dem Übergang zur Zivilverwaltung und der Einbeziehung der eingegliederten Gebiete in den Geltungsbereich der Reichsmark wurde rasch deutlich, dass die Reichskreditkassenscheine auch für das Generalgouvernement nur eine Übergangslösung boten. Die Reichskreditkassen waren als Provisorium auch nicht dazu gedacht, das Währungssystem über einen längeren Zeitraum zu stabilisieren

---

[10] Stanisław Piotrowski (Hg.): Dziennik Hansa Franka. Warszawa 1956, S. 263 (Abteilungsleitersitzung vom 8. 3. 1940, Bl. 11) [fehlt bei Präg/Jacobmeyer (Hg.), Diensttagebuch].

[11] Albert Weh: Die rechtlichen Grundlagen des Generalgouvernements und die Grundsätze der Generalgouvernements-Verwaltung, in: Europäische Revue 18 (1942), Maiheft, S. 236–244; C. H. von Wendorff: Das Generalgouvernement als wirtschaftliches Nebenland des Reiches, in: Ostwirtschaft 31 (1942), S. 63.

[12] Franz-Otto Gilles: Besatzungsverwaltung und Finanzkontrolle am Beispiel des Generalgouvernements, in: Das organisierte Chaos: „Ämterdarwinismus" und „Gesinnungsethik". Determinanten nationalsozialistischer Besatzungsherrschaft. Hg. von Johannes Houwink ten Cate und Gerhard Otto. Berlin 1999, S. 123–142, bes. S. 130f.

[13] Wendorff, Das Generalgouvernement als wirtschaftliches Nebenland des Reiches, S. 63.

bzw. nach einer – aus deutscher Sicht – vermeintlich stattgefundenen *debellatio* zu organisieren. Die Forderung nach der Einrichtung einer Zentral- bzw. Emissionsbank zur Milderung der durch die verworrene Währungssituation hervorgerufenen sozialen Nöte war nicht zuletzt von Adam Graf Ronikier, dem Leiter der zentralen polnischen Fürsorgeeinrichtung Rada Główna Opiekuńcza (RGO) im Ersten und nun auch im Zweiten Weltkrieg, in einem Brief an Hermann Göring vom Herbst 1939 gestellt worden.[14] Dieser Intention entsprechend, jedoch von Ronikiers Schreiben sicherlich unbeeinflusst, wurde mit Verordnung vom 15. Dezember 1939 die Errichtung der „Emissionsbank in Polen" in Krakau dekretiert[15], die mit Wirkung vom 8. April 1940 – taggleich mit der Auflösung der Reichskreditkassen im Generalgouvernement – ihre Tätigkeit mit zwölf Niederlassungen aufnahm.[16] Die „Emissionsbank in Polen" bildete in der Folge die Notenbank des Generalgouvernements und das zentrale Refinanzierungsinstitut des hier entstehenden Kreditmarktes.

Das Interesse der Nationalsozialisten an einem eigenständigen Währungssystem in „Restpolen" war aber von Altruismus ebenso weit entfernt wie von der Beachtung des Völkerrechtes. Die Gründung einer eigenständigen Emissionsbank für das „Nebenland des Reiches"[17] war vielmehr von verschiedenen Motiven gespeist: Erstens herrschte allgemeiner Konsens darüber, dass die Zukunft dieses Gebietes im Gegensatz zu den eingegliederten Reichsgauen und Regierungsbezirken mehr als unsicher war und vorerst bleiben würde. Die Integration des Generalgouvernements in den Geltungsbereich der Reichsmark könnte, so befürchtete man, negative Folgen für den Währungsumlauf, die Kaufkraft und damit nicht zuletzt für die Kriegswirtschaft im gesamten Deutschen Reich haben.[18]

Zweitens erschien den deutschen Behörden die Wiederaufnahme der Tätigkeit der polnischen Notenbank als unmöglich. Die Evakuierung der polnischen Goldreserven war hierbei ein wichtiger Faktor, darüber hinaus jedoch befand sich ein erheblicher Teil der alten Złotynoten auf dem von der Sowjetunion annektierten polnischen Territorium sowie in den eingegliederten Gebieten.[19] Daneben fehlte es den Deutschen auch an den für eine Reaktivierung unentbehrlichen, polnischsprachigen Spezialisten.

---

[14] Adam Ronikier: Pamiętniki 1939-1945. Kraków 2001, S. 23.

[15] VO über die Emissionsbank in Polen vom 15. 12. 1939 (VOBlGGP. 1939, S. 238).

[16] VO zur Vereinheitlichung des Zahlungsmittelumlaufes im Generalgouvernement vom 27. 3. 1940 (VOBlGGP. I 1940, S. 119); Bekanntmachung über die Auflösung der Reichskreditkassen im Generalgouvernement vom 2. 4. 1940 (VOBlGGP. II 1940, S. 201); Aus dem Generalgouvernement für die besetzten polnischen Gebiete, in: Ostwirtschaft 29 (1940), S. 43–45. Niederlassungen der Emissionsbank befanden sich in Jaslo, Kielce, Lublin, Neu-Sandez, Petrikau, Radom, Rzeszow, Siedlce, Tarnow, Tschenstochau, Warschau und Zamosc.

[17] Präg/Jacobmeyer (Hg.), Diensttagebuch, S. 91 (Abteilungsleitersitzung vom 19. 1. 1940).

[18] Skalniak, Bank Emisyjny w Polsce, S. 61 f.; vgl. zur nationalsozialistischen Geldpolitik die Übersicht bei Tomasz Janta-Połczyński: Niemiecka gospodarka pieniężna w Generalnym Gubernatorstwie i na okupowanych terenach wschodnich, in: Ekonomista Polski 7 (1943), S. 85–93.

[19] Regierungsrat Becker: Die Devisenbewirtschaftung, in: Das Generalgouvernement (Hg. du Prel), S. 115-119, hier S. 116.

Drittens ermöglichte die Emissionsbank im Generalgouvernement die Konstruktion einer hybriden Rechtsnachfolge der Bank Polski, wohingegen deren Niederlassungen in den eingegliederten Gebieten liquidiert wurden. In der nationalsozialistischen Auffassung bestand die Rechtsnachfolge dort, wo es in den (letztlich erfolglosen) Verhandlungen mit Frankreich zwischen 1940 und 1942 darum ging, die nach Afrika evakuierten Goldbestände der Bank Polski ins Reich umzuleiten.[20] Eine Rechtsnachfolge wurde jedoch dort kategorisch ausgeschlossen, wo es um die Passiva der Bank mit Stand vom 15. September 1939 handelte.[21]

Obwohl in dieser Situation die Währungsdeckung des Złoty hinfällig war und überdies nichts dafür spricht, dass man in deutschen Kreisen Überlegungen darüber anstellte, zu ihr zurückzukehren, so hielt man es dennoch in Bezug auf das zunächst als „Restpolen", dann als „Generalgouvernement" bezeichnete Gebiet für ratsam, die Währung des Złoty wenigstens dem Namen nach beizubehalten. Da hierfür eine Golddeckung nicht zur Verfügung stand, wurde zur Deckung des nunmehr neuen Złoty eine erststellige Hypothek auf die im Generalgouvernement liegenden staatseigenen Grundstücke in einer Gesamthöhe von drei Milliarden Złoty eingetragen.[22] So bot die der autochthonen Bevölkerung dem Namen nach bekannte Złotywährung den Vorteil einer größeren Akzeptanz als die auf Reichsmark lautenden Reichskreditkassenscheine.

Schließlich machten ein separates Währungsgebiet sowie ein hierfür geschaffenes Clearingsystem es sehr viel leichter, die Okkupationskosten und die einseitigen Lieferungen von Wirtschaftsgütern aller Art ins Altreich bzw. an die im Generalgouvernement stationierte Wehrmacht dem Generalgouvernement selbst in Rechnung zu stellen, ohne direkte Rückwirkungen auf das Altreich fürchten zu müssen.[23] Diesen Wandel in der nationalsozialistischen Okkupationspolitik hat Werner Röhr treffend als Übergang von der Ausplünderung zur Ausbeutung beschrieben. Die dem Generalgouvernement zugedachte Aufgabe eines nach Möglichkeit auszubeutenden Landes ließ sich auf dem Wege von Finanztransaktionen effizienter verwirklichen.[24] Zu diesem Zweck wurde noch im November 1939 das „Verrechnungsinstitut Krakau" eingerichtet, das in Zusammenarbeit mit der Deutschen Verrechnungskasse in Berlin fortan den Ausgleich sämtlicher Zahlungsverbindlichkeiten zwischen dem Generalgouvernement und dem Reich regeln sollte.[25]

Mit dem 8. April 1940 wurde somit der Złoty zur alleinigen Währung und das Generalgouvernement in Beziehung zum Deutschen Reich zum Devisenausland. Hierfür wurden zunächst im Januar 1940 die alten Złotynoten bei den Kredit-

---

20 Siehe hierzu S. 64ff.

21 Kroll, Przyczynek do sprawy złota polskiego we francusko-niemieckich rokowaniach rozejmowych, S. 63–73; Rojek, Odyseja Skarbu Rzeczypospolitej, S. 149–201.

22 Generalgouvernement. Wirtschaftliche Übersicht, S. 4.

23 Erlaß des Führers und Reichskanzlers über die Verwaltung der besetzten polnischen Gebiete vom 12. 10. 1939 (RGBl. I 1939, S. 2077), §7: „Die Kosten der Verwaltung trägt das besetzte Gebiet."

24 Röhr, Wirtschaftspolitik der deutschen Okkupanten, S. 243, 246.

25 Neuordnung in den ehemals polnischen Gebieten, in: Ostwirtschaft28 (1939), S. 163–165, hier S. 164.

instituten abgestempelt, um damit ein späteres Einsickern von Noten aus den sowjetischen bzw. den eingegliederten Ostgebieten unmöglich zu machen. Neue Banknoten wurden erst später gedruckt.[26] Zeitgleich erfolgte die Gründung einer Bankaufsichtsstelle bei der Finanzverwaltung der Regierung des Generalgouvernements, die für Kreditinstitute allein ihr verantwortliche Aufsichtspersonen bestellte. Leiter der Bankaufsichtsstelle wurde Reichsbankdirektor Fritz Paersch, der zugleich in Personalunion Bankdirigent, d.h. die deutsche Aufsichtsperson der „Emissionsbank in Polen", war.[27] Sein Stellvertreter in der Bankaufsichtsstelle wurde Karl Laschtowiczka, der bis 1939 Vorstandsmitglied bei der Warschauer Diskontobank (Warszawski Bank Dyskontowy) gewesen war.[28] Durch die Bankaufsichtsstelle, so ein Bericht von 1941, sollte jedoch keine „unmittelbare Einflussnahme auf die Geschäftsführung bei den Kreditinstituten" ausgeübt werden, vielmehr sei das „Gewicht auf die Stärkung der Eigenverantwortlichkeit für das Ergebnis der Geschäftsführung" zu legen. Dabei sei den Deutschen „auch auf dem Gebiet des Kreditwesens im Generalgouvernement die Führung" zu sichern, doch müsse dies in einer Form erfolgen, dass die deutschen Kräfte „sich nicht von dem einheimischen Element abschließen, sondern dasselbe durchdringen und beherrschen".[29]

Mit der Berufung Feliks Młynarskis, der in den 1930er Jahren Vizepräsident der Bank Polski und Mitglied des Verwaltungsrats der Polnischen Kommerzbank (Bank Komercyjny) gewesen war, an die Spitze der Emissionsbank (Präsident) und der Neubegründung des Złoty bemühte man sich nach außen hin, eine für beide Seiten akzeptable Währung zu etablieren. Schon die Bezeichnung „Emissionsbank in Polen" – der einzigen nationalsozialistischen Einrichtung, in der das Wort „Polen", zudem auf deutsch, offiziell Verwendung fand und bis 1945 nicht geändert wurde – führte namentlich im Altreich mitunter zu Verständnisschwierigkeiten, und so sprach Bankdirigent Paersch in einem 1942 erschienenen Sammelband über das Generalgouvernement nicht zufällig von der „Emissionsbank im Generalgouvernement".[30] Wenn nun aber schon die Emissionsbank offiziell „in Polen" ansässig war, dann musste es folgerichtig – und sei es nur für eine Übergangszeit – auch polnische Kreditinstitute geben.

---

[26] Łuczak, Polityka pieniężna III Rzeszy w okupowanej Polsce, S. 131. Ende 1939, Anfang 1940 befanden sich im Generalgouvernement – 25 Prozent des polnischen Vorkriegsterritoriums mit 30 Prozent seiner Vorkriegsbevölkerung – ca. 60 Prozent des am 1.9.1939 in Polen umlaufenden Geldes. Vgl. die Umschlagabbildung.

[27] VO über die Errichtung einer Bankaufsichtsstelle vom 14.12.1939 (VOBlGGP. 1939, S. 236); VO über die Bankaufsichtsstelle für das Generalgouvernement vom 8.4.1940. (VOBlGGP. I 1940, S. 124); vgl. Bank-Archiv 1940, S. 27–29; Aus dem Generalgouvernement für die besetzten polnischen Gebiete, in: Ostwirtschaft 29 (1940), S. 43–45.

[28] AAN, Rząd GG, Nr. 1295, Bl. 1-22, hier Bl. 18: Bericht Fritz Paerschs vom 30.6.1940; Julian Kulski: Zarząd Miejski Warszawy 1939-1944. Warszawa 1964, S. 61, 80-83; Aleksander Ivánka: Finanse Warszawy w latach okupacji 1939-1941, in: Najnowsze Dzieje Polski. Materiały i studia z okresu II wojny światowej, Bd. VII. Warszawa 1963, S. 69-86, bes. S. 74ff.; Landau/Tomaszewski, Bank Handlowy, S. 129f.

[29] AAN, Rząd GG, Nr. 1295, Bl. 153-201, hier Bl. 171-173: Bericht Fritz Paerschs vom 30.9.1941.

[30] Paersch, Emissionsbank, in: Das Generalgouvernement (Hg. du Prel), S. 121.

Eine detailliertere Skizze der Emissionsbank kann mit Verweis auf die ausführlichen Untersuchungen von Franciszek Skalniak an dieser Stelle unterbleiben.[31] Die Beschreibung ihrer Funktionen ist schwieriger, als es insbesondere in den ersten Nachkriegsjahren angenommen wurde, und das nicht nur wegen ihrer Leitung durch polnische Finanzexperten. Die Emissionsbank habe, so wurde besonders von polnischen Historikern wiederholt betont, in erster Linie die Aufgabe einer auf dem Wege der Währungspolitik inszenierten Ausbeutung der polnischen Bevölkerung im Generalgouvernement verfolgt, die Inflation und damit die Pauperisierung von Millionen Menschen systematisch geschürt. In der westdeutschen Wirtschaftsgeschichtsschreibung der 1950er Jahre wurde hingegen die Rechtskonformität der Emissionsbank mit den Bestimmungen der Haager Landkriegsordnung betont. Ein Autor verstieg sich zu der Behauptung, das Währungssystem im Generalgouvernement habe ähnlich wie das in Dänemark oder Norwegen keinen größeren Beeinträchtigungen unterlegen, geringeren mithin als die Währungen in Holland, Belgien und Frankreich.[32] Polen habe zu der Ländergruppe gehört, die „für Deutschland strategisch nicht von großer Bedeutung" war, hier sei „der Einfluß der zu leistenden Besatzungsabgaben auf das Geldwesen gering" gewesen.[33] Insgesamt blieben die Nettoentnahmen an Wirtschaftsgütern aus dem Generalgouvernement zugunsten des Reiches (inklusive der Verpflegung der im Generalgouvernement stationierten Wehrmachtssoldaten, SS-Angehörigen, Polizeieinheiten etc.) in der Tat weit hinter den Erwartungen der Nationalsozialisten zurück. Zu demselben Ergebnis kommt beispielsweise auch Alexander Dallin in Bezug auf die besetzten sowjetischen Gebiete, die nur ein Siebtel dessen lieferten, was das Reich etwa aus Frankreich herauszog[34], so dass ein direkter Vergleich des Generalgouvernements mit den besetzten Westgebieten nicht den Schluss zulässt, das Generalgouvernement sei von der Einbeziehung in die deutsche Kriegswirtschaft nur in einem geringen Maße tangiert worden.

Die Vermutung, die Nationalsozialisten hätten im Generalgouvernement die Inflation *willentlich* geschürt, ist insoweit irrig, als die Deutschen keineswegs nur in den eingegliederten Gebieten, in denen die Reichsmark eingeführt wurde, sondern auch im Generalgouvernement daran interessiert sein mussten, eine überschüssige Liquidität zu vermeiden, schon um den Notenumlauf im Interesse einer auf Sachwerte und Waren hin orientierten Ausbeutung konstant halten zu können.[35] Eine übermäßige Divergenz zwischen offiziellen und Schwarzmarktpreisen hatte nicht nur für die indigene Bevölkerung, sondern auch für die deutschen Besatzer negative Rückwirkungen. So reagierte Paersch kurz nach der Austauschaktion der Złotywährung äußerst ungehalten auf einen Artikel der Krakauer Zei-

[31] Skalniak, Bank Emisyjny w Polsce, passim; ders.: Polityka pieniężna i budżetowa tzw. Generalnego Gubernatorstwa narzędziem finansowania potrzeb III Rzeszy. Warszawa 1976; ders.: Polityka pieniężna okupanta hitlerowskiego w tzw. Generalnym Gubernatorstwie i jej skutki, in: Studia Historyczne 1987, H. 4, S. 623-643.

[32] Blumhoff, Einfluß der deutschen Besetzung, S. 100.

[33] Ebd., S. 86; vgl. ganz andere Zahlen bei Jacobmeyer, Überfall auf Polen, S. 16-37; Eisenblätter, Politik des Reiches gegenüber dem Generalgouvernement, bes. S. 306.

[34] Alexander Dallin: Deutsche Herrschaft in Rußland 1941-1945. Düsseldorf 1958, S. 420.

[35] Vgl. hierzu Boelcke, Kosten von Hitlers Krieg, S. 90, 137.

tung, der im Mai 1940 die Tätigkeit der Warschauer Notendruckerei beschrieb, wo u.a. „Milliardenwerte in verschiedensten Zahlen auf neues Papier zu bringen" gewesen seien.[36] Andererseits wies die gesamte Währungspolitik im Generalgouvernement zahlreiche inflationistisch wirksame Elemente auf, wie sich schon in den ersten Monaten zeigte, als gleichzeitig mehrere Währungen (Reichsmark, Reichskreditkassenscheine, Złoty) im Umlauf waren. Zwar war die Währungspolitik der Emissionsbank durchaus nicht immer identisch mit den Plänen und Absichten der Regierung des Generalgouvernements bzw. des Reiches, auch mussten zumindest die polnischen Präsidenten versuchen, die Interessen des Generalgouvernements so stark wie nur möglich zu berücksichtigen; entscheidend waren aber letztlich immer die kriegswirtschaftlichen Interessen des Reiches.

Insofern hatte die Devisenbewirtschaftung durchaus nicht nur den Zweck, dem unter der „Oberhoheit des Reiches" stehenden Generalgouvernement eine stabile Złotywährung zu sichern. Ein niedriges Preis- und Lohnniveau und der Umtauschkurs garantierten vielmehr den billigen Bezug vor allem landwirtschaftlicher Erzeugnisse aus dem Generalgouvernement[37], das seinen Außenhandel ohnehin überwiegend mit dem Reich abwickelte[38], und hielt zudem „von der Lohnseite her" den Verbrauchsgüterkonsum gering.[39] Das Reich profitierte von dem niedrigen Preisniveau im Generalgouvernement freilich nur in einem zunehmend kleineren Segment des behördlich kontrollierten Warenhandels.

„Die Befriedigung des gesamten Bedarfes der Bevölkerung, welche auf dem Lande lebt, und von rund drei Viertel des Bedarfs der städtischen Bevölkerung entzieht sich einer wirksamen amtlichen Kontrolle. Sie erfolgt – bei den Selbstversorgern – ohne daß feste Normen hierfür gestellt werden können, aus den Erzeugnissen des eigenen Betriebes, im übrigen aber über den freien Markt, den mit Unrecht sogenannten Schleichhandel. [...] Der Umfang der über diesen Markt zu befriedigenden Nachfrage einerseits und seine ungenügende Beschickung andererseits haben zu einer starken Preissteigerung geführt, die bei den Nahrungsmitteln rund das 30fache der Vorkriegszeit erreicht hat. [...] Die Beseitigung dieser Zustände hätte eine halbwegs ausreichende Versorgung der Bevölkerung mit den wichtigsten Bedarfsgegenständen über den amtlichen Sektor zur Voraussetzung – eine während des Krieges unerfüllbare Forderung."[40]

---

36 Notendruckerei läuft auf vollen Touren. Hochbetrieb in der staatlichen Druckerei in Warschau (Krakauer Zeitung vom 7.5.1940); zu Paerschs Reaktion vgl. Ivánka, Finanse Warszawy w latach okupacji, S.80f.

37 Becker, Devisenbewirtschaftung, S.115; vgl. APKr, Starosta Miasta Krakowa, Nr.150, Bl.41f.: Direktor Tetzner, Leiter der Abteilung Devisen: Die Devisenbewirtschaftung des Generalgouvernements (Krakauer Zeitung Nr.119 vom 22.5.1940).

38 Becker, Devisenbewirtschaftung, S.118; Die Schweiz, der Nationalsozialismus und der Zweite Weltkrieg, S.272f.; vgl. Herbst, Der Totale Krieg und die Ordnung der Wirtschaft, S.143f.

39 Vgl. für die besetzten Ostgebiete Dallin, Deutsche Herrschaft in Rußland, S.415–418, hier S.417.

40 IPN, NTN, Nr.251, Bühler-Prozess, Bd.5, Bl.35–39, hier Bl.35f.: Vorläufige Stellungnahme der Bankaufsichtsstelle (gez. Laschtowiczka) vom 12.8.1942 zur Frage der Aufhebung der Zoll- und Devisengrenze zwischen dem Reich und dem Generalgouvernement.

Dabei kam eine Abwertung des Złoty „schon aus politischen Erwägungen nicht in Frage“, da auf diese Weise sich „nahezu die Gesamteinfuhr des Generalgouvernements entsprechend verteuern“ würde.[41] Dass sich Franks Vorstellungen darüber, wie die Ausbeutung des Generalgouvernements bestmöglich zu realisieren sei, im Laufe der Okkupationszeit änderten und sich abwandten von der Vorstellung vom Generalgouvernement als eines „Trümmerhaufens“, spielt für die Prärogative der Unterstützung des Reiches keine Rolle. An dieser Grundlinie fand auch die Währungspolitik der Emissionsbank ihre Grenze: Solange die Handelsbilanz des Generalgouvernements gegenüber dem Reich passiv war, ließ sich der Währungspolitik eine gewisse Funktionsfähigkeit nicht absprechen. Mit dem deutschen Angriff auf die Sowjetunion im Juni 1941, in dessen Folge die Importe aus dem Reich auf ein Minimum reduziert, die Exporte jedoch massiv gesteigert wurden, ohne dass der Clearingsaldo ausgeglichen worden wäre, wurde die Geldpolitik der Emissionsbank *nolens volens* zu einem „totalen Wirtschaftsparadox“: Die Notenemission wurde nicht zum Bezahlen von Warenimporten ins Generalgouvernement, sondern zum Bezahlen von Exporten ins Reich gebraucht, so dass sich das Missverhältnis zwischen Geldmenge und Warengegenwert im Generalgouvernement ständig vergrößerte.[42] Die Emissionsbank konnte allenfalls den Versuch unternehmen, die negativen Auswirkungen dieser Entwicklung für die Bevölkerung abzumildern, beherrschen konnte sie sie nicht.[43]

Hatte der Notenumlauf per 31. Juli 1940 noch 950 Mio. Złoty betragen, stieg er bis Ende 1941 auf 2,3 Mrd. und weiter auf 6,5 Mrd. (Ende 1943), um Mitte 1944 schließlich 8,4 Mrd. Złoty zu betragen.[44] Setzt man für den Notenumlauf im Jahre 1940 den Index 100, so stieg dieser für das Jahr 1943 bereits auf 512.[45] Ein so hoher Geldumlauf resultierte vor allem aus der Kreditierung der ins Altreich verkauften Erzeugnisse. Zwar wurde das Generalgouvernement bis zum Finanzjahr 1940/41 nicht zur Zahlung eines festen Wehrbeitrages herangezogen, musste aber die Überführung von rd. 540 Mio. Złoty der ehemaligen Bank Polski aus dem Reich und anderen Ländern zur Verwertung und Gutschrift zugunsten des Reiches erlauben.[46] Ab 1941/42 jedoch wurde der Haushalt des Generalgouvernements auch mit steigenden Wehrbeiträgen belastet, bis 1943/44 insgesamt 2,48 Mrd. Złoty (2,8 Prozent der vom Deutschen Reich vereinnahmten Kriegs-

---

[41] BArch, R 2501/7008, Bl. 468: Deutsche Reichsbank, Volkswirtschaftliche Abteilung: Liegt eine Abwertung kontinentaleuropäischer Währungen im deutschen kriegswirtschaftlichen Interesse? vom 24. 11. 1942, darin Anlage: Material zur Währungslage in zwanzig europäischen Ländern bzw. Gebieten, 1g: Generalgouvernement.

[42] Vgl. Jastrzębowski, Gospodarka niemiecka w Polsce, S. 371-373.

[43] Vgl. Skalniak, Bank Emisyjny w Polsce, S. 58-94, 98-101, 106; Łuczak, Polityka pieniężna III Rzeszy w okupowanej Polsce, S. 133.

[44] AAN, Bank Emisyjny w Polsce, Zarząd Główny, Kraków, Nr. 135, Bl. 83-85: Umlauf und Bestand der Emissionsbanknoten.

[45] Łuczak, Polityka pieniężna III Rzeszy w okupowanej Polsce, S. 134; vgl. Präg/Jacobmeyer (Hg.), Diensttagebuch, S. 483 (Regierungssitzung vom 23. 3. 1942).

[46] Łuczak, Polityka pieniężna III Rzeszy w okupowanej Polsce, S. 132; andernorts ist von 580 Mio. die Rede; vgl. Herzog, Grundzüge der deutschen Besatzungsverwaltung, S. 139 (Anm. 2).

beiträge und Besatzungskosten).[47] Bis Ende 1944 sammelten sich Außenstände in Höhe von etwa 14 Mrd. RM an.[48]

Diese Entwicklung bildete den währungs- und finanzpolitischen Kontext, in den sich die deutschen Kreditinstitute im Generalgouvernement hineingestellt sahen. Gleichwohl lassen sich von dem massiven Kaufkraftverlust[49], der immer zerrütteteren Wirtschaft und der katastrophalen Versorgung der polnischen und jüdischen Bevölkerung nur vergleichsweise wenige Spuren in den Bankakten finden. Der Hauptgrund hierfür dürfte darin liegen, dass die Geschäftstätigkeit der Kreditinstitute sich zum ganz überwiegenden Teil in dem Bereich der Wirtschaft abspielte, der den amtlich verordneten Regeln und dem Preisgefüge entsprach, wohingegen der andere, unkontrollierte Teil der Wirtschaft in der Regel außerhalb der Wahrnehmung blieb. Was jedoch bei den Kreditinstituten gleichermaßen in ihrem Aktiv- und Passivgeschäfte allenthalben in Erscheinung trat, war die in einer Kriegswirtschaft mit ihrem Gütermangel typische wachsende Barliquidität, bei der Geld mehr und mehr als Kaufmittel fungierte, wohingegen seine Funktion als „Wertaufbewahrungsmittel" in den Hintergrund trat.[50]

Die Geschäftsinteressen und Niederlassungen deutscher Banken

In den eingegliederten Ostgebieten lag die Aufgabe der Banken in den Augen der Nationalsozialisten nicht zuletzt in der Mithilfe zur „Germanisierung", d.h. zur Bevölkerungspolitik. Die Motivation der Banken wiederum war 1938/39 eindeutig auf die Expansion ins Ausland ausgerichtet, nicht zuletzt wegen der steigenden Bedeutung der Sparkassen im Inlandsgeschäft. Da die Geschäfte in den eingegliederten Gebieten jedoch eine Mittelstellung zwischen In- und Auslandsgeschäft einnahmen und die weitere Entwicklung deutlich machte, dass auch hier den Großbankfilialen in den Sparkassen eine ernst zu nehmende Konkurrenz erwuchs, fragt sich, wie die Aufgabenverteilung im Generalgouvernement aussah. Dort gab es nach der Gründung der Bankaufsichtsstelle und der „Emissionsbank in Polen" praktisch keine Neuzulassungen deutscher Banken mehr, auch konnte von einer „Germanisierung" in der Anfangszeit zunächst nicht gesprochen werden.[51] Im Generalgouvernement waren zudem die Anforderungen an die Informationspolitik der Kreditinstitute andere, anders somit auch das Verhältnis zwischen Informationsbeschaffung für das Regime (Kapital- und Investitionslenkung, Abzug von Kaufkraftreserven, Mitarbeit bei Eingriffen in die indigenen Eigentumsstrukturen) und für die Kunden, für die die Geschäftsbeziehungen mit Großbankfilialen im Devisenausland Generalgouvernement entscheidende Vorteile gegenüber anderen Kreditinstituten bedeuteten. Gerade hier konnten sich die Großbanken Wettbewerbsvorteile erhoffen, wohingegen eine ausländische Niederlassung für sich allein

---

47 Herzog, Grundzüge der deutschen Besatzungsverwaltung, S. 139.
48 Eisenblätter, Politik des Reiches gegenüber dem Generalgouvernement, S. 307f.
49 Präg/Jacobmeyer (Hg.), Diensttagebuch, S. 468 (Diensttagebuch vom 10. 3. 1942).
50 Vgl. AAN, Rząd GG, Nr. 1297, Bl. 136–144, hier Bl. 137: Analyse der Geldnachfrage im Generalgouvernement vom 15. 8. 1942.
51 Präg/Jacobmeyer (Hg.), Diensttagebuch, S. 149–152, hier S. 150f. (Abteilungsleitersitzung vom 8. 3. 1940).

genommen zumeist eine unrentable Investition war. In einem engen Zusammenhang damit steht ferner die Frage, inwieweit die im Generalgouvernement verfolgte Wirtschaftspolitik ein „Barometer für die deutsche Besatzungspolitik“[52] sowie für den Druck des Altreiches auf das Generalgouvernement war, der wiederum Rückwirkungen auf die Bankenpolitik in diesem Gebiet hatte. Nicht zuletzt ist die Frage nach der Kundenklientel auch eine nach der ethnischen Struktur der Bevölkerung im Generalgouvernement. Deutlicher noch als im Falle der eingegliederten Ostgebiete fiel das demographische Verhältnis im Generalgouvernement zugunsten der polnischen und jüdischen Bevölkerung aus: Am 1. Juni 1943 befanden sich im Generalgouvernement bei einer Gesamtbevölkerung von 14,853 Mio. Menschen insgesamt nur knapp 260000 Deutsche, davon etwa 40000 Kinder unter zehn Jahren.[53] Für 1942 weist ein Bericht neben 11,3 Mio. Polen, über vier Millionen Ukrainern und – schon nach Beginn der Judenvernichtung – über zwei Millionen Juden sowie 90000 Goralen lediglich 75000 „Volksdeutsche“ aus.[54] Da das Generalgouvernement zunächst nicht zur Besiedlung freigegeben war, konnten die Kreditinstitute auf absehbare Zeit kaum mit der Entwicklung einer zumindest der Absicht nach an die Lage im Altreich angelehnten Wirtschaftsstruktur rechnen. Ein nur langfristig angestrebter Strukturwandel, verbunden mit einer kurz- und mittelfristigen Ausbeutung und einer Besatzungspolitik, die einen wesentlichen Teil ihrer Ressourcen nur für den Systemerhalt verbrauchen musste, konnte auf Seiten der Kreditinstitute kaum zu so etwas wie einer Expansionseuphorie führen.

Insgesamt mussten deutsche Kreditinstitute daher mit einer Reihe von Spezifika rechnen, die das Generalgouvernement von den eingegliederten Gebieten, aber auch vom Sudetengau und Reichsprotektorat unterschieden. Das Generalgouvernement war erstens stark agrarisch geprägt, dagegen nur vergleichsweise schwach und darüber hinaus territorial disproportional industrialisiert. Zwischen Generalgouvernement und Reich verlief zweitens eine Zoll- und Devisengrenze, die spezifische Probleme mit sich brachte. Drittens waren die Eingriffe in die Eigentumsstrukturen in Polen allgemein sehr viel weitreichender, die Bevölkerungspolitik – wozu auch die ins Reich deportierten polnischen Zwangsarbeiter zu zählen sind – restriktiver als im Protektorat, das in dieser und anderer Hinsicht teilweise unter „Reichsbedingungen“ verwaltet wurde. Wie in den eingegliederten Ostgebieten wurde viertens auch im Generalgouvernement das Alt- vom Neugeschäft streng getrennt gehalten, doch kam hier eine komplette Streichung sämtlicher polnischer Forderungen nicht in Betracht. Vielmehr musste an einer gleichmäßigen Befriedigung aller Ansprüche festgehalten werden. Ein Abweichen hiervon hätte angesichts der hohen Auslandsverschuldung des Generalgouvernements leicht ein Präjudiz schaffen können, in dessen Folge die Wirtschaft im Generalgouvernement stark belastet worden und einzelne

---

52 Eisenblätter, Politik des Reiches gegenüber dem Generalgouvernement, S. IIIf.

53 BArch, R 52 VI/21: Deutsche im Generalgouvernement (Übersicht, Stand: 1.6.1943); AUAM, 78/23–1, Bl. 48–71, hier Bl. 66: Reichsstiftung für Deutsche Ostforschung, Mitteilungen für den Mitarbeiterkreis Nr. 4 vom 1.3.1944 (Volkszählung im Generalgouvernement am 1.3.1943).

54 Friedrich Gollert: Warschau unter deutscher Herrschaft. Deutsche Aufbauarbeit im Distrikt Warschau. Krakau 1942, S. 55ff.; Herzog, Grundzüge der deutschen Besatzungsverwaltung, S. 10.

Unternehmen, an deren Erhalt dem Regime gelegen war, zum Erliegen gekommen wären. Fünftens wurde – vielleicht der markanteste Unterschied – das einheimische Bankwesen im Generalgouvernement nicht unter den reichsdeutschen Banken aufgeteilt bzw. auf sie übergeleitet, wie dies im Sudetengau und den eingegliederten Gebieten geschah. Schließlich ist sechstens eine Rolle der Kreditinstitute bei „Arisierungen" – so problematisch dieser Begriff schon in Anwendung auf die eingegliederten Gebiete ist – im Generalgouvernement nicht eigentlich auszumachen, weil hier das Verhältnis zwischen Privatwirtschaft einerseits und staatlichen bzw. Parteidienststellen andererseits noch massiver zugunsten der letzteren verschoben war, die auf diese Weise auch als zentrale Auftraggeber für Bankgeschäfte aller Art eine ausgesprochen dominante, nachgerade alles entscheidende Position innehatten.

Bis Ende 1939 herrschte über die Zukunft des Bankwesens im Generalgouvernement noch keine abschließende Klarheit. Im November hatte Bankenkommissar Weiss-Ulog – zuvor tätig beim Allgemeinen Bankverein (Powszechny Bank Związkowy), später bei der Deutschen Bank – der Dresdner Bank gegenüber widersprüchliche Angaben gemacht, auch stand die Grenzziehung zu den eingegliederten Gebieten noch nicht abschließend fest.[55] Als sicher galt zumindest die Währungsfrage, deren Eckpunkte von der bereits skizzierten Einführung eines neuen Złoty, der Bildung eines eigenständigen Devisengebietes und der Zurückziehung der Reichskreditkassenscheine gekennzeichnet waren. Weitgehend unabhängig von den damit verbundenen Planungen hatten sich die Deutsche, Dresdner sowie die Commerzbank im Herbst erfolgreich mit der Gründung von Niederlassungen auch im Generalgouvernement vorgewagt und waren – wenngleich jeweils auf eine spezifische Art und Weise – in Krakau vertreten.[56]

Als eine der ersten Großbanken war die Commerzbank Anfang Oktober auf den Plan getreten und hatte in Krakau eine Filiale eröffnet[57]: „Es war nicht leicht, ein für unsere Zwecke geeignetes Lokal zu finden. Alle polnischen Banken, mit Ausnahme der beiden Staatsbanken, arbeiteten, so daß nach anderen passenden Räumen Umschau gehalten werden mußte. Schließlich gelang es, am Hauptmarktplatz, am ‚Rynek-Glowny', [...] in einem alten und schönen Patrizierhause neben der Marienkirche den gut hergerichteten Laden eines [jüdischen] Lotteriegeschäftes zu mieten.[58] [...] Das Personal besteht zunächst aus 6 Personen, darunter befinden sich zwei polnisch sprechende Volksdeutsche."[59]

---

[55] APK, Dresdner Bank Kattowitz, Nr. 145, Bl. 141–144, hier Bl. 141: Aktennotiz der Dresdner Bank Kattowitz (gez. Bardroff) vom 10. 11. 1939 betr. die Zukunft der polnischen Kreditinstitute.

[56] Vgl. Schippel, Kreditwirtschaft im ehemaligen Polen, S. 1287ff.; APKr, Starosta Miasta Krakowa, Nr. 151, Bl. 3: Chef des Distrikts Krakau (gez. Wächter), Rundschreiben Nr. 11 vom 25. 1. 1940; BArch, R 2/5101, Bl. 9: Pionierarbeit deutscher Banken (Krakauer Zeitung vom 1. 12. 1939).

[57] Devisenwirtschaft und Außenhandel Nr. 26 vom 8. 11. 1939, S. 265; Devisenwirtschaft und Außenhandel Nr. 5 vom 7. 3. 1940, S. 51f.

[58] Bei dem Lotteriegeschäft handelt es sich um die Firma „Bracia Safier, Kolektura Loterii Klasowej Nr 559 Polskiego Monopolu Loteryjnego"; vgl. APKr, BN–III/1.

[59] HAC, Der Arbeitskamerad 7 (1940), S. 4f., hier S. 5: Unsere neuen Geschäftsstellen: 4. Krakau.

Kurz darauf (9. Januar 1940) eröffnete die Commerzbank sogar eine kleine Zahlstelle in dem ca. 100 km südlich gelegenen Kur- und Wintersportort Zakopane, die vor allem auf Kurgäste und Touristen als potenzielle Kunden abzielte. Noch im Februar 1940 bemühte sich die Zahlstelle (erfolglos) um die „Einstellung eines jüngeren goralisch und polnisch sprechenden Mannes".[60] Dennoch blieben die Umsätze zweifelsfrei weit hinter den Erwartungen zurück, da angesichts der deutschen Besatzungspolitik in den ersten Monaten nach dem 1. September 1939 und der gegenüber der jüdischen und polnischen Bevölkerung angewandten Zwangsmaßnahmen an eine normale Geschäftsentwicklung nicht zu denken war. Schon am 31. Juli 1940 wurde die Zahlstelle in Zakopane wieder geschlossen.[61]

Der Bankenkommissar legte anfänglich offenbar auch Wert auf die Eröffnung einer Großbankfiliale in Rzeszów (Reichshof), vor allem wegen der dort ansässigen Flugzeugindustrie der polnischen Staatlichen Flugzeugfabriken (Państwowe Zakłady Lotnicze, PZL), die noch im Herbst 1939 von der Henschel GmbH treuhänderisch übernommen worden waren.[62] Während die übrigen Banken hierfür nicht zur Verfügung stehen wollten, gab es zumindest vorübergehend auf Seiten der Commerzbank entsprechende Überlegungen. Möglicherweise war die Zulassung ihrer Krakauer Filiale sogar daran gekoppelt worden, eine Niederlassung in Rzeszów zu eröffnen.[63] „Fährt man die ausgezeichnete Betonstraße (eine der wenigen guten Straßen im Kulturstaat Polen) von Kattowitz nach Krakau, so merkt man an der Landschaft, an den Häusern und an den allzuvielen Juden, daß man in ‚Galizien' ist. [...] In Rzeszow war übrigens die Einrichtung einer Geschäftsstelle geplant. Als dann die Besichtigung des Platzes und die Untersuchung seiner wirtschaftlichen Verhältnisse zu einem Verzicht auf die Ausführung dieses Planes führte, fiel dem vorsorglich ernannten Filialleiter der berühmte Stein vom Herzen. Der Berichterstatter war froh, als er wieder im Zuge nach Krakau saß, und geradezu glückselig war der verhinderte Filialleiter. Eine Nacht in einem jüdischen Hotel [...] und ein Tag zu Fuß kreuz und quer durch diese polnisch-galizische Provinzstadt hatten seinen Optimismus arg zerzaust."[64]

Die Entscheidung für den Verzicht auf eine Filiale in Rzeszów muss innerhalb der Berliner Commerzbank bis Mitte November 1939 gefallen sein, denn am 19. November wurde der Direktor der Krakauer Filiale, Hermann Klose, davon in Kenntnis gesetzt, dass der in Rzeszów „verhinderte Filialleiter", Direktor Hans Gütschow, als sein Stellvertreter vorgesehen sei.[65] Sollte Gütschow entsprechend den oben angeführten antisemitischen Invektiven tatsächlich erleichtert gewesen

---

60 APKr, BN-III/11: Personalakte Krystyna M.; CB Berlin an CB Krakau über Filiale Kattowitz vom 13.2.1940 betr. Zahlstelle Zakopane.

61 AAN, Bank Emisyjny w Polsce, Zarząd Główny, Kraków, Nr. 50, Bl. 64f.: TAM Nr. 100/40 vom 1.8.1940.

62 Vgl. Neil Gregor: Stern und Hakenkreuz. Daimler-Benz im Dritten Reich. Berlin 1997, S. 298-327.

63 Vgl. hierzu APK, Dresdner Bank Kattowitz, Nr. 145, Bl. 146-151, hier Bl. 150: Bericht der Dresdner Bank Kattowitz über die im ostoberschlesischen Bezirk sowie im besetzten Gebiet gelegenen Filialen vom 23. bis 28.10.1939.

64 HAC, Der Arbeitskamerad 7 (1940), S. 4f.: Unsere neuen Geschäftsstellen: 4. Krakau.

65 APKr, BN-III/10: Personalakte Hans Gütschow.

sein, keiner Niederlassung in Rzeszów vorstehen zu müssen, so währte diese Erleichterung nur kurz, denn mit seiner Versetzung in die Filiale Litzmannstadt Ende 1939 gerieten er und seine Tätigkeit schon bald in Sichtweite zum zweitgrößten nationalsozialistischen Getto und in der Folge zu Verbrechen unvorstellbaren Ausmaßes.[66] Daran änderte sich auch dann nichts, als die Commerzbank Litzmannstadt – wie in der hauseigenen Zeitschrift *Der Arbeitskamerad* explizit vermerkt wurde – zum 1. Oktober 1940 „die Geschäftsräume der Filiale von der Nähe des Gettos in die Stadtmitte" verlegte und infolgedessen mit einer „weiteren Geschäftsausdehnung [...] erfreulicherweise zu rechnen" meinte.[67]

In Krakau ebenfalls am Marktplatz vertreten war die Filiale der Deutschen Bank, die wie die der Commerzbank noch im Frühherbst 1939 eröffnet worden war. Im April 1940 wurde diese Niederlassung jedoch an das Schwesterinstitut Creditanstalt-Bankverein abgetreten, dem man auf diesem Gebiet „ältere Rechte" einräumen zu müssen meinte. Die Creditanstalt-Bankverein nahm in der Folge auch die Interessen der Deutschen Bank und der Reichs-Kredit-Gesellschaft im Generalgouvernement wahr.

Einmal mehr verfügte die Dresdner Bank auch im Generalgouvernement über die besten Startbedingungen, und zwar mit ihrem Tochterinstitut Kommerzialbank AG in Krakau, die während der gesamten Okkupationszeit die unangefochtene Führungsposition im Kreditwesen des Gouvernements besaß. Was für den Warthegau und die Ostbank zutrifft, das gilt in analoger Weise auch für die Kommerzialbank im Generalgouvernement, denn in gewisser Weise rentierte sich nach 1939 auch hier der Umstand, dass die Dresdner Bank während der 1930er Jahre das Risiko wenig lukrativer Niederlassungen im Osten eingegangen war.[68] Die am 15. September 1938 verfügte Liquidation der Kommerzialbank[69] war bis Oktober 1939 vergleichsweise weit fortgeschritten und wies nur mehr ein „ganz geringfügiges Altgeschäft"[70] auf. Als der Liquidationsbeschluss aufgehoben wurde, schien eine Rechtskontinuität für deutsche Stellen zweifelsfrei gegeben. Dies mochte auch der Grund dafür sein, warum man es bei der Kommerzialbank (recte: Bank Komercjalny Sp. Akc.) erst im Oktober 1941 für nötig hielt, ein Umschreiben auf das deutsche Handelsregister bei der Bankaufsichtsstelle zu erwirken[71] – wohl vor allem deshalb, weil man im juristischen Sinne als polnische Firma des öfteren in die Lage gekommen war, „auf amtlichen Fragebogen den Nachweis über die Art unserer Gewerbeberechtigung zu erbringen".[72]

---

66 BrLHA, Rep. 53, Abgabe 1989, Commerzbank Luckenwalde, Nr. 5: Personal-Rdschr. Nr. 1448 vom 23. 12. 1939, S. 1.

67 HAC, Der Arbeitskamerad 7 (1940), S. 96: Kurt Ackermann: Litzmannstadt.

68 Generalgouvernement. Kapitalerhöhung bei der Kommerzialbank AG, in: Ostwirtschaft 30 (1941), S. 105; Generalgouvernement. Eintragungen deutscher Firmen, in: Ostwirtschaft 31 (1942), S. 104.

69 Vgl. oben S. 28f.

70 AAN, Bank Emisyjny w Polsce, Oddział Główny, Nr. 140, Bl. 75f., hier Bl. 76: Kommerzialbank an Emissionsbank in Polen, Hauptniederlassung, 3. 2. 1942.

71 AAN, Rząd GG, Nr. 1389, Bl. 1f.: Bankaufsichtsstelle an die Kommerzialbank, 23. 2. 1943, betr. Berechtigung zur Durchführung von Bankgeschäften.

72 AAN, Rząd GG, Nr. 1389, Bl. 3: Kommerzialbank an Bankaufsichtsstelle, 11. 2. 1943.

„Dem neugewählten Vorstand gehören an ein Vertreter der Wiener Länderbank, 3 Vertreter der Dresdner Bank, der Treuhänder der Ostpolnischen Chemischen Werke AG. in Krakau, der Reichstreuhänder für das Dombrowaer Kohlengebiet und ein Vertreter der Beskiden-Erdöl-Gewinnungs G.m.b.H. und die Monopol-Mineralöl-Vertriebs G.m.b.H. Die Kommerzialbank hat die Geschäfte der Krakauer Zweigniederlassung der Dresdner Bank übernommen. Sie besitzt ferner Zweigniederlassungen in Tarnow und Sosnowitz."[73]

Ein solcherart besetzter Vorstand verhieß zweifelsfrei einen guten geschäftlichen Einstand. Zwischenzeitlich kursierten sogar Gerüchte, dass die Großbankfilialen im Generalgouvernement im Gegensatz zur „polnischen" Kommerzialbank ihre Türen würden wieder schließen müssen.[74] Dazu kam es nicht, und die Krakauer Kommerzialbank hatte auch in der Folge mit der Konkurrenz der Commerzbank und Deutschen Bank bzw. der Creditanstalt-Bankverein zu rechnen. Diese Entscheidung der Behörden, keine weiteren deutschen Kreditinstitute im Generalgouvernement zuzulassen[75], war wenig spektakulär, denn außer den in Krakau zugelassenen Filialgroßbanken kamen andere Institute ohnehin kaum in Frage: „Der ‚Krakauer Zeitung' zufolge ist die Bankaufsichtsstelle des Generalgouvernements bei der Zulassung neuer Banken sehr vorsichtig, da den früheren polnischen Banken und den Staatsbanken des Generalgouvernements Gelegenheit geboten werden soll, ihr Vorkriegsgeschäft zu klären und ein Neugeschäft aufzubauen. Dadurch erklärt sich auch, daß bisher keine deutsche Bank in Warschau zugelassen worden ist."[76]

In der Tat stand neben Krakau gerade die ehemalige Hauptstadt Polens ganz oben auf der Wunschliste der deutschen Großbanken. Schon im Herbst 1939 hatte namentlich die Deutsche Bank die Eröffnung einer Filiale in Warschau erwogen. So merkte das Vorstandsmitglied Johannes Kiehl an, dass, falls Warschau besetzt würde, man versuchen müsse, „hier maßgebenden Einfluß zu gewinnen"; zugleich müsse man jedoch vorsichtig sein, „damit wir nicht in den Verdacht eines egoistischen Interesses kommen".[77] Dieses Ansinnen wurde auch von anderen Banken geteilt, scheiterte aber am Widerstand der Bankaufsichtsstelle. Neben der Rücksichtnahme auf polnische Banken waren hierbei auch die recht massiven Kriegszerstörungen in der Stadt mit in Rechnung zu stellen.

Außer den Berliner Großbanken war es – soweit ersichtlich – nur die Ostdeutsche Privatbank in Danzig, die an einer eigenen Niederlassung im Generalgouvernement interessiert war, allerdings nicht in Krakau, sondern wegen der traditionellen Handelsbeziehungen ausgerechnet in Warschau[78], wo selbst die

[73] Generalgouvernement Polen. Banknachrichten, in: Ostwirtschaft 29 (1940), S. 47.

[74] APK, Dresdner Bank Kattowitz, Nr. 145, Bl. 141–144, hier Bl. 141: Aktennotiz der Dresdner Bank Kattowitz vom 10. 11. 1939 betr. Zukunft der polnischen Kreditinstitute.

[75] AAN, Bank Emisyjny w Polsce, Zarząd Główny, Kraków, Nr. 46, Bl. 99: TAM der Hauptverwaltung der Reichskreditkassen Nr. 39 vom 15. 11. 1939.

[76] Generalgouvernement. Niederlassungen deutscher Großbanken, in: Ostwirtschaft 31 (1942), S. 107.

[77] Zit. nach James, Deutsche Bank und die „Arisierung", S. 186.

[78] Hinzu kam, dass Danziger „Einsatzfirmen" an der organisatorischen Neuordnung des Handels im Distrikt Warschau 1939/40 führend beteiligt gewesen waren; vgl. Hans Appel: Der Handel im Reichsgau Danzig-Westpreußen, in: Häfner, Der industrielle Wirtschaftsaufbau im Reichsgau Danzig-Westpreußen, S. 45.

reichsdeutschen Banken bei den Behörden nicht hatten durchdringen können. Entsprechend blieb auch die Ostdeutsche Privatbank mit ihrem Antrag erfolglos: „Das Generalgouvernement Polen ist nach der Entscheidung des Führers eine den Polen vorbehaltene Heimstätte. Hieraus ergeben sich zwangsläufige Rückwirkungen auf die Erhaltung einheimischer Kreditinstitute. Reichsdeutsche Banken sind bisher nur in Krakau und auch hier nur befristet [sic!] zugelassen. An diesem Zustand wird sich voraussichtlich vorerst nichts ändern. Im übrigen ist – vom Standpunkt des Generalgouvernements aus – ein Bedürfnis nach Zulassung von reichsdeutschen Banken in Warschau bisher nicht aufgetreten."[79]

Für die Ostdeutsche Privatbank änderte sich die Situation erst mit ihrer Übernahme durch die Bank der Deutschen Arbeit, der es 1942 – lange nach dem Zulassungsstopp deutscher Banken im Generalgouvernement – gelang, die Eröffnung einer Filiale, zwar nicht in Warschau, aber in Krakau zu erreichen, womit nunmehr vier reichsdeutsche Kreditinstitute im Generalgouvernement präsent waren.[80] Ungewöhnlich war dabei die Art und Weise, mit der die Bank der Deutschen Arbeit an der Bankaufsichtsstelle vorbei an eine Genehmigung gelangte.[81] Bereits im Oktober 1940 sprachen die Direktoren der Arbeitsbank in Danzig und Königsberg, Erich Stankewitz und Hermann Penn, bei der Bankaufsichtsstelle mit dem Anliegen einer Filialeröffnung vor und beriefen sich darauf, dass Generalgouverneur Frank dem Vorstandsmitglied Rudolf Lencer eine mündliche Zusage hierüber gegeben habe.[82] Zwar dauerte es dann noch über ein Jahr, bis die Filiale schließlich eröffnet werden konnte, aber das Beispiel zeigt einmal mehr, dass es die Bank der Deutschen Arbeit mit der DAF im Rücken vermochte, sich gegen die Bedenken des Reichsaufsichtsamts für das Kreditwesen und der regionalen Aufsichts- und Kontrollbehörden durchzusetzen, und dies selbst noch zu Zeiten, in denen andere Banken im Rahmen der totalen Kriegsführung Niederlassungen wieder schließen mussten.

Waren in Bezug auf Warschau nun einmal Begehrlichkeiten geweckt, so wurden diese nach wiederholten Eingaben der deutschen Kreditinstitute von der Bankaufsichtsstelle schließlich mit einem Kompromiss beschieden, dass nämlich die Großbanken im Herbst 1942 in Warschau jeweils ein Vertretungsbüro eröffnen durften, das allein der Information und Geschäfts*vermittlung* dienen durfte.

Von den Kreditinstituten mit besonderen Aufgabenstellungen ist im vorliegenden Zusammenhang einzig die Eröffnung der Verkehrsbank Ost GmbH als Gründung der Deutschen Verkehrskreditbank (Deutsche Reichsbahn) erwähnenswert.[83] Die Verkehrsbank Ost als Hausbank der Ostbahn, deren Hauptgeschäft Frachtstundungskredite ausmachten, hatte mit dem Problem zu kämpfen, die an-

---

[79] AAN, Rząd GG, Nr. 1347, Bl. 159f.: Leiter der Bankaufsichtsstelle (gez. Paersch) an den Herrn Präsidenten Dr. Karl Schäfer [sc. Carl Schaefer], Vorsitzender des Vorstandes der Ostdeutschen Privatbank AG, Danzig, vom 3. 6. 1940.

[80] Generalgouvernement. Eine Niederlassung der Bank der Deutschen Arbeit, in: Ostwirtschaft 31 (1942), S. 107.

[81] Vgl. zum Folgenden auch Kreutzmüller/Loose, Die Bank der Deutschen Arbeit 1933–1945, S. 20–22.

[82] AAN, Rząd GG, Nr. 1347, Bl. 135f.: Leiter der Bankaufsichtsstelle – Aktennotiz vom 31. 10. 1940 betr. Zulassungen.

[83] Generalgouvernement. Gründung einer Verkehrsbank, in: Ostwirtschaft 30 (1941), S. 15.

gesammelten Gelder der Ostbahn als überschüssige Gelder nicht gewinnbringend anzulegen, d.h. so kurzfristig, dass Aufträge der Ostbahn nur ebenso kurzfristig finanziert werden konnten. Die Giroeinlage bei der Emissionsbank – 1942 knapp 129 Mio. Złoty –, mit der die Verkehrsbank die geforderte Mindestbarreserve um ein Vielfaches übertraf, war zinslos. Daher musste im Generalgouvernement vor allem die Ostbahn an der Ausgabe kurzfristiger Anlagetitel interessiert sein. Zu behelfen versuchte man sich auch durch den Geldverleih im Rahmen der Limits an andere Kreditinstitute. An die Seite der Emissionsbank und der Landeswirtschaftsbank (BGK) trat auf diese Weise – wenn auch in geringerem Maße – die Verkehrsbank Ost als Refinanzierungsinstitut, wovon im Zusammenhang mit dem Kreditgeschäft im Generalgouvernement noch die Rede sein wird.[84]

Die allgemeine Ausweitung des Zweigstellennetzes der Banken im Osten ist insofern bemerkenswert, als zur selben Zeit im Altreich eine Rationalisierungswelle einsetzte, bei der zahlreiche Filialen entweder ganz geschlossen oder gegen Geschäftsstellen anderer Banken eingetauscht wurden. 1943 kam es jedoch auch im Generalgouvernement zu Schließungsaktionen: So wurde die Filiale Tarnów der Kommerzialbank im Frühjahr 1943 geschlossen. Die nicht nach Krakau zu transferierenden Einlagen der Filiale Tarnów wurden auf die dortige Sparkasse en bloc übergeleitet, nachdem die Bankaufsichtsstelle zuvor beschlossen hatte, in Tarnów auch die Filiale der BGK zu schließen.[85] Im Vorgriff war die Kommerzialbank jedoch durch die Zulassung einer Filiale in Lemberg zum 1. Februar 1943 gewissermaßen entschädigt worden; ein solches Tauschgeschäft war erstmals bereits im Dezember 1941 in Verhandlungen mit der Bankaufsichtsstelle thematisiert worden.[86]

Anders als in den eingegliederten Ostgebieten war es bei den Berliner Großbankfilialen im Generalgouvernement erforderlich und hinsichtlich einer potenziell auch polnischen Kundschaft auch wünschenswert, dass zumindest ein Teil der Angestellten über Polnischkenntnisse verfügte. Umgekehrt mussten Polen, die bei einem Kreditinstitut angestellt werden wollten, „die deutsche Sprache beherrschen oder zumindest verstehen", was die Personalrekrutierung durchaus schwierig machte.[87] So wurde beispielsweise für den geflüchteten Vorstand der Bank Polski der ehemalige Leiter der Zentralbuchhaltung der Bank, Bolesław Orzechowski,

---

[84] AAN, Rząd GG, Nr. 1397, passim, bes. Bl. 25ff.: Bilanz der Verkehrsbank Ost GmbH vom 31.12.1942; ebd., Bl. 36f.: Verkehrsbank Ost an Geschäftsleitung der Emissionsbank in Polen, 11.1.1943; ebd., Bl. 49: Limitliste vom 22.9.1942. Darin wurde u.a. der Kommerzialbank ein Limit von 22 Mio., der Commerzbank 20 Mio., der Creditanstalt-Bankverein ebenfalls 20 Mio. und der Bank der Deutschen Arbeit fünf Mio. Złoty eingeräumt.

[85] AAN, Rząd GG, Nr. 1387, Bl. 24f.: Aktenvermerk der Bankaufsichtsstelle vom 22.4.1943 betr. Abwicklung der Zweigniederlassung Tarnow der Kommerzialbank AG; ebd., Bl. 75f.: Aktennotiz der Bankaufsichtsstelle vom 23.1.1943 betr. Abwicklung der Zweigniederlassung der Kommerzialbank in Tarnow.

[86] AAN, Rząd GG, Nr. 1387, Bl. 88f.: Aktennotiz der Bankaufsichtsstelle vom 11.1.1943.

[87] AAN, Zarząd Główny Kas Kredytowych Rzeszy Niemieckiej, Nr. 1, Bl. 3-7, hier Bl. 4: Vertrauliche Mitteilung der Hauptverwaltung der Reichskreditkassen Nr. 1/40 an die Leiter der Reichskreditkassen, 2.1.1940, betr. Vorbereitung für die Emissionsbank in Polen. Diese Forderung entsprach §9 der Ersten VO über den Aufbau der Verwaltung der besetzten polnischen Gebiete vom 26.10.1939 (VOBlGGP. 1939, S. 3).

der als „anständig und harmlos" galt, als polnischer Treuhänder eingesetzt, dem wegen seiner geringen Deutschkenntnisse zusätzlich ein deutscher Regierungskommissar in der Person des Warschauer Emissionsbank-Direktors Oscar Sladeczek an die Seite gestellt werden musste.[88] Ein besonderes Problem stellten deutsche Sprachkenntnisse auch für das Personal der zahlreichen Emissionsbankfilialen dar.[89]

Nach dem Überfall auf die Sowjetunion wurde das Gebiet des Generalgouvernements mit Geltung vom 1. August 1941 um den Distrikt Galizien erweitert, der sich aus den früheren polnischen Wojewodschaften Stanisławów (Stanislau), Tarnopol und Lemberg zusammensetzte.[90] Mit über 50000 km^2 und über fünf Millionen Einwohnern war Galizien der größte Distrikt und umfasste in territorialer und demographischer Hinsicht etwa ein Drittel des Generalgouvernements (146000 km^2, 15,63 Mio. Einwohner).[91] Hinsichtlich der hier nach 1939 durchgeführten Kollektivierungs- und sonstigen Maßnahmen der sowjetischen Behörden galt der landwirtschaftlich bedeutende Distrikt Galizien als eine Herausforderung und erregte auch bei den reichsdeutschen Kreditinstituten höchstes Interesse. Zwar war Lemberg eine Großstadt, doch bot sie nicht genügend Geschäftsmöglichkeiten für alle drei Großbanken, zumal auch die polnischen (Staats-)Banken und der Aufbau eines Sparkassennetzes in Galizien mitberücksichtigt werden mussten.[92] Und obwohl sich Kommerzialbank, Creditanstalt-Bankverein und Commerzbank gleichermaßen bei der Bankaufsichtsstelle um eine Niederlassung bewarben[93], machte bis Ende 1941 zunächst die Creditanstalt-Bankverein das Rennen: „Am 1. November 1941 konnte die Stadtsparkasse Lemberg ihre Tätigkeit wieder aufnehmen. Am 16. Oktober 1941 wurde die Landeswirtschaftsbank A.-G. in Lemberg mit einem Grundkapital von 5 Mill. Zl. gegründet. Die Creditanstalt-Bankverein Wien hat nunmehr neben ihrer bisherigen Zweigniederlassung in Krakau auch eine Zweigniederlassung in Lemberg errichtet. Sie knüpft damit an Traditionen an, die bereits Jahrzehnte vor dem Weltkrieg zurückliegen."[94] Wie

---

88 AAN, Rząd GG, Nr. 1371, Bl. 1-3: Leiter der Bankaufsichtsstelle (gez. Paersch) an Abteilung Treuhandstelle, z. Hd. Ministerialrat Plodeck, 17. 4. 1940.

89 AAN, Bank Emisyjny w Polsce, Zarząd Główny, Kraków, Nr. 49, Bl. 143-149, hier Bl. 147f.: TAM Nr. 86/40 vom 24. 6. 1940.

90 Erster Erlaß des Führers über die Einführung der Zivilverwaltung in den neubesetzten Ostgebieten vom 17. 7. 1941; VO über die Verwaltung von Galizien vom 1. 8. 1941 (VOBlGG. 1941, S. 443); VO über die vorläufige Sicherstellung des gesamten sowjetrussischen Staatsvermögens im Distrikt Galizien sowie die VO über die Beschlagnahme von privatem Vermögen im Distrikt Galizien vom 1. 8. 1941 (VOBlGG. 1941, S. 447f.).

91 Angliederung Galiziens an das Generalgouvernement. Bevölkerung und Wirtschaft. Einfügung in das Verwaltungssystem des Generalgouvernements, in: Ostwirtschaft 30 (1941), S. 99-101, hier S. 99.

92 RGVA, 1458-15-138: Bankaufsichtsstelle (gez. Paersch) an RWM, 18. 10. 1941, betr. Zulassung reichsdeutscher Kreditinstitute im Distrikt Galizien.

93 Für die Commerzbank vgl. RGVA, 1458-15-138: Vorstand der Commerzbank (gez. Marx, Hettlage) an RWM, 2. 10. 1941, betr. künftige Geschäftsstellen der Commerzbank im Generalgouvernement.

94 Galizien im Rahmen des Generalgouvernements, in: Ostwirtschaft 30 (1941), S. 120f., hier S. 121; vgl. BArch, R 2501/5527, Bl. 192: Creditanstalt Bankverein in Galizien. Die Eröffnung der Lemberger Filiale – Bankarbeit im Südosten (Krakauer Zeitung Nr. 288 vom 6. 12. 1941).

bereits erwähnt, konnte die Kommerzialbank im Tausch gegen ihre Filiale in Tarnów im Februar 1943 mit der Creditanstalt-Bankverein in Lemberg gleichziehen; die Commerzbank ging dagegen leer aus.[95]

Die Frage nach der Eröffnung einer Zweigstelle in Lemberg brachte im Falle der Commerzbank das dem Vorstand der Bank nur zu bekannte Problem auf die Tagesordnung, dass nämlich die Commerzbank mit ihrem Engagement und Geschäftsumfang im Altreich wie in den okkupierten Gebieten in der Regel hinter den beiden Konkurrenzinstituten der Deutschen und der Dresdner Bank zurückblieb. Als die Commerzbank nun trotz des zuvor geäußerten Interesses in Lemberg nicht zum Zuge kam – wohl auch deshalb, weil die Commerzbank „im Ostland in jüngster Zeit Positionen erworben", d.h. Filialen im Baltikum eröffnet hatte[96] –, warf das zuständige Vorstandsmitglied Joseph Schilling gegenüber Fritz Paersch von der Bankaufsichtsstelle „die Frage auf, ob [...] die Zurückhaltung, die er, wie auch die sonstigen Herren des Instituts, sich in der Frage der Zulassung stets auferlegt hätten, in dem vorliegenden Fall nicht falsch gewesen sei. Er verwies auf andere Kreditinstitute, bei denen gewisse Vorstandsmitglieder fortdauernd reisten."[97] Es war keineswegs nur Paerschs Courtoisie, wenn er Schilling versicherte, dass es ökonomisch-strukturelle Gründe gegeben habe, der Creditanstalt-Bankverein für eine Niederlassung in Lemberg den Vorzug zu geben, zumal dort vorerst nur ein deutscher Standpunkt sinnvoll sei. Schillings Spitze gegen die „reisefreudigen" Kollegen der Konkurrenz – zweifellos bezog sich dies auf Emil Meyer von der Dresdner Bank – deutet zudem an, dass man auf Seiten der Commerzbank das eigene vermeintliche Unvermögen bei der Expansion durch eine besondere Geschäftsstrategie oder mittels Hinweis auf ein hypertrophes Engagement anderer Banken zu bemänteln versuchte. Schilling selbst geriet wegen solcher Misserfolge im Vorstand unter Druck – besonders, als die Commerzbank 1943 ein zweites Mal, nun hinter der Kommerzialbank, zurückstehen musste.[98] Es war aber weder Unvermögen noch eine dezidierte Strategie, was die Commerzbank auf die Plätze verwies. Beides findet in den Akten keinen Rückhalt. Jedoch blieb ein mit dem Hinweis auf Meyer prononciert gekennzeichneter Stilunterschied, der sich am Niederlassungsnetz kaum, allenfalls an der Kundenklientel – hier allerdings mit signifikanten Beispielen[99] – festmachen lässt.

---

[95] Banktradition in Galizien. Lemberger Filiale der Kommerzialbank eröffnet, in: Krakauer Zeitung Nr. 29 vom 3.2.1943; AAN, Rząd GG, Nr. 1387, Bl. 88f: Aktennotiz der Bankaufsichtsstelle vom 11.1.1943.

[96] RGVA, 1458–15–138: RWM (gez. ORR Rust), Vermerk vom 3.12.1941.

[97] AAN, Rząd GG, Nr. 1401, Bl. 122-124, hier Bl. 122: Aktenvermerk der Bankaufsichtsstelle (gez. Paersch) vom 27.11.1941 betr. Commerzbank.

[98] RGVA, 1458–15–138: Commerzbank (gez. Schilling) an den Leiter der Bankaufsichtsstelle, Dr. Paersch, 20.10.1942.

[99] Siehe für das Generalgouvernement u.a. die Intervention Meyers, der Mitglied des „Freundeskreises Himmler" war, zugunsten einer Kontoführung der vom SS-WVHA gegründeten Ostindustrie GmbH bei der Dresdner Bank 1943; vgl. Jan Erik Schulte: Zwangsarbeit für die SS. Juden in der Ostindustrie GmbH, in: Michael Frei (Hg.), Ausbeutung, Vernichtung, Öffentlichkeit. Neue Studien zur nationalsozialistischen Lagerpolitik. München 2000, S. 43–74, hier S. 58.

Im Sinne der besonders deutlich von den Großbanken verfolgten Risikodiversifikationsstrategien stellten Creditanstalt-Bankverein und Commerzbank schon 1943 Überlegungen an, die Haftungspflicht des Gesamtinstituts für ihre Krakauer bzw. Lemberger Filialen zu reduzieren bzw. sich ihrer ganz zu entledigen. Dies war am einfachsten zu bewerkstelligen, indem man eine Regionalbank gründete und die eigene Filiale auf diese Regionalbank überleitete. In unmittelbar kriegsbedrohten Gebieten – hierzu gehörte das Generalgouvernement seit Herbst 1943 – beschränkte sich die Haftung in diesem Falle maximal auf das Einlagekapital. Hinzu kam auch die komplexe Rechtslage in Gebieten mit einer Sondergesetzgebung und Devisengrenze, weshalb sich Regionalbanken beispielsweise im Baltikum bzw. „Reichskommissariat Ostland“ als vorteilhaft erwiesen hatten. Die Besetzung des Vorstandes und des Aufsichtsrates mit Vertretern der Wirtschaft sorgte zudem für eine bessere Vernetzung vor Ort. Insbesondere der Commerzbank mussten die Vorteile unmittelbar einleuchten, weil sie einerseits mit der Hansabank über ein unabhängiges Tochterinstitut im Reichskommissariat verfügte, andererseits jedoch die Krakauer Filiale der Commerzbank ohne Eigenkapital arbeitete, was angesichts des komplizierten und restriktiv gehandhabten Verrechnungsverkehrs mit der Berliner Zentrale unausgesetzt zu Schwierigkeiten führte. Da die Kommerzialbank als eigenständiges Institut alle genannten Vorteile aufwies und 1941 mit Hilfe einer Finanzspritze der Dresdner Bank sogar eine Kapitalerhöhung auf fünf Millionen Złoty hatte erreichen können[100], überrascht es nicht, wenn sowohl Creditanstalt-Bankverein als auch Commerzbank sich seit 1943 bemühten, eine eigenständige Regionalbank im Generalgouvernement zu gründen. Im Falle der Creditanstalt-Bankverein war dieser Versuch von Erfolg gekrönt, wohingegen die Commerzbank an der dilatorischen Haltung der Bankaufsichtsstelle scheiterte.

Einen entsprechenden Antrag, nach dem Vorbild ihrer Zweigstellen im Baltikum auch im Generalgouvernement ein Tochterinstitut namens „Hansabank AG, Krakau“ mit einem Grundkapital von zwei Millionen Złoty gründen zu dürfen, hatte die Commerzbank bereits Mitte April 1943 bei der Bankaufsichtsstelle gestellt.[101] Dieser Antrag wurde noch im April abschlägig beschieden mit dem Hinweis darauf, dass „ja ohnehin eine Beteiligung bei polnischen Banken vorgesehen sei“.[102] Da man aber auf Seiten der Bank mit Recht annehmen konnte, dass die für die Zeit nach Kriegsende vorgesehene Neuordnung des Kreditwesens im Generalgouvernement „allem Anschein nach noch geraume Zeit in Anspruch“ nehmen würde, erneuerte die Commerzbank ihren Antrag im September 1943.[103] In der

[100] Generalgouvernement. Kapitalerhöhung bei der Kommerzialbank AG, in: Ostwirtschaft 30 (1941), S. 105. Dem war allerdings seit 1940 eine intensive Diskussion zwischen Dresdner Bank, Kommerzialbank und Bankaufsichtsstelle vorangegangen; APKr, Kommerzialbank, Nr. 2, passim, bes. Bl. 3f.: Dresdner Bank Berlin an Kommerzialbank, 27.1.1941; ebd., Bl. 7b: Aktennotiz der Kommerzialbank vom 10.3.1941.

[101] RGVA, 1458–15–138: Vorstand der Commerzbank an den Leiter der Bankaufsichtsstelle, 15.4.1943.

[102] AAN, Rząd GG, Nr. 1401, Bl. 52: Aktennotiz des Leiters der Bankaufsichtsstelle (gez. Paersch) vom 3.5.1943 betr. Commerzbank; RGVA, 1458–15–138: Bankaufsichtsstelle (gez. Paersch) an den Vorstand der Commerzbank, 21.4.1943.

[103] RGVA, 1458–15–138: Direktion der Commerzbank an den Leiter der Bankaufsichtsstelle, 28.9.1943.

Zwischenzeit hatte sich auch die Creditanstalt-Bankverein (in enger Zusammenarbeit mit der Deutschen Bank) hinzugesellt und einen gleichlautenden Antrag bei der Bankaufsichtsstelle gestellt.[104] Hiervon versprachen sich die Institute nach Ansicht der Bankaufsichtsstelle in erster Linie

„a) eine bessere organisatorische Zusammenfassung ihres hiesigen, laufend zunehmenden Geschäfts, dessen Struktur sich zum Teil erheblich von der ihres Geschäfts im Reich unterscheidet. Im Zusammenhang hiermit dürfte das Bestreben stehen angesichts dieser Sonderverhältnisse die unmittelbare Verantwortung für die Geschäftsführung und auch für die im Generalgouvernement eingegangenen Verpflichtungen einzuschränken. [...]

b) Der weiter angeführte Grund, das Geschäftsvolumen wachse über den Rahmen des üblichen Filialgeschäfts hinaus, mag allenfalls für die Creditanstalt herangezogen werden. Die Bilanzsumme ihrer beiden Niederlassungen belief sich zum 30.6.43 auf rd. 191,8 Mill. Zl. Die Commerzbank wies zum gleichen Zeitpunkt eine Bilanzsumme von rd. 53 Mill. Zl. aus (die Bilanzsumme der Kommerzialbank betrug 280,8 Mill. Zl.). [...] Die Umwandlung der hiesigen Zweigniederlassungen in rechtlich selbständige Tochterunternehmen könnte möglicherweise dahin ausgelegt werden, dass die deutschen Banken sich von der Entwicklung im Generalgouvernement möglichst zu distanzieren wünschen. Die Gefahr einer Ausnützung durch die gegnerische Propaganda im augenblicklichen Zeitpunkt wäre immerhin möglich."[105]

Für die Creditanstalt sprach ihr größerer Geschäftsumfang, für die Commerzbank ihr früher gestellter Antrag. Für das RWM waren, obwohl es beide Anträge prinzipiell positiv beschied, die Geschäftszahlen der Creditanstalt ausschlaggebend, auch der Umstand, dass die Creditanstalt-Bankverein die Klientel der Deutschen Bank und der Reichs-Kredit-Gesellschaft im Generalgouvernement mitzubetreuen hatte. Dieser Auffassung schloss sich die Bankaufsichtsstelle schließlich im Dezember 1943 an und genehmigte den Antrag der Creditanstalt-Bankverein, die im Frühjahr 1944 die Creditanstalt AG mit einem Aktienkapital von sechs Mio. Złoty (Beteiligung der Deutschen Bank: 20 Prozent) gründete[106], wohingegen man der Commerzbank zunächst nur in Aussicht stellte, sie als nächstes Institut „frühestens etwa Ende Mai" 1944 zu berücksichtigen. Bis in den Sommer 1944 hinein bemühte sich die Commerzbank weiterhin um ihre Neugründung, wozu es wegen der Entwicklung des Krieges jedoch nicht mehr kam.[107]

---

104 AAN, Rząd GG, Nr. 1402, Bl. 125: Aktenvermerk der Bankaufsichtsstelle (gez. Steinau), 6.8.1943, betr. Creditanstalt-Bankverein. Vgl. James, Deutsche Bank im Dritten Reich, S. 157f.

105 RGVA, 1458–15–138: Bankaufsichtsstelle (gez. Paersch) an RWM, 22.10.1943, betr. Umwandlung der Zweigniederlassungen der Creditanstalt-Bankverein und der Commerzbank im Generalgouvernement in Tochterinstitute.

106 Creditanstalt AG, Krakau. Selbständiges Tochterinstitut (Krakauer Zeitung Nr. 156 vom 20.6.1944); James, Deutsche Bank und die „Arisierung", S. 193; AAN, Rząd GG, Nr. 1402, Bl. 74: Vorstand der Deutschen Bank an die Bankaufsichtsstelle, 28.3.1944, betr. Beteiligung an der Creditanstalt-Bankverein, Krakau.

107 RGVA, 1458–15–138: Bankaufsichtsstelle (gez. Paersch) an Bankdirektor Dr. Schilling, Commerzbank, 22.3.1944; AAN, Rząd GG, Nr. 1401, Bl. 6–10: Bankaufsichtsstelle an den Vorstand der Commerzbank, Berlin, 10.6.1944, betr. Gründung einer eigenen Tochterbank im Generalgouvernement.

Sieht man von der unbedeutenden Filiale der Kommerzialbank in Tarnów sowie dem „Zakopane-Abenteuer" der Commerzbank einmal ab, blieben die reichsdeutschen Kreditinstitute entsprechend den Vorstellungen des RWM und auch der Bankaufsichtsstelle während der gesamten Okkupationszeit auf Krakau und Lemberg beschränkt, wohingegen der Bankplatz Warschau den polnischen Instituten vorbehalten blieb. Nachdrücklicher noch als in den eingegliederten Gebieten stellt sich daher die Frage, inwieweit man neben den Emissionsbankfilialen die Großbankniederlassungen im Generalgouvernement überhaupt benötigte, es sei denn als Vermittler für die im Altreich zentral koordinierten Rüstungsaufträge sowie beim Devisentransfer und multilateralen Clearinggeschäften.[108] Die Zahl der im Generalgouvernement tätigen deutschen Banken blieb aus drei Gründen recht klein. Erstens veränderten sich die Kreditlinien polnischer Unternehmen, deren Betrieb aufrechterhalten blieb und die nur teilweise von deutschen Treuhändern verwaltet wurden, nach 1939 nicht grundlegend. Die Treuhänder wurden von einer staatlichen Dienststelle in ihre Tätigkeit eingesetzt, und die vor 1939 wichtigsten Institute der Industrie- und Agrarfinanzierung (BGK, PBR) unterstanden nun ebenfalls dem Generalgouvernement. Eine Kundenklientel für reichsdeutsche Institute war hierbei nicht unbedingt vorgezeichnet. Zweitens verhinderte die nationalsozialistische Volkstumspolitik weitgehend die Entwicklung eines polnischen mittelständischen Gewerbesektors, der – soweit es die Zäsur 1939 überstanden hatte oder sich neu entwickelte – mehr oder minder vollständig bei den polnischen Instituten zu vermuten ist. Drittens schließlich sorgte die Devisengrenze für eine hermetische Abschottung des Generalgouvernements mit fortgesetzten Transferschwierigkeiten, so dass die reichsdeutschen Banken hier nicht viele Vorteile gegenüber regionalen Instituten besaßen und auch die Berliner Zentralen ihnen nicht so ohne weiteres pekuniär unter die Arme greifen konnten.[109]

Die polnischen Kreditinstitute unter deutscher Kontrolle

Auf dem Territorium des Generalgouvernements waren vor Beginn der deutschen Besatzung 14 Privataktienbanken, acht Bodenkreditinstitute, mehrere staatliche Banken (darunter das Emissionsinstitut Bank Polski, die Landeswirtschaftsbank sowie die Staatliche Agrarbank, ferner die Postsparkasse PKO sowie die Polnische Fürsorgekasse AG und die Akzeptbank AG zur landwirtschaftlichen Entschuldung), 76 öffentlich-rechtliche Sparkasseninstitute sowie ca. 1360 genossenschaftliche Kreditinstitute tätig gewesen.[110]

Anders als in den eingegliederten Gebieten oblagen die treuhänderische Verwaltung und die Liquidation der jüdischen und einiger polnischer Kreditinstitute im Generalgouvernement nicht der Treuhandstelle, sondern wurden im Laufe des Jahres 1940 dem Tätigkeitsbereich der Bankaufsichtsstelle bei der Regierung des

[108] Vgl. HAC, Der Arbeitskamerad 8 (1941), S. 47–50: Eugen Bandel: Auslandsstützpunkte der deutschen Banken und ihre Zukunftsaufgaben.
[109] APKr, BN–III/1: CB Berlin an CB Krakau vom 15. 2. 1941.
[110] Generalgouvernement. Wirtschaftliche Übersicht, S. 4f.; Fritz Paersch: Die Kreditwirtschaft im Generalgouvernement, in: Bank-Archiv 1941, S. 6–8.

Generalgouvernements zugeschlagen.[111] Im Falle der zahlreichen jüdischen Genossenschaftsinstitute wurde noch nicht einmal die Notwendigkeit gesehen, Treuhänder einzusetzen, vielmehr ging der Kommissar für den Staatlichen Genossenschaftsrat offenbar von ihrer Selbstliquidation oder mangelnden Geschäftsmasse aus.[112] Ähnlich wie in den eingegliederten Gebieten, jedoch in geringerem Umfang, waren deutsche Kreditinstitute auch im Generalgouvernement in die Liquidation jüdischer und einzelner polnischer Kreditinstitute involviert. Bereits seit Mitte Dezember 1939 beschäftigte sich die Kommerzialbank in Krakau mit der Liquidation dreier von der Hauptverwaltung der Reichskreditkassen als „jüdisch" etikettierter Banken[113], nämlich der Krakauer Filiale des Allgemeinen Bankvereins in Polen (Powszechny Bank Związkowy w Polsce), des Bankhauses A. Holzer, Krakau, sowie der Krakauer Filiale der Westbank (Bank Zachodni).[114] Im Frühjahr 1940 kam schließlich – da einer der Gesellschafter Jude war – noch das Bankhaus Hugo Ripper & Co., Krakau, hinzu[115], dessen Abwicklung wie schon im Falle des Bankhauses Holzer dem Justitiar der Dresdner Bank-Filiale in Kattowitz, Bezirksrichter a. D. Harry von Ferber, übertragen wurde.[116] Seine Tätigkeit verschaffte der Kommerzialbank auch die Möglichkeit, in die repräsentativen Schalterräume des Allgemeinen Bankvereins am Krakauer Marktplatz einzuziehen[117], zu einem Zeitpunkt mithin, als in Krakau unter den verschiedenen deutschen Dienststellen und Behörden ein Kampf um die besten Immobilien im Stadtzentrum entbrannt war. Die Freude über die Geldbestände, Kontoeinlagen und Wechsel, die die Kommerzialbank noch im Oktober 1939 von der Westbank und

---

111 APKr, GDKr, Nr. 60, Bl. 13-35, bes. Bl. 13: Tätigkeitsbericht der Treuhand-Außenstelle Krakau für den Monat Januar 1941.

112 AAN, Rząd GG, Nr. 1371, Bl. 37: Leiter der Bankaufsichtsstelle an die Abt. Treuhandstelle im Amt des Generalgouverneurs, 22. 6. 1940 (Abschrift).

113 Vgl. zum Folgenden auch Loose, Beteiligung deutscher Kreditinstitute, S. 261.

114 AAN, Bank Emisyjny w Polsce, Zarząd Główny, Kraków, Nr. 46, Bl. 202–212, hier Bl. 206: Im Generalgouvernement vorhandene Kreditinstitute [mit Stand] vom 11. 12. 1939; APKr, Starosta Miasta Krakowa, Nr. 152, Bl. 61: Kommerzialbank an Stadthauptmann Krakau, 13. 2. 1940, betr. Liquidation der Filialen des Allgemeinen Bankvereins in Polen und der Westbank AG in Krakau sowie des Bankhauses A. Holzer.

115 APKr, Starosta Miasta Krakowa, Nr. 132, Bl. 333: Bankhaus H. Ripper & Co. (gez. Harry von Ferber) an Stadthauptmann Krakau, 29. 2. 1940, betr. Verordnung vom 24. 1. 1940 über die Pflicht zur Anmeldung jüdischen Vermögens im Generalgouvernement.

116 IPN, NTN, Nr. 334, Bühler-Prozess, Bd. 88, Bl. 8: Amtsblatt des Chefs des Distrikts Krakau im Generalgouvernement für die besetzten polnischen Gebiete Nr. 1 von Januar 1940, S. 16: Rdschr. vom 20. 12. 1939 betr. Sperrung des Bankhauses H. Ripper u. Co. Krakau, Rynek Gl. 17; APK, Dresdner Bank Kattowitz, Nr. 145, Bl. 34–37, hier Bl. 36: Bericht über die im ostoberschlesischen Bezirk sowie im besetzten Gebiet gelegenen Filialen vom 1. bis 15. 2. 1940. Als Liquidator wurde von Ferber auch ins Handelsregister eingetragen, im Falle des Bankhauses H. Ripper am 29. 5. 1940, für das Bankhaus A. Holzer am 22. 6. 1940; vgl. APKr, BGK Kr, Nr. 1032, 1036; AAN, Rząd GG, Nr. 1370, Bl. 7: Bestellung der Landeswirtschaftsbank Krakau zum Liquidator des Bankhauses Ripper & Co. 1944 (von Ferber war in der Zwischenzeit verstorben). Vgl. APK, Dresdner Bank Kattowitz, B-50, Nr. 8: Personalakte Direktor Harry von Ferber.

117 APK, Dresdner Bank Kattowitz, Nr. 145, Bl. 141–144, hier Bl. 141 f.: Aktennotiz (gez. Max Bardroff) vom 10. 11. 1939 betr. die Zukunft der polnischen Kreditinstitute.

dem Allgemeinen Bankverein auf sich transferierte[118], währte jedoch nicht lange, denn schon im November 1939 musste die Kommerzialbank auf Anordnung des Bankenkommissars die Liquidation von Westbank und Bankverein wieder einstellen und lief damit zugleich Gefahr, die Geschäftsräume des Bankvereins wieder räumen zu müssen.[119]

Anders als in den Reichsgauen Danzig-Westpreußen und Wartheland sowie in Oberschlesien blieben im Generalgouvernement einige polnische Banken, Sparkassen und Genossenschaftsbanken bestehen, waren allerdings der Bankaufsichtsstelle untergeordnet und im Umfang ihrer Geschäftstätigkeit deutlich eingeschränkt. Im Dezember 1939 waren laut den Angaben von Franciszek Skalniak erneut insgesamt 77 Kreditinstitute (inklusive Filialen) im Generalgouvernement tätig, elf befanden sich in Liquidation und 99 waren geschlossen (ohne Genossenschaftssektor).[120] Zumeist waren sie einem Treuhänder unterstellt und besaßen nur eine begrenzte Verfügungsgewalt über die von ihnen betreuten Einlagen, die als Altgeschäft ohnehin zum ganz überwiegenden Teil blockiert waren. Bei den Treuhändern handelte es sich in der Regel um Polen (häufig aus dem Vorstand des jeweiligen Kreditinstitutes), allein im Falle der ehemaligen polnischen Staatsbanken wurden die anfänglich tätigen Polen rasch durch deutsche Treuhänder ersetzt.[121] Die polnischen Aktienbanken wurden gemeinsam mit den neuen deutschen Instituten in einer „Wirtschaftsgruppe Banken" mit insgesamt 22 Mitgliedern zusammengefasst.[122] Bis zum Frühjahr 1940 war die Erfassung der Kreditinstitute im Generalgouvernement jedoch noch keineswegs abgeschlossen. Da die Bankaufsichtsstelle erst mit Verordnung vom 8. April 1940 gegründet wurde, war mit ihr anfangs die Abteilung Wirtschaft im Amt des Generalgouverneurs befasst, die Ende Februar 1940 noch immer nicht im Besitz sämtlicher Anmeldungen von Bank- und Sparkassenbetrieben war.[123] In der Folgezeit waren die Banken in organisatorischer Hinsicht der Hauptgruppe Gewerbliche Wirtschaft in der Zentralkammer für die Gesamtwirtschaft zugeordnet, wobei letzterer u. a. die Aufgabe zufiel, „Aufträge der Regierung für das Gebiet des ganzen Generalgouvernements entgegenzunehmen", während die Hauptgruppe selbst „dem staatlichen Organ

118 APK, Dresdner Bank Kattowitz, Nr. 145, Bl. 154–161, hier Bl. 158: Bericht über die im ostoberschlesischen Bezirk sowie im besetzten Gebiet gelegenen Filialen vom 9. bis 21. 10. 1939.

119 In beide Kreditinstitute wurden polnische Treuhänder eingesetzt; vgl. APK, Dresdner Bank Kattowitz, Nr. 145, Bl. 141–144, hier Bl. 142: Aktennotiz der Dresdner Bank Kattowitz vom 10. 11. 1939 betr. die Zukunft der polnischen Kreditinstitute.

120 Skalniak, Bank Emisyjny w Polsce, S. 29.

121 AAN, Rząd GG, Nr. 1371, Bl. 10: Der Beauftragte für das Bank-, Geld- und Börsenwesen in Warschau (gez. Bischof) an Bankaufsichtsstelle, 25. 4. 1940, betr. Tätigkeitsbericht; ebd., Bl. 19–21: Der Beauftragte für das Bank-, Geld- und Börsenwesen in Warschau (gez. Bischof) an Bankaufsichtsstelle, 30. 4. 1940, betr. Ersatz polnischer Treuhänder bezw. kommissarischer Verwalter durch Reichsdeutsche.

122 Hamburger Fremdenblatt vom 29. 11. 1941; zit. nach Janta-Połczyński, Niemiecka gospodarka pieniężna w Generalnym Gubernatorstwie, S. 92.

123 IPN, Rząd GG, Nr. VI/202, Bl. 1: Abteilung Wirtschaft im Amt des Generalgouverneurs für die besetzten polnischen Gebiete an die Kreis- und Stadthauptleute des Generalgouvernements sowie an die Distriktschefs in Warschau, Krakau, Radom und Lublin, 20. 2. 1940, betr. Bankaufsicht.

solche Arbeiten" abzunehmen hatte, die „eine engere Fühlungnahme mit den fremden Volkstümern voraussetzen".[124]

Nachdem bereits 1940 in Warschau mit Erlaubnis der Bankaufsichtsstelle ein beschränkter An- und Verkauf von Wertpapieren erlaubt worden war[125], wurde im April 1941 sogar der Wertpapierhandel an der wiedereröffneten Warschauer Börse wieder offiziell aufgenommen, blieb allerdings den polnischen Banken am Platz vorbehalten.[126] Für die PKO und die beteiligten Kreditinstitute war die Börse die einzige Möglichkeit, Vermögenswerte für die Wertberichtigung beurteilen zu können, d.h. Aktiva zu mobilisieren. Daher spielte sie im Interesse der Abwicklung auch für die Deutschen eine gewichtige bzw. gerngesehene Rolle.

Die Spielräume, innerhalb derer die erhalten gebliebenen polnischen Institute agierten, bemaßen sich jedoch an dem Erfolg, mit dem ein Interessenausgleich mit den deutschen Banken erreicht wurde, denn reichsdeutsche Banken, die im Generalgouvernement ein Geschäftsfeld suchten, fanden nicht wie in den eingegliederten Gebieten eine *tabula rasa* vor, sondern mussten von vornherein mit Konkurrenz rechnen. Dies war um so mehr der Fall, als die drei polnischen staatlichen Institute (Landeswirtschaftsbank, Agrarbank und Postsparkasse) nach anfänglicher Beschlagnahme im November 1939 auf Grund der Verordnung über das Eigentum am Vermögen des früheren polnischen Staates vom 24. September 1940[127] in den Besitz (aus deutscher Sicht: in das Eigentum) des Generalgouvernements übergingen, wohingegen die Bank Polski ihre Tätigkeit nicht wieder aufnahm.[128] Die Begründung für dieses Vorgehen lautete: „Da [...] für die kommenden Aufbauaufgaben ein staatlich gelenktes Bankinstitut [...] erforderlich ist, liegt nichts näher, als auf den vorhandenen, im Vertrauen der Bevölkerung wurzelnden und durch langjährige Erfahrung bewährten einsatzbereiten Bankapparat zurückzugreifen."[129] Auf diese Weise wurde die „Regierung des Generalgouvernements" zu einem direkten Konkurrenten nicht nur der verbliebenen polnischen Aktienbanken, sondern auch der reichsdeutschen Bankfilialen in Krakau. In Krakau standen somit den drei bzw. später vier reichsdeutschen Filialen sechs polnische

124 Staatssekretär Boepple: Die Kammern für die Gesamtwirtschaft im Generalgouvernement, in: Das Generalgouvernement (Hg. du Prel), S. 182.

125 AAN, Rząd GG, Nr. 1295, Bl. 1–22, hier Bl. 21: Bericht Fritz Paerschs vom 30. 6. 1940.

126 AAN, Rząd GG, Nr. 1297, Bl. 2f.: Bankaufsichtsstelle (gez. Paersch) an Bankdirektor Oscar Sladeczek, 2. 7. 1940, betr. Wertpapierhandel in Warschau; ebd., Bl. 26f.: Leiter der Bankaufsichtsstelle an RWM, 23. 1. 1943, betr. Entwicklung der Börse in Warschau; AAN, Rząd GG, Nr. 1299, passim; BArch, R 2/5101, Bl. 56: Hauptabteilung Finanzen der Regierung des Generalgouvernements (gez. Spindler) an RFM, 22. 9. 1941, betr. Wertpapierbörse in Warschau [mit Bezug auf Frankfurter Zeitung vom 17. 4. 1941].

127 VO über die Beschlagnahme des Vermögens des früheren polnischen Staates innerhalb des Generalgouvernements vom 15. 11. 1939 (VOBlGGP. 1939, S. 37); VO über das Eigentum am Vermögen des früheren polnischen Staates vom 24. 9. 1940 (VOBlGGP. I 1940, S. 313).

128 AAN, Rząd GG, Nr. 9c/15, Bl. 13f., hier Bl. 13: Leiter der Hauptabteilung Finanzen (gez. Senkowsky) in der Regierung des Generalgouvernements an Staatssekretär Bühler, 8. 4. 1943, betr. Landeswirtschaftsbank in Warschau.

129 AAN, Rząd GG, Nr. 9c/15, Bl. 2–6, hier Bl. 5: Staatskommissar für die Landeswirtschaftsbank, O.R.R. Funke, an Generalgouverneur Reichsminister Dr. Frank, 4. 7. 1940, betr. Bericht über die Landeswirtschaftsbank.

Banken[130] sowie vier gouvernementseigene Institute gegenüber, zuzüglich der ebenfalls im Besitz des Generalgouvernements befindlichen kommunalen Sparkassen.[131]

Bei den fortbestehenden polnischen Instituten handelte es sich zum überwiegenden Teil um „durchschnittene Betriebe", d.h. ein Teil ihres Besitzes und ihrer Forderungen wie Verpflichtungen befand sich außerhalb des Generalgouvernements. So lag beispielsweise von den 16 Filialen der Warschauer Bank Handlowy lediglich die Hälfte in den Grenzen des Generalgouvernements, die übrigen acht unterlagen in den eingegliederten Gebieten der ersatzlosen Liquidation durch die HTO. Dieses doppelte Handicap einer zeitlichen wie geographischen Geschäftszäsur führte dazu, dass die (wieder) zugelassenen polnischen Privataktienbanken bis zum Aufbau eines nennenswerten Neugeschäftes im Laufe des Jahres 1940 in stärkerem Maße ihre Altlasten „verwalteten, denn produktiv arbeiteten".[132]

Dementsprechend nahmen sie vorerst nur Einlagen an, durften aber keine Kredite auslegen. Die Bank Handlowy wies Ende Dezember 1939 mit 6,5 Mio. Złoty Einlagen einen Anteil von etwa 25 Prozent an den Gesamteinlagen aller polnischen Aktienbanken im Generalgouvernement auf.[133] Bis zum 1. Januar 1941 wurden im Neugeschäft zwar Debetzinsen erhoben, nicht aber Zinsen auf Einlagen berechnet, weshalb diese Neueinlagen „insoweit als Deport [sic] und nicht als Depositen behandelt" wurden.[134] Da jedoch zu diesem Zeitpunkt die wirtschaftlichen Verhältnisse im Generalgouvernement noch weit von einer Normalisierung entfernt waren, ist mit Ludwik Landau anzunehmen[135], dass diese Einlagen weniger aus normalen Geschäftstransaktionen resultierten, als vielmehr Folge einer Verordnung waren, die es Juden vorschrieb, private sowie geschäftliche Barbeträge über 2000 Złoty bei Banken einzuzahlen.[136]

Hinsichtlich der Entlassung der jüdischen Mitarbeiter hatten die polnischen Banken einen sehr geringen, aber keinen einheitlichen Spielraum, was auf individuelle Eingriffe der deutschen Treuhänder oder auf den in der jeweiligen Bankleitung unterschiedlich empfundenen Druck der deutschen Behörden hindeutet. Während die Agrarbank, Landeswirtschaftsbank und PKO als vor dem 1. September 1939 staatliche und nunmehr als gouvernementseigen angesehene Kreditinstitute ihre jüdischen Mitarbeiter noch im Oktober 1939 entlassen hatten[137], besaßen

---

[130] Warschauer Handelsbank/Bank Handlowy w Warszawie, Warschauer Diskontobank/ Warszawski Bank Dyskontowy, Verbandsbank der Erwerbsgenossenschaften/Bank Związku Spółek Zarobkowych, Allgemeine Kreditbank/Powszechny Bank Kredytowy, [Polnische] Kommerzbank/Bank Komercyjny, Aktienhypothekenbank.

[131] Vgl. Pfeiffer (Bearb.), Das Generalgouvernement und seine Wirtschaft, Abschnitt C2, Die Wirtschaftslage im Distrikt Krakau, S. 6.

[132] Landau/Tomaszewski, Bank Handlowy, S. 128.

[133] Ebd., S. 124, 129f.

[134] Pfeiffer (Bearb.), Das Generalgouvernement und seine Wirtschaft, Abschnitt C2, Die Wirtschaftslage im Distrikt Radom [Fassung von 1940], S. 12.

[135] Landau, Kronika lat wojny i okupacja, Bd. 1, S. 41.

[136] AO Nr. 4 des Leiters der Abteilung Devisen im Amte des Generalgouverneurs betr. allgemeine Maßnahmen zur Sicherstellung jüdischen Vermögens vom 20. 11. 1939 (VOBlGGP. 1939, S. 57).

[137] Riedel, Działalność Państwowego Banku Rolnego w pierwszych latach okupacji hitlerowskiej, S. 92.

die Privataktienbanken mitunter geringfügige Möglichkeiten, das Ausscheiden von Juden aus der Belegschaft hinauszuzögern. Bei der Bank Handlowy waren 1940 noch fünf Juden beschäftigt, die erst zum Jahresende entlassen werden mussten; den Aufsichtsrat jedoch hatten Juden auch hier bereits im Oktober 1939 verlassen müssen.[138]

Während das Einlagengeschäft sich im Laufe des Jahres 1940 langsam entwickelte, durch die faktische Ausschließlichkeit von täglich fälligen Sichteinlagen jedoch seine Spezifik erhielt, standen der Entwicklung eines Aktivgeschäftes mehrere Faktoren entgegen. Der Haupthinderungsgrund bestand zweifelsfrei darin, dass sich die Kundenklientel grundlegend gewandelt hatte. Die gesamte jüdische Kundschaft, die etwa im Falle der Bank Handlowy über 50 Prozent des gesamten Kundenstamms ausgemacht hatte[139], wurde enteignet und kurz darauf gettoisiert. Größtenteils traten an ihre Stelle neugegründete Firmen und zahlreiche Treuhänder-, später auch Umsiedlerbetriebe. Angesichts dieser alles andere als gewachsenen Geschäftsstruktur kam es zu einem massiven Verlust ökonomischen Know-hows, weshalb beispielsweise das Wechsel- und Diskontgeschäft im Generalgouvernement praktisch keine Rolle spielte.[140]

Eine weitere Ursache für die retardierte Entwicklung stellte die extrem hohe Einlagenfluktuation im Generalgouvernement dar. Stärker als anderswo hatten politische Ereignisse, der Kriegsverlauf, aber auch die Polizei- und Siedlungsmaßnahmen im Generalgouvernement einen massiven Einfluss auf die Einlagenentwicklung der Kreditinstitute. Dies zwang insbesondere die polnischen Institute zu einer überdurchschnittlich großen Kassenhaltung, die seitens der Bankaufsichtsstelle schließlich im November 1941 für alle Institute verbindlich geregelt wurde und bei der die Barmittel sowie der Wechsel- und Schatzbriefbestand insgesamt mindestens 70 Prozent der Gesamtverpflichtungen ausmachen mussten.[141]

Mit dem deutschen Überfall auf die Sowjetunion, der nicht nur als präventive Selbstverteidigung, sondern auch unter Hinweis auf vermeintlich „germanische Gestaltungskräfte" in Osteuropa – von Himmlers Idee eines „Gotengaus" auf der Krim bis hin zum „Generalplan Ost" – legitimiert wurde, war es nur eine Frage der Zeit, bis dies Rückwirkungen auf die Ansichten über den Status des Generalgouvernements haben würde. An die Stelle der 1940 proklamierten „Heimstätte der Polen" traten seit Frühling und Frühsommer 1941 immer öfter Eindeut-

---

138 AAN, Bank Handlowy, Nr. 271b, Bl. 46: Historia Banku Handlowego w Warszawie S.A. Centrala, część II – okres 2-ej wojny światowej i okupacji 1939–1943 r.; AAN, Rząd GG, Nr. 1371, Bl. 10: Der Beauftragte für das Bank-, Geld- und Börsenwesen in Warschau (gez. Max Bischof) an Bankaufsichtsstelle, 25. 4. 1940, betr. Tätigkeitsbericht; AAN, Bank Handlowy, Nr. 331, Bl. 26: Lista zmarłych pracowników Banku; Landau/Tomaszewski, Bank Handlowy, S. 129, 140.

139 AAN, Bank Handlowy, Nr. 331, Bl. 39–56, hier Bl. 53, 55: Sprawozdanie dra Stanisława Wachowiaka, prezesa Rady Banku, z dnia 7 sierpnia 1945 r.; Małgorzata Kamieniecka: Lubelski Oddział Banku Handlowego w Warszawie SA w latach 1898–1939. Lublin 1999, S. 127–130.

140 Landau/Tomaszewski, Bank Handlowy, S. 130ff.

141 APKr, BN–III/1: Rdschr. Nr. 8 der Bankaufsichtsstelle vom 11. 11. 1941 betr. Anlagevorschriften.

schungsszenarien[142], wie sie spätestens in der zweiten Jahreshälfte 1942 im Distrikt Lublin, in der Umgebung um Zamość, in durchaus wörtlichem Sinne des Wortes in Angriff genommen wurden.[143] Es müsse das Ziel sein, so Frank – kurz nach seinem Besuch bei Hitler in Berlin – am 26. März 1941, dass „wir dieses Land völlig dem deutschen Volkstum erobern. [...] Es wird vor allem so sein, daß [...] der Generalgouverneur die Absicht habe, aus dem Generalgouvernement den arischsten Gau des deutschen [sic] Reiches zu machen. [...] Der Führer hat mir versprochen, daß das Generalgouvernement in absehbarer Zeit von Juden völlig befreit sein werde. Außerdem ist klar entschieden, daß das Generalgouvernement in Zukunft ein deutscher Lebensbereich sein wird. Wo heute 12 Millionen Polen wohnen, sollen einmal 4 bis 5 Millionen Deutsche wohnen. Das Generalgouvernement muß ein so deutsches Land werden wie das Rheinland."[144]

Mit dem sich rasch verselbständigenden Topos eines in Zukunft deutschen Generalgouvernements stand jedoch auch die ohnehin bescheidene Eigenständigkeit, ja die ganze Existenz der polnischen Kreditinstitute zur Disposition. Immerhin unterschied allein die Gnadenfrist, die den polnischen Banken zuvor eingeräumt worden war, das Generalgouvernement deutlich von der Situation im Protektorat. Einen Faktor hierfür bildete auch die Überlegung, dass das Kreditwesen im Generalgouvernement den Deutschen zunächst nicht konsolidiert genug erschien und sich daher nicht für eine sofortige Übernahme eigne. Der Schwerpunkt der polnischen Banken auf dem privaten Kleinkredit machte sie gleichwohl für die reichsdeutschen Filialen interessant, deren Kundenklientel in deutlich geringerem Maße – wenn überhaupt – der autochthonen Bevölkerung entstammte.

Ein weiteres Problem ganz eigener Art stellte der Torso des ehemaligen polnischen Emissionsinstituts, der Bank Polski, dar, deren Tätigkeit seit Herbst 1939 ruhte und deren Liquidation sich wegen der überragenden Bedeutung der Bank vor 1939 als so komplex erwies, dass sie erst einmal zurückgestellt werden musste. Wegen der sehr engen Verzahnung der Bank Polski mit dem gesamten polnischen Kreditwesen stand und fiel mit ihrem Schicksal auch die weitere Behandlung der übrigen, nach 1939 noch tätigen Banken, zumindest in Hinsicht auf das eingefrorene Altgeschäft. Bewegung kam in die Lage erst mit der Verordnung über die Bank Polski vom 15. September 1942[145], die Bestimmungen über die weitere Verwaltung, den Umgang mit Versorgungsansprüchen, Bereinigung des Wertpapierbesitzes sowie die Regelung der Verbindlichkeiten und Forderungen enthielt. Die Vermutung liegt nahe, dass die Abwicklung der polnischen Institute bzw. ihre Zwangsfusion mit den reichsdeutschen Niederlassungen mit der Verabschiedung

---

142 Eisenblätter, Politik des Reiches gegenüber dem Generalgouvernement, S. 98ff., 202, 232ff.

143 Bruno Wasser: Die „Germanisierung" im Distrikt Lublin als Generalprobe und erste Realisierungsphase des „Generalplans Ost", in: Mechtild Rössler/Sabine Schleiermacher (Hg.), Der „Generalplan Ost". Hauptlinien der nationalsozialistischen Planungs- und Vernichtungspolitik. Berlin 1993, S. 271–293, bes. S. 286ff.

144 Zit. nach Präg/Jacobmeyer (Hg.), Diensttagebuch, S. 338f.; vgl. ebd., S. 335.

145 VO über die Bank Polski vom 15. 9. 1942 (VOBlGG. 1942, S. 537); Verordnung über die Bank Polski. Bestimmungen über die Abwicklung der Geschäfte, in: Ostwirtschaft 31 (1942), S. 171f.

dieser Verordnung konkretere Gestalt annehmen sollte. Eine zusätzliche Belebung erfuhr die Frage nicht zuletzt auch durch die bereits skizzierte Diskussion darüber, welche der deutschen Großbankfilialen eine Filiale in Lemberg als der Distriktshauptstadt des kurz zuvor dem Generalgouvernement zugeschlagenen Distrikts Galizien erhalten sollte. „Die Rücksichtnahme auf die übrigen deutschen Banken erfordert es aber, dass gleichzeitig mit der Frage der Zulassung einer weiteren deutschen Bank in Lemberg die Frage der künftigen Verteilung der Zweigniederlassungen der deutschen Banken über das Generalgouvernement geregelt wird."[146]

Die Akten der Bankaufsichtsstelle zeigen jedoch deutlich, dass Eindeutschungsmodelle – unabhängig von Franks Sinneswandel im Frühjahr 1941 – bereits seit 1940 für das Kreditwesen angedacht worden waren. So sah eine von Bankdirigent Paersch in der ersten Jahreshälfte 1940 entwickelte Initiative ein stärkeres deutsches Kapitalengagement bei den polnischen Instituten sowie deren spätere Übernahme vor.[147] Im Dezember 1940 bemühte sich der Generalgouverneur schließlich persönlich um eine engere Zusammenarbeit und ein gutes Einvernehmen mit dem RWM in dieser Frage: „Im Generalgouvernement wird langsam die Neugestaltung des Kreditwesens praktisch. Der vorhandene noch zum Teil auf das frühere polnische Gebiet zugeschnittene Bankapparat ist zu gross. [...] Ein Teil der polnischen Institute wird daher verschwinden, bezw. zusammengelegt werden müssen. Bei den übrigen wird es notwendig werden, die zusammengeschmolzenen oder verlorengegangenen Eigenkapitalien wieder aufzufüllen und gleichzeitig die aus den Erfordernissen der Gegenwart heraus entwickelte bisher bestehende beschränkte Auszahlung der Altguthaben nebst Trennung vom Alt- und Neugeschäft zu beseitigen. Die Auffüllung der Eigenkapitalien wird aus dem Land heraus nicht möglich sein. Sie erfolgt daher zweckmässig durch Übernahme von Beteiligungen durch reichsdeutsche Institute. Die reichsdeutschen Banken erhalten auf diese Weise im hiesigen Gebiet die erwünschte Führerstellung. [...] Die Beteiligung an den polnischen Banken ist im Hinblick auf die dargelegte Schwierigkeit, bei letzteren die Eigenkapitalien aufzufüllen, der naturgemässe Weg. Gesamtwirtschaftlich würde hierdurch eine organische Bereinigung der polnischen Banken herbeigeführt und die Übersetzung bei den Aktienbanken beseitigt. [...] Im Hinblick auf das Vertrauen, das die polnischen Banken bei der einheimischen Bevölkerung geniessen, übernähmen die deutschen Banken auf diese Weise im allgemeinen ein breit gelagertes Passivgeschäft mit der Aussicht auf weitere Ausbreitung. Die reichsdeutschen Institute haben dies klar erkannt und fühlen in überwiegender Zahl nach dieser Richtung vor. Die Voraussetzungen hierfür sind günstig. Zur Beteiligung für reichsdeutsche Banken stehen [...] zur Verfügung: Die Warschauer Handelsbank, die Allgemeine Kreditbank, der Allgemeine Bankverein in Polen sowie gegebenenfalls die Amerikanische Bank in Polen. Die Polnische Kommerzbank dürfte in eine Privatbank umgewandelt werden. An reichsdeutschen Interes-

146 AAN, Rząd GG, Nr. 1387, Bl. 139–143, hier Bl. 142: Aktennotiz der Bankaufsichtsstelle von August 1942 betr. Errichtung einer Zweigniederlassung der Kommerzialbank in Lemberg.

147 AAN, Rząd GG, Nr. 1295, Bl. 1–22: Bericht Fritz Paerschs vom 30.6.1940.

sen sind bisher aufgetreten: Die Ostdeutsche Privatbank, die Bank der deutschen Arbeit, die Dresdner Bank, die Creditanstalt/Wiener Bankverein und die Commerzbank."[148]

Zugleich riet Frank, der in seinen Ausführungen seinen Bankdirigenten überwiegend wörtlich zitierte, Funk davon ab, den reichsdeutschen Kreditinstituten zu gestatten, weitere Niederlassungen im Generalgouvernement zu errichten, da hieraus gefolgert würde, dass das „einheimische Bankwesen nunmehr zum Verschwinden verurteilt" sei, was wiederum massive negative Auswirkungen auf das Vertrauen der Einleger habe. Dadurch aber würde „die erwünschte organische Zulassung reichsdeutscher Banken unter Fortbetrieb der verbleibenden polnischen Kreditinstitute empfindlich erschwert". Hinsichtlich des Zeitraums, den diese Reorganisation in Anspruch nehmen sollte, müsse jede weitere Klärung erst einmal zurückgestellt werden. Dies fand die uneingeschränkte Zustimmung des RWM, das in seiner Antwort betonte, dass „zunächst einmal eine gründliche Bereinigung des dortigen Bankenapparates erforderlich" sei, bevor an weitere Schritte gedacht werden könne.[149] Neben den bereits genannten Hinderungsgründen war vor allem die finanzielle Auseinandersetzung zwischen dem Generalgouvernement und dem Reich ein strittiger Punkt. Das Generalgouvernement stellte hinsichtlich der „durchschnittenen Betriebe" und im Reich bzw. den eingegliederten Ostgebieten gelegenen Forderungen Entschädigungsansprüche in Höhe von mindestens 750 Mio. Złoty an Berlin, von denen der Regierung des Generalgouvernements im Oktober 1942 immerhin 500 Mio. Złoty zugesprochen wurden.[150] Frank und die Bankaufsichtsstelle blieben gleichwohl bemüht, die abschließende Entscheidung über den Aufbau des Kreditwesens im Generalgouvernement „im engsten Einvernehmen" mit dem RWM herbeizuführen.

Da solche Überlegungen jedoch auch weiterhin nicht über das Planungsstadium hinaus gediehen und wiederholte Anfragen von Seiten der deutschen Banken in Krakau dilatorisch behandelt wurden, bleibt unklar, ob die Treuhänderschaft bei den polnischen Banken im Generalgouvernement bereits von Anfang an eine fest, wenn auch zunächst nur prospektiv geplante „Germanisierung" darstellte. 1941/42 jedoch konnte kein Zweifel mehr daran bestehen, dass auf mittelfristige Sicht auch das Generalgouvernement einer vollständigen Eindeutschung unterworfen werden sollte. Wen konnte es dann noch überraschen, wenn die Deutschen, nachdem sie zunächst die jüdische Bevölkerung aus dem Wirtschaftsleben ausgeschaltet hatten und zu ihrer physischen Vernichtung übergegangen waren, sich nun daran machten, sukzessive auch andere Bereiche der Wirtschaft des Generalgouvernements nach ihren Vorstellungen umzuwandeln? Ein Nebeneinander

---

148 RGVA, 1458-15-138: Generalgouverneur (gez. Frank) an Reichswirtschaftsminister Walther Funk, 21.12.1940, betr. Zulassung reichsdeutscher Banken im Generalgouvernement.

149 RGVA, 1458-15-138: Reichswirtschaftsminister an Generalgouverneur, Reichsminister Dr. Frank, Krakau, 30.1.1941 (Entwurf).

150 Übereinkunft über die Behandlung polnischer Vermögenswerte im Deutschen Reich und im Generalgouvernement vom 10.10.1942, in: MBlHTO 1942, Nr. 5, S. 126f.; für verlagertes Beutegut erhielt das Generalgouvernement eine einmalige Zahlung über 20 Mio. RM; vgl. Łuczak (Hg.), Grabież polskiego mienia, S. 236.

polnischer und deutscher Kreditinstitute war zudem mit den Vorgaben einer kriegsbedingten Rationalisierung kaum zu vereinbaren. Waren zu Beginn der deutschen Besatzung im Generalgouvernement noch knapp 14 000 Personen im gesamten Kreditwesen tätig gewesen, so belief sich ihre Zahl im April 1943 auf nur mehr 5 906 Personen, davon über 1 000 Personen bei der Emissionsbank und ihren Niederlassungen.[151] Insoweit konnte die Bankaufsichtsstelle die anstehende „gewisse weitere Schrumpfung des gesamten Apparates" durch die „in Bearbeitung befindliche Überführung polnischer Banken in deutsche Hand" als Beitrag zur Rationalisierung auffassen, die auch über die unmittelbare Kriegsnotwendigkeit hinaus Bestand haben sollte.[152]

Am Beispiel der Bank Handlowy lässt sich erahnen, wie schmal der Grat war, auf dem die fortbestehenden polnischen Institute im Generalgouvernement wandelten. Einerseits mussten sie sich nach außen und im Selbstverständnis gegen den Vorwurf der Kollaboration mit den deutschen Besatzern zur Wehr setzen und dabei darauf rekurrieren, dass ihre Geschäftstätigkeit in erster Linie der polnischen Mehrheitsbevölkerung diene, etwa durch umfangreiche Kredite an den Haupthilfsausschuss der RGO in Höhe von mehreren Millionen Złoty.[153] Andererseits war man als Geschäftsbank an ökonomischen Erfolgen orientiert, selbst wenn diese mittelbar oder unmittelbar auch den Deutschen zugute kamen bzw. zum Teil der Vernichtung der ökonomischen Existenz der Juden geschuldet waren. So vermerkt beispielsweise ein im Juli 1945 verfasster Bericht über die Niederlassungen der Bank Handlowy in der Zeit von 1939 bis 1945 unter anderem, dass „nach der Eliminierung des jüdischen Handels und der Industrie durch die Deutschen zahlreiche arische Unternehmen entstehen, die vor allem mit Hilfe unserer Bank bedeutende Resultate erzielen. Viele von diesen Betrieben verdanken ihre Entstehung und ihre Tätigkeitsentwicklung ausschließlich der Bank Handlowy."[154]

Zweifellos mischte sich hierein der Stolz darüber, im Generalgouvernement die bedeutendste polnische Privataktienbank gewesen zu sein. Andererseits hatte die

---

151 AAN, Rząd GG, Nr. 1347, Bl. 16: Arbeitskräfte im Kreditwesen des Generalgouvernements.

152 AAN, Rząd GG, Nr. 1347, Bl. 28-36, hier Bl. 30: Bankaufsichtsstelle an den Beauftragten des Generalgouverneurs für den kriegsmässigen Verwaltungsausbau, 18. 5. 1943, betr. Rationalisierungsmassnahmen im Kreditwesen des Generalgouvernements.

153 AAN, Rada Główna Opiekuńcza. Biuro Centrali w Krakowie, 1940-1945, Nr. 940, passim; AAN, Bank Handlowy, Nr. 331, Bl. 39-56, hier Bl. 49: Sprawozdanie dra Stanisława Wachowiaka, prezesa Rady Banku, z dnia 7 sierpnia 1945 r. Zur ähnlichen Interessenlage im Ersten Weltkrieg vgl. Zilch, Okkupation und Währung, S. 298. Diese Gratwanderung ist auch in den wenigen publizierten Erinnerungen einiger polnischer Bankiers und Finanzfachleute erkennbar, da die Autoren nach dem Kriege unter teils erheblichem Rechtfertigungsdruck standen, um nur nicht in den Ruch der Kollaboration zu geraten. Vgl. Henryk Gruber: Wspomnienia i uwagi 1892-1942. London o. J. [1968]; Aleksander Ivánka: Wspomnienia skarbowca 1927-1945. Warszawa 1964; Karpiński, O Wielkopolsce, złocie i dalekich podróżach; ders./Marek Ludwik Kostowski, Bank Polski 1939-1951; Młynarski, Wspomnienia; Riedel, Działalność Państwowego Banku Rolnego w pierwszych latach okupacji hitlerowskiej; Wojdaliński, Pocztowa Kasa Oszczędności w okresie okupacji hitlerowskiej.

154 AAN, Bank Handlowy, Nr. 330, Bl. 19-30, hier Bl. 24: Oddziały Banku Handlowego w Warszawie S.A. w czasie wojny 1939-1945 r.

eigene Vergangenheit der Handelsbank zu Beginn der deutschen Besatzung erhebliche Ängste bereitet. Nach dem Ausscheiden der zahlreichen jüdischen Kunden hatte die Bank sich nicht nur nach einer neuen Klientel umsehen müssen, sondern in den ersten Monaten auch Anlass zur Befürchtung gehabt, als vermeintlich „jüdische Bank" der Liquidation anheim zu fallen. Als dies nicht geschah, ergab sich die Notwendigkeit erheblicher Abschreibungen im Altgeschäft, da die jüdische Kundschaft die bis August 1939 erhaltenen Kredite nun nicht mehr zurückzuzahlen vermochte[155], weil sie in verschiedenen Lagern und Gettos eingeschlossen oder schon nicht mehr am Leben war.

Standen die polnischen Privataktienbanken erst einmal zur Disposition, entspann sich unter den im Generalgouvernement ansässigen deutschen Instituten bald eine Auseinandersetzung darüber, welche Bank der jeweils geeignetste Übernahmekandidat sei. Die deutschen Banken brachten sich „in Stellung", und die Initiative zur Entfernung der polnischen Konkurrenz des Kreditapparats des Generalgouvernements ging von ihnen aus, nicht so sehr von der Bankaufsichtsstelle. Immerhin signalisierte diese der Bankengruppe, dass bei der anstehenden „Neuordnung des Kreditwesens" auch auf den Distrikt Radom „in der Ausgestaltung des Filialnetzes der unter deutschem Einfluss stehenden Kreditinstitute" Rücksicht genommen würde.[156] Als Interessenten traten jedoch nicht nur die in Krakau ansässigen Niederlassungen der reichsdeutschen Großbanken auf. Da die Deutsche Bank ihre Filiale in Krakau im Frühjahr 1940 zugunsten der Creditanstalt-Bankverein aufgegeben hatte, erschien es ihr auch wegen der zahlreichen Geschäftsverbindungen in dieses Gebiet vor 1939 nur selbstverständlich, wenn sie nun bei der Frage nach einer Niederlassung – sei es als Filiale, sei es durch Fusion mit einer polnischen Bank – in Warschau bevorzugt zum Zuge käme.[157] Als interessantestes der vier bis fünf möglichen Fusionsobjekte galt hierbei die Bank Handlowy.

Erwartungsgemäß entwickelte die Krakauer Kommerzialbank bzw. Dresdner Bank ihrer Position im Generalgouvernement entsprechende Aktivitäten, um sich durch Übernahme einer Warschauer Bank an der Spitze des Kreditwesens im Generalgouvernement zu behaupten. Spätestens Ende 1941 hatte der Leiter der Kommerzialbank, Arthur Glathe, sekundiert von Emil Meyer von der Dresdner Bank, bei der Bankaufsichtsstelle das Interesse ihrer Institute an der Handelsbank nachdrücklich angemeldet.[158] Vor dem Hintergrund der verbissen umkämpften Zulassung der Banken im neuen Distrikt Galizien führte ab 1941 jedes kursierende Gerücht, das eine oder andere Kreditinstitut könnte bei der „Neuordnung" in

---

155 Landau/Tomaszewski, Bank Handlowy, S.145; vgl. dies., Anonimowi władcy, S.176–201.

156 AAN, Rząd GG, Nr.1347, Bl.68: Leiter der Bankaufsichtsstelle an die Gruppe Banken in der Hauptgruppe Gewerbliche Wirtschaft, 10.4.1942, betr. Errichtung einer Niederlassung einer deutschen Bank in der Distriktshauptstadt Radom.

157 James, Deutsche Bank und die „Arisierung", S.189; vgl. RGVA, 1458–15–138: Deutsche Bank an RAK, 19.5.1941, betr. Errichtung einer Zweigniederlassung unserer Bank in Warschau.

158 AAN, Rząd GG, Nr.1387, Bl.273–276, hier Bl.275: Aktennotiz der Bankaufsichtsstelle vom 8.12.1941 betr. Kommerzialbank. Vgl. Wixforth, Expansion der Dresdner Bank, S.546f.

Warschau bevorzugt behandelt werden, zu Anfragen und Eingaben bei der Bankaufsichtsstelle.[159]

Um den Forderungen der Kommerzialbank bzw. Dresdner Bank größeres Gewicht zu verleihen, schaltete sich Meyer immer wieder in die Verhandlungen ein. Nachdem die finanzielle Auseinandersetzung des Generalgouvernements mit dem Reich Ende 1942 als weitgehend beendet angesehen werden konnte, war es wiederum Meyer, der die Frage nach den konkreten Übernahmemodalitäten aufwarf. Die Bankaufsichtsstelle bezog seinerzeit eine Position, wonach „die Übernahme das Neugeschäft umfassen werde. Das Altgeschäft werde wahrscheinlich nur treuhänderisch übernommen werden."[160] In der Zwischenzeit hatte sich die Kommerzialbank zunehmend von der Bank Handlowy, die vor allem die Deutsche Bank in ihre Überlegungen einbezog, ab- und der Polnischen Kommerzbank (Polski Bank Komercyjny) zugewandt.[161] Da die Bankaufsichtsstelle die deutschen Banken mit ihren Aspirationen nun mittlerweile fast zwei Jahre lang hingehalten hatte, ließ die Kommerzialbank anfragen, ob ein Kompromiss dann gefunden werden könne, wenn die „Poln. Kommerzbank unter ihrer bisherigen Bezeichnung in Warschau weitergeführt und der Einfluss der Dresdner Bank nicht sichtlich hervortreten" würde. Als Paersch auch dieses Angebot ablehnte, erklärte Direktor Glathe nun plötzlich, dass „die Dresdner Bank kein Interesse an der Übernahme der Aktien der Poln. Kommerzbank habe. Es läge ihr auch im Augenblick nicht besonders viel an dem Warschauer Geschäft, da im Hinblick auf die Sicherheitsverhältnisse die Pfandbestellung und die Kontrolle der Pfänder in Warschau auf namhafte Schwierigkeiten stosse."[162]

Hinter diesem Sinneswandel verbarg sich durchaus keine Strategie, nach der die unerreichbaren Trauben auch sauer sein müssten. Der Hinweis auf die verschlechterte Sicherheitslage bezog sich nicht nur allgemein auf den wachsenden Widerstand in der polnischen Bevölkerung, sondern konkret auf die blutige Niederschlagung des Aufstandes im Warschauer Getto im Frühjahr 1943 – der Bankplatz Warschau erschien mehr und mehr als ein Risiko. Ihre Ansprüche ließ die Dresdner Bank gleichwohl nicht fahren. Im Gegenteil: Mitte 1943 bemühte sie sich darum, von der Bankaufsichtsstelle eine schriftliche Bestätigung darüber zu erlangen, dass eine stille Beteiligung der Dresdner Bank bei der Polnischen Kommerzbank „nicht auf das „Kontingent" der übrigen zu übernehmenden polnischen

---

159 Vgl. AAN, Rząd GG, Nr. 1387, Bl. 269f., hier Bl. 269: Aktennotiz der Bankaufsichtsstelle vom 12. 12. 1941 betr. Kommerzialbank: „Am 12. ds. Mts. rief Herr Direktor Glathe an und berief sich auf eine ihm aus Warschau zugekommene Mitteilung, derzufolge sich eine deutsche Bank für den Erwerb eines polnischen Kreditinstitutes interessiere [Anspielung auf das Interesse der Bank der Deutschen Arbeit am Allgemeinen Bankverein]. [...] Herr Direktor Glathe bat, das Gespräch nicht anders als den Ausdruck der Besorgnis zu verstehen, daß in Warschau ein anderes deutsches Kreditinstitut nunmehr zum Zuge gelange und auch hier die Kommerzialbank ebenso wie in Lemberg übergangen würde."

160 AAN, Rząd GG, Nr. 1387, Bl. 88f.: Aktennotiz der Bankaufsichtsstelle vom 11. 1. 1943.

161 Unlogisch die Argumentation bei James, Deutsche Bank im Dritten Reich, S. 156, der die Bank Handlowy mit der Polski Bank Komercyjny gleichsetzt.

162 AAN, Rząd GG, Nr. 1388, Bl. 52–55, hier Bl. 54f.: Aktennotiz der Bankaufsichtsstelle vom 24. 8. 1943 betr. Kommerzialbank [Besuch Direktor Glathes am 21. 8. 1943].

Banken angerechnet" werde. Etwas konsterniert ließ Paersch bei Meyer in Berlin nachfragen: „Sofern ich Ihren Standpunkt richtig verstehe, wollen Sie sich durch die Übernahme der Polnischen Kommerzbank auch die Übernahme irgendeiner anderen polnischen Bank nicht schmälern. Bei allem Verständnis hierfür bin ich gegenwärtig nicht in der Lage, hierüber eine bindende Zusicherung abzugeben."[163]

In der Zwischenzeit musste aber in der Bankaufsichtsstelle eine Entscheidung darüber gefallen sein, der stillen Beteiligung einer deutschen Bank bei einem polnischen Institut aufgeschlossener gegenüberzustehen, zumal sich hierbei das immer wieder angeführte Argument, das polnische Anlegervertrauen könnte Schaden nehmen, weitgehend erledigte: „Sollten Sie sich bereits jetzt zur Übernahme des vorstehend angeführten Aktienpaketes entschliessen, müsste die Durchführung, insbesondere das Hervortreten Ihrer Beteiligung nach aussen, solange unterbleiben, bis die vorstehend angegebene allgemeine Überführung der polnischen Banken praktisch wird."[164] Jedoch sollte es in der Folgezeit weder zu der „allgemeinen Überführung" kommen noch zu einer Kapitalbeteiligung der Dresdner Bank an einem polnischen Kreditinstitut.

Kaum minder ambitioniert gerierte sich die Bank der Deutschen Arbeit. Fast zeitgleich zur Eröffnung einer Filiale in Krakau (Mai 1942) hatte sie endgültig die Ostdeutsche Privatbank und ihr beachtliches Filialnetz in den eingegliederten Ostgebieten übernommen (98 Prozent des Aktienkapitals)[165]. Dahinter stand eine einheitliche Politik, bei der – wie Rudolf Lencer vom Vorstand der Arbeitsbank es ausdrückte – „sein Institut die Krakauer Zweigniederlassung als solche wenig interessiere".[166] Vielmehr strebe sein Institut danach, seine Position im Generalgouvernement durch den alsbaldigen Erwerb einer Regionalbank auszubauen. Bevorzugtes Objekt war auch hier zunächst die Warschauer Handelsbank. Schon frühzeitig erkannte Lencer jedoch, dass er damit kaum auf Erfolg hoffen konnte: „Da sich dem Erwerb der Warschauer Handelsbank, auf welche die Bank der Deutschen Arbeit in erster Linie reflektiere, wegen der grossen Anzahl der Reflektanten, vielleicht Schwierigkeiten in den Weg stellen könnten, rechne er [Lencer] wenigstens mit [...] Unterstützung bei seinen Bestrebungen, den Allgemeinen Bankverein für sein Institut zu erwerben."[167]

Immerhin ließ Paersch verlautbaren, dass die Vorarbeiten für eine Verordnung über die Bank Polski, über die Schuldenregelung sowie über die Auseinandersetzung mit der HTO bereits abgeschlossen seien und die entsprechenden Bestimmungen „im Laufe der nächsten 3 bis 4 Monate" veröffentlicht würden.[168] Weite-

---

163 AAN, Rząd GG, Nr. 1388, Bl. 64: Bankaufsichtsstelle (gez. Paersch) an den Vorstand der Dresdner Bank, 30. 6. 1943, betr. Polnische Kommerzbank (Abschrift).

164 Ebd.

165 Vgl. Kreutzmüller/Loose, Bank der Deutschen Arbeit, S. 18.

166 Vgl. AAN, Rząd GG, Nr. 1405, Bl. 109f., hier Bl. 109: Aktennotiz der Bankaufsichtsstelle vom 28. 5. 1942 betr. Eröffnung der Zweigniederlassung der Bank der Deutschen Arbeit; vgl. BArch, R 2/13556, Bl. 17: Die Danziger Bank-Transaktion. Beitrag zur Kredit-Rationalisierung (Berliner Börsen-Zeitung vom 20. 6. 1942).

167 AAN, Rząd GG, Nr. 1405, Bl. 109: Aktennotiz der Bankaufsichtsstelle vom 28. 5. 1942 betr. Eröffnung der Zweigniederlassung der Bank der Deutschen Arbeit.

168 Ebd.

re Sondierungen der Arbeitsbank beim „Beauftragten für das Bank-, Geld- und Börsenwesen in Warschau" vor allem hinsichtlich des Arbeitsmarktes und der Möglichkeiten der Industrieverlagerung nach Warschau führten im Laufe des Jahres 1942 jedoch zu einer gewissen Ernüchterung: „unter den gegebenen Umständen" könne „ein Platzgreifen in Warschau" nicht empfohlen werden. Da die Arbeitsbank zudem bei ihren Bemühungen um die Handelsbank ihre Chancen weiter schwinden sah, fokussierte sie ihr Interesse zunehmend auf die Warschauer Disconto-Bank und den Allgemeinen Bankverein.[169] In nachfolgenden Gesprächen, die sich bis 1943 hinzogen, machte Lencer gegenüber der Bankaufsichtsstelle wiederholt deutlich, dass „die Beibehaltung einer Filiale auf die Dauer nicht befriedige. Die Zentrale wäre mit Verantwortung belastet, die sie nicht ausreichend übersehen könne. Hinzu käme die Haftung der Zentrale." Paersch vertröstete ihn mit dem Hinweis, dass beim RWM „offenbar die Haltung in dieser Frage nicht mehr so positiv wie früher" sei.[170] Immerhin, so parierte die Bankaufsichtsstelle weitere Anfragen seitens der Arbeitsbank, sei es „nicht ausgeschlossen, dass im Hinblick auf die Ende Januar [1943] erfolgte Erklärung des Totalen Krieges die Errichtung von deutschen Banken in Warschau als nicht kriegsnotwendig zurückgestellt werde, da es an dem erforderlichen Personal fehle".[171]

Einen deutlich anderen Akzent setzte dagegen die Deutsche Bank. Formal gar nicht im Generalgouvernement ansässig, konnte sie am ehesten mit einer Unterstützung der einschlägigen Behörden und Ministerien in Berlin rechnen und galt daher auch zunächst als der wahrscheinlichste Bewerber um die Übernahme namentlich der Bank Handlowy. Die genauen Verhandlungen zwischen ihr und der Deutschen Bank sind in ihren Grundzügen nur durch einen Bericht bekannt, den der Vorstandsvorsitzende der Handelsbank, Stanisław Wachowiak[172], nach Kriegsende über deren Tätigkeit während der deutschen Okkupation anfertigte.[173] Ab 1942, so Wachowiak, habe „ein Generalangriff auf die Grundlagen des polnischen Kreditwesens" begonnen, dem insbesondere er selbst als Sprecher der polnischen Bankengruppe gegenüber der Bankaufsichtsstelle habe entgegentreten müssen. Dabei kristallisierte sich rasch heraus, dass die Handelsbank aller Voraussicht nach von der Deutschen Bank übernommen würde. Noch bevor jedoch Wachowiak und der Vorstand zurücktreten konnten, kam es am 1. Mai zwischen ihm und Erich Bechtolf von der Deutschen Bank zu einem Gespräch, in dem dieser Wachowiak nicht nur mitteilte, dass die Deutsche Bank den Standpunkt des

---

169 AAN, Rząd GG, Nr. 1405, Bl. 78f.: Gernot Walde an Karl Laschtowiczka, Krakau, 21. 10. 1942.

170 Ebd., Bl. 9f.: Aktennotiz der Bankaufsichtsstelle vom 15. 2. 1943 betr. Bank der Deutschen Arbeit.

171 AAN, Rząd GG, Nr. 1405, Bl. 52f.: Aktennotiz der Bankaufsichtsstelle vom 12. 3. 1943 betr. Bank der Deutschen Arbeit.

172 Zu Wachowiak vgl. AAN, Rada Główna Opiekuńcza. Biuro Centrali w Krakowie, 1940–1945, Nr. 5, Bl. 82: Lebenslauf von Stanisław Wachowiak (Abschrift); Weichert, Zikhroynes, S. 88; Andrzej Garlicki: Wstęp, in: Stanisław Wachowiak: Czasy, które przeżyłem. Wspomnienia z lat 1890–1939. Warszawa 1983, S. 5–9, hier S. 8.

173 AAN, Bank Handlowy, Nr. 331, Bl. 39–56: Sprawozdanie dra Stanisława Wachowiaka, prezesa Rady Banku, z dnia 7 sierpnia 1945 r.; James, Deutsche Bank und die „Arisierung", S. 191f.

Reichswirtschaftsministers für die Dauer des Krieges nicht teile, sondern auch, dass die Deutsche Bank keine Fusion anstrebe, vielmehr – „um Zeit zu gewinnen" – alsbald einen „Beobachter" entsenden werde. Dieser sei erst ein halbes Jahr später in Warschau eingetroffen, habe in der Folgezeit die Handelsbank nur zweimal aufgesucht und ansonsten keinerlei Aktivitäten entwickelt.[174]

In der Außenwahrnehmung brachten die im Mai 1942 zwischen Deutscher Bank und Handelsbank geführten und von der Bankaufsichtsstelle bereits als abschließend angesehenen Gespräche lediglich das Ergebnis, dass die Deutsche Bank eine Fusion bzw. Beteiligung ablehnte bzw. verzögerte, und zwar offensichtlich aus Gründen, die aus der Unsicherheit des Gebietes und aus dem mittlerweile mehr als unsicheren Kriegsausgang herrührten.[175] So erstaunlich sich das Agieren der Deutschen Bank nicht nur in Wachowiaks Wahrnehmung darstellt, so wenig zwingend ist James' Schlussfolgerung, die Deutsche Bank bzw. Erich Bechtolf habe im Generalgouvernement nachgerade generös gegenüber der Handelsbank gehandelt.[176]

Wachowiak führte nach Kriegsende ferner aus, Paersch habe ihm 1942 mitgeteilt, dass Reichsminister Funk ihm, Paersch, ein Ultimatum für die Liquidation bzw. Zwangsfusion der polnischen Banken im Generalgouvernement gesetzt habe.[177] Auch hätten 1943 vier Verordnungen betr. die Liquidation des polnischen Kreditwesens bereits fertig vorgelegen, die nur wegen des Kriegsverlaufes nicht mehr veröffentlicht worden seien.[178] Angesichts des Eifers, mit dem Frank über die Unabhängigkeit des Generalgouvernements von allen Eingriffen der Reichsbehörden und -ministerien wachte, ließe sich annehmen, dass eine so starke Einflussnahme des RWM auf die Politik der Bankaufsichtsstelle im Generalgouvernement Spuren in der Aktenüberlieferung hinterlassen haben müsste. Funks vermeintliches Ultimatum und die vier Verordnungen finden sich gleichwohl nur bei Wachowiak – vielleicht hatte Paersch der Handelsbank nur drohen wollen. Dass Frank sich im August 1943 in einem Brief an die Reichskanzlei entschieden dagegen zur Wehr setzte, dass in einem geplanten Führererlass die partielle Ausdehnung der Zuständigkeit des RWM auf die besetzten Gebiete (d.h. auch auf das Generalgouvernement) explizit Erwähnung finden sollte[179], spricht nicht dafür, dass es mehr als ein Jahr zuvor ein Ultimatum für die Bankenpolitik im Generalgouvernement gegeben haben soll, zumal sich die vorangegangene Zusammenarbeit zwischen Funk und Frank zumindest in Fragen des Kreditwesens weitgehend konfliktfrei entwickelt hatte. Sollte sich Wachowiak, dem der Planungsstand in der Bankaufsichtsstelle in allen Details kaum bekannt gewesen sein dürfte und dessen Aussage in dieser Hinsicht nicht verlässlich sein muss, geirrt haben, dann erscheint die Politik der Deutschen Bank gegenüber dem RWM deutlich weniger konfrontativ, zumal auch andere reichsdeutsche Banken den Warschauer Platz für

174 AAN, Bank Handlowy, Nr. 331, Bl. 39–56, hier Bl. 51.
175 Landau/Tomaszewski, Bank Handlowy, S. 135.
176 James, Deutsche Bank im Dritten Reich, S. 155f.
177 AAN, Bank Handlowy, Nr. 331, Bl. 39–56, hier Bl. 50.
178 Ebd., Bl. 51; vgl. James, Deutsche Bank und die „Arisierung", S. 191.
179 AAN, Rząd GG, Nr. 1313/2, Bl. 7–9: Fernschreiben des Generalgouverneurs an den Reichsminister und Chef der Reichskanzlei von August 1943.

riskant hielten. Die Aktenlage spricht vielmehr dafür, dass die Planungen für eine Fusion bereits liefen, aber noch kein grünes Licht für deren Durchführung gegeben wurde. Dass die deutschen Großbanken dabei durchaus nicht immer auf der Linie des Wirtschaftsministers lagen, kann für die Kriegszeit nicht eigentlich verwundern. Darüber hinaus wäre im Rahmen der Risikominderung eine Beschränkung der Deutschen Bank auf die eingegliederten Ostgebiete ebenso denkbar wie die Position, dass das Schwesterinstitut Creditanstalt-Bankverein, das sich kurze Zeit später wegen des kontinuierlich steigenden Geschäftsrisikos um die Gründung eines eigenständigen Regionalinstituts (unter Kapitalbeteiligung der Deutschen Bank) im Generalgouvernement bemühte, vor Ort ein ausreichend gutes Standing besitze.[180] Darüber hinaus war der Leitung der Deutschen Bank klar, dass die Bankaufsichtsstelle einer gleichzeitigen Präsenz von Creditanstalt und Deutscher Bank im Generalgouvernement kritisch gegenüberstand. Wenn im Falle einer Fusion Aktiva und Passiva des Alt- wie auch des Neugeschäfts der jeweiligen polnischen Bank übernommen werden sollten, stellte sich dies bei der Handelsbank angesichts ihrer Kundenklientel vor 1939 nun als besonders problematisch dar, denn dabei war unter Umständen – je nach der noch ausstehenden gesetzlichen Schuldenregelung – mit hohen Abschreibungen zu rechnen. Mit einer Fusion konnte man sich somit mannigfaltige Probleme einhandeln, es sei denn, dass auch im Generalgouvernement ein der Schuldenabwicklungsverordnung vergleichbarer Schnitt gemacht worden wäre, was angesichts der Bevölkerungsverhältnisse im Generalgouvernement von noch größerer Tragweite gewesen wäre als in den eingegliederten Ostgebieten. Nicht die Frage nach der Hinhaltetaktik der Deutschen Bank ist daher entscheidend, sondern die, wie sie auf eine konkrete Aufforderung des RWM zur Fusion mit einer polnischen Bank tatsächlich reagiert hätte. Das Verhalten der Deutschen Bank unterschied sich zweifellos signifikant von dem der Dresdner Bank und der Bank der Deutschen Arbeit. Das Bild jedoch, nach dem die Deutsche Bank gleichsam ihre schützende Hand über die Handelsbank gehalten habe, ist irreführend.

Eine gänzlich andere Politik verfolgte die Commerzbank im Generalgouvernement. Sie hielt sich dort auffällig, geradezu ostentativ fern von der Diskussion über die Reorganisation des Kreditwesens. Gleichwohl sie anfänglich ein gewisses Interesse hieran bekundet hatte, wurden in der Folgezeit weder die Krakauer Filialleitung noch der im Commerzbank-Vorstand hiermit betraute Joseph Schilling in dieser Frage bei der Bankaufsichtsstelle vorstellig. Wie bereits geschildert[181], bemühte sich die Commerzbank mit ihrer „Politik der Zurückhaltung" vielmehr – wenn auch erfolglos – um den Ausbau ihrer Tätigkeit qua Eröffnung weiterer Filialen im Generalgouvernement und favorisierte dementsprechend eher die Umwandlung ihrer Warschauer Vertretung in eine Filiale.

Solange die skizzierten Fusionsverhandlungen jedoch zu keinem konkreten Ergebnis führten, blieben die deutschen Banken vom Warschauer Bankplatz ausgeschlossen, und ihre dort errichteten Vertretungen, die nur Vermittlungsaufgaben

---

[180] Dabei hielt sich die Deutsche Bank noch 1944 die Möglichkeit einer Bankübernahme im Generalgouvernement ausdrücklich vor; vgl. Anm. 106 auf S. 303.

[181] Vgl. oben S. 301 f.

wahrnehmen, nicht jedoch selbst Geschäfte tätigen durften, waren kaum mehr als ein „Trostpflaster" der Bankaufsichtsstelle. Die polnischen Banken, deren Kenntnisstand über ihre weitere Zukunft beschränkt war, gaben sich jedoch Illusionen hin, wenn sie annahmen, dass sie ihr Warschauer Monopol womöglich würden erhalten können. Paersch „legte Herrn Wachowiak dar, dass die deutschen Banken selbstverständlich in Warschau zugelassen würden. Darüber dürfe er sich nicht hinweg täuschen, dass wir von Anfang an auf eine kontinuierliche Fortentwicklung des Kreditwesens auf dem Warschauer Platze Gewicht gelegt hätten. Demzufolge sei auch das in dem good will der polnischen Institute gelegene Aktiv von uns besonders gepflegt und das Wiederingangbringen des Geschäftes ermöglicht worden. Hieran solle auch angeknüpft werden, wenn die Deutschen Banken in Warschau zur Geschäftstätigkeit zugelassen würden. Form und Zeitpunkt könne ich derzeit noch nicht bestimmen, doch seien immerhin die Voraussetzungen für die Bereinigung der Verhältnisse bei den polnischen Banken durch die Verordnung über die Bank Polski und den Abschluss der Vereinbarungen mit der HTO. weitgehend geklärt worden. Es dürfte noch einige Monate dauern, bis in allen Punkten die erforderliche Klarheit geschaffen sei. Inzwischen sollten die polnischen Banken an der Fertigstellung ihres Status' wie auch an der Anpassung ihrer Organisation an die künftigen Verhältnisse arbeiten. Damit würden sie ihren eigenen Interessen am besten dienen."[182]

Dass die Fusionierung der polnischen mit den deutschen Instituten letztlich nicht mehr realisiert wurde, hing, wie bereits angeführt, mit den Rationalisierungsmaßnahmen von 1943 zusammen, da die damit notwendigen logistischen Probleme mit den Vorgaben des Beauftragten des Generalgouverneurs für den kriegsmäßigen Verwaltungsausbau nicht in Einklang zu bringen waren. Die weitere Entwicklung an der Ostfront tat ein Übriges. So kommentierte Staatssekretär Josef Bühler im Oktober 1943 anlässlich des vierten Jahrestages seit Gründung des Generalgouvernements, der Aufbau des Kreditwesens dürfe „für die Dauer des Krieges als abgeschlossen gelten. [...] Die erste Maßnahme war die Wiederingangsetzung des Kreditgewerbes, vor allem durch Herstellung einer Vertrauensatmosphäre und durch Ordnungsmaßnahmen im Kreditgewerbe, wie die Beseitigung jüdischen Einflusses und unzuverlässiger Leistungen, durch Säuberung des Kreditgewerbes von nicht mehr lebensfähigen oder volkswirtschaftlich unerwünschten Kreditinstituten und schließlich durch Einführung eines Zahlungsaufschubs für Verpflichtungen aus der Vorkriegszeit."[183]

Bühler postulierte eine „Vertrauensatmosphäre", die von der Realität – zumal angesichts der seit 1942 stark im Wachsen begriffenen Spannungen im Generalgouvernement – denkbar weit entfernt war. Wichtiger war dagegen die Beschränkung der Maßnahmen „für die Dauer des Krieges". Das Thema war mit diesem

[182] AAN, Rząd GG, Nr. 1342, Bl. 20–22, hier Bl. 22: Aktenvermerk der Bankaufsichtsstelle vom 2.11.1942 betr. Gespräch mit Stanisław Wachowiak am 27.10.1942. Vgl. Landau/Tomaszewski, Bank Handlowy, S. 135.

[183] IPN, NTN, Nr. 288, Bühler-Prozess, Bd. 42, Bl. 113–176, hier Bl. 161 f.: 4 Jahre Generalgouvernement (1943) [verlesen von Staatssekretär Josef Bühler während der Regierungssitzung am 26.10.1943].

Status quo jedoch noch nicht zu den Akten gelegt. Im April/Mai 1943 war der Antrag der Commerzbank, nach dem Vorbild ihrer baltischen Zweigniederlassungen auch im Generalgouvernement anstelle ihrer Filiale ein eigenes Tochterinstitut zu gründen, abschlägig beschieden worden, da „ja ohnehin eine Beteiligung bei polnischen Banken vorgesehen sei".[184] Die Anträge der Commerzbank und der Creditanstalt-Bankverein auf eine Verselbständigung ihrer Krakauer Filialen führten innerhalb der Bankaufsichtsstelle im Laufe des Jahres 1943 zudem zu grundlegenden Überlegungen über die weitere Zukunft des Kreditwesens im Generalgouvernement. Maßgebend sei hierfür die Frage, ob „die s. Zt. gegenüber der Commerzbank erfolgte Verweisung auf die demnächstige Übernahme eines polnischen Instituts noch als durchschlagendes Argument für die Zurückstellung der Anträge angesehen werden kann. M. E. ist dies nicht mehr der Fall. Die Arbeiten an der Rekonstruktion des Altgeschäfts der polnischen Kreditinstitute, die zur Übergabe gelangen sollen, konnten nicht in dem von mir in Aussicht genommenen Tempo weitergeführt werden. Die Kriegslage zwang dazu, nicht nur auf dem Bankensektor sondern auch auf den übrigen Gebieten der Wirtschaft alle Massnahmen auf das im Interesse der Kriegsführung notwendige Ausmass zu beschränken. Infolgedessen musste die endgültige Regelung einer Reihe wichtiger Fragen des Altgeschäfts der einheimischen Kreditinstitute (Regelung der Forderungen an den ehem. poln. Staat, an die in der Zwischenzeit ausgesiedelten Juden, an die umfangreichen beschlagnahmten Betriebe der Liegenschaftsverwaltung, gegen Schuldner im Distrikt Galizien u. ä.) zurückgestellt werden. Da es unzweckmässig erscheint, deutsche Banken in die polnischen Kreditinstitute vor endgültiger Klärung des Status derselben einzuweisen, ist die in Aussicht genommene Überführung eines Teils der poln. Kreditinstitute in deutschen Besitz in der nächsten Zeit kaum durchführbar."[185]

Etwaige Weichenstellungen in Richtung auf die Reorganisation des Kreditwesens im Generalgouvernement waren somit im Oktober 1943 obsolet geworden. Die Institutsgründung durch die Creditanstalt-Bankverein im Frühjahr 1944 blieb vor diesem Hintergrund eine Ausnahme. Allerdings scheint sich innerhalb der Bankaufsichtsstelle schon deutlich früher Skepsis über die praktische Durchführbarkeit der Übernahme der polnischen Banken durch reichsdeutsche Kreditinstitute geregt zu haben. So gab Bankdirigent Paersch in einem Gespräch mit Lencer von der Bank der Deutschen Arbeit im Februar 1942 zu, dass der Zeitpunkt einer Übernahme noch nicht gegeben sei, weil zu den „früheren Schwierigkeiten" in der Zwischenzeit „noch eine weitere Voraussetzung für die Klärung der Verhältnisse bei den einheimischen Instituten – die Regelung des Judenvermögens – hinzugekommen" sei.[186]

---

[184] AAN, Rząd GG, Nr. 1401, Bl. 52: Aktennotiz des Leiters der Bankaufsichtsstelle (gez. Paersch) vom 3. 5. 1943 betr. Commerzbank.

[185] RGVA, 1458-15-138: Bankaufsichtsstelle (gez. Paersch) an RWM, 22. 10. 1943, betr. Umwandlung der Zweigniederlassungen der Creditanstalt-Bankverein und der Commerzbank im Generalgouvernement in Tochterinstitute.

[186] AAN, Rząd GG, Nr. 1405, Bl. 9f., hier Bl. 10: Aktenvermerk der Bankaufsichtsstelle vom 15. 2. 1942 betr. Bank der Deutschen Arbeit [Gespräch mit Rudolf Lencer].

3. Die „Verwertung" polnischen und jüdischen Privatvermögens

Ein entscheidender Aspekt der nationalsozialistischen Wirtschaftspolitik nicht nur in den eingegliederten Ostgebieten, sondern in stärkerem Maße noch im Generalgouvernement lag in der Rechtsunsicherheit und Willkür, die sich nicht nur in ausgreifenden Polizei- und sonstigen Zwangsmaßnahmen grausam Bahn brachen, sondern auch in der Wirtschaftspolitik klar zum Vorschein kamen.[187] Der Pole müsse, so Generalgouverneur Frank, „spüren, dass wir ihm keinen Rechtsstaat aufbauen, sondern dass es für ihn nur eine Pflicht gibt, nämlich zu arbeiten und brav zu sein".[188] Die Beliebigkeit, die die deutsche Besatzungspolitik insbesondere im Bereich der Eigentumsstrukturen an den Tag legte, musste jegliche Eigeninitiative oder Bereitschaft zur Mitarbeit auch bei denjenigen Teilen der indigenen Bevölkerung vermindern oder vollends lähmen, die sich mit dem Faktum der deutschen Besatzung schon aus Gründen der Existenzsicherung abzufinden versuchten. Um so mehr galt dies für die jüdische Bevölkerung, deren wirtschaftliche Tätigkeit rigoros eingeschränkt und unablässig torpediert wurde.[189] Auch für das Generalgouvernement gilt die bereits getroffene Einschränkung, dass für die Konfiskationen und Raubaktionen der Nationalsozialisten praktisch keine verlässlichen Gesamtzahlen verfügbar sind und die Bezugsgrößen (Unternehmen, Betrieb, Firma etc.) zu uneinheitlich verwendet werden, weshalb lediglich die Prozesse und Abläufe beschrieben, aber nur in wenigen Fällen quantifiziert werden können.

Die Treuhandstelle für das Generalgouvernement

Dass das Generalgouvernement zunächst als Abschiebeterritorium bzw. als Reservoir potenzieller Arbeitssklaven für das Reich galt, bedeutet nicht, dass die deutschen Besatzer nicht auch im Generalgouvernement die Notwendigkeit sahen, umfangreiche Eingriffe in die Eigentumsstruktur vorzunehmen. Der Wechsel in der Strategie hinsichtlich der im Generalgouvernement zu führenden Wirtschaftspolitik wird nicht zuletzt an der Ende 1939, Anfang 1940 noch offenen Frage nach den Kompetenzen der Treuhandverwaltung hinsichtlich des zu enteignenden polnischen respektive jüdischen Vermögens deutlich. Als Göring in seiner Eigenschaft als Vorsitzender des Ministerrats für Reichsverteidigung und Beauftragter für den Vierjahresplan Ende Oktober 1939 die HTO errichten ließ, war ihre Tätigkeit zunächst auf dem Gesamtgebiet des unter deutscher Herrschaft stehenden Teils der Republik Polen vorgesehen, d.h. in den eingegliederten Gebieten ebenso

---

[187] Skalniak, Bank Emisyjny, S. 23.

[188] Stanisław Piotrowski (Hg.): Dziennik Hansa Franka. Warszawa 1956, S. 273: Abteilungsleitersitzung vom 19. 12. 1940, Bl. 12f. (in Präg/Jacobmeyer (Hg.), Diensttagebuch, nicht enthalten).

[189] Vgl. hierzu Ingo Loose: Die Enteignung der Juden in Polen 1939–1945, in: Katharina Stengel/Susanne Meinl (Hg.), Der Fiskus und die Enteignung der Juden in Europa. Frankfurt a. M./New York 2007 [im Druck].

wie im Generalgouvernement. Kurze Zeit später jedoch kam es in dieser Frage zu einem Dissens, als Generalgouverneur Hans Frank bereits im Januar 1940 für das Generalgouvernement das Konzept eines selbständig wirtschaftenden und nicht nur als Lieferant von so genannten Wanderarbeitern für das Altreich dienenden „Nebenlandes des Reiches" entwickelte, in dem – zumal als eigenständiges Devisengebiet – eine so wichtige Aufgabe wie die Erfassung und Verwertung „herrenlos gewordenen Eigentums" keiner Berliner Behörde überlassen werden sollte. Da Frank die Konkurrenz missfiel, die ihm in der Vierjahresplanbehörde und dem SS-Apparat Himmlers erwuchs[190], verfügte der Generalgouverneur die Gründung einer eigenen „Treuhandstelle für das Generalgouvernement"[191], die der HTO nicht unterstellt war, sondern einzig für Rechnung des Generalgouvernements tätig wurde. In einem Kompromiss mit Göring wurde Frank noch am 4. Dezember 1939 zum „Generalbevollmächtigten des Reichsmarschalls als Beauftragten für den Vierjahresplan" ernannt.[192] Die Krakauer Dienststelle für den Vierjahresplan wurde Ende Juli 1940 aufgelöst, und die ebenfalls noch im Herbst 1939 eingerichteten Bewirtschaftungsstellen für Eisen, Stahl und Kohle in die Hauptabteilung Wirtschaft der so genannten Regierung des Generalgouvernements überführt.[193] In der Tat unterblieb auf diese Weise die Herauslösung der Wirtschaftsverwaltung aus der Zuständigkeit der politischen Administration des Generalgouvernements.

Der Treuhandstelle im Generalgouvernement oblag – ähnlich wie der HTO in den eingegliederten Ostgebieten – die Erfassung, Verwaltung und Abwicklung der beschlagnahmten Eigentumswerte, wozu auch staatliche wie nichtstaatliche Kreditinstitute gehörten. Die vermögensrechtliche Auseinandersetzung mit dem Eigentum der Bevölkerung und des polnischen Staates fand fortan in Eigenregie des Generalgouvernements statt. Im Übrigen entwickelte die Treuhandstelle für das Generalgouvernement eine in Aufbau und Verfahren der HTO recht ähnliche Tätigkeit, die auch im Generalgouvernement einen zentralen Beitrag zur Pauperisierung der Gesamtbevölkerung, jedoch in erster Linie der polnischen Juden lieferte.[194]

---

190 Tatiana Berenstein, O podłożu gospodarczym sporów między władzami administracyjnymi a policyjnymi w Generalnej Guberni (1939–1944), in: BŻIH 53 (1965), S. 33–79.

191 VO über die Errichtung einer Treuhandstelle für das Generalgouvernement vom 15.11.1939 (VOBlGGP. 1939, S. 36); Oskar Friedrich Plodeck: Die Treuhandstelle im Generalgouvernement, in: Das Generalgouvernement (Hg. du Prel), S. 110–114. Plodeck war Leiter der Treuhandstelle. IMG, Bd. 12, S. 77ff. (Aussage Josef Bühlers vom 23.4.1946); vgl. Hilberg, Vernichtung, S. 252ff.

192 Herzog, Grundzüge der deutschen Besatzungsverwaltung, S. 129f.; vgl. hierzu den unveröffentlichten Erlaß des Generalgouverneurs vom 9.1.1940, angeführt bei Albert Weh (Hg.): Das Recht des Generalgouvernement. Die Verordnungen des Generalgouverneurs für die besetzten polnischen Gebiete und die Durchführungsbestimmungen hierzu, nach Sachgebieten geordnet. Krakau ^{3}1941, A 120, Note 7.

193 VO über die Aufhebung der Dienststelle für den Vierjahresplan im Generalgouvernement vom 31.7.1940 (VOBlGGP. I 1940, S. 234); Neue Verordnungen im Generalgouvernement Polen, in: Ostwirtschaft 29 (1940), S. 97.

194 Eine genauere Skizze der Treuhandtätigkeit wird dadurch erschwert, dass die Quellenlage insgesamt als dürftig anzusprechen ist; von der Treuhandstelle ist eine kaum nennenswerte Zahl von Akten überliefert.

Der Aspekt der „Eindeutschung" des Generalgouvernements stand bei der Erfassung polnischen und jüdischen Eigentums zunächst nicht im Fokus der Treuhandstelle. Vielmehr spielte die Weitervermittlung konfiszierter Vermögenswerte im Generalgouvernement insofern eine geringere Rolle, als insbesondere für die größeren und bedeutenderen Unternehmen praktisch nur das Generalgouvernement und seine nationalsozialistische Regierung sowie die von ihr im Oktober 1940 gegründete Holdinggesellschaft „Werke des Generalgouvernements" selbst als Interessenten in Frage kamen.[195] Aufgabe der „Werke des Generalgouvernements" sei es, so Frank, der Gefahr vorzubauen, dass für die Gesamtwirtschaft des Generalgouvernements wichtige Unternehmen „in die Hände kapitalistischer Großschieber fallen".[196]

Wie schon in den eingegliederten Gebieten wurde auch im Generalgouvernement ein weitläufiges System von Treuhändern bereits vor der Bildung einer Treuhandstelle als zentraler Verwaltungsinstanz geschaffen. Diese Treuhänder mussten bis Mitte März 1940 von den Treuhandaußenstellen, die in den Wirtschaftsabteilungen der Distriktschefs gegründet worden waren, bestätigt werden.[197] Im Unterschied jedoch zu den eingegliederten Gebieten konnten im Generalgouvernement auch Polen als Treuhänder über polnische und jüdische Betriebe und Unternehmen fungieren. In Ermangelung geeigneter deutscher Kräfte griffen die Behörden des Generalgouvernements in diesem Falle, zumeist bei kleineren und mittelständischen Unternehmen bzw. allgemein an Stellen, die die Deutschen für unwichtig genug hielten, auch auf Polen zurück.[198] Bezeichnenderweise hatte Heydrich in seinem Schnellbrief vom September 1939 die Entscheidung, ob jüdische Unternehmen im Zuge ihrer „Arisierung" von Deutschen oder Polen zu übernehmen seien, von „der Wichtigkeit des Betriebes" abhängig gemacht, aber dabei immerhin die Möglichkeit der Übernahme durch Polen nicht explizit ausgeschlossen.[199]

Dass man auch auf Seiten der deutschen Besatzer den Status des Generalgouvernements für problematisch hielt, zeigen die umständlichen Erklärungsversuche, mit denen man die völkerrechtswidrigen Eingriffe in die staatlichen sowie die nichtstaatlichen Eigentumsstrukturen der indigenen Bevölkerung rechtfertigen wollte: „Die heute geltende Auffassung von dem totalen Krieg in Verbindung mit einem Wandel des Eigentumsbegriffes führt jedoch zu dem Ergebnis, daß für die Erträgnisse der Privatwirtschaft die entsprechenden Grundsätze gelten, wie sie für beschlagnahmte Betriebe des Staatsvermögens bereits Anerkennung gefunden

[195] Erlaß über die Errichtung des Unternehmens „Werke des Generalgouvernements Aktiengesellschaft" vom 4.10.1940 (VOBlGGP. I 1940, S. 317).

[196] Präg/Jacobmeyer (Hg.), Diensttagebuch, S. 269, 275. Vgl. Röhr, Wirtschaftspolitik der deutschen Okkupanten, S. 246.

[197] VO über den Aufbau der Treuhandstelle für das Generalgouvernement vom 24.1.1940 (VOBlGGP. I 1940, S. 28); Erste Durchführungsvorschrift zur VO vom 15.11.1939 über die Errichtung einer Treuhandstelle für das Generalgouvernement vom 22.1.1940 (VOBlGGP. II 1940, S. 62); Aus dem Generalgouvernement für die besetzten polnischen Gebiete, in: Ostwirtschaft 29 (1940), S. 27–30, hier S. 29.

[198] Umbreit, Deutsche Militärverwaltungen, S. 239, 252.

[199] Zit. nach Pospieszalski, Hitlerowskie „prawo" okupacyjne w Polsce, część II, S. 535f.

haben. Es ist deshalb daran festzuhalten, daß die Erträgnisse vom Zeitpunkt der Beschlagnahme an ausschliesslich oder überwiegend dem Generalgouvernement zustehen. Diese Auffassung wird insbesondere dadurch gerechtfertigt, daß nur durch die mit der Beschlagnahme verbundene Einsetzung von Treuhändern die in Frage stehenden Vermögensobjekte erhalten und weitergeführt werden konnten."[200]

Da deutsche Verwaltungsjuristen hierbei zentrale Grundrechte gleich in Reihe verletzten, erwies sich jedes Jonglieren mit dem Völkerrecht als Chimäre, die auf Seiten der Alliierten, die zumindest zum Teil die Adressaten solcher Argumentationen abgeben sollten, auch als ebensolche erkannt wurde.

„Es galt Vermögen zu erfassen, deren Rechtsträger entweder nicht mehr vorhanden waren oder vom Standpunkt einer deutschen Verwaltung nicht anerkannt werden konnten. Die Begriffe ‚Beschlagnahme' und ‚Einziehung' bildeten sich heraus. Ihr Anwendungsgebiet gliederte sich auf in die Gruppen des staatlich-polnischen, des privat-polnischen, des herrenlosen und des jüdischen Vermögens im Generalgouvernement. Mit der Durchführung der hier nur angedeuteten gänzlich neuartigen, organisatorischen, rechtsschöpferischen und wirtschaftspolitischen Aufgaben beauftragte der Generalgouverneur die von ihm durch Verordnung vom 15. November 1939 errichtete Abteilung Treuhandstelle in der Regierung des Generalgouvernements."[201]

In jedem Falle erfolgten die grundlegenden Weichenstellungen hinsichtlich der Beschlagnahme von Eigentum im Generalgouvernement früher als in den eingegliederten Ostgebieten. So wurde das staatliche Vermögen der Zweiten Polnischen Republik bereits mittels einer Verordnung vom 15. November 1939 – taggleich mit der Gründung der Treuhandstelle für das Generalgouvernement – der treuhänderischen Verwaltung unterstellt.[202] Ähnlich wie in den eingegliederten Ostgebieten vermochte Himmler als RKF seinen Einfluss auch im Generalgouvernement dadurch geltend zu machen, dass auf Grund seines Eilrunderlasses vom 16. Dezember 1939 Beschlagnahmen für die Treuhandstelle ausschließlich durch Kommandeure der Sicherheitspolizei und des SD vorgenommen werden dürften[203] und dass zugleich sämtliche eingesetzte oder noch einzusetzende Treuhänder durch den SD auf „ihre politische und charakterliche Zuverlässigkeit hin" zu überprüfen seien.[204] Drei Wochen später, d.h. acht Monate vor Verabschiedung der Polenvermögensverordnung in den eingegliederten Gebieten (17. September

---

200 AAN, Rząd GG, Nr. 1257, Bl. 24–37, hier Bl. 31: Wirtschaftsplanung im Rahmen der treuhänderisch verwalteten Vermögensobjekte – Zweijahresplan – (August 1940) der Treuhandstelle für das Generalgouvernement.

201 Plodeck, Treuhandstelle im Generalgouvernement, S. 110.

202 VO über die Beschlagnahme des Vermögens des früheren polnischen Staates innerhalb des Generalgouvernements vom 15. 11. 1939 (VOBlGGP. 1939, S. 37).

203 Eilrunderlaß des RFSS und Chefs der Deutschen Polizei vom 16. 12. 1939 betr. Beschlagnahme von Vermögenswerten in den eingegliederten Ostgebieten und den besetzten polnischen Gebieten; zit. nach Pospieszalski, Hitlerowskie „prawo" okupacyjne w Polsce, część II, S. 208.

204 Alwin Ramme: Der Sicherheitsdienst der SS. Zu seiner Funktion im faschistischen Machtapparat und im Besatzungsregime des sogenannten Generalgouvernements Polen. Berlin 1970, S. 193.

1940), erfolgte mit der so genannten Beschlagnahmeordnung vom 24. Januar 1940 die Beschlagnahme von im Generalgouvernement befindlichem Privateigentum „zur Erfüllung gemeinnütziger Aufgaben".[205] Die Beschlagnahmeordnung im Generalgouvernement verfügte u.a., dass Rechtsgeschäfte jeglicher Art namentlich von Unternehmen der Privatwirtschaft an die Zustimmung der Treuhandstelle gebunden waren, die für die Verwaltung des beschlagnahmten Eigentums Treuhänder einsetzen konnte (und dies zuvor bereits getan hatte).[206]

Besonderen Regelungen waren Juden in dieser Verordnung zwar nicht unterworfen, doch waren solche in Bezug auf die jüdische Bevölkerung zu diesem Zeitpunkt schon gar nicht mehr notwendig, da bereits eine Anordnung des Leiters der Abteilung Devisen im Amt des Generalgouverneurs vom 20. November die Sperrung von Konten, Safes, Depots etc. von Juden sowie die Einzahlungspflicht sämtlicher Guthaben oberhalb von 2000 Złoty verfügt hatte.[207] In der Praxis erwies es sich gleichwohl als folgenreich, dass die Verordnung vom 24. Januar explizit festhielt, dass die Beschlagnahmen durch HSSPF, Ordnungs- und Sicherheitspolizei „den Beschränkungen dieser Verordnung nicht unterworfen" sein sollten, was der Willkür der SS Tür und Tor öffnete. Die Verordnung sah ferner vor, dass das „für eine Beschlagnahme in Betracht kommende Vermögen zur Anmeldung aufgerufen werden" konnte, was in Bezug auf das Vermögen der jüdischen Bevölkerung mit einer zweiten Verordnung vom selbem Tag bereits dekretiert wurde.[208] Von ebenso großer Tragweite waren die Bestimmungen über die Einziehung „herrenlosen Vermögens" durch die Kreis- und Stadthauptleute.

„Das jüdische Vermögen unterliegt im Generalgouvernement, sofern es nicht schon als privates Vermögen auf Grund der vorher skizzierten gesetzlichen Regelung erfaßt ist, vorerst lediglich einer Anmeldepflicht. Soweit diese versäumt worden ist, unterliegt jüdisches Vermögen der Einziehung wie herrenloses Vermögen."[209]

Neben der Funktion, in die Unternehmen, deren Leitung im Herbst 1939 tatsächlich geflüchtet war, eine treuhänderische Verwaltung einzusetzen, erwies sich

---

205 VO über die Beschlagnahme von privaten Vermögen im Generalgouvernement (Beschlagnahmeordnung) vom 24.1.1940 (VOBlGGP. I 1940, S. 23; MBlHTO 1940, Nr. 1, S. 6–8); abgedruckt bei Pospieszalski, Hitlerowskie „prawo" okupacyjne w Polsce, część II, S. 262–267.

206 Helmut Seifert: Die Treuhandverwaltung im Generalgouvernement, in: Ostwirtschaft 31 (1942), S. 185f., hier S. 186; vgl. ders.: Treuhandverwaltung und Staatsvermögen. Grundfragen der Treuhandverwaltung im Generalgouvernement (Krakauer Zeitung Nr. 240 vom 10.10.1942).

207 AO Nr. 4 des Leiters der Abteilung Devisen im Amte des Generalgouverneurs betr. allgemeine Maßnahmen zur Sicherstellung jüdischen Vermögens vom 20.11.1939 (VOBlGGP. 1939, S. 57).

208 VO über die Pflicht zur Anmeldung jüdischen Vermögens im Generalgouvernement (Judenvermögensanmeldungsverordnung) vom 24.1.1940 (VOBlGGP. I 1940, S. 31); abgedruckt bei Pospieszalski, Hitlerowskie „prawo" okupacyjne w Polsce, część II, S. 576–578; vgl. Andrzej Wrzyszcz: Die deutsche „Wirtschafts-"Rechtssetzung im Generalgouvernement 1939–1945, in: Johannes Bähr/Ralf Banken (Hg.), Das Europa des „Dritten Reichs". Recht, Wirtschaft, Besatzung. Frankfurt a.M. 2005, S. 59–79, hier S. 75.

209 Plodeck, Treuhandstelle im Generalgouvernement, S. 111.

der unscharf gehaltene Terminus des „herrenlosen Vermögens“ in einem Gebiet, in dem Deportationen und Vertreibungen zum Besatzungsalltag gehörten, für Polizei, Kreis- und Stadthauptleute geradezu als eine Einladung zur Bereicherung, und dies bevorzugt, wenn die Opfer Juden waren. In besonderer Deutlichkeit zeigte sich dies, als in Anlehnung an die Beschlagnahmeordnung während und nach dem Judenmord der Begriff der „Herrenlosigkeit“ auf das Eigentum der nunmehr schon ermordeten Juden ausgeweitet wurde.[210] Selbst wenn man von den Verteilungskämpfen absieht, die in Bezug auf das Vermögen der ermordeten Juden zwischen SS, Treuhandstelle und Distriktsverwaltungen 1942 ausbrachen, bleibt anzumerken, dass es für Privatvermögen über die Beschlagnahmeordnung hinaus zu keiner weiteren Regelung in Form einer Verordnung über die Einziehung und – wichtiger noch – Verwertung beschlagnahmten Eigentums kam.[211]

Den regulären Übergang des beschlagnahmten Staatsvermögens in das Eigentum des Generalgouvernements meinte man jedoch in einer Verordnung vom 24. September 1940[212] – vielleicht auch in Reaktion auf die Polenvermögensverordnung – regeln zu müssen. Nun wurde das „beschlagnahmte Vermögen des ehemaligen polnischen Staates Eigentum des Generalgouvernements, ohne dass damit das Generalgouvernement Rechtsnachfolger dieses Staates“ geworden wäre.[213] Diese Verordnung war wohl auch der Absicht geschuldet, das Generalgouvernement rechtlich stärker gegen das Reich abzugrenzen; Frank festigte auf diese Weise seinen unabhängigen Status gegenüber den Eingriffen der Berliner Ministerien, nachdem es ihm zuvor gelungen war, den Einfluss von Görings Vierjahresplanbehörde auf ein Minimum zu reduzieren: „Der Herr Generalgouverneur trifft folgende Anordnung: Oberlandesgerichtsrat Dr. Weh erhält den Auftrag, ein Rechtsgutachten zu dem Zweck zu erstatten, ein für allemal und staatsautoritär im Namen des Generalgouvernements feststellen zu können, daß alle Eigentumsrechte des früheren polnischen Staates nach der bekannten Verordnung des Generalgouverneurs über die Beschlagnahme polnischen Staatseigentums als in das Eigentum des Generalgouvernements übergeführt anzusehen sind. Es ist festzustellen, daß insbesondere das Eigentum des polnischen Staates an Immobilien, an Werken, an Grund und Boden aller Art auf das Generalgouvernement übertragen wird. […] Des weiteren ist festzustellen, daß das Deutsche Reich im Generalgouvernement Eigentum aus diesem Rechtsgrund der Übernahme polnischen Staatseigentums nicht besitzt, daß vielmehr hier zunächst als Eigentumsträger ausschließlich das Generalgouvernement wie ein Treuhänder des Deutschen Reiches in Frage kommt.“[214]

---

210 Vgl. für Radom grundlegend Jacek Andrzej Młynarczyk: Judenmord in Zentralpolen. Der Distrikt Radom des Generalgouvernements 1939–1945. Darmstadt 2007.

211 Musial, Deutsche Zivilverwaltung und Judenverfolgung, S. 316f.

212 VO über das Eigentum an dem Vermögen des früheren polnischen Staates vom 24. 9. 1940 (VOBlGGP. I 1940, S. 313); abgedruckt bei Pospieszalski, Hitlerowskie „prawo“ okupacyjne w Polsce, część II, S. 260–262.

213 Aus dem Generalgouvernement Polen. Neue Verordnungen, in: Ostwirtschaft 29 (1940), S. 124f., hier S. 124.

214 Zit. nach Präg/Jacobmeyer (Hg.), Diensttagebuch, S. 268f. (Besprechung vom 4. 9. 1940).

Im Altreich war in der Anfangszeit der allgemeine Kenntnisstand über die Situation im Generalgouvernement gering. So ließ die Berliner Zentrale der Commerzbank bei ihrer Krakauer Filiale noch im Juli 1940 anfragen: „In den angegliederten Ostgebieten hat die Haupttreuhandstelle die Betreuung sämtlicher unter kommissarischer Leitung stehenden Betriebe [sic], sie gilt als Reichsbehörde und die Kredite, die von ihr bezw. unter ihrer Haftung ausdrücklich genehmigt sind, werden als reichsverbürgte Kredite betrachtet. Wie ist die Situation im Vergleich hierzu im General-Gouvernement?“[215]

Entsprechend der von der Lage in den eingegliederten Ostgebieten grundverschiedenen Situation im Generalgouvernement nahmen die Beschlagnahmen bzw. überhaupt die Tätigkeit der Treuhandstelle nur einen wesentlich geringeren Umfang an als in den neuen Reichsteilen. In der ersten Jahreshälfte 1942 standen im Generalgouvernement (ohne den Distrikt Galizien) neben ca. 50000 beschlagnahmten Immobilien (ohne Landwirtschaft und Betriebsvermögen[216]) 3296 Betriebe unter der Verwaltung von 1235 Treuhändern (ohne Betriebe in der Zuständigkeit der Wehrmacht bzw. des RKV)[217]:

Distrikt	Krakau	Warschau	Radom	Lublin	Insgesamt
Industrie	450	353	448	408	1659
Handel und Handwerk	571	138	299	18	1036
Sonstige Betriebe	147	446	6	2	601
Zusammen Betriebe	1168	937	753	428	3296
Zusammen Treuhänder	654	222	309	50	1235

Die im Herbst 1941 auch im neuen Distrikt Galizien aufgezogene Treuhandverwaltung ließ von knapp 550 kommissarischen Verwaltern 753 Unternehmen (ohne landwirtschaftliche Betriebe) verwalten, besonders kleinere und mittlere Einzelbetriebe.[218]

In einem so unsicheren und in seiner Entwicklung schwer einzuschätzenden Gebiet wie dem Generalgouvernement mussten die Kreditinstitute schon aus Gründen der Kreditsicherheiten an Institutionen wie der Treuhandstelle interessiert sein, da eine Kreditvergabe anderenfalls „wegen des Mangels greifbarer Sicherheiten nicht zu erreichen“ war.[219] Innerhalb der beschlagnahmten Vermögensmasse standen Verpflichtungen in Höhe von 600 Mio. Złoty Forderungen in Höhe von 400 Mio. Złoty gegenüber, von denen man jedoch mindestens die Hälfte für uneinbringlich hielt.[220] Die Trennung von Alt- und Neugeschäft schuf auch

215 HAC, SdF Ost, Filiale Krakau: Kreditakte Draht- und Nägelfabrik Brüder Bauminger, Krakau: Zentrale Berlin an CB Krakau vom 26.7.1940.

216 Dabei handelte es sich zum ganz überwiegenden Teil um Grundstücke jüdischer Eigentümer; vgl. Präg/Jacobmeyer (Hg.), Diensttagebuch, S. 523 (Regierungssitzung vom 13.7.1942).

217 Seifert, Die Treuhandverwaltung im Generalgouvernement, S. 186.

218 Ebd.: „Es überwiegen hier die Restaurant-, Hotel- und Kurbetriebe (338); die Industrie ist mit 286, das Handwerk und Kleingewerbe mit 77, der Handel mit 38, die Gruppe ‚Sonstige‘ mit 14 Betrieben vertreten.“

219 Plodeck, Treuhandstelle im Generalgouvernement, S. 112.

220 Seifert, Die Treuhandverwaltung im Generalgouvernement, S. 186.

im Generalgouvernement für die Entschuldung und Umschuldung denkbar schlechte Voraussetzungen, so dass die Lage mit der im Bereich der HTO vergleichbar war.[221] Von einer Lösung blieb man weit entfernt, zumal es nicht zur Verabschiedung einer der Schuldenabwicklungsverordnung ähnlichen Regelung kam. Ein besonderes Problem der Treuhandstelle stellte in diesem Zusammenhang die erst im Oktober 1942 abgeschlossene Regelung des finanziellen Ausgleichs zwischen Generalgouvernement und den eingegliederten Ostgebieten dar, da das Generalgouvernement höhere Forderungen an Unternehmen in den eingegliederten Gebieten besaß als umgekehrt.[222] Letztlich stand aber das gesamte Treuhänderwesen im Generalgouvernement der wirtschaftlichen Konsolidierung im Wege, indem die meisten Treuhänder im Zusammenhang mit der Abwicklung des Altgeschäftes der Linie treu blieben, eigene Forderungen „rücksichtslos eintreiben und exequieren" zu wollen, dagegen die Bezahlung alter Schulden grundsätzlich zu verweigern.[223] Im Zusammenhang mit der notorischen Unzuverlässigkeit zahlreicher Treuhänder, wie sie allenthalben in den Akten aufscheint, wurden die Banken mit Kontrollfunktionen betraut, die wahrzunehmen die Treuhandstelle für das Generalgouvernement und ihre Außenstellen schon personell außerstande waren. So mussten die Konten von treuhänderisch verwalteten Betrieben ständig kontrolliert werden, „um zu verhindern, daß abberufene Treuhänder noch Verfügungen treffen, die sich zu Ungunsten des Unternehmens auswirken könnten".[224]

Während die „Verwertung" der Immobilien zunächst zurückgestellt wurde, begann die Treuhandstelle durch die Gründung einer eigenen „Treuhandverwertungsgesellschaft mbH" in Krakau mit dem Verkauf von beweglichen Vermögen.[225] Die Treuhandverwertungsgesellschaft befasste sich in erster Linie mit der Veräußerung von Betriebsinventar bis hin zu Mobiliar, Ausrüstungsgegenständen etc. und erzielte allein im Jahre 1942 ca. 50 Mio. Złoty Einnahmen.[226] Zu einem signifikanten Ansteigen von Unternehmensverkäufen an Deutsche im Generalgouvernement und damit in Zusammenhang zu entsprechenden Kreditwünschen bei den Banken („Restkaufgelder") war es bis Ende 1942 jedoch nicht gekommen. Einerseits wies die Bankaufsichtsstelle die Krakauer Banken im November 1942 noch einmal explizit darauf hin, dass „Kredite zur Finanzierung von Eigentumsübergängen" vorerst nicht erwünscht seien, aber die Order war beinahe gegen-

---

221 AAN, Rząd GG, Nr. 1295, Bl. 1–22, hier Bl. 6f.: Bericht Fritz Paerschs vom 30. 6. 1940.

222 Übereinkunft über die Behandlung polnischer Vermögenswerte im Deutschen Reich und im Generalgouvernement vom 10. 10. 1942, in: MBlHTO 1942, Nr. 5, S. 126f.; Tätigkeit der Treuhandstelle für das Generalgouvernement, in: Ostwirtschaft 30 (1941), S. 12.

223 IPN, NTN, Bühler-Prozess, Nr. 408, Bl. 14: Denkschrift von 1940 betr. Belebung der Wirtschaft im Generalgouvernement.

224 IPN, Rząd Dystryktu Krakowskiego, Nr. 42, Bl. 238: Abteilung Treuhandstelle im Amt des Generalgouverneurs (gez. Plodeck) an die Leiter der Treuhandaußenstellen der Distrikte Krakau, Warschau, Radom, Lublin, 11. 1. 1941, betr. Bekanntmachung des Erlöschens der Vertretungsbefugnis abberufener Treuhänder.

225 Plodeck, Treuhandstelle im Generalgouvernement, S. 113; BArch, R 84/1063: Bericht der Deutschen Revisions- und Treuhand Aktiengesellschaft Berlin über die Prüfung bei der Treuhand-Verwertungs-GmbH, Krakau.

226 Götz Aly: Hitlers Volksstaat. Raub, Rassenkrieg und nationaler Sozialismus. Frankfurt a. M. [3]2005, S. 211.

standslos: „Bei der Bank der Deutschen Arbeit, Kommerzialbank und Commerzbank hat sich ein diesbezüglicher Kreditbedarf bisher nicht geltend gemacht. […] Herr Weinkauf [Landeswirtschaftsbank] gab an, dass einige Kunden um Kreditierung der ganzen Kaufsumme gebeten hätten, nur um mit der Treuhandverwaltung nichts mehr zu tun zu haben. Herr Dr. Laschtowiczka schätzte […] den Gesamtbedarf derartiger Kredite auf ca. 30–40 Millionen, wobei der grösste Anteil auf die Landeswirtschaftsbank entfällt."[227]

Auch in der Folgezeit blieben Verkäufe von Unternehmen und Betrieben eher die Ausnahme, so dass das beschlagnahmte Vermögen weiterhin nur für das Generalgouvernement verwaltet wurde, die Regierung wiederum auf die Treuhänder angewiesen blieb, und die Situation gleichsam einer „Verstaatlichung unter chronischem Personalmangel" glich.

Nachdem jedoch die „Verwertung" des beweglichen Vermögens durch die Treuhandstelle bereits begonnen hatte, stellte sich spätestens 1942 die Frage nach dem weiteren Vorgehen in Bezug auf die beschlagnahmten Immobilien, die in erster Linie aus jüdischem Eigentum stammten.[228] Bis zu diesem Zeitpunkt waren die angefallenen „Liegenschaftserträgnisse" auf einem zentralen Konto der Treuhandstelle bei der Creditanstalt-Bankverein eingegangen.[229]

„Der Grundsatz der Zurückstellung der Verwertung bei unbeweglichen Vermögen während der Dauer des Krieges erfährt eine Abwandlung bei jüdischem Grundbesitz. Hier erfordert die Beobachtung der im Reich herrschenden Grundsätze über die Ausschaltung der Juden aus dem Wirtschaftsleben in gleicher Weise wie die Bedachtnahme auf die ungünstigen Wohnverhältnisse für die Deutschen im Generalgouvernement sofortige Maßnahmen der Verwertung, deren Durchführung zu den besonderen Aufgaben der Abt. Treuhandstelle gehört."[230]

Zu diesem Zeitpunkt war die Treuhandstelle zum ganz überwiegenden Teil mit der Verwaltung von Immobilien befasst, allein im Distrikt Lublin befanden sich ca. 22000 Grundstücke in der Verfügungsgewalt der Treuhandstelle.[231] Mitte Juli 1942 plante die Hauptabteilung Wirtschaft die Gründung „einer Gesellschaft zur Verwaltung der rund 50000 jüdischen Grundstücke", da die „bisherige treuhändische Verwaltung […] ‚nicht befriedigend'" gewesen sei. „42000 dieser Grundstücke würden von der Regierung ‚gewissermaßen an die Gemeinden verschenkt.'"[232]

---

227 AAN, Rząd GG, Nr. 1357/1, Bl. 5–11, hier Bl. 10f.: Aktenvermerk der Bankaufsichtsstelle vom 13.11.1942 über die Besprechung am 9.11.1942 mit Vertretern der Kommerzialbank, Creditanstalt, Commerzbank, Bank der Deutschen Arbeit und Landeswirtschaftsbank.

228 IPN, Rząd Dystryktu Krakowskiego, Nr. 42, Bl. 415f.: Abteilung Treuhand-Außenstelle beim Chef des Distrikts Krakau (gez. Braunegg) an die Abteilung Treuhandstelle im Amt des Generalgouverneurs, 5.6.1940, betr. Zwangsbewirtschaftung jüdischer Unternehmungen und Vermögenskomplexe. Einsetzung von Treuhändern außer dem Rahmen der Beschlagnahmeordnung. Zu Treuhändern vgl. auch Weichert, Zikhroynes, S. 190.

229 Ebd., Bl. 418: Abteilung Treuhand-Außenstelle beim Chef des Distrikts Krakau (gez. Braunegg) – Entwurf eines Schreibens, 3.6.1940, betr. Zwangsbewirtschaftung jüdischer Miet- und Wohnhäuser.

230 Plodeck, Treuhandstelle im Generalgouvernement, S. 113.

231 Musial, Deutsche Zivilverwaltung und Judenverfolgung, S. 152, 314.

232 Präg/Jacobmeyer (Hg.), Diensttagebuch, S. 523 (Regierungssitzung vom 13.7.1942).

Dass man nun plötzlich dringenden Handlungsbedarf sah, hing zweifellos mit der kurz zuvor begonnenen Judenvernichtung zusammen. Da auch hier das Personal fehlte, um die „herrenlos" gewordenen Immobilien zu verwalten, blieben der Verkauf oder aber die Schenkung an die Gemeinden als Alternative übrig.

Das rief auch die deutschen Kreditinstitute auf den Plan. Nachdem es der Commerzbank 1942 endlich gelungen war, mit der Treuhandverwertungsgesellschaft in Geschäftsbeziehungen einzutreten, erhoffte sie sich besonders nach der Gründung einer „Grundstücks A.-G." von dieser Seite „erhebliche Beträge".[233]

Als man Ende des Jahres jedoch daranging, die Frage jüdischen Immobilienbesitzes zu klären, vertrat der HSSPF in Krakau den Standpunkt, „aus diesem Besitzkomplex in erster Linie die Bedürfnisse des Reichskommissars für die Festigung deutschen Volkstums" befriedigen zu müssen. Erst anschließend „könnten die verbleibenden minderwertigen für uns in keiner Weise brauchbaren Objekte den Polen verkauft werden". Im Übrigen wollte man jedoch nicht den Anschein erwecken, dass „die SS aus dem offenen Handel mit Judengut ein Geschäft" mache.[234] Gleichwohl dachte die SS nicht daran, die „Verwertung" jüdischen Eigentums einfach der Regierung des Generalgouvernements zu überlassen: „Der Reichsführer-SS hat eine Allgemeine Anordnung unterzeichnet, wonach das gesamte unbewegliche Vermögen der Juden dem Reichskommissar für die Festigung deutschen Volkstums zur Verfügung zu stellen ist. Der Reichsführer-SS erklärte dabei, dass er für sich das Recht in Anspruch nimmt, die Volkstumsverhältnisse innerhalb des Generalgouvernements in alleiniger Machtvollkommenheit zu regeln. Bei der Dienststelle des Beauftragten in Krakau soll möglichst bald ein Bodenamt errichtet werden."[235]

Dazu sollte es jedoch nicht kommen, denn Frank ließ Himmlers Anordnung bereits Ende Januar 1943 annullieren[236], und das Scheitern der „Germanisierungs"-Projekte im Distrikt Lublin im Laufe des Jahres 1943 führte schließlich dazu, dass die Frage bis Kriegsende nicht mehr gelöst wurde.[237] Der Schätzwert der Immobilien in der Verwaltung der Treuhandstelle – ca. 1,5 Mrd. Złoty[238] – stand auf diese Weise nur auf dem Papier.

---

[233] APKr, BN–III/1: CB Krakau an Zentrale Berlin, 14.9.1942, betr. Liquiditätsaufstellung per 31.8.1942.

[234] IPN, NTN, Nr. 332, Bühler-Prozess, Bd. 86, Bl. 219f., hier Bl. 219: Chef des SS-WVHA an RFSS, 26.11.1942, betr. Verwertung jüdischen Besitzes im Generalgouvernement (Abschrift).

[235] IPN, NTN, Nr. 332, Bühler-Prozess, Bd. 86, Bl. 214: Aus dem Bericht von SS-Gruppenführer Greifelt über seinen Vortrag beim Reichsführer-SS am 15.12.1942 betr. Behandlung des jüdischen Vermögens im Generalgouvernement; ebd., Bl. 215f.: Reichsführer-SS, Reichskommissar für die Festigung deutschen Volkstums – Allgemeine Anordnung Nr. 18/c vom 15.12.1942 über die Behandlung jüdischen Vermögens im Generalgouvernement.

[236] Präg/Jacobmeyer (Hg.), Diensttagebuch, S. 613–616, hier S. 615 (Haushaltsbesprechung vom 26.1.1943).

[237] Vgl. Musial, Deutsche Zivilverwaltung und Judenverfolgung, S. 312–314; vgl. die diesbezügliche Aussage Josef Bühlers bei Jerzy Sawicki: Vor dem polnischen Staatsanwalt. Berlin 1962, S. 218f.

[238] Präg/Jacobmeyer (Hg.), Diensttagebuch, S. 615.

Nach dem Vorbild der Kreditvergabe an treuhänderisch bzw. kommissarisch verwaltete Betriebe im HTO-Verfahren, die allerdings auf die eingegliederten Gebiete beschränkt war, versuchte die Treuhandstelle für das Generalgouvernement bereits 1940 ein ähnliches Kreditsystem zu errichten. Vergleichbar dem Vorgehen des HTO wollte man im Generalgouvernement durch systematisches Abziehen der Gewinne bei rentablen Treuhänderbetrieben einen von der Trauhandverwertungsgesellschaft verwalteten Aufbaufonds in Höhe von ca. 50 Millionen Złoty gründen, um aus diesem Fonds ein von den Kreditinstituten unabhängiges Kreditgeschäft für die kommissarisch verwalteten Betriebe finanzieren zu können.[239] Anders jedoch als im Falle der eingegliederten Gebiete, in denen die HTO die Banken stärker in ihre Tätigkeit integrierte, ihnen allerdings auch die Konditionen diktierte, wollte die Treuhandstelle für das Generalgouvernement das sich an die Treuhänderbetriebe richtende Aufbauprogramm selbst finanzieren. Die Kosten für die Gesamtsanierung aller beschlagnahmten und nicht liquidierten Unternehmen und Firmen sollte im Laufe zweier Jahre vor allem „aus dem herrenlosen und jüdischen Mietshaus- und Bürohausgrundstücksbesitz" bestritten werden, dessen jährlicher Ertrag auf 100 bis 150 Millionen Złoty geschätzt wurde.[240] Dass der jüdische Immobilienbesitz von den Nationalsozialisten letzten Endes für sehr viel wichtiger gehalten wurde als die Depositenabwicklung in den Kreditinstituten, zeigt sich auch daran, dass in einer anlässlich des dritten Jahrestages des Kriegsbeginns sowie der Gründung des Distrikts Warschau im Generalgouvernement herausgegebenen Schrift der „Verwaltung des jüdischen Grundbesitzes" ein ganzes Kapitel gewidmet wird, während vom Kreditwesen nur peripher die Rede ist.[241] Insgesamt gilt für die Treuhandstelle für das Generalgouvernement dasselbe wie für die HTO, dass nämlich „verwaltungsethische Dimensionen" der Rechtmäßigkeit administrativen Handelns „nur unter den Gesichtspunkten Ordnungsmäßigkeit, Sparsamkeit und Pflichterfüllung von Interesse" waren.[242]

Der Raub jüdischen Eigentums und die Judenvernichtung

Bei dem Versuch, die unbeschreibliche Brutalität zu erklären, mit der die Nationalsozialisten in Europa und besonders in Polen bzw. der Sowjetunion gegen Juden vorgingen, sind Historiker vereinzelt der Versuchung erlegen, den Judenmord auf ein einziges Movens zurückzuführen – der der „ökonomischen Rationalität".[243] Der Judenmord in Polen „rechnete" sich für die Nationalsozialisten je-

---

239 AAN, Rząd GG, Nr. 1257, Bl. 24–37, hier Bl. 33f.: Wirtschaftsplanung im Rahmen der treuhänderisch verwalteten Vermögensobjekte – Zweijahresplan – (August 1940) der Treuhandstelle für das Generalgouvernement; vgl. ebd., Bl. 59–61: Runderlaß an die Treuhand-Außenstellen über Kreditgewährung an treuhänderisch verwaltete Vermögensobjekte im Generalgouvernement (Entwurf).

240 Ebd., Bl. 35.

241 Gollert, Warschau unter deutscher Herrschaft, S. 170–178. Gollert war Leiter des Amtes für Raumordnung im Generalgouvernement.

242 Gilles, Besatzungsverwaltung und Finanzkontrolle am Beispiel des Generalgouvernements, S. 140f.

243 Vgl. hierzu Dan Diner: Die Wahl der Perspektive. Bedarf es einer besonderen Historik des Nationalsozialismus?, in: Schneider (Hg.), „Vernichtungspolitik", S. 65–75, hier S. 70.

doch nicht, und der Einsatz jüdischer Zwangsarbeiter und noch viel mehr ihre Ermordung stellten nicht nur eine menschliche, sondern auch eine ökonomische Katastrophe dar. Das Herausgreifen einer nach Millionen zählenden jüdischen Bevölkerung aus der Gesamtwirtschaft konnte von vornherein nur Verluste bringen, und die Leistungen, die Juden als Zwangsarbeiter erbrachten, lagen wegen ihrer erbärmlichen Unterbringung und Ernährung immer sehr deutlich unter dem Stand der Vorkriegszeit. Wenn sich die Deutschen nun weigerten, diese Diskrepanz etwa durch Fürsorgeeinrichtungen zu kompensieren, so lief dies zwangsläufig auf eine „indirekte Vernichtung" hinaus, die sich sehr rasch zu systematischen Massentötungen ausweitete. Dreißig Prozent der Opfer des NS-Judenmords in Europa stammten aus dem Generalgouvernement (inklusive Distrikt Galizien). Wie gut aber war der Informationsstand deutscher Großbankfilialen im besetzten Polen in Bezug auf die dort durchgeführte „Judenpolitik" und den Massenmord? Und welche Rolle spielten die Banken durch ihre Tätigkeit bei der Diskriminierung, Entrechtung und Pauperisierung der polnischen Juden?

Bei der Zerstörung der Lebensgrundlage der polnischen Juden im Generalgouvernement lassen sich in Anlehnung an die Überlegungen von Dora Agatstein-Dormontowa drei Phasen unterscheiden[244]: Die erste Phase kennzeichnet die Zeit vom Überfall auf Polen bis zum Beginn der Gettoisierung, die zweite markiert den Zeitraum von der Einrichtung der Gettos bis zum Beginn des systematischen Judenmords im Frühjahr 1942, die dritte Phase hingegen umfasst die Zeit von der Durchführung der „Aktion Reinhard" bis Kriegsende. Jeder dieser Phasen kann eine spezifische Art der „Verwertung" des Eigentums der polnischen Juden zugeordnet werden: Während man sich anfänglich auf das „Abschöpfen des Rahms"[245], d.h. auf die Beschlagnahmung nur der wichtigeren Unternehmen und Immobilien, und ansonsten auf die Erfassung jüdischen Eigentums konzentrierte, nahmen die Beschlagnahmen in der Phase der Gettoisierung einen ungleich größeren Umfang an, vor allem in den Distriktshauptstädten. Die Phase des Massenmords schließlich war verbunden mit der „Verwertung" der aufgelösten und abgebrochenen Gettos sowie der letzten Habe der in den verbliebenen Zwangsarbeitslagern und den Vernichtungszentren Bełżec, Sobibór, Treblinka getöteten Juden.

Totale Entrechtung und Zerstörung der wirtschaftlichen Existenz der Juden im Generalgouvernement

Als Auftakt zur Entrechtung der jüdischen Bevölkerung im Generalgouvernement war es bereits im Herbst 1939 – auch bei deutschen Kreditinstituten, wie beispielsweise bei der Filiale Tarnów der Kommerzialbank – zu ersten willkürlichen Beschlagnahmen von Bankkonten jüdischer Inhaber gekommen: „Es ist wahrscheinlich damit zu rechnen, dass der Stadtkommandant einen Teil der bei der Filiale eröffneten jüdischen Konten im ausmachenden Betrage von vielleicht Zl. 100000,– beschlagnahmen wird, um die dringenden Geldbedürfnisse der Stadt

[244] Dora Agatstein-Dormontowa: Żydzi w Krakowie w okresie okupacji niemieckiej, in: Rocznik Krakowski 31 (1957), S. 183–223, hier S. 183; Roman Kiełkowski: ... Zlikwidować na miejscu. Z dziejów okupacji hitlerowskiej w Krakowie. Kraków 1981, S. 17ff.

[245] Hilberg, Vernichtung, S. 253.

Tarnow vorübergehend befriedigen zu können. Die Filiale wird nichts unversucht lassen, um dieser Beschlagnahme zu entgehen. Ob es ihr gelingen wird, scheint zumindest fraglich."[246]

Freilich wehrte sich die Kommerzialbank nicht um der jüdischen Kontoinhaber willen, sondern wegen der Art des Vorgangs. Es ging hier wie auch später im Verlauf der Judenvernichtung bei Einreichung „herrenloser" Sparbücher durch Dienststellen der Polizei und SS um ein ordnungsgemäßes, berechen- und verbuchbares Vorgehen, das die Banken eine ihrem Geschäftsgebaren entsprechende Ordnung einhalten ließ.

Anweisungen und Verordnungen, die die jüdische Bevölkerung im Generalgouvernement diskriminierten, ihre Rechte und ihr Eigentum beschnitten, zählten im Herbst 1939 rasch nach Dutzenden.[247] So verlangte der Verwaltungschef beim Militärbefehlshaber in Krakau bereits Ende Oktober 1939 von den Land- und Stadtkommissaren einen Überblick über das in seinem Zuständigkeitsbereich befindliche Gewerbe und „seine Aufgliederung in arische [sc. polnische][248] und jüdische Betriebe" und regte an, bei dieser Gelegenheit bis spätestens zum 1. Dezember „sämtliche unzuverlässige Personen und Personen jüdischer Abstammung auszuscheiden und in die frei gewordenen Betriebe Treuhänder einzusetzen".[249]

Auch im Generalgouvernement wurden die Konten von Juden im Herbst 1939 blockiert – sogar mehrfach durch sich überschneidende Anordnungen der militärischen, zivilen und polizeilichen Dienststellen.[250] In obsessiver Verkennung der Realität sahen die Deutschen in der möglichen Verheimlichung der, wie man glaubte, umfangreichen Devisenwerte, die die jüdische Bevölkerung angeblich besäße, eine besondere Gefahr.[251] Juden durften fortan nur mehr über 250 Złoty wöchentlich verfügen, Beträge oberhalb von 2000 Złoty waren einzahlungspflichtig. Zeitgleich wurde das polnische Staatseigentum zum Besitz des Generalgouvernements erklärt. Während aber das Privatvermögen der polnischen Bevölkerung dem Zu-

---

[246] APK, Dresdner Bank Kattowitz, Nr. 145, Bl. 146–151, hier Bl. 150: Bericht der Dresdner Bank Kattowitz über die im ostoberschlesischen Bezirk sowie im besetzten Gebiet gelegenen Filialen vom 23.–28. 10. 1939.

[247] Zygmunt Lilienthal: Sytuacja prawna Żydów krakowskich w okresie okupacji niemieckiej, in: W 3-cią rocznicę zagłady ghetta w Krakowie (13.III. 1943–13.III. 1946). Kraków 1946, S. 101–119; Agatstein-Dormontowa, Żydzi w Krakowie w okresie okupacji niemieckiej, passim; Brustin-Berenstein, Hitlerowskie dyskryminacje gospodarcze wobec Żydów, S. 156–190; Musial, Deutsche Zivilverwaltung und Judenverfolgung, S. 146–156; Aus dem Generalgouvernement für die besetzten polnischen Gebiete, in: Ostwirtschaft 29 (1940), S. 83; Wrzyszcz, Die deutsche „Wirtschafts-"Rechtssetzung im Generalgouvernement, S. 74 ff.

[248] Auf die Inkonsequenz, mit der die Nationalsozialisten die Polen entweder als „Arier" oder als „slavische Untermenschen" einstuften, kann hier nicht näher eingegangen werden. Vgl. hierzu grundlegend Diemut Majer: „Fremdvölkische" im Dritten Reich. Ein Beitrag zur nationalsozialistischen Rechtssetzung und Rechtspraxis in Verwaltung und Justiz unter besonderer Berücksichtigung der eingegliederten Ostgebiete und des Generalgouvernements. Boppard am Rhein 1981.

[249] APKr, Starosta Miasta Krakowa, Nr. 375, Bl. 1–3: Verwaltungschef beim Militärbefehlshaber Krakau (gez. Hilgers) an alle Land- und Stadtkommissare, 25. 10. 1939, betr. Gewerbewesen.

[250] Weichert, Zikhroynes, S. 190.

[251] Becker, Devisenbewirtschaftung, S. 117. Siehe oben S. 58.

griff der nationalsozialistischen Dienststellen nur potenziell unterstellt wurde (d.h. nur „im Bedarfsfall“ der Beschlagnahme unterlag), war dies im Falle jüdischen Eigentums obligatorisch.[252] Zugleich bezeichnend für die politisch-weltanschauliche Stoßrichtung im Generalgouvernement war, dass eine Reihe von Verordnungen zur „Entjudung“, Enteignung und Treuhandverwaltung im Generalgouvernement deutlich rascher eingeführt wurde als in den eingegliederten Ostgebieten. Die Nürnberger Gesetze kamen hingegen nicht zur Anwendung im Generalgouvernement; vielmehr erließ Frank am 24. Juli 1940 eine dem Inhalt nach ähnliche Verordnung „über die Bestimmung des Begriffs ‚Jude‘ im Generalgouvernement“[253], was für die bereits zuvor implementierten antijüdischen Maßnahmen jedoch ohne Bedeutung blieb. Bereits am 28. November 1939 war angeordnet worden, bis zum Ende des Jahres „in jeder Gemeinde“ als „eine Vertretung der Juden“ so genannte Judenräte zu bilden, die die Vorstände der Jüdischen Gemeinden ersetzten.[254]

Seit dem 1. Dezember 1939 galt die Kennzeichnungspflicht für Juden[255], noch früher – durch eine der ersten Verordnungen Franks in seiner Funktion als Generalgouverneur – war der Arbeitszwang für Juden zwischen dem 14. und 60. Lebensjahr dekretiert worden, die „zu diesem Zwecke in Zwangsarbeitertrupps zusammengefaßt“ werden sollten. Zur Durchführung entsprechender Maßnahmen ermächtigte Frank zugleich den HSSPF Ost Friedrich Wilhelm Krüger[256]; für die

---

252 VO über die Beschlagnahme des Vermögens des früheren polnischen Staates innerhalb des Generalgouvernements vom 15.11.1939 (VOBlGGP. 1939, S. 38); AO Nr. 4 des Leiters der Abteilung Devisen im Amte des Generalgouverneurs betr. allgemeine Maßnahmen zur Sicherstellung jüdischen Vermögens vom 20.11.1939 (VOBlGGP. 1939, S. 57); vgl. VO über die Beschlagnahme von privaten Vermögen im Generalgouvernement vom 24.1.1940 (VOBlGGP. I 1940, S. 23); VO über die Pflicht zur Anmeldung jüdischen Vermögens im Generalgouvernement vom 24.1.1940 (VOBlGGP. I 1940, S. 31). Zu den wirtschaftlichen Folgen bei jüdischen Handwerkern und Kleinunternehmern und dem willkürlichen Raub vgl. Weichert, Zikhroynes, S. 46.

253 VO über die Bestimmung des Begriffs „Jude“ im Generalgouvernement vom 24.7.1940 (VOBlGGP. I 1940, S. 231); abgedruckt in: Faschismus – Getto – Massenmord, S. 89-91; vgl. Golczewski, Polen, S. 427, Anm. 88. §4 der VO regelte, in welchen Fällen ein „Gewerbebetrieb“ als jüdisch zu gelten hatte. Vgl. APKr, Starosta Miasta Krakowa, Nr. 133, Bl. 529-533: Bemerkungen zur Treuhänder-Frage (Mai 1940), darin: Diskussion der Frage „Was ist unter jüdischen Unternehmen zu verstehen?“.

254 VO über die Einsetzung von Judenräten vom 28.11.1939 (VOBlGGP. 1939, S. 72); abgedruckt bei Pospieszalski, Hitlerowskie „prawo“ okupacyjne w Polsce, część II, S. 551. Zur Bildung von „Judenräten“ kam es vereinzelt (z. B. in Krakau) jedoch schon deutlich früher; vgl. Andrea Löw: „Wir wissen immer noch nicht, was wir machen sollen.“ Juden in Krakau unter deutscher Besatzung bis zur Errichtung des Gettos, in: dies./Kerstin Robusch/Stefanie Walter (Hg.), Deutsche – Juden – Polen. Geschichte einer wechselvollen Beziehung im 20. Jahrhundert. Frankfurt a. M./New York 2004, S. 119-136, hier S. 120; Trunk, Judenrat, passim; Imposed Jewish Governing Bodies under Nazi Rule, passim; Gutman/Haft (Hg.), Patterns of Jewish Leadership, passim.

255 VO über die Kennzeichnung von Juden und Jüdinnen im Generalgouvernement vom 23.11.1939 (VOBlGGP. 1939, S. 61); abgedruckt in: Faschismus – Getto – Massenmord, S. 66.

256 VO über die Einführung des Arbeitszwangs für die jüdische Bevölkerung des Generalgouvernements vom 26.10.1939 (VOBlGGP. 1939, S. 6); abgedruckt in: Faschismus – Getto – Massenmord, S. 203; Präg/Jacobmeyer (Hg.), Diensttagebuch, S. 77 (Abteilungsleitersitzung vom 8.12.1939).

vollständige „Erfassung der Arbeitszwangspflichtigen" wurden die soeben eingesetzten „Judenräte" verantwortlich gemacht.[257] Darüber hinaus war den Juden des Generalgouvernements ab 1. Januar 1940 der Wohnortwechsel verboten[258], bald darauf folgten die ersten Gettoisierungen bzw. die Einrichtung „jüdischer Wohnbezirke".[259] Hinzu kam schließlich auch, dass die Zivilverwaltung vielen jüdischen Gemeinden wie beispielsweise der in Lublin Ende 1939/Anfang 1940 willkürlich hohe Kontributionen auferlegte, deren verspätete oder ausbleibende Zahlung wiederum als Anlass für neuerliche Beschlagnahmeaktionen sowie zahlreiche Verhaftungen jüdischer Firmenbesitzer und Gewerbetreibender vornehmlich im Handelssektor diente.[260] Der beschriebene Maßnahmenkatalog führte für die Juden im Generalgouvernement zu einer Verschlechterung ihrer ohnehin schon katastrophalen Lage. Was sich ihnen als eine ausweglose, furchtbare Lage darstellte, der sie schutzlos ausgeliefert waren, bedeutete für die deutschen Banken, die im Herbst eine Ausweitung ihrer Geschäfte auf das Generalgouvernement anstrebten, dass Juden für die neu eröffneten Bankfilialen in Krakau als potenzielle Kunden gar nicht erst in Frage kamen.

Da die endgültige Installation der Großbankfilialen im Generalgouvernement größtenteils auf November/Dezember 1939 zu datieren ist, auf eine Zeit mithin, zu der die wichtigsten und grundlegenden antijüdischen Verordnungen in Vorbereitung oder bereits in Kraft getreten waren, und da die Großbanken schon wegen des Fortbestandes einiger polnischer Kreditinstitute auf Geschäfte mittlerer und großer Volumina ausgerichtet waren, hielten sich die praktischen Möglichkeiten, es mit als jüdisch angesehenen Unternehmen, Betrieben oder mit Juden als Einzelkunden zu tun zu haben, in vergleichsweise engen Grenzen. Dass die „Judenpolitik" der Nationalsozialisten dennoch Eingang in das Denken der Bankkaufleute, die seitens der Berliner Großbanken für den „Osteinsatz" abgestellt wurden, fand, zeigen einige „Erfahrungsberichte", wie sie beispielsweise Mitarbeiter der Commerzbank in ihrer Werkzeitschrift „Der Arbeitskamerad"[261] im Januar 1940 veröffentlichten: „Freche Judengesichter sehen uns an. Neben diesen Verbrechertypen sucht man vergeblich nach einem richtigen polnischen Gesicht. Fast das

---

257 Zweite Durchführungsvorschrift zur VO vom 26.10.1939 über die Einführung des Arbeitszwanges für die jüdische Bevölkerung des Generalgouvernements (Erfassungsvorschrift) vom 12.12.1939 (VOBlGGP. 1939, S. 246), bes. §§ 3, 8; abgedruckt in: Faschismus – Getto – Massenmord, S. 205–208.

258 Erste Durchführungsvorschrift zur VO vom 26.10.1939 über die Einführung des Arbeitszwanges für die jüdische Bevölkerung des Generalgouvernements vom 11.12.1939 (VOBlGGP. 1939, S. 231); abgedruckt bei Pospieszalski, Hitlerowskie „prawo" okupacyjne w Polsce, część II, S. 560–562.

259 Für diesen Prozess besonders anschaulich IPN, NTN, Nr. 340, Bühler-Prozess, Bd. 94, Bl. 1–138, hier Bl. 103f.: Bericht über die Tätigkeit der jüdischen Gemeinde in Krakau in der Zeit vom 13.9.1939 bis 30.9.1940, bearb. von Franz Guen. Krakau [Oktober 1940].

260 Józef Kasperek: Kronika wydarzeń w Lublinie w okresie okupacji hitlerowskiej. Lublin [2]1989, S. 37, 43; Dmitrzak, Causes of imposing contributions, S. 161ff.; zu Kontributionen nach Beginn des Judenmords vgl. Musial, Deutsche Zivilverwaltung und Judenverfolgung, S. 315f.

261 Das Impressum vermerkt, dass die Herausgabe des „Arbeitskameraden" „im Einvernehmen mit dem Presseamt der DAF. von der Betriebsgemeinschaft Commerzbank Aktiengesellschaft" erfolge; zit. nach HAC, Der Arbeitskamerad 8 (1941), S. 44.

ganze Geschäftsleben ist verjudet. Nachdem die deutsche Verwaltung die Kennzeichnung verlangt hat, sieht man fast an jedem Schaufenster den Davidstern."[262]

Dabei war die allgemeine Einstellung im Herbst 1939 noch von der Erwartung geprägt, dass das Generalgouvernement zugunsten des Reiches ausgeschlachtet, nicht jedoch zur „Heimstatt" der Polen (und Juden) umgewandelt werden sollte: „Jede Entwicklung von Gewerbe und Industrie im Generalgouvernement Polen kommt, was wenig wünschenswert wäre, den jüdischen Polen zugute. Selbst wenn aus einem Teile Restpolens ein mitteleuropäisches Ghetto gebildet werden sollte, würde dieses in erster Linie gewerblich produzieren."[263]

Schon angesichts der Bevölkerungsstruktur im Generalgouvernement war es jedoch unumgänglich, dass die Banken und ihre Mitarbeiter auf die eine oder andere Weise mit der „Judenpolitik" sowie später mit der Judenvernichtung in Berührung kamen oder von ihr Kenntnis erhielten. Einige Vorstands- bzw. Aufsichtsratsmitglieder waren direkt an ihr beteiligt. So wählte die Hauptversammlung der Kommerzialbank im September 1941 keinen geringeren als Edmund Veesenmayer für drei Jahre in den Aufsichtsrat.[264] Veesenmayer, studierter Ökonom und Dozent an der TH München sowie an der Berliner Wirtschaftshochschule, der seit den 1930er Jahren u.a. auch im Vorstand der Wiener Länderbank saß, hatte zuvor als Referent Wilhelm Kepplers eine Schlüsselrolle beim „Anschluss" Österreichs gespielt[265] und verschiedene diplomatische Aufgaben in Mittelosteuropa wahrgenommen, bis er seit 1941 zunächst in Serbien, später in der Slowakei und schließlich in Ungarn einen nachhaltigen Einfluss auf die Durchsetzung der Judendeportationen und -vernichtung nahm.[266]

War aus deutscher Perspektive das Eigentum der jüdischen Bevölkerung erst einmal „gesichert", ging man noch Ende 1939 an die Kontrolle, Erfassung und Beschlagnahme dieser Werte. Hierzu gehörte „mit Rücksicht auf die steuerliche Unzuverlässigkeit der Juden" zunächst die Aufhebung des Bankgeheimnisses bei Juden:

„§ 1 [...] Sämtliche Geldanstalten jeder Art, Bankiers und Geldverleiher haben denjenigen Beamten der Reichsfinanzverwaltung und der früheren polnischen Steuerfinanzverwaltung, die einen entsprechenden Ausweis vorweisen, jede gewünschte Auskunft über ihre Geschäftsbeziehungen zu Juden und jüdischen Firmen zu erteilen unter Vorlage der betreffenden Bücher, Belege und des Schriftwechsels. [...]

262 HAC, Der Arbeitskamerad 7 (1940), S. 4: Kamerad Soldat Gerhard Schneider (Berlin, Depka U) schreibt über seine Eindrücke in Krakau.

263 Jungfer, Untersuchungen über die Finanzierung des Aufbaus von Gewerbe und Industrie, S. 90.

264 AAN, Rząd GG, Nr. 1389, Bl. 14–25, hier Bl. 17: Notarielles Protokoll über die Hauptversammlung der Bank vom 22.9.1941 betr. Satzungsänderung und Kapitalerhöhung auf 5 Mio. Złoty.

265 Zu seiner Rolle bei der Verdrängung von Juden aus Vorstand und Belegschaft der Wiener Mercurbank, dem Mutterinstitut der Kommerzialbank, vgl. Ziegler, „Germanisierung" und „Arisierung" der Mercurbank, S. 37f.

266 Weiß (Hg.), Biographisches Lexikon zum Dritten Reich, S. 466–468; Enzyklopädie des Holocaust, Bd. 3, S. 1486f.; Igor-Philip Matić: Edmund Veesenmayer. Agent und Diplomat der nationalsozialistischen Expansionspolitik. München 2002, passim.

§2 Die Geldanstalten, Bankiers und Geldverleiher sind auf besonderes Verlangen des im §1 Absatz 2 genannten Beauftragten der Reichsfinanzverwaltung verpflichtet, diesem ein Verzeichnis ihrer sämtlichen Kunden vorzulegen zwecks Prüfung, welche Juden und jüdischen Firmen sich darunter befinden.

§3 Als jüdische Firmen gelten alle Geschäfte, die sich entweder ganz oder zu mehr als 50% in jüdischen Händen befinden oder mit jüdischem Geld betrieben werden."[267]

Für die Behörden eröffneten sich hiermit keine Möglichkeiten, die sie zuvor nicht auch schon gehabt hätten, d.h. einen Zugriff auf Konten jüdischer, polnischer, wohl aber auch deutscher Provenienz. „Bankgeheimnis" war im Nationalsozialismus ohnehin ein sehr relativer Begriff. Gleichwohl ergab sich für die Kreditinstitute hieraus ein legalistischer Rahmen für ihre weitere Zusammenarbeit mit den NS-Besatzungsbehörden.

Die Not der in Zentral- und Ostpolen ansässigen Juden wurde nach dem deutschen Überfall 1939 nicht nur durch die ohnehin schlechten Rahmenbedingungen im Generalgouvernement vergrößert, sondern auch durch die Deportation Zehntausender Juden aus den eingegliederten Gebieten. Die Deportierten hatten bis auf ihr Handgepäck in der Regel ihre gesamte Habe zurücklassen müssen und stellten daher die jüdischen Gemeinden und die kurze Zeit später gegründeten (polnischen bzw. jüdischen) Hilfsorganisationen im Generalgouvernement wie die RGO und die der Unterabteilung Bevölkerungswesen und Fürsorge[268] unterstehende und von dem Warschauer Rechtsanwalt und Theaterregisseur Michael Weichert (1890–1967)[269] geleitete Jüdische Soziale Selbsthilfe (JSS; Żydowska Samopomoc Społeczna, ŻSS) vor außerordentlich schwierige Aufgaben.[270] Ähnlich wie in den eingegliederten Gebieten erklärten sich auch im Generalgouvernement die Wohlfahrtsbehörden für die Hunger und Not leidende jüdische Bevölkerung nicht zuständig.[271] Hinzu kam, dass jüdische Empfänger staatlicher Pensionen bereits frühzeitig von der Fortzahlung jeglicher Unterstützungen explizit ausgenommen wurden.[272] Bei der Umstellung auf die neue Złoty-Währung Mitte Januar

[267] IPN, NTN, Nr.333, Bühler-Prozess, Bd.87, Bl.8: VOBl. des Chefs der Zivilverwaltung (Krakau) Nr.6 vom 12.10.1939 – Verordnung zur Bekämpfung der steuerlichen Unzuverlässigkeit der Juden (gez. Gottlob Dill).

[268] Vgl. die höchst problematische Darstellung des ehemaligen Leiters der Abteilung, Fritz Arlt: Polen-, Ukrainer-, Juden-Politik im Generalgouvernement für die besetzten polnischen Gebiete 1939/40 und in Oberschlesien 1941/43 und im Freiheitskampf der unterdrückten Ostvölker. Dokumente, Äußerungen von Polen, Ukrainern und Juden. Richtigstellungen von Fälschungen, Erinnerungen eines Insiders. Lindhorst 1995.

[269] Zu Weichert vgl. David Engel: Who is a Collaborator? The Trials of Michał Weichert, in: The Jews in Poland, volume II. Edited by Sławomir Kapralski. Cracow 1999, S.339–370.

[270] Vgl. Bogdan Kroll: Rada Główna Opiekuńcza 1939–1945. Warszawa 1985, bes. S.224ff.; Ronikier, Pamiętniki; Weichert, Zikhroynes; ders.: Yidishe aleynhilf. Tel Aviv 1962.

[271] Vgl. IPN, NTN, Nr.282, Bühler-Prozess, Bd.36, Bl.47–152, hier Bl.134: Tätigkeitsbericht der Unterabteilung Bevölkerungswesen und Fürsorge [ca. Mai 1941].

[272] VO über die vorläufige Regelung von Unterstützungszahlungen an Pensionsempfänger des ehemaligen polnischen Staates und der polnischen Selbstverwaltungsverbände vom 9.12.1939 (VOBlGGP. 1939, S.206), bes. §1 Abs. 4; Landau, Kronika lat wojny i okupacji, Bd.1, S.165.

1940 (Abstempelung der alten Złoty-Banknoten) kam es zu massiven Benachteiligungen der jüdischen Bevölkerung, bei den Banken und Sparkassen oftmals auch zu Betrug durch Ausgabe ungestempelter, d.h. wertloser Złoty-Noten an Juden.[273] Auch die Bemühungen der JSS, in Anlehnung an die im Polen der Zwischenkriegszeit übliche Gemeindebesteuerung auch von Unternehmen nun die jüdischen beschlagnahmten und Treuhändern unterstellten Unternehmen zu Zahlungen zugunsten der jüdischen Wohlfahrt zu bewegen, waren durch die antisemitische Obstruktionspolitik der Stadt- und Kreishauptleute von vornherein zum Scheitern verurteilt. Wie schon bei Moszek Merins Idee, aus der Treuhandmasse jüdischen Eigentums in Ostoberschlesien einen Unterstützungsfonds für die Juden zu bilden[274], handelte es sich auch hier im Kern um die Umschichtung eines Teils der Einnahmen der Treuhandstelle zugunsten nicht nur der jüdischen Eigentümer, sondern der gesamten jüdischen Bevölkerung im Generalgouvernement. Die Summen, um die es dabei ging, waren entsprechend den von der JSS der Abteilung Bevölkerungswesen und Fürsorge vorgelegten Berechnungen beträchtlich und hätten allein für die Stadt Warschau monatlich 330000 Złoty eingebracht.[275]

Die skizzierte Entwicklung führte bereits im Herbst zu einer massiven Pauperisierung der Juden im Generalgouvernement. Die vielen diskriminierenden Vorschriften „machten es dem Juden unmöglich, irgendeine Handelstransaktion abzuschliessen oder eine Bestellung auszuführen, da beim Einkauf von Waren oder bei der Ausführung von grösseren Bestellungen der Kaufmann über eine grössere Geldsumme verfügen muss, besonders jetzt wo Kredittransaktionen gänzlich verschwunden sind. Wie kann ein jüdischer Kaufmann oder Handwerker, der bloss 2000 Zl. haben und von seinen Aussenständen bloss 500 Zl. monatlich einkassieren darf, die nötige Ware oder Rohstoffe einkaufen, wenn er für die Ware Bargeld zahlen und dann oft mehrere Monate warten muss, bis er die Ware absetzt? Daher mussten Hunderte von jüdischen Unternehmungen gleich nach Erscheinen der genannten Verordnungen sofort liquidiert werden. [...]

Es kommen noch die wiederholten Requisitionen von jüdischem Vermögen hinzu. Durch die Verordnungen vom 16. November 1939 u. 24. Januar 1940 ist bestimmt worden, dass Privatvermögen nur dann konfisziert werden darf, wenn dasselbe zum öffentlichen Gebrauche der Behörden nötig ist und dabei wurde auch eine bestimmte Prozedur vorgeschrieben. Tatsächlich werden diese Verordnungen im Verhältnisse zu jüdischen Einwohnern nicht beobachtet, in vielen Fällen werden Requisitionen von Ware und Geld in jüdischen Geschäften und Werkstätten durchgeführt, ohne dass irgendeine Aufstellung über Zahl und Wert des requirierten Vermögens aufgenommen wird und auch ohne jede Quittierung vonseiten derjenigen Faktoren, welche die Requisition vornehmen. [...]

---

[273] Weichert, Zikhroynes, S. 48; Ludwik Hirszfeld: Historia jednego życia. Warszawa 2000, S. 342f.; Im Warschauer Getto. Das Tagebuch des Adam Czerniaków 1939-1942. München 1986, S. 34-36 (Einträge vom 20.-26. 1. 1940); Riedel, Działalność Państwowego Banku Rolnego w pierwszych latach okupacji hitlerowskiej, S. 91f.

[274] Vgl. oben S. 149.

[275] Weichert, Zikhroynes, S. 190.

Es wird bestimmt nicht übertrieben sein, wenn wir behaupten, dass über 90% der jüdischen Bevölkerung im Generalgouvernement am Rande des wirtschaftlichen Abgrundes sich befinden und von Hunger, Kälte, ansteckenden Krankheiten und allen traurigen Erscheinungen, die den Hunger begleiten, bedroht sind."[276]

In welch geringem Maße man diese beispiellose humanitäre Katastrophe auf deutscher Seite wahrzunehmen bereit war, zeigen die Akten der Wirtschaftsverwaltung im Generalgouvernement, in denen das Belassen jüdischer Arbeitskräfte in wichtigen Produktionsbereichen ausschließlich an den utilitaristischen Erwägungen für eine „Übergangszeit" gemessen wird.[277] Dabei wird auch deutlich, dass innerhalb der zivilen Administration die Auffassung weit verbreitet war, dass die „Entjudung" der Wirtschaft im Generalgouvernement ähnlich durchzuführen sei wie zuvor im Deutschen Reich.[278] Angesichts der allgemeinen antisemitischen Affizierung praktisch sämtlicher Maßnahmen des Regimes, aber auch wegen der schmalen Personaldecke der reichsdeutschen Verwaltungsbeamten im Generalgouvernement war es von vornherein eine Illusion, dass ein sukzessives und den ökonomischen Interessen der Deutschen entsprechend gesteuertes „Entfernen der Juden" machbar sei, auch wenn sich mit der Zeit die Einsicht durchzusetzen begann, dass eine rasche „Entjudung" gar nicht praktikabel war und v.a von Wehrmachtsstellen missbilligt wurde.[279] Zu einem Umsteuern kam es jedoch nicht. Dies verhinderten schon die Stadt- und Kreishauptleute, die in der Regel eine notorische Neigung zeigten, durch möglichst radikale Maßnahmen gegen Juden „Fakten zu schaffen".[280] Das Beispiel des Kreishauptmannes von Neu-Sandez (Nowy Sącz), der im Mai 1940 die Vertreibung der Juden aus dem Kreis anordnete, demonstriert, dass in die Hände der Kreishauptleute Entscheidungen von teils enormer gesamtwirtschaftlicher Bedeutung gelegt waren.[281] Andererseits zeigten Anfragen einzelner Kreishauptleute, dass es mit dem Verständnis für ökonomische Zusammenhänge oft genug nicht weit her war.[282] Zu-

---

276 AŻIH, Ring II, Nr. 126, Bl. 4, 7f.: Die Zerstörung der jüdischen wirtschaftlichen Position in Polen [1940].

277 Vgl. beispielsweise IPN, NTN, Bühler-Prozess, Nr. 408, Bl. 58f., hier Bl. 59: Denkschrift von 1940 betr. Belebung der Wirtschaft im Generalgouvernement.

278 Weichert, Zikhroynes, S. 124f.

279 Musial, Deutsche Zivilverwaltung und Judenverfolgung, S. 147f.; vgl. Präg/Jacobmeyer (Hg.), Diensttagebuch, S. 281: „Im übrigen sind die Juden im Generalgouvernement nicht nur immer verlotterte Gestalten, sondern ein notwendiger handwerklicher Teil innerhalb des Gesamtgefüges des polnischen Lebens. Das haben wir nicht gewußt, wir wissen es heute, im Reich weiß man es nicht. Es ist das ein ernster Gesichtspunkt und zeigt, wohin es führt, wenn eine Nation Handlangerdienste gemeinschaftswichtiger Art durch Fremdvölkische erledigen läßt. Von unserem Standpunkt ist die Frage nicht von heute auf morgen zu lösen. Wir können den Polen weder die Tatkraft noch die Fähigkeit beibringen, an Stelle der Juden zu treten. Daher sind wir gezwungen, diese jüdischen Handwerker weiterarbeiten zu lassen." (Abteilungsleitersitzung vom 12. 9. 1940).

280 Vgl. Zygmunt Klukowski: Dziennik z lat okupacji Zamojszczyzny (1939–1944). Lublin 1958, passim.

281 Weichert, Zikhroynes, S. 109; Musial, Deutsche Zivilverwaltung und Judenverfolgung, S. 147.

282 AAN, Bank Emisyjny w Polsce, Zarząd Główny, Kraków, Nr. 49, Bl. 108f.: Anlage zur TAM Nr. 75/40 vom 27. 5. 1940: Geschäftsleitung der Emissionsbank in Polen an Kreishauptmann des Kreises Jasło betr. Währung, Preis- und Lohnstopp sowie die sozialen Verhältnisse im Generalgouvernement.

vor war es zu einem regelrechten Kompetenzstreit zwischen zivilen und polizeilichen Stellen, teils sogar mit Privatfirmen, wegen der Befehlsgewalt über die „Judenräte" gekommen, da der genannte § 5 der „Verordnung über die Einsetzung von Judenräten" vom 28. November 1939 allgemein vorsah, dass diese „Befehle deutscher Dienststellen entgegenzunehmen" hätten.[283] Unklar war nur, welche Dienststelle berechtigt sein sollte, den „Judenräten" Weisungen zu erteilen. Daraus resultierten unmittelbar zwei Durchführungsverordnungen vom 25. April 1940 und 7. Juni 1940; fortan waren die „Judenräte" ausschließlich den Stadt- und Kreishauptleuten unterstellt.[284]

Sämtliche Bemühungen der legalen jüdischen Institutionen konzentrierten sich fortan fast ausschließlich auf das Ziel, den Prozess der Pauperisierung wenn schon nicht zu stoppen, so doch zumindest zu mildern und zu verlangsamen, wofür vor allem Geldmittel erforderlich waren. Immerhin gewährte ähnlich wie die HTO auch die Treuhandstelle für das Generalgouvernement seit 1940 an enteignete Juden Unterstützungszahlungen in Höhe von maximal 250,– Złoty wöchentlich[285] – unter anderem, damit diese die Kosten für ihre eigene Übersiedlung in die Gettos decken konnten, was faktisch auf eine Einmalzahlung hinauslief. Juden, die finanzielle Forderungen aus der Zeit vor September 1939 gegen nunmehr treuhänderisch verwaltete Unternehmen besaßen, mussten sich „mit Barzahlungen zwischen 15 und 25 Prozent befriedigt erklären, wobei sie Generalquittungen für ihre Forderung abgeben" mussten. Bei Forderungen über 1 000,– Złoty sollte der jüdische Gläubiger damit beschieden werden, dass die „Regelung seiner Forderung im Rahmen der allgemeinen Schuldenregelung erfolgen" werde[286], was freilich niemals geschah.

Über den vergleichsweise größten Aktionsspielraum für die Beschaffung finanzieller Mittel zur Versorgung hilfsbedürftiger Juden verfügte die Jüdische Soziale Selbsthilfe. Die Finanzmittel, die der JSS zur sozialen Fürsorge zur Verfügung standen, speisten sich aus so unterschiedlichen Quellen wie Subventionen der RGO, Spenden und Sammlungen in den Gettos, Kultussteuern der jüdischen Gemeinden sowie Zuwendungen und Spenden aus dem Ausland. Vor allem letztere brachten bis 1941 eine Summe von über 17 Mio. Złoty ein.[287]

283 VO über die Einsetzung von Judenräten vom 28. 11. 1939 (VOBlGGP. 1939, S. 72).

284 Erste Durchführungsvorschrift zur Verordnung vom 28. 11. 1939 über die Einsetzung von Judenräten vom 25. 4. 1940 (VOBlGG, Teil II, S. 249) sowie Zweite Durchführungsvorschrift zur Verordnung vom 28. 11. 1939 über die Einsetzung von Judenräten vom 7. 6. 1940 (VOBlGG, Teil II, S. 387); vgl. Weichert, Zikhroynes, S. 56; IPN, NTN, Bühler-Prozess, Nr. 507, Bl. 4–17, bes. Bl. 6f.: Aussage Michael Weicherts vom 23. 10. 1946.

285 APKr, GDKr, Nr. 60, Bl. 71: Treuhand-Außenstelle Krakau (gez. Braunegg) – Rundlaufmitteilung Nr. 12 vom 12. 3. 1941 betr. Gewährung von Unterstützungsleistungen an jüdische Eigentümer. Nicht eruiert werden konnten allerdings die Dauer dieser Zahlungen, die Zahl der begünstigten Juden und die hierfür aufgewendeten Summen – wohlgemerkt aus dem zuvor beschlagnahmten Eigentum.

286 APKr, GDKr, Nr. 7: Treuhand-Außenstelle Krakau (gez. Braunegg) – Rundlaufmitteilung Nr. 58 vom 8. 8. 1940 betr. Abwanderungsaktion der Juden aus Krakau.

287 IPN, NTN, Nr. 282, Bühler-Prozess, Bd. 36, Bl. 47–152, hier Bl. 135: Tätigkeitsbericht der Unterabteilung Bevölkerungswesen und Fürsorge [ca. Mai 1941].

Da Zahlungen in ausländischen Devisen den nationalsozialistischen Behörden durchaus recht waren, erlangte beispielsweise American Express Ende 1939 die Erlaubnis, Geldbeträge aus den USA an einzelne Filialen der Bank Handlowy w Warszawie überweisen zu dürfen. Andere amerikanische Banken bedienten sich hierfür der Vermittlung der Deutschen Bank, wobei die Beträge nicht in US-Dollar, sondern ausschließlich in Złoty ausgezahlt wurden. Die hierbei übermittelten Summen waren keine Petitesse: Bis Juli 1941 überwies American Express insgesamt 738600,– Złoty an die Warschauer Handelsbank, die Deutsche Bank transferierte 1940 418000,–, 1941 895300,–, schon nach dem Eintritt der USA in den Krieg 1942 528900,– und 1943 175200,– Złoty. Die genannten Summen in Höhe von insgesamt mind. 2,756 Mio. Złoty schlugen sich bei der Bank Handlowy vor allem in höheren Kreditorenzahlen nieder, da die Verfügungsberechtigten nur in sehr begrenztem Umfange über ihre Guthaben disponieren durften: anfänglich nur über 100,– Złoty monatlich (Polen und Juden), ab dem 16. Mai 1940 über max. 250,– Złoty wöchentlich (nur Juden).[288]

Im Rahmen von Etatzahlungen an den Hauptausschuss erhielt neben dem Ukrainischen und Polnischen Hilfsausschuss auch die JSS zunächst jährliche Beträge über die Abteilung Bevölkerungswesen und Fürsorge zugewiesen, im Etatjahr 1940/41 1,758 Mio. Złoty, 1941/42 1,328 Mio. Złoty.[289] Bis der HSSPF Ost Krüger diesen Unterstützungszahlungen an die JSS Ende 1942 mittels eines Briefes an Hitler und Lammers ein Ende bereitete, hatte die JSS nach Angaben von Michael Weichert insgesamt 4,845 Mio. Złoty erhalten, angesichts der Zahl notleidender Juden im Generalgouvernement eine äußerst geringe Summe.[290] Auch insgesamt sanken im Verlauf der Okkupation die Einnahmen in dem Maße, in welchem sich die Not der Juden vergrößerte, die mittlerweile zum ganz überwiegenden Teil in Gettos eingeschlossen waren.

Der Ehrgeiz, mit dem 1939/1940 Pläne geschmiedet wurden, wie der jüdischen Bevölkerung am besten ihr Eigentum wegzunehmen sei, zugleich jedoch eine Form zu finden, das Procedere als „rechtskonform" erscheinen zu lassen – woran insbesondere die beteiligten Kreditinstitute stark interessiert waren –, wurde spätestens mit den Gettoisierungen 1940/41 von der Realität überholt. In Analogie zur Handhabung der Elften Verordnung zum Reichsbürgergesetz, derzufolge die Deportation der Juden „nach dem Osten" (interpretiert als „Auslandsaufenthalt") die Einziehung ihres Eigentums nach sich zog, sorgte auch im Generalgouvernement die Gettoisierung für die Enteignung der Immobilien und des Landbesitzes der nun eingepferchten Juden durch die Treuhandstelle. Dies hielt man auch deshalb für notwendig, „um die aus den deutschen Ostgauen ausgesiedelten Polen [im Generalgouvernement] ansiedeln zu können".[291]

[288] Landau/Tomaszewski, Bank Handlowy, S. 132f.

[289] IPN, NTN, Nr. 282, Bühler-Prozess, Bd. 36, Bl. 47–152, hier Bl. 138: Tätigkeitsbericht der Unterabteilung Bevölkerungswesen und Fürsorge.

[290] Weichert, Zikhroynes, S. 187.

[291] IPN, NTN, Nr. 282, Bühler-Prozess, Bd. 36, Bl. 47–152, hier Bl. 82: Tätigkeitsbericht der Unterabteilung Bevölkerungswesen und Fürsorge; vgl. Peter-Heinz Seraphim: Die Judenfrage im Generalgouvernement als Bevölkerungsproblem, in: Die Burg 1 (1940), H. 1, S. 56–63, hier S. 63.

Dennoch muss es ungeachtet dieser allgemeinen Entwicklung noch eine nennenswerte Wirtschaftstätigkeit jüdischer Firmen – Handwerker, Kleinhändler und sonstige Gewerbetreibende – gegeben haben, wobei schwer auszumachen ist, inwieweit es sich hierbei nur noch um Unternehmen bzw. Betriebe handelte, die in den Gettos produzierten. Im Getto in Krakau waren beispielsweise nur „6,9 Prozent der Juden ungelernte Arbeiter; 40,5 Prozent waren Handwerker, 22,23 Prozent übten freie Berufe aus und 29,7 Prozent waren Händler".[292] Da jüdische Unternehmer entsprechend den Beschränkungen der Abteilung Devisen im Amt des Generalgouverneurs von ihren Außenständen nur maximal 500,– Złoty wöchentlich annehmen durften und alle Beträge darüber auf ein BvS-Konto einzuzahlen hatten und somit mehrheitlich über keinerlei praktikable Wirtschaftsgrundlage mehr verfügten, bildete sich rasch eine Tendenz heraus, „dass jüdische Inhaber von Unternehmen freiwillig den Antrag stellen, dass für ihre Unternehmen ein Treuhänder bestellt werde. Die jüdischen Unternehmer kommen auf diesen Entschluss aus der Erwägung heraus, dass sie soferne [sic] sie weiterhin ihre Unternehmen selbst bewirtschaften in der Zuteilung von Rohstoffen etc. anderen Unternehmungen gegenüber benachteiligt werden."[293]

Eine solches Verhalten lässt sich durchaus als eine „Ausweichstrategie" kennzeichnen, und es überrascht nicht, dass es zu einer Anzahl von Absprachen zwischen jüdischen Eigentümern und polnischen Treuhändern kam, die beiden Seiten Vorteile boten (wirtschaftliches Auskommen versus Sicherheit vor Verschickung zur Zwangsarbeit im Reich).[294] In der ganz überwiegenden Mehrheit der Fälle war dies ein Sektor, in dem die polnischen Kreditinstitute unter sich waren. Nicht unwahrscheinlich ist, dass sie in solche Absprachen bzw. Vereinbarungen mitunter eingeweiht oder gar an ihnen beteiligt waren, da sie ungeachtet der Okkupationssituation an kontinuierlichen Geschäftsbeziehungen mit ihrer Kundschaft interessiert sein mussten, ob diese nun jüdisch oder polnisch war. Im März 1941 von der Emissionsbank verabschiedete „Richtlinien zur Kontoführung von Juden im Generalgouvernement" legen die Vermutung nahe, dass hier beileibe nicht nur einige wenige Einzelfälle einen vermeintlichen „Handlungsbedarf" der Emissionsbank evozierten:

„Es mehren sich die Fälle, in denen jüdische Firmen aus eigenem Antrieb oder auch infolge Anregung militärischer Dienststellen bezw. sonstiger amtlicher Stellen an die Niederlassungen der Emissionsbank wegen Eröffnung von Girokonten herantreten. Zwecks einheitlicher Erledigung derartiger Anträge geben wir nachstehende Richtlinien:

---

292 IPN, NTN, Nr. 340, Bühler-Prozess, Bd. 94, Bl. 1-138, hier Bl. 103f.: Bericht über die Tätigkeit der jüdischen Gemeinde in Krakau in der Zeit vom 13. 9. 1939 bis 30. 9. 1940, bearb. von Franz Guen. Krakau [1940]; hier zit. nach Ramme, Sicherheitsdienst der SS, S. 224.

293 APKr, Starosta Miasta Krakowa, Nr. 133, Bl. 549-553, hier Bl. 551: Treuhand-Außenstelle Krakau (gez. Braunegg) an die Abteilung Treuhandstelle im Amt des Generalgouverneurs vom 5. 6. 1940 betr. Zwangsbewirtschaftung jüdischer Unternehmungen und Vermögenskomplexe, Einsetzung von Treuhändern ausser dem Rahmen der Beschlagnahmeordnung.

294 Vgl. Löw, Juden in Krakau, S. 125.

1) Die Anordnung Nr. 4 des Leiters der Abteilung Devisen in der Regierung des Generalgouvernements vom 20.11.1939 unterwirft die Bankkonten der Juden einer Reihe einschränkender Bestimmungen. Hierzu rechnet in der Hauptsache die Anweisung, dass Juden ihre sämtlichen Konten bis zum 31.12.1939 bei einer Bank zusammenfassen mussten, und Ausnahme hiervon nur mit Genehmigung der Devisenstelle zulässig sind. Weitere Bestimmungen bedeuten Auszahlungs- und sonstige Verfügungsbeschränkungen, die in einzelnen Fällen eine eingehende Prüfung der beabsichtigten Verfügungen des Kontoinhabers voraussetzen. Damit fügen sich diese ‚B.v.S.-Guthaben' schwer in den allgemeinen Rahmen unseres Giroverkehrs ein.

2) Aus den vorstehend dargelegten und auch aus sonstigen naheliegenden Gründen ist uns die Eröffnung jüdischer Konten nicht erwünscht."[295]

Für die Zeit nach 1941 jedoch entfernten sich die noch verkündeten wenigen Verordnungen, die Verfügungen über das Eigentum von Juden im Generalgouvernement trafen, vollends von den dortigen Realitäten. Beispielsweise ist für das Mitte Oktober 1942 von Paersch persönlich ausgesprochene Verbot der „Abgabe von Scheckheften an Juden" (bei expliziter Ausnahmeregelung für „jüdische Ältestenräte") kein realer Nutzen mehr erkennbar[296], so dass für derlei *pro-forma*-Regelungen vielleicht interne Gründe sprachen, die sich nicht mehr rekonstruieren lassen. Damit bleibt leider auch die Frage unbeantwortet, bis zu welchem Zeitpunkt Juden überhaupt noch in irgendeiner Weise am Bankgeschäft teilnehmen konnten. Sicher ist nur, dass dieses nicht mehr durch die Krakauer Filialen der reichsdeutschen Großbanken getätigt wurde, sondern allein durch die polnischen Institute.

Wenngleich ohne Systematik, so versuchten die Nationalsozialisten die Zurückdrängung der Juden aus dem wirtschaftlichen Leben auch für eine Beeinflussung der polnischen Mehrheitsbevölkerung zu instrumentalisieren. Dies schien insofern Erfolg zu versprechen, als die vielen Tausend polnischen Deportierten aus den eingegliederten Gebieten nun im Generalgouvernement ein wirtschaftliches Auskommen suchten.[297] „Durch das absolute Vorherrschen der Juden ist es weder auf technischen noch auf kaufmännischen Gebieten den arischen [sc. polnischen][298] Angestellten möglich gewesen, in leitende Stellungen zu kommen." Durch die „inzwischen erfolgte Absonderung der Juden" werde jedoch „der Bevölkerung des Generalgouvernements Raum für einen Aufstieg geschaffen".[299] Dass Teile

[295] AAN, Bank Emisyjny w Polsce, Zarząd Główny, Kraków, Nr. 52, Bl. 88–91, hier Bl. 90: TAM Nr. 22/41 vom 13.3.1941.

[296] AAN, Rząd GG, Nr. 1343, Bl. 115: Bankaufsichtsstelle – Tgb. Nr. 5039/42 – (gez. Paersch) vom 14.10.1942 betr. Ausgabe von Scheckheften an Juden. Eine entsprechende Regelung im Altreich war bereits im Oktober 1941 zeitgleich mit den Vorbereitungen für die Deportation der reichsdeutschen Juden eingeführt worden; vgl. HAC, 1/105: Anlage zum Mitteilungs-Blatt der Abteilung Devisen-Bewirtschaftung Nr. 1289 vom 11.12.1941 betr. Ausgabe von Scheckheften an Juden.

[297] Musial, Deutsche Zivilverwaltung und Judenverfolgung, S. 154.

[298] Vgl. hierzu Anm. 248 auf S. 334.

[299] Rudolf Gater: Warum arbeitet die Industrie im GG so teuer?, in: Die wirtschaftliche Leistung. Zeitschrift für die Wirtschaft im Generalgouvernement 1 (1942), H. 5 (15. Dezember), S. 138–141, hier S. 141.

der polnischen nichtjüdischen Bevölkerung von den antisemitischen Maßnahmen der Nationalsozialisten insbesondere im Generalgouvernement profitierten, z.B. durch den Wegfall gewerblicher bzw. beruflicher Konkurrenz und den „Verkauf“ jüdischen Eigentums vor und während der Shoah, steht außer Frage, nur ist der Umfang dieser Aktionen bislang kaum im Ansatz erforscht worden.[300]

Welchen Umfang die Vernichtung der jüdischen Gewerbetätigkeit im Generalgouvernement bis zu diesem Zeitpunkt bereits angenommen hatte[301], zeigen die Zahlen eines von der Hauptabteilung Wirtschaft der Regierung des Generalgouvernements Anfang 1944 vorgelegten Berichtes über die „Rationalisierung“ der Wirtschaft. Danach verminderte sich die Zahl der ursprünglich 195000 Handelsbetriebe (bezogen auf 1939 inklusive Galizien) allein durch die „schrittweise Ausschaltung der Juden um 112000“, wohingegen den „Stillegungen 1942/1943“ lediglich 10500 Betriebe und der „Vernichtung durch den Bolschewismus in Galizien“ 18500 Handelsbetriebe zum Opfer gefallen waren. Insgesamt waren 1943 vom ursprünglichen Bestand nur mehr 26 Prozent (ca. 50000) Betriebe übriggeblieben.[302] Kaum anders sah die Entwicklung im Handwerk aus: Von rund 235000 Handwerksbetrieben (1939) existierten im Oktober 1943 noch 73400 (31,2 Prozent), und auch hier stellte die „schrittweise Ausschaltung der Juden“ mit der Schließung von 115000 Handwerksbetrieben die mit Abstand einschneidendste Maßnahme dar, in deren Folge nach offiziellen Angaben ca. 250000 Juden aus dem Handwerk „ausschieden“ und „keinen wirtschaftlichen Faktor mehr“ darstellten. Weitere ca. 200000 Juden verloren bis 1943 ihre Existenzgrundlage im Handel[303], doch lag die Zahl der tatsächlich betroffenen Juden noch beträchtlich darüber. Diese Entwicklung war überlagert vom Massenmord, und zum Zeitpunkt der Berichtsvorlage waren im Generalgouvernement kaum mehr Juden am Leben.

Wenn die Krakauer Filialen der Berliner Großbanken mit der „Judenpolitik“ im Generalgouvernement in Berührung kamen, dann in erster Linie dort, wo sie Kredite an treuhänderisch verwaltete Unternehmen vergaben, die in jüdischem Eigentum gestanden hatten. Die Zahl jüdischer Treuhänderbetriebe war nicht sehr hoch,

---

300 Vgl. Klaus-Peter Friedrich: Kollaboration und Antisemitismus in Polen unter deutscher Besatzung (1939–1944/45), in: ZfG 45 (1997), H. 9, S. 818–834, bes. S. 829f.; ders.: Publizistische Kollaboration im sog. Generalgouvernement. Personengeschichtliche Aspekte der deutschen Okkupationsherrschaft in Polen (1939–1945), in: ZfO 48 (1999), S. 50–89; vgl. Barbara Engelking: „szanowny panie gistapo“. Donosy do władz niemieckich w Warszawie i okolicach w latach 1940–1941. Warszawa 2003, S. 40–45.

301 Zu Polen kenntnisarm Michael Hepp: Deutsche Bank, Dresdner Bank – Erlöse aus Raub, Enteignung und Zwangsarbeit 1933–1945, in: 1999. Zeitschrift für Sozialgeschichte des 20. und 21. Jahrhunderts 15 (2000), H. 1, S. 64–116, hier S. 88.

302 Ludwig Schreiber: Konzentration und Rationalisierung des Handels, in: Die wirtschaftliche Leistung. Zeitschrift für die Wirtschaft im Generalgouvernement 3 (1944), H. 7 (Juli), S. 99f., hier S. 99.

303 BArch, R 52 VI/21: Bericht der Hauptabteilung Wirtschaft der Regierung des Generalgouvernements (gez. Schreiber) vom 10. 1. 1944 betr. Rationalisierung des Handwerks, des Handels, des Gaststätten- und Beherbergungsgewerbes, des Bankgewerbes und des Versicherungsgewerbes im Generalgouvernement. Vgl. für Lublin Musial, Deutsche Zivilverwaltung und Judenverfolgung, S. 149f., 154f.; Madajczyk, Polityka III Rzeszy, Bd. 1, S. 580–585.

was darauf zurückzuführen ist, dass die Masse solcher Betriebe eher im kleineren und mittelständischen Unternehmertum zu finden war, in einem Sektor also, der nicht zu den bevorzugten Akquisitionsbereichen der Großbanken zählte. Zur Kundschaft der Krakauer Commerzbank gehörte beispielsweise die Krakauer Draht- und Nägelfabrik Brüder Bauminger, die – „als herrenloses Gut beschlagnahmt, da die Inhaber (Juden) geflüchtet sind" – von der Deutschen Baugesellschaft mbH, Krakau, treuhänderisch verwaltet wurde.[304] Da die Firma Verpflichtungen aus der Zeit vor dem 1. September 1939 besaß, entspann sich zwischen der Berliner Zentrale der Commerzbank und der Krakauer Filiale 1940/1941 eine Korrespondenz darüber, ob das eigene Kreditengagement gegebenenfalls vor der Befriedigung der Forderungen aus dem Altgeschäft rangieren würde: „Bei der Prüfung der materiellen Kreditwürdigkeit muss davon ausgegangen werden, dass die Vorkriegsforderungen nicht mehr eingezogen werden können. Zu dem Posten ‚Feindliches Ausland Zloty 364 562,50' auf der Passivseite der Bilanz wurde uns von der Aufsichtsbehörde gesagt, dass es ungeklärt sei, ob die Gläubiger befriedigt werden. Gläubiger sind teils in Tel-Aviv, teils in Antwerpen sitzende Juden. Es soll versucht werden zu klären, wie diese Forderungen entstanden sind. Mit einer vollen Befriedigung dieser Gläubiger soll auf keinen Fall zu rechnen sein. Auf jeden Fall aber werden diese alten Schulden, wenn und soweit überhaupt, im Range nach den neu eingegangenen Verbindlichkeiten bezahlt werden. [...] Wir glauben, dass gegen diese Kreditgewährung keine Bedenken bestehen."[305]

Da es im Generalgouvernement aber auch in der nachfolgenden Zeit zu keiner der Schuldenabwicklungsverordnung in den eingegliederten Gebieten analogen Regelung kam[306], insistierte die Zentrale der Commerzbank verschiedentlich bei ihrer Filiale, angesichts des wachsenden Kreditengagements eine Klärung bei den Behörden herbeizuführen. Erst im Mai 1942 wich die Duldung einer Bewilligung der Vorkriegsforderungen durch die Zentrale, „da es sich um ein dem Generalgouvernement gehörendes Unternehmen" handele und man daher „die jüdischen Vorkriegsschulden von Zloty 390 000,– unberücksichtigt lassen" könne.[307]

Etwaige Bedenken, für Forderungen von Juden im Altgeschäft in Anspruch genommen zu werden, wurden ohnehin nur in solchen Fällen geäußert, wenn sich die Schuldner oder ehemaligen Eigentümer im Ausland aufhielten, während man bei im Generalgouvernement lebenden Juden von vornherein davon ausging, dass eine Gläubigerbefriedigung in keinem Falle mehr stattfinden würde. So rechnete die Commerzbank im Falle einer aus jüdischem Eigentum stammenden Eisen-

304 HAC, SdF Ost, Filiale Krakau: Kreditakte Distriktswerk Krakau V: Draht- und Nägelfabrik Brüder Bauminger, Krakau.

305 Ebd.: Kreditantrag der CB Krakau an Zentrale Berlin von August 1941 über 40 000,– Złoty (neu) und 60 000,– Złoty (prolongiert) für Draht- und Nägelfabrik Brüder Bauminger.

306 Vgl. lediglich die VO über die Beschlagnahme von Vorkriegsforderungen zum Zwecke des Ausgleichs von Vermögensverlusten vom 2. 6. 1942 (VOBlGG 1942, S. 317).

307 HAC, SdF Ost, Filiale Krakau: Kreditakte Distriktswerk Krakau V: Draht- und Nägelfabrik Brüder Bauminger, Krakau. Zentrale Berlin an CB Krakau, 30. 9. 1941, betr. Distriktswerk Krakau V Draht- und Nägelfabrik Brüder Bauminger; Kreditantrag der CB Krakau an Zentrale Berlin, 15. 11. 1941, über 135 000,– Złoty; Kreditantrag der CB Krakau vom 6. 5. 1942 über 125 000,– Złoty; Entscheidung der Direktion vom 12. 5. 1942.

warengroßhandlung im September 1941 wie selbstverständlich damit, dass von den Vorkriegsschulden in Höhe von 119000,– Złoty „wiederum Zloty 53000.–, Forderungen von Juden, als nicht zu erfüllen betrachtet werden“ könnten.[308] Hierbei dürfte, ähnlich wie im Falle der Verwertung von Immobilienbesitz im Generalgouvernement, auch die Errichtung bzw. Abschließung der Gettos im Generalgouvernement eine Rolle gespielt haben[309], da die Einschließung der Juden in Gettos den Kreditinstituten eine gewisse Planungssicherheit bot, um potenzielle Entschädigungsansprüche für die Zukunft sicher ausschließen zu können. Seit 1942, zeitgleich mit dem Beginn des systematischen Massenmords an den Juden im Generalgouvernement, spielte die „jüdische Vorgeschichte“ eines Unternehmens für die Kreditinstitute keine Rolle mehr, obwohl sie sich in den Kreditakten verschiedentlich noch findet. Ein Beispiel hierfür ist die in Krakau ansässige Kosmetische Fabrik „Miraculum“, deren Aktienkapital in Höhe von 250000,– Złoty vor Kriegsbeginn im Eigentum eines polnischen Juden gestanden hatte. Im Generalgouvernement wurde das Unternehmen in eine Gesellschaft mit beschränkter Haftung umgewandelt, und obwohl jüdische Gläubiger 1943 noch in der Bilanz auftauchten (404056,87 Złoty), wurden sie nicht mehr als potenzielles Risiko, sondern nur mehr als ein Bilanzposten angesehen[310], der mit der anstehenden Schuldenregelung für das Altgeschäft ohnehin stillschweigend gestrichen würde.[311]

Deutsche Kreditinstitute mit besonderen Aufgaben

Zwei der vier im Generalgouvernement ansässigen deutschen Privataktienbanken übernahmen besondere Aufgaben, die sie in unmittelbaren Kontakt mit dem nationalsozialistischen Terrorsystem brachten. Ob die Institute sich hiernach drängten oder ob ihnen die Wahrnehmung dieser Aufgaben von den Behörden zugewiesen wurde, ist unbekannt.

Zentral in die Verantwortung der Creditanstalt-Bankverein fiel die Aufgabe, die Überweisungen von Unterstützungszahlungen aus dem Generalgouvernement an polnische, teils auch jüdische Häftlinge der zahlreichen Konzentrationslager im Altreich und in Österreich sowie in den eingegliederten Ostgebieten zu organisieren. Dies ist nicht zu verwechseln mit den Unterstützungszahlungen an Juden im Getto Litzmannstadt, deren Überweisung in die Regie der Kommerzialbank fiel. In Teilen erhalten hat sich eine umfangreiche, über 2500 Seiten umfassende Korrespondenz der Krakauer Filiale der Creditanstalt-Bankverein mit insgesamt 13 Konzentrationslagern, darunter in erster Linie mit dem KL Auschwitz, sowie mit

308 HAC, SdF Ost, Filiale Krakau: Kreditakte Ch. Nattel, Eisenwarengroßhandlung, Krakau. Kreditantrag der CB Krakau an Zentrale Berlin vom 23.9.1941 betr. Barkredit über 80000,– Złoty.

309 Vgl. für die Abschließung des Krakauer Gettos im Frühjahr 1941 Agatstein-Dormontowa, Żydzi w Krakowie, S.202ff.; Kiełkowski, …zlikwidować na miejscu, S.44ff. Zeitgleich erfolgte die Gettobildung in den anderen Distriktshauptstädten des Generalgouvernements. Vgl. Löw, Juden in Krakau, S.119–136.

310 HAC, SdF Ost, Filiale Krakau: Kreditakte Kosmetische Fabrik „Miraculum“ AG, Krakau. Kreditantrag der CB Krakau an die Zentrale Berlin vom 12.11.1943 über 100000,– Złoty; Bilanz der Kosmetischen Fabrik „Miraculum“ zum 31.12.1942 (Abschrift).

311 Vgl. Loose, Beteiligung deutscher Kreditinstitute, S.266.

zahlreichen Angehörigen von KZ-Häftlingen betr. Überweisungen von Geldbeträgen in die Konzentrationslager.[312] Warum der Creditanstalt-Bankverein und nicht etwa der Emissionsbank in Polen diese Aufgabe zukam, nicht nur die Korrespondenz mit den Angehörigen und den Häftlingsgeldverwaltungen der Konzentrationslager zu führen, sondern auch die Genehmigungen für die Devisentransfers bei der Devisenstelle Krakau zu erwirken, ist den erhalten gebliebenen Akten nicht zu entnehmen. Unklar bleibt ferner, warum diese Regelung erst seit dem 1. September 1941 angewandt wurde, wo es doch zweifelsohne schon früher Anfragen seitens der Angehörigen gegeben haben dürfte, Insassen in Konzentrationslagern Geld überweisen zu dürfen. Es ist zu vermuten, dass angesichts des zunächst schnellen Vormarsches der Wehrmacht in der Sowjetunion die Bemühungen der RGO und des Vertreters des Deutschen Roten Kreuzes im Generalgouvernement, Hugo Heller, um eine Verbesserung der Lage der Gefängnis- und Lagerinsassen im Sommer 1941 bei den Behörden vorübergehend auf Wohlwollen stieß.[313] Mit Wirkung von September 1941 wurde daher die Krakauer Filiale der Creditanstalt-Bankverein seitens der Devisenstelle Krakau ermächtigt, Unterstützungszahlungen an KZ-Häftlinge bis zu einer monatlichen Höhe von 100,– Złoty von im Generalgouvernement wohnhaften Angehörigen entgegenzunehmen und ins Deutsche Reich zu überweisen.[314] Für jede solche Operation behielt die Creditanstalt-Bankverein unabhängig von der Höhe der Überweisung vier Złoty als Spesen ein. Eine Gewinnspanne von mindestens vier Prozent lag deutlich über der üblichen zwischen einem halben und einem Prozent.[315] Enthalten sind in der vorliegenden Korrespondenz insgesamt 416 von der Devisenstelle genehmigte Anträge, aus denen die Creditanstalt-Bankverein 1664,– Złoty Spesen einstrich. Der tatsächliche Umfang dieser Transaktionen war jedoch beträchtlich größer. Die Creditanstalt-Bankverein nummerierte die Anträge durch und führte zudem eine nach Nachnamen bzw. Häftlingsnummern geordnete Kartothek von KZ-Insassen.[316] Die höchste darin vor-

---

[312] APKr, BN–I/3–7; dieser Aktenbestand, den Harold James unverständlicherweise als „dürftig" bezeichnet (James, Deutsche Bank im Dritten Reich, S. 157; erneut in ders., Die Deutsche Bank und die „Arisierung", S. 192; vgl. ebd., S. 247, Anm. 562), ist erstmals ausführlich beschrieben worden von Henryk Dobrowolski: Mało znana karta w historii obozów zagłady, in: Życie Literackie 17 (1967), Nr. 37 (815) vom 10. 9. 1967, S. 12; vgl. Andrzej Strzelecki: Grabież mienia ofiar KL Auschwitz, in: Zeszyty Oświęcimskie 21 (1995), S. 5-85, bes. S. 56f., 60f., 67f.

[313] Vgl. Ronikier, Pamiętniki 1939-1945, S. 120ff.; zuvor jedoch hatte sich mit dem Verbot der Erhebung von Mitgliedsbeiträgen Mitte April 1941 das zunächst fortbestehende Polnische Rote Kreuz weitgehend aufgelöst; vgl. Andrzej Pankowicz: Finanzielle Grundlagen der Tätigkeit des Polnischen Roten Kreuzes im Generalgouvernement 1939-1945, in: Studia Historiae Oeconomicae 20 (1993), S. 227–248.

[314] APKr, BN–I/3, Bl. 141: Undatierter Vordruck der Devisenstelle Krakau.

[315] APKr, Stadtsparkasse Krakau, Nr. 229: Städtische Sparkasse Krakau an die Emissionsbank, Hauptniederlassung Krakau, 22. 10. 1941, betr. Wirtschaftsbericht.

[316] Vgl. APKr, BN–I/3, Bl. 251: Creditanstalt-Bankverein, Filiale Krakau, an Frau Marie R., Warschau, 19. 11. 1941: „Wir empfingen den uns von Ihnen zugunsten R. Thaddäus [...] Bl[ock]. 24 Stube 7 K.L. Auschwitz überwiesenen Betrag von Zloty 54,– und teilen Ihnen höfl. mit, dass wir in unserer Kartothek schon die Gefangenennummer 14713 für den Häftling B. Wojciech K.L. Auschwitz führen. Wir bitten Sie daher, die bei Ihnen befindlichen Unterlagen bezüglich der uns angegebenen Nummer gefl. zu prüfen und uns die richtige Gefangenennummer anzugeben."

kommende Nummer wurde mit der Nr. 14912 am 24. Februar 1942 an einen Häftling im Konzentrationslager Dachau vergeben.[317] Sofern diese Nummerierung keine Lücken aufweist, würde die Creditanstalt-Bankverein auf diese Weise in noch nicht einmal sieben Monaten, bis die Devisenstelle Krakau derlei Sammelüberweisungen an KZ-Insassen mit dem 1. April 1942 einstellte[318], knapp 15000 Überweisungen in Konzentrationslager vorgenommen und dabei für die Rentabilität der Filiale durchaus nicht unbedeutende 60000,– Złoty an Spesen eingenommen haben. Ein Gesamtvolumen der Aktion von schätzungsweise 400000,– Złoty anzunehmen, legen aber auch andere Dokumente nahe. Allein für den Monat April 1942 überwies die Creditanstalt-Bankverein an insgesamt 13 Konzentrationslager einen Gesamtbetrag in Höhe von 54999,14 Złoty (Spesen: 4986,60 Złoty)[319], für die anderen Monate liegen keine Zahlen vor. Es gibt aber keinen Grund, diese niedriger anzusetzen, einerseits weil es sich bei dem Gros der Überweisungen um monatliche Unterstützungszahlungen handelte, ferner weil die erhalten gebliebenen Namenslisten der begünstigten Häftlinge allein für die genannten Sammelüberweisungen im April 1942 über 1650 Personen umfassen. Ursprünglich war für April eine letzte zu überweisende Gesamtsumme vorgesehen gewesen, die mit 95210,14 Złoty noch weit höher lag als sonst.[320] Allein das Konzentrationslager Auschwitz hatte der Creditanstalt-Bankverein in Krakau Ende März 1942 jedoch eine „Rücküberweisung von Geldern für hier nicht mehr anwesende bzw. nicht feststellbare Häftlinge" in Höhe von insgesamt 20105,50 RM entsprechend 40211,– Złoty avisieren müssen.[321] Angesichts der zahlreichen Fälle, in denen wegen des Todes von KZ-Insassen Geldüberweisungen rückgängig gemacht werden mussten, ist es schwer vorstellbar, dass die hiermit befassten Mitarbeiter der Creditanstalt-Bankverein eine Namensliste mit insgesamt über 550 Häftlingen aus Auschwitz nicht als das erkannten, was sie war, nämlich als Zeichen einer extrem hohen Häftlingssterblichkeit und somit als das Zeugnis eines Massenverbrechens. Vermutlich war genau dies der Grund, weshalb weitere Überweisungen von der Devisenstelle untersagt wurden, zumal Dachau, Sachsenhausen und insbesondere Auschwitz 1942 im Generalgouvernement längst zu geläufigen Namen geworden waren.

Die Kommerzialbank hingegen war – wie bereits ausgeführt – befasst mit der Abwicklung des Zahlungsverkehrs zwischen Einwohnern des Generalgouvernements und den Bewohnern des Gettos in Litzmannstadt.[322] Praktisch zeitgleich mit der Einstellung der Überweisungen an KZ-Insassen wurde auch die Kommerzialbank aufgefordert, die Annahme von Unterstützungszahlungen zugunsten von

---

[317] APKr, BN–I/6, Bl. 372.

[318] APKr, BN–I/3, Bl. 9: Creditanstalt-Bankverein, Filiale Krakau, an den Kommandanten des Konzentrationslagers Auschwitz O/S., 10. 4. 1942.

[319] APKr, BN–I/3, Bl. 105: Creditanstalt-Bankverein Krakau an die eigene Überweisungs-Abteilung, 10. 4. 1942; ebd., Bl. 117: Creditanstalt-Bankverein Krakau an Devisenstelle Krakau, 20. 4. 1942, betr. Abnahme und Überweisung von Unterstützungsbeträgen an Insassen von Konzentrationslagern nach dem Reich.

[320] APKr, BN–I/3, Bl. 111: Aufstellung der abgeführten Überweisungsbeträge nach KZ.-Lagern im Monat April vom 15. 4. 1942.

[321] APKr BN–I/3, Bl. 49–69: Konzentrationslager Auschwitz an Creditanstalt-Bankverein, 30. 3. 1942.

[322] Vgl. oben S. 174f.

Einwohnern des Gettos Litzmannstadt einzustellen.[323] Es liegt nahe, letzteres mit der anlaufenden Judenvernichtung in Zusammenhang zu bringen, denn weshalb sollte man weiterhin einen Verwaltungsaufwand (bei Devisenstelle und Banken) für Menschen erbringen, die zu töten man sich bereits entschlossen hatte und die kurze Zeit später sowohl im Generalgouvernement als auch in den eingegliederten Gebieten in den Vernichtungslagern ermordet wurden?

Das Warschauer Getto

Der „Jüdische Wohnbezirk" in Warschau war mit zeitweise ca. 460000 Bewohnern (März 1941) das mit Abstand größte nationalsozialistische Getto, zu dem eine kaum mehr überschaubare Forschungsliteratur und umfängliches Quellenmaterial vorliegen.[324] Dies erlaubt im Folgenden die Konzentration auf die Frage nach den geschäftlichen Verbindungen des Warschauer Gettos mit der Außenwelt.

Warschau besaß vor 1939 mit über 350000 Juden (1931) hinter New York die zweitgrößte Jüdische Gemeinde weltweit. Nach dem 1. September 1939 waren auch die Warschauer Juden den bereits genannten diskriminierenden Vorschriften der Nationalsozialisten unterworfen. Jede Maßnahme und Anordnung zog hier stets Folgen im großen Maßstab nach sich, weil die jüdische Bevölkerung der Stadt sich durch die Fluchtbewegung in den ersten Wochen und Monaten des Krieges noch vergrößert hatte. Wie in Litzmannstadt waren die Deutschen auch in Warschau bald mit dem Problem konfrontiert, wie mit der verarmten jüdischen Bevölkerung in der Stadt zu verfahren sei. Im Generalgouvernement erfolgte die Einrichtung der Gettos in der Regel später als in den eingegliederten Gebieten[325], in denen die Gettos neben der möglichst vollständigen Ausplünderung seiner Bewohner stets als „Zwischenlösung" bis zur endgültigen Abschiebung der Juden, sei es nach Madagaskar, sei es „nach dem Osten", betrachtet wurden, wohingegen das Generalgouvernement selbst als Deportationsgebiet galt. Hier waren es nicht geplante Deportationen, die zur Bildung „jüdischer Wohnbezirke" führten, sondern neben der Bekämpfung angeblicher „Seuchenherde" vor allem das Argument, den Schwarzhandel und die „Preistreiberei" unterbinden zu wollen. In organisatorischer Hinsicht bildete das Getto Litzmannstadt das Vorbild, als die Deutschen in der zweiten Jahreshälfte 1940 konkret zur Bildung eines Gettos in Warschau schritten.[326] Seit dem 16. November 1940 durften die Warschauer Juden nur mehr in dem kurz darauf als Getto abgeschlossenen Bezirk (Februar 1941) der westlichen Innenstadt leben, die fortan als eine zweite Stadt in Warschau hinsichtlich

---

323 APŁ, PSŻ, Nr. 88, Bl. 362: Gettoverwaltung an den Ältesten der Juden, Litzmannstadt-Getto (Schreiben Nr. 1615), 22.4.1942, betr. Einstellung der „Geldunterstützungen an Juden des Gettos in Litzmannstadt".

324 Krzysztof Dunin-Wąsowicz: Warszawa w latach 1939–1945. Warszawa 1984, S. 280–293; Sakowska, Ludzie z dzielnicy zamkniętej; dies., Die zweite Etappe ist der Tod; Israel Gutman: Żydzi warszawscy 1939–1943. Getto – podziemie – walka. Warszawa 1993; Barbara Engelking/Jacek Leociak: Getto Warszawskie. Przewodnik po nieistniejącym mieście. Warszawa 2001.

325 Die wichtigste Ausnahme bildet das Getto in Piotrków Trybunalski im Distrikt Radom, das als erstes Getto in Polen überhaupt bereits im Oktober 1939 errichtet wurde.

326 Browning, Die Entfesselung der „Endlösung", S. 188f.

des Gebiets, der Bevölkerung, der Verwaltung, Wirtschaft und Finanzen vollkommen abgeschottet von der Umwelt war.[327] Neben der unerträglichen Enge im Getto und der katastrophalen Lebensmittelversorgung war vor allem die Arbeitslosigkeit eines der schwierigsten Probleme, mit denen der Anfang Oktober 1939 zum Vorsitzenden des „Jüdischen Ältestenrates" (später des „Judenrates") in Warschau bestimmte Adam Czerniaków konfrontiert war.[328]

Das Interesse der Nationalsozialisten an dem Produktionspotenzial der im Getto Warschau eingepferchten Juden wurde sehr viel später geweckt als im Falle des Gettos in Litzmannstadt, nämlich erst im Laufe des Jahres 1941. Dies hing direkt mit der Versetzung von Hans Biebows Stellvertreter, Alexander Palfinger, nach Warschau zusammen, da dieser als Leiter der im Dezember 1940 eingerichteten so genannten Transferstelle des Warschauer Gettos die radikale Politik des Aushungerns verfolgen konnte, die ihn zuvor in Litzmannstadt mit seinem Vorgesetzten Biebow in Konflikt gebracht hatte.[329] Eine Wende zum (noch) Schlechteren trat im Frühjahr 1941 im Zusammenhang mit den Vorbereitungen zum Angriff auf die Sowjetunion ein, da die Einquartierungen von Wehrmachtseinheiten im Generalgouvernement zu umfangreichen Wohnungsräumungen und mittelbar auch zu weiteren Gettobildungen führten.[330]

Die Transferstelle sollte als Vermittlungsstelle für den gesamten wirtschaftlichen Verkehr zwischen Getto und Außenwelt dienen und war vor allem für die Lebensmittellieferungen in das Getto zuständig, aber auch für die Ausfuhr sämtlicher Erzeugnisse, die das Getto produzierte. „Es war allein der ‚Transferstelle' überlassen festzulegen, welchen Wert die zum Kauf von Lebensmitteln gedachten Gegenstände aus jüdischem Besitz hatten. Palfinger war somit in der Lage, die ökonomischen Aktivitäten des Gettos zu blockieren und dessen Bewohner dem Hungertod auszuliefern."[331] In der Folge lief die Politik Palfingers und des Leiters der Abteilung Umsiedlung im Distrikt Warschau, Waldemar Schön, in der Tat auf eine „indirekte Vernichtung" hinaus, indem sie durch eine systematisch betriebene Unterversorgung des Gettos eine künstliche Hungersnot herbeiführten.[332] Alle Versuche Czerniaków, eine Anzahl von Einlagevermögen bei verschiedenen Warschauer Kreditinstituten zugunsten der jüdischen Bevölkerung in Warschau flüssig zu machen, scheiterten zumeist an der rigorosen Blockade dieser Vermögen aus dem Altgeschäft, auch wenn er seit 1940 verschiedene kurzfristige Darlehen

[327] Zu den Beziehungen zwischen der Finanzverwaltung des Gettos und der Stadtfinanzverwaltung in Warschau vgl. Ivánka Wspomnienia skarbowca, S. 530–538, hier S. 531.

[328] Im Warschauer Getto, S. 6ff.

[329] Browning, Nationalsozialistische Ghettoisierungspolitik, S. 45f., 49; Eisenbach (Hg.), Dokumenty i materiały do dziejów okupacji niemieckiej w Polsce, S. 256: Schreiben Biebows an Bürgermeister Dr. Marder, Litzmannstadt, 12. 11. 1940, betr. Umorganisierung der Gettoverwaltung.

[330] Dieter Pohl: Der Völkermord an den Juden, in: Włodzimierz Borodziej/Klaus Ziemer (Hg.), Deutsch-polnische Beziehungen 1939 – 1945 – 1949. Eine Einführung. Osnabrück 2000, S. 113–134, hier S. 119f.

[331] Browning, Nationalsozialistische Ghettoisierungspolitik, S. 45; vgl. ders., Die Entfesselung der „Endlösung", S. 190f.

[332] Sakowska, Ludzie z dzielnicy zamkniętej, S. 48f.; Browning, Die Entfesselung der „Endlösung", S. 191f.

von der Warschauer Diskontobank erhielt, um Löhne, Gehälter, mitunter auch von der SS willkürlich angeordnete Kontributionen bezahlen zu können.[333]

Zu einem Wandel in dieser Politik und einer Reorganisation der Gettoverwaltung kam es, als im April 1941 auf Grund einer Entscheidung Hans Franks gegen den Gouverneur des Distrikts Warschau, Ludwig Fischer, und dessen Entourage Schön und Palfinger sich die Krakauer „productionists" gegen die Warschauer „attritionists" durchsetzten. Vorausgegangen war ein Bericht des Reichskuratoriums für Wirtschaftlichkeit im März 1941, der zahlreiche Missstände in der deutschen Gettoverwaltung beim Namen genannt und die voraussichtlich notwendigen Zuschüsse für das Getto mit 100 Mio. Złoty jährlich beziffert hatte.[334] Auf der entscheidenden Sitzung am 19. April, die die geplante Verordnung über den Wirtschaftsverkehr des Warschauer Gettos diskutierte[335], fragte Bankdirigent Paersch, welche Wertsachen sich noch im Getto befänden und welche Mengen zwischen November 1940 und April 1941 konfisziert worden seien. Gouverneur Fischer musste ihm diese Antwort schuldig bleiben, und auch sonst wurde deutlich, dass es mit der wirtschaftlichen Seite des Gettos, vor allem in Fragen des Arbeitseinsatzes, im Argen lag.[336] Fischer musste fortan seine Weisungsbefugnis an die Regierungsebene in Krakau abgeben. Neben der Berufung Heinz Auerswalds zum „Kommissar für den jüdischen Wohnbezirk" fand der wichtigste Personalwechsel an der Spitze der Transferstelle statt. Sie wurde seit dem 19. Mai geleitet von dem aus Wien stammenden Bankier Max Bischof, der seit 1940 der Beauftragte der Bankaufsichtsstelle für das Bank-, Geld- und Börsenwesen in Warschau gewesen war und der nun dafür sorgen sollte, das Warschauer Getto in ähnlicher Weise wie das in Litzmannstadt wirtschaftlich rentabel zu machen. „Zur Bearbeitung der wirtschaftlichen Seite des Judenproblems" war es fortan Aufgabe der Transferstelle, „deutschen Unternehmern, insbesondere solchen aus der Wehrwirtschaft, mit Rat und Tat bei der Auswertung der jüdischen Fachkräfte und gewerblichen Betriebe an die Hand zu gehen".[337]

Mit dem Wechsel von Palfinger zu Bischof kam ein Bankier an die Macht. Aber bedeutete der Wandel in der Gettoverwaltung auch zugleich, dass hier für Kreditinstitute Geschäfte zu erwarten waren? Tatsächlich stellte sich bald ein signifikan-

---

[333] Vgl. Im Warschauer Getto, S. 13, 47, 57f., 71, 75, 89f. (Einträge vom 2.11.1939, 4.3., 30.3., 4.4., 15.4., 27.5., 4.7., 7.7.1940) und passim.

[334] Die Wirtschaftsbilanz des jüdischen Wohnbezirks in Warschau. Bericht des Reichskuratoriums für Wirtschaftlichkeit, Dienststelle Generalgouvernement, Krakau, März 1941, abgedruckt in: Aly/Heim (Hg.), Bevölkerungsstruktur und Massenmord, S. 84–138; vgl. Aly/Heim, Vordenker der Vernichtung, S. 312–330; Browning, Nationalsozialistische Ghettoisierungspolitik, S. 49.

[335] VO über den jüdischen Wohnbezirk in Warschau vom 19.4.1941 (VOBlGG 1941, S. 211).

[336] Präg/Jacobmeyer (Hg.), Diensttagebuch, S. 359–362 (Sitzung vom 19.4.1941); Browning, Die Entfesselung der „Endlösung", S. 196f.

[337] BArch, 2501/5515, Bl. 57: Transferstelle Warschau (Völkischer Beobachter vom 20.8.1941); Bl. 68: Jüdischer Arbeitsmarkt im Generalgouvernement (Nationalzeitung Essen vom 26.8.1941); Bl. 74: Jüdischer Arbeitsmarkt im Generalgouvernement (Kölnische Zeitung vom 29.8.1941); R 2501/5524, Bl. 194: Transferstelle Warschau (Berliner Börsen-Zeitung vom 19.8.1941).

ter Wandel in den Beziehungen zwischen Transferstelle und dem Warschauer „Judenrat“ ein. Nun war plötzlich von kaufmännischen Kontakten zur Außenwelt, von Produktionsverlagerungen ins Getto und allgemein von einer besseren Lebensmittelversorgung die Rede.[338] Immerhin war Bischof Bankier genug, um auch zu erkennen, dass die von der deutschen Verwaltung eingestrichenen „Regiekosten“ mit zehn Prozent vom Umsatz aller ins bzw. aus dem Getto gelieferten Waren viel zu hoch waren, um eine Produktion gleich welcher Art rentabel sein zu lassen. Entsprechend wurden die Sätze auf fünf Prozent für ins Getto eingeführte Waren sowie auf zwei Prozent für ausgeführte Waren reduziert, was den Behörden noch immer reiche Gewinne einbrachte.[339] Im September 1941 schließlich warb die Transferstelle Warschau auch aktiv in den eingegliederten Ostgebieten für eine Produktionsverlagerung ins Warschauer Getto.[340]

In Bischofs Sinne einer Öffnung des Gettos für die Privatwirtschaft siedelten sich neben den jüdischen Produktionswerkstätten in den folgenden Monaten immer mehr deutsche bzw. polnische Firmen im Getto an („szopy“), die für Großabnehmer wie die Wehrmacht – ihr erster Großauftrag datiert von Mai 1941 – produzierten und dank der außerordentlich niedrigen Entlohnung der jüdischen Arbeitskräfte die Stückpreise außerhalb des Gettos leicht unterbieten konnten. Zu den bekanntesten Firmen im Getto Warschau, die überwiegend in der Deutschen Firmengemeinschaft Warschau GmbH zusammengeschlossen waren, zählten die Danziger Tischlereifirma Bernhard Hallmann & Co., Fritz Emil Schultz (Leder-, Filz- und Pelzwaren, Danzig), Oschman-Leszczyński (Kleiderfabrikation), Wilhelm Döring Apparatebau GmbH und als mit Abstand größter Arbeitgeber (ca. 20000 Arbeiter) Walter Caspar Többens (Kleiderfabrikation, Bremen).[341] Und in der Tat verbesserte sich die Wirtschaftsbilanz des Gettos in den folgenden Monaten[342], auch wenn die Lage für die überwiegende Mehrheit der Gettobewohner unverändert katastrophal blieb. Gouverneur Ludwig Fischer sprach Bischof 1944 „die herzlichste Anerkennung“ dafür aus, dass es ihm gelungen sei, „die Ausfuhrleistungen aus dem jüdischen Wohnbezirk hinsichtlich Lohnarbeit und Fertigwaren von 46800,– Zl. im Monat April 1941 auf 3676000 Zl. im Monat Dezember zu steigern. Das Jahr 1942 brachte dann erneut eine gewaltige Steigerung, die im

[338] Im Warschauer Getto, S. 143f., 151 (Einträge vom 5.–8. und 21.5.1941); Browning, Die Entfesselung der „Endlösung“, S. 198f.

[339] IPN, NTN, Bühler-Prozess, Nr. 507, Bl. 4–17, bes. Bl. 13f.: Aussage Michael Weicherts vom 23.10.1946; Engelking/Leociak, Getto Warszawskie, S. 381.

[340] APK, Gauwirtschaftskammer Oberschlesien, Nr. 40, Bl. 33–40, hier Bl. 39: Sammelrundschreiben der Wirtschaftskammer Oberschlesien, Industrieabteilung, Nr. 5/41 vom 20.9.1941.

[341] Engelking/Leociak, Getto Warszawskie, S. 380f., 385, 387–396; vgl. die Liste der im Getto ansässigen Firmen ebd., S. 475–484; Dunin-Wąsowicz, Warszawa w latach 1939–1945, S. 288; Bernard Goldstein: Die Sterne sind Zeugen. Der Untergang der polnischen Juden. München 1965, S. 83, 171; Im Warschauer Getto, passim; zu Schultz siehe Helge Grabitz/Wolfgang Scheffler: Letzte Spuren. Ghetto Warschau, SS-Arbeitslager Trawniki, Aktion Erntefest. Fotos und Dokumente über Opfer des Endlösungswahns im Spiegel der historischen Ereignisse. Berlin [2]1993, passim; zu Többens 1943 vgl. Hilberg, Vernichtung, S. 560f.

[342] Engelking/Leociak, Getto Warszawskie, S. 392–394, 400–402.

Juli 1942 mit einer Monatsleistung von 16558900,– Zl. eine ungeahnte Höhe erreichte; denn damit war das vom Reichskuratorium für Wirtschaftlichkeit errechnete Ausfuhrerfordernis nicht nur erreicht, sondern sogar überschritten."[343]

Paersch hatte am 9. April 1941 – zehn Tage vor der entscheidenden Regierungssitzung über das Warschauer Getto – noch moniert, dass die Angelegenheit des Warschauer Gettos „zunächst noch wirtschaftlich und finanzpolitisch in ihrer Auswirkung" auf die Gesamtwirtschaft des Generalgouvernements „nicht zu übersehen sei", die Emissionsbank aber eine Verrechnungsstelle eingerichtet habe, um den Verrechnungsverkehr mit dem Getto „einigermaßen gewährleisten" zu können.[344]

Seit Abschließung des Gettos hatten seine Bewohner keinen direkten Zugang mehr zu Kreditinstituten, Zahlungen waren aber per Postanweisung bzw. im Postsparkassendienst noch möglich. Im weiteren Zusammenhang mit der Einrichtung der Transferstelle, aber organisatorisch von ihr unabhängig, wurde seit Dezember 1940 von der Warschauer Emissionsbank am Aufbau einer „Abrechnungsstelle der Warschauer Banken mit dem Judenrat" gearbeitet: „Auf die Anordnung vom 19. ds. Mts., bei uns eine Abrechnungsstelle der Warschauer Kreditinstitute einerseits und des Judenrats als Vertreter der Ghettoeinwohner andererseits einzurichten, haben wir sofort die erforderlichen Vorbereitungen getroffen. Es haben inzwischen drei Besprechungen mit dem Leiter der Warschauer Bankenvereinigung, Herrn Dr. [Wiktor] Mikulecki [Warschauer Diskontobank], stattgefunden, in denen das Grundsätzliche sowie die technischen Einzelheiten der Abwicklung festgelegt wurden. [...] Das Abkommen sieht vor, dass die Auszahlungen der Banken ausschliesslich über die Abrechnung laufen, lässt dagegen stillschweigend zu, dass die Juden Abzahlungen auf ihre Schuldkonten an die Banken auch in anderer Weise, beispielsweise in bar, leisten. Die Banken werden aber dem Abrechnungsvorsteher solche Zahlungen nachträglich mitteilen, damit ein vollständiges Bild von der Höhe der Rückzahlungen an die Banken gewonnen wird und sich die Prüfung des festgesetzten Verhältnisses von 1:3 (Schuldenrückzahlungen gegenüber Altguthabenabhebungen) auf vollständiges Material stützt. [...] Die Anlage regelt ferner die Frage der Vergütung an den Judenrat. Die Banken sind bereit, für das Inkasso eine Provision von 2‰, minimal Zl. 1,– pro Stück zu vergüten, während die Weiterleitung der Bankenauszahlungen gebührenfrei erfolgen muss."[345]

---

343 AAN, Rząd GG, Nr. 1324/1, Bl. 84f., hier Bl. 85: Der Gouverneur des Distrikts Warschau im Generalgouvernement (gez. Fischer) an Max Bischof, 25. 4. 1944: „Auch bei der Liquidierung der Transferstelle, die durch die Auflösung des jüdischen Wohnbezirks notwendig wurde, haben Sie in der gleichen Weise Ihr hohes Können unter Beweis gestellt. Es ist deshalb ein Bedürfnis, Ihnen, Herr Direktor Bischof, für die ausgezeichnete Arbeit, die Sie als Leiter der Transferstelle geleistet haben, im Namen des Distrikts Warschau die herzlichste Anerkennung auszusprechen." Vgl. Browning, Die Entfesselung der „Endlösung", S. 248.

344 Präg/Jacobmeyer (Hg.), Diensttagebuch, S. 355 (Diensttagebuch vom 9. 4. 1941).

345 AAN, Bank Emisyjny w Polsce, Zarząd Główny, Kraków, Nr. 34, Bl. 45f., hier Bl. 45: Emissionsbank in Polen, Zweigniederlassung in Warschau, an Geschäftsleitung der Emissionsbank in Polen, Krakau, 31. 12. 1940, betr. Abrechnungsstelle der Warschauer Banken mit dem Judenrat.

Mitglieder der Abrechnungsstelle wurden insgesamt acht Warschauer Kreditinstitute, und zwar die Kommunalsparkasse der Stadt Warschau (Komunalna Kasa Oszczędności miasta Warszawy), Postsparkasse (PKO), Warschauer Handelsbank (Bank Handlowy w Warszawie), Warschauer Diskontobank (Warszawski Bank Dyskontowy), Allgemeiner Bankverein (Powszechny Bank Związkowy), Allgemeine Kreditbank (Powszechny Bank Kredytowy), Westbank (Bank Zachodni) und die Landeswirtschaftsbank (Bank Gospodarstwa Krajowego). Andere Kreditinstitute mit Forderungen an das Getto Warschau konnten sich von einem dieser Mitglieder vertreten lassen.[346] Inwieweit der Wandel in der nationalsozialistischen „Judenpolitik" in Warschau auch die Krakauer Filialen der Berliner Großbanken auf den Plan rief, ihr Streben nach einer Niederlassung in Warschau zu forcieren, lässt sich nicht klären.

Das Clearing war sowohl für das Neu- als auch für das dem Umfang nach kleinere Altgeschäft vorgesehen. Seit Mitte Februar 1941 wurde ein Verfahren praktiziert, bei dem Vertreter des „Judenrates" zweimal wöchentlich den Überweisungsverkehr des gesamten Gettos bei der Warschauer Emissionsbankfiliale außerhalb des Gettos regulierten. Die Provisionszahlung an den „Judenrat" spricht dafür, dass dieses Clearing nicht nur in seinem Interesse, sondern auch in dem der Banken lag, die auf diese Weise – wenn schon in bescheidenem Umfang – Außenstände ihrer Kundschaft hereinholten. Diskontobank und Warschauer Handelsbank hatten zudem vor 1939 über eine bedeutende jüdische Kundschaft verfügt und wurden schon von daher nicht zufällig zu den wichtigsten Clearingbanken der Abrechnungsstelle. Die Abrechnungsstelle, so referierte Waldemar Schön im Januar 1941, „vermittelt die bankmässigen Zahlungen von alten und neuen Guthaben. Sie leistet insbesondere auch die Zahlungen, welche aus den Sperrkonten des sichergestellten jüdischen Grundbesitzes in den einzelnen Fällen an den Empfangsberechtigten zu leisten sind. Auf diesem Wege fliessen also grössere Mittel an Zlotynoten in den jüdischen Wohnbezirk. Auch dadurch wird eine zu frühe Verarmung der jüdischen Bevölkerung verhindert. Mit einer Liquidation des jüdischen Goldvermögens, der Bestände an Devisen und Rohstoffen hat dies nichts zu tun. Es fördert die Liquidierung des jüdischen Vermögens in geordneten Bahnen und hält andererseits den Zustand einer in gewissen Grenzen erforderlichen Flüssigkeit an gültigen Zahlungsmitteln im jüdischen Wohnbezirk aufrecht."[347]

Angesichts der unbeschreiblichen Not der Gettobewohner Anfang 1941 sprach die Behauptung von „geordneten Bahnen" der Realität Hohn. Wurden die beteiligten polnischen Kreditinstitute auf diese Weise zu Mittätern der deutschen „Judenpolitik" im Generalgouvernement? Vor dem Hintergrund der umfangreichen polnischen Forschung zur Geschichte des Warschauer Gettos macht das Fehlen eines jeglichen Hinweises auf die Abrechnungsstelle den Eindruck einer Vermei-

[346] Ebd., Bl. 47–49, hier Bl. 48: Bestimmungen für die Abrechnungsstelle der Warschauer Banken mit dem Judenrat (Abschrift, o. D.).

[347] IPN, NTN, Nr. 334, Bühler-Prozess, Bd. 88, Bl. 265–278, hier Bl. 275: Referat des Leiters der Abteilung Umsiedlung, Reichsamtsleiter Schön, über die Bildung des jüdischen Wohnbezirkes, gehalten auf der Distrikts-Arbeitstagung in Warschau am 20. 1. 1941 anlässlich des Besuchs des Herrn Generalgouverneurs.

dungsstrategie, in dieser Frage Position zu beziehen. Welcher Unterschied jedoch besteht zwischen der Creditanstalt-Bankverein, die Geldüberweisungen an KZ-Häftlinge vermittelte, und den Warschauer Banken – polnische, deutsche (Emissionsbank) und von deutschen Treuhändern verwaltete Institute –, die den Geldverkehr des Warschauer Gettos organisierten? Wer im zweiten Fall nicht von Kollaboration sprechen möchte, kann immerhin darauf verweisen, dass die Banken wegen der allgemeinen Verarmung im Getto und der damit verbundenen Unmöglichkeit des Inkassos praktisch kaum Forderungen eintrieben, diese zugunsten des „Judenrates" bzw. des Gettos jedoch in großem Umfange einzahlten. Aber auch hierbei waren die Banken dem nationalsozialistischen Besatzungsregime im Rahmen ihrer Tätigkeit behilflich, ein „Problem" der Okkupationspolitik wenn schon nicht zu lösen, so doch zu mildern und damit zugleich das Regime zu stabilisieren.

Tatsächlich war das starke Übergewicht von Zahlungen zugunsten des „Judenrates" gegenüber dessen Zahlungen nach außen nach nur zweimonatiger Tätigkeit der Abrechnungsstelle bereits Stein des Anstoßes bei der Bankaufsichtsstelle, die die Emissionsbank darauf hinwies, „dass der Zweck des Clearings nicht darin besteht, dass nur einseitige Zahlungen seitens der Banken in das Jüdische Viertel geleistet werden, während die Forderungen der Banken ohne Zahlung wieder zurückgeliefert werden. [...] Insbesondere, was das Neugeschäft anbetrifft, ist von allem Anfang an dem Judenrat eindeutig klarzustellen, dass für den Fall, dass die Forderungen der Banken nicht einkassiert werden sollten, als Gegenmassnahme Restriktionen vorgenommen werden müssten."[348]

Allerdings musste auch die Bankaufsichtsstelle einsehen, dass diese Diskrepanz struktureller Natur war, da zu diesem Zeitpunkt die größten Summen zugunsten des Gettos aus Zahlungen etwa der JSS oder des AJDC bestanden. Daneben gab es an Gettoinsassen zahlreiche Überweisungen, bei denen es sich um Unterstützungszahlungen aus dem Ausland handelte, vor allem von jüdischen Emigranten aus den Vereinigten Staaten, allerdings nur bis Dezember 1941, als die USA in den Weltkrieg eintraten und amerikanische Hilfslieferungen fortan ausblieben.[349] Zugunsten der Kreditinstitute kamen dagegen „im Neugeschäft grundsätzlich nur Auszahlungen aus den bei den Banken geführten BvS-Neuguthaben in Frage".[350]

In der Anfangszeit umfasste der Clearingverkehr der Abrechnungsstelle noch nicht die Geschäfte der Transferstelle selbst, die zentral über ein Verrechnungskonto der Emissionsbankfiliale in Warschau geführt wurden. Bereits Anfang Juni, d.h. kurz nach Dienstantritt, hatte Max Bischof jedoch erste Schritte unternom-

348 AAN, Bank Emisyjny w Polsce, Zarząd Główny, Kraków, Nr. 34, Bl. 80f.: Bankaufsichtsstelle (gez. Laschtowiczka) an die Geschäftsleitung der Emissionsbank in Polen, Krakau, 21.2.1941, betr. Abrechnungsstelle der Warschauer Banken mit dem Judenrat.

349 AAN, Bank Handlowy, Nr. 271b, Bl. 25f.: Historia Banku Handlowego w Warszawie S.A. Centrala, część II – okres 2-ej wojny światowej i okupacji 1939–1943 r.; Dunin-Wąsowicz, Warszawa w latach 1939–1945, S. 285.

350 AAN, Bank Emisyjny w Polsce, Zarząd Główny, Kraków, Nr. 34, Bl. 131: Emissionsbank in Polen, Zweigniederlassung in Warschau, an Geschäftsleitung der Emissionsbank in Polen, Krakau, 10.5.1941, betr. Abrechnungsstelle der Warschauer Banken mit dem Judenrat.

men, die Transferstelle in die Abrechnungsstelle mit einzubeziehen, um letztere mit dem gesamten bargeldlosen Zahlungsverkehr des Warschauer Gettos zu beauftragen. Beabsichtigt war auch, „dass als zentrale Zahlstelle auf der jüdischen Seite die Abrechnungsstelle des Judenrates dient, die später in ein unabhängiges jüdisches Kreditinstitut verwandelt werden wird. [...] Die Abrechnungsstelle bei der Emissionsbank wird in Hinkunft nicht nur Zahlungen auf eingereichte Belege aus von früher her bestehenden Geschäftsbeziehungen mit Juden, sondern auch Überweisungen des laufenden Zahlungsverkehrs durchführen dürfen.“[351]

Am 6. Juli 1941 hob der Leiter der Abteilung Devisen und Außenwirtschaft, Erich Tetzner, die Wirkung zweier den Kapitalverkehr von Juden einschränkender Verordnungen „hinsichtlich der im jüdischen Wohnbezirk ansässigen Personen und des Vermögens, welches im jüdischen Wohnbezirk in Warschau befindlich ist“, auf. Das neue Ziel war nun die „Förderung der gewerblichen Betätigung der Juden im jüdischen Wohnbezirk in Warschau“.[352] Fortan durften Gettobewohner Barzahlungen auch über eine Summe von 500,– Złoty entgegennehmen und mehr als 2000,– Złoty besitzen, ferner konnten „Barbeträge durch Vermittlung der Bankabrechnungsstelle, Warschau [...] an ausserhalb des Judenviertels befindliche Institute zur Gutschrift auf Neuem BvS-Konto eingezahlt und so in sichere Verwahrung gegeben werden“.[353] Mitte August 1941 wurde daraufhin von Vertretern der Verbände Jüdischer Kaufleute und Jüdischer Handwerker die „Lieferungsgesellschaft des Jüdischen Gewerbes mbH“ (TODOS) gegründet, die berechtigt war, direkt mit der „arischen Seite“ in Geschäftsbeziehungen zu treten, und die ihren Teil dazu beitrug, den monatlichen Lebensmittelbedarf des Gettos im Wert von ca. 12,6 Mio. Złoty zu erwirtschaften. Bis Ende 1941 gab es 65000 Arbeiter im Getto, im Juli 1942, unmittelbar vor Beginn der Deportationen, sogar 70000–80000 Arbeiter.[354]

Da nun auch die regelmäßigen Warentransaktionen mit dem Getto in die Abrechnung mit eingingen, nahm diese in der Folge rasch beträchtliche Ausmaße an.[355] Waren im Februar 1941 von der Bankenabrechnungsstelle (bei einem Ge-

---

351 Ebd., Bl. 168f.: Transferstelle Warschau an Emissionsbank in Polen, Zweigniederlassung in Warschau, 21.6.1941, betr. Zahlungsverkehr mit dem jüdischen Wohnbezirk in Warschau (Abschrift).

352 AO Nr. 4 des Leiters der Abteilung Devisen im Amte des Generalgouverneurs betr. allgemeine Maßnahmen zur Sicherstellung jüdischen Vermögens vom 20.11.1939 (VOBlGGP. 1939, S. 57); AO Nr. 7 des Leiters der Abteilung Devisen im Amt des Generalgouverneurs betr. allgemeine Maßnahmen zur Sicherstellung jüdischen Vermögens vom 1.3.1940 (VOBlGG. II 1940, S. 141).

353 APKr, BN–III/1: Amtlicher Anzeiger für das Generalgouvernement, Nr. 58/1941: Bekanntmachung über den Geldverkehr im jüdischen Wohnbezirk in Warschau vom 1.8.1941 (gez. Auerswald); AAN, Bank Emisyjny w Polsce, Zarząd Główny, Kraków, Nr. 34, Bl. 181: Erlass Nr. 22 der Regierung des Generalgouvernements, Hauptabteilung Wirtschaft, Abt. Devisen und Außenwirtschaft vom 6.6.1941 betr. Aufhebung von allgemeinen Massnahmen zur Sicherstellung jüdischen Vermögens für den jüdischen Wohnbezirk in Warschau.

354 Jerzy Winkler: Getto walczy z niewolą gospodarczą, in: BŻIH 35 (1960), S. 55–86, hier S. 65; Gutman, Żydzi warszawscy 1939–1943, S. 119, 123; Engelking/Leociak, Getto Warszawskie, S. 386f., 393, 399.

355 Die im Folgenden genannten Ziffern beziehen sich ausschließlich auf das Neugeschäft.

samtumsatz von 954878,– Złoty) 940940,– Złoty zugunsten des „Judenrates" ausgezahlt worden (davon 475000,– Złoty vom AJDC), erhielten die beteiligten Warschauer Banken im Gegenzug vom „Judenrat" lediglich 13938,– Złoty für ihre Forderungen.[356] Im Juni 1941 stand den Zahlungen der Banken über 1,215 Mio. Złoty ein Inkasso des „Judenrates" von 12617,– Złoty gegenüber[357], ab August jedoch waren die Umsätze in einem stetigen Wachstum begriffen, wobei der bargeldlose Zahlungsverkehr für Warenlieferungen der Transferstelle zentral über die „Emda" (Emissionsbank als Mitglied der Abrechnungsstelle) verbucht wurde und in der Folgezeit den ganz überwiegenden Teil der Zahlungen des „Judenrates" an die Abrechnungsstelle ausmachte[358]:

Monat	Einzahlungen der Warschauer Banken	Einzahlungen des Judenrates	Gesamtumsatz
	in Złoty		
August 1941	1866336,–	422306,–	2288642,–
September	1543200,–	3024016,–	4567216,–
Oktober	4034430,–	4608368,–	8642798,–
November	2955799,–	2796798,–	5752597,–
April 1942	5265195,–	4023324,–	9288519,–
Mai	6231569,–	4013036,–	10244605,–
Juli	10140076,–	6424710,–	16564786,–
August	1820052,–	3325623,–	5145675,–
September	3715315,–	782910,–	4498225,–

Die seit September 1941 zunächst defizitäre Bilanz des „Judenrates" betraf nicht das Clearing mit den acht Mitgliedern der Abrechnungsstelle (das weiterhin zugunsten des „Judenrates" ausfiel), sondern das Clearing mit der „Emda", d.h. die Umsätze der Transferstelle im engeren Sinne, „da durch die ‚Emda' alle Zahlungen kommunaler Art der jüdischen Gemeinde – wie vor allen [sic] die Zahlungen der Versorgungsanstalt für den jüdischen Wohnbezirk – getätigt werden": „Wenn berücksichtigt wird, dass diese erheblichen Beträge vor Beitretung der Emissionsbank als Mitglied zur der [sic] Abrechnungsstelle in bar bei d. Transferstelle Warschau eingezahlt wurden, so geht die Bedeutung der Abrechnungsstelle als ein den bargeldlosen Geldverkehr förde[r]nder Faktor deutlich hervor. Im Jahre 1941 entstand ein Aktivsaldo der Juden von Zl. 3318000,–[,] der hauptsächlich auf Überweisungen der jüdischen Selbsthilfeorganisation in Krakau und des amerikanischen Hilfekomitees zurückzuführen ist."[359]

[356] AAN, Bank Emisyjny w Polsce, Zarząd Główny, Kraków, Nr. 34, Bl. 97f.: Abrechnungsumsätze der Abrechnungsstelle der Warschauer Banken mit dem Judenrat im Monat Februar 1941 (o.D., März 1941).

[357] Ebd., Bl. 172f.: Abrechnungsstelle der Warschauer Banken mit dem Judenrat – Abrechnungen im Monat Juni 1941.

[358] AAN, Bank Emisyjny w Polsce, Zarząd Główny, Kraków, Nr. 34, 35, passim.

[359] AAN, Bank Emisyjny w Polsce, Zarząd Główny, Kraków, Nr. 35, Bl. 18f., hier Bl. 18: Emissionsbank in Polen, Zweigniederlassung in Warschau, an Emissionsbank in Polen, Geschäftsleitung, Krakau, 4.4.1942, betr. Abrechnungsstelle der Warschauer Banken mit der Genossenschaftsbank für den jüdischen Wohnbezirk in Warschau.

Seit November 1941 war die Zahlungsbilanz des Gettos wieder positiv und erreichte im Juli 1942 einen Überschuss von knapp 3,5 Mio. Złoty. Zu dieser insgesamt beachtlichen Rationalisierung des Wirtschaftsverkehrs des Warschauer Gettos hatte zuvor auch die am 29. September 1941 erfolgte Umbildung des Inkassobüros der Abrechnungsstelle im Getto in eine „Genossenschaftsbank für den jüdischen Wohnbezirk in Warschau mbH" beigetragen, deren Hauptanteilseigner die „Versorgungsanstalt für den jüdischen Wohnbezirk" war und deren Leitung Edward Eliasz Kobryner versah.[360] Sie übernahm Anfang Februar 1942 die Agenden des „Judenrates" gegenüber der Bankenabrechnungsstelle, wurde aber auch im Getto durch Auslegung von Krediten an größere Produktionswerkstätten tätig.[361]

Der Beginn der Deportationen der Warschauer Juden ins Vernichtungslager Treblinka machte sich seit Juli 1942 unverkennbar auch im Clearingaufkommen der Abrechnungsstelle bemerkbar, was die Warschauer Emissionsbank ihrer Krakauer Hauptniederlassung entsprechend ankündigte: „Infolge der seit dem 22. Juli d.J. im jüdischen Wohnviertel geführten [sic] Umsiedlungsaktion ist mit einer starken Herabsetzung der Umsätze im nächsten Monate zu rechnen."[362]

Die Emissionsbank war genau im Bilde darüber, dass es sich bei dieser „Umsiedlungsaktion" nicht um die Deportation allein der zum Arbeitseinsatz nicht fähigen Juden handelte, sondern dass die Liquidation des gesamten Gettos anstand. Nur wenige Wochen später hatte die Abrechnungsstelle bereits ihre Funktion verloren, da im September 1942 – dem letzten Monat, für den Unterlagen vorliegen – die Umsätze im Vergleich zum August um 44 Prozent und zum Juli um 73 Prozent abgenommen hatten.[363] Formal existierte die „Genossenschaftsbank für den jüdischen Wohnbezirk" zwar weiter, doch entwickelte sie keinerlei nennenswerte Aktivitäten mehr, bis dann die letzten Konten ab April 1943 mit der Niederschlagung des Gettoaufstandes und der Zerstörung des „jüdischen Wohnbezirks" geschlossen wurden.[364]

Letztlich war auch nach dem Wandel an der Spitze der Transferstelle im April/Mai 1941 und der vorübergehenden Durchsetzung der „productionists" die Versorgungspriorität des Gettos mit Lebensmitteln viel zu niedrig geblieben. Möglich

---

360 Brustin-Berenstein, O hitlerowskich metodach eksploatacji gospodarczej getta warszawskiego, S. 29ff.; Browning, Nationalsozialistische Ghettoisierungspolitik, S. 59.

361 AAN, Bank Emisyjny w Polsce, Zarząd Główny, Kraków, Nr. 35, Bl. 4: Emissionsbank in Polen, Zweigniederlassung in Warschau, an Emissionsbank in Polen, Geschäftsleitung, Krakau, 5.2.1942, betr. Abrechnungsstelle der Warschauer Banken mit der Genossenschaftsbank für den jüdischen Wohnbezirk in Warschau; Engelking/Leociak, Getto Warszawskie, S. 382f. (Bilanz der Genossenschaftsbank für Februar–April 1942).

362 AAN, Bank Emisyjny w Polsce, Zarząd Główny, Kraków, Nr. 35, Bl. 41: Emissionsbank in Polen, Zweigniederlassung in Warschau, an Emissionsbank in Polen, Geschäftsleitung, Krakau, 8.8.1942, betr. Abrechnungsstelle der Warschauer Banken mit der Genossenschaftsbank für den jüdischen Wohnbezirk in Warschau.

363 Ebd., Bl50: Emissionsbank in Polen, Zweigniederlassung in Warschau, an Emissionsbank in Polen, Geschäftsleitung, Krakau, 7.10.1942, betr. Abrechnungsstelle der Warschauer Banken mit der Genossenschaftsbank für den jüdischen Wohnbezirk in Warschau.

364 Vgl. AAN, Bank Handlowy, Nr. 271b, Bl. 9: Historia Banku Handlowego w Warszawie S.A. Centrala, część II – okres 2-ej wojny światowej i okupacji 1939–1943 r.

war im besten Falle eine „prekäre ‚Stabilisierung'" der notorischen Unterversorgung der Juden.[365] Bischof konnte nicht verhindern, dass die Sterblichkeitsrate im Getto seit Mai 1941 einen starken Anstieg erfuhr, und erst im Winter 1941/42 wurde die allgemeine Produktivität der jüdischen Arbeiter durch erhöhte Lebensmittelrationen der deutschen Firmen im Getto gesteigert.[366] Genau diese vorübergehend als ein wenig entspannter angesehene Situation bildete den Kontext für das Florieren der Abrechnungsstelle, die ihrerseits Zeichen einer (vorübergehend) liberaleren Wirtschaftspolitik war, als sie Hans Biebow im Getto Litzmannstadt praktizierte. Die verrechneten Summen geben dabei nur einen allgemeinen Eindruck von der wirtschaftlichen Bedeutung, die das Getto, seine Insassen und ihre Arbeitskraft im Rahmen der Gesamtwirtschaft des Generalgouvernements besaßen. Ein getreues Bild von der Warschauer Gettowirtschaft vermittelt der offizielle Transfer jedoch nicht. Der Statistiker und Gettoinsasse Jerzy Winkler schätzte 1942 den Wert des monatlichen Warenexports aus dem Getto, der von der Transferstelle *nicht* erfasst wurde, auf ca. 10 Mio. Złoty (davon 3–4 Mio. Złoty für Arbeitslöhne), wohingegen der offizielle Warentransfer gegenüber dem Schmuggel nur einen kleinen Prozentsatz ausgemacht habe.[367]

Die Ergebnisse, die die neue Politik Bischofs Ende 1941, Anfang 1942 zeitigte, wurden jedoch zeitgleich überlagert von folgenschweren Entscheidungen in Berlin, die den Weg zum systematischen Judenmord zu einem Zeitpunkt ebneten, als nicht wenige Juden vorsichtig Hoffnung schöpften, die Nationalsozialisten nun von dem Wert ihrer Arbeit und damit auch von ihrer Existenzberechtigung überzeugt zu haben. In Warschau wurde „mit der Wende zum Massenmord vorzeitig ein Wirtschaftsexperiment beendet, das gerade erst begonnen hatte, Früchte zu tragen".[368]

Der Judenmord im Spiegel der Bankenkorrespondenz

Wenngleich die deutschen Kreditinstitute an der Finanzierung der Gettos im Generalgouvernement im Gegensatz zu den vor Ort ansässigen polnischen Banken nicht direkt beteiligt waren, so steht dennoch außer Zweifel, dass die deutschen Banken den Aufbau ihres eigenen Geschäftes zu einem erheblichen Teil, wenn auch nur mittelbar, den Folgen der antijüdischen Politik im Generalgouvernement zu verdanken hatten. Die nationalsozialistische „Judenpolitik" spielte sich auch keineswegs nur hinter verborgenen (Getto-)Mauern ab, sie war vielmehr spürbarer Bestandteil der gesamten deutschen Okkupationspolitik und hatte daher auch direkte, sichtbare Auswirkungen innerhalb der Gesamtwirtschaft. So sprach beispielsweise ein Wirtschaftsbericht der Landeswirtschaftsbank vom Februar 1942 noch im Präsens davon, dass bei den Banken die „Abwicklung des Altgeschäftes" unter „Berücksichtigung der sie hemmenden Umstände als schleppend bezeichnet werden" müsse und Juden im Gegensatz zu „arischen"

365 Browning, Die Entfesselung der „Endlösung", S. 229.

366 Ebd., S. 239, 241.

367 Winkler, Getto walczy z niewolą gospodarczą, S. 67, 85f.

368 Browning, Die Entfesselung der „Endlösung", S. 248; Engelking/Leociak, Getto Warszawskie, S. 390f.

und polnischen Schuldnern „ihre Schulden beinahe gar nicht zurück“ zahlen würden.[369] Dagegen meldete ein Tätigkeitsbericht der Deutschen Handelskammer für das Generalgouvernement ein Jahr später (März 1943) insofern bereits vollendete Tatsachen, als „sich die Inkassoverhältnisse infolge des durch die Umsiedlung der Juden bedingten Ausfalls der jüdischen Schuldner stark verschlechtert“ hätten. Wenigstens hätten zuvor – so fährt der Bericht fort – „im Berichtsjahr noch 1259 Forderungsfälle zur Bearbeitung angenommen und über 2,5 Millionen Zloty eingezogen werden“ können.[370] Es sind solche lakonischen Formulierungen der ökonomischen Fachsprache, hinter denen sich die Judenvernichtung verbarg.

Für die Krakauer Filiale der Commerzbank ist eine vom Sommer 1942 datierende Korrespondenz mit der Jüdischen Sozialen Selbsthilfe erhalten. Zwischen dem 13. Juli und dem 1. September 1942, d.h. innerhalb von nur sechs Wochen, schickte die Bank an die jüdische Selbsthilfeorganisation insgesamt 13 Schreiben, in denen sie um Mithilfe bei der Recherche von Adressen „ausgesiedelter“ Juden bat.[371] Im Aktenbestand der JSS sind keine Antworten überliefert, auch gibt es keine Informationen darüber, ob die 13 Briefe vollständig sind oder möglicherweise nur einen Teil der tatsächlich von der Commerzbank versandten Korrespondenz darstellen. Die Adressaten und der Verweis auf Überweisungsaufträge seitens der „Slovenska Banka v Bratislave“ zeigen, dass die unzustellbaren Schreiben im Zusammenhang mit der Deportation und Ermordung slowakischer Juden stehen, die seit 27. März 1942 in insgesamt 38 Transporten ins Generalgouvernement deportiert worden waren.[372] Nicht auszuschließen ist, dass der Leitung der Krakauer Commerzbank die Ursache der Unzustellbarkeit, nämlich die Ermordung der Adressaten, bekannt war – dann wäre die Korrespondenz eine zynische Wahrung der äußeren Form. Zu beweisen ist dies aber nicht. Die Schreiben deuten insgesamt eher auf eine unzureichende Orientierung über die Umstände hin, um so mehr, als Unterstaatssekretär Martin Luther vom Auswärtigen Amt der slowakischen Regierung erst am 2. Mai 1942 garantiert hatte, die nach Polen deportierten slowakischen Juden würden unter keinen Umständen in die Slowakei zurückkehren.[373]

---

[369] AAN, Bank Emisyjny w Polsce, Oddział Główny, Kraków, Nr. 140, Bl. 97-99, hier Bl. 98: Landeswirtschaftsbank Krakau an Emissionsbank in Polen, Hauptniederlassung, 5. 2. 1942, betr. Wirtschaftsbericht.

[370] Deutsche Handelskammer für das Generalgouvernement, in: Ostwirtschaft 32 (1943), S. 41f., hier S. 42; vgl. Bericht der Deutschen Handelskammer für das Generalgouvernement über das Geschäftsjahr 1943. Berlin 1944.

[371] AŻIH, ŻSS, Nr. 86, Bl. 21-33.

[372] Yehoshua Büchler: The Deportation of Slovakian Jews to the Lublin District of Poland in 1942, in: Holocaust and Genocide Studies 6 (1991), Nr. 2, S. 151-166, bes. S. 166 (Liste der Deportationstransporte); Ivan Kamenec: The Deportation of Jewish Citizens from Slovakia in 1942, in: The Tragedy of Slovak Jews. Proceedings of the International Symposium Banská Bystrica, 25th to 27th March 1992. Banská Bystrica 1992, S. 81-105; Faschismus – Getto – Massenmord, S. 275ff.

[373] Luthers Fernschreiben ist wiedergegeben bei Longerich (Hg.), Ermordung der europäischen Juden, S. 301f.

Bei ihrem Versuch, über die „Vermittlungsstelle für Judenpost“[374] im Getto von Opole Lubelskie[375] sowie über einige „Judenräte“ in Kontakt mit einzelnen jüdischen Zahlungsempfängern zu kommen[376], muss der Commerzbank in Krakau deutlich geworden sein, dass sich in der NS-„Judenpolitik“ im Generalgouvernement ein deutlicher Wandel vollzogen hatte, da nicht nur einzelne Juden, sondern ganze „Judenräte“ aus mindestens sechs Städten (Tarnów; Kamionka; Ostrów Lubelski; Rejowiec, Krs. Cholm; Izbica; Opole Lubelskie) auf dem Postwege nicht mehr zu erreichen waren.

Das ausgeklügelte System von Reglementierungen, das die Juden daran hindern sollte, über ihr Geld zu verfügen, stand den konkurrierenden Behörden nun im Wege, wobei die Kreditinstitute sich weiterhin an die Regelungen hielten, die ihnen zuvor zur Auflage gemacht worden waren.[377] So wandte sich die Emissionsbankfiliale in Lublin im Oktober 1942 im Auftrag des Kommandeurs der Sicherheitspolizei und des SD für den Distrikt Lublin an die Stadtsparkasse Krakau mit der Bitte, insgesamt 26 Sparbücher aus dem Besitz von Juden mit einem Gesamtguthaben von knapp 20 000,– Złoty einzulösen und den Betrag auf das Konto der Sipo zu überweisen.[378] Die Sparkasse verweigerte jedoch in ihrem Antwortschreiben die Auszahlung mit dem Hinweis, zunächst müsse geklärt sein, ob die Guthaben als jüdisches Vermögen überhaupt angemeldet seien, da sie ansonsten als herrenloses Gut zugunsten des Generalgouvernements durch die Kreis- bzw. Stadthauptleute, nicht jedoch durch die Sicherheitspolizei einzuziehen wären. Ferner sei eine Genehmigung der zuständigen Zollfahndungsstelle erforderlich, und schließlich seien Rückzahlungen im Falle von 14 der 26 Sparkonten „gegen Stichwörter vorbehalten“, weshalb man um die Übermittlung der „erforderlichen Aufklärungen und Nachweise“ bat.[379] So makaber die Bitte der Sparkasse an die Sicherheitspolizei auch erscheinen mag, die Stichwörter für Konten von höchstwahrscheinlich bereits

374 AŻIH, ŻSS, Nr. 69, Bl. 17: Jüdische Soziale Selbsthilfe an Reichsvereinigung der Juden in Deutschland, 3. 9. 1941, betr. Sendungen für die ausgesiedelten Juden aus dem Reich in das Generalgouvernement.

375 Die Vernichtung der Juden aus Opole Lubelskie, wo sich seit März 1941 Juden u. a. aus Wien, Frankreich und der Slowakei befanden, erfolgte in drei großen Deportationsphasen im März, Mai und Oktober 1942 in die Vernichtungslager Bełżec und Sobibór sowie ins Zwangsarbeitslager in Poniatowa. Vgl. AŻIH, ŻSS, 762: Korespondencja Prezydium ŻSS z Radą Żydowską i Delegaturą ŻSS w Opolu Lubelskim (1941); Eugeniusz Kosik: Martyrologia i zagłada Żydów w Opolu Lubelskim, w: BŻIH 150 (1989), S. 73–83, bes. S. 80f.; Archiwum Ringelbluma. Konspiracyjne Archiwum Getta Warszawy, Bd. 1: Listy o Zagładzie. Opracowała Ruta Sakowska. Warszawa 1997, S. 136–141.

376 AŻIH, ŻSS, Nr. 86, Bl. 32: CB Krakau an Jüdische Soziale Selbsthilfe, 1. 9. 1942.

377 Vgl. für 1940 APKr, Stadtsparkasse Krakau, Nr. 169: Der Vorsitzende der Verwaltungskommission der Städtischen Sparkasse Krakau an die Städtische Sparkasse Krakau, 28. 8. 1940, betr. Auszahlung von Altguthaben an Juden.

378 APKr, Stadtsparkasse Krakau, Nr. 229: Emissionsbank in Polen, Zweigniederlassung Lublin, an Städtische Sparkasse Krakau 8. 10. 1942. betr. Verwertung von Sparbüchern, Erfassung jüdischen Vermögens.

379 APKr, Stadtsparkasse Krakau, Nr. 229: Städtische Sparkasse Krakau an Emissionsbank in Polen, Zweigniederlassung Lublin, 17. 10. 1942, betr. Verwertung von Sparbüchern.

ermordeten Juden beizubringen[380], so sicher hatte man sich innerhalb der Sparkasse die Frage gestellt, welche Gründe für das den Verordnungen klar widersprechende Vorgehen sowohl der Emissionsbank als auch der Sicherheitspolizei vorliegen konnten. Unklar ist, ob man für diesen und ähnliche Fälle – wie zuvor in Oberschlesien bei der Einziehung von Sparguthaben ohne Vorlage der Sparbücher – eine Lösung im Verweis auf die öffentlich-rechtliche Bedeutung der Beschlagnahme fand. In anderen Bereichen – vor allem im Falle von Wertpapieren aus jüdischem Besitz – verhielten die Banken sich bis 1944 dilatorisch: „Die Banken lehnen jedoch die Auszahlung der Gegenwerte ab, mit dem Bemerken, dass nicht feststünde, wer die Freigabe zu veranlassen hat.“[381]

Zahlreiche weitere Hinweise auf den Judenmord finden sich auch in den Wirtschaftsberichten der Emissionsbankfilialen. Für diese kann sicher ausgeschlossen werden, dass ihre Mitarbeiter, die überwiegend von der Reichsbank ins Generalgouvernement delegiert worden waren, keine Kenntnisse vom Judenmord besaßen. Die Filialen waren Ende 1940 seitens der Geschäftsleitung explizit dazu aufgefordert worden, in ihren monatlichen Berichten unter anderem auch über die „Auswirkung der Judenumsiedlung“ zu berichten.[382] So notierte beispielsweise die Zweigniederlassung in Tarnopol (Distrikt Galizien) vom Juni 1943 zum Thema „Arbeitseinsatz“, dass „militärische und zivile Dienststellen sowie Firmen die fortschreitende Ausmerzung jüdischer Arbeitskräfte“ „besonders stark“ empfänden. „So würde das Strassenbauamt bei Fortsetzung der Aktionen allein mit dem Ausfall von 3000 Arbeitern zu rechnen haben.“[383] Die Beeinträchtigung von Bauprojekten schien dabei wichtiger zu sein als der vorangegangene Massenmord.

Zwei Monate später hatte der Sprachduktus sich schon insoweit geändert, als die Emissionsbank nun den „durch sicherheitspolizeiliche Aktionen bewirkte[n] Ausfall sämtlicher jüdischen Arbeitskräfte“ als „von einschneidender Bedeutung“ bezeichnete.[384] Wiederum einen Bericht später war dann die nationalsozialistische *façon de parler* gefunden: „Der Zustand der in Treuhandverwaltung eingebrachten Häuser des bisherigen jüdischen Wohnbezirks macht grossenteils ihren Abbruch wegen Einsturzgefahr notwendig. Alsbald nach der ‚Aussiedlung‘ ihrer Bewohner wurden auch in gutem Zustand befindliche Häuser nachts vielfach abgedeckt,

380 Vgl. APKr, Stadtsparkasse Krakau, Nr229: Entwurf eines Schreibens der Städtischen Sparkasse Krakau an Emissionsbank in Polen, Zweigniederlassung in Lublin, o. D.: „Die Ablösung der Sparbücher [...] können wir durchführen nach Vorlage der Sparbücher, Angabe der betreffenden Losungswörter und Vorweisung der Bescheinigungen der Treuhandaussenstelle Krakau über die Anmeldung dieser Bücher als jüdisches Vermögen.“

381 IPN, NTN, Nr. 332, Bühler-Prozess, Bd. 86, Bl. 226–227: Chef des SS-WVHA (gez. Pohl) an RFSS, 15. 1. 1944, betr. Verwertung des unbeweglichen Vermögens der Juden (Abschrift).

382 AAN, Bank Emisyjny w Polsce, Zarząd Główny, Kraków, Nr. 51, Bl. 118–122, hier Bl. 121: TAM Nr. 147/40 vom 14. 12. 1940 betr. Richtlinien für die regelmäßige Abfassung von Wirtschaftsberichten der Niederlassungen.

383 AAN, Bank Emisyjny w Polsce, Oddział w Tarnopolu, Nr. 16, Bl. 199–206, hier Bl. 205: Wirtschaftsbericht der Emissionsbank in Polen, Zweigniederlassung in Tarnopol, vom 7. 6. 1943.

384 Ebd., Bl. 189–194, hier Bl. 193: Wirtschaftsbericht der Emissionsbank in Polen, Zweigniederlassung in Tarnopol, vom 6. 8. 1943.

Herde, Öfen, Rohre, Leitungen – was immer verwertbar erschien – ausgebaut, sodass ihre Instandsetzung nicht mehr möglich ist."[385]

Zuvor war es unmittelbar nach dem Einmarsch der Wehrmacht Anfang Juli 1941 in Tarnopol zu einem Pogrom mit mehreren hundert ermordeten Juden sowie im September 1941 zur Bildung eines Gettos gekommen. Ende 1941 hatte die Bevölkerung Tarnopols (32500 Einwohner) noch 10000 Juden gezählt (1939: 18000).[386] Zu systematischen Mordaktionen kam es wiederholt seit März 1942, bis dann im August 1943 die letzten Juden in Tarnopol und Umgebung getötet wurden.[387]

Die angeführten Wirtschaftsberichte, die eine für die Geschichte des Generalgouvernements wichtige Quelle darstellen, lassen keine Rückschlüsse hinsichtlich der Frage zu, ob diesen Formulierungen nur Gleichgültigkeit oder eine vielleicht sogar erhebliche Sublimierungsleistung zugrunde lag. Festzuhalten bleibt aber auch für die Kreditinstitute, dass insbesondere der Judenmord im Generalgouvernement seit Sommer 1942 kein Geheimnis blieb, sondern sich buchstäblich vor aller Augen abspielte. „Die Ghettoräumungen bestanden aus wüsten tagelangen Schießereien in einzelnen Stadtteilen, anschließend lagen Leichen in den Hauptstraßen, die zu Bahnhöfen führten."[388] Während seiner Ansprache in Lemberg zum ersten Jahrestag der Eingliederung des Distrikts Galizien ins Generalgouvernement am 1. August 1942 erntete Hans Frank „große Heiterkeit" mit der rhetorischen Frage, warum in Lemberg denn keine Juden mehr zu sehen seien.[389] Die noch lebenden Juden waren in Zwangsarbeitslagern zusammengefasst, und für ihren Einsatz mussten die Betriebsleitungen pro Tag fünf Złoty für einen Juden und vier Złoty für eine Jüdin an die SS abführen. Löhne, Lohnsteuer und Sozialversicherung waren zu diesem Zeitpunkt schon kein Thema mehr. Die Beträge waren zu überweisen „auf das Werkkassenkonto des SSuPolF. Galizien bei der Emissionsbank in Lemberg".[390] Im Herbst monierte die Treuhandstelle, dass

---

385 Ebd., Bl. 180–188, hier Bl. 185: Wirtschaftsbericht der Emissionsbank in Polen, Zweigniederlassung in Tarnopol, vom 6. 9. 1943.

386 Ebd., Bl. 51–63, hier Bl. 63: Wirtschaftsbericht der Emissionsbank in Polen, Zweigniederlassung in Tarnopol, vom 2. 2. 1942.

387 Vgl. Enzyklopädie des Holocaust, Bd. 3, S. 1402; Żaneta Margulies: Moje przeżycia w Tarnopolu podczas wojny, in: BŻIH 36 (1960), S. 62–94.

388 Dieter Pohl: Die Ermordung der Juden im Generalgouvernement, in: Ulrich Herbert (Hg.), Nationalsozialistische Vernichtungspolitik 1939–1945. Neue Forschungen und Kontroversen. Frankfurt a. M. 1998, S. 98–121, hier S. 119.

389 Präg/Jacobmeyer (Hg.), Diensttagebuch, S532f.: „Ich spreche hier nicht von den Juden, die wir hier noch haben; mit diesen Juden werden wir auch noch fertig. Übrigens habe ich heute gar nichts mehr davon gesehen. [...] Ihr werdet doch am Ende mit denen nicht böse umgegangen sein?" Zum Judenmord im Distrikt Galizien vgl. Thomas Sandkühler: „Endlösung" in Galizien. Der Judenmord in Ostpolen und die Rettungsinitiativen von Berthold Beitz 1941–1944. Bonn 1996; ders.: Judenpolitik und Judenmord im Distrikt Galizien, 1941–1942, in: Ulrich Herbert (Hg.), Nationalsozialistische Vernichtungspolitik 1939–1945. Neue Forschungen und Kontroversen. Frankfurt a. M. 1998, S. 122–147.

390 SSPF Galizien (gez. Katzmann) an das Rüstungskommando Lemberg vom 23. 10. 1942 betr. Einsatz jüdischer Arbeitskräfte, zit. nach: Friedrich Katzmann, Rozwiązanie kwestii żydowskiej w dystrykcie Galicja/Lösung der Judenfrage im Distrikt Galizien. Opracował Andrzej Żbikowski. Warszawa 2001, S. 11–13, hier S. 12 des faksimilierten Katzmann-Berichtes.

„durch die sog. Judenaussiedlungsaktion in den Gettos der einzelnen Distrikte nach Millionen gehende Schäden entstanden“ seien, für deren Beseitigung Treuhandmittel eingesetzt werden müssten: „Nach einem mir aus Warschau gegebenen Bericht wird die Schadenswirkung im Warschauer Ghetto als Folge der Judenaussiedlung auf rd. 160 Millionen Zloty geschätzt. [...] Auch im Radomer Ghetto sind infolge der erwähnten politischen Maßnahmen weitgehende Zerstörungen entstanden, für deren Abhilfe ich vorläufig einen Betrag von 2 Millionen Zloty aus Mitteln der Grundstücksverwaltung zur Verfügung gestellt habe.“[391]

Der Kommissar für die polnische Postsparkasse (PKO), Oberpostrat Erwin Propach, drohte den polnischen Mitarbeitern im Falle falsch erstellter Bilanzen damit, dass „es nach Treblinka gehe“.[392] Abschreckend musste dies um so eher wirken, als der zu Beginn der deutschen Besatzung amtierende Direktor Eugeniusz Bączkowski, der zunächst im Oktober 1939 als Treuhänder der PKO sowie der PBR eingesetzt worden war[393], im Sommer 1941 nach Auschwitz deportiert worden und dort umgekommen war.[394] Die zahlreichen Fälle, in denen polnische und jüdische Mitarbeiter polnischer Kreditinstitute in Konzentrationslager eingewiesen wurden[395], zeigen deutlich, dass das Kreditwesen keineswegs abgekoppelt vom alltäglichen Terror des nationalsozialistischen Besatzungsregimes existierte. In einem Fall kam es sogar dazu, dass der Leiter einer Kreissparkasse (Hrubieszów) im Rahmen einer *ad hoc* geleisteten „Amtshilfe“ an Mord- bzw. „Aussiedlungsaktionen“ ins Vernichtungslager Sobibór beteiligt war.[396] Die Emissionsbank in Radom, die für den SS- und Polizeiführer im Distrikt Radom, Herbert Böttcher, das Konto „Beschaffung“ führte, erhielt seit August 1942 regelmäßig und in den Sommermonaten 1943 praktisch täglich Überweisungsaufträge mit Summen, die teils mehrere Zehntausend Złoty betrugen, teils weit über Hunderttausend

---

[391] AAN, Rząd GG, Nr. 1255, Bl. 38f.: Der Leiter der Abteilung Treuhandverwaltung in der Hauptabteilung Wirtschaft der Regierung des Generalgouvernements (gez. Plodeck) an die Hauptabteilung Finanzen vom 28.10.1942 betr. Zurverfügungstellung von Mitteln für die Beseitigung von Kriegsschäden.

[392] Wojdaliński, Pocztowa Kasa Oszczędności w okresie okupacji hitlerowskiej, S. 184. Einschränkend muss jedoch hinzugefügt werden, dass sich in Treblinka nicht nur ein Vernichtungslager (Treblinka II) befand, sondern auch ein Zwangsarbeitslager gleichen Namens (Treblinka I). Eine Verordnung des Distriktsgouverneurs vom 15.11.1941 – vor Errichtung des Vernichtungslagers – drohte damit, im Falle bestimmter Vergehen würden die Verantwortlichen nach Treblinka deportiert. AŻIH, Niemieckie materiały okupacyjne, Warszawa, Nr. 3, Bl. 1f.

[393] AAN, Rząd GG, Nr. 1371, Bl. 19–21, hier Bl. 19: Der Beauftragte für das Bank-, Geld- und Börsenwesen in Warschau (gez. Bischof) an Bankaufsichtsstelle vom 30.4.1940 betr. Ersatz polnischer Treuhänder bezw. kommissarischer Verwalter durch Reichsdeutsche; Riedel, Działalność Państwowego Banku Rolnego w pierwszych latach okupacji hitlerowskiej, S. 82.

[394] Wojdaliński, Pocztowa Kasa Oszczędności w okresie okupacji hitlerowskiej, S. 167.

[395] Eine systematische Aufstellung ist nicht möglich; vgl. für die Bank Polski AAN, Rząd GG, Nr. 1394/1, Bl. 151–153: Liste der in Dachau internierten Angestellten der Bank Polski vom 24.3.1944; für die Bank Handlowy w Warszawie Landau/Tomaszewski, Bank Handlowy, S. 147; zur PBR Riedel, Działalność Państwowego Banku Rolnego w pierwszych latach okupacji hitlerowskiej, S. 81, 94; Jerzy Kwiatkowski: 485 dni na Majdanku. Lublin ²1988, S. 189.

[396] Musial, Deutsche Zivilverwaltung und Judenverfolgung, S. 251.

Złoty lagen. Als Verwendungszweck figurierte neben „Abgenommene Gelder" zum überwiegenden Teil „Versteigerungsgelder des jüdischen Nachlasses", die die Kommandeure der Schutz- bzw. Ordnungspolizei sowie der Gendarmerie bei der Emissionsbank zugunsten des genannten Kontos einzahlten, das schnell einen Saldo von mehreren Millionen Złoty annahm (bis Dezember 1943 knapp 21 Mio. Złoty.[397] Allein ein so kleiner Gendarmerieposten wie der in Przedbórz, Landkreis Końskie (Distrikt Radom), vereinnahmte „nach der Judenaussiedlung" im Oktober 1942 bis Juni 1943 über 273000 Złoty aus Verkäufen jüdischen Eigentums „an die hiesige polnische Bevölkerung".[398] Hinsichtlich „Verwertung des beweglichen und unbeweglichen Besitzes der umgesiedelten Juden" war im Generalgouvernement stets von „Diebes-, Hehler- und Hamstergut" zu sprechen.[399] Hinzugefügt werden muss hierbei, dass an dieser letzten „Abwicklung" jüdischen Eigentums Hunderte und Tausende Personen der ortsansässigen polnischen Bevölkerung teilnahmen, und zwar als Käufer der Haushalts-, Einrichtungs- und anderer Gegenstände, die die zuvor in die Vernichtungslager deportierten Juden in den Gettos zurückgelassen hatten.[400] Die Frage nach dem weiteren Schicksal und Verbleib jüdischen Eigentums in Polen nach 1945 insbesondere hinsichtlich des Immobilienbesitzes ist in der polnischen Forschung bislang noch kaum diskutiert worden.[401]

Ähnlich verhielt es sich mit der Liquidation der Girokonten, die die „Judenräte" bzw. jüdischen Gemeinden zumeist bei der jeweiligen Niederlassung der Emissionsbank unterhalten hatten. Nachdem es schon keine jüdischen Privatkunden mehr gab, wurden als unmittelbare Folge des Judenmords im Generalgouvernement im Laufe des Jahres 1942 und im Frühjahr 1943 bei der Emissionsbank die Girokonten der „Judenräte" bzw. jüdischen Gemeinden aufgelöst. Übriggeblieben waren zumeist nur geringe Summen. Die Emissionsbankfiliale in Stanislau ver-

---

397 Zahlenangabe nach Młynarczyk, Judenmord in Zentralpolen.

398 AŻIH, Niemieckie materiały okupacyjne, Radom, Nr. 11, passim, hier Bl. 175: Gendarmerieposten Przedborz, Landkreis Konskie, an Gendarmerie-Zug in Konskie vom 5.6.1943 betr. Einnahmen beim Verkauf des jüdischen Eigentums.

399 Stanisław Piotrowski: Misja Odyla Globocnika. Sprawozdania o wynikach finansowych zagłady Żydów w Polsce. Warszawa 1949, S. 69: Schreiben des WVHA (gez. i.V. Frank, SS-Brigadeführer und Generalmajor der Waffen-SS) an den Leiter der SS-Standortverwaltung Lublin [Odilo Globocnik] und den Leiter der Verwaltung des K.L. Auschwitz (Abschrift; „Geheime Kommandosache!"), 26.9.1942, betr. Verwertung des Besitzes anlässlich der An- und Aussiedlung der Juden [NO-724].

400 Vgl. Hirszfeld, Historia jednego życia, S. 418; Faschismus – Getto – Massenmord, S. 419f.; Emanuel Ringelblum/Hersz Wasser/Eliahu Gutkowski (Bearb.): Die Hölle der polnischen Juden unter der Hitler-Okkupation. Rapport von Oneg Szabat [Juni 1942], in: Sakowska, Die zweite Etappe ist der Tod, S. 200–226, hier S. 205.

401 Jastrzębowski, Gospodarka niemiecka w Polsce, S. 305. Die polnischen Käufer bezeichnet Jastrzębowski als „szumowiny społeczne" („sozialer Abschaum") und täuscht sich offenkundig über die Zahl der an diesen Aktionen Beteiligten. Dagegen war die Beteiligung von Polen an der „Verwertung" jüdischen Eigentums in der Volksrepublik Polen kein Thema. Vgl. Friedrich, Kollaboration und Antisemitismus in Polen unter deutscher Besatzung, S. 830; Dariusz Stola: Die polnische Debatte um den Holocaust und die Rückerstattung von Eigentum, in: Raub und Restitution. „Arisierung" und Rückerstattung des jüdischen Eigentums in Europa, S. 205–224, hier S. 207.

merkte beispielsweise zwischen August und Oktober 1942 die Guthabenlöschung auf den Konten der jüdischen Gemeinden in Kałusz, Słotwina, Delatyn und Tłumacz. Im März 1943 wurde abschließend der „Restbestand d. Girokontos Jüdische Gemeinde – Stanislau" in Höhe von 6016,85 Złoty verbucht. Mit den Juden hatten die Deutschen nichts anderes anzufangen gewusst, als sie zu ermorden – die verbliebenen Guthaben firmierten als „unanbringliche Posten".[402]

Die „Aktion Reinhard"

Die Nationalsozialisten versprachen sich von den Raubzügen und der wirtschaftlichen Verwertung des Massenmords große Gewinne.[403] Die Geschichtswissenschaft sollte sich diesen Standpunkt jedoch nicht leichtfertig zu eigen machen. Gerechnet auf eine Volkswirtschaft – sei es die des Generalgouvernements, sei es die des Großdeutschen Reiches – standen die Gewinne, die der SSPF im Distrikt Lublin, Odilo Globocnik[404], Ende 1943 auswies, zweifellos in keinem Verhältnis zu dem „ökonomischen Potenzial" von mehreren Millionen Menschen, das sich freilich nicht in Kenngrößen wie Steueraufkommen, Know-how, Arbeitskraft, Konsum, Sparrate und Besitzstand erschöpft. Aber selbst diese wenigen Größen liegen zusammengenommen um ein Vielfaches höher als die „Verwertungsgewinne" der „Aktion Reinhard". Das entscheidende Movens war die weltanschaulich geprägte Intention zum Massenmord. War diese Entscheidung einmal getroffen und erwies sie sich vor Ort als durchführbar, entschloss man sich, innerhalb dieses Rahmens eine wirtschaftliche Verwertung der Ermordeten und ihres Eigentums vorzunehmen.[405] Es handelte sich dabei gewissermaßen um eine Rationalisierung des Irrationalen.

Die finanzielle Seite der Judenvernichtung im Generalgouvernement im Rahmen der „Aktion Reinhard" – d.h. die Abdisponierung und Weiterleitung der Bar- und Devisenbestände der ermordeten Juden – stellt einen Komplex dar, den das Wirtschaftsverwaltungshauptamt bzw. der im Generalgouvernement hiermit beauftragte SS-Wirtschafter, SS-Standartenführer Erich Schellin[406], teilweise unter

---

402 AAN, Bank Emisyjny w Polsce, Zarząd Główny, Kraków, Nr. 2, Bl. 141-149: Unanbringliche Posten von den Niederlassungen [der Emissionsbank in Polen] mit Stand am 30.6.1943.

403 Vgl. Gitta Sereny: Am Abgrund: Gespräche mit dem Henker. Franz Stangl und die Morde von Treblinka. München/Zürich 1995, S. 115.

404 Peter Black: Odilo Globocnik – Himmlers Vorposten im Osten, in: Ronald Smelser/Enrico Syring/Rainer Zitelmann (Hg.), Die braune Elite, Bd. 2. Darmstadt [2]1999, S. 103-115; Musial, Deutsche Zivilverwaltung und Judenverfolgung, passim.

405 Zur „Aktion Reinhard" grundlegend Yitzhak Arad: Belzec, Sobibor, Treblinka. The Operation Reinhard Death Camps. Bloomington/Indianapolis 1987, passim, bes. S. 154-164 („The Economic Plunder"); vgl. Musial, Deutsche Zivilverwaltung und Judenverfolgung, S. 312-318; Bogdan Musial: The Origins of „Operation Reinhard": The Decision-Making Process for the Mass Murder of the Jews in the Generalgouvernement, in: Yad Vashem Studies 28 (2000), S. 113-153; ders.: Ursprünge der „Aktion Reinhardt". Planung des Massenmordes an den Juden im Generalgouvernement, in: ders. (Hg.), „Aktion Reinhardt". Der Völkermord an den Juden im Generalgouvernement 1941-1944. Osnabrück 2004, S. 49-85, sowie die in diesem Sammelband enthaltenen Aufsätze.

406 Zur Stellung der SS-Wirtschafter zu den HSSPF vgl. Birn, Die Höheren SS- und Polizeiführer, S. 97f.

Einschaltung der im Generalgouvernement ansässigen Kreditinstitute abwickelte.[407] Hierbei wurde auch deutlich, dass die Treuhandstelle für das Generalgouvernement eine vergleichsweise viel schwächere Position einnahm als die HTO in den eingegliederten Gebieten, sie in stärkerem Maße Interventionen seitens verschiedener SS-Stellen ausgesetzt war und sich in erster Linie auf Immobilien, weniger auf den sonstigen Besitz der polnischen Juden konzentrierte.

In einem „vorläufigen Abschlußbericht der Kasse Aktion ‚Reinhardt'" [sic] über die Einkünfte aus der Vernichtungsaktion von Dezember 1943 (Gesamtsumme 178,046 Mio. RM) waren abgelieferte Geldmittel in Höhe von 73,852 Mio. RM, ferner Devisen in Höhe von umgerechnet 6,258 Mio. RM aufgelistet.[408] An die Reichsbank wurden davon Geldmittel von mindestens 8,980 Mio. RM übersandt[409], der „weitaus größte Teil" dieser Reichsmark- und Złoty-Beträge, ca. 50,416 Mio. RM, „wurde dem SS-Wirtschafter im Generalgouvernement zur Verfügung gestellt"[410], davon allein aus dem Distrikt Galizien bis Ende Juni 1943 – nach der dortigen Ermordung von über 434 000 Juden – „erarbeitete Gelder aus Zwangsarbeitslagern und W.u.R.-Betrieben" in Höhe von über 13 423 764,– Złoty sowie Banknoten und Devisen im Wert von weiteren 16,795 Mio. Złoty.[411] Da aus diesen Einnahmen „die gesamten Sachausgaben, Transportspesen, Gebührnisse usw., die aus der Aktion entstanden, gedeckt" wurden (insgesamt 11 889 822,54 RM), dürfte in der Verfügung des SS-Wirtschafters eine Summe von 38 526 359,– RM entsprechend 77 052 718,– Złoty verblieben sein.[412] Dies ist aber fast genau die Summe, die dem Habensaldo auf dem Konto des HSSPF bei der Kommerzialbank in Krakau entsprach. Die deutschen Dienststellen waren mit der Kommerzialbank so zufrieden, dass die Hauptabteilung Wirtschaft den Direktor der Kommerzialbank Krakau, Rudolph Kawohl, im Dezember 1943 für das Kriegsverdienstkreuz II. Klasse vorschlug.[413]

Am 27. Juli 1944, zu einem Zeitpunkt also, als im Generalgouvernement die ersten Rundschreiben über die Evakuierung deutscher Behörden aus Krakau kursierten, verfügte Schellin die Überleitung der Guthaben des Reichsführers-SS bei der Krakauer Filiale der Creditanstalt-Bankverein in Höhe von acht Millionen

---

407 Vgl. zum Folgenden Wixforth, Expansion der Dresdner Bank, S. 574, sowie das dazu oben in Anmerkung 8 auf S. 12 Gesagte.

408 Piotrowski, Misja Odyla Globocnika, S. 101: Vorläufiger Abschlußbericht der Kasse Aktion „Reinhardt" [sic] Lublin per 15. 12. 1943; Enzyklopädie des Holocaust, Bd. 1, S. 17; hierzu Wolfgang Scheffler: Holocaustforschung am Wendepunkt. Kritische Anmerkungen zur deutschen Ausgabe der „Enzyklopädie des Holocaust", in: Jahrbuch für Antisemitismusforschung, Bd. 3. Frankfurt a. M./New York 1994, S. 341–353, hier S. 351.

409 Piotrowski, Misja Odyla Globocnika, S. 97.

410 IPN, NTN, Nr. 255, Bühler-Prozess, Bd. 9, Bl. 164–167, hier Bl. 165: Bericht über die verwaltungsmäßige Abwicklung der Aktion Reinhardt (gez. Globocnik) (Photokopie).

411 Katzmann, Lösung der Judenfrage im Distrikt Galizien (Katzmann-Bericht), S. 15–17.

412 Piotrowski, Misja Odyla Globocnika, S. 97. Der Abzug der „Sachkosten" erklärt auch die bei James, Deutsche Bank im Dritten Reich, S. 158, nicht erläuterte Differenz zwischen dem ursprünglichen Betrag von knapp 101 Mio. Złoty und dem tatsächlichen Kontostand von 79 Mio. Złoty.

413 AAN, Rząd GG, Nr. 1294/11, Bl. 44: Verzeichnis vom 6. 12. 1943 der für die Verleihung der Kriegsverdienstkreuze II. Kl. ohne Schwerter zum 30. 1. 1944 vorgeschlagenen Angehörigen der freien Wirtschaft.

Złoty auf das Konto der Kommerzialbank, auf dem sich bereits ein Habensaldo in Höhe von 79 Mio. Złoty befand, um anschließend den Gesamtbetrag über 87 Mio. Złoty ins Altreich zu transferieren.[414] Die Bankaufsichtsstelle intervenierte daraufhin mit der Bitte, dass „die Behörden des Reiches und des Generalgouvernements bei den deutschen Kreditinstituten keine Ausnahmebehandlung für sich in Anspruch nehmen" mögen, sonst bestehe „die Gefahr einer vorzeitigen Schliessung der deutschen Kreditinstitute".[415] Paersch gab vorerst nur eine Summe von insgesamt 38 Mio. Złoty frei (acht Millionen Złoty bei der Creditanstalt-Bankverein, 30 Mio. Złoty bei der Kommerzialbank) und fand darin auch die Rückendeckung von Staatssekretär Bühler, nach dessen Worten die Folgen der Kriegsentwicklung „im Interesse vermeidbarer Erschütterungen der ausschließlich auf großdeutsche Interessen ausgerichteten Wirtschaft des Generalgouvernements gemeinsam getragen werden" müssten, „wenn nicht durch Vorgreifen einzelner Behördendienststellen zwar die Befriedigung der eigenen unmittelbaren Interessen erzwungen, gleichzeitig aber die Schädigung anderer kriegswichtiger Belange herbeigeführt werden" solle.[416] Bühler dachte hierbei sicherlich auch an eine Art Revanche angesichts der zahlreichen Konflikte, die er und Frank mit der SS im Generalgouvernement ausgetragen hatten.

Bei diesen 87 Mio. Złoty handelte es sich aller Wahrscheinlichkeit nach zum größten Teil um Raubgelder aus der „Aktion Reinhard" und Lohnzahlungen für jüdische Zwangsarbeiter.[417] Dies kann zumindest für die Gelder bei der Kommerzialbank als sicher gelten, weil die Herkunft dieser hohen Summe anders gar nicht zu erklären ist. Im Generalgouvernement besaß der Reichsführer keine vergleichbar lukrativen Geschäftsmöglichkeiten.

Namentlich die dem WVHA unterstellte Ostindustrie GmbH, die die jüdischen Zwangsarbeiter im Generalgouvernement konzentrieren und den Besitz der bereits ermordeten Juden erfassen und „verwerten" sollte, entwickelte von ihrer Gründung im März 1943 bis zu ihrer endgültigen Auflösung im Februar 1944 eine Tätigkeit nur geringen finanziellen Umfanges.[418] Zwar erhielt die Ostindustrie eine Anschubfinanzierung in Höhe von 5,25 Mio. RM, was „fast genau dem Umfang der Einnahmen aus dem verkauften jüdischen Eigentum" entsprach.[419] Auch

---

[414] AAN, Rząd GG, Nr. 1388, Bl. 3f.: Bankdirigent der Emissionsbank (gez. Paersch) an den Staatssekretär der Regierung des Generalgouvernements, 31.7.1944, betr. Auflösung der Guthaben des Reichsführers SS bei den Kreditinstituten im Generalgouvernement.

[415] Ebd., Bl. 4.

[416] AAN, Rząd GG, Nr. 1316, Bl. 175f., hier Bl. 175: Staatssekretär der Regierung des Generalgouvernements (gez. Bühler) an den Leiter der Bankaufsichtsstelle, 19.8.1944, betr. Auflösung der Guthaben des Reichsführers SS bei den Kreditinstituten im Generalgouvernement.

[417] So auch James, Deutsche Bank und die „Arisierung", S. 194. Vgl. Naasner, Neue Machtzentren in der deutschen Kriegswirtschaft, S. 380–386, 412f.

[418] Vgl. zur Ostindustrie Schulte, Zwangsarbeit für die SS. Juden in der Ostindustrie, S. 43–74. Odilo Globocnik war einer der zwei Geschäftsführer der Ostindustrie, Erich Schellin saß seit Juli 1943 in ihrem Aufsichtsrat. Ebd., S. 52, 56, 67.

[419] Ebd., S. 58; vgl. Faschismus – Getto – Massenmord, S. 417f.; Naasner, Neue Machtzentren in der deutschen Kriegswirtschaft, S. 420.

mochten die Tätigkeit der Ostindustrie und die seitens des WVHA dahinter stehende Absicht, im Generalgouvernement eine eigenständige, auf jüdischer und polnischer Zwangsarbeit basierende SS-Rüstungsindustrie aufzubauen, anfänglich in der „Gewährleistung" begründet gewesen sein, die Gewinne aus der Judenvernichtung für diesbezügliche Investitionsvorhaben vorerst bei Privataktienbanken im Generalgouvernement zu belassen und nicht sofort ins Altreich zu transferieren. Dennoch spielten die Geschäfte der Ostindustrie für die Gesamtsalden bei Kommerzialbank und Creditanstalt-Bankverein keine nennenswerte Rolle. Gleichwohl war die Ostindustrie um eine restlose „Verwertung" ihrer jüdischen Zwangsarbeiter intensiv bemüht. So wandte sich beispielsweise das Rechtsanwaltsbüro Hungershausen und Junge aus Litzmannstadt im Auftrag der Ostindustrie zwischen September 1943 und April 1944 mehrfach an den „Generalabwickler für die von der HTO beschlagnahmten Kreditinstitute im Regierungsbezirk Litzmannstadt", Rechtsanwalt Walter Kirsch, um gegen die Liquidationsmasse des Abwicklers Forderungen geltend zu machen, die einige jüdische Zwangsarbeiter im Distrikt Lublin zuvor zwangsweise an die Ostindustrie abgetreten hatten, wobei auf den Abtretungsurkunden SS-Führer als Zeugen fungierten.[420] Entsprechend der Schuldenabwicklungsverordnung vom 15. August 1941 waren derlei vor dem 1. September 1939 entstandene Forderungen zu diesem Zeitpunkt jedoch längst erloschen. Hinzu kam, dass Juden nach dem 1. September 1939 ihre Geschäftsfähigkeit verloren hatten, so dass von ihnen vorgenommene Abtretungen – selbst zugunsten SS-eigener Unternehmen – für gegenstandslos erklärt wurden.

Aber auch die zeitliche Entstehung der genannten Guthaben über 87 Mio. Złoty lässt sich den Gewinnen aus der Judenvernichtung in Bełżec, Sobibór, Treblinka und andernorts zuordnen. Paersch vermerkte in seinem Schreiben an Staatssekretär Bühler vom 14. August 1944, das Guthaben des SS-Wirtschafters bei der Kommerzialbank in Höhe von 79 Mio. Złoty habe „ungefähr ein Dreivierteljahr bei der Kommerzialbank bestanden".[421] Globocnik als SSPF Lublin und Beauftragter für die Durchführung der „Aktion Reinhard" legte seinen Abschlussbericht Mitte Dezember 1943 vor. Wenn man von einer Bearbeitungszeit von ca. zwei bis drei Wochen ausgeht, dann wäre die Zeitangabe der Bankaufsichtsstelle betr. Entstehung des Guthabens bei der Kommerzialbank zeitgleich mit der Endabrechnung der „Aktion Reinhard", die somit auch in einem zeitlichen Zusammenhang mit der „Aktion Erntefest" am 3. und 4. November 1943 zu sehen ist, bei der allein im Distrikt Lublin ca. 42 000 Juden ermordet wurden.[422]

Aller Wahrscheinlichkeit nach jedoch entstanden die Guthaben bei den genannten Banken nicht von heute auf morgen, sondern sammelten sich im Laufe der Jahre 1942 und 1943 an, als die Judenvernichtung im Generalgouvernement die meisten Opfer forderte. Versuche, die bankseitige Beteiligung an dem Massenmord genauer zu rekonstruieren, stoßen jedoch recht schnell an die Grenzen der

420 APŁ, Bank Związku Spółek Zarobkowych S.A. w Poznaniu – Oddział w Łodzi, Nr. 9.

421 AAN, Rząd GG, Nr. 1316, Bl. 181–185, hier Bl. 183: Bankaufsichtsstelle an den Staatssekretär der Regierung des Generalgouvernements vom 14. 8. 1944 betr. Auflösung der Guthaben des Reichsführers SS. bei den Kreditinstituten im Generalgouvernement.

422 Grabitz/Scheffler, Letzte Spuren, S. 328–334.

Aktenüberlieferung. Dennoch sind beispielsweise für die Krakauer Filiale der Creditanstalt-Bankverein sämtliche Bewegungen auf dem Girokonto, das die Creditanstalt-Bankverein bei der Emissionsbank in Polen, Filiale Krakau, führte, für den genannten Zeitraum in Form der Kontobücher überliefert. Besonders aufschlussreich sind in diesem Zusammenhang verschiedene Überweisungen des HSSPF Ost, SS-Obergruppenführer Friedrich Wilhelm Krüger, auf das Girokonto der Creditanstalt-Bankverein, und zwar in einem durchaus beträchtlichen Umfange, wie die folgende (unvollständige) Aufstellung zeigt[423]:

Datum	Betrag in Złoty
Juli 1942	475 726,00
August	414 822,94
September	1 864 102,95
Oktober	440 431,22
November	236 223,00
Januar 1943	131 725,00
März	330 438,48
April	2 414 886,50
Mai	206 261,50
Gesamt:	6 514 617,59

Ohne weitere Quellen ist es unmöglich, die jeweilige Höhe der angeführten Beträge mit dem konkreten Verlauf des Judenmords eindeutig zu korrelieren. Zu beachten ist hierbei, dass die Differenz zu der für 1944 verzeichneten Guthabensumme über acht Millionen Złoty aus der Zeit vor 1942 stammen könnte, da der Gesamtsaldo des HSSPF aus dem obigen Kontobuch nicht hervorgeht. Somit konnte sich auf dem Konto bereits 1941 aus der Beraubung von Juden unter Beteiligung der SS ein größeres Guthaben befunden haben, so dass nicht alles auf die „Aktion Reinhard“, jedoch der überwiegende Teil der Dispositionen auf die nationalsozialistische „Judenpolitik“ im weiteren Sinne bezogen werden kann. Einzahlungen bzw. Verfügungen der Waffen-SS, Staatspolizei, Ordnungspolizei (darunter das Polizeibataillon 74) und weiterer SS-Dienststellen (Standortverwaltung der Waffen-SS, Truppenwarenlager, Lazarett) wurden gesondert aufgeführt, so dass es mit den genannten Einzahlungen des HSSPF eine besondere Bewandtnis gehabt haben muss. Da jedoch die Verfügungen bzw. Gutschriften ohne weiteren Vermerk verzeichnet wurden, lässt sich letzten Endes nicht mit Bestimmtheit sagen, ob es sich um Gelder handelt, die den zuvor ermordeten Juden abgenommen bzw. aus der Verwertung ihrer Habe erzielt wurden. Ferner ist nicht ausgeschlossen, dass Beträge, deren Herkunft mittelbar oder unmittelbar mit dem Judenmord im Generalgouvernement in Zusammenhang standen, auch auf anderem Wege an die Creditanstalt-Bankverein gelangten, etwa über andere Niederlassungen der Emissionsbank, beispielsweise in Kolomea oder Stanislau. Neben einem Konto des HSSPF mit 3,5 Mio. Złoty sind in einer Gläubigerliste der Creditanstalt-Bankverein zum 31. Dezember 1943 so seltsame Positionen wie „Marketender-Fonds,

[423] AAN, Bank Emisyjny w Polsce, Oddział Główny, Kraków, Nr. 75-76: Girokonto Creditanstalt-Bankverein vom 31. 12. 1941 bis 27. 12. 1943.

Krakau" (4,54 Mio. Złoty) oder „Verein bulgarischer Gärtner, Krakau" (sic) (7,445 Mio. Złoty) aufgelistet, bei dem es sich vermutlich um eine Tarnbezeichnung der Sicherheitspolizei gehandelt hat. Dieser „Verein" verfügte über den zweitgrößten Einlagenstand eines Einzelkontos bei der Creditanstalt-Bankverein im Generalgouvernement – hinter der Treuhandverwaltung des Distrikts Lemberg (13,044 Mio. Złoty), die Regierung des Generalgouvernements hingegen nur über Einlagen in Höhe von 7,406 Mil. Złoty, die Treuhandverwaltungsgesellschaft über sechs Mio. Złoty und die Generaldirektion der Monopole über 6,182 Mio. Złoty.[424]

Es lässt sich vermuten, dass auf demselben Wege Zahlungen größeren Umfanges auf die Konten der SS bei der Kommerzialbank gelangten. Für diese sind die Kontoauszüge des Girokontos bei der Hauptniederlassung der Emissionsbank für 1943 erhalten, über das im Laufe des Jahres jedoch nur geringe Summen flossen. Dabei allerdings wäre es wie auch im Falle der Creditanstalt-Bankverein durchaus möglich, dass sich weitere erhebliche Beträge in den summarischen Einträgen verbergen, deren Einzelheiten nicht zu rekonstruieren sind. Entweder handelte es sich bei den Zahlungen zugunsten des Kontos bei der Creditanstalt-Bankverein nicht um solche, die aus dem Judenmord resultierten, oder die „Gewinne" der „Aktion Reinhard" nahmen im Falle der Kommerzialbank andere Wege.[425] Hinweise hierauf finden sich in den Akten, die bei der Liquidation der Kommerzialbank durch die Bank Gospodarstwa Krajowego nach 1945 anfielen. In einer Auflistung der Firmenkonten der Kommerzialbank figurieren u.a. drei Konten, bei denen die Frage nach ihrem Zusammenhang mit der Judenvernichtung im Rahmen der „Aktion Reinhard" gestellt werden muss[426]:

	Kontenbezeichnung	Kontostand per 15. Juni 1945 (in Złoty)
1.	Degussa	277 525,96
2.	Regierung des Generalgouvernements, Hauptabteilung Wirtschaft, Abteilung Treuhandverwaltung, Sonderkonto Lublin	12 459 471,94
3.	Der SS-Wirtschafter beim Höheren SS- u. Pol. Führ. i. GG. „Sond. Kto. R II", Krakau	6 605 088,56

Bei der Degussa liegt der Verdacht nahe, ihre Tätigkeit könne insbesondere im Generalgouvernement der Verwertung von Gold und anderen Edelmetallen aus dem Eigentum der jüdischen Bevölkerung, möglicherweise auch der Goldzähne der ermordeten Juden gegolten haben. Das „Sonderkonto Lublin" der Treuhand-

424 Vgl. AAN, Rząd GG, Nr. 1403, Bl. 46–50: „Verzeichnis der Schuldner zum 1.1.1944 mit Einzelsalden von mehr als Zl. 100 000,– der Filialen Krakau und Lemberg"; ebd., Bl. 51–60: „Verzeichnis der Gläubiger zum 1.1.1944 mit Einzelsalden von mehr als Zl. 100 000.–."

425 AAN, Bank Emisyjny w Polsce, Oddział Główny, Kraków, Nr. 77: Girokonto Kommerzialbank vom 2.1. bis 24.12.1943.

426 APKr, Bank Gospodarstwa Krajowego w Krakowie, Nr. 1029: Kontenaufstellung der Kommerzialbank AG Krakau in Liquidation „Aufnahme per 15.6.1945", S. 8, 38, 42.

verwaltung ist deshalb auffällig, weil der Immobilienbesitz, auf den sich die Treuhandverwaltung im Generalgouvernement in erster Linie konzentrierte bzw. beschränkte, im Distrikt Lublin zwar umfangreich, aber nicht wertvoll genug war, um Guthaben in der genannten Höhe von über zwölf Millionen Złoty zu akkumulieren.[427] Es liegt somit die Vermutung nahe, die Herkunft dieser Summe auch in der Verwertung der geräumten Gettos etc. zu suchen. Das Konto des SS-Wirtschafters ist zweifellos das Konto, auf dem sich ursprünglich die Gelder aus der Judenvernichtung befunden hatten, gut möglich, dass die Bezeichnung „Sond. Kto. R II" unmittelbar auf die „Aktion Reinhard" verweist. Im Falle der Konten der Treuhandstelle und des SS-Wirtschafters ist jedoch nicht nur die Kontobezeichnung, sondern mehr noch der Kontostand auffällig. Keine anderen Firmenkonten – mit Ausnahme eines Kontos der Treuhandaußenstelle Krakau mit einem Guthaben von 4 430 735,– Złoty[428] – weisen vergleichbare Kontostände auf.

So problematisch die Interpretation von Konten im einzelnen auch bleiben mag – sicher ist, dass alle deutschen Kreditinstitute in der einen oder anderen Weise mit der „Endlösung der Judenfrage" im weitesten Sinne in Berührung kamen und dass jedes deutsche Kreditinstitut sein „Sonderkonto zur Bestreitung von Kosten in jüdischen Angelegenheiten" oder einen vergleichbaren Posten in seinen Büchern führte.[429] Ebenso sicher kann ausgeschlossen werden, dass Paersch keine Vorstellung davon gehabt haben könnte, welcher Herkunft die genannten Millionensummen waren. Als Bankdirigent nahm er regelmäßig an den Regierungssitzungen des Generalgouvernements teil und wurde dort Zeuge von Franks Vernichtungsszenarien und zahllosen Invektiven an die Adresse der jüdischen Bevölkerung. Andererseits musste gerade ihm klar sein, dass nach Franks Anordnung vom 3. Juni 1942[430], demzufolge Judenangelegenheiten fortan nur mehr in die Zuständigkeit des Höheren SS- und Polizeiführers im Generalgouvernement fielen, ein nach Millionen zählendes Devisen- und sonstiges Geldaufkommen in der Verfügung der SS im Generalgouvernement nur aus jüdischem Besitz stammen konnte.

Ebenso zentral war daneben auch die Omnipräsenz der „NS-Judenpolitik" im Generalgouvernement. „Insgesamt war der Antisemitismus noch verbreiteter und massiver als im Reich. Entscheidend war die Kommunikation innerhalb dieser Be-

---

[427] Vgl. APKr, Gouverneur des Distrikts Krakau, Nr. 13/3: Bericht über die Erfassung, Verwaltung und Verwertung des treuhänderisch verwalteten Grundbesitzes vom 30. 10. 1943, S. 4, 14: „Der Distrikt Lublin tritt hierbei am meisten in Erscheinung, da von dem dort belegenen – zahlenmässig gesehen sehr umfangreichen Treuhandgrundbesitz (22 519 Grundstücke) – nur der ganz geringe Bruchteil von 3% als wertvoll angesehen werden kann. [...] Infolge von Umsiedlungsmassnahmen, wie insbesondere [...] der Aussiedlung der Juden aus den früheren jüdischen Wohnbezirken, sind in den einzelnen Distrikten erhebliche Mietausfälle zu verzeichnen."

[428] APKr, Bank Gospodarstwa Krajowego w Krakowie, Nr. 1029: Kontenaufstellung der Kommerzialbank AG Krakau in Liquidation „Aufnahme per 15. 6. 1945", S. 47.

[429] APKr, BN-III/7. Das genannte Konto bei der Commerzbank wies per 30. 1. 1942 ein Guthaben von 12 142,– Złoty auf, das bis Ende Januar 1943 auf knapp 100 000,– Złoty anstieg, darauf auf 59 495,– Złoty sank und bis Ende Februar 1944 keine Umsätze mehr aufwies.

[430] Vgl. Weichert, Zikhroynes, S. 97.

satzerkaste. Die Deutschen waren ständig mit Juden betreffenden Problemen konfrontiert, man redete also auch unentwegt über das sogenannte ‚Judenproblem'. Dabei gehörte der Judenhaß zu den Selbstverständlichkeiten."[431]

Was Pohl hier für die „Besatzerkaste" im engeren Sinne formuliert, galt *mutatis mutandis* auch für die Mitarbeiter der deutschen Kreditinstitute im Generalgouvernement. Sieht man einmal von Hans Frank und Josef Bühler ab, die nach Kriegsende beide zum Tode verurteilt wurden (der eine in Nürnberg, der andere in Warschau), war eine Tätigkeit in verantwortlicher Position im Generalgouvernement kein Hindernis für die Fortsetzung der beruflichen Karriere nach 1945 – weder in der Verwaltung noch im Kreditwesen. Fritz Paersch (1893-1974) brachte es nach Kriegsende zunächst zum Vorsitzenden der Währungskommission in Berlin (1948), dann 1949-1952 zum Vorstandsmitglied der Landeszentralbank von Hessen und sogar deren Vizepräsidenten (1953-1957); zwischen 1963 und 1972 fungierte er schließlich als Abwickler der Reichsbank, die er aus eigener Anschauung nur allzu gut kannte.[432]

4. Das Einlagen- und Kreditgeschäft im Generalgouvernement

Die Sparkassen und die Entwicklung des Einlagengeschäfts

Bei den Plänen der Nationalsozialisten für den Überfall auf Polen hatte ein besonderes Interesse an der Kapitalkraft Polens keine sichtbare Rolle gespielt. So lag beispielsweise die Sparrate in Polen Ende 1938 mit 1,5 Mrd. Złoty deutlich hinter der des Deutschen Reiches (17,7 Mrd. RM) und machte von dieser nur etwa 4,3 Prozent aus.[433] Eine Besatzungspolitik, die das Wirtschaftssystem im Generalgouvernement zu konsolidieren und auszubauen beabsichtigte – und sei dies auch nur für Exploitationszwecke –, musste ein Interesse an der Entwicklung des Einlagengeschäfts haben, weil dieses immer auch direkte Auswirkungen auf Preisstabilität und Kaufkraft besitzt, daneben aber auch einen Index für das allgemeine Vertrauen der Bevölkerung darstellt. Für die Kreditinstitute wiederum war die Kapitalakkumulation im Passivgeschäft zugleich die Grundlage und der äußere Rahmen für die Kreditauslegung. Entsprechend unstrittig war die Wiederzulassung eines Sparkassennetzes im Generalgouvernement. Von den ursprünglich 76 Sparkassen auf dem Gebiet des späteren Generalgouvernements (ohne Distrikt Galizien) nahmen jedoch nur 67 wieder ein Neugeschäft auf. Zum 1. Juni 1941 eröffnete auch die Deutsche Post Osten den Postsparkassendienst mit einem Post-

431 Pohl, Die Ermordung der Juden im Generalgouvernement, S. 108.

432 Historisches Archiv der Deutschen Bundesbank, Film Nr. 1369: Personalakte Paersch (Landeszentralbank Hessen); ebd., Pers 101/20639: Personalakte Paersch. Allerdings lehnte die Alliierte Bankkommission Paersch als Direktoriumsmitglied der Bank Deutscher Länder 1948 ab. Alliierte Bankkommission an Bank Deutscher Länder, Frankfurt a. M., 18. 8. 1948, betr. politische Überprüfung von Herrn Dr. Fritz Paersch (ebd.).

433 Mały Rocznik Statystyczny 1939, S. 234f.; AAN, Rząd GG, Nr. 1295, Bl. 153-201, hier Bl. 159: Bericht Fritz Paerschs vom 30. 9. 1941.

sparkassenamt in Warschau[434], und mit der Angliederung des Distrikts Galizien kamen schließlich noch einige galizische Sparkassen und ihre Zweigstellen hinzu.

Dies war jedoch nur die organisatorische Seite der Sparkasse, deren Entwicklung – wollte man der Bankaufsichtsstelle Glauben schenken – „durch die tatkräftige Unterstützung der deutschen Verwaltungsbehörden, insbesondere einzelner Kreishauptleute, einen großen Aufschwung" nahm, „so daß die Einlagen der Sparkassen die der polnischen Privatbanken" bald übertrafen. Dabei ließ sich andererseits aber kaum verschweigen, dass „es sich beim Großteil der Einlagen um Gelder öffentlicher Stellen" handelte und die Entwicklung des Aktivgeschäfts der Sparkassen „mangels geeigneter Anlagemöglichkeiten sehr zu wünschen übrig" ließ.[435]

Selbst diese nur bedingt positiven Kommentare mochten allenfalls der Einschätzung der deutschen Kreditinstitute entsprechen, die auf Spareinlagen kaum oder gar nicht angewiesen waren. Einen Einblick in die Realitäten des Alltagslebens der polnischen Bevölkerung im Generalgouvernement besaßen sie nicht, so dass die überlieferten Wirtschaftsberichte der Stadt- und Kreissparkassen die Lage realistischer einschätzten, wie beispielsweise die Kommunalsparkasse in Bochnia (bei Krakau) in ihrem Bericht von Februar 1941: „Stagnation auf dem Geldmarkt. Die rasch voranschreitende Verarmung der Gesellschaft kann nicht zur Entwicklung der Kreditinstitute beitragen. Die Zurückhaltung im Kreditgeschäft führt zu einer ständigen Verminderung der Gewinne. Die Zusammenarbeit der Bevölkerung mit den Geldinstituten ist zunehmend seltener. Zur Zeit findet das Wirtschaftsleben jenseits der Kreditinstitute statt. Den völligen Vertrauensverlust illustriert am besten die einzige zur Zeit bestehende Form des Handels – von einer Hand in die andere."[436]

Dabei war das Sparkassenwesen angesichts des komplexen Regelwerkes zwischen Devisengesetzgebung, Preisstopp und Okkupationspolitik vielleicht noch der flexibelste Zweig des Kreditwesens im Generalgouvernement. In erheblichem Maße verhinderten jedoch der Währungsverfall und der Schwarzmarkt mit seiner Preisentwicklung bei Grundnahrungsmitteln ein nennenswertes Wachstum der Spareinlagen. Zwischen Juli 1939 und Juni 1944 verteuerten sich in der Stadt Warschau beispielsweise Butter um das Achtzigfache, Milch um das Sechzigfache, Eier um das Dreiundsechzigfache, Zucker um das Sechsundneunzigfache und Zwiebeln um das Zweihundertsiebenundzwanzigfache[437], wobei die stärksten Preisan-

---

[434] Richard Lauxmann: Die Deutsche Post Osten, in: Das Generalgouvernement (Hg. du Prel), S. 87–93, hier S. 93.

[435] AAN, Rząd GG, Nr. 1295, Bl. 153–201, hier Bl. 184: Bericht Fritz Paerschs vom 30. 9. 1941.

[436] AAN, Bank Emisyjny w Polsce, Oddział Główny, Kraków, Nr. 141, Bl. 263–266, hier Bl. 264: Komunalna Kasa Oszczędności Powiatu Krakowskiego, Oddział w Bochni, an Emissionsbank in Polen, Hauptniederlassung, 11. 2. 1941, betr. Wirtschaftsbericht. Vgl. ebd., Nr. 142, Bl. 69f., hier Bl. 69: Städtische Sparkasse Krakau an Emissionsbank in Polen, Hauptniederlassung, 18. 6. 1943, betr. Wirtschaftsbericht: „Die breiteren Schichten der Bevölkerung nehmen nicht Anteil an der Zusammenarbeit mit der Sparkasse, wie es im Frieden zu sein pflegte. Zurzeit ist allgemeine Verarmung die Ursache."

[437] Angaben nach Tomasz Szarota: Okupowanej Warszawy dzień powszedni. Studium historyczne. Warszawa [3]1988, S. 220–239, hier S. 231; ders.: Życie codzienne w stolicach okupowanej Europy. Warszawa 1995, S. 66–68; Dunin-Wąsowicz, Warszawa w latach 1939–1945, S. 110–117.

stiege jeweils in der ersten Jahreshälfte 1940 und 1943 sowie in den Wochen vor dem 22. Juni 1941[438] zu verzeichnen waren. Angesichts einer solchen Entwicklung war Geld für diejenigen, die noch über nennenswerte Summen verfügten, auf einem Sparkonto denkbar schlecht aufgehoben. Eine noch 1939 einsetzende Flucht in die Sachwerte war daher unvermeidlich, wegen der allgemein sehr schlechten Versorgungslage aber auch nur begrenzt möglich. Andererseits führte die Geringschätzung des Geldes durch die Landbevölkerung – gewissermaßen die Anbieterseite auf dem Schwarzmarkt – jedoch auch zu „positiven" Resultaten, namentlich zu prompten Steuerzahlungen, da diese in keinem Verhältnis zu den Erlösen standen, die auf dem Schwarzmarkt mit landwirtschaftlichen Erzeugnissen erzielt werden konnten.[439]

Als entscheidend erwies sich auch hier das Vertrauen bzw. Misstrauen in die Währung und die allgemeine politische Situation. Diese jedoch stellte im Generalgouvernement, in dem die Deutschen es schon hinsichtlich der herrschenden Bevölkerungsverhältnisse mit einer die Besatzung ganz überwiegend ablehnenden Mehrheit zu tun hatten, ein noch virulenteres Problem als in den eingegliederten Gebieten dar. Polizeiliche Maßnahmen bzw. schon die Androhung von Gewalt mussten sich im Bereich des Einlagengeschäfts naturgemäß als kontraproduktiv erweisen, und die Bankaufsichtsstelle betrieb einigen Aufwand, um auf Distriktsebene Ideen zum Verbot der Geldhortung entgegenzutreten: „Ihr mir in Abschrift zugegangenes Schreiben [...] enthält den Vorschlag, ein Verbot der Geldhortung zu erlassen. Sie beziehen sich hierbei auf die im Reich erlassene Kriegswirtschaftsverordnung vom 4. 9. 1939. Sie übersehen dabei [...] den Unterschied, der in der Haltung der Bevölkerung des Deutschen Reiches und der eines besetzten Landes besteht. Das deutsche Volk ist mit seiner Führung durch Weltanschauung und Rasse verbunden, steht hinter ihr und trachtet allen gestellten Anforderungen nachzukommen, auch ohne dass Zwang im einzelnen notwendig ist. Bei der Bevölkerung eines besetzten Landes fehlen hingegen diese Voraussetzungen. Sie steht den Anordnungen der Besatzungsmacht gewöhnlich gleichgültig, wenn nicht feindselig gegenüber und ist geneigt, alle Anordnungen als gegen sich gerichtet anzusehen. Ein Verbot der Geldhortung wäre daher nur mit polizeilichen Mitteln durchzusetzen, die auf wirtschaftlichem Gebiete, insbesondere auf dem des Geld- und Kreditwesens, stets versagen."[440]

Eine weitere Ursache für die retardierte Entwicklung stellte die extrem hohe Einlagenfluktuation im Generalgouvernement dar. Stärker als anderswo übten politische Ereignisse, der Kriegsverlauf, aber auch die Polizei- und Siedlungsmaß-

---

438 AAN, Bank Emisyjny w Polsce, Zarząd Główny, Kraków, Nr. 53, Bl. 109f.: Anlage zur TAM Nr. 58/41 vom 28. 6. 1941: Bankaufsichtsstelle an Leopold Platenik, Beauftragter der Bankaufsichtsstelle für die Aufsicht über die Kreditgenossenschaften, und Direktor Emil Breuer, Beauftragter der Bankaufsichtsstelle für die Aufsicht über die kommunalen Sparkassen, 18. 6. 1941, betr. Kaufkraftabschöpfung auf dem Lande.

439 AAN, Bank Emisyjny w Polsce, Oddział w Tarnopolu, Nr. 16, Bl. 17–22, hier Bl. 17: Wirtschaftsbericht der Emissionsbank in Polen, Zweigniederlassung in Tarnopol, vom 5. 5. 1942.

440 AAN, Rząd GG, Nr. 1297, Bl. 251–253, hier Bl. 251: Der Leiter der Bankaufsichtsstelle an den Leiter der Abteilung Innere Verwaltung beim Chef des Distrikts Lublin, 20. 8. 1941.

nahmen im Generalgouvernement – hier vor allem die so genannte AB-Aktion („Außerordentliche Befriedungsaktion“) im Mai/Juni 1940[441] –, allerdings nur in geringerem Maße der deutsche Angriff auf die Sowjetunion[442], einen starken Einfluss auf die Einlagenentwicklung der Kreditinstitute aus. Als das Generalgouvernement im Zusammenhang mit der Vorbereitung des Überfalls auf die Sowjetunion im Frühjahr 1941 zum Aufmarschplatz der Wehrmacht wurde, eröffnete man vereinzelt auf Truppenübungsplätzen Zweigstellen kommunaler Sparkassen[443], was einmal mehr die Bedeutung der im Generalgouvernement anwesenden Deutschen nicht nur für die deutschen Aktienbanken, sondern auch für die kommunalen Sparkassen verdeutlicht.

Der beträchtliche Umfang von vorgeschriebener Barliquidität und Liquidität ersten Grades (10 Prozent bzw. 30 Prozent der Verbindlichkeiten) zwang insbesondere die polnischen Institute zu einer überdurchschnittlich großen Kassenhaltung, die seitens der Bankaufsichtsstelle schließlich im November 1941 für alle Institute verbindlich geregelt wurde und bei der die Barmittel sowie der Wechsel- und Schatzbriefbestand insgesamt mindestens 70 Prozent der Gesamtverpflichtungen ausmachen mussten.[444] Angesichts des sehr niedrigen Anteils echter (nichtgewerblicher privater) Spareinlagen räumte diese Regelung auch den deutschen Dienststellen und Firmen prinzipiell, wenn auch implizit, dieselbe Vorsicht in der Einlagenpolitik ein wie den polnischen Privateinlegern: Öffentliche Einlagen trugen daher nicht zur Planungssicherheit der Kreditinstitute bei.

Dennoch kam es mit der Zeit zu einem *Modus vivendi*, der sich als „Vertrauen auf niedrigstem Niveau“ bezeichnen ließe. In seiner Folge gelang es bis Mitte 1941, Einlagen in Höhe von über 100 Mio. Złoty anzusammeln, „obwohl die polnischen Institute selbst noch über kein eigenes Kapital verfügen und infolge der eingetretenen Kriegsverluste wesentliche Beschränkungen bei der Auszahlung von Altguthaben erlassen werden mussten.“[445]

Diese Einlagen hatten gleichwohl erst sehr spät den Weg auf die Sparkonten gefunden: „In den Bankkreisen ist man der Meinung, dass z. Zt. noch grosse Notenmengen schwimmen und sich bankmässig nicht binden lassen, weil durch das Nichtvorhandensein eines Zinsendienstes wenig Anreiz besteht, private Gelder bei Banken zur wirtschaftlichen Nutzbarmachung anzulegen. Aus diesem Grunde tragen die Einlagen der Kundschaft bei den einzelnen deutschen Bankinstituten

---

441 Eisenblätter, Politik des Reiches gegenüber dem Generalgouvernement, S. 141, 174ff.; RGVA, 1458–3–1003: Auszug aus dem Bericht des Leiters der Bankaufsichtsstelle vom 30. 6. 1940: „In den letzten Wochen Beunruhigung wegen der Ereignisse im Osten, Abhebungen übersteigen Einzahlungen.“

442 AAN, Rząd GG, Nr. 1297, Bl. 251–253, hier Bl. 253: Der Leiter der Bankaufsichtsstelle an den Leiter der Abteilung Innere Verwaltung beim Chef des Distrikts Lublin, 20. 8. 1941.

443 AAN, Bank Emisyjny w Polsce, Zarząd Główny, Kraków, Nr. 34, Bl. 113: Bankaufsichtsstelle (gez. Fessler) an die Geschäftsleitung der Emissionsbank in Polen, 17. 4. 1941.

444 APKr, BN–III/1: Rdschr. Nr. 8 der Bankaufsichtsstelle vom 11. 11. 1941 betr. Anlagevorschriften.

445 AAN, Rząd GG, Nr. 1297, Bl. 251–253, hier Bl. 252: Der Leiter der Bankaufsichtsstelle an den Leiter der Abteilung Innere Verwaltung beim Chef des Distrikts Lublin, 20. 8. 1941.

naturgemäss den Charakter täglich fälliger Gelder und sind somit ausserordentlich labil. Termingelder sowie Spareinlagen sind aus den gleichen Erwägungen bei den deutschen Banken fast gar nicht vorhanden. Die Einlagen setzen sich vor allen Dingen aus den den Firmen zur Verfügung stehenden flüssigen Mitteln zusammen, über die je nach der Geschäftslage disponiert wird. In vielen Fällen sind die Industrie- und Handelsfirmen durch die Verarbeitung bzw. durch den Verkauf von Warenbeständen, die sie vielfach nur schwer wieder ersetzen können, sehr flüssig geworden, woraus die Steigerung der Firmeneinlagen bei den Banken resultiert. [...] Ein Teil der Einlagen bei den deutschen Banken stammt auch aus Guthaben öffentlicher Stellen. Es darf nicht verkannt werden, dass die oben dargelegte Herkunft des Geldes die Gefahr eines Abfliessens in sich birgt. Es fehlen bisher noch den deutschen Banken die Geld- und Spareinlagen von privater Seite, bei denen erfahrungsgemäss mit einer grösseren Stabilität zu rechnen ist."[446]

Im Nachhinein muss es überraschen, dass bis Ende 1940 überhaupt von Spareinlagen der Nichtbankierkundschaft die Rede war, denn zuvor war für sie eine Einlagenverzinsung gar nicht vorgesehen gewesen. Erst durch Anordnung des Leiters der Bankaufsichtsstelle vom 17. Dezember 1940 wurden mit Wirkung vom 1. Januar 1941 so genannte Höchstzinssätze eingeführt, die für täglich fällige Gelder – d.h. die überwiegende Mehrheit der Einlagen – eine Verzinsung von 1 Prozent p.a., für Festgelder bis 2,75 Prozent p.a. sowie für Spareinlagen auf Sparkassenbuch je nach Kündigungsfrist 1,75–3 Prozent p.a. vorsahen.[447]

Diese Regelung zog gleichwohl keinen Ansturm polnischer Einleger auf die Sparkassen nach sich. Die Bevölkerung hatte angesichts der Unberechenbarkeit und Brutalität der deutschen Besatzung und angesichts des weiteren Vormarsches der Wehrmacht in Westeuropa allen Grund zu tiefem Misstrauen[448], und die ins Generalgouvernement delegierten Reichsdeutschen transferierten ihre Gehaltsersparnisse fast ausnahmslos an ihre Familienmitglieder im Reich.[449] Als sich das Einlagengeschäft nicht den Erwartungen entsprechend entwickelte, bestärkten alsbald sich mehrende Rufe der inneren Verwaltung nach Lenkungs- bzw. Zwangsmaßnahmen die Bankaufsichtsstelle in ihrer Auffassung, dass viele Dienststellen und Behörden die Neigung hätten, die Verhältnisse im Altreich (z.B. den Spargedanken) auf die Situation im Generalgouvernement zu übertragen, was in der Theorie eine Verkennung gleich einer Reihe konstitutiver Faktoren für das Funk-

---

446 AAN, Bank Emisyjny w Polsce, Oddział Główny, Kraków, Nr. 1, Bl. 190–206, hier Bl. 199f.: Wirtschaftsbericht der Emissionsbank in Polen, Hauptniederlassung Krakau, vom 6. 12. 1940 für die Monate Juli–November 1940.

447 Anordnung Nr. 2 des Leiters der Bankaufsichtsstelle für das Generalgouvernement. Betrifft: Höchstzinssätze für Einlagen der Nichtbankierkundschaft bei Kreditinstituten vom 17. 12. 1940 (VOBlGG. II 1940, S. 569); Generalgouvernement. Höchstzinssätze für Bank- und Sparkasseneinlagen, in: Ostwirtschaft 30 (1941), S. 15; Generalgouvernement. Wirtschaftliche Übersicht, S. 5.

448 AAN, Rząd GG, Nr. 1297, Bl. 261–263, hier Bl. 262: Chef des Distrikts Lublin im Generalgouvernement, Abt. Innere Verwaltung (gez. Kipke), an Regierung des Generalgouvernements, Hauptabteilung Innere Verwaltung, 14. 6. 1941, betr. Verbot der Geldhortung.

449 AAN, Bank Emisyjny w Polsce, Oddział Główny, Kraków, Nr. 142, Bl. 1–4, hier Bl. 3: Creditanstalt-Bankverein an Emissionsbank in Polen, Hauptniederlassung, 22. 11. 1943, betr. Wirtschaftsbericht.

tionieren des Wirtschaftssystems im Generalgouvernement darstellte. Hinzu kam, dass ein erheblicher Teil der Bevölkerung aus Armut gar nicht in der Lage war, Geld zu sparen und es auf die Sparkasse zu tragen[450], geschweige denn ihre Kinder an der 1941 auch im Generalgouvernement eingeführten Schulsparaktion teilnehmen zu lassen.[451] Namentlich die Einlagen auf Sperrkonten jüdischer Inhaber, die an den Gesamteinlagen einen nicht verlässlich zu quantifizierenden Prozentsatz ausmachten, sanken bei den polnischen wie den deutschen Kreditinstituten durch die kontinuierlichen Abhebungen in der jeweils zulässigen Verfügungshöhe.[452]

Da die Verelendung der nichtdeutschen Bevölkerung bedeutend schneller einsetzte, als die Nationalsozialisten es offenbar erwartet hatten, und sich dieses Problem zuallererst bei den Wohlfahrtsämtern bemerkbar machte, schlug der Stadthauptmann in Krakau, Ernst Zörner, bereits im Januar 1940 vor, doch wenigstens einen Teil der bei den Postsparkassen deponierten Vorkriegsersparnisse der Bevölkerung auszuzahlen. Eine Rolle spielte hierbei auch die Konkurrenz der einzelnen Distrikte untereinander, da die Postsparkasse in Warschau kurz zuvor eine solche Teilauszahlung begonnen hatte, der Krakauer Stadthauptmann jedoch der Auffassung war, dass ein erheblicher Teil dieser Einlagen auf Krakauer Sparer entfalle.[453] Zu einer Teilauszahlung polnischer Alteinlagen kam es jedoch erst Anfang 1941, als auf Anordnung des Treuhänders der PKO Kontoinhabern das Abheben von zehn Prozent ihrer Einlagen, höchstens jedoch 1 000,– Złoty, gestattet wurde.[454]

Teilauszahlungen von Einlagen im Altgeschäft bedeuteten freilich noch keinen entsprechenden Einlagenzuwachs im Neugeschäft. Insofern blieb die Frage nach privaten Einlegern bei den Sparkassen nach wie vor prekär. Kaum anders sah die Situation bei den Kreditgenossenschaften auf dem Lande aus, für die „so gut wie gar keine Aussichten zur Werbung von Spareinlagen" bestanden, da die Bauern mit dem Besitz von Lebensmitteln über eine sehr viel krisenfestere „Währung" verfügten und sich schnell davon überzeugt hatten, dass im Vergleich dazu die Aufbewahrung von Geld „mit wirtschaftlichen Nachteilen verbunden sei".[455]

Die Entwicklung der Gesamteinlagen, d.h. des Passivgeschäftes insgesamt, nahm sich vor diesem Hintergrund dennoch nicht unbeachtlich aus. Hatten die Einlagen (bei sämtlichen Kreditinstituten) im Dezember 1939 noch 66,9 Mio. Złoty betragen, erhöhten sie sich – überwiegend infolge der Einzahlungspflicht überschüssiger Barbeträge für Polen und Juden – bis Januar 1940 auf 126,3 Mio. Złoty. Die weiteren Einlagenstände betrugen im Dezember 1940 433,8 Mio. Złoty,

---

450 APKr, Stadtsparkasse Krakau, Nr. 229: Städtische Sparkasse Krakau an die Emissionsbank, Hauptniederlassung Krakau, 18. 6. 1943, betr. Wirtschaftsbericht.

451 AAN, Rząd GG, Nr. 1343, Bl. 86–88: Rdschr. Sp 5/41 der Bankaufsichtsstelle, Unterabteilung Sparkassenwesen, vom 20. 11. 1941 betr. Einführung des Schulsparens.

452 AAN, Bank Emisyjny w Polsce, Oddział Główny, Nr. 140, Bl. 88–91, hier Bl. 90: Kommerzialbank an Emissionsbank in Polen, Hauptniederlassung, 28. 11. 1940, betr. Wirtschaftsbericht.

453 APKr, Starosta Miasta Krakowa, Nr. 154, Bl. 3: Stadthauptmann Krakau an den Gouverneur für den Distrikt Krakau, 23. 1. 1940, Rückzahlung der Spareinlagen bei der polnischen Postsparkasse (PKO).

454 Generalgouvernement. Auszahlung alter Sparguthaben, in: Ostwirtschaft 30 (1941), S. 15.

455 AAN, Rząd GG, Nr. 1297, Bl. 173f., hier Bl. 174: Aktennotiz der Bankaufsichtsstelle (gez. Laschtowiczka) vom 5. 11. 1942.

stiegen dann bis Dezember 1941 auf 823,8 Mio., bis Dezember 1942 auf 1,356 Mrd., bis Dezember 1943 auf 1,929 Mrd. sowie bis Ende Juni 1944 schließlich auf 2,1 Mrd. Złoty.[456] Von den bis Ende 1943 aufgelaufenen Gesamteinlagen über 1,929 Mrd. Złoty entfielen 432,8 Mio. auf die Staatsbanken (22,4 Prozent), 552,3 Mio. (28,6 Prozent) auf deutsche Privataktienbanken, 230,2 (11,9 Prozent) auf die polnischen Privataktienbanken, 525,4 Mio. (27,2 Prozent) auf die Sparkassen, 118,5 Mio. (4,2 Prozent) auf die Genossenschaften sowie 56,7 Mio. Złoty (3 Prozent) auf die genossenschaftlichen Zentralkassen.[457] Die Gesamteinlagen der Sparkassen im Generalgouvernement hatten sich von 132,1 Mio. Złoty Ende 1940 bis Mitte 1943 auf 496 Mio. Złoty erhöht.[458] Diese Steigerungsraten, die sich im Übrigen nur wenig von vergleichbaren Entwicklungen im Altreich unterschieden, wurden von der Regierung des Generalgouvernements als besondere Aufbauleistung zwar gebührend herausgestellt[459], aber es war dabei nicht zu verkennen, dass sich darunter nur vergleichsweise wenige private Einlagen befanden, dass vielmehr der ganz überwiegende Teil der Einlagen – schätzungsweise 80 bis über 90 Prozent – in Form von täglich fälligen Geldern von den Kommunen, der Partei und den Behörden stammte.

Aussagekräftiger sind in dieser Hinsicht Aufstellungen, die nach Einlagenarten und unterschiedlichen Sparten der Kreditinstitute unterscheiden:

Einlagen bei den Kreditinstituten im Generalgouvernement per 31. Januar 1941 (Neugeschäft)[460]

	lfd. Gelder	Kündigungsgelder	feste Gelder	Einlagen auf Einlagenbuch	insgesamt
	in Tausend Złoty				
Staatsbanken	29309	581	17000	475	47365
deutsche Aktienbanken	231744	5653	9551	152	247100
polnische Aktienbanken	89667	149	101	392	90309
Girozentrale	1261	–	–	20	1281

456 AAN, Rząd GG, Nr. 1346, Bl. 1-14: Monatliche Einlagenstatistik (Einlagen der Nichtbankierkundschaft in Mio. Złoty, nur Neugeschäft) für die Zeit von Dezember 1939 bis Juni 1944.

457 AAN, Rząd GG, Nr. 1345, Bl. 2f.: Entwicklung der Einlagen des Neugeschäfts [Ende 1943].

458 AAN, Rząd GG, Nr. 1347, Bl. 1-5, hier Bl. 2: Notizen zu einem Rechenschaftsbericht der Unterabteilung Sparkassenwesen vom 21. 9. 1943. Zur Entwicklung des Postsparkassendienstes vgl. AAN, Rząd GG, Nr. 1398, Bl. 5: Regierung des Generalgouvernements, Hauptabteilung Post, an Bankaufsichtsstelle, 9. 12. 1941, betr. Umfang des Postscheckdienstes im November 1941. Vgl. Skalniak, Bank Emisyjny w Polsce, S. 39f.

459 IPN, NTN, Nr. 288, Bühler-Prozess, Bd. 42, Bl. 113-176, hier Bl. 162: 4 Jahre Generalgouvernement (1943) [verlesen von Staatssekretär Josef Bühler während der Regierungssitzung am 26. 10. 1943].

460 AAN, Rząd GG, Nr. 1345, Bl. 18-59, hier Bl. 24: Zusammenstellung der Angaben über die Einlagen im Alt- und Neugeschäft [1937 bis Dezember 1943]. Vgl. ebd., Nr. 1346, Bl. 1-14: Einlagenstatistik (1939-1944).

Sparkassen	117538	–	–	15069	132607
Genossenschaften	3281	–	–	2156	5437
Zentralkasse der landwirtschaftlichen Genossenschaften	11280	1	–	157	11438
insgesamt	484080	6384	26652	18421	535537

Während Spareinlagen, d.h. Einlagen auf Einlagenbuch, im Januar 1941 nur 3,4 Prozent an den Gesamteinlagen bei allen Kreditinstituten ausmachten, waren es bei den Sparkassen immerhin 11,4 Prozent, bei den deutschen Privataktienbanken jedoch nur 0,06 Prozent. An diesen Ziffern änderte sich in der Folgezeit nur wenig, wie eine Aufstellung für Ende 1943 illustriert:

Entwicklung der Einlagen des Neugeschäfts per 31. Dezember 1943[461]

Kreditinstitute	Ende 1943 (in Mio. Złoty) / *kursiv in Prozent*					*Prozent*
	lfd. Rechnung	Kündigungsgelder	feste Gelder	Bucheinlagen	insgesamt	
I. Staatsbanken	221,5	138,8	71,4	1,1	432,8	*22,4*
	51,2	*32,1*	*16,5*	*0,2*	*100*	
II. Privatbanken						
a) deutsche	439,3	74,6	33,1	5,3	552,3	*28,6*
	79,5	*13,5*	*6*	*1*	*100*	
b) nichtdeutsche	198,2	16,1	13,5	2,4	230,2	*11,9*
	86,1	*7*	*5,9*	*1*	*100*	
III. Sparkassen						
a) Kommunalbank	6,1	7,1	–	–	13,2	*0,7*
	46,2	*53,8*	–	–	*100*	
b) Sparkassen	383,2	85,6	12,9	43,7	525,4	*27,2*
	72,9	*16,3*	*2,5*	*8,3*	*100*	
IV. Genossenschaften						
a) Zentralkassen	52,7	3,9	–	0,1	56,7	*3*
	92,9	*6,9*	–	*0,2*	*100*	
b) Genossenschaften	107,1	0,4	0,3	10,7	118,5	*6,2*
	90,4	*0,3*	*0,3*	*9*	*100*	
Summe I–VI	1408,1	326,5	131,2	63,3	1929,1	*100*
	73	*16,9*	*6,8*	*3,3*	*100*	

Demnach sanken die Bucheinlagen anteilig sogar auf 3,3 Prozent der Gesamteinlagen über insgesamt 1,93 Mrd. Złoty, wohingegen die Spareinlagen bei den deutschen Privataktienbanken nach wie vor verschwindend gering waren. Bei den Sparkassen selbst hatte sich der Anteil der Bucheinlagen gegenüber 1941 wieder etwas reduziert, doch waren insgesamt bei fast allen Kreditinstituten die Einlagen mit vereinbarter Kündigungsfrist gestiegen, was allerdings eher auf liquide Gut-

461 AAN, Rząd GG, Nr. 1345, Bl. 2f., hier Bl. 3: Entwicklung der Einlagen des Neugeschäfts [Ende 1943].

haben von Firmen und Unternehmen als auf private Anleger hindeutet. Ansonsten war der Anteil öffentlicher Gelder, der bei den Staatsbanken und deutschen Privataktienbanken überwog, selbst bei den Sparkassen erstaunlich hoch und im Laufe des Krieges sogar noch im Wachsen begriffen:

Geschäfts- und Einlagenentwicklung der Stadtsparkasse Krakau 1941–1944 (in Złoty)[462]

Jahr	Bilanzsumme	Spareinlagen	Sonstige Einlagen	davon öffentliche Gelder (in Prozent)
1941	33169908	1261222	30680410	70
1942	53490133	1414652	50841288	73
1943	87079584	1335459	84290068	84
1944	102881184	1390419	95626801	?

Desolater noch sah die Aktivseite der Bilanz aus, denn die Sparkassen waren in Ermangelung einer privaten bzw. gewerblichen (polnischen) Kreditkundschaft weit davon entfernt, die Einlagen wenigstens teilweise in Krediten anlegen zu können. Stattdessen erfolgte eine Anlage in verzinslichen Wertpapieren und Bankguthaben, was sich wiederum in der Rentabilität bemerkbar machte. Der Gewinn betrug im Verhältnis zu den Gesamteinlagen 0,56 Prozent 1940, 0,57 Prozent 1941, 0,41 Prozent 1942 und noch immer nur 0,78 Prozent im Jahre 1943.[463]

Diese verhaltene Entwicklung bzw. Stagnation konnte – von der anfangs ausbleibenden und ab 1. Januar 1941 geringen Verzinsung abgesehen – kaum überraschen, zumal unter den deutschen Finanzexperten schon damals Einmütigkeit darüber herrschte, dass die Wachstumszahlen der Spareinlagen nicht so sehr ein Ausweis des Vertrauens der deutschen Bevölkerung in ihre Führung waren, als vielmehr eine Notlösung, aus dem Problem der schwindenden Verbrauchs- und Konsummöglichkeiten das Beste, nämlich einen, wenn auch kleinen, Zinsgewinn zu machen.

Dies traf in nicht geringerem Maße auch für die Girokonten bei der Emissionsbank zu. Ende November 1939 hatten öffentliche Konten an den Gesamtgiroguthaben in Höhe von 98,6 Mio. Złoty im Generalgouvernement mit 70,6 Mio. Złoty noch einen Anteil von knapp 72 Prozent erreicht, auf die Kreditinstitute entfielen 17,9 Mio. Złoty (18 Prozent), während „Sonstige" lediglich Girokonten über insgesamt 10,1 Mio. Złoty (10 Prozent) führten. Bis zum 31. Dezember 1940 hatte sich das gesamte Giroguthaben im Generalgouvernement um beinahe 800 Prozent, nämlich auf 783 Mio. Złoty gesteigert. Daran hatten öffentliche Konten mit 432,3 Mio. Złoty (55 Prozent) einen prozentual zwar gesunkenen, jedoch noch immer überproportionalen Anteil. Die Guthaben der Kreditinstitute hatten sich auf einen Anteil von 29 Prozent (entsprechend 228,3 Mio. Złoty) erhöht, während

[462] APKr, Stadtsparkasse Krakau, Nr. 117–120.

[463] Ebd., Nr. 119: Geschäftsbericht der Stadtsparkasse Krakau für das Jahr 1943 vom 28.2.1944.

auf „Sonstige" nach wie vor ein vergleichsweise geringer Anteil von 16 Prozent (122,3 Mio. Złoty) entfiel. In der Folgezeit sollte dieser Anteil weiter sinken. Im Laufe des Jahres 1941 stiegen die „sonstigen" Giroguthaben zwar auf eine Summe von 158,3 Mio. Złoty, doch machte dies an der Gesamtsumme von 1,3 Mrd. Złoty nur mehr einen Anteil von zwölf Prozent aus, während der Anteil der öffentlichen Konten nur leicht auf 48 Prozent zurückging (619,8 Mio. Złoty) und der der Kreditinstitute deutlich auf 40 Prozent anstieg (519 Mio. Złoty).[464] Da die Giroeinlagen der Kreditinstitute gleichfalls in erheblichem Maße öffentlichen Einlagen entstammten, spiegelt sich in den genannten Zahlen das ganze Dilemma des Passivgeschäfts wider, dem eine kaum minder problematische Anlagepolitik gegenüberstand.

Einen wesentlichen Beitrag zum Umfang des Postsparkassendienstes und des bargeldlosen Überweisungsverkehrs leisteten die Polen, die als Arbeitskräfte im Altreich bzw. in den eingegliederten Ostgebieten eingesetzt wurden. Am 25. Januar 1940 hatte Hans Frank die Bevölkerung des Generalgouvernements dazu aufgerufen, sich für mindestens sechs Monate zum Einsatz in der Landwirtschaft des Altreiches zur Verfügung zu stellen: „Laut Runderlaß des Reichswirtschaftsministers können die jeweiligen Betriebsführer Lohnersparnisse dieser Arbeiten [sic] ohne besondere Devisengenehmigung, auf Grund einer besonderen Bescheinigung der Arbeitseinsatzbehörden, in das Generalgouvernement überweisen. Die Höchstgrenze beträgt bei landwirtschaftlichen Arbeitern für das Jahr 1940 300 RM, bei gewerblichen Arbeitern 600 RM., bei monatlichen Überweisungen 50 RM."[465]

Das Reichsarbeitsministerium steuerte eigens hierzu eine zweisprachige Werbebroschüre bei.[466] Zwar musste man Appelle an Freiwillige, die auch nur der materiellen Not gehorcht hatten, bald durch Aushebungen und brutale Razzien ersetzen[467], um überhaupt noch Arbeitskräfte ins Reich transportieren zu können, doch blieb in den folgenden Jahren zumindest die Möglichkeit der Ersparnisüberweisung ins Generalgouvernement erhalten, welche allerdings mit den sich verschlechternden Bedingungen der polnischen Arbeitskräfte im Reich immer geringer ausfielen. Allerdings hielten die Behörden daran fest, dass der Einsatz polnischer Zwangsarbeiter im Reich nur eine auf den Krieg beschränkte Maßnahme sein würde, weshalb man es auch für angängig hielt, dass der Ersparnistransfer „die Einrichtungen der damit betrauten Banken sehr stark in Anspruch nimmt und eine ganze Anzahl von Arbeitskräften absorbiert. Mit Rücksicht auf die Kriegswichtigkeit des Einsatzes ausländischer Arbeitskräfte müssen aber die be-

---

464 AAN, Bank Emisyjny w Polsce, Zarząd Główny, Kraków, Nr. 16, Bl. 18: Verteilung der Giroguthaben 1940; ebd., Nr. 17, Bl. 8: Entwicklung der Giroguthaben 1941.

465 Generalgouvernement Polen. Anwerbung von Landarbeitern für Deutschland, in: Ostwirtschaft 29 (1940), S. 33.

466 SächsHStA, Altbanken Dresden, Nr. 7559: Reichsarbeitsminister (Hg.): Merkblatt für landwirtschaftliche und gewerbliche Arbeiter aus dem Generalgouvernement über die Überweisung von Lohnersparnissen nach der Heimat/Wskazówki dla robotników rolnych i przemysłowych z Generalnego Gubernatorstwa co do przesyłania oszczędności zarobkowych do miejsca rodzinnego (o. D.).

467 Vgl. Präg/Jacobmeyer (Hg.), Diensttagebuch, S. 148f. (Diensttagebuch, 7. 3. 1940).

treffenden Banken die mit der Transferierung der Lohnersparnisse verbundenen Arbeiten selbstverständlich auf sich nehmen, auch wenn sie davon keinen Nutzen haben und sich ihnen daraus auch keinerlei Aussichten für künftige Geschäftsmöglichkeiten bieten."[468]

Am Umtausch der Reichsmarklöhne in Złoty waren nicht nur die Sparkassen, sondern auf Bitte des Reichsarbeitsministeriums und des RWM auch die Großbanken beteiligt, die eine Provision von 0,5 Prozent pro angefangenen 100,– RM in Anrechnung bringen durften.

„Gemäss Runderlass des Reichswirtschaftsministeriums vom 28.2.41 [...] ist die Einwechslung von Reichsmarkbeträgen in Zloty nur dann vorzunehmen, wenn der betreffende Arbeiter durch Vorlage einer Bescheinigung des zuständigen Arbeitsamtes nachweist, dass er ordnungsgemäss mit Zustimmung des Arbeitsamtes in das Generalgouvernement zurückkehrt. Bei der Prüfung, ob die jeweiligen Beträge tatsächlich Lohnersparnisse sind, ist nicht engherzig zu verfahren. Bei Beträgen unter RM 1 000,– kann stets davon ausgegangen werden, dass es sich um Lohnersparnisse handelt."[469]

Die Höhe der von den 1940 700 000, 1940 873 000 polnischen Fremdarbeitern[470], von denen 1940 500 000 in der Landwirtschaft, 200 000 in der Industrie tätig waren, in das Generalgouvernement überwiesenen Lohnersparnisse schätzte man 1940 auf ca. 40 bis 50 Mio. Złoty – eine angesichts der Devisen- und Clearingsituation des Generalgouvernements durchaus nicht unwesentliche Summe.[471] Diese Größenordnung wurde in der Realität wohl nicht ganz erreicht. In einem Aufruf an die polnische Bevölkerung der Stadt Krakau von Januar 1943, sich freiwillig zur Arbeit im Reich zu melden, bezifferte der Stadthauptmann Rudolf Pavlu die Lohnüberweisungen ins Generalgouvernement für die Zeit von Januar bis Oktober 1942 auf immerhin 30 Millionen Złoty.[472] Für den Erfolg solcher Lohntransfers, selbst wenn er mehr ein psychologischer denn ein finanzieller gewesen sein sollte[473], spricht mithin, dass ein vergleichbares Procedere für die aus

---

468 BArch, Dok K/504/2, Mappe 1, Bl. 290/292: Volkswirtschaftliche Abteilung der Deutschen Bank: Banken an der wirtschaftlichen Front (Mitte 1942).

469 SächsHStA, Altbanken Dresden, Nr. 7559: Dresdner Bank – Ausland-Sekretariat Nord und Ost, Berlin, an Dresdner Bank – Direktion, Dresden, 29.11.1941, betr. Versorgung polnischer Wanderarbeiter mit Zloty-Noten. Unrichtig daher Hepp, Deutsche Bank, Dresdner Bank, S. 112, dass die Großbanken mit dem Geldtransfer polnischer Zwangsarbeiter nichts zu tun gehabt hätten.

470 Herbert Krafft: Probleme und Möglichkeiten der Wirtschaft, in: Das Generalgouvernement (Hg. du Prel), S. 95.

471 IPN, NTN, Bühler-Prozess, Nr. 408, Bl. 60–62: Denkschrift von 1940 betr. Belebung der Wirtschaft im Generalgouvernement.

472 AŻIH, Niemieckie materiały okupacyjne, Stadthauptmann m. Kraków, Nr. 32.

473 Eine Übersicht des RFM führt wesentlich niedrigere Ziffern an; demnach beliefen sich die Transferleistungen ins Generalgouvernement 1941 über lediglich 366 400,– RM (1,032 Mio. Arbeiter), 1942 213 200,– RM (918 117 Arbeiter) sowie 1943 478 000,– RM (1,055 Mio. Arbeiter). Es ist dies vermutlich ein Rechenfehler, denn mit dem Faktor 100 multipliziert sind die Zahlen durchaus realistisch. In jedem Falle waren die Transfers polnischer Zwangsarbeiter ins Generalgouvernement absolut wie relativ deutlich niedriger als die anderer ausländischer Arbeitskräfte im Reich. BArch, R 2/30909: Übersicht (Ref. Dr. Breyhan) – Gehalts- und Lohntransfer der in Deutschland beschäftigten ausländischen Angestellten und Arbeiter (Mai 1944).

der Sowjetunion stammenden „Ostarbeiter“ geschaffen wurde („Ostarbeitersparen“), bei dem die Zentralwirtschaftsbank Ukraine den „Transfer“ (der faktisch gar keiner war) von Löhnen in Form von Sparkarten in die besetzten Ostgebiete übernahm.[474]

So beachtlich diese Summen an sich scheinen mochten, so absurd niedrig waren sie angesichts der anfänglich vom RSHA verfolgten Konzeption, wonach der Pole der „ewige Saison- und Wanderarbeiter“ bleibe (Heydrich), der allein durch Lohntransfers in den „Reststaat“ Generalgouvernement die dortige Bevölkerung am Leben erhalten sollte. Die sich abzeichnenden Summen verdeutlichen, dass das Funktionieren eines solchen Mechanismus von Beginn an zum Scheitern verurteilt gewesen war – eine Entwicklung, die an Deutlichkeit noch zunahm, als für die Rekrutierung polnischer Arbeitskräfte frühzeitig und in steigendem Maße nackte Gewalt angewandt werden musste.

Alles in allem blieb der Bargeldverkehr außerhalb der Kreditinstitute und deutschen Dienststellen auch in der Folgezeit ein Sorgenkind der Währungshüter im Generalgouvernement. Den Versuchen der Emissionsbank, den bargeldlosen Zahlungsverkehr ähnlich wie in den eingegliederten Ostgebieten auch im Generalgouvernement zu stärken und damit den Anteil des Buchgeldes im Verhältnis zum umlaufenden Bargeld zu erhöhen, war nur ein geringer Erfolg beschieden. Selbst bei zahlreichen Firmen konnten Kreditinstitute die Beobachtung machen, dass „Geschäftskunden in nicht unerheblichem Umfange morgens in ihren Banken grössere Beträge von ihren Konten abheben, mit denen sie im Laufe des Tages arbeiten, und abends ihren Kassenbestand wieder bei den Banken einzahlen“.[475] Entsprechend stieg der Bargeldanteil von 47 Prozent im Jahre 1941 auf 61 Prozent 1943.[476] Zwar konnte der Kassenbestand in den meisten Kreditinstituten auf ein Minimum an Bargeld reduziert werden, indem die Banken das Gros ihrer Liquidität erster Ordnung in Form von Giralgeldern hielten[477], doch waren zumindest die Niederlassungen der Emissionsbank gezwungen, stets große Bargeldbestände bereitzuhalten.

Im November 1941 hatte Hans Frank in der Friedrich-Wilhelms-Universität zu Berlin anlässlich eines Vortrages zum zweijährigen Bestehen des Generalgouvernements dieses noch als „ein befriedetes Gebiet mit einer stabilen Ordnung“ bezeichnet, in der man „keine spürbare Gegenbewegung mehr“ habe.[478] Doch schon

---

474 BArch, R 8120/801, Bl. 114–136: Das Ostarbeitersparen der Zentralwirtschaftsbank Ukraine nach dem Stande von Mitte Dezember 1944; vgl. hierzu Hans Küppers/Rudolf Bannier: Einsatzbedingungen der Ostarbeiter sowie der sowjetrussischen Kriegsgefangenen. Berlin 1943, S. 49–51, 115–121; allerdings blieben im Falle der Ostarbeiter die Sparsummen gering. Von 500 000 Teilnehmern am „Ostarbeitersparen“ betrugen die Einlagen gerade einmal 50 Mio. RM; vgl. BArch, NS 6/723, Bl. 217–220: Vorlage (gez. Dammer) vom 2. 1. 1945 betr. fremdvölkische Arbeitskräfte im Reich, hier Ausländersparen. Zur Funktionsweise der Zentralwirtschaftsbank Ukraine vgl. Aly, Hitlers Volksstaat, S. 186f.

475 Dies galt insbesondere für die ländlichen Gebiete; vgl. APKr, Stadtsparkasse Krakau, Nr. 169: Bankaufsichtsstelle, Unterabteilung Sparkassenwesen, Sonderrundschreiben an alle Kommunalsparkassen, 22. 8. 1942, betr. bargeldloser Zahlungsverkehr.

476 Skalniak, Bank Emisyjny w Polsce, S. 169; vgl. ebd., S. 170f.

477 Emil Kumor: Wycinek z historii jednego życia. Warszawa 1967, S. 161.

478 Zwei Jahre Generalgouvernement, in: Ostwirtschaft 30 (1941), S. 119 [Auszüge aus einer Rede Franks vom 18. 11. 1941, gehalten in der Berliner Universität].

1942 verschlechterte sich die Lage insbesondere in den östlichen Distrikten dramatisch.[479] Seitdem waren Fragen der Sicherheit der Kreditinstitute ständiges Thema in den Regierungssitzungen des Generalgouverneurs und in der Korrespondenz der Bankaufsichtsstelle, die aus diesem Anlass im Februar 1943 ein umfangreiches Rundschreiben an die Kreditinstitute herausgab.[480] Die „Täglichen Anordnungen und Mitteilungen" der Geschäftsleitung der Emissionsbank brachten seit 1942 neben Interna zum Geschäftsbetrieb zum überwiegenden Teil nur noch Meldungen zu Sicherheitsfragen und kursierendem Falschgeld. Besonders machte sich die Bankaufsichtsstelle Gedanken über mögliche Vertrauensverluste auf Seiten der Einleger und befürchtete ungünstige Auswirkungen auf die „Werbekraft im Passivgeschäft". Da die Polizeikräfte entweder machtlos oder mit anderen Aufgaben, „Befriedungsmaßnahmen" und dergleichen, befasst waren, erhielten die Kreditinstitute einen Katalog zur „Verbesserung der Selbstschutzmassnahmen".[481] Infolge dieser Entwicklung zeichnete sich bis Kriegsende immer klarer ab, was eigentlich niemals zweifelhaft gewesen war: dass nämlich das, was die deutschen Behörden und Kreditinstitute als „Vertrauen der Bevölkerung" bezeichnet hatten, faktisch nie bestanden hatte und dass auf polnischer Seite diejenigen, die in der Anfangszeit der deutschen Okkupation um ein pragmatisches Auskommen bemüht oder hierzu zumindest passiv bereit gewesen waren, durch die ebenso unsinnige wie brutale Gewalt der Deutschen bereits 1940 von der Irrigkeit einer wie auch immer zu denkenden Koexistenz überzeugt worden waren.

Das Kreditgeschäft

Angesichts der zu Beginn der deutschen Besatzung überwiegend destruktiven Wirtschaftspolitik überrascht es nicht, dass es nach der endgültigen Grenzziehung zwischen dem Generalgouvernement und den eingegliederten Gebieten zu einer gewissen Entflechtungstendenz kam, bei der schon vor 1939 in Polen ansässige deutsche Firmen, deren Produktionsstandorte sich nun auf dem Gebiet des Generalgouvernements befanden, diese in die eingegliederten Gebiete verlagerten. Dies war beispielsweise der Fall bei der in Warschau ansässigen Telefunken-Werke AG, die ihren Firmensitz nach Posen verlegte[482], der Ostdeutsche Chemische Werke GmbH, vormals Solvay-Werke GmbH, die sich überwiegend in belgischem Besitz befand[483], sowie der kommissarisch verwalteten Papier- und Zellulosefabrik

479 Vgl. Birn, Die Höheren SS- und Polizeiführer, S. 204f.; Wolfgang Jacobmeyer: Die polnische Widerstandsbewegung im Generalgouvernement und ihre Beurteilung durch deutsche Dienststellen, in: VfZ 25 (1977), S. 658–681, bes. S. 674.

480 AAN, Rząd GG, Nr. 1343, Bl. 57–66: Rdschr. Nr. 12 des Leiters der Bankaufsichtsstelle vom 6. 2. 1943 betr. Raubüberfälle.

481 Ebd., Bl. 57.

482 Generalgouvernement Polen. Firmennachrichten, in: Ostwirtschaft 29 (1940), S. 113. Bei der Verlagerung spielte jedoch auch eine Rolle, dass die Telefunken-Werke in Warschau während der Kampfhandlungen im September 1939 schwer beschädigt worden waren; vgl. BArch, R 122, Generalia, Abt. IV, Bd. 40, Bl. 13f.: Reichsverwaltungsgericht, Entschädigungsabteilung des Reichskriegsschädenamtes, Aktennotiz vom 14. 7. 1941 betr. Entschädigungen im Generalgouvernement.

483 Generalgouvernement. Firmennachrichten, in: Ostwirtschaft 29 (1940), S. 143.

Steinhagen & Saenger[484], die ihre Zentralverwaltung von Warschau nach Leslau verlegte. Neben der unsicheren Zukunft des Gebietes war hierfür entscheidend, dass das Generalgouvernement Devisenausland war, während die eingegliederten Gebiete in betriebswirtschaftlicher Hinsicht den Firmenzentralen im Altreich viel näher standen.

Das Interesse reichsdeutscher Firmen an der Eröffnung von Niederlassungen im Generalgouvernement begann gleichwohl – wie die zunehmend zahlreicheren Anfragen an die Emissionsbank in Polen um Auskünfte über einheimische Firmen oder Personen zeigen – im Frühjahr 1940 zu erwachen.[485] Dies lag allen staatlichen Prärogativen zum Trotz durchaus im Sinne des Regimes, das in dem vorgegebenen politischen Rahmen an der Eigeninitiative der Privatwirtschaft interessiert war. Auf diese Weise wurde es möglich, auch ohne eine der Situation in den eingegliederten Ostgebieten vergleichbare Beschlagnahmewelle dem polnischen Charakter des „deutschen" Generalgouvernements etwas entgegenzusetzen. Es lag daher auf der offiziellen Linie, „wenn die wirtschaftlichen Aufgaben im Osten, die nicht unbedingt dem Staat selbst vorbehalten bleiben müssen, so früh wie möglich der privaten Initiative überlassen werden. Diese Tendenz muß im Osten noch um so stärker zur Geltung kommen, als es sich dort um ganz besonders gelagerte Verhältnisse handelt, die ohne den selbstverantwortlichen Unternehmer auf die Dauer und auf breiter Basis selbst dann wohl kaum gemeistert werden könnten, wenn man für das Reich der verstaatlichten Wirtschaft den Vorzug geben wollte."[486]

Expansionsbereite Unternehmen hatten jedoch im Zusammenhang mit einer Geschäftserweiterung ein ganzes Bündel von Imponderabilien zu berücksichtigen. Vor allem die Bombenangriffe der deutschen Luftwaffe in den ersten Septembertagen 1939 hatten im Gebiet in und um Warschau, das den höchsten Industrialisierungsgrad im Generalgouvernement aufzuweisen hatte, für recht große Zerstörungen und Produktionseinbußen gesorgt. Eine Umfrage der Industrie- und Handelskammer Warschau ergab, dass in Warschau bis September 1940 nur mehr 25 Prozent der Industriebetriebe von 1938 wieder tätig waren. Im September 1939 waren etwa 20 Prozent der Warschauer Industriebetriebe völlig zerstört worden und lediglich 15 Prozent hatten keinerlei Schäden davongetragen. Dies wiederum schlug sich in den Beschäftigtenzahlen nieder, die in der Textilindustrie lediglich 35 Prozent, in der Nahrungsmittel- und chemischen Industrie jeweils knapp 40 Prozent und in der Papierindustrie 45 Prozent des Vorkriegsstandes betrugen.[487] Entsprechend belief sich das Einkommensteueraufkommen der Stadt Warschau auf nur 43 Prozent, das der Umsatzsteuer lediglich auf 30 Prozent im Vergleich zu den Vorkriegsziffern.[488]

---

484 HAC, SdF Ost, Filiale Posen: Kreditakte Weichselmühlen Papier- und Zellstoffwerke AG (vormals Steinhagen & Saenger, Zellulose- und Papier-Aktiengesellschaft, Włocławek), Leslau.

485 AAN, Bank Emisyjny w Polsce, Zarząd Główny, Kraków, Nr. 49, Bl. 74f.: TAM Nr. 62/40 vom 30. 4. 1940.

486 Hans Thode: Unternehmertum im Osten, in: Ostwirtschaft 31 (1942), S. 125f., hier S. 126.

487 Generalgouvernement Polen. Industriebeschäftigung, in: Ostwirtschaft 29 (1940), S. 113; vgl. Mały Rocznik Statystyczny Polski, wrzesień 1939 – czerwiec 1941, S. 30: Tablica 8.

488 Ivánka, Finanse Warszawy w latach okupacji, bes. S. 78f.

Als eine weitere Schwierigkeit erwies sich die strategische Frage nach dem konkreten Verhältnis zwischen deutscher Wirtschaftskontrolle und der Aufrechterhaltung der vor Ort bestehenden nichtdeutschen Privatwirtschaft. Eine vollständige Beschlagnahme sämtlicher Unternehmen im Generalgouvernement – analog zum Procedere in den eingegliederten Ostgebieten – war für die Deutschen ebenso wenig durchführbar wie ein Laisser-faire, das mit den weitreichenden Ausbeutungszielen im Generalgouvernement unvereinbar gewesen wäre. Zwar gab es durchaus warnende Stimmen aus der Wirtschaft, die in Bezug auf die Treuhänderbetriebe Bedenken äußerten: „Der Neuling sagt: ‚Beschlagnahmen!' Der Ostkenner sagt ihm, daß dieses Rezept falsch ist; denn er hat es ausprobiert. Es ist ein Einmalrezept, das später mit der schärfsten Zurückhaltung auf allen Gebieten beantwortet wird, wenn man nicht den schwarzen Kurs – die ‚Speckwährung' – der Händler anerkennen will."[489]

Letztlich aber blieb doch die Ansicht konsensfähig, dass bei etwaigen Schwierigkeiten schon „allein die Tatsache des Bestehens von Strafarbeitslägern für moralische Besserung" sorge.[490] Die hohe Zahl der Opfer in Straf-, Zwangsarbeits- und Konzentrationslagern im Generalgouvernement zeigt, dass es sich hierbei keineswegs um leere Drohungen handelte, auch wenn der Entwicklung des Schwarzmarktes und der Inflation damit nicht beizukommen, geschweige denn die Produktivität zu steigern war:

„Was es heißt, mit seinen Leuten wochenlang ohne Beleuchtung zu sein, ohne Heizung in dem strengen letzten Winter, bei einer nur knapp ausreichenden Ernährung, starken Preissteigerungen, unter dem Zwang, die Belegschaft arbeitswillig zu erhalten – eine Belegschaft, die zu 95 v.H. aus Polen besteht und zu 5 v.H. aus Volksdeutschen, die aber die deutsche Sprache erst wieder erlernen wollen – und stets steigende größere Wehrmachtslieferungen durchzuführen, was dies bedeutet, kann nur der Mann in der Praxis beurteilen, der von morgens 7 Uhr bis nachts 12 Uhr in seinem Werk gearbeitet hat."[491]

Ein zentrales Problem für die Kreditvergabepolitik nicht nur der deutschen, sondern auch der polnischen Kreditinstitute im Generalgouvernement war die oftmals schwierige Besicherung von Krediten. Für das Generalgouvernement kann als typisch gelten, dass ein erheblicher Teil der Kreditsicherheiten aus Forderungen, Guthaben o.Ä. in Reichsmark im Deutschen Reich bestand. Im Rahmen der deutschen Okkupationspolitik waren die Eingriffe so drastisch und die politische Situation (Polizeiaktionen, Widerstandsbewegung, Warschauer Gettoaufstand 1943, herannahende Front, Warschauer Aufstand 1944) so unsicher, dass man Sicherheiten viel eher im Altreich suchte. Schäden, die durch die Widerstandsbewegung verursacht und als „Banditen-Sachschäden" eingestuft wurden, wurden zwar durch das Kriegsschädenamt der Hauptabteilung Wirtschaft in der Regierung des Generalgouvernements ersetzt, so dass das Risiko für die Banken selbst in so problematischen Distrikten wie beispielsweise Lublin sogar bei Blanko-

[489] Hans Hochhaeussler: Reichsdeutsche Industrieleute im Generalgouvernement, in: Ostwirtschaft 31 (1942), S. 98f., hier S. 99.
[490] Ebd.
[491] Ebd.

krediten verhältnismäßig gering war.[492] Die Kriegssachschädenverordnung kam somit auf den ersten Blick einer Reichsbürgschaft nahe.[493] In der Praxis blieb diese Zusage aber für die Banken und selbst für die Bankaufsichtsstelle unbefriedigend, da die Entschädigung nicht auf einem formalen Rechtsanspruch beruhte, sondern in das „Belieben des Kriegsschädenamtes" gestellt war.[494] Entsprechend forderten die deutschen Kreditinstitute im Generalgouvernement im August 1943 die „Schaffung eines klaren Rechtsanspruches auf Vergütung aller Schäden, die durch Plünderung, Raub und feindliche Einwirkung, durch politische Banden" verursacht werden.[495]

Die Kreditbesicherung im Generalgouvernement mittels diverser Vermögensteile im Reich führte bereits 1942 zu Versuchen seitens der Behörden im Generalgouvernement, diese Praxis zu ändern. Allerdings waren es gerade Firmen im Staatsbesitz, Behörden und sonstige Dienststellen, die sich dem üblichen Verfahren der Zessionsanerkennung gegenüber den kreditgebenden Banken lange Zeit verweigerten. Dies betraf vor allem einerseits Handelsfirmen, andererseits Bauunternehmen, die wegen der kriegsbedingten Kontingentierungen in der Bauwirtschaft überwiegend mit staatlichen Auftraggebern zu tun hatten. In der Regel mussten sich die Kreditinstitute mit der eigentlich unzulässigen stillen Zession bzw. einer ebenso wenig als reguläre Zession geltenden Bestätigung des Auftraggebers zufrieden geben, dass bei einer Firma bestimmte Leistungen bestellt worden seien.

Eine weitere Schwierigkeit stellten neben der Kreditbesicherung besonders die Liquiditätsvorschriften der Emissionsbank im Verbund mit der Kapitalausstattung der Kreditinstitute dar.[496] Die Devisengrenze zum Deutschen Reich sorgte für eine weitgehende Abschottung des Generalgouvernements mit fortgesetzten Transferschwierigkeiten, so dass die reichsdeutschen Bankfilialen in dieser Hinsicht keine Vorteile gegenüber regionalen Instituten besaßen und auch die Berliner Zentralen ihnen nicht so ohne weiteres unter die Arme greifen konnten.[497] Das dahinter stehende Problem bestand darin, dass die Bankaufsichtsstelle die Kreditauslegung eines Geldinstituts nur bis zu einer Gesamtsumme von 30 Prozent der jeweiligen Einlagen zuließ, die Möglichkeiten im Aktivgeschäft somit zentral von der Entwicklung des nur schleppend anlaufenden Passivgeschäftes abhingen. Wie gezeigt worden ist, bestand die Mehrheit der Einlagen, deren Höhe und Laufzeit über die Anlagemöglichkeiten im Aktivgeschäft entschieden, aus öffentlichen bzw. täglich fälligen Geldern. Im Falle der Filialen der Creditanstalt-Bankverein

---

[492] AAN, Bank Emisyjny w Polsce, Zarząd Główny, Kraków, Nr. 351, Bl. 94f.: Kriegsschädenamt in der Regierung des Generalgouvernements – Richtlinien vom 3.5.1943 betr. Entschädigung von Banditen-Sachschäden.

[493] Kriegssachschädenverordnung vom 30.11.1940 (RGBl. I 1940, S. 1547).

[494] AAN, Bank Emisyjny w Polsce, Zarząd Główny, Kraków, Nr. 351, Bl. 98f.: Bankaufsichtsstelle (gez. Paersch) an den Treuhänder der Staatlichen Agrarbank, 5.7.1943.

[495] AAN, Rząd GG, Nr. 1388, Bl. 52–55, hier Bl. 52: Aktennotiz der Bankaufsichtsstelle vom 24.8.1943 betr. Kommerzialbank.

[496] APKr, BN–III/1: Rdschr. Nr. 8 der Bankaufsichtsstelle vom 11.11.1941 betr. Anlagevorschriften.

[497] Ebd.: CB Berlin an CB Krakau, 15.2.1941.

und der Commerzbank war zudem kein Eigenkapital in Form von Aktienkapital o. Ä. in der Filiale selbst vorhanden, das auf der Passivseite der Bilanz einen grundlegenden Spielraum hätte gewährleisten können. Wegen dieses geringen Kreditrahmens hatten gerade die Garantien reichsdeutscher Bankfilialen der Krakauer Commerzbank erst die Möglichkeit eingeräumt, der Nachfrage nach Krediten entsprechen zu können, auch wenn sie die Kreditprovision der garantierenden Filiale überlassen und sich selbst mit dem reinen Zinsgewinn begnügen musste. Die Commerzbank reagierte daher auf die restriktiven Liquiditätsvorschriften im Generalgouvernement und änderte das Procedere im April 1942, so dass der Krakauer Filiale in solchen Fällen wenigstens zur Hälfte auch die Kreditprovision verblieb.[498] Die bereits geschilderten Versuche von Commerzbank und Creditanstalt-Bankverein[499], dieses Problem 1943/44 durch Gründung eines kapitalmäßig von der Berliner bzw. Wiener Zentrale unabhängigen Tochterinstituts zu lösen, unterstreicht, dass das Dilemma fortwährend bestand und ein wichtiges Strukturmerkmal des Kreditgeschäftes der deutschen Geldinstitute im Generalgouvernement darstellte. Mit ihrem Versuch, bei der Bankaufsichtsstelle Anfang 1942 die Zustimmung zu einer „Auffüllung der Mittel der Niederlassung von der Zentrale her" zu erwirken, scheiterte die Commerzbank am Veto des Bankdirigenten Paersch.[500] Zwar bestand auch weiterhin die Möglichkeit so genannter Transferzusagen bzw. Reichsmark-Bürgschaften für im Generalgouvernement aufzunehmende Kredite, und die Liquiditätsnachweise bzw. Rohbilanzen der Commerzbank Krakau weisen für 1942 und 1943 in der Regel ein Drittel bis die Hälfte aller zugesagten bzw. in Anspruch genommenen Kredite als Darlehen aus, die „unter der ausschliesslichen Haftung der Zentrale Berlin bezw. von Schwesteranstalten im Reich" gewährt wurden.[501] Doch waren solchen Geschäften schon mit Blick auf die stets gefährdete Liquidität der Kreditinstitute im Generalgouvernement insgesamt Grenzen gesetzt. So wies die Bankaufsichtsstelle beispielsweise die Creditanstalt-Bankverein in einem Schreiben vom Februar 1943 wegen eines Kreditantrags der Knoll AG Ludwigshafen für den Aktienkauf der Fa. L. Spiess & Sohn AG Warschau zurecht, dass „die Rückzahlungsmöglichkeiten für die Kredite nicht allein in Überweisungen aus dem Reich oder dem sonstigen Auslande über den Verrechnungsverkehr gesucht werden" könnten, vielmehr anzustreben sei, dass „die Kredite in einer solchen Form gewährt werden, die ihre Rückzahlung aus den Erträgen oder der Verwertung von Vermögen, das sich im Generalgouvernement befindet, ermöglicht".[502] Allerdings war auch der Bankaufsichtsstelle klar, dass das überwiegend auf Sichteinlagen der Behörden und Dienststellen beruhende Passivgeschäft ein schlechtes Fundament für die Kreditauslegung war.

---

498 HAC, SdF Ost, Filiale Danzig: Kreditakte E. Sucker: CB Zentrale an CB Danzig, 31.3.1942.

499 Vgl. oben S. 302f.

500 AAN, Rząd GG, Nr. 1401, Bl. 97–99, hier Bl. 97f.: Aktenvermerk des Leiters der Bankaufsichtsstelle vom 25.2.1942 betr. Commerzbank.

501 APKr, BN–III/1: Monatliche Liquiditätsnachweise der CB Krakau für 1942–1943.

502 AAN, Bank Emisyjny w Polsce, Zarząd Główny, Bl. 45–47, hier Bl. 46: Bankaufsichtsstelle (gez. Laschtowiczka) an Creditanstalt-Bankverein, 21.2.1943, betr. Kredit an die Knoll AG, Chem. Fabriken, Ludwigshafen.

Einen Geschmack hiervon bekam im Frühsommer 1942 die Creditanstalt-Bankverein, als nach der unmittelbar vorangegangenen Filialeröffnung der Bank der Deutschen Arbeit in Krakau namhafte Einleger – die Generaldirektion der Monopole, DAF und NSDAP – ihre Konten von der Creditanstalt auf die Arbeitsbank übertragen ließen und der plötzliche Abzug von weit über 20 Mio. Złoty die Liquidität und damit das Kreditlimit der Creditanstalt-Bankverein mit einem Schlage so stark abfallen ließ, dass sie einige Kredite an die Landeswirtschaftsbank abgeben musste.[503] Dass die auch weiterhin im Altreich gestellten Anträge auf Kreditерteilung im Generalgouvernement dennoch einen nennenswerten Umfang erreicht haben müssen, zeigt sich daran, dass die Bankaufsichtsstelle noch Ende 1943 die Gouvernementsbanken darum bat, im Interesse der Liquidität wieder „stärker darauf zu achten, daß Kredit nachsuchende Unternehmungen stets über ausreichende Vermögenswerte im Generalgouvernement verfügen, sodaß die Rückzahlung der Kredite gewährleistet" sei.[504]

Neben Commerzbank und Creditanstalt-Bankverein war selbst die ungleich kapitalstärkere Kommerzialbank von den Einschränkungen betroffen. Allerdings wandte sich die Dresdner Bank mit ihrem Hilfegesuch nicht an die Bankaufsichtsstelle, sondern direkt an das Reichswirtschaftsministerium, das in der Frage der Kapitalausstattung der Banken im Generalgouvernement eine andere Auffassung als die Bankaufsichtsstelle vertrat und die Dresdner Bank 1942 nachgerade ermunterte, sich für eine Erhöhung des Aktienkapitals der Kommerzialbank auf fünf Millionen Złoty mittels Kapitaltransfer zu entscheiden.[505] Das RWM verband damit die Absicht, die Kommerzialbank mit Mitteln ausstatten zu lassen, mit denen diese „dann Kreditwünsche deutscher Firmen" würde erfüllen können, „wodurch die Notwendigkeit der Überweisung von Beträgen im Clearing zur Durchführung der Aufgaben, die diesen deutschen Firmen im Generalgouvernement übertragen werden, entfallen würde".[506]

Es war dies ohnehin nur die Anpassung an eine Situation, in der die Kreditvergabe der Kommerzialbank den Rahmen einer durchschnittlichen Filiale längst gesprengt hatte: „Bei Zugrundelegung der reichsrechtlichen Vorschriften würde die hiernach [Aktienkapital 1500000,– Złoty vor der Kapitalerhöhung] zulässige Höchstkreditgrenze rd. Zl. 160000,– betragen. Unter der Voraussetzung, dass die vorgesehene Kapitalerhöhung auf Zl. 5 Mill. in absehbarer Zeit durchgeführt wird,

---

503 AAN, Rząd GG, Nr. 1402, Bl. 309–311, hier Bl. 309: Aktenvermerk der Bankaufsichtsstelle (gez. Steinau) vom 3.7.1942 betr. Creditanstalt-Bankverein, Filiale Krakau; ebd., Bl. 239–241: Aktenvermerk der Bankaufsichtsstelle (gez. Laschtowiczka) vom 23.10.1942 betr. Creditanstalt-Bankverein; vgl. ebd., Bl. 244: Aktenvermerk der Bankaufsichtsstelle (gez. Laschtowiczka) vom 20.10.1942.

504 HAC, 1/4: Rdschr. des Sekretariats der Filialen an sämtliche Geschäftsstellen, 29.12.1943.

505 AAN, Rząd GG, Nr. 1402, Bl. 252–254, hier Bl. 253: Aktenvermerk der Bankaufsichtsstelle (gez. Laschtowiczka) vom 1.10.1942 betr. Finanzlage der Creditanstalt-Bankverein.

506 APKr, Kommerzialbank, Nr. 2, Bl. 3f.: Dresdner Bank, Direktion, Berlin (gez. Anspach), an Kommerzialbank AG, Direktion, Krakau, 27.1.1941; ebd., Bl. 13: Kommerzialbank AG, Krakau. Ermächtigung zur Kapitalerhöhung vorgesehen (Krakauer Zeitung vom 29.8.1941).

würde sich die Höchstkreditgrenze nach reichsrechtlichen Grundsätzen alsdann auf rd. Zl. 600 000,– erhöhen. Die bisher vorliegenden Kreditanzeigen der Kommerzialbank lassen erkennen, dass die herausgelegten Kredite fast durchweg in die Größengruppe von einigen Hundert Tausend Zloty liegen. Daneben sind aber auch Kredite gewährt worden, die die Millionengrenze erreichen und sogar zum Teil sehr erheblich übersteigen. Besonders zu erwähnen sind folgende Großkredite:

Hugo Schneider AG., Waffen- und Munitionsfabrik	Zl. 10 Mill.
Textilhandelsgesellschaft m.b.H., Krakau	Zl. 25 Mill.
Stahlwerke Braunschweig Stalowa Wola	Zl. 7 Mill.
Stahlwerke Braunschweig Starachowice	Zl. 30 Mill.

Wenn auch gegen die Bonität der Kredite – im Hinblick auf die bestellten Sicherheiten und die Kreditnehmer selbst – Einwendungen nicht zu erheben sind, so gibt die absolute Höhe der Kredite doch zu gewissen Bedenken Anlass. Der Grundsatz, dass die an denselben Kreditnehmer gewährten Kredite in einem angemessenen Verhältnis auch zu dem haftenden Eigenkapital der kreditgewährenden Bank stehen müssen, sollte auch der Kommerzialbank gegenüber nachdrücklichst vertreten werden."[507]

Die in den Liquiditätsvorschriften und den hohen Kassenbeständen auch bei den reichsdeutschen Niederlassungen zum Ausdruck kommende Unsicherheit im Kreditsektor verdeutlicht, wie sehr angesichts der nicht gewachsenen Klientelstruktur und der unsicheren Informations- und Rechtslage die Risikoabschätzung für *alle* Banken zu einem „Vabanquespiel" wurde. Alle Versuche, bei dem vorwiegend auf die Landwirtschaft ausgerichteten Kreditapparat der Kapitalknappheit besonders während der Erntezeit durch Geldtransfer aus dem Altreich zur Abdeckung der Lombardkredite entgegenzutreten, scheiterten an den Devisenstellen. Daher ging man dazu über, von den Mutterinstituten im Altreich Reichsschatzanweisungen zugunsten der Emissionsbank bei der Reichsbank in Berlin oder ihren Niederlassungen als Pfand bzw. Sicherheit gesperrt zu hinterlegen, worauf das Tochterinstitut bzw. die Filiale im Generalgouvernement bei der Emissionsbank in Polen einen kurzfristigen Lombardkredit bis zur Höhe von 75 Prozent des Kurswertes der hinterlegten Wertpapiere erhalten konnte. So disponierte beispielsweise die Commerzbank Berlin im April 1942 bei der Reichsbank Schatzanweisungen über 5 Mio. RM, worauf die Filiale in Krakau bei der Emissionsbank einen auf sechs Monate terminierten Lombardkredit aufnehmen konnte.[508]

Ihre geringe Liquidität zwang daneben gerade die Commerzbank stärker als ihre reichsdeutschen Konkurrenten im Generalgouvernement zu Überlegungen,

[507] AAN, Rząd GG, Nr. 1387, Bl. 285f.: Aktennotiz der Bankaufsichtsstelle vom 17.11.1941 betr. Kommerzialbank AG

[508] AAN, Bank Emisyjny w Polsce, Zarząd Główny, Nr. 339, Bl. 2: Oberfinanzpräsident Berlin, Devisenstelle, an CB Berlin, Sekretariat der Filialen und Depositenkassen, 13.4.1942, betr. CB Krakau (Abschrift); ebd., Bl. 3f.: Emissionsbank in Polen, Geschäftsleitung, an CB Krakau, 2.5.1942, betr. Lombardkredit. Der Kredit wurde von der CB Krakau nicht in Anspruch genommen; vgl. ebd., Bl. 10f.: Emissionsbank in Polen, Hauptniederlassung, an Deutsche Reichsbank, Wertpapierabteilung, Berlin, 22.12.1942, betr. Schreiben vom 19.12.1942 (Abschrift).

auch für größere Kredite flexibel genug zu bleiben, um die Konkurrenzfähigkeit nicht gänzlich zu verlieren. Da die Emissionsbank vor allem für die mittel- bis langfristige Geldleihe zu teuer war, versuchte die Commerzbank im Falle eines ihrer wichtigsten Kunden, der von der Firma Heinkel verwalteten Flugzeugwerke Mielec, sich in der gouvernementseigenen Landeswirtschaftsbank (BGK) einen potenten Konsortialpartner und damit zugleich eine Art Refinanzierungsinstitut zu schaffen. Ab 1942 wurde das Kreditgeschäft im Zuge der Kriegsführung immer einseitiger und spezifischer. Da die Entwicklung im Generalgouvernement der im Altreich ähnelte, wobei die absolute Zahl der Kredite sank und die durchschnittlichen Kreditsummen kontinuierlich anstiegen, mussten sich die ortsansässigen Kreditinstitute immer häufiger auf die Emissionsbank stützen: Lombardkredite, Rediskontsonderkredite, diskontierte Sonderkredite für die Ernteerfassung der Landwirtschaftlichen Zentralstelle. Auch die Konsortialführung bei eigener Minderheitsbeteiligung (Commerzbank und Landeswirtschaftsbank) gehörte in diesen Entwicklungsgang.

Neben der landwirtschaftlichen Produktion des Generalgouvernements, von der wesentliche Mengen – kurzerhand „als Überschüsse deklariert" – für den Export ins Reich vorgesehen waren, zeigten die Deutschen sich vor allem an dem Industriepotenzial interessiert, das im Rahmen der Rüstungs- und ihrer Zulieferindustrie eine Verstärkung der bestehenden Kapazitäten versprach. Die Industriestruktur und ihre Sektoren waren im Generalgouvernement – teils aus historischen Gründen, in erster Linie jedoch wegen der höchst willkürlichen Grenzziehung durch die Nationalsozialisten und die Sowjetunion – disproportional verteilt. Innerhalb des Industriesektors überwog in dem bevölkerungsreichsten Distrikt Krakau (1634 Betriebe) nach Angaben der Krakauer Industrie- und Handelskammer Ende 1940 die Ernährungs- und Genußmittelindustrie (32,9 Prozent) vor der Industrie der Steine und Erden (inklusive Bauindustrie) (23 Prozent) und vor der Holzindustrie (14,1 Prozent), wohingegen die Eisen- und Metallindustrie mit 11,3 Prozent erst an vierter Stelle lag. Bergbau (5,4 Prozent), Papierindustrie (4,4 Prozent) und Lederindustrie (3,5 Prozent) spielten demgegenüber keine wesentliche Rolle.[509] Dagegen waren es im Distrikt Warschau besonders die Betriebe der Metall- und der chemischen Industrie, die qualitativ wie quantitativ die Bedeutung des Distrikts ausmachten und frühzeitig unter Kuratel von Treuhändern gestellt worden waren.

Aller Kritik am Treuhändereinsatz zum Trotz mussten sich die deutschen Kreditinstitute bald eingestehen, dass ihre Geschäftsentwicklung in erster Linie von dem zunehmenden Einsatz deutscher Treuhänder in Unternehmen im Generalgouvernement abhängig war. Reichsdeutsche Treuhänder waren selbstredend stärker geneigt als polnische, die Bankverbindung des von ihnen verwalteten Unternehmens bzw. Betriebes bei einem deutschen Kreditinstitut zu suchen – eine Entwicklung, die den in Krakau ansässigen Banken überhaupt erst die Idee eingab, Niederlassungen in Warschau konkreter ins Auge zu fassen. Reichsdeutsche Firmen – überwiegend Großhandels- oder Bauunternehmen – waren demgegen-

509 Die Industrie im Distrikt Krakau, in: Ostwirtschaft 30 (1941), S. 12f., hier S. 12.

über in der Minderheit, wenn sie auch hinsichtlich ihrer Umsätze eher an der Spitze der Kreditkundschaft standen.[510]

Es waren somit seit 1940 besonders die reichsdeutschen Unternehmen bzw. Niederlassungen im Generalgouvernement, die staatlichen, d.h. gouvernementseigenen, Unternehmen sowie die Treuhänderbetriebe des Industrie- und wehrwirtschaftlichen Sektors, die die Kundenstruktur der deutschen Kreditinstitute im Generalgouvernement prägten.[511] Aus dem unklaren Status des Generalgouvernements und der nur kurz- und mittelfristig formulierten Besatzungspolitik resultierte auch die Spezifik der Kreditauslegung: „Im zweiten Halbjahr [1940] ist zunehmender Kreditbedarf festzustellen. Die deutschen Banken pflegen fast ausschliesslich das kurzfristige Kreditgeschäft und finanzieren meist bestimmte Aufträge und Geschäfte. Die Kreditnehmer sind hauptsächlich Rüstungsbetriebe, Baufirmen, Grosshandelshäuser und Betriebe der Lebensmittelbranche. Die eingeräumten Kredite werden in den meisten Fällen nicht voll beansprucht und gelangten bisher termingerecht zur Rückzahlung. Mit den durch die Finanzierung der Ernte den Banken gestellten Aufgaben haben die Kredite eine beträchtliche Höhe erreicht."[512]

Je bedeutender das kreditnehmende Unternehmen war, desto geringer fiel der Verhandlungsspielraum der deutschen Kreditinstitute aus, die stets der potenziellen Konkurrenz nicht nur der polnischen Privataktienbanken, sondern auch der gouvernementseigenen Landeswirtschaftsbank bzw. Agrarbank und nicht zuletzt der Emissionsbank gewärtig sein mussten. Traditionsreiche Bankverbindungen, die auch eine Abhängigkeit bedeuten konnten, fanden vor allem in solchen Fällen im Generalgouvernement ihre Fortsetzung, wo reichsdeutsche Rüstungskonzerne die Treuhänderschaft polnischer Industrieunternehmen übernahmen und einen entsprechenden Druck auf die Hausbanken auszuüben vermochten: „Bei der Verbindung zwischen der Dresdner Bank und den Göringwerken wäre es aber unmöglich, Kredite an Stalowa Wola und Starachowice abzulehnen. In der gleichen Lage wäre er [sc. Emil Meyer] gegenüber der Luftanlagen-GmbH. Die Dresdner Bank sichere sich jedoch in der Weise, dass sie sich von den massgebenden Herren der Zentralunternehmungen weitgehende moralische Haftungen geben liesse, die auch schriftlich bestätigt würden."[513]

Ein mindestens ebenso bedeutsamer Wirtschaftssektor war der Nahrungsmittelgroßhandel im Gouvernement, für den fast ausschließlich Betriebsmittelkredite gewährt wurden.[514] Gerade in diesem Bereich erwies sich die antijüdische Politik

---

510 Vgl. RGVA, 1458–15–138: Generalgouverneur (gez. Frank) an Reichswirtschaftsminister Walther Funk, 21.12.1940, betr. Zulassung reichsdeutscher Banken im Generalgouvernement.

511 AAN, Bank Emisyjny w Polsce, Oddział Główny, Kraków, Nr. 1, Bl. 190–206: Wirtschaftsbericht der Emissionsbank in Polen, Hauptniederlassung Krakau, vom 6.12.1940 für die Monate Juli–November 1940.

512 Ebd., Bl. 200f.

513 AAN, Rząd GG, Nr. 1387, Bl. 194: Gesprächsnotiz mit Prof. E. Meyer (gez. Denk) vom 11.6.1942.

514 AAN, Bank Emisyjny w Polsce, Oddział Główny, Kraków, Nr. 140, Bl. 35: CB Krakau an Emissionsbank in Polen, 30.11.1942, betr. Bericht über die wirtschaftlichen Verhältnisse im Bezirk Ihrer Hauptniederlassung Krakau.

der deutschen Besatzer nicht nur für die betroffene jüdische Bevölkerung, sondern für das gesamte Wirtschaftssystem als besonders folgenreich. Dabei verliefen die massiven Veränderungen der jüdischen Gewerbetätigkeit in einem Sektor, der zunächst einmal außerhalb der Geschäftsinteressen der Großbanken lag. Die große Anzahl liquidierter jüdischer Handelsunternehmen führte jedoch gleich zu Beginn der Besatzung beinahe zum vollständigen Zusammenbruch der Lebensmittel- und sonstigen Versorgung der Bevölkerung im Generalgouvernement. Das bedeutete, dass man den Handelssektor im Generalgouvernement praktisch neu aufbauen und organisieren musste, nicht zuletzt auch wegen der großzügig eingeplanten Lebensmittelexporte aus dem Generalgouvernement ins Deutsche Reich, wofür sich deutsche Großhandelsfirmen frühzeitig zu interessieren begannen. Da die Vernichtung wirtschaftlicher Strukturen im engeren Sinne kein Geschäftsziel der Banken sein konnte, lässt sich vermuten, dass die Geldinstitute vor allem dem Aspekt der Rationalisierung aufgeschlossen gegenüberstanden, da die Entwicklung einer insbesondere für die Großbankfilialen interessanten Kundenklientel im Rahmen eines umfassenden Konzentrationsprozesses an das Verschwinden zahlloser kleiner und kleinster Gewerbebetriebe und -unternehmen gekoppelt war. Dies war um so mehr der Fall, als an den systematischen Aufbau eines „deutschen" Mittelstandes im Generalgouvernement schon hinsichtlich der während des Krieges geringen Zahl in Frage kommender Käufer nicht zu denken war.[515] An die Stelle der stillgelegten oder liquidierten Unternehmen traten dementsprechend einige wenige deutsche Großhandelsunternehmen.[516]

Von diesen Großhandelsfirmen hatte, wenn man beispielsweise die Kundenstruktur der Commerzbank betrachtet, eine Reihe bereits seit den 1930er, zum Teil sogar bereits seit den 1920er Jahren zur Kreditkundschaft des Instituts gehört. In erster Linie handelte es sich hierbei um Hamburger und Bremer Exportfirmen, die Kredite zum Ankauf von Waren im Deutschen Reich verwendeten und dieselben durch den Verkauf im Generalgouvernement wieder abdeckten (bzw. in umgekehrter Richtung).[517] So folgte die Expansion der Kreditinstitute dem risikofreudigen Teil ihrer Handelskundschaft, was dem Generalgouvernement durchaus den Anstrich einer Kolonie zu verleihen schien. Durch den Status des Generalgouvernements als eines Devisenauslandes und wegen der damit verbundenen Einschränkungen im Kapitaltransfer war die Krakauer Commerzbank jedoch weitgehend auf sich allein gestellt. Unter den Großkrediten[518], die direkt über die Berliner Zentrale der Commerzbank liefen, waren entsprechend nur sehr wenige Firmen aus dem Generalgouvernement vertreten, darunter die Handelsgesellschaft

515 Vgl. Herbst, Der Totale Krieg und die Ordnung der Wirtschaft, S. 158f.

516 Vgl. Loose, Beteiligung deutscher Kreditinstitute, S. 263.

517 AAN Bank Emisyjny w Polsce, Oddział Główny, Kraków, Nr. 140, Bl. 47: CB Krakau an Emissionsbank in Polen, Hauptniederlassung, 7. 2. 1941.

518 In den Aufsichtsratsprotokollen der Commerzbank finden sich diejenigen Kredite, die zuvor vom Arbeitsausschuss bewilligt und nun zur Genehmigung dem Aufsichtsrat vorgelegt wurden. Bis 1943 war dies für Kredite über 200000,– RM der Fall; im Mai 1943 wurde die Bewilligungsgrenze auf 300000,– RM heraufgesetzt. HAC, S3/A2: Protokoll über die 699. Sitzung des Aufsichtsrats der Commerzbank am 3. 5. 1943, darin: Änderung der Kreditvollmachten gemäß § 3 der Geschäftsordnung.

Curt Woermann & Co. Ihr Kreditrahmen betrug bei der Commerzbank Ende 1940 250000,– RM und wurde im Laufe der Zeit auf eine Summe von 825000,– RM aufgestockt. Noch im Oktober 1944 bewilligte der Aufsichtsrat die Verlängerung eines Barkredites in Höhe von 1250000,– Złoty.[519] Die Commerzbank betreute ferner die in Hamburg ansässige Großhandelsfirma Arnold Otto Meyer KG, die ab 1942 eine Zweigniederlassung im galizischen Kolomea unterhielt.[520] Ihr Besitzer, Franz Heinrich Witthoefft, der nicht nur im Aufsichtsrat der Commerzbank (1915–1934), sondern seit 1923 auch in dem der Hugo Kaufmann & Co's Bank in Amsterdam saß, unterhielt auch enge Geschäftskontakte mit der Commerzbank im Reichskommissariat für die besetzten niederländischen Gebiete.[521] Im November 1940 bewilligte der Aufsichtsrat der Commerzbank einen Barkredit in Höhe von vier Mio. RM, durch den der Kreditrahmen Arnold Otto Meyers bei der Bank auf insgesamt 6,6 Mio. RM anstieg.[522] Die Präponderanz der Handelsfirmen lässt sich ferner am Beispiel einer Debitorenliste der Commerzbank Krakau vom November 1943 illustrieren. Von den dreizehn größten Kreditnehmern stammten neben der Deutschen Umsiedlungs-Treuhand-Gesellschaft (DUT), der Telefunken und einem Rüstungsbetrieb alle Firmen aus dem Handelssektor[523]:

Deutsche Umsiedlungs-Treuhand-Gesellschaft, Lublin	641595,00	Złoty
Eugen Althausen	628425,29	
Bünemann & Schütte	613596,89	
Telefunken	857276,84	
Import- und Export-Handelsgesellschaft (IMEX), Warschau	839134,67	
Wilhelm Eicke & Dr. Wilhelm Lohmann, Lublin/Puławy	1353366,38	
Handelszentrale Dietrich Dirksen	1273787,84	
Landwirtschaftliche Zentralstelle, Krakau	9520000,00	
Luftfahrtanlagen Ost GmbH., Krakau	3740391,00	
Arnold Otto Meyer, Kolomea	2391306,73	
Möller & Bischoff, Kielce	1129107,78	
Textilhandelsgesellschaft, Krakau	6000000,00	
Woermann & Co., Krasnystaw	1015381,76	

Von den Debitorenkonten der Commerzbank in einer Gesamthöhe von knapp 24 Mio. Złoty entfielen über 14 Mio. auf Handelsgesellschaften, 10 Mio. auf Stellen

[519] HAC, S3/A2: Protokoll über die 691. Sitzung des Aufsichtsrats der Commerzbank am 6.11.1940, 694. Sitzung am 29.11.1941, 698. Sitzung am 7.4.1943, 704. vom 11.10.1944.

[520] Generalgouvernement. Eintragungen deutscher Firmen, in: Ostwirtschaft 31 (1942), S.104.

[521] Vgl. hierzu Kreutzmüller, Händler und Handlungsgehilfen, S.71.

[522] HAC, S3/A2: Protokoll über die 691. Sitzung des Aufsichtsrats der Commerzbank am 6.11.1940; BArch, OMGUS [ZU 45 F], 2/44–1: Office of Military Government for Germany (U.S.). Finance Division – Financial Intelligence Section, APO 742: Report on the Investigation of the Commerzbank, September 1947.

[523] APKr, BN–III/1: Debitorenaufstellung der CB Krakau per 30.4.1943; vgl. HAC, SdF Ost, Filiale Krakau: Kreditakte Eicke & Lohmann: Salden der Kreisgroßhandelsfirmen bei der CB Krakau vom 25.11.1943.

des Generalgouvernements, davon allein 9,5 Mio. Złoty auf die Landwirtschaftliche Zentralstelle (LZ). Die Bedeutung der Handelsfirmen überrascht dabei ebenso wenig wie die der Landwirtschaftlichen Zentralstelle, in deren zentrale Zuständigkeit die Organisation der Ernteeinbringung, -lagerung und -verteilung fiel. Insgesamt wiesen die Klientelstrukturen der Großbankniederlassungen recht weitgehende Übereinstimmungen auf, wenn auch die Zahlen über die Geschäftsentwicklung von Commerzbank, Creditanstalt-Bankverein und Kommerzialbank den Eindruck nahe legen, dass namentlich die Commerzbank gegenüber ihren Konkurrentinnen etwas den Anschluss an die Kreditlinien verpasste, die die staatlichen Stellen, namentlich die Regierung des Generalgouvernements, zu vergeben hatten.

Ein ebenfalls nennenswerter Kreditbedarf ging ferner aus Kreisen „aus jüdischen Händen übernommener Industrie- und Handelsunternehmen hervor".[524] Bei dem typischen Neukunden der deutschen Großbankfilialen aus der Gruppe der unter Treuhandverwaltung stehenden Unternehmen handelte es sich um ein Unternehmen bzw. einen Betrieb aus jüdischem Eigentum mit reichs- oder „volksdeutschem" Treuhänder, der oftmals eine größere Anzahl von Unternehmen verwaltete (Sammeltreuhänder) und der mit der polnischen Bank, mit der die Eigentümer bzw. Geschäftsführer vor dem 1. September 1939 zusammengearbeitet hatten, nun die Geschäftsbeziehung nicht fortführen wollte (bzw. im Falle der Liquidation nicht mehr konnte) und sich daher einem deutschen Kreditinstitut zuwandte.[525] Oft genug war es aber die Bank selbst, die die Auslegung weiterer Kredite von dem Ausscheiden konkurrierender Kreditinstitute abhängig machte.[526] Hinzu trat die sinkende Bedeutung des gewerblichen Kleinkredits, da die polnische Klientel offenbar mehr oder minder vollständig bei den polnischen Kreditinstituten bzw. Sparkassen verblieb. Auf diese Weise kam es gewissermaßen zu einer Zweiteilung des Kreditmarktes, bei der die deutschen Kreditinstitute überwiegend bzw. ausschließlich am okkupationsspezifischen Kreditbedarf (Besatzung, Krieg, Devisenausland) bzw. Kapitalmarkt partizipierten. Die Abgrenzung zum alten Markt, d.h. zur überwiegenden Bevölkerungsmehrheit (Polen), hielt dagegen an und deutete zugleich einen *Modus vivendi* an, der auf polnischer Seite die Notwendigkeit des Wirtschaftens mit einer Distanzierung von den deutschen Besatzern verband.

Für die Finanzierung einer kontinuierlich produzierenden Rüstungsindustrie war das private Bankwesen in den ersten Monaten der deutschen Besatzung im Generalgouvernement nicht erforderlich. Vielmehr erfolgte eine Kreditauslegung durch die Reichskreditkassen gegen auf Złoty lautende Wehrmachtsverpflich-

---

524 AAN, Bank Emisyjny w Polsce, Oddział Główny, Kraków, Nr. 140, Bl. 97–99, hier Bl. 99: Landeswirtschaftsbank, Filiale Krakau, an Emissionsbank in Polen, Hauptniederlassung, 5. 2. 1942.

525 Vgl. z. B. HAC, SdF Ost, Filiale Krakau: Kreditakte C. Blumenfrucht & Co. Pappengroßhandel, Krakau. Kreditantrag der CB Krakau an Zentrale Berlin vom 25. 6. 1943 über 50 000,– Złoty.

526 HAC, SdF Ost, Filiale Krakau: Kreditakte „Imex" Import- und Export-Handelsgesellschaft. Kreditantrag der CB Krakau an Zentrale Berlin vom 8. 11. 1941 über 400 000,– Złoty.

tungsscheine, die von den Rüstungsbetrieben bei den Reichskreditkassen hinterlegt und mit 75 Prozent beliehen wurden.[527] Welchen Umfang diese Kredite bis zur Auflösung der Reichskreditkassen und deren Überleitung auf die Niederlassungen der Emissionsbank in Polen hatten, lässt sich nicht beziffern. Insgesamt jedoch galt die Richtschnur, dass das industrielle Produktionspotenzial im Generalgouvernement zwar ausgenutzt werden sollte, es angesichts des zunächst für das Deutsche Reich nicht ungünstigen Kriegsverlaufs 1940/41 aber nicht für notwendig erachtet wurde, etwaige, womöglich sogar umfangreiche Investitionen in diesem Raum vorzunehmen. Für ein solches abwartendes Vorgehen sprach noch ein weiterer Grund: „Vermehrung der Industrieprodukte im Generalgouvernement bedeutet Minderung der Einfuhr reichsdeutscher Erzeugnisse. Da aber gerade die neu zu errichtende Industrie der eingegliederten Ostgebiete bezüglich ihres Absatzes den Handelswegen der bisherigen Industrie des Ostens zu folgen haben wird und diese nach dem Gebiet des jetzigen Generalgouvernements führen, wird jede Vermehrung der polnischen Industrie in erster Linie eine Konkurrenz für die neu aufzubauende Industrie des eingegliederten Ostens bedeuten."[528]

Noch bevor Generalgouverneur Frank eigene Schritte unternehmen konnte, hatten die Reichswerke „Hermann Göring" die Betriebsführung der wichtigsten Unternehmen der Stahlindustrie im Generalgouvernement übernommen, namentlich die Werke Stalowa Wola, Starachowice sowie die Hochofenwerke in Ostrowiec (Distrikt Radom), und die HGW-eigenen Stahlwerke Braunschweig GmbH mit der Bewirtschaftung beauftragt. Nach diesem Vorbild einer industriellen Holdinggesellschaft, deren Einflussnahme Frank 1939/1940 nicht hatte verhindern können, ließ der Generalgouverneur 1940 einen vergleichbaren Konzern zur Übernahme von Schlüsselunternehmen der Industrie und Energieversorgung gründen: „Zur Sicherstellung der Kontinuität der Verwaltung derjenigen Vermögenstitel des ehemaligen polnischen Staates, die aus industriellen Unternehmungen bestehen, wurde auf Grund der Verordnung vom 24. September 1940 über den Übergang des Eigentums des früheren polnischen Staates in den Besitz des Generalgouvernements die ‚Werke des Generalgouvernements A.G.' mit einem Aktienkapital von 1 Million Zloty zur Erfassung des Industriebesitzes gegründet. Von den Unternehmungen, die bisher von der ‚Werke des Generalgouvernements A. G.' übernommen wurden, seien beispielsweise die Überlandzentrale Ozett in Moscice, die Textilbetriebe in Zyrardow, das Zellstoffwerk Niedomice und das Stickstoffwerk Moscice genannt."[529]

Frank gelang es nicht, die Rüstungsunternehmen des Generalgouvernements in die „Werke des Generalgouvernements" einzubringen.[530] Ihr Status blieb während

---

527 AAN, Bank Emisyjny w Polsce, Zarząd Główny, Kraków, Nr. 47, Bl. 30–32, hier Bl. 30: TAM Nr. 9/40 vom 16. 1. 1940.

528 Jungfer, Untersuchungen über die Finanzierung des Aufbaus von Gewerbe und Industrie, S. 89.

529 Generalgouvernement. Wirtschaftliche Übersicht, S. 8; vgl. oben S. 324.

530 Die wirtschaftliche Entwicklung der „Werke des Generalgouvernements" blieb weit hinter den Erwartungen zurück, Anfang 1943 erwog man mit Blick auf das „bisherige Versagen" gar die Einsetzung eines Untersuchungsausschusses. Vgl. Präg/Jacobmeyer (Hg.), Diensttagebuch, S. 613–616, hier S. 616 (Haushaltsbesprechung vom 26. 1. 1943).

des Krieges unklar: Sie firmierten zum Teil als „Eigentum des Generalgouvernements", zum Teil als „Reichsbesitz" oder einfach nur als „Wehrmachtsbetriebe"; entscheidend blieb die Aufrechterhaltung ihrer Rüstungsfertigung.

Bei jedem der insgesamt 64 Wehrmachtsbetriebe im Generalgouvernement übernahm jeweils ein reichsdeutscher Rüstungskonzern die Treuhänderschaft bzw. Aufsicht und Organisation der Rüstungsfertigung, wie beispielsweise bei den Flugzeug- bzw. Flugzeugmotorenwerken in Budzyn, Reichshof und Mielec, die schon in den 1930er Jahren als Teil des Zentralen Industriereviers (COP) der Aufmerksamkeit der Nationalsozialisten nicht entgangen waren.[531]

Wie bereits erwähnt, war der Zugewinn an Rüstungsfertigung auf dem Gebiet des Generalgouvernements zu Beginn der Okkupation zwar willkommen, es ging dabei aber nur um die Fortführung der Produktion, nicht um deren Ausbau oder gar Modernisierung. Erst seit 1942 stiegen die Investitionen, die namentlich das Reichsluftfahrtministerium im Zuge der nun um jeden Preis zu steigernden Rüstungsfertigung in den Flugzeugfabriken in Mielec, Budzyn und Reichshof vornahm. Sieht man innerhalb der Wehrmachtsbetriebe im Generalgouvernement von der Waffenfabrik in Radom (übernommen von der Steyer-Daimler-Puch AG) sowie von den Munitionsfabriken ab, die die Hugo Schneider AG (HASAG)[532] 1940 in Skarżysko-Kamienna, Tschenstochau und andernorts übernahm und in denen sie 1943 als größter „Arbeitgeber" im Generalgouvernement fast 17000 jüdische und polnische Zwangsarbeiter einsetzte[533], zogen im Rüstungssektor im Wesentlichen die drei genannten Flugzeugfabriken als potenzielle Großkunden das Interesse der Krakauer Banken auf sich. Erwartungsgemäß war hier auch die Konkurrenz zwischen Kommerzialbank, Creditanstalt-Bankverein und Commerzbank entsprechend stark ausgeprägt.

Die vor 1939 staatliche polnische Flugzeugfabrik in Mielec wurde von den Ernst Heinkel Flugzeugwerken Rostock kommissarisch verwaltet und beschäftigte ca. 5000–6000 polnische Arbeiter. In Mielec wurden vor allem Steuerungs- und andere Teile für die Flugzeugtypen He 111 und He 177 gefertigt sowie Flugzeuge vom Typ Ju 52 repariert. Die Commerzbank hoffte in diesem Falle, die Kommerzialbank als Kreditgeber abzulösen: „Die alleinige Bankverbindung war bisher die Kommerzialbank A.G., Krakau, sie hat auch größere Kredite gewährt. Wir wurden gefragt, unter welchen Voraussetzungen und zu welchen Bedingungen wir einen Betriebsmittelkredit, der jeweils nur vorübergehend in Anspruch genommen werden soll, zur Verfügung zu stellen bereit wären. Die Filiale Krakau hat inzwischen einen Kreditantrag über Zloty 2000000,– hier eingereicht. Der bankmäßige Umsatz beträgt ca. Zloty 10000000,– pro Semester. [...] Die Verhandlungen mit dem RLM bezüglich der Übernahme sollen schon so weit fortgeschritten sein,

---

531 Polens „Zentrales Industriegebiet" Ende 1938, in: Ostwirtschaft 28 (1939), S. 11f.

532 Die HASAG wickelte sämtliche Geschäfte und Umsätze über die Kommerzialbank in Krakau ab. Vgl. Wixforth, Expansion der Dresdner Bank, S. 553f.

533 Józef Marszałek: Obozy pracy w Generalnym Gubernatorstwie w latach 1939–1945. Lublin 1998, S. 95ff.; Art. „HASAG", in: Enzyklopädie des Holocaust, Bd. 2, S. 514–516; Mark Spoerer: Zwangsarbeit unter dem Hakenkreuz. Ausländische Zivilarbeiter, Kriegsgefangene und Häftlinge im Deutschen Reich und im besetzten Europa 1939–1945. Stuttgart/München 2001, S. 54f.

daß in allernächster Zeit mit einem Vertragsabschluß zu rechnen sei. Ich habe die Leitung der Filiale Krakau angewiesen, dieser Verbindung allergrößte Aufmerksamkeit zu widmen, damit wir der im Generalgouvernement dominierenden Kommerzialbank (Dresdner Bank) nach und nach von dem nun einmal dank ihrer sehr guten Einführung und ihrer sehr rührigen Geschäftsleitung aufgebauten großen Geschäft Einiges abtragen."[534]

So realistisch die Hoffnung der Commerzbank tatsächlich war, angesichts ihrer Geschäftskontakte mit den Heinkel-Werken im Reich bei deren Übernahme der Flugzeugwerke in Mielec auch dort besser bzw. überhaupt erst ins Geschäft zu kommen, so sicher brachte schon eine Kredithöhe über zwei Millionen Złoty die Krakauer Commerzbank in die Bredouille, denn hierfür reichte die Liquidität nicht aus. So klagte sie ihrer Berliner Zentrale: „Den nachgesuchten Kredit könnten wir, sofern wir mit den Beteiligten einig werden, angesichts unserer verhältnismässig geringen Mittel nur dann zur Verfügung stellen, wenn Sie von Ihrem Lombardkredit bei der Reichshauptbank Berlin einen Betrag zur Inanspruchnahme bei der Emissionsbank in Polen, Krakau, abzweigen können und wir diesen als Flüssigkeitsreserve erster Ordnung in unsere Liquiditätsberechnung einstellen können."[535]

Da jedoch die Bemühungen, Eingaben und Gespräche der Commerzbank-Zentrale mit der Bankaufsichtsstelle und besonders mit Fritz Paersch zuvor zu keinem Ergebnis geführt hatten, verfiel man nun auf das bereits erwähnte Finanzmodell, bei dem die kapitalkräftige Landeswirtschaftsbank sich qua Bildung eines Konsortiums an der Vergabe des Betriebsmittelkredites beteiligen würde: „Die Leitung der Emissions-Bank hatte darauf hingewiesen, daß die Landes-Wirtschafts-Bank (staatlich) über grössere Mittel verfügt und in der Lage wäre, langfristige Investitionskredite herauszulegen. Ausserdem würde sie auch bereit sein, sich konsortialiter an Betriebskrediten zu beteiligen, die unter unserer Führung herausgelegt werden könnten. Ausser ihrer eigenen Beteiligung würde die Bank auch bereit sein, uns die Mittel zur Verfügung zu stellen, die uns zur Finanzierung unserer eigenen Kreditbeteiligung fehlen."[536]

Hierzu gab es faktisch keine Alternative, obwohl sich eine solche Form der Partnerschaft mit der Landeswirtschaftsbank ungewöhnlich genug ausnehmen musste. Der Berliner Commerzbank schwebte sogar eine Vereinbarung vor, bei der sich die Landeswirtschaftsbank „grundsätzlich bereit erklärt, uns Darlehen zur Finanzierung größerer Kreditgeschäfte zur Verfügung zu stellen, welche wir ihr von Fall zu Fall namhaft zu machen haben. Als Gegenleistung könnten der LWB Unterbeteiligungen an diesen Kreditgeschäften angeboten werden, wobei eine Quote von etwa 25–40% Gegenstand der Verhandlungen sein müsste, sodaß wir auf jeden Fall den grösseren Anteil behalten. Die Führung müsste bei uns lie-

534 SächsHStA, Altbanken Dresden, Nr. 6188: CB Berlin (gez. Peukert), Notiz über unseren Besuch am 9.7.1942 bei Firma Flugzeugwerke Mielec; Antrag der CB Krakau vom 28.3.1942 auf Gewährung eines Überziehungskredits in Höhe von 2000000,– Złoty an das Flugzeugwerk Mielec.

535 Ebd.: CB Krakau an Zentrale Berlin, 21.3.1942, betr. Flugzeugwerk Mielec.

536 Ebd.: Aktennotiz der CB Zentrale Berlin vom 28.3.1942 betr. Filiale Krakau, Flugzeugwerk Mielec.

gen. Eine Mitteilung über die Unterbeteiligung der LWB an den Kreditnehmer dürfte nur dann erfolgen, wenn wir es für angezeigt halten."[537]

In der Tat nahm sich diese Idee nicht schlecht aus, denn einerseits schien sie kostengünstiger zu sein als die teure Refinanzierung bei der Emissionsbank, andererseits war der Spielraum der Commerzbank auf diese Weise größer, nämlich mit ihrem Namen in Geschäftssparten präsent sein zu können, die ihr sonst verschlossen bleiben mussten. Allerdings stieß die Absicht, der Landeswirtschaftsbank nur Minderheitsbeteiligungen zuzugestehen, bald an die Grenzen der monatlichen Liquiditätsaufstellung der Commerzbank. In der Praxis sollte die Commerzbank die Konsortialführung innehaben, aber nur den geringeren Teil der Kreditsumme selbst aufbringen.

Strategien der Risikostreuung und -verminderung waren kein Monopol der Kreditinstitute. Das mussten auch die Krakauer Banken erfahren, als die Heinkel-Werke 1943 den Überziehungskredit auf 30 Mio. Złoty erhöhen, ihre eigene Haftung jedoch auf das Gesellschaftskapital in Höhe von einer Million Złoty beschränken wollten: „Unter diesen Umständen ist jede weitere Verhandlung über eine Beteiligung der Bank an der Aufbringung der erforderlichen Betriebsmittelkredite unmöglich, da bei dem kleinen Gesellschaftskapital weitgehendste liquide Sicherstellung erforderlich sein müsste. Diese ist durch Abtretung von Forderungen aus Wehrmachtsaufträgen oder sonstige Sicherheiten nicht darzustellen."[538]

Wie gut die Krakauer Commerzbank über die genauen Umstände der Rüstungsfertigung in Mielec informiert war, ist auf der Grundlage der erhaltenen Akten schwer zu beurteilen. Es war allerdings kein Geheimnis, dass Rüstungsbetriebe Polen und Juden als Zwangsarbeiter einsetzten und dass deren Internierung auf oder in der Nähe des Betriebsgeländes seit 1942 in die Regie der SS fiel. Das Flugzeugwerk in Mielec war das erste Unternehmen im Generalgouvernement, in dem die 1942 verstärkt zum Arbeitseinsatz ins Reichsgebiet deportierten Polen durch jüdische Zwangsarbeiter ersetzt wurden. Am 9. März 1942 wurden 4000 Juden aus Mielec – die erste Deportation einer kompletten jüdischen Gemeinde – in den Distrikt Lublin deportiert und dabei in einer Selektion ca. 100-300 Juden für die Arbeit im Flugzeugwerk zurückgehalten.[539] Mielec fungierte in der Folgezeit als rasch wachsendes Außenlager des Konzentrationslagers Płaszów mit zeitweise über 2500 jüdischen Häftlingen.[540]

Ebenfalls unter der Verwaltung der Ernst Heinkel AG befanden sich die Flugzeugwerke in Budzyn südlich von Kraśnik. Budzyn befand sich 1942 erst im Ausbau; vorgesehen war hier die Produktion von Flugzeugteilen für Maschinen vom

537 Ebd.

538 SächsHStA, Altbanken Dresden, Nr. 6181: CB-SdF, Berlin, an CB-SdF, Dresden, vom 7.12.1943 betr. Flugzeugwerke Mielec.

539 Musial, Deutsche Zivilverwaltung und Judenverfolgung, S. 224-227; Christopher R. Browning: Jüdische Arbeitskräfte in Polen. Existenzkampf, Ausbeutung, Vernichtung, in: ders., Judenmord. NS-Politik, Zwangsarbeit und das Verhalten der Täter. Frankfurt a. M. 2001, S. 93-137, hier S. 109f.

540 IPN, NTN, Nr. 336, Bühler-Prozess, Bd. 90, Bl. 99-102: Zeugenaussagen von Henryk Noworyta und Schulim Hollender vom 8.12.1946; Zeugenaussage von Majer Roth vom 21.1.1947; Marszałek, Obozy pracy w Generalnym Gubernatorstwie, S. 101f., 147.

Typ He 111. In Budzyn war die Fertigung von vornherein ausschließlich auf jüdische Zwangsarbeiter abgestellt, wofür die SS im September 1942 ein Lager auf dem Gelände errichtete. Im Januar 1943 arbeiteten in Budzyn 20 Deutsche, 20 Polen und 1200 Juden, deren Zahl bis Juli 1944 auf fast 2500 anstieg.[541] Die strategische Bedeutung der Fertigung in Budzyn muss beträchtlich gewesen sein, da die jüdischen Häftlinge – ganz überwiegend Facharbeiter – von der Anfang November 1943 durchgeführten „Aktion Erntefest“, in der fast alle der bis dahin noch am Leben gebliebenen Juden im Distrikt Lublin ermordet wurden, ausgenommen blieben.

Für die frühe Phase des Auf- und Ausbaus von Budzyn gewährte die Commerzbank Krakau einen Barkredit über eine Million Złoty, der später mit den Zahlungen des Reichsluftfahrtministeriums, das insgesamt ca. 20 Mio. Złoty in Budzyn investieren wollte, verrechnet werden sollte. Die eigentlichen Investitionen sollten dabei von der Bank der Deutschen Luftfahrt finanziert werden, über die Commerzbank sollte jeweils nur der laufende Geldbedarf gesichert werden.[542]

Zur effizienteren Verwaltung der vom RLM beanspruchten Flugzeugfabriken und wohl auch zur Haftungsbegrenzung des eigenen Unternehmens wurde auf Heinkels Initiative die Vereinigte Ostwerke GmbH gegründet[543], die ab 1944 die Anlagen in Mielec und Budzyn von der Luftfahrtanlagen Ost GmbH pachtete und fortan für die Fertigung in Mielec und Budzyn zuständig war.

Im November 1943 hatte der kommissarische Leiter der Heinkel-Werke in Mielec und Budzyn der Commerzbank noch zu erkennen gegeben, dass Heinkel beabsichtige, den gesamten Kreditbedarf über eine einzige Bank, bevorzugt über die Commerzbank, zu finanzieren, was durch Inanspruchnahme der Refinanzierungsmöglichkeiten bei der Emissionsbank selbst für die Commerzbank kein unüberwindliches Problem dargestellt hätte.[544] Die weiteren Verhandlungen kamen jedoch bereits im Dezember 1943 an ihr Ende, als im Zusammenhang mit Heinkels oben skizzierten Vorstellungen über die Haftungsfrage des Kredites über 30 Mio. Złoty die Krakauer Commerzbank ihre Träume von einem großen Konsortialkredit unter ihrer Führung begraben musste. Der genannte Kredit wurde schließlich von der Bank der Deutschen Luftfahrt über die Kommerzialbank ausgelegt, wobei die Commerzbank sich glücklich schätzen konnte, dass der Heinkel-Leiter im Generalgouvernement sich bereit erklärte, „die Umsätze des Werkes Budzyn auch in Zukunft weiterhin über uns zu leiten. Auch stellte er uns in Aus-

---

541 Marszałek, Obozy pracy w Generalnym Gubernatorstwie, S. 102f., 140; Browning, Jüdische Arbeitskräfte in Polen, S. 124.

542 SächsHStA, Altbanken Dresden, Nr. 6188: Aktennotiz der CB Zentrale Berlin vom 19.12.1942 (gez. Peukert) betr. Filiale Krakau, Flugzeugwerke Budzyn; ebd.: CB Zentrale Berlin an RLM, z. Hd. Regierungsrat Nowack, Berlin, 19.12.1942, betr. Flugzeugwerke Budzyn.

543 Ebd.: Aktennotiz der CB Zentrale Berlin vom 24.12.1942 betr. Filiale Krakau, Flugzeugwerke Budzyn.

544 SächsHStA, Altbanken Dresden, Nr. 6181: Flugzeugwerke Mielec, Kommissarische Leitung Ernst Heinkel, Flugzeugwerke, Rostock, Direktion Oskar Haecker an Direktor Eppen, CB Krakau, 20.11.1943.

sicht, uns bei der Abwicklung des Bankverkehrs des Werkes Mielec hinfort stärker heranzuziehen."[545]

Das Flugmotorenwerk in Reichshof dagegen war frühzeitig „vom Generalgouvernement in Eigentum genommen" worden, doch hatte das RLM sich auch hier die Leitung vorbehalten. Die kommissarische Verwaltung der Rüstungsfertigung in Reichshof unterstand auf Initiative von Generalflugzeugmeister Udet zunächst der Firma Henschel aus Kassel und wurde ab November 1941 zwischen ihr und der Daimler-Benz AG aus Stuttgart aufgeteilt. Daimler-Benz produzierte in Reichshof Teile für Motoren, es wurden aber auch Flugmotoren u.a. für Flugzeuge vom Typ Messerschmitt hier instandgesetzt. Auch in Reichshof wurde ein Arbeitslager für Zwangsarbeiter errichtet – 1940 für Polen und 1942 für Juden. Der Kreishauptmann von Reichshof hatte seinen Kreis bereits bis Mitte 1942 „judenfrei" gemacht und dabei von den Opfern zuvor noch Gelder und Wertgegenstände in Höhe von über 5 Mio. Złoty erpresst.[546] Im September 1942 zählte das Arbeitslager in Reichshof 3327 Häftlinge, davon 317 Juden, im März 1944 4410 Zwangsarbeiter, davon 340 Juden. Im Frühjahr 1944 wurde das Lager zu einem Außenlager des KL Płaszów, die Zwangsarbeiter im Juli 1944 schließlich dorthin deportiert.[547]

Das Flugmotorenwerk Reichshof mit seinem Betriebsführer war der Commerzbank Krakau als der einzigen Kontoverbindung im Generalgouvernement freundschaftlich verbunden, auch wenn die Geschäfte mit der Commerzbank zum ganz überwiegenden Teil auf Guthabenbasis stattfanden.[548] Betriebsmittelkredite wurden nur für den Zweck benötigt, die unterschiedlichen Zahlungsfristen von Lieferanten und der Luftwaffe als Abnehmer der Flugmotoren zu überbrücken: „Es ist wahrscheinlich, dass das Werk einen Kredit von drei Millionen RM in Anspruch wird nehmen müssen, da das Reichswirtschaftsministerium die Transferierung namhafter Beträge nach dem G.G. abgelehnt hat, andererseits muss es die notwendigen Motorenteile in Kassel sofort bezahlen, während es die Motoren erst nach Fertigstellung und Abnahme von der Luftwaffe bezahlt erhält. Die Dauer des Kredits wird sich nach den noch zu bewilligenden Preisen der fertiggestellten Motoren richten. Als Sicherheit für den Kredit sollen wir entweder eine Reichsgarantie oder einen Kreditauftrag der Firma Henschel erhalten. Wegen der Flüssigmachung des Kredits verhandeln wir z.Zt. mit der Emissionsbank und der Bankaufsichtsstelle. [...] Die Direktoren bitten, dem Werk einen stets kurzfristigen

---

545 Ebd.: CB Krakau an CB Zentrale Berlin, z.Hd. von Direktor Peukert, 9.12.1943, betr. Vereinigte Ostwerke GmbH.

546 Präg/Jacobmeyer (Hg.), Diensttagebuch, S. 523f. (Regierungssitzung vom 13.7.1942); Musial, Deutsche Zivilverwaltung und Judenverfolgung, S. 315.

547 Birgit Weitz: KZ-Häftlinge, in: Barbara Hopmann u.a., Zwangsarbeit bei Daimler-Benz. Stuttgart 1994, S. 345–442, hier S. 356-365; Gregor, Stern und Hakenkreuz, S. 316ff.; Marszałek, Obozy pracy w Generalnym Gubernatorstwie, S. 103f.

548 SächsHStA, Altbanken Dresden, Nr. 6188: Der Vorsitzende des Aufsichtsrates an die Mitglieder des Aufsichtsrates der Daimler-Benz AG, 22.10.1941, betr. Flugmotorenwerke Reichswerke GmbH; CB Zentrale Berlin an CB Krakau, 31.10.1941, betr. Flugmotorenwerk Reichshof, Rzeszow; CB Krakau (gez. Peukert): Notiz über unseren Besuch am 10.7.1942 bei Firma: Flugmotorenwerk Reichshof.

Überziehungskredit in blanko bis zu Zloty 600000,– zu gewähren für den Fall, dass der z.Zt. noch notwendige Zuschuss nicht rechtzeitig im Generalgouvernement eintrifft."[549]

Auch bei diesem Kunden, an dem der Krakauer Commerzbank naturgemäß viel liegen musste, war die Frage nach der Besicherung bzw. der etwaigen Haftung ständiger Begleiter der Kreditverhandlungen zwischen dem Kunden, der Krakauer Filiale und ihrer Berliner Zentrale.[550] Diesbezügliche Sorgen der Zentrale erwiesen sich jedoch als unnötig. Zwar leiteten die Flugzeugwerke ihre Umsätze, die pro Jahr mehrere Millionen Złoty umfassten, über die Krakauer Commerzbank, größere Debetsalden wurden aber stets von der Bank der Deutschen Luftfahrt ausgeglichen.[551]

Im Frühjahr 1942 schließlich schien die Gelegenheit gekommen, dass die Commerzbank das verschiedentlich angedachte Modell einer Konsortialführung mit Minderheitenbeteiligung in der Praxis an den Flugzeugwerken in Reichshof würde erproben können: „Die Höhe des aufzunehmenden Betriebsmittelkredites wurde mit 6–8 Millionen Zloty auf 2–3 Jahre, und die des Investitionskredites auf max. 10 Millionen Zloty auf 4–10 Jahre angegeben. Die Bankenaufsichtsstelle [sic] in der Regierung des Generalgouvernements hat in einer Unterredung geäussert, dass der langfristige Investitionskredit von der Landeswirtschaftsbank (staatlich) gegeben werden soll. Dagegen wird der Betriebskredit, den wir in dieser Höhe allein zur Verfügung zu stellen nicht in der Lage sind, von einem zu bildenden Konsortium, in dem neben uns als Führerin des Konsortiums nur die Landeswirtschaftsbank sein wird, gewährt werden. Die genannte Behörde hat nichts dagegen einzuwenden, wenn wir als Führerin des Konsortiums mit weniger als 50% beteiligt werden. Ferner ist sie damit einverstanden, dass der Kredit zunächst allein bei uns in Anspruch genommen wird und das Konsortium erst dann gebildet wird, wenn unsere flüssigen Mittel die Bereitstellung weiterer Inanspruchnahmen nicht mehr zulässt."[552]

Auch diese Hoffnung der Commerzbank zerstob nach kurzer Zeit, denn in der Folge wurde der gesamte Kreditbedarf in Reichshof von der Bank der Deutschen Luftfahrt finanziert; immerhin verblieben der Krakauer Commerzbank die beträchtlichen Umsätze und die damit verbundenen Umsatzprovisionen.

Welche Volumina die Rüstungsproduktion insgesamt im Generalgouvernement annahm, ist kaum verlässlich zu beziffern. Zwar war die Regierung des Generalgouvernements auf Bitten des RWM im Sommer 1943 Kreditgarantien über insgesamt 600 Mio. Złoty für Rüstungsinvestitionen im Generalgouvernement eingegangen, nachdem das Reichsluftfahrtministerium sich beim RWM darüber beklagt hatte, dass für umfangreiche Investitionen im Generalgouverne-

549 Ebd.: CB Krakau an CB Berlin, 16.5.1941, betr. Flugmotorenwerke Reichshof (Rzeszow).

550 Ebd.: CB Berlin an CB Krakau, 22.5.1941, betr. Flugmotorenwerke Reichshof (Rzeszow).

551 Ebd.: CB Krakau an CB Berlin, 21.6.1941, betr. Flugmotorenwerk Reichshof.

552 SächsHStA, Altbanken Dresden, Nr.6188: CB Krakau an Zentrale Berlin, 7.2.1942, betr. Flugmotorenwerk Reichshof GmbH/Krakau.

ment der Clearingverkehr gesperrt sei und die vorangegangenen Verhandlungen mit den Krakauer Banken und der Bankaufsichtsstelle ergebnislos verlaufen seien.[553] Allerdings hatte Staatssekretär Bühler zugleich zu erkennen gegeben, dass pro Kalenderjahr „die Kreditinanspruchnahme nicht wesentlich über 200 Mio. Zl. mit Rücksicht auf die Lage des Geldmarktes und der Währung im Generalgouvernement hinausgehen" werde.[554] Ob diese Zahlen überhaupt erreicht wurden, ist allerdings fraglich. Die Wirtschaft im Generalgouvernement sah sich nämlich in der letzten Kriegsphase mit einem bedeutsamen Problem konfrontiert: Durch die umfangreichen Truppentransporte an die Ostfront und die Deportationszüge in die Konzentrations- und Vernichtungslager wurden die Transportkapazitäten der Deutschen Reichsbahn (im Generalgouvernement der Ostbahn) zunehmend knapper, was die Transportkosten insgesamt stark ansteigen ließ und zur Einführung der so genannten Speer-Marken (Dringlichkeitsstufen beim Transport) führte. Rohstofftransporte wurden damit für das insgesamt rohstoffarme Generalgouvernement zunehmend schwieriger, was auch den Umfang der ins Generalgouvernement vergebenen Rüstungsaufträge begrenzte. Auf die kriegsbedingten Veränderungen der Handlungsströme und Warenflüsse kann hier nicht eingegangen werden. Die Reduktion ökonomischer und tatsächlicher Mobilität jedoch war in den peripheren Gebieten, die die okkupierten Territorien besonders angesichts der herannahenden Front letztlich immer blieben, stärker spürbar als im Altreich.

Angesichts der zahlreichen Probleme, mit der die Krakauer Filiale der Commerzbank seit Beginn ihrer Tätigkeit konfrontiert war, nahm sich ihr Geschäftsergebnis auf den ersten Blick beachtlich aus, und ihre absoluten Geschäftszahlen mussten den Vergleich mit anderen Filialen im Altreich nicht scheuen. Auch hier gilt freilich die Einschränkung, dass die Filiale Krakau ein ungleich größeres Gebiet zu betreuen hatte als eine durchschnittliche Filiale im Reich und selbst in den eingegliederten Ostgebieten. Je stärker man diesen Aspekt gewichtet, als desto geringfügiger müssen die Krakauer Geschäftszahlen letztlich eingeschätzt werden.

553 AAN, Rząd GG, Nr. 1357/1, Bl. 35f.: RLM (gez. Milch) an RWM, 18.5.1943, betr. Finanzierung von Rüstungsvorhaben im Generalgouvernement.

554 AAN, Rząd GG, Nr. 1357/1, Bl. 41f., hier Bl. 41: Regierung des Generalgouvernements (gez. Bühler) an RWM, z. Hd. von Ministerialdirigent Riehle, 29.6.1943. betr. Finanzierung von Rüstungsvorhaben im Generalgouvernement.

Geschäftsentwicklung der Commerzbank-Filiale in Krakau:[555]

Datum	Barbestände	Schatzanweisungen des Generalgouvernements	Gesamtbestände	Zugesagte Kredite	Inanspruchnahme	Kreditoren
	Angaben in Tausend Złoty					
Juni 1941	15834	3000	18834	11608	6252	21510
September	17280	2000	19279	22694	9777	25715
Dezember	8204	4710	19068	15282	13799	28864
März 1942	8848	4710	19011	16543	12201	28212
Juni	10495	4700	18783	11554	10061	29023
September	7382	4700	25935	19287	9123	35058
Dezember	7976	4650	30510	20930	12887	39077
März 1943	9415	4701	35173	18325	14701	44274
September	13918	7672	60375	13123	7167	67542
Dezember	9883	1584	45379	13649	7559	52938
März 1944	14360	–	49206	12603	6136	55342
Juni	11789	1463	44145	15361	10527	54672

An diesen Liquiditätsaufstellungen lassen sich im Wesentlichen drei Tendenzen ablesen: Erstens fiel das Maximum der Kreditinanspruchnahme stets auf die Herbst- und Wintermonate, was zum überwiegenden Teil auf die Kampagnen- und Einlagerungskredite in der Landwirtschaft zurückzuführen ist. Zweitens spielte die Veranlagung der Aktiva in Form von Schatzanweisungen des Generalgouvernements bei der Commerzbank keine Rolle und nahm auch bei den anderen Kreditinstituten nicht die Ausmaße an, wie dies im Altreich und auch in den eingegliederten Ostgebieten für denselben Zeitraum beobachtet werden kann. Drittens schließlich, und darin lag das Hauptproblem der Krakauer Commerzbank, entwickelten sich die Kreditoren, d.h. der Einlagenstand, nur ausgesprochen langsam, wenn man im Vergleich mit anderen Banken im Generalgouvernement nicht gar von einer Stagnation sprechen möchte. Daraus wiederum folgten die ausführlich skizzierten Schwierigkeiten der Commerzbank, das Kreditgeschäft zu entwickeln.[556] Wie sehr sie gerade hier den Anschluss an die allgemeine Entwicklung verpasste, wird anhand der Gesamtkreditsumme im Generalgouvernement deutlich, die 1940 rund 118 Mio. Złoty und im Sommer 1943 bereits ca. eine Milliarde Złoty betrug.[557] Der

[555] APKr, BN–III/1: Monatliche Liquiditätsnachweise der CB Krakau für 1942–1943; HAC, SdF Ost, Filiale Krakau: Liquiditätsaufstellungen von September 1943 bis Juni 1944; AAN, Rząd GG, Nr. 1401, Bl. 71: Bei der Commerzbank, Filiale Krakau, seit 30. 6. 1940 insgesamt in Anspruch genommene Kredite nebst den Kreditzu- und Kreditabgängen im laufenden Quartal.

[556] Nicht erfasst sind hierbei Kredite (vor allem an staatliche Unternehmen), für die eine Refinanzierungszusage der Emissionsbank vorlag. Diese Kredite sind als Teil der Liquidität erster Ordnung in den Gesamtbeständen enthalten und spielen daher für den hier skizzierten Spielraum der Banken für die Kreditvergabe keine Rolle.

[557] IPN, NTN, Nr. 288, Bühler-Prozess, Bd. 42, Bl. 113–176, hier Bl. 162: 4 Jahre Generalgouvernement (1943) [verlesen von Staatssekretär Josef Bühler während der Regierungssitzung am 26. 10. 1943].

Grund hierfür dürfte darin zu suchen sein, dass die Commerzbank als Bankverbindung für die öffentliche Hand und die im Generalgouvernement ansässigen Dienststellen offenkundig nicht attraktiv war. Während die Regierung des Generalgouvernements mit der Landeswirtschaftsbank bzw. der Agrarbank über eigene Institute verfügte, war es wohl die „kritische Masse" von Kommerzialbank und Creditanstalt-Bankverein, die öffentliche Einlagen auf sich zog, wohingegen die Commerzbank ins Hintertreffen geriet. Da Privateinlagen die gesamte Okkupationszeit über keine Rolle spielten, es sei denn von Firmen, denen man ja eigentlich Kredite vermitteln wollte, gab es zu den öffentlichen Einlagen letztlich keine Alternative, so dass von einem strukturellen Handicap der Commerzbank Krakau gesprochen werden kann. Sichtbar, wenn auch weniger deutlich, ist dasselbe Problem auch bei den Zins- und Provisionserträgen, da letztere (vor allem Umsatzprovisionen) einen überproportional hohen Anteil an den Gesamterträgen ausmachten:

Zins- und Provisionserträge der Commerzbank Krakau:[558]

Jahr	Zinsen/Diskont	Provisionen/Gebühren
	in Reichsmark	in Reichsmark
1941	162 256,86	142 093,47
1942	377 838,76	205 584,73
1943	591 187,33	300 474,98

Der direkte Vergleich mit anderen Filialen der Commerzbank fällt – allerdings mit der oben genannten Einschränkung – dagegen zugunsten der Krakauer Niederlassung aus:

Gewinne und Verluste ausgewählter Filialen der Commerzbank:[559]

Filiale	1939	1940	1941	1942	1943
Generalgouvernement (umgerechnet in Reichsmark):					
Krakau	–6 646,71	69 838,98	165 328,92	155 732,32	347 977,80
Eingegliederte Ostgebiete (in Reichsmark):					
Danzig	12 890,91	39 241,83	22 154,02	41 359,18	60 871,97
Kattowitz	–43 657,68	73 820,93	173 845,97	286 286,94	254 197,79
Litzmannstadt	–6 856,74	64 635,17	149 582,67	168 234,23	267 456,10
Posen	–16 766,11	22 646,43	74 421,20	166 749,61	184 641,18
Deutsches Reich (in Reichsmark):					
Breslau	190 887,69	150 419,90	155 809,90	124 231,32	172 381,95
Stettin	118 108,01	67 802,64	75 470,90	82 770,66	98 531,70
Königsberg	142 828,13	98 218,63	84 418,81	96 392,10	95 043,19

558 HAC, 1/101, 1/117, 1/118: Geschäftsberichte und ausführliche Bilanzen der Commerzbank für 1941, 1942 und 1943.

559 HAC, 1/267: Gewinne und Verluste unserer Geschäftsstellen von 1937-1943; HAC, 1/289: Geschäftsstellenverzeichnis, Sammlung Filialen. Vgl. auch die Tabelle auf Seite 279.

Insgesamt hatte die Commerzbank Krakau bis Ende 1943 Kredite in einer Gesamthöhe von 73,5 Mio. Złoty bewilligt, von denen 38,3 Mio. Złoty als „an den Staat gegeben oder als vom Staat verbürgt" angesehen wurden.[560] Gegenüber der Konkurrenz nahmen sich diese Zahlen bescheiden aus, wenn man sie beispielsweise einigen Ziffern der Krakauer Filiale der Creditanstalt-Bankverein für 1942/1943 gegenüberstellt[561]:

Datum	Einlagen			Kredite		Veranlagung
	gesamt	davon: staatliche Stellen und Treuhänder	davon: Spareinlagen	gegen Verpfändung marktgängiger Waren	gegen Abtretung von Forderungen gegen den Staat	bei Emissionsbank
	Angaben in Tausend Złoty					
Januar 1942	86992,8	52528,0	26,0	7582,3	9354,0	–
April	106236,5	57879,9	45,0	8882,2	5279,2	–
September	94353,5	41181,2	364,0	19801,6	7067,4	12531,5
November	133544,9	–	3421,7	31749,7	5997,2	–
März 1943	152693,1	–	4488,4	–	–	62433,8
Juni	168529,9	84908,1	5519,3	–	–	–
September	183275,0	96287,0	5565,8	46838,4	2298,3	–
Dezember	191209,0	83069,0	–	Kredite		
				gesamt:	117453	54014,5

Auch bei der Gewinnentwicklung ließ die Creditanstalt, die selbst wiederum weit hinter den Geschäftsvolumina der Kommerzialbank zurückblieb, die Commerzbank hinter sich. Allenfalls im Vergleich mit der 1941 in Lemberg eröffneten Filiale der Creditanstalt-Bankverein schnitt die Commerzbank in Krakau erfolgreicher ab (Angaben in Złoty)[562]:

Jahr	Creditanstalt-Bankverein			Commerzbank Krakau
	Krakau	Lemberg	Gesamtgewinn	Gewinn
1940	409019,02	–	409019,02	139677,96
1941	786143,20	–52623,76	733519,44	330657,84
1942	1646252,12	274152,84	1920404,96	311464,64
1943	857694,51	324270,16	1181964,67	695955,60
insgesamt	3699108,85	545799,24	4244908,09	1477756,04

560 HAC, SdF Ost, Filiale Krakau: CB Krakau an Zentrale Berlin vom 14.2.1944 betr. Bildung einer Pauschalwertberichtigung.

561 APKr, BN–I/2; AAN, Rząd GG, Nr. 1403: Bericht der Treuverkehr Deutsche Treuhand Aktiengesellschaft, Wirtschaftsprüfungsgesellschaft, Zweigniederlassung Wien, über die Gründungsprüfung gemäß §25 Absatz 2 und §26 Absatz 1 Aktiengesetz der Creditanstalt Aktiengesellschaft, Krakau (1944).

562 AAN, Rząd GG, Nr. 1403, Bl. 27 (S. 20).

Zusammenfassung

Insgesamt gesehen blieb die wirtschaftliche Entwicklung und damit auch das für die reichsdeutschen Banken vorrangige Kreditgeschäft im Generalgouvernement unorganisch und einseitig auf die Rüstungsproduktion und den (Nahrungsmittel-)Handel ausgerichtet. Mit dem Aufkommen der ersten „Germanisierungs"-Szenarien für das Generalgouvernement kursierten zwar bald Überlegungen, nach denen das Generalgouvernement nach Kriegsende auch in industrieller Hinsicht als ein „Vorposten der hochindustrialisierten Zone Europas im Osten" fungieren sollte.[563] Das aber blieb realitätsferne Zukunftsmusik. Bei allen Planungen legte man zudem eine große Vorsicht und sogar Scheu an den Tag, um nicht möglicherweise Entwicklungen zu fördern, die „später der Gesamtwirtschaftsplanung im europäischen Raum zum Opfer fallen müßten".[564] Da war es letztlich sehr viel einfacher, sich auf den für das Generalgouvernement ohnehin wichtigen Agrarsektor zu konzentrieren, was viel eher dessen Charakter eines „wirtschaftlichen Neben- und Hilfslandes des Reiches" zu entsprechen schien.

Genossenschaften und die Finanzierung der Landwirtschaft

Die deutsche Agrarwirtschaft im Zweiten Weltkrieg stand unter dem Einfluss zweier gegensätzlicher Impulse. Einerseits mussten die kriegsbedingt notwendigen Autarkiebestrebungen der Nationalsozialisten zu einer Aufwertung der Lebensmittelerzeugung unter dem Schlagwort der „Erzeugungsschlacht" führen[565], andererseits erfuhr der Agrarsektor während des Krieges eine nachhaltige Schwächung. Im Generalgouvernement sorgte das Jahr 1940 zunächst für eine Erholung der Lage auf dem Lande, da die Behörden den (Wieder-)Aufbau der Landwirtschaft und die Entwicklung der Genossenschaften förderten. Allerdings war es nach der „Trümmerhaufen"-Politik der ersten Monate und der unmittelbaren Ausschaltung der Juden aus dem Handel[566] auch zwingend notwendig, sich auf das vorhandene Genossenschaftssystem zu stützen, wenn man keine Hungerkatastrophe im Generalgouvernement herbeiführen wollte.[567] Vordringliches Interesse musste an der unbehinderten Einbringung der Ernte im Herbst 1939 und an dem Aufbau einer effizienten Ernteerfassung in den Folgejahren bestehen[568], in denen

---

563 Alfred Lemke: Die Industrie des Generalgouvernements, in: Ostwirtschaft 31 (1942), S. 155f., hier S. 155.

564 C. H. von Wendorff: Das Generalgouvernement als wirtschaftliches Nebenland des Reiches, in: Ostwirtschaft 31 (1942), S. 63.

565 Der Wirtschaftsaufbau im Generalgouvernement Polen, in: Ostwirtschaft 29 (1940), S. 62f.

566 Peter-Heinz Seraphim: Die Wirtschaftsstruktur des Generalgouvernements. Krakau 1941, S. 88: „Das Ziel kann nur sein: [...] Begrenzung und Ausschaltung des jüdischen Handels, Entwicklung und Ausbau eines polnischen Genossenschaftswesens, um den Bauern vom Juden loszulösen." Hiervon kaum zu unterscheiden die Argumentation von Heinz von Streng: Die Landwirtschaft im Generalgouvernement. Tübingen 1955, S. 35, 68.

567 Gollert, Warschau unter deutscher Herrschaft, S. 206.

568 Karl Kuchenbäcker: Neuordnung der Agrarstruktur im Generalgouvernement, in: Forschungsdienst 11 (1941), S. 725-726; zu Kuchenbäcker vgl. Heinemann, „Rasse, Siedlung, deutsches Blut", S. 624; Von Streng, Landwirtschaft im Generalgouvernement, S. 14.

geplante Überschüsse landwirtschaftlicher Erzeugnisse – über die Entnahmen zugunsten der im Generalgouvernement stationierten Wehrmachtseinheiten hinaus – ins Reich ausgeführt werden sollten. Andererseits jedoch musste schon wegen der „Lebensraum"-Planungen Hitlers mit Eingriffen Himmlers als RKF in diesem Bereich gerechnet werden, wozu auch Umsiedlungen und Ansiedlungen in jeder Form zu zählen sind.[569]

Das polnische Genossenschaftswesen im Allgemeinen und die Kreditgenossenschaften im Besonderen stellen für die Zeit der nationalsozialistischen Besatzung in Polen einen wenig erforschten Themenbereich dar, für den allerdings auch die zur Verfügung stehenden Quellen oftmals nur allgemeine Aussagen zulassen. Dies gilt sowohl für die zentral von deutscher Seite mit der Ernteerfassung und der Abwicklung praktisch des gesamten Landhandels betraute Landwirtschaftliche Zentralstelle als auch für die einzelnen Genossenschaften und den sie zusammenfassenden Verband land- und erwerbswirtschaftlicher Genossenschaften. Nicht von ungefähr ist insbesondere für das polnische Genossenschaftswesen während der NS-Besatzung hervorgehoben worden, wie unzuverlässig Zahlenangaben und Statistiken aller Art zu sein pflegen, z.B. angesichts der schwarzen Kassen beträchtlichen Umfanges, aus denen etwa der „Społem"-Verband (vor 1939 die führende Handelsgenossenschaft) für mehrere Zehntausend Złoty einzelne führende Mitglieder aus der Gestapohaft freizukaufen in der Lage war.[570] Insgesamt aber bestand im Wirkungsbereich des Genossenschaftswesens auf polnischer Seite das Dilemma, einerseits dem Okkupanten so viel Widerstand wie nur möglich entgegenbringen zu wollen, andererseits jedoch darüber nicht die Bedürfnisse der polnischen und jüdischen Bevölkerung zu verkennen und durch eine zu auffällige Obstruktionspolitik den eigenen finanziellen und damit auch konspirativen Handlungsspielraum zu gefährden.[571] Dagegen hegten die Nationalsozialisten gerade wegen der großen Zahl an Kreditgenossenschaften und der daraus resultierenden „flachen Hierarchie" auch die Hoffnung, in diesem Bereich mit ihren Maßnahmen besonders schnell und leicht zum Ziel zu gelangen. Auch mag es in der Tat gerade in der Anfangszeit der Besatzung auf dem Lande konstruktive Formen der deutsch-polnischen und deutsch-ukrainischen Zusammenarbeit gegeben haben. Von dem „Familienidyll" jedoch, wie es nach 1945 auf deutscher Seite Beteiligte wie beispielsweise Leopold Platenik[572] oder Darstellungen wie die von Heinz von Streng zeichneten, war die tatsächliche Lage weit entfernt. Grundsätzlich bestand das klare Kalkül, dem Genossenschaftssystem seinen polnischen An-

---

[569] Zygmunt Mańkowski: Die Agrarpolitik des Okkupanten im Generalgouvernement 1939–1945, in: Studia Historiae Oeconomicae 23 (1998), S. 255–268.

[570] Zbigniew Switalski: O wiarygodności statystyk z okresu okupacji, in: Spółdzielczość polska podczas II wojny światowej. Red. Czesław Szczepańczyk, Halina Trocka. Gdańsk/Słupsk/Szczecin 1982, S. 157f.; zum Społem-Konzern vgl. Józef Jasiński: Z dziejów polskiej spółdzielczości spożywców podczas II wojny światowej. Warszawa 1965.

[571] Edward Kański: Spółdzielczość bankowa w Polsce w czasie okupacji niemieckiej, in: Spółdzielczość polska podczas II wojny światowej, S. 154–156, hier S. 155.

[572] Historisches Archiv der DG Bank, S-II-40, Nr. 18: Leopold Platenik. Das Genossenschaftswesen im General-Gouvernement (1939–1945) [ca. 1945/46]. Den Text verdanke ich Thorsten Weber vom Archiv der DG Bank.

strich zu belassen: „Die Polen sollen ruhig der Meinung sein, daß es ‚ihre' Genossenschaft ist, die sie unterstützen, die Hauptsache ist, dass sie uns das Getreide heranbringen. Niemand hindert uns daran, nach dem Kriege anzuordnen, dass die Genossenschaften von deutschen Getreidekaufleuten übernommen werden. Wie sollen wir aber jetzt das Getreide aus den kleinen Betrieben ohne Polizeigewalt hineinbringen, wenn nicht der Pole der Meinung ist, ‚Du schaffst es der Genossenschaft hin, denn die gehört Dir ja mit'. In Wahrheit tragen die Genossenschaften ihren Namen zu Unrecht."[573]

Insgesamt versetzten der Überfall und die Besetzung Polens durch das Deutsche Reich und die Sowjetunion auch dem Genossenschaftswesen einen schweren Schlag. Besonders die jüdischen Genossenschaften waren 1939/1940 zum ganz überwiegenden Teil geschlossen, geplündert oder liquidiert worden, bis ihnen der Geschäftsbetrieb im November 1940 endgültig verboten wurde.[574] Bis zu diesem Zeitpunkt war auch der jüdische Landhandel von der Landwirtschaftlichen Zentralstelle verdrängt worden und hatte praktisch aufgehört zu existieren.[575] Da die Vereinnahmung des landwirtschaftlichen Sektors sich naturgemäß auf die Lebensmittelproduktion konzentrierte, galt das Interesse der nationalsozialistischen Dienststellen insgesamt weit mehr den Produktions- und Handelsgenossenschaften als den Kreditgenossenschaften. Daneben führten die zahlreichen kleinen Spar- und Darlehnskassen auf dem Lande eine von dem des Polnischen ohnehin nicht mächtigen Bevollmächtigten der Bankaufsichtsstelle relativ unbeobachtete Existenz.[576] Von den insgesamt 3374 Kreditgenossenschaften in Polen im Jahre 1938 waren nach der Bildung des Generalgouvernements auf dessen Territorium im Jahre 1940 nur mehr 1193 (35,4 Prozent) verblieben, darunter „vorwiegend finanziell schwächere Einheiten".[577] Im Distrikt Warschau waren es 1942 178 Kreditgenossenschaften mit einem Eigenkapital von 15 Mio. Złoty. Während die Staatliche Agrarbank das kleine Segment des Großgrundbesitzes sowie die zahlreichen der Liegenschaftshauptverwaltung der Hauptabteilung Ernährung und Landwirtschaft unterstehenden Betriebe mit Krediten versorgte, war die Zentralkasse der Landwirtschaftlichen Genossenschaften und die Społem-Bank im Verbund mit den Genossenschaften vor Ort für den Geldbedarf der kleineren und mittleren Betriebe zuständig.[578]

Die Institute und Kassen im Generalgouvernement waren unter dem polnischen Durchschnitt entwickelt und vereinten im Vergleich zum Vorkriegspolen lediglich 27 Prozent der Einlagen sowie 28 Prozent der Ausleihungen, ferner 34 Prozent

---

573 Niederschrift über die dritte Sitzung des Verwaltungsrates der Landwirtschaftlichen Zentralstelle am 8.7.1942, zit. nach Czesław Szczepańczyk: Centralny Urząd Rolniczy: Landwirtschaftliche Zentralstelle, in: Zeszyty Majdanka 7 (1973), S. 121–158, hier S. 154.

574 Bekanntmachung vom 18.11.1940 betr. Untersagungsverfügung für die jüdischen Kreditgenossenschaften (gez. Der Beauftragte der Bankaufsichtsstelle für die Aufsicht über die Kreditgenossenschaften Leopold Platenik) (Krakauer Zeitung vom 21.11.1940); zit. nach Pospieszalski, Hitlerowskie „prawo" okupacyjne w Polsce, część II, S. 578f.

575 Zu Lublin Musial, Deutsche Zivilverwaltung und Judenverfolgung, S. 150f.

576 Kański, Spółdzielczość bankowa w Polsce w czasie okupacji niemieckiej, S. 156.

577 Verband land- und erwerbswirtschaftlicher Genossenschaften (Hg.): Statistik der Verbandsgenossenschaften für das Jahr 1939. Krakau 1941, S. 11.

578 Gollert, Warschau unter deutscher Herrschaft, S. 207.

des Betriebskapitals auf sich. Wie im gesamten Bankwesen so kam es auch bei den Kreditgenossenschaften und Darlehnskassen in den ersten Wochen und Monaten der deutschen Besatzung zu einem starken Einlagenabzug, der wegen der begrenzteren Zugriffsmöglichkeiten seitens der Nationalsozialisten auf dem Lande länger angehalten haben dürfte als im Falle der städtischen Banken. Bis Ende 1939 verzeichneten die Kreditgenossenschaften einen Abzug von 25 Prozent (entsprechend einer Summe von 11 Mio. Złoty) ihrer Einlagen. Ebenfalls um ein Viertel reduzierten sich die Ausleihungen (20 Mio. Złoty). Und während im Laufe des Jahres 1940 die Altguthaben um weitere 7 Mio. Złoty schrumpften, stiegen die Guthaben und Einlagen im Neugeschäft nur um knapp über fünf Millionen Złoty.[579] Bis Ende 1940 hielt diese negative Entwicklung an, bei der praktisch sämtliche Bilanzposten eine mitunter drastische Reduktion erfuhren. Die Bilanzsumme sank von 117,8 Mio. Złoty für das Jahr 1938 auf 94,8 Mio. Złoty für 1940, auf der Passivseite kam es zu einem massiven Abzug der Spareinlagen, die sich zwischen 1938 und 1940 von 42,3 auf 27,9 Mio. Złoty reduzierten. Auf der Aktivseite schließlich erreichten die ausgelegten Darlehen Ende 1940 kaum 75 Prozent des Standes von 1938.[580] Der einzige Bilanzposten, der ein Wachstum aufzuweisen hatte, waren zunächst die Einlagen in laufender Rechnung, die von einem Stand von 2 Mio. Złoty 1938 auf 1,7 Mio. Złoty im Jahre 1939 gesunken, 1940 jedoch auf 3,9 Mio. Złoty gestiegen waren, was jedoch nicht als Ausweis einer Konsolidierung anzusehen ist, vielmehr als ein erstes Anzeichen der Verflüssigung des Kapitalmarktes bei gleichzeitiger Zurückhaltung bei längerfristigen Einlagen. Bei alledem überrascht es nicht, dass die Frage nach der Rentabilität auch für die Kreditgenossenschaften ein virulentes Problem darstellte, das angesichts der wachsenden Liquiditätsrate auch in der Folgezeit kaum gelöst wurde.

---

579 Kański, Spółdzielczość bankowa w Polsce w czasie okupacji niemieckiej, S. 154; Elżbieta Wawrzyńczuk-Nathali: Spółdzielczość kredytowa w okresie okupacji i jej rola w pierwszym okresie po wyzwoleniu, in: Gospodarcze i społeczne skutki wojny i okupacji dla Polski oraz drogi ich przezwyciężania. Red. Wacław Długoborski. Wrocław 1989, S. 201-207.

580 Verband land- und erwerbswirtschaftlicher Genossenschaften (Hg.): Statistik der Verbandsgenossenschaften für das Jahr 1940. Krakau 1942, S. 7.

Rentabilität der Kreditgenossenschaften im Generalgouvernement:[581]

	1938		1939		1940		1941	
	Zahl der Genossenschaften	Summe in Tsd. Złoty	Zahl der Genossenschaften	Summe in Tsd. Złoty	Zahl der Genossenschaften	Summe in Tsd. Złoty	Zahl der Genossenschaften	Summe in Tsd. Złoty
Jahresabschluss mit Verlust	201	–781	448	–537	339	–499	210	–328
Jahresabschluss mit Gewinn	950	846	586	186	728	294	909	441
Insgesamt	1151	65	1034	–351	1067	–205	1119	113

Insgesamt jedoch befand sich das polnische (und ukrainische) Genossenschaftswesen im Generalgouvernement in einer besseren Ausgangsposition als Wirtschaftsbereiche, die stärkere Eingriffe seitens der Okkupationsbehörden zu erdulden hatten. Im Agrarsystem und der Landwirtschaftsverwaltung konzentrierten sich die wenigen Reichsdeutschen auf die Aufsichtsbehörden, und der Landwirtschaft kam für die „Erzeugungsschlacht" ein Gewicht zu, die das Dorf im Vergleich zur Vorkriegszeit aufzuwerten schien.[582] Von erheblicher Bedeutung war auch, dass die Tätigkeit in einer Genossenschaft einen vergleichsweise guten Schutz vor Razzien der Arbeitsämter und vor der Deportation zur Arbeit im Reich bot.[583] Es trifft sicherlich auch zu, dass die Bauern von der weiteren (Kriegs-)Entwicklung im Generalgouvernement profitierten, besonders angesichts der steigenden Lebensmittelpreise. Hinsichtlich der Barliquidität befand sich ein erheblicher Teil der Landwirtschaft in einer vergleichsweise guten Position, vor allem wegen der starken Nachfrage nach landwirtschaftlichen Erzeugnissen durch die städtische, nichtagrarische Bevölkerung.[584] Daher konnte die Landbevölkerung die Trennung von Alt- und Neugeschäft auch zu ihrem Vorteil nutzen. „Was immer verdient wird, findet jedoch raschestens, im Wege des Schleichhandels, den Weg zum Bauern. Der für die hiesigen Verhältnisse sonst sicher zutreffende Spruch ‚Hat der Bauer Geld, so hat's die ganze Welt' ist heute geradezu in sein

581 Ebd.; Zahlen für 1941 aus Czesław Szczepańczyk: Polityka okupanta wobec spółdzielczości wiejskiej w Generalnej Guberni 1939–1944. Warszawa 1978, S. 197.

582 Vgl. Czesław Szczepańczyk: Wpływ wojny i okupacji na sytuację spółdzielczości polskiej i jej rola w odbudowie kraju do 1948 r., in: Gospodarcze i społeczne skutki wojny i okupacji, S. 209–225, hier S. 210ff.

583 Szczepańczyk, Wpływ wojny i okupacji, S. 217; vgl. Herbert Krafft: Probleme und Möglichkeiten der Wirtschaft, in: Das Generalgouvernement (Hg. du Prel), S. 95.

584 Riedel, Działalność Państwowego Banku Rolnego w pierwszych latach okupacji hitlerowskiej, S. 84.

Gegenteil verkehrt; alles Geld geht zum Bauern als dem einzigen Produzenten, wo es mangels Ausgabemöglichkeiten der Hortung anheimfällt."[585]

Wegen der sehr guten Konvertierbarkeit von Lebensmitteln war ein Kaufkraftabzug auf dem Lande effizient gar nicht möglich, zumal auch die Geldumlaufgeschwindigkeit auf dem Lande sehr viel niedriger war als in der Stadt.[586] Hinzu kam, dass die Absicht des Kaufkraftabzuges der Intention der Kreditgenossenschaften, Kredite an ihre Mitglieder zu vergeben, entgegenstand.[587] Mit der wachsenden Inflation, in deren Folge insbesondere auf dem Lande Geld immer weniger und der Besitz defizitärer Waren, besonders Lebensmittel, immer mehr bedeutete, kam es auch zu Fällen, in denen Landwirte sich bei der Ablieferung ihrer Pflichtkontingente schon gar nicht mehr um eine Bezahlung kümmerten, da dies angesichts der faktischen Wertlosigkeit des Geldes der Mühe nicht wert sei.[588] Dennoch lässt sich die Frage, ob es den polnischen Landwirten tatsächlich signifikant besser ging als der übrigen Bevölkerung im Generalgouvernement, nicht eindeutig bejahen. Für die erste Zeit der Besatzung spricht hierfür einiges[589], aber spätestens ab Mitte 1942 verschlechterte sich die Lage auch auf dem Lande rapide.[590]

Insgesamt kam es zu schwerwiegenden Eingriffen in die Eigentumsstruktur auf dem Lande nur in Ansätzen. Betroffen waren hiervon vor allem Landwirtschaften mit einer Anbaufläche von mehr als 50 Hektar: Von insgesamt 4523 Betrieben im Generalgouvernement wurden bis Mai 1943 2367 (52,3 Prozent) mit einer Anbaufläche von 558990 ha (56,3 Prozent von einer Gesamtanbaufläche von 993500 ha) beschlagnahmt und der Liegenschaftshauptverwaltung der Hauptabteilung Ernährung und Landwirtschaft der Regierung des Generalgouvernements unterstellt. Von der Gesamtzahl der beschlagnahmten Betriebe entfielen 20 Prozent auf „herrenlose Betriebe", sieben Prozent auf „‚Judenbetriebe'", so von Streng[591], neun Prozent auf „Betriebe deutschfeindlicher Besitzer", ebenfalls neun Prozent

585 AAN, Bank Emisyjny w Polsce, Oddział w Tarnopolu, Nr.16, Bl.64–74, hier Bl.65: Wirtschaftsbericht der Emissionsbank in Polen, Zweigniederlassung in Tarnopol, vom 8.1.1942; AAN, Rząd GG, Nr.1297, Bl.274: Aktennotiz des Beauftragten für das Bank-, Geld- und Börsenwesen in Warschau (gez. Bischof) vom 11.6.1940 betr. Lenkung des derzeitigen Geldüberschusses in der bäuerlichen Bevölkerung; Riedel, Działalność Państwowego Banku Rolnego w pierwszych latach okupacji hitlerowskiej, S.85.

586 AAN, Bank Emisyjny w Polsce, Zarząd Główny, Kraków, Nr.53, Bl.109f.: Anlage zur TAM Nr.58/41 vom 28.6.1941: Bankaufsichtsstelle an Leopold Platenik, Beauftragter der Bankaufsichtsstelle für die Aufsicht über die Kreditgenossenschaften, und Direktor Emil Breuer, Beauftragter der Bankaufsichtsstelle für die Aufsicht über die kommunalen Sparkassen, 18.6.1941, betr. Kaufkraftabschöpfung auf dem Lande.

587 Szczepańczyk, Polityka okupanta wobec spółdzielczości wiejskiej, S.140f.

588 Vgl. hierzu Szczepańczyk, Centralny Urząd Rolniczy, S.149f.

589 Vgl. AAN, Rząd GG, Nr.1297, Bl.173f.: Aktennotiz der Bankaufsichtsstelle (gez. Laschtowiczka) vom 5.11.1942 [betr. Situation der Kreditgenossenschaften].

590 Vgl. Zygmunt Mańkowski: Z problemu polityki rolnej okupanta w Generalnym Gubernatorstwie w latach 1939–1945, in: ders., W kręgu polskich doświadczeń historycznych XIX i XX w. Studia. Lublin 1986, S.188–209, hier S.208f.; Madajczyk, Polityka III Rzeszy, Bd.2, S.89–99.

591 Von Streng, Landwirtschaft im Generalgouvernement, S.27.

auf Staatsgüter sowie 55 Prozent auf verschuldete Betriebe.[592] Während die Beschlagnahmequote im Distrikt Galizien wegen der vorangegangenen sowjetischen Kollektivierung 100 Prozent betrug[593], belief sie sich beispielsweise im Distrikt Warschau auf nur 29,2 Prozent.[594] Die landwirtschaftliche Produktion auf dem Gebiet des Generalgouvernements war vor 1939 defizitär (was von den westpolnischen Wojewodschaften kompensiert worden war) und darüber hinaus zu über 75 Prozent von Kleinwirtschaften bis fünf Hektar Anbaufläche geprägt gewesen; im Distrikt Galizien hatte der Anteil von Wirtschaften unter fünf Hektar Anbaufläche sogar fast 90 Prozent betragen.[595] Insgesamt verfügte das Generalgouvernement über eine landwirtschaftliche Nutzfläche von 5,5 Mio. Hektar, ab 1. August 1941 mit dem Distrikt Galizien über insgesamt acht Millionen Hektar. Ungeachtet der im einzelnen ergriffenen Maßnahmen – vor allem Umlegungen und Flurbereinigung[596] – verdeutlichten daher schon die Zielvorgaben der Ernteabgaben ans Reich, dass die Agrarpolitik im Generalgouvernement wenn überhaupt, so nur auf Kosten der ohnehin von Arbeitslosigkeit[597] bedrohten städtischen Bevölkerung (mit Ausnahme freilich der Deutschen) zu realisieren sein würde.[598] Diese Hungerpolitik bildete die Grundlage für die Lebensmittelversorgung der im Generalgouvernement stationierten Einheiten von Wehrmacht, Polizei und SS sowie für die Agrarexporte ins Reich, die zwischen 1940 und 1944 u.a. 1,4 Mio. t Getreide, 1,2 Mio. t Kartoffeln, 1,6 Mio. t Vieh sowie über 600 Mio. Eier umfassten.[599]

Das im Januar 1940 eingeführte Kontingentsystem, bei dem den einzelnen Kreisen und Landwirten Pflichtkontingente für bestimmte Agrarprodukte auferlegt wurden, brachte jedoch ohne Sanktionsmaßnahmen nicht den gewünschten Erfolg. So wurde seit Herbst 1940 die Beschlagnahme der Landwirtschaft als Strafmaßnahme für die Nichterfüllung der Lieferkontingente erstmals im Distrikt Lublin angewandt und bedeutete seitdem für Tausende von Landwirten die Inhaftierung in Arbeitslagern.[600]

---

592 Czesław Rajca: Walka o chleb 1939-1945. Eksploatacja rolnictwa w Generalnym Gubernatorstwie. Lublin 1991, S. 22.

593 Vgl. Historisches Archiv der DG Bank, S–II–40, Nr. 18: Platenik, Genossenschaftswesen im Generalgouvernement, S. 7-9; BArch, R 122, Generalia, Abt. IV, Bd. 40, Bl. 96–102, hier Bl. 97: Deutsche Handelskammer für das Generalgouvernement, Mitteilungen Nr. 4 vom 20. 4. 1942.

594 Mańkowski, Z problemu polityki rolnej okupanta, S. 197; Czesław Rajca: Beschlagnahme von Landwirtschaften im Generalgouvernement, in: Studia Historiae Oeconomicae 17 (1982), S. 247-254; Łuczak, Agrarpolitik des Dritten Reiches im okkupierten Polen, S. 199.

595 Vgl. die Aufstellung über die Größenverhältnisse der landwirtschaftlichen Betriebe im Generalgouvernement bei von Streng, Landwirtschaft im Generalgouvernement, S. 46; Rajca, Walka o chleb, S. 19f.

596 Umlegung im Generalgouvernement, in: Forschungsdienst 10 (1940), S. 615; vgl. von Streng, Landwirtschaft im Generalgouvernement, S. 46f.

597 Vgl. Młynarski, Wspomnienia, S. 432.

598 Mańkowski, Z problemu polityki rolnej okupanta, S. 189ff.

599 Łuczak, Agrarpolitik des Dritten Reiches im okkupierten Polen, S. 199, 202.

600 Rajca, Beschlagnahme von Landwirtschaften im Generalgouvernement, S. 251f.; ders., Walka o chleb, S. 121-151; Von Streng, Landwirtschaft im Generalgouvernement, S. 70f.

Zwar kann auf die Ertragsentwicklung der landwirtschaftlichen Produktion an dieser Stelle nicht näher eingegangen werden, es soll aber darauf hingewiesen werden, dass weder bei Getreide noch bei Ölpflanzen und Kartoffeln die jährlichen Durchschnittserträge der Jahre vor 1939 erreicht wurden. Der Beitrag des Generalgouvernements zur „Erzeugungsschlacht" war im Wesentlichen eine Umverteilung nach völkisch-rassischen Kriterien, die für Deutsche eine reguläre Tageskalorienzahl von 2310 kcal, für Polen von 654 kcal sowie für Juden von 184 kcal (Zahlen für 1941) vorsah.[601]

1942 wurden die Exportquoten des Generalgouvernements zugunsten des Reiches massiv gesteigert. Auf Bitten Görings sollte das Generalgouvernement 1942 u.a. allein 600000 t Getreide[602], 250000 t Kartoffeln und 25000 t Fleisch an Reich und Wehrmacht liefern, was nach dem Willen Franks durch Erhöhung der Ablieferungskontingente und „durch Reduzierung der Leistungen an die fremdländische Bevölkerung" erreicht werden sollte.[603] Ein Jahr zuvor war die Verantwortlichkeit für das Einbringen der Erntekontingente in die Zuständigkeit des HSSPF Ost gelegt worden, was in der Folgezeit die Erntekampagnen in eine verhängnisvolle Nähe zur „Bandenbekämpfung" durch die Polizei rückte. Zudem wurde die zuvor praktizierte Intensivierung, stellenweise sogar Modernisierung der Landwirtschaft (umfangreiche Meliorationen[604], Erhöhung des besonders durch den Krieg 1939 gesunkenen Mechanisierungsgrades, Einfuhr von Zuchtvieh, Saatgutveredelung, Düngereinfuhr aus dem Reich) nun durch eine von den Gegebenheiten und Bedürfnissen vor Ort völlig abgekoppelte, substanzschädigende Raubpolitik ersetzt, die nur mittels massiven Gewalteinsatzes verfolgt werden konnte.[605] Am 24. August 1942 wurde schließlich die jüdische Bevölkerung des Generalgouvernements aus der Ernährungsstatistik gestrichen: „Daß wir", so Frank auf der Regierungssitzung, „1,2 Millionen Juden zum Hungertod verurteilen, sei nur am Rande festgestellt. Es ist selbstverständlich, daß ein Nichtverhungern der Juden hoffentlich eine Beschleunigung der antijüdischen Maßnahmen zur Folge haben wird."[606]

601 Vgl. Czesław Pilichowski: Verbrauch von Nahrungsmitteln durch jüdische Bevölkerung und Häftlinge der Okkupationslager im besetzten Polen, in: Studia Historiae Oeconomicae 17 (1982), S. 205–215, hier S. 208. Die bei von Streng, Landwirtschaft im Generalgouvernement, S. 8f., genannten Zahlen geben die vorgesehenen Rationen wieder, die mit der Realität nichts zu tun hatten.

602 1942/43 wurden im Generalgouvernement insgesamt 773014 t Brot- und 470335 t Futtergetreide erfasst; vgl. von Streng, Landwirtschaft im Generalgouvernement, S. 70, 89.

603 Präg/Jacobmeyer (Hg.), Diensttagebuch, S. 547 (Diensttagebuch vom 22.8.1942); ebd., S. 547–550 (Regierungssitzung vom 24.8.1942); Eisenblätter, Politik des Reiches gegenüber dem Generalgouvernement, S. 350.

604 Generalgouvernement. Wirtschaftliche Übersicht, S. 7. Ab 1942 fanden die Projekte aus Mangel an Arbeitskräften auf dem Lande praktisch keine Fortsetzung. Vgl. Łuczak, Agrarpolitik des Dritten Reiches im okkupierten Polen, S. 197f., der zu Recht darauf verweist, dass diese Arbeiten überhaupt nur durch „die sehr billige polnische und jüdische Arbeitskraft" zu verwirklichen waren (ebd., S. 198). Deutlicher noch Szczepańczyk (Centralny Urząd Rolniczy, S. 150), die Melioration habe mehr der Folterung der jüdischen Zwangsarbeiter denn tatsächlich der Gewässerregulierung gedient.

605 Mańkowski, Z problemu polityki rolnej okupanta, S. 192–194.

606 Präg/Jacobmeyer (Hg.), Diensttagebuch, S. 550 (Regierungssitzung vom 24.8.1942).

Die deutschen Kreditinstitute waren von diesen Entwicklungen weitgehend unbeeinflusst, ihr Kenntnisstand darüber ist nicht verlässlich zu präzisieren. Wegen der technischen Zurückgebliebenheit der Landwirtschaft im Generalgouvernement führten oftmals bereits einfache Mittel ohne (größeren) Kapitaleinsatz zu Ertragssteigerungen, zumal das Lohnniveau im Generalgouvernement ausgesprochen niedrig war.[607] Entscheidender für die Kreditinstitute waren daher die Gründung und Tätigkeit der die gesamte agrarische Produktion koordinierenden Landwirtschaftlichen Zentralstelle, die sie mit Krediten versorgten und die rasch zum wichtigsten Kreditnehmer im Generalgouvernement überhaupt avancierte.[608]

Die am 20. Januar 1940 gegründete Landwirtschaftliche Zentralstelle hatte neben der Ernteerfassung auch die Funktion der Lagerhaltung, Saatgutverteilung, des Ausgleichs von Überschuss- und Zuschussperioden im Jahreslauf zu erfüllen und war daneben die zentrale Ein- und Ausfuhrstelle landwirtschaftlicher Güter des Generalgouvernements.[609] Nachdem sie sich im Frühjahr 1940 die genossenschaftlichen Zentralen (mit Ausnahme der Finanzzentrale und der Społem-Handelszentrale) einverleibt hatte, stellte sie auf Distrikts- und Kreisebene praktisch das gesamte Leitungspersonal (Kreisleiter) und kontrollierte auf diese Weise das polnische ländliche Genossenschaftswesen. Die Landwirtschaftliche Zentralstelle brachte sich damit und mit ihrer privatwirtschaftlich orientierten Preispolitik in Gegensatz zu den wenigen Deutschen innerhalb des Genossenschaftswesens im Generalgouvernement[610], auch wenn insgesamt die wirtschaftliche Bedeutung der von ihr abhängigen Handelsgenossenschaften im Laufe der Okkupation stark zunahm (Umsatz 45 Mio. Złoty 1939, 300 Mio. Złoty 1940, 1,1 Mrd. Złoty 1943[611]).

Um den Kapitalbedarf der Landwirtschaftlichen Zentralstelle für ihre Ernteerfassungs- und Einlagerungskampagnen zu decken, wurde im September 1940 von den Kreditinstituten im Generalgouvernement unter der Führung der gouvernementseigenen Agrarbank ein Konsortium gegründet, in dem sowohl die Krakauer deutschen Privataktienbanken als auch die Warschauer polnischen Banken, die Genossenschaftsinstitute und Kreissparkassen vertreten waren (so genanntes großes Konsortium), und das im ersten Jahr 1940/41 65 Mio. Złoty zur Erntefinanzierung aufbrachte.[612] In den folgenden Jahren entwickelte sich ein ganzes System unterschiedlicher Konsortialkredite, die je nach Höhe von dem genannten großen

607 Von Streng, Landwirtschaft im Generalgouvernement, S. 45.

608 Szczepańczyk, Centralny Urząd Rolniczy, S. 121-158; ders., Polityka okupanta wobec spółdzielczości wiejskiej, S. 65-97.

609 3. DurchfVO zur VO vom 23. 11. 1939 über die Ernährung und Landwirtschaft im Generalgouvernement vom 20. 1. 1940 (VOBlGGP. II 1940, S. 21); vgl. Die Aufgaben der landwirtschaftlichen Zentralstelle im Generalgouvernement, in: Forschungsdienst 9 (1940), S. 303f.

610 Historisches Archiv der DG Bank, S–II–40, Nr. 18: Platenik, Das Genossenschaftswesen im Generalgouvernement, S. 4.

611 Szczepańczyk, Wpływ wojny i okupacji, S. 214; Von Streng, Landwirtschaft im Generalgouvernement, 40.

612 RGVA, 1458–3–1003: Auszug aus dem Bericht des Leiters der Bankaufsichtsstelle vom 30. 6. 1940; vgl. AAN, Rząd GG, Nr. 1295, Bl. 1-22, hier Bl. 15f., 19: Bericht Fritz Paerschs vom 30. 6. 1940.

Konsortium, bei kleineren Kreditaktionen mitunter auch nur von den deutschen Kreditinstituten (kleines Konsortium) zur Verfügung gestellt wurden.[613]

Entsprechend blieb es auch nicht bei den anfänglichen 65 Mio. Złoty. Zu Beginn der Kampagne 1942/43, im September 1942, waren in der Landwirtschaft insgesamt 450 Mio. Złoty an Krediten bewilligt, davon allein 233 Mio. Złoty an die Landwirtschaftliche Zentralstelle.[614] Inwieweit in dieser Summe auch Investitionen (Ankauf von Maschinen, Saatgut o. Ä. im Altreich) enthalten waren, lässt sich nicht beziffern, aber mit Blick auf die Idee der Eindeutschung auch des Generalgouvernements wird der Investitionsanteil ab 1941/42 im Vergleich zu 1940/41 angestiegen sein, um ab 1943 wieder stark zu sinken.[615]

Auch im Zusammenhang mit der Finanzierung der Landwirtschaftlichen Zentralstelle zeigte sich die allerorts charakteristische Abstufung der deutschen Privataktienbanken in Krakau: Von ihnen war immer nur die Kommerzialbank mit den maximalen Beteiligungsquoten vertreten, die Krakauer Bank der Deutschen Arbeit lag mit der Commerzbank gleich auf, während die Creditanstalt-Bankverein zwischen Commerzbank und Kommerzialbank stand.[616] Die folgende unvollständige Auflistung der Konsortialkredite für die Landwirtschaftliche Zentralstelle verdeutlicht, welche herausragende Bedeutung diesen Krediten für das gesamte Kreditwesen im Generalgouvernement zukam:

Konsortialkredit	Kreditsumme in Mio. Złoty
Eiereinlagerungskredit 1943/44	15
Ernteerfassungskredit 1943/44	220 (+ 80)
Fleischeinlagerungskredit 1943/44	30
Eiereinlagerungskredit 1944/45	15
Prämienerfassungskredit 1944	6
Ernteerfassungskredit 1944/45	50
Kartoffeleinlagerungskredit 1944/45	5

Während die Landwirtschaftliche Zentralstelle für das Erntejahr 1942/43 eine Bilanzsumme von 329,7 Mio. Złoty, Lagerbestände im Wert von über 120 Mio. Złoty und Bankschulden über 82,5 Mio. Złoty aufwies[617], belief sich das Engagement der Krakauer Commerzbank per Mitte Oktober 1943 auf insgesamt

[613] Staatliche Agrarbank, Landeswirtschaftsbank, Kommerzialbank, Creditanstalt-Bankverein, Commerzbank, Bank der Deutschen Arbeit.

[614] AAN, Rząd GG, Nr. 1345, Bl. 1: Bankkredite des Neugeschäfts an die Landwirtschaft per 30. 9. 1942: Neben den 233 Mio. Złoty an die LZ gingen weitere 35,6 Mio. an die Społem-Handelszentrale, 40,1 Mio. an Handels- und sonstige Erfassungsorganisationen, 20 Mio. an Kreditgenossenschaften, 12 Mio. an Sparkassen, 100,0 Mio. an Spezialbanken (Staatliche Agrarbank, Agrarbank Lemberg, Zuckerbank) sowie 10 Mio. Złoty an die Emissionsbank selbst.

[615] Szczepańczyk, Wpływ wojny i okupacji, S. 215.

[616] HAC, SdF Ost, Filiale Krakau: Kreditakte Landwirtschaftliche Zentralstelle, Geschäftszentrale, Krakau, Mappen II und III.

[617] Ebd., Mappe III; vgl. Skalniak, Bank Emisyjny w Polsce, S. 221–224.

35,5 Mio. Złoty, wobei der Debetsaldo (Inanspruchnahme) der Landwirtschaftlichen Zentralstelle 16,7 Mio. Złoty betrug.[618] Während aber Kommerzialbank, Creditanstalt-Bankverein und Bank der Deutschen Arbeit der Landwirtschaftlichen Zentralstelle über die Konsortialkredite hinaus noch Barkredite auslegten (jeweils fünf, fünf und drei Millionen Złoty), blieb die Commerzbank einmal mehr außen vor.[619] Ferner liefen außerhalb des Konsortiums weitere Kredite bei der Agrarbank (15 Mio.), der Zentralkasse der Landwirtschaftlichen Genossenschaften in Krakau (33,9 Mio.) und bei der Zentrobank in Lemberg (10 Mio.).[620] Für sämtliche dieser Kredite lag eine Refinanzierungszusage der Emissionsbank sowie eine 100-prozentige Ausfallbürgschaft der Regierung des Generalgouvernements vor, d.h. sie waren risikolos und beeinflussten auch nicht negativ das frei verfügbare Kreditlimit. Besonderen Wert legten die Banken bei ihren Verhandlungen mit der Landwirtschaftlichen Zentralstelle darauf, dass „die Frage der Deckung des unmittelbaren und mittelbaren Kriegsschadens geklärt ist, d.h. dass dieser Schaden voll ersetzt wird".[621] Darüber hinaus waren die Kreditkonditionen (zumal bei Agrarkrediten) für die beteiligten Banken vergleichsweise günstig: Zu einem Zinssatz von fünf Prozent kamen 0,5 Prozent Bereitstellungsprovision sowie monatlich 1/16 Prozent Kreditprovision hinzu.

Angesichts der quasi privatwirtschaftlichen Handelstätigkeit der Landwirtschaftlichen Zentralstelle stellte sich die Bankaufsichtsstelle zudem wiederholt auf die Seite der Konsortialbanken, beispielsweise als die Landwirtschaftliche Zentralstelle im Sommer 1943 den Versuch unternahm, den Debetzinssatz zu ihren Gunsten zu senken, und dabei drohte, „ihren Geldbedarf durch Vorschüsse der Reichsstellen unter gleichzeitigem Verzicht auf die Kreditinanspruchnahme im Generalgouvernement" decken zu können. Demgegenüber unterstrich die Bankaufsichtsstelle, dass sie „an einer möglichst breiten Verlagerung der Kredite interessiert sei und dass demzufolge die Kondition nicht der Lage der finanziell stärksten Teilnehmer, sondern derjenigen der schwächeren Teilnehmer am Konsortialkredit angepasst werden müsse."[622]

Überhaupt mehrten sich die Stimmen, die Zweifel an der privatwirtschaftlich orientierten Organisationsform der Landwirtschaftlichen Zentralstelle äußerten. Dies führe einerseits zur Überteuerung vieler Waren, ferner verfolge die Landwirtschaftliche Zentralstelle eine „rücksichtslose Ansichreissung von gewerblichen Geschäften und Betrieben ohne Rücksicht darauf, was zerstört wird und ob damit dem Ganzen nicht geschadet wird".[623] Ein interner Prüfbericht von 1943 führte

---

618 Ebd.: CB Krakau an Zentrale Berlin, 14.10.1943, betr. Konsortialkredite der LZ.

619 AAN, Rząd GG, Nr. 1395, Bl. 5-8: Schreiben der Commerzbank, Kommerzialbank, Creditanstalt-Bankverein und Bank der Deutschen Arbeit an die Bankaufsichtsstelle, jeweils vom 1.9.1943.

620 Ebd., Bl. 17: LZ – Stand der Verschuldung am 31.7.1943.

621 Ebd.: CB Krakau an Zentrale Berlin, 18.6.1943, betr. Prämienerfassungskredit über insgesamt 60 Mio. Złoty.

622 AAN, Rząd GG, Nr. 1396, Bl. 159-162, hier Bl. 159, 161: Aktennotiz der Bankaufsichtsstelle vom 4.11.1943 betr. Kredite an die Landwirtschaftliche Zentralstelle.

623 APKr, Starosta Miasta Krakowa, Nr. 8, Bl. 1151-1164, hier Bl. 1155: Der Leiter der Abteilung Wirtschaft beim Chef des Distrikts Krakau an Gouverneur SS-Brigadeführer Wächter betr. Landwirtschaftliche Zentralstelle.

dementsprechend eine Reihe von Kritikpunkten gegen die Landwirtschaftliche Zentralstelle an: „Zweifellos haben bei der Gründung der Landwirtschaftlichen Zentralstelle Gedanken Pate gestanden, die im Laufe der Jahre als völlig überholt angesehen werden müssen. Konnte man noch zu Anfang des Jahres 1940 bei einer mehr friedensmässigen Betrachtung der Dinge daran denken, anstelle der im Reich wesentlich mehr auf staatliche oder öffentlich-rechtliche Organe übertragenen echten staatlichen Bewirtschaftung im Generalgouvernement eine Bewirtschaftung zu wählen, bei der der Charakter der Organe sowohl wie die Form der Massnahmen weit mehr privatrechtlicher Art waren, so hat sich im Laufe der Zeit herausgestellt, dass ohne im Prinzip gleiche Massnahmen, wie sie im Reich durchgeführt worden sind, auch im Generalgouvernement nicht weiter zu kommen ist.“[624]

Forderungen nach einer verstärkten Einflussnahme der Behörden im Generalgouvernement lagen dabei sicherlich auf der Linie der Kreditinstitute, zumal in der letzten Kriegsphase. Die Zuständigkeit staatlicher Behörden bedeutete nämlich eine für die Banken befriedigende Regelung der Haftungs- und Besicherungsfragen, die ab 1943 ganz unabdingbar geworden war. Die Statusziffern der Landwirtschaftlichen Zentralstelle wiesen per 31. August 1944 – abgesehen von 200 Mio. Złoty Bankkrediten – nämlich unter den Aktiva nicht nur Anlagen (20 Mio.), Forderungen (80 Mio.) und Warenbestände (160 Mio.) auf, sondern auch Kriegsschäden in Höhe von 100 Mio. Złoty. Das störte die Banken zwar nicht, verdeutlicht aber, auf welch gefährlichem Boden die Deutschen sich im Generalgouvernement mittlerweile bewegten. Alles in allem jedoch war die Landwirtschaftliche Zentralstelle für die meisten Kreditinstitute im Generalgouvernement der mit Abstand wichtigste Kreditnehmer. Dies ist schon an der stärkeren Inanspruchnahme der Kredite im Herbst und Winter ablesbar, die zum wesentlichen Teil auf die Kampagnen- bzw. Einlagerungskredite an die Landwirtschaftliche Zentralstelle zurückzuführen ist.

Daneben jedoch erwuchs der Landwirtschaftlichen Zentralstelle und den Genossenschaften unliebsame Konkurrenz in Form der Hamburger, Bremer und Danziger Großhandelsbetriebe, die seit 1940 im Generalgouvernement ansässig und in der „Arbeitsgemeinschaft für Kreisgroßhändler im Generalgouvernement“ (später umgewandelt in „Handelsgesellschaft Deutscher Kaufleute im Generalgouvernement mbH“) organisiert waren.[625] Während die Genossenschaften gezwungen waren, das mit Blick auf die offizielle Preispolitik verlustreiche Getreidegeschäft zu unterhalten, forcierten die Reichsgruppe Handel, aber auch SD und verschiedene SS-Dienststellen im Generalgouvernement die Einrichtung von Großhandelsunternehmen der gewerblichen Wirtschaft in jedem Kreis. Diese Unternehmen wie die bereits genannten Firmen Woermann & Co., Eicke & Lohmann, IMEX, Handelszentrale Dietrich Dirksen etc. wandten sich im Bereich der

---

[624] AAN, Rząd GG, Nr. 1395, Bl. 69–74, hier Bl. 69: Prüfung der Landwirtschaftlichen Zentralstelle – interne Stellungnahme zum offiziellen Prüfbericht (gez. Schulte-Wissermann [Leiter des Amtes für Preisbildung in der Regierung des Generalgouvernements]) vom Mai 1943.

[625] Szczepańczyk, Polityka okupanta wobec spółdzielczości wiejskiej, S. 84–90, bes. S. 88.

landwirtschaftlichen Erzeugnisse bevorzugt einträglichen Handelswaren wie Eiern, Vieh und Geflügel zu, aber auch dem Verkauf von Prämienwaren (Textilien, besonders jedoch Zigaretten und Wodka) für die Landwirte.[626] Die Kreisgroßhändler erzielten zwar hohe Gewinne, wurden jedoch anders als Industrieunternehmen bei der Gewinnabschöpfung „ziemlich rigoros behandelt".[627]

Während die Krakauer Großbankfilialen wegen ihrer engen Geschäftsbeziehungen zum Altreich bei den Großhandelsfirmen im Generalgouvernement über eine gute Position verfügten, mussten sie Kunden im Bereich der Lebensmittelindustrie den angestammten polnischen Instituten abwerben, obwohl sie auch hier sicherlich attraktiver waren als die polnischen Banken.

Fünf Jahre nationalsozialistischer Agrarpolitik im Generalgouvernement zu bilanzieren, stellt ein schwieriges Unterfangen dar. Mitte der 1950er Jahre war Heinz von Streng noch zu dem Fazit gekommen, dass die deutschen Investitionen „auf lange Sicht vorgenommen worden" seien und dass Deutschland „die Früchte dieser Investitionen" nicht mehr hätte ernten können, da die Besatzungszeit zu kurz war, um einen positiven Wandel herbeizuführen.[628] Diese Einschätzung hat seitdem immer wieder besonders polnische Historiker auf den Plan gerufen[629], denn die in der Tat seitens des Reiches getätigten Investitionen waren kein Altruismus bzw. Entgegenkommen an die polnische Bevölkerung, sondern fügten sich ein in die Investitionen, die das Regime im Interesse einer möglichst effizienten Kriegsführung – Rüstung und Lebensmittelversorgung der deutschen Bevölkerung – vornahm. Diese Investitionen als „Aktivposten für Deutschland" zu werten, ist vor dem Hintergrund der Okkupation, Razzien, Strafexpeditionen gegen ganze Dörfer, Deportationen ins Reich, Kontributionen, der gigantischen Zahl von Arbeitslagern im Generalgouvernement und der Judenvernichtung äußerst fragwürdig.[630]

Wie in vielen anderen Bereichen nationalsozialistischer Wirtschaftspolitik wurden Krisenerscheinungen auch in der Landwirtschaft des Generalgouvernements mit der Forderung nach einem verstärktem Einsatz von Steuerungsinstrumenten beantwortet. Dies zeigte sich nicht nur in der ganzen Einrichtung der Landwirtschaftlichen Zentralstelle und der sukzessiven Ausweitung ihrer Aufgaben, die ab einem frühen Zeitpunkt dann auch und zunehmend mit Polizeigewalt durchgesetzt wurden. Deutlich wird dies auch in dem (letztlich erfolglosen) Bestreben der Preisbehörde im Generalgouvernement, die Landwirtschaftliche Zentralstelle der

626 Historisches Archiv der DG Bank, S–II–40, Nr. 18: Platenik, Genossenschaftswesen im Generalgouvernement, S. 5.

627 HAC, SdF Ost, Filiale Krakau, Kreditakte Eicke & Lohmann: CB Krakau an Zentrale Berlin, 7.3.1942, betr. Gewinnabschöpfung im Generalgouvernement.

628 Von Streng, Landwirtschaft im Generalgouvernement, S. 92.

629 Vgl. hierzu stellvertretend die Rezension von Tatiana Berenstein, in: BŻIH 31 (1959), S. 95-108.

630 Von Streng, Landwirtschaft im Generalgouvernement, S. 95. Allerdings verweist auch von Streng (ebd.) auf das Vergleichsproblem von Erfolgen auf der Mikro- und Mesoebene und der Gesamtbilanz im Generalgouvernement: „Der Nutzen, den die polnische Landwirtschaft von diesen Maßnahmen gehabt hat, kann niemals das Unrecht aufwiegen, das Polen insgesamt zugefügt wurde, da rechtliche und wirtschaftliche Größen inkommensurabel sind."

Verwaltung des Generalgouvernements stärker unterzuordnen, als die Regierung den Eindruck gewann, die Landwirtschaftliche Zentralstelle sei zu unabhängig geworden. Die Entwicklung schlug auch auf die Kreditinstitute durch. So besaß die Staatliche Agrarbank 1940 noch eine vergleichsweise große Autonomie in der Krediterteilung. Mit andauernder Okkupation jedoch kam es seitens der Regierung des Generalgouvernements zu zunehmend stärkeren Eingriffen in die Kreditpolitik der (polnischen) Direktion, zumal die Agrarbank mittelfristig offenbar als regierungseigenes Kreditinstitut der Hauptabteilung Ernährung und Landwirtschaft vorgesehen war und als Konsortialführerin zahlreicher Kredite an die Landwirtschaftliche Zentralstelle diese Rolle ohnehin schon spielte.[631] Dagegen konnte den deutschen Kreditinstituten im Generalgouvernement die Ausweitung staatlicher Kontrolle und damit auch staatlicher Verantwortlichkeit nur recht sein, zumal in einem Kreditsektor, der in Umfang, Laufzeit und Risiko einerseits zwar attraktiv, andererseits jedoch aus der Krakauer Perspektive schwer zu überschauen war, und der schließlich stärker als andere Geschäftssparten zwischen die Fronten der gewaltsamen Okkupationspolitik und der polnischen Widerstandsbewegung geriet. Besonders augenfällig war dies in Gebieten, in denen sich die Nationalsozialisten während des Krieges an die Umsetzung umfänglicher Ansiedlungsvorhaben machten.

Siedlungs- und Deportationsprojekte der DUT

Auch wenn das Generalgouvernement mit seinem bewusst unscharf gehaltenen Status eines „Nebenlandes des Reiches“ nach 1939 zunächst nicht als Gebiet für eine planmäßige Ansiedlung von Deutschen vorgesehen war, wurden die Eroberung und die Machtausübung in diesem Raum von den deutschen Besatzern als ein dauerhafter Zustand betrachtet. Inwieweit vereinzelte Anregungen aus dem Jahre 1940, auch das Generalgouvernement in den deutschen Siedlungsraum im Osten einzubeziehen, bereits einen Kurswechsel andeuteten, lässt sich nicht mit Bestimmtheit sagen.[632] Entsprechend der Konzeption einer „Heimstatt der Polen“ waren 1940/41 immerhin zunächst 25475 „Volksdeutsche“ aus der Umgebung von Chelm (Chełm, Distrikt Lublin) in den Warthegau bzw. nach Danzig-Westpreußen ausgesiedelt und die von ihnen zurückgelassenen Häuser und Höfe in Form einer „Tauschsiedlung“ an ins Generalgouvernement deportierte Polen verteilt worden.[633]

Eine Zäsur bedeutete der Besuch des Generalgouverneurs bei Hitler im März 1941.[634] Der Führer sei entschlossen, so Frank, aus dem Generalgouvernement „im Laufe von 15 bis 20 Jahren ein rein deutsches Land zu machen“, und das „Wort von der Heimstätte des polnischen Volkes“ werde auf dieses Gebiet „nicht

---

631 Riedel, Działalność Państwowego Banku Rolnego w pierwszych latach okupacji hitlerowskiej, S. 89.

632 Vgl. Broszat, Nationalsozialistische Polenpolitik, S. 164–168, hier S. 164f.

633 Hierfür hatte die DUT zwischen Juni und November 1940 eine Verbindungsstelle in Lublin unterhalten; Bericht der Deutschen Umsiedlungs-Treuhand-Gesellschaft mbH über das Geschäftsjahr 1940, S. 6, 13f.; dto. über das Geschäftsjahr 1941, S. 19f.; Sobczak, Hitlerowskie przesiedlenia ludności niemieckiej, S. 220–234.

634 Siehe oben S. 310.

mehr anwendbar" sein.[635] Infolge des deutschen Überfalls auf die Sowjetunion 1941, der sich für die Nationalsozialisten zunächst günstig zu entwickeln schien, ferner wegen der Vergrößerung des Generalgouvernements durch den fünften Distrikt Galizien im selben Jahr sowie durch die im Frühjahr 1942 im Distrikt Lublin begonnene systematische Judenvernichtung änderte sich die Situation grundlegend. Nun machte sich die SS an die sofortige Umsetzung der zuvor auf Jahrzehnte hin geplanten Eindeutschungsziele: Waren zuvor alle „Volksdeutschen" aus dem Generalgouvernement ausgesiedelt worden, sollten nun wie zuvor schon in den eingegliederten Gebieten auf Initiative der SS zunächst 27000, in einer zweiten Phase weitere 70000 „Volksdeutsche" im Generalgouvernement, d.h. zunächst in der Kreishauptmannschaft Zamość, angesiedelt werden. Von hier aus sollte dann die weitere „Germanisierung" des Generalgouvernements voranschreiten. Dies war eine bemerkenswerte Entwicklung, wenn man bedenkt, dass der Distrikt Lublin 1939/40 noch für ein „Judenreservat" vorgesehen war und nun zur deutschen Mustersiedlung avancieren sollte.

Die Wahl des Gebietes um Zamość (Zamojszczyzna) war neben anderen Faktoren in erster Linie auf den ambitionierten SSPF Lublin, Odilo Globocnik[636], zurückzuführen, weshalb sich ein Zusammenhang mit dem gleichzeitig durchgeführten Judenmord im Distrikt Lublin mit seinen beiden Vernichtungslagern Bełżec und Sobibór vermuten lässt.[637] Ein direkter Konnex mit den Entwürfen zum „Generalplan Ost" ist sehr wahrscheinlich, aber bislang nicht überzeugend nachgewiesen worden.[638] Gleichwohl begannen 1942 in seinem Umfeld über das weitere Schicksal der Polen Überlegungen zu kursieren[639], die die vollständige Eindeutschung des Generalgouvernements qua Besiedlung bereits als eine feste Planungsgröße voraussetzten: „Der Plan sieht nun die Aussiedlung von 80 bis 85% Polen vor, d.h. es kommen, je ob man von 20 oder 24 Millionen Polen ausgeht, 16 bis 20,4 Millionen Polen zur Aussiedlung, während 3 bis 4,8 Millionen Polen im deutschen Siedlungsraum verbleiben sollen. [...] Daß man die Polenfrage nicht in dem Sinne lösen kann, daß man die Polen, wie die Juden, liquidiert, dürfte auf der Hand liegen. Eine derartige Lösung der Polenfrage würde das deutsche Volk bis in die ferne Zukunft belasten und uns überall die Sympathien nehmen, zumal auch die anderen Nachbarvölker damit rechnen müßten, bei gegebener Zeit ähnlich behandelt zu werden."[640]

---

635 Präg/Jacobmeyer (Hg.), Diensttagebuch, S. 335f. (Diensttagebuch vom 25.3.1941). 1942 ging Frank von demselben Zeithorizont aus; vgl. ebd., S. 469 (Regierungssitzung vom 11.3.1942).

636 Black, Odilo Globocnik – Himmlers Vorposten im Osten, S. 109f.; vgl. Musial, Ursprünge der „Aktion Reinhardt", S. 60–65.

637 Vgl. Wasser, „Germanisierung" im Distrikt Lublin, S. 272.

638 Zum Problem vgl. Zygmunt Mańkowski: Hitlerowska akcja wysiedleń o osadnictwa na Zamojszczyźnie (model czy improwizacja), in: ders., W kręgu polskich doświadczeń historycznych XIX i XX w., S. 210–240; sehr differenziert in dieser Hinsicht Heinemann, „Rasse, Siedlung, deutsches Blut", S. 376–415.

639 Zur Integration des Generalgouvernements in einen „Gesamt-Siedlungsplan" vgl. BArch, NS 19/1739, Bl. 13f.: RFSS an Greifelt, 12. Juni 1942, betr. Generalplan Ost.

640 IPN, NTN, Nr. 252, Bühler-Prozess, Bd. 6, Bl. 149–191, hier Bl. 164, 166: Stellungnahme und Gedanken zum Generalplan Ost des Reichsführers SS vom 27.4.1942 (gez. Erhard Wetzel) (NG–2325) (Photokopie); abgedruckt bei Czesław Madajczyk (Hg.): Vom Ge-

Konkrete Gestalt nahm das von Globocnik bereits seit 1941 verfolgte Ansiedlungsprojekt in der Zamojszczyzna mit Himmlers Allgemeiner Anordnung Nr. 17 C vom 12. November 1942 an, in der er die Gegend um Zamość als „ersten deutschen Siedlungsbereich", zugleich auch als Stützpunkt für die „Bandenbekämpfung" festlegte. Angesiedelt werden sollten vor allem Umsiedler aus Bosnien, „gefährdete volksdeutsche Umsiedler aus den besetzten Ostgebieten" (Sowjetunion) sowie „Volksdeutsche und Deutschstämmige aus dem übrigen Generalgouvernement".[641] Nun wurde auch die Deutsche Volksliste im Generalgouvernement eingeführt, nachdem Frank bereits am 29. Oktober 1941 eine „Verordnung über die Einführung eines Ausweises für Deutschstämmige im Generalgouvernement" erlassen hatte.[642] Um im Generalgouvernement allerdings überhaupt eine genehme Statistik über die ansässigen „Volksdeutschen" zu erhalten, musste die Hürde für die Aufnahme in die DVL entsprechend niedrig sein, ein deutscher Urgroßelternteil war hierfür ausreichend („12,5 prozentige Deutschstämmigkeit"[643]).

Auf die nunmehr anstehenden Fragen, von wem und in welcher Weise dieses Ansiedlungsprojekt organisiert und finanziert werden sollte, wurden *grosso modo* dieselben Antworten gefunden wie schon in den eingegliederten Ostgebieten. Für die praktische Durchführung der Ansiedlung der Deutschen (und der vorangehenden Deportationen der Polen und Ukrainer) sollten unter Leitung des HSSPF Ost, Friedrich Wilhelm Krüger, als Beauftragte des RKF die Einwandererzentralstelle (EWZ) mit einer Niederlassung in Lublin sowie die Umwandererzentralstelle (UWZ) zuständig sein, die ihrerseits eine Zweigstelle in Zamość einrichtete.[644] Die finanzielle Seite dagegen sollte von der Deutschen Umsiedlungs-Treuhand-Gesellschaft (DUT) geregelt werden.[645]

In seiner Anordnung vom 12. November 1942 hatte Himmler festgelegt, dass die DUT „auch hier verantwortlich für die Frage der Vermögensausgleiche einschl. einer vorläufigen Versorgung der Umsiedler mit Barmitteln" sei.[646] Diese

---

neralplan Ost zum Generalsiedlungsplan. München u.a. 1994, S. 50–81, hier S. 61, 63; ferner bei Helmut Heiber: Der Generalplan Ost, in: VfZ 6 (1958), S. 297–324, hier S. 306, 308; vgl. Heinemann, „Rasse, Siedlung, deutsches Blut", S. 370f.

641 IPN, NTN, Nr. 255, Bühler-Prozess, Bd. 9, Bl. 1f.: RFSS RKF – Allgemeine Anordnung Nr. 17 C vom 12. 11. 1942 über die Bestimmung eines ersten Siedlungsbereiches im Generalgouvernement (abgedruckt in: Zamojszczyzna – Sonderlaboratorium SS. Zbiór dokumentów polskich i niemieckich z okresu okupacji hitlerowskiej. Pod redakcją Czesława Madajczyka, 2 Bde. Warszawa 1977, Bd. 1, S. 167f.).

642 Birn, Die Höheren SS- und Polizeiführer, S. 203; Eisenblätter, Politik des Reiches gegenüber dem Generalgouvernement, S. 201 ff.

643 Zit. nach Wasser, „Germanisierung" im Distrikt Lublin, S. 288.

644 Wojciech Zyśko: Realizacja akcji wysiedleń na Zamojszczyźnie w świetle rozkazów hitlerowskiej Centrali Przesiedleńczej (UWZ Zamość), in: Zeszyty Majdanka 9 (1977), S. 128–171.

645 BArch, R 49/15: Tätigkeitsbericht des RKF/Stabshauptamtes über die Umsiedlungsmaßnahmen (Stand Ende 1942), zit. nach Müller, Hitlers Ostkrieg und die deutsche Siedlungspolitik, S. 200; Bericht der Deutschen Umsiedlungs-Treuhand-Gesellschaft mbH für das Geschäftsjahr 1942, S. 3, 5, 10.

646 IPN, NTN, Nr. 255, Bühler-Prozess, Bd. 9, Bl. 1f. (Zamojszczyzna – Sonderlaboratorium SS, Bd. 1, S. 167).

Regelungen hatten jedoch größtenteils nur nachvollziehenden Charakter, da die DUT zu diesem Zeitpunkt bereits eine Verbindungsstelle in Lublin aufbaute und die Finanzierung der Ansiedlung mittels eines von den Krakauer Banken zu vergebenden Konsortialkredites an die DUT in ihren Grundzügen längst feststand. Da die Dresdner Bank schon in den eingegliederten Ostgebieten als Führerin des „Ostkonsortiums" für die DUT fungiert hatte, war es im Generalgouvernement gleichsam vorgezeichnet, dass hier nun die Kommerzialbank die Führung der am hiesigen Kredit beteiligten Banken übernehmen würde. Aus einer Aktennotiz der Kommerzialbank vom 25. September 1942 geht hervor, dass Banken, RFSS und DUT sich bis zu diesem Zeitpunkt bereits einig geworden waren: „Der Reichsführer SS – Reichskommissar für die Festigung deutschen Volkstums – hat den Ansatz von über 50000 Umsiedlern im Generalgouvernement, und zwar in erster Linie im Distrikt Lublin angeordnet. Um diesen Umsiedlern den Aufbau einer neuen Existenz zu ermöglichen, sollen ihnen Kredite im Ausmasse des von ihnen am alten Wohnsitz zurückgelassenen und der Deutschen Umsiedlungs-Treuhand-Gesellschaft mbH (DUT) zur Verfügung gestellten Vermögens gewährt werden. Um diese kreditmässige Betreuung der Umsiedler durch Einräumung von Betriebsmitteln und Aufbaukrediten, die mit wenigen Ausnahmen für gewerbliche Zwecke und für freie Berufe, nicht für landwirtschaftliche Siedlungen bestimmt sind, ohne Inanspruchnahme von Haushaltsmitteln sicherzustellen, benötigt die DUT nicht unerhebliche Kredite."[647]

Vielleicht war der Hinweis auf den vorwiegend gewerblichen Charakter der Kredite lediglich ein Versuch, die Banken günstig zu stimmen. In der Praxis war gleichwohl die Ansiedlung zuvörderst von „volksdeutschen" Landwirten geplant.[648] Vorgesehen war hierfür ein Kredit über insgesamt 20 Mio. Złoty, von denen acht Mio. Złoty bis zum 31. Dezember 1945, die restlichen 12 Mio. Złoty bis 31. Dezember 1947 zurückgezahlt werden sollten. Während die Kommerzialbank als Konsortialführerin einen Anteil von 30 Prozent am Kredit übernahm, entfielen auf die Creditanstalt-Bankverein und die Landeswirtschaftsbank jeweils 20 Prozent sowie auf die Bank der Deutschen Arbeit und die Commerzbank jeweils 15 Prozent.[649] Auch im Generalgouvernement führten die von der DUT weitgehend diktierten Konditionen zu einer extrem schmalen Verdienstspanne, die sich auf einen Zinssatz von einem Prozent über dem Diskontsatz (d.h. fünf Prozent) beschränkte, wohingegen Provisionen o.Ä. nicht zur Anrechnung gebracht werden durften. Lediglich die Konsortialführerin erhielt eine Provision von 0,25 Promille, die allerdings von den

[647] HAC, SdF Ost, Filiale Krakau: Kreditakte Deutsche Umsiedlungs-Treuhand-Gesellschaft, Verbindungsstelle Lublin: Aktennotiz der Kommerzialbank Krakau vom 25.9.1942 (gez. Glathe) „über die geplante Gewährung eines Konsortialkredites an die Deutsche Umsiedlungs-Treuhand-Gesellschaft".

[648] Vgl. Bericht der Deutschen Umsiedlungs-Treuhand-Gesellschaft mbH für das Geschäftsjahr 1942, S. 5.

[649] Konfuse Ausführungen hierzu bei Karl Drechsler/Gerhart Hass/Wolfgang Schumann: Zwangsaussiedlungen und Germanisierung in den Kriegszielplanungen der faschistischen deutschen Monopolbourgeoisie. Funktion und Tätigkeit der deutschen Umsiedlungs-Treuhand-Gesellschaft mbH, in: Studia Historiae Oeconomicae 8 (1973), S. 35–49, hier S. 45f.; vgl. Wixforth, Expansion der Dresdner Bank, S. 575f.

Konsorten, nicht von der DUT aufzubringen war.[650] Kreditnehmer beim Konsortium war im Gegensatz zu den eingegliederten Gebieten nur die DUT, nicht etwa die einzelnen „volksdeutschen" Umsiedler. Und da die deutschen Kreditinstitute über so etwas wie einen individuellen Kundenkreis nur in Krakau und Umgebung verfügten, kam es den Banken sicherlich entgegen, nur auf die DUT als Debitor verwiesen zu sein. Angesichts der Verdienstspanne jedoch erwogen Commerzbank und Creditanstalt-Bankverein durchaus die Möglichkeit, dem Konsortium fernzubleiben, wollten andererseits aber in keinem Falle das „Missfallen der Bankaufsichtsstelle erregen"[651], was letztlich den Ausschlag für einen Beitritt zum Konsortium gab.

Die langen Laufzeiten bis 1945 bzw. 1947 im Verbund mit der knappen Liquiditätsdecke der Großbankfilialen in Krakau (Commerzbank, Creditanstalt-Bankverein und Bank der Deutschen Arbeit) setzten die Themen Sicherheiten und Refinanzierungsmöglichkeiten ganz oben auf die Prioritätenliste der beteiligten Konsorten. Diese erhielten Schuldscheine der DUT in Höhe der jeweils auf den Konsortialanteil entfallenden Summe, die die Kreditinstitute bei der Emissionsbank bis zu maximal sechs Monaten beleihen konnten, wenn auch unter der Bedingung, dass keine anderen Refinanzierungsmöglichkeiten vorlagen.[652]

Die eigentliche Spezifik erhielt der Konsortialkredit jedoch nicht so sehr deshalb, weil die federführenden Institutionen (RKF, DUT, Dresdner Bank) allesamt in Berlin – und das hieß aus der Perspektive des Generalgouvernements im Devisenausland – ansässig waren. Entscheidender als die Frage möglicher Transfer- oder Clearingprobleme war die der Sicherheiten, da die Reichsbürgschaft über 100 Mio. RM für das „Ostkonsortium" sich nicht auf Kredite an Umsiedler bezog, „die zwar in den Ostgebieten, aber ausserhalb der Reichsgrenzen eingesetzt" würden.[653] Zu beachten war hierbei auch, dass es sich bei der DUT um eine Gesellschaft mit beschränkter Haftung handelte. Über die Lösung des Sicherheitenproblems hatten sich Dresdner Bank und RKF jedoch schnell geeinigt: „Für alle Rückgriffsansprüche, die uns aus der Übernahme dieses Kreditauftrages gegen unsere Auftraggeberin, die D.U.T. Berlin, etwa erwachsen sollten, hat der Reichskommissar für die Festigung deutschen Volkstums [...] im Einvernehmen mit dem Reichsminister der Finanzen die Rückbürgschaft in voller Höhe des Ausfalles bis zu einem Betrage von RM 10 Mill. zuzüglich aller Nebenansprüche übernommen."[654]

---

[650] HAC, SdF Ost, Filiale Krakau: Kreditakte Deutsche Umsiedlungs-Treuhand-Gesellschaft mbH, Verbindungsstelle Lublin: Aktennotiz der Kommerzialbank AG Krakau vom 25.9.1942.

[651] Ebd.: Kreditmeldung der CB Krakau an Zentrale Berlin, 20.3.1943, betr. Konsortialkredit über 3000000,– Złoty an DUT.

[652] Ebd.: Kreditantrag der CB Krakau an Zentrale Berlin, 9.12.1943, über zusätzliche 1,5 Mio. Złoty für DUT bei bestehendem Kredit über 3 Mio. Złoty.

[653] Ebd.: Kreditmeldung der CB Krakau an Zentrale Berlin,20.3.1943, betr. Konsortialkredit über 3000000,– Złoty an DUT; vgl. ebd., Kreditantrag der CB Krakau an Zentrale Berlin, 9.12.1943, über zusätzliche 1,5 Mio. Złoty für DUT bei bestehendem Kredit über 3 Mio. Złoty; Aktennotiz der Kommerzialbank AG Krakau vom 25.9.1942 (gez. Glathe).

[654] Ebd.: Dresdner Bank, Konsortial-Abteilung II, an CB Berlin, 5.7.1943, betr. reichsverbürgte Kredite an volksdeutsche Umsiedler. Vgl. ebd., Reichsführer-SS, Reichskommissar für die Festigung deutschen Volkstums, an Dresdner Bank Berlin, 30.6.1943, betr. Ruckbürgschaft für das Gouvernementskonsortium.

Die Dresdner Bank haftete jedoch nur insoweit, als sie selbst aus der „Rückbürgschaft“ des RKF Befriedigung erhielt. Was in den eingegliederten Gebieten jedoch als völlig risikolos angesehen wurde, stellte sich 1943 im Generalgouvernement offensichtlich anders dar, weshalb Dresdner Bank und Kommerzialbank Wert darauf legten, dass das angeblich nicht vorhandene Eigenrisiko der Banken anteilig auf die Konsortialmitglieder aufzuteilen sei: „Durch unseren der Kommerzialbank A.G., Krakau, erteilten Kreditauftrag haften wir u.a. auch für die Ansprüche Ihrer Filiale aus Ihrem Kreditanteil. Wenn diese Haftung auch in Anbetracht der Verpflichtung der D.U.T. Berlin und der Reichsbürgschaft nur mehr formalen Charakter hat, so glauben wir Sie der guten Ordnung halber doch bitten zu dürfen, dass Sie in entsprechendem Ausmasse uns gegenüber die Rückhaftung übernehmen.“[655]

Die sich über Haftungsbeschränkungen, Bürgschaften etc. in die Länge ziehende Korrespondenz legt die Vermutung nahe, dass die Kreditinstitute durchaus gut genug informiert waren, um zu sehen, dass das Siedlungsprojekt in der Zamojszczyzna eine höchst spekulative und unsichere Unternehmung war. Der Kreditvergabe konnte man sich nicht verschließen, wollte dies angesichts der Kredithöhe wohl auch nicht, legte aber Wert auf eine völlige Risikolosigkeit für die beteiligten Kreditinstitute. Hierbei waren ebenso wenig wie bei der „Aktion Reinhard“ moralisch-ethische Beweggründe das Movens. Während die SS aber beim Judenmord gewissermaßen auf „Guthabenbasis“ mit den Kreditinstituten arbeitete, ging es bei den Siedlungsplanungen um die Notwendigkeit, das potenzielle Ausfallrisiko wie bei jedem anderen Kredit kritisch zu prüfen und auch bei Transaktionen des RKF genauer hinzuschauen.

Das Siedlungsprojekt in der Zamojszczyzna erwies sich als eine kapitalintensive Unternehmung, denn nur wenige Monate nach Beginn der Aktion teilte die DUT im Frühsommer 1943 der Kommerzialbank mit, dass der „Reichsführer SS nunmehr den Einsatz zahlreicher Umsiedler auch im Distrikt Galizien angeordnet“ habe, wofür der Konsortialkredit von 20 auf nunmehr 30 Mio. Złoty erhöht werden müsse.[656] Auch wenn die Ausweitung der Siedlungsaktionen auf den Distrikt Galizien eine bewusste oder unbewusste Falschinformation war, da Himmler den Plan zur Ansiedlung von „Volksdeutschen“ in Galizien bereits im Januar 1943 wieder zu den Akten gelegt hatte[657], so blieb doch die starke Inanspruchnahme des Kreditlimits von 20 Mio. Złoty, das Ende 1943 mit 19,4 Mio. Złoty praktisch vollständig ausgeschöpft war.[658] Die Verhandlungen über weitere 10 Mio. Złoty zogen sich bis in das Jahr 1944 hinein und kamen wegen der weiteren Kriegsentwicklung nicht mehr zum Abschluss.

---

655 Ebd.: Dresdner Bank, Konsortial-Abteilung II, an CB Berlin, 5.7.1943, betr. Reichsverbürgte Kredite an volksdeutsche Umsiedler.

656 Ebd.: Kreditmeldung der CB Krakau an Zentrale Berlin, 20.7.1943, betr. Konsortialkredit über 3 Mio. Złoty für DUT; Geschäftsbericht der Deutschen Umsiedlungs-Treuhand-Gesellschaft mbH für das Jahr 1943, o.P.

657 Präg/Jacobmeyer (Hg.), Diensttagebuch, S.604 (Polizeibesprechung vom 25.1.1943).

658 Geschäftsbericht der Deutschen Umsiedlungs-Treuhand-Gesellschaft mbH für das Jahr 1943, o.P.

Wegen der schlechten Quellenlage ist unklar, in welcher Weise und in welcher Höhe die DUT Einzelkredite u.a. sonstige pekuniäre Unterstützungen an die „volksdeutschen" Umsiedler verteilte.[659] Im Kleinen gab es daneben jedoch auch Institutionen wie beispielsweise die Siedlerwirtschaftsgemeinschaft (SWG), die neben den Kreditinstituten gleichsam in Form von Korporationen die Versorgung der „volksdeutschen" Siedler mit sicherstellen halfen (u.a. mit Versorgungsgütern und Einrichtungsgegenständen aus dem Eigentum der im Distrikt ermordeten Juden) und dabei ihrerseits von der DUT für eine gewisse Zeit mit Krediten versorgt wurden.[660] Vor Ort war der Kreditbedarf insgesamt jedoch äußerst gering, weil bei den ortsansässigen Geldinstituten, wie im August 1943 die Zweigniederlassung der Emissionsbank in Zamość vermerkte, „seit Beginn der Umsiedlungsaktion" nämlich „das Aktivgeschäft vollständig" ruhe und „die Landbevölkerung entschädigungslos ausgesiedelt" werde.[661]

Da die Ansiedlungsprojekte im Generalgouvernement in erster Linie ein Unternehmen der SS waren, das nicht zuletzt wegen der mangelhaften Absprache mit den Dienststellen der Regierung des Generalgouvernements eine große Zahl von Schwierigkeiten verursachte, verwundert es nicht, dass Staatssekretär Bühler jede Gelegenheit wahrnahm, um seinem Rivalen Krüger Steine in den Weg zu legen. Etwas unschlüssig ließ die Bankaufsichtsstelle nachfragen, als Bühler im Oktober 1943 der bereits genannten Erhöhung des Konsortialkredites von 20 auf 30 Mio. Złoty sein Plazet verweigerte: „In meinem obigen Schreiben hatte ich um Weisung gebeten, wie das Ansuchen der Deutschen Umsiedlungstreuhandgesellschaft um Erhöhung des ihr eingeräumten Konsortialkredites von 20 auf 30 Millionen Zl. zu beantworten sei. Sie haben gelegentlich meines mündlichen Vortrages am 30. Okt. entschieden, dass dieses Ansuchen abzulehnen sei. Im Hinblick auf die Bedeutung, welche der Ablehnung eines solchen Antrages zukommen kann, darf ich um Überprüfung der Entscheidung bitten, und hierbei zu berücksichtigen, dass

1. die Deutsche Umsiedlungs-Treuhandgesellschaft zwar in Form einer GmbH. errichtet wurde, jedoch ihrer Aufgabenstellung nach als Dienststelle des Reichskommissars für die Festigung deutschen Volkstums anzusehen ist;

2. die Hauptabtlg. Finanzen, wie mir inzwischen bekannt wurde, vor gar nicht langer Zeit in die Übernahme einer Bürgschaft in der Höhe von 20 Millionen Zl. für Kredite willigte, die von seiten der D.U.T. in Anspruch genommen werden und

---

659 Das Engagement der Dresdner Bank bei der DUT im Generalgouvernement war bereits 1946 im Rahmen der OMGUS-Ermittlungen thematisiert worden, wenn auch damals noch keine Detailkenntnisse vorlagen. OMGUS. Ermittlungen gegen die Dresdner Bank 1946, S.133.

660 IPN, NTN, Nr.255, Bühler-Prozess, Bd.9, Bl.200–206, hier Bl.206: Bericht des Geschäftsführers der SWG, Zamosc, [SS-Oberführer] Pg. Naumann, o.D. [abgedruckt in: Zamojszczyzna – Sonderlaboratorium SS, Bd.2, S.295–300]; Mańkowski, Hitlerowska akcja wysiedleń, S.239.

661 AAN, Bank Emisyjny w Polsce, Zarząd Główny, Kraków, Nr.35, Bl.85f., hier Bl.85: Emissionsbank in Polen, Zweigniederlassung in Zamość, an Geschäftsleitung der Emissionsbank in Polen, Krakau, 21.8.1943, betr. Gründung einer deutschen Kreditgenossenschaft in Zamość.

3. von seiten der D.U.T. die Zusicherung gegeben wurde, dass der Betrag von 10 Millionen Zl., um welchen der Kredit erhöht wird, nur zur finanziellen Unterstützung solcher Siedlungen verwendet werden soll, die bereits durchgeführt wurden."[662]

Auch wenn die Krediterhöhung nicht mehr zur Ausweitung der Ansiedlungen auf den Distrikt Galizien verwendet wurde, brachte der Aktionismus, wie ihn Globocnik und Krüger an den Tag legten, im Herbst 1943 die Frage der Besicherung erneut auf die Tagesordnung, zumal die Konflikte zwischen der SS und der Zivilverwaltung im Generalgouvernement (beileibe nicht nur in Fragen der Zamość-Aktion) ein offenes Geheimnis waren. Es ging um nicht weniger als die zunächst noch potenzielle Möglichkeit, Ansprüche gegen den RKF durchzusetzen.[663] Namentlich die Dresdner Bank und mit ihr die Kommerzialbank befanden sich wegen ihrer vielfältigen Geschäftsverbindungen mit der SS in einer Situation, in der sie als Kreditgeber alles andere als unabhängig in ihren Entscheidungen waren. Dies wiederum veranlasste die Bankaufsichtsstelle 1944 dazu, über daraus resultierende erhöhte Ausfallrisiken nachzudenken. Der Versuch der Kommerzialbank, im Dezember 1943 die Haftung der Dresdner Bank einzuschränken, „ist nicht von grundsätzlicher, wohl aber unter gewissen Umständen von praktischer Bedeutung. Sie könnte dann zu missverständlicher Auslegung führen, wenn zwischen dem Reichsführer SS als Reichskommissar für die Festigung deutschen Volkstums und der Dresdner Bank eine Reihe von Geschäftsverbindungen bestehen. In diesem Fall sind offene oder versteckte Rückwirkungen auf die Möglichkeit der Inanspruchnahme der Bürgschaft zu befürchten. Das Ausmass dieser Gefahr lässt sich gegenwärtig nicht voraussehen, sondern hängt von den zur Zeit der Inanspruchnahme der Bürgschaft bestehenden Rechts- und Geschäftsverhältnissen zwischen Dresdner Bank und dem Reichskommissar ab."[664]

Im Falle eines selbst aus politischer Sicht höchst fragwürdigen, wenn auch aus ökonomischer risikoarmen Kreditengagements bei der DUT wurde die herausragende Position der Kommerzialbank nun zum Problem, als nämlich die Dresdner Bank spätestens 1944 weitsichtiger als bislang zwischen den Vorteilen abzuwägen hatte, die die Nähe zur SS mit sich brachte, und den Nachteilen, etwaige Geschäftsverbindungen mit ihr nicht so ohne weiteres aufkündigen zu können. Mit der Einnahme der Stadt Zamość durch die Rote Armee im Juli 1944 hatte zudem die Zielsetzung des Konsortialkredites seine Erledigung gefunden, geblieben war lediglich das Debet bei den Kreditinstituten des Konsortiums. Die Versuche der Dresdner Bank, aus der Bürgschaftserklärung für den DUT-Kredit entlassen zu werden bzw. ihre Haftung wortgetreu auf alle Konsorten auszuweiten, stießen auf den ausdrücklichen Widerstand der Creditanstalt-Bankverein, die mit ihrer Neugründung als selbständiges Kreditinstitut im Generalgouvernement 1944 mit der

662 AAN, Rząd GG, Nr. 1357/1, Bl. 103f.: Leiter der Bankaufsichtsstelle an Staatssekretär der Regierung des Generalgouvernements, 1.11.1943, betr. Erhöhung des Kredites an die D.U.T.

663 HAC, SdF Ost, Filiale Krakau: Kreditakte Deutsche Umsiedlungs-Treuhand-Gesellschaft mbH, Verbindungsstelle Lublin: Kommerzialbank an CB Berlin, 8.6.1944, betr. Konsortialkredit 20000000,– Złoty.

664 AAN, Rząd GG, Nr. 1388, Bl. 19: Aktenvermerk der Bankaufsichtsstelle vom 15.3.1944.

Kommerzialbank gleichgezogen hatte und erst nach langwierigen Verhandlungen ihr Einverständnis erklärte.[665]

Im Rahmen der Siedlungsprojekte im Distrikt Lublin gelang es, von den ursprünglich geplanten knapp 100000 Deutschen gerade einmal 9000 in der Zamojszczyzna anzusiedeln – für kaum mehr als einige Monate. Viele Tausend potenzielle Siedler saßen gleichzeitig in Lagern der „Volksdeutschen Mittelstelle" fest. Bemerkenswert hierbei war, dass die 1940/41 aus dem Generalgouvernement ausgesiedelten Chelmer Deutschen im Rahmen der Ansiedlungen um Zamość nicht nur nicht zurückgesiedelt und in diesem Zusammenhang gleichsam „restituiert" wurden[666], sondern dass auch die seinerzeit in den von ihnen geräumten Dörfer untergebrachten Polen aus den eingegliederten Ostgebieten von den mitunter überaus brutalen Zwangsräumungen explizit ausgenommen wurden.[667] Die Auswirkungen für die polnische Bevölkerung der Umgebung waren dagegen in jeder Hinsicht katastrophal: Knapp 110000 Polen wurden aus ihren Dörfern und Häusern vertrieben, aus dem Distrikt Lublin weitere 120000 Menschen zur Zwangsarbeit ins Reich deportiert. Einige zehntausend Menschen flüchteten aus Angst vor Razzien und „Pazifizierungen" und verstärkten die Partisanenbewegung im Distrikt.[668] Namentlich Letzteres kam für die deutschen Dienststellen im Generalgouvernement offenbar unvorhergesehen, obwohl bei dem Planspiel „gleichzeitiger Polenevakuierung, rassischer Aussonderung und ‚völkischer Trennung' zwischen Ukrainern und Polen" die Anwendung von Gewalt, zumal angesichts des parallel durchgeführten Judenmords, *a priori* einkalkuliert worden war.[669] Nach dem Kriege musste Staatssekretär Bühler, der von Globocniks und Krügers „Germanisierungsprojekt" überrascht gewesen sein will, vor Gericht konzedieren, dass sich die Sicherheitslage im Generalgouvernement „durch diese unreifen, dilettantisch durchgeführten Umsiedlungsaktionen bedeutend verschlechtert" habe.[670]

Auch den Kreditinstituten im Generalgouvernement konnte der Konnex, der zwischen den umfangreichen Deportationen und der erstarkenden Widerstandsbewegung bestand, nicht entgehen. Noch im Mai 1943 hatte die Bankaufsichtsstelle sich gegenüber den zuständigen Dienststellen gegen umfassende Rationali-

---

665 AAN, Rząd GG, Nr. 1402, Bl. 84–86, hier Bl. 84: Aktenvermerk der Bankaufsichtsstelle (gez. Laschtowiczka) vom 26.1.1944; HAC, SdF Ost, Filiale Krakau: Kreditakte Deutsche Umsiedlungs-Treuhand-Gesellschaft, Verbindungsstelle Lublin: Kommerzialbank an CB Berlin, 8.6.1944, betr. Konsortialkredit 20000000,– Złoty.

666 Die Chelmer und Lubliner „Volksdeutschen" hatten allein 1940 an Bargeld immerhin rund 7,61 Mio. Złoty, insgesamt rund 10 Mio. Złoty zur Transferierung an die DUT abgeliefert. Für das übrige Eigentum diente die genannte „Tauschsiedlung" als Naturalrestitution; Bericht der Deutschen Umsiedlungs-Treuhand-Gesellschaft mbH über das Geschäftsjahr 1940, S. 14; dto. über das Geschäftsjahr 1941, S. 20.

667 Wasser, „Germanisierung" im Distrikt Lublin, S288. Wasser vermutet, man habe in ihnen wegen ihrer Deutschkenntnisse eine gewisse „Wiedereindeutschungsreserve" gesehen.

668 Vgl. ebd., S. 273, 289f. Vgl. den Abschlussbericht von SS-Obersturmführer Hahn über die Ukrainer-Aktion im Kreis Hrubieszów vom 13.1. bis 6.3.1943, in: Zyśko, Realizacja akcji wysiedleń na Zamojszczyźnie, S. 163.

669 Broszat, Nationalsozialistische Polenpolitik, S. 167.

670 Sawicki, Vor dem polnischen Staatsanwalt, S. 230f.

sierungsmaßnahmen, d.h. Personalabbau, im Kreditwesen ausgesprochen und argumentiert, wichtig seien hierbei vor allem „die wesentlich vermehrten Sicherheitsvorkehrungen, wie sie die ständig zunehmende Zahl der Raubüberfälle schweren Ausmasses angesichts des geringen Umfangs des polizeilichen Schutzes erforderlich" mache. Zudem sei bekanntlich „die im hiesigen Kreditwesen eingesetzte Anzahl der reichs- und volksdeutschen Kräfte nur sehr gering".[671]

Nur wenige Wochen später, am 12. August 1943, gelang es einer Einheit der Heimatarmee (Armia Krajowa, AK), bei einem spektakulären Überfall auf einen Geldtransport der Emissionsbank in Warschau (Aktion „Góral"[672]) Bargeld in einer Gesamtsumme von 110 Millionen Złoty zu erbeuten.[673] Da die Banknoten nicht nummeriert waren und aus verschiedenen Serien stammten, war es den Behörden nicht möglich, das erbeutete Geld für ungültig zu erklären. Die AK tauschte die Summe auf dem Schwarzmarkt in US-Dollar um (ca. 1,2 Mio. US-$), um einer erwarteten Abwertung des Złoty zuvorzukommen.[674] Die Vertreter der deutschen Banken im Generalgouvernement baten daraufhin um „die Schaffung eines klaren Rechtsanspruches auf Vergütung aller Schäden, die durch Plünderung, Raub und feindliche Einwirkung, durch politische Banden oder durch gewöhnliche Raubüberfälle verursacht" wurden.[675]

Doch Gefahr drohte den Kreditinstituten beileibe nicht nur seitens der verschiedenen polnischen Widerstandsgruppen. Die 1942/43 sich rasch verschlechternde Sicherheitslage bekamen vor allem die Institute zu spüren, die fern der großen Zentren, nämlich auf dem Lande und an der Peripherie, ihre Geschäfte tätigten: die Sparkassen und Genossenschaften. Im Sparkassenwesen standen 1943 den „Arbeiten zur Vereinheitlichung" des Niederlassungsnetzes als Schwierigkeit die „Umsiedlungsmassnahmen (Kreis Zamosc)" entgegen, und geplante Neugründungen im Distrikt Galizien verhinderten die zuständigen Kreishauptleute mit Hinweis auf die „gegenwärtige Sicherheitslage (Tarnopol, Zloczow)". Schließlich sah man das allgemeine Problem der Geschäftstätigkeit nicht zuletzt „in der Rechtsunsicherheit auf manchen Gebieten, z.B. Regelung der Gemeindeschulden, Treuhandvermögen, eingezogenes Vermögen, Beschlagnahmen, Aussiedlungen".[676]

Die Lubliner Niederlassung der Emissionsbank berichtete im Dezember 1943 in ihrem monatlichen Wirtschaftsbericht darüber, dass die ansässige Zentralkasse der Landwirtschaftlichen Genossenschaften „beträchtliche Verluste infolge der zwangsweisen von den Behörden angeordneten Räumung einzelner Dörfer in den Kreisen Zamość und Tomaszów Lubelski" erlitten habe, „da dabei einzelne ört-

---

671 AAN, Rząd GG, Nr. 1347, Bl. 28-36, hier Bl. 33: Bankaufsichtsstelle an den Beauftragten des Generalgouverneurs für den kriegsmäßigen Verwaltungsausbau, 18.5.1943, betr. Rationalisierungsmassnahmen im Kreditwesen des Generalgouvernements.

672 Die 500-Złoty-Banknote der Emissionsbank in Polen stellte das Portrait eines Góralen dar. Vgl. die Umschlagabbildung.

673 Emil Kumor: Wycinek z historii jednego życia. Warszawa 1967, S. 149-235.

674 Ebd., S. 216, 221, 224.

675 AAN, Rząd GG, Nr. 1388, Bl. 52-55, hier Bl. 52: Aktennotiz der Bankaufsichtsstelle vom 24.8.1943 betr. Kommerzialbank.

676 AAN, Rząd GG, Nr. 1347, Bl. 1-5, hier Bl. 1, 3: Notizen zu einem Rechenschaftsbericht der Unterabteilung Sparkassenwesen vom 21.9.1943.

liche Kreditgenossenschaften zugrundegegangen und ihre Handelsbücher abhanden gekommen" seien.[677] Da nun die SS und Polizei als Exponenten und Hauptverantwortliche dieser Eskalationspolitik unzweifelhaft feststanden, war 1943/44 sogar für die Dresdner Bank offenbar der Zeitpunkt gekommen, sich in Bezug auf Geschäftsverbindungen mit dem RFSS bzw. RKF vorsichtig in Richtung auf eine progressive Schadensbegrenzung zu bewegen.

[677] AAN, Rząd GG, Nr. 1347, Bl. 67: Auszüge aus den Wirtschaftsberichten der Emissionsbankniederlassungen Lublin und Tarnopol für Dezember 1943.

V. Die Evakuierung deutscher Kreditinstitute aus Polen und das Ende des Zweiten Weltkrieges 1944/1945

Allgemein waren die Kreditinstitute auch in den Ostgebieten seit der zweiten Jahreshälfte 1943 auf mögliche Zerstörungen von Niederlassungen durch Bombenangriffe vorbereitet, so dass zwar Gebäude, nicht aber der Zahlungsverkehr, Kontostände, Überweisungsaufträge u. Ä. gefährdet waren.[1] Verluste von Niederlassungen durch die näherrückende Front oder durch Bombenschäden hatten wegen der bereits früher regulär oder in kluger Voraussicht getätigten Abschreibungen 1944 keine größeren finanziellen Einbußen zur Folge.[2]

Viel unkalkulierbarer jedoch war das Verhalten der Einleger und der Kreditkundschaft. Daher ist angesichts des Bombenkrieges erstaunlich, dass es zwar zu einem messbaren, nicht aber zu einem nennenswerten Abzug von Depositen bei Banken und Sparkassen kam[3], wobei namentlich letztere und die Großbanken mit ihren reichsweiten Filialnetzen sich als flexibel erwiesen.[4] Verstärkte Einlagenabzüge, wie z. B. nach der Landung der Alliierten in der Normandie, konnten durch den „Freizügigkeitsverkehr der Sparkassenbücher" abgeschwächt werden.[5]

In den besetzten Ostgebieten machte sich bei der Kundschaft dagegen spätestens im Frühjahr 1944, als die Rote Armee an der Ostgrenze Polens stand, Unruhe bemerkbar. In einem Schreiben an die Deutsche Bank in Ratibor vom 15. April 1944 stellte ein Kunde Gedanken darüber an, inwieweit „in Zeiten wirtschaftlicher Katastrophen" auch das Geldwesen in Mitleidenschaft gezogen werde: „Ich bitte daher um Übersendung einer Bürgschaftserklärung, in die Sie die Verpflichtung aufnehmen, im Fall einer eingetretenen Entwertung der Reichswährung, gleichgültig welcher Art diese sein und welchen Namen sie auch tragen möge, mich nach Herstellung der Währung in vollwertiger, stabiler Reichswährung vollwertig zu entschädigen. Alsdann erfolgt weitere Überweisung von Sparguthaben."[6]

Die Deutsche Bank wahrte in ihrer Antwort vom 2. Mai 1944 zwar die Form, verwies aber auch darauf, dass die Betrachtungen des Kunden von Voraussetzungen ausgingen, „die der Vergangenheit mit ihrem überholten wirtschaftlichen Denken" angehörten: „Unser heutiges Wirtschaftssystem und unsere Geldlage

---

[1] Mitteilungen der Industrieabteilung der Gauwirtschaftskammer Wartheland 4 (1943), H. 11, S. 1 f., hier S. 1; Bankbild 1943, in: DWZ 41 (1944), S. 98.

[2] AAN, Ministerstwo Prac Kongresowych Rządu RP (emigracyjnego) w Londynie, Nr. 107, Bl. 36: Neue Zürcher Zeitung Nr. 159 vom 28. 1. 1945: Ausblick auf das deutsche Bankjahr 1944.

[3] Sperk/Wilsdorf, Liquiditätsverhältnisse der deutschen Sparkassen, S. 107.

[4] Bankwirtschaft und Luftkrieg, in: DWZ 40 (1943), S. 298.

[5] AAN, Ministerstwo Prac Kongresowych Rządu RP (emigracyjnego) w Londynie, Nr. 107, Bl. 32: Neue Zürcher Zeitung Nr. 155 vom 27. 1. 1945: Die Spartätigkeit der Deutschen.

[6] SächsHStA, Altbanken Dresden, Nr. 544: Vinzent B. aus Rybnik an Deutsche Bank Ratibor, 15. 4. 1944, betr. „Mein Sparguthaben".

sind, wie auch von berufensten Stellen immer wieder hervorgehoben und letzthin wieder durch den Herrn Reichsminister in seiner Eigenschaft als Präsident der Deutschen Reichsbank gelegentlich der Hauptversammlung dieser Bank betont, so fest begründet, daß eine Geldentwertung, eine Kaufkraftsenkung oder wie Sie es sonst nennen wollen, ausgeschlossen ist. Ihre Folgerungen aus Ihren Betrachtungen und der daraus entsprungene Wunsch entbehren daher jeder Grundlage."[7]

Die Bezugnahme auf „den Herrn Reichsminister" ermöglichte es den Bankiers, gute Miene zu einem Spiel zu machen, an das sie selbst kaum mehr glauben konnten. Angesichts einer Summe von 10,5 Mrd. RM, die das Deutsche Reich 1944 nur für den Schuldendienst aufzubringen hatte, war jedem Fachmann klar, dass man eine wesentlich auf Anleihen beruhende Währungsstabilität im Kriege nur mit einer zurückgestauten, d.h. Nachkriegsinflation erkaufen konnte.[8] Darüber hinaus war mit den Vorbereitungen auf das Ende, wie immer es auch aussehen sollte, im Kreditsektor längst begonnen worden.

Es ist schwer zu erkennen, inwieweit die Anweisungen der Kreditinstitute betr. Aufgabe von Niederlassungen auf den Erfahrungen fußten, die man zuvor mit der Evakuierung deutscher Dienststellen gemacht hatte, die der Ostfront deutlich näher lagen als die Niederlassungen der Kreditinstitute und daher auch früher als diese geräumt werden mussten.[9] Als aufschlussreich erweisen sich die Richtlinien, die einzelne Kreditinstitute ihren Filialen für „die theoretischen möglichen Fälle" einer Evakuierung ausgaben. Neben grundsätzlichen Hinweisen darauf, sich an den anderen ortsansässigen Instituten und mehr noch an der Reichsbankniederlassung zu orientieren und sich ferner mit den zuständigen Behörden wie beispielsweise der Gauwirtschaftskammer abzustimmen, war man andererseits bestrebt, „unerwünschte Auswirkungen in der Öffentlichkeit", d.h. eine Panik, zu vermeiden. Realistisch ging man dabei von einer totalen Räumung und einer Evakuierung auch der deutschen Bevölkerung aus: „Da die Kundschaft in einem solchen Fall abwandert, müssen auch die Kreditinstitute ausweichen."[10] Ungeachtet aber der Listen der als absolut unentbehrlich angesehenen Geschäftsunterlagen, die bei einer Evakuierung mitzunehmen seien, gab man sich auf Seiten der Banken keiner Illusion darüber hin, dass auch eine „Besetzung durch eine feindliche Macht, ohne daß eine Räumung des Platzes angeordnet wird oder stattfindet"[11], durchaus im

[7] Ebd.: Deutsche Bank Ratibor an Vinzent B., 2.5.1944.

[8] Boelcke, Kosten von Hitlers Krieg, S.92; Querschnitt durch die Kriegsfinanzierung, in: DWZ 41 (1944), S.258: „Die Gesamtausgaben des Deutschen Reiches in den ersten fünf Kriegsjahren haben, wie die „Deutsche Volkswirtschaft" ausführt, ungefähr 525 bis 535 Milliarden RM betragen. Davon dürften etwa 240 bis 250 Milliarden RM durch Steuern und sonstige Einnahmen, und rund 285 Milliarden RM durch Kreditaufnahme finanziert worden sein. Die Kreditaufnahme läßt sich wie folgt aufgliedern: An Reichswechseln und unverzinslichen Schatzanweisungen wurden 162 Milliarden RM untergebracht, das sind 56,8% der Gesamtkreditsumme. Auf die langfristige Reichsverschuldung entfallen rund 105 Milliarden RM oder fast 37%, der Rest auf sonstige, meist kurzfristige Schulden."

[9] BArch, R88 II/24, Bl.26: Handelsaufbau-Ost GmbH, Hasenfelde: Rdschr. vom 21.11.1944 an Auffanggesellschaften in Kattowitz, Gotenhafen und Posen betr. Räumung von Geschäften bei Feindeinwirkung.

[10] SächsHStA, Altbanken Dresden, Nr.6243: CB Berlin an die Filialleiter, 28.9.1944, S.1.

[11] Ebd., S.3.

Bereich des Möglichen lag. Besonderes Augenmerk richtete man darauf, keine Buchungsrückstände zuzulassen.

Möglicherweise fiel den Filialgroßbanken der Abschied von den Ostgebieten 1944/45 auch deshalb leicht, weil sie sahen, dass sie – vielleicht mit Ausnahme Schlesiens – langfristig auf diesen ideologischen Versuchs- und Exerzierfeldern nicht zu den großen Gewinnern würden zählen können. Wie Ludolf Herbst für die Reichsgruppe Industrie und das RWM gezeigt hat, begannen industrielle Kreise bereits an der Jahreswende 1942/1943 mit den ersten Planungen für eine Friedenswirtschaft, obwohl dies durch Führererlass vom 25. Januar 1942 offiziell verboten war und durch weitere Erlasse Görings vom April 1942 und April 1944 noch einmal ausdrücklich untersagt wurde.[12] Eine andere Frage lautet, ob die Teilungskonzeptionen der Alliierten bereits so früh in Kreisen der Industrie und dem RWM bekannt waren, dass es zu einer signifikanten Verlagerung von Kapitalien insbesondere nach Süddeutschland kam, d. h. in die zukünftige amerikanische Besatzungszone, und inwieweit dieses Wissen um die Nachkriegsordnung Einfluss auf das Evakuierungsverhalten deutscher Banken hatte.[13] Es kann nur vermutet werden, dass die großen deutschen Kreditinstitute in der zweiten Hälfte des Jahres 1944 an den staatlichen Kreditaktionen im Osten wegen eines von ihnen frühzeitig intendierten Kapitalabzuges kaum noch beteiligt waren. Insbesondere die Deutsche und die Dresdner Bank hatten offenbar recht präzise Kenntnisse von den alliierten Nachkriegsplanungen und zogen ihre Ressourcen aus den östlichen Gebieten in die zukünftigen westalliierten Zonen ab.[14] Diese Entwicklung fiel allerdings auch mit der allgemein verbreiteten Ansicht zusammen, dass die Nationalsozialisten womöglich mit den USA und Großbritannien zu einem Separatfrieden gelangen könnten, um anschließend gemeinsam gegen die Rote Armee vorzugehen, wobei der Osten des Reiches zum entscheidenden Kriegsschauplatz werden würde.

Den Erwartungshorizont der Banken in Bezug auf den weiteren Kriegsverlauf in der Retrospektive einzuschätzen, ist dennoch ein schwieriges Unterfangen. Im Frühjahr 1944 waren sie im Generalgouvernement noch nicht völlig zu der Er-

---

12 VO über Friedensplanungen in der Wirtschaft vom 13.4.1942 (RGBl. I, S. 239); Ludolf Herbst: Krisenüberwindung und Wirtschaftsneuordnung. Ludwig Erhards Beteiligung an den Nachkriegsplanungen am Ende des Zweiten Weltkrieges, in: VfZ 25 (1977), S. 305–340, bes. S. 322, 327 (Anm. 104); ders.: Die wirtschaftlichen Nachkriegspläne der SS, des Reichswirtschaftsministeriums und der Reichsgruppe Industrie im Angesicht der Niederlage (1943–1945), in: Michel Dumoulin (Hg.), Plans de temps de guerre pour l'Europe d'après-guerre 1940–1947. Bruxelles 1995, S. 15–24; vgl. Wolfgang Schumann: Nachkriegsplanungen der Reichsgruppe Industrie im Herbst 1944. Eine Dokumentation, in: Jahrbuch für Wirtschaftsgeschichte 1972/III, S. 259–296.

13 Herbst, Der Totale Krieg und die Ordnung der Wirtschaft, S. 383–452, bes. S. 397ff.

14 Karl Heinz Roth: Einleitung, in: OMGUS. Ermittlungen gegen die Dresdner Bank, S. LXVIII–LXIX; vgl. Herbst, Der Totale Krieg und die Ordnung der Wirtschaft, S. 406ff.; vgl. Müller, Hitlers Ostkrieg und die deutsche Siedlungspolitik, S. 70: „Die luftkriegsbedingten Verlagerungen und Untertagebauten wurden weitgehend unter dem Gesichtspunkt der unternehmerischen Überlebensfähigkeit durchgeführt, schon mit Blick auf die bevorstehende Niederlage und zum Schutz der Produktionsmittel. Daher wurde Süddeutschland zum bevorzugten Ausweichort, nicht der Osten."

kenntnis gelangt, dass ein vorsichtigeres Aktivgeschäft dringend geboten schien.[15] Allerdings sah die Lage bis August 1944 zumindest in Krakau nicht bedrohlich aus, und ein Besucher des Krakauer Hauptmarkts – des Rynek Główny, der 1940 in Adolf-Hitler-Platz umbenannt worden war – konnte den Eindruck einer überwältigenden Bankenpräsenz bekommen[16]:

Adolf-Hitler-Platz Nr.	Kreditinstitut
6	Commerzbank
7	Bank der Deutschen Arbeit
8	Verbandsbank der Erwerbsgenossenschaften
17	Allgemeine Kreditbank
19	Warschauer Handelsbank
21	a) Aktien-Hypothekenbank
	b) Warschauer Disconto-Bank
31	Creditanstalt-Bankverein
44	a) Allgemeiner Bankverein in Polen
	b) Kommerzialbank
47	Landeswirtschaftsbank

Ende Juni 1944 lauteten die wichtigsten Bilanzposten der deutschen Banken im Generalgouvernement wie folgt (Angaben in Tausend Złoty)[17]:

	Kassa, Emissionsbank- und Postscheck-Guthaben	Schatzanweisungen	Spareinlagen	Kontokorrent-Einlagen	Kontokorrent-Forderungen
1. Creditanstalt-Bankverein	64918	6370	4171	190334	114208
2. Kommerzialbank	75320	41695	5473	332398	160966
3. Commerzbank	11789	1464	395	49309	41317
4. Bank der Deutschen Arbeit	33626	6250	228	96030	47970
Insgesamt	185653	55779	10267	668071	364461

Insbesondere das Verhältnis bzw. Missverhältnis von Spareinlagen und Einlagen in laufender Rechnung auf der einen und Kontokorrentforderungen auf der anderen Seite macht deutlich, auf welch tönernen, d.h. kurzfristigen, Füßen das gesamte Bankgeschäft im Generalgouvernement stand und immer gestanden hatte. Die von der Bankaufsichtsstelle immer wieder unterstrichene Vorgehensweise, aus

15 Zum Verlauf der Räumung des Generalgouvernements vgl. Blanka Meissner: Ewakuacja niemieckich władz administracyjnych i niemieckiej ludności z okupowanych ziem polskich w latach 1944–1945. Warszawa 1987, S. 64–84.

16 IPN, Rząd Dystryktu Krakowskiego, Nr. 31, Bl. 12: Banken und Versicherungen in Krakau [Stand vom 12. 8. 1944].

17 AAN, Rząd GG, Nr. 1396, Bl. 12: Bankaufsichtsstelle an den Gouverneur des Distrikts Krakau, Abteilung Wirtschaft, Untergruppe Gewerbliche Wirtschaft, 25. 7. 1944, betr. Stände der deutschen Banken des Distrikts Krakau am 30. 6. 1944.

dem Einwerben von möglichst längerfristigen Einlagen die nötigen Mittel für das Aktivgeschäft zu erhalten, ist angesichts dieser Zahlen, wenn überhaupt, nur in sehr bescheidenen Ansätzen gelungen. Da zudem bei den deutschen Privataktienbanken im Generalgouvernement der überwiegende Einlagenbestand von deutschen bzw. gouvernementseigenen Dienststellen stammte, ist der Anteil „echter Spareinlagen" tatsächlich deutlich geringer und wird von den entsprechenden Ziffern der Commerzbank bzw. Bank der Deutschen Arbeit realistischer abgebildet als von denen der Kommerzialbank.

Zu diesem Zeitpunkt hatte eine Reihe von Emissionsbankniederlassungen im östlichen Generalgouvernement bereits geräumt werden müssen.[18] Vielleicht war es das allgemeine Interesse eines Bankers im Osteinsatz, vielleicht auch die Sorge Fritz Paerschs um sein „Aufbauwerk" im Generalgouvernement, die ihn veranlasste, die Emissionsbanken in den östlichen Distrikten anzuweisen, „bei vorsprechenden Rückwanderern, Flüchtlingen usw. nachzufragen, ob und gegebenenfalls welche Massnahmen die Russen in den von ihnen wiederbesetzten Ostgebieten auf dem Gebiet der Währung durchführen".[19] Die Niederlassungen sollten u.a. erfragen, gegebenenfalls welche Umtauschfristen und -kurse für Karbovanez- und Złotynoten sowie für Reichskreditkassenscheine von den sowjetischen Behörden festgesetzt worden waren. Informationen drangen jedoch nicht mehr durch, lediglich die zuvor bereits im Generalgouvernement zu beobachtende Tendenz zum Naturaltausch, bei dem die Bevölkerung „in diesen Gebieten dem Tausch Ware gegen Ware vor jedem Zahlungsmittel den Vorzug" gebe.[20] Die Kreditinstitute im Generalgouvernement wurden von der Entwicklung an der Front buchstäblich eingeholt.

Zwar wurden die Kreditinstitute noch im August 1944 dazu aufgefordert, dass der Betrieb „nach aussen kenntlich voll aufrechterhalten" werden sollte[21], um eine Beunruhigung zu vermeiden. Nach Ausbruch des Warschauer Aufstandes am 1. August 1944, der für die Versicherungsgesellschaften[22], aber auch für das Bankwesen in Warschau das Ende bedeutete, hatten derlei Appelle jedoch jeden Sinn

---

[18] Tarnopol (8. März 1944), Kolomea (24. März), Lemberg (19. Juli), Zamość (21. Juli), Lublin (22. Juli), Drohobycz, Przemyśl, Reichshof, Siedlce (23. Juli), Stanislau (24. Juli), Tarnów (28. Juli) etc.; AAN, Bank Emisyjny w Polsce, Zarząd Główny, Kraków, Nr. 478, Bl. 184: Räumung der Niederlassungen der Emissionsbank; vgl. ebd., passim (veröffentlicht von Bogdan Kroll: Ewakuacja niemieckich władz bankowych z terenów Polski w styczniu 1945 r., in: Teki Archiwalne 10 (1966), S. 117-214); vgl. AAN, Rząd GG, Nr. 1316, passim.

[19] AAN, Rząd GG, Nr. 1297, Bl. 28: Bankdirigent der Emissionsbank (gez. Paersch) an die Leiter der Niederlassungen der Emissionsbank in Warschau, Lublin, Zamosc, Drohobycz, Lemberg, 21.4.1944.

[20] AAN, Bank Emisyjny w Polsce, Oddział we Lwowie, Nr. 17, Bl. 4-7, hier Bl. 5: Wirtschaftsbericht der Emissionsbank Lemberg an Geschäftsleitung der Emissionsbank, Krakau, 7.6.1944.

[21] AAN, Bank Emisyjny w Polsce, Zarząd Główny, Kraków, Nr. 35, Bl. 114f., hier Bl. 115: Bankaufsichtsstelle (gez. Laschtowiczka) an die Treuhänder der Landeswirtschaftsbank, Krakau, und Staatlichen Agrarbank, Krakau, 28.8.1944, betr. Aufrechterhaltung des Geschäftsbetriebes.

[22] Feldman, Die Allianz und die deutsche Versicherungswirtschaft, S. 485, 487.

verloren.[23] Bei der Evakuierung der Emissionsbankniederlassung in Warschau gelang es immerhin noch, zwischen dem 5. und 14. September 1944 u.a. 318,5 Mio. Złoty, 126,8 Mio. Rubel, 8,7 Mio. ukrainische Karbowanez-Noten sowie über 765 000,– RM in Reichskreditkassenscheinen und Reichsmarknoten abzutransportieren.[24] Nunmehr appellierte die Bankaufsichtsstelle an die Kreditinstitute, dafür Sorge zu tragen, dass

„1. nach Breslau zur Zweigniederlassung Ihres Mutterinstitutes die Buchhaltung und die übrigen Abteilungen mit überwiegend administrativem Charakter verlegt werden. [...]

2. In Krakau selbst ist der Kassenbetrieb in einer solchen Weise aufrecht zu erhalten, dass

a) Einzahlungen von Deutschen entgegengenommen werden. Wieweit Einzahlungen auf Guthaben der einheimischen Bevölkerung von Ihnen weiterhin angenommen werden, bleibt Ihrer Entscheidung im Einzelfall überlassen. [...]

e) Die Kredittätigkeit kann eingeschränkt, darf aber nicht vollständig eingestellt werden. Danach wären – sofern die sonstigen Voraussetzungen für eine Kreditерteilung vorliegen – auch weiterhin Kredite für die Durchführung kriegswirtschaftlich wichtiger Aufgaben, wie für die Fortführung von Betrieben, die auch während der Teilräumung aufrecht erhalten werden müssen, für die Finanzierung der Räumung selbst u.ä., in dem durch die derzeitige Lage gerechtfertigten Ausmasse zu gewähren."[25]

Während Krakau sich noch bis zum Ende des Jahres halten konnte[26], hatte in Warschau der teils panikartige Rückzug deutscher Zivilisten in größerem Umfange spätestens im Juli 1944 begonnen, d.h. noch vor Ausbruch des Warschauer Aufstandes, dessen geplanter Beginn den deutschen Stellen einige Tage zuvor bekannt geworden war. Augenzeugen berichten, dass es von Tag zu Tag immer weniger Halten gab, solange der Zugverkehr nach Westen noch funktionierte.[27] Oberpostrat Erwin Propach ließ rechtzeitig die Aktiva des in Warschau ansässigen Postscheckamtes sowie der PKO zum Postscheckamt Breslau transferieren[28], was zeigt, dass die zweite Julihälfte als der „Anfang vom Ende" auch der deutschen Kreditinstitute in Polen bezeichnet werden kann. In diesem Sinne schrieb auch der Leiter der Warschauer Commerzbank-Vertretung *privat* im Juni 1944 an einen

[23] Der Literatur zum Warschauer Aufstand ist Legion; hingewiesen sei nur auf Włodzimierz Borodziej: Der Warschauer Aufstand. Frankfurt a.M. 2001; Norman Davies: Aufstand der Verlorenen. Der Kampf um Warschau 1944. München 2004.

[24] AAN, Komisarz Bankowy Banku Emisyjnego w Polsce, Kraków, Nr. 6, Bl. 1–3: Bankdirigent der Emissionsbank an Geschäftsleitung der Emissionsbank, 25.9.1944, betr. Bergungsaktion bei der Niederlassung in Warschau; Anlage I betr. Bergungsaktion bei der Niederlassung Warschau vom 5. bis 14.9.1944.

[25] RGVA, 1458–15–125: Bankaufsichtsstelle (gez. Paersch) an die Kommerzialbank, Creditanstalt-Bankverein, Commerzbank, Bank der Deutschen Arbeit, 7.8.1944, betr. Auflockerung der Bankbetriebe.

[26] SächsHStA, Altbanken Dresden, Nr. 7559: Aktennotiz der Dresdner Bank Dresden (gez. Elschner) vom 10.8.1944 betr. Kommerzialbank AG, Krakau.

[27] Leon Guz: Targowa64. Dziennik 27 I 1943–11 IX 1944. Warszawa ^{2}2001, S. 184f. [Einträge vom 23. und 25.7.1944].

[28] Wojdaliński, Pocztowa Kasa Oszczędności w okresie okupacji hitlerowskiej, S. 185.

Kollegen in Berlin: „In der Anlage überreiche ich Ihnen einen Durchschlag meines Schreibens vom heutigen Tag an die Filiale Krakau, aus welchem Sie ersehen wollen, dass Umlagerungen von Fabrikationsbetrieben, die im Stadtgebiet östlich der Weichsel liegen, vor sich gehen werden. [...] Ferner wird inoffiziell den Frauen mit Kindern empfohlen, die Stadt zu verlassen. Die Einreise von Frauen und Kindern ins Generalgouvernement ist nicht mehr gestattet. Ich teile Ihnen dies im Hinblick auf gewährte oder noch zu gewährende Kredite für den Distrikt Warschau mit."[29]

Angesichts der drohenden Niederlage begannen nun auch Vertreter staatlicher Dienststellen, sich gegenseitig zu beschwichtigen und das eingegangene „Geschäftsrisiko" in ihren Planungen zu ihren Gunsten und auf Kosten von Firmen und Kreditinstituten – von der Bevölkerung ganz zu schweigen – zu minimieren. Staatssekretär Bühler zeigte sich überzeugt, „daß für den Fall, daß wider Erwarten auch Krakau völlig geräumt werden muß, die ins Reich zurückgeführten Kreditinstitute ihre Abwicklung nach Weisungen durchführen werden, welche von den beteiligten Reichsressorts unter grundsätzlicher Voranstellung der Interessen des Großdeutschen Reiches erlassen werden".[30]

Da nach der überstürzten und chaotischen Räumung des Generalgouvernements im Januar 1945 an eine geordnete Liquidation der dort ansässigen deutschen Kreditinstitute, die aufgelöst und zurückgezogen worden waren, nicht mehr zu denken war, ist es zu einer entsprechenden Regelung in den letzten Kriegswochen offenkundig nicht mehr gekommen.

Weiter westlich, in den eingegliederten Ostgebieten, war Gotenhafen erstmals bereits am 9. Oktober 1943 das Ziel alliierter Luftangriffe geworden.[31] Nachdem die Berliner Zentrale der HTO nach einem Bombenangriff im Oktober 1943 teilweise nach Grünheide bei Erkner bzw. nach Ratibor in Oberschlesien und die Sonderabteilung Altreich nach Trebbin (Kreis Teltow) ausgelagert worden waren, machte man sich auch im Reichsgau Wartheland mit dem Gedanken vertraut, dass „nicht damit gerechnet werden kann, dass Posen von Fliegerangriffen verschont bleibt".[32] Die Bombardierung Posens erfolgte erst zu Ostern und Pfingsten 1944, nachdem die Deutschen bereits die östlichen Teile des Generalgouvernements hatten aufgeben müssen. Bis dahin hatte der Warthegau als sicher vor Luftangriffen gegolten. Im Verlauf des Angriffs auf Posen am Ostersonntag und -montag (9./10. April) wurden von amerikanischen Maschinen u. a. die Betriebsanlagen von Focke-Wulf sowie die Fabrik der Deutschen Waffen- und Munitionsfabriken (DWM) schwer beschädigt.[33] Für die kreditgebenden Banken stellten solcherart

---

[29] SächsHStA, Altbanken Dresden, Nr. 6181: Direktor Hermann Klose (Commerzbank, Büro Warschau) an Direktor Johannes Scheuermann, 13. 6. 1944 („Streng vertraulich!").

[30] AAN, Rząd GG, Nr. 1316, Bl. 175f., hier Bl. 175: Staatssekretär der Regierung des Generalgouvernements (gez. Bühler) an den Leiter der Bankaufsichtsstelle, 19. 8. 1944, betr. Auflösung der Guthaben des Reichsführers SS bei den Kreditinstituten im Generalgouvernement.

[31] Meissner, Ewakuacja niemieckich władz administracyjnych i niemieckiej ludności, S. 86–131.

[32] APP, TP, Nr. 2187: TP, Abt. Geldverkehr, an HTO, 25. 11. 1943.

[33] Ziegler, Posen Januar 1945, S. 4.

Kriegsschäden aber kein Problem dar. Durch die Forderungen an die Kriegsschädenämter konnten die Banken davon ausgehen, durch unmittelbare Kriegseinwirkungen notleidend gewordene Kredite vom Reich (RFM) erstattet zu bekommen. Dies erklärt auch, warum die Resistenz der Kreditinstitute so lange währte, dass sie sogar in unmittelbar gefährdeten Gebieten noch Geschäfte tätigten. Für die bombardierten DWM in Posen wies das RFM „Entschädigungen" von insgesamt 14 Mio. RM an, d.h. genau die ursprüngliche Kaufsumme, woraufhin die DWM ihre Produktion bis Kriegsende mehr und mehr von Posen nach Karlsruhe zurückverlegte.[34] Durch zahlreiche Verlagerungen von Rüstungsbetrieben in den Warthegau hatte dieser einige Zeit noch vom Luftkrieg profitiert, als man im Altreich auch für das Bankwesen bereits erste Konsequenzen gezogen hatte.[35] Da es aber bei den zwei Angriffen auf Posen blieb, dürften sich die Änderungen in der Kassenhaltung der Kreditinstitute im Warthegau in Grenzen gehalten haben. Zu einem außergewöhnlichen Anstieg der Auszahlungen von Spar- und anderen Einlagen kam es nicht, da das Sicherheitsgefühl – wie die spätere Evakuierung der deutschen Bevölkerung aus dem Warthegau zeigt – auch im fünften Kriegsjahr noch erstaunlich groß war.[36] Gleichwohl waren auch hier die deutschen Kreditinstitute 1944 gezwungen, über die Zukunft ihrer Filialen nachzudenken und Pläne zu ihrer möglichen Evakuierung zu entwerfen. Darüber hinaus gibt es aber auch – auf Grund der Überlieferungslage leider nur spärliche – Hinweise darauf, dass man sich auf polnischer Seite, namentlich im Genossenschaftswesen, angesichts der sich abzeichnenden deutschen Niederlage Gedanken über die Zeit nach dem Kriege zu machen begann.[37] Obwohl es bis zum Januar 1945 zu keinen nennenswerten äußeren Beeinträchtigungen der Geschäftstätigkeit kam, verlor das Kreditgeschäft doch durch die allseits immer spürbarere Rationierung 1944 zunehmend an Bedeutung. Deutschland, und damit auch die eingegliederten Ostgebiete, waren am Ende, und es gab praktisch nichts mehr, in das Kredite noch hätten investiert werden können.

Auch andernorts sah man das Ende nahen. Die Treuhandstelle Posen überwies in der zweiten Hälfte des Jahres 1944 alle Werte, auf die man im Warthegau nur irgendwie verzichten konnte, nach Westen.[38] An eine vollständige Evakuierung der Treuhandstelle Posen war jedoch nicht zu denken, ein Teil der Akten wurde im Keller der Bank des Verbandes der Erwerbsgenossenschaften (Bank Związku Spółek Zarobkowych) deponiert, von wo er 1946 in das Staatsarchiv Poznań gelangte.[39] Nach der Räumung des Warthegaus war eine Ausweichstelle der Treuhandstelle Posen sowie der Treuhandnebenstelle Litzmannstadt vorübergehend in

[34] Grot, 100 lat Zakładów H. Cegielski, S. 194.
[35] Bankwirtschaft und Luftkrieg, in: DWZ 40 (1943), S. 298.
[36] Vgl. Joachim Rogall (Bearb.): Die Räumung des „Reichsgaus Wartheland" vom 16. bis 26. 1. 1945 im Spiegel amtlicher Berichte. Sigmaringen 1993.
[37] Kański, Spółdzielczość bankowa w Polsce w czasie okupacji niemieckiej, S. 156.
[38] BArch, R 144/337: Generalabwickler für die von der HTO beschlagnahmten Kreditinstitute im Regierungsbezirk Litzmannstadt an HTO, 15. 12. 1944.
[39] Vgl. Stanisław Nawrocki/Jan Majewski: Inwentarz zespołu akt Treuhandstelle Posen 1939–1945, S. 6.

einem Hotel in Neubrandenburg untergebracht[40]; beide Stellen dürften dort indes keine nennenswerte Tätigkeit mehr entfaltet haben.

Nachdem Greiser ungeachtet der tatsächlichen Lage und der seit August 1944 bestehenden Evakuierungspläne noch am 12. Januar 1945 auf einer Kundgebung die Grenzen seines Gaues für unantastbar ausgegeben hatte, verlief die am 20. Januar schließlich angeordnete Totalräumung überaus chaotisch und unter widrigsten Wetterverhältnissen. Trotzdem hielten viele selbst dann noch die Räumung nur für eine vorübergehende Maßnahme.[41] Im Gefolge der Flüchtlingstrecks befanden sich u. a. auch Wagen mit Unterlagen einiger Sparkassen und der Landesgenossenschaftsbank: „Die Buchführungsfuhrwerke führten ihren Marsch selbständig durch und trafen nach zwanzig Tagen in Schwerin ein. [...] In Schwerin konnte die Buchführung der Landesgenossenschaftsbank und der Zentralgenossenschaft wieder eingerichtet werden. Die Mittel der Landesgenossenschaftsbank waren fast vollständig erhalten geblieben, da gegenüber Verpflichtungen von ca. 175 Millionen RM mehr als 100 Millionen RM Bankguthaben und 45 Millionen RM Schatzanweisungen bei der Zentralgenossenschaftskasse zur Verfügung standen."[42]

Die Landesgenossenschaftsbank verwandelte sich nach ihrer Ankunft in Schwerin in ihr eigenes Abwicklungsinstitut, jedoch gelang es in dem Chaos der Folgemonate nur in wenigen Fällen, bestehende Guthaben auszuzahlen: „Bei dem Hauptteil der Guthaben handelte es sich um solche der Genossenschaften, deren Buchführung fast in allen Fällen verlorengegangen war und deren Vorstände in alle Winde zerstreut waren. Die Auszahlung an die Sparer der Einzelgenossenschaften hätte eine Regelung durch Regierungsverfügung erfordert."[43]

Der Genossenschaftsführer Friedrich Swart konnte sich beim Präsidenten der Deutschen Zentralgenossenschaftskasse, Hans Helferich, mit seinem Anliegen jedoch nicht durchsetzen, die Auszahlung an Kreditgenossenschaften dadurch zu ermöglichen, dass die Deutschlandkasse „einstweilen zum Aufsichtsorgan der vertriebenen östlichen Genossenschaftszentrale bestimmt" würde – in diesem Falle hätten die Guthaben also nicht den Umweg über die LGB in Schwerin nehmen müssen. Von einer entsprechenden Anordnung sah man deshalb ab, „weil die Partei nach außen den Eindruck aufrechterhalten wollte, als ob der Krieg nicht entschieden sei und die Gegner zuletzt noch abgewehrt würden".[44] Mit der Konfiskation der Guthaben der Berliner Zentralgenossenschaftskasse und der Schweriner Abwicklungsstelle durch sowjetische Streitkräfte fand die Landesgenossenschaftsbank im Warthegau kurze Zeit nach der Kapitulation des Deutschen Reiches ihr Ende.

---

40 BArch, R 144/413: Undatierte Übersicht der Auffangstellen bzw. Ausweichstellen der HTO und ihrer Treuhandstellen [ca. März 1945].

41 Rogall (Bearb.), Die Räumung des „Reichsgaus Wartheland", S. 27, 29–32.

42 Swart, Diesseits, S. 210. Den Verpflichtungen der Landesgenossenschaftsbank in Höhe von 175 Mio. RM standen „rund 105 Millionen RM Bankguthaben bei der Deutschlandkasse, 5 Mill. Guthaben bei der Reichsbank und 45 Mill. Schatzwechsel gegenüber". Zit. nach Ziegler, Posen Januar 1945, S. 53.

43 Ziegler, Posen Januar 1945, S. 53.

44 Ebd.

Für die Südwestverschiebung von Kapitalien lassen sich einige Hinweise aus dem oberschlesischen Raum finden. Im industriell so wichtigen Gebiet der Treuhandstelle Kattowitz hatten bis Ende September 1944 nur insgesamt 70 treuhänderisch verwaltete Unternehmen Kredite in einer Höhe von insgesamt 5,2 Mio. RM laufen, von denen lediglich eine Summe von 2,4 Mio. RM in Anspruch genommen war und worunter sich 57 Bankwagniskredite (4,5 Mio. RM), 12 HTO-Kredite (160000,– RM) und ein Reichsbürgschaftskredit (500000,– RM) befanden. Von diesen Krediten entfielen eineinhalb Millionen Reichsmark auf Zuckerfabriken, 1,4 Mio. RM auf Handelsbetriebe und knapp 2 Mio. RM auf Industriebetriebe. Demgegenüber unterhielten Treuhänderbetriebe bei Kreditinstituten Ende September 1944 insgesamt 779 Konten mit einem Gesamtguthaben von 15,2 Mio. RM. In der Vermögensverwaltung der Treuhandstelle Kattowitz befanden sich zum selben Zeitpunkt insgesamt Vermögen über insgesamt 84,7 Mio. RM.[45]

Verhältnismäßig spät begannen im schlesischen Raum die Planungen für den „Mob-Fall" („Mobilisierungs"-, d.h. Evakuierungsfall). Ein Problem stellte dabei bereits die Absprache zwischen den mit Belangen der Reichsverteidigung befassten Behörden und den Kreditinstituten dar. Erstere mussten einerseits dankbar sein, dass die Institute sich Gedanken über die „Auflockerungsmaßnahmen", wie die Evakuierungsplanungen euphemistisch genannt wurden, machten, andererseits verweigerte Regierungspräsident Walter Springorum die Ausstellung einer schriftlichen Bestätigung solcher Maßnahmen mit dem Hinweis, es könnte seitens der Reichsstellen Unannehmlichkeiten geben und es dürfe im Übrigen „nicht bekannt sein, dass die Regierungsstellen diese Auflockerungen genehmigen".[46] Bei den Kreditinstituten waren jedoch schon im Juli und August „Bewegungen aussergewöhnlicher Art auf einigen Konten" in Millionenhöhe registriert worden. So berichtete die Dresdner Bank aus Kattowitz an das Berliner Direktionskabinett, dass es bei praktisch allen Niederlassungen im schlesischen Raum zu erhöhten Abhebungen, Übertragungen von Guthaben auf weiter westlich gelegene Filialen (Berlin, Dresden, Eisenach, Halle, Stuttgart) sowie zu Auflösungen von Depots gekommen sei, wobei Firmeninhaber neben den Geschäfts- zumeist auch die Privatkonten räumten.[47]

Auf solche Kontenverlagerungen reagierten auch die Berliner Großbankzentralen. Die Aufforderung der Dresdner Bank-Zentrale, den Versuch der Filialen, „aus eigennützigen Gründen das Konto gerade bei der bisherigen Stelle zu halten", hinter die „Interessen des Gesamtinstituts" zurückzustellen[48], war kaum minder eigennützig, denn gerade angesichts der Entwicklung im Osten konnte die allge-

---

[45] APK, TK, Nr. 177, Bl. 14f.: TK, Abt. B IV (gez. Thiel), an Abt. A III im Hause, 13.10.1944, betr. allgemeinen Tätigkeitsbericht für das dritte Vierteljahr 1944.

[46] APK, Dresdner Bank Kattowitz, Nr. 8, Bl. 23: Aktennotiz der Dresdner Bank Kattowitz (gez. Direktor Rudolf Bradatsch) vom 21.12.1944.

[47] APK, Dresdner Bank Kattowitz, Nr. 145 b, Bl. 268f.: Dresdner Bank Kattowitz an die Direktion der Dresdner Bank Berlin, 2.8.1944.

[48] APK, Dresdner Bank Kattowitz, Nr. 84, Bl. 108f., hier Bl. 108: Dresdner Bank, Direktion (gez. Overbeck, Stockburger), an die Direktionen unserer auswärtigen Niederlassungen, 7.9.1944, betr. Kontenverlagerung („streng vertraulich!").

meine Verlagerungstendenz bei Kunden und ihren Konten in Richtung Südwesten des Reiches auch der Bank die zukunftsträchtigste Richtung weisen.

Die fortschreitende Kriegszerstörung hatte in erster Linie zwei Auswirkungen: erstens war die Mobilität nicht nur der Bevölkerung, sondern auch des Waren- und damit des Kapitaltransfers deutlich reduziert, und zweitens führte dies zu einer vorübergehenden Stabilisierung auf der Regionalebene qua Partikularisierungstendenzen seitens der Gauleiter, die sich in ihrer Funktion als Reichsverteidigungskommissare in immer geringerem Maße auf die Bürokratie stützen konnten. Dies galt schließlich auch für Schlesien. Im Herbst 1944 brach der oberschlesische Kohlenbergbau zusammen, und zwar nicht in erster Linie deshalb, weil die Produktion bzw. Förderung ins Stocken geriet, sondern weil die Logistik der Waggongestellung durch die Reichsbahn nicht mehr funktionierte und ein Abtransport der Halden nicht mehr möglich war[49], nachdem die Rüstungsfertigung in Oberschlesien von Juli auf August 1944 noch einmal vorübergehend hatte gesteigert werden können.[50]

In einzelnen Exklaven jedoch, namentlich in Königsberg und Danzig, gelang es noch bis zum Frühjahr 1945, eine Art Geschäftstätigkeit aufrechtzuerhalten.[51] So schilderte etwa die Commerzbank Danzig Ende Februar 1945 die Lage in der Stadt wie folgt: „Inzwischen hat der Geldumlauf wieder normalere Formen angenommen, insbesondere wird von den Firmen das eingenommene Geld wieder eingezahlt, sodass wir bereits Kassenüberschüsse haben. [...]. In der Zeit der stärksten Beunruhigung, etwa zwischen dem 20.-30. Januar, ist eine Anzahl Kaufleute von Danzig abgereist. Die Gauwirtschaftskammer Danzig-Westpreussen verfolgt diese Fälle und setzt in die Betriebe Treuhänder ein. [...] Ferner besteht die Absicht zu Vorbereitungen für den Fall einer Beschiessung der Stadt; es sollen dann Zahlstellen, die von mehreren Instituten gemeinsam mit einigen Angestellten unterhalten werden, den direkten Geldbedarf der Stadtbevölkerung noch befriedigen. Wir sollen mit der Deutschen Bank und der Dresdner Bank eine gemeinschaftliche Kasse im Hause der Deutschen Bank führen und noch die Barmittel für etwa eine Woche einbringen."[52]

Mit der Eroberung Danzigs durch die Rote Armee am 28. März 1945 war das Engagement deutscher Kreditinstitute in den besetzten polnischen Gebieten beendet.

---

49 APK, Dresdner Bank Kattowitz, Nr. 84, Bl. 34f.: Dresdner Bank Kattowitz an Zentrale Berlin, Direktions-Kabinett, 3.11.1944, betr. oberschlesischen Kohlenbergbau.

50 Eugeniusz Kozłowski/Piotr Matusak (Hg.): Eksploatacja siły roboczej i grabież ziem polskich przez Wehrmacht w końcowym okresie II wojny światowej. Wybór źródeł. Poznań 1986, S. 246–255, bes. S. 247, 249, 251: Rüstungskommission VIIIb an Reichsminister für Rüstung und Kriegsproduktion, Zentralamt, vom 12.9.1944 betr. Tätigkeitsbericht der Rüstungskommission VIIIb per 15.9.1944.

51 HAC, SdF Ost, Filiale Königsberg: Postkarte des Herrn Gustav J., CB Königsberg, an die Organisations-Abteilung, 13.2.1945 (Abschrift).

52 HAC, SdF Ost, Filiale Danzig: Allgemeiner Lagebericht der CB Danzig an die Direktion Berlin vom 26.2.1945 („Streng vertraulich!") (Abschrift).

Zusammenfassung und Ausblick

Vor nunmehr 68 Jahren überfiel die deutsche Wehrmacht Polen und löste den Zweiten Weltkrieg aus. Eine allein auf Ausbeutung und Vernichtung ausgerichtete Hybris selbsternannten „Herrenmenschentums“ entwickelte im okkupierten Polen ein zuvor kaum denkbares Gewaltpotenzial, an dessen Ende die unvollständige Bilanz eine um mehrere Millionen Menschen dezimierte Bevölkerung sowie eine vollkommen ruinierte Volkswirtschaft verzeichnet.[1]

Entgegen der These Wolfgang Jacobmeyers, der zufolge es „zu keinem wirklichen Einblick in die Vorgänge“ führe, „wenn man die deutsche Politik in Polen institutionell“ interpretiere[2], muss hervorgehoben werden, dass die entgrenzte Gewalt in den besetzten polnischen Gebieten nicht zuletzt aus dem Nebeneinander und Miteinander einer „modernen“ effizienten Administration einerseits und einem dieser die Ziele diktierenden weltanschaulichen Atavismus des „Volkstumskampfes“ andererseits resultierte. Charakteristisch für diese Dichotomie war es, dass die „‚Modernität‘ der Mittel“ auf deutscher Seite zwar „als Überlegenheit schlechthin gedeutet“ wurde, diese jedoch „an der inhaltlichen Konzipierung der Besatzungspolitik so gut wie keinen Anteil“ hatte.[3] Die Geschichtsforschung muss daher aufzeigen, durch welche Interaktionen und an welchen Anknüpfungspunkten es einer Ideologie geringer Komplexität gelang, sich eine vermeintlich zweckrational funktionierende Verwaltungsstruktur so vollständig unterzuordnen.

Die vorliegende Analyse hat darzustellen versucht, dass das Engagement deutscher Kreditinstitute in Polen recht stark von der Notwendigkeit, aber auch von der Bereitschaft geprägt war, sich mit dem Interventionismus der nationalsozialistischen Behörden zu arrangieren. Entsprechend spielten Nützlichkeitserwägungen auf der einen wie der anderen Seite eine wichtige Rolle, und angesichts des prak-

---

[1] Vgl. hierzu Łuczak, Pod niemieckim jarzmem, S. 314–316; ders., Die Wirtschaftspolitik des Dritten Reiches im besetzten Polen, in: Studia Historiae Oeconomicae 14 (1979), S. 87-103, hier S. 102f. Allein für den Warthegau ist von ca. 500000 Toten sowie einem Gebäudeschaden von mindestens 650 Mio. Vorkriegszłoty auszugehen, hinzu kommen die Produktionsentnahmen in Höhe von einigen Milliarden Złoty; die Gesamtverluste Polens belaufen sich auf schätzungsweise knapp 50 Mrd. US-Dollar (entsprechend ca. 260 Mrd. Złoty), also auf knapp 40 Prozent des gesamten polnischen Volksvermögens im Jahre 1938. Zu den demographischen Veränderungen vgl. ders., Chancen und Schwierigkeiten einer demographischen Bilanz Polens in den Jahren 1939-1945, in: Studia Historiae Oeconomicae 23 (1998), S. 245-253; ders.: Przeobrażenia demograficzne w Poznaniu w okresie okupacji niemieckiej (1939-1945), in: Biuletyn GKBZpNP-IPN, Bd. 38. Warszawa 1995, S. 76-90; Roman Nurowski (Red.): Polens Kriegsverluste 1939-1945. Poznań 1960; Jacobmeyer, Überfall auf Polen, S. 32ff.; Madajczyk, Polityka III Rzeszy, Bd. 2, S. 367-373; Erich Kuby: Als Polen deutsch war 1939-1945. München 1986, S. 293-296; Rosenkötter, Treuhandpolitik, S. 288.

[2] Jacobmeyer, Überfall auf Polen, S. 26.

[3] Ebd., S. 33.

tisch reibungslosen Zusammenspiels scheint die in der älteren Forschung verschiedentlich aufgeworfene Frage nach dem Primat der Politik oder der Wirtschaft in ihrer Ausschließlichkeit falsch gestellt.

Die untersuchten Quellen belegen dabei beide eingangs formulierten Hypothesen, wonach die Kreditinstitute einerseits mit dem nationalsozialistischen Regime ganz alltägliche Geschäfte machten, andererseits aber auch an exponierter Stelle an der Umsetzung weltanschaulicher Ziele des Nationalsozialismus beteiligt waren, wobei sich beide Aspekte naturgemäß stark überschnitten. Die deutschen Kreditinstitute müssen somit organisch und untrennbar mit den nationalsozialistischen Verbrechen in Polen in Verbindung gebracht werden, in ganz besonderem Maße im Bereich der Eigentumsdelinquenz. Durch den in der jüngeren Forschung nach wie vor bevorzugten Fokus auf nur ein Kreditinstitut konnte dies bisher nur unzureichend dargestellt werden.

Der Topos angedrohter Zwangsmaßnahmen, die den Banken keine Alternative zu ihrem Engagement im Osten gelassen hätten, so dass gleichsam von einem Befehlsnotstand die Rede sein könne, erweist sich bei näherer Betrachtung als eine Chimäre. Demgegenüber konstatierte die Bankenabteilung des Statistischen Zentralinstituts bereits 1946, dass den Kreditinstituten die Expansion nicht unwillkommen gewesen sei und dass „von einem absoluten Zwang" schon deshalb keine Rede sein könne, „weil eine automatische Einschaltung, wie etwa bei der Rüstungs- und Kriegsfinanzierung, auf diesem Gebiet keineswegs bestand".[4] Dabei sind die Kreditinstitute selbst in der Tat nur bedingt „als die Eroberer aufgetreten", dafür sorgten die Wehrmacht und die deutschen Behörden. Es wäre jedoch ein Missverständnis, daraus abzuleiten, dass die Geschäftstätigkeit einer Bank in einem Gebiet, das unter Anwendung massiven Terrors gegen die autochthone Bevölkerung okkupiert und devastiert wurde, „relativ zivilisiert"[5] genannt werden könne. Die Eigeninitiative zudem, mit der eine Vielzahl der in Polen ansässigen Kreditinstitute sich an die Umsetzung der behördlichen Verordnungen machte, die mit dem bloßen Anschein von Recht auskamen, um noch die schwersten Verbrechen als angeblich rechtskonform kaschieren zu können, lässt schwerlich den Eindruck entstehen, dass man den gesetzlichen Vorgaben nur widerwillig Folge leistete. Wo aber der Voluntarismus in der Gesetzgebung um sich griff, konnte es nicht ausbleiben, dass auch die Wirtschaft hiervon tangiert wurde. Anders gesagt: Das völkische Prinzip wurde ohne größere Widerstände auch bei den Banken, Sparkassen und Genossenschaften Teil der Geschäftsstrategie, „Diskriminierung als eine Umweltbedingung akzeptiert".[6] Auf diese Weise wurden beispielsweise die Zugehörigkeit zur Deutschen Volksliste ebenso wie etwa die Nichtanerkennung von Forderungen eines polnischen oder jüdischen Gläubigers Faktoren für ökonomisches Handeln vom Kassierer bis hin zum Vorstandsvorsit-

---

[4] BArch, R 3102/3386, Bl. 2–16, hier Bl. 12: Banken-Abteilung des Statistischen Zentralamtes: Die Stellung der Großbanken im deutschen Kreditwesen (August 1946).

[5] Herbert Wolf, in: Das Bankwesen in Ost- und Mitteleuropa. 6. Wissenschaftliches Kolloquium am 16. Oktober 1992 im Hause der Creditanstalt-Bankverein, Wien. Frankfurt a. M. 1993, S. 51.

[6] Stiefel, The Economics of Discrimination, S. 19.

zenden. Dies führte kurz- bis mittelfristig – nicht nur im besetzten Polen, sondern im gesamten deutschen Herrschaftsbereich – zu einem Niedergang der Selbstorganisation des Wirtschaftssystems, an deren Stelle *nolens volens* eine sich sukzessive ausbreitende Lenkungswirtschaft mit dem dazugehörigen bürokratischen Apparat trat. Den Banken wurde eine Reihe neuer Aufgaben aufgebürdet, die sie zum Systemerhalt des Regimes, nicht so sehr aber des wirtschaftlichen Systems zu erfüllen hatten. Welche Auswirkungen jedoch besaßen diese Spezifika für das Altreich bzw. das Großdeutsche Reich insgesamt? Besaßen sie eine Art Vorbildfunktion für die Zeit nach dem Kriege, und wie stellten sich die Nationalsozialisten den Kreditapparat nach dem vermeintlichen „Endsieg" vor? Ob nun die Übernahme der im Osten erprobten Modelle für das Reich oder aber eine Deregulierung angestanden hätte, ist auf der bestehenden Aktengrundlage nicht zu beantworten. Die allerorts aufscheinende Hybris der organisatorischen „Machbarkeit" hätte sich wohl aber kaum mit einer umfassenden Deregulierung vertragen.

Zahlreiche Hinweise deuten darauf hin, dass die deutschen Kreditinstitute für eine Funktion als Dienststellen der Besatzungsverwaltung in besonderem Maße qualifiziert und auch anfällig waren. Ihre Eignung ergab sich aus der Omnipräsenz finanzieller Verrechnungs- und Transferprozesse, für deren Abwicklung ein jeder staatlicher Apparat, auch der des Nationalsozialismus, auf Geldinstitute angewiesen war und blieb. Eine besondere Anfälligkeit der Kreditinstitute für eine „unpolitische Zusammenarbeit" resultierte aus einer Geschäftsphilosophie, bei der die Korrektheit von Transaktionen an rein betriebs- bzw. volkswirtschaftlichen Erwägungen und Gewinnerwartungen ausgerichtet wurde. Auf diese Weise konnte auch die Beteiligung bzw. Teilhabe an staatlichen Massenverbrechen seitens der Banken und Sparkassen als „ökonomisch sinnvoll" oder erforderlich rationalisiert werden, was u.a. am Beispiel der Finanzverwaltung der Gettos verdeutlicht werden konnte. Die dabei verschiedentlich aufgezeigten Konkurrenzkonstellationen stellten in keinem einzigen Fall die weltanschauliche Übereinstimmung *per se* in Frage. Zwar ist der Einwand Pierenkempers berechtigt, die Unternehmen hätten damals nur zwei Möglichkeiten gehabt – „Verweigerung bedeutete das Ende des Geschäfts, Weiterarbeiten hieß, die Bedingungen des Systems zu akzeptieren"[7] –, darüber hinaus aber erscheinen Versuche dubios, lediglich die rassenideologischen Leitlinien der Okkupationspolitik zu verurteilen und gleichzeitig den Beamten- und Verwaltungsapparat (auch den der Kreditinstitute) als vermeintlich unbeteiligt zu exkulpieren.[8] Die „Neue Ordnung" der Nationalsozialisten in Europa, in der die Zukunft der polnischen Nation und seiner Bevölkerung nur auf Versklavung und/oder „Ausmerze" hinauslief, band auch die Kreditinstitute an eine vorbehaltlose Kooperation mit dem Regime und damit mittelbar auch den unternehmerischen Erfolg an den „Endsieg". Es ist evident, dass in den ersten Monaten der Okkupation in Polen jenseits des Massenterrors von SS *und* Wehrmacht die antisemitische Grundattitüde in den Behörden etc. völlig ausreichend war, um die ersten Etappen in Richtung auf die Judenvernichtung zu ini-

[7] Toni Pierenkemper, in: DIE ZEIT Nr. 8 vom 18.2.1999, S. 29.

[8] Zu den Rationalisierungsmechanismen innerhalb der Bürokratie vgl. Hilberg, Vernichtung, S. 1093–1099.

tiieren. Charakteristisch für die schrankenlose Willkür und den Terror gegen Polen und Juden waren in den eingegliederten Gebieten wie im Generalgouvernement ihre Alltäglichkeit und Offensichtlichkeit, und diejenigen, die dieses Wissen leugnen, suggerieren für die eingegliederten Ostgebiete dieselbe vermeintliche Ahnungslosigkeit, wie sie in Bezug auf das Altreich lange behauptet und erst von der jüngeren Forschung zunehmend in Frage gestellt worden ist.[9] Für die Kreditinstitute waren die Verbrechen des Regimes schon anhand ihrer eigenen Kundenstruktur sichtbar, die sich mit den demographischen Mehrheitsverhältnissen in den besetzten Gebieten nicht im geringsten zur Deckung bringen ließ. Noch Anfang der 1990er Jahre war im Selbstverständnis der Kreditinstitute die These konsensfähig, dass der zu pauschalen Urteilen gelange, „wer jeden Kredit als Akt der Kriegsvorbereitung, jede Mitwirkung bei Arisierungen als bösartigen Rassismus und jede Filialeröffnung in den besetzten Gebieten als Beitrag zu deren Ausplünderung“ betrachte.[10] Hierbei wurde lediglich die Bewertung („bösartiger Rassismus“) kritisiert, wo sich das Faktum nicht leugnen ließ, wie es unlängst Dariusz Stola noch einmal sehr deutlich gemacht hat: „Die Enteignung, die Unterbindung von wirtschaftlicher Tätigkeit und danach die physische Exterminierung der polnischen Judenheit verursachten kolossale ökonomische Verluste. Die antijüdische Politik im besetzten Polen war kein Nullsummenspiel, bei dem die Verluste der jüdischen Seite sich anderswo als Nutzen niederschlugen. Die Vernichtung der polnischen Judenheit bedeutete die Vernichtung ihres Beitrags zur Wirtschaft.“[11]

Dasselbe gilt *mutatis mutandis* für die zahllosen Unterdrückungs- und Gewaltmaßnahmen gegenüber der polnischen Bevölkerung. Wenngleich also an einer Teilnahme der Kreditinstitute, bei der sie durchaus ihr Auskommen hatten, kein Zweifel besteht, so stellt sich dennoch die schwierige Frage nach den Handlungsspielräumen der Banker. Die Abhängigkeit von staatlichen Stellen und die enge Rentabilitätsmarge im Kreditgeschäft ließen einer jeden, auch betriebswirtschaftlich argumentierenden Devianz nur einen recht engen Spielraum. Andererseits waren die nationalsozialistischen Behörden auch, wenngleich in geringerem Umfang, auf die Mitarbeit der Kreditinstitute angewiesen.

Entgegen der in der Forschung lange Zeit vertretenen und erst in den letzten Jahren zunehmend in Frage gestellten Meinung hat sich die Annahme bestätigt, dass der wirtschaftliche Nutzen des geschäftlichen Engagements für die Kreditinstitute nur vergleichsweise gering bzw. durchschnittlich ausfiel.[12] In allen Teilgebieten, d.h. in den Reichsgauen und Regierungsbezirken sowie im Generalgouvernement, lassen sich zahlreiche Belege finden, auf deren Grundlage sich das

---

[9] Vgl. Loose, Die Commerzbank und das Konzentrations- und Vernichtungslager Auschwitz-Birkenau, S.275–281, 292–295, 299–301, sowie die dort verzeichnete Literatur; Robert Gellately: Hingeschaut und weggesehen. Hitler und sein Volk. Stuttgart/München 2002; Peter Longerich: Davon haben wir nichts gewusst! Die Deutschen und die Judenverfolgung 1933–1945. Berlin 2006.

[10] Meyen, 120 Jahre Dresdner Bank, S. 133.

[11] Stola, Die polnische Debatte um den Holocaust und die Rückerstattung von Eigentum, S.208.

[12] Vgl. ähnliche Überlegungen in Bezug auf die HTO bei Rosenkötter, Treuhandpolitik, S.276–289.

Engagement des deutschen Bankwesens hinsichtlich der ursprünglichen Planungen als eine Geschichte des Scheiterns beschreiben lässt. Selbst wenn man davon ausgehen kann, dass insbesondere die Kreditlinien der Rüstungsindustrie zum Teil an den Bankfilialen im Generalgouvernement oder in Oberschlesien selbst vorbeiliefen, waren die Geschäfte der Kreditinstitute im besetzten Polen weit weniger einträglich, als man in der Aufbruchstimmung der Jahre 1939 und 1940 noch geglaubt hatte. Während der gesamten Okkupationszeit war das Kreditangebot immer größer als die Kreditaufnahme, und die staatlichen Kreditprogramme wurden streckenweise nur mäßig in Anspruch genommen.[13] Auch hier war letztlich der Kriegsverlauf entscheidend. Es ist gewiss kein Zufall, dass Bankiers wie Paul Marx von der Commerzbank von dem „ohnehin geringen" Geschäftsumfang der Niederlassungen in den eingegliederten Ostgebieten in einem Moment zu sprechen begannen[14], in dem angesichts der absehbaren Niederlage auch die zuvor nicht unbeliebte Vision von den großen Nachkriegsgewinnen nicht länger tragfähig war. Die deutsche Wirtschaft war vor 1939 und auch danach im Wesentlichen auf die industriellen Zentren in Mittel- und Westeuropa orientiert, wohingegen „Osteuropa im Bewusstsein der deutschen Wirtschaftselite" keine größere Bedeutung als die „eines abhängigen Lieferanten von billigen Rohstoffen und Nahrungsmitteln einnahm".[15]

Als die eigentlichen Gewinner wären allenfalls und auch nur mit Einschränkungen die Sparkassen auszumachen, während die Banken gemessen am Geschäftsumfang ihrer Mutterinstitute im Altreich sowie an dem Maßstab des vor allem im Warthegau und in Ostoberschlesien durchgeführten Besitztransfers vielleicht keinen kleinen, aber doch wohl einen eher unterdurchschnittlichen Gewinn einstrichen. Die von den Kreditinstituten verfolgten Risikodiversifikationsstrategien funktionierten dabei allerdings erstaunlich gut und ermöglichten ihnen, der NS-Besatzungspolitik in Polen sehr weit zu folgen und sie in einigen Bereichen auch entscheidend zu prägen. In dem Maße, in dem das NS-Regime den Kreditinstituten in ihrer Angst vor Verlusten oder Einbußen mit Bürgschaften, Garantien, Verordnungen o. Ä. entgegenkam, sahen die Banken auch keine Hindernisse mehr, ihre Tätigkeit an das Kriegsglück bzw. die „Neue Ordnung" des Regimes zu knüpfen. Wenn dies andererseits aber bedeutet, dass man sich innerhalb der Kreditinstitute mit der eigenen Rolle und der weltanschaulichen Richtung, die die nationalsozialistischen Behörden der Wirtschaftspolitik gaben, auch inhaltlich identifizieren konnte, dann tritt die Frage nach den Handlungsspielräumen zurück hinter die nach den Ursachen einer solchen Interessenkoinzidenz. Wäre nicht dennoch eine Geschäftsstrategie denkbar und möglich gewesen, sich von den „sensiblen Bereichen" weltanschaulich affizierter Interventionspolitik fern zu halten?

Die Übereinstimmung und ihre integrierend wirkende Dynamik an der Schnittstelle zwischen verschiedenen nationalsozialistischen Dienststellen und privatwirtschaftlichen Unternehmen des Kreditgewerbes (zzgl. Sparkassen) stellen dabei

[13] Łuczak, Pod niemieckim jarzmem, S. 123.

[14] Paul Marx auf der Hauptversammlung der Commerzbank am 3. 5. 1943, in: Deutsche Bergwerks-Zeitung Nr. 102 vom 4. 5. 1943.

[15] Müller, Hitlers Ostkrieg und die deutsche Siedlungspolitik, S. 58.

freilich nur einen Teilbereich eines allgemeineren Interpretationsdilemmas dar, angesichts dessen einige Historiker die Auffassung vertreten, das Ermessen dieses Zivilisationsbruches sei nur durch den Versuch zu erreichen, „die Vergeblichkeit des Verstehens zu verstehen".[16] Zugleich aber verweisen sie auch auf die Notwendigkeit, sich dem „agnostizistischen Impuls" zu entziehen, auf den „Anspruch der prinzipiellen Erklärbarkeit der Welt zu verzichten".[17] In diesem *circulus vitiosus* erscheinen die umfassenden Raub- und Enteignungsprozesse weniger widersprüchlich, wenn man berücksichtigt, dass die Vorstellung, bei den eingegliederten Ostgebieten handele es sich um „deutsches Land" oder allenfalls um ein Kolonialgebiet, auf das man „sowohl historisch wie auch moralisch einen Besitzanspruch" habe[18], in der breiten Bevölkerung des Deutschen Reiches seit dem Ende des Ersten und um so mehr während des Zweiten Weltkrieges tief verankert war.[19] Dies erklärt zumindest für die Ostgebiete auch zum Teil das „Paradox der Herrschaft", wie Harold James es unlängst treffend bezeichnet hat, dass nämlich „jede effektive Entnahme der Ressourcen ein behutsames Vorgehen statt plumper Brutalität erforderte. Man hätte eine Kollaboration aufbauen müssen, doch das war ein hoffnungsloses Unterfangen in Gebieten, in denen die einheimische Bevölkerung unmenschlich und grausam behandelt wurde."[20]

In der Retrospektive ist die Festigkeit oder auch nur die „Festigung deutschen Volkstums" im Osten leicht als Illusion zu erkennen, und von einer rationalen Besatzungspolitik konnte im besetzten Polen keine Rede sein. Vielmehr handelte es sich seitens der deutschen Behörden zumeist lediglich um die Instrumentalisierung aller irgendwie nutzbringenden Gruppen, ohne die daraus resultierenden ökonomischen und sozialen Probleme und Konflikte vorauszusehen, geschweige denn kontrollieren oder gar lösen zu können. Schon die vielen Verordnungen und noch zahlreicheren Durchführungsverordnungen sind nur ein Indiz für die Kurzlebigkeit einzelner Lenkungsmaßnahmen, und die omnipräsenten Repressionsmaßnahmen verdeutlichen, dass die deutsche Besatzungsherrschaft in Polen letztlich eine höchst instabile Institution war.

Die Akten lassen jedoch ebenso wie die zahlreichen zeitgenössischen Publikationen keinen Zweifel daran, dass es sich bei den eingegliederten Ostgebieten für die Deutschen um Gebiete handelte, bei deren Verwaltung allein innenpolitischen Erfordernissen, in keinem Falle aber außenpolitischen oder gar völkerrechtlichen

---

[16] Dan Diner: Zwischen Aporie und Apologie. Über Grenzen der Historisierbarkeit des Nationalsozialismus, in: ders. (Hg.), Ist der Nationalsozialismus Geschichte? Zu Historisierung und Historikerstreit. Frankfurt a.M. 1987, S.62–73, hier S.73.

[17] Hans Mommsen: Erfahrung, Aufarbeitung und Erinnerung des Holocaust in Deutschland, in: Hanno Loewy (Hg.), Holocaust: Die Grenzen des Verstehens. Eine Debatte um die Besetzung der Geschichte. Reinbek 1992, S.93–100, hier S.93.

[18] Buhle, Reichsgau Wartheland, S.3.

[19] Hierzu Michael Burleigh: Germany Turns Eastwards. A Study of Ostforschung in the Third Reich. Cambridge 1988, London 2002; Wolfgang Wippermann: Der „Deutsche Drang nach Osten": Ideologie und Wirklichkeit eines politischen Schlagwortes. Darmstadt 1981; Jost Hermand: Der alte Traum vom neuen Reich. Völkische Utopien und Nationalsozialismus. Weinheim ²1995, bes. S.317ff.

[20] Harold James: Geschichte Europas im 20.Jahrhundert. Fall und Aufstieg 1914–2001. München 2004, S.208.

Rücksichtnahmen Rechnung getragen werden musste. Zumindest bis zum Überfall auf die Sowjetunion beriefen sich die Deutschen zudem auf „ein Zeichen realpolitischer Selbstbescheidenheit, wenn auf die Dauer unhaltbare Positionen im Baltenland aufgegeben" wurden. Für den „Siedlungserfolg" in Polen bürge demgegenüber die „Totalität der Volksidee".[21] Selbst diejenigen, die die Vorstellung eines großdeutschen Reiches im Osten nicht teilten, waren weitestgehend der Auffassung, hier sei nur etwas zusammengekommen, was zusammengehört.[22] Die angesichts der im Warthegau, Danzig-Westpreußen, Ostoberschlesien und mehr noch im Generalgouvernement vorherrschenden Bevölkerungsstruktur groteske Absurdität dieses Topos wurde nur noch durch seine Flexibilität überboten, weshalb sich der Leitgedanke der „Festigung deutschen Volkstums" praktisch im gesamten zeitgenössischen Schrifttum an exponierter Stelle findet. Auch die alliierten Vernehmungen im Nachkriegsdeutschland lassen keinen Zweifel daran, dass die deutsche Bevölkerung – auf der Grundlage der ihr zur Verfügung stehenden Informationen – den Polenfeldzug 1939 mehrheitlich begrüßt hatte bzw. als gerechtfertigt ansah und dass Polen bei der deutschen Selbstanalyse nach Kriegsende, welche „Fehler" das Deutsche Reich in den Untergang getrieben hätten, keine Rolle spielte.[23]

Die Pläne der Nationalsozialisten für ein rein deutsch besiedeltes Ost(mittel)europa waren von vornherein zum Scheitern verurteilt, den Preis für diese Einsicht bezahlten jedoch andere. Die Frage, ob allein schon die Errichtung von Niederlassungen deutscher Kreditinstitute als Element der „Germanisierungspolitik" in Polen völkerrechtswidrig war oder nicht[24], entfacht anders als in der unmittelbaren Nachkriegszeit heutzutage keine Diskussion mehr und ist im Übrigen für das Faktum irrelevant, dass die deutsche Wirtschaftstätigkeit – auch die der Kreditinstitute – auf dem besetzten polnischen Territorium auf Kosten der polnischen und jüdischen Bevölkerung durchgeführt wurde. Da die deutschen Kreditinstitute

---

21 Helmut Wolter: Die bevölkerungspolitische Lage der Volksdeutschen in Ost- und Südosteuropa. Leipzig 1940, S. 36.

22 Vgl. den Tagebucheintrag des Wehrmachtsoffiziers Wilm Hosenfeld: „Als die schrecklichen Judenmassenmorde [...] im vergangenen Sommer geschahen, da wußte ich mit aller Deutlichkeit, jetzt verlieren wir den Krieg, denn damit hatte der noch zu rechtfertigende Kampf um Nahrungsfreiheit, um Volksboden seinen Sinn verloren. Er artete aus in ein maßloses, unmenschliches, kulturwidriges Massenschlachten, das niemals vor dem deutschen Volk zu rechtfertigen ist und von dem gesamten deutschen Volk zutiefst verurteilt wird." Zit. nach Hosenfeld, „Ich versuche jeden zu retten", S. 694 (Eintrag vom 14.2.1943).

23 Vgl. hierzu Saul K. Padover: Lügendetektor. Vernehmungen im besiegten Deutschland 1944/45. Frankfurt a. M. 1999, S. 93f., 118, 120f. und passim.

24 Gerber, Staatliche Wirtschaftslenkung, S. 185ff.; Emmendörfer, Geld- und Kreditaufsicht, S. 30; Ernst-Günther Zumach: Die wirtschaftlichen Maßnahmen Deutschlands im zweiten Weltkrieg in völkerrechtlicher Betrachtung. Diss. Erlangen 1955; ein Überblick bei Krzysztof Skubiszewski: Problematyka niemiecka w powojennym polskim piśmiennictwie z dziedziny prawa międzynarodowego, in: Przegląd Zachodni 1950, S. 559–581; Marian Muszkat: Karne aspekty polityki finansowej Trzeciej Rzeszy, in: Państwo i Prawo, 3 (1948), H. 7, S. 87–105; Alfons Klafkowski: Okupacja niemiecka w świetle prawa narodów. Poznań 1946; Ryszard Walczak: Die NS-Verbrechen im Spiegel der Ermittlungen der Hauptkommission, in: Kranz (Hg.), Verbrechen des Nationalsozialismus, S. 63–73.

somit ihr gesamtes Engagement in Polen nach dem 1.September 1939 der Unrechtssituation der nationalsozialistischen Besatzung verdankten, muss folglich auch ihr gesamter Gewinn auf das Konto der unrechtmäßigen Einnahmen verbucht werden.

Angesichts der Verstrickungen, in die sich die deutschen Kreditinstitute im besetzten Polen zwischen 1939 und 1945 begaben, ist es erstaunlich, dass trotz eines in den letzten Jahren gewachsenen Interesses der Forschung wie auch der Öffentlichkeit an NS-Wirtschaftsverbrechen („Arisierungen", Restitutionen, Entschädigungen für Zwangsarbeiter) die Kenntnis über die Kreditwirtschaft in den besetzten Ländern Europas und besonders in Polen noch immer vergleichsweise gering ausfällt. Zahlreiche wichtige Aspekte konnten in der vorliegenden Analyse nur erwähnt, nicht aber ausführlicher dargestellt werden. Damit verbindet sich zugleich die Hoffnung, dass dies Anregung und Ausgangspunkt für weitere Forschung sein möge.

Abkürzungsverzeichnis

AAN	Archiwum Akt Nowych, Warszawa
AE.	Archivalische bzw. Archiveinheit
AJDC	American Jewish Joint Distribution Committee
AK	Armia Krajowa (Heimatarmee)
AO	Anordnung
AOK	Armeeoberkommando
APG	Archiwum Państwowe w Gdańsku
APK	Archiwum Państwowe w Katowicach
APKr	Archiwum Państwowe w Krakowie
APŁ	Archiwum Państwowe w Łodzi
APP	Archiwum Państwowe w Poznaniu
APWr	Archiwum Państwowe we Wrocławiu
AUAM	Archiwum Uniwersytetu im. Adama Mickiewicza w Poznaniu
AŻIH	Archiwum Żydowskiego Instytutu Historycznego, Warszawa
BArch	Bundesarchiv
BGK	Bank Gospodarstwa Krajowego (Landeswirtschaftsbank)
BIZ	Bank für Internationalen Zahlungsausgleich
BKGBZpNP-IPN	Biuletyn Głównej Komisji Badania Zbrodni przeciwko Narodowi Polskiemu – Instytutu Pamięci Narodowej
BN	Banki niemieckie (Deutsche Banken)
BrLHA	Brandenburgisches Landeshauptarchiv, Potsdam
BvS-Konto	Beschränkt verfügbares Sicherungskonto
BŻIH	Biuletyn Żydowskiego Instytutu Historycznego w Polsce
CABV	Creditanstalt-Bankverein
CB	Commerz- und Privatbank (ab April 1940: Commerzbank)
CdZ	Chef(s) der Zivilverwaltung
COP	Centralny Okręg Przemysłowy (Zentrales Industrierevier)
CVDBB	Centralverband des Deutschen Bank- und Bankiergewerbes
DAF	Deutsche Arbeitsfront
DAW	Deutsche Ausrüstungswerke
DurchfVO	Durchführungsverordnung
DUT	Deutsche Umsiedlungs-Treuhand-Gesellschaft mbH
DVL	Deutsche Volksliste
DWB	Deutsche Wirtschaftsbetriebe GmbH, Berlin
DWM	Deutsche Waffen- und Munitionswerke, Berlin/Posen
DWZ	Deutsche Wirtschafts-Zeitung
DZ	Deutsche Zentralgenossenschaftskasse
DzURP	Dziennik Ustaw Rzeczypospolitej Polskiej
Emda	Emissionsbank als Mitglied der Abrechnungsstelle der Warschauer Banken mit dem Judenrat
EWZ	Einwandererzentralstelle
G	Danziger Gulden
G. Bl.	Gesetzblatt für die Freie Stadt Danzig
GDKr	Gouverneur des Distrikts Krakau
GG	Generalgouvernement

GHTO	Grundstücksgesellschaft der Haupttreuhandstelle Ost mbH
GPO	Generalplan Ost
GSV	Gauselbstverwaltung
GV	Gettoverwaltung beim Oberbürgermeister der Stadt Litzmannstadt
GVSS	Generalreferent für die Festigung deutschen Volkstums in der Haupttreuhandstelle Ost, Berlin
HAC	Historisches Archiv der Commerzbank AG, Frankfurt a. M.
HASAG	Hugo Schneider Aktiengesellschaft
HBB	Hollandsche Buitenland Bank, Den Haag
HGW	Reichswerke „Hermann Göring"
HLKO	Haager Landkriegsordnung
HSSPF	Höhere(r) SS- und Polizeiführer
HTO	Haupttreuhandstelle Ost, Berlin
IHK	Industrie- und Handelskammer
IMG	Internationaler Militärgerichtshof Nürnberg
IPN	Instytut Pamięci Narodowej, Warszawa
JSS	Jüdische Soziale Selbsthilfe (vgl. ŻSS)
kcal	Kilokalorien
KL	Konzentrationslager
KSSVO	Verordnung über das Sonderstrafrecht im Kriege und bei besonderem Einsatz
k. v.	kommissarisch verwaltet
KZ	Konzentrationslager
LGB	Landesgenossenschaftsbank, Posen
LHASA	Landeshauptarchiv Sachsen-Anhalt, Magdeburg
LWB	Landwirtschaftsbank
LZ	Landwirtschaftliche Zentralstelle
MBlHTO	Mitteilungsblatt der Haupttreuhandstelle Ost
ND	Neudruck
N.F.	Neue Folge
NSDAP	Nationalsozialistische Deutsche Arbeiter-Partei
NSV	Nationalsozialistische Volkswohlfahrt
NTN	Najwyższy Trybunał Narodowy, Warszawa
OFD	Oberfinanzdirektion, Berlin
OKH	Oberkommando des Heeres
OKW	Oberkommando der Wehrmacht
OMGUS	Office of Military Government for Germany, United States
O/S.	Oberschlesien
p. a.	per anno
PBR	Państwowy Bank Rolny (Staatliche Agrarbank)
PD	Paginierung des Dokumentes
Pg.	Parteigenosse (NSDAP)
PKO	Polska Kasa Oszczędności (Polnische Sparkasse)
PolVermVO	Polenvermögensverordnung
PSŻ	Przełożony Starszeństwa Żydów w Getcie Łódzkim (Der Älteste der Juden im Getto Litzmannstadt)

PZL	Państwowe Zakłady Lotnicze, Rzeszów (Staatliche Flugzeugfabriken)
RAK	Reichsaufsichtsamt für das Kreditwesen
RAnz.	Deutscher Reichsanzeiger und Preußischer Staatsanzeiger
Rdschr.	Rundschreiben
RdschrSGVW	Rundschreiben des Sparkassen- und Giroverbandes Wartheland
RDW	Reichsstatthalter im Reichsgau Danzig-Westpreußen
RFM	Reichsfinanzminister(ium)
RfR	Reichsstelle für Raumordnung
RFSS	Reichsführer-SS
RGBl.	Reichsgesetzblatt
RGO	Rada Główna Opiekuńcza
RGVA	Rossijskij Gosudarstvennyj Voennyj Archiv (Staatliches Militärarchiv der Russischen Föderation), Moskau
RHGG	Rechnungshof des Generalgouvernements
RKF	Reichskommissar(iat) für die Festigung deutschen Volkstums
RKG	Reichs-Kredit-Gesellschaft AG, Berlin
RKK	Reichskommissar(iat) für das Kreditwesen
RKV	Reichskommissar(iat) für die Behandlung feindlichen Vermögens
RLM	Reichsluftfahrtminister(ium)
RM	Reichsmark
RMdI	Reichsminister(ium) des Innern
RMdJ	Reichsminister(ium) der Justiz
RMEL	Reichsminister(ium) für Ernährung und Landwirtschaft
RRH	Reichsrechnungshof, Rechnungshof des Deutschen Reiches
RRW	Reichsstatthalter im Reichsgau Wartheland
RSHA	Reichssicherheitshauptamt
RuSHA	Rasse- und Siedlungshauptamt
RWM	Reichswirtschaftsminister(ium)
S.A./SA.	Spółka Akcyjna (Aktiengesellschaft)
SächsHStA	Sächsisches Hauptstaatsarchiv Dresden
SächsStAL	Sächsisches Staatsarchiv Leipzig
sc.	silicet
SD	Sicherheitsdienst
SdF	Sekretariat der Filialen
SS	Schutzstaffel(n)
SS(u)PF/SSuPolF.	SS- und Polizeiführer
SSR	Sozialistische Sowjetrepublik
SWG	Siedlerwirtschaftsgemeinschaft, Zamość
TAM	Tägliche Anordnung und Mitteilung der Emissionsbank in Polen
TDW	Treuhandstelle Danzig-Westpreußen, Gotenhafen
TK	Treuhandstelle Kattowitz
TNL	Treuhandnebenstelle Litzmannstadt
TO	Treuhandstelle
TODOS	Towarzystwo Dostaw Wyrobów Przemysłu Żydowskiego (Lieferungsgesellschaft des Jüdischen Gewerbes mbH [im Getto Warschau])
TP	Treuhandstelle Posen
T 4	Tiergartenstraße 4 (Sitz der „Gemeinnützigen Stiftung für Anstaltspflege“)

UAHUB	Universitätsarchiv der Humboldt-Universität zu Berlin
UdSSR	Union der Sozialistischen Sowjetrepubliken
UWZ	Umwandererzentralstelle
VfZ	Vierteljahrshefte für Zeitgeschichte
VO	Verordnung
VOBl.	Verordnungsblatt
VOBlCdZP	Verordnungsblatt des Chefs der Zivilverwaltung beim Militärbefehlshaber von Posen
VOBlGG(P).	Verordnungsblatt des Generalgouverneurs [bis 1940: für die besetzten polnischen Gebiete]
VOBlRRW	Verordnungsblatt des Reichsstatthalters im Reichsgau Wartheland
VOMI	Volksdeutsche Mittelstelle
VVG	Verwaltungs- und Verwertungsgesellschaft der Haupttreuhandstelle Ost mbH
WVHA	SS-Wirtschaftsverwaltungshauptamt
WW	Warthegau-Wirtschaft
ZfG	Zeitschrift für Geschichtswissenschaft
ZfO	Zeitschrift für Ostforschung/Zeitschrift für Ostmitteleuropa-Forschung
ZPwN	Związek Polaków w Niemczech (Bund der Polen in Deutschland)
ŻSS	Żydowska Samopomoc Społeczna (vgl. JSS)
Z.V.	Zentrale Verrechnung

Ortsnamenverzeichnis Deutsch-Polnisch, Polnisch-Deutsch

Deutsch	Polnisch
Altburgund	Szubin
Auschwitz	Oświęcim
Belchatow	Bełchatów
Bendsburg, Bendzin	Będzin
Beuthen	Bytom
Bielitz-Biala	Bielsko-Biała
Bismarckhütte	Chorzów
Breslau	Wrocław
Bromberg	Bydgoszcz
Budzyn	Budzyń
Danzig	Gdańsk
Dombrowa	Dąbrowa Górnicza
Gdingen	Gdynia
Gnesen	Gniezno
Görnau	Zgierz
Gotenhafen	Gdynia
Graudenz	Grudziądz
Hermannsbad	Ciechocinek
Hindenburg	Zabrze
Hohensalza	Inowrocław
Kalisch	Kalisz
Kattowitz	Katowice
Kolomea	Kołomyja
Königsberg	Królewiec
Königshütte	Królewska Huta
Konitz	Chojnice
Krakau	Kraków
Kulmhof am Ner	Chełmno nad Nerem
Kutno	Kutno
Lemberg	Lwów
Lentschütz	Łęczyca
Leslau	Włocławek
Lissa	Leszno
Litzmannstadt	Łódź
Löwenstadt	Brzeziny
Lodz, Lodsch	Łódź
Marienwerder	Kwidzyn
Myslowitz	Mysłowice
Oppeln	Opole
Ostrowo	Ostrów Wielkopolski
Ozorkow	Ozorków
Pabianitz	Pabianice
Petrikau	Piotrków Trybunalski
Poddembice	Poddębice
Posen	Poznań
Ratibor	Racibórz
Rawitsch	Rawicz
Reichshof	Rzeszów
Schneidemühl	Piła
Schroda	Środa
Schwientochlowitz	Świętochłowice
Sosnowitz	Sosnowiec
Stanislau	Stanisławów
Starograd	Starograd
Tarnowitz	Tarnowskie Góry
Thorn	Toruń
Warschau	Warszawa
Warthbrücken	Koło
Welungen	Wieluń
Wloclawek	Włocławek
Zgierz	Zgierz
Zichenau	Ciechanów

Polnisch	Deutsch
Bełchatów	Belchatow
Będzin	Bendzin, Bendsburg
Bielsko-Biała	Bielitz-Biala
Brzeziny	Löwenstadt
Budzyń	Budzyn
Bydgoszcz	Bromberg
Bytom	Beuthen
Chełmno nad Nerem	Kulmhof am Ner
Chojnice	Konitz
Chorzów	Königshütte, Bismarckhütte
Ciechanów	Zichenau
Ciechocinek	Hermannsbad
Dąbrowa Górnicza	Dombrowa
Gdańsk	Danzig
Gdynia	Gdingen, Gotenhafen
Gniezno	Gnesen
Grudziądz	Graudenz
Inowrocław	Hohensalza
Kalisz	Kalisch
Katowice	Kattowitz
Koło	Warthbrücken
Kołomyja	Kolomea
Kraków	Krakau
Królewiec	Königsberg
Królewska Huta	Königshütte
Kutno	Kutno
Kwidzyn	Marienwerder
Leszno	Lissa

Lwów	Lemberg	Rzeszów	Reichshof
Łęczyca	Lentschütz	Sosnowiec	Sosnowitz
Łódź	Lodz, Lodsch, Litzmannstadt	Stanisławów	Stanislau
		Starograd	Starograd
Mysłowice	Myslowitz	Szubin	Altburgund
Opole	Oppeln	Środa	Schroda
Ostrów Wielkopolski	Ostrowo	Świętochłowice	Schwientochlowitz
Oświęcim	Auschwitz	Tarnowskie Góry	Tarnowitz
Ozorków	Ozorkow	Toruń	Thorn
Pabianice	Pabianitz	Warszawa	Warschau
Piła	Schneidemühl	Wieluń	Welungen
Piotrków Trybunalski	Petrikau	Włocławek	Wloclawek
Poddębice	Poddembice	Wrocław	Breslau
Poznań	Posen	Zabrze	Hindenburg
Racibórz	Ratibor	Zgierz	Zgierz, Görnau
Rawicz	Rawitsch		

Quellen und Literatur

Ungedruckte Quellen

Archiwum Akt Nowych w Warszawie (AAN)
Bank Emisyjny w Polsce, Oddział Główny, Kraków
Bank Emisyjny w Polsce, Oddział w Tarnopolu
Bank Emisyjny w Polsce, Zarząd Główny, Kraków
Bank Handlowy w Warszawie S.A.
Centralny Urząd Rolniczy
Komisarz Bankowy Banku Emisyjnego w Polsce, Kraków
Ministerstwo Prac Kongresowych Rządu RP (emigracyjnego) w Londynie
Ministerstwo Skarbu
Rada Główna Opiekuńcza. Biuro Centrali w Krakowie
Rząd Generalnego Gubernatorstwa
Zarząd Główny Kas Kredytowych Rzeszy Niemieckiej

Archiwum Instytutu Pamięci Narodowej, Warszawa (IPN)
Najwyższy Trybunał Narodowy, Warszawa
Rząd Dystryktu Krakowskiego
Rząd Generalnego Gubernatorstwa

Archiwum Państwowe w Gdańsku (APG)
Höherer SS- und Polizeiführer Danzig-Westpreußen
Oberlandesgericht Danzig
Reichsstatthalter im Reichsgau Danzig-Westpreußen
Senat der Freien Stadt Danzig
Treuhandstelle Danzig-Westpreußen

Archiwum Państwowe w Katowicach (APK)
Dresdner Bank Kattowitz
Landeswirtschaftsamt Kattowitz
Oberpräsidium Kattowitz
Gauwirtschaftskammer Oberschlesien
NSDAP, Gauleitung Oberschlesien
Rejencja Katowicka
Sicherheitsdienst des Höheren SS- und Polizeiführers – Kattowitz
Treuhandstelle Kattowitz

Archiwum Państwowe w Krakowie (APKr)
Bank Gospodarstwa Krajowego w Krakowie
Banki Niemieckie
Gouverneur des Distrikts Krakau
Kommerzialbank AG, Krakau
Stadtsparkasse Krakau
Starosta Miasta Krakowa

Archiwum Państwowe w Łodzi (APŁ)
Bank Związku Spółek Zarobkowych S.A. w Poznaniu – Oddział w Łodzi
Dom Bankowy Józef Hirszberg w Łodzi
Getto-Verwaltung
Przełożony Starszeństwa Żydów w Getcie Łódzkim
Regierungspräsident Litzmannstadt

Sondergericht beim Landgericht Litzmannstadt
Spółdzielczy Bank Przemysłowców Łódzkich
Spółka Akcyjna Wyrobów Bawełnianych Izraela K. Poznańskiego w Łodzi
Stadtverwaltung Litzmannstadt
Szef Zarządu Cywilnego Okręgu Wojskowego w Łodzi
Widzewska Manufaktura S.A. w Łodzi
Zjednoczone Zakłady Włókiennicze K. Scheiblera i L. Grohmanna

Archiwum Państwowe w Poznaniu (APP)
Akta miasta Poznania
Banki akcyjne w Poznaniu
Chef der Zivilverwaltung beim Oberbefehlshaber im Militärbezirk Posen
Deutsche Umsiedlungs-Treuhand-Gesellschaft
Gauselbstverwaltung
Landratsamt Posen
Regierung Posen
Reichsstatthalter im Reichsgau Wartheland
Treuhandstelle Posen

Archiwum Państwowe we Wrocławiu (APWr)
Bank Drezdeński, Oddział we Wrocławiu

Archiwum Uniwersytetu im. Adama Mickiewicza w Poznaniu (AUAM)
Reichsuniversität Posen

Archiwum Żydowskiego Instytutu Historycznego, Warszawa (AŻIH)
American Jewish Joint Distribution Committee
Archiwum Ringelbluma (Ring I)
Niemieckie materiały okupacyjne
Żydowska Samopomoc Społeczna

Brandenburgisches Landeshauptarchiv, Potsdam *(BrLHA)*
Rep. 53, Abgabe 1989, Commerzbank Luckenwalde

Bundesarchiv (BArch)

Dok K	Dokumentationszentrum der Staatlichen Archivverwaltung im Ministerium des Innern der DDR
NS 2	Rasse- und Siedlungshauptamt – SS
NS 3	SS-Wirtschafts-Verwaltungshauptamt
NS 6	Partei-Kanzlei der NSDAP
R 2	Reichsfinanzministerium
R 11	Reichswirtschaftskammer
R 49	Reichskommissar für die Festigung deutschen Volkstums
R 52 II	Kanzlei des Generalgouvernements
R 52 VI	Hauptabteilung Wirtschaft der Regierung des Generalgouvernements
R 58	Reichssicherheitshauptamt
R 75	Umwandererzentralstelle Posen
R 82	Reichsgesellschaft für Landbewirtschaftung mbH
R 84	Deutsche Revisions- und Treuhand AG Berlin
R 88 I	Handelsaufbau Ost GmbH
R 88 II	Auffanggesellschaft für Kriegsteilnehmerbetriebe des Handels im Reichsgau Danzig-Westpreußen GmbH
R 102 I	Gouverneur des Distrikts Warschau
R 122	Reichsverwaltungsgericht, Reichskriegsschädenamt
R 138	Behörden der allgemeinen inneren Verwaltung und der kommunalen Selbstverwaltung im Reichsgau Danzig-Westpreußen

R 138 II	Behörden der allgemeinen inneren Verwaltung und der kommunalen Selbstverwaltung im Reichsgau Wartheland
R 140	Grundstücks- und Wohnungsgesellschaften in den eingegliederten und besetzten Ostgebieten
R 144	Haupttreuhandstelle Ost und Treuhandstellen
R 164	Reichsarbeitsgemeinschaft für Raumforschung
R 1702	Deutsche Umsiedlungs-Treuhand-Gesellschaft
R 2301	Rechnungshof des Deutschen Reiches
R 2501	Deutsche Reichsbank
R 3101	Reichswirtschaftsministerium
R 3102	Statistisches Reichsamt
R 5101	Reichsministerium für die kirchlichen Angelegenheiten
R 8120	Bank der Deutschen Arbeit
R 8136	Reichs-Kredit-Gesellschaft AG
Z 45 F	Office of Military Government United States (OMGUS)

Historisches Archiv der Deutschen Bundesbank, Frankfurt a. M.
Pers 101/20639: Personalakte Dr. Fritz Paersch
Pers 101/20938: Personalakte Carl Erwin Teichmann
Film Nr. 1369: Personalakte Dr. Fritz Paersch (Landeszentralbank Hessen)

Historisches Archiv der Commerzbank, Frankfurt a. M. (HAC)
1/4
1/101
1/105
1/117
1/118
1/187
1/189
1/214II
1/267
1/278
1/289
S3/A2
Filiale Meerane
SdF Ost, Filiale Breslau
SdF Ost, Filiale Danzig
SdF Ost, Filiale Kattowitz
SdF Ost, Filiale Königsberg
SdF Ost, Filiale Krakau
SdF Ost, Filiale Litzmannstadt
SdF Ost, Filiale Posen

Historisches Archiv der DG Bank AG, Frankfurt a. M.
S–II–40, Nr. 18

Oberfinanzdirektion Berlin (OFD)
Haupttreuhandstelle Ost – Sonderabteilung Altreich, Berlin
Haupttreuhandstelle Ost – Abteilung Vermögensverwaltung, Berlin
Deutsche Umsiedlungs-Treuhand-Gesellschaft

Landeshauptarchiv Sachsen-Anhalt, Magdeburg (LHASA)
Rep. I 105, Commerzbank, Filiale Oschersleben

Sächsisches Hauptstaatsarchiv Dresden (SächsHStA)
Altbanken Dresden

Sächsisches Staatsarchiv Leipzig (SächsStAL)
Commerzbank, Filiale Leipzig

Rossijskij Gosudarstvennyj Voennyj Archiv, Moskau (RGVA)
1458–1–442
1458–3–1003
1458–15–123
1458–15–124
1458–15–125
1458–15–128
1458–15–138
1458–15–148

Universitätsarchiv der Humboldt-Universität zu Berlin (UAHUB)
NS-Dozentenschaft

Gedruckte Quellen

Zeitschriften, Periodika, Reihen, Geschäftsberichte, Statistiken

Der Arbeitskamerad. Werkszeitschrift der DAF-Betriebszellenorganisation der Commerzbank. Berlin 1934–1944.

Bank-Archiv. Zeitschrift für Bank- und Börsenwesen. Berlin 1901–1943.
Bankwirtschaft. Berlin 1943–1945.
Bericht der Deutschen Handelskammer für das Generalgouvernement über das Geschäftsjahr 1943. Berlin 1944.
Bericht des Sparkassen- und Giroverbandes Wartheland in Posen für das Jahr 1940. Posen 1940.
Bericht über den Aufbau der Sparkassenorganisation im Reichsgau Wartheland, zugleich Geschäftsbericht des Sparkassen- und Giroverbandes Wartheland für die Zeit seit seiner Gründung. Posen 1940.
Biuletyn Żydowskiego Instytutu Historycznego. Warszawa 1 (1951) – 196 (2000) [ab 197 (2001): Kwartalnik Historii Żydów].

Danzig-Westpreußische Landschaft, Geschäftsberichte 1940–1943. Danzig 1941–1944.
Danziger Statistische Mitteilungen. Zeitschrift für Verwaltung, Wirtschaft und Landeskunde der Freien Stadt Danzig. Hg. vom Statistischen Landesamt der Freien Stadt Danzig. Danzig 1 (1921) – 19 (1939).
Danziger Wirtschaftszeitung. Danzig 1 (1921) – 23 (1943).
Deutsche Umsiedlungs-Treuhand-Gesellschaft, Geschäftsberichte. Berlin 1940–1943.
Deutsche Wirtschafts-Zeitung. Organ der Arbeitsgemeinschaft der Industrie- und Handelskammern in der Reichswirtschaftskammer. Berlin 1 (1905) – 41 (1944).
Deutsche wissenschaftliche Zeitschrift im Wartheland. Posen 1 (1940) – 4 (1943).
Devisenwirtschaft und Außenhandel. Nachrichtenblätter der Commerz- und Privatbank Aktiengesellschaft. Berlin 1934–1943 [ab Nr. 10 vom 25. Mai 1940: Nachrichtenblätter der Commerzbank Aktiengesellschaft].

Ekonomista Polski. The Polish Economist. Wydawnictwo Stowarzyszenia ekonomistów polskich w Zjednoczonym Królestwie. London 1941–1944.
Europäische Revue. Stuttgart/Berlin 1925–1944.

Finanse. Warszawa 1 (1950) – 40 (1989).

Das Generalgouvernement. Krakau 1 (1940) – 4 (1944).
Gesetzblatt für die Freie Stadt Danzig. Danzig 1921–1939.

Krakauer Zeitung. Krakau 1939–1945.

Landesbank und Girozentrale Danzig-Westpreußen, Geschäftsberichte 1940–1943. Danzig 1940–1943.
Landesbank und Girozentrale Wartheland, Geschäftsberichte 1940–1943. Posen 1940–1944.
Landschaft für das Wartheland, Bericht über die Geschäftsjahre 1940 und 1941. Posen 1942.
Landschaftliche Bank für das Wartheland, Geschäftsberichte 1940–1943. Posen 1942–1944.
Litzmannstädter Zeitung. Litzmannstadt 1940–1944.

Mały Rocznik Statystyczny 1938. Warszawa 1938.
Mały Rocznik Statystyczny 1939. Warszawa 1939 [ND: Warszawa 1989].
Mały Rocznik Statystyczny Polski, wrzesień 1939 – czerwiec 1941 (Concise Statistical Year-Book of Poland, September 1939 – June 1941, published by the Polish Ministry of Information). Londyn 1941 [Warszawa 1990].
Mitteilungen der Hauptgruppe Gewerbliche Wirtschaft und Verkehr in der Zentralkammer (für die Gesamtwirtschaft). Krakau 1942–1944.
Mitteilungen der Industrieabteilung der Gauwirtschaftskammer Wartheland, der Wirtschaftskammer Litzmannstadt sowie des Rüstungs- und Bezirksobmannes XXI. Posen 4 (1943) – 6 (1945).
Mitteilungen der Industrieabteilung der Wirtschaftskammer Wartheland. Posen 1 (1940) – 3 (1942).
Mitteilungsblatt der Gauwirtschaftskammer Danzig-Westpreußen [Danziger Wirtschaftszeitung]. Danzig 23 (1943) – 24 (1944).
Mitteilungsblatt der Haupttreuhandstelle Ost. Berlin 1940–1944.
Mitteilungsblatt der Wirtschaftsgruppe Privates Bankgewerbe – Centralverband des Deutschen Bank- und Bankiergewerbes.

Ostdeutsche Privatbank AG (Danziger Privat- und Actienbank AG), Geschäftsberichte 1939–1941. Danzig 1940–1942.
Ostdeutscher Beobachter. Organ der NSDAP. Verkündigungsblatt des Reichsstatthalters und seiner Behörden. Posen 1 (1939) – 7 (1945).
Die Ostwirtschaft. Berlin 1911–1944.

Raumforschung und Raumordnung. Monatsschrift der Reichsarbeitsgemeinschaft für Raumforschung. Heidelberg/Berlin 1 (1936/37) – 8 (1944).
Reichsgesetzblatt, Teil I und II. Berlin 1922–1945.
Rocznik Polskiego Przemysłu i Handlu 1938. Warszawa 1938.
Rundschreiben des Sparkassen- und Giroverbandes Wartheland. Posen 1939–1944.

Schlesische Landschaft, Geschäftsberichte 1939–1943. Breslau 1940–1944.
Schlesischer Sparkassen- und Giroverband, Geschäftsberichte 1939–1942. Breslau 1940–1943.
Sparkassen- und Giroverband für Danzig-Westpreußen, Geschäftsberichte 1941–1943. Danzig 1942–1944.
Sparkassen- und Giroverband Wartheland. Geschäftsbericht für das Jahr 1941 [1942]. Posen 1942 [1943].
Sprawozdanie o przedmiocie strat i szkód wojennych Polski w latach 1939–1945. Hg. vom Biuro Odszkodowań Wojennych przy Prezydium Rady Ministrów. Warszawa 1947.
Stadtsparkasse Posen, Geschäftsberichte 1941–1942. Posen 1942–1943; Geschäftsbericht 1943. Posen 1944.

Verband land- und erwerbswirtschaftlicher Genossenschaften (Hg.): Statistik der Verbandsgenossenschaften für das Jahr 1939 [1940]. Krakau 1941 [1942].

Verordnungsblatt des Chefs der Zivilverwaltung beim Militärbefehlshaber von Posen. Posen 1 (1939) – 6 (1939).
Verordnungsblatt des Generalgouverneurs für die besetzten polnischen Gebiete/Verordnungsblatt für das Generalgouvernement/Dziennik rozporządzeń dla Generalnego Gubernatorstwa [1939: Verordnungsblatt für die besetzten Gebiete in Polen]. Hg. vom Amt für Gesetzgebung in der Regierung des Generalgouvernements. Krakau 1939–1944.
Verordnungsblatt des Grenzschutz-Abschnitt-Kommandos 3, Chef der Zivilverwaltung [Kattowitz] [ab 1.10.1939: Verordnungsblatt des Abschnitts Oberschlesien des Militärbereichs Oberschlesien, Chef der Zivilverwaltung]. Kattowitz 1939.
Verordnungsblatt des Militärbefehlshabers Danzig-Westpreußen. Danzig 1 (1939) – 20 (1939).
Verordnungsblatt des Reichsstatthalters in Danzig-Westpreußen. Danzig 1939–1945.
Verordnungsblatt des Reichsstatthalters im Reichsgau Wartheland. Posen 1939–1944.
Verordnungsblatt für die Zivilverwaltung in den dem Gauleiter Forster als Chef der Zivilverwaltung unterstellten besetzten Gebieten. Danzig 1939.
Der Vierjahresplan. Zeitschrift für nationalsozialistische Wirtschaftspolitik. Amtliche Mitteilungen des Beauftragten für den Vierjahresplan Ministerpräsident und Reichsmarschall Göring. Berlin 1 (1937) – 8 (1944).

Warthegau-Wirtschaft. Organ der Wirtschaftskammer Wartheland, zugleich Mitteilungen der Industrie- und Handelskammer Posen. Posen 1940–1943.
Die wirtschaftliche Leistung. Zeitschrift für die Wirtschaft im Generalgouvernement. Kraków 1942–1944.

Quellen, zeitgenössische Darstellungen und Erinnerungen

Adam, Regierungsrat: Eisernes Sparen und Betriebsanlageguthaben in der praktischen Durchführung, in: Warthegau-Wirtschaft 2 (1941), Nr. 12, S. 12–16.
Archiwum Ringelbluma. Konspiracyjne Archiwum Getta Warszawy, Bd. 1: Listy o Zagładzie. Opracowała Ruta Sakowska. Warszawa 1997.
Arlt, Fritz: Siedlung und Landwirtschaft in den eingegliederten Gebieten Oberschlesiens. Berlin 1942 (Die wirtschaftlichen Entwicklungsmöglichkeiten in den eingegliederten Ostgebieten des Deutschen Reiches, Bd. 10. Im Auftrage der Haupttreuhandstelle Ost und des Reichskommissars für die Festigung deutschen Volkstums, Stabshauptamt, hg. von Dr. Walter Geisler).
Arlt, Fritz: Polen-, Ukrainer-, Juden-Politik im Generalgouvernement für die besetzten polnischen Gebiete 1939/40 und in Oberschlesien 1941/43 und im Freiheitskampf der unterdrückten Ostvölker. Dokumente, Äußerungen von Polen, Ukrainern und Juden. Richtigstellungen von Fälschungen, Erinnerungen eines Insiders. Lindhorst 1995.

Bang, Ferdinand: Die Deutsche Umsiedlungs-Treuhand-Gesellschaft, in: Warthegau-Wirtschaft 1 (1940), Nr. 2, S. 9–11.
Die Bankenaufsichtsgesetze der Welt in deutscher Sprache. Im Auftrage des Deutschen Instituts für Bankwissenschaft und Bankwesen gesammelt von Johannes C. D. Zahn. Berlin/Leipzig 1937.
Bayrhoffer, Walther (Hg.): Deutsche Geldpolitik. Berlin 1941 (Schriften der Akademie für Deutsches Recht. Hg. vom Präsidenten der Akademie für Deutsches Recht, Reichsminister Dr. Hans Frank. Gruppe Wirtschaftswissenschaften, Bd. 4).
Becker, Regierungsrat: Die Devisenbewirtschaftung, in: Das Generalgouvernement. Im Auftrage und mit einem Vorwort des Generalgouverneurs Reichsminister Dr. Frank hg. und bearbeitet von Dr. Max[imilian] Freiherr du Prel. Würzburg 1942, S. 115–119.
Becker, Heinrich: Der Postsparkassendienst. Berlin 1943.
Berger, Hugo: Landwirtschaftliche Tagesfragen aus der Arbeit der „Ostland“ in den eingegliederten Gebieten. Berlin 1942.
Best, Werner: Die Verwaltung in Polen vor und nach dem Zusammenbruch der Polnischen Republik. Berlin 1940 (Das Reich in Bereitschaft. Recht · Gesetzgebung · Verwaltung).

Blatt, Thomas T.: Nur die Schatten bleiben. Der Aufstand im Vernichtungslager Sobibór. Berlin 2000.

Blohm, Georg: Siedlung und Landwirtschaft im Reichsgau Danzig-Westpreußen. Berlin 1942 (Die wirtschaftlichen Entwicklungsmöglichkeiten in den eingegliederten Ostgebieten des Deutschen Reiches, Bd. 4. Im Auftrage der Haupttreuhandstelle Ost und des Reichskommissars für die Festigung deutschen Volkstums, Stabshauptamt, hg. von Dr. Walter Geisler).

Blumental, Nachman: Słowa niewinne, Bd. 1. Kraków/Łódź/Warszawa 1947.

Boberach, Heinz (Hg.): Meldungen aus dem Reich. Die geheimen Lageberichte des Sicherheitsdienstes der SS 1938–1945, 17 Bde. Herrsching 1984.

Böhm, Franz: Litzmannstadt. Geschichte und Entwicklung einer deutschen Industriestadt. Posen 1941 (Unsere Heimat. Volkstümliche Schriftenreihe zur Förderung der deutschen Heimatbildung und Familienüberlieferung in den Ostgauen. Hg. von Dr. Kurt Lück und Dr. Alfred Lattermann in Verbindung mit dem Deutschen Volksbildungswerk, Gaudienststelle Wartheland, Bd. 16).

Böhm, Josef: Der Aufbau des Handwerks in den eingegliederten Gebieten des Gaues Oberschlesien; Hans Donalies: Der Handel und seine Entwicklungsmöglichkeiten in den eingegliederten Gebieten Oberschlesiens. Berlin/Amsterdam/Prag/Wien 1942 (Die wirtschaftlichen Entwicklungsmöglichkeiten in den eingegliederten Ostgebieten des Deutschen Reiches, Bd. 11. Im Auftrage der Haupttreuhandstelle Ost und des Reichskommissars für die Festigung deutschen Volkstums, Stabshauptamt, hg. von Dr. Walter Geisler).

Bouhler, Philipp (Hg.): Der großdeutsche Freiheitskampf. Reden Adolf Hitlers, Bd. I/II. München [3]1943.

Briefe aus Litzmannstadt. Hg. von Janusz Gumkowski, Adam Rutkowski und Arnfried Astel. Köln 1967.

Buhle, Max: Reichsgau Wartheland. Für unsere Gäste. Hg. vom Reichspropagandaamt Wartheland. Posen 1943.

Burau, Winfried: Der Reichsgau Wartheland und seine Wirtschaft, in: Die Wirtschaft der neuen großdeutschen Gebiete, Teil II: Der Osten. Bad Oeynhausen 1942, S. 33–56.

Burckhardt, Carl Jacob: Meine Danziger Mission 1937–1939. München 1962.

C.O.P. (Centralny Okręg Przemysłowy). Das zentrale polnische Industrierevier. Danzig 1938 (Ostland-Schriften, Bd. 10).

Danzig. Öffentliche Verwaltung und Finanzen. Berlin 1939 (Mitteilungen über die öffentlichen Finanzen des Auslandes, Sonderbeilage, Bd. 2).

Darius, Johannes: Mißwirtschaft und neuer Aufbau im Wartheland, in: Warthegau-Wirtschaft 1 (1940), Nr. 2, S. 1 f.

Deutsches Institut für Bankwissenschaft und Bankwesen (Hg.): Das polnische Kreditwesen. Berlin [Ende September] 1939.

Diewerge, Wolfgang: Der neue Reichsgau Danzig-Westpreußen. Ein Arbeitsbericht vom Aufbauwerk im deutschen Osten. Berlin 1940 (Die deutschen Gaue seit der Machtergreifung. Hg. von Paul Meier-Benneckenstein).

Dobroszycki, Lucjan (Hg.): The Chronicle of the Lodz Ghetto 1941–1944. New York/New Haven 1984.

Dokumenty i materiały do dziejów okupacji niemieckiej w Polsce, Bd. 3: Getto Łódzkie, część I. Opracował mgr. Artur Eisenbach. Warszawa/Łódź/Kraków 1946 (Wydawnictwo Centralnej Żydowskiej Komisji Historycznej przy C. K. Żydów Polskich, Nr. 31).

Dokumenty z dziejów polskiej polityki zagranicznej 1918–1939, Bd. 1: 1918–1932. Pod redakcją naukową Tadeusza Jędruszczaka i Marii Nowak-Kiełbikowej. Warszawa 1989; Bd. 2: 1933–1939. Warszawa 1996.

Drescher, Leo: Entschuldung der ostdeutschen Landwirtschaft. Auf Grund einer Untersuchung von Osthilfe-Entschuldungsbetrieben. Im Auftrag der Bank für Deutsche Industrie-Obligationen bearbeitet. Als Manuskript gedruckt. Berlin 1938.

Dröscher, Otto: Die Weichsel; Hermann Thomsen: Danzig als Handels- und Wirtschaftsplatz. Berlin 1941 (Die wirtschaftlichen Entwicklungsmöglichkeiten in den eingegliederten Ostgebieten, Bd. 3. Im Auftrage der Haupttreuhandstelle Ost und des Reichskommissars für die Festigung deutschen Volkstums, Stabshauptamt, hg. von Dr. Walter Geisler).

Engelke, Karl: Wiederaufbaudarlehen für die Ostgebiete, in: DWZ 37 (1940), S. 741f.

Faschismus – Getto – Massenmord. Dokumentation über Ausrottung und Widerstand der Juden in Polen während des zweiten Weltkrieges. Hg. vom Jüdischen Historischen Institut Warschau. Berlin 1960.

Die faschistische Okkupationspolitik in Polen (1939–1945). Dokumentenauswahl und Einleitung von Werner Röhr. Köln 1989 (Nacht über Europa, Bd. 2).

Faßbender, Siegfried: Die Reichshilfe für den Osten, in: Die Wirtschaft der neuen großdeutschen Gebiete, Teil II: Der Osten. Bad Oeynhausen 1942, S. 125–136.

Feuchert, Sascha u. a. (Hg.): Letzte Tage. Die Lodzer Ghetto-Chronik Juni/Juli 1944. Göttingen 2004.

Feuchtwanger, Leo: Die Darlehnskassen des Deutschen Reiches mit Berücksichtigung der entsprechenden Kreditorganisation des Auslands. Stuttgart/Berlin 1918 (Münchener volkswirtschaftliche Studien, Bd. 141).

Fitzner, Otto: Deutschlands Kriegswirtschaft gestärkt, in: Der Vierjahresplan 3 (1939), S. 1130–1133.

Frank, Shlomo: Togbukh fun lodzher geto. Buenos Aires 1958 (Bikher-serie Dos poylishe yidntum, Bd. 134).

Gater, Rudolf: Warum arbeitet die Industrie im GG so teuer?, in: Die wirtschaftliche Leistung. Zeitschrift für die Wirtschaft im Generalgouvernement 1 (1942), S. 138–141.

Geisler, Walter: Deutscher! Der Osten ruft Dich! Berlin 1941 (Die wirtschaftlichen Entwicklungsmöglichkeiten in den eingegliederten Ostgebieten des Deutschen Reiches, Bd. 1. Im Auftrage der Haupttreuhandstelle Ost und des Reichsführers SS, Reichskommissar für die Festigung deutschen Volkstums, hg. von Dr. Walter Geisler, o. Professor der Reichsuniversität Posen).

Generalgouvernement. Wirtschaftliche Übersicht. August 1942. Überreicht von der Creditanstalt-Bankverein. Als Manuskript gedruckt. [Wien] 1942.

Das Generalgouvernement. Seine Verwaltung und seine Wirtschaft. Sammlung von Vorträgen der ersten wissenschaftlichen Vortragsreihe der Verwaltungsakademie des Generalgouvernements. Hg. von Staatssekretär Dr. Josef Bühler. Krakau 1943.

Das Generalgouvernement. Im Auftrage und mit einem Vorwort des Generalgouverneurs Reichsminister Dr. Frank hg. und bearbeitet von Dr. Max[imilian] Freiherr du Prel. Würzburg 1942.

Goldstein, Bernard: Die Sterne sind Zeugen. Der Untergang der polnischen Juden. München 1965.

Gollert, Friedrich: Zwei Jahre Aufbauarbeit im Distrikt Warschau. Warschau 1941.

Gollert, Friedrich: Warschau unter deutscher Herrschaft. Deutsche Aufbauarbeit im Distrikt Warschau. Im Auftrage des Gouverneurs des Distrikts Warschau SA-Gruppenführer Dr. Ludwig Fischer unter Benutzung amtlicher Unterlagen bearbeitet von Dr. Friedrich Gollert, Persönlicher Referent des Chefs des Amtes und Leiter des Amtes für Raumordnung. Krakau 1942.

Górecki, Roman: Polens wirtschaftliche Entwicklung. Warschau ^{2}1935.

Greiser, Arthur: Die Aufgaben auf dem Gebiet des Wirtschaftsaufbaues, in: Warthegau-Wirtschaft 1 (1940), Nr. 1, S. 1.

Greiser, Arthur: Aufbau im Warthegau, in: Der Schulungsbrief 8 (1941), H. 5/6, S. 68–73.

Greiser, Arthur: Das zweite Jahr des Aufbaues, in: Warthegau-Wirtschaft 2 (1941), Nr. 11, S. 11f.

Greiser, Arthur: Tag der Freiheit 1941. Der große Rechenschaftsbericht von Gauleiter und Reichsstatthalter Arthur Greiser. Posen 1941.

Greiser, Arthur: Der Aufbau im Osten. Jena 1942 (Kieler Vorträge, gehalten im Institut für Weltwirtschaft an der Universität Kiel, Bd. 68).

Greiser, Arthur: Reichsgau Wartheland – Gau der Frontsoldaten, in: Warthegau-Wirtschaft 3 (1942), Nr. 11, S. 2-3.
Gruber, Henryk: Wspomnienia i uwagi 1892-1942. London o. J. [1968].
Guenther-Swart, Imma von: Die Industrie in Posen und Westpreußen, in: Jahrbuch des Osteuropainstituts zu Breslau 1 (1940/41), S. 131-166.
Guz, Leon: Targowa 64. Dziennik 27 I 1943 – 11 IX 1944. Warszawa [2]2001.

Häfner, Oskar: Der industrielle Wirtschaftsaufbau im Reichsgau Danzig-Westpreußen; Hans Appel: Der Handel im Reichsgau Danzig-Westpreußen. Berlin/Amsterdam/Prag/Wien 1942 (Die wirtschaftlichen Entwicklungsmöglichkeiten in den eingegliederten Ostgebieten des Deutschen Reiches, Bd. 6. Im Auftrage der Haupttreuhandstelle Ost und des Reichskommissars für die Festigung deutschen Volkstums, Stabshauptamt, hg. von Dr. Walter Geisler).
Halder, Franz: Kriegstagebuch, Bd. 1. Stuttgart 1962.
Heintze, Johannes: Das Eiserne Sparen, in: Zeitschrift der Akademie für Deutsches Recht 8 (1941), S. 362-365.
Hemmerling, Hans-Georg: Die Kreditbanken und die Wirtschaftskrise in Polen (1929-1936). Bromberg 1937.
Henckel, Hans: Der Geldverkehr der von der Haupttreuhandstelle Ost kommissarisch verwalteten Betriebe, in: Bank-Archiv 1940, S. 466-468.
Heusler, Gerhard Heinz: Der Pole im Arbeitsleben. Die arbeitsrechtliche Stellung des Polen nach den geltenden Bestimmungen. Posen 1942.
Hippius, Rudolf/Feldmann, J. G.: Siedlungsbereitschaft für den Osten. Der Warthegau als Siedlungsraum. Posen 1941.
Hirszfeld, Ludwik: Historia jednego życia. Warszawa 2000.
Hochhaeussler, Hans: Reichsdeutsche Industrieleute im Generalgouvernement, in: Ostwirtschaft 31 (1942), S. 98f.
Höpker-Aschoff, Hermann: Die Abwicklung der Forderungen und Schulden polnischer Vermögen, in: Bank-Archiv 1941, S. 359-361.
[Höß, Rudolf:] Wspomnienia Rudolfa Hoessa, komendanta obozu oświęcimskiego. Warszawa 1956.
Hofmann, Ehrhardt: Das Wesen der Reichswirtschaftshilfe oder der sogenannten „reichsverbürgten Kredite", in: Warthegau-Wirtschaft 1 (1940), Nr. 9, S. 5f.
Hofmann, Ehrhardt: Die erweiterte Reichswirtschaftshilfe, in: Warthegau-Wirtschaft 2 (1941), Nr. 3, S. 8.
Hohenstein, Alexander: Wartheländisches Tagebuch aus den Jahren 1941/42. Stuttgart 1961 (Quellen und Darstellungen zur Zeitgeschichte, Bd. 8) [ND: München 1963].
Holzhauer, Georg: Barzahlung und Zahlungsmittelversorgung in militärisch besetzten Gebieten. Mit einer Einführung von H. Rittershausen. Jena 1939.
Hosenfeld, Wilm: „Ich versuche jeden zu retten." Das Leben eines deutschen Offiziers in Briefen und Tagebüchern. Im Auftrag des Militärgeschichtlichen Forschungsamtes hg. von Thomas Vogel. München 2004.

Ivánka, Aleksander: Wspomnienia skarbowca 1927-1945. Warszawa 1964.

Janta-Połczyński, Tomasz: Niemiecka gospodarka pieniężna w Generalnym Gubernatorstwie i na okupowanych terenach wschodnich, in: Ekonomista Polski (1943), Nr. 7 (Lipiec–wrzesień), S. 85-93.
Jünger, Ernst: Strahlungen II. Das zweite Pariser Tagebuch. Kirchhorster Blätter. Die Hütte im Weinberg. München/Stuttgart [2]1995.
Jungfer, Heinrich: Untersuchungen über die Finanzierung des Aufbaus von Gewerbe und Industrie in den eingegliederten Ostgebieten. Danzig 1940.
Justiz und NS-Verbrechen. Sammlung deutscher Strafurteile wegen nationalsozialistischer Tötungsverbrechen 1945-1966, 22 Bde. Amsterdam 1968-1981.

Kahle, Maria: Westfälische Bauern im Ostland. Berlin 1940 (Deutscher Osten, Bd. 4).

Karpiński, Zygmunt: O Wielkopolsce, złocie i dalekich podróżach. Wspomnienia 1860–1960. Warszawa 1971.

Kasten, Helmut: Die Neuordnung der Währung in den besetzten Gebieten und die Tätigkeit der Reichskreditkassen während des Krieges 1939–1940. Diss. Berlin 1941.

Katzmann, Friedrich: Rozwiązanie kwestii żydowskiej w dystrykcie Galicja/Lösung der Judenfrage im Distrikt Galizien. Opracował Andrzej Żbikowski. Warszawa 2001 (Dokumenty IPN, Bd. 5).

Keiser, Günter: Die Kreditwirtschaft in den eingegliederten Ostgebieten, in: Bank-Archiv 1940, S. 468–474.

Keiser, Günter: Die Schrumpfung des Bankenbestands seit 1933, in: Bank-Archiv 1941, S. 139–144.

Kessler, Otto: Das deutsche Polen. Beiträge zur Geschichte, Volkswirtschaft und zur deutschen Verwaltung. Berlin 1916.

Kieser, Walther: Der Aufbau im Gebiet um Zichenau. Berlin 1941 (Die wirtschaftlichen Entwicklungsmöglichkeiten in den eingegliederten Ostgebieten des Deutschen Reiches, Bd. 2. Im Auftrage der Haupttreuhandstelle Ost und des Reichskommissars für die Festigung deutschen Volkstums, Stabshauptamt, hg. von Dr. Walter Geisler).

Kimmich, Karl: Kredithilfe der Banken, in: Bank-Archiv 1939, S. 477–479.

Klukowski, Zbigniew: Dziennik z lat okupacji Zamojszczyzny (1939–1944). Wstęp i redakcja Zygmunt Mańkowski. Lublin 1958 (Wydawnictwo materiałów do dziejów Zamojszczyzny w latach wojny 1939–1944. Pod redakcją Zygmunta Klukowskiego, Bd. 5).

Korczak, Jerzy: Teodor Müller. Das Schicksal eines deutschen Polen. Köln 2000.

Kozłowski, Eugeniusz/Matuszak, Piotr (Hg.): Eksploatacja siły roboczej i grabież ziem polskich przez Wehrmacht w końcowym okresie II wojny światowej. Wybór źródeł. Poznań 1986 (Documenta Occupationis, Bd. XII).

Krafft, Herbert: Probleme und Möglichkeiten der Wirtschaft, in: Das Generalgouvernement. Im Auftrage und mit einem Vorwort des Generalgouverneurs Reichsminister Dr. Frank hg. und bearbeitet von Dr. Max[imilian] Freiherr du Prel. Würzburg 1942, S. 94–103.

Krausnick, Helmut (Hg.): Denkschrift Himmlers über die Behandlung der Fremdvölkischen im Osten (Mai 1940), in: VfZ 5 (1957), S. 194–198.

Krausnick, Helmut: Hitler und die Morde in Polen. Ein Beitrag zum Konflikt zwischen Heer und SS um die Verwaltung der besetzten Gebiete (Dokumentation), in: VfZ 11 (1963), S. 196–209.

Kretzschmann, Max: Die Reichskreditkassen, in: Walther Bayrhoffer (Hg.), Deutsche Geldpolitik. Berlin 1941, S. 113–139.

Kronika getta łódzkiego. Z oryginału do druku przygotowali, wstępem i przypisami zaopatrzyli Danuta Dąbrowska i Lucjan Dobroszycki, 2 Bde. Łódź 1965.

Krzyżanowski, Witold: Finansowanie wojny współczesnej. Lublin 1938 (Towarzystwo Naukowe Katolickiego Uniwersytetu Lubelskiego, Bd. 22).

Kuchenbäcker, Karl: Neuordnung der Agrarstruktur im Generalgouvernement, in: Forschungsdienst. Organ der deutschen Landbauwissenschaft 11 (1941), S. 725f.

Küppers, Hans/Bannier, Rudolf: Einsatzbedingungen der Ostarbeiter sowie der sowjetrussischen Kriegsgefangenen. Zweite durchgesehene und ergänzte Auflage, Stand vom 1. Januar 1943. Berlin 1943 (Sonderveröffentlichung des Reichsarbeitsblattes).

Kulski, Julian: Zarząd Miejski Warszawy 1939–1944. Warszawa 1964.

Kumor, Emil: Wycinek z historii jednego życia. Warszawa 1967.

Kwiatkowski, Jerzy: 485 dni na Majdanku. Lublin [2]1988.

Landau, Ludwik: Kronika lat wojny i okupacji, 3 Bde. Warszawa 1962–1963.

Lattermann, Alfred: Der Reichsgau Wartheland. Posen 1942.

Lauxmann, Richard: Die Deutsche Post Osten, in: Das Generalgouvernement. Im Auftrage und mit einem Vorwort des Generalgouverneurs Reichsminister Dr. Frank hg. und bearbeitet von Dr. Max[imilian] Freiherr du Prel. Würzburg 1942, S. 87–93.

Lehnich, Oswald: Währung und Wirtschaft in Polen, Litauen, Lettland und Estland. Berlin 1923.

Lemke, Alfred: Die Industrie des Generalgouvernements, in: Ostwirtschaft 31 (1942), S. 155f.
Lewiński, Jerzy (Hg.): Proces Hansa Biebowa. Zagłada getta łódzkiego (akta i stenogramy sądowe). Warszawa 1987 (Główna Komisja Badania Zbrodni Hitlerowskich w Polsce; Informacja wewnętrzna, 91) [ND: Warszawa 1999].
Limberg, Margarete/Rübsaat, Hubert (Hg.): Sie durften nicht mehr Deutsche sein. Jüdischer Alltag in Selbstzeugnissen 1933-1938. Frankfurt a. M./New York 1990.
Longerich, Peter (Hg.): Die Ermordung der europäischen Juden. Eine umfassende Dokumentation des Holocaust 1941-1945. München/Zürich ²1990.
Lorenz, Walter: Die handwerkliche Ansiedlung im Reichsgau Danzig-Westpreußen. Berlin 1941 (Die wirtschaftlichen Entwicklungsmöglichkeiten in den eingegliederten Ostgebieten, Bd. 5. Im Auftrage der Haupttreuhandstelle Ost und des Reichskommissars für die Festigung deutschen Volkstums, Stabshauptamt, hg. von Dr. Walter Geisler).
Lucadou, Emil von: Strukturwandel Schlesiens. Amsterdam/Prag/Wien 1943 (Zur Wirtschaftsgeographie des Deutschen Ostens. Politisch- und wirtschafts-geographische Untersuchungen und Darstellungen, hg. von Prof. Dr. Walter Geisler – Posen, Bd. 18).
Lüdtke, Herbert: Aufbau und Wirken der Landesbank und Girozentrale Danzig-Westpreußen. Danzig 1941.
Lütge, F.: Die ländliche deutsche Bevölkerung im ehemaligen Polen. Ein Überblick, in: Forschungsdienst. Organ der deutschen Landbauwissenschaft 9 (1940), S. 132-140.
Łuczak, Czesław (Hg.): Grabież polskiego mienia na Ziemiach Zachodnich Rzeczypospolitej „wcielonych" do Rzeszy 1939-1945. Wydawnictwo źródłowe. Poznań 1969.
Łuczak, Czesław: Położenie ludności polskiej w Kraju Warty 1939-1945. Poznań 1987.
Łuczak, Czesław (Hg.): Położenie ludności polskiej w tzw. Kraju Warty w okresie hitlerowskiej okupacji. Wybór źródeł. Poznań 1990 (Documenta Occupationis, Bd. 13).

Madajczyk, Czesław (Hg.): Zamojszczyzna – Sonderlaboratorium SS. Zbiór dokumentów polskich i niemieckich z okresu okupacji hitlerowskiej, 2 Bde. Warszawa 1977.
Margulies, Żaneta: Moje przeżycia w Tarnopolu podczas wojny, in: Biuletyn Żydowskiego Instytutu Historycznego 36 (1960), S. 62-94.
Masurat, Kurt: Eiserne Sparkonten und Betriebsanlage-Guthaben. Berlin 1941.
Meyer, Alfred (Hg.): Das Recht der besetzten Ostgebiete. Estland, Lettland, Litauen, Weißruthenien, Ukraine [Loseblattsammlung]. München/Berlin ³1943.
Ministerpräsident Generalfeldmarschall Göring, Beauftragter für den Vierjahresplan, Vorsitzender des Ministerrats für die Reichsverteidigung: Haupttreuhandstelle Ost. Material zum inneren Dienstgebrauch. [Berlin 1940].
Młynarski, Feliks: Wspomnienia. Warszawa 1971.
Most, August: Die Kreditversorgung in Großostoberschlesien, in: Bank-Archiv 1940, S. 413-415.

Der Osten des Warthelandes. Hg. anläßlich der Heimatschau in Litzmannstadt. Litzmannstadt [1941].
Die Ostgebiete des Deutschen Reiches und das Generalgouvernement der besetzten polnischen Gebiete in statistischen Angaben. Ausgearbeitet und hg. von der Publikationsstelle Berlin-Dahlem. Berlin 1940.

Padover, Saul K.: Lügendetektor. Vernehmungen im besiegten Deutschland 1944/45. Frankfurt a. M. 1999.
Paersch, Fritz: Die Kreditwirtschaft im Generalgouvernement, in: Bank-Archiv 1941, S. 6-8.
Paersch, Fritz: Die Emissionsbank, in: Das Generalgouvernement. Im Auftrage und mit einem Vorwort des Generalgouverneurs Reichsminister Dr. Frank hg. und bearbeitet von Dr. Max[imilian] Freiherr du Prel. Würzburg 1942, S. 120-122.
Pätzold, Kurt: Verfolgung, Vertreibung, Vernichtung. Dokumente des faschistischen Antisemitismus 1933 bis 1942. Leipzig 1991.
Pernau, Dr.: Aufrechnung und Stundung bei der Abwicklung der Forderungen und Schulden polnischer Vermögen, in: DWZ 39 (1942), S. 427f.

Pfeiffer, Helmut (Bearb.): Das Generalgouvernement und seine Wirtschaft. Hg. von Staatssekretär Dr. Josef Bühler, Reichsamtsleiter Dr. Wilhelm Heuber. Berlin-Halensee 1940.
Piotrowski, Stanisław (Hg.): Dziennik Hansa Franka. Warszawa ²1957 (Sprawy polskie przez Międzynarodowym Trybunałem Wojennym w Norymberdze, Bd. 1).
Plodeck, Oskar Friedrich: Die Treuhandstelle im Generalgouvernement, in: Das Generalgouvernement. Im Auftrage und mit einem Vorwort des Generalgouverneurs Reichsminister Dr. Frank hg. und bearbeitet von Dr. Max[imilian] Freiherr du Prel. Würzburg 1942, S. 110–114.
Poznański, Jakub: Pamiętnik z getta łódzkiego. Oprac. Horacy Safrin. Łódź 1960 (erweiterter ND: Warszawa 2002).
Präg, Werner/Jacobmeyer, Wolfgang (Hg.): Das Diensttagebuch des deutschen Generalgouverneurs in Polen 1939 bis 1945. Stuttgart 1975 (Quellen und Darstellungen zur Zeitgeschichte, Bd. 20).
Der Prozeß gegen die Hauptkriegsverbrecher vor dem Internationalen Militärgerichtshof, Nürnberg, 14. November 1945–1. Oktober 1946, XLII Bde. Nürnberg 1947f.
Puhl, Emil: Die Reichskreditkassen in Polen, in: Der Vierjahresplan 3 (1939), S. 1179–1181.

Ratzmann, Hugo: Die Wirtschaft im Reichsgau Wartheland. Posen 1940.
Ratzmann, Hugo: Wesen und Aufgabe der Treuhandstelle in Posen, in: Warthegau-Wirtschaft 1 (1940), Nr. 2, S. 4–6.
Ratzmann, Hugo: Wesen und Aufgabe der Treuhandstelle Posen. Vortrag, gehalten am 28. Januar 1940 anläßlich der ersten großen nationalsozialistischen Führertagung des Warthegaus in der Gauhauptstadt Posen. Mit einem Geleitwort von Gauleiter und Reichsstatthalter Arthur Greiser und einem Vorwort von Dr. h. c. Winkler, Leiter der Haupttreuhandstelle Ost. Posen [1940].
Reuter, Fritz: Erweiterte Reichswirtschaftshilfe für die eingegliederten Ostgebiete, in: DWZ 38 (1941), S. 105f.
Richter, Fritz: Die Deutsche Reichspost in den neuen Reichsgebieten, in: Jahrbuch des Postwesens. Berlin/Friedenau 1939, S. 39–49.
Richter, Fritz: Ein Jahr Postaufbau im Reichsgau Wartheland, in: Jahrbuch des Postwesens 3 (1940). Berlin/Friedenau 1941, S. 141–173.
Richter, Fritz: Der Einsatz der Volksdeutschen sowie Erfahrungen und Zukunftsaufgaben beim Postaufbau im Wartheland, in: Jahrbuch des Postwesens 5 (1941). Berlin/Friedenau 1942, S. 214–265.
Richter, Fritz: Postscheck und Postsparkasse im Warthegau, in: Warthegau-Wirtschaft 4 (1943), Nr. 2, S. 2–4.
Richtlinien für den Betrieb in den Geschäftsstellen der Commerzbank Aktiengesellschaft, Stand 1939. O. O. (1939).
Ringelblum, Emanuel: Ghetto Warschau. Stuttgart 1967.
Rogall, Joachim (Bearb.): Die Räumung des „Reichsgaus Wartheland" vom 16. bis 26. Januar 1945 im Spiegel amtlicher Berichte. Sigmaringen 1993 (Schriftenreihe des Ludwig-Petry-Instituts Mainz).
Ronikier, Adam: Pamiętniki 1939–1945. Kraków 2001.
Rosenfeld, Oskar: Wozu noch Welt. Aufzeichnungen aus dem Getto Lodz. Hg. von Hanno Loewy. Frankfurt a. M. 1994 (Schriftenreihe der Arbeitsstelle Fritz Bauer Institut, Bd. 7).
Rosenkranz, Otto: Siedlung und Landwirtschaft im Reichsgau Wartheland. Berlin 1941 (Die wirtschaftlichen Entwicklungsmöglichkeiten in den eingegliederten Ostgebieten des Deutschen Reiches, Bd. 7. Im Auftrage der Haupttreuhandstelle Ost und des Reichskommissars für die Festigung deutschen Volkstums, Stabshauptamt, hg. von Dr. Walter Geisler).

Saath, Günther: Die Industrie der eingegliederten oberschlesischen Ostgebiete. Gustav Reitter: Die Textilindustrie des Regierungsbezirks Kattowitz. Berlin/Prag/Wien 1942 (Die wirtschaftlichen Entwicklungsmöglichkeiten in den eingegliederten Ostgebieten des Deutschen Reiches, Bd. 12. Im Auftrage der Haupttreuhandstelle Ost und des Reichskommissars für die Festigung deutschen Volkstums, Stabshauptamt, hg. von Dr. Walter Geisler).

Schaar, Heinz: Die Neuordnung des Währungs- und Kreditwesens in den eingegliederten Ostgebieten. Diss. Breslau 1943.
Schade, Ulrich: Industrie und Handel im Reichsgau Wartheland. Berlin 1942 (Die wirtschaftlichen Entwicklungsmöglichkeiten in den eingegliederten Ostgebieten des Deutschen Reiches, Bd. 9. Im Auftrage der Haupttreuhandstelle Ost und des Reichskommissars für die Festigung deutschen Volkstums, Stabshauptamt, hg. von Dr. Walter Geisler).
Schade, Ulrich (unter Mitarbeit von Carl Doutiné): Das Handwerk im Reichsgau Wartheland. Berlin 1942 (Die wirtschaftlichen Entwicklungsmöglichkeiten in den eingegliederten Ostgebieten, Bd. 8. Im Auftrage der Haupttreuhandstelle Ost und des Reichskommissars für die Festigung deutschen Volkstums, Stabshauptamt, hg. von Dr. Walter Geisler).
Schippel, Hans: Die Kreditwirtschaft im ehemaligen Polen, in: Der Vierjahresplan 3 (1939), S. 1287-1289.
Schmidt, R.: Die Entwicklung der oberschlesischen Großindustrie und ihrer Besitzverhältnisse von 1700-1942. Kattowitz 1942.
Schmidt, Rolf: Ein Jahr Deutsche Umsiedlungs-Treuhand-Gesellschaft m.b.H., in: Warthegau-Wirtschaft 2 (1941), Nr. 4, S. 4-8.
Schmitt-Degenhardt, Hubert/Hankele, Walter: Ich will eisern sparen! Eine kurze Darstellung über das Eiserne Sparen. Eberswalde/Berlin/Leipzig 1941.
Schnabel, Reimund (Hg.): Macht ohne Moral. Eine Dokumentation über die SS. Frankfurt a. M. [2]1958.
Schön, Jerzy: Das polnische Bankwesen. Katowice 1928.
Schreiber, Ludwig: Konzentration und Rationalisierung des Handels, in: Die wirtschaftliche Leistung. Zeitschrift für die Wirtschaft im Generalgouvernement 3 (1944), S. 99f.
Schulze, Robert: Das Eiserne Sparen und seine Vorteile. Wissenswertes für alle Volksgenossen. Bad Oeynhausen/Berlin/Leipzig/Wien 1942.
Schuster, Walter: Die deutsche Kriegsfinanzierung – kein Finanzwunder. Stuttgart/Berlin 1940 (Die Wirtschaftskraft des Reiches, Bd. 5).
Seifert, Helmut: Die Treuhandverwaltung im Generalgouvernement, in: Ostwirtschaft 31 (1942), S. 185f.
Seraphim, Peter-Heinz: Die Judenfrage im Generalgouvernement als Bevölkerungsproblem, in: Die Burg 1 (1940), H. 1, S. 56-63.
Seraphim, Peter-Heinz: Die Wirtschaftsstruktur des Generalgouvernements. Krakau 1941.
Singer, Oskar: „Im Eilschritt durch den Ghettotag..." Reportagen und Essays aus dem Getto Lodz. Hg. von Sascha Feuchert u. a. Berlin/Wien 2002 (Schriftenreihe zur Lodzer Getto-Chronik, Bd. 1).
Slawinski, Johannes: Die Tätigkeit der kommissarischen Verwalter, in: Warthegau-Wirtschaft 1 (1940), Nr. 2, S. 6-8.
Sperk, Ludwig/Wilsdorff, Manfred: Die Liquiditätsverhältnisse der deutschen Sparkassen. Berlin 1956 (Untersuchungen über das Spar-, Giro- und Kreditwesen, Bd. 2).
Splettstößer, Johannes: Der deutsche Wirtschaftsraum im Osten. Berlin [2]1940.
Standort- und Kommandanturbefehle des Konzentrationslagers Auschwitz 1940-1945. Hg. von Norbert Frei u. a. München 2000 (Darstellungen und Quellen zur Geschichte von Auschwitz. Hg. im Auftrag des Instituts für Zeitgeschichte, Bd. 1).
Stierling, Griffion: Wirtschaft und Arbeit in Stadt und Land Gnesen. Drei Aufsätze. Gnesen 1941 (Sonderdruck aus dem Kreisjahrbuch Gnesen der NSDAP).
Strohmenger, Hanns: Danzigs Heimkehr ins Reich. Danzig 1939.
Swart, Friedrich: Die Entwicklung des deutschen Genossenschaftswesens im Posener Gebiet, in: Deutsche wissenschaftliche Zeitschrift für Polen [Poznań] 1936, H. 30, S. 105-131.
Swart, Friedrich: Grundlagen der Landwirtschaft im Reichsgau Wartheland und im Reichsgau Danzig-Westpreußen. Leipzig 1941.

Tabaksblat, Israel: Khurbn-lodzh. 6 yor natsi-gehenom. Buenos Aires 1946.
Thode, Hans: Unternehmertum im Osten, in: Ostwirtschaft 31 (1942), S. 125f.
Trunk, Isaiah: Lodzher geto. A historishe un sotsiologishe shtudie mit dokumentn, tabeles un mape. New York 1962.

Uebelhoer, Friedrich: Der Aufbau im Regierungsbezirk Litzmannstadt, in: Der Osten des Warthelandes. Litzmannstadt 1941, S.239-258.

Der Verbandstag des Verbandes deutscher Genossenschaften in Posen am 20.Mai 1940. Stuttgart 1940.
Vito, F.: Das Zwangssparen als Mittel der Kriegsfinanzierung, in: Weltwirtschaftliches Archiv 54 (1941), S.481-504.
Volk und Wirtschaft im ehemaligen Polen. Bearbeitet in der Volkswirtschaftlichen Abteilung der Dresdner Bank. Berlin [1939].

Wachowiak, Stanisław: Czasy, które przeżyłem. Wspomnienia z lat 1890-1939. Warszawa 1983.
Wagemann, E.: „Wo kommt das viele Geld her?" Geldschöpfung und Finanzlenkung im Kriege. Düsseldorf 1940.
Walk, Joseph: Das Sonderrecht für die Juden im NS-Staat. Eine Sammlung der gesetzlichen Maßnahmen und Richtlinien. Inhalt und Bedeutung. Heidelberg ²1996.
Im Warschauer Getto. Das Tagebuch des Adam Czerniaków 1939-1942. München 1986.
Weber, Karl: Litzmannstadt. Geschichte und Probleme eines Wirtschaftszentrums im deutschen Osten. Vortrag gehalten am 9.Dezember 1942. Jena 1943 (Kieler Vorträge, gehalten im Wissenschaftlichen Klub des Instituts für Weltwirtschaft und Seeverkehr an der Universität Kiel, Bd.70).
Weh, Albert (Hg.): Das Recht des Generalgouvernement. Die Verordnungen des Generalgouverneurs für die besetzten polnischen Gebiete und die Durchführungsbestimmungen hierzu, nach Sachgebieten geordnet. Stand vom 1.Mai 1940. Krakau ³1941.
Weh, Albert: Die rechtlichen Grundlagen des Generalgouvernements und die Grundsätze der Generalgouvernements-Verwaltung, in: Europäische Revue 18 (1942), S.236-244.
Weh, Albert (Bearb.): Übersicht über das Recht des Generalgouvernements. Zweite Auflage, Stand: 1.Januar 1944. Krakau 1944.
Weichert, Michael: Yidishe aleynhilf 1939-1945. Tel Aviv 1962.
Weichert, Michael: Zikhroynes, Bd.3: Milkhome. Tel Aviv 1963.
Weise, Erich (Hg.): Deutsches Schrifterbe im Warthegau. Ein Kriegsjahr Archivpflege. Hg. anläßlich der Arbeitstagung der Archivberatungsstelle der Gauselbstverwaltung vom 10. bis 15.August 1943. Posen 1944.
Wendorff, C. H. von: Das Generalgouvernement als wirtschaftliches Nebenland des Reiches, in: Ostwirtschaft 31 (1942), S.63.
Wiese, Walter: Geld- und Notenbankpolitik im Generalgouvernement Warschau während der deutschen Besetzung. Diss. Breslau 1922.
Will, Hellmuth: Die deutschen Sparkassen. Entwicklung, Organisation, Bedeutung. Stuttgart/Berlin ²1942 (Einzelschriften des Kommunalwissenschaftlichen Instituts an der Universität Berlin, Bd.2).
Winkler, Max: Neues Arbeitsfeld der deutschen Wirtschaft. Aus dem Aufgabengebiet der Haupttreuhandstelle Ost, in: Der Vierjahresplan 5 (1941), S.254.
Winkler, Max: Treuhänderische Vermögensverwaltung in den eingegliederten Ostgebieten. Vorsorge für Kriegsteilnehmer und Rücksiedler, in: Der Vierjahresplan 5 (1941), S.914f.
Die Wirtschaft der neuen großdeutschen Gebiete, Teil II: Der Osten. Bad Oeynhausen 1942 (Wirtschaftsschlaglichter, Bd.2).
Wolf, Kurt: Die Neuordnung des Bankwesens in den eingegliederten Ostgebieten, in: Bank-Archiv 1940, S.233f.
Wolter, Helmut: Die bevölkerungspolitische Lage der Volksdeutschen in Ost- und Südosteuropa. Leipzig 1940 (Bildung und Nation. Schriftenreihe zur nationalpolitischen Erziehung, Bd.84/87).

Zarządzenia władz hitlerowskich w sprawie wysiedleń ludności polskiej i żydowskiej z tak zwanego Kraju Warty. Wyd. Danuta Kubiak, in: Teki Archiwalne 14 (1973), S.177-213.
Zee-Heraeus, Carl Bernhard: Die Reichswirtschaftshilfe in den eingegliederten Ostgebieten, in: Bank-Archiv 1941, S.53f.

Zimmel, Franz (Bearb.): Die Industrie im Reichsgau Wartheland mit Firmen-Verzeichnis. Posen 1942.

Zyśko, Wojciech: Realizacja akcji wysiedleń na Zamojszczyźnie w świetle rozkazów hitlerowskiej Centrali Przesiedleńczej (UWZ Zamość), in: Zeszyty Majdanka 9 (1977), S. 128-171.

Literatur

Achterberg, Erich: Berliner Banken im Wandel der Zeit/Victor Emanuel Preusker: Wirtschaftsbilanz eines Jahrhunderts. Eine Schrift zum 75jährigen Bestehen des Bankhauses Hardy & Co. GmbH. Frankfurt a. M./Berlin o. J. [1956].

Adam, Uwe Dietrich: Judenpolitik im Dritten Reich. Düsseldorf [2]1979.

Adamska, Jolanta: Grabież mienia mieszkańców getta łódzkiego przez funkcjonariuszy hitlerowskich, in: Getto w Łodzi 1940-1944. Materiały z sesji naukowej – 9 VIII. 1984 r. Łódź 1988, S. 81-98.

Agatstein-Dormontowa, Dora: Żydzi w Krakowie w okresie okupacji niemieckiej, in: Rocznik Krakowski 31 (1957), S. 183-223.

Ahlheim, Hannah: Die Commerzbank und die Einziehung jüdischen Vermögens, in: Ludolf Herbst/Thomas Weihe (Hg.), Die Commerzbank und die Juden 1933-1945. München 2004, S. 138-172.

Alberti, Michael: Die Verfolgung und Vernichtung der Juden im Reichsgau Wartheland 1939-1945. Diss. Freiburg/Br. 2001, Wiesbaden 2006 (Deutsches Historisches Institut Warschau, Quellen und Studien, Bd. 17).

Aly, Götz/Heim, Susanne: Die Ökonomie der „Endlösung". Menschenvernichtung und wirtschaftliche Neuordnung, in: Götz Aly u. a. (Hg.), Sozialpolitik und Judenvernichtung. Gibt es eine Ökonomie der Endlösung? Berlin 1987 (Beiträge zur nationalsozialistischen Gesundheits- und Sozialpolitik, Bd. 5), S. 11-90.

Aly, Götz/Heim, Susanne (Hg.): Bevölkerungsstruktur und Massenmord. Neue Dokumente zur deutschen Politik der Jahre 1938-1945. Berlin 1991 (Beiträge zur nationalsozialistischen Gesundheits- und Sozialpolitik, Bd. 9).

Aly, Götz/Heim, Susanne: Vordenker der Vernichtung. Auschwitz und die deutschen Pläne für eine neue europäische Ordnung. Frankfurt a. M. 1993.

Aly, Götz: Erwiderung auf Dan Diner, in: VfZ 41 (1993), S. 621-635.

Aly, Götz: „Endlösung". Völkerverschiebung und der Mord an den europäischen Juden. Frankfurt a. M. [2]1995.

Anderl, Gabriele: Die „Zentralstellen für jüdische Auswanderung" in Wien, Berlin und Prag – ein Vergleich, in: Tel Aviver Jahrbuch für deutsche Geschichte 23 (1994), S. 275-299.

Andrzejewski, Marek: Uwagi o dziejach Żydów w Wolnym Mieście Gdańsku w okresie międzywojennym, in: Biuletyn Żydowskiego Instytutu Historycznego 112 (1974), S. 67-78.

Andrzejewski, Marek: Antyżydowski terror w Wolnym Mieście Gdańsku (1937-1939). Materiały, in: Biuletyn Żydowskiego Instytutu Historycznego w Polsce 141 (1987), S. 111-126.

Arad, Yitzhak: Belzec, Sobibor, Treblinka. The Operation Reinhard Death Camps. Bloomington/Indianapolis 1987.

Arendt, Hannah: Besuch in Deutschland. Mit einem Vorwort von Henryk M. Broder und einem Porträt von Ingeborg Nordmann. Berlin 1993.

Ayalon, Moshe: Jewish Life in Breslau 1938-1941, in: Leo Baeck Institute Year Book XLI (1996), S. 323-345.

Bähr, Johannes: Der Goldhandel der Dresdner Bank im Zweiten Weltkrieg. Unter Mitarbeit von Michael C. Schneider. Leipzig 1999.

Bähr, Johannes/Banken, Ralf (Hg.): Das Europa des „Dritten Reichs". Recht, Wirtschaft, Besatzung. Frankfurt a. M. 2005 (Studien zur europäischen Rechtsgeschichte, Bd. 181).

Banki Poznańskie. Poznań 1997 (Kronika Miasta Poznania 2 (1997)).

Baranowski, Julian: Materiały źródłowe do zagłady Żydów z getta łódzkiego w Archiwum Państwowym w Łodzi, in: Judaica łódzkie w zbiorach muzealnych i zasobach archiwalnych. Łódź 1994, S. 142–152.

Barkai, Avraham: Vom Boykott zur „Entjudung". Der wirtschaftliche Existenzkampf der Juden im Dritten Reich 1933–1943. Frankfurt a.M. 1987.

Barkai, Avraham: Das Wirtschaftssystem des Nationalsozialismus. Ideologie, Theorie, Politik 1933–1945. Frankfurt a.M. 1988.

Barkai, Avraham: „Zwischen Ost und West". Deutsche Juden im Ghetto Lodz, in: ders., Hoffnung und Untergang. Studien zur deutsch-jüdischen Geschichte des 19. und 20. Jahrhunderts. Hamburg 1998 (Hamburger Beiträge zur Sozial- und Zeitgeschichte, Bd. 36), S. 225–273.

Batowski, Henryk (Red.): 17 września 1939. Materiały z ogólnopolskiej konferencji historyków. Kraków, 25–26 października 1993. Kraków 1994 (Polska Akademia Umiejętności, Rozprawy Wydziału Historyczno-Filozoficznego, Bd. 78).

Baumgart, Winfried: Zur Ansprache Hitlers vor den Führern der Wehrmacht am 22. August 1939. Eine quellenkritische Untersuchung, in: VfZ 16 (1968), S. 120–149.

Berendt, Grzegorz: Żydzi na terenie Wolnego Miasta Gdańska w latach 1920–1945. Działalność kulturalna, polityczna i socjalna. Gdańsk 1997 (Gdańskie Towarzystwo Naukowe, Wydział Nauk Społecznych i Humanistycznych, 102).

Berendt, Grzegorz: Polityka ekonomiczna Senatu Wolnego Miasta Gdańska wobec ludności żydowskiej (1933–1939), in: Studia nad Faszyzmem i Zbrodniami Hitlerowskimi 23 (2000) (Acta Universitatis Wratislaviensis, No. 2207), S. 199–230.

Berenstein, Tatiana/Rutkowski, Adam: Prześladowania ludności żydowskiej w okresie hitlerowskiej administracji wojskowej na okupowanych ziemiach polskich (1. IX. 1939–25. X. 1939), in: Biuletyn Żydowskiego Instytutu Historycznego 38 (1961), S. 3–38; 39 (1961), S. 63–87.

Berenstein, Tatiana/Rutkowski, Adam: Grabieżcza polityka gospodarcza hitlerowskiej administracji wojskowej w Polsce, in: Biuletyn Żydowskiego Instytutu Historycznego 42 (1962), S. 61–87.

Berenstein, Tatiana/Rutkowski, Adam: Niemiecka administracja wojskowa na okupowanych ziemiach polskich (1 września – 25 października 1939 r.), in: Najnowsze Dzieje Polski. Materiały i studia z okresu II wojny światowej, Bd. VI. Warszawa 1962, S. 45–57.

Berenstein, Tatiana: O podłożu gospodarczym sporów między władzami administracyjnymi a policyjnymi w Generalnej Guberni (1939–1944), in: Biuletyn Żydowskiego Instytutu Historycznego 53 (1965), S. 33–79.

Bierschenk, Theodor: Zahlen über die während des Zweiten Weltkrieges umgesiedelten deutschen Volksgruppenangehörigen, in: ZfO 3 (1954), S. 80–83.

Bindschedler, Rudolf L. (Hg.): Schwedische und schweizerische Neutralität im Zweiten Weltkrieg. Basel 1985.

Birn, Ruth Bettina: Die Höheren SS- und Polizeiführer. Himmlers Vertreter im Reich und in den besetzten Gebieten. Düsseldorf 1986.

Black, Peter: Odilo Globocnik – Himmlers Vorposten im Osten, in: Ronald Smelser/Enrico Syring/Rainer Zitelmann (Hg.), Die braune Elite, Bd. 2. Darmstadt [2]1999, S. 103–115.

Blumhoff, Onno: Der Einfluß der deutschen Besetzung auf Geld- und Bankwesen in den während des zweiten Weltkrieges besetzten Gebieten. Diss. Köln 1961.

Boda-Krężeł, Zofia/Osojca, Jadwiga (Hg.): Dokumenty o eksterminacji Żydów Zagłębia Dąbrowskiego podczas okupacji hitlerowskiej, in: Biuletyn Żydowskiego Instytutu Historycznego 43–44 (1962), S. 113–116.

Böhler, Jochen: Auftakt zum Vernichtungskrieg. Die Wehrmacht in Polen 1939. Frankfurt a.M. 2006.

Boelcke, Willi A.: Die Kosten von Hitlers Krieg. Kriegsfinanzierung und finanzielles Kriegserbe in Deutschland 1933–1948. Paderborn 1985.

Bojanowski, Tadeusz: Fabryka Towarzystwa Akcyjnego Wyrobów Bawełnianych I. K. Poznański w latach okupacji hitlerowskiej (1939–1945 r.), in: Rocznik Łódzki 15 (1971), S. 101–122.

Bojanowski, Tadeusz: Plany władz hitlerowskich wobec łódzkiego przemysłu włókienniczego w latach 1939-1945, in: Rocznik Łódzki 17 (1973), S. 177-193.
Bojanowski, Tadeusz: Strukturveränderungen und die Schwächung der Produktionskapazität in Łódź während der Hitlerfaschistischen Okkupation, in: Studia Historiae Oeconomicae 14 (1979), S. 231-238.
Bonisławski, Ryszard: Bibliografia polska dotycząca zagłady Żydów z getta łódzkiego, in: Judaica łódzkie w zbiorach muzealnych i zasobach archiwalnych. Łódź 1994, S. 186-199.
Borodziej, Włodzimierz/Ziemer, Klaus (Hg.): Die deutsch-polnischen Beziehungen 1939 – 1945 – 1949. Eine Einführung. Osnabrück 2000 (Einzelveröffentlichungen des Deutschen Historischen Instituts Warschau, Bd. 5).
Borodziej, Włodzimierz: Der Warschauer Aufstand. Frankfurt a. M. 2001.
Bosse, Lars: Vom Baltikum in den Reichsgau Wartheland, in: Michael Garleff (Hg.), Deutschbalten, Weimarer Republik und Drittes Reich, Bd. 1. Köln/Weimar/Wien 2001 (Das Baltikum in Geschichte und Gegenwart, Bd. 1/I), S. 297-387.
Aus Brombergs Vergangenheit. Ein Heimatbuch für den Stadt- und Landkreis. Zusammengestellt von Günther Meinhardt. Wilhelmshaven 1973.
Broszat, Martin: Nationalsozialistische Polenpolitik 1939-1945. Frankfurt a. M. 1965.
Browning, Christopher R.: Nazi Germany's Initial Attempt to Exploit Jewish Labor in the General Government: The Early Jewish Work Camps 1940-1941, in: Helge Grabitz u. a. (Hg.), Die Normalität des Verbrechens. Bilanz und Perspektiven der Forschung zu den nationalsozialistischen Gewaltverbrechen. Festschrift für Wolfgang Scheffler. Berlin 1994, S. 171-185.
Browning, Christopher R.: Die nationalsozialistische Ghettoisierungspolitik in Polen 1939-1941, in: ders., Der Weg zur „Endlösung". Entscheidungen und Täter. Bonn 1998, S. 37-65.
Browning, Christopher R.: Judenmord. NS-Politik, Zwangsarbeit und das Verhalten der Täter. Frankfurt a. M. 2001.
Browning, Christopher: Die Entfesselung der „Endlösung". Nationalsozialistische Judenpolitik 1939-1942. Mit einem Beitrag von Jürgen Matthäus. München 2003.
Brustin-Berenstein, Tatiana: Hitlerowskie dyskryminacje gospodarcze wobec Żydów w Warszawie przed utworzeniem getta, in: Biuletyn Żydowskiego Instytutu Historycznego 2 (1952), H. 4, S. 156-190.
Brustin-Berenstein, Tatiana: O hitlerowskich metodach eksploatacji gospodarczej getta warszawskiego, in: Biuletyn Żydowskiego Instytutu Historycznego 3 (1953), H. 4, S. 3-52.
Brustin-Berenstein, Tatiana: Jüdische Soziale Selbsthilfe, in: Arbeitsmarkt und Sondererlaß. Menschenverwertung, Rassenpolitik und Arbeitsamt. Berlin 1990 (Beiträge zur nationalsozialistischen Gesundheits- und Sozialpolitik, Bd. 8), S. 156-174.
Buchheim, Christoph: Unternehmen in Deutschland und NS-Regime 1933-1945. Versuch einer Synthese, in: Historische Zeitschrift 282 (2006), S. 351-390.
Buchheim, Hans/Broszat, Martin /Jacobsen, Hans-Adolf /Krausnick, Helmut: Anatomie des SS-Staates. München [6]1994.
Büchler, Yehoshua: The Deportation of Slovakian Jews to the Lublin District of Poland in 1942, in: Holocaust and Genocide Studies 6 (1991), Nr. 2, S. 151-166.
Burleigh, Michael: Germany Turns Eastwards. A Study of Ostforschung in the Third Reich. Cambridge 1988 [ND: London 2002].

Cassier, Siegfried C.: Unternehmerbank zwischen Staat und Markt 1924-1995. Der Weg der IKB Deutsche Industriebank. Frankfurt a. M. [3]1996.
Chałupczak, Henryk: II Rzeczpospolita a mniejszość polska w Niemczech. Poznań 1992 (Studium niemcoznawcze Instytutu Zachodniego, nr 64).
Cichosz, Janusz: Genossenschaftsbanken in Polen. Warszawa 1986.
Cygański, Mirosław: Działalność urzędu rejencji w Łodzi pod kierownictwem F. Übelhöra [sic] i W. Mosera w latach 1939-1942, in: Rocznik Łódzki 17 (1973), S. 195-218.

Dallin, Alexander: Deutsche Herrschaft in Rußland 1941-1945. Eine Studie über Besatzungspolitik. Düsseldorf 1958.

Datner, Szymon/Gumkowski, Janusz/Leszczyński, Kazimierz (Hg.): Wysiedlanie ludności ziem polskich wcielonych do Rzeszy. Warszawa 1960.

Datner, Szymon: 55 dni Wehrmachtu w Polsce. Zbrodnie dokonane na polskiej ludności cywilnej w okresie 1. IX. – 25. X. 1939 r. Warszawa 1967.

Davies, Norman: Aufstand der Verlorenen. Der Kampf um Warschau 1944. München 2004.

Dąbrowska, Danuta: Zagłada skupisk żydowskich w „Kraju Warty" w okresie okupacji hitlerowskiej, in: Biuletyn Żydowskiego Instytutu Historycznego 13-14 (1955), S. 122-184.

Dąbrowska, Danuta: Administracja żydowska w Łodzi i jej agendy w okresie od początku okupacji do zamknięcia getta [8. IX. 1939-30. IV. 1940], in: Biuletyn Żydowskiego Instytutu Historycznego 45/46 (1963), S. 110-137.

Dąbrowska, Danuta: Struktura i funkcja administracji żydowskiej w getcie łódzkim (maj – grudzień 1940 r.), in: Biuletyn Żydowskiego Instytutu Historycznego 51 (1964), S. 41-57.

Dąbrowska, Danuta: Struktura i funkcja administracji żydowskiej w getcie łódzkim (maj – grudzień 1940 r.), część II, in: Biuletyn Żydowskiego Instytutu Historycznego 52 (1964), S. 35-48.

Dąbrowska, Danuta: Wysiedleni Żydzi Zachodnioeuropejscy w getcie łódzkim, in: Biuletyn Żydowskiego Instytutu Historycznego 65-66 (1968), S. 105-139.

Dean, Martin: The role of law in the seizure of Jewish property in Nazi-occupied Eastern Europe, in: Johannes Bähr/Ralf Banken (Hg.), Das Europa des „Dritten Reichs". Recht, Wirtschaft, Besatzung. Frankfurt a. M. 2005 (Studien zur europäischen Rechtsgeschichte, Bd. 181), S. 81-103.

Deresiewicz, Janusz: Okupacja niemiecka na ziemiach polskich włączonych do Rzeszy (1939-1945). Studium historyczno-gospodarcze. Poznań 1950 (Badania nad okupacją niemiecką w Polsce, Bd. IV; Studia nad dziejami gospodarczymi okupacji niemieckiej, zeszyt 3).

Diamant, Adolf: Getto Litzmannstadt. Bilanz eines nationalsozialistischen Verbrechens. Mit Deportations- und Totenlisten der aus dem Altreich stammenden Juden. Frankfurt a. M. 1986.

Diner, Dan: Zwischen Aporie und Apologie. Über Grenzen der Historisierbarkeit des Nationalsozialismus, in: ders. (Hg.), Ist der Nationalsozialismus Geschichte? Zu Historisierung und Historikerstreit. Frankfurt a. M. 1987, S. 62-73.

Diner, Dan: Die Wahl der Perspektive. Bedarf es einer besonderen Historik des Nationalsozialismus?, in: Wolfgang Schneider (Hg.), „Vernichtungspolitik". Eine Debatte über den Zusammenhang von Sozialpolitik und Genozid im nationalsozialistischen Deutschland. Hamburg 1991, S. 65-75.

Diner, Dan: Die Perspektive des „Judenrats". Zur universellen Bedeutung einer partikularen Erfahrung, in: Doron Kiesel/Cilly Kugelmann/Hanno Loewy/Dietrich Neuhaus (Hg.), „Wer zum Leben, wer zum Tod" Strategien jüdischen Überlebens im Getto. Frankfurt a. M./New York 1992, S. 11-35.

Diner, Dan: Rationalisierung und Methode. Zu einem neuen Erklärungsversuch der „Endlösung", in: VfZ 40 (1992), S. 359-382.

Dingell, Jeanne: The Haupttreuhandstelle Ost, the Treuhandstelle Posen and the Expropriation of Property During World War II, in: Studia Historiae Oeconomicae 24 (2001), S. 111-137.

Dingell, Jeanne: Zur Tätigkeit der Haupttreuhandstelle Ost, Treuhandstelle Posen 1939 bis 1945. Frankfurt a. M. u. a. 2003 (Europäische Hochschulschriften, Reihe III: Geschichte und ihre Hilfswissenschaften, Bd. 955).

Dmitrzak, Andrzej: Hitlerowskie kontrybucje w okupowanej Polsce 1939-1945. Poznań 1983 (Uniwersytet im. Adama Mickiewicza w Poznaniu, Seria Historia, Bd. 109).

Dmitrzak, Andrzej: Causes of imposing contributions and methods of levying them in Polish territories under the Nazi occupation during the Second World War, in: Studia Historiae Oeconomicae 21 (1994), S. 157-166.

Dobrowolski, Henryk: Mało znana karta w historii obozów zagłady, in: Życie literackie [Kraków] 17 (1967), Nr. 37 vom 10. September 1967, S. 12.

Domańska, Hanna: Kadisz gdańskich kamieni. Dzieje Trójmiejskiej gminy żydowskiej do roku 1943. Gdańsk 1994.

Drechsler, Karl/Hass, Gerhart/Schumann, Wolfgang: Zwangsaussiedlungen und Germanisierung in den Kriegszielplanungen der faschistischen deutschen Monopolbourgeoisie. Funktion und Tätigkeit der deutschen Umsiedlungs-Treuhand-Gesellschaft mbH, in: Studia Historiae Oeconomicae 8 (1973), S. 35–49.
Drozdowski, Marian Marek: Polityka gospodarcza rządu polskiego (1936–1939). Warszawa 1963.
Dunin-Wąsowicz, Krzysztof: Warszawa w latach 1939-1945. Warszawa 1984 (Dzieje Warszawy, Bd. 5, pod redakcją Stefana Kieniewicza).

Echt, Samuel: Die Geschichte der Juden in Danzig. Leer/Ostfriesland 1972.
Eichholtz, Dietrich (Hg.): Krieg und Wirtschaft. Studien zur deutschen Wirtschaftsgeschichte 1939–1945. Berlin 1999.
Eisenbach, Artur: Hitlerowska polityka zagłady Żydów. Warszawa 1961.
Eisenblätter, Gerhard: Grundlinien der Politik des Reichs gegenüber dem Generalgouvernement 1939–1945. Diss. Frankfurt a. M. 1969.
Emmendörfer, Arnulf: Geld- und Kreditaufsicht in den von Deutschland während des 2. Weltkrieges besetzten Gebieten. Eine völkerrechtliche Untersuchung über die geld- und kreditwirtschaftlichen Maßnahmen deutscher Besatzungsbehörden. Tübingen 1957.
Engel, David: Who is a Collaborator? The Trials of Michał Weichert, in: The Jews in Poland, Volume II. Edited by Sławomir Kapralski. Cracow 1999, S. 339–370.
Engelking, Barbara/Leociak, Jacek: Getto Warszawskie. Przewodnik po nieistniejącym mieście. Warszawa 2001.
Engelking, Barbara: „szanowny panie gistapo". Donosy do władz niemieckich w Warszawie i okolicach w latach 1940–1941. Warszawa 2003.
Enzyklopädie des Holocaust. Die Verfolgung und Ermordung der europäischen Juden, 3 Bde. Hg. von Eberhard Jäckel/Peter Longerich/Julius H. Schoeps. Berlin 1993.
Essner, Cornelia: Die „Nürnberger Gesetze" oder Die Verwaltung des Rassenwahns 1933–1945. Paderborn 2002.

Feldman, Gerald D.: Die Deutsche Bank vom Ersten Weltkrieg bis zur Weltwirtschaftskrise, in: Die Deutsche Bank 1870–1995. Hg. von Lothar Gall/Gerald D. Feldman/Harold James/Carl-Ludwig Holtfrerich/Hans E. Büschgen. München 1995, S. 137–314.
Feldman, Gerald D.: Die Allianz und die deutsche Versicherungswirtschaft 1933–1945. München 2001.
Franquinet, Guy M. Y. Ph.: Sammlung Getto-Münzen aus Litzmannstadt, in: Judaica łódzkie w zbiorach muzealnych i zasobach archiwalnych. Łódź 1994, S. 127–129.
Friedrich, Klaus-Peter: Kollaboration und Antisemitismus in Polen unter deutscher Besatzung (1939–1944/45), in: Zeitschrift für Geschichtswissenschaft 45 (1997), S. 818–834.
Friedrich, Klaus-Peter: Juden in Polen während der Schoa. Zu polnischen und deutschen Neuerscheinungen, in: Zeitschrift für Ostmitteleuropa-Forschung 47 (1998), S. 231–274.
Friedrich, Klaus-Peter: Publizistische Kollaboration im sog. Generalgouvernement. Personengeschichtliche Aspekte der deutschen Okkupationsherrschaft in Polen (1939–1945), in: Zeitschrift für Ostmitteleuropa-Forschung 48 (1999), S. 50–89.

Galiński, Antoni: Getto w Zduńskiej Woli, in: Biuletyn Głównej Komisji Badania Zbrodni Hitlerowskich w Polsce 35 (1993), S. 142–156.
Gellately, Robert: Hingeschaut und weggesehen. Hitler und sein Volk. Stuttgart/München 2002.
Georg, Enno: Die wirtschaftlichen Unternehmungen der SS. Stuttgart 1963.
Gerber, Berthold: Staatliche Wirtschaftslenkung in den besetzten und annektierten Ostgebieten während des Zweiten Weltkrieges unter besonderer Berücksichtigung der treuhänderischen Verwaltung von Unternehmungen und Ostgesellschaften. Tübingen 1959 (Studien des Instituts für Besatzungsfragen in Tübingen zu den deutschen Besetzungen im 2. Weltkrieg, Nr. 17).
Gilles, Franz-Otto: Besatzungsverwaltung und Finanzkontrolle am Beispiel des Generalgouvernements, in: Das organisierte Chaos: „Ämterdarwinismus" und „Gesinnungs-

ethik". Determinanten nationalsozialistischer Besatzungsherrschaft. Hg. von Johannes Houwink ten Cate und Gerhard Otto. Berlin 1999 (Nationalsozialistische Besatzungspolitik in Europa 1939–1945, Bd. 7), S. 123–142.
Golczewski, Frank: Polen, in: Wolfgang Benz (Hg.), Dimension des Völkermords. Die Zahl der jüdischen Opfer des Nationalsozialismus. München 1996, S. 411–497.
Gospodarcze i społeczne skutki wojny i okupacji dla Polski oraz drogi ich przezwyciężania. Materiały z konferencji naukowej zorganizowanej przez Katedrę Historii Gospodarczej Akademii Ekonomicznej we Wrocławiu, Karpacz, 4–6 grudnia 1985. Red. Wacław Długoborski. Wrocław 1989 (Prace naukowe Akademii Ekonomicznej imienia Oskara Langego we Wrocławiu, nr 503).
Górczyńska, Bożena: Die Agrarpolitik in polnischen Gebieten, die während der hitlerfaschistischen Okkupation Ostpreußen eingegliedert wurden (1939–1945), in: Studia Historiae Oeconomicae 17 (1982), S. 255–264.
Grabitz, Helge/Scheffler, Wolfgang: Letzte Spuren. Ghetto Warschau, SS-Arbeitslager Trawniki, Aktion Erntefest. Fotos und Dokumente über Opfer des Endlösungswahns im Spiegel der historischen Ereignisse. Berlin [2]1993 (Deutsche Vergangenheit, Bd. 32).
Grass, Günter: Aus dem Tagebuch einer Schnecke. Göttingen 1997.
Grass, Günter: Mein Jahrhundert. München 2001.
Gregor, Neil: Stern und Hakenkreuz. Daimler-Benz im Dritten Reich. Berlin 1997.
Grode, Walter: Modernisierung und Destruktion. Regionale Differenzierungen der nationalsozialistischen Vernichtungspolitik im besetzten Polen, in: Wolfgang Schneider (Hg.), „Vernichtungspolitik". Eine Debatte über den Zusammenhang von Sozialpolitik und Genozid im nationalsozialistischen Deutschland. Hamburg 1991, S. 53–63.
Grot, Zdzisław: 100 lat Zakładów H. Cegielski 1846–1946. Poznań 1946.
Grynberg, Michał: Żydzi w rejencji ciechanowskiej 1939–1942. Warszawa 1984.
Grzyb, Mieczysław: Narodowościowo-polityczne aspekty przemian stosunków własnościowych i kadrowych w górnośląskim przemyśle w latach 1922–1939. Katowice 1978 (Prace naukowe Uniwersytetu Śląskiego w Katowicach, Bd. 228).
Gumowski, Marian/Pelczar, Marian: Pieniądz gdański 1814–1939. Gdańsk 1960 (Biblioteka gdańska. Seria monografii, Bd. 7).
Gutman, Israel/Haft, Cyntia J. (Hg.): Patterns of Jewish Leadership in Nazi Europe 1933–1945. Proceedings of the Third Yad Vashem International Historical Conference. Jerusalem, 4.–7. April 1977. Jerusalem 1979.
Gutman, Israel: Żydzi warszawscy 1939–1943. Getto – Podziemie – Walka. Warszawa 1993.

Heiber, Helmut: Der Generalplan Ost, in: VfZ 6 (1958), S. 281–325.
Heinemann, Isabel: „Rasse, Siedlung, deutsches Blut". Das Rasse- und Siedlungshauptamt der SS und die rassenpolitische Neuordnung Europas. Göttingen 2003 (Moderne Zeit. Neue Forschungen zur Gesellschafts- und Kulturgeschichte des 19. und 20. Jahrhunderts, Bd. 2).
Henke, Josef: Das Schicksal deutscher zeitgeschichtlicher Quellen in Kriegs- und Nachkriegszeit, in: VfZ 30 (1982), S. 557–620.
Henke, Klaus-Dietmar (Hg.): Die Dresdner Bank im Dritten Reich, 4 Bde. München 2006.
Hensel, Jürgen (Hg.): Polen, Deutsche und Juden in Lodz 1820–1939. Eine schwierige Nachbarschaft. Osnabrück 1999 (Einzelveröffentlichungen des Deutschen Historischen Instituts Warschau, Bd. 1).
Hensel, Jürgen/Nordblom, Pia (Hg.): Hermann Rauschning. Materialien und Beiträge zu einer politischen Biographie. Osnabrück 2003.
Hepp, Michael: Deutsche Bank, Dresdner Bank – Erlöse aus Raub, Enteignung und Zwangsarbeit 1933–1945, in: 1999. Zeitschrift für Sozialgeschichte des 20. und 21. Jahrhunderts 15 (2000), H. 1 (März), S. 64–116.
Herbert, Ulrich (Hg.): Nationalsozialistische Vernichtungspolitik 1939–1945. Neue Forschungen und Kontroversen. Frankfurt a. M. 1998.
Herbst, Ludolf: Krisenüberwindung und Wirtschaftsneuordnung. Ludwig Erhards Beteiligung an den Nachkriegsplanungen am Ende des Zweiten Weltkrieges, in: VfZ 25 (1977), S. 305–340.

Herbst, Ludolf: Die Mobilmachung der Wirtschaft 1938/39 als Problem des nationalsozialistischen Herrschaftssystems, in: Wolfgang Benz/Hermann Graml (Hg.), Sommer 1939. Die Großmächte und der Europäische Krieg. Stuttgart 1979 (Schriftenreihe der Vierteljahrshefte für Zeitgeschichte, Sondernummer), S. 62-106.

Herbst, Ludolf: Der Totale Krieg und die Ordnung der Wirtschaft. Die Kriegswirtschaft im Spannungsfeld von Politik, Ideologie und Propaganda 1939-1945. Stuttgart 1982 (Studien zur Zeitgeschichte, Bd. 21).

Herbst, Ludolf: Die wirtschaftlichen Nachkriegspläne der SS, des Reichswirtschaftsministeriums und der Reichsgruppe Industrie im Angesicht der Niederlage (1943-1945), in: Michel Dumoulin (Hg.), Plans de temps de guerre pour l'Europe d'après-guerre 1940-1947 - Wartime plans for post-war Europe 1940-1947. Bruxelles u.a. 1995 (Veröffentlichungen der Historiker-Verbindungsgruppe bei der Kommission der Europäischen Gemeinschaft, Bd. 5), S. 15-24.

Herbst, Ludolf: Walther Funk - Vom Journalisten zum Reichswirtschaftsminister, in: Ronald Smelser/Enrico Syring/Rainer Zitelmann (Hg.), Die braune Elite, Bd. 2. Darmstadt [2]1999, S. 91-102.

Herbst, Ludolf: Banker in einem prekären Geschäft: Die Beteiligung der Commerzbank an der Vernichtung der jüdischen Gewerbetätigkeit im Altreich (1933-1940), in: ders./Thomas Weihe (Hg.), Die Commerzbank und die Juden 1933-1945. München 2004, S. 74-137.

Herbst, Ludolf/Weihe, Thomas (Hg.): Die Commerzbank und die Juden 1933-1945. München 2004.

Hermand, Jost: Der alte Traum vom neuen Reich. Völkische Utopien und Nationalsozialismus. Weinheim [2]1995.

Hershkovitsh, Bendet: Litsmanshtot-geto, in: Yivo-bleter 30 (1947), Nr. 1, S. 21-58.

Herzog, Robert: Grundzüge der deutschen Besatzungsverwaltung in den ost- und südosteuropäischen Ländern während des zweiten Weltkrieges. Tübingen 1955 (Studien des Instituts für Besatzungsfragen in Tübingen zu den deutschen Besetzungen im 2. Weltkrieg, Nr. 4).

Hilberg, Raul: Die Vernichtung der europäischen Juden, 3 Bde. Frankfurt a. M. 1990.

Hopmann, Barbara/Spoerer, Mark/Weitz, Birgit/Brüninghaus, Beate: Zwangsarbeit bei Daimler-Benz. Stuttgart 1994 (Zeitschrift für Unternehmensgeschichte, Beiheft 78).

Imposed Jewish Governing Bodies under Nazi Rule. Yivo Colloquium, December 2-5, 1967. New York 1972.

Ivánka, Aleksander: Finanse Warszawy w latach okupacji 1939-1941, in: Najnowsze Dzieje Polski. Materiały i studia z okresu II wojny światowej, Bd. VII. Warszawa 1963, S. 69-86.

Izdębski, Zygmunt/Rybicki, Paweł: Niemiecka Lista Narodowa na Górnym Śląsku. Katowice 1946 (Pamiętnik Instytutu Śląskiego; Seria 2, 3).

Jacobmeyer, Wolfgang: Die polnische Widerstandsbewegung im Generalgouvernement und ihre Beurteilung durch deutsche Dienststellen, in: VfZ 25 (1977), S. 658-681.

Jacobmeyer, Wolfgang: Der Überfall auf Polen und der neue Charakter des Krieges, in: Christoph Kleßmann (Hg.), September 1939. Krieg, Besatzung, Widerstand in Polen. Göttingen 1989, S. 16-37.

James, Harold: Die Deutsche Bank und die Diktatur 1933-1945, in: Die Deutsche Bank 1870-1995. Hg. von Lothar Gall/Gerald D. Feldman/Harold James/Carl-Ludwig Holtfrerich/Hans E. Büschgen. München 1995, S. 315-408.

James, Harold: Die Deutsche Bank und die „Arisierung". München 2001.

James, Harold: Die Deutsche Bank im Dritten Reich. München 2003.

James, Harold: Geschichte Europas im 20. Jahrhundert. Fall und Aufstieg 1914-2001. München 2004.

Janicki, Tadeusz: Wieś w Kraju Warty (1939-1945). Poznań 1996 (Dzieje Gospodarcze Wielkopolski, nr 2).

Janowicz, Zbigniew: Ustrój administracyjny ziem polskich wcielonych do Rzeszy Niemieckiej 1939-1945. Tzw. okręgi Kraju Warty i Gdańska-Prus Zachodnich. Poznań 1951 (Badania nad okupacją niemiecką, Bd. V).

Jansen, Christian/Weckbecker, Arno: Der „Volksdeutsche Selbstschutz“ in Polen 1939/40. München 1992 (Schriftenreihe der Vierteljahrshefte für Zeitgeschichte, Bd. 64).

Jaros, Jerzy: Grabież mienia Żydów przez władze hitlerowskie w świetle akt Urzędu Powierniczego w Katowicach, in: Biuletyn Żydowskiego Instytutu Historycznego 38 (1961), S. 105-117.

Jaros, Jerzy: Grabież mienia przez okupantów na terenie rejencji katowickiej podczas drugiej wojny światowej, in: Andrzej Szefer (Red.), Śląsk i Zagłębie Dąbrowskie w walce z okupantem hitlerowskim 1939-1945. Materiały z sesji naukowej zorganizowanej w 30 rocznicę najazdu hitlerowskiego na Polskę, Katowice, 11-12 września 1969. Katowice 1970 (Śląski Instytut Naukowy; Zeszyty naukowe, Bd. 30), S. 141-143.

Jasiński, Józef: Z dziejów polskiej spółdzielczości spożywców podczas II wojny światowej. Warszawa 1965.

Jastrzębowski, Wacław: Gospodarka niemiecka w Polsce 1939-1944. Warszawa 1946.

Jastrzębski, Włodzimierz: Hitlerowskie wysiedlenia z ziem polskich wcielonych do Rzeszy w latach 1939-1945. Poznań 1960.

Jezierski, Andrzej/Leszczyńska, Cecylia: Bank Polski SA 1924-1951. Warszawa 1994.

Jędrzejewski, Edward: Hitlerowska koncepcja administracji państwowej 1933-1945. Studium polityczno-prawne. Wrocław/Warszawa/Kraków/Gdańsk 1975.

Judaica łódzkie w zbiorach muzealnych i zasobach archiwalnych. Łódź 1994.

Kaczmarek, Ryszard: Pod rządami gauleiterów. Elity i instancje władzy w rejencji katowickiej w latach 1939-1945. Katowice 1998 (Prace naukowe Uniwersytetu Śląskiego w Katowicach, nr 1736).

Kamenec, Ivan: The Deportation of Jewish Citizens from Slovakia in 1942, in: The Tragedy of Slovak Jews. Proceedings of the International Symposium Banská Bystrica, 25th to 27th March 1992. Banská Bystrica 1992, S. 81-105.

Kamieniecka, Małgorzata: Lubelski Oddział Banku Handlowego w Warszawie SA w latach 1898-1939. Lublin 1999.

Kański, Edward: Spółdzielczość bankowa w Polsce w czasie okupacji niemieckiej, in: Spółdzielczość polska podczas II wojny światowej. Red. Czesław Szczepańczyk, Halina Trocka. Gdańsk/Słupsk/Szczecin 1982, S. 154-156.

Karpiński, Zygmunt: Losy złota polskiego podczas drugiej wojny światowej, in: Najnowsze Dzieje Polski. Materiały i studia z okresu II wojny światowej, Bd. I. Warszawa 1957, S. 97-154.

Karpiński, Zygmunt/Kostowski, Marek Ludwik: Bank Polski 1939-1951, in: Najnowsze Dzieje Polski. Materiały i studia z okresu II wojny światowej, Bd. VI. Warszawa 1962, S. 5-43.

Kasperek, Józef: Kronika wydarzeń w Lublinie w okresie okupacji hitlerowskiej. Lublin [2]1989.

Kasprowicz, Bolesław: Straty gospodarcze Gdańska jako wynik jego izolowania się od Polski w latach międzywojennych, in: Przegląd Zachodni 12 (1956), Bd. 1, S. 311-323.

Kellermann, Volkmar: Schwarzer Adler. Weißer Adler. Die Polenpolitik der Weimarer Republik. Köln 1970.

Kershaw, Ian: Arthur Greiser – Ein Motor der „Endlösung“, in: Ronald Smelser/Enrico Syring/Rainer Zitelmann (Hg.), Die braune Elite, Bd. 2. Darmstadt [2]1999, S. 116-127.

Kiełkowski, Roman: ... Zlikwidować na miejscu. Z dziejów okupacji hitlerowskiej w Krakowie. Kraków 1981 (Cracoviana, seria II: Ludzie i wydarzenia).

Kiesel, Doron u. a. (Hg.): „Wer zum Leben, wer zum Tod ...“ Strategien jüdischen Überlebens im Getto. Frankfurt a. M./New York 1992.

Klafkowski, Alfons: Okupacja niemiecka w świetle prawa narodów. Poznań 1946 (Badania nad okupacją niemiecką w Polsce, Bd. 1, zeszyt 2 (S. 280-475)).

Klee, Ernst: „Euthanasie“ im NS-Staat. Die „Vernichtung lebensunwerten Lebens“. Frankfurt a. M. 1991.

Klein, Peter: Zwangsarbeit im Ghetto Lodz. Die Wehrmacht als Auftraggeber, in: Mitteilungen aus dem Bundesarchiv 11 (2003), Nr. 1, S. 23-28.

Klein, Peter: Die „Gettoverwaltung Litzmannstadt" 1940–1944. Eine städtische Behörde im Spannungsfeld von Kommunalbürokratie und Verfolgungspolitik. Im Erscheinen (2007).
Kleßmann, Christoph (Hg.): September 1939. Krieg, Besatzung, Widerstand in Polen. Göttingen 1989.
Koehl, Robert Lewis: RKFDV: German Resettlement and Population Policy 1939-1945. Cambridge/Mass. 1957.
Kokociński, Lech: Pieniądz papierowy na ziemiach polskich. Paper Money in Poland. Warszawa ²2000.
Konieczny, Alfred: Likwidacja polskiego stanu posiadania w Niemczech w latach 1939-1944, in: Studia nad faszyzmem i zbrodniami hitlerowskimi 1 (1974), S. 41–63.
Konieczny, Alfred: Die Zwangsarbeit der Juden in Schlesien im Rahmen der „Organisation Schmelt", in: Götz Aly u. a. (Hg.), Sozialpolitik und Judenvernichtung. Gibt es eine Ökonomie der Endlösung? Beiträge zur nationalsozialistischen Gesundheits- und Sozialpolitik, Bd. 5. Berlin 1987, S. 91-110.
Kopper, Christopher: Zwischen Marktwirtschaft und Dirigismus. Bankenpolitik im „Dritten Reich" 1933-1939. Bonn 1995.
Kosik, Eugeniusz: Martyrologia i zagłada Żydów w Opolu Lubelskim, in: Biuletyn Żydowskiego Instytutu Historycznego w Polsce 150 (1989), S. 73–83.
Kostrowicka, Irena/Landau, Zbigniew/Tomaszewski, Jerzy: Historia gospodarcza Polski XIX i XX wieku. Warszawa 1966.
Kowal, Stefan: Partnerstwo czy uzależnienie? Niemieckie postawy wobec stosunków gospodarczych z Polską w czasach Republiki Weimarskiej. Poznań 1995 (Uniwersytet im. Adama Mickiewicza w Poznaniu, Seria historyczna, nr 183).
Kowalak, Tadeusz: Zagraniczne kredyty dla Niemców w Polsce 1919–1939. Warszawa 1972.
Kozłowicz, T.: Sytuacja w przemyśle łódzkim i walka o jego utrzymanie w pierwszych miesiącach okupacji niemieckiej, in: Rocznik Łódzki 7 (1963), S. 135-153.
Kranz, Tomasz (Hg.): Die Verbrechen des Nationalsozialismus im Geschichtsbewußtsein und in der historischen Bildung in Deutschland und Polen. Lublin 1998.
Krause, Detlef: Quellen aus den dreißiger und vierziger Jahren des 20. Jahrhunderts im Historischen Archiv der Commerzbank AG, in: Archiv und Wirtschaft 32 (1999), S. 80–88.
Krause, Detlef: Die Auslandsniederlassungen der Commerzbank von 1870 bis in die 1960er Jahre, in: Bankhistorisches Archiv 29 (2003), S. 25–46.
Krausnick, Helmut: Hitlers Einsatzgruppen. Die Truppe des Weltanschauungskrieges 1938-1942. Frankfurt a. M. 1985.
Krekeler, Norbert: Revisionsanspruch und geheime Ostpolitik der Weimarer Republik. Die Subventionierung der deutschen Minderheit in Polen 1919-1933. Stuttgart 1973 (Schriftenreihe der Vierteljahrshefte für Zeitgeschichte, Nr. 27).
Kreutzmüller, Christoph/Kučera, Jaroslav: Die Commerzbank und die Vernichtung der jüdischen Gewerbetätigkeit in den böhmischen Ländern und den Niederlanden, in: Ludolf Herbst/Thomas Weihe (Hg.), Die Commerzbank und die Juden 1933-1945. München 2004, S. 173-222.
Kreutzmüller, Christoph: Händler und Handlungsgehilfen. Der Finanzplatz Amsterdam und die deutschen Großbanken (1918-1945). Stuttgart 2005.
Kreutzmüller, Christoph/Loose, Ingo: Die Bank der Deutschen Arbeit 1933-1945 – eine nationalsozialistische „Superbank"?, in: Bankhistorisches Archiv 31 (2005), H. 1, S. 1-32.
Kroll, Bogdan: Przyczynek do sprawy złota polskiego we francusko-niemieckich rokowaniach rozejmowych, in: Najnowsze Dzieje Polski. Materiały i studia z okresu II wojny światowej, Bd. IV. Warszawa 1960, S. 63-73.
Kroll, Bogdan: Ewakuacja niemieckich władz bankowych z terenów Polski w styczniu 1945 r., in: Teki Archiwalne 10 (1966), S. 117-214 (AAN – Bank Emisyjny w Polsce, Zarząd Główny, Kraków, Nr. 478).
Kroll, Bogdan: Rada Główna Opiekuńcza 1939-1945. Warszawa 1985.
Kuby, Erich: Als Polen deutsch war 1939-1945. München 1986, Rastatt ²1988.
Kučera, Jaroslav: Der zögerliche Expansionist. Die Commerzbank in den böhmischen Ländern 1938-1945, in: Bankhistorisches Archiv 31 (2005), H. 1, S. 33–56.

Landau, Zbigniew/Tomaszewski, Jerzy: Kapitały obce w Polsce 1918–1939. Materiały i dokumenty. Warszawa 1964.
Landau, Zbigniew/Tomaszewski Jerzy: Anonimowi władcy. Z dziejów kapitału obcego w Polsce (1918–1939). Warszawa 1968.
Landau, Zbigniew: Stan badań nad historią finansów ziem polskich w latach II wojny światowej, in: Finanse 20 (1970), Nr. 8, S. 60–67.
Landau, Zbigniew/Tomaszewski, Jerzy: Bank Handlowy w Warszawie S. A. Historia i rozwój 1870–1970. Warszawa 1970.
Landau, Zbigniew/Tomaszewski, Jerzy: Gospodarka Polski międzywojennej 1918–1939, Bd. 4: Lata interwencjonizmu państwowego 1936–1939. Warszawa 1971.
LeBor, Adam: Hitler's Secret Bankers. The Myth of Swiss Neutrality during the Holocaust. Secaucus/N.J. 1997.
Leszczyński, Julian: Od formuły obozu zagłady – Höppner – Chełmno n/Nerem – do „Endlösung", in: Biuletyn Żydowskiego Instytutu Historycznego 101 (1977), S. 41–61.
Levine, Herbert S.: Hitler's Free City. A History of the Nazi Party in Danzig, 1925–1939. Chicago/London 1973.
Lichtenstein, Erwin: Die Juden der Freien Stadt Danzig unter der Herrschaft des Nationalsozialismus. Tübingen 1973 (Schriftenreihe des Leo-Baeck-Institutes, Bd. 27).
Lilienthal, Zygmunt: Sytuacja prawna Żydów krakowskich w okresie okupacji niemieckiej, in: W 3-cią rocznicę zagłady ghetta w Krakowie (13. III. 1943–13. III. 1946). Kraków 1946 (Książki Wojewódzkiej Żydowskiej Komisji Historycznej w Krakowie, nr 6), S. 101–119.
Lindner, Stephan H.: Das Reichskommissariat für die Behandlung feindlichen Vermögens im Zweiten Weltkrieg. Eine Studie zur Verwaltungs-, Rechts- und Wirtschaftsgeschichte des nationalsozialistischen Deutschlands. Stuttgart 1991 (Zeitschrift für Unternehmensgeschichte, Beiheft 67).
Lisiak, Henryk: Narodowa Demokracja w Wielkopolsce w latach 1918–1939. Poznań 2006 (Wielkopolska. Historia, Społeczeństwo, Kultura, Bd. 19).
Löw, Andrea: „Wir wissen immer noch nicht, was wir machen sollen." Juden in Krakau unter deutscher Besatzung bis zur Errichtung des Ghettos, in: dies./Kerstin Robusch/Stefanie Walter (Hg.), Deutsche – Juden – Polen. Geschichte einer wechselvollen Beziehung im 20. Jahrhundert. Festschrift für Hubert Schneider. Frankfurt a. M./New York 2004 (Wissenschaftliche Reihe des Fritz Bauer Instituts, Bd. 9), S. 119–136.
Löw, Andrea: Juden im Getto Litzmannstadt. Lebensbedingungen, Selbstwahrnehmung, Verhalten. Göttingen 2006 (Schriftenreihe zur Łódzer Getto-Chronik).
Longerich, Peter: Davon haben wir nichts gewusst! Die Deutschen und die Judenverfolgung 1933–1945. Berlin 2006.
Loose, Ingo: Die Beteiligung deutscher Kreditinstitute an der Vernichtung der ökonomischen Existenz der Juden in Polen 1939–1945, in: Ludolf Herbst/Thomas Weihe (Hg.), Die Commerzbank und die Juden 1933–1945. München 2004, S. 223–271.
Loose, Ingo: Die Commerzbank und das Konzentrations- und Vernichtungslager Auschwitz-Birkenau, in: Ludolf Herbst/Thomas Weihe (Hg.), Die Commerzbank und die Juden 1933–1945. München 2004, S. 272–309.
Loose, Ingo: Die Berliner Großbanken und die NS-Judenvernichtung in Polen 1939–1945, in: Karol Jonca (Hg.), Studia nad Faszyzmem i Zbrodniami Hitlerowskimi 27 (2004) (Acta Universitatis Wratislaviensis, Nr. 2639), S. 295–320.
Loose, Ingo: Credit Banks and the Holocaust in the *Generalgouvernement*, 1939–1945, in: Yad Vashem Studies 34 (2006), S. 177–218.
Loose, Ingo: Die Enteignung der Juden in Polen 1939–1945, in: Katharina Stengel/Susanne Meinl (Hg.), Der Fiskus und die Enteignung der Juden in Europa. Frankfurt a. M./New York 2007 (Wissenschaftliche Reihe des Fritz Bauer Instituts) [im Druck].
Lorentz, Bernhard: Die Commerzbank und die „Arisierung" im Altreich. Ein Vergleich der Netzwerkstrukturen und Handlungsspielräume von Großbanken in der NS-Zeit, in: VfZ 50 (2002), S. 237–268.
Ludwig, Johannes: Boykott, Enteignung, Mord. Die „Entjudung" der deutschen Wirtschaft. München/Zürich 1992.

Lumans, Valdis O.: Himmler's auxiliaries. The Volksdeutsche Mittelstelle and the German national minorities of Europe, 1933–1945. Chapel Hill 1993.

Lutzhöft, Hans-Jürgen: Schwedische Reaktionen auf die deutsche Politik im Osten 1939–1943, in: ZfO 29 (1980), S. 71–83.

Łuczak, Czesław/Piaszyk, Zdzisław/Wasiek, Czesław: Przyczynki do gospodarki niemieckiej w latach 1939–1945. Poznań 1949 (Badania nad okupacją niemiecką w Polsce, Bd. 2, zeszyt 2; Studia nad dziejami gospodarczymi okupacji niemieckiej, pod redakcją Jana Rutkowskiego, zeszyt 1).

Łuczak, Czesław: Działalność Towarzystwa Przejmowania Przedsiębiorstw Handlowych w okręgu Warty w latach 1941–1945, in: ders./Zdzisław Piaszyk/Czesław Wasiek, Przyczynki do gospodarki niemieckiej w latach 1939–1945. Poznań 1949 (Badania nad okupacją niemiecką w Polsce, Bd. 2, zeszyt 2; Studia nad dziejami gospodarczymi okupacji niemieckiej, pod redakcją Jana Rutkowskiego, zeszyt 1), S. 11 (192) – 63 (244).

Łuczak, Czesław (Hg.): Plünderung des polnischen Eigentums in den dem Reich eingegliederten westlichen Gebieten der Republik. Poznań 1969 (Uniwersytet im. Adama Mickiewicza. Wydział filozoficzno-historyczny. Seria historyczna, Bd. 32).

Łuczak, Czesław: „Kraj Warty". 1939–1945. Studium historyczno-gospodarcze okupacji hitlerowskiej. Poznań 1972.

Łuczak, Czesław: Die Ansiedlung der deutschen Bevölkerung im besetzten Polen (1939–1945), in: Studia Historiae Oeconomicae 13 (1978), S. 193–205.

Łuczak, Czesław: Die Wirtschaftspolitik des Dritten Reiches im besetzten Polen, in: Studia Historiae Oeconomicae 14 (1979), S. 87–103.

Łuczak, Czesław: Polityka ludnościowa i ekonomiczna hitlerowskich Niemiec w okupowanej Polsce. Poznań 1979.

Łuczak, Czesław: Polskie cukrownictwo w okresie hitlerowskiej okupacji (1939–1945), in: Dzieje cukrownictwa w Polsce. Praca zbiorowa pod redakcją Czesława Łuczaka. Poznań 1981, S. 200–214.

Łuczak, Czesław: Polityka ekonomiczna Trzeciej Rzeszy w latach drugiej wojny światowej. Poznań 1982.

Łuczak, Czesław: Die Agrarpolitik des Dritten Reiches im okkupierten Polen, in: Studia Historiae Oeconomicae 17 (1982), S. 195–203.

Łuczak, Czesław: Die polnisch-deutschen Wirtschaftsbeziehungen in der Zwischenkriegszeit, in: Studia Historiae Oeconomicae 19 (1988), S. 201–220.

Łuczak, Czesław: Od Bismarcka do Hitlera. Polsko-niemieckie stosunki gospodarcze. Poznań 1988.

Łuczak, Czesław: Od pierwszej do ostatniej godziny Drugiej wojny światowej. Dzieje Polski i Polaków. Poznań 1995.

Łuczak, Czesław: Przeobrażenia demograficzne w Poznaniu w okresie okupacji niemieckiej 1939–1945, in: Biuletyn Głównej Komisji Badania Zbrodni przeciwko Narodowi Polskiemu – Instytut Pamięci Narodowej 38 (1995), S. 76–90.

Łuczak, Czesław: Pod niemieckim jarzmem (Kraj Warty 1939–1945). Poznań 1996.

Łuczak, Czesław: Polityka pieniężna III Rzeszy w okupowanej Polsce, in: Od Grabskiego do Balcerowicza. Systemy pieniężne w gospodarce polskiej. Red. Zenobia Knakiewicz u. a. Poznań 1997 (Publikacje Instytutu Historii UAM, Bd. 18), S. 129–139.

Łuczak, Czesław: Arthur Greiser. Hitlerowski władca w Wolnym Mieście Gdańsku i w Kraju Warty. Poznań 1997.

Łuczak, Czesław: Chancen und Schwierigkeiten einer demographischen Bilanz Polens in den Jahren 1939–1945, in: Studia Historiae Oeconomicae 23 (1998), S. 245–253.

Łuczak, Czesław: Die ökonomische Politik Deutschlands gegenüber dem polnischen Königreich im Ersten Weltkrieg, in: Studia Historiae Oeconomicae 24 (2001), S. 59–72.

Madajczyk, Czesław: Polityka III Rzeszy w okupowanej Polsce, 2 Bde. Warszawa 1970 (gekürzt dt. Die Okkupationspolitik Nazideutschlands in Polen 1939–1945. Berlin 1987).

Madajczyk, Czesław: Faszyzm i okupacje 1938–1945. Wykonywanie okupacji przez państwa Osi w Europie, Bd. 1: Ukształtowanie się zarządów okupacyjnych; Bd. 2: Mechanizmy realizowania okupacji. Poznań 1983–1984.

Madajczyk, Czesław (Hg.): Vom Generalplan Ost zum Generalsiedlungsplan. München u.a. 1994 (Einzelveröffentlichungen der Historischen Kommission zu Berlin, Bd. 80).
Majewski, Jan: Spółdzielczość oszczędnościowo-pożyczkowa w Wielkopolsce i na Pomorzu 1918–1939. Warszawa 1965.
Majewski, Jan: Drogi i bezdroża niemieckiej spółdzielczości w Polsce 1919–1939. Poznań 1989 (Prace Instytutu Zachodniego, nr 54).
Mańkowski, Zygmunt: Hitlerowska akcja wysiedleń o osadnictwa na Zamojszczyźnie (model czy improwizacja), in: ders., W kręgu polskich doświadczeń historycznych XIX i XX w. Studia. Lublin 1986, S. 210–240 [frz. L'action nazie d'expulsions et de colonisation dans la région de Zamość (modèle ou improvisation), in: Studia Historiae Oeconomicae 8 (1973), S. 167–186].
Mańkowski, Zygmunt: Z problemu polityki rolnej okupanta w Generalnym Gubernatorstwie w latach 1939–1945, in: ders., W kręgu polskich doświadczeń historycznych XIX i XX w. Studia. Lublin 1986, S. 188–209.
Mańkowski, Zygmunt: Die Agrarpolitik des Okkupanten im Generalgouvernement 1939–1945, in: Studia Historiae Oeconomicae 23 (1998), S. 255–268.
Mańkowski, Zygmunt: Die polnische Geschichtsschreibung über die NS-Verbrechen, in: Tomasz Kranz (Hg.), Die Verbrechen des Nationalsozialismus im Geschichtsbewußtsein und in der historischen Bildung in Deutschland und Polen. Lublin 1998, S. 75–98.
Marcinkiewicz, Andrzej: Słownik niemieckich nazw miejscowości Drugiej Rzeczypospolitej pod kontrolą III Rzeszy (1939–1945). Warszawa 2003.
Mark, Bernard: Ruch oporu w getcie białostockim. Samoobrona – zagłada – powstanie. Warszawa 1952.
Marszałek, Józef: Obozy pracy w Generalnym Gubernatorstwie w latach 1939–1945. Lublin 1998 (Biblioteka „Zeszytów Majdanka", Bd. 4).
Matelski, Dariusz: Mniejszość niemiecka w Wielkopolsce w latach 1919–1939. Poznań 1997.
Matić, Igor-Philip: Edmund Veesenmayer. Agent und Diplomat der nationalsozialistischen Expansionspolitik. München 2002 (Südosteuropäische Arbeiten, Bd. 114).
Meissner, Blanka: Ewakuacja niemieckich władz administracyjnych i niemieckiej ludności z okupowanych ziem polskich w latach 1944–1945. Warszawa 1987 (Główna Komisja Badania Zbrodni Hitlerowskich w Polsce – Instytut Pamięci Narodowej; Informacja wewnętrzna, Bd. 93).
Melezin, Abraham: Przyczynek do znajomości stosunków demograficznych wśród ludności żydowskiej w Łodzi, Krakowie i Lublinie podczas okupacji niemieckiej. Łódź 1946 (Wydawnictwa Centralnej Żydowskiej Komisji Historycznej przy CK Żydów Polskich, Nr. 29).
Meyen, Hans G.: 120 Jahre Dresdner Bank. Unternehmens-Chronik 1872 bis 1992. Frankfurt a.M. 1992.
Meyer, August: Hitlers Holding. Die Reichswerke „Hermann Göring". München u.a. 1999.
Michalka, Wolfgang (Hg.), Der Zweite Weltkrieg. Analysen · Grundzüge · Forschungsbilanz. München/Zürich 1989 [ND: Weyarn 1997].
Military Government for Germany (U.S.): Dresdner and Deutsche Banks. Special Report of the Military Governor, U.S. Zone, June 1947.
Młynarczyk, Jacek Andrzej: Judenmord in Zentralpolen. Der Distrikt Radom des Generalgouvernements 1939–1945. Darmstadt 2007.
Mollin, Gerhard Th.: Montankonzerne und „Drittes Reich". Der Gegensatz zwischen Monopolindustrie und Befehlswirtschaft in der deutschen Rüstung und Expansion 1936–1944. Göttingen 1988 (Kritische Studien zur Geschichtswissenschaft, Bd. 78).
Mommsen, Hans: Die Realisierung des Utopischen: Die „Endlösung der Judenfrage" im „Dritten Reich", in: Geschichte und Gesellschaft 9 (1983), S. 381–420.
Mommsen, Hans: Was haben die Deutschen vom Völkermord an den Juden gewußt?, in: Der Judenpogrom 1938. Von der „Reichskristallnacht" zum Völkermord. Hg. von Walter H. Pehle. Frankfurt a.M. 1988, S. 176–200.
Mommsen, Hans: Erfahrung, Aufarbeitung und Erinnerung des Holocaust in Deutschland, in: Hanno Loewy (Hg.), Holocaust: Die Grenzen des Verstehens. Eine Debatte um die Besetzung der Geschichte. Reinbek 1992, S. 93–100.

Mommsen, Hans: Umvolkungspläne des Nationalsozialismus und der Holocaust, in: Helge Grabitz u.a. (Hg.), Die Normalität des Verbrechens. Bilanz und Perspektiven der Forschung zu den nationalsozialistischen Gewaltverbrechen. Berlin 1994, S. 68-84.

Morawski, Wojciech: Bankowość prywatna w II Rzeczypospolitej. Warszawa 1996 (Szkoła Główna Handlowa. Monografie i opracowania, 407).

Müller, Rolf-Dieter: Hitlers Ostkrieg und die deutsche Siedlungspolitik. Die Zusammenarbeit von Wehrmacht, Wirtschaft und SS. Frankfurt a. M. 1991.

Musial, Bogdan: Deutsche Zivilverwaltung und Judenverfolgung im Generalgouvernement. Eine Fallstudie zum Distrikt Lublin 1939-1944. Wiesbaden 1999 (Quellen und Studien, hg. vom Deutschen Historischen Institut, Bd. 10).

Musial, Bogdan: The Origins of „Operation Reinhard": The Decision-Making Process for the Mass Murder of the Jews in the Generalgouvernement, in: Yad Vashem Studies 28 (2000), S. 113-153.

Musial, Bogdan: Ursprünge der „Aktion Reinhardt". Planung des Massenmordes an den Juden im Generalgouvernement, in: ders. (Hg.), „Aktion Reinhardt". Der Völkermord an den Juden im Generalgouvernement 1941-1944. Osnabrück 2004 (Einzelveröffentlichungen des Deutschen Historischen Instituts Warschau, Bd. 10), S. 49-85.

Musial, Bogdan: Recht und Wirtschaft im besetzten Polen 1939-1945, in: Johannes Bähr/ Ralf Banken (Hg.), Das Europa des „Dritten Reichs". Recht, Wirtschaft, Besatzung. Frankfurt a. M. 2005 (Studien zur europäischen Rechtsgeschichte, Bd. 181), S. 31-57.

Muszkat, Marian: Karne aspekty polityki finansowej Trzeciej Rzeszy, in: Państwo i Prawo, 3 (1948), H. 7, S. 87-105.

Naasner, Walter: Neue Machtzentren in der deutschen Kriegswirtschaft 1942-1945. Die Wirtschaftsorganisation der SS, das Amt des Generalbevollmächtigten für den Arbeitseinsatz und das Reichsministerium für Bewaffnung und Munition / Reichsministerium für Rüstung und Kriegsproduktion im nationalsozialistischen Herrschaftssystem. Boppard am Rhein 1994 (Schriften des Bundesarchivs, Bd. 45).

Naasner, Walter (Hg.): SS-Wirtschaft und SS-Verwaltung. „Das SS-Wirtschaftsverwaltungshauptamt und die unter seiner Dienstaufsicht stehenden wirtschaftlichen Unternehmungen" und weitere Dokumente. Düsseldorf 1998 (Schriften des Bundesarchivs, Bd. 45a).

Nawrocki, Stanisław: Hitlerowska okupacja Wielkopolski w okresie zarządu wojskowego. Wrzesień–październik 1939 r. Poznań 1966 (Badania nad okupacją niemiecką w Polsce, Bd. 8).

Nawrocki, Stanisław: Organizacja i działalność urzędu Namiestnika Rzeszy Okręgu „Kraj Warty", in: Poznański Rocznik Archiwalno-Historyczny 4 (1996), S. 73-95.

Nurowski, Roman (Red.): Polens Kriegsverluste 1939-1945. Poznań 1960 (Zachodnia Agencja prasowa. Journalistische Arbeitsgemeinschaft. Studien und Abhandlungen, Bd. 7) (Straty wojenne Polski w latach 1939-1945. Poznań 1960 {Zachodnia Agencja prasowa. Dziennikarska Spółdzielnia pracy. Studia i rozprawy, 8}).

Olszewski, Bogusław: „Osthilfe" interwencjonizm państwowy w rolnictwie śląskim w latach 1919-1939. Wrocław u. a. 1974 (Monografie Śląskie Ossolineum, nr XXVII).

OMGUS. Finance Division – Financial Investigation Section, Record Group 260: Report on the Investigation of the Deutsche Bank. November 1946. Anhang zum Bericht über die Untersuchung der Deutschen Bank. März 1947.

OMGUS. Finance Division – Financial Investigation Section: Ermittlungen gegen die Deutsche Bank 1946/1947. Übersetzt und bearbeitet von der Dokumentationsstelle zur NS-Politik Hamburg. Nördlingen 1985.

OMGUS. Finance Division – Financial Investigation Section: Ermittlungen gegen die Dresdner Bank 1946. Nördlingen 1986.

Das organisierte Chaos: „Ämterdarwinismus" und „Gesinnungsethik". Determinanten nationalsozialistischer Besatzungsherrschaft. Hg. von Johannes Houwink ten Cate und Gerhard Otto. Berlin 1999 (Nationalsozialistische Besatzungspolitik in Europa 1939-1945, Bd. 7).

Overy, Richard/Otto, Gerhard/Houwink ten Cate, Johannes (Hg.): Die „Neuordnung Europas". NS-Wirtschaftspolitik in den besetzten Gebieten. Berlin 1997 (Nationalsozialistische Besatzungspolitik in Europa 1939-1945, Bd. 3).

Pakentreger, Aleksander: Polityka władz niemieckich tzw. Kraju Warty wobec Żydów, in: Biuletyn Żydowskiego Instytutu Historycznego 104 (1977), S. 33–48.

Pankowicz, Andrzej: Finanzielle Grundlagen der Tätigkeit des Polnischen Roten Kreuzes im Generalgouvernement 1939-1945, in: Studia Historiae Oeconomicae 20 (1993), S. 227-248.

Piaszyk, Zdzisław: Działalność Głównego Urzędu Powierniczego Wschodu w Kraju Warty w latach 1939-1945, in: Czesław Łuczak/Zdzisław Piaszyk/Czesław Wasiek, Przyczynki do gospodarki niemieckiej w latach 1939-1945. Poznań 1949 (Badania nad okupacją niemiecką w Polsce, Bd. 2, zeszyt 2; Studia nad dziejami gospodarczymi okupacji niemieckiej, pod redakcją Jana Rutkowskiego, zeszyt 1), S. 67 (248) -113 (294).

Pietrzak-Pawłowski, Kazimierz: Działalność polskich instytucji gospodarczych w Niemczech w latach 1920-1939, in: Polacy w republice weimarskiej i III Rzeszy. Olsztyn 1965, S. 103-121.

Pietrzak-Pawłowski, Kazimierz: Spółdzielczość polska na Ziemiach Zachodnich i Północnych 1918-1939. Warszawa 1967.

Pilichowski, Czesław: Verbrauch von Nahrungsmitteln durch jüdische Bevölkerung und Häftlinge der Okkupationslager im besetzten Polen, in: Studia Historiae Oeconomicae 17 (1982), S. 205-215.

Piotrowski, Stanisław: Misja Odyla Globocnika. Sprawozdania o wynikach finansowych zagłady Żydów w Polsce. Warszawa 1949.

Piper, Franciszek: Arbeitseinsatz der Häftlinge aus dem KL Auschwitz. Oświęcim 1995 (Zatrudnienie więźniów KL Auschwitz. Organizacja pracy i metody eksploatacji siły roboczej. Oświęcim 1981).

Pohl, Dieter: Von der „Judenpolitik" zum Judenmord. Der Distrikt Lublin des Generalgouvernements 1939-1944. Frankfurt a. M. 1993 (Münchner Studien zur neueren und neuesten Geschichte, Bd. 3).

Pohl, Dieter: Die Ermordung der Juden im Generalgouvernement, in: Ulrich Herbert (Hg.), Nationalsozialistische Vernichtungspolitik 1939-1945. Neue Forschungen und Kontroversen. Frankfurt a. M. 1998, S. 98-121.

Pohl, Dieter: Der Völkermord an den Juden, in: Włodzimierz Borodziej/Klaus Ziemer (Hg.), Deutsch-polnische Beziehungen 1939 – 1945 – 1949. Eine Einführung. Osnabrück 2000 (Einzelveröffentlichungen des Deutschen Historischen Instituts Warschau, Bd. 5), S. 113-134.

Pohl, Dieter: Der Raub an den Juden im besetzten Osteuropa 1939-1942, in: Raub und Restitution. „Arisierung" und Rückerstattung des jüdischen Eigentums in Europa. Hg. von Constantin Goschler und Philipp Ther. Frankfurt a. M. 2003, S. 58–72.

Pohl, Manfred/Schneider, Andrea H.: Die Rentenbank. Von der Rentenmark zur Förderung der Landwirtschaft. 1923 – 1949 – 1999. München/Zürich 1999.

Pollack, Martin: Jäger und Gejagter. Das Überleben der SS-Nr. 107136 [Rolf-Heinz Höppner], in: Christoph Ransmayr (Hg.), Im blinden Winkel. Nachrichten aus Mitteleuropa. Frankfurt a. M. 1989, S. 169-190.

Poniatowska, Anna: Polacy w Berlinie 1918-1945. Poznań 1986.

Popiołek, Kazimierz: Śląsk w oczach okupanta. Katowice 1958.

Porzycki, Wiesław: Posłuszni aż do śmierci (Niemieccy urzędnicy w Kraju Warty 1939-1945). Poznań 1997 (Dzieje Gospodarcze Wielkopolski, nr 3).

Pospieszalski, Karol Marian: Polska pod niemieckim prawem 1939-1945 (Ziemie Zachodnie). Poznań 1946 (Badania nad okupacją niemiecką, Bd. 1, H. 1).

Pospieszalski, Karol Marian: Niemiecka lista narodowa w „Kraju Warty". Wybór dokumentów z objaśnieniami w języku polskim i francuskim. Poznań 1949 (Documenta Occupationis Teutonicae, Bd. 4).

Pospieszalski, Karol Marian: Hitlerowskie „prawo" okupacyjne w Polsce. Wybór dokumentów, część I: Ziemie „wcielone". Poznań 1952 (Documenta Occupationis, Bd. 5).

Pospieszalski, Karol Marian: Hitlerowskie „prawo" okupacyjne w Polsce. Wybór dokumentów i próba syntezy, część II: Generalna Gubernia. Poznań 1958 (Documenta Occupationis, Bd. 6).
Prekerowa, Teresa: Wojna i okupacja, in: Najnowsze Dzieje Żydów w Polsce w zarysie (do 1950 roku). Pod redakcją Jerzego Tomaszewskiego. Warszawa 1993, S. 273-384.
Puś, Wiesław/Pytlas, Stefan: Dzieje Łódzkich Zakładów Przemysłu Bawełnianego im. Obrońców Pokoju „Uniontex" (d. Zjednoczonych Zakładów K. Scheiblera i L. Grohmana) w latach 1827-1977. Warszawa 1979.

Radkiewicz, Wacław: Dzieje Zakładów H. Cegielski w Poznaniu (1846-1960). Studium ekonomiczno-historyczne. Poznań 1962.
Radziwojńczyk, Kazimierz: Plany polityczne Trzeciej Rzeszy wobec Polski i ich realizacja w okresie od 1 września do 25 października 1939 r., in: Najnowsze Dzieje Polski, Bd. XII. Warszawa 1968, S. 5-38.
Rajca, Czesław: Beschlagnahme von Landwirtschaften im Generalgouvernement, in: Studia Historiae Oeconomicae 17 (1982), S. 247-254.
Rajca, Czesław: Walka o chleb 1939-1945. Eksploatacja rolnictwa w Generalnym Gubernatorstwie. Lublin 1991 (Biblioteka „Zeszytów Majdanka", Bd. 2).
Ramme, Alwin: Der Sicherheitsdienst der SS. Zu seiner Funktion im faschistischen Machtapparat und im Besatzungsregime des sogenannten Generalgouvernements Polen. Berlin 1970 (Dt. Akademie der Wissenschaften zu Berlin, Institut für Geschichte, Abteilung Militärgeschichte; Militärhistorische Studien, N. F., Bd. 12).
Riedel, Stanisław: Działalność Państwowego Banku Rolnego w pierwszych latach okupacji hitlerowskiej, in: Najnowsze Dzieje Polski. Materiały i studia z okresu II wojny światowej, Bd. 3. Warszawa 1959, S. 81-95.
Röhr, Werner: Zur Rolle der Schwerindustrie im annektierten polnischen Oberschlesien für die Kriegswirtschaft Deutschlands von 1939 bis 1949, in: Jahrbuch für Wirtschaftsgeschichte (1991), Nr. 4, S. 9-58.
Röhr, Werner: Zur Wirtschaftspolitik der deutschen Okkupanten in Polen 1939-1945, in: Dietrich Eichholtz (Hg.), Krieg und Wirtschaft. Studien zur deutschen Wirtschaftsgeschichte 1939-1945. Berlin 1999, S. 221-251.
Rogowski, Stanisław: Ochrona praw mniejszości żydowskiej na Górnym Śląsku w latach 1933-1937 w świetle zasad międzynarodowej ochrony mniejszości, in: Krystyn Matwijowski (Hg.), Z dziejów ludności żydowskiej na Śląsku. Wrocław 1991 (Acta Universitatis Wratislaviensis, Nr. 1182), S. 53-75.
Rojek, Wojciech: Odyseja skarbu Rzeczypospolitej. Losy złota Banku Polskiego 1939-1950. Kraków 2000.
Roos, Hans: Polen und Europa. Studien zur polnischen Außenpolitik 1931-1939. Tübingen [2]1965 (Tübinger Studien zur Geschichte und Politik, Bd. 7).
Rosenkötter, Bernhard: Treuhandpolitik. Die „Haupttreuhandstelle Ost" und der Raub polnischer Vermögen 1939-1945. Essen 2003.
Rosenkötter, Bernhard: Die Ausweitung der Enteignungspolitik. Die Rolle der HTO und der „Sonderabteilung Altreich", in: Katharina Stengel/Susanne Meinl (Hg.), Der Fiskus und die Enteignung der Juden in Europa. Frankfurt a. M./New York 2007 (Wissenschaftliche Reihe des Fritz Bauer Instituts) [im Druck].
Rożkowicz, Mieczysław: Wiadomości o prześladowaniu Żydów na Śląsku w latach 1940-1943 w aktach katowickiego Sondergerichtu, in: Biuletyn Żydowskiego Instytutu Historycznego 50 (1964), S. 91-99.
Rubin, Icchak (Henryk): Żydzi w Łodzi pod niemiecką okupacją 1939-1945. Londyn 1988.
Rutowska, Maria: Wysiedlenia ludności polskiej z Kraju Warty do Generalnego Gubernatorstwa 1939-1941. Poznań 2003 (Prace Instytutu Zachodniego, nr 71).

Safrian, Hans: Eichmann und seine Gehilfen. Frankfurt a. M. 1995.
Sakowska, Ruta: Ludzie z dzielnicy zamkniętej. Z dziejów Żydów w Warszawie w latach okupacji hitlerowskiej (październik 1939 – marzec 1943). Warszawa [2]1993.

Sakowska, Ruta: Die zweite Etappe ist der Tod. NS-Ausrottungspolitik gegen die polnischen Juden, gesehen mit den Augen der Opfer. Berlin 1993 (Publikationen der Gedenkstätte Haus der Wannsee-Konferenz, Bd. 3).
Sandkühler, Thomas: „Endlösung" in Galizien. Der Judenmord in Ostpolen und die Rettungsinitiativen von Berthold Beitz 1941–1944. Bonn 1996.
Sandkühler, Thomas: Judenpolitik und Judenmord im Distrikt Galizien, 1941–1942, in: Ulrich Herbert (Hg.), Nationalsozialistische Vernichtungspolitik 1939–1945. Neue Forschungen und Kontroversen. Frankfurt a. M. 1998, S. 122–147.
Sawicki, Jerzy: Vor dem polnischen Staatsanwalt. Berlin 1962 (EA: Przed polskim prokuratorem. Dokumenty i komentarze. Warszawa [3]1961).
Scheffler, Wolfgang: Holocaustforschung am Wendepunkt. Kritische Anmerkungen zur deutschen Ausgabe der „Enzyklopädie des Holocaust", in: Jahrbuch für Antisemitismusforschung, Bd. 3. Frankfurt a. M./New York 1994, S. 341–353.
Schenk, Dieter: Hitlers Mann in Danzig. Gauleiter Forster und die NS-Verbrechen in Danzig-Westpreußen. Bonn 2000.
Schneider, Wolfgang (Hg.): „Vernichtungspolitik". Eine Debatte über den Zusammenhang von Sozialpolitik und Genozid im nationalsozialistischen Deutschland. Hamburg 1991.
Schumann, Wolfgang: Nachkriegsplanungen der Reichsgruppe Industrie im Herbst 1944. Eine Dokumentation, in: Jahrbuch für Wirtschaftsgeschichte 1972/III, S. 259–296.
Schulte, Jan Erik: Zwangsarbeit für die SS. Juden in der Ostindustrie GmbH., in: Michael Frei (Hg.), Ausbeutung, Vernichtung, Öffentlichkeit. Neue Studien zur nationalsozialistischen Lagerpolitik. München 2000 (Darstellungen und Quellen zur Geschichte von Auschwitz, Bd. 4), S. 43–74.
Schulte, Jan Erik: Zwangsarbeit und Vernichtung: Das Wirtschaftsimperium der SS. Oswald Pohl und das SS-Wirtschaftsverwaltungshauptamt 1933–1945. Paderborn u. a. 2001.
Schulze, Manfred/Petriuk, Stefan: Unsere Arbeit – unsere Hoffnung. Getto Lodz 1940–1945. Eine zeitgeschichtliche Dokumentation des Post- und Geldwesens im Lager Litzmannstadt. Schwalmtal 1995.
Die Schweiz, der Nationalsozialismus und der Zweite Weltkrieg. Schlussbericht der Unabhängigen Expertenkommission Schweiz – Zweiter Weltkrieg. Zürich [2]2002.
Seidel, Hans-Christoph: Arbeitseinsatz und Zwangsarbeit im europäischen Steinkohlenbergbau unter deutscher Herrschaft, in: Johannes Bähr/Ralf Banken (Hg.), Das Europa des „Dritten Reichs". Recht, Wirtschaft, Besatzung. Frankfurt a. M. 2005 (Studien zur europäischen Rechtsgeschichte, Bd. 181), S. 259–286.
Sereny, Gitta: Am Abgrund: Gespräche mit dem Henker. Franz Stangl und die Morde von Treblinka. München/Zürich 1995.
Serwański, Edward: Hitlerowska polityka narodowościowa na Śląsku w pierwszym okresie okupacji (Sprawa tzw. Einwohnererfassung), in: Przegląd Zachodni 12 (1956), Bd. 1, S. 339–361.
Skalniak, Franciszek: Bank Emisyjny w Polsce 1939–1945. Warszawa 1966.
Skalniak, Franciszek: Polityka pieniężna i budżetowa tzw. Generalnego Gubernatorstwa narzędziem finansowania potrzeb III Rzeszy. Warszawa 1976 (Ministerstwo Sprawiedliwości; Główna Komisja Badania Zbrodni Hitlerowskich w Polsce; Informacja wewnętrzna, nr 39).
Skalniak, Franciszek: Polityka pieniężna okupanta hitlerowskiego w tzw. Generalnym Gubernatorstwie i jej skutki, in: Studia Historyczne 1987, zeszyt 4, S. 623–643.
Skalniak, Franciszek: Zarys historii polskiej spółdzielczości kredytowej. Kraków 1992.
Skubiszewski, Krzysztof: Problematyka niemiecka w powojennym polskim piśmiennictwie z dziedziny prawa międzynarodowego, in: Przegląd Zachodni 1950, S. 559–581.
Skubiszewski, Krzysztof: Pieniądz na terytorium okupowanym. Studium prawnomiędzynarodowe ze szczególnym uwzględnieniem praktyki niemieckiej. Poznań 1960 (Prace Instytutu Zachodniego, nr 32).
Smelser, Ronald/Syring, Enrico/Zitelmann, Rainer (Hg.): Die braune Elite, Bd. 2. Darmstadt [2]1999.
Sobczak, Janusz: Hitlerowskie przesiedlenia ludności niemieckiej w dobie II wojny światowej. Poznań 1966 (Studium niemcoznawcze Instytutu Zachodniego, Bd. 11).

Sodeikat, Ernst: Die Verfolgung und der Widerstand der Juden in der Freien Stadt Danzig von 1933 bis 1945, in: Bulletin des Leo Baeck Instituts 8 (1965), Nr. 30, S. 107–149.

Spoerer, Mark: Zwangsarbeit unter dem Hakenkreuz. Ausländische Zivilarbeiter, Kriegsgefangene und Häftlinge im Deutschen Reich und im besetzten Europa 1939–1945. Stuttgart/München 2001.

Spółdzielczość polska podczas II wojny światowej. Red. Czesław Szczepańczyk, Halina Trocka. Gdańsk/Słupsk/Szczecin 1982.

Spuren aus dem Getto Łódź 1940–1944. Dokumente der Sammlung Wolfgang Haney, Berlin. Eine Ausstellung in der Gedenk- und Bildungsstätte Haus der Wannsee-Konferenz vom 28. März 1999 bis zum 30. Dezember 2000. Textheft zur Ausstellung. Berlin 1999.

Starościak, Włodzimierz: Żydzi w Dąbrowie Górniczej, in: Żydzi w Dąbrowie Górniczej. Dąbrowa Górnicza 1998, S. 9–22.

Steinbacher, Sybille: „Musterstadt" Auschwitz. Germanisierungspolitik und Judenmord in Ostoberschlesien. München 2000 (Darstellungen und Quellen zur Geschichte von Auschwitz. Hg. im Auftrag des Instituts für Zeitgeschichte, Bd. 2).

Steinberg, Jonathan u. a.: Die Deutsche Bank und ihre Goldtransaktionen während des Zweiten Weltkrieges. München 1999.

Stiefel, Dieter (Hg.): Die politische Ökonomie des Holocaust. Zur wirtschaftlichen Logik von Verfolgung und „Wiedergutmachung". Wien/München 2001 (Querschnitte, Bd. 7).

Stiefel, Dieter: The Economics of Discrimination, in: ders. (Hg.), Die politische Ökonomie des Holocaust. Zur wirtschaftlichen Logik von Verfolgung und „Wiedergutmachung". Wien/München 2001 (Querschnitte, Bd. 7), S. 9–28.

Stola, Dariusz: Die polnische Debatte um den Holocaust und die Rückerstattung von Eigentum, in: Raub und Restitution. „Arisierung" und Rückerstattung des jüdischen Eigentums in Europa. Hg. von Constantin Goschler und Philipp Ther. Frankfurt a. M. 2003, S. 205–224.

Streng, Heinz von: Die Landwirtschaft im Generalgouvernement. Tübingen 1955 (Studien des Instituts für Besatzungsfragen in Tübingen zu den deutschen Besetzungen im 2. Weltkrieg, Nr. 6).

Strobel, Georg W.: Die Industrialisierung Polens am Vorabend des Zweiten Weltkriegs zwischen Innen- und Wehrpolitik, in: ZfO 24 (1975), S. 221–271.

Strzelecki, Andrzej: Grabież mienia ofiar KL Auschwitz, in: Zeszyty Oświęcimskie 21 (1995), S. 5–85.

Strzelecki, Andrzej: Deportacja Żydów z getta łódzkiego do KL Auschwitz i ich zagłada. Opracowanie i wybór źródeł. Oświęcim 2004 (engl. The Deportation of Jews from the Łódź Ghetto to KL Auschwitz and Their Extermination. Oświęcim 2006).

Sulik, Alfred: Przemysł ciężki w rejencji katowickiej w gospodarce Trzeciej Rzeszy (1939–1945). Katowice 1984.

Sulik, Alfred: Przemysł, in: Województwo śląskie (1922–1939). Zarys monograficzny. Red. Franciszek Serafin. Katowice 1996 (Prace Naukowe Uniwersytetu Śląskiego w Katowicach, nr 1555), S. 215–271.

Swart, Friedrich: Diesseits und jenseits der Grenze. Das deutsche Genossenschaftswesen im Posener Land und das deutsch-polnische Verhältnis bis zum Ende des zweiten Weltkrieges. Leer/Ostfriesland 1954.

Switalski, Zbigniew: O wiarygodności statystyk z okresu okupacji, in: Spółdzielczość polska podczas II wojny światowej. Red. Czesław Szczepańczyk, Halina Trocka. Gdańsk/Słupsk/Szczecin 1982, S. 157f.

Szarota, Tomasz: Okupowanej Warszawy dzień powszedni. Studium historyczne. Warszawa [3]1988 (dt. Warschau unter dem Hakenkreuz. Leben und Alltag im besetzten Warschau 1. 10. 1939 bis 31. 7. 1944. Paderborn 1985).

Szarota, Tomasz: Życie codzienne w stolicach okupowanej Europy. Szkice historyczne. Kronika wydarzeń. Warszawa 1995.

Szczepańczyk, Czesław: Centralny Urząd Rolniczy: Landwirtschaftliche Zentralstelle, in: Zeszyty Majdanka 7 (1973), S. 121–158.

Szczepańczyk, Czesław: Polityka okupanta wobec spółdzielczości wiejskiej w Generalnej Guberni 1939–1944. Warszawa 1978 (Spółdzielczy Instytut Badawczy, Bd. 31).

Szczepańczyk, Czesław: Wpływ wojny i okupacji na sytuację spółdzielczości polskiej i jej rola w odbudowie kraju do 1948 r., in: Gospodarcze i społeczne skutki wojny i okupacji dla Polski oraz drogi ich przezwyciężania. Materiały z konferencji naukowej zorganizowanej przez Katedrę Historii Gospodarczej Akademii Ekonomicznej we Wrocławiu, Karpacz, 4-6 grudnia 1985. Red. Wacław Długoborski. Wrocław 1989 (Prace naukowe Akademii Ekonomicznej imienia Oskara Langego we Wrocławiu, nr 503), S. 209-225.

Szefer, Andrzej (oprac.): Miejsca straceń ludności cywilnej województwa katowickiego (1939-1945). Katowice 1969.

Szefer, Andrzej (Red.): Śląsk i Zagłębie Dąbrowskie w walce z okupantem hitlerowskim 1939-1945. Materiały z sesji naukowej zorganizowanej w 30 rocznicę najazdu hitlerowskiego na Polskę, Katowice, 11-12 września 1969. Katowice 1970 (Śląski Instytut Naukowy; Zeszyty naukowe, Bd. 30).

Szternfinkiel, Natan Eliasz: Zagłada Żydów Sosnowca. Katowice 1946 (Wydawnictwa Centralnej Żydowskiej Komisji Historycznej w Polsce, Nr. 25) [dass., in: Żydzi w Zagłębiu. Żyli wśród nas, mieszkali i zginęli. Sosnowiec 1993, S. 35-72].

Szulc, Wacław: Hitlerowski aparat wysiedleńczy. Warszawa 1973.

Śmigiel, Kazimierz: Die katholische Kirche im Reichsgau Wartheland 1939-1945. Dortmund 1984 (Veröffentlichungen der Forschungsstelle Ostmitteleuropa an der Universität Dortmund, Reihe A, Nr. 40).

Targ, Alojzy: Śląsk w okresie okupacji niemieckiej (1939-1945). Poznań 1946.

Tomaszewski, Jerzy: Akta instytucji kredytowych w Polsce, in: Archeion 27 (1957), S. 143-156.

Tomaszewski, Jerzy: Preludium Zagłady. Wygnanie Żydów polskich z Niemiec w 1938 r. Warszawa 1998 (dt. Auftakt zur Vernichtung. Die Vertreibung polnischer Juden aus Deutschland im Jahre 1938. Osnabrück 2002).

Trąba, Mariusz: Bankowość, in: Województwo śląskie (1922-1939). Zarys monograficzny. Red. Franciszek Serafin. Katowice 1996 (Prace Naukowe Uniwersytetu Śląskiego w Katowicach, nr 1555), S. 365-389.

Trepp, Gian: Bankgeschäfte mit dem Feind. Die Bank für Internationalen Zahlungsausgleich im Zweiten Weltkrieg. Von Hitlers Europabank zum Instrument des Marshallplans. Zürich 1993.

Trunk, Isaiah: Yidishe arbet-lagern in „Warteland", in: Bleter far geshikhte 1 (1948), H. 1, S. 114-169; H. 2, S. 14-45.

Trunk, Isaiah: Lodzher geto. A historishe un sotsiologishe shtudie mit dokumentn, tabeles un mape. New York 1962.

Trunk, Isaiah: Judenrat. The Jewish Councils in Eastern Europe under Nazi occupation. Lincoln/Nebraska 1996.

Umbreit, Hans: Deutsche Militärverwaltungen 1938/39. Die militärische Besetzung der Tschechoslowakei und Polens. Stuttgart 1977 (Beiträge zur Militär- und Kriegsgeschichte, Bd. 18).

Volkmann, Hans-Erich: Zum Verhältnis von Großwirtschaft und NS-Regime im Zweiten Weltkrieg, in: Wacław Długoborski (Hg.), Zweiter Weltkrieg und sozialer Wandel. Achsenmächte und besetzte Länder. Göttingen 1981 (Kritische Studien zur Geschichtswissenschaft, Bd. 47), S. 87-116.

Volkmann, Hans-Erich: Zur Ansiedlung der Deutschbalten im „Warthegau", in: ZfO 30 (1981), S. 527-558.

Volkmann, Hans-Erich: Polen im politisch-wirtschaftlichen Kalkül des Dritten Reiches 1933-1939, in: Wolfgang Michalka (Hg.), Der Zweite Weltkrieg. Analysen · Grundzüge · Forschungsbilanz. München/Zürich 1989 [ND: Weyarn 1997], S. 74-92.

Walczak, Ryszard: Die NS-Verbrechen im Spiegel der Ermittlungen der Hauptkommission, in: Tomasz Kranz (Hg.), Die Verbrechen des Nationalsozialismus im Geschichtsbewußtsein und in der historischen Bildung in Deutschland und Polen. Lublin 1998, S. 63-73.

Wandel, Eckhard: Das deutsche Bankwesen im Dritten Reich (1933–1945), in: Deutsche Bankengeschichte, Bd. 3. Frankfurt a. M. 1983, S. 149–203.

Wasser, Bruno: Die „Germanisierung" im Distrikt Lublin als Generalprobe und erste Realisierungsphase des „Generalplans Ost", in: Mechtild Rössler/Sabine Schleiermacher (Hg.), Der „Generalplan Ost". Hauptlinien der nationalsozialistischen Planungs- und Vernichtungspolitik. Berlin 1993 (Schriften der Hamburger Stiftung für Sozialgeschichte des 20. Jahrhunderts), S. 271–293.

Wawrzyńczuk-Nathali, Elżbieta: Spółdzielczość kredytowa w okresie okupacji i jej rola w pierwszym okresie po wyzwoleniu, in: Gospodarcze i społeczne skutki wojny i okupacji dla Polski oraz drogi ich przezwyciężania. Materiały z konferencji naukowej zorganizowanej przez Katedrę Historii Gospodarczej Akademii Ekonomicznej we Wrocławiu, Karpacz, 4–6 grudnia 1985. Red. Wacław Długoborski. Wrocław 1989 (Prace naukowe Akademii Ekonomicznej imienia Oskara Langego we Wrocławiu, nr 503), S. 201–207.

Weiser, Adelheid: Der Schutz der jüdischen Rechte in Oberschlesien unter dem Mandat des Völkerbundes 1933–1945, in: Geschichte der Juden in Schlesien im 19. und 20. Jahrhundert. Dokumentation einer Tagung in Breslau. Hg. von Friedrich-Carl Schultze-Rhonhof. Hannover/Münster 1995 (Schlesische Kulturpflege, Bd. 5), S. 37–53.

Weiß, Hermann (Hg.): Biographisches Lexikon zum Dritten Reich. Frankfurt a. M. 1998.

Weitz, Birgit: KZ-Häftlinge, in: Barbara Hopmann u. a., Zwangsarbeit bei Daimler-Benz. Stuttgart 1994, S. 345–442.

Wellisz, Leopold: Foreign Capital in Poland. London 1938.

Westerby, Robert/Low, Robert M.: The Polish Gold. London 1940.

Widernik, Mieczysław: Główne problemy gospodarczo-społeczne miasta Gdyni w latach 1926–1939. Gdańsk 1970 (Diss. Gdańsk 1969) (Gdańskie Towarzystwo naukowe, 1. Ser. monografii, Bd. 37).

Winkler, Jerzy: Getto walczy z niewolą gospodarczą, in: Biuletyn Żydowskiego Instytutu Historycznego 35 (1960), S. 55–86.

Wippermann, Wolfgang: Der „deutsche Drang nach Osten": Ideologie und Wirklichkeit eines politischen Schlagwortes. Darmstadt 1981 (Impulse der Forschung, Bd. 35).

Wixforth, Harald: Die Expansion der Dresdner Bank in Europa. München 2006 (Die Dresdner Bank im Dritten Reich, Bd. 3).

Wojdaliński, Ryszard: Pocztowa Kasa Oszczędności w okresie okupacji hitlerowskiej, in: Najnowsze Dzieje Polski. Materiały i studia z okresu II wojny światowej, Bd. 9. Warszawa 1967, S. 165–186.

Województwo śląskie (1922–1939). Zarys monograficzny. Red. Franciszek Serafin. Katowice 1996 (Prace Naukowe Uniwersytetu Śląskiego w Katowicach, nr 1555).

Wolf, Herbert/Kurzrock, Hans/Muthesius, Volkmar: 100 Jahre Commerzbank: 1870–1970. Düsseldorf 1970.

Wrzesiński, Wojciech: Polski ruch narodowy w Niemczech w latach 1922–1939. Wrocław/Warszawa/Kraków ^{2}1993.

Wrzyszcz, Andrzej: Die deutsche „Wirtschafts-"Rechtssetzung im Generalgouvernement 1939–1945, in: Johannes Bähr/Ralf Banken (Hg.), Das Europa des „Dritten Reichs". Recht, Wirtschaft, Besatzung. Frankfurt a. M. 2005 (Studien zur europäischen Rechtsgeschichte, Bd. 181), S. 59–79.

Wysiedlanie ludności polskie w tzw. Kraju Warty i na Zamojszczyźnie oraz popełnione przy tym zbrodnie. Oprac., wybór dokumentów hitlerowskich i ich tłumaczenie na język polski Wacława Szulca. Warszawa 1970 (Biuletyn Głównej Komisji Badania Zbrodni Hitlerowskich w Polsce, Bd. 21).

Ziegler, Armin: Posen Januar 1945. Evakuierung und Flucht der deutschen Zivilbevölkerung der Stadt Posen im Januar 1945. Schönaich 1989.

Ziegler, Dieter: Die Verdrängung der Juden aus der Dresdner Bank 1933–1938, in: VfZ 47 (1999), S. 187–216.

Ziegler, Dieter: Die „Germanisierung" und „Arisierung" der Mercurbank während der Ersten Republik Österreich, in: ders. (Hg.), Banken und „Arisierungen" in Mitteleuropa

während des Nationalsozialismus. Frankfurt a. M. 2002 (Geld und Kapital. Jahrbuch der Gesellschaft für mitteleuropäische Banken- und Sparkassengeschichte 2001), S. 15–42.
Ziegler, Dieter (Hg.): Banken und „Arisierungen" in Mitteleuropa während des Nationalsozialismus. Frankfurt a. M. 2002.
Ziegler, Dieter: Die Dresdner Bank und die deutschen Juden. München 2006 (Die Dresdner Bank im Dritten Reich, Bd. 2).
Ziegler, Jean: Die Schweiz, das Gold und die Toten. München 1997.
Zilch, Reinhold: Okkupation und Währung im Ersten Weltkrieg. Die deutsche Besatzungspolitik in Belgien und Russisch-Polen 1914-1918. Goldbach 1994.
Zimmermann, Nicolai M.: Die veröffentlichten Bilanzen der Commerzbank 1870-1944. Eine Bilanzanalyse unter Einbeziehung der Bilanzdaten von Deutscher Bank und Dresdner Bank. Berlin 2005 (Geschichtswissenschaft, Bd. 4).
Ziółkowska, Anna: Obozy pracy przymusowej dla Żydów w Poznańskiem w czasie okupacji hitlerowskiej, in: Żydzi i judaizm we współczesnych badaniach naukowych, Bd. 2. Kraków 2000, S. 214-232.
Ziółkowska, Anna: Obozy pracy przymusowej dla Żydów w Wielkopolsce w latach okupacji hitlerowskiej (1941-1943). Poznań 2005.
Ziółkowska, Anna: Żydzi poznańscy w pierwszych miesiącach okupacji hitlerowskiej, in: Poznańscy Żydzi. Poznań 2006 (Kronika Miasta Poznania 2006, H. 3), S. 378-393.
Zumach, Ernst-Günther: Die wirtschaftlichen Maßnahmen Deutschlands im zweiten Weltkrieg in völkerrechtlicher Betrachtung. Diss. Erlangen 1955.

Personenregister